上海大学文学院四十周年纪念文集

上海大学文学院 编

上海大学出版社

图书在版编目(CIP)数据

载芟集/上海大学文学院编. —上海：上海大学出版社，2018.12
(上海大学文学院四十周年纪念文集)
ISBN 978-7-5671-3369-3

Ⅰ.①载… Ⅱ.①上… Ⅲ.①社会科学—文集 Ⅳ.①C53

中国版本图书馆CIP数据核字(2018)第274136号

书名题字　董乃斌
特邀编辑　胡欣轩
责任编辑　邹西礼
技术编辑　金　鑫　钱宇坤

载芟集

上海大学文学院四十周年纪念文集
上海大学文学院　编
上海大学出版社出版发行
(上海市上大路99号　邮政编码200444)
(http://www.shupress.cn　发行热线021-66135112)
出版人　戴骏豪

*

南京展望文化发展有限公司排版
上海世纪嘉晋数字信息技术有限公司印刷　各地新华书店经销
开本710mm×1000mm　1/16　印张28　字数487千
2018年12月第1版　2018年12月第1次印刷
ISBN 978-7-5671-3369-3/C·126　定价248.00元

《上海大学文学院四十周年纪念文集》编辑委员会

主　任：张勇安　竺　剑
委　员：董乃斌　谢维扬　王晓明　陶飞亚　郭长刚
　　　　姚　蓉　杨位俭　倪　兰　黄景春　宁镇疆
　　　　朱善杰　杨万里

序 言 | Preface

40年栉风沐雨,我们与改革开放嘤鸣同响。

40载沧桑砥砺,我们与代代学子潮头弄浪。

2018年12月,将值上海大学文学院建院40周年华诞。时光流转,盛事如约。回望来时路,我们弦歌迭唱,宛转悠扬。1978年12月9日,复旦大学分校之成立,乃上海大学文学院之肇基。校长王中先生、党委书记李庆云同志,九畹初植兰,辛勤难具论。1983年,上海大学文学院始得今名,中文、历史、社会、涉外经济法、影视、广告、行政管理、信息、档案等9系15个本科专业,顺时而备举,素积而博洽。1994年,上海大学文学院焕新于四校融合,文学院初心自持,合社会、中文、历史、档案、文化研究5系于一体,而后顺应改革发展之大势,终集文史精华之大成,既览古今事,欲究治乱情。

道由白云尽,春与青溪长。时有落花至,远闻流水香。今天,学院已拥有中国语言文学、中国史、世界史3个一级学科博士学位授权点和中国语言文学、中国史、世界史3个博士后流动站,汉语国际教育、文物与博物馆等两个专业硕士点和政治学一级学科硕士点,怀瑾握瑜,春耕秋获。近年来,学院坚持走内涵式发展道路,以一流人才培养为中心,勇担人才培养、科学研究、文化传承、社会服务、国际合作之使命,以一流学科、一流教学、一流师资、一流科研、一流国际化、一流社会服务为牵引,以文化建设、平台建设、管理服务为保障,以传承和发扬中华文化自信为目标,切实践行博文雅人、转识成智之训,朝着建设一流的开放性、国际化、研究型学院扎实迈进。终见杏坛嘉木盛,泮池百花芳。

君子立言,非苟显其理,将以启天下之方悟者;立行,非独善其身,将以训天下之方动者。值此40周年院庆之际,我们秉承"立言行之谨慎"之宗旨,从老师们的丰富科研成果中,择其瑰琦锦绣,编撰成集,旨在汇聚学院智慧之结晶,为院庆献礼。这其中,既有多年吐纳涵泳、笔耕不辍、声名远播的学界前辈,也有甘守寂寞、淡泊名利、勤于磨砺的中流砥柱,还有生气勃勃、传承薪火、潜力无穷的后起之秀。我们更希望通过这本学术文集,向学界打开交流互鉴之门闾,搭起往来沟通之桥梁,以迎同行和专家学者之珠玉良言,用祛尘惑,益彰学术。

忆往昔岁月峥嵘,看如今海阔天高,望未来百尺竿头。上海大学文学院在40年的奋斗历程中清辉幽映、精益求精,共铸学院之精魂;文学院历代探索者在科学的哲思与人性的感悟中上下求索、左右采获,共期明日之辉煌。

因为我们怀揣激情,便无惧波澜翻涌,风雨兼程!

因为我们以梦为马,便敢越重关叠障,万里驰骋!

是为序。

编　者

2018 年 10 月

目 录 | Contents

中国古代文明史

古书成书的复杂情况与传说时期史料的品质 …………………… 谢维扬 （003）
梁带村微型器初探 ………………………………………………… 张童心 （020）
历史上的食玉之风 ………………………………………………… 吕建昌 （028）
周代籍礼补议
　　——兼说商代无"籍田"及"籍礼" ………………………… 宁镇疆 （051）
"夔纹"再识 ………………………………………………………… 曹　峻 （068）
山东陈家河西周陶器使用情景分析 ………… 魏峭巍　哈　克　赵益超 （080）
古书成书与古书年代学问题探研
　　——以出土古脉书《足臂十一脉灸经》和《阴阳十一脉灸经》
　　　　为中心 ……………………………………………………… 赵　争 （089）
仲山父模式：西周户政制度初探 ………………………………… 王少林 （099）
元丰时代的皇帝、官僚与百姓
　　——以"京东铁马、福建茶盐"为中心的讨论 ………………… 张呈忠 （119）

中国社会与东西交流

传教士中医观的变迁 ……………………………………………… 陶飞亚 （147）
卫所与明代武术发展研究 ………………………………………… 郭　红 （175）
陷蕃前的敦煌文书——S.11287新探 …………………………… 陈菊霞 （186）
明末士大夫郭子章与西学关系新证 ……………………………… 肖清和 （200）
銮坡春色：高丽人眼中的元大都 ………………………………… 舒　健 （214）
舆论与外交：晚清政府媚外形象的形成 ………………………… 杨雄威 （230）

当代美国高校博物馆的教育理念与实践……………… 杨　谦　杜　辉（237）

近代中国的学术与政治

仪式与意义：1919—1928年间为自杀殉国者举办的追悼会…… 刘长林（251）
美国台海问题研究述评(2001—2009)……………………… 严　泉（273）
徐家汇观象台与近代中国气象学……………………………… 王　皓（292）
晚清的"进化"魔咒：严复历史意识的再考察………………… 成　庆（316）

近现代民众生活史

一·二八事变后日本对在沪"第三国侨民"的赔偿
　　………………………………… 忻　平　张智慧　吕佳航（349）
中国地方档案馆和企业档案馆小三线建设藏档的状况与价值
　　……………………………………………………… 徐有威（373）
近代华侨与中国高等教育公益事业………… 王　栋（著）　史晓云（译）（387）
碑文里的历史与历史里的碑文
　　——对清代行会研究中史料运用的一个批判性反思……… 陈德军（407）
经济危机时期的企业应对：以章华毛绒纺织公司为中心
　　(1929—1936)………………………………………… 吴　静（413）
晚清上海城市治理中的法律移植与司法实践
　　——以法租界中的违警罪为例……………………………… 侯庆斌（424）

载芟集
上海大学文学院四十周年纪念文集

> 中国古代
> 文明史

古书成书的复杂情况与传说时期史料的品质

谢维扬

> 谢维扬,1947年生。曾师从著名历史学家金景芳先生攻读中国先秦史。1985—2001年任华东师范大学中国史学研究所教授、博士生导师,曾任该所所长。2001年调入上海大学文学院,任教授、博士生导师,曾任历史系主任、上海大学博物馆(筹)馆长。现为上海大学古代文明研究中心主任。主要研究领域为中国古代文明和先秦史,在中国文明和国家起源、早期国家、古代家庭形态、古代文献和思想研究等领域有较多成果发表,为学术界所关注。1995年出版《中国早期国家》一书,因在中国国家起源问题上提出新观点和使用新方法,在古史界和考古学界受到高度重视,对有关研究产生影响。曾参与国家科技攻关项目"中华文明探源工程"预研究,为子课题负责人。为国家社科基金重大项目"中国国家起源研究的理论和方法"首席专家、中国社会科学院古代文明研究中心客座研究员、中国先秦史学会副会长,上海历史学会理事。

中国早期历史研究中的许多重大课题,例如对中国国家起源问题的研究,都同史料学有绝大关系。这些研究成功与否很重要的一个方面,就是看它们所凭借的史料学基础究竟达到一个怎样的水平。迄今学术界对这一问题的大量讨论为我们今天认识这些问题奠定了宝贵的基础,在很多方面指明了方向,开辟了路径,并有许多重要的结论性的意见。只是由于史料学问题几乎涉及古史研究方法所有基础的方面,涉及许多复杂问题,因此直至今日还远不能说对此已经有了一个总的、公认的结论。对于中国国家起源研究究竟可以建立在怎样的史料学概念基础上这一问题,学者中还明显有着许多不同的看法,甚至也还有一些重大的分歧。尽管如此,我认为就当前而言,在涉及中国国家起源研究的问题上,根据已有研究的基础，包括对大量新资料研究的结果，我们对于如何认定合理的史料学基础的问题还是可以获得较之以往更为确定的一些认识的，而这应该可以作为进一步形成完整的古史史料学理论的重要基础。在古史史料学问题上，现在应该是可以逐步做到有所积累的时候了。

在中国古史研究中，传说时期资料的地位和价值问题是其史料学问题的一大核心。即以对中国国家起源问题的研究而言，其必须利用并解释有关传说时期的各种史料，是无可避免的。因为由众多传世文献和陆续面世的出土文献以及古文字资料所包含的有关传说时期古史的大量记述，不仅是我们了解可能与早期国家形成过程有重大关联的远古史事内容的唯一依据；而且所有这些史料内容本身非常重要，也极其丰富，只要是依靠正确的方法，对于阐释这段历史的价值是不容忽视的。因此如何对待传说时期史料的问题便成为中国国家起源研究史料学问题的一大重点；对传说时期资料的史料学分析，也无疑成为中国国家起源研究中史料学工作的重心之一。这在很大程度上反映出中国国家起源研究在方法上的一个突出特点，也说明了对传说时期资料的史料学特性进行合理分析的重要性。

在传说时期研究史料学的问题上需要讨论的问题非常多，但随着有关研究的进展，在一些问题上现在似乎也已经有了较之过去更深入的认识。其中较为重要的一点就是要充分认识传说时期资料发生上的复杂关系。以下我想就这方面的问题谈几点粗浅的想法，还请各方家不吝指正。

一、古书成书过程中文本形成的多元性质

在传说时期研究史料的问题上，由不同文献所记述的传说资料在发生上相互间究竟存在怎样的关系，是一个非常难以廓清的问题，也一直是学者们关注和争论的重点。自20世纪20年代以来在古史研究中产生极为重要影响的所谓"疑古"的研究，很重要的一个内容，就是对这一点进行评估和分析。而正是在这个问题上，由于无数学者长期以来所做的深入研究和讨论，尤其是在近年来不断涌现的新出土文献资料得到研究的基础上，目前我们在有些方面的认识应该可以较过去更加确定。比如由"疑古"学者所提出的认为早期传说内容是在一种单线性的过程中"层累地形成的"的观点，虽然在很长的历史时期内始终是有着重要的影响的，但现在我觉得应该可以明确其与古史传说资料形成的实际过程是不完全相符的，作为在有关问题研究过程中提出的一种假说，其证据始终是并不充分的；早期传说内容形成的真实过程其实比其所描绘的要复杂得多，在对传说

时期的具体研究中简单地沿用这种观点所代表的方法并不能真正解决问题。

对于这方面问题的整个背景，多年来有不少学者做过深入研究，提出了许多有意义的分析，笔者也曾对有关问题发表过粗浅意见①。在这里，我想补充来自近年来颇受关注的清华简的部分资料所反映的情况，从古书形成过程中的复杂情况这一角度来进一步说明这一点。

很长时间以来，我们都认为目前看到的传世的《尚书》文本，其最初的源头是与孔子"编书"的活动有关的。也正因为这样，在汉以后的古书分类传统上《尚书》是铁定为儒家经典的。对于孔子"编书"的问题，尽管历来也有过很多争议，但是多数学者还是相信有其事的②。但孔子编书的细节却始终并不十分清楚。而近来由于清华简的发表，我们得以了解到一些以前未能论定的情况。

例如从对《清华大学藏战国竹简（叁）·说命》3篇（连带之前《清华大学藏战国竹简（壹）·金縢》等篇）的分析中似乎可以看出，孔子编书时应该还没有为各篇文字拟就确定的篇题。在传世文献范围内，如果仅从《论语》引《书》的情况看，其提到《尚书》的几处文字中均只称《书》大题，而未提及《尚书》各篇的篇题③。其中《为政》和《宪问》篇的有关文字分别引用了属于《尚书》的两段文字，也均未提篇名。而《孟子》引《书》据陈梦家整理共计20例，其中也有相当部分（11例）是只称《书》大题的，但同时另有将近一半（9例）引《书》时则明确称篇题④。陈梦家据此提出两点，一是"《尚书》至此时（指孟子时）已有篇名"，一是"似孟子时《尚书》或者已编成课本"⑤。这也等于认为在孔子时候《尚书》还没有篇名，而孔子也并不肯定已做了编书的工作。只是仅从传世文献中这类证据出发显然还无法将问题说死。

而最新发表的清华简《说命》3篇内容上的一些特征则有助于表明，由传世的或出土的文献文本所披露的《尚书》篇题确实不是在孔子编书时拟定的。理由就是作为战国中期文献文本实物的《说命》3篇本身是写有自题的篇名的，那就是在每篇最后一支简背所书写的"尃（傅）敓（说）之命"，而这与已知传世文献如《礼记》的《缁衣》《文王世子》《学记》和《墨子·尚同中》以及出土文献郭店简《成

---

① 如：李锐.由新出土文献重评顾颉刚先生的"层累说"[J].学灯，2009（1）.拙文："层累说"与古史史料学合理概念的建立[G]//复旦大学出土文献与古文字研究中心编.出土文献与传世典籍的诠释.上海：上海古籍出版社，2010.
② 如刘起釪《尚书学史》说："在儒家教本中，把所搜集到的断简残篇的《书》加以编排，是孔子开展他的教育时所应该有的事。"（中华书局，1989：12.）
③ 分别见《论语》的《述而》《为政》《宪问》篇.
④⑤ 参见：陈梦家.尚书通论[M].北京：中华书局，1985：12-14.

之闻之》引《说命》文字时所称的"《兑命》""《术令》""《詔命》"(皆"说命"之异作)均明显有别,作为篇题应该认为是不相同的。从存世及流传年代上说,清华简《说命》3篇比起亦曾引《说命》文字并披露篇题的《礼记》《墨子》等传世文献都不一定更早,很可能还会要晚一些①。但从各自篇题的表达方式看,"《说命》"与"《傅说之命》"比较,后者显得较更繁复,因而可能更保存原初的状态,而措辞简洁的前者反而可能已经过提炼而有异于最初形成者。《清华大学藏战国竹简(壹)》另有属于《逸周书》的《祭公》一篇,但篇题与传世本不同,也是更为繁复,作"《祭公之顾命》"。整理者表示:"本篇是今传世《逸周书》所收《祭公》的祖本。"②可见是认为竹简的篇题应该有更早的来源。这同我们对竹简《说命》3篇篇题意义的分析理由是相似的。然而从战国以后《尚书》文本流传的实际结果来看,被作为正式篇题永久使用的反而是"《说命》",这非常可能表明竹简的篇题尽管形成更早,但因为并不是出自孔子亲拟而且由孔子所确定,所以最终不被传承。

　　清华简所反映的《尚书》篇题出现的这些情况,实际上表明孔子"编书"对于《尚书》成书和有关文本形成上所起的作用是有限的,也并非以做成《尚书》统一或标准的文本为目的,而因孔子"编书"形成的《尚书》文本很可能只是《尚书》成书过程中出现的众多早期《尚书》文本中的一种。这实际上意味着历史上很可能并非只有孔子一人,也并非只有儒家一家做过"编书"的工作。

　　我们从对《说命》3篇用字和表达方式上的一些特点的分析中也可以发现关于这个情况的一些佐证。竹简《说命》3篇文字与传世文献所引用的《尚书·说命》文字在字的运用及表达方式乃至篇章编排上均有不同,而这些不同应该都不是出于传抄中的偶然误作,而是一种系统性的差异的反映。

　　如《国语·楚语上》中记有白公子张的一段话,经清华简整理者有力论证,现在普遍认同是引用了《尚书·说命》佚文,其文字与简本《说命中》则可大段对应③。但两者的不同也颇值得注意。首先在语序上有多处不同。如《楚语上》"若天旱"句在"启乃心"句前,简本则相反;"若津水"句《楚语上》置于整段第二句,简本则为反数第二句。在用词上二者则互有增减现象。如《楚语上》"若金,用汝作砺",简本在"汝"前增"惟";《楚语上》"沃朕心",简本句前增"日";而在简本"汝作舟""汝作霖雨"等句前《楚语上》均增"用";简本"若诋不视,用伤",《楚语

---

① 如虞万里《上博馆藏楚竹书〈缁衣〉综合研究》认为《缁衣》成书"似应在郭店简、上博简钞本之前半个世纪左右,亦即公元前350年前后"(武汉大学出版社,2009年,第451页);而清华简据测定其年代为公元前305±30年。见:清华大学藏战国竹简(壹)[M].上海:中西书局,2010:3.
② 清华大学藏战国竹简(壹)[M].上海:中西书局,2010:173.
③ 参见:李学勤.新整理清华简六种概述[J].文物,2012(8).

上》于"视"后增"地、厥足"。简本与《礼记·缁衣》所引《兑(说)命》内容在用字、用词和语序上也均有较大差别。如简本有"惟干戈作疾"一句，《缁衣》所引则完全不见；而《缁衣》引文有"惟甲胄起兵"，简本则阙如。《墨子·尚同中》所引"先王之书"《术令(说)命》的一小句，同简本和《缁衣》所引文字也都有不少出入（《墨子》作"唯口出好兴戎"，《缁衣》作"唯口起羞"，简本作"复（且）惟口起戎出好"）①。这些用字、用词及语序上的差别似乎都很难用传抄人的误作来解释，而更可能是由于所依据的文本本身的不同。

还有一个现象也反映出《尚书》文本形成的复杂性，即《礼记·缁衣》以及《文王世子》《学记》所引用的另几条《尚书·说命》的文字不见于简本《说命》，而见于更晚出的孔传本《尚书·说命》（有文字上的变动）。但这些文献所引用内容源自古文《尚书》系统文本的可能性是微乎其微的，因为孔传本《尚书》的大部分文字均与清华简《说命》不同，故其整体上作为《尚书》较早期文本的可能性非常低。因此如果这几条引文并非出于杜撰，那么它们最大可能应该是来自有异于简本《说命》的另外一个或数个《尚书》文本系统。李学勤曾就此现象表示："这大概是传本不同的缘故。"②就上述事实本身而言，实际上也不能排除与自成书最初阶段起就可能有不同的《尚书》文本系统出现有关。这不仅表明清华简中的《尚书》文本似乎并不能看作是《尚书》成书过程中唯一形成的文本，同时也反映出《尚书》成书过程中可能存在的呈"多元性"的复杂现象。

与清华简《说命》3篇所反映的古书成书中文本形成上的这种情况相类似的，还可以提到《清华大学藏战国竹简(壹)》中的《金縢》与传世本今文《尚书·金縢》在文字上有大幅差异的情况。廖名春曾概括二者的异同说："竹书本《金縢》与今本首尾一致，但中间行文却有详略之异。可以说今本详尽而竹书本简易。"③尤其是今传本中有关于周公祝告和举行占卜的详细描写，简本则有大幅的省略，关于占卜的情节甚至基本没有提。这种内容上的大篇幅的差异，很多时候只在不同的文献之间出现，在同一文献的不同文本之间出现这种情况应该是并不寻常的，所以应该想到这可能是反映了早期古书成书过程上不同于以后时期的特点。李学勤在有关分析中也认为这是属于同一文献活动中的问题，因此提出："清华简与传世本《金縢》应分属不同的传流系统。"④作为进一步的思考，实际上恐怕也还不一定能排除在更早的所谓"编书"的环节上亦即成书过程中简本与今传本也已

---

①② 参见：李学勤.新整理清华简六种概述[J].文物，2012(8).
③ 廖名春.清华简与《尚书》研究[J].学灯[J],(17). http//www.confucius2000.com.
④ 李学勤.清华简九篇综述[J].文物，2010(5).

经是"分属不同系统的",虽然这可能会使对于古书成书的界定变得更为复杂。

早期《尚书》文本形成过程中之所以有这些复杂情况,其最重要的原因,应该与《尚书》本身是在对古代原始公共文献资源利用的基础上编纂成书的有关。我们现在说到所谓《尚书》的"成书",很多时候指的是今天所见《尚书》文本的形成过程,但实际上在这些文本"成书"前,《尚书》的主要文字内容应该已经在一定意义上以未知的形式流传和被利用了。这很容易证明。《左传》昭公二年说:"韩宣子来聘……观《书》于大史氏",所说的"《书》"无疑是指孔子编书前就已存在的《尚书》文本,但因此时孔子才11岁,故不可能与孔子"编书"有关。这个文本应该就是在西周以来藏于周室和少数诸侯国(如鲁国)公室、由各级史官撰写、整理和保管的官方历史文献和其他资料基础上形成的某个原始《书》类文献文本。从《左传》定公四年关于周初对鲁、卫、唐(晋)分封情节的详细记述中可以知道,鲁国拥有这些资料的重要来源之一则是周初对鲁分封时由周室赐予鲁国的"典策"。目前的《尚书》学研究对这类原始的书类资料与后来被编为《尚书》各篇的文字之间的关系是肯定的,认为它们应该是后者内容的原型或雏形,唯其早期文本的具体形式现在还无法知道。

原始书类资料在很长时期里除作为官方文件的用途外,还以未知的形式被用于贵族教育。如《左传》僖公二十七年曾记述赵衰称晋将郤縠"说礼乐而敦《诗》《书》",便是当时贵族学《书》的一个写照。但在早期,这些官方历史档案资料对全社会似乎还是封闭的。《左传》昭公二年的记述已清楚地表明这一点,即此时能够接触原始书类文献的似乎还只包括如韩宣子这样的高级贵族,并且还十分地不便。但在孔子成年时这个局面显然有很大改变;编书已经成为孔子教学活动的一部分。这意味着书类资料已进入向更多人群开放的阶段,而且很可能早期原始书类资料也由此进入摆脱官方收藏限制而开始形成某些流行文本的过程。孔子看来是加入这一过程的一个先行者。

正因为《尚书》成书有这样的前提条件和背景,孔子编书所形成的《尚书》文本,显然不必是唯一的。孔子之后有更多人做"编书"之事,不同的《尚书》文本会陆续出现,这些都应该是可能的。在以往的《尚书》学研究中已有学者注意到战国时期儒家以外的其他学派也对《尚书》做过整理工作,如刘起釪曾表示"墨家也把《书》篇作为主要读本"并对《尚书》大加利用,并提出"对于《书》的搜集编排不止儒家一家……有的或且过之。"① 现在清华简《说命》三篇的情况反映出早期

---

① 刘起釪.尚书学史[M].北京:中华书局,1989:12.

《尚书》文本确是具有某种多元性的,而竹简《说命》3篇本身则更可能是《尚书》成书过程中出现的某种未知文本,从总体上说明刘先生早年的推断是有一定道理的,而这归根结底也有助于人们看出《尚书》成书过程确实不是单线性的,而是带有某种多元或多线性的。

二、古代传说资料形成过程同样具有多元性

我们注意清华简《说命》3篇和《金縢》等所反映的古书成书过程的复杂情况,最重要的意义就是从古书成书的角度进一步看清,将古书中披露的大量传说资料理解为是在某种单线的过程中形成的(例如说是"层累地形成的")是有很大风险的。因为古书形成过程本身就不是单线性的。我们已经看到,即使是像《尚书》这样的古书,其成书过程也呈现出明显多线或多元的特征,而这种多线性或多元性还不仅仅表现在不同文本字句、语序和篇题的差异上,在有些个例中甚至还表现为古书内容上有较大的不同(如上述清华简本《金縢》与今传本《金縢》内容的差异)。这就是说,不同古书中相近和相关的记述内容之间在发生上的关系也并非一定是单线性的,而也可能是多线或多元性的。当然,不同古书的成书过程不会是完全一律的,所以对于《尚书》成书过程中复杂情况的认识并不能完全代表所有古书成书过程的全部情况。但从《尚书》成书过程的分析中并不能看出古书成书中单线性过程的存在和表现,这一点对我们准确地理解传说资料形成的真实过程还是非常有启发的。因为在这种情况下,要想把大量不同古书文本中记述的传说资料解释成是在一个统一构想的支配下,沿预先有设计的轨迹而形成的特定内容组合,就非常困难。而既然古书成书过程是具有多元性的,那我们也就连带地必须认真对待古代传说资料的形成过程中同样可能存在的多线或多元性的问题,甚至应当突出地来确定这一点。但是这个认识,在过去对古书成书过程缺乏更准确和完整了解的时期,是不太能被看出其重要性及合理性的。在早期的某些研究中,例如在《古史辨》中,这种认识基本上不存在。而值得注意的是,就是在对古书成书问题的研究已经有了重要新成果的今天,我们仍然还可以看到有些研究实际上还是习惯于以古代传说资料呈单线性形成的认识来评论传说资料的品质和价值。以这样的判断为基础来开展传说时期历史的研究无疑是有问题的。因此在这个问题上开展进一步的讨论还是有其意义的。

在此我想以黄帝传说的问题为例来说明这一点。在对传说时期历史研究中,关于黄帝传说的形成过程及性质的判定是一个很有代表性的难题。在以往

的研究中,出于对这类资料发生的总体上的不信任,"疑古"学者在这个问题上首先和最为强调的一点是:关于黄帝等这些活动于古史极早年代人物的传说的出现却是很晚的。如童书业说:"黄帝、颛顼、帝喾等传说之起很晚"①。就是最明确的一例。顾颉刚先生依据对晚至骀衍的各种材料的解读提出黄帝成为传说人物之第一人须在"战国之末"②。所持立场是同样的。"疑古"学者的这些结论是要证明,不仅黄帝传说的发生与黄帝本身活动的时代相距甚远,而且其被作为古史传说中活动年代最早的人物之一也是很晚时期才有的事情。于是黄帝传说作为真实史事反映的可能性是非常低的,甚至根本没有。这种推断,就是很典型地以一种单线性演变的关系来理解黄帝传说资料发生过程的方法的体现。因为依照"疑古"学者单线性演变关系的逻辑,晚出的传说资料一定是在早出资料演变基础上形成的,既然黄帝传说资料最早的出现也已经是很晚时期的事情,那么它发生在历史很早时期的可能性就不存在了。但正是在这一点上,"疑古"学者的方法是未经证明的。与黄帝传说发生过程有关的问题远比其推断的要复杂。

例如,我们知道,《国语·鲁语》和《礼记·祭法》都提到有虞氏和三代王室祭典的内容,且都提到了黄帝,但对有虞氏祭典内容的具体提法则有不同。《鲁语》是说:"有虞氏禘黄帝而祖颛顼,郊尧而宗舜",而《祭法》则说:"有虞氏禘黄帝而郊喾,祖颛顼而宗尧"。也就是,《祭法》中有喾,而《鲁语》没有;《鲁语》说"郊尧""宗舜",《祭法》则说"宗尧"而没有舜。对这里的差异应如何解释呢?对此,"疑古"学者的方法便明显是单线性的,即认为《鲁语》同《祭法》之间在发生上一定是有某种关系的。如童书业就认为这里的不同是"《祭法》变换了《鲁语》之文",并解释说:"因为他们(《祭法》作者——引者)想,有虞氏(指朝代)到舜已绝,那么那里还有有虞氏来宗舜呢?所以他们在这个有虞氏的祭典中把舜除去,添了一个喾……理论是圆满了,但是有虞氏却白白地添了一个喾的祖宗,而尧又不幸由郊降而为宗了。"③但这样的解释很显然只是出于推测,是研究者依照自己的理解将不同传说内容的关系放到了一个表现为传说内容元素演变过程的脚本中。而按照这样的解释,《鲁语》和《祭法》的记载就主要和更多反映的只是其各自作者的理念或意图,对其中包含的传说时期史料品质的认定是非常低的。但这种方法缺乏依据和有力论证的弱点是显而易见的。

①③ 童书业."帝尧陶唐氏"名号溯源[M]//古史辨:第 7 册(下).上海:上海古籍出版社,1982:16.
② 参见:郭永秉.帝系新研[M].北京:北京大学出版社,2008:151.

为说明这一点,可以注意到在《鲁语》与《祭法》对上古祭典记述的不同中,还包括对商人祭典的记法,其中《鲁语》说到"商人禘舜",而《祭法》却说是"殷人禘喾"。徐旭生早年曾对两者的关系作如下说明:"《国语·鲁语》上写的清楚,并无错误。可是自从韦昭注《国语》,就自破藩篱,说舜为喾的误写。此后大家对于《国语》商人禘舜的说法几乎完全忘掉。"①徐先生指出的韦昭注的依据恰恰是《礼记·祭法》(韦注以《鲁语》"舜,当为喾,字之误也"),而从徐先生的评论中可以看出,在商人与喾有关这个问题上,《祭法》的影响反而大于《鲁语》。实际上直至近代情况也还是如此,例如王国维在对殷先公、先王的研究中是认可喾为商人先祖的,徐著也提到了这一点②。可见《礼记·祭法》的记述至少自韦昭时代起就不被简单地认为是对《国语》有关内容的改写,反而是《国语》文本被认为有误。王国维以喾为商人先祖,实际上包含了对《鲁语》和《祭法》内容各自可靠性的判别,表明这两个传说资料文本之间的关系是复杂的,绝不只是后者对前者的所谓"变换"等。由此可以进一步看出。在古代传说资料发生和形成过程的关系的问题上,那种根据单线性演化理论所作的解释,其资料和逻辑基础都是不充分和不严谨的。

《鲁语》和《祭法》所透露的这些内容珍贵的传说时期史料的真正价值应通过更完整和深入的分析来研究。在这一点上,近年有学者说"《鲁语》和《祭法》的不同究竟反映了什么问题,有待于进一步研究"③,应该是很正确的。"疑古"学者早年研究方法的根本问题是在于其习惯性地将古代传说资料间关系看成是某种假设中的单线性演化过程的关系。而从我们对《尚书》成书过程中文本形成中复杂的多元化情况的了解来看,《鲁语》与《祭法》有关内容上的不同是不能排除与古书文本形成中的复杂情况相类似,同样也与有关资料发生上的多元性有关的。"疑古"学者以单线性演化观点解释传说资料发生问题的方法在近代对中国传说时期研究的早期有相当大影响,迄今对于这种方法错误的原因和纠正的要点也还不是所有人都明确和认可的,所以在当今的有些研究中我们还是不时可以看到这种简单方法的表现,而对这种简单方法的沿用在当前对传说资料形成问题的研究中将继续产生不利影响。例如在近年一些涉及黄帝传说性质问题的研究中,我们看到虽然研究者总体上对于方法问题有相当严谨的要求,却还是会在缺

---

① 徐旭生.中国古史的传说时代(增订本)[M].北京:文物出版社,1985:71.
② 同上书. 又按,李零也提出过"《鲁语上》'商人禘舜'似是'商人禘喾'之误"(李零.考古发现与神话传说[M]//李零自选集.桂林:广西师范大学出版社,1998:71)。
③ 参见:郭永秉.帝系新研[M].北京:北京大学出版社,2008:152.

乏必要证据的条件下不经意地以单线性演化的概念来解说有关问题。我觉得在这方面引起研究者注意还是很必要的。

如所周知,在黄帝传说问题研究中,黄帝传说的属性问题是最为人们所关注的,对整个传说资料研究有示范的意义。而早年《古史辨》学者是普遍相信传说中的黄帝是由神演化为人的,实际上等于否定黄帝传说可能与真实存在过的远古人物或远古人群的指代有关。杨宽的《中国上古史导论》中关于"黄帝与皇帝"的论述,可说是这一论点的最详尽、深入的论述①。而在黄帝本属神性说的基础上,《古史辨》学者逐步构建起作为传说人物的黄帝由神("上帝""皇帝")向远古人主和古代王室的"祖先神"演化的过程。上文提到顾颉刚依据骆衍所谓"先序今,以上至黄帝,学者所共术",断言"当战国之末,'学者所共术'之古史,其最早一人为黄帝"②,意思也就是黄帝被当作历史人物须是战国末期才有的事,在此之前则固然只能是神话而已。这就是《古史辨》学者努力构建古代记述内容元素沿单线轨迹演化图景的一个典型代表,但其中证据上的缺环是很多的。我在多年前曾有一篇小文指出:以"'黄帝'实出'皇帝'之变字(通假字)"并不能成立;而"黄帝"也并不是"帝"演化的结果;甚至包括甲骨文在内的资料中的"帝"的起源也有具有"人性"(而非必"神性")背景的迹象③。虽然有关的问题是可以再讨论的,在黄帝传说性质的问题上也还有许多难点和空白点需要继续深入研究,但《古史辨》学者早年构筑起的那种具单线性特征的传说资料演化理论过于简单化,并且明显证据不充分,这一点还是应当看到的。而且当前仍应当特别注意的一点是,对于我们客观地分析黄帝传说的发生及其属性问题干扰最大的,也还是由《古史辨》研究所极力主张的这种单线性演化的理论。

例如,当发现早期器物上有记述黄帝的文字后,从一般的研究方法的要求出发,研究者应当首先将其作为一件有独立来源的资料对其做完整的考察,以最终确定其史料意义,而战国青铜器陈侯因资敦就是这样的一件资料。我们注意到有的学者在有关研究中,提到"目前所见最早谈到'黄帝'的出土文献是战国时齐威王因资(齐)所作的陈侯因资敦"(铭文中有:"其惟因资,扬皇考,邵(绍)緟(緟?)高祖黄啻(帝),屍(纂)嗣桓、文"),但其评论则是:"齐威王所处时代是战国

---

① 杨宽.中国上古史导论[M]//古史辨:第7册.上海:上海古籍出版社,1982:189-209.
② 顾颉刚.战国共术之古史[M]//顾洪,编.顾颉刚学术文化随笔.北京:中国青年出版社,1998:255.
③ 参见拙文.关于黄帝传说的"人性"与"神性"问题[G]//吕绍刚,编.金景芳九五诞辰纪念文集.长春:吉林文史出版社,1996:175-189.

中期,可见至少在战国中期,黄帝在某些地区已经由上帝(皇帝)变为祖先神了。"①其实如果将陈侯因𧊒敦作为具独立来源的资料来看待,其提及黄帝的内容本来可以是表明黄帝传说的发生可能具有人性背景的一项有重要参考价值的线索或证据。正如该作者同时所引的丁山的评论所说:敦铭固已表明"黄帝之为人,更不得疑其子虚乌有,谓非故帝王也"②。丁山之说的重要理由显然是出于对古代有关礼仪的严肃性的体认。尤其是对于祖先的追认和祭奠,在三代文化中的严格要求是极为突出的。因此对丁山这样的判断并没有很好的理由决然地否定,而是应值得重视。我们现在对于战国中期齐国王室对祖先祭典(包括纪念)礼仪规定的意义以及有关仪节的做成和施行细节,还不能说已全盘了解,所以就更没有明确的理由将敦铭提到"黄帝"并称之为"高祖"乃是出于古代礼制的严肃要求的可能性完全否定掉,至少应当谨慎地对待敦铭的真正意义的问题。所以未经严格论证就先断定敦铭所说一定是攀附之词,显然有过于轻率之嫌。上述学者的评论,在这里很明显是受到《古史辨》单线性理论的影响。所谓"黄帝……由上帝(皇帝)变为祖先神了"这个说法本身已经表示作者对于《古史辨》学者描绘的传说故事元素关系图是认可了,而这幅关系图的理论主旨就是传说资料的单线性演化。然而我们已经说过这些都是远未经过严格的论证的。在这个例子上还应注意的是,它不仅认可了以传世文献记述为对象的单线性理论,甚至还将三代的实用性文字资料也涵盖其中,使单线性演化过程涉及的文字资料范围扩展到最大。由此需要说明的问题会更多。这样不仅会进一步导致对于因古书形成过程中文本问题而产生的传说时期资料间的复杂关系不可能有清晰、准确的分析,而且对于由不同载体形式保存的大量传说时期史料的真正意义和价值,也将由于受过于简单化的单线性演化理论的影响,而失去正确认识的机会,尤其是完全没有能看到传说资料形成中也存在多元性过程的问题。而我认为从对包括清华简《尚书》文本在内的古书成书过程复杂情况的认识中给我们最大的启示就是,对于形成过程本来就更为复杂也更少确知的传说时期史料的问题,如果仍然坚持某种单线性演化理论的解释方法,很可能会造成研究中更长久的失误。传说资料形成过程中存在的多元性特征,应该是我们今天讨论传说资料地位和价值问题的一个认识上的起点。

---

① 郭永秉.帝系新研[M].北京:北京大学出版社,2008:152.
② 郭永秉.帝系新研[M].北京:北京大学出版社,2008:153.

三、中国古代传说记述系统多样存在的意义

我们现在强调传说资料发生和形成过程的多元性问题,是因为需要廓清以往研究中的较为简单化的单线性演化理论对传说资料研究的影响。但这个事实本来是非常容易看到,其特性也并不难以说明。近代以来,包括近30年来,有许多研究实际上都在不同的重点上指出了这一点。

例如20世纪90年代李零在分析东周的"帝系"资料时提出,这些资料"主要分两大系统:(一)《世本》和《大戴礼》等书的五帝系统……(二)《封禅书》《吕氏春秋》十二纪、《月令》和《淮南子·天文》等书的五帝系统","此外《易·系辞上》和《战国策·赵策二》还有一种包括伏羲、神农、黄帝、尧、舜的帝系"①。虽然这里提到的古书的年代都并不及于传说资料发生的时代,但这种分类实际上是针对了古代传说资料发生和形成过程中存在的多元的现象是显而易见的。李零对东周传说资料文献分出这样两个(实际上是三个)"系统",无疑首先是肯定了传说资料在发生上并不是单线的,但同时也关注到不同传说资料在对特定传说内容元素表达上可能存在的联系,而这对于准确把握传说资料的史料品质是有重要意义的。正是根据这一分类的认识,在对上文讨论过的陈侯因咨敦进行评论时,李零认为敦铭"称黄帝为陈齐的'高祖',正合于《国语·鲁语上》……的禘祭系统,显然就是按上述第一种帝系而串联"②。我们知道,《国语》成书是有一个复杂过程的。有学者认为,《国语》"并非史料原貌",而是"已编撰成书"的,而《国语》的编成"至少当在公元前二四三年前(按指汲冢古书入土的魏安釐王卒年——引者)。"③这是目前在《国语》成书问题上比较平实的一种看法,据此《国语·鲁语》的成书便不一定早于齐威王婴齐(即陈侯因咨)在位年代(公元前356—前320年),所以陈侯因咨敦套用《鲁语》内容的可能性很小,但作为《鲁语》成书基础的"史料原貌"是应该早已存在的。因此陈侯因咨敦与李零所谓"第一种帝系"的"串联"指的应该是齐王室对所授受的某一系统的上古帝系资料内容的认可和表达,而不仅仅是对某些古书内容的套用。这也就是我们前面说过的,古代王室铭文作为实用性的文字资料,有遵从古代礼仪和贵族血缘关系规范的要求,其生成的动机并不能简单地看成与一般的著作活动雷同。从这一点来看,

---

① 李零. 考古发现与神话传说[M]//李零自选集. 桂林:广西师范大学出版社,1998:70-71.
② 李零. 考古发现与神话传说[M]//李零自选集. 桂林:广西师范大学出版社,1998:72.
③ 张以仁. 论《国语》与《左传》的关系[M]//张以仁先秦史论集. 上海:上海古籍出版社,2010:69.

陈侯因𫝂敦在记述传说时期史实方面作为有独立来源的资料的品质至少在目前还是不能截然否定的。

古代传说资料发生和形成系统的整个情况非常复杂。上述李零对传说资料系统的分类基本上针对的还是先秦中原范围内的主要代表性案例，大体上也还都是属于所谓中原的记述系统，并不代表古代传说资料发生和形成关系的全部情况。许多学者也都就这方面情况提出过重要的看法。如李学勤在论述《帝系》传说与蜀史的关系时，提到"蜀原有独立的起源，后与昌意（依《帝系》为黄帝子——引者）至颛顼一系发生了联系"，①而这些与《华阳国志》以及《蜀王本纪》的记述很有关系，所以李先生认为："《蜀王本纪》《华阳国志》之说，都表明蜀有非常悠久的历史，可作为《帝系》的补充。"②但是《蜀王本纪》和《华阳国志》都很晚成书，分别为东汉扬雄和东晋常璩所著，但如果它们关于蜀地早期历史的记述有与中原传说记述系统相合和为之补充的内容，那么也可以看出这些记述不仅应该是有另外的来源，而且这些记述内容在发生上具有真实史实背景的可能性也是不能截然否定的。虽然我们现在还无法说清这些资料与其他有关传说资料间真正的关系，但完全可以肯定它们是古代曾经出现过的又一宗古史记述系统的表现。

在古史记述系统多样存在的问题上，还有一个内容更为复杂的例子，其意义也非常令人深思。这就是徐旭生在讨论炎黄以前古史系统问题时提到的，在西汉中叶以后出现的一种《春秋》纬书《命历序》中有一套具有极其庞大记述框架的关于古史的"伟大"系统，本书已佚，但引见于《广雅》《金楼子》《礼记正义》《三皇本纪》《通鉴外纪》《路史》等各种古书，其将整个古史分为"十二纪"，时间跨度"从天地开辟到鲁哀公十四年西狩获麟……为二百七十六万年"，涉及传说时期的内容远超出五帝的范围，甚至"也不满于有巢、燧人、伏羲、女娲、神农等传说"③。由于是汉代纬书资料，这套系统向来不被研究者看重是自然的。我也曾就《命历序》记述的品质有一个总的分析，即"《命历序》的传说内容基本上不是历史性的记载"④。然而《命历序》的这套古史记述系统中有许多内容同其他一些古书所记述的传说资料有交结，其中的意义还是值得注意研究的。如按徐旭生的考证，《命历序》系统中"禅通纪"的前十六氏是一个"古代相传的间架"，而对这一间架

---

① ② 李学勤.《帝系》传说与蜀文化[M]//走出疑古时代（修订本）.沈阳：辽宁大学出版社，1997：219.
③ 徐旭生.中国古史的传说时代（增订本）[M].北京：文物出版社，1985：242-243.
④ 谢维扬.中国早期国家[M].杭州：浙江人民出版社，1996：89.

予以记述的"我见到最古的就算《庄子·胠箧》篇",有关的文字是:"昔者容成氏、大庭氏、伯皇氏、中央氏、栗陆氏、骊畜氏、轩辕氏、赫胥氏、尊卢氏、祝融氏、伏羲氏、神农氏……"①。《胠箧》这一篇属《庄子》外篇,作者并不能确定,但文字应不晚于战国。可见《命历序》的取材在时间上还不是太晚的。但是对于如《庄子》这段文字所表现的传说内容究竟如何看待很久以来并无好的依据。然而本世纪初上博简《容成氏》的发表使我们对这个问题的认识有突破性的进展。《容成氏》有篇题,写于53简背面,说明已残缺的正文开首部分应就是"容成氏",故廖名春据《庄子》《汉书·古今人表》《六韬》《帝王世纪》等有关文字将残简补为"昔者容成氏、大庭氏、伯皇氏、中央氏、栗陆氏、骊畜氏、祝融氏、昊英氏、有巢氏、葛天氏、阴康氏、朱襄氏、无怀氏、尊",下接现存的"卢氏、赫胥氏、高辛氏、仓颉史、轩辕氏、神农氏、浑沌氏、伏羲氏"②。而在记述极早时期人王这部分内容之后,《容成氏》则以更多文字讲述了属于"五帝"范围的尧、舜、禹之史事(还可能有誉及颛顼)③。《容成氏》内容上的这些表现使我们明确以下三点:一、构成《命历序》"禅通纪"内容的《庄子·胠箧》篇对最古时期传说的记述并不是源于庄子的创作,因为《容成氏》简引用《庄子》的可能性几乎为零,况且两者在细节上并不完全雷同,这说明这部分传说内容虽然就传世文献而言我们目前最早只见于《庄子》,但它们可能有更早的来源;二、由于《容成氏》全部内容是将所谓中原记述系统(包括李零所提的第一至第三种系统)中的传说内容以及之后三代历史的内容与对远超于这类系统范围之外的众多极早时期人王记述的另一系统融合在一起,因此《庄子》所代表的传说记述系统至少在上博简时期是同样被世人所利用并信从的,同时其在发生上也完全不能确定为只是出于著作性的动机,这不仅说明各传说资料形成系统发生作用以及相互渗透的情况是极为多样和复杂的,而且从总体上对多样存在的各传说系统记述内容中真实史事背景的存在可能引导更积极的估计;三、虽然从内容和形式上看,对于传说的所谓中原记述系统与上述见于《容成氏》及《庄子》等古书中对极早时期传说记述的系统有巨大差别,但是两者在所接纳的传说内容元素上是有许多交结点和相互流动的,这从上面对《容成氏》的简单介绍中并不难看出,而在看清记述系统分化的总前提下,同一传说内容元素在不同传说记述系统中的分布反而有利于说明相关资料在生成上可能拥

---

① 谢维扬.中国早期国家[M].杭州:浙江人民出版社,1996:253.
② 参见:廖名春.读上博简《容成氏》札记(一)[OL].简帛研究网,(2002-12-27).http://www.jianbo.org.
③ 参见:马承源,主编.上海博物馆藏战国楚竹书(二)[M].上海:上海古籍出版社,2002:249.

有的真实的基础,同时也有希望以一定的方法对真正具有史料品质的传说内容作合理的鉴别。以上这些认识我想对于深入探讨传说资料形成及其品质问题无疑是有意义的。

当然,除了以上论及的各样传说记述系统外,《山海经》也是非常值得重视的这类记述系统中的一个。其不仅在成书问题上与上述所有古书的成书有巨大区隔,也就是看不出它们之间在发生和流传上真正的关系,其体例和内容也是独特的,但也绝不是纯神话学的作品,而是融有大量传说时期乃至三代历史时期史事内容的元素的,从传说资料研究的角度,应当看作是有独特意义的古代又一传说记述系统的结晶。而《山海经》内容的突出一点就是它所包含的传说及古史内容元素有许多都可以与其他传说记述系统的相关内容相比较乃至印证。

在多样存在的传说记述系统的问题上,我们还必须着重提到自20世纪末以来在多件新出土实用性器物上,包括在少量传世器物上发现的一批属于古代实用性文字资料(青铜器铭文和记录实用性文字的简策)的有关传说时期人物和事件的记述,这些都必须认真地看作是多样存在的传说记述系统的又一大宗。据不完全归纳,我们现在看到的这类资料就有:记有"黄帝"的陈侯因齐敦(已见上述)、记有"禹迹"的秦公簋①、记有楚先"陆终"的郘公力钟②、记有楚先"老童"及陆终裔"祝融"的包山简和望山简③、记有黄帝裔"颛顼"及"老童""祝融"的新蔡简④,以及记有黄帝裔"高阳(颛顼)"的秦公编磬等⑤。所有这些资料的载体都不是古书,所以没有著作性的动机,虽然其做成年代距所记事主已极其遥远,完全复原其来历可能性很小,但相对记述相关传说内容的古书类资料而言,它们所记述的这些内容来自各具独立来源的远古资料的可能性更大。这是这部分传说资料较之古书资料具有更特殊价值的一个方面。

中国古代传说资料形成过程的多元性,以及古代传说记述系统多样的存在,对于传说资料研究而言,其最深刻的意义是在于有利于表明古代传说资料作为整体在本质上是具有真实事实来源的。现代古史史料学的要求应当包括真正重视古代传说记述系统的多样存在,其原因即在于此。原因很简单,由不同独立来

---

① 参见:中国社会科学院考古研究所.殷周金文集成释文:第3卷[M].香港中文大学中国文化研究所,2001:444-445,4315.
② 参见:王国维.郘公钟跋[M]//观堂集林:卷18.北京:中华书局,1959:894.
③ 参见:湖北省荆沙铁路考古队.包山楚简[M].北京:文物出版社,1991;湖北省文物考古研究所,北京大学中文系.望山楚简[M].北京:中华书局,1995.
④ 参见:河南文物考古研究所.新蔡葛陵楚墓・竹简[M].郑州:大象出版社,2003.
⑤ 参见:李学勤.秦公编磬的缀联及其历日[M]//夏商周年代学札记.沈阳:辽宁大学出版社,1999.

源生成而内容相关的证据资料是能够互为证据的。如果我们能完整地证明以上提到的各种不同系统的传说资料记述文本确是各具独立来源和形成路径,也不具有相互承继关系,那么其所记述的内容具有真实史事背景的可能性当然会大大增加。王国维当年提出著名的古史研究之"二重证据法"概念时,其所针对的并不仅仅是新获殷墟卜辞与《殷本纪》间有相互印证或补充的关系,实际上还针对了上文曾提到的、当时尚未在学界引起足够重视的传世器秦公簋铭文述及"禹迹"的事实。在王国维看来,秦公簋述及的"禹迹"即《大雅》之'维禹之迹',《商颂》之'设都于禹之迹'",并解释说:"《诗》言禹者尤不可胜数,固不待借他证据。然近人乃复疑之,故举此二器(按指秦公簋与齐侯镈、钟——引者)"①。这正说明了非古书类文字资料对相关内容传说有一定证明力的情况。王国维的"二重证据法"思想,绝不只是简单和片面地主张文献资料的真实性必须要有地下出土资料的印证,他其实是肯定古书记述本身作为有独立来源的资料,其真实性是自带的。在提出"二重证据法"这个概念时,他首先对于地下材料能佐证古书内容的一面予以充分肯定,谓:"吾辈生于今日,幸于纸上之材料外,更得地下之新材料。由此种材料,我辈得据以补正纸上之材料,亦得以证明古书之某部分全为实录,即百家不雅驯之言亦不无表示一面之事实。"但紧接着他给出了关于古史研究证据思想的完整表述:"虽古书之未得证明者,不能加以否定;而其已得证明者,不能不加以肯定,可断言也。"②说明他认为古书资料的真实性本身并不因有无其他来源资料的印证而消长,而"二重证据法"的本质正是使来源不同的相关证据资料相互证明的作用得以发挥。在王国维看来,相对纸上材料,地下材料就是具不同来源的、属其他记述系统的证据资料。这也正是我们需要特别重视对传说记述系统多样存在的意义做真正深入研究的原因。当然,我们现在应当注意研究的具不同独立来源的传说记述系统,远比王国维当初提到的要更多、更复杂,不仅纸上和地下资料是不同的系统,不同古书或古书文本组合之间也可能是不同系统,著作性资料与实用性资料之间则也是如此。但有一点应该看到,那就是由于每一个记述系统都可能在一定程度上是具独立来源的,中国古代传说记述系统多样存在的最明确意义就在于说明古代传说之总体是有高度真实事实背景可能的。我认为这应该是传说时期研究史料学关于传说资料品质可以确立的

---

① 王国维.古史新证[M]//谢维扬,房鑫亮主编.王国维全集:第11卷.杭州:浙江教育出版社,广州:广东教育出版社,2009:244-245.
② 王国维.古史新证[M]//谢维扬,房鑫亮主编.王国维全集:第11卷.杭州:浙江教育出版社,广州:广东教育出版社,2009:241-242.

一个基本概念。

中国古代传说资料研究的任务仍然十分艰巨和复杂。而今天我们可以确信有理的研究方向是：摆脱以单线性演化假说为依据的简单方法，致力于深入探讨各不同传说记述系统间在内容和文本形成上的真实关系，廓清其不可肯定或可作其他性质说明的部分，从而逐步检出确实能够作为传说时期历史研究史料并明确其完整意义的资料。这不仅需要依靠加强对传世和出土的各类文献和文字资料的研究，更重要的是需要研究者真正理解中国古代传说资料发生和形成过程的特点。

梁带村微型器初探

张童心

张童心,1960年生,江苏无锡人。上海大学历史系教授、博士生导师,文学院副院长、文物考古研究中心主任,上海大学人文学科学位评定委员会委员。主要研究领域为长三角地区等的考古学研究及教学,具有国家文物局颁发的田野考古领队资格。出版有《上海文化起源与早期文化生态——近年上海及周边地区考古研究》《禹王城瓦当》《临猗程村墓地》《唐代薛儆墓发掘报告》等专著;主编《考古发现与华夏文明》等教材;在《考古》《文物》等核心期刊发表论文近百篇。完成包括国家社科基金项目、南水北调考古项目在内的多项研究课题。为教育部高等学校历史教学指导委员会委员。

从2005年开始,考古工作者对陕西韩城梁带村进行了数次发掘,根据所出铜器铭文以及地理位置,初步判断此处为春秋时期芮国墓地。《陕西韩城梁带村遗址M26发掘简报》(下文简称《简报》)介绍了关于M26的一些具体情况,依《简报》所言,此墓"未见兵器,其墓主应为女性"。随葬有五鼎四簋,根据"夫人比国君'礼降一级'"以及《左传·桓公三年》的记载,初步推测其为一代芮公(M27)的夫人芮姜之墓。

该墓出土了大量精美的青铜器和玉器,其中所出6件微型器物颇引人注目:

镂空方盒,由盒盖和盒身构成,盒盖呈覆斗形,盒身四壁直竖。盒体下有4个虎行足,四足之间夹有一圆轮。盒盖和盒身均饰镂空纹样。通高10.6厘米,盒身长13.8厘米。

小簋,直口,有半环形的立耳,耳顶端各有一个圆形凸起,腹内收,有喇叭状圈足。器身饰有两组上下左右对称的人龙纹,龙舌下垂打破身体。通高6.6厘米,口径6.5厘米。

圈足匜，由器盖和器身两部分组成。盖面隆起，上有一人面兽身纽。两侧有龙形耳，喇叭口状圈足，有镂空。器盖饰卷云纹，口沿下饰窃曲纹。通高 10.3 厘米。

双层方鼎，由大小两个方鼎套叠而成，有 4 个人形足。通高 10.4 厘米。

贯耳罐和单把罐，尺寸不详，与双层方鼎相当。

此微型器物 6 件，皆出于椁室东侧，"因器形甚小，做工精致，当为墓主生前玩弄之器"，因此两者皆称此微型器为"弄器"。但笔者以为这些器物不仅仅是"把玩"之物，本文试作分析。

一、铜 方 盒

对于铜方盒，各位学者也有不同的认识，大致来看，有"盛玉器"和"装首饰"两种看法。

北赵晋侯墓地 M63 一般认为是晋穆侯次夫人的墓葬[1]，虽是次夫人，但是却采用了南北两条墓道，而且随葬的玉器数量，也是其他各墓所不及。在椁室的西北角出土 1 件铜方盒，已经锈蚀成末。在盒内盛满了各类的玉质小件器物，有玉人、熊、牛、鹰和龟等。相比较于随葬的丧葬礼仪用玉，李伯谦先生指出盒内的玉器"品类多、玉质佳、做工细"，而且从工艺特征分析，"大部分则是商代的玉器"[2]。并且这些玉器在商代时是人们判断吉凶的崇拜物，只是到了西周时期，其神秘的意义消失，成了墓主人喜爱的艺术品，因而单独装在一个小铜盒内随葬。在此基础上认为铜盒是供日用和赏玩的盛具，并且推测 M63 椁室北面的 M163：123 铜盒也是如此的功能。李伯谦先生同时指出："这时期专供玩赏把玩的玩好玉器的出现和对它的刻意收藏，则可作为从西周晚期开始的社会结构和意识形态出现变化这一现象的一个反应。"至于其玉器的来源，简报根据"凡武王俘商，(得)旧玉亿有百万"[3]的记载，推测可能包含周人早年的战利品，同时也反映了晋与其他地区经济文化交往的一个侧面[4]。

与此相类似的是，在梁带村出土有 6 件"弄器"的被认为是夫人芮姜的

---

① 李夏廷，张奎. 天马——曲村遗址 北赵晋侯墓地第四次发掘[J]. 文物，1994(8)：19.
② 李伯谦. 晋穆侯夫人随葬玉器反映的西周后期用玉观念的变化//刘敦愿先生纪念文集[C]. 上海：上海交通大学出版社，1998：291-297.
③ 黄怀信，等. 逸周书汇校集注·世俘解第四十[M]. 上海：上海古籍出版社，2007.
④ 李夏廷，张奎. 天马——曲村遗址 北赵晋侯墓地第四次发掘[J]. 文物，1994(8)：19.

M26中,也出土有大量种类多、等级高的玉器①。而且经过初步的观察,其年代跨度也较大。如出土于内棺东北角的玉猪龙与典型红山文化同类器相同②;玉戚两侧的扉牙与妇好墓出土玉器的扉牙的制作风格相同③;胸部的一件玉鸟,推测也是墓主人生前的收藏品④,等。而且有的经过改制,改制后的用途也有了变化⑤。这些玉器大多出土于棺内墓主人身边,有礼玉,也有葬玉。

在河南三门峡虢国墓地,被认为是梁姬墓的M2012的内棺顶部出土有铜盒一件,为长方体,"用铜薄片制成,上面有压印纹样,盒壁的接口由长条形的铜片连结。长13厘米,宽10.5厘米",出土时盒内装有以绿松石、料珠、煤精等组成的串饰一组⑥。

在山东枣庄小邾国3号墓木椁南边的器物箱中,也放有一件铜方盒,里面放置玉耳刀一把,玉玦两件⑦。河南光山黄君孟夫妇墓中也出土两件铜盒,一大一小,出土于G2主棺南侧板与内椁南侧板之间,同时还有两把铜刀⑧。

在宝鸡强国墓地M20出土铜盒一件,周壁用铜圈围成,圆直口,腹壁直,盒底及盖均为木质,已朽。出土时摆放在棺椁之间的头向处,盒内放有铜梳、铜笄、小铜刀、铜凿、小铜勺、铜锛、铜浅盘器等小件器物,盒高10.9厘米,口径23厘米⑨。

李零先生在指出此种方形盒为盛装玉器之用,或者说是"珠宝盒"的同时,将此种器物定名为"椟",但也包括了圆罐类的器物⑩,方辉先生对不同形制的方盒进行了分类,并从以上例子判定此种器物是"首饰盒"⑪。

---

① 孙秉君,程蕊萍,等.陕西韩城梁带村遗址M26发掘简报[J].文物,2008(1):4-21.
② 参见:陕西省考古研究院.芮国金玉选粹—陕西韩城春秋宝藏[M].西安:三秦出版社,2007:38,图1;相类的器物参见辽宁省文物考古研究所.牛河梁红山文化遗址与玉器精粹[M].北京:文物出版社,1997:53,图5.
③ 陕西省考古研究院.芮国金玉选粹—陕西韩城春秋宝藏[M].西安:三秦出版社,2007:46,图5;中国社会科学院考古研究所.殷墟妇好墓[M].北京:文物出版社,1980.
④ 陕西省考古研究院.芮国金玉选粹—陕西韩城春秋宝藏[M].西安:三秦出版社,2007:124,图43.
⑤ 比如胸前的玉鸟,原为盖纽,改制后成为串饰的组件之一。
⑥ 河南省文物考古研究所,等.三门峡虢国墓:第1卷[M].北京:文物出版社,1999:264.
⑦ 李光雨,张云.山东枣庄春秋时期小邾国墓地的发掘[J].中国历史文物,2003(5):65-67.
⑧ 欧潭生.春秋早期黄君孟夫妇墓发掘报告[J].考古,1984(4):302-332.
⑨ 卢连成,胡智生.宝鸡弓鱼国墓地:上册[M].北京:文物出版社,1988:189.
⑩ 李零.说椟——中国早期的妇女用品:首饰盒、化妆盒和香盒[J].故宫博物院刊,2009(3):69-86.
⑪ 方辉.试论周代的铜椟[M].济南:山东大学出版社,2007.

除了以上器物外,在甘肃礼县圆顶山①、闻喜上郭村②、山东莒县③等地方也有发现,还有几件收藏品④。从目前的情况来看,就其出土位置而言,除了闻喜上郭村的"刖人守囿车"出土于墓主人头部,梁姬墓的铜方盒出土于内棺盖上之外,其他均在椁室内,但与礼器相区别。另外,出土此种方盒的墓主人已知者皆为女性,故陈芳妹先生言"其为与女子用器有关的新器制,是颇有可能的"⑤。惟其具体的功用,是放置珍宝玩物,或是放置首饰、化妆品,抑或兼而有之,还有待于更多资料的发现。

《简报》之所以称之为"弄器",大概是从器物的大小来统称的,不过由以上例子来看,这类的盒子是有具体的功用的,并不是简单的用来"赏玩"之器。

二、小鍑与圈足匜

M26 有青铜小鍑一件,与这件小鍑近似者无几,1973 年在凤翔南指挥侯家庄秦墓发现有素面铜鍑一件,形体小巧,双耳近方形,而上无凸钉,高 7 厘米,口径 6.6 厘米,时代为春秋早期偏晚⑥,大小与梁带村出土者近似。

许多学者都已经指出青铜鍑是北方少数民族的器物,但也有学者同时指出其纹样别具特色,以龙首及人首共体组成的纹饰单元在青铜器上绝无仅有,所以梁带村的这件铜鍑应该是当地铸作的,其器形直接承自北方⑦。就其功用,有学者指出"它既可能用作炊具,也可能是祭祀活动中的礼仪用器"⑧,李朝远先生在论述"秦式青铜鍑"的时候曾指出"秦式鍑不一定就是日常实用器",外底和腹部的"黑炱"是其礼制特征的另一表现⑨。

但是从青铜鍑出土的数量以及出土的环境来看,在中原地区作为礼器的可能性不大。在闻喜上郭村出土有一件青铜鍑,在宽折沿上有一对断面呈八棱形

---

① 毛瑞林,李永宁,等. 礼县圆顶山春秋秦墓[J]. 文物,2002(2):4-30.
② 朱华. 闻喜上郭村古墓群试掘[J]. 三晋考古,1994:95-122. 张崇宁,马刚,等. 闻喜县上郭村 1989 年发掘简报[J]. 三晋考古,1994:139-153.
③④ 参见:方辉. 试论周代的铜棱[M]. 济南:山东大学出版社,2007.
⑤ 陈芳妹. 晋侯墓地青铜器所见性别研究的新线索//晋侯墓地出土青铜器国际学术研讨会论文集[C]. 上海:上海书画出版社,2002.
⑥ 赵丛苍. 凤翔出土一批春秋战国文物[J]. 考古与文物,1991(2).
⑦ 高西省. 秦式铜鍑及相关问题——从新见的垂鳞纹铜鍑谈起//中国古代青铜器国际学术研讨会论文集[C]. 上海:上海博物馆,2010.
⑧ 梅建军,王博,李肖. 新疆出土铜鍑的初步科学分析[J]. 考古,2005(4):78-84.
⑨ 李朝远. 新见秦氏青铜鍑研究[J]. 文物,2004(1):83-92.

的立耳,耳上端有斗状凸起。高圈足,腹饰凸弦纹一道①。上郭村仅出土一件。侯马上马墓地出土铜鍑一件,折沿、深腹、直耳,高圈足,有一孔,素面,在器表有烟炱痕迹,通高6厘米②。在临猗程村发现有两件铜鍑,形制基本一致,铸造粗糙,铸痕清晰,通高在5—7厘米③。

以上这些铜鍑,除上郭村出土者外,其余铜鍑就其形制而言,均为10厘米左右的微型器物,作为礼器的可能性不大。之所以如此,不排除青铜鍑在由西北向南传播的过程中,包括秦式鍑在内,以及由日常用器物向微型器物转变的过程中,其器物的功能出现了变化。而且正如李朝远先生所言:"如果说,鍑是欧亚大陆草原地带早期游牧民族广泛使用的一种器物,那么,两周之际的秦不会是游牧民族,因而他们使用这类器的功能是否与草原地带早期游牧民族完全一致,尚可发疑。"④

在6件微型器物中,有一件被称为"匜"的小件铜器,从图来看,似乎比共出的青铜鍑稍大,又带有鍑的特征。这件特殊的器物由器盖和器身两部分组成,盖顶为一人面兽身纽,有学者指出此为"马腹"⑤。器身与青铜鍑形制近似,直口方唇,镂空的高圈足,在口沿一侧有一短流。从其带盖的作风来看,又西周晚期到春秋早期匜鼎的特点,但是主体部分是和铜鍑相类似的。有学者指出是以"北方铜鍑为主体并借鉴了山西一带小铜鼎带流带盖的特点加以改造变化而来"⑥。此种相杂合的器形,不大可能是用于礼仪的用途,当作为生活用具使用,而且很大程度上是中原的特殊产物。

带流匜鼎的出土地点很多,以闻喜上郭村为最,数量在10件以上。但均为微型器物,且每墓出一件。在上郭村亦有青铜鼎出土,其器形也较高大,可知匜鼎并不是以礼器的身份随葬;且在M7中一件匜鼎与铜车同出于棺内墓主头部,也说明了匜鼎不是作为礼器出现的。正如有学者指出的那样:"这一时期随葬小型铜鼎是该地区的一大特色,而且所见者均为单件出土,未见两件或3件以上共存,其他地区未见,应该是有特殊用途的。"⑦从闻喜上郭村墓地表现出来的少数

---

① 马刚,李夏廷等.1976年闻喜上郭村周代墓葬清理记[J].三晋考古,1994:123-138.
② 山西省考古研究所.上马墓地[M].北京:文物出版社,1994:71.
③ 赵慧民,李百勤,李春喜.山西临猗县程村两座东周墓[J].考古,1991(11):987-994.
④ 李朝远.新见秦氏青铜鍑研究[J].文物,2004(1):83-92.
⑤ 何宏.春秋芮国墓中的人面兽身玉雕为"马腹"考[J].文博,2011(2):18-21.
⑥⑦ 高西省.秦式铜鍑及相关问题——从新见的垂鳞纹铜鍑谈起[C]//中国古代青铜器国际学术研讨会论文集.上海:上海博物馆,2010.

民族特色①来看,笔者认为上郭村出土的带流匜鼎,从其数量以及出土墓葬来看,不论解释为礼器,还是解释为平常用具或玩器都欠妥当,应当是和墓主人所属族属有关系,或者是带有某种民族特色的日常用器,若是说受到少数民族的影响或者墓主人就是外来民族亦无不可。

三、关于"弄"器

有学者指出在西周晚期至春秋早期,就晋式青铜器来说,一大批造型生动、小巧玲珑的青铜器纷纷问世②。但从现在的情况来看,许多地方都有发现。而且在商代,就已经出现了一些微型器物。

李零和黄铭崇两位先生都曾撰文讨论过自名带"弄"的器物③。商代自名"弄"的器物有殷墟出土的"王作姘弄方鼎盖",其器大小只有 6.3 厘米×5.2 厘米④。另外还有"王作姘弄卣"和安阳郭家庄东南 M1 出土的"佳嬚簋",后两者比第一器稍大,但是较一般常见的器物为小。其他形制较小但未自名为"弄"的器物还有妇好墓出土的"后母辛方鼎"以及与"佳嬚簋"同出的"弦纹豆"和"乳钉纹方鼎",器物大小均在 10 厘米左右。

西周时期除仅有的两件对其年代比较有争议的"天尹钟"外,尚未发现其他自名为"弄"的器物。无"弄"字,但是器形较小的器物,张亚初先生提到"嬴霝德鼎"和"四鸭小方鼎"⑤。

春秋时期自名为"弄"的器物有:

智君子鉴,两件,大小、纹饰、铭文基本相同,传 1938 年出于辉县。第二器铭"智君子之弄鉴"。

子之弄鸟尊,传出于太原,头顶有铭"子之弄鸟"。

君子之弄鼎,传出于辉县,现藏吉林大学历史系,铭文"君子之弄鼎"。

君子之弄鬲,传出于辉县琉璃阁,现藏北京故宫博物院,铭文"君子之弄鬲"。

杕氏壶,所处不详,铭文有"以为弄壶"字样。

---

① 比如 76M4:5 铜鼎口沿上立绳索状拱状耳,耳顶有倒圆锥形凸起。
② 侯毅.从晋侯墓铜器看晋文化的形成与发展[C]//晋侯墓出土青铜器国际学术研讨会论文集.上海:上海博物馆,2002.
③ 李零.说楑——中国早期的妇女用品:首饰盒、化妆盒和香盒[J].故宫博物院院刊,2009(3):69-86.黄铭崇.殷代与东周之"弄器"及其意义[J].古今论衡,2001(6).
④ 中国科学院考古研究所安阳发掘队.1975 年安阳殷墟的新发现[J].考古,1976(4):264-272.
⑤ 张亚初.殷周青铜鼎器名、用途研究//古文字研究:第 18 辑[M].北京:中华书局,1986.

除最后一个杕氏壶外,作者指出其余三器都出于三晋之地。对于"弄"字,黄铭崇先生主张商代器物与"天尹钟"之"弄"字为把玩之意,春秋时期"弄"字有"欣赏、珍爱"的意思,是用来涵盖"与日俱增的'物质面'的需求",与"祠器""尊壶"在外表上虽无差别,但是在用途和内涵上还是有差别的。

从上面的叙述我们可以发现:一方面,不论是商代,还是西周和春秋时期,自名为"弄"的器物和普通的微型器物都是共存的,甚至是共出于同一墓葬;另一方面,除商代外,西周和春秋时期的自名为"弄"的器物都不是微型器物;此外,自名为"弄"的器物,不论是"鼎""卣""簋",还是"钟""鉴""鬲",都是常见的器类,并不像梁带村M26所出"小鍨""套鼎"和"镂空方盒"那样特殊。

结 论

春秋时期出土的微型器物,除了上面提到的,还有很多不同的器形。有学者从"性别"的角度来探讨此种器物的功用,不失为一个独特的视角①。但是对于不同的器物应当具体分析,特别是要注意男女通用的器物,比如河南三门峡虢国墓地M1052、M1705出土被认为是化妆盒的小罐②;山东长清仙人台M6也出土一件"提梁小罐"③;宝鸡茹家庄一号墓乙墓出土一件小罍,其墓主是男性④。

对于此种微型器物的用途,西方学者Lippe建议此种缩小的铜器是"明器"⑤,但观之所谓"明器",其器形小,且质量差,甚至使人一眼便知其"无所用"性⑥。但所讨论的此种微型器物,大多装饰华丽、制作精巧,若说是明器,似乎不大能使人信服。张亚初先生提出的"弄器"说是值得参考的。但是,是不是所有的微型器物都可归为"弄器"还是值得斟酌再三的。黄铭崇先生言其在日照两城镇资料中发现一些迷你的黑陶器,推测其与殷代"弄器"性质相近,或者是给小孩的玩具⑦,这个发现是值得重视的。

从上述的发现来看,笔者得出以下粗浅的认识:

对于微型器物,似乎还没有一个标准,从10厘米左右到普通常用器物,好像

---

① 陈芳妹.晋侯墓地青铜器所见性别研究的新线索;汪涛.两周之际的青铜艺术—以晋侯墓地出土的青铜器为例[C]//晋侯墓地出土青铜器国际学术研讨会论文集.上海:上海书画出版社,2002.
② 中国科学院考古研究所.上村岭虢国墓地[M].北京:科学出版社,1959.
③ 山东大学考古系等.山东大学文物精品选[M].济南:齐鲁书社,2002.
④ 卢连成,胡智生.宝鸡弓鱼国墓地(上册)[M].北京:文物出版社,1988.
⑤ 原文未见,引自:黄铭崇.殷代与东周之"弄器"及其意义[J].古今论衡,2001(6).
⑥ 比如闻喜上郭村出土的无底铜方彝(75M1∶32)、假盖实流的铜盉(75M1∶29)等。
⑦ 黄铭崇.殷代与东周之"弄器"及其意义[J].古今论衡,2001(6).

有一个渐变的过程。对于这些器物具体的功用,似乎不能一概而论。

从"弄"器的铭文格式,以及微型器物出土时的位置、里面时常发现小型器物的情况来看,不论是器形较大的"弄"器,还是器形较小的"弄"器以及无铭文的微型器物,都是具有某种用途的。至于是器物本身用作"赏玩"之器,还是用来装载其他器物,抑或兼而有之,还需要进一步的分析。但不可否认的是,迄今所发现的这些器物,都是做成容器的形式(天尹钟除外)。

不论是从时间上来说,还是从空间上来说,对于自名为"弄"的器物以及微型器物,都应该做更具体的讨论。不可否认的是,至少从商代开始,便有"弄"器与微型器物的存在。此种制作微型器物的传统,或许正是来自北方草原的青铜鍑得以缩小后出现在芮国墓地的原因;而特殊形制的微型器物的产生,或者是陈芳妹先生说的那样,是"基于某些实用新需要而产生"[①]。

单就"弄"器来说,从商代至春秋,自名为"弄"的器物的器形有所变化。这或许说明了,"弄"器的功用有了变化,或者"弄"字的含义有了变化;单就微型器物来说,从商代至春秋时期,微型器物的器形有了变化,不再是规规矩矩的常见器形,而是有了发展,甚至明显有了外来的器形,或者是在器物上有了外来的因素,比如套鼎上的裸人形象。另外,微型器物发现的地域也有了扩大。

(原载《上海文化起源与早期文化生态——近年上海及周边考古研究》,张童心著,上海大学出版社,2013年)

[①] 陈芳妹.晋侯墓地青铜器所见性别研究的新线索[C]//晋侯墓地出土青铜器国际学术研讨会论文集.上海:上海书画出版社,2002.

历史上的食玉之风

吕建昌

吕建昌，1980年进入复旦大学分校历史系考古与博物馆专业学习，1984年毕业留校，任历史系教师；1989年毕业于复旦大学历史系文物与博物馆学、文化遗产保护专业，获硕士学位。主要研究领域为历史学、文物与博物馆学、文化遗产保护等。出版有《博物馆与当代社会若干问题研究》《世博会与上海未来发展》《近现代工业遗产博物馆研究》《古玉新识》等专著数部，其中《近现代工业遗产博物馆研究》一书入选2015年国家哲学社会科学成果文库；主编或参编考古与文物研究教材及收藏鉴赏书籍多部；发表学术论文80余篇。曾主持国家社科基金项目以及教育部、国家文物局、上海市教委等纵向课题多项。现为2017年度国家社科基金重大项目"三线建设工业遗产保护与创新利用的路径研究"首席专家，国家文物局、上海市文物局文物博物馆系列评审专家，中国博物馆协会博物馆管理专业委员会委员，上海文物与博物馆学会理事，复旦大学文物与博物馆系兼职教授。

文化人类学的资料反映，在史前时代世界各地的许多原始部落中，都曾经不同程度地存在过"灵石"崇拜现象，即将某些色彩美丽或形状特别的石头视为能对人们的生活发生影响力的具有某种"神性"的东西而加以顶礼膜拜。玉因其美丽的色泽和温润的质地而往往被原始人类视为"灵石"。"如果说一般的石头因其具有重量和坚硬等共性被认为具有一般的巫术效力，那么特殊的石头则以其具有特殊的形状或颜色等特性而被认为具有特殊的巫术效力"①。玉就是那种具有特殊巫术效力的特殊石头。

中国是世界上著名的玉文化古国，有着悠久的崇玉、尊玉和用玉的历史，考

---

① 詹·乔·弗雷泽著.金枝[M].徐育新等,译.北京：大众文艺出版社,1998：50.

古出土的大量玉器证明,新石器时代的先民对玉是极为崇敬的,视其为能与上天神灵沟通的具有灵性之物,把它制成璧、琮、圭、璋等,用作祭祀的法器,祈求上天神灵的庇护。但在古人的崇玉、用玉中,曾出现过食玉的现象,并且在后来的某一段历史时期内还十分流行,这在世界上除了中国之外是没有的。为什么会出现这种现象?其社会基础和历史背景怎样?其最终带来怎样的后果?这一现象与中国的道教又有什么关系?诸如此类的问题以前未见有人作过专门的研究,而这些问题在研究中国玉文化时又都是无法回避的。本文在此作一番最初级的探讨,以期求得对这一文化现象的初步认识。

一、古代文献中有关食玉的记载

目前文献中所见有关古人食玉的记载,主要散见于先秦典籍、汉以来的医书和道家典籍,以及六朝时期的志怪小说。正史中有关食玉的记载并不多,即便有记载,也都语焉不详,或已失传。如《隋书·经籍志》记载有《服玉方法》一卷,《旧唐书·经籍志》亦记载有《服玉法并禁忌》一卷,均为食玉之书,但都仅有目录,而无具体内容。

从文献的记载看,早在秦汉的时候起就已有帝王为追求长生不死而服食仙药的事,到魏晋南北朝时期,不仅是帝王贵族,而且士大夫亦加入服药求仙的大军之列①。玉作为仙药之一,成为求仙者们四处寻觅的对象,食玉之风由此流行开来。魏晋南北朝时期提倡食玉影响最大、最具有代表性的人物当数晋代著名的医药学家、道家葛洪,他是魏晋以来神仙道教理论的集大成者。葛洪的《抱朴子·内篇》全面汇集了战国秦汉特别是魏晋以来社会上流行的各种神仙方术,从理论上论述了修道成仙的可能,并提出以服食金玉等仙药为主,并行其他道术修炼成仙途径,其思想在当时的社会上产生广泛的影响。

六朝时期的志怪小说中所存在的一些反映当时流行食玉之风的资料,都和道家提倡的服玉长寿思想有关,由于这些书的作者们本身都相信道家之说,所以不排除有一些事迹可能系作者自己杜撰出来的,这些志怪小说中所说之事并不

---

① 《晋书·王济传》记载,王济"性豪侈,丽服玉食"。见:房玄龄,等.晋书·列传第十二[M].北京:中华书局,1974:1206.《晋书·夏侯湛传》:"(夏侯湛)族为盛门,性颇豪侈,侯服玉食,穷滋极珍"。见:房玄龄,等.晋书·列传第二十五[M].北京:中华书局,1974:1499.《南史·宗悫传》:"先是乡人庾业家富豪侈,侯服玉食。"见:李延寿,等.南史·列传第二十七[M].北京:中华书局,1975:972.《三国志·董和传》:"董和字幼宰……蜀土富实,时俗奢侈,货殖之家,侯服玉食。"见:陈寿.三国志·蜀书九[M].北京:中华书局,1959:979.

可全信，但也不能全部否认这些材料所反映的某些事实。

古代文献中所见反映古人食玉的最有代表性的资料，主要有以下这些：

《周礼·玉府》曰："王齐（斋）则共（供）食玉。"郑玄注："玉是阳精之纯者。"贾公彦疏："郑司农云王齐（斋）当食玉屑者，其玉屑研之乃可食。故云当食玉屑也。"①意即周天子在斋戒时，服食由玉府供应的玉屑。

《尚书·洪范》云："惟辟作福，惟辟作威，惟辟玉食。臣无有作福、作威、玉食。"②注家一般认为"玉食"比喻食物美好或玉制食器，但裘锡圭先生认为此处很可能是指食玉而言，意即只许君主食玉，而不许臣下食玉。③

屈原《离骚》云："精琼爢以为粻。"王逸注："精凿玉屑持以为食粮，饭饮香洁，冀以延年。"④

《山海经·西山经》记载："……丹水出焉，西流注于稷泽。其中多白玉，是有玉膏，其原沸沸汤汤，黄帝是食是飨。"郭璞引《河图玉版》注云："少室山，其上有白玉膏，一服即仙矣。"⑤

《神农本草经》记载：玉泉"久服耐寒暑，不饥渴，不老，神仙。人临死服五斤，死三年，色不变。"⑥

王充《论衡·道虚篇》云："闻为道者，服金玉之精，食紫芝之英，食精身轻，故能神仙。"⑦

张衡《西京赋》云："立修茎之仙掌，承云表之清露，屑琼蕊以朝飧，必性命之可度。"⑧

《海内十洲记》云："瀛洲在东海中，地方四千里……又有玉石，高且千丈。出泉如酒，味甘，名之为玉醴泉，饮之，数升辄醉，令人长生。"⑨

《列仙传》记载："赤松子者，神农时雨师也。服水玉，教神农，能入火不烧。"⑩

张华《博物志》卷一记载："名山大川，孔穴相内，和气所出，则生石脂、玉

---

① 周礼注疏[M]//十三经注疏.北京：中华书局，1980：678.
② 尚书正义[M]//十三经注疏.北京：中华书局，1980：190.
③ 裘锡圭.稷下道家精气说[G]//陈鼓应主编.道家文化研究：第2辑.上海：上海古籍出版社，1992：167-192.
④ 楚辞章句.离骚经章句[M]//文渊阁四库全书：第1062册.上海：上海古籍出版社，1989：13.
⑤ 山海经·西山经[M]//文渊阁四库全书：第1042册.上海：上海古籍出版社，1989：14.
⑥ 神农本草经[M]//中华医书集成：第6册.北京：中医古籍出版社，1999：2.
⑦ 王充.论衡·道虚篇[M]//诸子集成：第7册.上海：上海书店出版社，1986：70.
⑧ 文选·西京赋[M]//文渊阁四库全书：第1329册.上海：上海古籍出版社，1989：31-32.
⑨ 东方朔.海内十洲记[M]//汉魏六朝笔记小说大观.上海：上海古籍出版社，1999：65.
⑩ 列仙传[M]//太平御览·珍宝部四：卷805.北京：中华书局，1960：3578.

膏,食之不死……"别本注云:"玉泉者,玉之泉液也。以仙室玉池中者为上,故一名玉液。今仙经三十六水法中,化玉为玉浆,称为玉泉,服之长年不老……"①

《异闻志》云:"白氏国人白如玉,国中无五谷,惟种玉食之。玉成,椎为屑,食之味甘而肥。若宴客,则以膏露浸玉屑,……人有活千岁者。"②

葛洪《抱朴子·内篇》中,多次提及有关食玉之事:

"……丹砂、玉札、曾青、雄黄、雌黄、云母、太乙禹余粮,各可单服之,皆令人飞行长生。"③

"玉脂芝,生于有玉之山,常居悬危之处,玉膏流出万年以上,则凝而成芝。有似鸟兽之形,色无常彩,率多似山玄水苍玉也,鲜明如水精(水晶)。得而末之,以无心草末和之,须臾成水,服一升,得千岁也。"④

"服金者寿如金,服玉者寿如玉。……玄真者,玉之别名也,服之令人身飞轻举。"⑤

在上述引出的资料中,除了最前面的三条之外,其余的都云食玉可以长生,或可以羽化成仙,表明古代的食玉与神仙思想有着密切的关系。

按道家的观点,食玉可以长生成仙,但长生成仙不是一个突变的过程,而是一个渐进的过程,也就是说食玉非一时一日之功,必须坚持长期服玉,达到一定的量才能有效,"玉亦仙药……但其道迟成,须服一二百斤,乃可知也。……服之一年以上,入水不沾,入火不灼,刃之不伤,百毒不死"。⑥

另外,道家的所谓食玉也是有讲究的,不是任何的玉都可以吃,必须是色质纯清、未经雕琢过的璞玉,凡墓中出土之玉或已被雕琢成各种造型的玉器,食之均无效。"不可用已成之器,伤人无益,当得璞玉,乃可用也"。⑦道家认为的可食之玉,首选的当来自西域于阗国的软玉,"得于阗国白玉,尤善,其次有南阳徐善亭部界中玉,及日南卢容水中玉,亦佳"。⑧然而,和田玉早在汉代就已被确立为王室玉,并为帝王贵族所垄断,即使是蓝田玉和南阳玉,也是颇为难得,所以一般的人不会像道家所说的那样讲究,为了长生成仙,纷纷把历朝历代的传世古玉或随葬玉也拿来食用。葛洪在《抱朴子·内篇》中提到过这样的例子,当时"有吴延稚者,志欲服玉,得玉经方不具了,不知其节度

---

① 转引自:李时珍.本草纲目·卷八石之二[M]//中华医书集成:第6册.北京:中医古籍出版社,1999:412-425.
② 桑行之等,编.说玉[M].上海:上海科技教育出版社,1993:215.
③④⑤⑥⑦⑧ 葛洪.抱朴子·内篇·仙药卷十一[M]//诸子集成:第8册.上海:上海书店出版社,1986:44-52.

禁忌,乃招合得圭璋环璧及栝剑所用甚多,欲饵治服之。后余为说此不中用,乃叹息……"①

道家还认为服食仙药是有"节度禁忌"的,酒、色是仙道大忌。② 此外,个人的某些嗜好欲望也必须有所节制,应"恬愉澹泊,涤除嗜欲,内视反听,尸居无心",③不然,服食的仙药是起不到作用的。《魏书》记载,曾任征西大将军长史的李预"每羡古人餐玉之法,乃采访蓝田,躬往攻掘。得若环璧杂器形者大小百余,稍得粗黑者,亦箧盛以还,而至家观之,皆光润可玩。预乃椎七十枚为屑,日服食之,余多惠人。……预服经年,云有效验,而世事寝食不禁节,又加之好酒损志,及疾笃,谓妻子曰:'服玉当屏居山林,排弃嗜欲,或当大有神力,而吾酒色不绝,自致于死,非药过也。然吾体必当有异,勿使速殡,令后人知餐服之妙。'……死时犹有遗玉屑数斗,橐盛纳诸棺中"。④ 李预深信道家的食玉成仙之说,他从地下挖掘出前人随葬的玉器,将其研为粉末,每日服食。遗憾的是食玉未见添寿,反而早夭。临死之前他还没有醒悟,非但不怪罪食玉的荒唐,反而以为自己没有严格按"餐玉法"做,可见其对道家食玉成仙之说的迷信程度,真是至死不悟!

在道家神仙思想的影响下,羡慕"餐玉之法"者远非李预一人,当时笃信食玉可以成仙并且身体力行者上至帝王贵族,下至一般文人武士,形成了一个有相当规模的社会群体,由此推动着食玉之风愈演愈烈。"当时得到一件旧玉或得到一块宝玉料,不是切磋如何藏之深阁或雕琢成一件稀世珍宝,而是想方设法吃下肚去"。⑤ 在玉料供不应求的情况下,人们自然会寻找前人制作的玉器,甚至像李预这样把墓中挖掘出来的古玉器拿来食用,可能也不在少数。

从考古出土资料看,迄今所见魏晋南北朝时期的玉器与汉代大量使用玉器的情况形成强烈的反差,不用说作为玉礼器的璧、圭寥若晨星,即使用于生活方面的玉器亦很少见到。如果说魏晋南北朝是国家处于分裂、战乱的时期,经济发展受到一定的影响,在一定程度上也可能波及玉器工艺,但凭借汉代玉器制作工

---

① 葛洪.抱朴子·内篇·仙药卷十一[M]//诸子集成:第8册.上海:上海书店出版社,1986:44-52.
② 云笈七签·摄养枕中方·仙道忌十败:卷33[M]//道藏要籍选刊:第1册.上海:上海古籍出版社,1989:240.
③ 葛洪.抱朴子·内篇·论仙卷二[M]//诸子集成:第8册.上海:上海书店出版社,1986:5.
④ 魏收.魏书·李先传[M].北京:中华书局,1974:791.
⑤ 殷志强.中国古代玉器[M].上海:上海文化出版社,2000:292.

艺的基础,绝不至于到如此凋零的地步。为何至今传世的和考古出土的玉器中属于魏晋南北朝时期的玉器极少?结合历史文献的记载和考古出土情况的推断,我们有理由认为这是魏晋南北朝时期流行的食玉之风所造成的。"积累了三千多年的无数精美古玉器,凡能罗而至之者,皆被那些隐居山林、史传无载的'有道之士'们一一填入杵臼之间去了。……餐玉求长生风气的兴起,标志着古玉文化的衰落"①。

二、古人的食玉之法

玉属于矿物类,不像动物、植物类,人可以用牙齿咬嚼后吞食,因此,食玉必须先得设法将玉弄碎,或成粉末状,或消融成浆水等方可入口。古人食玉有多种不同的方法,归纳起来大致有玉屑法、玉浆法、玉丸法等几种。

玉屑法,即先将玉碾细如米,再和以酒浸之,让其消融于酒中,然后连酒一起服食。

陶弘景《名医别录》引《仙经》曰:"服珏玉,有捣如米粒,乃以苦酒辈,消令如泥……"②

所谓"玉浆法",即以玉屑和草药置于容器中煮,其汁为玉浆。

青霞子云:"玉屑一升,地榆草一升,稻米一升,取白露一升,铜器中煮,半熟绞汁,玉屑化为水,以药纳入,所谓神仙玉浆也。"③

葛洪云:"饵玉当以消作水者为佳","玉可以乌米酒及地榆酒化之为水……"④

玉丸法,即先将玉煅烧后研磨成粉,再和以辅料撮揉成小丸。此外,还有将玉制成玉粕或玉粉服食的,葛洪云,玉"亦可以葱浆消之为粕,亦可饵以为丸,亦可烧以为粉"。⑤

从矿物学的角度分析,古人所食之玉,包括透闪石类、蚀变斜长岩类和蛇纹岩类等,按照现代矿物学的观点,只有透闪石类够得上玉的资格,属于软玉,而蚀变斜长岩类和蛇纹岩类不属于玉,只能算是彩石。但我们必须历史地看待古人对玉的概念,不能用现代人的眼光来苛求古人。从历史文献和考古出土物证实,

---

① 臧振,潘守永.中国古代玉文化[M].北京:中国书店,2001:257.
②③ 转引自:李时珍.本草纲目·卷八石之二[M]//中华医书集成:第6册.北京:中医古籍出版社,1999:412-425.
④⑤ 葛洪.抱朴子·内篇·仙药卷十一[M]//诸子集成:第8册.上海:上海书店出版社,1986:44-52.

古人对玉的界定,经历了一个有广义到狭义的过程。远古时代是"美石皆玉也",除了上述的透闪石类、蚀变斜长岩和蛇纹岩之外,水晶、玛瑙、石英、云母、绿松石、孔雀石和大理石等都属于玉的范围。进入文明社会以后,玉的概念缩小到透闪石类、蚀变斜长岩和蛇纹岩类,其中,属于透闪石类的"昆仑之玉"被定为是最好的"真玉",儒家的"玉德说"正是以"真玉"的色泽和质地为比附的。汉代继承了儒家对玉的矿物性"美"和伦理性"德"的双重内涵,并且确立了真玉为王室玉的传统,在此后二千余年的封建时代,真玉一直位于最尊贵的地位[1],而蚀变斜长岩和蛇纹岩类虽作为"玉"被纳入可服食之玉的范畴,但始终屈居透闪石类之下。

就色泽上看,古人所食之玉主要是白玉或青白玉之类,陶弘景《名医别录》云:"好玉出蓝田及南阳徐善亭部界中,日南卢容水中,外国于阗、疏勒诸处皆善。洁白如猪膏,叩之鸣者,是真也。"[2]于阗、疏勒诸处皆为新疆和田—密勒塔一带,该处所出之玉也就是"真玉",今称"和田玉"。所谓"洁白如猪膏"者,即和田玉中最佳者"羊脂玉",色泽纯白温润。根据考古资料证实,和田玉早在殷商时代已流入中原地区,一直到清代,和田玉始终是古代玉材中最好的玉料。

河南的南阳早在汉代已产玉,在今南阳市郊的独山东南山脚下,有汉代"玉街寺"旧址,相传是汉代玉作旧迹。《汉书》中称独山为"玉山",该处为一兴旺的玉产地,独山上存有古代开采玉矿的矿坑达千余个,经有关部门对殷墟妇好墓出土的部分玉器玉质的鉴定,发现部分玉质为南阳玉,可知南阳玉早在殷商时代已为人们所发现和使用,至汉代以及汉代以后,南阳一直是内地玉料的主要产地。南阳玉的矿物学性质为蚀变斜长岩,因产于独山,今又称其为"独山玉"。南阳玉有白、绿、青、紫和杂色等多种,其中,白色和青白色者为首选食用之玉。

《汉书·地理志》载"蓝田山出美玉",《后汉书·外戚传》、张衡《西京赋》《广雅》、郦道元《水经注》和《元和郡县图志》等亦载蓝田产玉。宋应星在《天工开物》中认为,"所谓蓝田,即葱岭(昆仑山)出玉之别名"。古代的蓝田玉到底是不是出自昆仑山一带,目前学术界中还有争议。现在的陕西蓝田亦发现"蛇纹岩化大理岩"玉料,北京故宫博物院亦收藏有用这种玉料制作的古玉器,笔者以为古人所食之玉中的蓝田玉,有可能是陕西的蓝田之玉。但是对这一问题,还有待于进一

---

[1] 杨伯达.关于玉学的理论框架及其观点的探讨[J].中原文物,2001(4).
[2] 转引自:李时珍.本草纲目·卷八石之二[M]//中华医书集成:第6册.北京:中医古籍出版社,1999:412-425.

步的考查和论证。

玉作为矿物，在外貌上常和其他岩石类有相似之处，要食玉，必须区别玉与其他矿物，对于玉料的鉴别是一项知识性很强的工作，不是一般人都能胜任的，和氏璧的故事就是一个很好的例子。由于玉的稀少难得，人们往往会将色泽相似之石与玉相混淆，古人分辨真玉和假玉的方法，主要为观色泽、辨质地、听叩声或用刀刻试等。

陶弘景指出蓝田、南阳、日南卢容、于阗、疏勒等地所出之玉，"洁白如猪膏，叩之鸣者，是真也。其比类者，甚多相似，宜精别之"[①]。王逸《玉论》载："……今仪州出一种石，如蒸粟色，彼人谓之粟玉，或云亦黄玉之类，但少润泽，声不清越，为不及也。"（承）曰："仪州粟玉，乃黄石之光莹者，非玉也。玉坚而有理，火刃不可伤。此石小刀便可雕刻，与阶州白石同体而异色尔。"[②]

按照现代矿物学的鉴定法，软玉、南阳玉的摩氏硬度均在 6 以上，一般的小刀硬度仅为 5 左右，所以刻不动玉，古人用小刀试刻的办法来辨别玉材，知道所谓的"仪州粟玉"并不是玉。古人已知道玉和石是不同质地的矿物，叩之发声，其音质有别，所以还通过叩之发声是否清越来分辨其质地如何，这是长期的经验积累所致。过去有学者认为，"古人辨（玉）石，所重在色而不在质"[③]。限于当时的条件限制，古人辨玉当然主要在色，但也不尽然全靠辨色，通过叩声和用刀刻划来检验，实际上就是分辨其质地的细密和硬度。另外，古人还通过据重量来辨别玉与石，郑玄注《周礼》中曰："玉多则重，石多则轻"。贾公彦疏"盈不足术"曰："玉方寸重七两，石方寸重六两"。玉的质地比石致密，所以同样体积的玉石，玉的分量重于石，这也当是古人通过质地辨别玉石的办法。

三、食玉之风兴盛的原因

食玉之风之所以兴盛于魏晋南北朝时期，有其特定的社会思想基础和历史背景。发源于西北高原地区的昆仑神话的不死国、不死民、不死山、不死树、不死药等"不死"概念和发源于东方滨海一带的上下于天、龙马飞升、羽民国等"飞升"幻想与蓬莱仙岛神话的两相融合，产生了中国最早的关于西王母、黄帝和蓬莱仙岛的神仙思想。战国时期，在神仙思想走向实践化的过程中，由原始巫术阶层逐

[①②] 转引自：李时珍.本草纲目·卷八石之二[M]//中华医书集成：第 6 册.北京：中医古籍出版社，1999：412-425.
[③] 章鸿钊.石雅[G]//桑行之等，编.说玉.上海：上海科技教育出版社，1993：216.

渐发展演变而成的神仙方士集团的形成,他们集神仙思想传播者、求神活动主持者和神仙故事编撰者于一身,兴起了大规模的求仙活动,使神仙思想得到广泛的传播。这种神仙思想就是以后食玉之风兴盛的社会思想基础。

根据《山海经》和《周礼》记载,最早的食玉现象出现于传说中的黄帝时代。在周代,周天子斋戒时亦食玉屑。黄帝和周天子的食玉是出于什么目的,文献中没有直接反映。但是我们知道,《山海经》和《周礼》都成书于黄帝成仙登天之说在社会上业已流行的战国时期,故书中所言黄帝和周天子食玉之事,很可能是编撰者把战国时期人们的观念(或所发生的事)附会在黄帝和周天子身上的①。打开史书,我们看到在中国封建君王中首开求仙之风的是战国中后期的齐威王、宣王和燕昭王,但到了秦始皇、汉武帝时期,封建帝王服药求仙之风达到了历史上的空前规模。

秦始皇笃信神仙,他一生发起的求仙活动无论在频次、规模还是在影响上,都远远超过战国时期的齐王和燕王。《史记·秦始皇本纪》云:始皇"使韩终、侯公、石生求仙人不死之药",他还派徐福率童男童女数千人"入海求仙人"。秦代方士言神仙者不可胜数,桓宽在《盐铁论》中曾论及当时的情景:"燕齐之士释锄耒,争言神仙方士,于是趣(趋)咸阳者以千数,言仙人食金饮珠,然后寿与天地相保。"②

汉武帝时,求仙之风其规模、声势又远在秦始皇之上。《史记》记载当时"齐人之上疏言神怪奇方者以万数"③。见于史书记载的方士李少君、少翁、栾大、公孙卿等,皆以言神怪奇方而见宠于汉武帝。至于其他一般方士,或为地方诸侯所重,或为民间百姓所尊者更是不计其数。方术之士为迎合帝王为追求长生不死、实现成仙之梦的需求,不仅杜撰出服食仙药可以成仙的种种神话,而且用奇妙的药石或珍禽异兽、通灵的动物来证明他们的神通广大,以骗取帝王的信任。汉武帝求仙心切,听信方士之言,做了许多荒唐的事。如听信李少君所言,"遣方士入海求蓬莱安期生之属,而事化丹沙诸药齐为黄金"④。又据《汉武故事》记载,武帝"于未央宫以铜作承露盘,仙人掌擎玉杯,以取云表之露,拟和玉屑,服以求

---

① 《山海经》中云黄帝食玉膏,郭璞引《河图玉版》注云:"少室山,其上有白玉膏,一服即仙矣。"《山海经·大荒西经》:"有轩辕之国……不寿者乃八百岁。"显然都表明黄帝食玉是与长生成仙有关。《庄子·大宗师》中已有黄帝成仙登天之说,一般认为《庄子》内篇成书于战国中期,表明黄帝仙话在战国中期以前业已流行于世。
② 桓宽. 盐铁论·散不足[M]//诸子集成:第8册. 上海:上海书店出版社,1986:34-35.
③ 司马迁. 史记·孝武本纪[M]. 北京:中华书局,1959:474.
④ 司马迁. 史记·封禅书[M]. 北京:中华书局,1959:1385.

仙"。《三国志·魏书》亦云:"昔汉武信求神仙之道,谓当得云表之露,以餐玉屑。"①此事在《史记·封禅书》中亦载②。由此可知,在西汉前期,玉已被神仙方士作为仙药而推荐给帝王服食了。

上层统治者寻求不死之药是如此之心切,而民间的鬼神信仰亦浓厚,淫祀之风盛行。桓宽《盐铁论》记叙当时的民风:"街巷有巫,闾里有祝";"富者祈名岳,望山川,椎牛击鼓,戏唱舞像。……中者南居当路,水上云台,屠羊杀狗,鼓瑟吹笙。贫者鸡豕五芳,卫保散腊,倾盖社场";"……今世俗宽于行而求于鬼,怠于礼而笃于祭……"③应劭《风俗通义》亦载:"会稽俗多淫祀,好卜筮。民以牛祭,巫祝赋敛受谢,民畏其口,惧波祟,不敢拒逆。是以财尽于鬼神,产匮于祭祀。"

汉代社会大量流行的神仙思想,在考古出土资料中亦得到证实。在出土的汉代的壁画、帛画、画像石、画像砖、漆器以及铜镜中,都有反映汉人羽化升仙、祈求长生的图案和文字内容。如长沙马王堆汉墓出土的T形帛画,描绘有墓主人祈求上天成仙的内容。四川汉画像砖中,还有神话传说中掌管"长生不死之药"的仙人——西王母的形象。

东汉时期,广为流行一种四神规矩纹铜镜,其上除了有"四神兽"或飞禽仙人等装饰之外,还有铭文。如北京故宫博物院收藏的东汉"四神"纹铜镜铭文:"尚方作竟(镜)真大好,上有仙人不知老,渴饮玉泉饥食枣,徘徊名山采芝草,浮游天下敖四海,寿蔽(比)金石为国保。"而鸟兽纹规矩镜的铭文则有:"上大山,见神人,食玉英,饮澧泉,驾文龙,乘浮云,君宜官秩保子。"④镜铭中所谓的仙人"乘云驾龙""饮玉泉""食玉英",显然脱胎于战国时期庄子的"藐姑射之山有神人居焉,吸风饮露,乘云气,御飞龙,而游乎四海"之说⑤。庄子的思想经秦汉以来方术之士的吸收和改造,成为道家神仙思想的重要内容,并在社会上广泛传播。

从汉末起经魏晋至南北朝,这是历史上一个战火纷飞的动荡时代,战乱的时局成为当时神仙思想广泛传播的特定历史条件。在血雨腥风的笼罩下,士大夫感到仕途狭窄,普遍有一种人生短暂与宇宙永恒的悲哀,"感性命之不久,惧雕落之无期",在他们吟唱着"人生不满百,常怀千岁忧","人生忽如寄,寿无金石固"⑥的时候,都不约而同地向往着神仙的生活,期盼着仙人们"来到主人门,奉

---

① 陈寿.三国志·魏书·王卫二刘傅传第二十一[M].北京:中华书局,1959:612.
② 司马迁.史记·封禅书[M].北京:中华书局,1959:1388.
③ 桓宽.盐铁论·散不足[M]//诸子集成:第8册.上海:上海书店出版社,1986:34-35.
④ 郭玉海编.故宫藏镜[M].北京:紫禁城出版社,1996.
⑤ 王先谦.庄子集解·逍遥游[M]//诸子集成:第3册.上海:上海书店出版社,1986:4.
⑥ 无名氏.古诗十九首[M]//古诗笺:上.上海:上海古籍出版社,1980:8.

药一玉箱,主人服此药,身体日康强,发白复更黑,延年寿命长"①。曹植亦悲叹"人生处一世,去若朝露晞……自顾非金石,咄唶悲令人"②,幻想"遇仙泰山,授我仙药,神皇所造,教我服食,还精神脑,寿同金石,永此难老"③。应该说曹植的思想是很有代表性的,当时有许多名士都在诗中寄托个人的求仙理想④,反映出士大夫和平民百姓对战争的频繁与政治的动乱大都有一种厌恶与恐惧感,追求一种精神的寄托与神力的庇佑,而道教以追求长生不死,羽化成仙为宗旨的说教,正迎合这些心理。所以,这一时期道教的神仙思想,在社会上流传很快,无论是在上层社会还是在民间,金石是永恒的象征,人若服食金石仙药,就能长寿不死,生命恒久,这在许多人中,已成为普遍接受的信念。

如果说秦汉以来的神仙思想流行和三国魏晋南北朝动荡不安的政局是食玉之风形成的社会基础和历史条件,那么东汉末年道教的出现,则对食玉之风的兴盛起了催化剂的作用。道教与追求长生成仙是联系在一起的。道教中的丹药派以修炼得道、羽化成仙为归宿,对食玉之风的助长体现在两个方面:其一是提出"神仙人人可当说";其二是指出服药石、炼丹气的成仙之路。

魏晋时期,儒学被神秘化,"不周世用"而式微,"为儒者盖寡",充斥着种种荒诞无稽神话、鬼话、怪异之说的谶纬之学风靡社会,使先秦以来的神仙思想也发生了新的变化。在先秦时期的神仙世界,神仙居住在远离人间的地方,最著名的即传说中的蓬莱、方丈、瀛洲三神山和西北之遥的昆仑山,这些地方均非凡人所能及至的。先秦时期的神仙是天生的,长生之药、不死之药亦为仙人所独有,这些神仙大都是汉民族的祖先神、原始宗教祭祖和崇拜的对象,至东汉,神仙队伍已扩大,如刘向《列仙传》书中所列者,上至帝王(黄帝),中至大夫(马丹)、卜师(呼子先),下至宫女(毛女)、商人(朱仲)乃至先哲老子、墨子、东方朔、淮南王等均被奉为神仙。汉末以后,道家提出"仙人无种耳"的观点,"夫求长生,修至道,诀在于志,不在于富贵也"⑤。通往仙界的大门向每位修炼者打开了,神仙世界更显得亲近而博大,道家的神仙人人可致思想,不仅吸引了帝王贵族,而且也吸

① 长歌行.仙人骑白鹿[M]//乐府诗集:卷30.北京:中华书局,1979:442.
② 曹植.赠白马王彪诗[M]//先秦汉魏晋南北朝诗:上.北京:中华书局,1983:454.
③ 曹植.飞龙篇[M]//乐府诗集:卷64.北京:中华书局,1979:926.
④ 曹植还有《升天行二首》《仙人篇》《远游篇》等,"皆伤人世不永,俗情险艰,当求神仙,翱翔六合之外"《乐府题解》"。另外,这一时期文人士大夫盼望成仙的诗作很多,如周王褒有《轻举篇》,宋鲍照、梁刘孝胜、隋卢思道等均有《升天行》,晋傅玄有《云中白子高行》,齐陆瑜有《仙人览六著篇》,齐王融、梁戴高、陈张正见、隋鲁范等均有《神仙篇》,梁简文帝也有《升仙篇》,上述作品见:乐府诗集·卷64.北京:中华书局,1979:919-927.
⑤ 葛洪.抱朴子·内篇·论仙卷第二[M]//诸子集成:第8册.上海:上海书店出版社,1986:5.

引着士大夫乃至平民百姓加入追求长寿成仙的行列。

道家在大力推进神仙思想传播的同时,还推出了一条以服食仙药为主,并行其他道术修炼的成仙之路,使得道成仙之说变得更为切实可行。任何人不论高贵或卑贱,只要虔诚修炼、服食仙药并持之以恒,都能成仙。葛洪针对当时有人对秦皇汉武如此热衷于求仙而最终未能成功表示不解时指出,秦始皇、汉武帝身为君主,"任天下之重责,治鞅掌之政务,思劳于万机",无法做到"静寂无为,忘其形骸","徒有好仙之名,而无修道之实,所知浅事不能悉行,要妙深秘又不得闻,又不得有道之士为合成仙药以与之"①。

葛洪在《抱朴子·内篇》中,不仅论证了仙道和神仙的存在,而且还引《仙经》的说法,指出神仙也有上士、中士和下士等级之分(即"天仙""地仙"和"尸解仙"三等),"上士举形升虚,谓之天仙;中士游于名山,谓之地仙;下士先死后蜕,谓之尸解仙"②。与之相适应,仙药也分为上中下三品,"仙药之上者丹砂,次则黄金……次则五玉,次则云母,次则明珠,次则雄黄,次则太乙禹余粮……"③服食丹砂金玉成仙者,是为上仙和地仙,所以,处于上层社会的帝王贵族寻求成仙,也都把服食丹砂金玉成"天仙、地仙"作为自己的追求目标。

在汉代社会上迷信鬼神之风日益弥漫的时候,并非人人都相信神仙思想,一些有识之士还曾对此提出怀疑和批评,如东汉王充就是当时对道家神仙说提出最为激烈批评的著名人物之一。他对儒书记载的所谓黄帝、东方朔、淮南王、卢敖、李少君等的升仙之说一一驳斥,认为这些都是不可信的传言。他对服食药物成仙之说也提出明确的反对,认为"吞药养性,能令人无病,不能寿之成仙"。指出"道家或以服食药物,轻身益气,延年度世,此又虚也"④。他还对赤松子、王乔成仙以及仙人长翅膀飞行于空的传说也持否定态度,指出"赤松、王乔好道为仙,度世不死,是又虚也"。"图仙人之形,体生毛,臂变为翼,行于云……千岁不死,此虚图也"⑤。

即使在士大夫阶层服食金玉寻求成仙之风盛行的魏晋时期,也有些人仅相信服食药物或养生方术可延年益寿,并不相信可以成仙,更不相信有所谓的神仙存在。如"竹林七贤"之一的向秀,明确反对嵇康的"神仙可信"之说。但是毕竟当时大多数人的思维方式仍受道家宇宙理论框架的束缚,没有像现代人这样清

---

① 葛洪.抱朴子·内篇·论仙卷第二[M]//诸子集成:第8册.上海:上海书店出版社,1986:5.
②③ 葛洪.抱朴子·内篇·仙药卷第十一[M]//诸子集成:第8册.上海:上海书店出版社,1986:44-52.
④ 王充.论衡·道虚篇[M]//诸子集成:第7册.上海:上海书店出版社,1986:69,74.
⑤ 王充.论衡·无形篇[M]//诸子集成:第7册.上海:上海书店出版社,1986:13-15.

醒与理智的思想认识程度,无论是王充还是向秀,他们在认识上受到历史条件的局限,因此,对道家神仙思想的反驳也存在一些自身无法克服的弱点。加之神仙的存在与否在现实世界中的不可映证性,许多人出于对长生不老愿望的向往和追求,所以对道家的得道成仙思想宁信其有,不信其无。这也是道家神仙思想容易为人们所接受,食玉之风能够流行开来的一个原因。

四、食玉之风的衰落

文献资料反映,历史上的食玉之风从汉末起渐盛,魏晋南北朝时期达到高峰,至隋唐而衰落。隋唐以后,道家普遍以金丹为服食仙药的主流,在提倡服食的仙药中,已几乎不再提服食玉石。就道家所谓的仙药中的等次来说,玉与金的位置早在隋唐代以前已发生了变化,玉被排在了金银之后。战国时期,人们想象神仙所食之灵药有玉膏、玉英、玉浆、玉泉之类,而无黄金。秦始皇时,齐燕方士"言仙人食金饮珠",汉代李少君对汉武帝说"丹砂可化成黄金,用黄金之器可益寿",表明这时才开始有了神仙食黄金的说法。随着炼丹术和服食还丹、金液风气的兴起,金与玉的地位渐渐发生了变化,晋代葛洪所引《玉经》曰:"服金者寿如金,服玉者寿如玉。"金已经排在了玉的前面。葛洪在《抱朴子·内篇·仙药卷》中,更加明确地将黄金列为仙药中的上品,玉则排在后面:"仙药之上者丹砂,次则黄金……次则五玉,次则云母,次则明珠,次则雄黄……"到唐代,以服食人工丹药之"外丹"法和行气吐纳之"内丹"法相结合的成仙之道,已成为帝王贵族和士大夫寻求长寿不死的流行方法,玉石仅仅作为炼丹的药引出现于文献[①],单独食玉已不见文献记载。

与魏晋南北朝时期相比,隋唐时期人们对神仙迷信的观念并未减弱,唐代道教一度还曾被定为国教,势力非常之盛,而道教提倡的食玉长寿成仙之风反而会消失,这是什么原因?是否因玉的来源太少,难以得到而导致食玉之风衰落?这似乎不可能。因唐代是一个开放的社会,与东西方有很多的政治、经济和文化的交流,史书记载从贞观六年起,就有于阗国遣使向唐朝廷进贡玉带等,以后唐朝廷与于阗国的往来一直不断,西域不断有玉料输入中土。另外,在唐代,内地的

[①] 《云笈七签·老子中经下》(卷十九)曰:"道士炼水银消沙液珠玉八石作神丹,服一刀圭,飞升天宫……"见:云笈七签·老子中经下:卷19[M]//道藏要籍选刊:第1册.上海:上海古籍出版社,1989:144;《云笈七签·太清丹经要诀·太一玉粉丹法》(卷七十一):"朱砂一斤,雄黄一斤,玉粉十两。"见:云笈七签·太清丹经要诀·太一玉粉丹法:卷71[M]//道藏要籍选刊:第1册.上海:上海古籍出版社,1989:497.

玉材也在不断地被开采出来，传世和考古出土的唐代玉器都是当时并不缺少玉料来源的证明。对食玉之风衰落的原因，就目前所掌握的资料，我们只能提出一种或多或少近似合理的假说：

首先，隋唐时期人们的玉观念已有很大的转变，以往的那种对玉的崇拜和迷信激情已大为减弱，玉的"神性"几乎已消失，这一点从唐代以后的玉器世俗化——走向工艺美术品的发展道路可以得到证实。

其次，在经过魏晋南北朝期间几百年的实践，具有理性精神的士大夫们耳染目睹了道家各种各样的幻术、符咒，经历了五花八门的斋醮仪式，也看到了食玉并没有真正获得如他们所希望产生的效果——长生不老，羽化成仙。尽管道家把服食仙药殒命者都解释为"尸解"成仙，这在食玉之风之初对人是一种安慰剂，但在服药者接连死去的严酷事实面前，人们即使再麻木不仁，也要对服食成仙的观念发生动摇。于是对道家的服玉长寿成仙之说产生了怀疑。一旦察觉出食玉成仙神话的破灭，促使那些理智与清醒的发现者的思想发生重大的转变。在发现者中，首先觉悟的是那些医药学家，他们的特殊身份和影响力对呼吁停止社会上的服食玉石之风，是起着重大的作用的。

再者，食玉对人体造成的副作用，也可能是使人们停止服食玉石的一个直接原因。我们注意到葛洪在《抱朴子》中言及食玉可以长生不死的同时，也承认食玉对人体有副作用，"玉屑服之，与水饵之，俱令人不死。所以为不及金者，令人数数发热，似寒食散状也"①。陶弘景亦承认玉"虽曰性平，而服玉者亦多发热，如寒食散状"②。

食玉会给正常人带来类似"寒食散"状的副作用。那么服"寒食散"引起的副作用是怎样的呢？"寒食散"亦称"寒石散""五石散"，据古代医书记载，寒食散是由多种矿物与植物组成的药物之总称（"五石散"为其中之一方，以紫石英、钟乳石等为主要成分），系热性药方剂，可治疗某些畏寒性疾病，但有很大的副作用③。服寒食散之后，会使人全身发热，产生一种极度亢奋的感觉，即使在天寒

---

① 葛洪.抱朴子·内篇·仙药卷第十一[M]//诸子集成：第8册.上海：上海书店出版社，1986：44-52.

② 转引自：李时珍.本草纲目·卷八石之二[M]//中华医书集成：第6册.北京：中医古籍出版社，1999：412-425.

③ 孙思邈《千金翼方》卷二十二"解五石及寒食散并下石第四"中说："凡是五石散先名寒食散者，言此散宜寒食，冷水洗取寒，性酒欲清热饮之，不尔即百病生焉。见：千金翼方校释[M].北京：人民卫生出版社，1998：344. [日] 丹波康赖《医心方》卷十九引许孝崇"寒食论"云："凡诸寒食草石药，皆有药性，发动则令人热，便冷饮食，冷将息，故称寒食散。"见：医心方[M].北京：人民卫生出版社，1955：426.

地冻之日,也想袒胸裸背,甚至卧于冰雪之上,这样才感到舒服①。在整个药物作用期间,还会有两眼欲脱,目痛如刺,腰脚疼痛,关节强硬,心痛如锥刺等各种难受的症状。

魏晋时期,名士何晏首开服寒食散的记录②,其后,文人纷纷效仿,以至服寒食散成为一种时尚。当时的名流中,王弼、嵇康、夏侯玄等都是服散的倡导者,皇甫谧、王羲之、王微以及一些帝王贵族均服过寒食散。皇甫谧目睹许多人服寒食散不但未治愈病,反而深受其害,他在亲身体验了服寒食散的毒害后,发出深深的叹息:"今之医官,精方不及华佗,审治莫如仲景,而竞服至难之药,以招甚苦之患,其夭死者,焉可胜计哉?"③

虽然道家也提醒人们注意,"金玉既天地重宝,不比余石,若未深解节度,勿轻用之"④,并提出了避免食玉产生类似寒食散毒副作用的服食方法,"服玉屑者,宜十日辄一服,雄黄、丹砂各一刀圭,散发洗沐寒水迎风而行,则不发热也"⑤,《隋书·经籍志》和《旧唐书·经籍志》收入的《服玉方法》和《服玉法并禁忌》,显然是针对食玉发生的副作用而提出的,但又有多少食玉者真正能按服玉方法做呢?即便按照道家的吩咐操作,也不可能不会有副作用,如同服寒食散也有一些方法和禁忌一样,解寒食散的药方还不少,但结果并没有因此减少对人体造成的损害。魏晋南北朝时期,帝王贵族中服食药石者为数众多,社会士大夫阶层中服"五石散"之风亦盛行,以致中毒者不计其数⑥。北魏道武帝、明元帝均因"素服寒食散"而30多岁驾崩了,还有其他七位帝王均在二三十岁死亡,史书虽未载明他们的具体死因,鉴于当时上层社会流行服仙药石之风,这些帝王的早夭,很可能与食玉或服寒食散之类的药石有关⑦。有学者提出,"南京地区出土

---

① 《南史·张孝秀传》载:"(秀)服寒食散,盛冬卧于石上。"见:南史·列传第六十六·隐逸下[M].北京:中华书局,1975:1906.
② 刘义庆《世说新语·卷上》云:"何平叔云:'服五石散,非唯治病,亦觉神明开朗。'"刘峻注引秦丞相《寒食散论》曰:"寒食散之方虽出汉代,而用之者寡,靡有传焉。魏尚书何晏首获神效,由是大行于世,服者相寻也。"见:世说新语·言语第二[M]//汉魏六朝笔记小说大观.上海:上海古籍出版社,1999:773-774.
③ 皇甫谧.寒食散发候.转引自:巢元方.诸病源候论:卷6[M]//中华医书集成:第26册.北京:中医古籍出版社,1999:36.
④ 大戴礼:卷5[M]//文渊阁四库全书:第128册.上海:上海古籍出版社,1989:457.
⑤ 葛洪.抱朴子·内篇·仙药卷第十一[M]//诸子集成:第8册.上海:上海书店出版社,1986:44-52.
⑥ 《太平广记》卷247载:"后魏孝文帝时,诸王及贵臣多服石药,皆称石发……"见:李昉,等.太平广记[M].北京:中华书局,1961:1912.
⑦ 魏收.魏书·帝纪第二·太祖道武帝[M].北京:中华书局,1974:44.又参见《魏书·帝纪第三·太宗明元帝》至《魏书·帝纪第十·敬宗孝庄帝》,北京:中华书局,1974:49-269.

的南朝贵族墓,墓主死时年纪均较轻,这与他们生前大量服用汞、玉粉不无关系"[1]。笔者以为这个观点有一定的道理。

服"寒食散"的惨痛事实为人们敲响了警钟,教育了隋唐以后的医药学家。唐代著名的医学家孙思邈旗帜鲜明地反对使用寒食散,他告诫人们:"余自有识性以来,亲见朝野仕人遭者不一。所以宁食野葛,不服五石。明其大猛大毒,不可不慎也。有识者遇此方,即须焚之,勿久留也。……不复须存,为含生害也。"[2]

在古代文献中虽未见直接反对食玉的材料,但从隋唐医家极力反对服食寒食散可知,食玉因会产生与服寒食散相类似的副作用,所以在当时亦当属被医家反对之列。当然,在食玉可以成仙的巨大诱惑力之下,食玉之风是不会一下子退出历史舞台的,总有少数人顽固不化,抱着侥幸的心理,铤而走险,仍继续服食玉石仙药,唐穆宗就是一个例子。唐处士张皋以孙思邈的意见为依据,上疏进谏,但并未能被采纳,唐穆宗最后还是死于服金玉石药[3]。但就总体而言,从隋唐起,食玉之风在社会上已基本平息。

五、食玉思想的产生与道家的食玉观

世界上具有古玉文化传统的国家并非只有中国,在创造辉煌墨西哥玛雅文化的先民和新西兰毛利民族中,也有古老的玉文化,他们也爱玉、用玉和崇拜玉,却没有出现食玉之风,为什么中国有这种现象?早在20世纪上半叶,就有学者提及中国古代的食玉问题,并根据先秦典籍中关于西王母住昆仑瑶池,授黄帝以医药,周穆王巡游到昆仑,带回许多玉等记载,推测华夏民族最早的食玉之习,可能与西土(西域)有关[4]。笔者以为研究这个问题,还得把文献与考古资料结合起来,才可能得出更接近于符合事实的结论。

我们知道西王母是一位神话传说中的人物,有关黄帝、周穆王还有汉武帝与

---

[1] 殷志强.中国古代玉器[M].上海:上海文化出版社,2000:292.
[2] 孙思邈.备急千金要方·解五石毒第三[M]//中华医书集成:第7册.北京:中医古籍出版社,1999:470.
[3] 赵翼.廿二史札记·唐诸帝多饵丹药篇[M].北京:中国书店出版社,1987:247.
[4] 章鸿钊在《石雅》中认为:"玉之为物,产自西土","中国素卑夷狄,不与同列,惟西王母则自黄帝以下,往来聘问,不绝于道。加之《山海经》记载西王母居西土玉山,有不死之药,黄帝发迹于西土,食玉开始于黄帝之时,实际上与西土的西王母是有关系的。见:章鸿钊.石雅[G]//桑行之等,编.说玉.上海:上海科技教育出版社,1993:216.

西王母的故事都是后人编撰出来的,仅能作为参考,而不能作为信史。考古发现,早在新石器时代晚期,我国东南沿海一带氏族部落(良渚文化、龙山文化、红山文化、石峡文化)中的先民已大量使用玉器,目前尚无资料证明西域的和田玉在新石器时代晚期已进入中原地区。从文献记载可知,古人所食之玉不仅仅是和田玉,还包括南阳玉和蓝田玉等,而后者在中原地区早就存在了。从中国各地分布着丰富的玉矿以及新石器时代先民使用的玉器情况来看,先民的食玉思想应该说是自发地产生出来的,而并非由外域传来。

我们的先民之所以会产生食玉的思想,可能与以下几种观念有关[1]:

首先,与古人认为的万物皆有精的观念有关。

在中国远古先民的思想观念中,任何物质都是有精的(这个精有时也以精气的形式存在),这种观念在先秦典籍中反映出来。

《管子·内业》云:"凡物之精,此则为生。下生五谷,上为列星。流于天地之间,谓之鬼神,藏于胸中,谓之圣人。"[2]

《大戴礼·曾子天圆篇》云:"阳之精气曰神,阴之精气曰灵,神灵者,品物之本也。"

对此,有学者解释说:"五谷、列星、万物、鬼神、圣人都被认为是由精气构成。"[3]

《左传·昭公七年》子产曰:"人生始化曰魄,既生魄,阳曰魂。用物精多,则魂魄强,是以有精爽,至于神明。"[4]

这里,精和魂魄是同一个意思,《易·系辞上》有"精气为物,游魂为变"。意即游魂就是游离于物的精气。《越绝书·外传枕中》也有万物皆有魂魄之说。[5]

《吕氏春秋·尽数》曰:"精气之集也,必有入也。集于羽鸟,与为飞扬。集于走兽,与为流行。集于珠玉,与为精朗。集于树木,与为茂长。集于圣人,与为琼明。"[6]

由此可知,即使是珠玉等无生物,也接受精气。

---

[1] 裘锡圭.稷下道家精气说[G]//陈鼓应,主编.道家文化研究:第2辑.上海:上海古籍出版社,1992:167-192.
[2] 管子·内业[M]//诸子集成:第5册.上海:上海书店出版社,1986:268.
[3] 金春峰.汉代思想史[M].北京:中国社会科学出版社,1987:516.
[4] 孔颖达.春秋左传正义[M]//十三经注疏.北京:中华书局,1980:2050.
[5] 《越绝书》卷十三记载:"越王问于范子曰:'寡人闻人失其魂魄者死,得其魂魄者生。物皆有之,将人也?'范子曰:'人有之,万物亦然……'"见:越绝书[M]//文渊阁四库全书:第463册.上海:上海古籍出版社,1989:120-121.
[6] 吕不韦.吕氏春秋·尽数[M]//诸子集成:第6册.上海:上海书店出版社,1986:26.

以上都是古人认为物皆有精的思想,不管是人还是人之外的生物、无生物,都可有精气,"物皆有精是古代极为普通的思想"①。

古人不光认为玉含有精,而且是含有很多精的物质。

《吕氏春秋·尽数》中说的精气"集于珠玉,与为精朗"。

《淮南子·俶真训》曰:"譬若钟山之玉,炊以炉炭,三日三夜而色泽不变,则至德天地之精也。"②

《地镜图》说:"玉,石之精也。"③

晋傅咸《玉赋》说:"万物资生,玉禀其精。"④

《国语·楚语下》云:"王曰,所谓一纯二精七事者何也?对曰:'圣王正端冕以其不违心,师其群臣、精物以临监享祀,无有苛慝于神者,谓之一纯。玉帛为二精……"⑤此处的"精物",就是含精多的物。先民把玉与五谷、美酒等恭敬地奉献在祖先的神灵之前,作为祭品供神灵享用,就是认为玉是含有很多精的最好东西。在《山海经》中,有关用玉与酒、食物、肉类等搭配,祭祀诸山神灵的记载也比比皆是⑥。

其次,古人食玉思想的产生,可能与凡所食之物的精均能为人所吸收这样一种观念有关。

《左传·昭公七年》子产曰:"人生始化曰魄,既生魄,阳曰魂。用物精多,则魂魄强,是以有精爽,至于神明。"

在这段文字的后面,子产还讲到死后成为厉鬼的伯有,在生前"其用物也弘矣,其取精也多矣"⑦。按照子产所言,古人认为所食之物的精是能为人所吸收的。

这是一种基于巫术性的思考,英国著名人类学家弗雷泽在大量的人类学调

---

① 裘锡圭.稷下道家精气说[G]//陈鼓应,主编.道家文化研究:第2辑.上海:上海古籍出版社,1992:167-192.
② 淮南子集释·俶真训[M].北京:中华书局,1998:110.
③ 《太平御览》卷805引《地镜图》,见:李昉,等.太平御览·珍宝部四·玉下[M].北京:中华书局,1960:3578.
④ 《初学记》卷27引,见:徐坚.初学记·宝器部[M]//文渊阁四库全书:第890册.上海:上海古籍出版社,1989:432.
⑤ 国语·楚语下[M]//文渊阁四库全书:第406册.上海:上海古籍出版社,1989:160-161.
⑥ 《山海经·南山经》:鹊山"其祠之礼:毛用一璋玉瘗;糈用稌米,一璧,稻米、白菅为席。"《山海经·西山经》:"祠之用烛,斋百日,以百牺瘗,用百瑜汤;其酒百樽,婴以百圭百璧。"《山海经·北山经》:"其祠之,毛用一雄鸡、彘,瘗,吉玉用一圭,瘗而不糈。"《山海经·北次二经》:"其祠,毛用一雄鸡、彘,瘗;用一璧一圭,投而不糈。"《山海经·中次十经》:"鬼魄山,帝也。其祠:羞酒太牢具。合巫祝二人舞。婴一璧。"
⑦ 孔颖达.春秋左传正义[M]//十三经注疏.北京:中华书局,1980:2050.

查中发现,类似于这种巫术性思考的例子,在世界民族学资料中比比皆是。

"野蛮人大都认为吃一个动物或一个人的肉,他就不仅获得了该动物或该人的特征,而且获得了动物或人的道德和智力的特性。所以,如认为某生物是有灵性的,我们简单的野蛮人自然希望吸取它的体质的特性,同时也吸收它的一部分灵性。"①

北美洲的印第安人部落"都相信自然具有一种特性,能将人和动物所吃的东西或他们感官所接触的物体的素质转移给人和动物……"②

"东非洲的瓦戈戈人杀了一头狮子,他就把狮子的心吃掉,为的是想要像狮子一样勇敢……当严重的疾病侵袭祖鲁人的村庄的时候,术士就拿一块非常老的豹的骨头,让健康人和病人都吃,为的是要他们吃了这种骨头,能活得像该动物那么老。为了使年老的阿松返老还童,女巫米迪阿用长命鹿的肝和比九代人还活得久的一头母牛的头,煎成药水注射到老人的血管里。"③

在东南非洲山居部落中的巴苏陀人,通常在杀死一个很勇敢的敌人时,他们立即把心挖出来吃掉,他们认为心是人的力量、勇敢和智慧所在,"用这种办法,被杀者的力量、勇气、智慧和其他美德就传给了吃的人"④。

类似的例子,林惠祥在他的《文化人类学》一书中也有列举。

原始人类的这种巫术观念并不仅仅局限于生物,还扩展到玉石之类的无生物。例如,在古希腊,妇女们服食一种叫作"乳石"的石头(溶解在蜜酒里一起喝下去),相信人体能够吸收乳石的精华,这样"她们就可产生丰富的乳汁"。

"在克里特和梅洛的希腊妇女,为了同一目的仍继续使用乳石。"⑤

这里,中国远古先民认为食玉可得到玉之精华的观念与古希腊民族的食乳石想法是相似的。精既可存在于生物之中,亦可存在于无生命的物体之中,并且可从一物转移到另一物之中,古人食玉希望吸收玉之精华,将玉禀赋(阳精)之力量附身,这样就有了食玉的思想。

再次,古人食玉思想还可能与玉石作为天然药物的作用有关。

远古先民在长期的与自身疾病作斗争的过程中,逐渐在医药学方面积累了一定的经验,当他们以某种或某些天然矿物或动、植物为自己治病并取得一定疗效时,就会情不自禁地对这些天然药物的作用加以联想和夸大。中国上古神话中颇多不死之药的传说,实际上就是这种天然药物被不断神化的结果。玉石作

---

①②③④⑤ 弗雷泽.金枝[M].徐育新等,译.北京:大众文艺出版社,1998:706-709,50-52,6-7.

为天然矿物,最初也被用作药物来使用过,先秦典籍中所谓的玉屑、玉膏和玉浆等服之能长生,也都是后来被夸大、神化的结果。我们虽不能确定古人所言西王母的"不死之药"为何物,但根据《山海经》等书所言西王母住在西方玉山瑶池推测,不死之药中可能有玉的成分。在汉魏晋时人写的志怪小说和道家典籍中,都云玉不仅能自己飞升,而且也可使人飞升①,这种观念显然是承袭了前人的幻想与传说。由此可见,玉作为天然矿物性药物,其所具有的药理作用与古人食玉思想的产生,也存在着一定的关系。

应该说古人最初产生食玉的思想,可能与长寿不死、得道成仙并无直接的关系,只是到了后来,随着神仙思想的产生和发展,玉被归入仙药一类,这样,食玉才和长寿成仙联系起来。古人认为神是由精气形成的,积累精气的办法之一就是多吃精气丰富之物,而金玉等物都被认为含有很多的精物,于是成为神仙家服食的重要仙药。从文献看,战国初类似神仙的至人、真人还只是"不食五谷,吸风饮露"(《庄子·逍遥游》),而到汉代道家的服食派那里,神仙已是"饮玉泉""食玉英"了,可见,神仙食玉的思想可能是从汉代才流行开来,这种变化显然是战国以来方术道士的求仙活动和神仙思想影响的结果。

在漫长的史前时代,人们对自然界的认识及对人类自身的认识还处在很低的水平,巫术观念和巫术活动曾渗透到人类生活的各个方面,古人食玉的思想,实际上是巫术观念的一种表现。这种古老的思想观念,进入文明社会以后,仍然有着残留影响,道家把食玉的观念吸收进来,并加以宗教的解释和发挥,使之成为实现其宗教目的的活动内容。正是由于道家的神仙思想以及推崇金玉作为仙药的结果,食玉思想才泛滥开来。

道家之所以会把金玉等纳入仙药范围,这与道家的宇宙观及思维方式有关,道教的产生与发展,和原始巫术有着千丝万缕的联系,道教的符咒斋醮等形式都来源于巫术作法的形式,道教的很多方面都具有巫术的性质,反映出"道巫本源"的特征。

弗雷泽在对世界各民族材料的研究中发现,原始民族中曾存在的巫术信仰,有两个基本的思考原则,即"相似律"和"接触律",前者产生"模拟巫术",后者产生"接触巫术",即同类相辅和可传达两不同物之间的属性②。道家的服食金玉等仙药可以长生不死的观念,近似于"模拟巫术"和"接触巫术",是原始

---

① 葛洪.抱朴子·内篇·仙药卷第十一[M]//诸子集成:第8册.上海:上海书店出版社,1986:44-52.

② 弗雷泽.金枝[M].徐育新等,译.北京:大众文艺出版社,1998:706-709,50-52,6-7.

巫术观念在文明社会中的孑遗。魏伯阳提出"金性不败朽,故为万物宝。术士服食之,寿命很长久"的观点①。葛洪进一步阐述其所以然:"夫金丹之为物,烧之愈久,变化愈妙。黄金入火,百炼不消,埋之,毕天不朽。服此二物,炼人身体,故能令人不老不死。此盖假求于外物以自坚固⋯⋯"②同理,在道家看来,玉在火中不会焦,长置于水土中不会腐烂,亦具有长存永固之特性,故服之可长生不老③。

道家正是基于金玉之坚固、稳定、永存的属性,依据"接触巫术"的巫术性思考原则,认为服食金玉之后可传达其不败不朽的性质进入人体,使人长生久视,肉身永固。生者食金玉可能成天仙,死者以金玉殓葬,可能成尸解仙。"金玉在九窍,则死为之不朽"④。汉代大量出现的玉殓葬,可能也与这种观念有关。

葛洪还在理论上对"属性可传达原理"进行了论证,认为生产与变化俱为生命的形式,两者有相似之处,物与物之间可互相转化。他以"烧泥为瓦"、"外国作水精(晶)碗,实是合五种灰以作之,今交广多有得其法而铸作之者⋯⋯"⑤为例来证明物与物之间的可互变性,为其"服金玉者寿如金,服玉者寿如玉"的观点提供证据。他还列举了化铅作黄丹及驴马相交而生骡、雉化为蜃、雀化为蛤等事例,指出事物不但可变,而且变化的范围也是没有极限的:"夫变化之术,何所不为!盖人身本见,而有隐之之法;鬼神本隐,而有见之之方。能为之者,往往多焉。水火在天,而取之以诸燧。铅性白也,而赤之以为丹。丹性赤也,而白之而为铅。至于飞走之属、蠕动之类,禀形造化,既有定矣。及其倏忽而易旧体,改更而为异物者,千端万品,不可胜论。"⑥

尽管他列举的物类变化有些是符合客观事实的,但他忽略了变化的条件,而把变化的思维机械地无限延伸,无视生物与非生物的本质区别,这样就走进了认识的误区。人属高级动物,从本质上讲,具有生物(动物)属性的一面。但人与金玉为完全不同的属性,将其视为可转换互为,显然是混淆了事物的理化性质与人体的生理、生命本质的关系。

道家希冀通过服食金玉而让金玉的属性传达到人体内,使人具有金玉的属

---

① 魏伯阳.周易参同契[M]//文渊阁四库全书:第1058册.上海:上海古籍出版社,1989:598.
② 葛洪.抱朴子·内篇·金丹卷第四[M]//诸子集成:第8册.上海:上海书店出版社,1986:12.
③ 《淮南子·俶真训》曰:"钟山之玉,炊以炉炭,三日三夜而色泽不变,则至德天地之精也。"见:淮南子集释·俶真训[M].北京:中华书局,1998:110.
④ 葛洪.抱朴子·内篇·对俗卷第三[M]//诸子集成:第8册.上海:上海书店出版社,1986:8.
⑤ 葛洪.抱朴子·内篇·论仙卷第二[M]//诸子集成:第8册.上海:上海书店出版社,1986:2.
⑥ 葛洪.抱朴子·内篇·黄白卷第十六[M]//诸子集成:第8册.上海:上海书店出版社,1986:71.

性,这是不科学的,最终只能在实践中失败,但在生命科学尚未形成的魏晋南北朝时期,神仙既是无法证实的,却又是难以证伪的,加之秦汉以来的神话传说的传统影响,道家的神仙思想和炼丹服药的成仙途径在社会上具有很强的诱惑力,致使许多人迷信于服食金玉诸仙药而不能自拔,成为道家神仙思想的牺牲品。从魏晋南北朝时期流行的这么多言鬼神的志怪小说,可推知当时信鬼神、炼丹药、求成仙之风是如何的浓烈,这是中国历史中的奇异一页。

六、余　　论

人类从很早的时候起就有了追求长生不老的愿望,这是人类永恒的向往。中国古代以食玉、炼气等作为寻求长生不死的一种手段,反映了古人在这方面的追求和探索。古人探求长生不死的实践,虽然并没有获得成功,但也得到了意想不到的收获,道家的丹房和洞穴的修炼导致了化学炸药的发现和气功健身的具体成果,食玉之风的流行虽不像炼丹术那样为人们带来重大发明,却使人们对玉石类矿物的药性有了进一步的认识和了解,在某种程度上为传统医药学的发展积累了经验。

明代著名医药学家李时珍在《本草纲目》中对前人提到的许多种玉石的药性和功效作了研究,他不相信食玉可以长寿成仙,认为"玉亦未必能使生者不死"[1],但也不否认玉石具有一定的药性,可作为医疗保健之用。他很注意前人在使用玉石类矿物方面的实践经验,将前人用玉石治病的药方资料收集在一起作为参考,并对玉石的药性、修治等进行了分析。《本草纲目》中列出玉石类矿物14种,还收录了传统医学中用白玉治疗小儿惊啼症和用玉治疗心口痛病症的药方,还有用玉美容的方法[2]。现代中医药方中,也有用一些属于古人广义概念的"玉",如绿松石、琥珀等入药,治疗妇科不孕症的"琥珀甲珠汤"中,琥珀为其主要成分,藏药中的"二十五味松石丸",绿松石亦为其主要成分。还有水晶、玛瑙等广义"玉石"现在仍有入药的。这些都是继承了前人的医药学成果。

---

[1]　林惠祥.文化人类学[M].北京:商务印书馆,2011:361-362.
[2]　用白玉治疗小儿惊啼症:"白玉二钱半,寒水石半两,为末(粉),水调涂心口下"。用玉治疗心口痛病症:"白玉、赤玉等分,为末,糊丸梧子大。每服三十丸,姜汤下"。用玉去面身瘢痕的方法:"面身瘢痕,真玉日日磨之,久则自灭"。王莽遗孔休玉曰:"君面有疵,美玉可以灭瘢。"以上用玉治疗小儿惊啼症、治疗心口痛病症的药方和用玉美容的方法均引自:李时珍.本草纲目·卷八石之二[M]//中华医书集成:第6册.北京:中医古籍出版社,1999:412-425.另外,王嘉《拾遗记·卷八》记载,三国时孙权宠爱的邓夫人面部受损,郎中用白玉、琥珀、朱砂和白獭的脊髓等混合,调配成外用剂敷用,邓夫人伤愈,未留明显瘢痕。见:汉魏六朝笔记小说大观[M].上海:上海古籍出版社,1999:547.

前些年,国内市场上曾流行一种保健玉枕,据有关方面报道,保健玉枕具有通经络、明目等功效,可治疗某些老年性常见病[①]。玉枕的保健功效是否有科学依据,其作用机理如何,各种医方中玉石的药理性能怎样,其有效成分怎样为人体所吸收等,诸如此类的问题,都还有待于科学界的进一步证实和解释。

食玉不可能使人长生不死,历史上食玉之风的衰败过程证明了这一点。但有一点可以肯定,玉作为一种含有对人体有益微量元素的特殊矿物,在人类的医疗和保健方面可以发挥一定的作用。就这个意义上说,历史上食玉之风所留下的经验和教训,仍是一份值得重视的医药学遗产。

(原载《学术月刊》2004 年第 2 期,收入此文集时略作修订)

---

① 张兰香,钱振峰.古今说玉[M].上海:上海文化出版社,1997:67.

周代籍礼补议

——兼说商代无"籍田"及"籍礼"

宁镇疆

宁镇疆,1972年生,山东郯城人。上海大学历史系教授,上海市教委"曙光"学者(2010年)。主要研究领域为先秦史、先秦文献及思想、儒家经学等。出版有《〈老子〉"早期传本"结构及其流变研究》(学林出版社,2006年)《〈孔子家语〉新证》(中西书局,2017年)等专著;在《历史研究》《中国史研究》《学术月刊》《汉学研究》(台湾)等权威期刊发表学术论文40余篇;研究成果曾获上海市社科一、二等奖各1次。为中国先秦史学会理事。

引 言

清华简《系年》首章云:

> 昔周武王监观商王之不恭上帝,禋祀不寅。乃作帝籍,以登祀上帝天神,名之曰千亩,以克反商邑,敷政天下,至于厉王。厉王大虐于周,卿士、诸正、万民弗忍于厥心,乃归厉王于彘。共伯和立。十又四年,厉王生宣王,宣王即位,共伯和归宗。宣王是始弃帝籍,弗田,立三十又九年,戎乃大败周师于千亩。①

这一章主要讲西周的兴衰大势,但其中值得注意的是"帝籍"的作用,可以说是西周兴衰的关键:其兴,"乃作帝籍",武王就能够"克反商邑,敷政天下";其

---

① 李学勤主编.清华大学藏战国竹简(二)[M].上海:中西书局,2011:136.

衰,"宣王是始弃帝忱",随之而来的就是"戎乃大败周师于千亩",简直可说成也"帝忱",败也"帝忱"——周之命运全系于斯①。此章"帝忱"之"忱",整理者依传世文献释为"籍",良是。古从"乍"得声字与从"昔"得声字常相假借,例不烦举。文献及彝铭中从"乍"之字可假为"籍"也不乏其例②,而此章所谓之"帝籍",传世文献颇有可与之参照者,如《礼记·月令》:"天子亲载耒耜,措之参保,介之御间,帅三公、九卿、诸侯、大夫,躬耕帝藉……乃命冢宰,农事备收,举五谷之要,藏帝藉之收于神仓,祇敬必饬。"③"帝藉"即"帝籍"。张衡《东京赋》云:"躬三推于天田,修帝籍之千亩。"《说文·耒部》:"耤,帝耤千亩也。""帝耤"实即"帝籍"。综合这些文献所述信息看,所谓"帝籍"显然与文献中习见的"籍(藉)田"或"籍(藉)礼"相关。"籍(藉)田"及"籍(藉)礼"乃西周土地制度及礼典的重要内容,这是我们所熟知的,但像此章这样明确将"帝籍"看成是周代一项重大的制度创新乃至与西周的兴衰紧密相联,确实是第一次看到。《国语·周语上》记载当宣王"不籍千亩"时,虢文公犯颜直谏,尤其是不厌其烦、洋洋洒洒地把王之行籍礼的重要意义、籍田的重要作用、籍礼的繁复程式等内容娓娓道来以劝谏宣王,联系到《系年》此章对"帝籍"攸关西周国运的评论,虢文公如此地"小题大作"就绝非偶然。顺便说一句,《周语上》虽未言"籍田"及"籍礼"之于西周"兴"的意义,但于西周的衰亡,该节最后也说"王不听。三十九年,战于千亩,王师败绩于姜氏之戎",这与《系年》此章最后"宣王是始弃帝籍,弗田,立三十又九年,戎乃大败周师于千亩"在叙事逻辑上可以说完全一致。这充分说明古人对于"帝籍"或"籍(藉)礼"之于西周兴衰的意义,确实是有广泛共识的。关于周代"籍(藉)田""籍(藉)礼"的源流及名实,晚近杨宽先生曾有详尽的讨论④,广为学者所称述,也为我们重考这一问题提供了很好的基础。今结合清华简《系年》之"帝籍"表述,拟对周代"籍(藉)田"及"籍(藉)礼"的几个重要特征重加申论。另外,既然清华简《系年》说武王"乃作帝籍"的举措是有感于商王"不恭上帝,禋祀不寅",显然说的是商纣,这位商朝末代君王"侮灭神祇"的行径《尚书》及彝铭中已经多次提到,因此无"帝

---

① 陈民镇亦有类似认识,参见:陈民镇. 清华简《系年》研究[D]. 烟台:烟台大学硕士学位论文,2013.
② 晁福林先生在讨论《师毁簋》"师穌父忱"一语时有专门举证,参见:晁福林. 伯和父诸器与"共和行政"[M]//古文字研究:第21辑. 北京:中华书局,2001:175. 晁文力证"忱"可假为"籍",清华简《系年》公布之后足证其先见之明. 不过,虽然"忱"与"籍"相假于音、例均不成问题,但晁文据此主"师穌父忱"即指共和国举行"籍礼"则还有待讨论,详见下文.
③ 《吕氏春秋·季秋纪》《淮南子·时则训》也有类似记载,惟"帝藉"作"帝籍".
④ 参见:杨宽. "籍礼"新探[M]//西周史. 上海:上海人民出版社,2000:268-283.

籍"且草率对待祀礼本不足为奇①。要知道,《尚书·无逸》中,也正是将殷王中宗、高宗、祖甲等圣君明王与"生则逸"的"厥后立王"明确区分的。真正让我们感兴趣的是,商纣以前的商王,于祀礼均尚称严肃,那是否对待此事的态度与商纣有别呢?换句话说,商代是否也曾经存在过类似周代这样的"帝籍"及"籍(藉)礼"呢?关于这一问题,此前甲骨学及古文字学者亦间有涉及,小文拟结合对周代"帝籍"及"籍(藉)礼"的重新认识,谈谈我们在这个问题上的浅见,谬妄之处,尚祈识者君子有以教之。

一、周代"籍田""籍礼"相关三事新说

文献中"耤""藉""籍"常相混用,而《说文》中"耤""藉""籍"三字皆存:除"耤"在耒部外,"藉"在艸部,训为:"祭藉也,一曰艸不编,狼藉。从艸,耤声。"而"籍"在竹部,训为:"簿书也,从竹耤声。"声符相同,这是它们常相假借的缘由。但许慎独将"耤"字视为"籍田"及"籍礼"之本字,这还是颇具眼光的。甲骨文此字像人持耒耡耕作之形,金文增"昔"为声符,学者隶为"耤",陈梦家说甲骨文为象形字,金文则为形声字②,良是。从卜辞辞例看,涉"耤"之辞多指具体的耕作活动(下文还有详论),有鉴于此,《说文》下文对"耤"字的说解可能就有问题了,所谓"古者使民如借,故谓之耤","耤"之训"借",训"助",均当是后起义,并由此衍生出"鉏""莇"等字③;及至用"籍"("藉")来代指"耤"也当是后来的事情④。

---

① 王晖先生曾有针对性地论证"殷纣不祀上帝""弃厥其先神而不祀"的史实,见:王晖.古文字与商周史新证[M].北京:中华书局,2003:30-41。另外,常玉芝先生曾详考商人对神灵祭祀的变化,也注意到第五期卜辞中几乎见不到对自然神的祭祀了。当然,常氏的解释是商人思想意识的提高或更为务实,但这在志存翦商的周人那里,可能就要别作一种理解了。常说见:常玉芝.商代宗教祭祀[M]//商代史:卷八.北京:中国社会科学出版社,2010:544。
② 陈梦家.殷墟卜辞综述[M].北京:中华书局,1988:533。
③ "鉏"字见《说文·耒部》及《周礼·地官》"遂人""里宰""旅师"三官。《说文》中此字与"耤"仅隔两字,说解谓:"商人七十而鉏。鉏,耤税也。""鉏"与"耤"关联紧密。又《孟子·公孙丑上》"助者,藉也",郑玄注《考工记·匠人》引此"助"又作"莇",孙诒让谓"莇"即"鉏"之俗体(孙诒让.周礼正义[M].北京:中华书局,1987:3488。)。
④ 《孟子·公孙丑上》:"助者,藉也。"目前所见,似乎是最早将"藉"与"助"作关联理解的,"藉"又训"借",所谓"使民如借"云云,皆当从其衍伸,俱非本义。《汉书·文帝纪》"其开藉田",臣瓒注谓:"亲耕本以躬亲为义,不得以假借为称,藉谓蹈藉也。"批评训"藉"为"借",是很有道理的,颜师古亦表彰臣瓒之说,但训"藉"为"蹈藉"又迷于表象。《续汉志》注引卢植云:"藉,耕也。"《春秋传》曰:'鄅人藉稻。'故知藉为耕也。"倒是最得其本义。孙诒让肯定许慎、郑玄训"藉"为"借",而斥卢植、臣瓒之说,其实是颠倒本末。以上各说原委及孙氏之评论,俱见:孙诒让.周礼正义[M].北京:中华书局,1987:287。另外,《诗·载芟》正义解小序之"籍田",亦批评臣瓒之说:"瓒见亲耕之言,即云不得假借。岂籍田千亩,皆天子亲耕之乎。"也是不得要领。前引杨宽先生也早以甲骨文"耤"字之例,指"'耤'字本来是躬亲耕作的意思",甚为有见,参见:杨宽."籍礼"新探[M]//西周史.上海:上海人民出版社,2000。

"耤"之本义既指耕作,则周王参与这样的事情,无疑就代表周王虽然也贵为天子,但也要躬自为耕,这正是为了向神灵显示恭敬与诚意。当然,从《国语·周语上》的记载看,周王的亲耕其实只是仪式性的,所谓"庶人终于千亩"——民众才是"耤"的主力军,这客观上等于"助"了王家;而从周王的角度上说,这又等于是藉(借)民力而为。尤其是,"助"与"藉"二字音上的相近,可以说又从形式上又进一步密切了"借"与"助"两者关系,今日"借助"直是一词,但含义已偏向于"借"。除此之外,清华简及文献又习见"帝籍""王籍"等称,此亦切关"籍田"及"籍礼"的多种意涵,兹亦分别论之。

1. 所谓"帝籍"——关于籍田的功能

杨宽先生之文已经说得很明确,那就是籍田的功能主要是用于祭祀的①,这一点可以说进一步得到清华简《系年》的证明,此文说"乃作帝籍,以登祀上帝天神",所谓"以登祀上帝天神",既"上帝"又"天神",无疑是对其功能的界定。而且,从武王"作帝籍"的背景看,正是有感于商纣在祀神上的消极应付,所谓"不恭上帝,禋祀不寅",因此可以设想周代作"帝籍"的初衷就是要改弦更张,显示与商纣的不同,那就是以"籍田"之产专用于礼神。从这个意义上说,所谓"帝籍",其实就是从功能上说它是专属于"帝"的,《周礼》贾公彦疏谓:"籍田之谷,众神皆用,独言帝籍者,举尊言之。"强调"神用";另外,《吕氏春秋·季秋纪》《礼记·月令》《淮南子·时则训》还提到籍田的收获要存之"神仓",前引张衡《东京赋》还提到籍田还可称"天田",这些称呼可以说都抓住了"帝籍"服务于礼神的重要功能②。杨宽先生之文还提到"籍田"的收获还用于"尝新",并举《左传·成公十六年》"晋侯欲麦,使甸人献麦"为证,这则可商。下文将会提到,周代诸侯一级也有类似天子的籍田是没有问题的,且"甸人"可能确为籍田上服务之人③。但周代作为立国方略的"籍田",其礼神功能仍然是第一位的,何况,虽然天子、诸侯虽可"尝新",但《礼记·月令》又反复提到在此之前要"先荐寝庙",仍然以礼神为先。"帝籍"这种为神专享、专用的特点,可以说正实现了周初统治者改弦更张与商王

---

① 杨宽. "籍礼"新探[M]//西周史. 上海:上海人民出版社,2000.
② 学者或将此"帝籍"之"帝"仅理解为"上帝"(参见:朱凤瀚. 清华简《系年》西周史事考[C]. 台湾"中央研究院"第四届国际汉学会议,2012年6月),似不够全面。
③ 《周礼·天官·甸师》云:"甸师掌帅其属而耕耨王藉,以时入之,以共齍盛。"但"甸师"与"甸人"明显有别。从《国语》《仪礼》《礼记》中的记载看,所谓"甸人"往往多服"积薪""执烛""陈(彻)鼎""掘坎""置重"甚至刑人之类贱役,地位并不高。从西周金文看,所谓佃(甸)人也多是具体从事农业生产的劳动者,级别是比较低的,参见:陈絜. 周代农村基层聚落初探[M]//新出金文与西周历史. 上海:上海古籍出版社,2011:108.

划清界限的需要。这也是周之政权及道统合法性的依据所在①。杨宽先生说"籍田"是从原始社会农村公社土地演变而来,似乎主张是一个循序渐进、自然演变的过程,显然对"帝籍""籍田"之为周人革命性的立国举措估计不足②。"帝籍""籍田"之礼神功能,我们还能从文献中格外强调其事神方面的重要性一窥端倪,所谓"上帝之粢盛于是乎出""乃能媚于神",因此是国家政治生活的所谓"大功"(《国语·周语上》),如果此项制度不能维持,首先想到的现实利害也还是神灵的需要问题,即所谓"匮神之祀"。关于这一点,直到汉代人们的认识都是一样的,如《汉书·文帝纪》谓:"夫农,天下之本也,其开藉田,朕亲率耕,以给宗庙粢盛。"

正是有鉴于"籍田"这种专属于"帝"的性质,我们认为"帝籍"之"籍",虽然常和"耤"字混用,但其实含义却有细微别:"耤"表耕作,但"帝籍"就不是侧重强调耕作之义——总不能要求天帝神灵也去耕作吧。"帝籍"之"籍"其实意在强调"籍田"专属于神帝的性质。在周代众多公田中,这块土地由于专属礼神,因此具特殊的身份性意义,而"籍"字正有这种标示身份的含义,而"耤"或"藉"字则无。后世的"籍没"一词,之所以有罚没、除名之义,也应该是从"籍"之具有身份性、所有权的含义出发的。因此,虽然"耤"与"籍""藉"常相混用,但"帝籍"作为名词,严格说来是不能写成"帝耤"或"帝藉"的。值得注意的是,《国语·周语上》的记载,除了"不籍千亩"之"籍"为动词,本字当作"耤"外,其实大多为名词,所谓:"司空除坛于籍""及籍,后稷监之""廪于籍东南,钟而藏之",以及"料民于太原"章的"王治农于籍"。另外,《孟子·滕文公下》提到:"礼曰:'诸侯耕助以供粢盛,夫人蚕缲以为衣服。'""耕助"一词从语法上讲颇为不辞。其实,"助"与"藉"音近可通,孟子所谓"耕助",其实当即《礼记·乐记》与《祭义》的"耕藉",实即"耕籍",就是躬耕"籍田"之义③。也就是说,如将"助""藉"理解为名词,则涣然冰释。这些作为名词的"籍",都应该具有身份性意义,是指

---

① 朱凤瀚先生也认为这是周人为"自己所以能受到上帝宠幸而商人所以被上帝抛弃制造舆论,在思想上征服商人",朱说见《清华简〈系年〉西周史事考》。
② 另外,彭邦炯先生亦认为从卜辞"作邑"看,商代的"邑田"已有"耤田"的性质,周代的"耤田"应由此而来,似亦主张它们是个自然演变的过程,彭说见:卜辞"作邑"蠡测[M]//胡厚宣,等.甲骨探史录.北京:生活·读书·新知三联书店,1982:256.
③ 裘锡圭先生还指出:"就是'助'法之名,也有可能是由'耤'而来的。这就是说,'助'法有可能本是由于让人'耤'公田而得名的。"参见:裘锡圭.西周粮田考[M]//裘锡圭学术文集:第5册.上海:复旦大学出版社,2012:193.

神灵的"一亩三分地"(实则"千亩")①。这种意思,其实在后世史书中还有保留,如《汉书·东方朔传》提到武帝扩建上林苑,云:"乃使太中大夫吾丘寿王与待诏能用算者二人,举籍阿城以南,周至以东,宜春以西……欲除以为上林苑。""举籍"后面,是具体的东、南、西、北四至,就是说这块地盘属于皇家之"籍",颜师古注云:"举计其数而为簿籍也。"虽然与前述"帝籍"有一指神灵,一指皇家的不同,要之,它们强调身份性的意思则是一致的。

顺便应该指出的是,从清华简《系年》《周语上》《楚语上》来看,西周立国,对祭祀神灵的祭品要求是极为讲究的,绝不能马虎。但我们读《左传》等书,却发现春秋以来对祭品的要求出现另一种思潮,那就是只强调内心的虔诚,而祭品作为外在的形式反而是不那么重要的。只要心怀虔诚,其极端者,即便"涧溪沼沚之毛,蘋蘩蕰藻之菜,筐筥錡釜之器"这样随处可得、非常粗劣的祭品也是"可荐于鬼神,可羞于王公"的(《左传·隐公三年》),这与西周立国之初对祭品的要求显然是大为不同的。当时甚至出现在位者频频欲仅以祭品之丰来求得神灵庇佑的事,而时人的评论也与周初设"帝籍"的立国策略不同,如《左传·桓公六年》记载随侯之言"吾牲牷肥腯,粢盛丰备,何则不信?"季梁回答说:"夫民,神之主也。是以圣王先成民而后致力于神。故奉牲以告曰'博硕肥腯',谓民力之普存也,谓其畜之硕大蕃滋也,谓其不疾瘯蠡也,谓其备腯咸有也。奉盛以告曰'洁粢丰盛',谓其三时不害而民和年丰也。奉酒醴以告曰'嘉栗旨酒',谓其上下皆有嘉德而无违心也。所谓馨香,无谗慝也。故务其三时,修其五教,亲其九族,以致其禋祀。于是乎民和而神降之福,故动则有成。今民各有心,而鬼神乏主,君虽独丰,其何福之有!君姑修政而亲兄弟之国,庶免于难。"从季梁的评论看,"民"的需要还要凌驾于"神"之上,这与周初设"帝籍"的立国初衷是明显不同的,应该反映了东周礼制一个重大的变迁,而这恰恰是宣王"不籍千亩",也就是通过籍田的形式致敬神灵的礼纲废弛之后,这应该不是偶然的。

2. 所谓"王籍"——关于籍田礼的主导者

如上所言,既然"帝籍"是周室为了区别于商王而搞的政治举措,因此行"籍礼"当然也以周王为主导,是专为王设计的政治性礼典,故"帝籍"有时又可称"王

---

① 《礼记·月令》"藏帝藉之收于神仓","帝藉"当从《吕氏春秋·季秋纪》《淮南子·时则训》作"帝籍"为是。另外,既然我们前面说古来经师如、许慎、郑玄者训"耤"之本义为"借"不准确,那么文献中那些我们耳熟能详的一些记载可能就有重新考虑的必要。《诗经·大雅·韩奕》"实墉实壑,实亩实藉","藉",依正义本作"籍"。此字郑笺释为"税",所谓"井牧是田亩,收敛是赋税",问题是履亩而税的"初税亩"本是鲁宣公十五年始行之,此为周宣王时,何得有"税"?鄙意以为,此"籍"既与"亩"相对言,理解成"籍田"似更妥当。

籍",如前引《周礼·天官·甸师》云:"甸师掌帅其属而耕耨王藉,以时入之,以共齍盛",这个作为"以共齍盛"用途的"王藉",显然就是"帝籍"。晚清大儒孙诒让曾谓:"《月令》据供祭祀言之,谓之帝藉;此经据王亲耕言之,谓之王藉,义并通也。"①此"王藉"作为名词,我们认为似本应作"王籍",仍然有身份性意义,说明"籍田"也是周王为神管理的"一亩三分地",是周王亲耕,即行"籍礼"的专有"秀场"。像《礼记·月令》云:"天子亲载耒耜……躬耕帝藉","帝藉"即"帝籍",而"天子""帝藉"连称,其为周王主导的礼神场所应该是很明显的。周代"籍礼"既以周王为主导,而"耤"字本义又指耕作,因此我们认为"籍(耤)礼"的首要精神就是强调王要身体力行、躬自为耕②,唯其如此,才能体现周人与商王划清界限、向神灵显示虔诚。前人所谓籍田就是指"借民力而为",其实这都是次要的,或者说并不是周人设"帝籍"的初衷。因为在周代土地制度下,"公田"都是要"借民力而为"的,并不能凸显籍田的特殊性。《诗·载芟》小序云:"春籍田而祈社稷也。"所谓"籍田"显为动宾词组,即指通过亲耕的形式来行典礼,既然如此,郑玄解:"籍之言借也,借民力治之,故谓之籍田。"就是有问题的。前引裘锡圭先生已经指出,"藉田"之名大概由"耤"而来,指其田为王所亲耤③。我们认为都是很准确的。关于周王在籍礼中的这种身体力行的意义,学者曾将其与"天子自射其牲"合并分析:"王行耤田礼,表示他亲自种地;拿亲自种出来的粮食祭祀神灵,是为了表明他的虔诚。王行射牢礼,是表示他亲自射杀禽兽;拿亲自射得的禽兽祭祀神灵,同样是为了表明他对神灵的恭敬虔诚。"④此说格外突出"亲自",以及"对神灵的恭敬虔诚",亦即《礼记·祭统》所谓的"身致其诚信,诚信之谓尽,尽之谓敬,敬尽然后可以事神明,此祭之道也",这应该说很符合我们从清华简《系年》了解到的周人设"帝籍"的初衷,即在礼神问题上与商王改弦易辙,而这正是周人政权及道统合法性的最重要来源。

---

① 孙诒让.周礼正义[M].北京:中华书局,1987:285.
② 关于籍礼这种强调天子亲力亲为的性质,前引孙诒让《周礼正义》已备举古来经师多有从"藉"可训"踏"(蹈藉)角度说明籍礼就是指天子亲自履踏于天而耕之(又可参陈立:《白虎通疏证》,第276页《续汉志》注引《要义》之说)。其实,耤本就有耕种义(卜辞"耤"往往包含"耕"和"种"两种意思,说详见:裘锡圭.甲骨文中所见的商代农业[M]//裘锡圭学术文集:第1册.上海:复旦大学出版社,2012:233.),而训为"踏"则是据后起字"藉"而释之。又《左传·昭公十八年》"郰人藉稻",孔疏引服虔说:"藉,耕于藉田也。"杜注谓"其君自出藉稻,盖履行之",其实都是重在强调郰君亲自参与稻作劳动。但杨伯峻先生把服说理解为春天所行标准的耤田礼,而其时周正六月当夏四月,时间不合,转而将"藉"理解为践履、踏勘义,其实是太关注杜注的"履行"(杨伯峻.春秋左传注[M].北京:中华书局,1990:1397.另,赵生群:《左传》疑义新证[M].北京:人民文学出版社,2013:365.亦同杨说)。原杜氏之意,其所谓"履行"者,仍当指国君亲自参与耕作之义,换言之,"藉"如前引卢植训为耕种即可,不劳循蹈藉、践履的逻辑释为"履行"。
③ 裘锡圭.西周粮田考[M]//裘锡圭学术文集:第5册.上海:复旦大学出版社,2012.
④ 陈戍国.中国礼制史·先秦卷[M].长沙:湖南教育出版社,2001:196.

当然，除了"王籍"之外，《礼记·祭义》又云："……天子为藉千亩，冕而朱纮，躬秉耒。诸侯为藉百亩，冕而青纮，躬秉耒……"这说明除了周王有专属于自己的"王籍"之外，诸侯亦当有奉祭神灵的"籍田"，《礼记·祭统》也说："天子亲耕于南郊，以共齐盛……诸侯耕于东郊，亦以共齐盛。"以上下文求之，天子、诸侯的"南郊""东郊"之地，显然都是"籍田"之所在。这说明，"籍田"及"籍礼"可能还通过分封制由天子向诸侯一级传导，由此周代"籍田"及"籍礼"就形成一个从天子到诸侯的等级秩序①，天子、诸侯都很重视，这是"籍田""籍礼"之于西周立国重要性的另一种表现。而天子"千亩"，诸侯"百亩"的差别说明，尽管诸侯亦有籍田，但他们无疑是从属性的，并不影响在籍田体制中天子的主导地位。另外，前面我们说周王的"王籍"在功能及意义上与一般的"公田"不同，诸侯一级的"籍田"恐怕也是如此，它与一般的公田应该也是不一样的。学者不同意西周籍田只有"千亩"和"百亩"两个级别，认为是普遍实行的礼制②，这无疑有扩大化之嫌，当然也混淆了籍田与一般公田的区别③。目前来看，关于周王的"籍田"，我们在金文中已经发现明显的证据，如载簋铭有云："令女作司土，官司耤田"（《集成》4255）"司土"即"司徒"，考虑到《国语·周语上》明确提到为"籍礼"作准备时"王乃使司徒咸戒公卿、百吏、庶民"，有"司徒"明确参与，则此处之"耤田"为"帝籍"无疑。令鼎铭文亦云："王大耤农于諆田"，学者多认为此亦是讲籍礼。但"耤农"显为动宾词组，"农"既为宾语，则此处"耤"当非用其本义，而倒更可能读为"藉"，训为"借"。当然，"王大借农"的表述亦有可能涉及籍礼，《国语·周语上》"王治农于籍"即与此相类。唯此鼎云"諆田"乃"耤农"之具体地点，如确为耤田礼，则此"諆田"显即"籍田"，亦"帝籍"的一部分。

另外，晚近学者举与籍礼关涉之彝铭，有两事尚需一辨。前引晁福林先生曾对《师毁簋》之"师龢父攺"有专门讨论，力证"攺"可假为"籍"，于律于例，均不是问题。不过，此铭中"攺"是否一定要释成"籍"，即讲成"师龢父"举行"籍礼"恐还有进一步讨论的必要。主要的不利证据表现在：其一，铭文首句"师和父攺，毁叔市巩告于王"，"师和父"与"王"显为两人，而晁先生主师和父即王，文法似有不和，而若从郭沫若读为"殂"，训为死，则无此问题。其次，晁先生文一则将"毁叔

---

① 《礼记·祭义》还提到"古者天子诸侯必有公桑、蚕室"，以为祭祀提供祭服。其中也是只涉及天子、诸侯两级，这种公桑、蚕室之制，某种意义上可看成是周代"籍田""籍礼"制下的配套设置。
② 沈文倬. 叞与耤[M]//菿闇文存. 北京：商务印书馆，2006：773.
③ 关于籍田与一般公田的区别，裘锡圭《西周粮田考》一文有专门讨论。另外，彭邦炯先生亦认为周代籍田仅是公田的一部分，即它们还是有区别的，确属有见，参：彭邦炯. 卜辞"作邑"蠡测[M]//胡厚宣，等. 甲骨探史录. 北京：生活·读书·新知三联书店，1982.

市巩"理解为髮穿着绣绂动手劳作,另一方面据《国语·周语上》以为"告于王"即髮职司音官以协风告王,明为两事,但以铭文上下文求之,所谓"髮叔市巩告于王"似仅为一事。而且,髮既司音官,是否也和其他官员一样仍参与耕作活动也是个问题。再次,《国语·周语上》音官风土的记载,明是春天,而铭文历日是九月,是又不合也。最后,晁文以铭文之"籍礼"为秋天收获之时举行,但周正九月于夏正才止七月,失之于早。综合观之,以此例当共伯和举行籍礼似犹有未安处。另外,近年公布的士山盘有铭文"虘"字,朱凤瀚先生以音近假借的关系,认为当读为"苴",即周代的籍田①。今按,虽然"虘"与"苴"读音接近,但对于铭文中"虘"字所在语言环境,尤其关于其中"服"制问题学者还多有分歧。比如"虘"字前一字,朱氏释为"大",这样当然就与令鼎的"大耤"相合,但学者或以为前一字不当释为"大"②,李学勤先生甚至以为此字当是"蔡"字的省写,是流放的意思③,然则"大耤"之释恐又成凿空。另外,朱先生还释铭文"六孳"为《周礼》之"六盉",即"六粢",也就是祀神的六种农作物,但学者或释"六"为方国名,"孳"即"子",为爵称;甚至以为"六孳"当释为"六蛮",如此则"六孳"是否就属六种祀神之物从而佐证"籍礼"就仍待深考。有鉴上述,笔者认为将此铭"虘"字讲成"藉"字似乎亦缺乏足够证据。

3. 所谓"千亩"——关于籍田的地点

关于周代"帝籍"具体的地点,《礼记·祭统》只是笼统地说"南郊",不详具体所在。不过,既然《国语·周语上》说宣王"不籍千亩",《系年》也说"乃作帝籍……名之曰千亩",故后来学者颇有以"千亩"为地名者,加之后来宣王曾于"千亩"为戎所败,故学者进而将此"千亩"与"籍田"联系在一起。今按,这种看法是明显有问题的。从文献记载看,周代"籍田""千亩"之名,其实只是笼统地说它的规模,本与地名无涉。像《礼记·祭义》明云"天子为藉千亩""诸侯为藉百亩","千亩""百亩"相对而言,则"千亩"显是数量上的泛指,并非地名④。《吕氏春秋》高诱注:"天子籍田千亩。"张守节《史记正义》引应劭曰:"古者天子耕籍田千亩,为天下先。"《国语》韦昭注也是"天子田千亩,诸侯百亩",高诱、应劭、韦昭之说虽

---

① 参见:朱凤瀚.士山盘铭文初释[J].中国历史文物,2002(1).晁福林先生亦支持朱文之说,可参:晁福林.从士山盘看周代"服"制[J].中国历史文物,2004(6).
② 董珊.谈士山盘铭文的"服"义[J].故宫博物院刊,2004(1).
③ 李学勤.论士山盘——西周王朝干预诸侯政事一例[G]//遐亨集——吕绍纲教授古稀纪念文集.长春:吉林大学出版社,2003.
④ 廖名春先生亦以"帝籍""千亩"为地名,且主两"千亩"为一,遂谓《系年》首"千亩"之前当有脱文,恐有未当。说见:廖名春:清华简《系年》管窥[J].深圳大学学报,2012(3).

然可能也是来自《祭义》，但这些材料说明自汉代至三国，学者对"千亩"为"籍田"规模之说还是熟悉的。其实，"不籍千亩"是宣王初即位之时，而"战于千亩"则是三十九年之后，时隔很远，不能拘泥于一定要回到当初宣王与虢文公的对话语境。更重要的是，"籍田"本在周都之"南郊"，如果姜氏之戎在此地大败周师，那周都简直唾手可得，周也将濒于灭亡①，但实际上除了后来幽王时期犬戎破镐京外，文献中我们并没有发现周都还曾有如此岌岌可危之势②。再者，从历史记载来看，宣王中兴的一大表征就是"外攘夷狄"（《诗·车攻》小序），大肆征伐③，而如果说与姜氏之戎战的"千亩"乃周之"籍田"，那等于是在周之家门口，这与周宣王大肆远征之武功是不太相符的。另外，《左传·桓公二年》记晋地有"千亩"之名（"其弟以千亩之战生，命之曰成师"），学者又多混同周之籍田，其说更谬。因为如在山西，离周都镐京实在太远，更与《礼记·祭统》"南郊"之说不合。今按，《史记·周本纪》："战于千亩，王师败绩于姜氏之戎。"司马贞《史记索隐》主其在山西境内，非周之南郊，良是。张守节《史记正义》引《括地志》也提到山西境内有"千亩原"。但此"千亩"与周之籍田"千亩"当非一事。杨伯峻先生据齐召南之说，也注意到两"千亩"之别，"一为周地""一为晋地"，但又认为宣王败于姜氏之戎之"千亩"之战，实为周地，那只能是"籍田""千亩"了④。这个说法也是有问题的。杨氏此误，应该是惑于《国语·周语上》把"不籍千亩"与"战于千亩"放在一则故事里来讲，两个"千亩"相距如此之近，很容易使人误认两者为一事。清阎若璩也说："天子既不躬耕，百姓又不敢耕，竟久为斥卤不毛之地，惟堪作战场，故王及戎战于此。"⑤所谓"久为斥卤不毛之地，惟堪作战场"云云，纯属阎氏之臆测，天下"斥卤不毛之地"多矣，为何宣王与戎独战于此？综合考虑，周宣王败于姜戎之"千亩"之战，应当在晋地，与宣王二十六年晋穆侯败戎之"千亩"实当为一地。正因为此"千亩"属晋地，所以宣王败后才有就近的"料民于太原"⑥，这也是合情

---

① 杨宽也误认"不籍千亩"与"战于千亩"为一事，因此说姜氏之戎"曾一度攻到千亩"，那就是兵临镐京城下了，这是不合情理的。见：杨宽.西周史[M].上海：上海人民出版社，2000：573.
② 《诗·小雅·六月》虽云"侵镐及方，至于泾阳"，但此"镐"非周都"镐京"，正У辩之甚明。且此诗虽然言及"玁狁孔炽"，来势汹汹，但最终仍以周师获胜告终。
③ 西周铜器如兮甲盘、虢季子白盘、不其簋、驹父盨盖、文盨等都对当时宣王武功特别是对玁狁及南方淮夷的征讨和控制亦同有反映。相关论文可参见：李学勤.兮甲盘与驹父盨[M]//新出青铜器研究.北京：文物出版社，1990：138.李学勤.文盨与周宣王中兴[J].文博，2008（2）.从后二器看，当时周宣王对淮夷等"南诸侯"的征讨大获全胜，南方"小大邦""亡敢""不顺""王命"。依此推测，《国语·周语上》中宣王所丧的"南国之师"，恐即臣服之后"为王前驱"的南方诸侯军队。
④ 杨伯峻.春秋左传注[M].北京：中华书局，1990：92.
⑤ 泷川资言.史记会注考证[M].太原：北岳文艺出版社，1999：59.
⑥ 此"太原"非《诗·六月》所谓"薄伐玁狁，至于大原"之"大原"，当然亦非今之太原，但学者考证其在今山西境内是没有问题的。参见：李广洁.先秦史籍中的"太原"[N].太原日报，2010-03-08.

合理的①。否则，如果说是在周都郊外战败，还竟然要跑那么远到太原去"料民"，这无论如何是说不通的。

以上对周之"籍田"与晋之"千亩"实为两地，进行了澄清。那周之籍田到底在哪呢？《礼记·祭统》之"南郊"虽失之笼统，但毕竟指示了大致的地理方位。学者因此指"宣王举行'籍礼'的籍田千亩，当离镐京不远"②，是很有道理的。前引令鼎中提到的"諆田"，当即位于周之"籍田千亩"的区域。不过，关于籍田之方位，文献中还有异说，如《白虎通义·耕桑》就明云天子是"耕于东郊"，且《公羊传·桓公十四年》"御廪灾"，何注云："天子亲耕东田千亩，诸侯百亩。"《白虎通义·耕桑》篇还提到《礼记·曾子问》佚文云："天子耕东田而三反之"。学者指"南郊"之说当是周礼之旧，证之《周礼·天官》内宰职以王后蚕于北郊，与藉田对照，则天子亲耕之地明在南郊是也③，我们认为是有道理的。"东郊"之说恐系后儒尤其是今文家异说。值得一提的是，《汉书·东方朔传》记爱叔向董偃进言："顾城庙远无宿宫，又有萩竹籍田，足下何不白主献长门园？"明确提到西汉"籍田"的位置，那就是与文帝庙及长门宫为邻，正在前引汉武帝"举籍"、扩建上林苑的区域，而这些地点恰在当时汉长安城的南部近郊，这侧面说明，直到汉时可能还在遵循着周代关于籍田的某些旧制。

二、关于商代有无"籍田""籍礼"的问题

前面提到，从清华简《系年》来看，周代设"帝籍"、行"籍礼"，都是有感于商王的"不恭上帝"，因此周代此举不啻是一个改弦易辙、争夺政权合法性的战略举措，从这个角度讲，周代"籍田"及"籍礼"可以说是开创性的。这也与古来讲典制的学者如唐杜佑，宋王应麟、郑樵，清秦蕙田所说籍田礼自周代始的主张相吻合④。

---

① 杨宽先生指韦昭将《国语·周语上》"宣王不籍千亩"与"料民于太原"合为一事作注大误（参见：杨宽.西周史[M].上海：上海人民出版社，2000：573.），我们认为杨说不确。从两章所述史实及"千亩"与戎、晋的关联看，"王师败绩于姜氏之戎"与"丧南国之师，乃料民于太原"，当是相距不久，而且是具有因果关系的两件事，韦昭合而作注正显示其独到眼光。

② 杨宽.西周史[M].上海：上海人民出版社，2000：573.另外，阎若璩亦有类似说法，参见：泷川资言.史记会注考证[M].太原：北岳文艺出版社，1999：59.另外，前引晁福林先生讨论士山盘时支持朱凤瀚先生说，以为其中"虘"字可读为"藉"，因此与籍田有关，并认为铭文中所述的南方诸国为周王朝所耕籍田就在其方国附近。今按，与晋之"千亩"非周之"千亩"籍田一样，周王朝之籍田也不大可能远至南方诸国。晁先生之说隐有以周代一般"公田"当"籍田"之义，前文已引裘锡圭先生之说指出二者的不同。

③ 陈立.白虎通疏证[M].北京：中华书局，1994：277.

④ 陈戍国.中国礼制史·先秦卷[M].长沙：湖南教育出版社，2001：192.

晚近学者更是由西周铜器如前述令鼎的记载,再次重申籍礼应始于周初①。但问题是由清华简《系年》来看,周武王始倡"帝籍",是直接针对末代商纣的一系列"不恭上帝,禋祀不寅"行为的②,然则此前的商王,是否在祀神问题上也是像商纣这样呢? 这一问题的实质是,周代的"籍田"及"籍礼"究竟是十足的原创,还是仅仅只反商纣但却是恢复了商代此前的旧制呢? 这一问题的答案不惟关涉我们对商史相关问题的评价,也直接影响我们对周代"籍田""籍礼"准确意义的理解,兹亦尝试论之。

诚如前引《说文》云,所谓"籍(藉)田""籍(藉)礼"之"籍"或"藉",本作"耤",而此字卜辞多见,故此字的存在很容易让人联想到商代也有籍田或籍礼。研究甲骨文及古文字学者中,确有据卜辞"耤"字来谈商代的"籍田"及"籍礼"的,其中代表如陈梦家、彭邦炯、宋镇豪、刘桓等先生③,另外沈文倬先生也认为从卜辞到大克鼎都有耤田的记载,而且是都实行的这一"礼典"④。陈戍国先生撰《中国礼制史·先秦卷》亦是根据卜辞中"耤"字的相关辞例,指商代亦有籍礼,而且商周都是一贯的⑤。不过,对甲骨文"耤"字的理解,尚有不少学者持不同看法,像胡厚宣、裘锡圭、齐文心、王贵民、杨升南等学者就认为此字所涉卜辞,仅指一般的耕作活动,因此与"籍田""籍礼"无涉⑥。下面我们就将卜辞中涉及"耤"字的若干条材料罗列如下,并尝试用上文我们讨论过的"籍田""籍礼"的几项特征试作检证:

卜辞中多有关于呼(告)某人"耤"的记载,如:

---

① 刘雨.西周金文中的"周礼"[G]//燕京学报:新3期.北京:北京大学出版社,1997:10.
② "禋祀不寅"一语,与《尚书·无逸》中作为正面典型的殷王中宗之"严恭寅畏"正相对反。
③ 参见:陈梦家.殷墟卜辞综述[M].北京:中华书局,1988:534.彭邦炯.卜辞"作邑"蠡测;甲骨文农业资料考辨与研究[M].长春:吉林文史出版社,1997:364-366(彭说亦为王辉先生所信从,参见:王辉.古文字通假字典[M].北京:中华书局,2008:295).宋镇豪.甲骨文中反映的农业礼俗[C]//纪年殷墟甲骨文发现一百周年国际学术研讨会论文集.北京:社会科学文献出版社,2003:361(又见:宋镇豪.商代社会生活与礼俗[M]//商代史:卷7.北京:中国社会科学出版社,2010:362-365).刘桓.关于殷代武丁的辅弼之臣傅说的考证[M]//甲骨集史.北京:中华书局,2008:45.其中,彭氏的意见稍谨慎,如在其前一文中,只是说卜辞的"作邑"与后世的"耤田""类似"或"相关",但西周之"耤田"应该从其来。另外,饶宗颐、徐喜辰、岛邦男亦主张商代有籍田礼,但他们并非纯据"耤"字为说,饶说见:饶宗颐.四方风新义——时空定点与乐律的起源[J].中山大学学报,1986(4).徐、岛二氏之说,可参见:裘锡圭.关于商代的宗族组织与贵族和平民两个阶级的初步研究[M]//裘锡圭学术文集:第5册.上海:复旦大学出版社,2012.
④ 沈文倬.夋与耤[M]//菿闇文存.北京:商务印书馆,2006:767.今按,沈氏说此鼎及微繺鼎、守鼎铭都记有耤田,实缘于对"畟"字的旧释,今当纠正。
⑤ 陈戍国.中国礼制史·先秦卷[M].长沙:湖南教育出版社,2001:194.另外,前揭陈民镇《清华简〈系年〉研究》(第31页)也附和陈氏等人的意见,恐未加深考。
⑥ 胡厚宣.卜辞中所见之商代农业[M]//甲骨学商史论丛初集.石家庄:河北教育出版社,2002:713.裘锡圭.甲骨文中所见的商代农业[M]//裘锡圭学术文集:第1册.上海:复旦大学出版社,2012:233.齐文心,王贵民.商西周文化志[M].上海:上海人民出版社,1998:62.杨升南.商代经济与科技[M]//商代史:卷6.北京:中国社会科学出版社,2010:146-148.

丙辰卜，争贞：呼耤于隉，受有年。(《合集》9504)
丁酉卜，㱿贞：我受甫耤在㚸年。三月。(《合集》900)
□贞：呼雷耤于名。(《合集》14)
丙子卜：呼□耤，受年。(《合集》9506)
【戊】午卜，㱿贞：呼鞭耤(《合集》9508)
甲申卜，宾贞：呼耤，生。
贞：不其生。(《合集》904 正)
丁酉卜，争贞：呼甫秜于㚸，受有年。一。
呼甫耤于㚸，受年，二、三。(《合集》13505)
告攸侯耤(《合集》9511)

还有直接记载某人"耤"或"作耤"的，如：

□雷耤在名，受有年。(《合集》9503)
弜耤噩旧【田】，其受有年。(《合集》28200)
□□卜贞：众作耤，不丧□(《合集》8)

另外，还有明确提到商王"观耤"的，如：

己亥卜□观耤□(《合集》5603)
己亥卜贞：王往观耤，延往。(《合集》9501)
庚子卜贞：王其观耤，(　)往。十二月(《合集》9500)

此外，还有专司"耤"事的职官记载，如：

己亥卜贞：令　小耤臣　(《合集》5603、5604①)

---

① 武家璧先生从此 5604 及上 9500 两片卜辞形制、时代、事类、日期等角度论证它们当缀合为一，应该说理据是颇为充分的。但武氏亦依旧说指卜辞"观耤"为商王观看籍礼，以本文所论看，似不确。又，武氏将《左传·僖公五年》于分、至之日"登观台以望"天象之举与所谓王观耤田礼牵连作解，恐亦属未当。理由一则是以本文及前辈学者的讨论看，天子在籍田礼上的角色，是要躬亲为之，并非袖手旁"观"；二则是籍礼之时，如《国语·周语上》所述，虽亦有类似望气、观风之举，但此等活动多为职有专守的太史、瞽等人为之(且多为行籍礼之前的准备活动)，并非天子亲为。参见：武家璧.从卜辞"观籍"看殷历的建正问题[G]//饶宗颐.主编. 华学：第 8 辑. 北京：紫禁城出版社，2006：82.

在上述卜辞中,无论是商王呼某人"耤"于某地,还是某人直接"耤"于某地,我们发现它们的地名都并不固定,其中涉及诸如陮、妘、名、噩等多个地名,这一点恐怕是与周代专辟一地用作"籍田"明显不同的①。学者针对此点,专门指出:"所耕耤的地方很多,并不如史籍记载天子南郊一处千亩籍田,所以不全是举行籍礼,而是平常的农事活动。"②另外,卜辞中多见的"呼某人耤于某地",形式及意义其实非常类似西周金文中常见的周王呼诸如尹氏、作册等职官策命某人的句式,强调王命臣子的性质,而且也和西周金文一样可能具有某种礼仪背景。不过请注意,卜辞中被呼之人显然是接受任命去"耤"于某地,也就是说商王并不去。即便是王亲往观耤的卜辞,也表明王仅仅是个"旁观者",并非要亲自为之。但如上文所言,周代设"帝籍"、行"籍礼"首要的核心精神就是周王要亲自为之,以显示对神祇的虔敬,这一点也显示周代的"籍礼"与上述卜辞中"耤"的不同。有学者或解释上述王呼某人"耤",即某人是代王去"耤"的,但我们知道,周代"籍礼"之制下,即便是臣子代替为之,也是不可想象的。前引令鼎铭文说"王大耤农于諆田",还说"王归自諆田"都说明王的确是亲力亲为,与上述卜辞中呼人耤于某地是完全不同的。另外,上举卜辞中保留有"三月""十二月"两条时间材料,三月可能与周代籍田礼的时间还算接近,但十二月属冬季,就不好解释了③。正是有鉴于甲骨卜辞中"耤"字的上述特征,所以裘锡圭先生认为:"'耤'字在卜辞里多用其本义,当用耒耕地讲。"④也就是说与籍田及籍礼均无关,而他举出的几条卜辞辞例,正是学者引用率比较高的用以讲商代"籍田"及"籍礼"的材料。裘氏还批评日人岛邦男氏"对很多跟籍礼无关的卜辞,也硬用籍礼来解释"⑤。我们觉得裘氏的这些看法都是符合实际的。另外,据彭邦炯先生的研究,卜辞中之所谓"作邑"及所谓"邑田",其实都当是"王室直属的经济单位","是王室农产品的主要来源地",而且经常需要"征调民众去整治"这些王室的直属之田,因此他认为这种所作之邑与文献上讲的"王田""籍田"性质"类似",说明"商代的邑田已有耤田的性质"⑥。但应该指出的是,如上文所论,周代设"帝籍""籍田"的首要目

---

① 彭邦炯先生还考证其中"陮"地在山东阳谷,但由"陮"推导出彭氏所谓"观城"的训诂环节似嫌多了些,见:彭邦炯.甲骨文农业资料考辨与研究[M].长春:吉林文史出版社,1997:368.
② 齐文心,王贵民.商西周文化志[M].上海:上海人民出版社,1998:62.
③ 前揭武家璧先生之文,主9500片卜辞"观耤""十二月"为殷用寅正的例子,但可能没注意到900片"三月"的例子。关键一点,要将卜辞中的"耤"都讲成籍田或籍礼,是有诸多不利证据的。
④⑤ 裘锡圭.关于商代的宗族组织与贵族和平民两个阶级的初步研究[M]//裘锡圭学术文集:第5册.上海:复旦大学出版社,2012.
⑥ 彭邦炯.卜辞"作邑"蠡测[M]//胡厚宣,等.甲骨探史录.北京:生活·读书·新知三联书店,1982.

的是为礼神提供祭品,而王室的日常生活所需倒是次要的。

不过,前引裘锡圭先生一方面认为仅据甲骨文"耤"字看,似非行"籍礼",但又认为卜辞中还是存在类似周代"籍田"及"籍礼"的材料。比如前面我们提到卜辞中"耤"的地点分在多处,并不唯一,但裘锡圭先生就注意到像"冏"地的农业生产活动多是商王亲自参加的,而且该地的农作物也常被用来祭祀祖先,即用途和功能也与后来西周的籍田基本一致,综合考虑,裘氏认为:"商王的亲自参加农业生产,跟周王的藉田确实是同性质的。"①但应该指出的是,虽然在地点的集中性及功能上"冏"地商王参与农业生产的活动,有点类似后世的"籍礼",但裘氏所举商王于冏地参加的农业生产,却又从不用"耤"字。这却是最让人生疑的。另外,固然冏地的农作物多被用来祭祀祖先,但卜辞中以收获物登祀神灵的记载是非常多的,这些作物的出产也并非都是出"冏"地。如:

壬午卜,争,贞令登取湿黍(《怀特》448)

这是讲用"湿"地之黍来登祀神灵。"湿"与"冏"显非一地。另外,卜辞还有:

癸丑卜,王,丁梁入,其登于祖甲(合集 27455)
癸亥,岁子癸牝一,畀自丁黍(《花东》48)
庚寅,岁妣庚小宰,登自丁梁。(《花东》416)
辛未,岁祖【辛】牝一,登自丁黍。在䍙,祖甲征。(《花东》363)

所谓"丁梁""丁黍"云云,或释为"丁"所馈赐,那也不见得就是来自冏地的作物。卜辞还有:

庚申卜,韋梁其登兄辛(《合集》27632)②

学者或释"韋"为馨香之"馨",但依上举"丁梁""丁黍"等辞例看,窃以为"韋"

---

① 裘锡圭.关于商代的宗族组织与贵族和平民两个阶级的初步研究[M]//裘锡圭学术文集:第5册.上海:复旦大学出版社,2012:121.
② 以上卜辞材料均据:宋镇豪.商代社会生活与礼俗[M]//商代史:卷7.北京:中国社会科学出版社,2010:397.

还是以释为地名为妥①。既为地名,则其与冏非一地又可知。另外,卜辞中比比皆是的"王其黍""王莅"某项农事等材料,恐怕也很难讲具体地点就是"冏"处一地,如:

  贞:王莅黍,受年。一月。(《合集》9525 正)
  癸卯卜,㱿贞:王于黍,侯受黍年。十三月(《合集》9934)
  丁未卜,贞:隹王刈黍。(《合集》9559)
  今春王黍于南兆。(《合集》9518

其中"南兆",明非"冏"地。这说明即便是商王亲自参与的农业生产活动,也不尽在"冏"地。

需要指出的是,前举裘锡圭先生之所以认为商王参与"冏"地的农业生产的活动类似后世的"籍礼",是出于这样的考虑,即"商王是有很大权力的专制君王,无论是古书记载,还是现代的考古发掘,都可以证明这一点。商王绝不可能还没有脱离生产劳动,也不可能亲自去监督奴隶进行劳动"②。从商朝的社会性质及发展阶段看,这一推测当然有其合理性。但我们也不应该忽视商朝社会发展的特殊性的一面。比如前引《尚书·无逸》就明确提到商王高宗"时旧劳于外,爰暨小人",祖甲此人也是"旧为小人""爰知小人之依,能保惠于庶民,不敢侮鳏寡"③,仅看这些,读者可能会以为这出于周人批判商纣的宣传需要,但我们在甲骨卜辞中确实发现商代后期前段商王对农业生产异乎寻常的关注:从不厌其烦地反复卜问作物的受年与否,到影响丰歉的风、雨、旱情,再到派员去各地督促农业生产,甚至播种之后"生"与"不生"这种琐碎之事都要斤斤求问——"一个朝代的最高统治者——帝王本人,如此频繁地从事农业管理活动,在我国历史上勤如商代的王们可称是绝无仅有的"④。此一时期商王如此频繁、密切地参与农业生产活动,较之周代的"籍礼"显然过"实"。频繁地卜问"受年"与否,甚至播种之后还要问"生"与"不生"都是这种"实"的明证。但我们知道,周代"籍礼"制下,周王的参与实际上流于"作秀",时间上也仅限于开春或顶多"耨获亦如之",与商王的

---

① 裘锡圭先生也有类似推测,参:裘锡圭.甲骨文中所见的商代农业[M]//裘锡圭学术文集:第1册.上海:复旦大学出版社,2012.
② 裘锡圭.关于商代的宗族组织与贵族和平民两个阶级的初步研究[M]//裘锡圭学术文集:第5册.上海:复旦大学出版社,2012.
③ 杨升南.商代经济与科技[M]//商代史:卷6.北京:中国社会科学出版社,2010:172.
④ 杨升南.商代经济与科技[M]//商代史:卷6.北京:中国社会科学出版社,2010:175.

高密度参与简直不可同日而语。正是因为商、周两代君王参与农业生产有这种差异,所以商代虽然也屡见以农作物祀神之举,甚至还很频繁且祭品亦丰富,但这种祀神更多是出于祈求丰年的现实考虑,也是"实"的,而周代籍礼制下的祀神其实更侧重向神灵表"忠诚",具有明显的仪式性。殷周之间的这种差异,恐怕正是"殷质""周文"的具体而微者。顺便要提到,前引《尚书·无逸》中周公一方面表彰武丁、祖甲,另一方面又批评后来的商王"生则逸,不知稼穑之艰难,不闻小人之劳",学者于甲骨卜辞中也的确发现帝乙、帝辛时期的卜辞中,有关农业生产的内容确实较少[①],这一方面证明周公所说可能确有其事,并非"欲加之罪"的宣传之词,另一方面恐怕也反衬出武丁、祖甲等王在位时确实是对"稼穑"之事颇为谙熟,说明他们参与农业活动是很"实"的,与周王之籍礼明显不同。

综合上述信息来看,虽然前述不少学者注意到商代个别农业生产行为与后世的籍田及籍田礼存在或多或少的类似性,但总体上看,我们认为商代可能并不存在类似周代这样专辟一地作为周王向神灵表示虔诚的亲耕场所,并以出产作物服务于祭祀的"籍田"。一方面卜辞中"耤"字的用法及商王登祀神灵这样的活动均与后来籍田与籍礼性质不同,更重要的是,我们认为商人根本就没有周人这种刻意要把"媚于神"上升到立国方略甚至是政权及道统合法性的政治需求。至于商王参与"冏"地农业生产的性质,笔者以为这或是某种阶段性或局部性事例,可能并不具有全局意义。当然,我们说商代并不存在类似周代那样的籍田或籍礼,并不意味着我们否认周代"籍田""籍礼"与殷商的联系。由于"耤"本义指耕种,因此周代强调天子要躬自为耕的籍礼,显然与此有关。而且,从剥削形式上看,虽然一般来说殷"助"周"彻",但周代籍田上"庶人终于千亩"劳作形式,说明它依然采用的是"助"(藉)法,正所谓"虽周亦助也"(《孟子·滕文公上》)。

(原载《中国史研究》2016年第1期)

---

① 杨升南.商代经济与科技[M]//商代史:卷6.北京:中国社会科学出版社,2010:172.虽然杨氏也提到帝乙、帝辛卜辞中涉及农业生产的卜辞也并非完全没有,并据此对《无逸》中周公的话进行质疑,但总体上讲恐怕仍不能否认末期农业生产卜辞偏少的事实。

"夔纹"再识

曹 峻

曹峻，2002 年毕业于厦门大学历史系考古专业，获硕士学位；2005 年毕业于中国社会科学院研究生院考古系，获博士学位；同年进入上海大学社会学博士后流动站，出站后留校任教。现为上海大学历史系副教授。主要研究领域为中国东南地区先秦考古。主讲课程有"中国古代史""吴越考古""中国青铜器""中国文明起源研究读书会"（包括本科生及研究生课程）等。在《考古》《学术月刊》《东南文化》《南方文物》《中原文物》等刊物发表学术论文 20 余篇；承担及参与国家社科、教育部、上海市教委等课题多项。

"夔纹"是商周青铜器纹饰中的重要纹样，一般指张口、一足、卷尾的动物侧面形象。这类动物形象被普遍认为是神话类动物龙形的一种。笔者曾发表《"夔纹"新识》一文，从纹样图形的角度进行详细比较，指出"夔纹"指代的那类动物实为现实中存在的虎形而非神话类的龙形[①]。本文拟在此基础上，通过梳理"夔纹"这一称谓出现和形成的源流，辨析夔纹的形源和类型等，尝试对"夔纹"进行一次较为全面、系统的再思考，以指出传统认识的偏颇之处，还原"夔纹"的真实面貌。

一、"夔纹"名称溯源

在现代考古学中日渐受到重视并成为其中重要内容的青铜纹饰，其描述、记录和研究发端于宋代以来的传统金石学。作为常见纹饰之一的"夔纹"也便可追

---

① 曹峻. "夔纹"新识[N]. 中国文物报，2007 - 03 - 30(7).

溯至宋人的著作。

早在吕大临所著《考古图》中①，于器物定名、铭文考释之外，开始出现饕餮、兽面、龙文、山纹等纹样的记载，但不见"夔"这一名称。可见至少在《考古图》时，"夔纹"作为青铜纹饰的名称尚未出现。

然而在稍后的《重修宣和博古图》②中，"夔"及相关名称大量涌现。其称谓多种多样，除了"夔纹"之外，尚有"夔龙""交夔""蟠夔""夔凤"等，不一而足。"夔"所包含的内容也不甚确定，归纳起来主要有二：一是据《说文》将"夔"解释为"如龙一足"的"异兽"或"神魖"，如卷四"夔龙雷纹鼎"释文："夔，一足，山林之异兽，又曰神魖"，卷十一"蟠夔卣三"释文："说文谓夔神魖也，如龙一足"。二是将"夔"作"贪兽"解，如卷八"隰彝"："夔之字从夒，夒，贪兽也。"除此之外，"夔"所指代的纹样也没有具体限定，那类大口、有足、卷尾的动物形象，有时被称为各类的"夔"，有时被称为"雎"，有时被称为"螭"。可见在"夔纹"这个名称出现之初，宋人对它的认识还是非常混乱和不确定的。

这种混乱和不确定的情形延续到了清代及以后。在清人的著作《西清古鉴》及《西清续鉴甲编》《西清续鉴乙编》中，编著者对纹样的描述只简单沿用了"博古图"中的各种"夔"类名称，却未进行任何解释③。1931年郭沫若先生曾指出"夔"和"饕餮"一样，都是人们想象中的奇异动物，但也没有具体说明"夔"的形态特点④。

直到20世纪40年代以后，"夔纹"才有了正式定义，对其名称、含义及纹样的认识也由过去的混乱变而趋向固定与一致。容庚先生在《商周彝器通考》及其后的《殷周青铜器通论》中，明确地根据《说文》"夔，神魖也，如龙一足"及《庄子·秋水》"夔谓蚿曰，吾以一足趻踔而行"，而将"像龙的形态，有一角和一足"的动物纹样称为"夔纹"，并进一步划分为4种类型⑤。从此，"夔"及其各种复杂名称被简化为"夔纹"或"夔龙纹"，而"夔凤""蟠夔""交夔"等隐退不见。对"夔"所指称的动物也基本固定为神话动物，如李济先生将夔龙、饕餮等列入与真实动物并列

---

① 吕大临. 考古图[M]. 北京：中华书局，1987.
② 王黼. 重修宣和博古图[M]//文渊阁四库全书：第840册. 上海：上海古籍出版社，1987.
③ 梁诗正，等. 钦定西清古鉴[M]//文渊阁四库全书：第840册. 上海：上海古籍出版社，1987. 王杰，等. 西清续鉴甲编　西清续鉴乙编[M]. 扬州：广陵古籍刻印社，1992.
④ 郭沫若. 两周金文辞大系图录考释[M]//郭沫若全集·考古编：第7卷. 北京：科学出版社，2002.
⑤ 容庚. 商周彝器通考[M]. 北平：哈佛燕京学社，1941. 容庚. 殷周青铜器通论[M]. 北京：科学出版社，1958.

的神话动物类别①。"夔纹"形态则多被视为仅有一足的长身龙形,如张光直先生说"用夔来指称头尾横列、当中有一足的龙形的兽纹"②。

20世纪80年代以后,一些学者开始对传统的所谓"夔纹"进行反思,如马承源先生批评宋代以来将"夔"认识为仅有一足的龙形动物的说法,指出所谓"夔纹"实为二足的龙形侧面像;同时他还辨析了文献中"夔一足"的含义,舍弃所谓"夔纹"的名称而将之归入"爬行龙纹"类别③。朱凤瀚先生在其著作中虽也同意此观点,认为将侧视龙形图像视为"夔"并不妥当,但根据约定俗成的原则,仍暂时使用"夔纹"名称,并将之作为"龙形侧面图像"列入龙纹下的第一类纹样④。至此,"夔纹"或"夔龙纹"被正式作为"龙纹"类的一种,不再是过去认识中"兽类"的一种了。

由此可见,"夔纹"名称由宋代最初的混乱而无定规,发展为今人著作中基本一致的认识,其含义是有所变化的。最早在《重修宣和博古图》中,"夔"指代的动物还明确的是"山林异兽",只是其形象"如龙一足"而已,并未说"夔"就是龙的一种;至容庚先生的系统论述,"夔纹"也仍然是和"龙纹"相并列的一类奇异动物;直到20世纪八九十年代的著作,才明确地将"夔纹"归为龙纹的一类。由此,在历代研究者的认识中,"夔"所指代的动物逐渐由"兽"变成了"龙"。这大概全因《说文》"夔,神魖也,如龙一足"的解释,使得"夔纹"从出现之初就和龙形结下了不解之缘。学者们或认其为似龙的动物,或根本就将之作为龙形的一种来认识,总之均离不开"龙"这一现实中不存在的神话动物,却从未与其他真实动物联系起来看待与思考。

二、"夔纹"形源辨

事实上,通常认识中的"夔纹"所指代的那类动物原型,不论从图案纹样还是从象形文字的特征演变来看,都不应为神话类的"龙"或者"像龙的动物",而是源于现实中真实存在的动物"虎"。

---

① 李济,万家保.殷墟出土五十三件青铜容器之研究(1972)[M]//殷墟青铜器研究.上海:上海人民出版社,2008.
② 张光直.商周青铜器上的动物纹样[J].考古与文物,1981(2).
③ 马承源.商周青铜器纹饰综述[M]//商周青铜器纹饰.北京:文物出版社,1984:8.
④ 朱凤瀚.古代中国青铜器[M].天津:南开大学出版社,1995:387.另见:朱凤瀚.中国青铜器综论[M].上海:上海古籍出版社,2009:547.

1. 纹样图形的考察

依朱凤瀚先生在《古代中国青铜器》中的归类,殷代中晚期至西周早期常见的"夔纹"可分为3型6式,其中除Ab型较为复杂,"躯干背上生出刀状羽翅"之外,其他5种形式均为短身、首向前、张口、卷尾,背上无刀状羽翅(图1.5-11)。这类"背上无刀状羽翅"的"夔纹"即是我们讨论的主要对象。

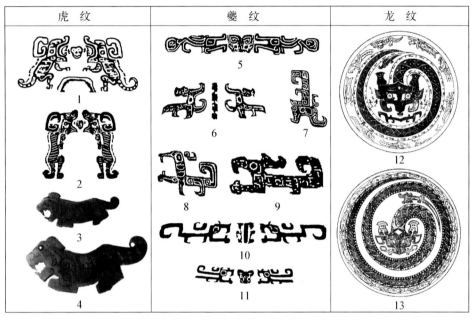

图1 "夔纹"与虎纹、龙纹的比较

1. 小屯M5:799 2. 后母戊大鼎 3. 小屯M5:359 4. 小屯M5:358 5. 淳化史家塬M1:3 6. 小屯M5:756 7. 小屯M5:778 8. 小屯M5:754 9. 小屯M5:863 10. 淳化史家塬M1:2 11. 淳化史家塬M1:2 12. 小屯M5:777 13. 小屯M18:14

仔细比较这类"夔纹"与青铜龙纹的形态特征,可以看出二者存在明显差别。龙纹中形象最为确定、表现最为完整的纹样,当为一类饰于青铜盘内底的"蟠龙纹"。以安阳小屯M18:14上的龙纹为例,其头部刻画非常仔细,有两直立伞帽状角、刀形大耳、圆睁大眼、尖状鼻和虬曲的胡须,面部填以卷云纹;躯干蜿蜒细长且无足,躯体表面用填雷纹的菱形表示鳞片(图1.13)。这类龙纹亦见于妇好墓M5:777(图1.12)、M5:853青铜盘、肥城小王庄出土青铜盘等器之上。与之相比,我们常见的"夔纹",在形态上却不具备龙纹的这些基本特征。以朱先生所分Aa型"夔纹"(图1.6-9、11)为例,其头部刻画简单,不见龙纹头部的伞状直立角、尖状鼻和唇须,仅见其突出大张的口部,上下颌相距颇远且唇部上卷或分别上、下卷,有的见尖利牙齿;眼部仅以一小黑圆点表示,不似龙纹那般圆睁、表现出凶狠的样子;躯体明显短小,不见龙形的"蜿蜒体躯",与头部的比例亦远小于龙纹;双足明显、尾部略下卷或上卷。B型(图1.10)与C型(图1.5)"夔纹"也是如此,仅在唇、尾等细部有些变化,总体形态都与龙纹所表现的特征相去甚远。

相比之下,"夔纹"却非常接近于虎的形象。明确、完整的虎纹形象见于妇好墓大铜钺(M5∶799)上,作两两相向、口含人头的写实性图样。两只老虎均侧立,前腿抬起、后足着地;口大张,上唇上卷、下唇下卷;头顶以卷云纹作大耳;躯体较短,表面有斑纹;尾部细长上卷(图1.1)。相似的虎形纹样还见于后母戊大鼎的鼎耳部位,同样的双虎对立、口中共衔一人头,此二虎站立更为竖直,尾部亦竖直向下至地面后上卷(图1.2)。

将"夔纹"与这类虎纹相比照,可发现它们之间的共性极大。首先,二者最为显著的共同因素就是大张的口部,并且唇部卷曲。这是"夔纹"最突出表现的部位,也是其与龙纹相区别、与虎纹相接近的标志性特点。在几乎所有"夔纹"所表现的此类动物头部的侧面像中,其大张口部的上下唇均卷曲,且卷曲方向多有变化(图1.5-7)。同时,相当数量的"夔纹"口部还清晰可见上下两个相对的獠牙(图1.8-11)。虽然在妇好铜钺的虎纹口中未见这类獠牙,但同墓所出、与铜钺虎纹形态基本一致的玉虎上,均突出表现了上下獠牙这一重要特征(图1.3、4)。因此,就头、口部来说,"夔纹"与虎纹表现特征一致。其次,从口部以外的体态细节来看,"夔纹"头顶虽然因总体图案偏小无法用卷云纹表现虎耳,但仍使用弯卷的线条勾勒出耳部的形态;躯体表面亦刻画斑纹;体下常见双足,显示4条虎腿的侧面效果;尾部细卷,也同于虎纹的尾部特征。"夔纹"的这些细部特点,都与构成虎纹的元素非常吻合。再次,"夔纹"头部与躯体长度之比大约在1∶1至1∶3之间,接近于虎形的比例;而龙纹由于躯体相当细长,头部与躯体的比例远远小于"夔纹"与虎纹。因此从纹样头、身部位的比例来看,"夔纹"所展现的结构特点也更接近于虎而非龙。最后,商周青铜器上的"夔纹",一般两两相对作二方连续状装饰在器物的颈部和圈足等部位,这一两两相对的构图特点也与妇好铜钺、后母戊鼎的完整的虎纹在构图上的表现手法一致。

经此检视与比较便可发现,通常所称的"夔纹",其形态表现为大口、卷唇、獠牙、无角、有耳、短躯、双足、卷尾,以及常两两相对等一系列特征。这些形态及构图特点,与双角、双耳、尖鼻、虬须、长躯、无足的龙纹判然有别,而与商周时期的虎纹近乎一致。

2. 甲、金象形文字特征演变的考察

除了纹样图形显示"夔纹"与"虎"的渊源关系之外,商周甲、金文字的象形特征和演变过程同样表明"夔纹"与虎的密切联系确实远大于与龙的相关性。

中国古文字就其构形原则来说是属于象形文字的,尤其是商周文字仍然保存着大量比较原始的图像。选择甲骨文和金文中几类指代动物的象形字,比较它们之间形体的异同,便可获知商周人眼中不同动物的突出体态特征(表1)。

表1 甲骨文、金文象形文字对照表

	虎	龙	马	象	鹿
甲骨文	前四、四四、六 京一四九七 人二一五	前四、五三、四	乙五四〇八 前四、四六、三 粹一二九一	前五、三〇、五 乙九六〇 合集一〇二二二	合集一九五六 粹九五〇 合集二八三七
金文	师西簋 师虎簋 召伯簋	龙母尊 昶仲无龙匕 邵钟	令鼎 克钟 虢季子白盘		貉子卣 命簋 命簋

注:本表字形来源于:徐中舒.甲骨文字典[M].成都:四川辞书出版社,1988. 容庚.金文编[M].北京:科学出版社,1959.

根据表1所示字形并结合《说文解字》中对各字的解释,我们可以看出商周时代表示动物的文字形象鲜明、栩栩如生。其中,"虎"字体态逼真,立耳、圆眼、大口、獠牙、长躯、纹身、利爪、卷尾,从头至尾刻画出了完整、形象的动物"虎"。而表现神话动物的"龙"字,则忽略了耳、腿、足等肢体部位,仅强调头顶的角和蜿

蜓的体躯,表明这两个特点是商周人眼中"龙形"的突出体态。其他诸如"马""象""鹿"等字也强调了各自的形体特征。而在这些象形文字的头、躯、腿足、尾等各个部位中,与其他动物相比,"虎"字尤其突出的是大口獠牙和利爪卷尾。可见在商周人看来,大口獠牙的口部和带有利爪的腿足部是其他动物所不具备的,由此成为"虎"字形的独有特点。

另一方面,从"虎"字自身的使用和发展演变来看,甲、金文字对繁复的"虎"字都有或多或少的简省。如表2所示,相对于耳、头、口、身、腹、纹、腿、足、爪、尾具备的完整型"虎"(表2.1、2)字,甲文中还出现了简省腹部之纹(表2.3、4)、简省身躯之腹(表2.5)、简省腿足之爪(表2.6)的部分简省型"虎"字;西周金文亦如此,或省其腹纹(表2.7)、或省其腹爪(表2.8),简洁而又不失其形。在这些部分简省型的"虎"字中,不论忽略了腹、纹,还是耳、爪,我们发现,唯有"虎"形的大张口部不被简省,特别是其中的獠牙,或是代替獠牙的弯卷唇部,都被突出表现出来。到了春秋早期的"旅虎簋",则更加明显地看到,在进一步的发展省变过程中,"虎"的腿足部也被略去了,身躯和尾部仅以弯曲的短线条表示,唯一保留的是以弯卷嘴唇代表獠牙的大张口部。在文字逐渐简化抽象的发展过程中,"虎"形被简省至只余大口而不见身躯腿足尾了。可见在商周人看来,弯卷的唇部、张开的大口才是"虎"的最主要、最突出的特点,它不仅是"虎"区别于其他动物的标志性特征,同时也是自身形体各要素中最重要的部位。

表2 甲骨文、金文"虎"字演化表

完 整 型		部 分 简 省 型						简省型	
佚存一零九 1	甲二四二二 2	缀合二二一 3	乙七一九零 4	人二二一五 5	甲三五八四 6	师西簋 7	番生簋 8	旅虎簋 9	10
殷商甲骨文						西周金文		春秋早期金文	

回过头来再看青铜纹饰中的"夔纹",便会发现这些"夔纹"除了身短、尾卷之类同"虎"相同的特点之外,最为重要的便是它们均具有弯卷的唇部或者尖利的獠牙,而身体的其他部位如耳部则是或有或无,侧视的腿足部或表现为完整的双足,或省略为单足甚至无足。这些形态上的表现特点恰恰都与商周人在对待"虎"字使用和简省中的态度一致,表明"夔纹"与"虎"字一样,都显示了商周人眼中"虎"的最主要和重要的形态特征。因此我们更加确信,传统认识中与神话动

物"龙"密切联系、甚至成为"龙纹"之一种的"夔纹",其真实所指应该是现实存在的动物"虎"。

三、"夔纹"的初步分类

明确了"夔纹"形态源于虎形、且弯曲或带獠牙的大张口唇部为其突出特点之后,便可据此分辨出青铜纹饰中的"夔纹"。我们把凡具有弯卷唇部或带獠牙大张口部的动物纹样均列入"夔纹"的范畴,它们往往头、身、尾具备,形体较小,不作主题纹样而为辅助装饰。与此同时,这类纹样的形体在青铜装饰中形态各异、变化多端,有时甚至与虎形相差甚远,乍看之下不辨其形,以致造成纹饰定名和分类的混乱。因此很有必要对"夔纹"进行系统分类以获得较为完整和全面的认识。据其形态的变化规律,我们将"夔纹"分为具象类、简省类、变异类和结合类等4种不同类型。

1. 具象类

具象类"夔纹"指头、身、腿、尾各部位完整且比例、形态均与虎纹近同的纹样。此类"夔纹"又可分为4种不同小类,一类为唇部弯卷、身躯短小、双足弱化型(图2.1);第二类为口部大张、嘴露獠牙、尾端上卷型(图2.2);第三类往往口部朝下、竖直倒立、前腿紧挨下颌后部,极易被当作嘴边鬃毛,因此常造成仅有后端"一足"的假象,实则不然(图2.3);第四类为体躯细长、双腿双爪明显,"虎"的形态跃然而出(图2.4)。

图2 具象类"夔纹"
1. 小屯 M5∶756 2. 小屯 M5∶754 3. 小屯 M5∶863 4. 小屯 M5∶803

2. 简省类

此类"夔纹"为简省身体的若干部位,但总体形态仍保留"虎"的样式。如简省一足、尾端上卷型(图3.1),简省双足、体躯细长型(图3.2),以及简省身腹之纹、身体短小型(图3.3)。

图 3 简省类"夔纹"

1. 戊㮵卣 2. 小屯 M5∶769 3. 小屯 M5∶791

3. 变异类

变异类"夔纹"为身体某个部位发生变异的形态,又可分为身份二歧型(图4.1)、一身双首型(图4.2)、背长双翅型(图4.3)以及图案化型(图4.4)。其中最后一种类型虽然线条化与图案化的意味非常浓厚、远大于纹样的写实性,但细加观察,仍能看出其弯卷的双唇以及耳、眼、身、足、爪和尾部,均可与虎形的各个部位相对应,因此仍属于"夔纹"之一种。

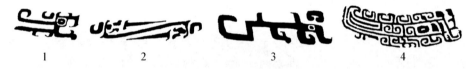

图 4 变异类"夔纹"

1. 淳化史家塬 M1∶2 2. 史簋 3. 兽面纹簋 4. 𠂤父辛卣

4. 结合型

此类纹样具备虎纹的卷曲双唇,但身体其他部位则采自别种不同的动物形体,是两种或两种以上动物结合而成的形态。如虎头与蛇身的结合,蛇身多作短小弯折状①(图5.1);与龙角的结合,体躯可表现为折身(图5.2)和细长身(图5.3)等不同体态;与鸟形结合,头后即垂下繁复的花冠,尾部亦有华丽的分歧凤尾(图5.4);与鱼身结合,形成卷唇、鱼腹、鱼鳍兼备的奇异动物纹样(图5.5)。

上述四类是对常见的作为单体纹样的"夔纹"所进行的初步分类。在此基础上,这些简省或者变异类"夔纹"又常组合形成青铜纹饰中的主题纹样"饕餮纹"(图6.1-4),似乎暗示着饕餮纹也与"虎"具有某种相关性。在构图上,饕餮纹的左右两侧下方往往分别安排两只具象小"夔纹",在反衬和突显饕餮面的威严、凶狠与庞大的同时,也显示了二者之间的密切联系(图6.5-7);而在殷墟妇好

---

① 虎头弯卷的唇部与蛇身结合还有一个特例,即春秋战国之后出现的蟠螭纹。但蟠螭纹在构图上重在表现成片整体装饰的"蟠绕"形态,而非突出展现单体的动物,因此本文不将之列为"夔纹"的范畴。

图 5　结合类"夔纹"

1. 小屯 M5：848　2. 小屯 M5：664　3. 凤纹簋　4. 父乙尊　5. 小屯 M5：777

墓所出扁足方耳鼎的耳、腹部，还可看到饕餮纹不仅配以两侧小"夔纹"，且在立耳部分也装饰了两只写实的虎纹，更加向我们暗示了虎、夔、饕餮三者之间的某种联系（图 6.8）。由此看来，饕餮纹很可能是古人在以现实生活中常见猛兽"虎"为原型的基础上，加以想象和变形而生发出的一种神异动物纹样。有趣的

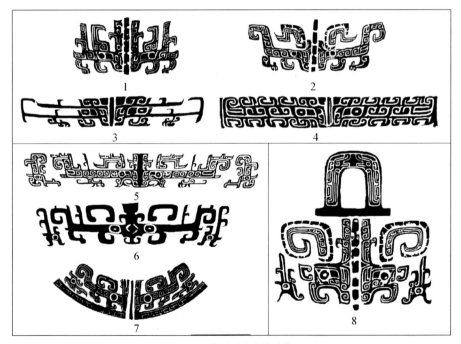

图 6　饕餮纹与"夔纹"

1. 小屯 M5：807　2. 小屯 M5：857　3. 乳钉雷纹簋　4. 母癸甗　5. 父乙盉　6. 兽面纹簋　7. 宁罍　8. 小屯 M5：813

是,"饕餮纹"的"饕"字内含一个"虎"字,这究竟是纯粹的巧合,还是偶然之下暗含的某种必然,则有待将来更深入的探究。

四、一点反思

经此重新检视,在宋代以至当今的青铜纹样认识体系中,不论是强调"夔纹"与龙形的密切联系还是直接将之归属于龙形纹饰的一种,这类认识都是失之偏颇的。卷唇或獠牙、短躯、卷尾等这些"夔纹"最基本和突出的要素,不仅是单纯图像上与写实虎纹的相同之处,同时也是商周象形文字中"虎"字突出强调的重点。因此"夔纹"应是略为缩小、抽象和经过各种变形的"虎"的形象,它们来源于现实中的真实动物而非神话动物的"龙"。也因此,"夔虎纹"的称法似乎比"夔龙纹"更加贴近纹饰本意。

然而,历代学者均将"夔纹"与龙纹相联系而从未认识到其与虎纹的关系,这不仅因为"龙"这类现实生活中不存在的神异动物更容易解释青铜纹饰中不易辨识的图形,更因"龙"在中国传统观念中具有非同一般、至高无上的神圣地位,因而常被用来附会"夔纹"类纹饰的形体以及古人的用意。

这一解读倾向其实早在宋代就已出现。《重修宣和博古图》卷一"商癸鼎"的图释中称:

> 纹作龙、虎,班固诗曰:"洛修贡兮川效珍,吐金景兮歙浮云。宝鼎现兮色纷缊,焕其柄兮被龙文。"今眼角鬣尾龙事略具象物之法,雅而不迫盖如此。

可以看出,大概由于班固的诗中出现对龙纹的描述和赞美,宋人虽已看出癸鼎上的动物纹样有龙、虎并存,但还是把龙纹作为主要的动物形体来定义其纹饰。

同书卷四"龙鼎"的释文则更加显示了龙纹的被重视程度:

> 是器著象若龙,传曰龙以不制为龙,以其升降自如、能小能大、或潜或跃、善于变化而有利泽以及于物也。鼎之烹饪可以享上帝,可以养圣贤,其为用大矣,所以特取象于龙,盖以求配其类也。

但是从该器图形来看,鼎腹所著动物形象更类虎,胖躯、二腿、卷尾乃至身背条斑,均与龙形相差甚远(图7)。此即宋人为了让纹饰与器类相配而将鼎上之物解读为龙之典型例子。

可见对纹饰的认识从一开始就有了先入的主观偏差。虽然宋代金石学以铭文考据为其重点,纹饰研究并不受到重视,但其有意无意、或轻或重地以"龙"来认识相关纹饰的倾向却直接影响到现当代青铜器研究中的纹饰认识。1941年容庚先生率先将纹饰的分类并入到青铜器的系统研究中来,然而受宋人影响颇深,其并未摆脱"夔纹近龙"的观念;当代学者马承源先生虽对"夔"这一名称作详细辨析,但仍将这类动物作为"爬行龙纹"而归入神话类龙形的一种来看待。于是在现代人的观念里,"夔纹"就为类龙的一种神异动物纹样了。

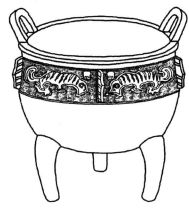

图7 《重修宣和博古图·卷四》"周龙鼎"

由此可见,在"夔纹"从古到今的认识过程中,不论是开初的主观随意附会,还是之后的习惯性继承思维,都是造成无法正确认识"夔纹"形源的重要原因。改正传统中"夔纹近龙"的认识,进而对"夔纹"认识中存在的惯性思维进行反思,或许能使我们对"夔纹"乃至于对整个青铜纹饰的思考和研究更加深入。

(原载《考古》2012年第11期)

山东陈家河西周陶器使用情景分析*

魏峭巍（上海大学历史系）
哈　克（哈佛大学人类学系）
赵益超（山东省文物考古研究所）

魏峭巍，1981年生，山东淄博人。2003年毕业于哈尔滨理工大学电子信息工程专业，获工学学士学位；2009年毕业于上海大学管理学院行政管理专业，获管理学硕士学位；2013年毕业于山东大学历史文化学院考古学专业，获考古学与博物馆学博士学位。2011—2013年，获哈佛燕京学社访问研究员（Visiting Fellow）项目资助，赴哈佛大学人类学系学习。曾参与2009年全国十大考古发现——山东淄博陈庄遗址考古发掘项目，并参与《临淄齐故城》考古报告撰写工作。2013年进入上海大学历史系工作。已发表全英文论文3篇，收录于 Arts & Humanities Citation Index。主持国家社科基金青年项目"山东北部商周时期盐业生产组织研究"课题。

一、导　　言

　　山东鲁北地区商周时期考古学文化的综合研究表明，该地区在商末周初开始出现文化变迁过程，周文化自西周初期出现并在西周中期完全取代夷商文化，成为鲁北地区主要文化遗存[①]。目前虽然对于鲁北地区商周物质文化变迁过程在考古学界已基本达成共识，但对于如何通过遗物来分析变迁过程却仍缺乏相

---

* 本文得到国家社会科学重大基金项目"中国国家起源研究的理论与方法"（项目号：12&ZD133）、国家社会科学青年基金项目"山东北部商周时期盐业生产组织综合研究"（项目号：15CKG008）的资助。

① 魏峭巍.鲁北商周社会变迁：实践理论在考古学中的应用[D].济南：山东大学博士学位论文，2013.

关的研究模式;而对陶器进行使用情景分析,则为相关研究提供了一种新的视角[1]。我们认为,对于商周物质文化的变迁,应该关注西周文化遗存特别是陶器所体现出的使用情景,了解不同类型的遗存在不同文化系统中是否存在不同使用方式;而且通过对周文化主要遗存——陶器的使用方式与本地原夷商文化遗存陶器的使用方式的比较分析,可以更好地理解周文化进入鲁北地区后如何替代夷商文化,以何种方式影响、融合当地土著文化,并最终使其融入周文化体系之中等问题。而临朐陈家河遗址西周遗存为进行陶器使用情景分析提供了可靠资料[2]。

商周陶器其形制与命名方式已有定论。通常来说,商周时期的炊煮器主要包括鬲、鼎、甗、甑等,其形制特征主要为灰黑色或红色夹砂陶,质地比较粗糙,多数饰有绳纹。夹砂陶由于在制作过程中添加了包括砂、石英、蚌壳等羼料,有效地增加了陶器的耐火性、导热性和保温性[3],而成为较为理想的炊器具。盛器类主要指在进餐过程中所需要的器具,器型主要有簋、豆、钵、盂等;此类器具的制作材料一般选用较为细腻的泥质陶。存储器主要是日常生活中所需要的存贮食物、水和其他物品的器皿,如罐、盆、尊等体积较大的陶器;此类器物的制作材料更为多元化,有夹砂陶也有泥质陶。

根据目前对于商周陶器使用方式的区分,基本可以归类为炊器具、盛器具、饮水器和存储器等几大部分。特别以鬲、鼎、甗、甑为代表的炊煮器,多为日常烹饪之用。比如鬲,《尔雅》有注:"款足者谓之鬲。"足空,可以增加过火面积,提高燃烧效率。而关于鬲的用途,一般认为是用于煮粥。甗和甑则代表了中国特色的食物制作方式,即使用蒸汽来制作食物。盛食器中包括了簋、豆、钵、盂等,由于器皿直接接触已经烹饪好的食物,制作方面较为精良,且多见于泥质陶[4]。相较于炊煮器和盛食器,其他器物的用途和其功能之间的对应关系则较不明确,如盆、罐、瓮等器物。

如果进一步分析临朐陈家河西周遗址出土陶器的数量和比例,不难发现上述类型学与功能分析之间,仍存在一定的差别,特别是鬲、甗等炊具的比例要明显高于盛器。另外,对于临朐陈家河遗址中出土陶器的使用痕迹分析也证明鬲、

---

[1] JAFFE Y. Y. Materializing Identity — A Statistical Analysis of the Western Zhou Liulihe Cemetery. Asian Perspective [J]. 2012(51):47-67.
[2] 山东省文物考古研究所,上海大学. 山东临朐陈家河遗址发掘简报[R]. 待刊.
[3] 关于陶器羼料选取、羼料与黏土比例关系及使用方式等问题的关系,参见:PRUDENCE RICE. Pottery Analysis:A Sourcebook [M]. Chicago:University of Chicago Press,1987.
[4] CHANG K. Introduction//K. CHANG (ed.). Food in Chinese Culture:Anthropological and Historical Perspectives [M]. New Haven:Yale University Press,1977:1-22.

甗等器物的确存在用火痕迹,但陶盆和个别罐也存在用火痕迹,且出现用火痕迹的盆和罐都为粗夹砂质地,这是否从另一侧面说明仍存在其他器类作为炊具的可能性?诸如簋、豆等器物的功能,很多学者都指出可能作为重要的盛器。但是是否可以进一步去讨论陶器使用方式和使用情景?陈家河遗址中存在典型的周式陶器和以素面陶器为代表的夷式陶器,那么不同文化系统陶器的使用情境是否不同,且这些不同表现在哪些方面?

二、陶器的功能与使用情景

陶器,作为古代人类最基本的生活用器,在考古发掘和研究过程都具有重要的地位和作用。考古遗址中出土的大宗遗物都是陶器或陶器残片,这些陶器的使用与人类日常生活密不可分。随着考古学家对陶器形态方面研究的深入,通过陶器形态特征的演变规律,可以建立起考古学文化的发展序列和编年。在以陶器为核心的考古学文化序列日臻完善之际,考古学理论和研究对于陶器的关注点由主要关注陶器形制,转而全方位思考使用陶器去还原人类社会的不同情景[1]。换句话说,就是以动态视角在社会系统之内讨论陶器的制作—生产—分配—流通—使用—消费—废弃全过程[2]。通过不同形制陶器的特点,分析不同族群之间相互的文化交流。

以陶器形制和族群之间的关联作为考古研究对象的分析方式,自"新考古学"思潮开始受到反思[3]。相对于陶器形制,陶器使用情景和使用方式的不同,则更加清晰地反映出社会族群的特点[4]。如不同族群可以通过文化交流方式,交换和使用不属于自身文化系统的陶器和其他人工制品。因此,物质文化与族群特征之间,并不是直接对应关系,而是应看作具有多维性的混合形式[5]。这种

---

[1] 秦小丽. 陶器研究方法论——以恢复社会生活为目的的陶器研究方法[G]//中国史前考古学研究——祝贺石兴邦先生考古半世纪暨八秩华诞文集. 西安: 三秦出版社, 2004: 432 - 450.

[2] 汪海宁. 古代陶器的研究视野: 有关中国考古学方法的几点思考[J]. 东南文化, 1997(2).

[3] HODDER I. Simple Correlation between Material Culture and Society: A Review [M]//HODDER I. (ed.). The Spatial Organization of Culture. Pittsburgh: University of Pittsburgh Press, 1978. SHENNAN S. J. Introduction: Archaeological Approaches to Cultural Identity [M]//SHENNAN S. J. (ed.). Archaeological Approaches to Cultural Identity. London and New York: Routledge, 1989: 1 - 32.

[4] STEIN G. J. ed. The Archaeology of Colonial Encounters: Comparative Perspectives: 1st ed [M]. Oxford: School of American Research Press; James Currey, Santa Fe, 2005.

[5] KNAPP A. B. Prehistoric and protohistoric Cyprus: identity, insularity, and connectivity [M]. New York: Oxford University Press, 2008.

多维混合形式的优势在于,不会极度简化族群间的文化交流机制,也不会将某个族群使用某种物质文化特征来表现出来①,而是要通过分析陶器的使用方式和使用情境。对陶器使用情境的分析,首先要根据陶器种类进行初步的划分,其次要根据不同类别陶器作进一步的观察和分析,确认其种类与功能之间是否存在着直接关联,抑或是陶器存在着某些特殊用途,最后将陶器形制、功能和用途之间做最终的关联。

但古人对于这些器具的使用不会严格按照上述功能划分,而更多的是根据自身需要而使用②。不同族群对于同样器物可能会按照自身不同的需求而采取不同的使用方式③。更为重要的是,尽管陶器都以鬲、甗、甑、簋、豆、盆、罐、瓮等命名器物,但不同族群之间使用器物的方法、方式和手段,即陶器使用情景是否相同?相同器物在不同时期的使用情景是否一致?本文的目的是对陈家河遗址出土的陶器样本进行陶器使用情景分析,为研究商人、周人和夷人等不同族群的文化交流提供个案资料,并为分析商周文化变迁提供新的研究视角。

三、陶器使用情景综合分析

此次分析的陈家河遗址西周时期陶器样本共 151 个,器型主要有鬲、盆、罐、簋、甗和豆等 6 种器型。陈家河遗址中超过 95% 的陶器为夹砂陶,且根据夹砂方式的不同分为粗夹砂、夹砂两种。粗夹砂和夹砂陶,一般羼有碎石英颗粒或者粗砂粒等。细夹砂主要是指陶土未经反复淘洗,而留有少量颗粒极细砂粒的陶器。其中粗夹砂和夹砂约占总数的 65%,细夹砂约占 30%。从器型角度来看,粗夹砂陶器主要有鬲、甗、罐等;夹砂陶器有鬲、甗、罐、盆等。泥质陶数量非常少,且器型集中在簋、豆、钵、盂等盛器,也有少量罐和盆。

从陶器内口径分布范围来看(图 1),陈家河遗址出土陶鬲的口径在 15—

---

① DIETLER M. Archaeologies of colonialism: consumption, entanglement, and violence in ancient Mediterranean France [M]. Berkeley: University of California Press, 2010.
② GRAFF S. R. Culinary Preferences [M]//GRAFF S. R., RODRÍGUEZ-ALEGRÍA E. (eds.). The Menial Art of Cooking: Archaeological Studies of Cooking and Food Preparation. Boulder: University Press of Colorado, 2012: 19-46; RICE P. M. Recent ceramic analysis: 1. Function, style, and origins [J]. Journal of Archaeological Research, 1996(4): 133-163.
③ DIETLER M. W. Archaeologies of colonialism: consumption, entanglement, and violence in ancient Mediterranean France [M]. Berkeley: University of California Press, 2010. HODOS T. Colonial Engagements in the Global Mediterranean Iron Age [J]. Cambridge Archaeological Journal, 2009a(19): 221-241.

35厘米之间,彼此差异性还是十分明显的,但是口径主要集中区域在19—26厘米,且口径小于平均值24厘米的陶鬲数量要远多于口径大于24厘米的陶鬲。陶罐的口径分布在12—27厘米之间,且集中分布于13—18厘米之间,但是陶罐内口径并不能完全决定陶罐的容量。陶甑由于口沿数量较少,仅有三个样本,但是口径都在40厘米左右,这也从侧面说明数量少的原因可能与其口径大有某种关联性。陶盆的口径在13—43厘米之间。既包括小口盆又有所谓的大敞口盆。当然陶盆口径集中分布于28—38厘米之间。这种口径分布的广泛性可能从侧面说明其功能、用途的多样性。陶簋的制作方式较其他陶器更为精良,而口径分布区域也更加集中,主要在23—28厘米之间。

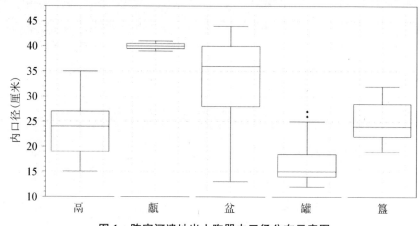

图1 陈家河遗址出土陶器内口径分布示意图

陈家河遗址中,陶鬲的使用方式最为值得关注。陈家河遗址的重要发现是素面鬲与绳纹鬲共存于同一遗址之中。素面鬲的出土频率是远远低于绳纹鬲的,陈家河遗址中共发现了具有测量意义的陶鬲口沿44个,其中3个为素面鬲口沿。发现数量较小,说明素面鬲的使用频率可能远远低于绳纹鬲,而绳纹鬲则有可能代表了日常生活中最经常、最普遍的陶炊具。素面鬲和绳纹鬲内口径和数量分布如图2所示。其中绳纹鬲口径分布存在两个较为集中区域,为16—21厘米和24—31厘米。按照对完整陶鬲容积的测量,16—21厘米口径的陶鬲容量在0.5—0.8升之间[①],根据民族志等材料的推算,应为单人每餐食用食物之量。如果16—21厘米口径的绳纹鬲主要为单人烹制粥类食物,那么24—

---

① 研究者适用相关实验手段,对于陈家河遗址出土的完整陶器测量了各项参数,并制作出相关复原器物进行容积测量工作。

31厘米口径的绳纹鬲极有可能用于双人份粥类食物。另外,陈家河遗址中口径在16—21厘米陶鬲,从其功能上看,极有可能也作为盛器使用。一方面,陶鬲可以烹制供一人食用的粥;又或者先由口径在18—31厘米的陶鬲烹制2—3人份粥食之后,分装于小口径的陶鬲之中。

"素面鬲"代表了商周时期东夷土著文化因素在学术界已有共识①,但此前素面鬲与绳纹鬲的共存现象更多的是出现在墓葬之中,如临淄后李西周墓②、临淄东古西周墓③等。陈家河遗址发现的素面鬲和绳纹鬲共同出现在遗址中,为分析素面鬲与绳纹鬲的使用情景提供了重要证据。素面鬲虽然数量少,但存在两个分布区间,即16—19厘米和34—35厘米。素面鬲口沿较少的原因,可能与素面鬲制作受到绳纹鬲制作等影响。陈家河遗址中发现有不少素面鬲足上零星分布有绳纹痕迹,因此不排除绳纹鬲中存在上半部为绳纹鬲下半部或鬲足部分为素面的可能性。尽管如此,陶鬲口径分布表明素面鬲炊煮的方式和方法可能存在不同,如口径较大的素面鬲为多人炊粥,而口径在16—19厘米的素面鬲炊煮单人份。

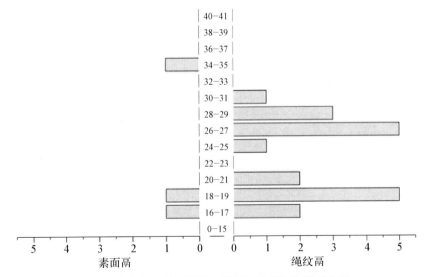

图2 陈家河遗址素面鬲与绳纹鬲口径与数量对比图

---

① 严文明.东夷文化的探索[J].文物,1989(9).
② 济青公路文物考古队.山东临淄后李遗址第一、二次发掘简报[J].考古,1992(11).济青公路文物考古队.山东临淄后李遗址第三、四次发掘简报[J].考古,1994(2).
③ 山东省考古研究所,等.临淄东古墓地发掘简报[M]//海岱考古:第1辑.济南:山东大学出版社,1989.

将不同口径的器物出土频率纳入炊具的讨论中(图 3),可以看到不同类型的陶炊具可以烹饪不同类型、不同数量的食物,基本可以满足日常生活中对于食物的需求。但考虑到商周时期烹饪食物的方式,除了煮制、蒸制之外,还有包括炙、烤、煎等。而现有陶炊具,如鬲、甗、甑等并无法满足其他烹饪方式的使用需求。此外,作为存储器的陶盆,也有 40% 左右在器壁发现有高温加工后留下的使用痕迹。人类学家研究表明,古人也会将加热的石块置于容器中进行烹饪[1]。笔者通过陶盆内壁出现的高温使用痕迹,以及陶盆口径可以有效地进行其他方式烹饪的可能性角度,认为陶盆除了作为存储器之外,极有可能也是一种重要的炊具,并作为烤或者煎等烹饪方式加以使用。

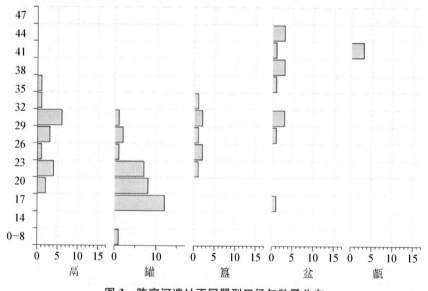

图 3　陈家河遗址不同器型口径与数量分布

但是,陈家河遗址中作为盛器的豆、簋、钵和盂等器物的所占比在 15% 左右,远远低于炊具的比例。尽管炊具由于使用方式的不同而出现了较高的破损率,但还是远远不成比例的。另外,关于簋的使用方式,《周礼·地官·舍人》:"凡祭祀,共簋。"由此有学者都认为簋多出现于祭祀等场合,日常使用频率并不高。另外,簋、豆等盛器比例远低于炊具,也可能说明可能烹饪并非集中进行,而是单独根据自己的需求而进行食物的制作。

---

① KNAPP A. B. Prehistoric and protohistoric Cyprus: identity, insularity, and connectivity [M]. New York: Oxford University Press, 2008.

四、结　　论

陈家河遗址是鲁北地区西周时期一处重要遗址，考古发掘资料证明该遗址主要以周初至西周中期的遗存为主，出土具有典型周文化特征和以素面鬲为代表的具有东夷土著文化特征的一批重要遗物。根据前人对于珠珠门文化性质的讨论，其属于商周时期山东地区东夷土著文化，大致相当于晚商至西周早期东夷土著文化遗存[①]。陈家河遗址中发现的以素面鬲为代表的东夷土著文化因素，与长岛珍珠门、潍坊汇泉庄为代表的"珍珠门文化"一脉相承[②]。而陈家河遗址陶器使用情景反映出的某些特点值得深思。

首先，通过对比绳纹鬲和素面鬲的口径和出土数量之间的关系，发现素面鬲的使用方式可能倾向于为多人烹煮食物，而绳纹鬲则多烹制3人以下食物。另外，绳纹鬲还包括了口径在16—21厘米体积较小的鬲，可能除了作为炊具之外，还有作为分食而用的盛器使用。另外，素面鬲的数量远小于绳纹鬲，也从侧面说明素面鬲在日常使用中的频率远低于出土数量巨大的绳纹鬲。陶盆也是本文关注的关键问题之一。在陈家河发现的陶盆几乎都为夹砂陶，且存在大量以石英石为羼料的粗夹砂陶盆，其制法与陶鬲和甗有相似之处。另外，多数陶盆内壁存在由于高温而形成的烧痕，这说明陶盆有可能在存储器之外，还作为炊具使用。其口径分布在陶鬲和陶甗之间，且可以满足除了煮制和蒸制之外的其他烹饪方式如加热的需求。

其次，陈家河遗址中发现的陶器在制作上，除了陶簋之外，其余器型的标准化程度较低，且彼此之间表现出同一性的特征。从陶鬲口沿和腹部厚度的均匀程度来看，无论是素面鬲还是绳纹鬲，其标准化程度比较接近，说明尽管绳纹鬲和素面鬲在制作方式上不同，但没有表现出绳纹鬲的制作工艺水平高出素面鬲。如果素面鬲代表了东夷土著民族而绳纹鬲代表周人的话，那么陈家河遗址中所有陶器的制作过程可能没有反映出是由不同族群的人分开制作的。另外，在陈家河遗址发现的陶窑中，既有绳纹鬲也有素面鬲，说明陶窑的使用也没有按照族群进行区分。

再次，陶器的使用情景可以反映出族群对于不同陶器使用方式有何不同。

---

① 刘延长.珍珠门文化初探[J].华夏考古，2001(4).
② 魏峭巍.试论鲁北地区珍珠门文化[J].中原文物，2015(4).

所以陶器的功能划分不能机械地与陶器类别建立直接关联,还应根据不同陶器的使用情景而予以细致分析和讨论①。陈家河遗址中虽然发现了具有典型周文化特征和以素面鬲为代表的具有东夷土著文化特征的两个文化因素的陶器,但是陶器的使用情景并没有反映出两类陶器独立使用,而是形成了一个相互补充的混合系统。从陶鬲角度来看,绳纹鬲更倾向于为1—2人烹饪或可作为盛器使用;素面鬲可以偶尔使用,并为3人以上烹饪食物。虽然陈家河遗址中素面鬲的数量过少,难以判断素面鬲口径分布,但是鲁北地区发现了大量口径较大的素面鬲,如昌乐调查②及章丘孙家遗址③、邹平县古文化遗址调查④中都报道有发现口径超过40厘米的素面鬲。这说明素面鬲可能是用于烹饪多人份食物的炊具。

所以,陈家河遗址中尽管存在着素面鬲和绳纹鬲两种不同文化因素的器物,但可能不是由周人和夷人两个族群分别单独使用的,而更可能是归某一族群使用,应是陈家河遗址的先人也即接受了周文化的夷人族群所共用。在绳纹鬲成为主要炊具的同时,素面鬲的存在则可能是夷人偶尔使用的炊具,或者为了烹饪某种供多人共同食用的传统食物而使用的。

值得注意的是,陈家河西周早期遗存中发现了部分局部饰绳纹,或绳纹极不明显的鬲和甗,表明陈家河遗址的先民在受到周文化明显影响时有一个缓慢适应的过程,并逐渐接受了周文化。这也与文献记载西周初年姜太公受封建立齐国,为控制东方所推行"因其俗,简其礼"的国策相符⑤。大致到西周中期,陈家河遗址中具有东夷文化特征的素面鬲基本消失,陶鬲基本均为周式绳纹鬲,说明该遗址中的先民已经完全接受了周文化,并融入齐文化也即周文化系统之中。陶器使用情景的应用为了解文化变迁过程增添了新视角。

---

① 张敏.功能分析法在考古类型学研究中的应用[J].南方文物,2011(1).
② 收藏于山东省文物考古所临淄工作站.
③ 山东省考古研究所.山东章丘孙家东南遗址的发掘[J].华夏考古,2005(4).
④ 山东省文物考古研究所,邹平县文管所.山东省邹平县古文化遗址调查简报[J].华夏考古,1994(3).
⑤ 司马迁.史记·齐太公世家[M].北京:中华书局,1982.

古书成书与古书年代学问题探研

——以出土古脉书《足臂十一脉灸经》和《阴阳十一脉灸经》为中心*

赵 争

赵争,1983年生,河南新乡人。2007年获上海大学历史学硕士学位,2009获上海大学历史学博士学位,2009—2012年于复旦大学从事博士后研究,2014—2016年于上海大学从事博士后研究。现为上海大学历史系讲师。主要研究领域为出土文献、古书成书以及相关学术史问题。主讲课程有"国学与国学经典""中国历史文选""中国文明通论"等。

本文所讨论的出土古脉书《足臂十一脉灸经》是指马王堆帛书《足臂十一脉灸经》。出土的古脉书《阴阳十一脉灸经》则有3种文本:马王堆帛书《阴阳十一脉灸经》甲本和乙本,张家山汉简《脉书》中有与帛书《阴阳十一脉灸经》相对应的内容,本文将其称为《阴阳十一脉灸经》丙本。《阴阳十一脉灸经》的三种文本内容大同小异。在本文的讨论中,若未特别说明,则均据《阴阳十一脉灸经》甲本。为行文便利计,本文有时将《足臂十一脉灸经》与《阴阳十一脉灸经》分别简称为《足臂》和《阴阳》。本文的年代学问题主要是指《足臂》与《阴阳》的相对年代,即两者相较孰早孰晚。

有关《足臂》与《阴阳》的成书及抄录年代,学界的讨论较为充分①。有关《足臂》与《阴阳》的相对年代,一般意见认为前者早于后者,主要依据为前者中存有

---

* 本文写作受国家社科基金重大项目"中国国家起源研究的理论与方法"(12&ZD133)、上海085社会学学科内涵建设科研项目的资助。

① 有关情况可参见:陈红梅.马王堆医书抄录年代研究概况[J].中医文献杂志,2009(6).赵争.马王堆汉墓古脉书研究综述[J].中医文献杂志,2014(4).

某些字的较古写法、前者脉的走向及相应病候较为原始,并且一般认为经脉学说从《足臂》到《阴阳》再到《灵枢·经脉》构成了一条不断发展的链条①。另一种意见认为《足臂》成书晚于《阴阳》,其依据同样为两者在个别字的写法以及脉的命名和循行方面的差异②。此外,有研究者亦对从《足臂》到《阴阳》再到《灵枢·经脉》的古脉学说演进路线提出质疑,指出《足臂》与《阴阳》或分属不同的体系,其间或不存在线性的早晚关系。如日本学者山田庆儿认为,在某种意义上《太素》"经脉篇"可以看作是两种《灸经》的折中,不能笼统地将《足臂》当作比《阴阳》更古老的作品,两者的先后不能确定,两者当有共同的原始型而平行发展③。其后,韩健平、李建民、廖育群等学者从不同的角度出发,对古脉学说线性演进的模型提出了讨论,并对《足臂》与《阴阳》的相对年代问题进行了初步的探讨④。

对于《足臂》与《阴阳》的成书情况较为深入的讨论,目前仅见日本学者山田庆儿的有关研究⑤。目前尚未见到明确地将《足臂》与《阴阳》的成书过程与两者的相对年代问题结合起来的做法。鉴于古书成书对古书相对年代问题研究的重要性,本文尝试在初步理清《足臂》与《阴阳》成书过程的基础上,重新讨论两者的相对年代问题。不当之处,敬祈方家指正。

一、《足臂十一脉灸经》的文本层次与成书过程

《足臂十一脉灸经》全篇大致遵循统一的叙述格式:各脉均以脉名起首,接着描述脉的循行路线,然后以"其病"领起,描述各脉病候,最后以"诸病此物者皆灸某某脉"句结尾。与全篇文例不甚协调之处出现在《足臂十一脉灸经》足厥阴脉条:在与全篇一致的叙述格式之后,又多出一段内容。为便于讨论,将《足臂》

---

① 马王堆汉墓帛书整理小组. 马王堆汉墓帛书·五十二病方[M]. 北京:文物出版社,1979:141. 何宗禹. 马王堆帛书《足臂十一脉灸经》有关的问题再探[J]. 中华医史杂志,1984(3). 周一谋,萧佐桃. 马王堆医书考注[M]. 天津:天津科技出版社,1988:4.
② 姚纯发. 马王堆帛书《足臂十一脉灸经》初探[J]. 中华医史杂志,1982(3).
③ 山田庆儿.《黄帝内经》的成立[M]//古代东亚哲学与科技文化:山田庆儿论文集. 沈阳:辽宁教育出版社,1996:234-254.
④ 主要论著可参见:韩健平. 马王堆出土古脉书研究[M]. 北京:中国社会科学出版社,1999:98-115. 李建民. 发现古脉——中国古典医学与术数身体观[M]. 北京:社会科学文献出版社,2007:27-39. 廖育群. 重构秦汉医学图像[M]. 上海:上海交通大学出版社,2012:341-350. 赵京生. 针灸经典理论阐释[M]. 上海:上海中医药大学出版社,2000:1-8.
⑤ 山田庆儿. 中国古代医学的形成[M]. 廖育群,李建民,译. 台北:东大图书股份有限公司,2003:140-148.

足厥阴脉的病候内容及其后多出部分抄录如下,并对后者进行编号①:

> 其病:病胫瘦,多溺,嗜饮,足跗肿,疾痹。诸病此物者,灸厥阴脉。
> (1) 偏有此五病者,又烦心,死。
> (2) 三阴之病乱,不过十日死。楯脉如三人参舂,不过三日死。脉绝如食顷,不过三日死。
> (3) 烦心,又腹胀,死。不得卧,又烦心,死。溏瘕恒出,死。
> (4) 三阴病杂以阳病,可治。阳病背如流汤,死。阳病折骨绝筋而无阴病,不死。

《足臂》足厥阴脉后多出部分中,第(1)条内容中的"此五病者",无疑是针对足厥阴脉的病候而言,此条内容当是针对足厥阴脉所补充的死症病候。第(2)条内容均涉及死症及其表征以及对死亡时间的预测。其中第一句是有关死症与发病情形的关系,后两句均为脉诊脉象与死症的关系。此处描述死症与发病情形的关系时,明确指出病发范围为"三阴"之病,这里的"三阴"无疑当指足部三条阴脉而言,因为《足臂》的臂部阴脉仅有两条。后两句对脉诊脉象与死症关系的论述未言明死症脉象所属为阴脉还是阳脉,不过从多出部分所处位置在足部各脉之后的情况来看,此处所指很可能为足脉,再考虑到多出部分整体上所反映出来的阴脉为重的倾向,则此处的死症脉象很可能也是针对足部三阴脉而言的。第(3)条内容是有关三种死症的描述,其所述的三种死症病候中,前两种均有心烦之疾。然而从其描述方式来看,心烦之疾在这两种死候中的地位似有不同:"烦心,又腹胀,死"当以烦心为主,若同时出现腹胀,则不活;"不得卧,又烦心,死"当以不得卧为主,若再出现烦心之症则不活。若这两条死症病候同属一条脉则殊为重复,因此,以上两种不同死症的情况当是针对不同脉的病候所做的补充②,其各自的性质与第(1)条对足厥阴脉的补充类似。若此推论不误,则第(3)条内容中的"溏瘕恒出,死"也当是对另外一条脉的病候所作的补充。以上多出部分的第(4)条内容为阴病、阳病的发病情形与死症的关系,其中的"三阴"无疑也是指足部三阴脉。此条内容明显反映了阴脉及阴病更为紧要以及对阴脉及阴病的

---

① 本文《足臂》及《阴阳》甲本及乙本释文均据:裘锡圭,湖南省博物馆,复旦大学出土文献与古文字研究中心. 长沙马王堆汉墓简帛集成[G]. 北京:中华书局,2014. 本文释文一律采取宽式。
② 若据目前《足臂》的内容来看,足少阴脉病候中有"烦心"之症,多出部分中的"烦心,又腹胀,死"或为足少阴脉的补充。

重视情形,然而其中也出现了阳病的死症,并且后两句无疑是以阳病为主要描述对象,因此,此条内容与第(2)条的侧重点有所差异。

通过以上对《足臂》足厥阴脉后多出部分的分析可知,其中各条内容的描述对象及侧重点均不相同,这无疑反映了上述内容目前具有的这种连续的集中状态并非其原初的面貌。从整体上看,《足臂》足厥阴脉后多出部分处于足部六脉之后、臂部五脉之前,也就是说,多出部分在足脉之后而非《足臂》篇末,这当可说明多出部分原来均附属足脉。具体而言,第(1)条内容作为足厥阴脉的补充,其原初位置当附于足厥阴脉之后;同理,第(3)条中的三句当分别附属于相应的脉;第(2)条内容最有可能原本即附于足厥阴脉之后,与目前的位置当相差不大;第(4)条内容的位置原本很可能附于足部三阳脉之后。这些描述对象不同,并且很可能原来分属不同部分的内容,被集中到了一处,这当是出于编者整齐文本的需要,并且这些附属部分在原来的文本中当可以与正文区别开来。

至此,《足臂十一脉灸经》至少存在二个文本层次[①]:遵循统一格式的各脉循行路线及病候内容和足厥阴脉后的附属部分;其成书至少经历了三个环节:仅有十一脉的循行及病候内容的原始文本阶段,足厥阴脉后多出部分分别附属各脉的注释本阶段,出于整齐文本需要而将各脉附属内容集中抄录于足厥阴脉之后的今本阶段。

二、《阴阳十一脉灸经》的文本层次与成书过程

《阴阳十一脉灸经》全篇也大致遵循统一的叙述格式:脉名之后先叙述脉的循行路线,然后以"是动则病"开头叙述"是动病",以"是某某脉主治"结尾,然后以"其所产病"开头叙述"所产病",末尾有所产病数目统计。

对《阴阳》的内容进行分析,也可发现其呈现出不同的文本层次。首先,若将《足臂》与《阴阳》各脉的循行顺序与相应的病候发病部位进行比较会发现以下情形:《足臂》各脉病候发病部位与其脉行顺序基本一致,而《阴阳》的情况则比较复杂。以下以表格形式显示《阴阳十一脉灸经》的病候与其脉行顺序的关系:

---

① 黄龙祥认为,《足臂》各脉循行与病候的对应情形也反映了不同的文本层次,详参:黄龙祥. 中国针灸学术史大纲:增修版[M]. 台北:知音出版社,2002:270-271,287-288. 若确如黄氏所论,则《足臂》还可能存在更多的文本层次。

	足太阳脉		足少阳脉		足阳明脉		肩脉		臂巨阴脉		齿脉	
	是动	所产	是动	所产	是动	所产	是动	所产	是动	所产	是动	所产
是否与脉行顺序相符	√	×	×	×		×	√	√	×	×		×

上表中"√"表示病候发病部位与脉行顺序一致,"×"表示病候发病部位与脉行顺序不一致,空白者表示二者之间的顺序关系无法确定。未列入上表进行分析的《阴阳》各脉,耳脉与臂少阴脉因为病候数量很少而无从分析与脉行顺序的关系,足三阴脉的病候与脉行路线的关系不甚密切,并且足太阴脉与足厥阴脉的所产病叙述格式不类他脉,显得较为独特,对此下文将有详细分析。从上表可以看出,在病候发病部位与脉行顺序之间的关系较为明确的脉中,两者一致的情形属于少数,多数脉的病候发病部位与脉行顺序并不一致,出现这种情况的原因当在于《阴阳》各脉循行部分内容与其主病病候非成于一手,也就是说,《阴阳》脉行部分内容与其主病病候本来当各自独立,后来才被纂集成篇。对于《阴阳》各脉的"是动病"与"所生病",两者发病部位的次序或同或异,同理,这也当暗示两者很可能来源有异。有学者从"是动病"与"所产病"的病候内容以及两者的表述文例入手,推测《阴阳》的"所产病"内容当为后来所补入[①],其论大致可信,并且,本文对《阴阳》"所产病"病候的发病部位与相应脉的循行顺序所作的分析,无疑为此提供了进一步的佐证。若上述分析大致不误,则《阴阳十一脉灸经》至少呈现出三个文本层次:一是脉名及脉的循行路线内容,二是各脉"是动病"内容,三是各脉"所产病"内容。相应地,这些内容至少经历了二次编辑从而形成了《阴阳十一脉灸经》文本的主体部分。我们姑且将仅有各脉循行加"是动病"内容的《阴阳》文本称为《阴阳》原始文本,将原始文本再加上"所产病"内容的《阴阳》文本称为《阴阳》主体文本。

《阴阳十一脉灸经》全篇大体上具有统一的叙述格式,然而其中也有几处内容在形式上不甚协调:一是足太阴脉脉名之后的"是胃脉也"句以及此脉的"所产病"内容,二是足厥阴脉"所产病"内容,三是足少阴脉后多出的"少阴之脉,灸则强食产肉"一段内容。其中足太阴脉脉名之后的"是胃脉也"句明显具有注释的意味,此句当本为注释内容,后来混入正文,只是具体时间已无法确定。对于

---

① 廖育群. 岐黄医道[M]. 沈阳:辽宁教育出版社,1991:25-26. 廖育群. 重构秦汉医学图像[M]. 上海:上海交通大学出版社,2012:343-346. 赵京生. 针灸经典理论阐释[M]. 上海:上海中医药大学出版社,2000:49-51.

足太阴脉与足厥阴脉的"所产病"而言,其原初内容无疑受到了某种影响而被改编为目前的形式①,并且这种改编当发生在《阴阳》主体文本形成之后。因为只有如此,改编内容才会涉及"所产病",若对没有"所产病"内容的《阴阳》原始文本进行改编,则改编部分当涉及"是动病"部分。足少阴脉后多出的"少阴之脉,久则强食产肉"一段内容涉及灸法及治法,纵观《阴阳》全篇,仅有此处言及治法,并且此段内容位于所产病数目统计之后,因此当为后来补入。若以上推论大致不误,至此,则《阴阳》主体文本形成之后,原足太阴脉与足厥阴脉的"所产病"内容被进行了改编,足少阴脉后附入了有关治法的内容,从而形成了我们看到的《阴阳》今本面貌。

三、《足臂十一脉灸经》与《阴阳十一脉灸经》的相对年代

上文对《足臂十一脉灸经》与《阴阳十一脉灸经》各自的文本层次及成书过程进行了大致的分析,对于这两种古脉书之间的相对年代关系,还需要对两者的有关内容进行比较研究。不难发现,《足臂》足厥阴脉后的多出部分与《阴阳》足太阴脉与足厥阴脉的"所产病"部分内容较为接近。为便于讨论,现将后者摘录如下并加以编号:

《阴阳十一脉灸经》中足太阴脉(巨阴脉)所产病:
a. 其所【产病】:独心烦,死;
b. 心痛与腹胀,死;不能食,不能卧,强欠,三者同则死;溏泄,死;
c. 【水与】闭同则死,为十病。

《阴阳十一脉灸经》中足厥阴脉所产病:
d. 其所产病:热中,癃(癃),颓(㿗),扁(偏)山(疝),为五病。
e. 五病有而心烦死,勿治殴。
f. 有阳【脉】与之俱病,可治也②。

对于《足臂》足厥阴脉后的多出部分与《阴阳》足太阴脉与足厥阴脉的"所产

---

① 对此下文将有详细分析。
② 此处足厥阴脉所产病内容甲本有残缺,丙本较全,故此处依丙本。

病"之间的关系,日本学者山田庆儿大体上认为,《阴阳》的内容 a 和内容 b 被整合成了《足臂》足厥阴脉后多出部分的第(3)条,《阴阳》足厥阴脉"所产病"的内容 d 和内容 e 被抽出并一般化以后作为有关三阴脉疾病的记述被整合进了《足臂》多出部分的第(4)条。在山田氏看来,《阴阳》中本分属特定脉的内容被分离出来,形成独立的段落而被收入《足臂》,这个过程反映了相关内容从《阴阳》到《足臂》的一般化趋势①。也就是说,山田氏认为《阴阳》足太阴脉与足厥阴脉的"所产病"内容保持了原初的状态,《足臂》足厥阴脉多出部分是将分属《阴阳》各脉的有关内容整合而成的。虽然山田氏认为《足臂》与《阴阳》两者当有共同的原始型而平行发展,不能笼统地确定两者的先后,然而从以上分析来看,山田氏认为《足臂》足厥阴脉后的多出部分是在《阴阳》足太阴脉与足厥阴脉"所产病"基础上编辑整合而成的,这无疑暗示了山田氏对《足臂》与《阴阳》相对年代的看法。

山田氏认为《足臂》足厥阴脉多出部分是将原本分属各脉的有关内容整合而成的意见无疑是基本可信的,这与本文的分析也大体一致。然而山田氏并未对《足臂》足厥阴脉多出部分的内容进行深入分析,同样也未对《足臂》的成书过程进行讨论。本文的有关分析已经指出,《足臂》足厥阴脉多出部分是对自身原本附属各脉的内容整合的结果,并非是对《阴阳》足太阴脉与足厥阴脉"所产病"内容进行改编而成。并且很可能恰恰相反,《阴阳》足太阴脉与足厥阴脉"所产病"内容是受了《足臂》足厥阴脉多出部分内容的影响。

首先,《阴阳十一脉灸经》足厥阴脉"所生病"记述了"热中、瘅、癃、偏疝"这四种病候,而其后的病候统计却为五病。这种情形当非出于无心之失,因为乙、丙两种《阴阳》文本皆如此②。若将《阴阳》足厥阴脉"所产病"与《足臂》相关内容对照,或可发现这种矛盾情形出现的原因:《阴阳》足厥阴脉"所产病"明为四病而统计为五病,并且此后的"五病有而心烦死"的内容与《足臂》足厥阴脉后多出内容中的"有此五病者,又烦心,死"句又如此近似,两厢比较,这种情况很明显是因为《阴阳》足厥阴脉"所产病"内容受到了《足臂》的影响。再者,对于《阴阳》足厥阴脉"所产病"而言,其叙述格式是与全篇一致的,其后的内容 e 和内容 f 显然是附加的某种补充说明内容。《阴阳》足厥阴脉"所产病"统计上的矛盾,当反映了

---

① 山田庆儿. 中国古代医学的形成[M]. 廖育群,李建民,译. 台北: 东大图书股份有限公司,2003: 140-148.
② 此处《阴阳》甲本残缺,丙本较全。《阴阳》乙本"偏疝"之后有所残缺,据: 裘锡圭,湖南省博物馆,复旦大学出土文献与古文字研究中心. 长沙马王堆汉墓简帛集成: 第6册[G]. 北京: 中华书局,2014: 12. 此处当补释为"五病"。

《阴阳》足厥阴脉病候与其后文句具有不同来源的情况,这与《阴阳》足厥阴脉病候与内容 e 和内容 f 在叙述形式上的差异情形是一致的。《阴阳》足厥阴脉病候当保留了原有的面貌,其病候统计受到了后来补入内容的影响。

其次,《阴阳》足太阴脉"所产病"中的内容 b 与《足臂》足厥阴脉多出部分的第(3)条内容非常近似。从上文对后者的分析可知,《足臂》足厥阴脉多出部分的第(3)条内容是将原本分属各脉的病候整合而来的,并非全为针对同一条脉的死症病候。然而在《阴阳》中,这些死症病候均被当做足太阴脉的死症病候,这说明《阴阳》的编者已经不清楚这些死症原本分属不同脉的情形。此外,在《阴阳》三条阴脉中,只有足太阴脉"是动病"中有"走心""腹胀"的症状,这无疑当是《阴阳》编者将内容 b 编入足太阴脉的主要原因吧。

再次,《足臂》足厥阴脉后多出内容是将原分属各脉的内容抽出集中而来,这不仅是出于整齐文本的需要,更反映了对待经脉死候的一般化趋势。《阴阳》足厥阴脉病候记述的矛盾情形以及足太阴脉的死症病候无疑受到了这种经脉死候一般化趋势的影响。这在马王堆帛书《阴阳脉死候》中有所反映:《阴阳脉死候》起首有"凡三阴,地气也,死脉也。阴病而乱,则不过十日而死"句[1],与《足臂》足厥阴脉后多出内容类似,可见《阴阳脉死候》中的三阴死候已经脱离经脉内容而单独成篇了。对此,近年出土的成都老官山汉墓医简也提供了佐证。老官山医简中,有一种被整理者命名为《脉死候》的医书,目前公布了如下释文:

> 脉绝如食[顷],不过二日则死,烦心与腹伥(胀)具则死,其脉、输、郄,皆不盛日死。
>
> [一日]刑(型)死,二日气死,三日心死,四日志死,五日神[死][2]。

其中首句与《足臂》足厥阴脉后的内容相似。此句在帛书《足臂》中还附于足厥阴脉之后,而在老官山医简《脉死候》中,此句似已脱离任何具体的经脉而作为一般性的经脉死候单独成篇了。这与马王堆帛书《阴阳脉死候》的情形一致,无疑反映了对待经脉死候的一般化趋势。

以上讨论足以说明《足臂》足厥阴脉后的多出部分与《阴阳》足太阴脉与足厥阴脉"所产病"之间的关系。后者不仅并非如山田庆儿所言被整合进了前者,恰

---

[1] 裘锡圭,湖南省博物馆,复旦大学出土文献与古文字研究中心. 长沙马王堆汉墓简帛集成:第 5 册[G]. 北京:中华书局,2014:209.
[2] 成都文物考古研究所,荆州文物保护中心. 成都市天回镇老官山汉墓[J]. 考古,2014(7).

恰相反，《阴阳》足太阴脉与足厥阴脉的"所产病"内容很可能受到了《足臂》足厥阴脉后多出部分的影响。对于整个《阴阳》的成书过程而言，这证明了《阴阳》最晚近的部分当在《足臂》今本之后。也仅在此意义上，我们可以说今本《阴阳十一脉灸经》晚于今本《足臂十一脉灸经》。

若纵观《足臂十一脉灸经》与《阴阳十一脉灸经》整体内容及其成书过程，则首先对于《足臂》与《阴阳》的原始文本而言，从脉的名称上来看，《阴阳》足部各脉无足部标称，并且还有诸如肩脉、耳脉、齿脉这种以部位命名的脉，因此，在原始文本阶段，《阴阳》当较《足臂》处于更早的阶段。对于编入"所产病"内容后的《阴阳》主体文本而言，其病候已经区分"是动病"和"所产病"，《足臂》的原始文本甚至今本《足臂》病候描述均只有一类，尚无"是动病"与"所产病"的分别，因此，《阴阳》的主体文本当处于较为晚近的阶段。

至此，我们可以对《足臂十一脉灸经》与《阴阳十一脉灸经》的相对年代问题作出一个大致的判断：从成书过程来看，在原始文本阶段，《阴阳》当早于《足臂》；而《阴阳》主体文本的生成，当晚于《足臂》的原始文本，甚至今本《足臂》；当然，今本《阴阳》也晚于今本《足臂》。相应地，从内容的角度来看，今本《阴阳》的脉名及各脉循行部分当早于今本《足臂》的相应内容；而今本《阴阳》的病候描述部分晚于今本《足臂》的相应部分内容，尤其是今本《阴阳》足太阴脉和足厥阴脉"所产病"内容要晚于今本《足臂》足厥阴脉后多出部分的内容。

四、余　　论

通过以上分析可以发现，《足臂十一脉灸经》与《阴阳十一脉灸经》的文本结构及其成书过程与其相对年代问题密切相关。有关问题的讨论若非建立在对古书成书及相应的古书文本结构的分析之上，则无疑会影响相关判断及最终结论。以整篇为单位对《足臂十一脉灸经》与《阴阳十一脉灸经》的相对年代问题进行笼统的判断，以及与这种做法相对应的不同意见各执一词的情形，无疑是不了解古书成书过程及相关理论的结果。

近年来，通过对大量新出土文献的研究可以发现，古书的形成基本都经历了一个较为复杂的过程。对于本文的研究而言，即便如《足臂十一脉灸经》和《阴阳十一脉灸经》这种篇幅不大的古书，也往往并非成于一时一手，而是自有其成书过程。这种成书过程反映在文本内容上，便体现为文本结构上呈现出不同的层次，这些不同的文本层次反映了古书的成书过程，对应了不同的成书阶段。古书中的文本层次无疑为我们讨论古书的相对年代问题提供了有力的依据和条件，然而这同时也要求我们，在研究古书的相对年代问题时，不能再笼统地以整篇为单位进行讨论，而应深入到古书文本内部，根据古书自身的文本层次，以更小的单位——逐段甚至逐句——为基础进行分析。

（原载《中国典籍与文化》2016年第1期）

仲山父模式：西周户政制度初探

王少林

王少林，1984年10月生，河南新安人。先后于湖北大学、苏州大学、陕西师范大学获得历史学学士、硕士、博士学位，师从晁福林、赵世超、刘家和诸先生。2017年3月进入上海大学历史系中国史博士后流动站，合作导师为宁镇疆教授。主要研究领域为先秦秦汉史，甲骨文、金文、简帛与出土文献，社会经济、制度史与中西古史比较等。

旧史以《周礼》为据，认为西周时已经存在成熟的户政制度①，这种认识后来被写入政书中，作为古代中国户政制度的渊源②。近代以来，随着《周礼》年代学与古代制度史研究的深入，《周礼》更多地被学者们认为是战国时代的作品③，其中所载制度因史料时代性、自身陈述矛盾等因素，被认为是一种空想或人为设计，而不再当成西周制度的实录④。之后，学者们在重构西周制度时，多不再将《周礼》作为主要史料使用，而把视野投向甲、金文及《尚书》《诗经》《左传》《国语》

---

① 本文所谓户政，是指国家主导的人口控制系统。在中国历史上，由于控制对象规模的不同，"户"可以是宗族、家族、个体家庭甚至是多个家庭组成的共同体（如"百家共籍"）。"户政"之"户"在本文中主要指"家户"，非一般意义上的个体家庭。
② 杜佑.通典·食货四·赋税上[M].北京：中华书局，1988：72-73.马端临.文献通考·户口考[M].北京：中华书局，1986：105.
③ 郭沫若.周公质疑//金文丛考[M].北京：人民出版社，1954：49-81.钱穆.周官著作时代考//两汉经学今古文平议[M].北京：商务印书馆，2001：319-493.杨向奎.周礼的内容分析及其制作时代[J].山东大学学报，1954（4）：1-32.顾颉刚."周公制礼"的传说和《周官》一书的出现[J].文史，1979（6）：1-40.以上是《周礼》战国成书说的代表作品，本文今从。另《周礼》成书时代说法众多，可参见：彭林.《三礼》说略[M]//经史说略——十三经说略.北京：北京燕山出版社，2002：102-141.
④ 潘光旦.周官中的人口查计制度[J].清华社会科学，1949，5（2）.参见：潘光旦.潘光旦文集：第10卷[M].北京：北京大学出版社，2000：342-368.梁方仲.中国历代户口、田地、田赋统计·总序[M].北京：中华书局，2008：4-5.池田温.中国古代籍帐研究[M].龚泽铣，译.北京：中华书局，1984：39.葛剑雄.中国人口史：第1卷[M].上海：复旦大学出版社，2002：220-221.

等早期文献上①。在重构先秦户政制度时,《国语》中所载的西周晚期周宣王料民事件被认为是先秦户政制度史上的重要事件,而被学者屡次提及,多位学者对该事件的内容及意义进行了阐述②。综观学者们对西周户政制度的研究,呈现出零星、破碎的特征,尚缺乏对西周户政制度整体、系统的认识。究其原因,固然是由西周史料的严重缺乏所致,但对传统文献疏证的迷信,缺乏对传统史料的科学分析,对社会学、人类学等理论认识的局限等因素,也在一定程度上对学者揭示与阐发传世文献中可能隐含的早期户政制度内涵造成了障碍。本文在对《国语·周语上》所记载的仲山父谏宣王料民章重新训释的基础上,结合文化人类学、社会学的基本原理,对西周户政制度作出尝试性重构,浅微之处,敬请方家批评指正!

一、《周语》"仲山父谏料民"章疏证

西周晚期,周宣王在太原料民,仲山父劝谏宣王"民不可料",并对原因做了详细说明,这段谏辞载于《国语·周语上》,其文曰:

> 民不可料也。夫古者不料民而知其少多,司民协孤终,司商协民姓,司徒协旅,司寇协奸,牧协职,工协革,场协入,廪协出,是则少多、死生、出入、往来者可知也。于是乎又审之以事,王治农于籍,蒐于农隙,耨获亦于籍,狝于既烝,狩于毕时,是皆习民数者也,又何料焉?③

此即"仲山父谏料民"章,注疏家已对文字做了释解,其中以韦昭、董增龄、徐元诰等人的贡献最为突出。但注疏家由于受儒学经义的限制,迷信《周礼》,在训解本章内容时,往往以《周礼》为本,使原本就章义不明的仲山父谏辞矛盾迭出,真义难寻。重新训释此章是重构西周户政制度的基础,故笔者不惮烦冗,疏证如下。

仲山父,《诗·大雅·烝民》《周本纪》作"仲山甫","父""甫"本可通用。《国

---

① 梁方仲.中国历代户口、田地、田赋统计·总序[M].北京:中华书局,2008:5-9.
② 梁方仲.中国历代户口、田地、田赋统计·总序[M].北京:中华书局,2008:5-9.葛剑雄.中国人口史:第1卷[M].上海:复旦大学出版社,2002:222-224.张金光.秦制研究[M].上海:上海古籍出版社,2004:775.许倬云.西周史:增补2版[M].北京:生活·读书·新知三联书店,2012:320.常金仓.宣王料民与西周的人口统计[J].陕西师范大学学报(哲社版),2010(3):90-93.
③ 韦昭,注.国语[M].上海:上海古籍出版社,2008:11.

语·周语》"宣王立戏"篇作"樊仲山父","穆仲论鲁侯孝"篇作"穆仲",韦昭注:"仲山父,王卿士,食采于樊"。《国语·晋语》称"樊仲",韦昭注:"樊仲,宣王臣仲山甫,食采于樊。"①《后汉书》樊宏本传:"其先周仲山甫,封于樊,因而氏焉。"②马瑞辰整理历代旧注,认为:"樊,其邑也,穆其谥也,仲山甫其字也,穆仲、樊仲皆省称。"《左传》封卫之"殷民七族"有"樊氏",马瑞辰认为即樊氏一族所出③。上海博物馆馆藏有春秋重器樊季氏鼎(《集成》2624),有铭21字,郭若愚先生以为物主当为"仲山甫之后也"④。以上所说大致无误,可见樊氏一族自商至春秋以下,源远流长,为西周一代世家大族无疑。仲山父其人,除了谏宣王料民事外,《国语·周语》中还记载了他劝谏宣王立鲁武公少子戏为鲁国太子之事⑤。从《国语·周语》《诗·烝民》等篇章来看,仲山父的个人修养、政治能力也受到当世的夸赞,《烝民》借尹吉甫之口,说"仲山甫之德,柔嘉维则。令仪令色,小心翼翼。古训是式,威仪是力","维仲山甫,柔则不茹,刚亦不吐,不侮矜寡,不畏强御"。仲山父优秀的政治素养让他得到周宣王的重用,宣王令他"式是百辟","缵戎祖考""赋政于外",获得了"出纳王命"的职权,被时人称为"王之喉舌"。他在政坛上"既明且哲,以保其身,夙夜匪解,以事一人"⑥,得到了宣王的信任,成为宣王时期少有的几个显贵大臣之一,故而能够对宣王的政治作为进行劝谏。需要进一步指出的是,仲山父在政治上始终持一种保守主义的立场,行事上采取了相对务实的态度。为了改变西周中期以来"王道衰微"的危机,"厉始革典",厉王采用荣夷公等激进改革派的意见,试图以专利挽救王室的经济危机,以高压政策打压反对者,激起国人暴动,厉王被流于彘。较之乃父,宣王虽然试图缓和与反对者之间的紧张态势,但并未停止改革,从某种程度上来说,宣王的"不籍千亩"与"料民"等改革才是加强王权的必有措施,代表着历史前进的趋势,春秋中期以后的列国改革,都可以视作是这两项政策在春秋列国的延续⑦。对于厉王、宣王的改革行为,邵穆公、虢文公、仲山父都采取了相同的保守立场,他们的劝谏逻辑十分

---

① 韦昭,注.国语[M].上海:上海古籍出版社,2008:12,173.
② 范晔.后汉书·樊宏阴识列传[M].北京:中华书局,1965:1119.
③ 马瑞辰.毛诗传笺通释[M].北京:中华书局,1989:997-999.
④ 郭若愚.郭沫若佚文《樊季氏鼎跋》小记[M]//上海博物馆集刊.(5).上海:上海古籍出版社,1990:103.
⑤ 韦昭,注.国语[M].上海:上海古籍出版社,2008:10-11.
⑥ 毛诗正义·大雅·烝民[M]//阮元,校刻.十三经注疏.北京:中华书局,1980:568-569.
⑦ 对于西周晚期的政治改革,前贤已多有论及,本文重点论述该事件,旨在突出仲山父的保守立场,以证明其追忆先王之制的可信性。可参见:李亚农.西周与东周[M]//李亚农史论集:上.上海:上海人民出版社,1962:743-756.晁福林.春秋战国的社会变迁:上册[M].北京:商务印书馆,2011:9-41.

相似,通过对先王政治传统的追述,分析改革的可能性后果,规劝周王终止即将进行的改革,劝谏的失败让改革以一种激烈的方式进行着,而不幸的是,改革的结果被劝谏者不幸言中,这固然说明激进改革派对政治态势的把握不够,也说明了以仲山父为代表的保守派在政治传统上的影响力,而这种影响力正是通过他们对先王之典、周公之籍的熟悉达成的,《诗·烝民》说仲山父"古训是式",郑玄《笺》曰:"古训,先王之遗典也","式,法也。"① 这可以被认为是对仲山父等人政治保守主义立场最精炼的概括。而仲山父的"古训是式"正是通过他在劝谏宣王时强调"古者"先王之制表现出来的。

料,本义为以斗量米,故《说文》曰:料,量也。后引申为凡计数皆可曰料,韦昭注:"数也。"②

司民协孤终。司民,韦昭注曰:"司民,掌登万民之数,自生齿以上皆书于版。"③《周礼·秋官》"司民"条,其职能为:"掌登万民之数,自生齿以上皆书于版。"④ 比较二者,可知韦昭注袭自《周礼·司民》,徐元诰《国语集解》注"司民"曰"犹近世户口登记"⑤,孙诒让《周礼正义》也认为《周礼》司民所掌即《国语》司民"协孤终"之事⑥。笔者认为,韦昭、孙诒让的说法有误。仲山父明言西周时期是"不料民"的,"司民协孤终"正是"不料民"的证明,韦昭、孙诒让等人以《周礼》司民"登万民之数"、书户口于书版等"料民"的材料来训释《国语》所载"不料民",不合理之处显见。仲山父所说"司民"定与《周礼》"司民"非同一职官可知。除了《周礼》"司民",司民在古文献中主要用作百官类名,如《书·酒诰》曰:"王曰封,汝典听朕毖。勿辩乃司民湎于酒。"⑦《墨子·天志中》云:"以临司民之善否。"⑧《尚书》伪《孔传》:"辩,使也,勿使汝主民之吏湎于酒。"⑨ 曾运乾《尚书正读》云:"司,治也。"⑩ 周秉钧《尚书易解》云:"司,治也。乃司民,谓汝治民之官。"⑪ 或可用作神名,《周礼·秋官·小司寇》云:"孟冬祀司民,献民数于王。"郑玄注曰:"司民,星名,谓轩辕角也。"⑫ 百官类名与星辰神名这两个义项也都不符

---

① 毛诗正义·大雅·烝民[M]//阮元,校刻. 十三经注疏. 北京:中华书局,1980:568.
②③ 韦昭,注. 国语[M]. 上海:上海古籍出版社,2008:12.
④ 周礼注疏[M]//阮元,校刻. 十三经注疏. 北京:中华书局,1980:878.
⑤ 徐元诰. 国语集解[M]. 北京:中华书局,2002:24.
⑥ 孙诒让. 周礼正义[M]. 北京:中华书局,1987:2834.
⑦⑨ 尚书正义·酒诰[M]//阮元,校刻. 十三经注疏. 北京:中华书局,1980:208.
⑧ 孙诒让. 墨子闲诂[M]. 北京:中华书局,2001:201.
⑩ 曾运乾. 尚书正读[M]. 上海:华东师范大学出版社,2011:191.
⑪ 周秉钧. 尚书易解[M]. 上海:华东师范大学出版社,2010:181.
⑫ 周礼注疏·秋官·小司寇[M]//阮元,校刻. 十三经注疏. 北京:中华书局,1980:874.

合仲山父谏辞的语境,《国语·周语》司民职掌若何,还要从"协孤终"的训释来看。孤终,韦昭注:"无父曰孤,终,死也。合其名籍,以登于王也"。将"终"释为"死",并以为"合其名籍,以登于王",其明显本于《周礼》,是司民"岁登下其死生"的再现,上文已证《国语》《周礼》司民不同,故"孤终"当不能依据《周礼》来解释。"孤"释为"无父"、"终"释为"死"固然不错,但考虑语境,笔者认为将"孤"解为"弱小"、"终"解为"终老"更为合适,古文献中也有例可循,如《史记·老子韩非列传》云:"虽欲为孤豚。"司马贞《索隐》:"孤者,小也。"①《周礼·天官·疾医》云:"死终则各书其所以。"郑玄注:"老者曰终"。② 据笔者新解,"司民协孤终"可理解为司民官负责幼弱、老耋之人。

司商协民姓。司商,韦昭注:"掌赐族受姓之官也。商,金声清。谓人始生,吹律合之,定其姓也。"古人有"吹律定姓"之说,如《白虎通·姓名》:"圣人吹律定姓以纪其族。"陈立《疏证》引马骕《绎史》曰:"圣人兴起,不知其姓,当吹律定声以别其姓。"③诸说皆后起,是否真如所说,上古的确以律定姓,已邈远无所稽考。但当时必有掌姓氏之官,《左传·襄公三十一年》记载郑国贵族公孙挥职掌为"辨于其大夫之族姓、班位、贵贱、能否"④,司商之官与公孙挥所掌大致不差。民姓,由司商注疏可知,即民之姓。"姓",学者训释颇多争议。近代以来随着人类学理论传入中国,姓氏学成为专门的学问。为避免理论争议引起的训解矛盾,此处我们采取泛化的方式来处理。笔者认为,"民姓"即民之族,文献多有"姓""族"通有的现象,如《左传·庄公二十三年》曰"若在异国,必姜姓也";《昭公三年》曰"姜族弱矣,而妫将始兴",此"姜姓"即"姜族"。从公孙挥辨别大夫"族姓"来看,此处"民姓"当指大小规模不等的族团,可称之为家族或宗族。从西周历史实际出发,"民姓"当为一个个的父系家族⑤,用民族学的专门术语来说,就是一个个父系扩展性家庭(extended family)⑥。

司徒协旅。韦昭注曰:"掌合师旅之众也。"司徒,文献常见,不仅王室有司

---

① 司马迁.史记·老子韩非列传[M].北京:中华书局,1959:2145.
② 周礼注疏·天官·疾医[M]//阮元,校刻.十三经注疏.北京:中华书局,1980:668.
③ 陈立.白虎通疏证[M].北京:中华书局,1994:401-402.
④ 春秋左传集解·襄公三十一年[M].上海:上海人民出版社,1977:1163.
⑤ 西周时期父系家族的普遍存在已经成为古史学界的共识。2013年王震中先生在详细罗列了古史学者的著作后,评论道:"夏商周三代国家社会的政治经济中,'族氏血缘关系'依旧发挥着重要的作用,家族和宗族依旧是政治经济实体,这种以此为中国早期国家形态一重要特征的认识,已成为我国学术界的主流观点"。见:王震中.中国古代国家的起源与王权的形成[M].北京:中国社会科学出版社,2013:13.所列举之多位学者的说法,见该页下注④。
⑥ 对于家庭、家族概念的辨析,参见:朱凤瀚.商周家族形态研究:增订本[M].天津:天津古籍出版社,2004:7-10.

徒,各诸侯国也设司徒官,且有大小司徒、专事司徒之分。如鲁、宋的大司徒,鲁、楚、郑、陈的司徒,齐国的"锐司徒""壁司徒"等。金文与文献所见大致相同,王室有"冢司徒""司徒",沫、庚、晋、鲁、散等诸侯国邦、卿大夫之家也有司徒①。司徒的设置可能相当早,古史传说商契为尧司徒②,西周晚期郑桓公为周幽王司徒③,春秋时季孙氏世为鲁国司徒④。金文中也不乏有司徒姓名者,如司徒虎(《集成》143)、司徒南宫(《集成》181)、司徒毛叔(《集成》2821)、司徒邑人赴(《集成》2832)等。旅,从旗从二人,象旗下有众,《说文》曰:"旅,军之五百人为旅。"《说文》晚起,释"旅"为"军"没有问题,但一旅是否五百人就很值得怀疑了。《论语·先进》"师旅"并称,《盐铁论》"军旅"连语,可见"旅"与"师""军""众"是通用的。司徒"掌合师旅之众"可得到文献印证,如金文《舀壶》铭"作冢司徒于成周八师"(《集成》9728);叔司徒斧铭"叔司徒北征蒿庐"(《集成》11785);《左传·襄公二十一年》东周王室司徒有"禁掠"贼人事⑤;《昭公二十二年》又有"司徒丑以王师败绩于前城"⑥等,齐国又有"锐司徒""壁司徒"⑦,皆与军事有关。以上所举可证司徒确有掌管军事的职权,但仍需说明,司徒职掌文献、金文所见不一,内容甚为庞杂。如《周语》"王乃使司徒咸戒公卿、百吏、庶民,司空除坛于籍,命农大夫咸戒农用"⑧;《载簋》铭:"王曰:载,命汝作司土,官司籍田。"(《集成》4255)此司土即司徒,可掌管籍田;《免簠》铭:"令免作司土,司奠(郑)还稟、眔吴(虞)、眔牧。"(《集成》4626),司徒掌管稟、虞、牧等事。检视文献,司徒还有作"农父""侯右""赋封田""省民""立室家"等职事,内容繁多。司徒所掌,最核心的内容当为"司徒具徒""司徒致民""听役于司徒"等,"具徒""致民"即召集、组织"徒""民"来为统治者提供劳役。

司寇协奸。韦昭注:"司寇,刑官,掌合奸民,以知死刑之数也。"⑨司寇,习见于古文献及金文中,如周公命苏忿生为司寇,卫康叔为周王室司寇,臧武仲为鲁司寇,孔子也曾为鲁司寇,华御事、公子朝为宋司寇,向为人为宋大司寇,庆佐为齐司寇等;金文中,庚季"用左右俗父司寇"、周王命扬"作司空,官司量田佃、眔司

---

① 张亚初,刘雨. 西周金文官制研究[M]. 北京:中华书局,1986:8-10.
② 舜典[M]//阮元,校刻. 十三经注疏. 北京:中华书局,1980:130.
③ 韦昭,注. 国语[M]. 上海:上海古籍出版社,2008:239.
④ 春秋左传集解·昭公四年[M]. 上海:上海人民出版社,1977:1251.
⑤ 春秋左传集解·襄公二十一年[M]. 上海:上海人民出版社,1977:973.
⑥ 春秋左传集解·昭公二十二年[M]. 上海:上海人民出版社,1977:1487.
⑦ 春秋左传集解·成公二年[M]. 上海:上海人民出版社,1977:643.
⑧ 韦昭,注. 国语[M]. 上海:上海古籍出版社,2008:8.
⑨ 韦昭,注. 国语[M]. 上海:上海古籍出版社,2008:12.

位、眔司㕛、眔司寇、眔司工司事"①。司寇职掌为"刑官",《尚书·康诰》周公告诫卫康叔"敬明乃罚";《立政》周公训诫司寇苏忿生"敬尔由狱""勿误于庶狱";季孙氏谓司寇臧武仲要"将盗是务去";孔子作司寇"设法而不用,无奸民";子产令郑司寇"出新客";《国语·周语》郑厉公明言"司寇行戮",虢文公云"辟在司寇",单襄公云"司寇诘奸"。可见司寇所掌与"罚""狱""去盗""除奸""行戮"有关。奸,奸诈邪恶之人也,如《书·舜典》"寇贼奸宄"并称。韦昭注云:司寇"掌合奸民",当有所依据,但言"以知死刑之数"又与仲山父"不料民"相矛盾,可知《周语》"司寇协奸"当不是"知死刑之数"而另有内涵。《左传·僖公二十四年》富辰曰:"即聋从昧,与顽用嚚,奸之大者也。"其后解释"耳不听五声之和为聋,目不别五色之章为昧,心不则德义之经为顽,口不道忠信之言为嚚"②。《国语》胥臣曰:"蘧蒢不可使俯,戚施不可使仰,僬侥不可使举,侏儒不可使援,蒙瞍不可使视,嚚瘖不可使言,聋聩不可使听,童昏不可使谋。"韦昭注云"蘧蒢"为有"疾"之人,"戚施"为"瘝者"。《尔雅》:"瘝,病也";"僬侥","长三尺,不能举动";"侏儒","短者,不能抗援";"蒙瞍","无见"或"不能见";"嚚","口不道忠信之言","瘖"为"不能言"之人;"聋聩","不能别五声";"童昏","无智""暗乱",当即弱智或患有精神病类之人③。参照胥辰与富辰所言,"奸"主要包含了疾患、残障和道德败坏者三种人,文献称为"官师之所不材"④,这与《左传》记载可相互印证。《左传·文公十八年》鲁国大史克称呼"四凶族"——帝鸿氏之"浑敦"、少暤氏之"穷奇"、颛顼氏之"梼杌"、缙云氏之"饕餮"——为"不才(材)子",而这"四凶族""掩义隐贼,好行凶德,丑类恶物,顽嚚不友","毁信废忠,崇饰恶言,靖谮庸回,服谗蒐慝,以诬盛德","不可教训,不知话言,告之则顽,舍之则嚚,傲很明德,以乱天常","贪于饮食,冒于货贿,侵欲崇侈,不可盈厌,聚敛积实,不知纪极,不分孤寡,不恤穷匮",同属"奸"的行列,圣王不得不"流四凶族浑敦、穷奇、梼杌、饕餮,投诸四裔,以御魑魅"⑤,而流放罪人正是司寇职权所在。

牧协职。韦昭注:"牧人掌牧牺牲,合其物色之数也。"其说本于《周礼》。《说文》:"牧,养牛人也。"《左传·昭公七年》云:"马有圉,牛有牧,以待百事。"杜预注:"养马曰圉,养牛曰牧。"甲骨文牧,可从牛,也可从羊,可见牧不仅仅为牧牛人

---

① 《庚季鼎》铭(《殷周金文集成》2781),《扬簋》铭(《殷周金文集成》4294),另可参见:冯卓慧,胡留元.西周金文中的司寇及其官司结构[J].考古与文物,1998(2):32-39.
② 春秋左传集解·僖公二十四年[M].上海:上海人民出版社,1977:345.
③④ 韦昭,注.国语[M].上海:上海古籍出版社,2008:179.
⑤ 春秋左传集解·文公十八年[M].上海:上海人民出版社,1977:523.

那么单一。金文中也多见"牧牛""牧马"者①,可见凡豢养牲畜皆可谓之牧。金文中,"牧"多与"场""廪""虞"并见②,《周礼》牧人"掌牧六牲而阜蕃其物,以共祭祀之牲牷"。《周礼·地官·闾师》云:"任牧,以畜事贡鸟兽。"③可见"牧"是在山林、野中为统治者牧牛放马,豢养牲畜,以"具""尔牲"。《左传·哀公元年》载夏少康"为有仍牧正"④,少康寄居有仍氏,负责有仍氏牛、羊等牺牲的职事。"职",文献里又称为"职官""职事""职业""官职""职贡"等,《广雅》"职,事也",《孟子·公孙丑上》"能者在职"即从此义。从语境分析,"牧协职"并非专指"牧人"所掌,当泛指"牧"负责的一切相关职事。

工协革。韦昭注:"工,百工之官。革,更也,更制度者合其数。""百工"之"百"言其多也,卜辞作"多工",与百工同义。卜辞中另有"工""我工",陈梦家以为是"官名",或"宗庙之工""作器的百工",或"乐工"⑤。工,本义为作工,由此引申出诸多义项,如作工之人称"工",如"百工";又从"作工"引出管理百工的职官也叫做"工",如"臣工"表百官;又引申出善于作某事曰"工",段注曰"凡善其事曰工"。在古文献中,工代表"人"有二语义,一为等级较高的臣工,如《尚书·酒诰》:"越献臣百宗工。"⑥一为地位较低的直接作工人员,如《师𩵦簋》铭中的"司我西扁东扁仆驭百工、牧、臣妾。"(《集成》4311)《伊簋》铭的"官司康宫王臣妾、百工。"(《集成》4287)这里"工"与"臣妾"相提并论,地位当不高。韦昭解"革"为"更也,更制度者合其数",不恰当。比照前文,"协"后之字都当名词解,指所掌具体事务。"革",《说文》说:"兽皮治去其毛。"考金文字形,当是。故《禹贡》"齿革羽毛"并称⑦,《易》有"黄牛之革"之语⑧,可见"革"为兽皮之泛称,因皮革可做衣服、盾牌、盔甲等,又有"兵革""革甲""革车"连用的现象。文献所见除"工协革"外,《国语》还有"工人展车"的记述⑨,革可指代"革车"。综合以上意见,"工协革"可

---

① 儠匜[G]//中国社会科学院考古研究所.殷周金文集成·10285;修订增补本第7册.北京:中华书局,2007.郑牧马受簋盖[G]//中国社会科学院考古研究所.殷周金文集成·3879;修订增补本第3册.北京:中华书局,2007.
② 同簋盖[G]//中国社会科学院考古研究所.殷周金文集成·4270;修订增补本第4册.北京:中华书局,2007.免簠[G]//中国社会科学院考古研究所.殷周金文集成·4626;修订增补本第4册.北京:中华书局,2007.
③ 周礼注疏·地官[M]//阮元,校刻.十三经注疏.北京:中华书局,1980:723,727.
④ 春秋左传集解·哀公元年[M].上海:上海人民出版社,1977:1707.
⑤ 陈梦家.殷虚卜辞综述[M].北京:中华书局,1988:519.
⑥ 尚书正义·酒诰[M]//阮元,校刻.十三经注疏.北京:中华书局,1980:207.
⑦ 尚书正义·酒诰[M]//阮元,校刻.十三经注疏.北京:中华书局,1980:148.
⑧ 周易正义[M]//阮元,校刻.十三经注疏.北京:中华书局,1980:48.
⑨ 韦昭,注.国语[M].上海:上海古籍出版社,2008:31-32.

能是"工"负责生产兵革类物品,但笔者更倾向于此处泛指"百工"所掌的一切职事。

场协入。韦昭注:"场人掌场圃,委积珍物,敛而藏之也。"当是。《诗·豳风·七月》曰:"九月筑场圃,十月纳禾稼,黍稷重穋,禾麻菽麦。"①《周语》云:"野有庾积,场工未毕。"单襄公引《夏令》曰:"九月除道,十月成梁。"其时儆曰:"收而场功,待而畚梮,营室之中,土功其始,火之初见,期于司里。"②从以上分析可知,"场"负责"敛藏""禾稼,黍稷重穋,禾麻菽麦"等"庾积",通常在除道、成梁、场圃筑造等土功完成后的十月间进行,因此当单襄公看到陈国"野有庾积,场工未毕"时才会批评他们"功成而不收,民罢于逸乐"。

廪协出。韦昭注:"廪人掌九谷出用之数。"当是。《国语》记载籍田礼时说:"廪于籍东南,钟而藏之。"韦昭注:"廪,御廪也,一名神仓。钟,聚也。谓为廪以藏王所籍田,以奉粢盛也。"③单襄公引周制曰:"廪人献饩。"韦昭注:"生曰饩,禾米也。"④案:廪,即仓廪,故《诗》曰"高廪",《周礼》曰"盛米曰廪",《公羊传》曰"御廪者,粢盛委之所藏也"⑤,可相互参照。综合考虑,廪即藏禾米、粢盛的仓库,用于"献饩"、祭祀等。

审之以事。事,韦昭注:"谓因籍田与搜狩以简知其数也。"从后文可知,所审之事主要为农事与戎事,韦昭以"籍田""搜狩"概括言之,无大误。然从语境分析,"王治农于籍,蒐于农隙,耨获亦于籍,狝于既烝,狩于毕时,是皆习民数者也",所言籍田、搜狩,不过举例,并非事之全貌,"事"之内容当更为广阔。《国语·周语中》单襄公追述周之《秩官》曰:"敌国宾至,关尹以告,行理以节逆之,候人为导,卿出郊劳,门尹除门,宗祝执祀,司里授馆,司徒具徒,司空视涂,司寇诘奸,虞人入材,甸人积薪,火师监燎,水师监濯,膳宰致饔,廪人献饩,司马陈刍,工人展车,百官以物至,宾入如归。"⑥《左传·襄公三十一年》子产追忆晋文公迎宾之事曰:"司空以时平易道路,圬人以时塓馆宫室,诸侯宾至,甸设庭燎,仆人巡宫,车马有所,宾从有代,巾车脂辖,隶人牧圉。"⑦二者因同论诸侯迎宾,内容大致相当。其中所涉塓馆宫室、告至、逆宾、导代宾从、郊劳、除门、执祀、授馆、具徒、视涂、诘奸、入材、积薪、庭燎、监燎、监濯、致饔、献饩、陈刍、展车、巾车脂辖、

---

① 毛诗正义[M]//阮元,校刻.十三经注疏.北京:中华书局,1980:391.
②④ 韦昭,注.国语[M].上海:上海古籍出版社,2008:31.
③ 韦昭,注.国语[M].上海:上海古籍出版社,2008:8.
⑤ 春秋公羊传注疏[M]//阮元,校刻.十三经注疏.北京:中华书局,1980:2221.
⑥ 韦昭,注.国语[M].上海:上海古籍出版社,2008:31-32.
⑦ 春秋左传集解·襄公三十一年[M].上海:上海人民出版社,1977:1156.

巡宫、牧圉等,皆属"事"之范畴,子产总结说:有司"各瞻其事,百官之属,各展其物"①。赵世超先生曾指出,"事的内容""广泛""琐细"而"具体"②,因"事"务众多,统称"百事",如《左传·昭公七年》"以待百事",《昭公十三年》"百事不终,所以倾覆也"③,《国语》记载范文子言古之王者"考百事于朝",晋悼公"定百事、立百官"④,皆为显例。对文献所见之"事"综合分析,无外乎两端,一为具体的"事",需要"调集人力前来才能完成",如仲山父所言的农事、戎事以及前文单襄公、子产所言的迎宾诸事即此类;另一种为"贡",这是"事"的转化形态,因某些事"可令人分头从事","向贵族献纳制成品"即可。因此,所谓的"事"事实上包括了事与贡两个部分⑤。故仲山父所言"审之以事",实际上是对"百事"之审,而非仅仅审其所言的农事与戎事。

"王治农于籍,蒐于农隙,耨获亦于籍,狝于既烝,狩于毕时"所涉五事,分为两类:一为农事,包括"治农于籍"与"耨获于籍";一为戎事,包括"蒐于农隙""狝于既烝"与"狩于毕时"。其中,农事部分主要涉及籍田,籍田本为农事劳役的一种,在春播秋收时最为重要。《国语》"宣王不籍千亩"章,虢文公曾对籍田内容、意义作过详细说明,今人也多有研究,其中尤以杨宽先生《"籍礼"新探》一文最为详尽,文中对籍田礼的过程及性质都有论及,此不赘述⑥。戎事部分,所谓"蒐于农隙",是在"仲春既耕之后",作物开始生长的农闲时节举行大蒐礼,因在春季举行,故又称为"春蒐";"狝于既烝"则是在秋收举行"尝新"的烝礼后,举行狝礼;"狩于毕时"则是说在农事"毕"后举行大狩礼,故曰"冬狩",此类军事演习性质的大蒐礼在西周春秋时代相当流行,故《左传·隐公五年》记载臧僖伯曰:"春蒐、夏苗、秋狝、冬狩,皆于农隙以讲事也。"⑦管仲对桓公以霸术曰:"春以蒐振旅,秋以狝治兵。"⑧今人李亚农、杨宽先生对大蒐礼也都有专论,罗列史料详尽,分析也相当高明,可参考之⑨。

---

① 春秋左传集解·襄公三十一年[M].上海:上海人民出版社,1977:1156.
② 赵世超.指定服役制度略述[J].陕西师范大学学报,1999(3):5-10.
③ 春秋左传集解·昭公七年,十三年[M].上海:上海人民出版社,1977:1287,1380.
④ 韦昭,注.国语[M].上海:上海古籍出版社,2008:191,201.
⑤ 赵世超.服与等级制度[J].陕西师范大学学报,2014(2):130-136.
⑥ 杨宽."籍礼"新探[M]//古史新探.北京:中华书局,1965:218-233.
⑦ 春秋左传集解·隐公五年[M].上海:上海人民出版社,1977:30.
⑧ 韦昭,注.国语[M].上海:上海古籍出版社,2008:105.
⑨ 李亚农.大蒐解[J].学术月刊,1957(1):42-46.杨宽."大蒐礼"新探[M]//古史新探.北京:中华书局,1965:256-279.

二、仲山父模式:"仲山父谏料民"章反映的户政制度

基于前节新疏,我们大致可以构建出仲山父所言"古者不料民而知其少多"的制度框架,为行文简略,笔者称这一制度为"仲山父模式"。

仲山父模式包含三个部分:(一)以司商、司徒、司民、司寇"四司"构成的"人控制系统";(二)以牧、工、场、廪"四官"构成的"物控制系统";(三)"审之以事"系统。分述如下。

(一)人控制系统

仲山父谏辞中,"四司"官以"司民""司商""司徒""司寇"为次第,足可令处于同一历史语境中的周宣王准确理解他的真实意思,但对于数千年之后的今人来说,却平添了不少理解上的难度。笔者以为,"四司"官当以"司商""司徒""司民""司寇"为次,这样更符合理解逻辑。

首先,司商所掌民姓是"人控制系统"的基础。前文提及,《左传·襄公三十一年》记载,郑国贵族公孙挥"辨于其大夫之族姓、班位、贵贱、能否"[1],其与司商职掌大致相同。"大夫之族姓""民姓"类的家族、族团组织乃是统治者安排事、贡的基本对象,这在文献中多有体现。《左传·定公四年》追述周初分封,封鲁以"殷民六族":条氏、徐氏、萧氏、索氏、长勺氏、尾勺氏;封卫以"殷民七族":陶氏、施氏、繁氏、锜氏、樊氏、饥氏、终葵氏;封晋以"怀姓九宗"[2],这里的"族""氏""宗"与"民姓"同义,即一个个家族族群。这种情况至西周末年未变,《左传·襄公十年》伯舆属大夫瑕禽追忆"平王东迁",言及"七姓从王",这里的"七姓"即七族,主要职责是为王提供"牲用"[3]。金文类似材料更多,名称不一,如"姓""伯""人"等,《宜侯夨簋》铭记载"赐在宜王人十又七姓;赐郑七伯,民百又五十夫,赐宜庶人六百又□十六夫"(《集成》4320),陈梦家先生认为这里的"姓"即"殷民七族""殷民六族"之"族"[4],而"郑七伯"倾向于理解为是带领民夫、庶人的家族长;《大盂鼎》铭"赐汝邦司四伯,人鬲自驭至于庶人,六百又五十又九夫,赐□王臣十又三伯,人鬲千又五十夫"(《集成》2837),其中"邦司四伯""王臣十又三伯"体例

---

[1] 春秋左传集解·襄公三十一年[M].上海:上海人民出版社,1977:1163.
[2] 春秋左传集解·定公四年[M].上海:上海人民出版社,1977:1620.
[3] 春秋左传集解·襄公十年[M].上海:上海人民出版社,1977:877.
[4] 陈梦家.西周铜器断代[M].北京:中华书局,2004:16.

与《宜侯夨簋》铭"郑四伯"用例相同,大约就是邦司的4个家族与王臣的13个家族。《邢侯簋》铭:"勾邢侯服,赐臣三品:州人、重人、庸人"(《集成》4241),郭沫若先生认为"州人、重人、庸人""殆渭水沿岸之部落民族"①,其以族释"人",当是;同例还有《大克鼎》铭:"赐汝井、微、匐人"(《集成》2836),其中"井、微、匐"郭沫若先生以为皆"国族名"②;或者径以某服称之,如《士山盘》铭:"王呼作册尹册命山曰:于入□侯,遂征都、荆、方服,眔大虘服,履服、六孳服。"(《新收》155),其中的都、荆、方是部族名③;另外金文中所言"司某夷"之"夷"也当是一个个的族群,如《詢簋》铭:"今余命汝啻司邑人、先虎臣后庸、西门夷、秦夷、京夷、㚔夷。"这里的诸夷当是非华夏而臣服于周王室的族群。而这些称姓、氏、宗、族、伯、人、夷的族群能够被赐分封,或成为官司的对象,或被指派职事,正是因为有"司商协民姓"的存在,各个家族被有效地控制,才成为统治者支配的对象。

其次,"司徒协旅"是目的。尽管持融合国家论的理论家认为国家的存在主要是为了调解社会矛盾、调节社会秩序与维护公众的利益,但冲突国家论者则更强调国家在维护统治者利益方面的功能④,这让国家成为统治者剥削、奴役被统治者的工具,而剥削与奴役在西周时期主要体现为"事"与"贡",赵世超先生认为这种"事"与"贡"的性质属于指定服役⑤,据卢中阳的总结,指定服役制度具有整体性、固定性、强制性与多样性、复杂性等特征⑥,其中整体性与固定性主要是针对指定服役制度由族群整体执役、世袭性的特征总结出来的。"司徒协旅"的本质特征在于司徒组织民众来为统治者服事,而具体的执役都是通过一个个家族整体来完成的,如《左传·定公四年》所提及的"殷民六族""殷民七族",其中索氏

---

① 郭沫若.两周金文辞大系考释[M]//郭沫若全集:考古编第8卷.北京:科学出版社,1982:39-40.

② 郭沫若.两周金文辞大系考释[M]//郭沫若全集:考古编第8卷.北京:科学出版社,1982:121-122.郭沫若释"微"为逯,今从《殷周金文集成释文》释作"微"。

③ 朱凤瀚.士山盘铭初释[J].中国历史文物,2002(1):4-7.黄锡全.士山盘铭别议[J].中国历史文物,2003(2):60-65.陈英杰.士山盘铭文再考[J].中国历史文物,2004(6):10-17.

④ 乔纳森·哈斯.史前国家的演进[M].罗林平,罗海刚,朱乐夫等,译.北京:求实出版社,1988:1-114.

⑤ 赵世超.指定服役制度略述[J].陕西师范大学学报,1999(3):5-10.按:指定服役制度是由徐中舒先生1955年率先提出的,后经唐嘉弘、赵世超、卢中阳几代学人的努力逐步完善;尽管指定服役制度提出较早,赵世超先生是第一次将"事"纳入指定服役制度的范围内。可参见:徐中舒.试论周代田制及其社会性质——并批判胡适井田辨观点和方法的错误[J].四川大学学报(哲社版),1955(2):51-90.徐中舒.论西周是封建制社会——兼论殷代社会性质[J].历史研究,1957(5):55-78.徐中舒.巴蜀文化续论[J].四川大学学报(哲社版),1960(1):75-117.徐中舒,唐嘉弘.论殷周的外服制——关于中国奴隶制和封建制分期的问题[M]//唐嘉弘.先秦史新探.开封:河南大学出版社,1988:230-238.卢中阳.商周指定服役制度研究[M].台北:花木兰文化出版社,2013.

⑥ 卢中阳.商周指定服役制度研究[M].台北:花木兰文化出版社,2013:9-15.

为绳索工;长勺氏、尾勺氏为酒器工;陶氏为陶工;施氏为旌旗工;繁氏为马缨工;锜氏为锉刀工或釜工;樊氏为篱笆工;终葵氏为锥工①,赵世超先生认为这些族群的名称即因为他们在"制造某种产品方面较有传统"、被长期指定"担负他们最擅长的劳作",久而久之,因固定的担任所擅长的劳役,竟被人们以此作为族名称呼他们了②。以族执役,在金文中也有大量的例证,如《明公簋》铭:"唯王令明公遣三族伐东国。"(《集成》4209)《班簋》铭:王"遣令曰:以乃族从服征。"(《集成》4341)《毛公鼎》铭:"以乃族干吾王身。"(《集成》2841)等。其中所见的"三族""乃族"从军、伐国、捍卫王身都是以族服具体役事的明证。民姓构成了服役的劳动力基础,而"司徒协旅"正反映了组织各个家族服役的内容,它是户政制度的核心目的所在。

最后,"司民协孤终""司寇协奸"是补充机制。司商对各个家族、族群的有效掌握,为"司徒协旅"提供了执役的人员来源,在具体事役分配下去的时候,各个家族、族群的成员在家族族长或首领的带领下进行服役,但并不是所有的家族成员都能成为具体的执役者,特别是对于农事、戎事这样具有高度劳动强度、对身体素质、年龄及专业技能要求较高的事类来说,更加需要强壮的青壮年来保证事役完成的质量和数量,文献将这些符合要求的人员称之为"壮之良"者③。因此,在保证了事役的人员来源和组织方式之后,就需要一个补充机制来对具体执役的人员质量进行评价,将不合要求的人员除外,而"司民协孤终""司寇协奸"正好充任了这一需求,上文笔者将"孤终"释为少弱、老耄之人即缘于此,只有将族众中的幼小与老弱的成员除去,才能相对保证具体服役的人员是"壮之良",故孔子在追述"周公之籍"的时候才说:"任力以夫,而议其老幼"④,孔子口中的"老幼"正是司民所协之"孤终"。即便除去了"老幼",剩下的族群成员也还不是最终的执役人员,还有一类人是要除外的,那就是"奸",按照上文笔者对"奸"的解释,"奸"指称的是"官师之所不材",主要包含疾患、残障和道德败坏者三种人,尽管对个别的残障、疾患人员安排了特别的事役,以尽量使用人力,如"戚施直镈,蘧蒢蒙璆,侏儒扶卢,蒙瞍修声,聋聩司火"等,但其他如"童昏、嚚瘖、僬侥"却始终是要除去的,其目的是为了确保具体执役人员的质量。

综合以上,四司所掌,其核心在于控制具体执役人员的来源、组织和质量,以

---

① 杨伯峻.春秋左传注[M].北京:中华书局,1981:1536-1538.
② 赵世超.指定服役制度略述[J].陕西师范大学学报,1999(3):5-10.
③ 韦昭,注.国语[M].上海:上海古籍出版社,2008:37.
④ 韦昭,注.国语[M].上海:上海古籍出版社,2008:101.

确保"百事"能够有效地完成,这是仲山父模式"人控制系统"的基本内容。

(二) 物控制系统

西周的剥削奴役形式主要是通过"事"和"贡"来实现的,通过人控制系统,仲山父模式保证了"事"能够有效地完成,但"贡"的实现则主要是通过物控制系统来完成的。"仲山父谏料民"章中牧、工、场、廪"四官"所掌就构成了一个完整的贡物的生产、仓储与出纳链条。

牧、工之生产。从上节疏证的内容来看,笔者倾向于牧、工都是泛称,指代牧、工所掌的一切职事。指定服役制度中,"事"具有具体性、多样性与复杂性的特征,因此,牧、工所掌就泛指"百物"之生产。

而场、廪所掌,前节疏证已经说得相当清楚,即负责仓储与出纳,是"出入、往来皆可知也"的基础。

这里仍要说明的是,尽管四官所掌属于"物控制系统",但"人控制系统"仍是其运作的基础。以牧、工为例:"牧",据裘锡圭先生考证,甲骨卜辞里所见的牧"是商王派驻在商都以外某地从事畜牧的职官",同时也"是率领着族人以及其他从属于他的人为商王服役的"①,这个解释既照顾到"牧"的具体职事,也照顾到"牧"是以家族属徒为基础的历史事实,可见"牧"的具体执行也是以家族、族群为单位的;"工"与牧的情况大致相同,《左传·桓公二年》提到"庶人工商,皆有分亲",比照前后文,"分亲"与诸侯之"家"、卿之"侧室"、大夫之"贰宗"、士之"隶子弟"并列而言,而"家""侧室""贰宗""隶子弟"为不同层次规模的家族成员的名称,由此类推,"工"之"分亲"就是"工"族之族众;《逸周书·程典解》云:"工不族居,不足以给官;族不乡别,不可以入惠。"按照古文文法,此处为双重否定,实际上说明的是"工"是"族居""以给官"的,而"族"又是与"乡"是一体的②,这种现象可以通过考古学家的发现来证明,周原齐家村同时发现了作坊遗址与墓葬,墓葬中出土了作坊生产的石玦、制石工具及原材料,而这些遗物不见于周原遗址的其他墓葬中,考古学者推断齐家村墓葬与作坊属于同一族群;在庄李发现了铸铜作坊和墓葬,墓葬中随葬有陶管,而其用途是铸铜的工具,而陶管又不见于同时的其他墓葬,考古学家推定庄李的铸铜作坊与墓葬也同属一个族群;而对墓葬人骨的鉴定来看,不同性别和年龄层的人同时共存,考古学家推断这些人同属一个家

---

① 裘锡圭.甲骨卜辞中所见的"田""牧""卫"等职官的研究——兼论"侯""甸""男""卫"等几种诸侯的起源[J].文史,1987(19):1-14.

② 黄怀信,张懋镕,田旭东.逸周书汇校集注·程典解(修订本卷2)[M].上海:上海古籍出版社,2007:174.

族,这就有力地支持了文献中工人族居的记载①。因此,笔者认为,四官负责的"物控制系统"不过是"人控制系统"的补充机制,是由服事的类别、多样性引起的限制而造成的,是"贡"的表现形式,其实质仍是通过对"族"的控制以实现奴役与剥削。

(三)"审之以事"系统

统治者需要的劳役与贡纳,通过仲山父模式的"人""物"二系统就能够有效地实现,但统治者仍旧不放心,在一些具体事类的执役中,君主和高级贵族会亲临现场,例如仲山父所举的籍田礼与大蒐礼,在这种场合,周王会亲自莅临参与祖先、神灵的祭典,而同时各家族长率领执役的族众也都会到场,通过对具体"事"的审查,王室贵族就能够对执役的人员情况有大致的了解,这就是"审之以事"系统,它构成了仲山父模式"人""物"控制系统之外的补充,成为"习民数"的重要运作机制。

综合以上分析,笔者认为,仲山父模式反映了一个完整的西周时期的人员控制系统,它以家族、族群为社会控制单元,以"事"与"贡"的奴役剥削为目的,通过四司、四官系统完成了对"人"与"物"的有效管控,从而实现了统治者对力役劳动力与所需物品的需求,更通过"事"以审之,掌握了具体服役的人口数量,从而实现了仲山父所谓的"少多、死生、出入、往来皆可知也"的目的,这也就能理解古者先王为何可以"不料民而知其少多"了。

三、仲山父模式的特征

仲山父模式是西周时期的户政制度,具有强烈的早期国家的时代特征,具体如下:

第一,集团性。英国著名的古代法史家亨利·梅因爵士曾经指出,在人类"社会的幼年时代","人们不是被视作一个个人而是始终被视为一个特定团体的成员","作为社会的单位的,不是个人,而是由真实的或拟制的血族关系结合起来的许多人的集团"②;马克思也指出:"我们越往前追溯历史,个人,从而也是进

---

① 种建荣.周原遗址齐家北墓葬分析[J].考古与文物,2007(6):31-36.雷兴山.论周原遗址西周时期手工业者的居与葬:兼谈特殊器物在聚落结构研究中的作用[J].华夏考古,2009(4):95-101.孙周勇.西周手工业者"百工"身份的考古学考察:以周原遗址齐家制玦作坊墓葬资料为核心[J].华夏考古,2010(3):118-133.

② 梅因.古代法[M].沈景一,译.北京:商务印书馆,1959:121.

行生产的个人,就越表现为不独立,从属于一个较大的整体;最初还是十分自然地在家庭和扩大成为氏族的家庭中;后来是在由氏族间的冲突和融合而产生的各种形式的公社中。"①英国社会学家甄克思在《政治史》(A history of politics,严复将其译作《社会通诠》)中将人类历史分为蛮夷社会、宗法社会与军国社会三个阶段,他指出宗法社会是以"家族为本位的"②。尽管社会学家、人类学家对社会早期共同体的形式演进序列还有争议,但他们都共同承认这一时期是以团体为本位的。团体为本位的社会,导致了社会统治方式也必然具有集团性的特征,这在大量的历史记载、民族学材料中都能得到体现。鄂伦春人在向清政府上缴贡纳时,是以"乌力楞"为单位的,它既是生产单位,也是消费单位,"乌力楞"是鄂伦春语,意思是"子孙们",其成员是一个父系亲族集团的子孙,通常由几十个"斜仁柱"(鄂伦春人的原始居室)构成③;四川凉山彝族利利土司统治下,是以"家支"为劳役承担单位的,而"家支"是指出自同一男性祖先,具有同一名称,以血缘关系纽带而结合形成的亲族集团④。西周户政制度下,司商所协"民姓"——不同规模的家族组织是社会的基本单位,这种家族组织或被称为"氏族""宗族",但都是一个个的共同体组织,是统治者征发劳役、收取贡纳的基本社会单位,具有团体性的特征。

第二,具体性。从前文所见,在以家族为基本单位的"事""贡"的摊派中,不同家族的所承担的"事"是不同的,从单襄公所追述的"周之秩官"、子产所记晋文公迎宾以及牧、工、场、廪、农事、戎事等的例证中,我们可以看到,西周统治者对家族的控制是以具体的"事"为中心来完成的,这是由早期国家商品经济极不发达,统治者所需的一切无不直接依赖劳役与贡纳而决定的,不同的家族执役以事上、纳贡以服上,故《逸周书·职方解》云:"制其职,各以其所能,制其贡,各以其所有。"⑤并且由于这种劳役、贡纳的摊派具有固定性和世袭性,从而让每个家族带上了"世职""世官"的特征,商周金文有大量的族徽铭文,有学者指出,其中的一些族徽符号可以反映出家族的职事,如"册"为世袭作册的家族、"宁"为以储藏

---

① 马克思.《政治经济学批判》导言[M]//马克思,恩格斯.马克思恩格斯选集:第2卷.北京:人民出版社,1995:2.
② 甄克思.社会通诠[M].严复,译.北京:商务印书馆,1981:64.
③ 《中国少数民族社会历史调查资料丛刊》修订编辑委员会内蒙古自治区编辑组.鄂伦春族社会历史调查1[M].北京:民族出版社,2099:124-128.《鄂伦春族简史》编写组编.鄂伦春族简史:修订本[M].北京:民族出版社,2008:27-33.
④ 《彝族简史》编写组.彝族简史[M].昆明:云南人民出版社,1987:140-141.何耀华.论凉山彝族的家支制度[J].中国社会科学,1981(2):205-220.
⑤ 黄怀信,张懋镕,田旭东.逸周书汇校集注:修订本[M].上海:上海古籍出版社,2007:994.

为世职的家族、"犬"为以狩猎为职事的家族等①,而正是因为这些家族固定、世袭担任某种职事,久之就以其为家族的标志了。《左传·隐公八年》传曰:"官有世功,则有官族"②,金文中这样的材料更多,诸如"更乃祖考司……""嗣乃祖考侯于……""更厥祖考""嗣乃祖䇂官……"之类的铭文常见,而所司之职却又非常具体,这正说明了早期以具体的事为中心,实现对家族控制的特征。

第三,间接性。家族是西周社会的基本单位,西周的户政制度还不能够对每一个具体的人身实行直接支配,下层民众对国家的隶属是通过其所在的家族间接实现的。在家族内部,家族长各"亲其亲",家族成员各"长其长",构成了一个个内部自治的社会组织。国家只能通过家族长才能实现对其族众的奴役与剥削,故《尚书·梓材》说,当时的社会统治是"以厥庶民暨厥臣达大家,以厥臣达王,惟邦君",这里有两层意思:第一层意思是说,对家族内部的"庶民"(家族成员)、"臣"(奴隶)的支配是要通过"大家"(家族长)才能达成的,故顾炎武追忆三代旧制说:"天下之宗子各治其族,以辅人君之治。"③可以作为最好的注脚;第二层意思是说,以臣的身份直接为王担负职事的只有邦君,而"邦君"正是"大家"一类的人物④。西周户政制度正是基于"率其宗氏""辑其分族""将其丑类"这样的层级控制体系⑤,以间接的方式实现了国家对民众的人身支配。西周晚期,宣王料民,其本质在于越过家族长从而实现对家族内部成员的直接控制,这必然会损害家族长的利益,削弱家族长的权力,从而遭到守旧贵族的反对,《诗经》中"人有民人,汝复夺之"的诗句⑥,大概就是在这一背景下守旧贵族对王室表达的不满与抗议。

第四,伦理性。对于族众来说,家族长是带有血缘关系的尊长,他负有"庇族"的义务和责任,但更为重要的是,族众服从家族长,"有事弟子服其劳"是基本原则。家族长支配族众是基于血缘家族内部的亲情伦理来实现的,"父父子子"成为构建等级关系的主要观念与现实来源,故《易·序卦》云:"有父子,然后有君臣"⑦,孔子也说"君君臣臣,父父子子"⑧,父系家族内部的父子代际、兄弟长幼关

---

① 卢中阳. 商周铜器族徽中所见家族职事研究[J]. 殷都学刊,2013(1):31-37.
② 春秋左传集解·隐公八年[M]. 上海:上海人民出版社,1977:47.
③ 顾炎武著,黄汝成集释. 日知录集释[M]. 上海:上海古籍出版社,2013:366.
④ 《尚书·梓材》,曾运乾以为原文语倒,当"以大家达厥庶民暨厥臣,以王达厥臣,惟邦君",见:曾运乾. 尚书正读[M]. 北京:中华书局,1964:192.
⑤ 春秋左传集解·定公四年[M]. 上海:上海人民出版社,1977:1620.
⑥ 毛诗正义·大雅·瞻卬[M]//阮元,校刻. 十三经注疏. 北京:中华书局,1980:577.
⑦ 周易正义·序卦[M]//阮元,校刻. 十三经注疏. 北京:中华书局,1980:96.
⑧ 朱熹注. 四书集注·论语集注·颜渊[M]. 南京:凤凰出版社,2005:146.

系成为上下尊卑关系的天然基础,族内非血缘性的奴隶或养子虽然与族内成员在身份上具有一定的差别,但也以"假子"的身份成为血缘家族的一分子。《诗·载芟》中的"侯主侯伯""侯亚侯旅""侯强侯以"就反映了西周时期一个从事农业的家族的内部结构,其中"主、伯"是家族长一类的人物,"亚""旅"是一般的族众,对于"强""以",毛《传》曰:"强,强力也,以,用也",郑《笺》云:"强,有余力者。以,谓闲民,今时佣赁也。《春秋》之义,能东西之曰以"①。西周时期个人皆隶属于家族之内,佣赁经济还未发生,郑玄以东汉时情状训解西周,不当,从"能东西之"推测,"强""以"可能就是西周时期的家内奴隶,他们在《诗经》中已经与家族长、一般族长相提并论了,可见关系亲密。家族内部支配的血缘伦理性,也同时表现在族间支配上。《书·吕刑》曰:"伯父、伯兄、仲叔、季弟、幼子、童孙,皆听朕言"②;《诗·大雅·皇矣》曰:"克明克类,克君克长"③;《左传·昭公二十六年》曰:"昔武王克殷,成王靖四方,康王息民,并建母弟,以屏藩周。"④;《昭公二十八年》曰:"昔武王克商,光有天下,其兄弟之国十五人,姬姓之国者四十人,皆举亲也。"⑤这些记载都反映了当时的社会结构内部存在着一种以血缘家族伦理构建族间关系的形式,正如赵世超先生所言:"古人不会预作政治设计,只能利用因系自然生成而最易得到普遍认可的族对臣服者进行编联。"即便无直接血缘关系的臣服族群,也使用"仿族"组织的形式将其纳入血缘亲属的关系之中而加以控制⑥。除了利用亲族关系,姻亲关系也被加以利用,"同姓不婚"是周礼的基本原则,《国语·周语中》富辰曰:"夫婚姻,福祸之阶也",列举周人历代先王与异姓通婚的事例,指出婚姻"皆能内利亲亲者也"⑦,故有学者指出,同姓不婚的主要目的是为了巩固政治同盟,此说甚是⑧。"重之以婚姻"⑨成为"亲亲"之外最重要的组织原则,国家内部的各个家族单元都成了"王之支子、母弟、甥舅"⑩。亲属关系不仅反映的是族与族之间、人与人之间的亲疏远近,而重要的是体现着彼此之间的权利与义务的分配,"服"成为血缘亲属的伦理要求,或者说只有服从才是符

---

① 毛诗正义·周颂·载芟[M]//阮元,校刻.十三经注疏.北京:中华书局,1980:601.
② 尚书正义·吕刑[M]//阮元,校刻.十三经注疏.北京:中华书局,1980:249.
③ 毛诗正义·大雅·皇矣[M]//阮元,校刻.十三经注疏.北京:中华书局,1980:520.
④ 春秋左传集解·昭公二十六年[M].上海:上海人民出版社,1977:1541.
⑤ 春秋左传集解·昭公二十八年[M].上海:上海人民出版社,1977:1566.
⑥ 赵世超.服与等级制度[J].陕西师范大学学报(哲社版),2014(2):130-136.
⑦ 韦昭,注.国语[M].上海:上海古籍出版社,2008:21-22.
⑧ 常金仓.周人同姓不婚为优生说辨[J].山西师大学报(哲社版),1996(4):67-70.
⑨ 韦昭,注.国语[M].上海:上海古籍出版社,2008:70.
⑩ 韦昭,注.国语[M].上海:上海古籍出版社,2008:239.

合当时伦理要求的。人类学家认为,早期人类社会主要是按照血缘亲属关系标准来组织社会群体的①;早期国家论者也认为,血缘亲属纽带在早期国家中具有重要作用②,西周时期的血缘亲属关系在统治方式中的重要作用正反映了人类学家、社会学家对于初民社会、早期国家认识的一般理论。

第五,强制性。尽管西周户政制度中,伦理性的血缘亲属关系具有重要的作用,但国家作为暴力机器,也同时具有强制性的一面。族内支配带有温情脉脉的面纱,但上下的尊卑关系已经非常严格,一般的家族成员已经与家内奴隶的身份相当。在《左传》《国语》中,妻妾子女称之为"孥",而家内奴隶则被称为"奴",虽然两者还不完全相同,但作为家族长的"隶子弟""分亲""亲昵"等,都已经沦落到"半臣"的地位了③,如果不服从家族长的支配,家族长可任意处置。族间支配也表现出强制性的特征,统治者要求臣服的家族"臣我宗多逊",如果出现"自不作典""不用我降尔命"的情况,则要"大罚殛之"④,而这正是国家权力支配强制性的体现了。

综合以上,西周的户政制度反映了早期国家的核心特征,以团体性的血缘家族为单元,以伦理性的血缘亲属关系为调节,以具体的事为中心,兼具有伦理性温情与国家权力强制的双重特征,它正反映了从前国家社会向成熟国家社会过渡环节的普遍特征。

结　　语

《国语》记载的"仲山父谏料民"章,反映了西周的户政制度,笔者将其称之为"仲山父模式"。该模式反映出西周户政制度还不存在"料民",《周礼》中"异其男女,岁登其死生"的现象在西周时期还未出现。仲山父模式主要是通过"人""物"的控制系统与"审之以事"系统来完成的:人控制系统以家族为户政控制单元,

---

① 这种说法的支持者很多,从古典人类学及社会学家梅因、摩尔根、恩格斯、甄克思到晚近的墨菲等人都持有这种说法。详细可参考:梅因.古代法[M].沈景一,译.北京:商务印书馆,1959.摩尔根.古代社会[M].杨东莼,马雍,马巨,译.北京:商务印书馆,1977.恩格斯.家庭私有制与国家的起源[M].北京:人民出版社,1999.甄克思.社会通诠[M].严复,译.北京:商务印书馆,1981.墨菲.文化与社会人类学引论[M].王卓君,吕迺基,译.北京:商务印书馆,2009:70.
② 克列逊,斯卡尔尼克.关于早期国家的各种学说和假说[M].杨玄塞,译//安德烈耶夫,等.古代世界的城邦.上海:华东师范大学出版社,2011:262-302.
③ 见《左传·襄公十一年》"半为臣若子弟",传文原义是"半为臣","若子弟",倒装则是"子弟若半臣"。另有学者认为此处"半"指数量上的一半,但从上下文来看,当指"臣"的程度。
④ 尚书正义[M]//阮元,核刻.十三经注疏.北京:中华书局,1980:220,229.

这是国家掌控劳动力的基础;以征召族众为王公贵族执役为内容,这是户口控制的目的,族内成员中的"孤老""奸"都不是最终执役人员,而被排除在外。物控制系统包含牧工生产、场的贮藏、廪的出纳三个环节,构成了贡纳流通的完整链条,物控制系统仍以人控制系统为基础,区别在于前者是提供劳动力,后者是提供劳动产品。"审之以事"系统在于保证人、物控制系统的有效运行,从而实现"少多、死生、出入、往来皆可知"的目的。三个系统相辅相成,共同构成了西周户政制度"不料民而知其少多"的原因。

仲山父模式的特征在于血缘家族是西周户政制度的基本单元,具有具体性、多样性、复杂性、固定性、世袭性的指定服役制度为主要剥削方式,在组织原则上具有强烈血缘伦理性特征,但同时由于国家的暴力性质而带有强制性特征,这种双重性恰恰反映了氏族部落社会向成熟国家社会过渡阶段的早期国家社会结构、国家形态的普遍特征。

(原载《史学月刊》2016年第4期;《人大复印资料·先秦秦汉史》2016年第3期全文转载。收入本书中,略有修正)

元丰时代的皇帝、官僚与百姓
——以"京东铁马、福建茶盐"为中心的讨论

张呈忠

> 张呈忠,1987年生,湖北随州人。2010年毕业于清华大学人文科学试验班,获历史学学士学位;2017年毕业于清华大学历史系,获中国史博士学位。2014年9月—2015年2月曾作为交换生于日本神奈川大学留学。2017年9月入职上海大学文学院,任历史系讲师。主要研究领域为宋辽金元史以及政治经济史、近代学术史。主讲课程有"中国史学史""中国古代史"等,参与"中国文明通论"课程建设。在《史学理论研究》《社会科学》《史林》《人文杂志》《中国农史》等刊物发表学术论文10余篇,其中多篇被《人大复印报刊资料·宋辽金元史》《中国宋史研究年鉴》等转载。

众所周知,新旧党争是北宋后期政治史的主题,支持新法的新党(以王安石为代表)和反对新法的旧党(以司马光为代表)之间展开了激烈的斗争。但是,新、旧党的对立并非是当时政治的全部内容,这对于深入理解神宗朝的政治有着非常重要的意义。

范祖禹(1041—1098)是旧党的重要人物,司马光修《资治通鉴》时最重要的助手。他在元祐八年(1093)称元丰宰辅蔡确、章惇为"小人",并说道:

> 元丰之末,吴居厚行铁冶之法于京东,王子京行茶法于福建,蹇周辅行盐法于江西……此诸路之民,皆愁苦嗟怨,比屋思乱。①

他认为吴居厚的京东铁冶之法、王子京的福建茶法、蹇周辅的江西盐法等是

---

① 范祖禹.范太史集:第26卷[M]//景印文渊阁四库全书:第1100册.台北:台湾商务印书馆,1986:301-302.

元丰末期危害民众最严重的几项政策。

章惇(1035—1105)是北宋晚期新党的核心人物,元丰三年(1080)任参知政事,元丰五年守门下侍郎,元丰末元祐初成为仅次于蔡确的新党二号人物。他维护新法的立场最为坚定,反对司马光也最为坚决①。但他在元祐元年(1086)二月曾言:

> 役法可以缓改,非如京东铁马、福建茶盐,不改一日则有一日之害也。②

章惇也认为元丰时期"京东铁马、福建茶盐"为害甚深,应当迫切革除,刻不容缓。

以范祖禹的政治立场而言,他对元丰时期若干政策的否定可以说是顺理成章,但以章惇的政治立场而言,他的这番言论是有些出人意料的。这至少可以说明,在当时新、旧两党除了对立的一面以外,还存在着一定程度的共识③。这种共识的一个突出表现就是都认为"京东铁马、福建茶盐"为害甚重。那么,所谓"京东铁马、福建茶盐"究竟是怎么回事? 其"害"又有着怎样的体现?

其实,"京东铁马、福建茶盐"所指涉范围甚广,至少包括吴居厚、霍翔等在京东榷铁、榷盐、铸钱、保马等一系列理财政策,蹇周辅、王子京等人在福建路的盐茶之法,以及蹇周辅在江南西路、荆湖南路推行的盐法等。在特定的时间和特定的范围之内,可以毫无疑问地说,吴居厚、霍翔、蹇周辅、王子京等人是当时公认的掊克之臣,他们的榷铁、保马以及茶盐之法等是当时公认的聚敛之策,京东、福建、江西、湖南等路成为当时公认的新法重灾区。而这种"共识"的特定政治背景,是一个有待揭示的问题④。关于"京东铁马、福建茶盐"的既有研究,主要集

---

① 汪天顺.章惇研究[D].保定:河北大学,2002:44-59.
② 陈瓘.宋忠肃陈了斋四明尊尧集:第5卷[M]//续修四库全书:第448册.上海:上海古籍出版社,2002:381.李焘.续资治通鉴长编·绍圣四年五月辛未[M].北京:中华书局,2004:11578-11579.邵伯温《闻见录》中载章惇与司马光廷争时说"保甲、保马一日不罢,有一日之害。"此说显然有误,李焘已作辨析,见:续资治通鉴长编·元祐元年二月丁亥[M].北京:中华书局,2004:8830.另参看:漆侠.王安石变法(增订版)[M].石家庄:河北人民出版社,2001:215.
③ 参见:方诚峰.北宋晚期的政治体制与政治文化[M].北京:北京大学出版社,2015:2-3.
④ 漆侠最早涉及这一问题,他认为在1076年王安石第二次罢相之后,变法改革动向在宋神宗主持下发生变化。见:漆侠.王安石变法[M].上海:上海人民出版社,1959:196-197.仲伟民大体沿袭这一观点,见:仲伟民.宋神宗[M].长春:吉林文史出版社,1997:205-206.吴泰认为从熙宁到元丰变法并没有转变方向或者"逆转",但未涉及对"京东铁马、福建茶盐"的讨论。见:吴泰.熙宁、元丰新法散论[J].宋辽金史论丛,1985(1).

中在部门或专题经济史之中①。最近有学者从新、旧党的角度对"转运使的模范"吴居厚和鲜于侁进行了较为深入的比较分析,并由此对当时中央和地方的关系进行了探讨。②但是对于"京东铁马、福建茶盐"的时代大背景,特别是对元丰末新、旧党的"共识"问题,仍然缺乏深入的探讨。其中最大的一个误解即在于将吴居厚、蹇周辅等人在元丰末元祐初的遭遇简单地看作是旧党对新党的打击报复。元丰时代的基本面貌也因此而扭曲。本文将详细考察吴居厚、蹇周辅等人的理财政策和他们在元丰末元祐初的遭遇,并从中管窥元丰时代皇帝、官僚和百姓三者的利害关系。

一、"京东铁马"——吴居厚的京东之政

吴居厚(1038—1114)③,字敦老,豫章(今江西南昌)人,嘉祐八年(1063)进士及第后"调潭州攸县主簿。见谓习事,守燕度器之,表置幕府。推行常平新书,有精识,课最卓异"④。常平新书即指青苗法,当时吴居厚在知州燕度幕下任武安节度推官⑤,在政绩考核中最为优秀,超出常人。

开梅山是熙宁新政中的一件大事。熙宁五年(1072)时任检正中书户房公事的章惇察访荆湖而负责其事。吴居厚表现得非常卖力,与同僚"分行山岩箐竹间,区处其生熟獠,有犷悍拒命者,面告以王师诛逆抚顺之意"⑥,还"尽力核闲

---

① 与"京东铁马"有关的研究有:陈振.略论保马法的演变——兼评马端临对保马法的误解及影响[J].中州学刊,1980(1).古林森广.北宋京東路の榷鉄法[M]//宋代産業経済史研究.东京:国书刊行会,1987:261-300.漆侠.宋代经济史(下)[M].上海:上海人民出版社,1988:581.魏天安.宋代监牧制度及其兴衰[J].中国社会经济史研究,2010(4).与"福建茶盐"有关的研究有:史继刚.蹇周辅盐法述略[J].盐业史研究,1989(3).郭正忠.宋代盐业经济史[M].北京:人民出版社,1990:780-791.古林森广.中国宋代の社会と経済[M].东京:国书刊行会,1995:231-232.黄纯艳.宋代茶法研究[M].昆明:云南大学出版社,2002:157.黄国信.弭"盗"、党争与北宋虔州盐政[J].史林,2006(2).
② 小林隆道.宋代転運使の"模範"——北宋後期から南宋における中央と地方[M]//宋代中国の统治と文书.东京:汲古书院,2013:445-481.
③ 吴居厚传记见:葛胜仲.丹阳集·枢密吴公墓志铭[M]//曾枣庄,刘琳,主编.全宋文:第143册.上海:上海辞书出版社;合肥:安徽教育出版社,2006:61-66.王称.东都事略·吴居厚传[M].济南:齐鲁书社,2000:834-835.脱脱,等.宋史·吴居厚传[M].北京:中华书局,1977:10921-10922.《东都事略》和《宋史》均谓其享年七十九,且《宋史》称其政和三年卒。然《枢密吴公墓志铭》明确记载其政和三年拜武康军节度使、知洪州,一年之后的七月辛巳日卒,享年七十有七,并且《墓志铭》中提到吴居厚"大观初年臻七十",可见其享年当以《墓志铭》为是。
④ 葛胜仲.丹阳集·枢密吴公墓志铭[M]//曾枣庄,刘琳,主编.全宋文:第143册.上海:上海辞书出版社;合肥:安徽教育出版社,2006:62.
⑤ 陈田夫.南岳总胜集[M].南京:江苏古籍出版社,1988:61.
⑥ 苏颂.苏魏公文集·朝奉大夫提点广西刑狱公事胡公墓志铭[M].北京:中华书局,1988:917.

田,以均给梅山徭"①,对无主闲田进行丈量并平均分配给新附徭民。开梅山成功之后吴居厚以功劳"改大理寺丞,论者犹以为不侔功,遂迁殿中丞"②。

此后吴居厚历知安州景陵、开封咸平二县。熙宁八年(1075)八月司农寺奏称咸平等县推行簿法(即吕惠卿的手实法)非常出色,知县吴居厚因此被选为勾当公事指导诸县推行此法③。不久吴居厚擢升司农寺主簿,又迁司农寺丞,"召对,神宗奇其材",遂任命他权提举河北西路常平等事,主管一路新法事务,在提举常平任上,"增损役法五十一条","顷之入觐,奏事殿中,神宗面谕以究心职事,不孤寄属,赐朱衣、银鱼"④。

在新政开始后的十来年时间里,吴居厚每一次仕途上的升迁都与他推行新法的功劳有关,可以说他是地方新法官僚中人才的典型。他不仅得到章惇等新法干将的重用,还得到神宗的赏识。元丰三年六月,吴居厚离开河北西路,开始担任权京东路转运判官⑤。从此开始了他将近五年之久的京东之政。

吴居厚初到京东之时,李察为权发遣转运副使,其前任转运使刘攽罢为知兖州。刘攽为司马光修《资治通鉴》的另一重要助手,而李察是一位资深的新法官僚。元丰五年六月吴居厚接替李察权发遣转运副使,1年3个月之后,即元丰六年九月他由权发遣京东路转运副使升任天章阁待制、京东路都转运使。在京东路仅仅3年多的时间,吴居厚不仅成了主导一方财计的地方大员,且还是前途无量的侍从之臣,这和他在京东路的诸项理财之政有着密切关系。以下分述之。

(一) 盐法

吴居厚在京东的第一项理财成就是在盐法上。自宋初以来,河北与京东的海盐区盐法相对于其他路分自由通商色彩较为明显⑥。熙宁八年六月,权发遣三司使章惇认为,"河北、京东盐院失陷官钱甚多。诸路榷盐,独河北、京东不榷,官失岁课,其数不赀",主张对京东、河北实施榷盐⑦。但是这一主张在当时争议颇大,苏轼、文彦博等坚决反对,章惇的建议被搁置,但新党之中榷河北、京东盐

---

① 脱脱,等.宋史·吴居厚传[M].北京:中华书局,1977:10921.
② 葛胜仲.丹阳集·枢密吴公墓志铭[M]//曾枣庄,刘琳,主编.全宋文:第143册.上海:上海辞书出版社;合肥:安徽教育出版社,2006:62.
③ 李焘.续资治通鉴长编·熙宁八年八月癸丑[M].北京:中华书局,2004:6554-6555.
④ 脱脱,等.宋史·吴居厚传[M].北京:中华书局,1977:10921;葛胜仲.丹阳集·枢密吴公墓志铭[M]//曾枣庄,刘琳,主编.全宋文:第143册.上海:上海辞书出版社;合肥:安徽教育出版社,2006:63.
⑤ 李焘.续资治通鉴长编·元丰三年六月癸卯[M].北京:中华书局,2004:7421.
⑥ 郭正忠主编.中国盐业史:古代编[M].北京:人民出版社,1997:354,358.
⑦ 李焘.续资治通鉴长编·熙宁八年六月戊申[M].北京:中华书局,2004:6490.

的主张从未停歇,并在元丰年间越来越盛①。最终在李察任转运副使时得以推行。

元丰三年六月,李察始建言改革京东路盐法,他在行海盐的12州置买盐场,"尽灶户所煮盐,官自卖之,重禁私为市"②。此举切断了灶户和商人之间的直接联系,官府设置买卖盐场,从灶户那里买盐,再将盐卖给商人。这一买一卖之间获得的收入称之为盐息钱。苏轼曾就登州、莱州这两个产盐地的情形说榷盐后"官买价钱,比之灶户卖与百姓,三不及一"③。官府压低了收购价,抬高出售价,以剪刀差来获得"息钱",还可以从商人的运输、住卖活动中取得盐税钱④。李察所行盐法年收钱27.3万缗,其中息钱接近一半,大概在13万缗左右⑤。

吴居厚不仅继承了李察的榷盐法,且青出于蓝而胜于蓝。元丰六年二月京东转运司上奏说自行新法一年半共收息钱36万缗⑥。则一年的盐息钱在24万缗左右,远远超过了李察。在增加盐息钱的同时,吴居厚主张追缴过去20年所欠负的盐税钱⑦,此举足见其魄力。他还奏请将提举京东路盐税司归入转运司成为盐税案,即成为转运司的下属机构,又设立青州等12处监盐官,其官员皆由转运司选差⑧。这些举措旨在增强转运司对盐税的管理权,得到神宗的大力支持。

最初神宗对吴居厚卖盐得36万缗一事并不完全相信,担心他"多立虚数","欲验其实",令他将所得36万缗运到北京左藏库封桩⑨。1个月后神宗确认此事属实,非常满意地称赞吴居厚"谨于营职,敏而有功"⑩。京东榷盐的成功促使争议较大的河北榷盐问题变得毫无悬念。六月,神宗下诏"令蹇周辅、李南公于界首约吴居厚面授京东成法行之"。⑪ 京东路新盐法已经成为"成法",作为经验进行推广。十月,权发遣河北路转运副使李南公专提举盐事,张适为转运判官、同提举。⑫ 河北的榷盐法也完全确立起来。

吴居厚的第一笔盐息钱运至北京左藏库封桩,其后的盐息钱则多用于对口

---

① 河原由郎.北宋时期河北路盐政之考察[J].盐业史研究,1993(1):20.
② 李焘.续资治通鉴长编·元丰三年六月丙辰[M].北京:中华书局,2004:7430.
③ 苏轼.苏轼文集·乞罢登莱榷盐状[M].北京:中华书局,1986:767.
④ 郭正忠.宋代盐业经济史[M].北京:人民出版社,1990:551.
⑤⑥ 李焘.续资治通鉴长编·元丰三年六月丙辰[M].北京:中华书局,2004:7430.
⑦ 李焘.续资治通鉴长编·元丰六年三月壬午[M].北京:中华书局,2004:8033.
⑧ 参见:郭正忠.宋代盐业经济史[M].北京:人民出版社,1990:327.
⑨ 李焘.续资治通鉴长编·元丰六年五月丙子[M].北京:中华书局,2004:8062.
⑩ 李焘.续资治通鉴长编·元丰六年六月辛酉[M].北京:中华书局,2004:8084.
⑪ 李焘.续资治通鉴长编·元丰六年六月己未[M].北京:中华书局,2004:8083.
⑫ 李焘.续资治通鉴长编·元丰六年十月甲戌[M].北京:中华书局,2004:8178.

应付河东保甲司诸项事宜。六年九月四日,河东路保甲司买马需要17万余缗,神宗让吴居厚应办此事①。十月十一日,吴居厚就以"上批"获赐奖谕敕书,因为他"不逾两月,已能了办,其夙夜赴公之勤,深可嘉奖"②。十二月十三日,神宗又下达新任务,让吴居厚"于京东新法盐钱内岁赐十五万缗,豫买紬绢送泽州,助保甲司给赏,自今年下半年为始"③。元丰七年四月,吴居厚上奏说已经从去年收息钱内以7.3万缗给河东保甲司赏赐支用。④ 任务已完成近一半。十一月,吴居厚上奏说在元丰七年已经用15余万缗的盐息钱买到绢13.666万匹交付给泽州保甲司,"欲乞今后每年酌中认绢一十三万匹为额,以盐息钱从本司计置,及依已得朝旨兑到转运、提刑、提举司管诸般绢帛,展限一月到泽州,余并依元降指挥"。神宗除了对展限一月的请求不予批准以外,其余依其所奏⑤。在元丰六年、七年这两年里,吴居厚向河东输入32万余缗,都是源自盐息钱。

(二) 榷铁与铸钱

吴居厚京东榷铁事在当时影响甚大。元丰六年九月他上奏说徐州利国监、兖州莱芜监每年用课铁的方式官府所得甚少,远不能满足京东各地都作院、小作院的数量要求,因此他主张将徐州利国监、兖州莱芜监按照邢、磁二州例,"官自鼓铸"⑥。都作院、小作院是制造军器和各类军需物资的官营手工业作坊,虽然在庆历年间已开始设置,但到熙宁六年(1073)才开始在全国推广,其建议者是王安石之子王雱,中央设置了军器监,地方设置都作院、小作院,都作院管理权属提刑司⑦。元丰五年十二月,朝廷诏诸路监司兼提举都作院,其中京东西路以转运判官吕孝廉提举⑧。京东路都作院的事宜开始由转运司负责,吴居厚遂提出官营铸铁。但除了供应军器生产以外,两大铁监的铁产品均由官府支配,"官榷其铁,且造器用,以鬻于民"⑨。据曾布言,他曾亲见吴居厚因卖铁器而张挂的榜文告示,"道中比比有之"⑩。有更详细记载说:"吴居厚在京西(当作"京东"),括民

---

① 李焘.续资治通鉴长编·元丰六年九月丙午[M].北京:中华书局,2004:8161.
② 李焘.续资治通鉴长编·元丰六年十月癸未[M].北京:中华书局,2004:8183.
③ 李焘.续资治通鉴长编·元丰六年十二月癸未[M].北京:中华书局,2004:8210.
④ 李焘.续资治通鉴长编·元丰七年四月丁丑[M].北京:中华书局,2004:8272.
⑤ 李焘.续资治通鉴长编·元丰七年十一月丁巳[M].北京:中华书局,2004:8388.
⑥ 李焘.续资治通鉴长编·元丰六年九月丁卯[M].北京:中华书局,2004:8172.
⑦ 参见:王菱菱.宋代都作院设置考[J].中国经济史研究,2007(3):124-131. 王菱菱.宋代都作院的管理与生产[M]//刘秋根,马德斌,主编.中国工商业、金融史的传统与变迁.保定:河北大学出版社,2009:244-245.
⑧ 李焘.续资治通鉴长编·元丰五年十二月壬戌[M].北京:中华书局,2004:7987.
⑨ 马端临.文献通考·征榷考五[M].北京:中华书局,2011:524.
⑩ 李焘.续资治通鉴长编·绍圣四年十一月癸丑[M].北京:中华书局,2004:11694.

买镬,官司铸许多镬,令民四口买一,五口则买二。"①这种强制配卖政策正是激起后来诸多议论的主要原因。

铸钱一事影响也不小。京东路为铜钱区,不使用铁钱。元丰六年三月吴居厚设置宝丰监,岁铸铜币30万缗②。后来他又铸铁钱以供应陕西。六年九月,时任陕西转运副使范纯粹向朝廷请求"于军须钱内拨现钱二十万贯"③,七年正月他又说"尚有四十四万余贯不足年计"④。七年三月,神宗因陕西军需浩大,诏付范纯粹:"近擘画令于京东徐州铸到折二大钱二十万缗,计为四十万贯之用,欲岁运致往陕府下卸,以佐经费。未知有无钱币轻多之弊,可速具奏。"范纯粹提了三条反对意见:一是耗费脚钱过多,运费甚高;二是徐州铁性未必适合铸钱;三是在陕西近里招纳商贾比从徐州运钱要省便得多⑤。但他的反对未起作用。吴居厚说徐州利国监铁柔良堪用,请求置宝丰下监,每岁除供给公使外,铸折二钱二十万缗,并设计了具体的运输路线和运输方式,积极响应神宗的计划,担保可以完成任务⑥。

(三) 酒法

元丰六年九月,吴居厚上奏称:"本路元丰三年秋季至今上半年终,酒税课利比元丰二年前官任内祖额增百七十五万九千余缗。其前官任内二年酒税,比祖额亏二十一万缗。"⑦酒税巨额增加也是吴居厚在理财上的一项重要政绩。

(四) 马政

"京东铁马"中的马政,即元丰七年的保马法,主要出自霍翔的建议,但与吴居厚也有很大的关系。

霍翔也是一位理财能力突出的新法官僚,屡有课利之功⑧。他向神宗上奏称京东诸州适合民间养马,如果能够免去百姓所想免除的10项负担(支移、折变、春夫、贼盗敷出赏钱、保正、保副、大小保长、催税甲头、保丁巡宿10事),则百姓自然愿意养马,并且声称当时愿养马者甚多。神宗将此奏批送吴居厚相度⑨。

---

① 黎靖德,编.朱子语类:第127卷[M].北京:中华书局,1986:3046.
② 李焘.续资治通鉴长编·元丰六年三月丙子[M].北京:中华书局,2004:8030.
③ 李焘.续资治通鉴长编·元丰六年九月己酉[M].北京:中华书局,2004:8163.
④ 李焘.续资治通鉴长编·元丰七年正月丁未[M].北京:中华书局,2004:8221.
⑤ 李焘.续资治通鉴长编·元丰七年三月癸丑[M].北京:中华书局,2004:8258.
⑥ 李焘.续资治通鉴长编·元丰七年四月甲午[M].北京:中华书局,2004:8281.
⑦ 李焘.续资治通鉴长编·元丰六年九月戊申[M].北京:中华书局,2004:8161.
⑧ 李焘.续资治通鉴长编·元丰三年九月壬申[M].北京:中华书局,2004:7482.
⑨ 李焘.续资治通鉴长编·元丰七年二月丁丑[M].北京:中华书局,2004:8238.

吴居厚将免十事改为免七事，支移、保正、保副三者不可免，其余则支持霍翔的建议①。元丰七年二月八日神宗下诏："京东、西路保甲免教阅，每都保养马五十匹，每匹给价钱十千，京东限十年，京西十五年数足。"②十二日，霍翔提举京东路保马，吕公雅管勾京西路保马③。十三日下诏让吴居厚等人赴阙，与霍翔、吕公雅等会同六房舍人议定保马法④。三月霍翔、吕公雅二人并兼两路保甲⑤。

京东西保马法推行之后，霍翔和吕公雅之间展开了养马竞赛，一方面尽量扩大养马数量，另一方面尽力缩短养马年限，都努力提前超额完成任务，"奉行之吏，务为苛峻，于是数之少者增之，期之宽者促之"⑥。如霍翔请求将京东路数州的养马年限从最初的十年降到五年或七年，吕公雅提议将原来规定的十五年限减为七年⑦。霍翔在元丰七年七月称本路已买保马 11 000 匹，而且声称淄州淄川、登州蓬莱等县有弓手愿养保马，几天后又建言"弓手愿养保马，每县不限人数，每名各养一匹"。吕公雅称"新令施行，人率乐从，不闻畏恐"，并且说养马任务"八年可足"，只有偏僻之地可以宽限为十年⑧。竞进之势，由此可见。

以上是吴居厚以及吕孝廉、霍翔、吕公雅等在京东之政最为显著的几个方面，吴居厚发挥着主导性的作用。他在理财上最主要的特点是扩大垄断和增强征敛，统制色彩鲜明。他的墓志铭中写道："公在东土累年，处画精审，豪商右姓不得扰开阖之柄，而利归公上，坐收缗钱数百万，赡一路，且输其赢以实中都。"⑨

因为在京东路理财有功，吴居厚多次受到神宗和朝廷的嘉奖。元丰五年五月，宋神宗对辅臣说及用人问题时特别提到吴居厚："若吴居厚使京东，治财数百万，设有失陷官钱二三千缗，其功自可除过……然有司议罪自当守官，诛宥则系主断，如此则用人之道无难矣。"⑩这不仅仅是肯定吴居厚的功劳，也表明对吴居厚这样的善于理财的官员，纵然有过失，处罚权只限于皇帝本人。这实际是给予了吴居厚特殊的权力与特别的保护。六月，吴居厚升任权发遣转运副使。六年

---

①② 李焘.续资治通鉴长编·元丰七年二月丁丑[M].北京：中华书局，2004：8238.
③ 李焘.续资治通鉴长编·元丰七年二月辛巳[M].北京：中华书局，2004：8242.
④ 李焘.续资治通鉴长编·元丰七年二月壬午[M].北京：中华书局，2004：8243.
⑤ 李焘.续资治通鉴长编·元丰七年三月癸丑[M].北京：中华书局，2004：8258.
⑥ 马端临.文献通考·兵考十二[M].北京：中华书局，2011：4787.
⑦ 李焘.续资治通鉴长编·元丰七年五月辛酉；续资治通鉴长编·元丰七年六月庚辰[M].北京：中华书局，2004：8290，8309.
⑧ 李焘.续资治通鉴长编·元丰七年七月庚申[M].北京：中华书局，2004：8334-8335.
⑨ 葛胜仲.丹阳集·枢密吴公墓志铭[M]//曾枣庄，刘琳，主编.全宋文：第143册.上海：上海辞书出版社；合肥：安徽教育出版社，2006：63.
⑩ 李焘.续资治通鉴长编·元丰五年五月甲午[M].北京：中华书局，2004：7850.

三月一日,李察和吴居厚因为措置盐事有劳各迁一官①。十日又诏赐紫章服②。六月十七日诏降敕奖谕③。九月六日上批:

> 居厚将命一道,不辱使指,无黩乎上,不扰乎下,不喧于闻,而于二三年间坐致财用数百万计,前日县官窘迫,一朝变为宽纾。经费之外,又能应缓急之求。内外理财之臣,未有出其右者。三省可议赏典。④

吴居厚遂由权发遣京东路转运副使为天章阁待制、京东都转运使。神宗给予了吴居厚理财之臣第一的赞誉,将其从权发遣转运副使直接升任都转运使,其间越过了落发遣、落权而直接加待制为侍从并为都漕,可谓连升三级。十月上批嘉奖吴居厚"夙夜赴公之勤",赐奖谕敕书⑤。七年三月神宗又有诏说吴居厚"修举职事,致财用登饶,又未尝创有更革,止用朝廷旧令,必是推行自有检察勾考法度。宜令户部左曹下本官具事曲折,从本曹删修,下诸路遵行,庶课入继有登办者"⑥。这最典型地体现了神宗以吴居厚为诸路监司之模范。四月吴居厚请建宝丰下监之后,神宗称赞说:"居京东而恤他路,干国器也。"⑦

当吴居厚被大加褒奖之时,也有不少人作为反面教材而被黜责:元丰六年正月权京西路转运使向宗旦、权判官唐义问因"不能经营财利"而冲替⑧;九月神宗下诏说前京东路转运使刘奂"任内不能修举职事,致经用匮乏,屡烦朝廷应副。今吴居厚经画财赋约数百万,不惟本路充足,兼有羡余应副朝廷。刘奂不职罪状甚明,可落集贤校理,降授朝请郎,增差监衡州盐仓"⑨。刘奂之贬黜与吴居厚之升擢形成了鲜明的对比。

对吴居厚的褒奖,见之于神宗本人的言语,还几次以"上批"的形式呈现,很大程度上可以说是神宗个人的意志⑩。因此,吴居厚和宋神宗之间的关系,不仅仅是中央(朝廷)和地方(监司)的关系,还是一种特别的君臣关系。宋神宗对吴

---

① 李焘.续资治通鉴长编·元丰六年三月丙子[M].北京:中华书局,2004:8030.
② 李焘.续资治通鉴长编·元丰六年三月乙酉[M].北京:中华书局,2004:8033.
③ 李焘.续资治通鉴长编·元丰六年六月辛酉[M].北京:中华书局,2004:8084.
④ 李焘.续资治通鉴长编·元丰六年九月戊申[M].北京:中华书局,2004:8161.
⑤ 李焘.续资治通鉴长编·元丰六年十月癸未[M].北京:中华书局,2004:8183.
⑥ 李焘.续资治通鉴长编·元丰七年三月丁未[M].北京:中华书局,2004:8255.
⑦ 葛胜仲.丹阳集·枢密吴公墓志铭[M]//曾枣庄,刘琳,主编.全宋文:第143册.上海:上海辞书出版社;合肥:安徽教育出版社,2006:63.
⑧ 李焘.续资治通鉴长编·元丰六年正月辛丑[M].北京:中华书局,2004:8006.
⑨ 李焘.续资治通鉴长编·元丰六年九月戊辰[M].北京:中华书局,2004:8172.
⑩ 参见:周佳.北宋中央日常政务运行研究[M].北京:中华书局,2015:409.

居厚的嘉奖、对刘攽等人的黜落,表明他对经营财利的极度重视,展现出一种纯粹的以利益为核心的君臣关系。

元丰六年正月,御史王桓等奏称前知沂州董扬休"指说京东路转运判官吴居厚、提举常平等事彭持不公事,乞根治",但一纸诏书表明神宗对此事的态度:"扬休本京东监司,案发冲替,其说事又非干己,可勿治。"①在言官中,对吴居厚不满者并非个别,比如陈次升任知安丘县时,吴居厚"檄尉罔征税于远郊,得农家败絮,捕送县,次升纵遣之。居厚怒,将被以文法,会御史中丞黄履荐,为监察御史"②。但在神宗朝未见言官对吴居厚的直接弹劾。这和神宗对吴居厚的特殊关照有密切关系。

吴居厚屡受神宗褒奖,在他的治下京东民众的生活境遇是怎样的呢?刘安世曾讲过一事:

> 温公(即司马光)当揆路日,盖知后必有反覆之祸,然仁人君子,如救焚拯溺,何暇论异日事。元丰之末,京东剧寇欲取掊克吏吴居厚投之铸冶中,赖居厚觉蚤,间道遁去。不然贼杀一转运使,从官得晏然而已乎。③

这个故事出自《刘先生谈(谭)录》,乃是政和二年(1112)刘安世居于应天府时韩瓘记其所谈整理而成④。刘安世是出自司马光门下且有"殿上虎"之称的著名谏官,元祐初他指斥章惇、蔡确、黄履、邢恕说"天下之人指为'四凶'"⑤。他讲吴居厚之事意在说明司马光在元丰末元祐初所为其目的是将民众从水深火热中拯救出来。因为刘安世政治立场鲜明,所以研究者对这个褒贬色彩浓厚的故事的真实性持审慎态度⑥。但尚不能武断地说此事就是虚构的。

绍圣四年(1094)曾布在反对吴居厚任户部尚书时曾说:"元丰中,先帝欲按阅河北保甲,患用度不足,居厚即献绢三十二万……居厚之所经营,如民间禁补修旧铁器,一一要从官买,其他掊敛细碎,大约类此。"他还说:"居厚京东之事,人人共知,恐不虚。如铁器事,尝为优人所玩,安可谓无?兼章惇元丰末章疏曾论

---

① 李焘. 续资治通鉴长编·元丰六年正月乙巳[M]. 北京:中华书局,2004:8009.
② 脱脱,等. 宋史·陈次升传[M]. 北京:中华书局,1977:10969.
③ 佚名. 诸儒鸣道·刘先生谭录[M]. 济南:山东友谊出版社,1992:1152-1153.
④ 陈振孙. 直斋书录解题:第9卷[M]. 上海:上海古籍出版社,1987:279.
⑤ 脱脱,等. 宋史·刘安世传[M]. 北京:中华书局,1977:10952.
⑥ 小林隆道. 宋代転運使の"模範"——北宋後期から南宋における中央と地方[M]//宋代中国の統治と文書. 东京:汲古书院,2013:433.

居厚云:'京东之人恨不食其肉。'此语莫不虚否?"①"铁器事"即京东配卖铁器之事,成为优人讽刺的对象,章惇奏疏中说"京东之人恨不食其肉",这句话可以与开头所引章惇对"京东铁马"的批评相印证。御史蔡蹈也说在吴居厚在京东"牟利殃民,众所备闻","征利苛急,惟务羡余,以赴功赏,而创置铁冶等非义取民,一方愁怨,声动朝野"②。作为绍圣时期的言官,蔡蹈也是持新党的立场。此外,沈括也说京东实行榷盐法之后,"齐、鲁之间大骚"③。

章惇、曾布、蔡蹈、沈括都是持新党立场,但他们都指出吴居厚在元丰时期祸害一方,民怨极大。因此,吴居厚在京东激起民愤不仅仅是旧党的看法,新党大臣对吴居厚的批判态度完全不亚于旧党。由此可以理解神宗驾崩之后的一系列政局变动。

元丰八年四月八日,即神宗驾崩后一个月零三天,吴居厚"以言者论其苛刻"被降知庐州④。他是神宗驾崩后第一个被降职的地方大员,此时司马光、吕公著尚未还朝,蔡确、章惇犹大权在握。四月十二日,范纯粹从陕西调往京东任转运使⑤。据他所陈,吴居厚所设立的钱监并不成功,铸铁钱的宝丰下监"未及一年,已支用过官钱八万九千八百八十余贯,而搬运至陕西脚乘糜费,又不在此数"⑥,铸铜钱的宝丰监"阙铜而官吏糜廪给"⑦。五月,吴居厚和吕孝廉一并受审⑧。十月,吴居厚以"违法掊刻,以希进用"的罪名责授成州团练副使,黄州安置;吕孝廉添差监彬州茶盐酒税⑨。其中吴居厚责授制书中说他"伤财蠹民,不可胜数",历数其罪过,痛斥"人之无良,乃至于是"⑩。与元丰六年九月神宗的上批对照来看,真可谓是判若云泥。当时"盖初行遣熙、丰人,除吴居厚,余人皆未尝便散官安置"⑪。他所受的处罚是最重的。

八年四月二十一日,权河北路转运判官张适通判莱州⑫。这是因为他在河

---

① 李焘.续资治通鉴长编·绍圣四年五月[M].北京:中华书局,2004:11580.
② 李焘.续资治通鉴长编·绍圣四年五月[M].北京:中华书局,2004:11584.
③ 李焘.续资治通鉴长编·熙宁八年六月戊申条注引[M].北京:中华书局,2004:6491.
④ 李焘.续资治通鉴长编·元丰八年四月辛未[M].北京:中华书局,2004:8470.
⑤ 李焘.续资治通鉴长编·元丰八年四月乙亥[M].北京:中华书局,2004:8475.
⑥ 李焘.续资治通鉴长编·元丰八年五月[M].北京:中华书局,2004:8525.
⑦ 李焘.续资治通鉴长编·元丰八年十月甲戌[M].北京:中华书局,2004:8606.
⑧ 李焘.续资治通鉴长编·元丰八年五月甲辰[M].北京:中华书局,2004:8516.
⑨ 李焘.续资治通鉴长编·元丰元年十月丁丑[M].北京:中华书局,2004:8608.
⑩ 佚名.宋大诏令集·吴居厚责成州团练副使黄州安置制[M].北京:中华书局,1962:772.
⑪ 李焘.续资治通鉴长编·元丰八年五月戊午条注引[M].北京:中华书局,2004:8525.
⑫ 李焘.续资治通鉴长编·元丰八年四月甲申[M].北京:中华书局,2004:8480.

北榷盐中表现过于积极。五月八日,霍翔知密州,吕公雅知濠州①。这和当时"言新法之不便者,以保马为急"②有关。元祐元年闰二月三省奏称:"霍翔、吕公雅提举保马不循诏旨,至减朝廷元立年限之半,督责收买,急图已功,两路骚然,民力困弊。昨来虽各移任,然其欺罔害民之罪,未加黜责,无以惩沮。"其后霍翔差管勾太平观,吕公雅添差监舒州盐酒税务③。与京东铁马相关的监司都受到了处分。

以上为"京东铁马"之始末,共涉及三路监司五人。对他们的贬黜是在神宗驾崩后而蔡确、章惇仍掌权时开始进行的。这绝不能简单地说成是旧党对新党的迫害。绍圣四年蔡蹈论吴居厚时说:"在元丰末年,左右大臣已尝论奏其恶而责守庐州矣,其大臣及同时被遇先帝之人,莫非公心以救正朝廷法度,以此见居厚非本无过者。"④这是在新党立场上对吴居厚元丰末遭贬降的明确说明。

二、"福建茶盐"——蹇周辅盐法始末

"福建茶盐"就字面而言,是指福建路的茶法和盐法,茶法即王子京在元丰七年开始推行的榷茶法,不及一年即被废止;而蹇周辅于元丰元年开始在福建路推行的盐法,逐步扩展到江南西路、淮南西路、荆湖南路等,前后达 8 年之久,影响不可谓不大。从前人研究来看,王子京的榷茶法为酷虐之政,自来毫无疑义;但蹇周辅盐法却争议颇多。因此,"福建茶盐"中需要重点探讨的是蹇周辅盐法的来龙去脉和利害关系。

蹇周辅(1013—1088)⑤,成都双流人,《宋史》本传称他"为御史台推直官,善于讯鞠,钩索微隐,皆用智得情"⑥。熙宁七年他在轰动一时的市易务违法案中勘劾权三司使曾布,并致其外贬⑦。不过真正让他大显身手的是熙宁八年初的李逢案(或称赵世居案)。此案起因是进士李逢批评朝政而遭人告发,本来没有太大影响,但蹇周辅在处理李逢案的过程中将调查面扩大,进而发展为李逢与宗

---

① 李焘. 续资治通鉴长编·元丰八年五月庚子[M]. 北京:中华书局,2004:8514.
② 脱脱,等. 宋史·兵十二·马政[M]. 北京:中华书局,1977:4948.
③ 李焘. 续资治通鉴长编·元祐元年闰二月庚寅[M]. 北京:中华书局,2004:8855.
④ 李焘. 续资治通鉴长编·绍圣四年五月[M]. 北京:中华书局,2004:11584.
⑤ 参见:陈明洁. 宋人生卒考辨五则[J]. 上海师范大学学报,1986(3):108.
⑥ 脱脱,等. 宋史·蹇周辅传[M]. 北京:中华书局,1977:10604-10605.
⑦ 李焘. 续资治通鉴长编·熙宁七年八月壬午[M]. 北京:中华书局,2004:6237.

室赵世居勾结谋反案,遂成牵连甚广、震动朝野的政治大案①。此案之后神宗认为蹇周辅"精敏可属事",命他权发遣开封府推官,又赐紫章服②。七月蹇周辅权发遣淮南东路转运副使,在此任上他还受神宗诏命往秀州置司推勘与前参政吕惠卿有关联的华亭张若济狱,可见神宗对他的倚重③。

熙宁十年六月蹇周辅权福建路转运副使,参与平定福建路的廖恩之乱。④ 其后不久他权发遣福建路转运使。"闽粤负山濒海,有铜盐之利,故大盗数起"⑤。这是当时人对福建地区屡屡出现动乱原因的基本认识。廖恩之乱甫一平定,权御史中丞邓润甫就说虽然廖恩之乱已经平定,但仍然不能不担心"复有蹑恩之迹而发者",他建议派遣官员措置盐法⑥。于是蹇周辅受命相度福建盐法。元丰元年六月蹇周辅提举本路盐事,不久后升任权发遣江淮等路发运副使,但仍兼任提举措置福建路卖盐及盗贼事⑦。

福建路的盐产地主要在下四州(漳泉福州、兴化军),上四州(建剑汀州、邵武军)的盐由下四州供给。蹇周辅相度后认为:上四州官卖盐价苦高,下四州煮盐价贱,这是私盐贩卖盛行的原因所在;为了解决官盐销售难的问题,"异时建州尝计民产赋钱买盐,而民惮求有司,徒出钱或不得盐,今请罢去"⑧。熙宁十年十二月,蹇周辅即请求以上四州为"重法地",打击私盐贩卖⑨。同时降低上四州的盐价,"募上户为铺户,官给券,定月所卖,从官场买之。如是则民易得盐,盗贩不能规厚利"⑩。这种官收官运而由铺户从官场买盐然后分销的办法,其方式与熙宁时期卢秉在两浙所行大同小异,"虽谓为商销,仍为官间接专卖。政府对于盐之销售,绝对有控制之权,对于生产与消费,官可以操其营缩之柄"⑪。

从下四州到上四州的盐运面临着复杂地形条件所造成的严重交通障碍。为

---

① 参见:李裕民.宋神宗制造的一桩大冤案——赵世居案剖析[M]//宋史新探.西安:陕西师范大学出版社,1999:31-32.贾志扬.天潢贵胄:宋代宗室史研究[M].南京:江苏人民出版社,2005:86.
② 李焘.续资治通鉴长编·熙宁八年五月乙亥[M].北京:中华书局,2004:6466.
③ 李焘.续资治通鉴长编·熙宁八年七月乙酉[M].北京:中华书局,2004:6535.
④ 李焘.续资治通鉴长编·熙宁十年六月丁亥[M].北京:中华书局,2004:6923.关于廖恩之乱,参见:何竹淇.两宋农民战争史料汇编:上编第1分册[M].北京:中华书局,1976:332-341.
⑤ 曾肇.行状[M]//曾巩.曾巩集:附录.北京:中华书局,1984:792.
⑥ 李焘.续资治通鉴长编·熙宁十年八月丙午[M].北京:中华书局,2004:6958.
⑦ 李焘.续资治通鉴长编·元丰元年六月辛未;续资治通鉴长编·元丰元年十一月癸巳[M].北京:中华书局,2004:7171.
⑧ 李焘.续资治通鉴长编·元丰元年六月辛未[M].北京:中华书局,2004:7093.
⑨ 李焘.续资治通鉴长编·熙宁十年十二月癸卯[M].北京:中华书局,2004:7002.
⑩ 脱脱,等.宋史·食货志[M].北京:中华书局,1977:4461-4462.李焘.续资治通鉴长编·元丰元年六月辛未[M].北京:中华书局,2004:7093.
⑪ 戴裔煊.宋代钞盐制度研究[M].北京:中华书局,1981:69.

了方便食盐运输,蹇周辅兴复了水口盐仓。水口"得福建、南剑之中",便于运输,但之前因为盗贩容易潜入潜出而废弃甚久,蹇周辅大幅增加水口盐仓的巡防兵,"抽拨兵级七十人与前三十人共一百人为额"①。同时在运输上"禁其般运杂和之弊,严保伍捕告之法"②。此外还依保甲法编排枪仗手,"总一万二千人有奇"③。这些措施均旨在保障官盐的运输,限制私盐的流通。蹇周辅的新盐法推行后"岁增卖二十三万余斤,而盐官数外售者不与焉"④。

蹇周辅离任之后,贾青权发遣福建路转运使兼提举盐事,从元丰二年到元丰七年他一直是福建盐法的主要管理者。贾青为贾昌朝之子,是王安石当政时期一个典型的新进少年。熙宁三年十一月,司门员外郎贾青被任命为提点京西路刑狱,言官谢景温等皆论其"年少行秽,士流所不齿,不可用为监司",结果"不听"⑤。右曹中水部、司门、库部郎官乃是杂流或赃罪叙复者的迁转官阶,贾青出身于官宦世家,可能有赃罪叙复的经历。元丰二年七月,贾青"请自诸州改易卖盐,酌三年之中数立额"⑥;九月又建言将卖盐钱进行封桩,以听移用,并且对州县税务监官内有增羡数多及捕盗官获私盐最多者,于常法外论赏⑦。立额和论赏强化了对法令执行者的考核和奖励机制。贾青的主张是当时新法推行中的常见举措,但却是卖盐钱增收的关键之处。在行法上贾青非常严苛,曾经"系福州衙前数辈,劾其盗官盐,以赃必欲论死",虽为冤案但部下官吏无人敢冒犯他的权威⑧。转运判官王子京在元丰初确立了下四州产盐法⑨,元丰三年建般运盐纲之法⑩。

元丰二年十二月,贾青因措置盐事有劳而由库部员外郎迁为祠部郎中⑪。制词中说:"出使闽岭,强济敏通,盐事阜成,稽实来上。左曹之陟,特异故常。"⑫

---

① 梁克家.(淳熙)三山志·兵[M]//宋元珍稀地方志丛刊甲编(五).成都:四川大学出版社,2007:575.
② 李焘.续资治通鉴长编·元丰元年六月辛未[M].北京:中华书局,2004:7093.
③ 脱脱,等.宋史·兵五·乡兵二[M].北京:中华书局,1977:4749.
④ 李焘.续资治通鉴长编·元丰元年六月辛未[M].北京:中华书局,2004:7093.
⑤ 李焘.续资治通鉴长编·熙宁三年十一月丙午[M].北京:中华书局,2004:5279.
⑥ 李焘.续资治通鉴长编·元丰二年七月戊辰[M].北京:中华书局,2004:7264.
⑦ 李焘.续资治通鉴长编·元丰二年九月癸卯[M].北京:中华书局,2004:7309.
⑧ 张耒.张耒集·李参军墓志铭[M].北京:中华书局,1990:883. 引文参考出土墓志有所改动。见:熊亚云.鄂州出土墓志、地券辑录及讨论[J].东南文化,1993(6):34.
⑨ 李焘.续资治通鉴长编·元丰八年七月庚戌[M].北京:中华书局,2004:8568.
⑩ 宋会要辑稿·食货[M].上海:上海古籍出版社,2014:6600.
⑪ 宋会要辑稿·食货[M].上海:上海古籍出版社,2014:6521.
⑫ 王安礼.尚书库部员外郎、权发遣福建转运使公事兼提举本路盐事贾青可尚书祠部郎中制[M]//曾枣庄,刘琳,主编.全宋文:第83册.上海:上海辞书出版社;合肥:安徽教育出版社,2006:46.

祠部郎中是左曹有出身者迁转官阶,贾青从库部员外郎迁为祠部郎中,乃是不同寻常的优迁。三年四月贾青上所部卖盐官吏元丰二年岁课,请求对比祖额增羡及捕获私盐最多者优加酬奖。神宗对其大加赞赏,上批:

> 福建路盐事自蹇周辅承命创法,贾青相继奉行,方尔期年,已见就绪。盗贩衰止,岁课有赢,东南一方公私所赖不细。贾青近已尝推恩,自余行法有劳官吏可第赏之。

当时蹇周辅已擢升三司副使。自王子京而下20人迁官、升任、循资、减磨勘年,堂除不依名次、路分注官有差①。这是对福建盐法相关官员的一次大规模的奖励。

福建路祖额卖盐收到27.03万余贯,自推行盐法于元丰二年收到46.53万余贯,三年收60万余贯②。这里的祖额为熙宁末元丰初福建官卖盐课利数③。可见蹇周辅盐法推行后每年增加卖盐收入十几万缗。这笔收入全归中央支配。元丰五年福建路卖盐息钱直接输送到措置河北籴便司,由内藏库中借支给河北籴便司的30万缗也用福建路盐息来还④。

元丰三年九月,权发遣度支副使蹇周辅受命相度江西、广东卖盐⑤。经过半年左右的调研,包括与广东、江西两路监司的会议,他向皇帝条上《江西、广东路盐法并总目》⑥。江西新盐法正式展开。在运销方式上江西的新盐法与福建并无太大差异:"改立新额,官自卖……编籍首领,重告捕之格,以绝私贩。而移用舟车,增置兵校,设处督之官,罢无名之税,以通漕运。岁时考法,则登课者有赏,亏欠者有罚。"⑦所不同的是,新盐法推行之前,"江南西路人纳净利买扑盐场",蹇周辅首先要废罢买扑盐场,原来归提举司的净利钱由转运司候法行日于增卖盐钱内据数拨还⑧。而要做到这一点,必须要做到新法推行后卖盐钱多于之前的净利钱,新额一定要高于之前的旧额。

为了达成这一目标,蹇周辅最关键的措施是广盐入虔:"兼通广盐于虔州,以

---

① 宋会要辑稿·食货[M].上海:上海古籍出版社,2014:6521.
② 马端临.文献通考·征榷考二[M].北京:中华书局,2011:438.
③ 郭正忠.宋盐管窥[M].太原:山西经济出版社,1990:348.
④ 李焘.续资治通鉴长编·元丰五年正月丙午[M].北京:中华书局,2004:7768.
⑤ 李焘.续资治通鉴长编·元丰三年九月丁亥[M].北京:中华书局,2004:7490.
⑥⑦ 李焘.续资治通鉴长编·元丰四年三月戊子[M].北京:中华书局,2004:7548.
⑧ 李焘.续资治通鉴长编·元丰四年三月辛卯[M].北京:中华书局,2004:7549.

七百万斤为年额,百十万斤为准备;南安军以百二十万斤为年额,三十万斤为准备。复均虔州旧卖淮盐六百一十六万余斤于洪、吉、筠、袁、抚、临江、建昌、兴国等州军阙盐卖处,不害淮盐旧法,而可通广盐。"①广盐入虔的一个前提是"不害淮盐旧法",将原来卖到虔州的淮盐现在要卖给江西的其他八州军。如此一来,虔州原来的盐额 616 万斤淮盐变成了将近 1 000 万斤广盐,其他的八州军再分摊 616 万斤淮盐(或者更多),"新额"由此确定。

四年四月,蹇周辅身兼三大要职:权发遣度支副使,措置河北籴便和提举江南西路、广南东路盐事②。十一月他差充河北都转运使之后不再提举盐事,广南东路转运判官程之邵和江南西路转运司、提举盐事司官奉行其事③。和福建路卖盐息钱一样,江西卖广东盐钱也是经中央统一安排输送到措置河北籴便司④。

不久,江西新盐法引发了一场朝政风波。五年三月,提举江南西路常平刘谊上奏说"闻道涂汹汹,以卖盐为患。望密遣中使体访情实,稍变法以便民",并且说他巡历到洪州、筠州等地时,百姓向其陈状,论诉州县抑令置铺卖盐,"臣窃详蹇周辅元立盐法,以救淡食之民,于今民间积盐不售,以致怨嗟,卖既不行,月钱欠负,追呼刑责,将满江西。其势若此,则安居之民转为盗贼,其将奈何!"⑤但神宗就刘谊所奏而作上批:

> 刘谊职在奉行法度,既有所见,自合公心陈露。辄敢张皇上书,惟举一二偏僻不齐之事,意欲概坏大法,公肆诞谩,上惑朝廷,外摇众听,宜加显黜,以儆在位。特勒停。⑥

从上批中可以看出刘谊所奏让神宗震怒。朝廷随后下诏,让江东路提点刑狱范峒体量,并让现任提举盐事官曾伉分析百姓不便的原因以及州县违法的原委⑦。对刘谊的勒停(停职)处分显示出神宗非常明确的态度,他向群臣宣示是要"以儆在位",不允许再出现批评"大法"之事。

刘谊勒停的时间是在五年三月⑧,范峒上报体量结果是在六月,也就是说宋神宗先已经给蹇周辅盐法定了调,然后再派人体量,其结果可想而知。范峒说:

---

① 李焘.续资治通鉴长编·元丰四年三月戊子[M].北京:中华书局,2004:7548.
② 李焘.续资治通鉴长编·元丰四年四月乙亥[M].北京:中华书局,2004:7567.
③ 李焘.续资治通鉴长编·元丰四年十一月甲辰[M].北京:中华书局,2004:7725.
④ 李焘.续资治通鉴长编·元丰五年正月丙午[M].北京:中华书局,2004:7768.
⑤⑥⑦ 李焘.续资治通鉴长编·元丰五年三月[M].北京:中华书局,2004:7795.
⑧ 宋会要辑稿·职官[M].上海:上海古籍出版社,2014:4833.

"体量江南西路州县违法抑配卖盐事,曾伉具析铺户卖盐事,但有当增减处,州县不时改正。"①七月蹇周辅陈述自己的功劳:"江南西路通般广盐,臣始奏画立法。今虔州、南安军推行方及半年,已收息钱十四万缗,兹实已成之效。"②十月江淮等路发运副使李琮上奏对江西盐法进行变通增损利害③。但"添额"这一根本问题并未解决④。

五年十一月蹇周辅为宝文阁待制,次年七月升任户部侍郎,十月受儿子蹇承辰的牵连,"坐不觉察子贷官钱,然以措置江西、福建盐事有劳,特免废黜",仅受到降一官的处罚⑤。而最能体现神宗对蹇周辅盐法支持态度的是,继刘谊任江南西路提举常平的就是蹇周辅的另一个儿子蹇序辰,且将很重要的职事如提举都作院以及盐法事务都委任于他,让他子承父业,将江西新盐法继续下去⑥。六年八月,蹇序辰回朝出任监察御史⑦。七年四月蹇序辰"乞下江西提举盐事司考校诸州军同提举管勾兼监官功状比租额多者,比附福建路近例拟定行赏",仍在为江西盐法献言献策⑧。

神宗对江西新额增加的卖盐钱也非常关注,在洪州上奏请求"先次出卖新盐,然后趁办旧课"时他亲自批示:"本路新额盐课,并系朝廷指挥,准为边粮籴本之用。岁岁常须登办,仍须及期经制到京,趁时籴入。"⑨也就是说要优先完成归属中央支配的那笔卖盐收入。六年正月,以"上批""吉州方推行盐法,紧要得人"的缘故,奉议郎魏纶权知吉州⑩。可见神宗本人对江西盐法的高度介入。

六年十二月蹇周辅开始措置荆湖南路盐法。其法和江西相似,即都是将广盐运至与广东相邻的州军,而将原来的淮盐摊派给其余的州。湖南通广盐的范围较江西更广。湖南共有七州一监:潭州、衡州、永州、邵州、郴州、道州、全州、桂阳监。蹇周辅提出的方案是"乞选官相视韶、连、郴、道等州水陆径路,通卖(广)盐,稍均淮盐于本路阙盐州军,两路盐法并准江西、广东见行法"⑪。奉议郎

---

① 李焘.续资治通鉴长编·元丰五年六月丁巳[M].北京:中华书局,2004:7873.
② 李焘.续资治通鉴长编·元丰五年七月庚子[M].北京:中华书局,2004:7905.
③ 李焘.续资治通鉴长编·元丰五年十月庚申[M].北京:中华书局,2004:7951.
④ 郭正忠.宋代盐业经济史[M].北京:人民出版社,1990:788.
⑤ 李焘.续资治通鉴长编·元丰六年十月癸巳[M].北京:中华书局,2004:8189.
⑥ 李焘.续资治通鉴长编·元丰五年十二月壬戌[M].北京:中华书局,2004:7987.
⑦ 李焘.续资治通鉴长编·元丰六年八月癸未[M].北京:中华书局,2004:8143.
⑧ 李焘.续资治通鉴长编·元丰七年四月癸亥[M].北京:中华书局,2004:8292.
⑨ 李焘.续资治通鉴长编·元丰五年七月辛丑[M].北京:中华书局,2004:7905.
⑩ 李焘.续资治通鉴长编·元丰六年正月甲午[M].北京:中华书局,2004:8000.
⑪ 李焘.续资治通鉴长编·元丰六年十二月甲申[M].北京:中华书局,2004:8211.

郑亶提出的方案是"乞运广东盐往湖南路郴、全、道三州"①。最后在七年九月，由提举荆湖南路常平等事张士澄、转运判官陈偲等所修定的《湖南、广东西盐法条约总目》中确定方案是郴州、道州、全州、桂阳监通广盐②。其增卖盐数应当大大超过江西。

此外，五年九月淮南西路也受命推行蹇周辅盐法③，六年正式实施，不过在盐额上似乎也未有大的变化，其后也未引起争议④。

蹇周辅盐法是元丰时期南方地区最大的一次盐法变革，涉及福建、广东、江西、荆湖南、淮南西等路分，诸路监司在立法和行法上发挥了重要作用。其运销方式是官收官运而由铺户从官场买盐然后分销，在销售区域上最大的调整是江西、湖南两地通广盐，并由此增加了卖盐额，加强了对私贩的打击力度，强化对盐官的考核方式，其增加的卖盐收入由朝廷支配以供应北方军费，因此得到了神宗的大力支持。

神宗驾崩之后，对福建、江西、湖南盐法的批评纷至沓来。首揭此事的是御史中丞黄履。黄履是邵武人，元丰三年至五年丁忧在家，是福建蹇周辅盐法的亲历者，"时闽中患苦盐法，献言者众，神宗谓履自闽来，恃以为决"，但黄履"乃陈法甚便，遂不复革，乡论鄙之"⑤。七年十一月御史中丞黄履论权知开封府蹇周辅"揽权归己，留事不决，非剧烦之才"，于是蹇周辅罢权知开封府而试中书舍人⑥。黄履"素与蔡确、章惇、邢恕相交结，每确、惇有所嫌恶，则使知道风旨于履，履即排击之"⑦。他对蹇周辅的弹劾很可能是承蔡确、章惇风旨。但八年三月之前，未见黄履对南方盐法提出过批评，而神宗驾崩后1个月左右，他就上奏说福建路上四州抑勒民户卖盐的情况严重，邵武军的邵武、建宁、光泽等县尤其突出，请求差官体量；监察御史安惇弹劾王子京茶法也有抑配，请求差官采访。四月十四日朝廷下诏对福建和江西进行察访，其中福建派遣的是监察御史黄降，江西派遣的是监察御史陈次升⑧。后来由于蹇序辰的反对，察访福建者先是改为宇文昌龄，最后改为吏部郎中张汝贤⑨。

---

① 李焘.续资治通鉴长编·元丰六年十二月戊子[M].北京：中华书局，2004：8213.
② 李焘.续资治通鉴长编·元丰七年九月己酉；续资治通鉴长编·元祐元年闰二月壬辰[M].北京：中华书局，2004：8358，8865.
③ 李焘.续资治通鉴长编·元丰五年九月丁酉[M].北京：中华书局，2004：7935.
④ 参看：郭正忠.宋代盐业经济史[M].北京：人民出版社，1990：780.
⑤⑦ 脱脱，等.宋史·黄履传[M].北京：中华书局，1977：10573.黄履在元丰五年十一月试礼部尚书.
⑥ 李焘.续资治通鉴长编·元丰七年十一月丁未[M].北京：中华书局，2004：8385.
⑧ 李焘.续资治通鉴长编·元丰八年四月丁丑[M].北京：中华书局，2004：8477.
⑨ 李焘.续资治通鉴长编·元丰八年七月甲午[M].北京：中华书局，2004：8559.

福建路首先被降职的是王子京,他在六月之前已经罢去转运副使,后又在十一月罢去知泰州①。贾青在十月提举太平观②。而随着察访司上报察访结果,对于相关人员的处理也变得更重。

首先来看江西的情况,据称陈次升"驾轺车一入其境,百姓遮道陈诉官司抑配买盐之弊"③。元祐元年二月,江西、湖南路按察司上报按察的结果:

(1) 蹇周辅先蒙朝廷差委,相度江南西路盐法,不能上体德意,而乃率性掊克,顿增盐数,立法敷奏,更为欺诞。

(2) 既而其子序辰专领盐事,以议出其父,略无向公之心,惟多方营救,以掩其过,更令州县增卖额外之数,先期支盐,后期纳钱。州县承行之后,愈见烦劳。

(3) 朱彦博继领盐事,既见上项违戾,即未尝尽行究正。洎闻朝廷遣官按察之后,乃以推行诏书为说,检坐违法事件,令官司依应施行。

(4) 知吉州魏纶擘画逐年增剩盐 90 余万斤,已措置均敷,添召有物力铺户承买添增到盐数,到年终比较。

(5) 蹇周辅元定盐额上亏止是虚数,委有欺罔。④

这次按察司调查的结果坐实了之前言官对蹇氏父子等江西盐法的指控。右正言王觌弹劾了曾在蹇周辅相度盐法时被辟为随行勾当公事的程之邵。最后朝廷下诏:"刑部侍郎蹇周辅落职知和州,权江南西路转运判官朱彦博权知兴国军,承议郎、司封员外郎蹇序辰签判庐州,奉议郎程之邵罢提举梓州路常平等事。"⑤神宗亲自指派的吉州知州魏纶也被罢黜⑥。监察御史孙升说:"知吉州魏纶虐增盐数,独吉州被害最苦。"⑦据称"吉州自蹇周辅增盐课二百万,民已失生理,而魏纶上诸县增课九十五万"⑧。魏纶如此卖力,与神宗的亲自指派不无关联。四月,按察司说:"兴国军管勾盐事通判路适状内有盐铺户王皋称'本县抑令

---

① 李焘.续资治通鉴长编·元丰八年六月戊子;续资治通鉴长编·元丰八年十一月丙午[M].北京:中华书局,2004:8550,8647.

② 李焘.续资治通鉴长编·元丰八年十月己卯[M].北京:中华书局,2004:8609.

③ 陈次升.谠论集·待制陈公行实[M]//景印文渊阁四库全书:第427册.台北:台湾商务印书馆,1986:379.

④ 李焘.续资治通鉴长编·元祐元年二月辛巳[M].北京:中华书局,2004:8799.编号为引者所加.

⑤ 李焘.续资治通鉴长编·元祐元年二月辛巳[M].北京:中华书局,2004:8799.

⑥ 李焘.续资治通鉴长编·元祐元年闰二月[M].北京:中华书局,2004:8962-8963.

⑦ 李焘.续资治通鉴长编·元祐元年三月乙亥[M].北京:中华书局,2004:9018.

⑧ 黄庭坚.朝请郎湖南转运判官吴君墓志铭[M]//曾枣庄,刘琳,主编.全宋文:第108册.上海:上海辞书出版社;合肥:安徽教育出版社,2006:53.

投充。'本司牒使改正,乃称王皋等妄陈状词,显是愚暗。"朝廷下诏路适特差替①。王皋是寨周辅盐法所涉人员中唯一留有记载的百姓的名字。

关于湖南的情况,按察司称:"寨周辅盐法抑勒骚扰,亦乞运广盐,而陈偲、张士澄附会推行周辅之法,顿增盐数,肆行抑配。"当时陈偲已死,诏张士澄特冲替②。

福建路的情况也是大同小异。元祐元年二月,福建路按察张汝贤上奏说:"(贾)青兼提举盐事,不究利害,严督州县广认数目,令铺户均买,(王)子京相承行遣,又违法过为督迫。"此奏确认了贾青和王子京违法行为,结果贾青添差监衡州在城盐酒税,王子京添差监永州在城盐仓兼管酒税务③。按察司对情形尤为严重的州县也有说明:"就四州、军所苦为甚者较之,则邵武军立额最重,受害尤深。行法之初,知军张德源务在增羡,过有抑配,将乐知县杨永天资残忍,用刑惨酷,宣化知县赵佽、光泽知县曹格因缘趁卖,决人稍多。"朝廷下诏予张德源、赵佽、曹格等人冲替或差替等相应的处罚④。五月,福州闽清县令徐寿因为张汝贤奏报他"行盐法之初,不使民多受"的缘故,受到朝廷的褒奖,改宣义郎⑤。

寨周辅盐法虽然其中不乏合理因素,比如广盐入虔突破了僵化的食盐分界制度,在交通运输上有其便利之处⑥。但是这一合理因素相对于整个盐法来说,实在是太微不足道了。寨周辅盐法的破产实际是由于其盐法自身的巨大缺陷,而不是因为他人的反对。特别需要强调的是,按察司不是旧党派出,而是体现蔡确等人的意旨。元祐元年二月蔡确在求去的章疏中陈述自己的功劳:"走使辊以察远方之疲瘵,如张汝贤、陈次升往福建、江西。"⑦绍圣四年五月新党曾布、林希说:"兼青苛刻,前在福建起狱,所按官吏,有至除名,其后理雪,乃实无罪",并且说"青在福建诚过当","若谓贾青为先帝所用,则元丰末自犯法勒停。"⑧贾青等人遭贬黜并不是出自旧党的政治报复。

---

① 李焘.续资治通鉴长编·元祐元年四月乙未[M].北京:中华书局,2004:9078.
② 李焘.续资治通鉴长编·元祐元年闰二月壬辰[M].北京:中华书局,2004:8865.
③ 李焘.续资治通鉴长编·元祐元年二月癸酉[M].北京:中华书局,2004:8778.
④ 李焘.续资治通鉴长编·元祐元年闰二月壬辰[M].北京:中华书局,2004:8865.
⑤ 李焘.续资治通鉴长编·元祐元年五月庚申[M].北京:中华书局,2004:9154.
⑥ 黄国信.弭"盗"、党争与北宋虔州盐政[J].史林,2006(2).
⑦ 李焘.续资治通鉴长编·元祐元年二月甲申[M].北京:中华书局,2004:8811.
⑧ 李焘.续资治通鉴长编·绍圣四年五月丁丑;续资治通鉴长编·绍圣四年六月丙戌[M].北京:中华书局,2004:11591,11598.

三、宋神宗与元丰危机

"京东铁马"和"福建茶盐"虽然在地域上相隔遥远,在情节上却多有类似之处。在蔡确、章惇这些新党宰辅看来,北方的京东、河北、京西和南方的福建、江西、湖南这六路之中都存在着亟须废罢的政策,并且他们也自认为为废除这些政策和惩办相关官员做了贡献。在神宗驾崩后的一年时间之内,六路中都有监司被罢黜,所牵涉的各级地方官员近20人。

但是,随着对诸项政策调查的深入,元祐二年闰二月殿中侍御史吕陶的一封奏疏将严厉斥责"京东铁马、福建茶盐"的章惇推向了极为尴尬的位置。吕陶指出湖南通广盐的主张最早即出自章惇,熙宁年间章惇察访湖南之时即有此计划,当时未曾施行,到章惇任参知政事以后,秘书丞郑亶迎合章惇,"推仿湖南之法,率尔论奏,乞般广盐于江西出卖,朝廷信之,遂以亶所奏付蹇周辅,往江西相度",并且详述章惇操作此事的细节,认为"江西之法,乃惇主之于内,周辅行之于外",而且,京东、河北榷盐"其谋本出于惇"。因此吕陶认为诸路盐法之弊的罪魁祸首实际是章惇①。

吕陶所言,虽非句句属实,但对诸路盐法原委的叙述可以说大体不误②。河北、京东盐法出自章惇在熙宁时的主张,自然是毫无疑义。关于蹇周辅盐法,元丰六年十二月户部亦说先有郑亶的建议后差蹇周辅实施③。这和吕陶所言可相互印证。可见章惇与诸路盐法之事确实难脱干系。

这一点看似矛盾,但倘若考虑到熙宁以来理财新法扩张的总趋势,其实并不难理解。熙丰时期的诸项理财新法都是以强化国家垄断、增加财政收入为目标。漆侠认为:"就总的趋势来看,茶、盐、酒、矾等的专利,在熙宁年间是日益加强和扩大了。"④郭正忠也指出熙丰时期的盐法"大致以加强专卖为总趋势,以严惩私

---

① 李焘.续资治通鉴长编·元祐元年闰二月[M].北京:中华书局,2004:8962-8963.
② 李焘在吕陶奏疏后附注以下四条:(1)按《神宗实录》,委陈偲、张士澄措置湖南盐法是在六年十二月十四日,而非吕陶所说的十八日;(2)文彦博奏罢河北卖盐,实录不载,已具注;(3)蹇周辅奏行湖南盐法时,实为户部侍郎,而非知开封府;(4)张士澄冲替、郑亶送吏部事在此月四日。黄国信《弥"盗"、党争与北宋虔州盐政》一文根据李焘的附注认为吕陶此文舛误甚多,不可信。实际上李焘指出吕陶奏疏中存在错误的是(1)(3)条,(2)(4)条都是对吕陶奏疏的补充说明。其中(3)条是明显的错误,(1)条时间上仅隔四天。
③ 李焘.续资治通鉴长编·元丰六年十二月戊子[M].北京:中华书局,2004:8213.
④ 漆侠.王安石变法(增订版)[M].石家庄:河北人民出版社,2001:158.

贩为基本原则"①。官营垄断的政策随着时间的推移层层加码,垄断官营的范围越来越广,这自然是搜求遗利的题中之义和必然结果。河北京东的榷盐和南方蹇周辅盐法都是这一总趋势或基本原则的体现。吴居厚、蹇周辅的理财之法只是其中的一环而已,而其所造成的后果却成为其最初的倡导者章惇也不乐意见到的事实。诸项理财新法之所以能一再扩展,则与神宗皇帝持续性的拓边战略有着密切关联,神宗才真正是"京东铁马、福建茶盐"的第一责任人。

"京东铁马、福建茶盐"所涉政策集中于元丰时期,从神宗对这些政策的直接介入而言,首先能够感受到的即是神宗本人乾纲独断之势。通过"上批"以及超常升迁或者严厉罢黜等方式,神宗对监司守令有着更为直接的驾驭。与熙宁时期相比,元丰时期神宗对宰辅的依赖程度大大降低②,对监司乃至州县事务的介入大大加深,这二者是相反相成的。

但这并不意味着在新法政策层面存在着方向的转变。在前人研究中,多强调王安石和宋神宗的差别,以说明熙宁之政多异于元丰之政,甚至认为熙宁与元丰有"富国"与"强兵"之别。元丰之政固然可以说是神宗之政,但熙宁之政却不能简单地等同于王安石之政。在熙丰时期"富国"与"强兵"本为一体,实在难分轩轾。从熙宁到元丰,宋朝对外战争次数越来越多,规模越来越大,但这仅仅是量的区别,在战略方向上并不存在转变。

"京东铁马、福建茶盐"虽然说集中于元丰时期,但是专卖法的强化并不始自元丰,熙宁时期的东南卢秉盐法(熙宁四年)、四川榷茶法(熙宁七年)都是显例;而京东榷铁、福建榷茶以及京东、京西保马法都是发生在元丰六年之后,这显然也不是能够显示熙宁之政与元丰之政差异的时间节点。因此元丰理财的战争取向固然是更为明显,但是和熙宁相比并无方向上的改变,与王安石罢相与否也没有太大关系。

元丰六年以后理财的战争取向表现得尤为突出,还可以作为元丰五年永乐城之败后神宗的战略取向未曾改变的一个重要佐证。永乐城之败是神宗与西夏战争之中的一次惨败。关于永乐城之败后神宗的战略取向,历来有两种不同的说法。元祐《神宗实录》中说神宗"欲先取灵、夏,灭西羌,乃图北伐,积粟塞上数千万石,多储兵器以待。及永乐陷没,知用兵之难,于是亦息意征伐矣。"③绍圣

---

① 郭正忠. 宋代盐业经济史[M]. 北京:人民出版社,1990:764.
② 方诚峰. 北宋晚期的政治体制与政治文化[M]. 北京:北京大学出版社,2015:43.
③ 李焘. 续资治通鉴长编·元丰八年三月戊戌[M]. 北京:中华书局,2004:8457.

重修《神宗实录》说神宗"志业未就而遽上宾",强调神宗是赍志而没。① 实际上,永乐之败后的神宗,不仅没有息意征伐,反而更加积极备战,甚至可能有亲征之意,绍圣史官所言更符合实际。

元丰六年八月蔡京为辽主生辰使,据说他出使辽国归来时"只十余日前,降出一黄旂,题曰'御容中军旂第一面',是上有亲征意"②。叶梦得也说:"官制行,吴雍以左司郎中出为河北都漕。是时,神宗方经营北敌,有巡幸意,密以委雍,乃除直龙图阁。"③元丰六年七月,守左司郎中吴雍替代蹇周辅为河北路转运使兼措置籴便,次年吴雍上奏说:"见管人粮、马料总千一百七十六万石,奇赢相补,可支六年。河北十七州,边防大计,仓廪充实。"神宗还赐给"在职九年,悉心公家"同措置籴便王子渊(王子京之兄)紫章服④。虽然神宗有意亲征之说可能为臆断,但从所屯粮草情形来看,积极备战之态确是实情⑤。元丰七年九月,神宗对熙河兰会路的钱帛粮草的计划安排至"元丰十年"⑥,足见其对前方战事仍有着长远规划。元祐《神宗实录》将神宗作战争储备之事放在永乐之败前,通过颠倒时间先后制造了宋神宗"息兵"的假象。

七年十月二十七日,神宗在给李宪的手诏中说:

> 夏国自祖宗以来,为西方巨患,历八十年。朝廷倾天下之力,竭四方财用,以供馈饷,尚日夜惴惴然,惟恐其盗边也。若不乘此机隙,朝廷内外并力一意,多方为谋经略,除此祸孽,则祖宗大耻,无日可雪;四方生灵赋役,无日可宽;一时主边将帅得罪天下后世,无时可除。⑦

由此可见,神宗"仍力图为来年的军事大计预作规划"⑧。神宗也非常清楚竭四方财用,四方生灵赋役沉重,主边将帅得罪天下后世。但是神宗认为,如果没有更多的军事胜利,如果不能够除去西夏这个"祸孽",则之前的努力都会付诸东流。

---

① 李焘. 续资治通鉴长编·元丰八年三月戊戌[M]. 北京:中华书局,2004:8458.
② 李焘. 续资治通鉴长编·元丰六年八月乙酉[M]. 北京:中华书局,2004:8145.
③ 李焘. 续资治通鉴长编·元丰六年七月甲子[M]. 北京:中华书局,2004:8131.
④ 李焘. 续资治通鉴长编·元丰七年二月庚午[M]. 北京:中华书局,2004:8234.
⑤ 参见:李晓. 宋朝政府购买制度研究[M]. 上海:上海人民出版社,2007:206.
⑥ 宋会要辑稿·食货[M]. 上海:上海古籍出版社,2014:6873.
⑦ 李焘. 续资治通鉴长编·元丰七年十月癸巳[M]. 北京:中华书局,2004:8376.
⑧ 方震华. 战争与政争的纠葛——北宋永乐城之役的纪事[J]. 台大历史学报,2007(40):148.

由此不难理解，元丰六年之后，各种官营垄断的政策竞相出现。吴居厚、蹇周辅、贾青、王子京、李南公、霍翔、吕公雅、张适等善于理财的掊克之臣更加活跃，官僚之间的竞赛如火如荼，霍翔和吕公雅开展养马比赛，河北路的李南公"意欲取胜京东"①，"诸路争以盐课羡取赏"②。在此大势之下，官僚对神宗的迎合虽不是绝对的，但确实是普遍的。"尽言而不讳，厄穷而不悔"③的刘谊、"不使民多受"的徐寿只能说是凤毛麟角。与熙宁时期充满争议的政坛相比，元丰时期新法的大方向坚持不变，"国是"定于一尊，规模性的反对意见停歇，特别是在乌台诗案之后，言论空间大大收缩，政坛异常沉闷。这可以说是政治生态的严重危机。

但是"朝廷倾天下之力，竭四方财用，以供馈饷"，这样的战争模式本身就酝酿着另一种的危机——民生危机。这正是京东民愤、东南民怨所反映出来的。存在民生危机的远不止这些地域，如战争状态下的陕西，频繁征调民夫导致官民对抗，当地官员甚至说"若再出师，关中必乱"④。章惇也说"访闻中间西事军兴，科率及科买军器、物料、牛皮、筋角，极为骚扰。民间往往杀牛取皮、筋角纳官，并田产、牛具，伐桑、柘，毁屋以应付军期。"⑤范祖禹说诸路"愁苦嗟怨、比屋思乱"，在很大程度上可以说就是当时的实情。综合考察当时的上层政治生态与下层民生状况来看，由政治生态危机和民生危机的叠加可以说元丰末北宋王朝已然面临着整体性危机。

元丰八年三月神宗的驾崩使得沉闷的局面迅速打破。人心思变成为大势所趋，朝政方向迅速逆转，"共识"在瞬间凸显。黄履在神宗在世时陈说福建盐法甚便，可见他深知盐法收入对于神宗军事战略的意义，而神宗一驾崩他就批评福建盐法。这并不是一种独特的个例。元祐元年正月刘挚在弹劾蔡确时说："确在言路、在司农、在执政，首尾身任其事，见法令未便，何尝闻有一言论列裨补，惟是阿谀护持，以谋进用。及至今日，自见其非，乃稍稍语于人曰：'在当时岂敢言也！'"⑥蔡确的"在当时岂敢言也"可以说反映了元丰大臣在神宗身边时的真实心态，吐露了元丰大臣们的心声。在对神宗的挽歌和追颂声中，最受神宗赏识的几位监司成了众矢之的。对"京东铁马、福建茶盐"的处理自蔡确、章惇开始，司

---

① 李焘.续资治通鉴长编·元祐元年二月癸酉[M].北京：中华书局，2004：8777.
② 彭汝砺.宋故中大夫……熊公墓志铭[M]//曾枣庄，主编.宋代传状碑志集成：第8册.成都：四川大学出版社，2012：4234.
③ 苏轼.苏轼文集·刘谊知韶州制[M].北京：中华书局，1986：1100.
④ 李焘.续资治通鉴长编·元丰五年六月乙卯[M].北京：中华书局，2004：7869.参见：李晓.宋朝政府购买制度研究[M].上海：上海人民出版社，2007：70.
⑤ 李焘.续资治通鉴长编·元祐元年二月丁亥[M].北京：中华书局，2004：8828.
⑥ 李焘.续资治通鉴长编·元祐元年正月庚戌[M].北京：中华书局，2004：8723.

马光、吕公著等旧党还朝并掌权之后继续。元祐元年二月,侍御史刘挚说"天下监司多无善状",①整顿监司成为当时朝政之急务与要务②。可见神宗以威权压制下的各种矛盾在神宗驾崩后迸发出来。

神宗在世之时,吴居厚等人因"夙夜赴公"而屡屡受赏;神宗驾崩之后,他们又因"略无向公之心"而受罚。从根本上讲,这是皇帝的"公"与百姓的"公"在元丰时期是对立的,这才是"害"的根源。元丰时代皇帝、官僚与百姓的关系,尽在于此。

(原载《社会科学》2017年第8期)

---

① 李焘.续资治通鉴长编·元祐元年二月癸酉[M].北京:中华书局,2004:8777.
② 参见:杨仲良.皇宋通鉴长编纪事本末·汰监司[M]//续修四库全书:第387册.上海:上海古籍出版社,2002:149-152.渡邊久.北宋監司をめぐって[J].龍谷史壇:小田義久教授古稀記念特集,2003((119-120):60-76.

载芟集
上海大学文学院四十周年纪念文集

中国社会与东西交流

传教士中医观的变迁

陶飞亚

陶飞亚,1951年生,上海人。曾任山东大学历史系教授,2001年8月调入上海大学文学院,曾任文学院执行院长、上海大学博物馆(筹)馆长。现任上海大学文学院历史系教授、博士生导师、历史系中国史学科带头人,上海大学宗教与中国社会研究中心学术总监。主要研究领域为中国现代史、基督教与中西文化、义和团运动及西方在华传教运动与中国社会等,在国内外学术界有一定影响。曾参加多种海外学术交流活动,先后在美国纽约大学市立学院、北卡罗来纳州立大学、旧金山大学利玛窦中西历史文化研究所以及中国台湾大学等校担任访问学者。多次出席美国普林斯顿大学、英国伦敦大学、阿伯丁大学,南非普托利亚大学、日本明治学院大学、同志社大学、京都大学、韩国延世大学,土耳其海峡大学及中国香港中文大学、香港浸会大学、澳门大学、台北"中央研究院"近史所、辅仁大学、中原大学等举办的学术研讨会。主办"基督教与中国近代文化""中国与韩国基督教的本色化研究""中国历史研究的回顾与展望""宗教与中国的公益慈善研究"及"汉语文献与中国基督教研究"等为主题的国际学术会议。为中国义和团研究会副理事长,上海市历史学会副会长,上海市宗教学会副会长。

近代西方科学输入以来,以学科化的方式几乎取代了中国知识传统中所有的科学科目,惟有一个例外就是中医,但这也带来了关于中医科学性质的激烈争论。医学人类学家冯珠娣(Judith Farquhar)20世纪末就曾提出"中国医学是惟一以引人注目的、既是作为一个体系又是以散漫的方式继续到20世纪的中国本土的科学"[1]。不过,需要提出的是,由于论争主要在国人之间展开,结果大家似

---

[1] JUDITH FARQUHAR. Knowing Practice: The Clinical Encounter of Chinese Medicine [M]. Boulder: Westview Press, 1994: 222.

乎忘记了争论的始作俑者是西方来华的传教士,尤其是医学传教士,实际上正是他们在跨文化的背景下最早从专业的立场评论中医的长短是非。

那么,传教士们究竟是如何看待中医的?许多研究都探讨了传教士在西医东渐过程中的贡献,但在对他们与中医关系的研究上至少存在两个问题:一是很少专门探讨他们对中医的认识;二是即使有探讨也是基本强调他们与中医的竞争和对中医的批评。但实际情况要复杂得多。因为从跨文化相遇的认识逻辑来看,这本应是知识的双向流动的过程。如果对国人而言,这种相遇的结果是西洋医学输入中国,那么对西人来说,是否也有从无知到理解并有选择地利用中医知识的一面呢?只是由于中西医学知识流动量能的落差,探讨这方面的问题就像梁其姿所说的"这更是艰难但重要的工作"①。但这也正说明了考察西洋医学背景下的传教士们,在语言、知识结构及民族文化感情的差异中看待中医,尤其是他们如何认识中国传统医学中的医疗理性及其现代价值就更有意义了。事实上,迄今为止,这种带有"中学西渐"意义的研究与"西学东渐"研究是极不对称的②。所以,本文将主要基于医学传教士的一手文献,来梳理和考察这些中国文化的"他者"在华行医传教的岁月中对中医的评论,特别要关注其认识的变化及原因。直到今天,无论在中国还是西方,对中国传统医学的认识和争论仍在继续,这种正本清源的探讨,可能会对如何理解"传统"的知识带来有益的启示。

一

西人最早了解中国医学知识,大约是在元代中西交通的过程中③。但真正实地接触和观察中国医学并一直持续下来的,应该从明末清初的耶稣会士来华算起。16世纪末耶稣会士赶赴中国之际,以亚里士多德的自然哲学和希波克拉底四种体液说为基础的盖伦医学体系仍然支配着西方医学。中西医学都是以"传统观念和实际经验为依据的"④。当时双方的差别并未像后来那么大。明末

---

① 梁其姿. 医疗史与中国"现代性"问题[C]//余新忠编. 清以来的疾病、医疗和卫生:以社会文化史为视角的探索. 北京:生活·读书·新知三联书店,2009:26.
② 中文学界的研究多集中于西医东渐,内地如马伯英、李传斌、何小莲、高晞、董少新等的论著较有影响,对本文涉及问题的研究尚付阙如。就作者所知,英语学界近年有吴章(Minehan)相关的研究,总体上研究比较薄弱。
③ LINDA L. BARNES. Needles, Herbs, Gods, and Ghosts: China, Healing, and the West to 1848 [M]. Cambridge, Mass: Harvard University Press, 2005:8.
④ NICOLAS STANDAERT. Handbook of Christianity in China, Vol. 1: 635-1800 [M]. Leiden: Brill, 2001:786.

来华懂点医道的利玛窦(Matthieu Ricci)就说:"他们按脉的方法和我们的一样,治病也相当成功。一般说来,他们用的药物非常简单,例如草药或根茎等诸如此类的东西。事实上,中国的全部医术就都包含在我们自己使用草药所遵循的规则里面。"在这里利玛窦并没有低看中医中药。但他也分析了中西医体制上的差异:"这里没有教授医学的公立学校。每个想要学医的人都由一个精通此道的人来传授。在两京(南京、北京)都可通过考试来取得医学学位。然而,这只是一种形式,并没有什么好处。有学位的人行医并不比没有学位的更有权威或更受人尊敬,因为任何人都允许给病人治病,不管他是否精于医道。"① 他还指出了中国科举制度下从医者地位的低下。利玛窦不是专业医生,但他体悟到了读书做官传统造成的轻视医学的社会心理对中国医生的专业训练和专业精神的消极影响。这些看法被后来的医学传教士们一再重复。

1621年来华的传教士邓玉函(P. Joanners Terrenz)是第一位到中国的耶稣会医生。他向身边的中国人指出其祖国瑞士也是用草药治病,不过与中国人不同的是"草木不以质咀,而蒸取其露"②。耶稣会士们对中国医术印象最深刻的是中国人精细的把脉诊断方法。1671年第一本中国诊脉著作在欧洲翻译出版。在向欧洲介绍中医方面出力最多的是曾担任过王室御医的波兰耶稣会士卜弥格(Michel Boym)。他也翻译了中国诊脉的著作。在以他的名字出版的《中国医药概况》中介绍了一些中药品种和中医处方。一个为东印度公司服务的德国医生克来叶(Andreas Cleyer)在1682年出版的译著《中国临床》中节选了《王叔和脉诀》《脉经》《难经》和《黄帝内经》等中医经典。此书使英国医生福劳业(John Floyer)受到启发,发展出一种结合西方和中国诊脉经验的诊断新方法③。大致在这一时期,传教士和受其影响的西方人还是乐于向中医学习的。

随着了解的深入,耶稣会士对接触到的中医事物有臧有否。传教士注意到"中国人给孩子接种疫苗的方法比英国式的更温和、危险性更小"。但他们更津津乐道自己在医学上的成功。如康熙患疟疾时"服用了金鸡纳霜,这种药以前在中国是不为人知的"④。他们观察到中国人对血液循环有所认识,但"并不清楚地知道,血液是以什么方式在流出肺部后分配到全身的,也不知道它们是怎样回

---

① 利玛窦,金尼阁. 利玛窦中国札记[M]. 何高济等,译. 北京:中华书局,1983:34.
② 刘侗,于奕正. 帝京景物略[M]. 北京:北京古籍出版社,1980:207.
③ NICOLAS STANDAERT. Handbook of Christianity in China, Vol. 1: 635 - 1800 [M]. Leiden: Brill, 2001: 795 - 796.
④ 杜赫德. 耶稣会士中国书简:中国回忆录. Ⅵ[M]. 郑德弟,译. 郑州:大象出版社,2005:230.

流肺脏的"①。1705年来北京的罗马教皇特使多罗(Charles-Thomas Maillard De Tournon)患病,太医奉康熙之命为其治疗,一段时间后他觉得清廷宫中"缺乏良医"②。总的说来,这一时期在皇帝要求下清朝宫廷里的中西医之间在制药及临床诊断方面还有合作,但医学理论上的沟通交流则未见其有③。

1793年英国使臣马嘎尔尼(George Macartney)觐见乾隆时,英国古典医学已经逐渐开始近代性的转型,在许多方面与中医拉开了距离。和珅生病时同时延请了中西医师,结果是西医治好了和珅的疝气④。马嘎尔尼使团中人也没有像传教士那样有在中国长期生活的经历,对中医已经没有那份耐心的理解。斯当东(George Thomas Staunton)完全以否定的口吻描写中医的把脉诊断。他还认为:"中国人根本不懂外科,他们连放血都不会。人体解剖是他们所深恶痛绝的。"⑤其实"放血"恰恰是古典西医中最有代表性的糟粕之一⑥。斯当东的指责反映了随着中英社会发展的差距,满怀文明优越感的英国使者们即使接触中医,也有了不屑一顾的倾向。

1807年英国伦敦会传教士马礼逊(Robert Morrison)来华,标志着基督新教与中国接触的开始。马不是专业医生,但受过一点医学的训练。他主编英文刊物《印支搜闻》时,英国的哈克尼(Hackney)公司计划探究全球野生植物分布情况,请马礼逊帮助了解中国百姓的生活习俗、疾病分类、医疗法和中草药的使用和鉴别。这引发了马礼逊对中医中药的兴趣。他购买中国医书与李文斯顿(John Livingstone)共同研究中国医学。李是专业医生,他对中医药和中国疾病分布状况展开研究。1820年他们在澳门设立一家诊疗所,所内配备各种中草药,并收藏了八百多卷中医药书籍,还聘请一位在当地颇有声望的老中医和一位中草药专家到诊所,向他们讲解中医中药。李说自己的目的是想了解中国的药物和疗法是否"可以对现今西方所掌握的、能减轻人类痛苦的手段再做点补充"⑦。显然,在李看来两者的关系已经变成西医为主、中医为辅。随后,在耶鲁大学受过神学和医学训练的伯驾(Peter Parker)是第一个从美国来中国的传教

---

① 杜赫德.耶稣会士中国书简:中国回忆录.IV[M].郑德弟,译.郑州:大象出版社,2005:52-53.
② 杜赫德.耶稣会士中国书简:中国回忆录.VI[M].郑德弟,译.郑州:大象出版社,2005:142.
③ 董少新.形神之间:早期西洋医学入华史稿[M].上海:上海古籍出版社,2008:246.
④ 斯当东.英使谒见乾隆纪实[M].叶笃义,译.上海:上海书店出版社,1997:374-375.
⑤ 斯当东.英使谒见乾隆纪实[M].叶笃义,译.上海:上海书店出版社,1997:222,401.
⑥ 爱德华·V·吉利克.伯驾与中国的开放[M].董少新,译.桂林:广西师范大学出版社,2008:131.
⑦ WONG, WU. History of Chinese Medicine [M]. Shanghai: The Mercury Press, 1936(上海辞书出版社2009年重印):307.

士医生。他于1835年在广州开设了一家眼科医院,该院到1839年发展成治疗各种疾病的医院。1838年英国东印度公司的郭雷枢(Thomas. R. Colledge)、伯驾和裨治文(Elijah C. Bridgeman)等倡议成立了中国医学传教士协会。这个协会认识到中医药治病的价值,建议用中药来加强自己的诊所。同样,他们认为熟悉中国人疾病的情况,将有助于完善他们自己的医学概念,并允许他们去纠正中国人的"错误"。一位名叫道宁(Downing)的医生与当地的中国药师交朋友,称其为"我的专业兄弟",请他解答自己的问题。这位中国药师也表达了对欧洲人如何治病的兴趣。一次这位中国药师生病,请道宁为其开处方,道有机会看遍了药房里的坛坛罐罐。这位老人"从别人意想不到的角落里拿出他的最珍贵的灵丹妙药",让道宁看到了第一手的中国药物学①。

鸦片战争前夕来中国的郭实腊(Karl Friedrich August Gützlaff)也有一点医学知识,他有时给中国的船长和水手们看病,还将他的医疗活动拓展到沿海口岸附近。郭对中医理论有一点了解,但总要向他所遇到的中医挑战。他写道:"与这些在想象力方面是如此出色的人竞争,不是一件容易的事;但我总是能使他们相信,我们的理论付诸实践时,总能产生最有益于健康的效果。"②尽管如此,郭实腊1837年发表了《中国人的医术》,赞扬了中国人的诊脉和草药知识,但又批评中国人"对解剖的无知,外科的无能,在急救时几乎毫无用处"。差不多同时麦都思(Walter H. Medhurst)认为可能是由于耶稣会士的影响,中国医术过去受到了过多的赞誉。《中国丛报》在1840年社论中说得更加直言不讳:"在中国人的医书中如此多的错误和如此少的正确混合在一起……如此多的没有用或者是肯定有害的与如此少的值得一提的东西,这使得弄明白中国人到底知道多少,以及他们怎样运用这些知识及效果如何就变得非常必要和重要了。"③

显然,在明末清初后的两百多年中西医学时断时续的有限接触中,两大医学传统从似曾相识而终于渐行渐远。西医随着工业资本主义时代的到来,作为学科和行业都在发生近代性的转变,而中医却依然停留在古代世界,相应地在历史进程的时差里西方人对中医的评价开始走低。

---

① LINDA L. BARNES. Needles, Herbs, Gods, and Ghosts: China, Healing, and the West to 1848 [M]. Cambridge, Mass: Harvard University Press, 2005: 296.
② LINDA L. BARNES. Needles, Herbs, Gods, and Ghosts: China, Healing, and the West to 1848 [M]. Cambridge, Mass: Harvard University Press, 2005: 288.
③ LINDA L. BARNES. Needles, Herbs, Gods, and Ghosts: China, Healing, and the West to 1848 [M]. Cambridge, Mass: Harvard University Press, 2005: 238.

二

两次鸦片战争后的不平等条约使得传教士的活动空间扩大到整个中国,医学传教活动以诊所和医院的形式从中国的边缘向中心推进,开启了医学传教士接触和认识中医的新阶段。但此时西医的知识结构已经发生了深刻的变化。19世纪是西方医学高歌猛进的时代。细胞病理学说及细菌学的发展对疾病原因提供了更准确的说明。化学研究带来了麻醉药和消毒化学剂的发明,使得外科手术成为西医的强项。药理学的发展推动了制药业的进步。听诊器、血压计、体温计以及一系列光学器械的应用推动了临床医学的进步。至今仍在刊行的医学界权威杂志《柳叶刀》也在1823年问世①。这使得海外传教士可以通过杂志了解最新的医学成果和发表自己的研究②。这些传教士尤其是大学医学教育科班出身的医学传教士显然会用西医的标准来比较中医。前者被看作是现代的和科学的,后者则成为传统的和非科学的甚至迷信的。在这样的视角下,他们对中医批评如潮。

他们批评中国医学缺乏以解剖学为基础的人体器官和生理学知识。英国伦敦会传教士医生合信(Benjamin Hobson)最早在《全体新论》的序言中批评中国医学缺乏以解剖学为基础的人体知识。他说:"予来粤有年,施医之暇,时习华文,每见中土医书所载骨肉脏腑经络,多不知其体用,辄为掩卷叹惜。夫医学一道,工夫甚巨,关系非轻。不知部位者,即不知病源;不知病源者,即不明治法;不明治法而用平常之药,犹属不致大害。若捕风捉影以药试病,将有不忍言者矣。"③这点被这些医生们一再重复。英国人德贞(John Dudgeon)担任过北京的英国伦敦会医院的外科医生,还被聘为英国驻京使团的外科医生和同文馆的解剖学和生理学教授,对中国医术有所了解,他认为中医缺乏正确的人体知识,很多理论基于猜测和附会。翻译过《省身指掌》的美国传教士博恒理(Henry W. Porter)也提到与中医大夫探讨过人体内部构造,但中医"所言皆出臆度",中

---

① 罗伊·波特.剑桥医学史[M].张大庆等,译.长春:吉林人民出版社,2000:612.

② 例如德贞在华时期就曾在《爱丁堡医学杂志》(*Edinburgh Medical Journal*)和《格拉斯哥医学杂志》(*Glasgow Medical Journal*)发表医学论文。参见:高晞.德贞传——一个英国传教士与晚清医学近代化[M].上海:复旦大学出版社,2009:489.

③ 合信.全体新论[M].咸丰元年新镌,上海墨海书馆藏板:1.

医著作"所言经络脏腑,诸多舛讹"①。在天津行医的英国伦敦会马根济(John K. Mackenzie)的说法更苛刻,认为中医"关于解剖学和生理学的知识几乎等于零,他们以荒谬的理论来代替这些准确的知识"②。

与解剖学相关的外科是医学传教士的一个老话题了。早在 1838 年郭雷枢在美国费城发表题为"中国医务传道会"的演讲,其中提到"中医的医疗充满了儿戏般的迷信;即使是富人也无法得到外科手术的治疗,因为他们不懂得任何外科手术"。③ 高德(Wm. Gauld)在 1877 年的大会上说:"在外科方面,医学传教士有一个完全属于自己的领域,在这里直接的、经常是迅速的效果使中国人大为震惊,传教士在这方面的优势毋庸置疑。"④中国医学中的外科经验在传教士眼中根本就不值一提。

从西医的病理学和药理学出发,他们对中医用药理论的哲学联想方法也有尖锐的质疑。合信在《内科新说》序言中说:"中土医书,方论浩繁……每论一病,必浮举阴阳五行,缠绕不休,每用一药,必以色香形味,分配脏腑,更或高谈脉理,妄事神巫,脏腑功用,茫然不知,甚矣医学之衰也。"⑤在东北行医多年的苏格兰长老会传教士司督阁(Dugald Christie)对中医理论是有所了解的,他知道中医把人体和五行联系起来,疾病是五行失去平衡的结果,要恢复健康,就要用根据五行分类的药物去恢复五种器官平衡的理论。他感叹道:"中医的说道实在是太复杂了。"在他的叙述中全是中医大大小小的医疗事故,他评论说:"中国医学处于如此的混乱状态,治疗方法又是这样荒谬和千奇百怪,期待患者对医生抱有更大的信心是不现实的。"⑥花之安(Ernest Faber)在著名的《自西徂东》中说自己"尝考中国医书,汗牛充栋,然求其颇有可取者,尚多臆度之说。如论病则以阴阳五行相生相克立说,论脉则以寸关尺为言,论药则以一味可医数十症,且言其轻

---

① 博恒理.省身指掌序.京都灯市口美华书院,光绪十一年.转引自:高晞.德贞传——一个英国传教士与晚清医学近代化[M].上海:复旦大学出版社,2009:298.

② MRS. BRYSON. John Kenneth Mackenzie: Medical Missionary to China [M]. London: Hodder and Stoughton, 1891:102.

③ The Medical Missionary Society in China: appendix. pp. 3 - 5.转引自:吴义雄.在宗教与世俗之间——基督教新教传教士在华南沿海的早期活动研究[M].广州:广东教育出版社,2000:297.

④ WM. GAULD, Medical Missions. Records of the General Conference of the Protestant Missionaries of China: Held at Shanghai, May 10 - 24, 1877 [M]. Shanghai: Presbyterian Mission Press, 1878:120.

⑤ 合信.总论病原及治法[M]//内科新说.铸记书局,咸丰年印本:1.

⑥ 杜格尔德·克里斯蒂.奉天三十年(1883—1913)[M].张士尊等,译.武汉:湖北人民出版社,2007:30,35.

身益寿延年,岂不大谬"①。对中医药典把人体器官入药他们更提出很多非议。据玛高温医生(Daniel J. MacGowan)统计,中药中用人体器官做成的药品至少有32种之多②。

对中医"望、闻、问、切"的诊断方法,特别是以前一度被欧洲人推崇的中国切脉之法,现在医学传教士也专门给予猛烈批评。雒维廉(William Lockhart)认为,无穷无尽的解脉种类多为空想。合信认为:对于血液循环,中医"迷惑不解,错误百出",不知静脉、动脉之分,对心脏的真正功能一无所知,也不懂得血液在毛细血管和肺中的变化。他发现在中医中"每一脉对应一个内脏,但却无一脉对应大脑",真是荒唐可笑③。德贞说:"尝读中医脉书,云五脏六腑十二经脉,以五脏六腑计之,其数十一,不符十二之数,中医多强名牵合,有指为包络膻中者,有言应命门三焦者,聚讼纷然,指无一定,无非牵合臆断,以足十二经之数。"④他进一步认为:"再所言脉分两手,寸关尺仅止六部,若以诊五脏之病,则多一部,若候十二经之脉,则少六部,以理推之,咸多附会之谈耳,贻误后世。"因此中医常有误诊,"妇人之脉常以妊娠为经闭,每用行经破血之药,往往攻堕其胎,甚至子母两伤"⑤。

传教士们还像利玛窦一样看到了中国缺乏专门的医学教育,并认为这是导致中国医学落后的根源。合信指出"中土医学,今不如古",原因在于中医没有专门的医学教育和医生资格考试制度。他在《西医略论》中说:"西国医士,必须屡经考试,取列有名,方准行世,其贵如中国举人进士之名,其法略如中国考取文士之例,所以习之者精益求精,中国医士,士人自为之,不经官考,不加显荣,此不精之故一也。"⑥花之安则讲:"泰西医师,职甚尊崇,非学经考选,不能与世应酬,非若华人浅尝辄止,妄自尊大者同其科也。"他还抨击"无如有等读些少脉论,略识几味药性,晓得数条汤头,遂诩诩然自命为儒医,且有等高车稳坐,自夸为行时,而扣其所学,多是杀人之技"⑦,指出了这种制度性缺陷的严重后果。

---

① 花之安. 自西徂东[M]. 上海:上海书店出版社,2002:207.
② 丁韪良. 花甲忆记:一位美国传教士眼中的晚清帝国[M]. 沈弘等,译. 桂林:广西师范大学出版社,2004:217-218.
③ WILLIAM LOCKHART. The Medical Missionary in China: A Narrative of Twenty Year's Experience [M]. London: Hurst and Blackett, 1861: 115. HOBSON. Report of Chinese Hospital at Shanghai, for 1857 (pamphlet) [R]. Shanghai, 1858 (quoated in Lockhart, p. 385). 转引自:爱德华·V·吉利克. 伯驾与中国的开放[M]. 董少新,译. 桂林:广西师范大学出版社,2008:38.
④ 德贞. 西医举隅·脉论[M]. 光绪己亥正月刻本:7.
⑤ 德贞. 西医举隅·脉论[M]. 光绪己亥正月刻本:9.
⑥ 合信. 中西医学论[M]//西医略论. 铸记书局,咸丰年印本:1.
⑦ 花之安. 自西徂东[M]. 上海:上海书店出版社,2002:207.

对中医业者的水平和医德,传教士也颇有非议。下乡传教时经常给人发药的李提摩太(Timothy Richard)就说过中国当时最好的医生"医术不比西方一个高明的草药商强多少"①。高德说:"任何无法以其他手段谋生的,但能读懂医书又会抄写方子的人,都可以行医。在很大程度上,人们都落到庸医手中,他们主要目的就是向病人收费,而不管后果如何。"②而中国社会种种带有民间信仰色彩的所谓治病行为,在他们看来更是荒诞不经。在成都的加拿大合一教会教士启尔德(O. L. Kilborn)则对中医业者的水平和医德评价很低。他在1901年4月发表的《中国医药差会的事工》中说,中国不合格的医生多如牛毛,而且都是精通各科知识的"通才"。他们惟一目的是劝说患者接受他们的处方。如果误诊了,他们会千方百计地为自己开脱,最重要的理由是指责病人或许吃了某种犯克的食物③。

传教士还批评中医的保守性。德贞1869年至1871年在传教运动主流刊物《教务杂志》上连续八期发表长文,批评中国医术在近代以来因为保守而日益落后了,"他们的病理学至今还与盖伦的病理学相似"。他认为在中国"医书越古老越受尊重。这一点他们和我们有很大不同。中国书几乎销不动,西方则年年有新的版本,为的是与新的发现保持同步"④。德贞说自己"访考医术二十余年,叹中国之医书甚多,何明医之绝少也。细究其弊,一由于无专功,一由于泥古法"⑤。司督阁则认为"在许多世纪里,(中医)关于致病的原理和治疗的手段却止步不前"⑥。

在批评中国医学方面最有影响的人是美国长老会的嘉约翰(John G. Kerr)了。1877年5月在上海召开的第一次新教在华传教士大会上,嘉约翰宣读有关医学差会的论文,他提出东方民族医疗方面的九个问题。第一、对解剖学和生理学彻底的无知,而且还用荒谬的理论来替代真正的知识;第二、对疾病本质的无知,把疾病起源归因于并不存在的原因,以五行和阴阳说来解释病情;第三、在很大程度上对药物性质的无知;第四、认为外科是极其原始和残忍的;第五、产科不仅谬论盛行,而且一旦病情紧急急需手术时,要么手法野蛮,要么不知

---

① 苏慧廉. 李提摩太在中国[M]. 关志远等,译. 桂林:广西师范大学出版社,2007:46.
② Records of the General Conference of the Protestant Missionaries of China: Held at Shanghai, May 10-24, 1877 [M]. Shanghai: Presbyterian Mission Press, 1878: 119.
③ O. L. KILBORN. Medical Mission Work in China [J]. The Chinese Recorder, 1901(4): 175.
④ J. DUDGEON. Chinese Arts of Healing [J]. The Chinese Recorder, 1869(11): 164.
⑤ 德贞. 全体通考[M]. 同文馆聚珍版,光绪丙成孟夏印本自序:1-2.
⑥ 杜格尔德·克里斯蒂. 奉天三十年(1883—1913)[M]. 张士尊等,译. 武汉:湖北人民出版社,2007:29.

所措,"在中国这样一个人口众多的国家,如果今天能拿出一个百年的统计数据,那么一定会披露令人恐怖的受折磨和丢了性命的人的数字";第六、迷信的思想和行为主宰着所有未经启蒙的民族的医疗并使其误入歧途;第七、对儿科卫生和儿科疾病的无知;第八、完全没有卫生法规;第九、没有照顾病患的慈善机构①。嘉约翰实际上从医学和药学的理论、临床实践、医疗体制和政策管理等方面,几乎彻底否定了中医。嘉约翰后来还担任了传教士医生学术组织"博医会"的首任主席和《博医会报》的首任主编,可见这种否定中医思想的认同度了。在1890年第二次在华新教传教士大会上,内地会的道思韦德(A. W. Douthwaite)作医药传教的报告时说"关于中国的医学科学我们能说什么呢?根本就不存在这样的东西"②。总之,在19世纪来华的大部分传教士医生那里,中医被看成是与现代世界不相容的古代世界的产物而已。在这些医学传教士的视野中,中医是没有地位的。

不过,中医的问题是不可能这么简单的。因为,备受传教士批评的中医在这个时代几乎没有变化,只是其缺陷在同时代西医的对照下被相对地凸显出来了,但怎么也不至于因为西医的出现,中医只有"无知"而没有合理的一面。正如对中医多有批评的司督阁在自传中不得不问道:"中医有这么多缺点,难道没有优点吗?"③就连很是轻蔑中医的丁韪良(W. A. P. Martin)也苛刻地承认"在对疾病的治疗当中,中医虽然既无研究又无科学,但几千年来积累起来的经验肯定会像瞎猫抓耗子那样,摸索出一些行之有效的疗法"④。因此,当这些传教士转向中医的经验领域或者西医所没有的领域时,他们无法忽视本地医学的贡献。

他们最先看到的是中药的疗效。传教士医生们往往对中医采取"医""药"分离的态度。汉口威尔斯利会的斯密斯(J. Porter Smith)和嘉约翰都较早撰写有关中药的著作⑤。1858年合信在《内科新说》中有意识地对比了中西的药物。其

---

① Records of the General Conference of the Protestant Missionaries of China: Held at Shanghai, May 10 – 24, 1877 [M]. Shanghai: Presbyterian Mission Press, 1878: 115 – 117.
② Records of the General Conference of the Protestant Missionaries of China: Held at Shanghai, May 7 – 20, 1890 [M]. Shanghai: American Presbyterian Mission Press, 1890: 270.
③ 杜格尔德·克里斯蒂. 奉天三十年(1883—1913)[M]. 张士尊等, 译. 武汉: 湖北人民出版社, 2007: 32.
④ 丁韪良. 花甲忆记:一位美国传教士眼中的晚清帝国[M]. 沈弘等, 译. 桂林: 广西师范大学出版社, 2004: 217.
⑤ KENNETH S. LATOURETTE. A History of Christian Missions in China [M]. New York: The MacMillan Company, 1929: 460.

中《东西本草录要》认为有的西医用药和中医医理相通,如茯苓、车前子等药;有的则中西医医理不同,但西医所用的多有中医本草中记载的药材①。他还主张西医在中国"药剂以中土所产为主,有必须备用,而中土所无者间用番药"②。可见他对于中医药材还是比较能接受的。此外,在中国从事传教,药费始终是传教士医生们考虑的重要因素。医药传教士金(Geo. King)指出在中国的医学传教活动面临西药材供给紧缺,因此在这样的环境中任何可以信赖的药材都是有价值的。他以中医使用的鸡嗉囊为例,说当时在美国已经有研究证明可以用鸡嗉囊作为促进消化的药物,而且他在中国也有用此药治愈病人的经验③。毕业于美国霍普金斯大学医学院的聂会东(James B. Neal)在1891递交给中华博医会关于中国药物问题委员会的报告中,认为当时对于中国药物的研究"既缺乏广度也远没有被外国医药工作者充分利用"。他建议教会诊所应当更广泛地利用中国本土药物。他对60种在济南地区可以购买到的药材用西医及近代化学的方法进行了测量,除了小部分没有能量化外,对大部分药物都给出了外表、物理、化学性质等指标,而且具体指出其中哪些药物是确实有作用的,哪些是没有药效的④。不少传教士还对中药材进行了长期研究。

医药传教士对于中医传统中强身健体的运动疗法表现出很大兴趣。德贞的《中国医术》回顾了古希腊罗马文明体育运动的传统,强调这类运动在印度和中国这类古国中也同样源远流长,因为在中国周代的《周礼》中就提到了"射"与"御"的重要性。他认为运动疗法在预防、治疗某些疾病以及作为愈后恢复的手段等方面有一定的价值⑤。而随着西方医学自身的发展,瑞典、德国、英国等国的医学人士提出了理疗以及身体锻炼在预防疾病中作用的理论。所以,德贞还专门节译了明代的《遵生八笺》编辑为《功夫:道家的医疗体操》一书传播国外⑥。曾担任香港爱丽斯医院首任院长的英国伦敦会医学传教士谭臣(John C. Thomson)也对中国的运动疗法有所青睐⑦。

---

① 合信,管嗣复等.内科新说·卷下·东西本草录要[M]//西医五种.铸记书局咸丰年印本,上海图书馆藏:1.
② 合信,管嗣复等.内科新说·例言[M]//西医五种.铸记书局咸丰年印本,上海图书馆藏:1.
③ GEO. KING. A Cheap Substitute for Pepsin [J]. The Chinese Medical Missionary Journal, 1891(3):24-25.
④ JAMES BOYD NEAL. Inorganic Native Drugs of Chinanfu [J]. The Chinese Medical Missionary Journal,1891(12):193-204.
⑤ J. DUDGEON. Chinese Arts of Healing [J]. The Chinese Recorder, 1872(4):281,282,284.
⑥ 李经纬.中外医学交流史[M].长沙:湖南教育出版社,1998:317.
⑦ JOHN C. THOMSON. Surgery in China [J]. The Chinese Medical Missionary Journal, 1893(3):3-4.

即使在前面被一些医学传教士痛批的几个方面,也有人提出肯定的看法。英国传教士医生雒维廉1841年说:"不能这样推断中国人在医学问题上的所有意见都仅仅是胡说,因为他们的一些著作显然是由一些很有天赋的人写作的,他们已经非常仔细地检验了疾病的本质和起因,一些用于控制传染病的规则和观念是决不能被轻视的。"雒维廉还指出在北京太医院"人人对医学非常熟悉,拥有无可非议的品格。人们通过考试进入学院,担任职务,行医治病"①。雒维廉显然已经觉察到被西医们一概而论的中医业者实际上存在着不同的层次,不能把游方郎中和江湖骗子与中医一概而论。他还赞扬说:"在很大程度上(中国)医生依靠经验非常明智地处理病例。尽管他们的医学理论是不完善的,但他们掌握了许多药物的性能和用法;他们也明白不同形式饮食的用途。作为准确的观察者他们能仔细的追溯病因、找到治愈疾病的办法。他们能根据经验对症下药。"②谭臣在1892年撰文专门讨论"中国的外科"。他对中国古代医学成就给予很多肯定,称:"中国的外科系统(如果可以称其为"系统"的话)产生于4500年前,那时候人们就知道血液循环。早在公元前1100年,中国人就能勇敢而有技巧地做阉割手术;公元前6世纪就能解剖人体;公元前4世纪发明了按摩疗法;在基督纪元到来之前,中国人就用现在西方的方法治疗梅毒;公元3世纪,就发现有人使用麻醉剂,至少开始开孔;公元6世纪在腹部手术上取得长足进步。"③

不过,尽管我们还可以找一些类似的例子,但医学传教士们对中医的认同仅仅在这些有限的问题上。我们可以看到像嘉约翰、合信、德贞及雒维廉等对中医说过一些好话的人,也正是在要害问题上猛批中医的人。两种看法不是等量齐观而是有主次之分的。批评中医是传教士医学界的强势话语。研究美国长老会在华历史的布朗(G. Thompson Brown)说:"近年以来,医学传教士因为他们对传统中国医学的敌视而被批评。但是,科莱恩(Sophie Crane)认为这方面有一些可以理解的原因:(1)他们所来自的美国医学界正进入一个把'庸医'驱逐出业界的阶段,它对任何被认为是对医学的科学基础的偏离都不能容忍;(2)医学传教士碰到过许多在传统医生手里受了折磨的悲惨的患者;(3)他们繁忙的日程和语言的限制使得他们很少有机会与中医业者交流,后者感到自己受到来自

---

① LINDA L. BARNES. Needles, Herbs, Gods, and Ghosts: China, Healing, and the West to 1848 [M]. Cambridge, Mass: Harvard University Press, 2005: 239 - 240.
② WILLIAM LOCKHART. The Medical Missionary in China: A Narrative of Twenty Year's Experience [M]. London: Hurst and Blackett, 1861: 113 - 114.
③ JOHN C. THOMSON. Surgery in China [J]. The Chinese Medical Missionary Journal, 1892(12): 219 - 220.

外国的医生竞争的威胁。"①其实除了这些比较堂皇的原因之外,医学传教士评论中医还受制于一些别的因素。

首先,传教士医疗事业耗费传教事业的人力和物力,又不能直接传教,因此其价值在教会内部常受质疑。最强烈的质疑往往来自布道传教士。1874年传教士斯加布罗夫(William Scarborough)在5、6月号《教务杂志》上发表了《医药传教士》的长文。他声称自己传教多年,与汉口卫理公会医院有10年之久的联系,他赞扬医药传教士做了"不可否认的好事",是"最受欢迎的外国人",但却狠狠批评它不像是个传教机构,而仅仅是"慈善机构",有点与信仰基督教不相干②。因此,为了维护自身事业在整个传教运动中的合法性,医学传教士必然要在各种场合批评中医。就像高晞指出的,嘉约翰在传教大会上针对中医的发言是"为强化医学传教在中国的必要性和可行性"③。他们通过否定中医的价值,来证明自己作为传教士而在中国行医的合理性,求得教会内部的支持。在这种教会圈内政治的考量下来谈中医难免有失真之处了。

其次,正如柯文(Paul A. Cohen)指出的:"从广义上来讲,19世纪末西方的优越感在本质上是包罗万象的,不仅是在诸如财富和力量等物质范畴方面,而且包括了文化、宗教、道德、风俗及其他的精神领域。"④这一时期来华的传教士,往往有强烈的文化和宗教的优越感。在一些来华传教士眼中,东方诸民族正处于灭亡的阴影中,"没有希望、没有上帝,自愿成为罪恶和撒旦的奴隶"⑤。明恩浦(Arthur H. Smith)晚年写给年轻传教士的手册中说得很直白:"就说年轻传教士到中国来这件事,这就是假设他有一种优势——否则,他来干什么?"⑥这种优越感往往导致传教士轻视甚至缺乏正面认识一切本地文化成果的意愿。嘉约翰在宣读的论文中,反复使用"未开化民族""未经启蒙的国家"这样的词汇来描写中国的医疗状况,正是这种思想的表现。

---

① SOPHIE M. CRANE. PCUS Overseas Medical Missions//Manuscript prepared for the PCUSA Global Mission Unit,1992:31-32. See: G. THOMPSON BROWN. Earthen Vessels & Transcendent Power: American Presbyterians in China: 1837-1952 [M]. New York: Orbis Books, 1997: 225.
② WILLIAM SCARBOROUGH. Medical Missions [J]. The Chinese Recorder, 1874(5-6): 137, 144.
③ 高晞. 德贞传——一个英国传教士与晚清医学近代化[M]. 上海:复旦大学出版社,2009:100.
④ 柯文. 20世纪晚期中西之间的知识交流[J]. 陶飞亚,译. 文史哲,1998,4:22.
⑤ 爱德华·V·吉利克. 伯驾与中国的开放[M]. 董少新,译. 桂林:广西师范大学出版社,2008:29.
⑥ The Editor. The Relations between Missionaries and the Chinese [C]//ARTHUR H. SMITH. ed. A Manual for Young Missionaries to China. Shanghai: Christian Literature Publishing House, 1918: 45.

最后，即使医学传教士要想深入认识中医，这一时期也有条件的限制。教会诊所和医院规模比较小，医学传教士疲于诊疗与宣教之间。同时，对中国语言文化的了解有限，客观上也不太具备深入研究中医必需的条件。此外，在传教士对中医议论纷纷之际，中国人一方是失语的。一批接触到西医的中国人，惊眩于西医的新奇和疗效，反观出中医的种种不足，几乎完全失去了对中医的信心，成为传教士批评中医的文字助手。前面提到的合信和德贞的中文著作，就是在中医人士的帮助下写成的。在这些文字中，可能也体现了这些中国人在接触西医后对中医的批评。

但值得注意的是，当时医学传教士人数很少，但能量很大。教会医院也逐步在城市铺开。中国朝野接受西医几乎没有什么障碍，医学传教士得到中国官绅赞赏的例子比比皆是①。在 1907 年召开的传教士来华百年大会上，担任医学分会主席的司督阁宣布教会医学院学生的文凭得到了清政府承认②。1910—1911 年东北鼠疫大爆发，西医被官方委以防疫重任并成功控制了疫情，这被看成是西方医学在中国被认可的标志性事件③。辛亥之后，这种官方认同西医的趋势继续发展，医学传教士要在一个新的行医环境下来审视中医了。

三

民国以后中国医疗事业格局大变。在北洋政府和国民政府的制度安排里，西医获得了中国医疗事业的领导权，形成了"西医在朝，中医在野"的局面，而后则是中医不断地受到挤压和奋起抗争④。对医学传教士来说，教会医疗事业一枝独秀的风光不再，其地位逐渐被中国人的西医事业所超越，后者掌握了医疗政治的话语权。另外，在传教运动内部，教会医疗事业的重要性已经得到教内各方和传教运动领袖穆德的肯定⑤。因此他们在观察中医时，已经不必再从为西医开拓空间和在教内争取医疗事业地位这两个方面来考量了，而更多的是在医言

---

① 合信. 全体新论·赞[M]. 江苏上海墨海书馆藏板，咸丰元年新镌；德贞. 西医举隅[M]. 光绪己亥正月刻本，上海图书馆藏本，毛昶熙序；万国药方[M]. 洪士提反，译. 美华书馆，中华民国六年十三次重印，上海图书馆藏，李鸿章序：11 - 14.

② China Centenary Missionary Conference Records, Reports of the Great Conference, Held at Shanghai, April 5th-May 8th, 1907 [R]. New York: American Tract Society, 1907: 263.

③ 何小莲. 西医东渐与文化调适[M]. 上海：上海古籍出版社，2006：6.

④ 李经纬. 中医史[M]. 海口：海南出版社，2007：398 - 399.

⑤ R. J. SHIELDS, M. D. Why We Need Medical Schools [J]. The Chinese Recorder, 1913(10): 597.

医。传教士也较早地感受到民族主义对教会医疗事业的挑战。聂会东注意到："中国最近的运动已经在人民中发展出民族主义的愿望……我们必须承认这一点，使我们工作中的外国因素越少越好……"①因此，在中国人自己废中医的争论甚嚣尘上之际②，医学传教士并没有随声附和。相反，正如科学认识上常有的物极必反，他们在道尽中医的不是后，一些人开始从疗效出发关注中医的"经验技术"（empirical skill），重视中医药的文字反而日渐增多，而不再像先前那样仅仅是零星和偶然的现象。

对中药的关注这一时期有了重要的成果。1911年美国美以美会的师图尔（George. A. Stuart）医生出版《中国药物学：植物类》。此书被《中国医史》称为这一时期"最有价值的医书"③。师氏因去世而未能继续原来全面研究中药的计划。一直关注中药的英国伦敦会传教士伊博恩（Bernard E. Read）更是研究中药的佼佼者。他从1920年出任北京协和医学院药理系主任起就对中药进行研究。在随后的20年中他发表了大量关于中药的论文著作。1923年7月他为了帮助对中药有兴趣的西医们，开展与实验室工作人员的有效合作，推进这方面的研究，专门发表了《西医（关心）的中药疗效》一文，列出了一批中药名单，并规定送到实验室检验时的具体要求④。1924年他把中国丰富的草药资源分为三类，第一类是众所周知的与西药标准一致的中草药，第二类是植物学性质相近可以取代西药标准的草药，第三类是值得现代医学科学研究其药用价值的植物。他还和同事一起到冀州每半年一次的中药集市上去，看到了来自中国十三个药材中心的客商在这里从事药材交易。药材中"有从遥远的西藏来的藏红花，广州来的橘子皮和荔枝干、蒙古来的蘑菇和黄芪、四川来的大黄等。那里敬献给著名的药王的没药和乳香，就像（圣经中）智者献给婴儿基督的宝贝"。他的同行、一个受过很好训练的药剂师第一句话就是"这些样品真是出奇的好"。伊博恩认为中国批发市场上的中药材极为纯净，应该使那些有兴趣购买药物的同行更加重视中药材⑤。1931年他发表了中药中动物药材的研究。英国长老会的马雅各

---

① J. B. NEAL. Medical Schools in China [J]. The Chinese Recorder, 1913(10): 595.
② 张效霞. 无知与偏见：中医存废百年之争[M]. 济南：山东科学技术出版社, 2007: 12, 104; 刘理想. 中医存废之争[M]. 北京：中国中医药出版社, 2007: 69-78.
③ WONG, WU. History of Chinese Medicine [M]. Shanghai: The Mercury Press, 1936(上海辞书出版社2009年重印): 643.
④ B. E. READ. Chinese Drugs of Therapeutic Interest to Western Physicians [J]. Chinese Medical Journal, 1923(7): 589-591.
⑤ B. E. READ, Ph. C., M. S. Peking Union Medical College. Chinese Materia Medica (vegetable kingdom) [J]. Chinese Medical Journal, 1924(8): 637-639.

(James L. Maxwell)在书评中说:"伊博恩博士成功地把在中国使用的动物类药的丰富信息收集到一起,这将是非常有价值的。"但马雅各认为"作者绝没有穷尽动物类的药材,例如爬行动物和昆虫都没有包括在介绍具体情况的单子中。在中国药典中这两类东西有相当多"。和传教士从前一概否定动物类中药的看法不同,马雅各还说:"现如今有一种明确的在科学实验基础上回归使用动物制剂的倾向。尽管在中国多少代以来对动物制剂的过分使用使其显得近乎荒谬,但其中一定有某种经验的基础促成这种做法。"①伊氏直到抗战爆发前还发表了中国药典中昆虫类药物的研究,在中西药比较研究方面有重要成就。

传教士医生们对中医的总体看法也有转变。也是在1911年,美国圣公会的吉佛瑞(W. Hamilton Jefferys)和马雅各合作出版了《中国的疾病》一书。该书受到《中国医史》的高度评价②。书中一开始说:"提到中国的行医,这不仅仅是一个学术话题,而是我们必须有一个清楚的认识和对这个国家本土的医疗实践有一种适当的欣赏,在这一点上,我们指的是其医药和外科古老的经验实践,它在历史上的地位、价值和缺点及其与科学的医学的关系。让我们有点慷慨精神,坦率地承认我们自己的行医实践(历史)也是不容乐观的,有时也被贪渎、迷信和庸医弄得一片阴暗。这些不是科学的医学实践,一丁点都不是。他们是滥竽充数者、寄生虫和过去时代的垃圾。如果这是我们伟大专业的真相的话,那么,对在中国本地医疗中发现的同样的事情被百倍夸张了这一点上,我们还有什么怀疑吗?"作者承认他们过去对中医的认识在很大程度上是不正确的。中国"存在着一种理性的、半科学的、当然是有尊严的经验型的看病行医,这可以追溯到数百年之前,这代表了许许多多的聪明人的思想和经验,值得我们尊重和在更大的视野中来思考"。他们还具体地谈到中国医术的一些问题。对中医五行说他们解释说"根据中国人的哲学存在着金、木、水、火、土5种元素,人体由这五种物质和谐结合而成。只要各种物质所占比例合适,人体就能达到平衡,就会健康。如果任何一种元素占了支配地位,超出其本来状态占了上风的话,这一系统就会紊乱,人体就会生病。为了能完全理解这一系统,我们必须剔除过去的旧观念"。显然,传教士医生在这里初步看到了中医的理论中的整体观念,而批评传教士过去对中医整体观不屑一顾的态度。他们还认为:"这是(中国)正统的医学治疗体

---

① JAMES L. MAXWELL. Chinese Materia Medica, Animal Druges. By Bernard E. Read [J]. Chinese Medical Journal,1931(12):1204.
② WONG, WU. History of Chinese Medicine [M]. Shanghai: The Mercury Press,1936(上海辞书出版社 2009 年重印):643-644.

系,外国医生若不加以采纳,很难有机会争取到病人,很难帮助病人。"①他们还针对传教士医生中流行的看法说道:"说中国人一点不懂解剖学和生理学是不正确的。他们对器官所处的位置与各自的联系非常清楚。一定程度上,中国人对身体各个器官的功能有大致的了解。"②他们对中药的看法是"任何东西,尽管在自然界是令人恶心的东西,但使用在医学上却十分有用"③。中医内服的药要比他们的外科手术领先得多④。谈到西医与中医的关系时,他们认为:"科学的行医者与本地经验型的行医者并没有丝毫的对立。从伦理和理论的观点来看,没有什么理由双方不能互相对话。事实上,拒绝承认中医的合法地位,或者认为他们是一些庸医和江湖骗子的人,是迂腐和心胸狭隘的,这样,明智的合作就无法开展。中医对我们完全没有成见,他们经常询问我们的意见,邀请我们去会诊。"⑤显然他们认为传教士医生应该展开与中医的对话与合作。两位作者多年在中国行医并先后担任过《博医会报》的编辑,他们从经验出发,谈到要对中医有"适当的欣赏",这在医学传教士中是具有立场变化的象征意义的。

　　传教士医学刊物对中医的议论也发生了变化。1916年《博医会报》在创办30年后发表了社论《中国的医学与外科》,对过去传教士对中医的批评作了很好的分析。文章指出,过去医药传教士为了争取母国教会支持自己在中国行医,往往强调中国本土医药和外科的落后,通过图解把中药说成是中国医生弄出来的奇怪的、令人厌恶的混合物,还有就是经常提到中医使用针灸后的灾难性后果。社论认为"这些都是真实的,也确实提供了有说服力的合理的论据。但有时人们不禁会这样想,如果中医这样无效或者只有过错的话,那么像中国人这样理性的人民早就会彻底抛弃这一整套的本土医疗办法了。它存在了这么多个世纪本身就说明了它即使不是经常地,也会偶尔有好的疗效"。社论针对医学传教士中流行的一概否定针灸的看法,提出要注意到针灸一行"在无知者用肮脏的针对付各种各样疾病和以技术和知识用完全干净的针治病之间,存在着巨大的差别"⑥。

---

① W. HAMILTON JEFFERYS, JAMES L. MAXWELL. The Diseases of China, Including Formosa and Korea [M]. Philadelphia: P. Blakiston's Son & Co., 1911: 13-14.
② W. HAMILTON JEFFERYS, JAMES L. MAXWELL. The Diseases of China, Including Formosa and Korea [M]. Philadelphia: P. Blakiston's Son & Co., 1911: 15.
③ W. HAMILTON JEFFERYS, JAMES L. MAXWELL. The Diseases of China, Including Formosa and Korea [M]. Philadelphia: P. Blakiston's Son & Co., 1911: 19.
④ W. HAMILTON JEFFERYS, JAMES L. MAXWELL. The Diseases of China, Including Formosa and Korea [M]. Philadelphia: P. Blakiston's Son & Co., 1911: 23.
⑤ W. HAMILTON JEFFERYS, JAMES L. MAXWELL. The Diseases of China, Including Formosa and Korea [M]. Philadelphia: P. Blakiston's Son & Co., 1911: 24.
⑥ Editorial. Chinese Medicine and Surgery [J]. Chinese Medical Journal, 1916(11): 432.

就中药而言,社论批评说:"尽管中国人有许多药物与西方国家药典上的是一样的,但如果外国医生倾向于谴责整个本土医药体系,甚至在进口药价出奇昂贵的当下也难得使用中药的话,那么他们觉得一些(不见于西方药典的)中药古怪和令人厌恶就不足为奇了。"[1]社论还提到了中国人相信许多"秘方"的现象,批评了对此一概否定的看法,认为"这个问题需要不带偏见地彻底的调查研究。像波特(Porter)的《中国药典》和海关报告上有很多关于中药有用的信息,必要的是需要根据科学的药理学来测试中药。我们对中药的调查不会完全是徒劳的"。社论特别举了中医用"蟾酥"类药物有效地治疗水肿的例子,声称"如果同样调查的话,我们可能发现其他中药也非常具有价值。我们的困难是如何获得这些药物,以及如何大量地获得它们"[2]。这篇社论意味深长的地方是它转换了看问题的逻辑:它从中医存在这么久、中国人这么相信中医的事实,推断其中必然存在合理性,要求医学传教士团体对其进行科学调查。杂志承认:"也许我们传教士并不总是能充分领会中国人感情和信念的深度和力量,正是这种东西在如此多的方面把我们和中国人区别开来。"[3]医学传教士开始认识到自己在理解中医文化时的局限了。社论在一定程度上也算是一种舆论导向,它要纠正传教士对中国医药的绝对化的偏颇。

民国以后教会大学得到了较快发展。这一时期的一个显著现象是教会大学医学院院长们先后以著作形式发表对中医的看法。曾任齐鲁大学医学院院长的巴慕德(Harold Balme)在山东行医16年后于1921年出版了《中国和现代医学:医学传教发展的研究》。巴氏是从反思西医开始认识中医的:"我们嘲笑中医们对于人体病因的认识及其对疾病独特的分类是很容易的。但是,我们容易彻底忘记不到一个世纪以前我们自己医学教科书中同样充斥着不科学的理论。翻开那时候任何有关生理学的论文,或者看一下有关疾病原因的著作,你会发现一个经验观察和迷信说法的大杂烩,其中不止一次地提到了各种影响身体机能的'体液',现在看来这是多么的可笑。"[4]在反省西医后,他提到了中医过去的领先性:"许多个世纪前,当世界上任何地方的医生所实际掌握的就是对人性精明的观察和使用药物的经验知识时,中国的医药知识不比任何一个国家落后。事实上,在某些方面,她远远领先其他国家。基督耶稣诞生前的2000年,中国的医师已经

---

[1] Editorial. Chinese Medicine and Surgery [J]. Chinese Medical Journal, 1916(11): 433.
[2] Editorial. Chinese Medicine and Surgery [J]. Chinese Medical Journal, 1916(11): 435.
[3] Editorial. Chinese Medicine and Surgery [J]. Chinese Medical Journal, 1916(11): 434.
[4] HAROLD BALME. China and Modern Medicine: A Study in Medical Missionary Development [M]. London: United Council for Missionary Education, 1921: 15-16.

能准确地描绘霍乱的症状了。中国人实际上用种痘对付天花,比这个国家(英国)认识到其价值要早七百年。中国人使用水银、砒霜、大黄以及难以计数的其他药物已经有几百年的历史了。甚至诸如一些实质是'现代'的思想,如屋子的干净、通风、光照的重要性和安静的意义,刘兰田在两百年前写下的治疗天花的规条中都已经提到了……"①他强调说:"毫无疑问,很多中国的老中医在行医过程中,通过仔细观察,收集了关于不同疾病症状和中医药典中主要药物功效的大量有用资料。他们的知识是根据经验来的,用现代科学很难解释,但是其中很多东西毫无疑问都是准确的,对病人是极其有益的。可惜的是,这中间很多东西至今都已经失传了……其中的很多秘密至今极难找到答案。"②巴氏著作的意义在于他不再以"现代科学"能否解释中医经验为标准来臧否中医,他承认了两者间的差异。作为在华传教士医生中的著名医学院院长,他对"老中医"及其"经验"知识的肯定也是有些代表性的。

四川华西大学医学院院长莫尔斯(William R. Morse)1928年出版了《紫雾中的三个十字架:世界屋脊屋檐下的医学教育事业》。耐人寻味的是这位医学院长较早地强调了观察中医时"同情"的态度问题。他说"种族经验、环境和相沿已久的习俗,如果以同情的眼光去观察,就会在所有的文化中发现其重要价值"③。这显然是他想提醒西方人面对中医时必须要有的正确态度。莫尔斯的凸出创见是把中医业者分为两大类,第一类是受过教育的学者医生群体;第二类是没有受过教育的无知的一群。第一类又有两部分。"第一部分是学者型的受过教育的精英哲学家。一个有足够的能力把逻辑、心理学和中国哲学原则的经验用于解释疾病症状的学者,是对自然现象有着深刻见解的学者。他可能把他的哲学理性用于医疗实践或者把医学现象用于他的原则。无论在哪一种情况下他是一个玄学家,他注重实效地参与医疗实践,令人满意地解决许多医学问题。这类人曾经发现了许多非常有用的药物,和他们的西方同行一样把许多正确的治疗方法用于相同的病例。"他还看到:"最高层次的中国医生,通过长期的经验,依靠哲学推理,加上从前辈医家通常是自己家人那里继承来的知识,已经形成了一批微妙和很难捉摸的病症图像。他把这些实用的经验与切脉和观察病人结合

---

① HAROLD BALME. China and Modern Medicine: A Study in Medical Missionary Development [M]. London: United Council for Missionary Education, 1921: 21.
② HAROLD BALME. China and Modern Medicine: A Study in Medical Missionary Development [M]. London: United Council for Missionary Education, 1921: 22-23.
③ WILLIAM R. MORSE. The Three Crosses in the Purple Mists: An Adventure in Medical Education under the Eaves of the Roof of the World [M]. Shanghai: Mission Book Co., 1928: 131.

起来解释病症。这样他提出的临床意义上合理的假设绝不是没有价值的。"莫尔斯对这批中医的号脉评论道:"在许多病例中,在(号脉)背后的中医的集体经验绝不是没有价值的,任何对这类医生的公正的评价必须注意到他们毫无疑义地掌握的极有价值的临床经验。"这一类的第二部分是一些把行医当作业余爱好的学者,"其中有才能的人很多"①。尽管莫尔斯认为这两部分人加起来不到中医业者的百分之五,但他对受过教育的中医的敬意是显而易见的。

在沟通中西医方面,做得最多最具影响的应该是担任过湖南湘雅医学院院长的胡美(Edward H. Hume)了。毕业于美国霍普金斯医学院的胡美1905年初到长沙时,曾自负地认为在整个城市就自己一个合格的医生。但与中国医生的接触改变了他的看法。1908年山东美国长老会医院培训的外科医生中国人侯光孝(Hou Kung-hsiao)来长沙协助胡美工作。"正是侯医生帮助胡美了解了很多的'传统'医学,这使得妥协变得可能,传统得到尊重。"②胡美重视中医,尤其重视中医的药物疗效。他认为中医中肯定包含许多有价值的东西。1935年6月他在《教务杂志》上发表的《中国新时代的基督教医药事业》中说,在西医输入以前"中国一直在发展一种本土的医药制度来满足中国人的需要。这种制度所依据的许多原理是有缺陷的,但用的许多药有很大的价值,我们现在正开始寻找那些应该被永远保存下来的成分"③。

1940年胡美出版了《中国医道》一书,分"中国医学中的天人关系""中国医学的创立者和范例"及"中国医学的一些杰出贡献"等三部分系统地讨论了中国医学。他认为中国人的医学图书收藏及在许多重要的文章中对医学作出了独特的贡献。"他们非常强调治疗,植物、动物和矿物被用入药中,许多药物的持久功效现在刚刚开始被认识到。他们在运动理疗方面做了许多贡献,使世界关注其实际效果。比这些更重要的是,他们强调观察、询问和仔细把脉,为明智的诊断奠定了基础。在世界上恐怕没有一种医学体系会使脉象及其解释在诊断中发挥如此实质性的作用。"胡美还总结说,在某种程度上由于古代信息沟通的局限,希腊和阿拉伯医学奠定了欧洲医学的基础,而比它们更古老的中国医学思想,证明

---

① WILLIAM R. MORSE. The Three Crosses in the Purple Mists: An Adventure in Medical Education under the Eaves of the Roof of the World [M]. Shanghai: Mission Book Co., 1928: 125, 126, 127.

② KWANG-CHING LIU, ed. American Missionaries in China: Papers from Harvard Seminars [M]. Cambridge, Mass.: Harvard University Press, 1970: 141.

③ EDWARD H. HUME. Christian Medicine in the New Day in China [J]. The Chinese Recorder, 1935(6): 346-350.

是适合亚洲文明的。他不仅承认中医在药物学方面以及运动疗法方面的贡献，也澄清了新教医药传教士以往对中医诊疗中使用的望、闻、问、切"四诊法"的误解，认为中医的诊疗方法是明智的，还指出中医是建立在有别于西医"科学"基础上完整的思辨体系，而且它也有理论，并非是完全经验型的，要理性地看待中西医之间的这种区别。"我们只是站在正确理解这种发展的门槛上。我们有待医学史家去研究中国医学文献，有待药理学家去研究本草中数以百计的药物的疗效，只有这样，整个科学世界才能得到中国医学之道的真髓。"①

1946年胡美发表了《道一风同》。胡美指出："对那些来自西方，接受科学实验的医生来说，一开始对中国医学产生怀疑是再自然不过的事了。中医没有解剖，没有可控制的实验，说千百年来中医是科学探索有什么证据？科学家们会询问，中药店里卖的药，除了古来用药的推荐剂量外还有别的知识吗？龙齿、虎骨和鹿茸有什么治疗价值？"接着他也像莫尔斯一样，强调了对一种文化的"理解"和"同情"在观察中医时的重要性。他说："在西医来到中国待在中国一辈子后，他们渐渐地理解和同情地生活在中国了，慢慢地，他们改变了（对中医的）态度。中国古代的一些医学知识确实有其价值，这一点毋庸置疑。中医诊断和治疗的老方法并不是完全没有理由的。西医很难解释中医取得疗效的原因。于是西医开始问自己那时候训练有素的中医是怎么样对人性有一个比较成熟的认识的，是什么使中医这么快就意识到疾病外在表象下的社会、宗教、经济因素。"胡美还强调说："在西方人开始努力理解中国人的医学思想和中国人开始认识到以西方方法理解科学医学的必要的时代，生活在此时的中国真是一种独特的经验。"②

正是改变了传教士医生过去居高临下看中医的心态，胡美在长期的医疗实践中发现一些当代西医治疗方法在中国古已有之。他在给一个患伤寒的女孩治病时读到了病患家长带来的张仲景《伤寒杂病论》，发现"书上准确地描述了发热的开始，寒热、头痛、没有食欲、鼻子出血、中午过后体温上升很快。就是奥斯勒（William Osler）也没有描述得如此清晰"③。他还发现西医使用的一些药物中

---

① EDWARD H. HUME. The Chinese Way in Medicine [M]. Westport, Connecticut: Hyperion Press, 1940: 175 - 176.
② EDWARD H. HUME. Doctors East, Doctors West: An American Physician's Life in China [M]. New York: W. W. Norton & Co., 1946: 16.
③ 威廉·奥斯勒（1849—1919），加拿大裔英国医师、教育家，是其时代最为出色的医学教师。EDWARD H. HUME. Doctors East, Doctors West: An American Physician's Life in China [M]. New York: W. W. Norton & Co., 1946: 91.

医早就在使用。胡美赞扬说："令人惊讶的不是那么多植物药物产于中国（比如麻黄，麻黄素就是从中提取的），而是中国人认识到很多动物可以当作药用来治病。"他说："一些情况下，我们提议的某些治疗方法被病家欣喜地接受，而我们没有意识到中国人自己的医生以不同的形式使用同样的药物已有许多个世纪了。海藻提取物（我们知道其中含有碘）通常被中医用来治疗某些甲状腺病，中医还用某些高脂肪鱼的肝脏治疗肺结核。源自经验的中药和实验性西药竟然如此的相近。"①与最初传教士医生们常常谈到中医对许多病症束手无策不同，胡美也看到了中医能处理西医难题的例子。胡美诊断一个妇女妊娠中毒，必须手术流产才能挽救病妇，否则病人堪危。但病家后来找中医诊治，6个月后产下一个健康男婴。胡美感叹说："我真想知道中医究竟是用了什么有效的药。"②胡美还通过中西医会诊发现尽管诊断方法不同，中医和西医同样可以得出正确的结论。他说湖南省的司库生病，家里同时请了"长沙非常有名的中医王医生"和胡美一起诊断。病家想通过"中西医达成一致意见"，对治疗有帮助。结果王医生用中医望、闻、问、切的办法和胡美通过实验设备化验后的诊断结果是一致的③。

其实不仅这些医学院院长们以一种正面的态度在考察和议论中医，整个群体的氛围也在变化。有一批传教士医生表现出了对中医历史的兴趣。英国传教士医生协和医学院妇科主任马士敦（J. Preston Maxwell）与他的中国助手一起收集了62种相关中医古籍，对1870年以前的中国妇科和产科著作做了比较全面的研究④。1936年北平协和医学院图书馆收藏原在京师太医院供职的李轩楚（Lee Hsuan-chu）的全套藏书八百多卷，并宣称"这些书将证明对研究中医史有不可估量的价值"⑤。1940年9月《博医会报》专门出版了中国医史专号，中外人士都在杂志上发表了研究中医史的文章⑥。

大致上这些西医们都是在疗效这个最重要的检验医学理论的实践环节上，对中医药物和临床经验有所认识，最后再接触中医糅合了阴阳理论五行说

---

① EDWARD H. HUME. Doctors East, Doctors West: An American Physician's Life in China [M]. New York: W. W. Norton & Co., 1946: 153.
② EDWARD H. HUME. Doctors East, Doctors West: An American Physician's Life in China [M]. New York: W. W. Norton & Co., 1946: 122.
③ EDWARD H. HUME. Doctors East, Doctors West: An American Physician's Life in China [M]. New York: W. W. Norton & Co., 1946: 187-191.
④ J. PRESTON MAXWELL, CHIH TUNG FENG. The Old Obstetrical and Gynecological Work of China [J]. Chinese Medical Journal, 1927(7): 643-647.
⑤ Books on Chinese Medicine [J]. Chinese Medical Journal, 1936(3): 285-286.
⑥ Report of the Chinese Medical History Society: October 1939 — March 1940 [J]. Chinese Medical Journal, 1940(9): 370-371.

的、非常哲学化的辨证施治理论。然而,他们谈论较多的还是在中药和中医临床实践的层面上;至于中医理论的哲学层面,由于其与医疗实践之间逻辑联系的间接性和主观性,即使对中国人理解传统医学也极具挑战性,对跨文化的传教士医生谈何容易。但变化毕竟发生了,一些传教士医生不再全盘否定中国医学,而是以一种新的态度检讨自己对中医的认识,看到中医在某些方面也有长处。在华美国长老会的医学传教士们就承认起码"在身心性疾病方面,传统医生的成功率如果不是胜过,至少也与西医不相上下。他们要比来自外国文化的新手更善于在(中国)文化环境中找到(治疗的)方法"①。他们开始对中医学说、中药与中医群体做细致区分,从中发现从中国传统医学那里可以学到的有用的东西。吴章(Bridie A. Minehan)的研究也指出,传教士医生们在中医药物的替代和中药成分的化学分析方面,和在认识中医关于流行病起因的知识方面都有可观之处。他们为了自己诊所的顺利工作,还试图去理解中国医学背后的文化②。

显然,这个时期传教士医生的中医话语发生了变化,概括起来就是从排斥贬低到一定程度"同情的"理解。其原因在哪里？民国以后,西医在国家卫生体制中占据了优势,一些中国人对中医批评的激烈程度超过了传教士医生③。后者没有必要老调重弹。但与西医在政府体制下缓慢发展相对照的是,中医在社会上仍有广泛影响。据1933年平信徒对在华基督教医疗事业的调查,当时中国本土医生有120万,新派医生仅有4 000余人,差不多是300比1④。该报告还认为,假设中国新医人均接诊数与美国相同的话,那么中国四亿人口中的98%甚至99%在患病时必须依靠本土的办法治疗⑤。医学传教士终于意识到西医会和中医长期共存,缺乏对中医的了解,不利于与习惯于中医话语的病人沟通。一些与传教士医生有接触的中国人呼吁他们要正视和了解中医。西医出身做过医官的全绍清早就感叹道:"西方的医生如此辛劳而忠诚地工作了一个世纪,他们今

---

① SOPHIE M. CRANE. PCUS Overseas Medical Missions//Manuscript prepared for the PCUSA Global Mission Unit,1992:8. See: G. THOMPSON BROWN. Earthen Vessels & Transcendent Power: American Presbyterians in China,1837-1952[M]. New York: Orbis Books,1997:225.
② BRIDIE ANDREWS MINEHAN. What Missionary Physicians Learned in China? [M]. Draft: 4,5,7,12.
③ 杨念群.再造病人:中西医冲突下的空间政治(1832—1985)[M].北京:中国人民大学出版社,2006:251-252.
④ ORVILLE A. PETTY. Laymen's Foreign Missions Inquiry,China[M]. New York and London: Harper & Brothers,1933:431.
⑤ ORVILLE A. PETTY. Laymen's Foreign Missions Inquiry,China[M]. New York and London: Harper & Brothers,1933:428.

天的地位为什么还是这样(得不到中国人的信任)?"指出了西医对中医缺乏了解造成的局限①。1937年颜福庆在《教务杂志》发表文章说西方现代医学是与西方军事侵略一起到中国的,中外冲突使得"医药传教士与其他西方人一样,最初是被置于被隔开的地区。后来他们住在自己的大院里,有点冷淡地,通常是隔绝于中国人生活的主流之外。新来的医生几乎没有作任何努力去了解传统的中国医生,或者去分析那些古老的药物。因此,他们不能吸引民众的想象力"。②颜是第一位在耶鲁大学医学院获得博士学位的亚洲人,长期与传教士医生共事。他的批评表达的是圈内人希望传教士医生适应本土社会的愿望。

  同时,有一些中国西医"深感于中国医学在世界医学史界的缺位",立志向西人介绍中国医学③。王吉民是这批人中的代表。1924年他在《博医会报》发表论文希望纠正外国人普遍认为自古以来中国人绝对不了解血液循环的印象④。同年他还发表《张仲景:中国的希波克拉底》,高度赞扬了张的医学成就⑤。1929年王吉民还发表了《中国对医学科学的贡献》,他指出西医"一到中国,看到许多与他们自己国家的不同之处,就会过分强调这些不同之处,而忽略了许多相似之处,这样就不知不觉地给我们一幅歪曲了的图画,给我们留下了错误的印象"。他并不否认有些庸医把"迷信和医术纠缠在一起,经常难以区分",但他也强调"中国正规的医生治病是有一定的规矩和准则的,对自己高尚的职业有清楚的认识。尽管对病因有推测和错误的理论解释,但还是有理性的、半科学的和有尊严的诊疗的,这代表着许多聪明头脑的观察和经验……如果从历史观点来看的话,中医如果不比同时代其他国家更高明,至少也是一样的,因此值得进行更深入的研究,受到比迄今为止更多的欣赏"⑥。1932年王吉民与伍连德用十年时间合作撰写的英文巨著《中国医史》出版,作者在前言中表明"要理解和欣赏中国

---

  ① S. H. CHUAN, M. D. Chinese Patients and their Prejudices [J]. Chinese Medical Journal, 1917(11): 505.
  ② F. C. YEN. What is the Function of Christian Medical Work in Modern China? [J]. The Chinese Recorder, 1937(10): 628.
  ③ WONG, WU. History of Chinese Medicine [M]. Shanghai: The Mercury Press, 1936(上海辞书出版社2009年重印): 3.
  ④ K. C. WONG. Was the Circulation of the Blood Known in Ancient China? [J]. Chinese Medical Journal, 1924(7): 577-578.
  ⑤ K. C. WONG. Chang Chung-king, The Hippocrates of China [J]. Chinese Medical Journal, 1924(11): 940-944.
  ⑥ K. C. WONG. China's contribution to the Science of Medicine [J]. Chinese Medical Journal, 1929(12): 1193, 1194.

医学的重要价值,必须把它作为一个整体来研究"①。这些声音改变了此前中国人在英语世界讨论中医时的"失语"状态,在纠正传教士医生们对中医的任意性和非理性的看法上产生了深刻的影响。

从医学传教士方面来讲,专业素养和专业化程度的提高与研究机制的改善也有利于开展包括中医药在内的研究。义和团事件以后来华传教士医生数量日益增多②。相应地民国前后这个群体更加强调专业资格。《教务杂志》曾多次专刊讨论这些问题。汉口教会医院院长代敬心(W. A. Tatchell)等就提出新来医学传教士的文凭要经过专门的医学委员会的审查,必须是在著名大学的医学院修满五年以上专业课程的毕业生。同时他们在中国的工作还包括"科学探索"③。这一时期他们已经可以专注于医疗事业而不再被要求传教、看病样样干。尤其是1913年传教士医生在北京举行了第一届医学大会,这是传教士医学界"朝着统一行动、提高中国医学教育水平的方向迈出的重要一步"④。教会大学医学院实行减少数量提高质量的方针,到20世纪30年代整合成了6所⑤。洛克菲勒基金支持的北京协和医学院中也有许多传教士医生。这些学院的发展完善,使得一批在其中工作的传教士们,能更多地以教师或研究人员的身份比较专注地考察中医药。这也是为什么欣赏中医的传教士们多出自医学院的缘故。

当然最耐人寻味的还是这些传教士医生本人文化感情潜移默化的因素。前面提到的莫尔斯和胡美都曾说过对中医同情的理解的看法。其实不止他们两位,协和医学院的解剖学教授考觉莱(E. V. Cowdry)在更早些时候已有类似表述。他在讨论中国医学和艺术与西方的歧异时就曾说过:"西方人和东方人之间的和解是不可避免的,在这一方面双方尽可能地去欣赏彼此不同观点和思想是非常重要的。仅仅去描述孤立的东方习俗,把它们作为奇怪的东西是没有意义

---

① WONG, WU. History of Chinese Medicine [M]. Shanghai: The Mercury Press, 1936(上海辞书出版社2009年重印), preface to the first edition: VII.
② 1900年有196名传教士医生在中国,到1913年达到450人,1925年全盛时达到600人。1920年传教士医院有326所,是当时全国医院数量的一半。YUET-WAH CHEUNG. Missionary Medicine in China: A Study of Two Canadian Protestant Missions in China before 1937 [M]. Lanham, MD: University Press of America, 1988: 111.
③ W. A. TATCHELL. The Qualification of the Medical Missionary [J]. The Chinese Recorder, 1909(6): 321-325.
④ A. H. SMITH. The Main Events of the Year in China as Related to Missions [J]. The Chinese Recorder, 1914(1): 12-13.
⑤ WILLIAM G. LENNOX. Medical Missions [C]//ORVILLE A. PETTY. Laymen's Foreign Missions Inquiry: Fact-Finder's Reports, China. New York and London: Harper & Brothers, 1933: 437.

的,甚至在某种程度上是冒犯人的,但尝试着,尽管是不完善的,对那种我们看来是造成中国文化发展的根本性因素有一种同情的理解,我相信是值得的。"①值得关注的是,相比陈寅恪先生在1930年对冯友兰《中国哲学史》(上册)的审查报告中提出的"了解之同情"的观念,考觉莱和莫尔斯的这个说法要早了好几年。

需要问及的是,传教士医生们为何在这个时期会有这样的认识?人们常常强调了西学东渐,而无意中忽视了传教士自身在中国也会受到中国社会和文化影响的可能性。在华传教多年的葛德基(Earl H. Cressy)早在1919年时就说过:"他(传教士)怀着火一样热情到远东传播福音,就在这一过程中东方也把自己的信息告诉了他。他出去时想改变东方,但回来时自己却被改变了。"②其实,在这种认识转变的后面牵涉到许多问题,其中有北美新教自由主义的兴起对传教士中国观的影响,也部分由于第一次世界大战造成了在华西方人对自身文明的质疑和对中国传统更多的宽容③。老资格的传教士明恩浦正是在1918年出版了《来华年轻传教士手册》劝告他们"只有看到这最好的,我们才能得到最好的;只有把我们最好的给出去,我们才能使中国人看到我们带给他们的是最好的,是中国人民所需要的和必要的"④。他对中国文化的看法和1894年写《中国人的素质》时已大相径庭了。连曦曾用"传教士的皈依"来描述包括胡美在内的几名传教士认识中国文化的心路历程,实际说的就是这个道理⑤。

当然,应该指出,这一时期像上面提到的对中医有"同情"和"理解"的传教士医生究竟占多大比例是值得考虑的。即使有"同情"的立场,对西方人来说要弄懂中医并不容易。这本是两个不同文化和不同时代的知识体系。传教士医生普遍认为"中医文献精简得很厉害,包含大量隐晦的内容。写作风格太纯粹以至于

---

① E. V. COWDRY. The Divergence of Art and Medicine in China: Some of Its Causes and Consequences [J]. Chinese Medical Journal,1926(8):797.
② DANIEL H. BAYS, GRANT WACKER. The Foreign Missionary Enterprise at Home: Explorations in North American Cultural History [M]. Tuscaloosa and London: University of Alabama Press, 2003:191.
③ JOHN L. RAWLINSON. The Recorder and China's Revolution: A Topical Biography of Frank Joseph Rawlinson [M]. Notre Dame, Indiana: Cross Cultural Publications, Inc., 1991:248.
④ The Editor. The Relations between Missionaries and the Chinese [C]//ARTHUR H. SMITH ed. A Manual for Young Missionaries to China. Shanghai: Christian Literature Publishing House, 1918:60.
⑤ LIAN XI. The Conversion of Missionaries: Liberalism in American Protestant Missions in China, 1907-1932 [M]. University Park, Pa.: The Pennsylvania State University Press, 1997.

牺牲了内容或内容令人费解。主要的中医文献只有部分接受过一定教育的人才能理解。由于解释不统一,反复评论等,所以一些著作很自然地产生了含糊其词、复杂和难以理解的含义"①。柯文曾讨论过中西之间知识流动的"不对称性"模式,并说"有人曾很好地说明了这一模式的含义:长期以来,西方的主要兴趣在于了解中国,而中国则主要着眼于学习西方"②。说到底,传教士医生对中医的兴趣也只是处于"了解"的阶段而已,与中国人大规模地向西医学习在性质和规模上仍然是不可同日而语的。

四

明清以来,特别是近代以来的西方传教士看中医的历史,如果不考虑一些例外的情况,他们的态度大体经历了平视、轻视和重新审视三个阶段。本文强调的是,他们遇到的是几乎同样性质的、把古代的科学与文化混在一起的中国传统医学。这种医学自有其不以认识者的主观态度转移的客观的价值和不足,但是认识者主观上对其是轻蔑还是给予"同情"的理解,会影响到他们对中医价值的判断。要指出的还有,被认识一方即中国人自己对中医文化是否有自信心和诠释能力,也会影响到他者对中国医学文化的理解。正是随着这些因素在历史中的流变,我们看到了一些医学传教士对中医的轻视和排斥;而一些传教士医生学会了对中国医学心存敬意,懂得了尊重中国医学背后的历史和文化,他们就能耐心地发现中医理论和诊断中精芜俱存的丰富内涵,而不只是简单化的肯定或否定。正如胡美强调的"只有那些通过友谊的方式进入中国大本营的人才能有效地融入中国人的生活",才能了解中国医学的价值③。

传教士医生对中国医学的探索随着基督教医学事业退出中国而完全终止了,但由其开端的西人认识中医的过程至今仍在继续。冯珠娣在广州中医学院和山东邹平耗时数年研究中医后,在《理解实践》一书的最后写道,她最大的愿望就是"和一些英语世界的学者一起把中医文献的巨大宝库介绍过去,让国际学术界的各个领域来认真研究",而且她相信"按这些文献自身意义并关注其意义产

---

① Our Book Table [J]. The Chinese Recorder,1934(11):715.
② 柯文.20 世纪晚期中西之间的知识交流[J].陶飞亚,译.文史哲,1998,4:21.
③ EDWARD H. HUME. Doctors East, Doctors West: An American Physician's Life in China [M]. New York: W. W. Norton & Co., 1946:277-278.

生条件的解读,是在更广泛意义上对人类健康的贡献"①。有 20 年中医临床经验的英国威斯特敏斯特大学综合健康系资深研究员希德(Volker Scheid)在《中国医学传统的潮流》一书中,说明他研究的目的是"把中医理解为一种活的传统",他还说"这种传统面临的最重要的任务之一就是创造和保持自己的特性,而史学则是适用于这个目的的关键工具之一"②。我们研究历史上传教士医生看中医的意义也许正在这里。

(原载《历史研究》2010 年第 5 期)

---

① JUDITH FARQUHAR. Knowing Practice: The Clinical Encounter of Chinese Medicine [M]. Boulder: Westview Press, 1994: 229.
② VOLKER SCHEID. Currents of Tradition in Chinese Medicine, 1626 - 2006 [M]. Seattle: Eastland Press, 2007: 384.

卫所与明代武术发展研究

郭 红

郭红,2001年毕业于复旦大学中国历史地理研究所,获博士学位,同年进入上海大学文学院工作,现为历史系副教授。主要研究领域为历史人文地理、晚清基督教汉语文献史。主讲课程有"中国历史地理学""明史典籍研读""中国移民史""中国地方行政制度"(以上本科生课程)及"中国历史地理学专题"(研究生课程)。著有《中国行政区划通史·明代卷》,主编有《上海明清海防遗址调查报告》等;在《中国历史地理论丛》《历史地理》等刊物发表学术论文多篇。

明代是中国武术发展的重要时期,在这一时期里,武术流派开始清晰,地域特色呈现,"武艺"为各级官吏所重视,而这些时代特征的出现都和明代的基础军事设置——卫所关系密切。军事的本色使卫所军人及相关人口以武为尚,更重要的是,作为屯守合一的世袭兵制,卫所在一地设置即在当地扎根,作为一个特殊移民群体的尚武之风与地域文化发展相结合,加之一些区域在明代所处之军事环境、交通等的影响,为武术在明代的繁盛奠定了基础。

虽然有学者认为"明清时期的武术虽说与军事武艺仍保持相当的联系,但因本质差异使然,两者无论在技术上还是理论上的分野越来越大";[1]"军阵武术与民间武术仍有大致的分野";[2]但是同时学者们也不否认"战争与军事,仍是中国武术得以形成的重要前提或因素,并长期伴随其发展而发展"。[3] 因此可以肯定的是,卫所与明代武术的兴盛有密切的联系。现有的武术通史著作[4]在叙及明

---

[1] 周伟良.中国武术史[M].北京:高等教育出版社,2005:71.
[2] 程大力.中国武术:历史与文化[M].成都:四川大学出版社,1995:22.
[3] 程大力.中国武术:历史与文化[M].成都:四川大学出版社,1995:18.
[4] 如:周伟良.中国武术史[M].北京:高等教育出版社,2005.程大力.中国武术:历史与文化[M].成都:四川大学出版社,1995.国家体委武术研究院.中国武术史[M].北京:人民体育出版社,2003.

代部分时，更多关注的是武术本身在器械、招数、流派上的时代变化，对卫所或多或少略加提及，但未给予充分的重视，更少关注卫所制度本身对明代武术的影响。在武术史的相关研究中，武举和武学受到更多的关注，卫所设置与明代武术的发展在一些区域性的个案研究中被强调，如对山西、①河北沧州、②贵州安顺③等区域研究中涉及卫所与地方武术的发展。卫所制度与明代武术发展之间的关系仍有研究的空间。

一、特殊的武术人群

嘉靖倭乱之后，《纪效新书》《练兵实纪》《剑经》等糅杂军事与武术的著述纷出，这些书籍中大多较少提到卫所，只有郑若曾《江南经略》中因以军事地理为基础，对"武艺不精"的卫所官军多有提及。纯武学的书籍，如《阵纪》《手臂录》等对卫所或是不言，或是寥寥几语。明代中后期卫所的衰败是人们忽视卫所的关键。因为募兵在嘉靖抗倭中发挥主体作用，这些兵书的作者又以抗倭名将戚继光最为出名，使得在后人印象中明代有关武术著述似乎只针对募兵而言。但实际上，无论是在明初，还是在卫所制走向衰败的明中后期，卫所人群都是明代武术的主要群体。

朱元璋是中国古代君王中少有的极度重视王朝制度体系建设的开国之君，对于维系一朝稳定的军事体制尤为强调，卫所制就是他所期望的"恩威加于海内，民用平康"④的太平盛世的保障，为此，他在制度的勾画上费尽心思。仅从军制上而言，世袭、军户、屯守合一是这一制度的关键词，是朱元璋在综合唐代的府兵制、宋代的兵制以及元代的军屯制、军户世袭制度基础上形成的，正是这些鲜明的特色影响了有明一代武术的发展。

在卫军户与家属同守的军队驻扎制度将卫所与地方紧密连接在一起。明代卫所人口数量巨大。至崇祯年间仍存卫300余、守御千户所300余，⑤这其中大部分是在明初设置的，如按平均一卫5 600军人、一守御千户所1 100人估计，明

---

① 范东杰.明代山西武术发展状况研究[D].中北大学硕士论文，2016.
② 于秀萍.明清以来北方武术发展述略——以河北沧州回族李氏"六合门"为例[J].回族研究，2015(2)：22-26. 于秀萍.明代华北的卫所建置及对地方文化的影响——以直隶河间府为例[J].河北大学学报，2016(2)：112-119.
③ 研究安顺地戏与武术之间关系的成果较多，详见后文注释。
④ 皇明祖训序[M]//四库全书存目丛书·史部：第264册.济南：齐鲁书社，1996：165.
⑤ 据郭红、靳润成《中国行政区划通史·明代卷》统计，不计羁縻卫所。见：郭红，靳润成.中国行政区划史·明代卷[M].上海：复旦大学出版社，2007.

初的卫所军人总数应在200万以上,即使到了明代中后期军士逃亡严重,总数也应不下百万。卫所设置之后,军人携带家属在驻地生存下来,子孙绵延,逐渐演变成为卫所家族。以定海卫向氏卫指挥家族为例,"自始祖国桢公官斯土后,世袭卫指挥使,子姓遂聚族于斯,一派相承绵延"。① 国桢公有5个儿子,发展到三世承字辈有9个儿子,再到第四代世字辈有14个,第五代泰字辈则有31个,后面的就更多了。虽然明代各地卫所状况不一,由此可推,明末在卫军户人口数量相当可观。

  明初,由于皇帝的重视,卫所军人的操练还属正规。朱元璋不仅多次诏令卫所严操备、在操备之余重视日常武术训练,要求"暇当练武,不可宴安",②还将其列入律法,《大明律·兵律》规定"凡各处守御官不守纪律、不操练军士及城池不完、衣甲器仗不整者,初犯杖八十,附过还职;再犯杖一百,指挥使降充同知,同知降充佥事,佥事降充千户,千户降充百户,百户降充总旗,总旗降充小旗,小旗降充军役,并发边远守御"。据《大诰武臣》记载,洪武年间数位军官的罪名为不按规定操练军士,浙江都指挥储杰、真定卫百户张颜都因此而被处罚③。卫所操练中对武艺的重视使尚武、重武轻文成为卫所人口的普遍风气,军人子弟"初尚武,不事《诗》《书》"。④ 虽然在明代中后期,除耕种、习武之外,以文兴家成为许多军人家族、尤其是军官家族追求的目标,但卫所依旧存在的军事性质使"习骑射,尚忠勇"⑤仍为卫所驻地的民风主体,边疆地区尤其如此:西北的洮州卫"人性劲悍,好习弓马";⑥碾伯守御千户所"民情坚刚,荷戈执戟,修习戎行"。⑦

  卫所的习武之风延绵,明代武术史的重要人物抗倭名将戚继光、俞大猷都是卫所出身,戚家为登州卫世袭指挥佥事,⑧俞家为泉州卫世袭百户,⑨他们对武术的爱好与使用都跟卫所行伍出身有着密切联系。史料中对明代中后期卫所军人及其子孙在武术方面的记载不绝于书,仅以记录了俞大猷的万历《泉州府志》为例,其中列有11位明代武官的事迹,多有"有勇力""有武略""善骑射""少习兵法,

---

① 镇海向氏族谱[M].1928.
② 典谟记[M]//何乔远.名山藏·卷二.明崇祯刻本:22.
③ 杨一凡著《明大诰研究》一书后所附《大诰武臣》《储杰旷职第六》《纵贼出没第十九》,见:杨一凡.明大诰研究[M].南京:江苏人民出版社,1988:434,444.
④ (嘉靖)观海卫志·风俗[M]//慈溪文献集成:第1辑.杭州:杭州出版社,2004:9.
⑤ (康熙)延绥镇志·地理风俗[M].上海:上海古籍出版社,2012.
⑥ (顺治)洮州卫志·风俗[M].国家图书馆地方志(旧馆)胶片.
⑦ (康熙)碾伯所志·习尚[M].北京师范大学图书馆藏抄本.
⑧ 张廷玉,等.明史·戚继光传[M].北京:中华书局,1974:5610.
⑨ (万历)泉州府志·武卫志下·武迹[M].台北:学生书局,1987:1028.

智勇绝伦"①之语。

虽然现在看到的史料中以对军官子弟武术描述为最多,不可否认的是明代普通卫所军人及其子弟对武术训练也非常重视。在正规操备时,洪武永乐时操法"五日之操,走阵下营二日,演习武艺三日",②武术训练的时间比阵法练习时间要长;分操时,"各艺军士各自认旗下,立定逐艺,一一分演",③即军人进行武术练习、比试。正式训练之外的闲暇之余,他们也会在"小教场演习武艺",并由卫所军官"更番提督",④给以一定的指导。在较少战事的内地卫所,军人及其子弟"偃武难忘武,习射射乃熟",⑤也要经常练习武艺。明初对于卫所军士操练非常重视,在《大诰武臣》中有记载平阳守御千户所千户彭友文因饿死军人,朱元璋命一百军人与其对枪,⑥这从侧面反映了明初卫所的武术训练情况。⑦

因此,以卫所为依托,明代有着庞大的武术人群。而在这个群体中,武官及其子弟是引领。不仅因为武官在卫所中有武术指导的职能及领兵作战的职责,还因为武官家族的发展与武艺有着密切的关系,虽然武职世袭,但如果想让子孙有更好的前途,就必须重视家族的武术教育。以武举为例,明代的武举中式者多为武官子弟,临山卫在嘉靖前武举乡试、会试中式共 20 人,其中出身指挥 1 人、指挥佥事 1 人、指挥同知 2 人、千户 4 人、百户 6 人、百户舍人 3 人、卫学武生 3 人,只有武生 3 人有可能来自普通军人子弟。其中马姓、槐姓的 6 人明显出于同一武官家族;⑧靖海卫明代 4 位武举,2 位是卫镇抚、2 位是卫指挥;⑨威海卫明代卫有武举 1 人,原亦为指挥佥事,⑩这样的情况在各卫所都存在。由此可见,能有机会接受更好的武学训练和军事教育的多是武官子弟。武官子弟在武举中式后,往往有更高的任命,卫一级的武官子弟可以任职都司一级,金山卫的郭彦和"以武举高第授都指挥佥事",⑪其他千户、百户的武官子弟亦会升迁,俞大猷

---

① (万历)泉州府志·武卫志下·武迹[M]. 台北:学生书局,1987:1028.
② 马文升. 为修饬武备以防不虞事[M]//皇明名臣经济录·兵部二. 明嘉靖二十八年刻本:204.
③ (正德)金山卫志·操法[M]. 传真社影印明正德刻本:34-35.
④ (正德)金山卫志·戒备[M]. 传真社影印明正德刻本:38.
⑤ (嘉靖)临山卫志·临城八景诗:射圃霜亭[M]//中国方志丛书. 台北:成文出版社,1983:177.
⑥ 见杨一凡著《明大诰研究》一书后所附《大诰武臣》《千户彭友文等饿死军人第五》,杨一凡. 明大诰研究[M]. 南京:江苏人民出版社,1988:433.
⑦ 在卫所的兵器中枪是最重要,明代程宗猷《单刀法选》(明天启耕余剩技本)中记"十八般武艺惟枪称王,诸器皆用枪法比试,欲制其长与疾也",《大诰武臣》的这条说明了自洪武年间开始枪已经是卫所中的重要武器。
⑧ (嘉靖)临山卫志·武举[M]//中国方志丛书. 台北:成文出版社,1983:135-136.
⑨ (康熙)靖海卫志·武举[M]//中国方志丛书. 台北:成文出版社,1983:38.
⑩ (乾隆)威海卫志·贡举志·武科[M]//中国方志丛书. 台北:成文出版社,1983:174.
⑪ (正德)金山卫志·宦迹[M]. 传真社影印明正德刻本:14.

中举后即由世袭百户升为千户。

即使不参加武举,卫所武官因武艺高强、操备有方也会被朝廷升迁,明前期表现尤为明显,金山卫指挥同知侯端"端有勇力,府治石狻猊高四五尺,以一手挽之行十余步。一日驰马坊门,抱手楣上而马亦悬于胯间……骑射刀槊皆过人,后被荐为都指挥金事"。①

对于一般军人及其子弟,武术只是他们为战争做的准备,在明代中后期如想以高强武艺跻身武官行列,只能为卫学武生,继而参加武举考试,只有少数可因军功而被授武职。他们的武术训练虽有官方的要求,但同时也更具有民间性。有学者认为明代武术特征之一即为"武术平民化的最终完成",②在这其中,卫所军人及子弟扮演着重要角色。由于卫所军屯结合的特殊性及庞大的家属人群,卫所军人及子弟也是"平民"武术人群中的重要组成部分。

二、卫所与明代武术的区域性发展

卫所人群对武术的重视,使其驻扎地成为明代武术发展的区域性中心,如果就整体而言,每一个卫所都是区域武术中心,但是卫所与明代武术的区域性在沿海、陆地边疆地区更为明显,此与明代的边防形势有很大的关系。困扰整个明代的北边防御与东部沿海抗倭成为这些地域卫所武术发展的推力。在已有的明代武术研究中,对卫所与武术的地域性尚缺乏全面的描述,但一些区域性武术研究的成果中已经在这个方面进行了一定的探讨。目前相关有较清晰的卫所指称的成果主要围绕沧州(河间府)、青岛、天津、浙江沿海、贵州等区域,笔者尝试将其地卫所关系陈列如下:

研究地域	相关卫所(设置时间)
河间府	河间卫(永乐十年)
沧州	大同中屯卫(治河间,建文四年迁)
	沈阳中屯卫(治河间,建文四年迁复设)
	沧州守御千户所(成化十一年)

① (正德)金山卫志·宦迹[M].传真社影印明正德刻本:15-16.
② 关彦莉.明代武术发展与明代社会[J].武术科学(搏击·学术版),2005(4):18.

续 表

研究地域	相关卫所(设置时间)
天津①	天津卫(永乐二年) 天津左卫(永乐二年) 天津右卫(永乐四年)
安顺②	普定卫(洪武十五年)
青岛③	鳌山卫(洪武三十一年) 灵山卫(洪武三十一年) 浮山守御千户所(洪武三十一年)
浙江沿海④	海宁卫(1367年) 观海卫(洪武十九年) 临山卫、定海卫、盘石卫、松门卫、海门卫、金乡卫(洪武二十年) 昌国卫(洪武十七年) 温州卫(洪武元年) 31守御千户所

明代卫所与武术关系突出的区域绝不止以上几处,但是我们从上表中可以看出以下几点:

在卫所设置较为稠密的区域,卫所人口在当地人口中所占比重相应增加,其地武术在明清会有突出发展,明代河间府与天津三卫是典型区域。实际上天津三卫的治地也在河间府北境,河间府境内的这6卫1守御千户所就构成了这一区域在明代武术史上的坚实地位。天津三卫与沧州千户所濒临运河,天津又为海上漕运的重要中转站,有利于其与外界的武术交流。京畿军事重要的卫所人群、交通的便利、经济的繁荣都是明代当地武术发展的关键因素。卫所与交通、经济因素相结合所产生的明代武术中心还有运河在山东境内的重要节点、临清卫所在的临清州;虽然临清卫设立较晚(正统十四年),但到光绪二十八年才裁撤,它的相关人口也为明清临清的武术发展推波助澜。

---

① 杨祥全.津门武术:独立的武术文化区[J].山东体育学院学报,2012(5)43-47.杨祥全.津门武术[M].太原:山西科学技术出版社,2013.

② 关于武术与地戏之关系,可参考的成果较多,主要有:焦春晖.武术与安顺地戏的相互影响与启示[D].北京:北京体育大学硕士论文,2012.郭振华,白晋湘.安顺地戏的武术文化解读[J].体育学科,2013(6):108-110.鲍巨彬,王明建."安顺地戏"中的武术文化现象探究——兼论武术与戏曲的渊源关系[J].成都体育学院学报,2014(8):55-58.等等.

③ 王艳花.元至民国时期的青岛武术发展及其影响[J].体育文化导刊,2014(4)160-163.

④ 参:魏卿.浙江沿海武术文化研究[D].金华:浙江师范大学硕士论文,2014.作者在文中并未指出确切卫所.

在山东、浙江、福建、南直隶、广东等地的沿海区域，在明代亦是卫所众多。沿海岸线驻防，卫所是当地的人口主体，加之从明初就一直有倭患与海盗，因此卫所人群注重武术训练。史料中记载山东半岛灵山卫军人"驰马试剑，穿杨击球，较艺辕门也；挥戈扬盾，金鸣鼓应，巡逻海上也"；①而钱塘江口的金山卫则在操练中按武艺高低对官军实施奖惩，"官善骑射、步兵善弓箭枪盾、骑兵善驰射枪刀、凡战阵击刺坐作进退又皆中法者，赏有差，其不善者罚，虽善不中法者亦罚并有差"，②重视武术成为沿海卫所的普遍现象。

浙江沿海武术在明代的发展不仅和嘉靖抗倭有关，和卫所的长期驻防之关系也不应被忽视。沿海卫所配备有船只，有海上哨守的职责，景泰初年领兵在浙江抗倭的孙原贞曾奏请"将沿海各卫所官快船内旗军操练武艺，试验弓弩枪牌铳等项，随其所能演习惯熟者，每船十四五人，或二三十人，各记姓名，仍在原船操守。遇警将原选船内旗军照名换兑过船，当先剿贼"，③说明沿海卫所部分军人的武术训练是和海上水战有关，由此可推断船拳在明代东南沿海的发展也应于卫所有关。

明代以卫所为中心的大量人口的进入亦为西南地区带入了内地的武术，并与当地少数民族武术开始了交流与融合。明初鲍家拳传入贵州安顺就是一典型例子。明代在今贵州省境内最早设立的军卫是洪武四年的贵州卫，洪武十四年、十五年随着明军征服云贵的过程在当地增设了一系列卫所，包括安顺的普定卫。这些卫所中有部分人口来自皖南，④根据民国《续修安顺府志》记载："鲍氏，原籍江南徽州府黟县新安卫棠樾村太和舍。明洪武二年始祖鲍福宝因'调北征南'入黔，封振威将军，卜居安顺永安屯，即今鲍家屯。"⑤1366年朱元璋在徽州府设徽州卫，洪武三年改设徽州守御千户所，洪武二十三年所又改为新安卫。民国《鲍氏家乘》亦记鲍氏始祖洪武二年迁入贵州，笔者推断鲍氏始祖应是徽州卫军人，属军户，随着洪武初年筹备平定川贵之时已经离开家乡，至洪武四年设贵州卫时在当地定居。⑥除鲍氏家族外，由于明初贵阳附近的贵州卫、贵州前卫、安顺的普定卫有许多卫所军人都来自皖南鲍家拳流行区域，鲍家拳迅速在贵州扎下根

---

① 苏潜修.灵山卫志校注·建置志[M].北京：五洲传播出版社，2002：45.
② （正德）金山卫志·操法[M].传真社影印明正德刻本：36.
③ 孙原贞.孙司马奏议·边务备倭[M]//陈子龙，等.明经世文编：卷二十四.明崇祯平露堂刻本.
④ 关于这一点，历史学界、民俗学界多有研究。可参考：万明.明代徽州汪公入黔考——兼论贵州屯堡移民社会的建构[J].中国史研究，2005(1)：135-148.
⑤ （民国）续修安顺府志·氏族志[M]//贵州府志辑：42.成都：巴蜀书社，2006：263.
⑥ 张明莉在其《贵州鲍家拳考略》（载《体育研究与教育》2012年第4期，第71—73页）中对鲍家始祖迁入贵州的时间进行了考证，但语焉不详。

来,同时卫所的军事性质也使贵州鲍家拳的军事竞技特征得以突出。

已有多位学者研究贵州傩戏与武术关系。傩戏传入西南虽早于明代,但明代却是它发展的一个重要时期,它与卫所旗纛等日常祭祀相结合,①动作中杂糅了许多武术的招式。武术与民俗活动相结合,也说明武术是当地卫所社会的紧密纽带。

在明朝卫所密集的九边地区,武术也相当流行。明代中后期营兵制下的许多将领都来自卫所,史书对这一类军官多有武艺高强方面的描述,嘉靖《宁夏新志》中列举了多位宁夏各卫所出身、"骑射精绝"的武官。② 万历间曾任延绥总兵官、后又参加万历征朝鲜的大同右卫麻贵及其家族,籍贯蔚州、嘉靖中任宣府总兵的马芳家族等诸多在明代后期及明末清初的战事中显赫一时的武将家族,大多都是卫所出身或曾在卫所任职,③其他北边地区亦是如此。九边多实土卫所,卫所在当地有相同于府州县的管理职能,卫所人口为当地主要人群,武术在区域内相当流行。

因军事地理位置、民风等的不同,同样驻有卫所的区域却不一定都因武术而显扬,明代卫所地域武术发展也不平衡。在一些区域,卫所人群对武术的需求并未引发区域武术的发展,相反,随着时间的推移,卫所人群越来越平民化。长期远离战事,使内地许多卫所的军事特征逐渐减弱,湖广都司下的荆州卫"卫军风尚始以五方辐辏,嗜好各殊;然安插于荆安二郡者历季兹多,荆安之风尚即卫之风尚也。性朴鲁,能任劳苦,自耕桑,渔贾而外……"④在卫军户家族俨然同于当地平民,并未带动当地武术的较快发展。但是康熙年间荆州卫人口"好斗健讼,当事为之隐忧云",⑤表明荆州卫人口至少到清代前期仍有好武争胜的军旅特征。

区域间武术交流的增强是明代武术发展的一个鲜明特征,卫所不只和明代武术的区域分布有关,它所带来的大规模人口迁移也促进了区域间的武术交流。明初设置卫所本身就是庞大规模的移民,以各种形式被征入伍的卫所军人及其家人,或远或近都离开了自己的家乡,有南北互调,有一省内抽调,亦有邻近地区垛集,而且在同一卫所驻守的军人多迁自于同一地,这就使得区域间的武术交流成为可能,前所列贵州鲍家拳便是一例。明代中后期,卫所军人的逃亡、人口的

---

① 郭红.明代的旗纛之祭:中国古代军事性祭祀的高峰[J].民俗研究,2013(5)90-96.
② (嘉靖)宁夏新志·宁夏总镇·武阶[M].银川:宁夏人民出版社,1985:140.
③ 范东杰.明代山西武术发展状况研究[D].太原:中北大学硕士论文,2016:25-33.
④⑤ (康熙)荆州卫志·风俗[M].国家图书馆藏清康熙刻本.

离散、九边的战事与嘉靖东南抗倭、卫所武官充任营兵制下各级武将、卫所中民壮的掺入,都促进了卫所与其他类型人口的武术交流。

三、卫所的衰败与武术的持续发展

与土地紧密结合的特征,使卫所制在明代中后期、尤其是嘉靖以后,逐渐走向了衰败。军事上,战斗力下降,不能成为朝廷战时的主要军力;军人逃亡严重,远远不能达到明初的兵额;卫所内部贫富分化严重,下级军官和军人、家属成为上级军官及富户盘剥的对象。卫所"军"的形象淡化,它的人口越来越像一般老百姓,"民化"渐趋严重。大量军人的逃亡、从事其他生计和被军官占役,使得卫所按规定操练成为难事;即使可以操练,找人替操的现象也十分严重。这就致使卫所官军对武艺的重视程度下降,对操练草草了事。正统年间这一问题已经开始暴露,"在外卫所操练,军士头目多不用心,并无实效"。[①]"武艺不精"[②]成为此后大臣有关卫所奏疏中常见的字眼。

武官世袭也使卫所在承袭过程中,人们少有关注武艺高低,"况今新官袭不比试,旧官比试亦为虚应故事,故此辈自倚世袭之官,不须才能,不畏罪黜,恣为骄贪,不习武艺,不惜军士"[③]。在明代小说《醉醒石》第五回中也有一段文字对当时世人眼中的武官进行了描述:"大凡世职中最多□人,拿定是个官,不肯读书通文理,所以满口鄙俗,举止粗疏,为文官所轻。况这官又不坏,不习弓马,不修职业,剥军冒粮。考察时,不过捱两板,革事不革职,仍旧有俸吃,所以容易怠惰了去。"[④]

寓兵于农的屯田制使卫所制度在明初设立之后就暴露了弊病,普通军人及其家庭的生存与屯田等关系紧密。卫所人群在训练与战事之余,最重要的事情是寻求有效的经济手段,"凡军练习少暇辄治生业",[⑤]在这一方面,他们和驻地的普通"民籍"老百姓并无差异。

明初重武,卫所武官品秩高于地方上府州官员。但随着国家承平,很快改向

[①] 雨潦修省敕(正统四年六月二十三日)[M]//皇明诏令・英宗睿皇帝上.明刻增修本.
[②] 如林聪《修德弭灾二十事疏》(见《明经世文编》卷四十五,明崇祯平露堂刻本)记载:"如今既私役而放闲,不使赴操而演武,则军士怠惰,武艺不精。卒有警急,率之使战,岂能得其实用哉!"
[③] 陈建.治安要议:卷2[M].民国刻聚德堂丛书本:6.
[④] 东鲁古狂生.醉醒石・第五回:矢热血世勋报国,全孤祀烈妇捐躯.郑州:中州古籍出版社,1985:54.
[⑤] (正德)金山卫志・风俗[M].传真社影印明正德刻本:32.

重文,明中后期更是如此,使许多卫所子弟渐弃武艺,转向科举,"上焉者业儒好礼,崇衣冠之雅",①这从有明一代军籍进士数目也可以反映出来。在《明清进士题名碑录索引》中共记录 22 179 名进士,其中军籍为 6 506 人,占明代进士总数的 29.33%②。虽然在此书中我们无法区分武举和文举,但是可以推断其中武举并不占多数,明代军籍进士大部分都是参加文举。东南地区教育文化发达,卫所多尚文轻武,许多武官子弟亦以读书科举为志向,尤其是不承继武职的子弟则寻求其他发展。世袭宁波卫指挥的万氏家族到了明中后期,子弟虽亦习骑射,但却是"恂恂儒雅"③的读书人形象,第九代万表"十七袭职,志在经世,不问产业,昼骑射,夜读书"。④ 万氏家族尚能文武兼顾,和其武职较高、家族高官多有很大的关系,但是一些卫所小官就不同了。《观海卫志》中记载"邵瑗,字世美。幼有大志,百户应袭,不愿就。以《诗》《经》入慈溪县学,科举七次不遇"⑤,宁可不做武官,也要参加科举。

官军的轻视以致明末至清代的卫所方志中,除正德《金山卫志》在"操法"中对军人的武术训练有所记载外,其他方志对这方面记载很少。但是不可否认的是明中后期如万氏子弟坚持军人本职的武官及子弟也有许多。明代文献中对明代中后期武将的描述多言文武兼及,如万历《泉州府志》记泉州卫俞大猷"少为诸生,工易学,习武经";⑥正德《金山卫志》言及武官郭彦和"公暇手不释卷,尤崇礼教,文庙儒学崭然鼎新,士论称之";⑦嘉靖《普安州志》记普安卫指挥同知柳之文"丰姿英迈,膂力过人,精闲武艺,好文礼士"。⑧ 诸如此类的描述在地方文献中比比皆是。

虽然明代中后期卫所战斗力减弱、人口流失严重,糅和卫所军人、募兵、家兵、民壮的营兵制成为更为有效的战守体制,但是卫所制作为基层驻扎军事单位依然存在到明末,直至清朝。因此,卫所人群及所在地域的习武之风只是较之明初有所弱化,并没有彻底消退。因此,一方面虽然卫所的衰败影响了卫所人口对武术的重视,但较之没有卫所驻扎的区域而言,卫所所在地仍是明代武术发展较好的地区;另一方面,卫所人口的流散、军事体制的变化,使各地区间武术得以交

---

① (嘉靖)临山卫志·风俗[M]//中国方志丛书.台北:成文出版社,1983:24.
② 数据参考:孙经伟.明代军籍进士研究[D].大连:辽宁师范大学硕士论文,2011:5-6.
③ 濠梁万氏宗谱·世传一[M].乾隆三十七年辨志堂刻本.
④ 濠梁万氏宗谱·世传二[M].乾隆三十七年辨志堂刻本.
⑤ (嘉靖)观海卫志:卷3[M]//慈溪文献集成:第1辑.杭州:杭州出版社,2003:92.
⑥ (万历)泉州府志:卷12[M].台北:学生书局,1987:1028.
⑦ (正德)金山卫志·宦迹[M].传真社影印明正德刻本:14.
⑧ (嘉靖)普安州志·人物志[M].明嘉靖刻本:21.

流,这也是嘉靖以降武家及武术类书籍增多的一个重要因素。

四、结　　语

军事与武术密不可分,历代皆是如此,但对于明朝而言,这一点更为显著,就是因为卫所制的实施。卫所对于明朝武术的深远意义,不仅体现在《练兵实纪》等兵书所载武术技巧的变化上,更重要的是对明朝武术在人群中的影响力、地域分布、区域间交流的影响。必须强调的是卫所制一直延续至清代(部分卫所存至宣统三年才最后被废),它在武术方面的作用并未随着卫所职能与人口性质发生了变化而消失。因此,研究清代武术史,也避不开卫所。在明清500余年的时间里,对于卫所制而言,明朝是确立制度、勉力维持,清代则是销弱、变革,前后相因,卫所与武术的关系也在变化,值得深入探讨。

因为卫所的特殊军制,使卫所人口对武术的追求有地域与阶层差异。地域上,边疆、交通要地、政治中心所在地区的卫所更有可能成为明代武术的区域中心。明代中后期,随着卫所民化的发展,内陆一些区域卫所的尚武之风逐渐淡化,但并未立即消失,这种重视武术的民风随着卫所一直影响到了清代。在清代即使卫所陆续被废,它的区域影响仍然存在。阶层的差异随着卫所的衰败而更加明显,在武术训练中,武官及其子弟具有更强的主动性,普通军人及子弟多出于被动。在武官中,卫所的中高层武官对武术更为重视,一般要求子弟文武兼修,以求得家族在武职承袭基础上的更好发展。下层武官对武术态度则更接近普通军人,一部分人希望在科举中谋求发展。在卫所军事职能降低、操练虚设之时,普通军人及子弟的武术练习与民间完全趋同。

明代卫所人口众多,是"民"的特殊组成部分,日常生活中与驻扎地百姓间接触甚多,除却军事特性外,他们就是普通百姓。所以卫所建立之初,其人口所练之武术就已开始"走出"卫所,从而推进了明代武术的整体发展。

陷蕃前的敦煌文书——S.11287 新探

陈菊霞

陈菊霞,1972 年生。毕业于兰州大学历史系,获博士学位。曾在敦煌研究院工作,2018 年 4 月调入上海大学文学院工作,任历史系教授。主要研究领域为敦煌文献及石窟艺术。2004—2006 年在日本东京艺术大学美术学部研修 2 年;2009—2010 年赴英国牛津大学中国研究中心访学半年;2012 年 6 月、2017 年 5 月,两度赴法国东亚文明研究所访学。出版有《敦煌翟氏研究》《世博丛书:敦煌与隋唐城市文明》(合著)、《莫高窟史话》(合著)等专著,发表学术论文 30 篇。曾承担国家社科基金重大项目、甘肃省社科规划项目和敦煌研究院院级课题多项。1 部专著和 2 篇论文分别获甘肃省第十四次哲学社会科学优秀成果三等奖、敦煌研究院第四届优秀青年学术成果二等奖、敦煌研究院第五届优秀学术成果奖社科类二等奖。兼任敦煌吐鲁番学会理事和甘肃敦煌学学会理事。

在斯坦因攫取的敦煌藏经洞文物中有一些用来包裹经卷的经帙。因为这些经帙上裱有文书,所以英国图书馆除保存一些标本外,将大多数经帙裱纸一层层揭开,获得了许多有价值的文书。S.11287 就属此类文书。

S.11287 由 16 件文书和一块绫花绢组成①。荣新江先生在《英国图书馆藏敦煌汉文非佛教文献残卷目录》中对该组文书进行过编目和说明②。之后,孙继民先生对这 16 件文书中的 11 件文书作了细致研究,并就这 11 件文书的内容、性质、定名以及这些文书对研究唐代军事制度的价值提出了独到见解③。但遗

---

① 英藏敦煌文献:第 13 卷[M].成都:四川人民出版社,1995:198-205.
② 荣新江.英图书馆藏敦煌汉文非佛教文献残卷目录[Z].台北:新文丰出版公司,1994:183-186.
③ 孙继民.敦煌吐鲁番所出唐代军事文书初探[M].北京:中国社会科学出版社,2000:181-211.

憾的是,因为孙先生将这批文书误判为西州文书,所以对它们所反映的历史事件及其珍贵价值还揭示得不够全面。由此,笔者拟在孙先生的研究基础上,尝试对这批文书展开重新讨论。

S.11287共有16件文书,其中12件文书是内容相关的军事文书,另4件文书是S.11287C1《景云二年(711)七月九日赐沙州刺史能昌仁敕》、S.11287M《马仕爱等纳物抄》、S.11287N《柴肉价破历》和S.11287P残片。本文只对12件军事文书进行讨论,它们是S.11287A、S.11287B、S.11287C2、S.11287D、S.11287E1、S.11287E2、S.11287F、S.11287H、S.11287I、S.11287J、S.11287K、S.11287L①。因孙继民先生已对这12件文书中的11件文书做过释录,故本文对上述11件文书不再录出,仅录出孙先生没有释录的S.11287B文书。其文云:

……思 琎年贰拾 定
王大宾年贰拾 定
李仙宗年贰拾 定
苏齐嵩年贰拾 定
邓登登弟崇俊年贰拾 定
……　　　　　　定②

为了方便引用,本文将这12件文书统称为S.11287文书。

一、文书的撰写地

虽然S.11287这批文书揭自敦煌藏经洞的一个经帙,但孙继民先生认为这组文书不是敦煌当地的文书,而是来自西州的文书。他提出了三点理由:第一,该组文书中出现部曲,但迄今为止敦煌地区还没有发现记载有部曲的唐代文书,而西州地区却有。第二,该组文书与伊西庭地区的一些军事文书的背缝押署的特点相近。第三,S.11287文书中的多位人名见于吐鲁番出土的唐代西州文书③。

孙先生上举的这三点理由,虽然有一定的道理,但却不能据此将S.11287文

---

① 这些编号都采用《英藏敦煌文献》之编号。
② 英藏敦煌文献:第13卷[M].成都:四川人民出版社,1995:198.
③ 孙继民.敦煌吐鲁番所出唐代军事文书初探[M].北京:中国社会科学出版社,2000:191-196.

书定判为西州文书。理由也有三点:第一,虽然 S.11287 文书中出现部曲,而敦煌地区迄今为止还没有发现记载有部曲的唐代文书,但是,没有发现不等于没有,迄今未发现不能说明以后不会发现;第二,因为唐代是一个统一的国家,其各地军事文书的背缝押署可能有一定的相似性,更何况敦煌与西州邻近;第三,孙先生将 S.11287 文书中的人名与吐鲁番出土的唐代西州文书中出现的人名做了对比,并找出了一些相同或相似的人名。然而,同一地方在同一时期都有相同人名的现象,更何况,孙先生将 S.11287 文书中的人名与吐鲁番出土的所有唐代文书中的人名作比较,在几百年的唐代文书中偶尔出现相同或相似的人名也是极为正常的事,这也不能作为判定 S.11287 文书为西州文书的有力证据。

鉴于以上原因,笔者以为,既然 S.11287 文书揭自敦煌藏经洞的经帙,那么,首先应该排除这组文书不是敦煌本地文书的可能性,然后再考虑它们的其他来源。于是,笔者对敦煌文献进行了调查,结果发现,S.11287 文书与敦煌本地天宝时期的一些文书的关系极其密切。现将 S.11287 文书中的人名与敦煌出土的相关文书列表比较。

姓　名	出　处	出　处
索元振	S.11287A(1)	
张大力	S.11287D(2)	
阴休谦	S.11287C(3)	
张仁祚	S.11287E(5)	P.2803v《唐天宝九载(750)八月—九月敦煌郡仓纳谷牒十六件》
张怀忠		
阴庭坚		
张　力	S.11287F(7)	
王元曜		
王思钦	S.11287H(9)	
梁思贞		
翟洪悉	S.11287(10)	
曹神忠		
翟英俊	S.11287K(11)	
令狐楚琬		
曹英峻		

续 表

姓 名	出 处	出 处
程思忠	S.11287A(1)	P.2592、P.3354、S.3907、P.2547《唐天宝六载(747)敦煌县龙勒都乡里籍》
张楚宾	S.11287A(1) S.11287H(9)	
张仙舟	S.11287E(5)	P.2803、P.2657、P.3018、P.3559《唐天宝十载(751)敦煌县差科簿》
氾大忠	S.11287A(1)	
张思悊	S.11287K(11)	
屈思楚	S.11287K(11)	
令狐怀忠	S.11287K(11)	S.514《唐大历四年(769)沙州敦煌县悬泉乡宜禾里手实》
杨守忠	S.11287L(12)	P.3877《唐开元十年(722)沙州敦煌县悬泉乡籍》
张胡子	S.11287E(5)	ф366《唐天宝十载(751?)前后沙州敦煌县退田簿》
张思节	S.11287H(9)	
张楚珪	S.11287A(1)	
张大遇		
张元晖	S.11287D(2) S.11287(10)	P.3446v《巳年(789?)沙州仓曹会计牒》
阴庭珪	S.11287C(3)	S.542v《戌年(818)六月沙州诸寺丁口车牛役簿》
张胡子	S.11287E(5)	
令狐奉仙	S.11287E(5)	Дx.1328《唐建中三年(782)授百姓部田春苗历》
氾思忠	S.11287E(5)	S.543《唐大历年代(772)沙州敦煌县差科簿》

上表列出了 S.11287 文书中的 31 人,其中 26 人又见于 8 世纪中叶的敦煌文献。如索元振至曹英峻 15 人见于 P.2803v《唐天宝九载八月—九月敦煌郡仓纳谷牒十六件》;程思忠和张楚宾见于 P.2592、P.3354、S.3907、P.2547《唐天宝六载敦煌县龙勒都乡里籍》;张仙舟至屈思楚 4 人见于 P.2803、P.2657、P.3018、P.3559《唐天宝十载敦煌县差科簿》;令狐怀忠见于 S.514《唐大历四年沙州敦煌县悬泉乡宜禾里手实》;张胡子至张大遇 4 人见于 ф366《唐天宝十载前后沙州敦煌县退田簿》。剩余的 6 人,除杨守忠出现于 P.3877《唐开元十年沙州敦煌县悬泉乡籍》外,张元晖至氾思忠等 5 人出现于 8 世纪中后期和 9 世纪初期的敦煌文

献中,这些文献是 P.3446v《巳年沙州仓曹会计牒》、Дx.1328《唐建中三年授百姓部田春苗历》、S.543《唐大历年代沙州敦煌县差科簿》和 S.542v《戌年六月沙州诸寺丁口车牛役簿》。

既然上表所列的 31 人多集中出现于 8 世纪中叶的敦煌文献,尤其索元振和曹英峻等 15 人竟然同时出现于 P.2803v《唐天宝九载八月—九月敦煌郡仓纳谷牒》中,如果再以 S.11287 文书揭自敦煌藏经洞经帙来考虑,笔者认为,将 S.11287 文书定为敦煌文书要比定为西州文书更为妥当一些。而且,S.11287K 文书还是有关沙州悬泉乡的一份文书。其文云:

1　五人子弟
2　安玄璋、翟英俊、张思悊、令狐楚琬、刘嗣琎
3　一十四人虞候
4　曹英峻、孟嗣□……张怀亮、李崇嗣、令狐怀忠
5　杨义臣、王山子……董玄贞、史义实、孟神剑
6　屈思宾、屈思楚①

本件原登记了 19 人,其中子弟 5 人,虞候 14 人,但虞候中的二人已模糊不清,现能识读的有 17 人。在这 17 人当中,能够推知他们乡属的只有 5 人,他们分别是张思悊、曹英峻、令狐怀忠、王山子和屈思楚。但令人意外的是,这 5 人的乡籍竟都是悬泉乡人。如张思悊、曹英峻、屈思楚出现于 P.2803、P.2657、P.3018、P.3559《唐天宝十载敦煌县差科簿》中的 P.3559(二)文书,而铃木俊、唐耕耦和王永兴等先生都认为,P.3559(二)文书是悬泉乡的差科簿②。那么,张思悊、曹英峻和屈思楚应是悬泉乡人。另外,令狐怀忠和王山子又出现于 S.514《唐大历四年沙州敦煌县悬泉乡宜禾里手实》,显然,他俩也是悬泉乡人。

既然在 S.11287K 文书中我们能知道乡籍的只有 5 人,而这 5 人又全都是悬泉乡人,这种现象促使笔者大胆推测出一个结论,即 S.11287K 文书所登记的应是悬泉乡的 5 名子弟和 14 名虞候。如果这一结论能够成立,它将再次证实前面关于推定 S.11287 文书为敦煌文献的可靠性。

---

① 英藏敦煌文献:第 13 卷[M].成都:四川人民出版社,1995:203.
② 铃木俊.唐代丁中制的研究[J].史学杂志,1935(46-49):89-93.唐耕耦、陆宏基编.敦煌社会经济文献真迹释录:第 1 辑[M].北京:书目文献出版社,1986:208.王永兴.敦煌经济文书导论[M].台北:新文丰出版公司,1994:204.

二、文书的年代

S.11287E1、S.11287F、S.11287H、S.11287I 是以队为单位登记官兵的姓名。如 S.11287F 第 6 行曰:"押官氾思齐 队头曹怀钦 副景思惠 佐任嗣忠"等。在这四件文书中,官员职务都是以押官、队头、副队头、队佐的顺序由高到低排列的,每一队的最高长官称"押官",如"押官翟洪悲""押官阴庭钦""押官阴庭坚"等。

据孙继民先生研究,在唐初、武则天执政时期和唐玄宗先天年间,都没有出现队级押官[1]。而在藤井有邻馆所藏的第 46 号文书中出现"押队官",菊池英夫先生推测其年代在开元时期[2]。孙继民先生依据吐鲁番阿斯塔那 506 号墓所出《唐开元十九年(731)□六镇将康神庆抄》中出现俱六镇之名而认为,藤井有邻馆所藏第 46 号文书的年代应在开元十九年之前[3]。由此而知,在开元前期,唐军已经有了押队官的设置,而"押队官"是向队级"押官"过渡的称谓。《通典》卷 148《兵典》云:

> 每军:大将一人,副二人,判官二人,典四人,总管四人;子将八人,执鼓十二人,吹角十二人,司兵、司仓、司骑、司胄、城局各一人。每队五十人;押官一人,队头一人,副二人,旗头一人,副二人,火长五人。

因《通典》编撰于代宗大历年间,故孙继民先生认为,队级押官的出现在唐玄宗时期的开元后期至天宝年间甚至更后,S.11287 文书制作时间应与这一时间相当[4]。

孙先生从押队官和押官的设置时间入手推定出 S.11287 文书制作于开元后期至天宝年间甚至更后。他的这一定年与我们前述的 S.11287 文书中官兵多出现于 8 世纪中叶的敦煌文献之事实相吻合。当然,关于 S.11287 文书的年代我们还可以再细考。

S.11287E1"押官阴庭钦"的队中有"张仙舟",而张仙舟又见于 P.2803、

---

[1] 孙继民.敦煌吐鲁番所出唐代军事文书初探[M].北京:中国社会科学出版社,2000:197-199.
[2] 菊池英夫.关于唐代边防机关守捉、城、镇的成立过程[J].东洋史学,1964(27).
[3] 孙继民.敦煌吐鲁番所出唐代军事文书初探[M].北京:中国社会科学出版社,2000:200.
[4] 孙继民.敦煌吐鲁番所出唐代军事文书初探[M].北京:中国社会科学出版社,2000:203.

P.2657、P.3018、P.3559《唐天宝十载敦煌县差科簿》,他是慈惠乡户主张思云之弟。文云:

  弟仙舟载廿,中男,村正。①

《唐天宝十载敦煌县差科簿》写于天宝十载,即751年,这一年,张仙舟20岁,为中男。又据《旧唐书》记载,从天宝三载(744)起,男子成丁的年龄改为23岁②。至广德元年(763),男子成丁的年龄又改为25岁③。并且,《唐会要》卷72又记载:贞观十年(636)规定:"每岁十一月,以卫士帐上于兵部,以俟征发。天下卫士尚六十万。初置,以成丁而入,六十而出役。"④虽然开元年间,已实行募兵制,但有关成丁年龄的规定没有变,如《唐天宝十载敦煌县差科簿》记载:

  (安周)侄大忠载廿二　中男
  (张承恩)男孝感载廿三　白丁　土镇⑤

显然,据《唐天宝十载敦煌县差科簿》记载可知,男子成丁年龄符合唐朝廷规定。

如果以张仙舟23岁成丁算,则S.11287文书不能早于754年。当然,在前录的S.11287B文书中,王大宾、李仙宗、苏齐嵩等人姓名后均有"年贰拾　定"之记载,这说明,虽然王大宾他们尚未到国家规定的成丁年龄,但因军情紧急,还是决定将他们征入军中。这样看来,如果以张仙舟20岁被征入军的话,则S.11287文书不能早于751年。然而,我们知道,天宝三年(744)正月一日,改"年"为"载",直到至德三载(758)二月五日,又改"载"为"年"。而在S.11287B文书中,四次出现"年贰拾　定"之记录,这又说明,S.11287文书不能早于至德三载(758)二月。

关于S.11287文书的下限,我们也找到了一条线索。如S.11287K文书中

---

  ①　唐耕耦、陆宏基编.敦煌社会经济文献真迹释录:第1辑[M].北京:书目文献出版社,1986:216.
  ②　据《旧唐书》卷九记载:天定三载,改"百姓十八以上为中男,二十三已上成丁"。
  ③　据《新唐书》卷五十一《食货志》记载:广德元年,改"二十五为成丁,五十五为老"。
  ④　王溥.唐会要:卷72[M].北京:中华书局,1955:1298.
  ⑤　唐耕耦、陆宏基编.敦煌社会经济文献真迹释录:第1辑[M].北京:书目文献出版社,1986:212.

的令狐怀忠又见于S.514《唐大历四年沙州敦煌县悬泉乡宜禾里手实》,该《手实》记载:户主令狐进尧,上柱国,"父怀忠年陆拾壹岁,老男,上轻车都尉,永泰二年账后勘责逃走,限满除"①。这条记载明确说明,在永泰二年(766)勘查户籍时,令狐怀忠已经"逃走",在大历四年仍没有回来,故被除籍。从令狐怀忠被沙州官府除籍看,S.11287文书晚不过永泰二年(766)。既然S.11287文书不早于至德三载(758),又不晚于永泰二年(766),那么,它应该是758年至766年间的文书。

三、文书的定名

《英藏敦煌文献》将S.11287A、S.11287B、S.11287C2、S.11287D、S.11287E1拟名为《征行名簿》,而对其余的7件文书未做定名。孙继民先生在重点分析文书撰拟的主体、文书反映的内容和文书撰写的形式种类后,将S.11287文书按序列组文书和类项组文书分别定名为《唐八世纪中后期西州某营(或城、镇、守捉)诸队官兵姓名簿》和《唐八世纪中后期西州某营(或城、镇、守捉)通见在、没落等姓名牒》。孙先生是长期从事军事文书研究的专家,他对S.11287文书分类定名无疑是正确的。当然,因为我们在前文中对S.11287文书的撰写地和撰写时间做过重新考证,由此,将S.11287文书改定为《唐八世纪中叶沙州某营(或城、镇、守捉)诸队官兵姓名簿》和《唐八世纪中叶沙州某营(或城、镇、守捉)通见在、没落等姓名牒》。

四、文书形成的历史背景

从S.11287文书的兵员构成来看,有父子从军、同胞兄弟从军、同族兄弟从军,也有部曲和奴从军,甚至还有僧人从军,这意味着当地驻军处于严重的兵源枯竭或面临着严重的战争形势。② 如果再结合S.11287文书撰写于至德三载(758)至永泰二年(766)之间来考虑,那么,这一时期,沙州如此严重的战争形势必与吐蕃入侵有关。我们来简单回顾一下这段历史。

天宝十四载(755),安史之乱爆发。唐王朝调动西北各地的军队入援,西北

---

① 唐耕耦,陆宏基编.敦煌社会经济文献真迹释录:第1辑[M].北京:书目文献出版社,1986:197.

② 孙继民.敦煌吐鲁番所出唐代军事文书初探[M].北京:中国社会科学出版社,2000:209.

边防随之削弱。此时,兴起于西南部的吐蕃乘虚而入,攻下大震关,尽陷兰、河、廓、鄯、洮、岷、秦、成、渭等陇右之地。河西与中原的联系被切断。不久,吐蕃又由东向西进攻河西。

广德二年(764),吐蕃攻陷凉州,河西节度使杨志烈率领官兵西走甘州①。为了遏制吐蕃势力再向西发展,身为河西兼伊西庭节度使的杨志烈前往北庭征兵。但不幸的是,他在"长泉"被伊西庭留后周逸借突厥之手杀害②。

杨志烈遇害后,西迁的河西节度使府衙一时无主,张璥便在甘州自署节度使③。与此同时,郭子仪请遣使巡抚河西④,唐朝廷遂命杨休明继任节度使。但很快,甘、肃二州又于大历元年(766)五月相继陷落,杨休明率官兵退守沙州。因河西节度使西迁沙州⑤,此时的沙州升格为都督府⑥。

大历三年(768),周鼎又任"河西节度观察使"⑦。时至大历十一年(776),作为"节度观察处置使"的周鼎还亲临莫高窟,祝贺李大宾等建成莫高窟第148窟⑧。显然,这时的沙州城格外平静。当然,这种平静归因于吐蕃正在全力围攻瓜州。当攻陷瓜州后,吐蕃又开始大举进攻沙州。颜真卿《唐故太尉广平文贞公宋公神道碑侧记》在记述宋璟第八子宋衡时云:

> 公第八子衡,因谪居沙州,参佐戎幕,河陇失守,介于吐蕃。以功累拜工部郎中兼□御史、河西节度行军司马。与节度周鼎保守敦煌仅十余岁,遂有

---

① 《通鉴》"广德二年(764)十月"条云:"未几,吐蕃围凉州,士卒不为用;志烈奔甘州,为沙陀所杀。"

② P.2942《唐河西节度观察使判牒集》云:"副帅巡内征兵,行至长泉遇害,军将亲观事迹,近到沙州具陈。"王小甫先生认为,这位"长泉遇害"的"副帅"就是杨志烈,他不是死在甘州,而应在沙陀所居之北庭附近。P.2942《唐河西节度观察使判牒集》还说:"伊西庭留后周逸构突厥杀使主,兼矫诏河已西副元帅。"可见,杨志烈是被伊西庭留后周逸借突厥之手杀害的。参见:王小甫.唐吐蕃大食政治关系史[M].北京:北京大学出版社,1992:203;法藏敦煌西域文献:第20册[M].上海:上海古籍出版社,1995:2002:185.

③ P.2942《唐河西节度观察使判牒集》云:"张使君性本凶荒,志非忠谨,有正印之五盗,无日碑之一心。潜构异端,公然纵逆。伪立符敕,矫授庞厖,动摇军州。"见:法藏敦煌西域文献:第20册[M].上海:上海古籍出版社,1995:2002:184.

④ 《通鉴》"永泰元年(765)闰十月"条云:"河西节度使杨志烈既死,请遣使巡抚河西及置凉、甘、肃、瓜、沙等州长史。上皆从之。"

⑤ 《通鉴》卷二二四"大历元年(766)"条载:"夏五月,河西节度使杨休明徙镇沙州。"

⑥ 《唐会要》卷七十陇右道条云:"新升都督府:沙州,永泰二年五月升。"见:唐会要·陇右道[M]//影印文渊阁四库全书:第607册.台北:台湾商务印书馆,1984:55.又见:刘安志.关于唐代沙州升为都督府的时间问题[J].敦煌学辑刊,2004(2):59-65.

⑦ 吴廷燮撰.唐方镇年表(三)[M].北京:中华书局,1980:1225.

⑧ 《唐陇西李府君修功德碑》是以李大宾为首的李氏家族营建莫高窟第148窟的功德碑。它记载相关的活动曰:"时节度观察处置使、开府仪同三司、御史大夫蔡国公周公,道洽生知,才膺命世,清明内照,英华外敷……爰因蒐练之暇,以申礼敬之诚,揭竿操矛,阖载以从……隐隐轸轸,荡谷摇川而至于斯窟也。"参见:李永宁.敦煌莫高窟碑文录及有关问题(一)[J].敦煌研究,1981(1):65.

中丞常侍之拜。恩命未达而吐蕃围城，兵尽矢穷，为贼所陷。吐蕃素闻太尉名德……遂赠以驰马送还，大历十二年十一月以二百骑尽室护归。①

有学者认为，"吐蕃围城，兵尽矢穷，为贼所陷"之"城"即沙州城，但安忠义先生指出，大历十一年（776），吐蕃才攻陷瓜州，而沙州经过历代经营，从中心到外围已形成一个完整坚固的防御体系，吐蕃要突破层层防御，兵临沙州城下，绝非轻易之举。故而判断，大历十二年（777），吐蕃所"围城"为沙州外围某城。②

随着吐蕃的蚕食进攻，沙州都督府上层官员就对敌策略出现分歧。周鼎因"请救回鹘，逾年不至"而"议焚城郭，引众东奔"③，但以都知兵马使阎朝为首的官员认为"不可"，遂杀周鼎，自领州事④。在阎朝的领导下，沙州军民又守十年，终因粮草枯竭，兵尽矢穷，至贞元四年（788）⑤，以城降蕃。

五、文书的价值

关于S.11287文书的价值，孙继民先生从研究唐代军事制度角度出发做了深入阐发。他说：

> S.11287号文书的重要价值在于提供了研究唐代军事职官制度的资料，确切地说，是提供了有关军队队级职官制度的第一手资料。这体现在两个方面：第一，证实了八世纪的唐代军队中设有队级押官；第二，证实了队佐的普遍设立。⑥

---

① 王昶.金石萃编：第3册[M].北京：中国书店，1985.
② 安忠义.吐蕃攻陷沙州城之我见[J].敦煌学辑刊，1992(1-2)：21.
③ 宋祁，等.新唐书·吐蕃传[M].北京：中华书局，1975.
④ 《新唐书》卷二一六《吐蕃传》云："始，沙州刺史周鼎为唐固守。赞普徙帐南山，使尚绮心儿攻之。鼎请救回鹘，逾年不至，议焚城郭，引众东奔，皆以为不可。鼎遣都知兵马使阎朝领壮士行视水草，晨入谒辞行，与鼎亲吏周沙奴共射，毂弓揖让，射沙奴即死，执鼎而缢杀之，自领州事。城守者八年，出绫一端募麦一斗，应者甚众，朝喜曰：'民且有食，可以死守也。'又二岁，粮械皆竭，登城而呼曰：'苟毋徙它境，请以城降。'绮心儿许诺，于是出降，自攻城至是凡十一年。"安忠义先生认为，阎朝杀周鼎的时间在大历十三年（778）。参见：安忠义.吐蕃攻陷沙州城之我见[J].敦煌学辑刊，1992(1-2)：22.
⑤ 关于沙州陷蕃的年代，学界有不同的观点。其中以陈国灿先生主张的"贞元二年（786）陷蕃说"和安忠义、李正宇二位先生主张的"贞元四年（788）陷蕃说"最有影响力。笔者赞同安忠义、李正宇二位先生主张的"贞元四年（788）陷蕃说"。参见：陈国灿.唐朝吐蕃陷落沙州的时间问题[J].敦煌学辑刊，1985(1)：3.安忠义.吐蕃攻陷沙州城之我见[J].敦煌学辑刊，1992(1-2)：21.李正宇.沙州贞元四年陷蕃考[J].敦煌研究，2007(4)：98-103.
⑥ 孙继民.关于S.11287号两组军事文书的探讨[J].敦煌学辑刊，1999(1)：30.

除了孙先生所揭示的 S.11287 文书的重要军事价值外,笔者还想就该文书的其他价值再谈谈自己的看法。

第一,S.11287C2、S.11287E1 和 S.11287F 三件文书中都有关于"奴"和"部曲"的记载,特别是"部曲",属敦煌文献之首次发现,这为我们研究 8 世纪中叶敦煌地区的贱民①及其使役等情况提供了新材料。

现将 S.11287 文书中有关"奴"和"部曲"的资料列表如下:

文 书	主 人	奴	部 曲
S.11287C2	阴英	来富 伏命 小德	史阿奢
	令狐鹤	奉药 奉教	
	索久	者羯	
	孔节	典药	
S.11287E1	阴英	安意 阿宾 永安	
	阴休誉	来奉 知足	
	张奕	承教 典马 ?	
	令狐裕		张兴想
S.11287F	李庭	穀塠	
	李太青	黑头 小胡	
	徐素		阴为奴
	张力	月子 汉汉	

如上表所列,S.11287C2、S.11287E1 和 S.11287F 三件文书共登记奴 20 人、部曲 3 人,其中 S.11287C2 有奴 7 人、部曲 1 人;S.11287E1 有奴 8 人、部曲 1 人;S.11287F 有奴 5 人、部曲 1 人。

虽然 S.11287 文书仅登记有 3 名部曲,但他们的出现,意义重大,因为迄今为止在敦煌藏经洞出土文献中或其他敦煌文献中尚未发现有关"部曲"的记载。有学者竟据此认为,在敦煌地区没有部曲。而这三名部曲,即"史阿奢""张兴想"和"阴为奴"的出现,为我们重新认识和研究敦煌地区的"贱民"情况提供了新材料,其珍贵价值是不言而喻的。

---

① "贱民"分为官、私两大类,其中除官私奴婢外,还包括官户(番户)、工乐户、杂户、太常音声人、部曲、客女、随身等官私"贱民"。参见:李季平.试析唐代奴婢和其他贱民的身份地位(上)[J].齐鲁学刊,1986(6):29.

"部曲"在西汉时期,只是一种军事编制。《后汉书·百官志》云:"其领军皆有部曲。大将军营五部……部下有曲,曲有军候一人,比六百石。"①到了东汉时期,部曲不再专指军队,而由豪强地主武装起来的家丁和依附民,亦称作部曲。到南北朝时期,部曲逐渐沦为地位介于奴婢与良人之间但又属于贱民的社会阶层②。至唐初,部曲的地位继续下降,统治者有时甚至把部曲与徒隶等同。《唐律疏议》则明确记载"部曲奴婢律比资产"。从这条记载看来,部曲被比作没有生命价值的物品或资财,可由主人随意处置,毫无人格可言,更谈不上基本的人身权利。即使《唐律疏议》认可主人释放奴婢为部曲或奴婢自赎为部曲,但部曲仍然是主人的私有物品,只不过其社会地位略高于奴婢③。

与部曲相比,S.11287文书所登记的奴的数量要多一些,共有20人。据吴其昱先生研究,在8世纪中叶,敦煌地区的奴婢占人口总数的6%左右④。而在与敦煌邻近的西州地区,其贱民约占当时总人口的10%强⑤。可见,敦煌吐鲁番地区的奴婢占社会总人口的比重是较高的,而敦煌的奴婢数量又略少于西州地区。另外,就奴婢和部曲的数量比较而言,部曲的数量又远少于奴婢。因为在西州地区,部曲在人口中的比例仅为1%—3%⑥。而在敦煌地区,能直接和间接反映奴婢情况的资料是比较多的,约有30多件⑦。这些文献记录了为数众多的奴婢情况。但敦煌地区之部曲,仅见于S.11287文书,也只有3人。另外,就S.11287文书本身来说,其奴与部曲的比率是20∶3。显然,部曲的数量远低于奴婢。这充分说明,到了唐代,部曲不再是一种普遍的生产关系,而是一种残余形态了。

对于奴婢和部曲来说,他们既从事家内使役又要从事生产,另外,还被用来代主人服兵役。吐鲁番出土文书就记录了地主富户以家中贱民代己从军的实情。如阿斯塔那83号墓出土的《唐先天二年(713)队付王奉琼牒为当队见在及不到人事》中有"当队兵"40名,其中白丁25人,奴10人,部曲5人。而这些奴

---

① 司马彪撰,刘昭注补.后汉书·百官志[M].北京:中华书局,1973:3564.
② 参见:王万盈.论魏晋南北朝时期的部曲及其演进[J].西北师大学报(社会科学版),2004,41(4):41-45.
③ 陈露.从《唐律疏议》看唐代部曲的社会地位[J].魅力中国,2010(17):298.
④ 吴其昱,耿昇,译.有关唐代和十世纪奴婢的敦煌卷子[J].敦煌学辑刊,1984(2):140.
⑤ 李军.唐代私奴婢初探[J].敦煌学辑刊,1984(2):116.
⑥ 程喜霖.唐代公验与过所案卷所见的经济资料:部曲奴婢[J].中国社会经济史研究,1986(2):66.
⑦ 李天石.敦煌吐鲁番文书中的奴婢资料及其价值[J].敦煌学辑刊,1990(1):1-3.

和部曲是代替其主当兵的①。S. 11287C2、S. 11287E1 和 S. 11287F 三件文书中的奴和部曲名前也都登记了其主人的姓名,如"阴英奴来富""令狐鹤奴奉药""令狐裕部曲张兴想"等。很明显,这些贱民也是代主人出征的。在唐代,这种以贱民代服兵役的办法是得到法律认可的。据《唐令拾遗》赋役令二三载,唐代"遣部曲代役者听之"。

S. 5706《放亡躯殉节者从良书》则反映了一些奴婢在战争中死亡,主人将他们放良的情况。其文云:

素本良家贱,非旧族……复遇犬戎大举凌暴,城池攻围,数重战争,非一汝等皆亡躯徇(殉)节……放从良兼改名……②

第二,S. 11287F 队级士兵中有"僧道庄"和"僧灵骍"。这二位出家僧人从军,一方面,反映出当时军事形势之严重,和沙州军民踊跃从军,誓死保卫家园之决心。另一方面,也为我们了解僧人在保卫沙州的战斗中所发挥的作用提供了宝贵线索。

S. 11287 文书中有父子从军、同胞兄弟从军、同族兄弟从军、部曲和奴从军,甚至道庄和灵骍二位僧人也从军,这种紧张的军事形势充分说明,此时的吐蕃大军很可能已逼近沙州,也就是说,S. 11287 文书很可能是永泰二年(766)或稍前的文书。

我们在前文已指出,S. 11287 文书晚不过永泰二年(766),而永泰二年(766),吐蕃才刚刚攻陷甘、肃二州,他们对沙州的攻势才算刚刚开始,因此,这时从军的僧人并不多,S. 11287 文书仅登记有二人。然而,随着吐蕃的步步蚕食进攻,战斗越打越激烈。《沙州释门索法律窟铭》描述曰:"积日相持,连营不散。公誓雄心而御捍,铁石之志不移。全孤垒于三危,解重围于百战。"③由于战争的旷日持久,伤亡的人数日益增多,这时,有越来越多的僧人投入战斗。如 S. 2729《吐蕃辰年三月沙州僧尼部落米净辩牒》(以下简称《牌子历》)、P. 3947《亥年八月寺卿蔡殷牒》(以下简称《蔡殷牒》)、S. 2614v《沙州诸寺僧尼名簿》(以下简称《僧尼名簿》)都有关于沙州龙兴寺僧人名单,但令人不解的是,S. 2729《牌子历》写于 788 年,S. 2614v《僧尼名簿》写于 10 世纪初,而 P. 3947《蔡殷牒》的书写年

---

① 参见:李天石. 敦煌吐鲁番文书中的奴婢资料及其价值[J]. 敦煌学辑刊,1990(1):13-14.
② 英藏敦煌文献:第 9 卷[M]. 成都:四川人民出版社,1994:90.
③ 郑炳林. 敦煌碑铭赞辑释[M]. 兰州:甘肃教育出版社,1992:72.

代又居二者之间,但 P.3947《蔡殷牒》中龙兴寺的僧人竟无一人出现于《牌子历》和 S.2614v《僧尼名簿》的龙兴寺僧人名单中。笔者对这一现象进行分析后认为,因为吐蕃攻打沙州时,遭到了沙州人民的顽强抵抗,战争竟相持 10 年之久,这期间有无数的青壮年僧人曾参加战斗,他们大多战死在疆场①。由此,各寺才剩下一些年纪较大的僧人。

而正史也有关于沙州僧人参与战斗的记载。建中元年(780),唐德宗为了"先内靖方镇",对吐蕃采取了和平外交政策,派太常卿韦伦护送五百名吐蕃俘虏归蕃。吐蕃赞普深受感动,双方于建中三年(782),在清水会盟,并划定地界。在这种情况下,吐蕃停止了对沙州的攻击,先将周鼎等人的灵柩送归,随后又将没蕃将士僧尼等凡八百人放归,以表示对会盟的诚意②。陈国灿先生说:这八百没蕃将士和僧尼,很可能就是寿昌县和敦煌诸乡的防守将士和僧尼③。

第三,大历元年(766)五月,吐蕃攻陷甘、肃二州后继续向西攻打瓜州和沙州,至贞元四年(788),沙州因"粮械皆竭"才投降吐蕃。关于这 20 年间的曲折故事,除正史有零星记载外,敦煌藏经洞出土文献稀有记载。其中,最受学者关注的是 P.2942《唐河西节度观察使判牒集》,它成书于大历元年(766)五月至十二月间,是杨休明主持河西事务和担任河西节度使时的判文和牒文的合集④。而本文讨论的 S.11287 文书,是一份直接反映沙州军民抵御吐蕃大军的军事文书,它为我们深入认识和研究这段历史提供了极为珍贵的史料。

(原载《敦煌吐鲁番研究》第 13 卷,上海古籍出版社,2013 年)

---

① 陈菊霞.敦煌翟氏研究[D].兰州:兰州大学博士论文,2008:134-135.
② 《唐会要》云:夏四月,吐蕃将先没蕃将士僧尼等自沙州,凡八百人,报(建中)元年之德。
③ 陈国灿.唐朝吐蕃陷落沙州城的时间问题[J].敦煌学辑刊,1985(1):3.
④ 金滢坤.敦煌本《唐大历元年河西节度观察使判牒集》研究[J].南京师大学报(社会科学版),2011(5):76-79.

明末士大夫郭子章与西学关系新证

肖清和

肖清和,1980年生,安徽潜山人。2003年毕业于北京大学哲学系,获学士学位;2006年入选北京大学与香港中文大学联合博士培养计划,2009年分别获得北京大学与香港中文大学哲学博士学位,博士论文获香港中文大学优秀博士论文奖(2009年度)、香港中文大学宗教与中国社会研究中心"宗教与中国社会"研究博士论文奖(第四届)以及全国百篇优秀博士论文奖(2011年度)。现为上海大学文学院历史系副教授、上海大学宗教与中国社会研究中心主任。曾赴香港中文大学、比利时鲁汶大学等学术机构参加学术研讨会与学术工作坊。主要研究领域为明末清初天主教史、宗教哲学等。出版有《天会与吾党:明末清初天主教徒群体研究》(2015)等专著;在海内外学术刊物发表论文、书评、译文等40余篇,论文曾被《光明日报》及《中国社会科学文摘》转载。主持或参与国家社科基金多项;曾获上海市第十一届哲学社会科学优秀成果奖。

郭子章为明末江西著名士大夫,历任潮州知府、四川提学、浙江参政、山西按察使、湖广福建布政使、贵州巡抚,后擢兵部尚书,兼都察院右副都御史,赠太子少保。因平播、平苗乱而闻于世,其父因其功而7次被诏封。郭子章著述颇丰,学术界相关研究主要集中于郭子章与利玛窦的交往、郭子章的军功及其地理学等方面。① 本文依据《郭子章年谱》(以下简称《年谱》)、《青螺公遗书合编》《冠朝

---

① 如:PASQUALE M. D'ELIA. Due amici del P. Matteo Ricci S. J. ridotti all'unità [J]. Archivum historicum Societatis Iesu, 1937(6):303-310. 林金水与黄一农的著作均提及郭子章与利玛窦的交往情况,方豪则对郭廷裳有初步研究,具体参下文的讨论。吴倩华. 明末贵州巡抚郭子章与利玛窦世界地图研究[J]. 贵州社会科学,2012(2):116-119. 黄万机. 郭子章与平播战役[J]. 贵州社会科学,2002(6):94-98. 陈其泰. 郭子章《潮中杂记》的文献价值[J]. 学术研究,2009(2):141-146. 华林甫. 郭子章及其《郡县释名》述论[J]. 中国历史地理论丛,1995(3):235-251. 学位论文有:张燕. 郭子章与晚明社会(1543—1618)[D]. 南昌:南昌大学硕士论文,2012.

郭氏续谱》等资料,探讨郭子章的信仰体验及其与西学之间的关系,并对学界现有成果进行厘正与补充。

一

郭子章(1543—1618),名相奎,号青螺,又号蠙衣生、寄园居士,以字行。① 江西吉安府泰和县冠朝人,隆庆四年(1570)举人,辛未(1571)进士。万历十年(1582)至十四年(1586)任潮州知府。

《年谱》载:"壬午十年公四十岁,春正月,迁潮州太守,莅任作教议,约法吏民。"②值得注意的是郭子章在潮州驱鬼之经历。《年谱》载冬十月,"公为文告城隍驱独鬼":

> 万历九年五月,城南有鬼腾趋于杨氏家,侵其女而淫之,自称曰独鬼。女坐鬼坐,女行鬼行,女卧鬼卧,亡日夕离。合家大惊,请巫禳之,不能除;诉于城隍,亦不能除。时公入觐,次舟三河,闻其妖,移文城隍驱之。鬼语女曰:"郭使君,正人也。有牒严驱,当疾走,不得复留此矣。"独鬼灭迹。③

郭子章驱鬼之经历,虽然被年谱作者(即其子郭孔建)用之赞扬传主刚正之美德,但从中可以看出郭子章有着丰富的信仰体验;同时亦可看出郭子章对于鬼神、梦等超自然事件深信不疑。《年谱》中亦可见郭子章梦见西王母、为文求雨、向城隍祈晴等类似的内容。④ 郭子章自己亦如此说道:

---

① 现有成果以及《泰和县志》认为郭子章,字相奎;但《冠朝郭氏续谱》认为名相奎,字子章,以字行,(参见:郭桂(字荣霆)修.(道光)冠朝郭氏续谱·卷四·列传·郭子章.景字号循伏堂,道光十六年版:41a.);《年谱》则认为郭子章,字相奎,由其祖父郭奇士取名子章,参见:资德大夫兵部尚书郭公青螺年谱[M]//北京图书馆藏珍本年谱丛刊:第52册.北京:北京图书馆出版社,1999:497.族谱记载的郭子章享年有两种:一为77岁,参见:冠朝郭氏族谱·卷七·南谱[M].页75a;一为76岁,参见:冠朝郭氏族谱·卷四·列传[M].页45a.《年谱》则计享年76岁,参见:资德大夫兵部尚书郭公青螺年谱[M]//北京图书馆藏珍本年谱丛刊:第52册.北京:北京图书馆出版社,1999:571.按照阴历,郭子章生卒年为1542—1618;按照公历,则为1543—1618.
② 资德大夫兵部尚书郭公青螺年谱[M]//北京图书馆藏珍本年谱丛刊:第52册.北京:北京图书馆出版社,1999:514.
③ 资德大夫兵部尚书郭公青螺年谱[M]//北京图书馆藏珍本年谱丛刊:第52册.北京:北京图书馆出版社,1999:516.相同内容见:冠朝郭氏续谱·卷四·列传·郭子章[M].页42a.《文告》载:蠙衣生粤草·卷十[M]//四库全书存目丛书:集部第154册.济南:齐鲁社,1996:605下-607上.
④ 诸如《祈雨太湖文》《谢晴文》,俱载:蠙衣生粤草·卷十[M]//四库全书存目丛书:集部第154册.济南:齐鲁书社,1996:608上.

> 敬鬼神,非媚鬼神也。君子无众寡无小大无敢慢,况鬼神乎? 远之非但不媚鬼神也,以远祸也。……吾见今士大夫以撤寺观而斩祀者,以伐神丛而病亡者,一方一隅,区区鬼神,尚能祸任,而况其大乎? ……鬼神无疑,而人何疑于梦耶?①

在郭子章所撰的《大洋洲萧侯庙志》中,我们可以看到郭子章撰写《庙志》之由来,乃是其为了民间信仰"水神"萧天任"许官至尚书"之回报:

> 章由蜀督学迁浙参知官,舫泊大洋洲(按:今新干县大洋洲镇)。予舟解缆,内子舟忽胶焉。予亦停舟江左待之,而暝色延洲,暮不可开。内子焚香舟中祷。是夕梦侯来舟畔,语曰:"不知夫人舟泊庙前。明五鼓即开,亡过虑。为语郭尚书,功名远大,幸自爱。"丙夜大雨水涨,黎明舟合,内子始为予言。予炷香谢神而纪之。……播州之役,幸以微功……而晋子章兵部尚书,上及祖父,下及孙玄,锦衣之阴,加升一级。呜呼! 主恩厚矣! 神之梦亦何灵耶? 予同内子叩头谢主恩,复谢神,许为文纪之石。②

郭子章以自己的亲身经历,描述了萧侯之预言及其实现,证明了萧侯信仰之灵验。郭子章镇压播州叛乱之后,朝廷升其为兵部尚书。萧侯所谓"郭尚书"至此完全实现。实际上,在升尚书之前,郭子章对其妻子所梦不以为然。直到其官至尚书后,郭子章才许诺对于他们所遇到萧侯的灵异事件"为文纪之石",但因其忙于公务未果。后来因为"内子去世,年家甘幼龙来吊,夜宿大洋洲",萧侯托梦给甘幼龙(应蚪)催促郭子章实现自己的许诺,"许公官至尚书,公亦许为碑文"。因此,便有了《大洋洲萧侯庙志》并勒石为铭。萧侯庙主要供奉三位萧氏神灵,即萧伯轩、萧祥叔、萧天任。自元代之后,当地人信奉萧氏神灵为水神,并在明初受封为英佑侯,故称其庙为萧侯庙。通过以上,我们可知郭子章有比较丰富的民间信仰经历与信仰体验。

据林金水先生考证,1588—1589 年间,郭子章与利玛窦在肇庆交游。③ 但据年谱,1586—1588 年,郭子章已由潮州知府升任四川提学佥事。1589 年 8 月,郭

---

① 郭孔太辑,郭子仁刻.青螺公遗书合编:卷九[M].光绪八年:33b(上海图书馆藏).
② 郭子章.大洋洲萧侯传[M]//大洋洲萧侯庙志:卷二.新淦萧恒庆堂,1932:1b-2b(上海图书馆藏).
③ 林金水.利玛窦与中国[M].北京:中国社会科学出版社,1996:289.

子章则迁两浙参政。又据《利玛窦中国札记》，利玛窦是在肇庆的教堂完工之后，认识郭子章等士大夫。教堂完工于1585年农历四月左右。① 因此，利玛窦与郭子章之间的交往应该在1585年至1586年之间。在此期间，郭子章任潮州知府，而两广总督则是吴文华(1521—1598)。吴文华，字子彬，号小江，福建连江县学前铺义井街人，嘉靖三十五年(1556)进士。郭子章在《督抚吴小江先生寿序》提及"不佞当年同籍称兄弟者，今按而数之两都列卿，董董十余人。今两越督府御史大夫吴公，其一焉。"②吴小江任两广总督时间为1583—1587年。③ 由于二人有同学之谊，且"称兄弟"，因此当吴在肇庆任督抚、郭任潮州知府时，二人很可能会在肇庆碰面。而利玛窦等传教士在肇庆颇有名声，是故1585—1586年间，郭子章在肇庆遇见利玛窦并有交往。《利玛窦中国札记》记载利玛窦等人"就是在这里（按：指肇庆教堂），我们结识了当时的将领或兵备道徐大任……还认识了另一个做了贵州省总督的大官。"④此处所谓的"贵州省总督的大官"即指郭子章。

万历二十年(1592)，郭子章迁山西按察使；二十一年(1593)十月，迁湖广右布政使；二十三年(1595)十月，迁福建左布政使；二十六年(1598)十月，诏起为贵州巡抚；三十二年(1602)，升右都御史、兵部右侍郎，兼贵州巡抚，阴一子锦衣卫左指挥佥事。此时，郭子章获得利玛窦新刻《山海舆地全图》，立即将其翻刻，并撰写序文。三十六年(1606)奉旨归养。四十六年(1616)卒于家。

黄一农提及郭子章"似乎并未入教"。⑤ 实际上，一方面郭子章有着传教士极力批评的民间信仰，另一方面又佞佛，因此其绝非天主教徒。郭子章在《明州阿育王寺志序》中明确指出：

> 余生平事佛率以名理取胜，多采诸最上乘门，与吾灵台有所发明者而雅尚之。至于一切报应因果等说，皆置而弗问。中年宦辙四方，多更事故，凡有所求屡著。……殆万历庚子奉命讨播酋，以孤军冒重围，举家百口入于万死一生之地，恐畏百至，虽委身于国、听命于天，而未尝不有祷于三宝。祷即应，应即审，事非影响？加之与关侯通于梦寐，播酋授首，多赖神助。余于是

---

① 利玛窦，金尼阁. 利玛窦中国札记[M]. 何高济等，译. 北京：中华书局，1983：217. 宋黎明. 神父的新装：利玛窦在中国(1582—1610)[M]. 南京：南京大学出版社，2011：23.
② 郭子章. 蠙衣生粤草·卷三·督抚吴小江先生寿序[M]//四库全书存目丛书：集部第154册. 济南：齐鲁书社，1996：516下.
③ 吴廷燮. 明督抚年表[M]. 北京：中华书局，1982：664. 继任者为吴善(1587—1588)，吴死后继任者为刘继文(1588—1591).
④ 利玛窦，金尼阁. 利玛窦中国札记[M]. 何高济等，译. 北京：中华书局，1983：217.
⑤ 黄一农. 两头蛇：明末清初的第一代天主教徒[M]. 上海：上海古籍出版社，2006：99.

不惟于报应之道加详,而于生平所尚名理益著。近奉旨归养,乃舍宅建忠孝寺,皆所以报国恩、答神贶,以彰至理之不诬也。吾儿孔延、孔太、孔陵皆与余同茹茶甘,昭格见闻,故于此道颇遵庭训。

通过上序可知,郭子章不仅生平"事佛",而且在万历庚子(1600)往贵州镇压杨应龙叛乱之后,对佛教的信仰更进一步。殆与其在贵州所遇战事有关。因为心学之传统,郭子章在平播之前只是从义理上接纳佛教,而平播之后则对果报、神应等超自然"神迹"深信不疑。① 郭子章将其在贵州的"逢凶化吉"、甚至打败杨应龙均归功于"神助"。致仕之后,郭子章舍宅建寺(即净圣堂、太虚观②),还与其子一起茹素,即邹德溥所谓"树辟土之勋,世拜玺书无虚岁,公独归功于佛佑,帅其家茹澹忍苦,内外竭施。"③邹元标谓"举室茹素,相为勤施,甚至大忠孝寺不靳重赀新之。"④因此,郭子章可谓是一个地地道道的佛教信徒。其子孔太、孔陵等人亦是佛教徒,曾捐修阿育王寺塔殿,郭子章为之撰《阿育王寺志》。憨山德清称赞道:"累代王臣兴建于前,太宰陆公、相国沈公重兴于昔,司马郭公及诸公子再振于今。"⑤郭子章的母亲、外祖母均佞佛茹素。⑥ 郭子章对佛教的信仰,甚至影响到其对儒家思想的理解。四库馆臣批评郭子章对《易经》的理解已有偏差,"(郭子章)谓雷之所击,皆治其宿生之业。孔氏之门,安得是言哉?"

二

在《阿育王寺志》卷一《地舆融结》中,有郭子章《通论地舆》。从中可以看出郭子章对于地舆等看法,可与其《山海舆地全图序》做一比较。郭子章在《通论地舆》中使用了佛教地理观、宇宙观来诠释天地山川的形成、分布及形态:

---

① 参见张燕.郭子章与晚明社会(1543—1618)[D].南昌:南昌大学硕士论文,2012:29.
② 万历四十四年(1616)落成,郭子章撰有《太虚观净圣堂二长明灯田碑记》,参见:肖用桁.泰和县新发现郭子章撰《太虚观净圣堂二长明灯田碑记》[J].南方文物,2006(3):155-156.还有其他寺观,参见:张燕.郭子章与晚明社会(1543—1618)[D].南昌:南昌大学硕士论文,2012:20,31.
③ 邹德溥.叙阿育王山志[M]//郭子章.明州阿育王山志.见:四库全书存目丛书:史部第230册.济南:齐鲁书社,1996:393下.
④ 邹元标.阿育王志跋[M]//郭子章.明州阿育王山志.见:四库全书存目丛书:史部第230册.济南:齐鲁书社,1996:401上.
⑤ 释德清.明州鄮山阿育王舍利塔记[M]//郭子章.明州阿育王山志.见:四库全书存目丛书:史部第230册.济南:齐鲁书社,1996:393上.
⑥ 郭子章.蠙衣生粤草.卷三·外王母刘太孺人七十序[M]//四库全书存目丛书:集部第154册.济南:齐鲁书社,1996:522上.

> 蟫衣生曰：……故曰天如卵白，地如卵黄。第此方论天地大合，为言得其形似而已矣。方外为言天无涯而先无涘。论涯涘者，约一佛化境也。何以言之？盖一佛化境，谓之三千大千世界，有百亿日月、百亿须受山、百亿大海水、百亿铁围山、百亿四太洲。铁围绕其外，海水聚其内，须弥峙其中，四洲罗其下，日月照临乎其上。百亿铁围之外，更有一大铁围总括之……大千外更有人千，不知其纪极，故曰天无涯而地无涘。然则载山岳者海，载大海者地，载大地者水，载水轮者火，载火轮者金，载金轮者又风轮为之执持也。故《楞严》云，觉明空昧，相待成摇，故有风轮执持世界，乃至宝明生润，火光上蒸，故有水轮含十方世界……故曰天位乎上，亦位乎下。岂非上天之上复有大地，大地之下复有上天？……中国名山祖于西域雪山，其次昆仑，又其次为五岳七山，离而复合，合而复离。

郭子章认为传统所谓"天如卵白、地如卵黄"只是言天地无涯无涘，他使用佛教宇宙观来解释天地无涯无涘。佛教宇宙观认为，三千大千世界由小千、中千世界辗转集成。小千、中千、大千世界形式皆同，以须弥山为中心，上自色界初禅，下抵风轮，其间包括四大部洲、日月、欲界六天及色界梵世天等。须弥山矗立在地轮上，地轮之下为金轮，再下为火轮，再下为风轮，风轮之外便是虚空。一千个小千世界，集成一个中千世界；一千中千世界，上覆盖四禅九天，为一大千世界。三千大千世界只是一位佛所渡化众生的世界，所有的世间则是因为有无数量的佛，所以有无数量的三千大千世界。比较佛教宇宙观与《通论地舆》可以发现，郭子章的舆地思想均来自佛教。而在《山海舆地全图序》中，郭子章的舆地观则主要来自邹衍的"大九州"说：

> ……邹衍以为儒者所谓中国者于天下，乃八十一分居其一分耳。禹序九州之中国名曰赤县神州，中国外如赤县神州者九，乃名九州，有大瀛海环其外，实天地之际焉。其说盖出于《括地象》与《山海经》。……晋太康汲冢竹书出《穆天子传》，载穆王袭昆仑之丘，游轩辕之宫，勒石王母之山，纪迹玄圃之上，然后知邹子之语似非不经，而马迁所云张骞未睹者，原非乌有，故郭璞云竹书潜出于千载，正以作徵于今日。其知言乎？虽然犹以书证书也。不谓四千载后太西国利生持《山海舆地全图》入中国，为邹子忠臣也，则以人证书也，非若竹书之托空言也。

传统儒家如司马迁、桓宽、王充等认为《山海经》、邹衍的"九州说"以及张骞凿空为"闳大不经""迂怪虚妄""荧惑诸侯"。郭子章指出虽然《穆天子传》能够证实九州说,即中国是九州之一,在中国之外另有与中国类似之八州,但仍然只是"以书证书",不能令人信服。而利玛窦持《山海舆地全图》入中国,则是"以人证书","非若竹书之托空言也"。因此,郭子章认为利玛窦乃"邹子忠臣也"。在这里,郭子章似乎认可传统的"大九州说"。其对利玛窦的《山海舆地全图》的理解亦是基于"大九州说"的框架之下:

> 利生之图说曰:天有南北二极,地亦有之。天分三百六十度,地亦同之。故有天球,有地球,有经线,有纬线。地之东西南北各一周九万里,地之厚二万八千六百余丈;上下四旁皆生齿所居。浑沦一球,原无上下。此则中国千古以来未闻之说者,而暗与《括地象》《山海经》合,岂非邹子一确证耶?

虽然利玛窦的《山海舆地全图》可以证明"大九州说",即表明中国只不过是世界之一部分,但《山海舆地全图》还引入了全新的地理观,即地圆说。对于晚明中国人来说,地圆说是全新的地理知识,郭子章即认为地圆说是"中国千古以来未闻之说",但仍认为此说"暗与《括地象》《山海经》合"。换言之,郭子章认为地圆说虽然是全新的观念,但与《山海经》等暗合,因此亦可视作是对邹衍"九州说"之"确证"。郭子章大胆引入利玛窦的地圆说,并将其《山海舆地全图》缩刻,以方便携带与传播,从中可以看出郭子章等心学士人对于新知识之包容与接纳,亦可以看出明末西学在士人之中流播情况。对于明末士人来说,东海西海、心同理同往往成为他们接纳西学西教的原因。对于守旧派来说,利玛窦所引入的全新的地圆说与儒家传统"天圆地方"迥异,因此断定"其图其说未必一一与天地券合"。换言之,利玛窦所引入的地理观念未必是正确的,但郭子章认为"不然":

> 郭子曰:不然。郯子能言少皞官名,仲尼闻而学之。既而告人曰:天子失官,学在四夷。介葛庐闻牛鸣而知其为三牺,左氏纪之于传。孔、左何心?而吾辈便生藩篱,不令利生为今日之郯、介邪?且利居中国久,夫夷而中国也,则中国之矣。①

---

① 郭子章.蠙衣生黔草·卷十一·山海舆地全图序[M]//四库全书存目丛书:集部第155册.济南:齐鲁书社,1996:357下.

虽然在《山海舆地全图序》中，郭子章只是简要介绍了利玛窦所引入的地圆说，在其思想世界中，有关宇宙、世界的看法仍然是传统的"九州说"，但是其对新知的开放心态，以及"天子失官、学在四夷"的辩论，似可作为晚明心学士人对待新事物的态度之代表。

通过以上，我们可以知道，虽然郭子章与利玛窦有过交往，并积极刻印利玛窦的《山海舆地全图》、传播西学新知，但其人信仰佛教。利玛窦所引入的西方地理学、天文学知识虽然借其翻刻《山海舆地全图》而得到传播，但在其思想世界中，传统儒家或佛教宇宙观、世界观则占据了主导地位。作为王学士人之一，郭子章对待西学西教的态度反映出心学开放、自信、包容之心态，但对于西教则不一定予以接纳，一方面在于其信仰佛教及民间信仰，另一方面则如其认为儒家"善言天"：

> 昔孔子不语怪而间说梦，不语神而喜言天，居常梦周公，陈蔡梦见先君。其语王孙贾曰：获罪于天，无所祷也。及病，病矣。子路请祷，曰：祷久矣。使门人为臣曰：欺天乎？阨于桓匡之际曰：天生德于予，天未丧斯文。动以天自信，而天之受命也。如向五老降庭，万子孙世世无变，何其泽之姚长也。孔子从先进，故梦周公与其先君。道合天，故天不违夫天之佑。善助顺也，时冯于物以昭其馨香而合其嘉好，故《易》曰天地者，所以成变化而行鬼神也。①

在这里，郭子章突出孔子对于天的信仰，并强调孔子因而信天而致"五老降庭"。换言之，郭子章认为孔子本人并非不关注超验世界（如祷之于天）和神秘事件（如梦周公及其先君）。因此，对于郭子章来说，传教士所谓的"天学"在孔子那里已经完备。需要注意的是，上述"五老降庭"之文字是郭子章为刘继文《圆通神应集》所撰写的序言。刘继文1588—1591年任两广总督，并与利玛窦等传教士有过交往，且迫使后者离开肇庆而前往韶州。② 在此篇序言中，刘继文及其母亲笃信观音大士，郭子章则通过孔子言天来诠释佛教的教义，即其所谓"借天以笃论"大士，并认为佛教因果即天受之，"神应之，是天受之矣"。郭子章还为刘继文

---

① 郭子章.蠙衣生蜀草·卷一·圆通神应集序[M]//四库全书存目丛书：集部第154册.济南：齐鲁书社，1996：614下-615上.

② 《利玛窦中国札记》记载刘觊觎教堂，现有研究则不一定是此原因。参见：宋黎明.神父的新装：利玛窦在中国(1582—1610)[M].南京：南京大学出版社，2011：54，57.

撰写《历宦赠言录序》《方伯刘节斋先生考绩诏褒三代序》等序,①以及《赠刘节斋中丞督府西粤二首》《题圆通神应二首为刘节斋中丞》等诗。

刘继文,字永谟,号节斋,直隶灵璧县人,嘉靖四十一年进士,曾任江西万安知县(万安离郭子章老家泰和很近),后又任两广总督,故郭、刘二人交往已久。据《灵璧县志》及《掖垣人鉴》,刘曾因"不媚江陵(按:指张居正)",于万历六年(1578)"奉旨致仕"。"江陵败(按:时在万历十四年),起四川布政使,升都宪,巡抚广西。寻总制两广,歼海寇有功,晋户部侍郎。卒于家。继文少孤,历官三十年,所在流清惠名,自奉甚约。治家有规矩,孙鸣阳以阴补浔州府同知,能守安静之教。"②与利玛窦等记录的不同,《灵璧县志》称刘继文"卒于家"。从上述记录可知,刘继文之所以驱赶利玛窦殆与其"歼海寇"之举有关。③ 新发现的史料《利玛(窦)传》(刘承范撰,时任韶州同知),亦明确指出刘继文因歼海寇而以免利玛窦等人泄密而驱赶之。④ 刘继文不仅佞佛,而且还认为佛教与"吾儒合",且"又自阴助吾儒者也":

  禅教与吾儒未始不相发明。吾儒曰性善,又曰人性上不加一物,彼则曰明心见性。惠能顿悟自性偈曰:本来无一物,何处惹尘埃。因此遂得信具,卓为南宗。揆厥本旨,实默与吾儒合。且鸷桀之徒、顽嚚之妇,以圣谟王法,彼皆悍然不顾;而一语之以禅家之因果,则靡不降心而揖志焉。惟恐不克于

---

① 郭子章.蠙衣生蜀草·卷一·历宦赠言录序[M]//四库全书存目丛书:集部第154册.济南:齐鲁书社,1996:615下-616上.郭子章.蠙衣生蜀草·卷三·方伯刘节斋先生考绩诏褒三代序[M]//四库全书存目丛书:集部第154册.济南:齐鲁书社,1996:629下-630下.
② (乾隆)灵璧志略·卷三·乡贤[M]//中国地方志集成:安徽府县志辑30.南京:江苏古籍出版社;上海:上海书店;成都:巴蜀书社,1998:55下.宋黎明.神父的新装:利玛窦在中国(1582—1610)[M].南京:南京大学出版社,2011:57.刘之生平简介,亦可参萧彦等撰《掖垣人鉴》卷十五,见:四库全书存目丛书:史部第259册.济南:齐鲁书社,1996:321下.
③ 宋黎明提及原因为烧制金银,参见:宋黎明.神父的新装:利玛窦在中国(1582—1610)[M].南京:南京大学出版社,2011:57-59.1588年歼海贼情况,载:明神宗实录:卷213[M].台北:"中央研究院"历史语言研究所,1966—1967:4005.万历十八年(1590)以"以擒叛贼李茂陈德乐等功升两广总督",参:明神宗实录:卷220[M].台北:"中央研究院"历史语言研究所,1966-1967:4127.万历十九年(1592)甲辰升总督两广刘继文为户部右侍郎,参:明神宗实录·卷233[M].台北:"中央研究院"历史语言研究所,1966-1967:4314.万历十九年十二月,王德完劾刘继文"妄杀邀功",参:明神宗实录:卷243[M].台北:"中央研究院"历史语言研究所,1966-1967:4536.万历二十年(1592)二月,刘继文上疏辩护,参:明神宗实录:卷245[M].台北:"中央研究院"历史语言研究所,1966-1967:4566.兵科给事许子伟奏两广督臣刘继文疏辨,参:明神宗实录:卷245[M].台北:"中央研究院"历史语言研究所,1966-1967:4568-4569.《明神宗实录》并没有提及刘继文"冒功"案之结果。
④ 刘明强.万历韶州同知刘承范及其《利玛传》[J].韶关学院学报,2010(11):1-8.宋黎明."Liu Sanfu":吕良佐还是刘承范[J].韶关学院学报,2011(11):14-18.

佛氏之收,以庶几于善之什一。则禅教又自阴助吾儒者也。①

刘继文之观点颇有代表性。明末江右是心学重镇,利玛窦等传教士在南昌等地亦受士大夫欢迎。心学士大夫与传教士结交者亦颇众多。郭子章师从江右心学翘楚胡直,治学"不为空言"。② 虽其服膺于阳明心学,但非为空谈心性:

> 公(即郭子章)师事同县胡庐山直。胡氏之学盖出文成。然予考公论学大旨,颇欲以汉儒通经之功,救末流空疏之失,可谓善承师说哉。③

瞿鸿禨认为郭子章之学旨在"以汉儒通经之功,救末流空疏之失"。因此,郭子章虽属王学,并佞佛信道,但其治学以匡时弊、救人心、致实用为依归。瞿鸿禨还以郭子章为例,反驳了晚明之祸由心学造成之说法:

> 世之好苛论者,动谓晚明之祸,阳明氏实酿成之。以予所闻,明自中叶以降,上之政教虽偾,下之风俗犹茂。其一时志节道义之士出而膺时用者,兢兢然树立不苟,大抵私淑阳明之教为多焉,如公盖其一已。且夫君子之为学,岂惟是苟焉猎取名位、争一日华宠而止哉?④

三

郭子章曾与邹元标讲学于青原山与白鹭洲,二人同师于胡直。⑤ 邹元标曾跋郭子章《明州阿育王山志》,并为郭子章父亲撰《封潮州公七十序》《寿封中丞公八十序》等祝寿文及《墓志铭》,自署"通家眷晚生",⑥表明邹与郭子章有通家姻亲关系。邹元标亦与传教士利玛窦、郭居静有过交往。邹元标与冯从吾创立首

---

① 刘继文.重修漕溪通志·卷四·重修南华寺碑记[M]//中国佛寺史志汇刊:第2辑第4册.台北:明文书局,1980:341-346.
② 胡直曾撰《赠司马公赴冬官序》提及郭子"旧学于予",见:冠朝郭氏续谱·卷十二·艺文纪三[M].p73a-74a.
③ 瞿鸿禨.序[M]//郭孔太辑,郭子仁刻.青螺公遗书合编.光绪八年:1a(上海图书馆藏).
④ 瞿鸿禨.序[M]//郭孔太辑,郭子仁刻.青螺公遗书合编.光绪八年:1b(上海图书馆藏).
⑤ 杨钏,徐迪慧等,纂修.(道光)泰和县志·卷二十一.道光六年刊本.见:中国方志丛书:第839号.台北:成文出版社,1989:1270.
⑥ 冠朝郭氏续谱·卷十二·艺文纪三[M].40b-42a,44a-46a,98b-102b.

善书院,利玛窦"南堂"即在书院隔壁。清初则成为南堂之一部分。① 邹元标《愿学集》有《答西国利玛窦》,认为西学西教与"吾国圣人语不异",但"吾国圣人及诸儒"发挥更加详尽无余。与郭子章类似,于儒学颇为自信的邹元标,虽然对于西学西教亦持宽容、开放之心态,但还是认为儒学业已将西学西教相关内容阐述殆尽,二者有所不同之处则因为"习尚不同":

> 得接郭仰老(按:指郭居静),已出望外,又得门下手教,真不啻之海岛而见异人也,喜次于面。门下二三兄弟,欲以天主学行中国,此其意良厚。仆尝窥其奥,与吾国圣人语不异,吾国圣人及诸儒发挥更详尽无余。门下肯信其无异乎?中微有不同者,则习尚之不同耳。门下取《易经》读之,乾即曰"统天",不知门下以为然否?②

郭子章所交往的士人中还有郭应聘、王佐、刘斗墟、③冯琦、冯应京、熊明遇、祁承爜、黄汝亨、杨廷筠、孙承宗、焦竑、董其昌、李维桢。他们或与利玛窦等传教士有过交往,或本身就是天主教徒,或与天主教徒(西学)有过交往。其中,郭应聘于万历十一年(1583)任两广总督时,在肇庆与利玛窦交往。④ 郭应聘第二年"召掌南京都察院",⑤郭子章撰有《赠督府郭华溪先生入掌南院序》。⑥ 王佐于1596年在南昌(时任南昌知府)与利玛窦有过往来,王佐则校郭子章所撰《郡县释名》。⑦ 祁承爜(号夷度)是祁彪佳之父,其所撰《澹生堂藏书目》史部统志类收录有传教士撰《海外舆图全说》。⑧ 郭子章则有《祁夷度、沈五知两公祖枉顾山中赋谢》等诗⑨,及《祁尔光公祖澹生堂藏书训约序》《上郡侯祁夷度公祖论守江要

---

① "故明首善书院,今为西洋天主堂矣。"纪昀.阅微草堂笔记·卷十·如是我闻四.杭州:浙江古籍出版社,2010:144.
② 邹元标.愿学集·卷三·答西国利玛窦书[M]//景印文渊阁四库全书:第1294册.台北:商务印书馆,1986:89下.
③ 郭子章有诗《春日邹铨谏南皋同曾仪部金简、刘观察斗墟、萧郡丞观我联顾山中,时门人康生仲扬、刘生宗鲁,儿陵、孙昊并侍,漫次周益公访杨文节公韵得二首》,见:青螺公遗书合编:卷三十五[M].29a.郭子章.传草:卷五.[M]//四库全书存目丛书:集部第156册.济南:齐鲁书社,1996:17.
④ 林金水.利玛窦与中国[M].北京:中国社会科学出版社,1996:287.
⑤ 吴廷燮.明督抚年表[M].北京:中华书局,1982:663.
⑥ 郭子章.蠙衣生粤草:卷二[M]//四库全书存目丛书:集部第154册.济南:齐鲁书社,1996:501下-502下.
⑦ 郭子章.郡县释名[M]//四库全书存目丛书:史部第166册.济南:齐鲁书社,1996:570下.
⑧ 王国荣.明末清初传教士对五大洲说的早期传播[J].船山学刊,2009(1):82-86.
⑨ 郭子章.传草:卷五[M]//四库全书存目丛书:集部第156册.济南:齐鲁书社,1996:18下.

害》等文。① 祁承㸁曾校郭子章《明州阿育王山志》第一卷。② 郭子章长子郭孔建早卒,有《垂杨馆集》十四卷行世,黄汝亨为之序。③ 黄则是信徒杨廷筠父亲杨兆坊之门生。④ 郭孔建曾于万历癸巳(1593)参加秋试,时吉安知府为汪可受(1559—1620)。郭子章《长子孔建传》载"八月郡守汪公可受季试卷,属安成(按:安福县)令杨公廷筠署其卷曰:'出奇如淮阴用兵,因地制形,变幻万状,而字字匠心,言言名理,七之五类离伦者上之。'置第一。"⑤ 孙承宗为郭子章父亲撰有《寿封大中丞公八十有六序》,⑥其是天主教徒徐光启的同年好友,曾协助天主教徒孙元化获授经略衙门赞画军需一职。⑦ 焦竑乃明末著名天主教徒、三柱石之一徐光启的座师,与利玛窦于南京会见;其为郭子章父亲撰有《寿封中丞公八十序》,自署"通家晚生"。⑧,并有诗赠郭子章七十寿。⑨ 董其昌则与天主教徒韩霖(ca.1598-1649)往来密切,⑩其为郭子章父亲第六次诏封而撰诗,亦有诗赠郭子章七十寿。⑪ 李维桢有《赠司马公平播加恩序》,自署"旧治乡眷侍生";⑫有诗《寿司马公偕萧夫人七旬》。⑬ 虽然其认为利玛窦的地图可为邹衍一证,但又指责《山海图》"狭小中国":

> 抑余尝观司马传邹衍作迂怪之谈,列中国名山、大川、广谷、禽兽、水土所殖,物类所珍,因而推之海外,人所不睹,谓中国于天下,八十一分之一耳。

---

① 郭子章.传草:卷二之四[M]//四库全书存目丛书:集部第155册.济南:齐鲁书社,1996:682上-683.传草:卷七[M]//四库全书存目丛书:集部第156册.济南:齐鲁书社,1996:57上-58上.
② 郭子章.明州阿育王山志:卷一[M]//四库全书存目丛书:史部第230册.济南:齐鲁书社,1996:405下.
③ 郭子章.传草:卷十八[M]//四库全书存目丛书:集部第156册.济南:齐鲁书社,1996:238下.
④ 黄汝亨并是熊明遇的老师、顾起元的好友,熊、顾均与传教士有交往,参:黄汝亨.杨氏塾训序[M]//杨兆坊.杨氏塾训.见:四库全书存目丛书:子部第152册.济南:齐鲁书社,1996:85上-86下.熊明遇.寓林集序[M]//黄汝亨.寓林集.见:四库禁毁书丛刊:集部第042册.北京:北京出版社,2000:18上-20下.顾起元.寓林集序[M]//黄汝亨.寓林集.见:四库禁毁书丛刊:集部第042册.北京:北京出版社,2000:2上-4下.
⑤ 郭孔太辑,郭子仁刻.青螺公遗书合编:卷三十[M].光绪八年:3b(上海图书馆藏).
⑥ 冠朝郭氏续谱·卷十二·艺文纪三[M].89a-90b.
⑦ 黄一农.两头蛇:明末清初的第一代天主教徒[M].上海:上海古籍出版社,2006:92,122.
⑧ 冠朝郭氏续谱·卷十二·艺文纪三[M].48a-50b.
⑨ 冠朝郭氏续谱·卷十三·艺文纪四[M].55a-b.
⑩ 黄一农.两头蛇:明末清初的第一代天主教徒.上海:上海古籍出版社,2006:236,238.
⑪ 郭孔太.师中家庆集序[M]//冠朝郭氏续谱·卷十二·艺文纪三.88a-89a;卷十三·艺文纪四.56a.
⑫ 冠朝郭氏续谱·卷十二·艺文纪三[M].81a-83a.
⑬ 冠朝郭氏续谱·卷十三·艺文纪四[M].54a-55a.

王公大人奇其言而尊事之。顷有海外人利西泰为《山海图》,狭小中国,略与衍同。而冯盱眙称之,无乃吊诡之过欤?①

郭子章的人际网络中除了上述与西学西教往来密切外,亦有反教人士,如校《阿育王山志》之魏濬。② 魏濬(1553—1625),字禹钦(又作禹卿),号苍水,松溪人,万历三十二年(1604)进士。③ 魏濬"少警敏,随口属对皆工妙",郭子章"一见以远大期之"。郭子章"分校丙子闱,得苏濬,因时称闽中二濬"。④ 因此,魏濬是郭子章之门人,曾校郭子章《螬衣生传草》。⑤ 值得注意的是虽然郭子章推介利玛窦的《山海舆地全图》,并引入地圆说;但同为佛教居士的魏濬,则认为利玛窦的《舆地全图》,"洸洋宕渺,直欺人以其目之所不能见,足之所不能至,无可按验耳,真所谓画工之画鬼魅也。"⑥魏濬还认为"中国于全图之中,居稍偏西而近于北"是错误的,中国"当居正中"。魏濬认为利玛窦地图所传达的地理及天文知识"肆谈无忌""诞妄又甚于衍矣"。

郭子章还与憨山德清有过交往。憨山德清虽然未见有反教文字,但其弟子反教者颇多。甚至到清初,有截流沙门相传为德清转世,大力批判天主教。⑦ 郭子章亦与曾凤仪曾校《胡子衡齐》,后者则参与了南京教案,曾则为邹元标的"年眷弟"。⑧ 曾凤仪"性耽内典","生平以宏护圣教为己任"。郭子章有《侍曾金简、邹南皋随喜忠孝寺,漫次来韵;附刘京兆明自、曾仪部金简、邹铨部南皋三公诗》等诗。⑨ 曾亦校郭子章《明州阿育王山志》第四卷。⑩ 郭子章亦与曾反击利玛窦批判佛教的黄辉有交往,后者则撰有《赠司马公平播序》,力赞郭子章平播之

---

① 李维桢.大泌山房集・卷十五・方舆胜略序[M]//四库全书存目丛书:集部第150册.济南:齐鲁书社,1996:609下-610上.
② 郭子章.明州阿育王山志・卷二[M]//四库全书存目丛书:史部第230册.济南:齐鲁书社,1996:408下.
③ 潘拱辰.(乾隆)松溪县志・卷八・选举志[M].国家图书馆藏本:3b.
④ 潘拱辰.(乾隆)松溪县志・卷九・人物志[M].国家图书馆藏本:21a.
⑤ 郭子章.传草・卷首[M]//四库全书存目丛书:集部第155册.济南:齐鲁书社,1996:574上.
⑥ 魏濬.利说荒唐惑世[M]//徐昌治.圣朝破邪集・卷三.见:四库未收书辑刊:第10辑第4册.北京:北京出版社,2000:379上.
⑦ 即普仁截流行策,撰有《辟妄辟》,清初天主教徒又撰《〈辟妄辟〉条驳》,见:耶稣会罗马档案馆明清天主教文献:第9册.台北:利氏学社,2002:389-528.
⑧ 胡直.胡子衡齐・卷一[M]//四库全书存目丛书:子部第011册.济南:齐鲁书社,1996:135下.
⑨ 郭子章.传草・卷五[M]//四库全书存目丛书:集部第156册.济南:齐鲁书社,1996:11上.
⑩ 郭子章.明州阿育王山志・卷四[M]//四库全书存目丛书:史部第230册.济南:齐鲁书社,1996:435下.

功;①亦撰有《寿封中丞公八十序》《诰晋大中丞少司马两峰先生郭太公眉寿六封暨青螺老公祖功成晋秩荫子序》,自署"通家晚生"。②

郭子章虽然属于江右心学,并佞佛信道,且旁及民间信仰,但并不妨碍他与利玛窦交往。晚明心学士大夫对于西学、新知的开放、自信在郭子章那里得到显著体现。与郭子章交往的不乏与西学、西教有接触(甚至信仰)的士大夫,郭子章极易获取西学知识。通过对郭子章著作目录的分析,我们可以知道其广采众说、知识广博,尤对地理学深有研究。因此,其刻印利玛窦的《山海舆地全图》,并撰写序言积极引入地圆说;但因其信仰佛教及民间信仰,虽未娶妾,最终未能入教。

小　结

明末著名士大夫郭子章在肇庆与传教士利玛窦的一段交往,使得西学因其弘扬而得以广泛传播,郭氏也因此成为明清天主教史研究者所关注的对象。本文通过《郭子章年谱》《冠朝郭氏续谱》等新资料,发现利玛窦与郭子章之间的交往应该在1585年至1586年之间;郭子章虽未娶妾并对西学有所好感与推广,但其自身是虔诚的佛教徒,且有丰富的民间信仰体验,因此并未受洗入教,但郭子章对明末西学有一定的推动作用,也反映出晚明心学士大夫群体对于异域文化的宽容与接纳。虽然郭子章终未能受洗入教,但其玄孙郭廷裳则受洗成为天主教徒,亦可视作郭子章与西学交往的一段因缘之继续。③

---

① 冠朝郭氏续谱·卷十二·艺文纪三[M].76a-78b.
② 冠朝郭氏续谱·卷十二·艺文纪三[M].46a-48a,58a-61a.
③ 参见:方豪.中国天主教史人物传[M].北京:宗教文化出版社,2007:486-490.

銮坡春色:高丽人眼中的元大都

舒 健

舒健,1977年生,江苏宜兴人。2008年毕业于南京大学历史系,获博士学位;同年入上海大学文学院社会学博士后流动站,出站后于2011年入职上海大学文学院,现为历史系副教授。历任上海大学学科建设办公室主任助理、历史系党支部副书记、历史系副系主任。2018年在美国威斯康星大学麦迪逊分校历史系访学1年。主要研究领域为蒙元史、中韩关系史、韩国近代基督教史。主讲课程有"中国古代外来宗教文化""中华家训与处世之道"等。承担国家社科基金项目、教育部青年基金项目以及其他横向课题等多项,参与国家社科基金重大项目"汉语基督教文献书目的整理与研究"(负责民国天主教部分)。为中国元史研究会理事。

中国与朝鲜半岛山水相连,陆境毗邻,交往源远流长,但在元代之前,朝鲜半岛关于中国的记载材料屈指可数。13世纪初,蒙古兴起,朝鲜半岛上的高丽王朝也成为蒙古人用兵对象,自太祖成吉思汗到世祖忽必烈时期,战事不断。双方结束战争之后,有元一代,朝鲜半岛和中国的关系相较以往也更为密切,数目众多的高丽人进入了中国各地,尤其是元朝首都——大都,遍布各类高丽人的足迹,成为双方交往的明证;诸多高丽人对这座新城印象深刻,或在此城谋生,或歌咏,或怀念,凡此种种留下了不可磨灭的历史记忆。

13世纪六七十年代建造的元大都城,奠定了今天北京的规模。它与旧城(金中都遗址)隔河相望;这条河流就是金世宗大定年间开掘的金口河(在今莲花池附近)。随着元大都的兴起,曾经各领风骚的辽南京、金中都消失了。明清两代在元大都基础上发展改建,基本上未超出元代的规模。元大都呈现的是多民族的文化,它的艺术、宗教、水利、建筑等在当时都处于世界领先地位,无论人口还是规模,都可能是13世纪世界上最大的城市。明代开国皇帝朱元璋定都南京,为了巩固统治,避免元朝残余势力作祟,所以把遗留的元朝宫殿几乎全部拆除。后来永乐皇帝迁都到北京,在原址上重新建造了宫城,但比原来的元宫城又稍稍往南移了一些。

由于实体的元大都的消失,所以关于大都的历史,往来大都的人们留下的资料无疑珍贵无比。元大都作为一座"国际化"的城市,本文拟首先通过西方人对元大都的描述,来看西方人眼中的元大都;然后再系统考察元代的高丽人对元大都方方面面的"历史记忆"和惟妙惟肖的描述,清晰地勾勒出元大都的方方面面,希望通过对比,一方面为中国学界关于元大都的研究提供"异域之眼"①,另一方面也可以看到高丽史料能够补充中国历史关于大都资料的不足②;同时通过高丽人关于元大都的描述,也说明在元代中国和朝鲜半岛交往的深度和广度都超越了前代,亦可以看出高丽人对待中国与西方人有着不同的特殊情愫。

一、西方人眼中的元大都:梦幻黄金城

从元朝开始,中国与西方文化交流地点发生了转移,西方与中国文化交流的重心由长安转向元大都;元大都正式见诸西人游记、书信记载,例如《马可·波罗行纪》《鄂多立克东游录》等,这些记载见证了西方与中国交往的历史,也勾勒出西方人心中的中国形象。

至元十二年(1275)意大利商人旅行家马可·波罗来到大都见到忽必烈,回国后写了一本名为《马可·波罗行纪》的游记,对当时的"汗八里"(突厥语,即元大都)作过具体描述。

马可·波罗把元代皇宫的豪华壮丽描写得如同人间天上,"此宫之大,向所未见。宫上无楼,建于平地。惟台基高于地面十掌。宫顶甚高,宫墙及房壁满涂金银,并绘龙、兽、鸟、骑士形象,及其他数物于其上。屋顶之天花板,亦除金银及绘画外无他物。大殿宽广,足容六千人聚食而有余,房屋之多,可谓奇观。此宫壮丽富赡,世人布置之良,诚无逾于此者。顶上之瓦,皆红黄绿蓝及其他诸色。上涂以釉,光辉灿烂,犹如水晶,致使远处亦见此宫之光辉。应知其顶坚固,可以久存不坏"③。此外,马可·波罗还描绘了"绿山"——即琼华岛。说是"世界最

---

① 目前中国学界较为流行通过域外汉籍"从周边看中国"(张伯伟、葛兆光),但过多集中明清时代,高丽时期的史料则无形中将研究的材料往前延伸至元代。
② 中国史料关于元大都的记载集中于《析津志》以及《辍耕录》中的零星材料。
③ A. J. H. CHARIGNON,注. 马可·波罗行纪[M]. 冯承钧,译. 党宝海,新注. 石家庄:河北人民出版社,1999: 310.

美之树皆聚于此",说忽必烈"命人以琉璃矿石满盖此山"①。他还提到另一处宫殿:"大汗为其将承袭帝位之子建一别宫,形式大小完全与皇帝无异。俾大汗死后内廷一切礼仪习惯可以延存。"②

关于元大都的广大,马可·波罗介绍说:"此城之广袤,说如下方:周围有二十四哩,其形正方,由是每方各有六哩。环以土墙,墙根厚十步,然愈高愈削,墙头仅厚三步,遍筑女墙,女墙色白,城高十步。全城十二各门之上有一大宫,颇壮丽。四面各有三门五宫,盖每角亦各有一宫,壮丽相等,宫中有殿广大,其中贮藏守城者之兵杖。"③马可·波罗的计量单位不同于中国古代,据《元史·地理志》记载大都城"城方六十里",坐北朝南,呈一规整的长方形形状。"街道甚直,此端可见彼端,盖其布置使此门可由街道远望彼门也。城中有壮丽宫殿,复有美丽邸舍甚多。"④

相对马可·波罗处处充满细节的绚丽描述,方济各会会士蒙高维诺(Giovanni da Montecorvino,1247—1328)的描述则显得简单。1289年教皇尼古拉四世派遣蒙高维诺前往中国,蒙氏一行先抵波斯,然后经海道在印度登陆,最后由海路到达中国的泉州。1293年蒙氏抵达元大都,受到元世祖忽必烈高规格的接见,被允准在大都传教。蒙哥维诺在京设立教堂3座,收纳信徒达6 000余人,足见当时天主教在大都发展之盛。有关他在印度、中国旅行和传教情形,现留有蒙氏东游印度、中国时所写的3封书信,这3封信分别于1292年在印度、1305年1月8日和1306年2月在元大都所写。在关于元大都的书信中,蒙氏写到了他建教堂以及在大都目睹景教与天主教的冲突过程。但是提到元大都时,充满了惊讶:"第一教堂与第二教堂,皆在城内。两处相距,有二迈耳半,盖汗八里城之大,莫与比拟也。"⑤

较蒙哥维诺主要专心教务,鄂多立克则显然对元大都更加熟悉,他的记载虽然没有马可·波罗的翔实,但是依旧充满了华丽溢美之词。鄂多立克为方济各会的意大利传教士,在1316年经海路至元大都,先后行经广州、泉州、福州、杭州、南京、扬州等,最后到达汗八里城,参加了元泰定帝的宫廷庆典,在元大都待

---

① A. J. H. CHARIGNON,注. 马可·波罗行记[M]. 冯承钧,译. 党宝海,新注. 石家庄:河北人民出版社,1999:310-311.

②③ A. J. H. CHARIGNON,注. 马可·波罗行记[M]. 冯承钧,译. 党宝海,新注. 石家庄:河北人民出版社,1999:318.

④ A. J. H. CHARIGNON,注. 马可·波罗行记[M]. 冯承钧,译. 党宝海,新注. 石家庄:河北人民出版社,1999:318-319.

⑤ 张星烺,编注. 朱杰勤,校订. 中西交通史料汇编:第1册[M]. 北京:中华书局,1977:225.

了整整 3 年,回国著成《鄂多立克东游录》,对元大都及宫廷的描写较细。鄂多立克称大都几是一座"高贵的城市""悉全世界之最美者……"称大汗的"宫殿雄伟壮丽,其殿基离地约两步,其内有二十四根金柱;墙上均悬挂着红色皮革,据称系世上最佳者";"宫中央有一大瓮,两步多高,纯用一种叫作密尔答哈(Merdacas)的宝石制成,而且是那样精美,以致我听说它的价值超过四座大城。瓮的四周悉绕以金,每角有一龙,作凶猛搏击状"①。在大汗的宴会上,"伶人带着狮子进来,让狮子向君王致敬礼。魔术士把盛满美酒的金杯飞过空中送到愿喝者的嘴上,这些事和许多别的事是在君王面前做的。该君王之威风,以及他宫中发生之事,说起来必定使那些没有亲眼看见的人难以相信"②。

在鄂多立克之后,留下关于元大都记载的西方人是马黎诺里(Marignolli)。1338 年,教皇班尼狄德十二世遣使马黎诺里携带国书礼物来华,1342 年马黎诺里一行抵达元大都,他在汗八里驻留 4 年。

在《马黎诺里游记》中,马黎诺里说:"过沙山乃至东方帝国都城汗八里,其城之大、户口之众、军威之盛,吾将不复赘言矣。"更为可贵的是,马黎诺里详尽地描述了元朝对他们一行的接待:"退朝至馆舍,舍装饰美丽,大汗命亲王二人,侍从吾辈所需,皆如愿而偿,不独饮食诸物供给吾辈,即灯笼所需之纸,皆由公家供给;侍候下人,皆由宫廷派出。其宽待远人之惠,感人深矣!居留汗八里大都,几达四年之久,恩眷无少衰,吾等衣服馆舍器具皆赠给上品,来此同事,共有三十二人,总计大汗供给费用,达四千余马克。"③可见元廷接待之隆。

通览游历元大都的西人介绍,可以发现他们对元大都给予了羡慕赞誉之辞,他们笔下的汗八里是新兴世界大都,是一座规划有序、街道整齐有如棋盘的城市;大汗拥有君临天下的帝王之尊,其雄伟的宫殿群落、奢华的宫廷生活和宏大的出巡仪仗,充分表现了举世无匹的皇帝威严。大都拥有四通八达的交通网络和联络各地的邮驿,对世界各地的信息了如指掌,元朝对各种宗教、各种人种、各种文化采取包容的宽厚政策,元大都是多元文化的缩微体④。

---

① 海屯行纪 鄂多立克东游录 沙哈鲁遣使中国记[M].何高济,译.北京:中华书局,2002:80.
② 海屯行纪 鄂多立克东游录 沙哈鲁遣使中国记[M].何高济,译.北京:中华书局,2002:87-88.
③ 张星烺,编注.朱杰勤,校订.中西交通史料汇编:第1册[M].北京:中华书局,1977:354.
④ 欧阳哲生.欧洲与中国文明对话的新开端——以西人在元大都汗八里的经验为中心的考察[J].北京大学学报(哲社版),2013(5).

二、元大都的高丽人及其观察视角

与充满惊叹的、留下零星的关于元大都记载的西方人相比,元代高丽人关于元大都的记载则是多视角、多维度的,这无疑与元代与高丽的特殊关系紧密相系。

在元与高丽结束经年的战争状态后,双方驿路通畅,彼此往来便利①,高丽人李穀曾描述往来的盛景:"王京去京师才四千里,又无道途危险梗涩之虞,传递往来络绎,而商旅之行日夜不绝。"②往来元大都的高丽人络绎不绝,特别是元朝公主下嫁高丽后,双方特殊的"甥舅关系",使得高丽国王也经常到元大都居住。尤其是高丽忠宣王长期寓居大都,酷爱与文人交往,且筑万卷堂,招徕著名文士,唱和吟诵,"忠肃王元年,帝命王留京师,王构万卷堂于燕邸,招致大儒阎复、姚燧、赵孟頫、虞集等与之从游,以考究自娱"③。其陪臣李齐贤更是和元代文人不断唱和,现摘其一首《和呈赵学士子昂二首》(其一)为例:"珥笔飘缨紫殿春,诗成夺得锦袍新。侍臣洗眼观风采,曾是南朝第一人④。"韩国学者张东翼在《元代丽史资料集录》⑤中,充分地收集了两国文人往来的文献,涉及的元代文人有赵孟頫、吴澄、许谦、姚燧、程文海、袁桷、刘敏中、虞集、欧阳玄、许又壬、程端学、陈旅、苏天爵、朱德润等。

高丽人入居大都,冠绝历代。居住在元大都的高丽人主要分为如下五类:一类是高丽贵族子弟,主要是入元为质的高丽世子及其侍从,也包括了一些高丽国王;其二是妇女和阉者,许多高丽妇女入元后在官宦之家成为妻妾和侍女;第三类是战争中投降元朝的高丽人;第四类为高丽僧人;第五类主要为一些暂居的人口,如来元的高丽使臣和在大都从商的高丽商人。⑥ 不少高丽人到大都参加科举考试,如李穀、李穑父子,他们先后考中元朝进士,中国文化修养非常深。李穀的《稼亭集》、李穑的《牧隐集》中的诗文都有对大都的记载。

---

① 详见:党宝海. 蒙元驿站交通研究[M]. 北京:昆仑出版社,2007:290-291.
② 李穀. 稼亭集·送白云宾还都序[G]//高丽名贤集 3. 汉城:成均馆大学校大东文化研究院,1986:51.
③ 郑麟趾. 高丽史·第 34 卷·忠宣王世家二[M]. 钞本. 朝鲜太白山史库,1613(万历四十一年).
④ 李齐贤. 益斋乱藁·呈赵学士子昂二首[G]//高丽名贤集 2. 汉城:成均馆大学校大东文化研究院,1986.
⑤ 张东翼,编. 元代丽史资料集录[G]. 汉城:汉城大学出版部,1997.
⑥ 舒健. 入居元大都的高丽人[M]//中国元史研究会. 元史论丛:13 辑. 天津:天津古籍出版社,2010.

在大都居住的高丽人口总数很难具体考订,但在恭愍王三年(1354),高丽人印安从元朝回来时说:"太师脱脱领兵八百万攻高邮城,柳濯等赴征军士及国人在燕京者,总二万三千人以为前锋。"①在大都征高丽兵总数二万多人,似有夸大之嫌,但不难看出在大都居住的高丽人数之众。另外诸多文集的记载也表明在大都的高丽人数量不少。元人苏天爵曾记载了一名在元朝为官的高丽人韩永,韩永"以疾终于洛阳官舍,享年五十有二。是岁(至正二年,1350)五月戊申,载其丧归,七月己酉,葬宛平县高丽庄之原"②。足证在宛平即有高丽人聚居的高丽庄。这些在元大都为数众多的高丽人,他们不少人出仕元朝,"参与了元朝对高丽事务的决策,在元丽关系中发挥了独特的作用"③。

往来元大都的高丽文人留下了他们对元大都的无限感慨之情。高丽人郑浦在《送人赴都》中说道:"少日游天京,结交皆豪杰。"④认为元大都人才荟萃,值得一来,其后李崇仁(1347—1392)亦认为:"燕山帝立都,缥缈隔烟雾。吾闻天子圣,垂拱张理具。"⑤同时他们彼此之间也相互往来,由于大都的特殊政治、经济、文化地位,给高丽带来了巨大影响。关于高丽来华使者和元代文人的交往研究成果较多,兹不赘言⑥。"两国知识精英阶层由于对汉文化的共同追求,逐步形成了一个庞大的、与元朝国内各民族之间相似的士人社会网络。这种网络对高丽士人对元政治、文化认同的形成与巩固起到了强化的作用。"⑦

除了高丽文人之外,作为反映中国北方,特别是大都城的社会生活的汉语学习材料的《老乞大》与《朴通事》两书,生动反映了元、丽之间的经济交流活动,也留下了不少有关元大都的材料,这些商人、译官的视角无疑又和文人们有所差异。

---

① 郑麟趾.高丽史·第38卷·恭愍王世家一[M].钞本.朝鲜太白山史库,1613(万历四十一年).
② 苏天爵.滋溪文稿·元故亚中大夫河南府路总管韩公道碑铭并序[M].陈高华,孟繁清,点校.北京:中华书局,2007:279.
③ 毕奥南.乃颜—哈丹事件与元丽关系[J].内蒙古社会科学,1997(3).
④ 郑浦.雪谷集[G]//杜宏刚,等.韩国文集中的蒙元史料:上.桂林:广西师范大学出版社,2004:322.
⑤ 李崇仁.陶隐集·送人游燕,兼柬仲贤[G]//高丽名贤集4.汉城:成均馆大学校大东文化研究院,1986:375.
⑥ 关于此方面的个案研究,学者刘中玉研究的比较突出,他曾发表论文《高丽忠宣王王璋与元士大夫交游略论——以文人画家朱德润为例分析》(见:南京大学韩国所.第五届韩国传统文化国际学术研讨会论文集-中韩交流[G].香港:华夏文化艺术出版社,2005)。另杨昭全著《中国—朝鲜·韩国文化交流史》中专有《中朝古诗交流》章节论述了双方的交流。
⑦ 张建松.元代高丽使团研究[M]//刘迎胜,主编.中韩历史文化交流论文集:第3辑.延边:延边人民出版社,2007:264.

三、虎豹守关：高丽人眼中的宫殿

元大都的修建是一个持续不断的过程，从中统五年(1264)八月忽必烈下诏改燕京为中都，直到至元二十二年(1285)，大都的大内宫殿、宫城城墙、太液池西岸的太子府(隆福宫)、中书省、枢密院、御史台等官署，以及都城城墙、金水河、钟鼓楼、大护国仁王寺、大圣寿万安寺等重要建筑陆续竣工。原来的老城被称作"南城"，新城被称作"北城"，在居民陆续迁到北城之后，南城就逐步荒废。

1259年高丽太子王倎入元，忽必烈此时还是藩王，尚在潜邸，正与阿里不哥争位，亟须支持，在终结了之前双方的战争局面后，元丽关系开启了新局面，高丽金坵对此有较详尽的描述："适至中都而获觐，馆于华邸，乃昔皇亲之所居。时则新正，命诸乐部而式燕，赐之良马，副之宝鞍。"①可见忽必烈确实在燕京旧址接见了王倎，并将他安置于原金皇亲的居所。

至元元年(1264)二月，元世祖忽必烈开始修建琼华岛，"即广寒宫之废基"建新宫殿，以为朝觐接见之所；十月忽必烈就在万岁山接见了高丽国王，但并无对万岁山描述的资料留下。

最早记录大都宫殿的则是至元十年(1273)高丽进贺使书状官李承休。李承休记载了在八月二十五日，元世祖在万寿山广寒宫临朝，接受高丽来使进贺；二十七日举行大朝会，二十八日是其"圣诞节"，仪式都是在长朝殿举行。

《宾王录》对万寿山和长朝殿记载如下：

> 燕之分野中都城也，金国所都也。城之北五里所有万寿山焉，金国章宗皇帝所筑也，具有三十洞，而上有广寒宫，南□元春殿焉。今上国围是山而新城□□□□曰此城四面各距四十里，是谓□□□□。万寿山东新起大殿，斯曰长朝殿……

万寿山本是金中都北离宫万宁宫湖中的琼花岛，岛之巅建有广寒宫，蒙古攻占金中都前后，渐遭破坏。目前学界关于长朝殿究竟为哪一座宫殿，尚有争议。陈高华先生认为是大明殿，但是日本学者渡边健哉认为当时大明殿虽然已经完成，但是尚未投入使用，长朝殿只是万寿山诸宫殿之中的某一个；直到至元十一

---

① 金坵.止浦集·陈情表[G]//高丽名贤集2.汉城：成均馆大学校大东文化研究院，1986：159.

年,元世祖在大明殿实际宣布了宫阕——大都宫城的完成。①

至于元大都的城墙,可能要比宫城的落成要晚一些。在忽必烈当政期间,曾有人翻墙入大内被抓。元成宗二年(1296)十月,"枢密院臣言:'昔大朝会时,皇城外皆无城垣,故用军环绕,以备围宿。今墙垣已成,南、北、西三畔皆可置军,独御酒库西,地窄不能容'"②。

大都宫墙完成之后,入元的高丽人则不能像之前的李承休那样直接奔赴万寿山,要见元帝,则需通过重重宫门,其中崇天门给高丽的李穀留下了深刻的印象。李穀先后5次来到大都,最长一次是由至正元年(1341)至至正六年(1346)约5年之久;他在《癸未元日崇天门下》写到:

> 正朝大辟大明宫,万国衣冠此会同。虎豹守关严内外,鸾鸯分序肃西东。寿觞滟滟浮春色,仙帐□□立晓风。袍笏昔曾陪俊彦,天门翘首思难穷。③

宫城的南墙有3门,中央是崇天门,左右为星拱门和云从门。正门为崇天门,有5个门洞,崇天门前有金水河,河上有周桥,过周桥200步即达崇天门。崇天门平面呈凹形,左右两观,观就是凹形的两端凸出部分。门东西长157尺,深55尺,高83尺,门上有楼,11间。两观上均有3垛楼。元朝朝廷发布诏书,常在崇天门举行仪式。④"虎豹守关严内外,鸾鸯分序肃西东",完全符合崇天门的实际。

从居住燕京旧地到万寿山的接见,再到对崇天门的描述,基本吻合元大都的修建过程;可以说在时间的脉络里,来元大都的高丽人见证了一座宏伟都城的营建过程。

四、盛景世间稀:大都的名胜风光

相对高丽人眼中元大都宫城、皇城的大气,高丽人对大都旖旎风光则更是充

---

① 陈高华.元大都[M].北京:北京出版社,1982:86-87.渡边健哉.元大都的宫殿建设[G]//中国元史研究会.元史论丛:第13辑.天津:天津古籍出版社,2010.
② 宋濂,等.元史·兵志二·围宿军[M].北京:中华书局,1976:2532-2533.
③ 李穀.稼亭集·癸未元日崇天门下[G]//高丽名贤集3.汉城:成均馆大学校大东文化研究院,1986.
④ 陈高华.元大都的皇城和宫城[M]//中国元史研究会.元史论丛:第13辑.天津:天津古籍出版社,2010:3.

满了留恋与脉脉温情,尤其是对元大都的西山和西湖。

西山位于大都西郊稍远的地方,是这一带群山的总称,其中以玉泉山、寿安山和香山最为有名。玉泉山前不远,有一个湖泊名叫"西湖",也叫"翁山湖",是颐和园昆明湖的前身。元文宗至顺三年(1332),在湖畔建造大承天护圣寺,富丽堂皇,为西湖增添了景色,西湖从此成为大都一大名胜,在当时被誉为"壮观神州今第一",成为游人丛集之地。

李榖多次在夏天游历西湖,流连忘返。西湖到处生长荷花,湖中有招邀游人的客船,这些都在李榖的诗句中得到体现。"舟人见客竞来迎,笑指荷花多处行""欲识西湖奇绝处,夜深花睡暗香生"(《稼亭集》卷16)。"水光山色弄微晴,好向西湖载酒行""四面天机云锦烂,中心仙阁翠华明"(《稼亭集》卷17)。大承天护圣寺前有双阁,深入湖中,元朝皇帝也常至此游赏西湖景致,"中心仙阁翠华明"即指此。由于它位于西湖之畔,民间便称之为"西湖寺",这个名称后来亦见于官方文献。

此外李榖的《元夜析津桥上》:"节到元宵便不同,皇都春色更融融。万家灯火黄昏后,九陌风烟暗淡中。静着吟鞭从瘦马,偶随游骑过垂虹。若为不怕金吾问,绕遍天津西复东。"一方面写出了元宵节元大都融融春色暖的意境,另一方面也反映出了元大都实行的宵禁。马可·波罗游记中也记载了在大都"夜间,有三四十人一队的巡逻兵,在街头不断巡逻,随时查看有没有人在宵禁时间——即第三次钟响后——离家外出。被查获者立即逮捕监禁"。

相对李榖对西湖的情怀,李榖的儿子李穑对海子则是情有独衷。李穑在至正八年(1358)到至正十一年(1361)初将近3年时间就读于大都国子学,至正十三年、十五年又两次前往大都。蒙古人习惯把大的水泊称为海子,元大都北面皇城墙外的大片水泊则是元大都城的一部分,这片广大的水面没有圈入皇城之内,不像皇城内的水泊有了自己的名字,它们只被称为海子。夏日傍晚李穑在海子旁漫步,水中新荷摇曳,对岸楼台倒影水中,引起他种种遐想,"步屧随长堤,寻凉日将至。新荷映沧漪,幽芳吐丛薄。隔岸好楼台,波间倒红壁,主人游不归,庭草凝寒碧。徘徊久瞻望,使我多感激。"①

此外《朴通事谚解》卷上还有一段文字记也提到了"西湖景"。其中说:"西湖是从玉泉里流下来,深浅长短不可量。湖心中有圣旨里盖来的两座琉璃阁,远望

---

① 李穑.牧隐集·步屧海子旁:第3卷[G]//高丽名贤集3.汉城:成均馆大学校大东文化研究院,1986.

高接云霄,近看时远侵碧汉。""两阁中间有三叉石桥,栏干都是白玉石,桥上丁字街中间正面上有官里坐的地白玉玲珑龙床,西壁厢有太子坐的地石床,东壁也有石床,前面放一个玉石玲珑卓儿。北岸上有一座大寺,内外大小佛殿、影堂、串廊,两壁钟楼、金堂、禅堂、斋堂、碑殿。诸般殿舍且不索说,笔舌难穷。"①大承天护圣寺有"二阁在水中坻,东曰园通,有观音大士像;西曰寿仁,上所御也"。这二阁就是《朴通事》中所说湖心中的两座琉璃阁,富丽堂皇,为西湖增添了景色。元顺帝至正年间,"承天护圣寺火,有旨更作,(李穑)乃上言:'水旱频仍,公私俱乏,不宜妄举大役'。议遂寝"。显然,这次火灾使护圣寺遭到了严重的破坏。明代,承天护圣寺改称功德寺,有关文献中,再没有提到湖心双阁。有记载说:"功德寺旧名护圣,前有古台三,相传元主游乐更衣处,或曰:此看花钓鱼台也。"这三处古台无疑就是双阁和双阁中间石桥的遗迹,两阁应毁于元末火灾之中。《朴通事》中所描写的,是大承天护圣寺落成后、火灾发生前的西湖景致,也切合了李穀的所见。李穀给西湖与西山的评价为"湖山盛景世间稀"。

五、其刹相望:寺庙不绝

除了元大都旖旎的湖光山色之外,高丽人眼中的元大都的寺庙是不得不提及的地方,如李穑就歌咏过元大都的"崇德寺""永宁寺""寿安寺"等。究其原因,在于元代是继隋唐之后朝鲜半岛僧人进入中国的又一个高峰期。张言梦认为"元代入华高丽僧的人数非常之多,如果仅以单位时间内(假定为100年)的入华朝鲜僧人量这一指标和历史上的其他时期相比较,那么元朝入华高丽僧人数可以说是创历史之最的"②。至于入元的高丽僧人究竟有多少,准确的数字已经难以考知,但依据相关记载来看,其人数颇多。元代西域僧人指空由元入高丽,复由高丽返元,居大都,称"所居寺,皆高丽僧"③。《元史·顺帝纪》也同样记载"皇太子(爱猷识理达腊)尝坐清宁殿,分布长席,列坐西番、高丽诸僧"④。由高丽僧人来中国管理寺院,为中韩佛教交流史上特有的现象⑤。如高丽的义旋曾应元

---

① 朴通事谚解:卷上[M].汉城:京城帝国大学法文学部,1943:122-128.
② 张言梦.元代来华高丽僧人考述[J].内蒙古社会科学(汉文版),1997(4).
③ 李穑.牧隐集·西天提纳薄陀尊者浮屠铭[G]//高丽名贤集3.汉城:成均馆大学校大东文化研究院,1986:909.
④ 宋濂.元史·顺帝纪九[M].北京:中华书局,1976:962.
⑤ 李穀.稼亭集·高丽国天台佛恩寺重兴记[G]//高丽名贤集3.汉城:成均馆大学校大东文化研究院,1986:22-23.

朝之征召来到中国。义旋原是高丽权臣赵仁规四子，自幼出家为僧。义旋出家于高丽妙莲寺，为高丽天台宗名僧圆惠弟子①。元顺帝元统元年(1333)，高丽忠肃王命义旋入元，主持大都恩光孝寺。不久，元朝命其主持大都天源延圣寺。天源延圣寺是一座皇家寺院，位于大都太平坊。另外如戒明②、慧勤③等僧人都属于这一类入居大都的高丽僧人。由此可见，入居大都的高丽僧人数目众多，而且颇受元朝的重视。桂栖鹏更是依据相关资料，考证出入元的著名31位高丽僧人粗略事迹，认为这也只是入元高丽僧人中很小的一部分④，而这些高丽僧大都活跃在元大都。另外还不断有高丽写经僧来到大都。高丽忠烈王十六年(1290，至元二十七年)，高丽应元朝的要求，派遣写经僧入元，第一次为35人，第二次为65人，第三次未交待人数⑤。其后在忠烈王二十三年(1297)，元朝遣使到高丽继续征求写经僧，忠烈王二十八年(1302)，元朝遣别帖木儿等来征写经僧⑥。忠烈王三十一年(1305)，元遣忽都不花来求写经僧，高丽选100名僧人以遣之⑦。

李齐贤曾记载大都南城的兴福寺，"京师南城之又南，有寺曰兴福寺，去城市不远……高丽僧元湛购地五亩，与其徒崇安、法云等，肇基而堂之"。兴福寺得到了长城郡夫人仁氏的资助，仁氏为高丽人，"经始于皇庆二年秋，落成于延祐四年春"。南城是金中都旧址，元代新建的大都城称为北城。

李穀说："在辇毂之下，寺号高句丽者其刹相望"⑧。可见大都的众多佛寺中，有不少是高丽人创建的；仅见于李穀记载的，便有报恩光教寺、金孙弥陀寺和天台法王寺等。报恩光教寺在大都南城彰义门外，由高丽国王王璋所建。元顺帝元统元年(1333)，高丽忠肃王命义旋入元，主持大都报恩光教寺。金孙弥陀寺在宛平，由高丽人中尚卿金伯察颜察和妻孙氏所建。"至顺二年，创佛宇于宛平县之池水村，以弘其教，曰金孙弥陀寺，盖取两姓及所求乎佛者名也"⑨。天台法王寺在金城坊(大都城区西南)，它是在元朝做官的高丽人集资建造的，元朝皇后

---

① 李齐贤.益斋乱藁·妙莲寺重兴碑[G]//高丽名贤集2.汉城：成均馆大学校大东文化研究院，1986：288.
② 李穀.稼亭集·大都大兴县重修龙泉寺牌[G]//高丽名贤集3.汉城：成均馆大学校大东文化研究院，1986：43.
③ 李穑.牧隐集·普济尊者塔铭并序[G]//高丽名贤集3.汉城：成均馆大学校大东文化研究院，1986：864.
④ 桂栖鹏.入元高丽僧人考略[J].西北师大学报，2001(2).
⑤ 郑麟趾.高丽史·第30卷·忠烈王世家三[M].钞本.朝鲜太白山史库，1613(万历四十一年).
⑥⑦ 郑麟趾.高丽史·第32卷·忠烈王世家五[M].钞本.朝鲜太白山史库，1613(万历四十一年).
⑧ 李穀.稼亭集·大都天台法王寺记[G]//高丽名贤集3.汉城：成均馆大学校大东文化研究院，1986.
⑨ 李穀.稼亭集·京师金孙弥陀寺记[G]//高丽名贤集3.汉城：成均馆大学校大东文化研究院，1986.

亦出赀相助,落成于至正三年(1343)年①。李毂在西山游玩过灵严寺时②,发现寺内僧人皆为高丽人。此外大兴的崇壤南乡的龙泉寺,元顺帝"仍命高丽戒明禅师主其事",可见龙泉寺与高丽僧人关系紧密。

《朴通事谚解》中则记载了两位高丽僧人。《朴通事谚解》卷上的一则记事说:"南城永宁寺里听说佛法去来。一个见性得道的高丽和尚,法名唤步虚,到江南地面石屋法名的和尚根底……拜他为师傅,得转衣钵。回来到这永宁寺里,皇帝圣旨里开场说法里。"③步虚说法的永宁寺,位于大都南城,具体位置"在殊胜寺北东",而殊胜寺则"在光泰门近南"。南城光泰门靠近后来的宣武门,永宁寺应在宣武门附近。《朴通事谚解》卷下记:"这十月十五日,是佛解夏之日,庆寿寺里为诸亡灵做盂兰盆斋,我也是随喜去来。那坛主是高丽师傅,青旋旋圆顶,白净净颜面,聪明智慧过人,唱念声音出众,经律论皆通,真是一个有德行的和尚。说《目莲尊者救母经》,僧尼道俗善男信女不知其数,人人尽盘双足,个个擎拳合掌,侧耳听声。"④庆寿寺是元代大都著名的佛寺之一,禅宗临济宗的中心。它位于皇城的西南,在今北京西长安街。高丽僧人能在其中讲经,应该说是一种特殊的优遇,亦可见元代高丽僧人来中国并在大都活动的为数甚多。著名的如式无外上人,与元朝的文人学士有广泛的交游,张翥、黄溍、陈旅、王沂、宋褧、吴师道、许有壬、尹廷高等都为他写下了诗篇。

元代入居大都的高丽僧人中有些成为朝鲜佛教史上著名的高僧,他们的成就是元丽佛教交流的积极成果之一,而那些来华的高丽写经僧、驻寺僧和化缘僧虽然名望不如前者,但他们人数众多,与中国社会各阶层广泛接触,在元丽佛教交流中也起了前者难以代替的作用。

六、水 利 与 市 场

辽的南京城和金的中都城范围主要在今天北京城区的西南及宣武区一带,忽必烈筹备造新城,选址在旧城区的东北方。选址主要是考虑到水利问题,新城基本上以高梁河水系为中心。金朝曾引京西的卢沟水(即今永定河)入注漕渠,

---

① 李毂. 稼亭集·大都大兴县重修龙泉寺牌[G]//高丽名贤集 3. 汉城:成均馆大学校大东文化研究院,1986.
② 李毂. 稼亭集·题西山灵严寺,寺僧皆乡人[G]//高丽名贤集 3. 汉城:成均馆大学校大东文化研究院,1986.
③ 朴通事谚解:卷上[M]. 汉城:京城帝国大学法文学部,1943:133-135.
④ 朴通事谚解:卷下[M]. 汉城:京城帝国大学法文学部,1943:274-277.

然而因水源无法保证而收效甚微;由于地形落差较大,沿河设闸通船,所需水量很大。元朝水利专家郭守敬改用京北和京西众多泉水汇集于高粱河,再经海子而注入漕渠。《元史·郭守敬传》记载:"大都运粮河,不用一亩旧源,别引北山白浮泉水,西折而南,经翁山泊,自西水门入城,环流于积水潭,复东折而南,出南水门,合入旧运粮河,每十里置一闸,比至通州,凡为闸七。据闸里许,上重置斗门,互为提阏,以过舟止水。"至元二十九年(1292)河道告成,粮船可从通州经闸河直入都城,停泊在积水潭;积水潭成为元代漕运终点,也是全城最繁华的商业区,一时间积水潭"舳舻蔽水"。

李穀显然见证了通惠河开通后的盛景,"临河望水久忘还,万世功成数月间。已遣舟□通四海,更穿城市抵西山。浊流狂啮堤防密,金口高呀吞土悭。共说巨商争道入,樯乌飞到五月关"①。

尽管元大都的修建考虑到了水利问题,由于其道路为土路,建城时在城市主干道两侧设置了排水明沟,用条石砌筑,但是由于大都夏季多雨,排水始终是一个问题。如大都的外城城墙为土城墙,容易被雨水冲刷浸泡导致倒塌,因此在建城之初曾议以砖石包覆,但因财力不足而作罢。后元廷专门抽调军队,负责收割芦苇、编织苇席,每年入夏以苇席覆盖城墙墙体,称为"苇城",民间俗称"蓑衣披城",充分说明了元大都排水存在的问题。李穀在雨季遇到了在大都城因排水不畅,导致整个城市中能够捕鱼,他在《久雨水涨城中多捕鱼》写道:"浪浪檐溜夜明,环堵皆颓泥满庭。四海八荒云一色,浊泾清渭水同形。何时见得当空日,彼月尤从好雨星。忧旱老农今又泣,谩传城市厌鱼腥。"

除了关注水利之外,高丽人对元大都的市场也非常感兴趣。仅《析津志》所载,元大都城内外的商业行市即达 30 余种。其中,米市、面市、缎子市、皮帽市、穷汉市、鹅鸭市、珠子市、沙剌市(即珍宝市)、柴炭市、铁器市,皆在今北京积水潭北的钟、鼓楼一带,这是因为南方来的漕运船只皆停泊在积水潭上的缘故,这一带是元大都最繁华的商业区;此外顺承门内羊角市也是大都城内繁华之地,有羊市、马市、牛市、骆驼市、驴骡市、穷汉市,买卖奴隶的人市也在此处,其址大约在今北京西城区甘石桥至西四一带。除了这两个主要的商业区外,和义门、顺承门、安贞门外各有果市,中书省前(今北京南河沿大街以东)有文籍市、纸札市,翰林院东(今北京旧鼓楼大街东北)有靴市,丽正门外三桥、文明门丁字街、和义门

---

① 李穀.稼亭集·八月二十日 观新河防水[G]//高丽名贤集 3.汉城:成均馆大学校大东文化研究院,1986.

外各有菜市等。

《朴通事》和《老乞大》中也多次提到了大都的羊角市,可见这是当时很热闹的地方。如《老乞大》就记录了高丽商人至元与辽阳的商人结伴,同至大都从事商业活动。从中可以看出高丽商人贩运到元大都的货物,主要是马匹、人参和布匹等,从大都贩运回高丽的货物则是各种日用品、纺织品和书籍等。此外《朴通事》中甚至叙述了元大都社会生活的各个方面,如赏花宴;按此席分析,元人承袭了两宋的食风,不过更重汤。席中菜品分三个梯次,衔接自然,与今日筵席相当接近。

就高丽商人而言,关注市场这是职业习惯使然,但是在大都的高丽使臣也是颇为关注市场,如前文提及的李榖就曾作《市肆说》:

> 商贾所聚,贸易有无,谓之市肆。始予来都,入委巷,见冶容诲淫者随其妍媸,高下其直,公然为之,不小羞耻,是曰女肆,知风俗之不美。又入官府,见舞文弄法者,随其重轻,公然受之,不小疑惧,是曰吏肆,知刑政之不理也。于今又见人肆。自去年水旱,民无食,强者为盗贼,弱者皆流离,无所于糊口,父母鬻儿,夫鬻其妇,主鬻其奴,列于市,贱其估,曾犬豕之不如,然有司不之问。

涉及元大都的"红灯区"、卖官鬻爵和人市。其实就高丽使者来到元朝之后,除了履行外交事务、完成朝贡之外,往往还会私下进行一些经济活动。高丽元宗四年(1263)十二月"流朱英亮、郑卿甫于岛。英亮等尝赴北朝时,受人货赂,带十七人而行,多行买卖。至是事觉,没十七人银瓶一百七十口,真丝七百斤,皆配岛。征英亮银九斤,卿甫七斤"①。高丽忠宣王时(1309—1313),李凌干曾以盘缠别监身份随忠宣王到元朝,当时"同事者皆致富,凌干独清苦自励"②。高丽使者来元朝时带来了相当数量的金、银、土产品等,回去时则买回许多彩帛、珍货、书籍等。在很多情况下,高丽政府还使贸易官带来棉布和金银等赴元进行贸易,尤其使使臣连车带箱地把土特产运到中国,以致中国人说:"高丽名为行使,实为贸易。"③这也就不难理解高丽人关注元大都的市场问题。

---

① 郑麟趾.高丽史·第 25 卷·元宗世家一[M].钞本.朝鲜太白山史库,1613(万历四十一年).
② 郑麟趾.高丽史·第 110 卷·李凌干传[M].钞本.朝鲜太白山史库,1613(万历四十一年).
③ 张政烺,等.五千年来的中朝友好关系[M].北京:开明书店,1951:50.

七、结语：自古有兴须有废的情怀

从西方人与高丽人对元大都的不同记载中可以看出，就对元大都的感情而言，高丽人的感情与西方人是完全不一样的。

对于"马可·波罗"们来说，元大都是东方文明的象征，充满了异国情调和神秘感——即使他们生活在这座城市里，原始的想象力丝毫未遭到削弱。西方人是以一个庞大的参照系来观望元大都的，以他们的祖国、母语、文化体系与宗教信仰为参照物来考察异邦的大都的。元代以前，尽管西方人对中国有零星碎片的记载，但还说不上中国形象，元代包括《马可·波罗行纪》在内的西人游记作品，构建了西方第一个中国形象契丹传奇，其中至高无上的大汗、疆域广阔的领土、威猛强悍的军队、繁华富裕的都市是其主要表征。这些充满夸张的描写对尚处在中世纪黑暗状态的西方来说，无疑是权力的发现和物质的启蒙，它不仅对诱导西方后来建立强大的中央集权、积极向海外殖民、拓展寻找梦想中的东方世界起着重要的推动作用，而且长久地成为激发西方作家想象中国灵感的主题和素材。

高丽人关于元大都的记载无疑没有那么多想象，虽然他们对大都的华美盛大惊叹不已，充满了细节的描述，但是放入历史的河流中，我们不难看出高丽人持续的记载，完善了元大都的建城历史，补充了元大都的相关历史资料，充满了鲜明的生活特点以及高丽文人特有的历史情怀，这些都是在西方人眼中看不到的，这也是高丽史料对于中国历史研究的特殊意义和价值。

这种情怀在高丽人的诗文中不断得以体现。虽然对元大都赞赏有余，但是他们很多人在元大都的时候，不免有着独在异乡为异客的感觉，如郑浦和李穀都不断在诗文中表达自己在大都的孤独感。郑浦曾在《大都旅舍偶题》中表达了自己的孤寂："虚檐雨过晚凉侵，小院人稀一室深。壮岁谁怜名文立，他乡只有病相寻。纷纷忧患伤豪气，了了文章立苦心……"①李穀则在新年除旧迎新之际，思绪万千："儿童此夕闹比邻，春入皇都喜气新。独阅尘编过夜半，一灯分照两年人。"②"都下经三岁，逢春去自悲。"③李穑在元朝势力退出中原之后，依旧念念不忘自己当年在大都的种种岁月，对元大都充满了依恋之情：

---

① 郑浦.雪谷集[G]//杜宏刚，等.韩国文集中的蒙元史料：上.桂林：广西师范大学出版社，2004：323.

②③ 李穀.稼亭集·除夜独坐[G]//高丽名贤集3.汉城：成均馆大学校大东文化研究院，1986：108.

> 人心天命奈吾何,回首燕都涕泪沱。蒿里风沙吹石马,天街荆棘没铜驼。
>
> 谁教灵囿通沧海,共说狂澜起大河。自古有兴须有废,祗怜岁月疾如梭。①

回到高丽之后,李穑还经常怀念在大都的生活,作有《记燕京途中》《忆燕都》为题的诗篇,"秋满燕山落叶飞,回头有客思依依""白头当日銮坡客,春雁飞时欲寄书"。

不管在元大都的生活是否孤寂,毕竟对于很多高丽文人而言,彼此之间的畅行无阻,在仕途上给他们提供了博得功名的可能性,那些参加元朝科举考试取得进士的高丽文人,一方面在大都能够结识贤达人士,而在回国后基本上都能够获得重用②,故李穑③在《忆燕都》诗说:"沉思往事苦搔头,梦里神仙与我游。天上徘徊才半日,人间寂寞又千秋。莺歌燕舞愁无尽,虎困龙疲战已休。遥想銮坡春色绿,牧童吹笛自风流。"④在他的记忆里,大都总是充满生机与活力。记忆总是现实的反映,过去曾经与文人学士交游,甚至还能有机会与皇帝同游,可谓令人羡慕,这与他明初到南京入见明太祖的时候有天壤之别。李穑在明初来华,一路上历尽艰辛,见到明太祖朱元璋后,太祖对其说:"汝在元朝为翰林,应解汉语。"穑乃以汉语遽对曰:"请亲朝。"朱元璋并没有听明白,问道:"说甚么?"这使得李穑局促万般,明礼部官只能解释李穑久不入朝,所以汉语颇艰涩,朱元璋笑曰:"汝之汉语正似纳哈出⑤。"⑥李穑称彼时生活为"天上"自不为过,而如今却是尴尬无奈。不管寂寞尴尬无奈与否,历史毕竟掀开了新的一页,高丽与元朝大都的往来画上了句号。

(原载《第十五届中国韩国学国际研讨会论文集》,民族出版社,2016年)

---

① 李穑. 牧隐集·有怀大都[G]//高丽名贤集 3. 汉城:成均馆大学校大东文化研究院,1986.
② 参见:桂栖鹏. 元代进士研究[M]兰州:兰州大学出版社,2001:153-162.
③ 李穑的《牧隐诗稿》中有不少作品是在元大都写作的,对此陈高华先生有一定的研究,参见《〈稼亭集〉〈牧隐稿〉与元史研究》一文。
④ 李穑. 牧隐集·有怀大都[G]//高丽名贤集 3. 汉城:成均馆大学校大东文化研究院,1986:516.
⑤ 纳哈出(?—1388),据《明史·冯胜传》:"纳哈出者,元木华黎裔孙,为太平路万户(今安徽当涂),太祖克太平,被执,以名臣后,待之厚,知其不忘元,资遣北归。元既亡,纳哈出聚兵金山(今辽宁康平),畜牧蕃盛,帝遣使招谕之,终不报,数犯……"洪武二十年(1387),明将冯胜、傅友德、蓝玉等率师攻辽阳,他出降,明封为海西侯。次年病死于武昌。关于其事迹王剑的《纳哈出盘踞辽东时期明朝与高丽的关系》一文亦有描述,见《中国边疆史地研究》2006年第4期。
⑥ 郑麟趾. 高丽史·第115卷·李穑传[M]. 钞本. 朝鲜太白山史库,1613(万历四十一年).

舆论与外交：晚清政府媚外形象的形成

杨雄威

杨雄威，1977年生，河北保定人。2010年毕业于上海大学，获中国史博士学位；同年8月破格留校，任教于历史系。主要研究领域为中国近现代政治观念史，旁及古代史。主讲课程有"历史理性与价值""近代名人日记导读"等。出版专著1部，在《历史研究》《近代史研究》《中共党史研究》《文学遗产》等刊物发表学术论文20余篇。先后主持和参与国家及省部级课题多项。本文为近年研究中国近现代政治观念史的代表作之一。

"媚外"是在清末庚子国变后出现的一个流行语。梁启超认为以义和团运动为分水岭，"排外的反动一变为媚外，将国民自尊、自重的元气斫丧殆尽，此为心理上所得最大之恶影响。"此处的批评显然指向了整个国人。但在清末的舆论界，媚外的恶名主要集中在朝廷内外官员群体身上，并成为政府的整体形象。但诚如清末报人汪康年观察到的："今之诟外交官，动曰媚外，此语未圆足也。实则吾国关涉外交之人员，并未尝以此为事，且视为极可憎厌之事。遇有事，意绪纷乱，惟以推出为第一要着，至于不能，则惟有坐听外人吩咐而已。至于平时，隔绝殊甚，同在一处之官，相见亦且不相识，何况言融洽乎？"汪康年关注外交多年，对庚子后外交与舆论的关系多有反思，此语不可等闲视之。近年来学界已能够抱着理解之同情的态度考察晚清国人的外交活动，由此产生的大量具体深入的个案研究为重新审视清政府的媚外形象提供了参考。

在晚清从"天下"观念向"民族国家"观念转变过程中，国人就如何与世界交往这一时代课题进行过复杂的心理和行动调适。自甲午特别是庚子以降，伴随着外交环境的急剧恶化，清政府在外交上的软弱退让，以及大量官员面对外人时自重自尊的丧失，成为尽人皆知的事实。但政府媚外形象的形成毕竟与时人的主观认知相关联。因此,本文从媚外这一流行语入手,考察在晚清朝野复杂多歧的外交心态变迁中,社会舆论如何审视和评判中外权力失衡格局下的政府外交行为。

一、形象与事实

在义和团运动后,"媚外"以固定短语形式出现并迅速流行,但在鸦片战争后到20世纪之前的晚清文献中则常见"媚夷"的说法。"夷"的用法虽遭西人的外交抗议,但同治初媚夷之语在中兴名臣群体圈子的书信中经常使用。李鸿章便曾指责他人媚夷,后来则饱受媚夷的批评。庚子后"媚外"便取代了"媚夷"。但二者各自背后的历史语境有巨大差异,媚夷之说多指向特定官员和特定举措,从未用来描述官场和政府的整体形象。"媚外"一词的出现和流行是一个包含了重要历史议题的历史过程。

"媚外"于庚子年底开始出现在报端,并从1902年开始流行。梁启超在日本所办的《新民丛报》和天主徒英敛之开办于天津的《大公报》,都开始使用"媚外"的说法。二者同《中外日报》在基本政治主张上相一致,特别是均扬光绪而抑慈禧。媚外之说,矛头直指戊戌变法期间与维新派敌对的守旧势力。"媚外"的含义,也与维新人士在戊戌之后极好提及的"奴隶"一词相关联。如《大公报》主笔评论说"媚外则确系发自服从之劣根性而甘心为外人之奴隶也"。

借助庚子和辛丑舆论界的一再提起,媚外很快成为一个重要政治话题。1902年8月底上海《新闻报》发表《论媚外之祸》一文,承袭此前《中外日报》和《大公报》的论调,将媚外视为庚子以来外交的重大转向。这一看法随后被舆论普遍接受,使之成为清末描述和定义官员与政府外交行为的核心概念。其影响力无所不至,以至于不仅舆论界操之为武器,对政府的批评不绝于书,连官场内部也借用此概念观察和衡量同事的行为。

这一流行语直接参与了政府整体形象的塑造。1907年有论者写道:"人之名政府者多矣。一则曰媚外之政府,再则曰贼民之政府,三则曰割地赠礼之政府,四则曰制造盗贼纵民非行之政府。"清王朝在其末年身负多重负面形象,媚外即其一。这种整体形象与中西交涉个案往往相辅相成,在清末最后近十年发生的诸多涉外公共事件中,具体涉案官员和整个官场同时遭受舆论界的媚外之讥已成常态。

媚外形象与史实之间的微妙关系,需要放在具体的案例中去考察。《大公报》在论述当今官场"媚外之术"时提到一个源头:"自皇太后迭次召见公使夫人,而王公士夫莫不以多识外国人为荣矣。"慈禧此举后来成为其媚外的最有力证据。但军机王文韶视角却大不相同,在日记中誉之为"千古未有之创举,可谓躬逢其盛矣"。慈禧太后获此骂名,跟她的声望和形象在庚子后的急剧下降有直接关系。其所行新政常被视为有媚外目的。

自1905年后路权成为困扰清政府的极大问题,路权的不断丧失和保路意识的不断增强使得经办官员极易遭受媚外骂名。在此之前胡燏棻即因参与索路被讥媚外,但其是"谦让礼貌"还是"一味谄媚",当非局外人所易知。路事当中最典型的案例莫过于1907年集中爆发的苏杭甬铁路风潮。汪大燮提到办理此事的唐绍仪"于外人则名之曰排外,而中国人则谓之媚外"。随后汪本人也因参与苏杭甬路对英借款谈判而转瞬间成为媚外典型。在其他各种类型的涉外公共事件中,1906年初发生的南昌教案是观察媚外形象与事实出入的绝佳案例。报纸在报道中不断使用"媚外"二字来定性各级官员在此案中的相关行为,一向被西方人看作"排外之城"的南昌此时似乎一变而为媚外之城。但揆诸史实,朝廷上下皆曾强硬对待,外界的诟病往往无的放矢。

二、排外与媚外

当"媚外"作为一种语言事实在清末最初出现时,其使用者便开始认为,以庚子国变为分水岭,清政府发生了从排外到媚外的急剧转变。但应注意,最初报界在叙述排外到媚外的转变时,大都以戊戌为排外的起始。但后来人们通常认为排外是清王朝乃至中国历史上的一个悠久传统。起初一般认为媚外始于庚子后,但其后却时常推及整部晚清史。这些不同判断的存在,提示我们这种转变本身是个复杂多歧的历史过程。

以教案为例。基督教在晚清借助列强的坚船利炮进入中国后,士大夫们一度视之为足以"动摇邦本"的心腹大患,因此做出种种抵制的尝试。但甲午战争后官员对教士的态度明显好转。因为朝廷开始严谴保护教堂不力的"地方官"。1897年巨野教案后,朝廷在教案问题上对地方官员的词气更加严厉,明言罪及将军督抚等封疆大吏。朝廷的态度促使督抚转变,继而影响到地方官的态度。

实际上面对攻守之势不利的时局,官员对付传教士本就不能一味直接用强而需要讲究策略。江西官场便长期流行阳奉阴违之术。广而言之,在晚清官员群体中长期而普遍地采用"阳奉阴违"的驭夷术。1844年耆英上奏称要对英国人"驭之以术",其诀窍便不出阴阳二字。随着中西之间攻守平衡的日益倾斜,要弄阴阳之术需要支付的政治成本越来越难以承受。由此势必导致整个官场特别是"不肖"与"懦弱"官吏的阴违日少和阳奉日多,但阴阳之间的反差可能更大。严复曾用"宗法社会"概念来解释外表愈媚外则内心愈排外的现象。阴阳表里之间的张力造就了庚子前后从排外到媚外表象上的剧变。有论者就辰州教案讥讽俞廉三"忽焉肯宴西客,忽焉肯办洋务,与此前杀教士时演剧称贺另换一副面孔",前后差异之大"竟成两人"。

这一现象对清末士人来说其实不难理解。《大公报》论官场"媚外派"时便揭示出排外与媚外在心理层面上的同根同源。1908年《申报》一篇评论文章提到,"责备政府之持媚外主义者有之,赠礼主义者有之。然于政府心理上观察之,亦未始不引为大敌。惟引为大敌,而对付此大敌者,一味出之以调停,加之以柔顺,而别无所以对付之良法。"这一心理观察可谓一针见血。其实,在"媚外"刚刚作为名词问世之时,其对应的行为曾得到过充分的体谅:"此日之媚外,未始非臣妾侍吴卧薪尝胆之成规也。"

总之清末官员的媚外表象背后不乏排外心理。二者统一于鸦片战争以来外交实践中的"术"的泛滥。这一切当然是时人基于对西人侵略者身份的认知。敌强我弱之势愈明朗,外交回旋空间愈小。陈虬即认为"一切权谋诈术",在今日局面下已"举无所用",徒然见轻于人。1902年《新闻报》鉴于"中外启衅,在彼此失信"而鼓吹中外交谊。作者特以荣禄宴请西方外交官为例,称"荣中堂宴会西人,极从丰盛,伎俩尤为狡猾",实属"面交西人者,非心交西人"。问题是面对凭借炮舰登堂入室的侵略者,"心交"谈何容易!像荣禄此类行为很快被舆论视为媚外的凭据,而如作者所见之"言不由衷"与"并无真意",却在暗示其排外之心不死。

三、交际与交涉

民国时期学者蒋廷黻评价说,"耆英所谓'驭之以术',就是肯与外以交际。这没有什么了不得。但清议骂他'媚外',因为清议要死守'人臣无私交'的古训。"蒋氏此论道出了术、交际与媚外之间的逻辑关联,不过尚未触及相应观念的历史发生过程。下文便讨论蒋氏所说之"交际"为何物,并展示其与"媚外"的关系。

在晚清官教关系中还普遍存在另一种现象,即官员囿于华夷之辨,刻意回避与洋人的接触。而一旦接触,又会秉持平日"情意相通",办事就能"通融"的传统思维。与中国官员颇有交往经验的新教传教士李佳白发现,中国官员办事喜欢将私事与公事、个人与官方合为一体。

与在中西文化比较视野中凸显出来的公私之分相关联的,是"交涉"与"交际"这对外交概念。薛福成在其1879年出版的《筹洋刍议》中指出"西人以交际与交涉判为两途,中国使臣之在外洋,彼皆礼貌隆洽,及谈公事,则截然不稍通融"。交涉与交际的分野原本是不存在的,这一提法对后世影响极大。

在薛福成所提倡的交际中,酒宴是重要内容之一。中国早有"折冲樽俎"的典故,晚清亦常以此指代外交活动。但有意思的是晚清士大夫长时间内以与西人同席为耻,因此开通较早的国人不得不去营造新的观念和常识。1885年王韬为其友蔡钧《出使须知》一书作跋,内称:"夫两国交际,燕享雍容,原古者之不废。泰西列国之风犹近乎古。会盟聘问,皆以酒礼笙簧为欢聚好合之具。情至而文自生焉。"几年后薛福成在其《出使四国日记》的跋中也专门列举交际事。

此后越来越多的人开始重视交际在外交中的作用。1906年有论者指出:"盖公私既明,则平时接之以情(所谓交际也),临时裁之以法(所谓交涉也),外人虽横亦当帖耳以就我衔勒。"交际的作用也获得了一些实际例证,外交官蔡钧在其《出洋琐记》中便曾列举。曾手抄过总理衙门历年档案的何刚德也发现,"咸同年间外国所来照会,肆意谩骂,毫无平等地位,与近日之来往文字,迥不相同。"何氏将其归因于交际的娴熟。

尽管趋势如此,但转变过程绝难一蹴而就。1902年春出使日本的蔡钧给荣禄的信写道:"欣悉宫太保中堂于京中设筵款洽各国公使,颇称欢惬。盖此等胜举,在各国本属应有之例,特中国未经举行,今自我宫太保中堂首先提倡,即可渐次推行,尊俎联欢,干戈永靖,固有左券可操者。"蔡对一个"应有之例"如此称道,盖缘于其为当时中国稀见所以可贵。实际上20世纪之交的报界在报道此类交际活动新闻时,常有"中西交际之礼宜然"之类的后缀。亦暗示这一时期的"正常"交际仍需要向读者作说明才不致有疑义。

官员的交际观念尚未转变到位便已迎来质疑之声。1905年有文章对政府的"媚外之伎俩"如此描摹道:"甲日台宴于宫庭,乙日馈礼于使馆,丙日则恭邀听戏,丁日则敦请赏花。极意逢迎,极意结纳,极意趋承。"上述场景并非凭空想象,在那桐任职外务部时期的日记里便可以得到清晰印证。酒宴一常见交际手段后,经常受到抨击,被视为媚外。

舆论界还注意到不可过分相信交际的作用。1899年苏元春以钦差身份与法国签订租借广州湾条约事便被视为反面教材。其实薛福成最初之区分交涉与交际,针对的是当时国人对交际的敏感和抵触而已。但时过境迁,后人渐忘初意所在。

四、政府与民间

庚子后国民外交开始成为士人观察和评判政府外交的一个重要维度。从清末的大量表述可知,国民外交的神奇之处在于其中的"民气"。其实晚清士大夫有利用民气对抗外人的传统,但在后来的表述中,却认为"我政府向不知外交策略关系民气"。这实际上是对民气的再发现和再解读。

在某些人看来,民气与国民外交已经在近来的外交中发挥了功效。1908年某士人奏请开国会折即称"近年以来如粤汉铁路之废约,苏杭甬津镇铁路之改约,皆以我民气渐伸可为政府之助,外人因是之故亦稍稍就我范围"。他乐观地认为人民与外交可以"影形响应,相与为援"。参与苏杭甬路事交涉的汪大燮虽认为"国民正可为政府后援",但发现英方并不轻易就范。人民与政府二者的"相与为援"力量实则有限。

虽然晚清士大夫对民气实际效用的质疑从未断绝,但经过清末的再解读后,"民气"与"国民"建立关联,成为救亡图存的希望所在。此后它时常外化为"舆论",使得"舆论"突破传统"清议"在官僚体制内的反对派角色,成为与政府相颉颃的民间的代言人,自然亦成为中国政治的一股新势力,在内政外交中扮演关键角色。1906年预备立宪诏有著名的"大权统于朝廷,庶政公诸舆论"之语,实际承认其与朝廷的对位。

对政府来说,糟糕的是这种对位实际上已在庚子后演变为一种对抗。双方形成此消彼长的关系,一面是政府权威的急剧流失,另一面是舆论愈加强势。时人常将舆论的强势称为"舆论专制"。强势崛起的舆论在外交方面延续了清议的强硬立场。熊希龄向瞿鸿禨上书阐述政府与舆论在外交上的天然对立:"大抵一国政府策略,与民间理想相去悬殊,政府知世界之大势,迟回顾虑,不敢以国家为孤注之一掷,故可行则行,可止则止,有不能明喻于众者。民间则抱其孤愤之志,一意直行,遂至离于政府所行之轨道。"这种基于朝野角色差异而形成的现实主义和理想主义的对立冲突在清末体现得尤为清晰。

由"外交"转成"内变"而累及"大局",政府的隐忍与民间的孤愤对清末外交的推动作用还未清晰显现,其冲突却已暴露无遗。结果在政府一方则以为"我国薄弱无能之外交官,从前但须对付外人者,今又须对付舆论";在民间一方则以为

"我国民实立于两敌之间：外人挟政府以制我国民，政府复挟外人以制我国民"。这种局面对政府的执政权威无疑是极大的冲击。

晚清政府媚外形象的形成，与其公信力的丧失正是一对相因并至的伴生物。其实清末媚外之名本非由政府独享，但其后不断有声音将官与民区分开来，制造官员媚外而国民排外的印象。《神州日报》主笔杨毓麟说"政府诸人必欲实行媚外政策，在国民应别有最后之武器以待之"。"最后之武器"无疑是指革命。

清末民间对官方的"媚外"指责，是以民族主义和主权意识的觉醒为背景的。但官员一方，亦非一味独自酣睡。只不过在现实政治面前，单纯的"孤愤之志"不足以解当下的危机困厄，内心的愤怒不得不与行动上的"隐忍将就"相伴随。

（原载《近代史研究》2016 年第 6 期，《新华文摘》（网络版）2017 年第 12 期、人大复印资料《中国近代史》2017 年第 4 期分别全文转载，《社会科学文摘》2017 年第 3 期缩略转载，《历史教学》（上半月刊）2017 年第 7 期摘要。此次选用《社会科学文摘》缩略版）

当代美国高校博物馆的教育理念与实践

杨 谦 杜 辉

> 杨谦,女,苗族,1987年生。毕业于山东大学考古学与博物馆学专业,获历史学博士学位。2016年入职上海大学文学院。主要研究领域为商周考古、博物馆学。主讲课程有"博物馆学导论""中国玉器"等。

收藏、研究与教育是当代博物馆的三大职能,博物馆已经成为为公众创造参与学习机会并为其提供教育体验的重要场所[①]。高校博物馆是博物馆的一种特殊类型,是指由高等教育机构主办,或得到该馆所属高校认可,有固定陈列场所,致力于服务高等教育发展和社会发展的社会公益性组织。相比较美国等发达国家的高校博物馆,我国部分高校博物馆对自身缺乏清晰的认识,没有充分发挥出其应有的教育功能[②]。本文通过分析美国高校博物馆在对大学生和公众教育方面的实践,探讨美国高校博物馆的教育理念,以期为我国高校博物馆的教育工作提供一定的参考。

一、美国高校博物馆的发生

欧洲中世纪后期发展起来的新型大学,对之前将书籍奉为圭臬的自然学科研究方法发起了挑战,主张从对自然界的实际观察中广泛收集证据,这一学风促进了比较标本在解剖学、生物学和矿物学等学科中的应用,标本收藏在欧洲高校中开始兴起[③]。欧洲的高校博物馆则是在这一背景下,由早期的大学标本室、陈

---

① 郑奕.博物馆教育活动研究[M].上海:复旦大学出版社,2016:2-3.
② 曹宏.高校博物馆专业化运营刍议[J].博物馆研究,2014(2):8-14.
③ BOYLAN P. Universities and Museums: Past, Present and Future [J]. Museum Management and Curatorship, 1999, 18(1): 43-56.

列室或资料室等发展而来。伴随着欧洲移民开拓美洲大陆,欧洲的高等教育也逐渐影响到美国,美国高校开始收集藏品并逐渐设立自己的博物馆。1732年,伯灵顿三世伯爵向威廉玛丽学院捐赠了一幅物理学家罗伯特·波义耳(Robert Boyle)的画像,成为美国高校藏品收藏和博物馆建设的开端。

19世纪后期美国高校博物馆得到了迅速发展。南北战争之后是美国知识大发展时期,许多学者将这一时期的后启蒙运动潮流称之为"美国文艺复兴",其本质带有极强的民族主义。包括画家、雕塑家、建筑师、学者、收藏者、金融家和实业家在内的许多美国人开始强调自己的身份认同。美国的自然历史、人类学、考古学、民族学等学科极大地受到了这种思潮的影响,逐渐重视美洲当地材料的研究,相关博物馆在美国遍地开花,这其中自然也包括高校博物馆。哈佛大学皮博迪考古与民族博物馆的创建者乔治·皮博迪(George Peabody)在捐赠信函中就提到其建馆初衷:"进行美洲大陆古代人类族群遗物的探索和收藏,并将美国发现的人类遗物与其他国家的发现进行对比。"①到20世纪前半叶,美国许多顶尖高校都建立起了自己的博物馆②,它们成为形塑美国智识生活的重要场所。

截至2011年,美国共有1739座高校博物馆,分布于825所高校中,占美国所有博物馆数量的10%左右③。部分美国高校不止拥有一座博物馆,如亚利桑那州立大学有39座博物馆,宾夕法尼亚州立大学有17座博物馆,加州大学伯克利分校有12座博物馆。各馆都有明确的主题,可划分为不同类型(见表1)。美国许多高校博物馆都是由主题相关的系部管理,也有一些高校由于拥有多座博物馆,会成立相关的"博物馆委员会"集中处理各项事务,如亚利桑那州立大学。

表1 美国高校博物馆统计表

类型	主题	数量	举例
艺术类	艺术博物馆、画廊、雕像馆	890	达特茅斯学院胡德艺术博物馆、耶鲁大学艺术画廊、美国萨基诺谷州立大学马歇尔·弗雷德里克雕像馆

---

① DAVID L. B., WILLIAMS S. Anthropology at Harvard: A Biographical History, 1790-1940 [M]. Cambridge: Peabody Museum Press, Harvard University, 2013: 81.
② HAMILTON J. The Role of the University Curator in the 1990s [J]. Museum Management and Curatorship, 1995, 14(1): 73-79.
③ VICTOR J. D. American's College Museums Handbook & Directory [M]. Amenia: Grey House Publication, 2011: 1.

续 表

类型	主 题	数量	举 例
历史类	历史、遗址博物馆	110	贝克大学古堡博物馆、路易斯安娜州立大学遗址中心
	考古学、人类学、民族学博物馆	66	哈佛大学皮博迪考古与民族博物馆、宾夕法尼亚大学考古学和人类学博物馆
	民族博物馆	49	威尔伯福斯波大学国家非洲—美洲博物馆、斯波特斯犹太研究学院犹太人博物馆
	图书和档案博物馆	32	路易斯安娜州立大学图书馆纪念堂
科学类	植物园、植物标本馆	108	威斯康星大学麦迪逊分校植物园
	自然历史博物馆、古生物学博物馆	78	佛罗里达大学自然历史博物馆、伯克利大学古生物博物馆
	地质学、矿物学博物馆	46	俄亥俄州立大学沃尔顿地质博物馆、密西根科技大学斯曼矿物博物馆
	天文台、天文博物馆、科技中心	153	德克萨斯大学麦当劳天文台、北卡罗来纳大学天文馆和科技中心
	宗教博物馆	28	美洲犹太教神学院犹太教博物馆
	医疗博物馆	25	爱荷华大学附属医院和诊所医疗博物馆
	服饰、纺织品、时尚博物馆	21	明尼苏达大学双城分校戈尔茨坦设计博物馆
	体育博物馆	18	康涅狄格大学罗伯特·多奈尔爱斯基摩人遗产体育博物馆
	农业博物馆	15	特拉华谷学院罗斯农场博物馆、宾夕法尼亚州立大学巴斯德农业博物馆
	照片博物馆	9	加州大学河滨分校照片博物馆
	动物学博物馆、昆虫博物馆	19	达科他大学动物学博物馆、伯克利大学艾斯格昆虫博物馆
	水族馆	6	夏威夷大学威基基水族馆
	音乐博物馆	6	南达科他大学国家音乐博物馆
综合类	综合博物馆	20	密西西比大学博物馆、密西根西南学院博物馆
其他类	其他博物馆	20	乔治亚理工学院罗伯特·威廉造纸博物馆

二、美国高校博物馆的教育理念

当代博物馆的发展趋势,已从过去的以收藏和研究为主,转变为今天的以教育和服务为主,这种由"物"达"人"的转变意味着博物馆的聚焦对象是教育群体。针对不同类型的教育对象,教育理念会有所差异。从高校博物馆的教育对象来看,主要有系部学生、全校学生和公众三类。

1. 立足于系部,满足本系部教学工作的需要

美国高校博物馆最开始往往建在系部中,与系部的关系十分密切。系部教师直接负责或参与博物馆藏品的收集和研究工作,并在博物馆中兼任一定的职务[1]。例如弗兰克·马特(Frank Jewett Mather)在 1922 年被任命为普林斯顿大学艺术博物馆馆长之前,就一直在该校讲授文艺复兴艺术。

高校博物馆在建立之初的主要职责是对本专业相关的标本进行集中收藏、分类、保护和研究,并为所在系部的教学和科研工作服务。哈佛大学皮博迪考古与民族博物馆(Peabody Museum of Archaeology and Ethnology at Harvard University,以下简称"皮博迪博物馆")在建馆第二年购买了近 5 000 件莫尔蒂耶(Gabriel de Mortillet)和威尔莫特·罗斯(Wilmot J. Rose)的私人藏品[2],之后接收了波士顿海洋学会、美国考古研究会和美国古物学会等科研机构的人类学藏品。第二任馆长弗雷德里克·普特曼(Frederic Ward Putnam)意识到了缺乏出土情境的文物的缺陷,提倡通过自主发掘直接获取文物及相关信息。此时正值 1891 年洪都拉斯政府给予皮博迪博物馆在该国的独家科考权,从此皮博迪博物馆揭开了在科潘玛雅遗址发掘的序幕,并陆续在非洲、欧洲、澳大利亚等地区开展考古调查和发掘项目[3]。在早期阶段这些方式快速而有效地解决了博物馆馆藏匮乏、学生专业实践等问题。

但值得注意的是,早期高校博物馆藏品主要用于本系部的教学工作[4],教育

---

[1] WILLUMSON G. The Shifting Audience of the University Museum [J]. Museum International,2000,52(2): 15 - 18.
[2] BROWMAN D., WILLIAMS S. Anthropology at Harvard: a Biographical History,1790 - 1940 [M]. York: Maple Press, 2013: 81 - 140.
[3] BREW J. O. Early Days of the Peabody Museum at Harvard University [M]. Cambridge: Peabody Museum of Harvard University, 1966: 5.
[4] THEOLOGI-GOUTI P. The Patras University Science and Technology Museum: Fulfilling the University Museum's Dual Role [M]//KELLY M., ed. Managing University Museum. Paris: Organisation for Economic Co-operation and Development,2001: 169 - 178.

对象主要是本专业的师生和研究人员,向非专业人士传播藏品相关的知识则始终居于第二位。哈佛大学皮博迪博物馆在建立之初布展时对文物的摆放十分随意,极少有介绍文物的标签,直到 20 世纪 30 年代,时任馆长爱德华·雷诺兹(Edward Reynolds)才按照当时更为科学的三时代系统对文物重新进行摆放,并加上了解说标签①,可见该馆在早期阶段对人类学以外群体的教育作用十分有限,在某种程度上可谓是"象牙塔中的象牙塔"②。

2. 充分发挥各馆专题优势,为全校学生提供通识教育

20 世纪末,高校博物馆陷入了发展的瓶颈期。一方面,教学中标本的重要性逐渐被淡化,高校博物馆的地位趋于边缘化。以往依靠大量藏品进行分类学研究的生物学、地质学、人类学和考古学等学科,其研究方向和研究重心发生了重要转变,比如,生物学的研究前沿由生物种属研究转向了细胞乃至分子研究上③,考古学也由基于器物观察的考古学文化研究,转向了利用科技手段来探讨古代人类行为的研究上,博物馆藏品因此失去了教学和科研上的时效性。另一方面,高校博物馆陷入资金危机和运营困境。在教育日趋产业化且办学资金有限的情况下,博物馆不再是校方优先资助的对象,高校博物馆面临着被校方削减拨款的困境④。林德·金(Lyndel King)对 35 座美国高校博物馆进行的抽样统计数据表明,在 1986 年有 76% 左右的美国高校博物馆的支出由校方资助,其中有 18% 左右的高校博物馆得到了校方的全额资助;而到了 2001 年,校方的资助仅占博物馆平均支出中的 41%,最低的仅占到 5%,没有一座高校博物馆得到校方的全额资助⑤。资金的匮乏导致了博物馆运营的一系列困境:建筑陈旧,水电、温控、防火等方面均达不到正常运营的要求⑥;藏品的保存环境恶劣,标本修复和更新无法进行,加上无力聘用专业的文保人员,一些珍贵藏品陷入极大的危

---

① WATSON R. Opening the Museum: The Peabody Museum of Archaeology and Ethnology [M]. Cambridge: Peabody Museum and the Department of Anthropology, Harvard University, 2001: 1-16.
② BLACK C. Dilemma for Campus Museums: Open Door or Ivory Tower? [J]. Museum Studies Journal, 1984, (4): 20-23.
③ BUTLER D, et al. Museum Research Comes off List of Endangered Species [J]. Nature, 1998, (394): 115-117.
④ BOYLAN P. Universities and Museums: Past, Present and Future [J]. Museum Management and Curatorship, 1999, 18(1): 43-56.
⑤ KING L. University Museums in the 21st Century — Opening Address [M]//KELLY M., ed. Managing University Museum. Paris: Organisation for Economic Co-operation and Development, 2001: 19-28.
⑥ PETER T. Dealing with Change: University Museums of Natural History in the United States [J]. Museum International, 2000, 52(3): 15-20.

险中①;普林斯顿大学自然博物馆、康列狄格大学牙医博物馆等高校博物馆甚至面临着被关闭或转让的境遇②。

为了在危机中存续下去,美国高校博物馆不得不调整自我定位,努力成为大学教学和研究职能中的一部分,以便获得校方进一步的支持。在这种背景下,高校博物馆的教育范围也由"系部"拓展至"全校"。比如,密西根大学艺术博物馆(University of Michigan Museum of Art,以下简称"艺术博物馆")旨在成为校园的文化中心,丰富在校大学生的校园生活,并提高其艺术素养。除了提供参观展览的服务,艺术博物馆还会为在校大学生提供独一无二的、与藏品主题相关的艺术体验机会。考古学、民族学与人类学博物馆则在人类学和考古学学科转型的背景下,需要重新挖掘藏品的优势,不仅要辅助本学科的教学工作,更需要积极参与到全校的教学工作中。

3. 以社区为中心,注重对公众的公共教育

公众在高校博物馆资源获取中的作用愈趋重要,之前高校博物馆和高校之间简单的二方关系,逐渐向高校博物馆、高校和公众的三方关系转变。迈阿密大学洛尔艺术博物馆使命中的第六条就是"支持、延伸和丰富迈阿密大学为其学生、教工、学者,以及南佛罗里达地区的居民和游客的使命,让他们更全面的欣赏和理解艺术品及其历史。"密西根大学艺术博物馆在博物馆的自我定位中就明确指出——是大学里对文化理解的催化剂,是所在地区的文化广场,乃至面向全世界的高校艺术博物馆。

受到以市场为导向的营销方式的影响,博物馆教育活动从"管理者视角"向"参观者视角"转变③,由以往按照馆方的思维去布置展览、撰写讲解词等,转向以参观者的角度换位思考公众对展览内容的具体需求,以及以公众更倾向于接受的教育方式。由于公众是个广义群体的统称,包括不同特性的细分群体,这便要求博物馆需要为不同年龄、身份和教育背景的细分群体提供有针对性的服务,包括因人而异的展览、教育项目和活动等④。美国高校博物馆主要按照青少年

---

① BRAUN J., MARES M. Natural History Museums: Working toward the Development of a Conservation Ethic [M]//MICHAEL A. M., DAVID J. S., ed. Latin American Mammalogy: History, Biodiversity, and Conservation. Norman: University of Oklahoma Press, 1991: 431 - 454.
② DAVIS G. Financial Problems Facing College and University Museums [J]. Curator: The Museum Journal, 1976, (19): 116 - 122.
③ WEIL S. From Being about Something to Being for Somebody: The Ongoing Transformation of the American Museum [J]. Daedalus, 1999, 128(3): 229 - 258.
④ KELLY M. Introduction [M]//Managing University Museum. Paris: Organisation for Economic Co-operation and Development, 2001: 7 - 18.

儿童和成年人两大类进行分类教育。成人通常具备一定的教育背景,且有学习新知识的诉求,因此高校博物馆为成人主要举办展览和讲座等,而为儿童青少年提供的服务多是趣味性较强的科普教育。

三、美国高校博物馆的教育实践

因大学生和公众的学习诉求存在差异,高校博物馆亦面临兼顾大学生对专业知识的诉求以及公众参与模式的需求,在教育内容、方式上有所区别[①]。笔者以密西根大学艺术博物馆和哈佛大学皮博迪考古与民族博物馆为例,聚焦两座高校博物馆的教育项目和实践。

1. 在科学与艺术之间:密西根大学艺术博物馆

密西根大学共有 10 座博物馆,其中密西根大学艺术博物馆是美国最大的高校艺术博物馆之一。密西根大学艺术博物馆与密西根大学音乐、戏剧与舞蹈学院合作,定期为学生举办艺术、音乐或表演的教育项目。如每年秋季向新生举办"艺术大冒险"的欢迎周活动,让新生对博物馆的藏品有初步的了解;"周五之夜"是艺术参与式的系列学习项目,包括艺术家和学者讲座、讨论会、电影、手工坊、创意写作等。

但艺术博物馆的教育工作并不仅仅局限在校园范围之内,也注重对当地乃至更广地域内公众的艺术教育。由于密西根大学所在的安娜堡市市区人口仅 11 万余人,只有安娜堡艺术中心和密西根大学艺术博物馆两个以艺术为主题的教育机构,艺术博物馆在一定程度上也是当地的公共博物馆。如今艺术博物馆每年提供超过七百个的公共教育项目,参观人数在 20 万人次左右,特别强调针对当地青少年儿童的艺术教育,以接待学校团体参观的 K—12 课程访问项目为主、家庭亲子活动为辅。

艺术博物馆根据学生的年级、智力发育水平和知识储备方面的差异,为各个年龄段的青少年儿童提供了不同的课程项目(详见表 2)[②]。为便于教师选择与各个年级课程内容相关的博物馆活动,艺术博物馆每年针对教师举行若干次工作坊式的专业发展培训,向教师介绍馆藏文物标本。而对于个体家庭,艺术博物馆则组织亲子活动,让儿童在趣味活动中更直观地体验艺术文化。比如"家庭艺

---

① WILLIAMS S. A University Museum Today [J]. Curator: The Museum Journal, 1969, 12(4): 293-306.

② Group Tours Types [EB/OL]. https://umma.umich.edu/group-tours#k-12-youth.

术工作室"和"博物馆的故事时间",前者主要是针对6岁以上的儿童,由讲解员带领大家参观展览,并由当地艺术家依次进行艺术创作指导;后者则针对4—7岁的儿童,为其讲解与正在展出的艺术品有关的故事。

表2 密西根大学艺术博物馆K—12课程参观项目表

年级	类别	主题
幼儿园	自然科学	规矩：颜色和形状
幼儿园	社会科学	全家福：我是谁？家庭是什么？
一年级	自然科学	艺术之春：天气、季节和艺术
一年级	自然科学	动中的艺术：艺术中所见的动作科学
一年级	社会科学	合作的中心：相处
二年级	自然科学	艺术之石：你需要岩石和矿物来制作艺术
二年级	社会科学	我的社区，我的世界：社区是什么？
三年级	自然科学	亮起来：光的性能及其文化象征
三年级	社会科学	历史之谜：像一个艺术史学家思考
四年级	自然科学	物质载体：物体的性能对艺术至关重要
四年级	社会科学	美国的地区：探索文化和地理的差异
四年级	文学	为理解而写，而灵感而看
五年级	自然科学	科学侦探：用艺术来实践科学方法
五年级	自然/社会/文学	读一片瓷片：探索韩国陶器历史和技术
五年级	社会科学	美国风光：艺术中的美国历史和文化

对公众的艺术教育,为艺术博物馆赢得了州市以及国家的资金扶持,仅2014年就从国家人文基金会获得50万美元的津贴,用于博物馆教育队伍的建设以及教育项目的进一步推广,"家庭艺术工作室"项目也得到了密西根艺术文化事务委员会和国家艺术基金会的资助。

2. 专业知识的公众化:哈佛大学皮博迪考古与民族博物馆

哈佛大学皮博迪考古与民族博物馆成立于1866年,是美国历史最悠久、规模最大的人类学博物馆之一[①]。目前,皮博迪博物馆为本校大学生提供的教育

---

① MEAD F. H. The Peabody Museum of Harvard University [M]. Washington: Records of the Past Exploration Society, 1905: 1.

模式,主要有直接开设全校通选课程和辅助其他课程教学两种模式。近几年馆内三个实验室开设的课程主要有:动物考古实验室开设的"食物的起源""体质人类学""从狩猎采集者到早期农人"等;古人类实验室开设的"人类进化生物学""灵长目动物的进化"等;中美洲考古实验室则开设的"中美洲考古:仪式与权力""蒙特祖玛时期的墨西哥:过去与现在""玛雅文字""哈佛园考古"等,其中"哈佛园考古"就是专门针对非考古专业的学生,以在校园内实地发掘的形式,讲授考古学基本理论与方法的课程。中美洲考古实验室还为学生提供田野考古发掘的暑期学校项目,每年均有来自不同专业的本科生、研究生、博士后和继续教育学院的学生参加洪都拉斯科潘玛雅遗址暑期学校项目。除此之外,为鼓励师生在课堂中充分地利用馆藏文物和相关档案资料,馆方推行了一系列举措来辅助其他课程的教学,包括直接参与教师的课程设计、提供教学所需的示范藏品、举办教学展览、指导学生学位论文、为学生提供实习机会等。2003—2008年间,皮博迪博物馆共为19个院系的教学活动提供藏品使用服务,涉及课程达77门,课程参观次数由2002年的55次,增加到了2008年的186次,达三倍之多,其中仅2008一学年的课程教学访问人数就达到了5 022人次,如表3所示[1]。

表3 2008年皮博迪博物馆藏品利用情况统计表

目 的	次 数	参 与 人 数
研 究	143	151
课 程	186	5 022
其 他	26	123
教学展览	3	103

作为世界顶尖学府的高校博物馆,皮博迪博物馆也是游客参观哈佛大学必不可少的地点之一。为了更好地满足不同年龄段公众的好奇心,哈佛大学充分发挥了其"一校多馆"的集群效应,成立了"哈佛科学和文化博物馆群"(Harvard Museums of Science & Culture),由皮博迪博物馆、自然历史博物馆、科学历史典藏和闪族博物馆四个博物馆共同组成,为不同年龄的公众提供课程和教育项目。和密西根大学艺术博物馆一样,皮博迪博物馆也为哈佛大学所在的剑桥市和波士顿地区,提供针对青少年儿童的K—12教育项目和家庭亲子项目等,但

---

[1] ANON. Use of Peabody Museum Collections by the Harvard Community 7/2007 - 6/2008 [A]. Peabody Museum of Archaeology and Ethnology at Harvard University.

是波士顿地区作为美国文化之都,本身就有许多公立的、私立的和高校博物馆,如波士顿美术博物馆、倾茶事件纪念馆、伊莎贝拉嘉纳艺术博物馆,以及以高端科技成果著称的麻省理工学院博物馆,这些博物馆的知名度和影响力并不亚于哈佛大学的高校博物馆。因此,皮博迪博物馆着重推出成人公众教育项目,充分利用哈佛大学的名校优势及独特的学术资源,为成人公众举办了一系列带有科普性质的讲座,主题大多和博物馆的藏品、展览或历史相关,是向公众介绍专业知识、博物馆以及哈佛大学的一个窗口。在2016年举办了题为"科学、教育和性格——对皮博迪博物馆第一个50年(1866—1916)的思考"的讲座,讲述了皮博迪博物馆在建立之初的作用和发展目标。在推行了一系列的公众教育项目之后,皮博迪博物馆的参观人数有了较大幅度的增长。以2000—2001年度为例,皮博迪博物馆共接待参观者12.7万人次,参观率同比增长了25%,其中讲座听众2 000人/次、亲子活动500人/次、儿童青少年团体参观5 627人/次①。

无论是自主开设课程还是提供教辅服务,皮博迪博物馆的教育对象均是全校学生,而不仅仅局限在人类学系,这便将其教育对象由系部扩大至整个学校。皮博迪博物馆开设的课程除了能提高人类学学生的专业素养外,更起到了帮助其他专业学生学习人类学和考古学知识的作用,这与哈佛大学所推行的加强通识教育的办学方针相吻合,提高了皮博迪博物馆在哈佛大学人才培养中的介入度。皮博迪博物馆对公众的教育,不仅履行了高校对公众和社会的文化服务职能,而且为博物馆争取了来自政府、私立基金会等的资助,对博物馆收入结构的改善有明显的促进作用。同样以2000—2001年度为例,皮博迪博物馆收入已高达530万美元,同比增长12%,其中校方资助仅占了20%,绝大部分收入是通过社会捐赠而来,如图1所示②。由此可见,皮博迪博物馆已经实现了

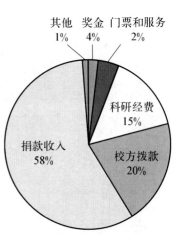

图1　2000—2001年度皮博迪博物馆收入比例图

---

　　① WATSON R. Peabody Museum of Archaeology and Ethnology, Annual Report 2000 - 2001 [R]. Cambridge: Peabody Museum of Harvard University, 2001: 40.
　　② SAVINI A. A New Museum of Electrical Technology in Pavia: A Public Museum in University Campus [M]//KELLY M., ed. Managing University Museum. Paris: Organisation for Economic Co-operation and Development, 2001: 179 - 186.

独立募集资金的良性发展模式,不再是"大学的博物馆",而是"建在大学里的公共博物馆"。

四、结　　语

  高校博物馆有其独特的教育价值,对内是辅助高校培养人才的场所,对外是将科研成果回馈给公众的媒介。除了上述两座博物馆的教育实践,高校博物馆的其他项目大多都具有教育性质,包括夏令营、电影和视频播放、出版物、音乐会、社区拓展活动、在线活动、课程等,完全向学术社区和普通公众开放,然而参观程度也根据博物馆的主题、规模以及所在地域人口等有所区别。据统计,年参观量超过10万的美国高校博物馆有75座,大多集中在艺术、植物以及其他科学领域,较之藏品有限的小型博物馆,拥有丰富藏品和展览的大型博物馆拥有更多的参观量。

  高校博物馆加入公共教育的行列从而可能造成自身定位的模糊也备受一些学者的质疑,认为这将导致高校博物馆与高校的关系日益疏远,逐渐转为普通的公共博物馆。不得不承认,在藏品主题、类型等方面,高校博物馆和一些公共博物馆可能存在相似之处,但两者的最大区别应当在于高校博物馆无出其右的高校资源[①]。高校博物馆在本质上为学术博物馆,博物馆本身及其藏品都是"学术遗产"(academic heritage),是公众了解高校并接近其资源的特殊学习场所。正如《哈雷宣言》所提到的,"对于高校博物馆而言,藏品不仅是重要的教学和科研资源,也是独一无二、不可取代的历史记录,它们为公众提供了一扇窗口,让公众了解大学在定义和阐释其文化特性时的作用"[②]。高校博物馆教育价值的充分发挥,不仅要求高校博物馆以高校为依托明确自身定位和发展目标,而且要求其在展览策划、项目规划、开放时间等方面,都充分考虑大学生和公众两类教育对象的特殊性,最大限度地为更多人群提供教育服务。

(原载《现代大学教育》2017年第4期)

---

  ① STABURY P. University Museums and Collections [J]. Museum International, 2000, 52(2): 4-9.
  ② CLERCQ S.. Uniting Forces: European Network and National Collaborative Projects Managing University Museum [M]//KELLY M., ed. Managing University Museum. Paris: Organisation for Economic Co-operation and Development, 2001: 85-102.

载芟集
上海大学文学院四十周年纪念文集

近代中国的学术与政治

仪式与意义：1919—1928 年间为自杀殉国者举办的追悼会*

刘长林

刘长林，1983 年毕业于兰州大学历史系，获学士学位。1996 年 4 月入上海大学文学院历史系任教，于 2008 年获上海大学法学博士学位。现为上海大学文学院历史系教授、博士生导师。曾到南开大学、美国怀俄明大学做访问学者。主要研究领域为中共党史、中国近现代社会史、自杀研究等。主讲课程有"《新青年》与新文化运动""自杀研究""中国近现代社会思想史文献研读""中国自杀研究的理论与实践"（包括本科生及研究生课程）。出版有《中国人生哲学的重建——陈独秀、胡适、梁漱溟人生哲学研究》《社会转型过程中一种极端行为研究：1919—1928 爱国运动中的自杀与社会意义》等著作；发表学术论文数十篇。完成国家及省、部级科研项目各 1 项，目前主持国家及上海市项目各 1 项。曾获上海市第八届邓小平理论研究和宣传优秀成果论文二等奖。兼任中共上海市委党史研究室特约研究员、上海市中共党史学会副秘书长。

近代中国一些仁人志士选择以自杀方式殉国，以其震撼性、注目性，引起媒体与社会各界关注。对这种特殊的抗议外侮与惊醒同胞的方式，媒体予以报道和评论，将他们看成以身殉国的烈士①。从 1919—1928 年间爱国运动②中的情

---

* 本文是上海市哲学社会科学规划一般课题"运动激愤式自杀行动社会意义的赋予——以 1919—1928 年社会运动中的自杀事件为例"(2007BLS002)的阶段性成果。
① 刘长林. 关于运动激愤式自杀社会意义赋予的探讨——以中国 1919—1928 年社会运动中的自杀事件为例[J]. 上海大学学报(社会科学版),2008,25(3): 99 - 106. 刘长林. 媒体建构：自杀社会意义与价值的赋予——以中国 1919—1928 年社会运动中的自杀事件报道为例[J]. 社会,2010,30(3): 182 - 198.
② 指 1919 年五四运动,1922 年抗议华盛顿会议(太平洋会议)、香港海员大罢工,1923 年抗议"长沙惨案"、1925 年五卅运动、1925 年省港大罢工、1928 年抗议"济南惨案"。

况看,大多也为他们举行了追悼会。本文专就追悼仪式略作考察,看这些追悼会怎样成了一项重要的社会活动,及自杀这样特殊的行为在当时的社会背景下是如何通过一系列象征性仪式被赋予社会意义的。

一、启事与通电:向社会宣喻自杀者是殉国烈士

从文化人类学角度来看,仪式是具有象征性、表演性、由文化传统所规定的一套行为方式①。"在仪式中,生存世界与想象世界借助一套单一的符号体系混合起来,变成相同的世界,从而在人的真实感中制造出独特的转化。"仪式通常可以使情绪与动机及形而上学的概念缠绕在一起,从而形成一个民族的精神意识②。追悼会就是具有社会意义的典型仪式。

追悼会须经过发讣告、送挽联、致悼词、出殡、安葬、立碑等环节,每个环节作为一种隐喻,均具有公开、庄严、肃穆的特征。自杀在一般社会条件下通常被认为是消极的不正当行为,中西历史上都对自杀者存在某种禁忌。然而,自杀事件一旦具备代表公众利益的社会性,社会团体又大都会为自杀者举办追悼会,这显然与自杀行为的价值相关。

在中国文化中,讣告作为追悼与安葬仪式的首要环节,已经蕴涵了对死者的评价。在这一时期爱国运动中,通过报道启事(未见到用"讣告"字样),向社会宣喻自杀殉国者的意义,又有一些不同于传统的新特点。媒体报道自杀者事迹时,都将追悼会启事作为报道的重要内容。五四运动中媒体报道的11位自杀者,有7位的报道有追悼会启事的内容,说明开追悼会的目的③。如湖北省中华大学学生李鸿儒自杀后,媒体报道他曾在演讲时被警察殴伤,忧伤悲愤,投河而死,以身殉国,"近闻武汉同学商筹为君开追悼会,以慰英灵,而彰英烈"④。后续报道强调开追悼会的原因:"李君于投江之前一时作绝笔书云:鄙人救国无状,徒存所耻,尚望学界同人各报爱国之忱,誓达目的为止,写毕置于卧床之上。事后为同行学友拾获,抄寄来鄂,通知各同志。该校校友接阅绝命书后,莫不悲叹涕泣。旋主张筹备开临时追悼会,定期本月二十二号假汉口辅德学校举行。并通知武汉学生联合会分达各处,俟暑假期满,各校学友返校时再补行正式追

---

① 郭于华,主编.仪式与社会变迁[M].北京:社会科学文献出版社,2000:1.
② 克利福德·格尔茨.文化的解释[M].杨莉,译.南京:译林出版社,1999:138.
③ 七人为:周瑞琦、李鸿儒、宋瀛宪、刘景福、胡铁、王世仁、林德扬。另四人为:汪世衡、刘德明、马骏(未遂)、易克嶷(未遂)。
④ 鄂学生忧愤投河记[N].申报,1919-06-22.

悼大会。"①"开追悼大会以志哀感,并拟将其绝命书刊印多份,分送各界,俾得明其致死之真相,而资永垂不朽。"②后来武汉学联等十八团体将李鸿儒与其他病死的学生合在一起追悼,发表启事,称他们都是以身殉国③。其他人的追悼会预告中也有"以志不朽"等语。校友及学生会在预告或启事中,已经将他们的自杀行动称为英烈,是为国而死。

为了使人们理解与认同自杀者的目的与献身价值,有的启事撰写者运用中国历史人物与术语,彰显感染力。如五四运动中报道的《周烈士瑞琦追悼启事》写道:国事日非,身殉者踵接;面对外侮,周"忧国积愤,投河殒命"。这样的"蹈海之节,亦固宗邦","信宜作顽民之气,激志士之心"。肯定其献身的社会价值与意义,及开追悼会的必要性:"效西台之恸哭,何以为生;歌宋景之招魂,将焉慰死。同人羞汗,视息人间,默想英灵,亟欲追悼……申吾士气。神而不灭,当若苓引。"④有的启事用简要词语宣称他们是为国献身。如报道北京大学学生林德扬说:"林君生前热心国事,遗爱在人。故该校学生拟不日开会追悼,以表哀思。"⑤后又预告追悼日期⑥,说明开会追悼的必要性。

有的启事宣传报效国家的传统忠孝道德精神。如五四运动中驻湖州陆军步兵第二团第一营第一连中士宋瀛宪,因愤青岛问题失败,以刃自戕,"军界中人于十三日下午一时,在归安城隍庙开追悼会。兹录其通告于下:中士宋瀛宪,嵊县人,粗知礼义,性尤厚重。去年九月间,得伊父逝世噩耗。彼以操练新兵,事关重大,不便归里。然军人以服从为天职,只得含泪从公。近因青岛交涉失败,恒慨然曰,丈夫为国不能尽忠,为子不能尽孝,何以生为。由是愤恨填胸。竟于月之二号夜间,以刃自戕,洞腹及背。垂危之时,犹扶刀面见长官,以明心迹。同人等不忍湮没潜德,爰开会追悼云"。又录他的遗书"家父逝世,不得灵终,甚为痛切","近因青岛失败,和约已签。吾辈愧对同胞,怨愤胸膛。轩窃叹薄命,情愿自戕死何惜。望吾胞兄警世同胞,以谢天下。青岛问题,努力相争,且勿让步",说他"爱国之忠,与事母之孝,实足光垂千古"⑦。尽管记者并不认同他的自杀,因

---

① 鄂学生自戕续纪[N].申报,1919-6-23.董鲋平.五四回忆散记[M]//中国社会科学院近代史研究所编.五四运动回忆录.北京:中国社会科学出版社,1979:726-727.
② 武汉将追悼殉国学生[N].民国日报,1919-06-29.
③ 爱国声中商民行动联合举行追悼学生大会[N].汉口新闻报,1919-06-28.
④ 周烈士瑞琦追悼启事[N].民国日报,1919-06-08.
⑤ 北大学生林德扬自杀后所闻[N].晨报,1919-11-19.
⑥ 追悼林德扬日期[N].晨报,1919-12-06.
⑦ 军队中之殉国自杀者[N].民国日报,1919-07-15.

为报道题目的副标题是:"驻湖州陆军中士宋瀛宪与其自戕何不拔刀杀贼",但这样的报道与启事发出来,显然具有激励人们加入争国权队伍的作用。

1923年长沙惨案期间①,媒体报道李益焜、陈英自杀事件,称他们是为国捐躯。"常德近发生两学生自杀殉国事。昨得常德来函,报告情形甚详。查殉国学生系常德三德中学生李益焜、陈英二人。因日本抗不交还旅大,实行经济绝交。讵知停泊长沙日舰,竟敢登岸枪杀市民情形。而该县学生,又被湘江日人殴伤。迭演惨剧后,交涉已经十余日,毫无进步。北京与长沙政府当局,均一筹莫展。而徒事内争,与抑压民气而已。该生每对人提及,辄愤填胸,太息痛恨,由是遂萌以身殉国。唤醒同胞之念。竟于本月十二日,李、陈二人,相率同出常德西门外,投身港中,其地甚僻。当时无人得见。追同学得矢口往觅,已淹死矣。其后收殓时,在李生身旁,收出绝命书一纸。始悉该生等,愤恨外侮,因而殉国。此事传出,各界闻之,皆为大惊失色,莫不为之泪下。现在两生之尸,暂停校内。已函该校教职员及同学等发起开会追悼。"接着刊登三德中学致各校开追悼会的函:"径启者,弊校学生李益焜(即汉寿厘金局长李振甫第四子一旅团一团团附李滞苍之令弟)暨陈英(即常德警察局行政科长陈赞谟之侄)于本日上午十时,相约投水身死。未死以前,二人曾对家属谈及日人此次枪杀市民,辱国丧权之处,异常愤慨。李君并有绝命书一纸,留置家中。似此舍身殉国,与长沙市民黄王二烈士,可谓后先辉映。除将该二生在校收殓外,拟定于本月十四日(即阴历五月初一日)上午十时,在本校开追悼大会。届时务祈贵校同学,前来观礼。并宠锡诔词。以发幽光,殁存均感。此致贵校各位先生暨同学公鉴。常德三德中学校全体教职员全体学生同启。六月十二日。"②

由于自杀者遗书中有"以身殉国,唤醒同胞"的表示,引起了李益焜、陈英所在学校三德中学的重视。学校发表的追悼会启事说他们对于辱国丧权异常愤慨,舍身殉国,将他们与惨遭日军枪杀的黄、王二烈士献身的意义相比,是为了说明举行追悼会,邀请其他校师生与社会各界参加具有正当性和必要性。还说他们是当地有身份人士之子,旨在引起公众的注意与重视。从"观礼"二字,说明学

---

① 又称"六一"惨案。1923年6月1日,日军在长沙枪杀市民事件。1923年全国爆发要求"收回旅大"的反日爱国运动。湖南外交后援会发布《对日经济绝交公约》,设立日货调查员。6月1日,日本轮船运载日货到长沙大金码头。调查员前往检查,日本军舰水兵持枪上岸,打死2人,重伤9人,轻伤数十人。1日、2日、4日,外交后援会连续召开有数万人参加的群众大会、死难烈士追悼大会,后抬尸游行,宣布三罢,敦促赵恒惕与日方交涉。赵恒惕6月8日派兵武力解散湖南外交后援会。在抗议运动中有五人自杀:向体四(女、未遂)、李益焜、陈英、凌则英(女)、龚植山。报道凌则英时也说要为其开追悼会。

② 常德两学生殉国详情与彭文超而三矣[N].大公报,1923-06-16.

校是将追悼会作为纪念为国捐躯者象征仪式进行的。请来宾赐送挽诗词,是为进一步彰显其自杀殉国的社会价值与意义,完成死者的唤醒同胞、推动正在进行的抗日斗争取得胜利的神圣使命。内容基本相同的追悼会启事又以龙腾、何继潘等28人发起的名义发表,启事中多了概括遗书内容"大意略谓誓以身殉,为国人倡",强调其献身的社会意义与价值①。

后来虽然没有追悼会如何举行的报道,却因此而举行了大游行:"长沙三德中学生陈英、李益焜二君,为长沙六一案,愤而自杀,赴水毕命,当时于李益焜身畔,收出一字一哭之绝命书。痛悉后,全邑市民悲愤异常,特举行湘事大游行。参与者万人。断头流血,誓为后盾。"②从这个报道看,可能是在举行追悼会后举行了湘事大游行。就运动的组织者而言,追悼死者、举行大游行、完成死者遗愿,具有义不容辞的责任。启事对追悼会正义性与正当性的表达,能获得社会广泛的同情,动员广泛的社会民众参加,也使政府当局很难提出反对的理由。

自杀发生后,有的爱国组织用通电方式发布追悼会启事。如五卅运动③中:"上海学生联合会昨接严墓沪案后援会来电,报告该地俞守一投河自尽,又接沪北援助沪案联合会报告汪伟鋐投池自尽,按自尽本为懦夫之行,惟该二烈士痛外交停顿、欲以一死激励国人,其心亦弥苦也。兹录来电如次:(一)上海学生联合会转全国同胞公鉴:沪上惨案消息传到殿果后,俞君守一悲愤异常,即发起殿木沪案后援会。从事实力援助,奔走呼号,不遗余力。近鉴沪案未了,沙案又起。交涉棘手,愤不欲生。忽于□日投河自杀。爱国心肠,殊堪悲悯。本会除定期追悼外。特此电闻。沪案严墓后援会扣先。(二)上海学生联合会鉴:汪君伟鋐自沪案发生后,愤外侮之日烈。悲时事之益非。于六月二十七日夜半投池自尽。同人等曷胜悼痛。爰于本月七日在浒山城隍庙开追悼会,届期务希惠临,同表哀忱。如有挽联哀词等件,请先期寄浒山学校收转沪北援助沪案联合会。"④

在帝国主义侵略的大背景下,一些爱国志士选择自尽,本是愤激无奈之举。但因为自杀行为具有激励国人之效,亦就具有了进行社会动员的功能。余姚沪案后援会的通函对自杀者汪伟鋐与之前自杀的潘大受均称为烈士,他"见交涉停

---

① 常德学生殉国续志[N].大公报,1923-06-17.
② 常德学生愤慨湘案自杀[N].民国日报,1923-06-27.
③ 1925年五卅运动期间,据《民国日报》报道,有18人自杀:刘光权、应银寿、邓锡卿(未遂)、王秀贞(女、未遂)、林时磐、钱启忠、潘大受、杨叔云、陈筱福、愈守一、汪伟鋐、陈奎鹿、王宗培、陶英珍(女、未遂)、周春泉(未遂)、董国钧、韩清泉、洪其尧。其中有9人的报道中说要为他们开追悼会。
④ 又有投水自尽者 俞守一 汪伟鋐[N].民国日报,1925-07-04.文中"□"标示该字不清,无法辨认。

顿,以为解决无望","愤慨而捐躯","欲一死以唤醒民众"①。由于痛感他们先后殉国,对他们的忠肝义胆,表达悲悯之情,为他们开追悼会,弘扬爱国主义精神。

二、组织与筹备:开追悼会共识的达成

这一时期,对自杀殉国者的追悼活动,均由各种组织发起。各级组织为召开追悼会做了大量筹备工作。由于他们是自杀,如何看待他们的行为,认识并不一致,筹备过程中反复说明、讨论了为他们开追悼会的必要性问题。

五四运动中为李鸿儒等人开追悼会之前,"昨集合汉口总商会及各团联合会,在学生联合会中开筹备大会,讨论追悼一切进行,各为武汉各界联合追悼大会,业经各界全行赞同"②,即"学生殉国,情宜追悼",并征得官厅认可,各团体正式书面以作保证,要定规约,没有激进的言行。要有入场券,各商户门首悬挂白布或白纸,上书"追悼殉国学生"字样。讨论中没有人提出李鸿儒等是自杀,而是将他们与其他病逝者一样,认定是烈士,是为国捐躯,所以有开会追悼的必要性。这样,武汉的追悼会得以举行。③

"五卅"惨案后筹备追悼潘容百,余姚旅沪同乡会,"为潘烈士蹈海事,在闸北华兴路三十五号开特别会议,到职员三十余人,徐乾麟主席,略谓潘君容百为国捐躯,本会谊属同乡,应开会追悼,及办理褒扬事宜,如何进行,请详为讨论"。其蹈海价值,主席一语定音。然后讨论的是具体追悼事务,议决了追悼会场、先设筹备处附于同乡会、公推文牍、交际、会计、庶务四科干事员办理一切,追悼会所需经费、在余姚及上海两处择相当地点、刊立纪念碑等追悼办法,④意在广泛传扬其为国捐躯的价值与意义。后来多次开会筹备,每次开会都在报纸上发布消息,使公众不断关注追悼会问题,在关注中受到了动员。⑤ 如说:"余姚人潘容百,前以忧愤世事,又激于'五卅'惨变,强国无公理,于六月十七日,乘新江天轮赴甬时,蹈海身死,遗书数通,嘱家属勿以为念,本埠余姚同乡会宋汉章徐乾麟等,以潘君足率社会,特发起追悼大会,捐集款项。昨已定九月六日,假穿心街浙绍公所举行。"⑥

---

① 余姚烈士汪伟铉遗书[N].申报,1925-07-02.
②③ 孔影辉,孔祥征,编.五四运动在武汉[M].武汉:湖北人民出版社,181,207.
④ 余姚同乡会特别会记[N].申报,1925-06-29.
⑤ 据《民国日报》1925年6月21,22日,9月7日;载《申报》6月29日,7月7日,8月7、13、14日报道,潘大受追悼会筹备会有8次。
⑥ 潘容百追悼会期[N].申报,1925-08-13.

追悼大会的消息重申他是因激愤于"五卅"惨案而死。这已是惨案发生两个多月后,也是潘大受去世一个多月后,然而当时抗议活动仍在继续,因此抗议的话语还要借助发布召开追悼会的消息来宣讲。这个通告最重要的是说"潘君足率社会",以此说明他们发起追悼大会的正当性与必要性。第二天在发布刘、潘二烈士的追悼会消息时,再次称刘光权、潘大受是"为国牺牲者",是愤于"国势凌夷,强权压迫",将投海称为国殇,是献身国家。并介绍了两个追悼会的筹备情况,请社会名流、爱国群彦,撰写挽联,也是希望人们阐发其为国而死的意义,开追悼会,就是要对"烈魂"有所慰藉①。

在追悼会的筹备中,有的专门设立了丧葬事务所。这以"五卅"运动中刘光权追悼会最为典型。报道说:"刘光权因愤外人之惨杀同胞,蹈浦自杀后,各团体颇为哀悼,兹闻本埠沪扬州同乡会等各团体,拟发起追悼会,以为爱国者劝,案由扬州同乡会筹备进行。"②在筹备与追悼中,对刘光权自杀有何意义,讨论次数较多,筹备过程较长。

刘光权为国捐躯后,上海商界总联合会等均筹备开追悼会。由于刘光权是扬州八邑旅沪同乡会的会员③,该会拟联合一致举行,由同乡会出面在北京路顾家弄设刘光权烈士丧葬事务所,使追悼活动成了有计划、有组织的活动。该会马上采取两个行动,一是征求各界各同乡共同举办,使之成为公共性的团体行动,从而增加其行动的合法性与感召力,及社会动员的能力。再就是请求政府下令褒奖,"该会拟函请廖、许两交涉使请求政府下令褒奖,昨日并推举代表吴二尊等分头往谒政府代表蔡廷干、曾宗鉴、许交涉使请从速褒扬"。希望从政府层面肯定其自杀行动的积极意义。在政府、死者之间,同乡会扮演了中介的角色(但没有查到后来政府有任何表示的报道)。同时发表刘光权丧葬事务所通告:

> 敬启者:本埠惨剧迭演,举国同愤。刘烈士映枢,名光权,鉴于风潮之日益扩大,交涉之无稍进步,国势之不振可危,民族之命沦亡无日,于是义愤填膺,蹈海自尽。冀以一死促国人之觉悟,救垂死之人心,读其致全国父老绝命书,有曰枪毙市民,即减吾种族之实验,禁人爱国,即瓜分我国之先声,可想见其爱时爱国之心理,其深痛沉彻,已达于极点也。吾人对于刘君之嘉言遗行,而于世道人心,有绝大关系。认为有阐扬宣传之必要。爰成立刘烈

---

① 刘潘两烈士追悼会消息[N].申报,1925-08-14.
② 发起追悼刘光权[N].民国日报,1925-06-14.
③ 指高邮、宝应、兴化、泰县、东台、江都、甘泉、仪征八县。

士丧葬事务所,并筹备身后一切善后事宜。拟定期召集各团体联席会议,讨论追悼及处置义骸种种各问题。凤仰贵会(校署)义声素者,对于此举,应表同情,倘蒙赐以宏词,不拘悼挽诔铭,请于五日内惠寄北京路顾家弄扬州同乡会内附设刘烈士丧葬事务所,一俟订有会期,再行专函奉告,先行布达,顺颂台绥。①

在丧葬事务所的筹备下,追悼刘光权烈士的活动开展起来。加入事务所的团体及个人甚多②。当时加入的团体,基本都是工会、商会,说明追悼获得了普通工人的支持。刘光权之死引起了上海商界总联合会的重视,也派员筹备追悼事宜。6月19日,刘光权烈士丧葬事务所致函上海商界总联合会,希望在组织上理顺追悼活动,对于他们"急公好义、有扶掖世道人心之高谊,敝会遂听之余,莫名钦感。查刘烈士为敝会会员之一,此事传播后,鄙同人惋惜至深,一再召集会议,金以同乡痛痒相关,万难自处客观地位"③,以此为由,希望其他团体参加进来,共同完成治丧营葬各种义节。这就解决了追悼组织的问题。通过组织追悼,动员人们团结起来,共御外侮。

刘烈士丧葬事务所是由上海市商界总联合会、同乡会等社会团体组成的联合组织,虽然主要筹备追悼刘光权,在实际上起到了发动、组织群众参加抗议运动的作用。当时社会团体组织的重要任务,是如何有效动员群众参加到抗议运动中来,让群众认识到这是与自己息息相关的事情,必须面对。据报道,扬州八邑旅沪同乡会,"为刘光权烈士追悼大会事,办理一切,不遗余力,连日各省区方面,如京、津、湘、鄂、鲁、豫等处各地军民长官地方公团及个人或同乡,均有来函加入,并悼辞挽幛甚多"④。使对刘光权的追悼成了一个全国性的公共事件。

在这种情况下,刘光权烈士丧葬事务所通告开各团体联席会议讨论丧葬问题,称"五卅"惨祸,旷世罕闻,刘烈士光权愤异族之残暴,"不惜以一死促国人之觉悟,冀以尸谏,息军阀之内争","绝非寻常负气轻身之流所可同日而语",直指运动中的关键及军阀纷争问题。因此,"前由各公团以烈士此举不仅足为民族光荣,实于世道人心有非常裨益,即经联合组设烈士丧葬事务所,办理烈士身后一切事宜"。通告进一步阐释与提升刘光权之死的社会价值与意义,希望社会各界

① 刘光权烈士之荣哀[N].民国日报,1925-06-16.
② 筹备追悼刘烈士[N].民国日报,1925-06-18.
③ 追悼刘烈士消息[N].民国日报,1925-06-19.
④ 筹备中两追悼会顾正红追悼会 今日开筹备会刘光权烈士追悼会之筹备[N].申报,1925-07-03.

推派代表出席联席会议,讨论关于丧葬各问题①。

通告发布后,7月18日会议如期召开,到者有市学联、商会等30余团体50位代表,讨论刘烈士追悼及卜葬事宜:"巢堃律师演说云,普通吊唁,无非志一时之哀悼,酬平生之情感。而素不相识者,必不预焉。今观到会之众,吾矢口与刘烈士夙无感情者必多,鄙人即其一也。夫人生不过如朝露之一瞬,事业或昭著于千秋。刘烈士尸谏全国,誉播环瀛,闻者景慕,知者为悲,决非无谓之消极轻生者比。次童理璋谓,刘烈士籍隶江都,而其死则非为江都,实为国难,故不仅扬州同乡会应开会追悼,则各团体各地方,亦均应有所表示,以慰英灵,而激来兹。"当场议决了追悼地点及日期,组成宣传、调查、文书等科办理追悼的各项事务,及负责团体。并决定每星期二五下午七时,开常会一次②。这个报道说明对刘光权这样的自杀者开追悼会有不同的看法,有争论,也就是如何看待他自杀行动的社会价值。上述巢堃律师的演说很好地阐明了为什么要给刘光权开追悼会。童理璋的发言则加强这一论证。

由于刘光权的遗书原迹曾在报纸上公布,所以刘光权烈士丧葬事务所,因刘烈士之父刘燊业已来沪,并随带刘烈士亲笔各种遗书,遂陈列于扬州同乡会,任人参观。并开职员会,讨论追悼大会日期及地点事宜,并由刘父报告刘烈士投江自杀详情③。这样既表明了刘光权遗书的真实性,又通过参观使公众对刘光权的自杀目的有了进一步的了解。

三、入殓与公祭:对殉国之价值的认同

对自杀殉国者的追悼活动,有组织地开展起来。最先进行的是入殓和公祭。就入殓来说,特别是投海、投河者,其尸体能否捞获是各界关心的问题。因有些自杀者找不到尸体,殡葬的一些赋予社会意义的象征仪式就没有办法举行。能查到的最详细的入殓报道是"五卅"惨案期间刘光权的入殓。刘光权1925年6月8日自杀,是五卅运动期间最先自杀者。9日开始,媒体就将他与后来的自杀者作为抗议运动的重要事件报道,有时用大半个版面④。刘光权尸体捞获后,由于之前报道称他为烈士,是愤于此次南京路之惨剧,以身为殉,其尸身捞获时,

---

① 讨论刘光权公葬问题[N].民国日报,1925-07-10.
② 刘烈士丧葬事务所开会纪[N].申报,1925-07-19.
③ 刘光权丧葬事宜近讯:刘父业已来沪[N].申报,1925-07-28.
④ 愤极自杀之两青年:刘光权、应银寿[N],张尔谷等致扬州同乡会函[N].申报,1925-06-10.

围观群众恸哭失声,当场易服入殓。"入殓后,移棺至狄思威路天潼路广场上,临时扎一礼堂,白帏飘拂,颇为哀静肃穆。各界欲致吊者,可径往该处。刘君丧葬筹备处,现正讨论一切,出殡期尚未定。"丧葬筹备处公布了吊唁、送挽联、捐款等注意事项。尤其特别强调,治丧所用,均为国货。刘光权死时穿的衣服是爱国衫,作为遗物保留下来,供人参观,以激励人们用国货①。报道中没有看到亲属出场,料理后事的是他的朋友或公司老板,而他们更以组织丧葬筹备处这样的组织,处理追悼中的各种事务,这在后来的作用越来越显著。

这一时期为自杀者开追悼会前,大都有公祭。虽然自杀者都是名不见经传的小人物,但媒体、运动的组织者依然为之举行公祭。五四运动期间,全国各地很多大中城市举行追悼会,悼念为国捐躯的学生,会后举行游行示威。1919年7月3号,武汉十人团联合会追悼殉国学生郭钦光、徐曰哲、李鸿儒、周瑞琦、吴用霖五人②,由于联合会对追悼会进行了严密、精心的组织,虽然到会者有数千人之多,但整个公祭、追悼活动井然有序。为使公祭免受当局干涉,定临时规约,无入场券者,不得擅入。但著各团或机关徽章者不在此限。虽持有入场券,若携带违禁物,或衣冠不整者,或形迹可疑者,亦不得擅入。到会者宜亲笔签名。出入场口不得拥挤。会场内不得喧哗。凡要演讲,先告知演坛员,由坛员将姓名报之于众。演讲题目不得超出追悼范围。如不依前列各项约定者,由纠察员随时纠正,不听纠正者请出会场。可见,组织者已经有很强的组织能力。追悼、公祭会场布置井然,庄严肃穆。礼堂悬挂五烈士遗像。礼堂四周以白布作幔,法团、个人的挽联哀辞,琳琅满目。场左设置一演坛,童子军露营左右维持。来宾受素花入场。20人一排,由甬道至礼堂行鞠躬礼,军乐应拍节奏,声闻凄凉。当时各界前来致祭非常踊跃。"足知烈士之死其感人至深"。致祭礼节分四步:与祭人到会由招待员引至祭坛(作乐);由掌坛人上香三献祭酒;与祭人向灵位排立行鞠躬礼,主祭人还礼;由招待员引与祭人退位休息(乐止)。报道说,武汉追悼学生之日,各沿街商店各悬白纸旗一方,上书"追悼殉国学生"6字,说明市民对殉国者充满了崇敬之情,有的商店门上匾题"君为国死,我为君哭"③,说明市民对死者价值的认同。

---

① 两青年自杀之续闻:刘光权君尸体捞获入殓[N].申报,1925-06-12.
② 北京大学学生郭钦光,5月4日游行奋勇当先,愤然呕血,7日病逝,18日起,全国很多城市举行追悼郭钦光烈士大会和游行示威。清华大学学生徐曰哲,罢课期间往返演讲,忧劳成疾,于22日病逝,清华同学700余人穿军服,以军礼为其送殡。武汉学生吴用霖被军警打伤吐血,忧愤愈甚,6月13日病逝。李鸿儒、周瑞琦为自杀。各地多将他们五人看作殉国烈士一起追悼。
③ 武汉追悼殉国学生讯[N].民国日报,1919-07-08.

对于自杀殉国者的公祭,有的还有下半旗志哀的仪式。刘光权入殓设灵堂后,当天下午各公团前往致祭者络绎不绝。刘公治丧处,"召集各商界开临时会议,一致公决,对刘烈士先下半旗志哀"①。下半旗志哀,是在民国时期举行国葬时,"中华民国人民有殊勋于国家者"才享有的仪式②。刘光权作为一名普通职员能享受这个待遇,并由民间组成的治丧处决定与实施,即在于认为他是为国捐躯。同时,组织起来的学生为其唱追悼歌,童子军队到场服务。民众以这种吊唁形式表达对日、英帝国主义者残杀我同胞的抗议。

在启事与通电中,都有请社会各界送挽联的内容。挽联作为直接赋予死者社会价值和意义的载体,具有简明扼要、醒目、警世的作用。挽联摆放在追悼会的现场,使追悼、公祭现场庄严肃穆。五四时期李鸿儒追悼会上朱汉甲等的挽联:"身为青岛而死,如鲁之蹈海、屈之投江,九泉下独抱幽恨;名留碧宇犹生,于孔曰成仁,孟曰取义,千载后共仰英灵。""君为青岛捐生,奴隶皮借襄水洗去;我以白纸作吊,国民魂由汉江招来。"③将中国传统儒家成仁取义的价值理想,与现代追求民族独立的价值诉求结合起来,说他将名留宇宙,人们会永远仰慕他的英灵。这是用中国传统的思想文化符号象征性地诠释亡者。这一时期为自杀者所撰写的挽联中,大都运用了这一修辞方法。

在刘光权追悼会的筹备过程中,丧葬事务所的通告希望社会各界送挽联。江淮同乡会所赠挽联:"国事叹飘摇,那堪风雨摧残,又警魂梦,看敌寇鸱强,据我土地,杀我同胞,念高丽印度惨痛情形,蹈海投江拼一死;先生真义烈,愿随波涛上下,唤醒愚蒙,倘豪俊奋起,泯彼私争,御彼外侮,具北美西欧富强气象,铭钟铸鼎颂三闾。"江淮公所挽联:"死闻屈大夫,魂以伍相国,五月竞波,八月观潮,父老应得三轶事;志媲陆忠烈,才拟文文山,恭读遗书,如读正气,先生不愧媲流人。"④挽联痛陈国家民族危难,控诉敌寇罪行,说刘光权的蹈海投江,即是为此"拼一死",其中关键是"拼"字,内含其死具有"抗争"意义,其死就不再是消极的,而具备了更加积极的意义。同时,认为他是为唤醒民众,一致对外,抵御外侮而献身,与刘光权在《致全国父老兄弟书》说"国既没有,那里有家","同胞同胞,快醒快醒,大家努力,各本良心,各行其志,万万莫效那无血动物,存依赖性、无耻

---

① 刘光权昨已入殓[N]. 申报,1925-06-13.
② 下半旗志哀,1916年12月18日,国会通过民国第一部《国葬法》,有7条规定,其中有:中华民国人民有殊勋于国家者,身故后经大总统咨请国会同意,或国会之议决,准予举行国葬典礼,由大总统亲自或派员致祭。举行国葬之日,全国官署及公共团体均下半旗。
③ 鄂校学生忧愤自戕三志[N]. 申报,1919-06-27.
④ 刘光权烈士之荣哀[N]. 民国日报,1925-06-16.

性"的遗书所述宗旨相同①,但挽联又将其义烈之举与中国历史上的屈原等忠烈人物相比,提升了刘光权自杀的社会价值与意义。

上海台州同乡会暨台州公所,"因刘烈士光权悲愤殉身事,实足以砥砺末俗、激起民众团结之坚固,洵属难能可贵",特分赠哀挽联各一副于下:"痛痛痛是血滴子,自愿无能,惟誓死一身,天下溺不如己溺;苦苦苦与水波臣,长此终古,得唤醒群众,国家存则其人存。彼何人斯,只因热血满腔,不忍见惨杀同胞,黄浦急流拼一命;非无谓也,若得义心共激,将从此收回租界,青年烈志足千秋。"②上半句强调唤醒群众的作用,以身殉国的价值,"拼"的抗争意义。下半句鲜明地认为刘烈士并非无谓而死,而是能够激发人们的爱国精神。

有些挽联称自杀者为"国士"。如52岁的商人潘容百,又名大受,因"五卅"惨案,于1925年6月17日投海,报道称他"愤慨已极,为国殉躯","不愿再作亡国奴"③。他投海前给《申报》投三份遗书,分别写给全国同胞、妻子和效公督理,称英日"开枪惨杀无数爱国的同胞,见之泣血,闻之悲悼,我欲援无枪炮,我欲助无财钞",自己"残老病躯,何力能为,愤从悲生,死由愤逼",希望以死激发作为"国家干城"的军人担当救国重任。《申报》刊登了这些遗书。潘未殉国以前,在法租界辣斐德路福康里五号,开国货促进会筹备会,因刘烈士光权将开追悼会,决定以筹备会名义致送挽联,即由发起人邹改卢撰就一联:"当道尽豺狼,鬼火妖星,仅许清流容国士;九关森虎豹,腥风血雨,更无安土保人权。"当时潘君持此联把视良久,对邹说,此类挽联君不妨多撰几副,将来尚大有用处。当时与会诸人,听他说此话,都以为将来殉耻者不止刘君一人而言,因相与叹息,不知他正指己身,已怀心死之念,偶然流露于话中。促进会诸人与潘君私交甚厚,拟与余姚同乡会共同发起追悼。闻邹改卢因当时不及细味潘君语意,加以宽慰,引为至恨,复撰一联吊之曰:"胡马久临江,长城自坏空悲宋;精禽总填海,烈士于今又姓潘。"④这两副挽联把他们称为"国士""烈士",赋予其崇高的价值与意义。

四、追悼会:烈士精神的意义言说

经过筹备及上述的一些追悼活动,为追悼会召开奠定了基础。追悼会的各

---

① 愤极自杀之两青年:刘光权、应银寿[N].申报,1925-06-10.
② 悼挽刘光权烈士[N].民国日报,1925-06-24.
③ 发起追悼潘烈士:潘大受投海前之从容[N].民国日报,1925-06-22.
④ 关于忧国自杀之消息:又有潘大受投海[N].申报,1925-06-21.

种仪式作为象征,都具有赋予死者行为社会意义与价值的功能。

当时的追悼会,一般有相当完备的仪式,这就是一个象征,是人们认为死者应该享有这些仪式。如五卅运动浙工专学校追悼钱启忠的仪式,报道说:"杭州保国寺工业专校,于二十一日上午,为忧国投江之学生钱启忠,在大礼堂开会追悼,各界男女代表与会者七十余团体,校长徐崇简主席,教员刘德襄赞礼,程光甫记录。教育厅长计宗型主祭、校邻近畿陆军第二师自动的特派全副军乐队,到会襄礼,以表哀忱,蔡禹择报告钱君历史,……来宾相继演说者,为计厅长、省议员林茂修、女蚕代表骆女士、大浙江报陈明远、之大杨端祥等二十余人。无非吊死勉生之语。兹将其秩序单录下:1. 振铃开会,2. 与会者各就席,3. 奏乐,4. 唱国歌(全体起立),5. 主席致闭会词,6. 报告钱君历史,7. 启遗像幕,8. 主祭诣灵案前,行上香礼,9. 致祭(全体起立,行一鞠躬),10. 读祭文,先各团体(法政等校代表);次本校教职员代表(刘夏鸣),又次本校学生代表(方以矩),11. 唱追悼歌,12. 闭造像幕,13. 来宾演说,14. 校友演说,15. 家属致答词,16. 奏乐,17. 摄影,18. 散会。时已十二点钟矣。"①追悼会的主席、主祭人都是学校与主管部门的负责人或教员,社会各界代表,人数多,规模大,程序非常完备。

在追悼会仪式中,宣读悼词(祭文)是核心环节。在"五四""五卅"运动中为自杀殉国者开追悼会的报道中,很多报道都讲到有致悼词或宣读祭文的程序,但将其全文转录者不多。如五四运动中武汉各界追悼殉国学生周端琦等,祭文报纸全文登载:"维中华民国八年七月三日武昌律师公会、汉口红十字会、汉口青年会、夏口律师公会、武昌商会、夏口自治筹备会、武汉学生联合会、湖北法政学会、武昌青年会、武昌和平期成会、武昌积善堂暨各善堂、汉口公论日报馆、国民新报馆、大汉报馆、中西报馆、新闻报馆、汉口日报馆、大陆日报馆:谨以不忝之羞,致祭于殉国学生郭君钦光、徐君曰哲、周君端琦、李君鸿儒、吴君用霖之前。呜呼!胡天地之无知兮。令君等以偕亡。彼跳梁之小丑兮,犹横暴以披猖。岂忠之鲠诤言兮,于斯世而不能容。乃卖国之人兮,且负势而称雄。抱耿耿之孤忠兮,遽殉身以莫逞。苟死而有知兮,既赍志而能瞑。愧吾曹之碌碌兮,终因人而成事。愿涉长途兮,必继君主英志。叹物极而必反兮,喋血以指仁川。得好人而寸磔兮,顾含笑于九泉。既名传于史策兮,将植五人之碑碣巍巍。苟魂魄之归来兮,尚不弃而鉴旃。"祭文情绪激愤,称他们殉国的事迹必将名传史册,而导致青岛失败的卖国贼为"跳梁之小丑"。施洋宣读祭文时"泪随声堕,继则咽不成声",在当

---

① 浙工专学校追悼钱启忠[N]. 申报,1925 - 06 - 22.

时就"与祭者亦均呼眺痛哭,声振全场"①,达到了群情激愤的效果。

演说是五四运动中召开的殉国者追悼会新有的一项议程,是与传统追悼会不一样的地方。如武汉追悼殉国学生时,施洋演说"殉国五学生此次牺牲性命价值,较之黄兴蔡锷为高尚。黄蔡两君对内关系,五君捐躯对外关系。所谓外患亟于内讧。诸君因追悼而来,五君未达之志尚望同人继续进行,以竟全功云云。次邱君飞谓今天追悼会为民意追悼,要素须贯彻五君志向。抱实际爱国思想,良心一日未死,国事犹有可为。鄙人愿与诸君共勉之。……五君殉国所争代价。系保守我国土地人民主权二大要素。有一缺乏,丧失国威,耻辱人民。以后救国救贫救民,抱定宗旨,完全做到美满地步。天下兴亡,匹夫有责。最要目标厥有两端。一铁血救国,一实业救国。同心努力洗耻救亡,使四千余年文化之古邦永存于亿万纪世矣"。肯定他们殉国的价值②。林德扬追悼会上,与会人士与北京大学同学相继讲演,说林君忧心国家,遂致夭折,为国丧一良材,"盖感于社会不良,不得已乃以一死而警众生"③。北大校长蔡元培发表演说,说林德扬"牺牲自己一身,做发展国货的广告",现在"只要我们活着的人,努力去振兴国货,达到林君的第二层意思。追悼会虽然已经完了,我们继续去做,是没有完的。追悼是可惜的意义。我们既然可惜他,就要体谅他的志愿,去做完林君没有完的事体。这就是我的希望了"④。演说以其鼓动性及富有强烈的激情,能够激发人们的爱国热情。他们的演说说明,"国难当头引起爱国情绪的高涨,由此而产生一种集体的冲动,整个社会由于这种冲动而提出一条公理:个人利益,甚至是平时最受尊重的个人利益,必须服从公共利益。这条原则不仅被宣布为一种愿望,而且在必要时要不折不扣地实施"⑤。

再如潘大受的追悼会,余姚旅沪同乡会于9月6日下午为潘容百烈士开追悼大会时,天虽然下着大雨,而来宾到者仍很踊跃,各界诔挽有千余件。曲同丰、李思浩、颜惠庆、褚辅成等社会名流均有哀挽吊唁,这表明追悼会发动的广泛。徐乾麟主席在致开会辞时说:"潘君之死,予吾人以觉悟及奋兴提倡国货,尤为根本救国主要图。"⑥追悼会上的一系列仪式,如由郑子褒报告潘君生前之事略,由潘家堂报告潘君蹈海情形,全体起立行三鞠躬礼,并静默三分钟,以示悲哀,由魏

---

①② 武汉追悼殉国学生讯[N]. 民国日报,1919-07-08.
③ 邵十五. 昨日林德扬君追悼会情形[N]. 晨报,1919-12-15.
④ 蔡元培. 在林德扬追悼会上的演说词[N]. 晨报,1919-12-24.
⑤ 埃米尔·迪尔凯姆. 自杀论[M]. 冯韵文,译. 北京:商务印书馆,1996:295.
⑥ 潘容百烈士追悼会纪[N]. 民国日报,1925-09-07.

子祥代该同乡会及劝寿慈读祭文,由少年宣讲团代表陈贤本及徐佐良、朱定一、张君灿诸君演说,未由家属致答谢词等,各个环节的仪式作为象征,都在强调他殉国的价值与意义。这个时候,已经是九月份,五卅运动的高潮已经过去,但抵抗运动仍在进行,当时国人认为最为有效的抵抗途径就是提倡国货,这也是潘大受在遗书中特别提出的,所以人们演说中对此特别强调,是为了动员更多的人都走到用国货的行列。

当时个别追悼会还有宣誓、唱追悼歌等仪式,如五四运动时的漳州追悼会,演说后,大家在郭钦光、周瑞琦、徐曰哲三位烈士遗像前宣誓,其中前九条是不要买卖日货的内容。值得注意的是第十条"勿为五分钟之热心"①,这是周瑞琦遗书中的一句话,是他自杀的重要理由之一。说明他对国人的批评,已经引起注意,所以将这句话放到宣誓词中,表示不辜负烈士的遗愿。这句话在后来的自杀者遗书中还一再提及②,警示国人,抗御外侮,贵在坚持。

五、出殡公葬:以身殉国"烈士"的再肯定

出殡、执绋送葬,是殡葬仪式的重要环节。但"五四"时期的追悼会缺乏这些环节的报道。后来见到的报道有,1922年香港罢工工人卢用有的出殡:"二十二日一时出殡。是时适逢阴雨,一若老天怜悯劳工,悲痛卢君之死,不期为之下泪也者。计海员各同志到场执绋者数达七千人,由长堤中国国民党广东支部前起马,到东园门外齐集。先由孤儿院军乐队前导,列队排行,各社团致花圈挽联,不计其数。及灵柩到永胜寺时各界来宾,即排班致祭。俱行三鞠躬礼而退。时且大雨滂沱,执绋者仍不稍露倦态。其一种沈毅肃诚之状。殊非寻常宾客送葬可比。"③1922年,为抗议太平洋会议自杀者褚序民的出殡仪式:"褚君死耗发表后,无不惋惜。各分部及个人函电纷纷吊唁。二号晚停棺党所,同志及亲友来吊唁者络绎不绝。是日执绋者有三百余人,车七十余辆。灵柩到坟场时,已三点余钟。由高振程君代表褚君家人,多谢来宾盛意。继有高发明君代表支部勉励各界同志等。于此足见褚君感人之深,与侨胞爱国之切也。"报道其自杀原因说,"对某君言及国事及太平洋会议案,扼腕愤恨。有不欲生之慨。某君力慰之。不知其报死志已决也。由此种种推测。褚君牺牲为国之志,隐蓄已久。不过太平

---

① 漳州追悼三烈士纪实[N].民国日报,1919-07-09.
② 参见:刘长林.1919—1928年爱国运动中的自杀者遗书解读[J].史学月刊,2010(03):54-63.
③ 海员罢工殉身者生荣死哀[N].民国日报,1922-02-03.

洋会之噩耗。更促其决心,早日自杀耳"①。从报道看,这两位自杀者的安葬是国民党人组织的,在送葬之前有吊唁活动,在送葬过程中有乐队前导等程序,执绋的人数众多。报道也是赞扬他们的爱国精神,意在激励人们为坚持罢工,为打倒军阀与帝国主义而斗争。

媒体报道中这些仪式比较齐备的,是五卅运动中刘光权的殡葬。由于刘光权追悼活动连续报道,对他的追悼已经成了一个公共性事件。对于出殡的缘由,丧葬事务所25日的通告说,刘烈士光权义骸捞获之初,因事出仓促,暂时在虹口天潼路旁空地安放,旋置棺盛殓,并搭盖明瓦数间,仅避风雨。因气候已渐炎热,该处难以久停,丧葬事务所决定本月26日移厝闸北太阳庙扬州公所,以安遗榇,并议定是日下午发引。报道列出了从天潼路到扬州公所的行进路线,希望各团体自愿光引者,请予为报名。25日加入的团体,有沪西四路商界联合会、常州旅沪同乡会、闸北学生"五卅"后援会、镇江援工协济会、杭州浙省大有利电气公司、佛教净素学者高绍棠、上海学生联合会、扬州同乡会理事季让三,又英文术校校长季沐春、扬州公所、扬州同乡会、肇嘉浜路商界联合会、鸿升号大桥镇商会,宜城聂绍煜、聂绍炜等众多团体和社会知名人士。组织者将这个环节看作宣传其爱国精神、发动民众进行抗议的机会。当时闸北保卫团通令各支团说:

> 案奉淞沪保安司令部令,开准扬州八邑同乡会函称刘烈士光权痛五卅惨祸,愤懑填膺,投浦尸谏,现敝会公决,于本月二十六号下午一时,将烈士灵柩自胡家木桥发引,移厝太阳庙扬州八邑公所,惟恐沿途发生误会等因,所过辖境,谨恳保护等由,准此。查刘烈士光权因爱国而投浦尸谏,虽违明哲保身之道,而精诚感格,足使国人闻风兴起。本司令同深哀惜,惟现值戒严期内,地方治安,尤应严密注意,除复函并书额表扬外,合行令仰该团查照,转饬所属届期于刘烈士灵柩经过地段,沿途加派岗丁维持治安,保护通行,是为至要。此令等因奉此,该刘烈士为国牺牲,凡属国人,莫不同声痛悼,此次出殡执绋人数必多,本团负保卫地方之责,际此戒严期内,除书联致挽外,合行令仰各支团长查照,届期于经过沿途加派岗丁,维持治安,保护通行,勿稍疏忽。②

---

① 褚序民自杀之哀因[N].民国日报,1922-04-21;1922-04-26.
② 刘烈士明日出殡 闸北保卫团通令保护[N].民国日报,1925-06-25.

因"五卅"惨案发生不久,上海正处于戒严时期,所以出殡要取得警方的支持与保护。同乡会函请警方保护,称其自杀为"尸谏",这是原来在发布的文告中所没有的。而当时所说的出殡,并没有下葬的环节,而是称为"发引",即将灵柩移到更安全合适的地方。由于沿途恐怕引起误会,所以才晓以大义,请求保护。值得注意的是淞沪保安司令的态度,认同刘光权是因爱国而投浦尸谏,是为国牺牲,是烈士,追悼出殡,作为警方也就有了保护的义务与责任,这样出警也就有了正当性。同时,因这一通令刊登在报纸上,使更多的人知道了这个消息,加入到追悼队伍中来。因此,"刘烈士丧葬事务所发表出殡日期以来,各团体加入追悼及愿望执绋者,更形踊跃,今日午后一时灵榇所经之处,有保安司令部及保卫团维持秩序。此次出殡除灵榇外,毫无仪仗僧道等,各界所送挽对挽轴约三百多幅",显然与一般的出殡不同,使这次出殡很是壮观。挽联之佳者,有严秋恭的。联云:"歇浦甘陈尸,与万顷波涛同兹浩瀚;汨罗甘步武,看千秋史乘并作标题。"又韩绍平联曰:"爱国□捐躯,誓将公理独伸,力挽狂澜留正气;舍生能取义,恰值良辰重午,魂招歇浦吊英灵。"①重申其捐躯具有伸公理、留正气、舍生取义的社会价值与意义。

有的追悼会筹备会也讨论墓地选址等问题。筹备者认为应将殉国者安葬在有象征意义的地方。五四运动时的汪世卫本是汉中人②,按说应将他安葬在老家汉中,但在北京汉中会馆举行的汪世卫烈士追悼会上,姚警虬说他"愤外交失败,不惜牺牲一身,警告国人。举国主人,莫不仰其烈风"。这样,其家属抚恤、安葬地点、纪念碑、刊印小传等,都要与一般人不同。傅剑武提议,葬汪君遗骸于北京或西湖,并立纪念碑。追悼会上认定他是烈士,是殉国,"为国耻之纪念,为乡里之光荣。今后当以死者之心为心,以竟其未竟之志"③。这种地点选择可能受到了1917年4月15日、4月17日,黄兴、蔡锷国葬礼的影响。黄、蔡被安葬于湖南长沙市岳麓山风景绝佳之处。从会上讨论的一系列追悼办法看,筹备者完全是把汪世卫看作为国捐躯的烈士追悼的。从讨论看,已经有了为其进行公葬的意思。汪世卫到底安葬在何处,笔者没有查到相关资料。

对自杀殉国者是否要公葬的讨论以刘光权最为突出。上海市学联、商会等

---

① 刘烈士今日出殡[N].民国日报,1925-06-26.
② 汪世卫,后来报道叫汪世衡,陕西省西乡县人,25岁。留日学生,1919年7月4日在日本投河自杀。遗书说:"行至冈山天黑地暗,时局伤心正如此也。且国耻当前,内政不修。人生世间,夫复何为。望君等雪大耻,以卫国难。"记者评论说:"汪君果为此次外交失败,竟能视死如归。嗟夫壮士殉名,烈士殉国,汪君是矣。"见:殉国之陕西留学生[N].民国日报,1919-08-27.
③ 汪烈士追悼会纪事[N].民国日报,1919-08-01.

三十团体,8月5日致各团体通告说:"刘烈士以身殉国,其志纯为唤起同胞,共同救国起见,非抱消极主义,及有他种感触者可比。果尔风声所播,响应一时,观于工商学一致休业,始终不渝,团结之坚,为中国前此所未有,未始非烈士遗书警促之力,有以致之,虽交涉前途,未敢遽抱乐观。而我民气坚定,已足启对方之警悟……敝团等集议择觅相当地点,醵资公葬烈士,以风后世,惟兹事体大,需费商亦不资,非请各方爱国志士,好义君子,慨任资助,殊不足隆仪式而状观瞻,如承慨然捐助,即乞径寄事务所,所有烈士丧葬经费,概由绸商锦纶公会负责保管,以重公款。"①再次强调肯定刘光权是为国捐躯,并以其遗书对人们团结所起的警促之力,肯定其献身所起的现实作用,说明为其公葬以风后世的必要性。可见因是自杀,进行追悼或公葬的正当性需要反复强调与论证。但后来是如何公葬的,笔者遍查报纸而不得进一步报道,只知道后来其墓建在扬州风景秀丽的瘦西湖畔,称"五卅烈士刘光权之墓",陵墓的塔座正面镌烈士传略,南、北两面镌烈士遗书四封。陵墓的选址、占地、规模、高度、宽度、用料、式样都是一种象征,都在代表着死者所作的贡献。陵墓的重要作用是它作为一个象征,永远树立在那里,使人永远看得见他,永远记得他的丰功伟绩。他象征着一座历史丰碑。游人经此,必瞻仰凭吊。"刘光权的爱国精神将永远铭刻在人们心中"②。

六、抚恤表彰:彰显烈士精神的不朽意义

追悼会开后,对死者家属的抚恤成为各级组织重视的问题。同时,为死者树碑立传也以总统表彰、铸铜像、写传、立纪念碑等方式,表彰他们为国家捐躯。

在"五卅"惨案中,有的自杀者很贫穷,需要对其家属抚恤,但要有正当的理由。一个典型的案例是,工人陈筱福服毒身死后,当时的报道说:"昨汉壁礼路商界联合会,为请求抚恤爱国自杀工人陈筱福家属,上工商学联合会函云:工商学联合会诸先生公鉴,敬启者:日前属会据浦东杨家渡住民报告,略谓英美烟公司工人陈筱福,痛外侮日急,公理不伸,自行服毒身死。现一家七口,日惟痛苦悲啼,若不速为拯救,必致相继自毙等情前来。当由属会急派代表朱耀堂君,亲赴该处实地调查,是晚即由寡妻潘陈氏,扶老携幼,来会泣告,伊夫确系愤世自尽,遗有依婿为活之妻父潘荣华,年逾耳顺,不能再事工作。长子龙根,年仅九岁,次

---

① 各团体筹募刘光权烈士治丧费[N].民国日报,1925-08-26.
② 杨振基."爱国亡身,何痛之有!"——纪五卅烈士刘光权[M]//扬州市广陵区政协《广陵春秋》编委会.广陵春秋.广陵文史资料:第1辑.扬州:本书编委会印,1991:104-105.

子三根七岁,幼子雪根生才四月,女二,长十二岁,次四岁,外无戚友,内无积粮,停柩未葬,啼饥谁怜,言已,痛哭失声,全座对此凄然泪下。除当场捐集五十余元,暂作丧葬费外,窃念该工人为国捐躯,其志可嘉,其情尤属可悯,不亟为之妥筹善后,不仅生者就死无所,死者亦难瞑目于地下。为此迫切陈词,伏维公察,不胜□企之至。"①从家属的表述看,是愤世自杀。而报告则称其为国捐躯,希望上海市工商学联合会抚恤家属。媒体报道此事,也是希望社会有关人士对其家属捐助。

当时从国家层面对自杀者表彰的,是南方政府的孙中山大总统。他发表《表彰易白沙函》说易白沙志在报国,"国家扬烈表忠,务有以安英灵,而资激劝"②。总统府秘书杨熙绩致函易培基,说易白沙是为"救世"而死。在具体措施上,通过建亭树碑,使国家的表彰作为一个具体的象征体现出来,便于后人凭吊。③

立传是中国传统文化中对死者主要事迹的记载,内涵了对传主的褒扬。从1919—1928年爱国运动中的自杀者来看,很多在追悼会筹备中说要为其立传,但最后真正立传的,并在报纸上能查到的,却非常少。现查到的,有章太炎为易白沙写的传④。

有些自杀者因是投水,尸体没办法捞到,无法安葬,便拟采用铸铜像、立纪念碑等形式纪念死者。在五卅运动中,杨树浦公学教员应银寿,忧国蹈海后,该"校以应君之尸,打捞十余日,仍无着落,现想必已葬鱼腹,建墓为难,事恐湮没,故拟铸铜像,现已着手集资择地",其追悼会筹备处通告说:"为国家事,视死如归。焉可以任其湮没而不彰","凡国内外崇义慕侠之士,及各工会、公团、各大中学校、商会、商联会、地方机关等,如惠诔词挽联等,请直寄上海杨树浦公学,一俟筹足经费,即择华界开会讨论铸像地点"⑤。当时上海宁波旅沪学会在筹备甬籍被害同乡追悼会时,将投江之应银寿与"五卅"惨案中惨遭枪杀甬籍同乡邬金华等一起追悼,称其"激于义愤,觉悟群众,敝会既悯死者之沉冤,欲勉生者之奋斗",发起"五卅被害甬籍同乡追悼大会"。⑥ 在讨论建筑"五卅"死难甬籍诸烈士纪念碑时,由汪北平宣读应银寿烈士之父应全林的意见书,愿将抚恤费改建纪念碑或石

---

① 汉壁礼路商联会请恤自杀工人家属[N].民国日报,1925-06-29.工人陈筱初服毒身死[N].民国日报,1925-06-29.
② 易白沙饰终之典[N].大公报(长沙),1921-07-14.
③ 刘长林.易白沙之死的社会意义建构[J].学术月刊,2009(6).
④ 章炳麟.白沙子传[N].申报,1925-06-21.
⑤ 议建应银寿铜像[N].申报,1925-06-21.
⑥ 甬籍被害同乡追悼会之筹备[N].申报,1919-07-01.

像,并表示谢意,当公决办法如下:其一,请同乡前辈撰述应邬傅三烈士传略付刻。其二,建立纪念碑地点准择宁波交通繁盛之区,由本会致函宁波各公团,请其互助①。将应银寿同样看成烈士,传略与纪念碑都是弘扬其事迹的象征,请同乡前辈撰写传略是为了提高权威性与公信度,将纪念碑建在市中心繁华地带,是为了让更多的人知道他们的英雄事迹,从而能激励更多的人。后来在为死难甬籍烈士开的追悼会上,将应银寿与甬籍其他烈士一起追悼,说明人们是将他与其他烈士一样看待的。正如共产党人李立三等在追悼会演说中所说,他们"为反抗帝国主义而死,虽死犹生","当向众烈士宣誓,各凭自己良心做去,务求达到目的"②。

综上所述,在抗议外侮的爱国运动背景下,组织者强调死者是为国捐躯,开追悼会既是为了悼念他们,也是希望人们共赴国难。将他们作为烈士对待,制定了一系列程序与规则,希望人们按照这些仪式行事。这样,追悼会的各种仪式不仅是表达性的,而且是规则性的、程式化的,即人们按照这些规则、程式去追悼,即是认同了含于其中的价值和意义,又认同了行动的边界和禁区。因为从围绕死亡进行的社会动员看,"把死亡当作集体行动的起因可能有些令人惊讶。其实,不是死亡本身,而是生者对死亡特别是惨死的反应,才是集体抗议的起因,死亡能触动人们强烈的情感因素,并使除悲伤和同情之外没有多少其他共同点的人走到一起。死亡为公众集会提供了合法的理由,它是官方不敢贸然冲进人群或取缔公众集会的极少数场合之一","死亡总是和一种制度化的集体行动形式送葬联系在一起,它使人们因为葬礼和同情而聚会在一起。在禁止合法集会的高压体制下,送葬游行常常是开始抗议的惟一时机。……在由其他目的造成的社会运动的背景下,葬礼才开始成为反权威的持续动员场合"③。"对于被赋予仪式价值的行动进行干涉,总被认为是一个个人或集群对另一个个人或群体不能容忍的伤害"④。中国文化中一般是死者为大,为死者开追悼会或送葬,一般是没有人(包括有权势者)敢干涉的。何况人们是追悼为国捐躯者,也是政府与警方不敢贸然干预,反而有所谅解、允许甚至一定程度的支持与保护,使追悼会得以举行。

有些仪式与环节是传统追悼会中所没有的。这样看来,仪式作为象征,作为

---

① 宁波学会[N].民国日报,1925-07-02.追悼甬籍死难同乡筹备会议[N].申报,1925-07-04.
② 昨日追悼"五卅"死难甬烈士[N].民国日报,1925-07-12.
③ 西德尼·塔罗.运动中的力量:社会运动与斗争政治[M].吴庆红译,南京:译林出版社,2005:49.
④ 保罗·康纳顿.社会如何记忆[M].纳日碧力戈,译.上海:上海人民出版社,2000:50.

赋予死者社会意义的方式,是与爱国运动高涨的进程及运动的目标分不开的。通过追悼会及媒体对追悼活动的不断报道,使自杀者的死因和自杀意图为社会各界广为了解,使公众逐渐认同自杀者"以身殉国"的事实,从而在某种程度上实现了自杀者的意图,即自杀者个人渴望社会承认其为国捐躯、警醒同胞等公共性价值,追悼会各个环节也是接受、放大这一公共性价值的过程。自杀事件由个人事件成为公共性事件,自杀者的个人行动开始承认为公共性行动,不再被认为是消极地轻生,而是有益于国家民族、世道人心的积极地、有价值的行动。各种追悼仪式、环节与过程,"并不只是一个意义模式;它也是一种社会互动的形式"①。这些仪式既有重复性特征(基本是传统葬礼仪式),重复意味着延续过去,即对传统象征意义的价值认同,但也增添了一些新的内容,如演说、宣誓等。实际上将街头上非常有效的动员方式引进到了追悼会,因为相比悼词(祭文)而言,演说等形式更灵活、更有激情,能使更多的人从多角度阐发他们殉国的价值和意义。在发布追悼会启事、筹备与讨论等环节,人们尽管不认同自杀这种抗议方式,但对自杀者为抵御外侮所表现出的爱国精神,表示理解、尊重,甚至予以赞扬,将他们看成以身殉国的烈士。而参加追悼会者,通过各种仪式悼念他们,在认同仪式所内含的意义中,增强了对国家共同价值的认同。同时,各种仪式作为象征,也使自杀者为国捐躯的"烈士"的价值定位获得了仪式上的肯定。将他们和其他被难烈士一起或单独为他们开追悼会,成了这一时期抗议活动中经常举行的一项大规模的群众性活动,只不过为自杀殉国者开追悼会多了论证与认定他们是烈士的环节与过程。

　　从多数追悼会看,出席追悼会的团体与社会各界人士众多,尽管他们大多与死者并不认识。这说明外侮可以把"在其他方面毫无联系的个人或团体相互联系起来",并把他们带进一个公共的社会活动领域,他们是在参加一个关系到国家危亡的活动,"与其他群体的冲突能动员起群体成员的活力,进而增强群体的团结"②。巨大的社会动荡和全面战争都会加强集体感情,激发派性与爱国主义、政治信仰与民族信仰,而且因为把各种活动集中到同一个目标而至少暂时造成比较牢固的社会一体化③。为死者举行的追悼活动延续多天甚至数月,为人们抗议帝国主义的侵略暴行,呼吁同胞团结御侮、坚持抗争、誓雪国耻提供了契机,追悼会发挥了社会动员的功能。追悼会的召开,强化了人们对国家危难、民

---

① 克利福德·格尔茨.文化的解释[M].韩莉,译.南京:译林出版社,1999:168.
② 科塞.社会冲突的功能[M].孙立平,译.北京:华夏出版社,1989:81,133.
③ 埃米尔·迪尔凯姆.自杀论[M].冯韵文,译.北京:商务印书馆,1996:184.

族命运的认识,激发了人们的爱国主义精神,增强了社会各界的团结。追悼会的各种仪式在赋予自杀行动象征性社会意义的同时,也在中国现代爱国运动进程中发挥了社会动员的功能。

(原载《学术月刊》2011 年第 3 期)

美国台海问题研究述评(2001—2009)

严 泉

严泉,2002年5月调入上海大学文学院工作,先后完成博士学位课程的学习及博士后合作项目的研究工作。主要研究领域为"政治史(民国政治史)""中国政治(台湾政治与两岸关系)"等。主讲课程有"中国近代史""二十世纪中国史""《剑桥晚清民国史》与中国近代史""当代台湾史"(以上本科生课程)及"近现代中国政治制度史专题"(研究生课程)等。出版有《失败的遗产:中华首届国会制宪,1913—1923》《民国初年的国会政治》《民国国会与近代中国法制建设》等专著8部;在《二十一世纪》(香港)、《学术月刊》《史林》《台湾研究》等刊物发表学术论文40余篇,在《经济观察报》《南方周末》《东方早报》《新京报》等媒体发表书评、随笔多篇。主持国家社科基金重点项目、一般项目及省部级科研项目多项。

长期以来,美国学界的台湾研究成果,一直未能得到国内台湾研究学界的专门关注。而一些国际关系研究领域的中国学者,至多只是在论述中美关系时提及一些美国思想库的台湾研究成果①。事实上,从20世纪80年代末期以来,在中美关系与台海态势不断发展变化的影响下,台湾研究已经成为美国社科学界的一个热点研究领域②。

众所周知,两岸关系在2000—2008年台湾民进党执政时期发生剧烈的变化,台海局势起伏不定,变化莫测。这一时期也恰好是美国布什政府的主要执政

---

① 例如:中国现代关系研究院. 美国思想库及其对华倾向[M]. 北京:时事出版社,2003. 张春. 美国思想库与一个中国政策[M]. 上海:上海人民出版社,2007. 前书只是简单地概括2001年以前美国思想库学者有关两岸政策的观点。后书则是介绍一些美国学者有关一个中国原则、台湾问题和平解决以及两岸对话的主张,但是作者研究重点是探讨美国思想库对美国一个中国政策制定上的作用与影响,所介绍的美方观点也仅限于思想库学者群。

② 限于文章篇幅,本文研究对象仅限于美国学界关于两岸关系、美国与台湾关系等问题研究,不包括台湾政治、社会、文化等研究成果。

期(2001—2009)。在"9·11"恐怖事件的冲击下,布什政府的外交政策与对外关系产生了重大变化,其中就涉及中美关系中最为敏感的台湾问题。这一时期美国台湾研究学界一个显著现象是,除长期从事台湾问题研究的学院派学者外,众多思想库的知名学者也开始积极参与台湾问题的政策性与学术性研究,并取得了其他时期难以比拟的学术成果与社会影响。

因此,梳理布什政府时期美国学界的台湾研究成果,可以了解近年来美国学界台湾研究的现状、特点与发展趋势,分析台湾研究与现实政治之间的关联,发现其中的局限与不足之处,为我国台湾研究学界拓宽新的研究视野。

一、美国台海政策

近年来,关于美国台海政策的研究范式,主要可以分为战略模糊论与战略清晰论两种。

(一)战略模糊论

由于美国政府长期以来宣称在台湾问题上采用模糊策略,所以学界在研究美国台海政策时,其主流认知也是战略模糊论。

战略模糊的现实性与必要性,是一些美国学者,特别是曾经在政界从事涉台事务的学者的主要立论依据。如美在台协会前主席,现任美国布鲁金斯学会东北亚政策研究中心主任的卜睿哲(Richard C. Bush)指出,美国在台海地区的目标是和平与稳定,美国必须继续实行双重威慑,即战略模糊的政策,既反对中国对台使用武力,也反对台湾采取的导致北京使用武力的政策。他反对那种富有风险的不对称的威慑,比如布什政府在2001年上台初期所采取的威慑政策[①]。目前任教于普林斯顿大学、曾任布什政府负责东亚事务的副助理国务卿柯庆生(Thomas J. Christensen)特别关注布什政府在"9·11"之后的台海政策,强调美国的首要任务还是要威慑台湾地区可能的军事冲突,因此美国需要平衡两种立场:一是给予台湾清晰与确定的防务能力援助承诺,必要时直接干预台湾的防务;二是美国现在与未来都不应该使用它的优势地位计划恢复一种政治信心,即以鼓励台湾的方式损害中国的核心安全利益[②]。曾任克林顿政府负责东亚事务

[①] 卡内基国际和平基金会. 卡内基中国透视月刊,2005(3)[R/OL]. [2009-11-01]. http://www.carnegieendowment.org/programs/china/chinese/insightmonthly/Articles/0305.cfm.

[②] THOMAS J. CHRISTENSEN. the Contemporary Security Dilemma: Deterring a Taiwan Conflict [J]. The Washington Quarterly, 2002, 25(4): 8.

的副助理国务卿、现南加州大学教授谢淑丽(Susan L. Shirk)也认为美国现在应该做的是继续维持现状,不做任何改变。"因为海峡两岸都有很强的动机重启对话,先从经济谈起,这是非常正面的发展,我想美国真的不需要改变政策。"①值得一提的是在 2008 年 8 月格鲁吉亚战争结束后,时任美国布鲁金斯学会约翰·桑顿中国中心主任杰弗里·贝德(Jeffery Bader),与美在台协会前主席,现摩根大通集团亚太区副总裁包道格(Douglas H. Pall)发表专文《格鲁吉亚战争:台湾从中学到了什么?》,再次强调战略模糊论的必要性。他们认为美国对安全承诺要审慎,要继续以各种方式,包括军事计划和军事部署,向北京清楚地表明,以和平的方法解决台湾问题符合美国的安全利益,大陆对台湾的军事进犯是不能接受的。但同时不要挑衅中国这条"龙",而期望美国这只"鹰"飞来救援。在台湾问题上,他们认为美国采取了明智之举,对陈水扁及其挑衅行为持反对态度,并放弃了对他的支持②。

一些出身军界的学者看法同样如此。2007 年 4 月,美国对外关系理事会发布了由美军太平洋司令部前总司令丹尼斯·布莱尔(Dennis C. Blair)和美国前贸易代表卡拉·希尔斯(Carla A. Hills)主持的研究报告《中美关系:积极的议程、可行的路径》,其中在论述有关美国台海政策时,他们认为:"在台湾问题上,继续实行双重制约、双重保障政策,遏制中国的强硬行动、反对台独行为,承诺美国不会谋求台湾脱离大陆以安抚中国、劝慰台湾并说明美国不会迫其与大陆会谈达成最后决议。"③毕业于美国陆军指挥与参谋学院的预备役陆军上校,现任塔夫斯大学弗莱彻法律与外交学院高级研究员麦克迪·道格拉斯(Mc Cready Douglas)表示美国采取模糊战略,是因为美中两国无法在一个中国含义上取得理解。虽然中美两国文化的差异不仅影响威慑理论,而且影响双方彼此如何理解与交流,但就目前而言,"最好的情况就是各方无限期的保持现状,而且美国一直保持战略模糊的战略"④。

一些学者还为战略模糊论的现实性辩护,其中以乔治城大学外交学院教授

---

① 希拉里亚太顾问:两岸未来走向,美不扮任何角色[N/OL]. 新华网[2009 - 05 - 11]. http://news.xinhuanet.com/tw/2008 - 05/08/content_8125039.htm.
② DOUGLAS H. PALL, JEFFREY BADER. Georgia's Lessons for Taiwan [J/OL]. Far Eastern Economic Review, 2008(2). [2008 - 12 - 01]. http://www.carnegieendowment.org/publications/? fa=view&id=20442&prog=zch,zru.
③ DENNIS C. BLAIR, CARLA A. HILLS. U. S. - China Relations: An Affirmative Agenda, A Responsible Course [M]. Washington D. C.: the Council on Foreign Relations Inc, 2007: 86.
④ MC CREADY, DOUGLAS. Crisis deterrence in the Taiwan Strait [M]. Carlisle: U. S. Army War College, 2003: 36.

唐耐心(Nancy Bernkopf Tucker)的观点较具有代表性。她认为传统的模糊战略依然适用于目前的局势，如果放弃将是代价高昂的错误。其理由主要有九点。第一，所有的偶然性都不能预知。第二，以尝试界定美国政府在特定状况下的行为的方式，并不能使决策者可以忽略两岸对美国立场的探查，相反更有可能使局势恶化。第三，美国国内政治将会决定华盛顿对两岸关系发展的反应。第四，在清晰战略的制约下，事先的保证将不必要地限制美方的立场。第五，清晰战略还会带来美国对台责任的扩大。第六，清晰战略是不必要的，还会带来被迫发出不受欢迎的回应的潜在性。第七，清晰战略将会要求修正与台湾关系法。第八，如果模糊战略被放弃，产生的一个主要问题是如何才能精确地描述台海政策并且达成共识。第九，当美国在解释一个中国政策时，清晰战略将会被视为一种退让，造成美国的被动。唐耐心强调"模糊战略产生后50年历史发展表明，作为一种政策，较之于清晰战略，它依旧具有安全性与灵敏性，还有务实性。"[1]

强调战略模糊的重要性，更是一些美国学者支持这种看法的主要理由。如杜克大学政治学系教授、亚洲安全项目主持人牛铭实(Emerson M. S. Niou)，他针对一些分析家建议美国应该朝着更加清晰的台海政策方向发展的看法，坚持认为战略模糊仍然应该是美国当前建设性的政策选择。美国如果承诺反对台湾独立，只能是鼓励中国大陆的军事活动。同样地，战略清晰的政策对鼓励台湾宣布独立也是一种非常有利的途径，这样会导致两岸之间的战争。实施双重威慑的战略模糊可以继续让双方猜测，是非常有利于保持台海和平的。"两岸冲突的历史让美国明白，只有双重威慑力量的存在，才能保证两岸之间微妙的安全平衡不被打乱，中国大陆与台湾之间将可以避免冲突，作为一个强国(指美国)完全有能力对抗一方针对另一方的威胁。"[2]

(二) 战略清晰论

首先集中在对战略模糊论的质疑与批评方面。约翰·霍布金斯大学高级国际问题研究院副院长兰普顿(David Lampton)认为，1995—1996年的台海危机已经成了美国台海政策破产的主要标志。事实证明，美国双重遏制和战略模糊的政策并不是台湾海峡和平与稳定的保障。台海局势的危机、冲突或战争是否

---

[1] NANCY BERNKOPF TUCKER. Strategic Ambiguity or Strategic Clarity? [M]//NANCY BERNKOPF TUCKER. Dangerous Strait, The U.S - Taiwan - China Crisis. New York: Columbia University Press, 2005: 205.

[2] BRETT V. BENSON, EMERSON M. S. NIOU. The U.S. Security Commitment to Taiwan Should Remain Ambiguous [M]//CAROLYN W. PUMPHREY. The rise of China in Asia: Security Implications. Carlisle: Strategic Studies Institute, U.S. Army War College, 2002: 194 - 195.

可以避免,并不在于美国的双重遏制战略,而是主要取决于中国大陆对于和平统一的信心和台湾对于和平统一的态度。尽管美国布什政府执政后也在试图继续使用双重遏制战略,但这一战略在新的历史条件下已难见其效,因为美国对台政策面临的困难越来越多,而且越来越棘手①。丹佛大学美中合作中心执行主任赵穗生(Suisheng Zhao)指出,目前布什政府对台海关系的政策取向又回到了克林顿后期的有限承诺明晰战略。但这种战略的有效性仍然取决于两个因素:证明有限承诺明晰战略的信用度以及解决渐进台独问题。到目前为止,美国政府仍然没有有效解决这两方面的问题。美国台海政策的困扰与麻烦仍未得到解决②。加图研究所防卫和外国政策研究副主任卡彭特(Ted Galen Carpenter)称,美国如果想避免在未来10年内因台湾问题与中国发生战争,就必须放弃战略模糊。正是这种政策使台湾保持了60年的"准独立"状态,而且由于缺乏清晰战略,中美之间由此产生的误判与曲解,将会导致未来的战争冲突(假设在2013年)③。

其次是关于战略清晰论的内容设计,目前主要体现在一些学者在军事层面建议强化战略清晰目标。兰德公司高级研究员柯瑞杰(Roger Cliff)鼓吹只要出现微弱的冲突迹象,美军就应该进入战时状态,而且"提高美国海空军在西太平洋的数量与质量,将会增强美国威慑中国对台湾使用武力"④。美国海军战争学院教授兼亚太研究小组主席乔纳森·波纳克(Jonathan D. Pollack)认为,美国应该通过军事技术与军队结构的转型,强化在东北亚地区的领导作用⑤。兰德公司2007年5月发表的报告也警告说,中国军事实力的增长对当前的东亚秩序提出了严峻挑战,即使中国融入国际体系的努力是一个和平进程,一支大规模和现代化中国军队的出现,也正以不稳定的方式改变亚洲的力量平衡。报告强调"我们防卫台湾的观点是不需要大量的地面部队",而是需要大规模的空军和海

---

① DAVID LAMPTON, SAME BED. Different Dreams: Managing U. S. - China Relations, 1989 - 2000 [M]. Los Angeles: University of California Press, 2001: 108.
② 赵穗生.美国在台湾问题上的战略矛盾[J].中国评论,2006(10):4.
③ TED GALEN CARPENTER. Reviewed by Tom Frame. America's Coming War with China: A Collision Course Over Taiwan [J]. The Defender, 2006, Winter: 44.
④ ROGER CLIFF. the Implications of Chinese Military Modernization for U. S. Force Posture in a Taiwan Conflict [M]//MICHAEL D. SWAINE, ANDREW N. D. YANG, EVAN S. Mediorous with Oriana Skylark Maestro. Assessing the Threat: the Chinese Military and Taiwan Security. Washington, D. C: Carnegic Endowment for International Peace, 2007: 300.
⑤ JONATHAN D. POLLACK. US Strategies in Northeast Asia: A Revisionist Hegemon [M]// BYUNG-KOOK KIM, ANTHONY JONES. Power and Security in Northeast Asia: Shifting Strategies. Boulder: Lynne Rienner Publisher Inc, 2007: 4.

军力量①。

关于战略清晰论与战略模糊论在现实政治中的运作,其实正如卜睿哲所说,"在现实世界中,美国的政策制订者本身的立场在模糊与清晰方面,其实一直是连续统一的。完全清晰或者完全模糊都是可能的。无论是强调模糊还是清晰,其实都服从于美国在特定环境下的国家利益。一直到 90 年代中期,美国在两岸关系中一直是偏好模糊立场的。但是从 1996 年 3 月到 2001 年 4 月,部分是为了表明美国的决心,部分是为了降低可能的误判,华盛顿决定更加清晰地表明它的利益目标"②。

二、中国大陆对台政策

(一) 台湾问题的中国国家利益观

美国学者在台湾问题的中国国家利益观问题上认识比较清晰,能够意识到中国在台湾问题上的国家利益。卡耐基国际和平基金会中国项目的高级研究员史文(Michael D. Swaine)认为,中国大陆非常希望避免与台湾产生冲突,但这并不意味着它对台海战争没有准备。对于中国领导人来说,台湾问题紧密关系到国家的自尊和政权的存亡。为了保住台湾,中国几乎肯定愿意牺牲它与西方国家的良好关系(以及从中获得的经济利益)。换言之,对中国政府来说,丧失领土所造成的对政治和社会稳定的伤害将远远超过与美国冲突所造成的外交及经济损害③。为什么台湾对中国如此重要呢?谢淑丽认为这是一个让美国人困惑的问题,原因并不是台湾对中国大陆国家安全是一个威胁,而是中国政府将台湾定位在是一个完全的内政问题,它关系到政权的生存,而不是国家安全。所以中国政府在台湾问题上相当敏感,特别是陈水扁当选后两岸关系陷入僵局,这使得"中国决策者们在一种难以忍受的情况下,会感觉到他们陷入台湾与中国大陆民众之间的陷阱"④。塔夫斯大学教授华安澜(Alan Wachman)指出,自 1979 年以

---

① ANDREW R. HOEHN, ADAM GRISSON, DAVID A. OCHMANEKM, DAVID A. SHLAPAK, ALAN J. VIEK. A New Division of Labor: Meeting America's Security Challenges Beyond Iraq, Santa Monica [M]. CA: the Rand Corporation, 2007: 46.
② RICHARD BUSH. Untying the Knot: Making Peace in the Taiwan Strait [M]. Washington, D. C.: Brooking Institution Press, 2005: 257.
③ MICHAEL SWAINE. Trouble in Taiwan [J]. Foreign Affairs, 2004, 83(2): 39-49.
④ SUSAN L. Shirk China. Fragile Superpower [M]. Oxford, New York: Oxford University Press, 2007: 182, 206, 200.

来的绝大部分时间里,中美关系在许多方面都呈现出合作与竞争共存的态势。然而,在台湾地位问题上,中国则明确表示,美国既不能向台湾提供政治支持,也不能利用台湾损害中国大陆的利益。中国虽已不再像20世纪50和60年代那样强烈谴责美国协防台湾的行径,但也未对此保持沉默。虽然中美关系的摩擦因素可能不仅仅限于和台湾主权相关的问题,但这种摩擦确实具有地缘战略的内涵,台湾对于中国大陆具有"通往大海门户"的重要意义[①]。

(二) 对台政策内容与走向的"威慑论"

"威慑论"是美国学界关于中国大陆对台政策的主流认知。在这方面,多数学者的研究兴趣一直集中在中国如何发展和配置其军事力量,以及如何使用武力来支持其强制外交和遏制。波士顿学院政治系教授、哈佛大学费正清东亚研究中心兼任研究员陆伯彬(Robert S. Ross)在分析中国对台威慑策略时指出,"威慑台湾,需要中国拥有充足的能力与决心,使台湾确信宣布独立的收益要远远低于招致中国报复付出的意料中的代价"[②]。他认为中国近年来的发展,使中国大陆相信时间在中国的一边,"中国在威慑能力方面的信心,使她可以不再高度重视美国对台湾防务的重要性"[③]。普林斯顿大学政治与国际关系教授的弗瑞德伯格(Aaron L. Friedberg)承认中国军事现代化的主要目标之一是防止台湾独立。如果美国将台湾纳入反导系统,将会导致中国大陆在军事战略上作出调整,即会加强中国在洲际范围的打击能力[④]。

关于大陆对台"威慑"政策形成的原因,乔治·华盛顿大学国际关系教授何汉理(Harry Harding)分析认为,像任何强国一样,中国将会在其国家利益受到威胁,特别是因其岛屿和东海及南海海域的领土和资源而与别国发生争端,以及可能发生的朝鲜政权崩溃时,动用武力。而其中又以台湾宣布独立导致中国动武的可能性最大。中国与世界其他国家在经济上彼此依赖,这将抑制北京进行军事冒险行动,除非它的核心利益受到威胁。同时,中国国力的上升将阻止其邻国挑战它的核心利益。北京已经在台湾海峡划出了一条红线——台湾正式宣布

---

① 阿伦·沃克曼(华安澜).中国为何不惜在台海一战——从地缘战略看台海冲突[J].现代舰船—军事广角,2008(5C):39.
② ALASTAIR LAIN JOHNSTON, ROBERT S. ROSS. New Direction in the Study of China's Foreign Policy [M]. Stanford: Stanford University Press, 2006: 16.
③ ALASTAIR LAIN JOHNSTON, ROBERT S. ROSS. New Direction in the Study of China's Foreign Policy [M]. Stanford: Stanford University Press, 2006: 37.
④ AARON L. FRIEDBERG. The Future of U.S.-China Relations, Is Conflict Inevitable? [J]. International Security, 2005, 30(2): 23.

"独立"——这条红线不太可能被逾越①。乔治城大学外交学院访问学者沙特(Robert G. Sutter)撰文指出,在20世纪90年代,由于国内发展优先,中国领导人并不愿意对台采取轻率的武断行为,而且愿意与台湾政治经济领导人建立信任关系。但是台湾领导人却针锋相对地与中国大陆开展"国际"竞争。如1995年李登辉的访美、1997年金融危机时台湾在东南亚的活动等。特别是李登辉的访美,"破坏了过去中国大陆对台政策的共识,导致了更加激进的方式出现,如大陆作出武力姿态,以及在外交上反对分裂主义"②。陆伯彬声称"中美之间的军事力量对比,破坏了中华人民共和国阻止美国为维护台湾的利益而采取干涉行动的信心。但是考虑到美中两国在台湾问题上的利益是极不对等的,美国进一步的威慑能力也取决于中国对美国决心坚决程度的估计"③。

不少学者还对2005年《反分裂国家法》的威慑作用相当重视。赵穗生指出,新一代中国领导人都是务实的民族主义者。虽然中国民族主义的兴起,使得中国政府在外交声明中使用强硬的言辞,但是它并没有改变北京解决台湾问题的两手策略。"《反分裂国家法》只是另外一种希望以战争威胁的方式获得和平的个案。"④麻省理工学院教授傅泰林(M. Taylor Fravel)通过对《反分裂国家法》条文的研究,认为该法的目标重点在于威慑台独而不是强制统一⑤。史汀生中心东亚研究计划主持人容安澜(Alan D. Romberg)认为《反分裂国家法》的内容表明,中国政府似乎不仅试图将"一个中国"的原则合法化,并且希望通过立法过程捆绑住大陆现任和未来领导人的手脚,要求他们在必要的时候必须动用武力来阻止台湾的分裂活动⑥。谢淑丽表示,虽然这部法律在短期内可以帮助中国领导人使用武力,"但是在未来的危机中,也使得使用武力成为可能。当人们对来自台湾的挑衅行为如何回应发生争执时,主张使用武力的官员很可能就会依照法律提出运用武力,因为这种挑衅属于法律规定的导致台湾从中国分裂出去

---

① HARRY HARDING. Think Again: China [J]. Foreign Policy, 2007, 25(2): 26-32.
② ROBERT G. SUTTER. Chinese Foreign Relations: Power and Policy Since the Cold War, Lanham [M]. Maryland: Rowman & Littlefield Publishers, Inc, 2008: 194.
③ 陆伯彬等. 穿越台湾海峡:威慑、升级控制与中美关系[J]. 国际政治研究,2004(1).
④ SUISHENG ZHAO. Strategic Dilemma of Beijing's Taiwan Policy: Chinese Nationalism and the Making of the Anti-Session Law [M]//PETER C. Y. CHOW. The "One China" Dilemma. New York: Palgrave Macmillan, 2008: 208.
⑤ M. TAYLOR FRAVEL. China's Search for Military Power [J]. The Washington Quarterly, 2008, 31(3): 128.
⑥ 卡内基国际和平基金会. 卡内基中国透视月刊,2005(4). [R/OL]. [2008-11-03]. http://www.carnegieendowment.org/programs/china/chinese/insightmonthly/Articles/0405.cfm.

的重大事变。"①

三、台海战略态势现状与前景

(一)台海战略态势与中美关系的"关键论"

美国学界不少人已经认识到台海战略态势在中美关系中的关键作用。丹尼斯·布莱尔与约翰·汉利(John T. Hanley)认为美中双边关系至关重要,并将对21世纪的国际安全格局起决定性的作用。台湾问题,被视为美国在亚太地区四大挑战之地区争端的重要内容②。

美国海军大学教授邓勇(Yong Deng)指出,美国在台湾问题上的立场,不仅被中国看作是决定台湾独立浪潮起伏的决定性因素,而且也被中国认为是与中美关系发展密不可分的。中国也非常了解美国对台政策与国内政治的关系,"在公开场合描述中美关系特征时,中国官方拒绝提及与台湾关系法,唯恐将这部美国国内法合法化。北京是非常了解美国的外交政策深深地陷入国内立法事务中"③。乔治·华盛顿大学中国政策项目主任沈大伟(David Shambaugh)也是从中美关系的大格局中看待台海态势,认为中美双方都有国内经济发展问题要解决,特别是美国还要应对反恐战争,更重要的是中美之间大量的利益把双方捆绑了起来,彼此之间存在着巨大的经济利益关系,所以"中美两国成为对手并不是命中注定的"④。密歇根大学教授李侃如(Kenneth Lieberthal)希望美国应作为中介,促成双方达成维持和平的暂行协议,由中国方面放弃对台湾使用武力,台湾方面承诺不实施台独,即台湾不独,大陆不武⑤。

关于台海态势对中美关系的影响,学者们总体上保持谨慎的乐观。谢淑丽认为每一位总统,从尼克松开始,都说要比前一任更强硬地面对中国,然而上任若干时日之后,理解到这种做法并不符合美国利益,于是与中国展开更多的交

---

① SUSAN L. SHIRK. China: Fragile Superpower [M]. Oxford, New York: Oxford University Press, 2007: 206.
② DENNIS C. BLAIR, JOHN T. HANLEY Jr. From Wheels to Webs: Reconstructing Asia-Pacific Security Arrangements [J]. The Washington Quarterly, 2001, 24(1): 7 - 8.
③ YONG DENG. China's Struggle for Status, the Realignment of International Relations [M]. Combridge, New York: Combridge University Press, 2008: 251.
④ DAVID SHAMBAUGH. Sino-Amercian Relations since September 11: Can the New Stability Last? [M]//GUOLI LIU. Chinese Foreign Policy in Transition, New York: Aldine De Gruyter, 2004: 208.
⑤ KENNETH LIEBERTHAL. Preventing a War Over Taiwan [J]. Foreign Affairs, 2005, 84 (2): 53 - 63.

往,克林顿政府如此,布什政府如此,下一任政府应该也是如此,就台湾问题而言,"台湾海峡是美、中最可能出现军事冲突的地点,所以当台海情势有机会因为对话而朝向稳定发展时,我深受鼓舞。不论克林顿政府或布什政府都意识到,台海不稳定冲击美国的安全,所以美国欢迎大陆和台湾任何稳定情势、降低军事风险的举措,而且这些举措也使台湾人民松口气,不必担心发生军事冲突"①。唐耐心建议:"美国必须有不同于过去五十年的思维。美国必须虑及台湾与大陆统一的可能性,同时考虑其对美国利益及东亚安定的意涵。美国也必须考虑,万一美国决定出面阻止统一,有什么具体可行之道。"不过她也指出:"尽管和平统一对美国有这么多负面影响,但有一项莫大好处,就是消除了引火点,立即并且全面降低了美中两国的摩擦与冲突的风险。统一毫无疑问不利于美国某些利益,可是比起中美开战,那些不利小得多了。"②

(二) 台海战略态势与区域安全的"关联论"

台海态势与亚太区域安全的紧密联系性是美国学界的最新看法。史文与梅惠琳(Oriana Skylar Mastro)表示相信台海安全局势的发展,主要还是取决于"北京与华盛顿如何处理他们与亚洲其他国家的全面关系。北京与其他亚洲国家的关系,可能不仅是限制台湾在这一地区获得的战略支持,而且还要限制美国在与中国围绕台湾问题而发生冲突与危机时,其在军事与外交方面的选择余地"③。兰德公司高级安全顾问苏葆立(Robert L. Suettinger)以1995—1996年第三次台海危机为例,指出"在整个危机中,美国政府被来自亚洲其他国家的意见所包围,他们都建议应尽量避免台海危机恶化为一场武装冲突——这将威胁到整个地区的稳定"④。麦克迪·道格拉斯强调每一方,包括中国大陆、台湾与美国,甚至日本在台海关系中都有重要的国家利益。他引用2000年12月发布的《国家安全报告》的话说,"如果美国干涉台湾问题的行动失败,可能会导致美

---

① 希拉里亚太顾问:两岸未来走向,美不扮任何角色[N/OL]. 新华网[2009 - 05 - 11]. http://news.xinhuanet.com/tw/2008 - 05/08/content_8125039.htm.
② NANCY BERNKOPF TUCKER. If Taiwan Chooses Unification, Should the United States Care?[J]. The Washington Quarterly, 2002, 25(3): 24.
③ MICHAEL D. SWAINE, ORIANA SKYLAR MASTRO. Assessing the Threat [M]// MICHAEL D. SWAINE, ANDREW N. D. YANG, EVAN S. MEDERIOUS with ORIANA SKYLARK MASTRO. Assessing the Threat: the Chinese Military and Taiwan Security. Washington, D. C: Carnegic Endowment for International Peace, 2007: 353.
④ 张沱生,史文. 对抗·博弈·合作: 中美安全危机管理案例分析[M]. 北京: 世界知识出版社, 2007: 239.

国在东亚地区的那些有安全承诺关系的盟国重新考虑这种条约的价值"[1]。美国海军战争学院助理教授迈克尔·蔡斯(Michael S. Chase)指出,美国一旦卷入台海冲突,就意味着与一个拥有核武器的新兴大国之间发生战争,这种方式对美国来说风险重重,而且会破坏地区安全局势,对台湾来说也有极其严重的后果[2]。

有鉴于此,近年来还有一些学者建议美国应从全球战略安全的角度来看待台海态势与区域安全。传统基金会亚洲研究中心高级政策分析专家丹娜·狄龙(Dana R. Dillon)在分析当前台湾问题现状与未来发展趋势时认为:"布什的中国政策已经被全球事务带来的分心与焦虑所困扰,不仅是伊拉克与阿富汗的战争,黎巴嫩长期的危机,当然还有朝鲜核武器的病态恐吓。而且布什的外交政策体系似乎只能同时处理有限的几个危机,总统本人也说过他不想让'盒子里面的中国'在他的书桌上变得凌乱不堪。"[3]

(三) 台海战略态势前景的"谨慎乐观论"

与评估台海态势对中美关系影响的态度相似的是,多数学者对台海战略态势前景也是保持谨慎的乐观态度。如田纳西孟菲斯萝德学院国际研究中心教授康培庄(John F. Copper)一方面认为从短期来看,特别是民进党的执政与台独诉求,使两岸关系充满危险性。但是从长期来看,经济关系可以保持和平,中国大陆的自由市场经济发展将促进两岸经贸的联系。一方面在回顾1996年台海危机对两岸关系的影响时也表示,"这场危机在华盛顿、北京与台北看来都是非常困难的。没有任何一方把它看作是一次挫败。所有观察这场危机的人都认为其结果对于他们的对手来说都是一次打击或挫折。这种看法就是未来麻烦产生的症结所在"[4]。谢淑丽在分析台海局势时指出,在台湾问题上,悲观与不耐心会造成危险的结局。她引用李侃如的话说,"双方都试图达成一个短程协议,意在未来较长一个时期内,至少50年内稳定现状"[5]。美国前驻泰国大使阿布拉

---

[1] MC CREADY, DOUGLAS. Crisis deterrence in the Taiwan Strait [M]. Carlisle: U. S. Army War College, 2003: 11.

[2] MICHAEL S. CHASE. Taiwan's Security Policy: external threats and domestic politics [M]. Bouder, Colorado: Lynne Rienner Publishers, Inc, 2008: 199.

[3] DANA R. DILLON. The China Challenge: Standing Strong against the Military, Economic, and Political Threats that Imperil America [M]. lanbam, Maryland: Rowman & Littlefield Publisher, Inc. 2007: 143.

[4] JOHN F. COPPER. Playing with Fire: the Looming War with China over Taiwan [M]. Westport: Praeger Security International, 2006: 17.

[5] SUSAN L. SHIRK. China: Fragile Superpower, Oxford [M]. New York: Oxford University Press, 2007: 200.

默茨(Morton Abramowitz)与美国前驻韩国大使(Stephen Bosworth)波斯沃斯合作撰文指出,"9·11"后中美关系日益紧密之际,美国继续向台湾军售,就是要向台湾表明依然在履行安全承诺。但是时间不在台湾一边,虽然许多台湾人想无限期地拖延与中国大陆的谈判,但是在不远的将来,台湾还是要与大陆进行严肃的谈判①。

四、美国与台湾关系研究

美国与台湾关系研究主要集中在美国与台湾军事与政经关系,其中又以美国与台湾军事关系为研究热点。

(一) 美国与台湾军事关系

美国与台湾军事关系的研究重点,多是集中在美国与台湾军事合作议题上,以对台军售问题研究最多。

迈克尔·蔡斯回顾了美台从1979年至今的军事合作关系历程。第一阶段是1979到1997年。他认为这一时期的安全合作主要议题就是对台军售。第二阶段是从1997年至今。在布什总统任内,美台军事合作发展迅速并更加紧密。合作形式主要有五种。一是武器销售、战略防务对话。二是美军方高层与国防部官员访台活动。三是军事人员教育培训交流项目。四是演习观察与联合军事演习。五是防务评估工作小组访台计划②。蔡斯承认,台湾已经获得美国在政治与军事方面主要资源的支持,包括美国在2001年决定出售武器给台湾等举措。"在许多方面,美台安全关系比1979年以来任何时候都要密切"③。怀俄明大学国际关系研究中心主任吉恩·加里森(Jean A. Garrison)关注美国国防部在美国与台湾军事关系中的作用,认为即使是在"9·11"之后,五角大楼还是相当努力重建台湾的军事力量,改善它防卫中国大陆挑战的能力。所以"官方的外交辞令强调维持现状,但是国防部执行的却是越来越多地将美国的政策与台湾

---

① MORTON ABRAMOWITZ, STEPHEN BOSWORTH. Adjusting to the New Asia [J]. Foreign Affairs, 2003, 82(4): 119 – 131.

② MICHAEL S. CHASE. U. S.-Taiwan Security Cooperation: Enhancing an Unofficial Relationship [M]//NANCY BERNKOPF TUCKER. Dangerous Strait, The U. S - Taiwan - China Crisis. New York: Columbia University Press, 2005: 170.

③ MICHAEL S. CHASE. Taiwan's Security Policy: external threats and domestic politics [M]. Bouder, Colorado: Lynne Rienner Publishers, Inc, 2008: 199.

亲台力量组织起来的独立政策"①。

关于美国与台湾军事合作的内容,史文认为台军在信息作战各级系统,主要还是美国政府提供的。美国政府不但出售预警机、反导等先进武器装备,美国国防部在2001至2004年还进行12个针对台湾军事能力的评估与研究项目,包括深入分析台湾遭到空中袭击、海上封锁与登陆攻击时的防卫作战能力。"此外,从2001年以来,美国军方还派遣代表参加台湾年度军事演习,作为扩大军事合作计划的一部分,美军代表不仅提供作战建议,而且还与台军协同作战,其目的是为了减少未来与中国大陆的军事冲突中误伤意外率"②。美国国防大学国家战争学院教授伯纳德·D. 科尔(Bernard D. Cole)介绍了美台军事合作的机制。双方主要联络系统包括两个组织,美在台协会(AIT)与台湾在美国华盛顿及其他几个重要城市设立的台北经济文化代表处(TECRO)。两个正式的年度会议:美台蒙特利尔(Monterey)会议与美台防务评论会议。前者主要是关于防务与军事战略议题,后者主要是有关军售与防务政策议题。③

在对台军售问题上,美国学界的立场是一致的,简而言之,就是赞成与支持扩大对台军售。加图研究所防务政策主任伊凡·俄兰德(Ivan Eland)认为,台湾并非对美国的国家安全产生举足轻重的战略影响,中国却有更大的动力来攻打台湾,或许最重要的限制是,北京对台湾的"敌意"行为会损害中国与美国及其他重要国家的日益密切的经济纽带。美国不应对台湾提供非正式的安全保障,而应该出售更多的武器给台湾,让它增加自己保护自己的能力。尽管布什已经批准出售更多的武器,但是台湾需要更多的支持④。布鲁金斯学会军事战略与外交专家欧汉龙(Michael E. O'Hanlon)2002年在论述布什政府的防务政策时着重指出:"美国对台援助的重点应该是着眼于未来的反潜战争,包括建立空中优势、猎雷与扫雷系统。"⑤此外,"对台军售的目标必须非常认真

---

① JEAN A. GARRISON. Making China Policy: from Nixon to G. W. Bush [M]. Boulder: Lynne Rienner Publishers Inc, 2005: 181.
② MICHAEL D. SWAINE. Taiwan's Defense Reforms and Military Modernization Program: Objectives, Achievement, and Obstacles [M]//NANCY BERNKOPF TUCKER. Dangerous Strait, The U. S-Taiwan-China Crisis. New York: Columbia University Press, 2005: 144.
③ BERNARD D. COLE. Taiwan's Security: History and Prospects [M]. New York: Routledge Taylro & FrancisGroup, 2006: 179-181.
④ IVAN ELAND. The China-Taiwan Military Balance: Implications for the United States [J/OL]. CATO Foreign Policy Briefing, 2003(2). [2008-09-01]. http://www.cato.org/pubs/fpbriefs/fpb-074es.html.
⑤ MICHAEL E. O'HANLON. Defense Policy Choices for the Bush Administration [M]. Washington D. C. : Brookongs Institution Press, 2002: 191.

仔细地处理,考虑到某种政治含义,它的重要性要远远超过某种军事计划"①。美国外交政策委员会资深研究员叶望辉(Stephen J. Yates)极力为美国军售辩护。他说:"台湾的相对军事力量将有助于通过遏制实现和平;相反,台湾的军事软弱只会招致大陆的扩张和侵犯。"②

在分析美对台军售的背景与变化时,《华尔街日报》研究人员格雷格·杰非(Greg. Jaffe)认为:"在美国对台军售的决策过程当中,军火工业一直游说对台军售。如生产宙斯盾级驱逐舰的通用动力公司在弗吉尼亚造船厂和在洛杉矶的里统造船厂(Litton Industries Inc)的合同在 2005 年将到期,从 2005 年到 2007 年它们手中只有一艘驱逐舰的合同,而除了台湾以外没有任何国家或地区有购买宙斯盾的兴趣。向台湾出售军舰可以使其保持生产的状态,降低工业成本。"③容安澜声称:"就军售来说,重点已经从差不多是无限制地满足台湾的要求转向使台湾紧跟已经批准的东西,把它的组织系统和军事理论整顿好。"④夏威夷大学亚太安全研究中心研究员饶义(Denny Roy)分析指出,美国对台湾延迟 2001 年对台军售不满,认为主要原因还是台当局在防务问题上严重依赖美国的威慑战略,是一种"坐享其成"的态度。报告并不承认台湾的民主化改变了内部的决策体制,特别是立法与行政机构之间,执政党与在野党之间在军售问题上分歧的影响。饶义强调美国军售目标就是要维持两岸之间的军力平衡,防止中国大陆凭借武力优势对台动武,保持台海局势的稳定⑤。兰德公司政策分析员戴维·席拉帕克(David A. Shlapak)认为,美国最终将需要作出决定,将如何处理中国针对台湾的导弹布置。"台湾实现军事现代化的能力将会继续受制于它的外国武器供应者的勉强态度,包括美国,它向台北提供了对方想要的各种武器装备。台湾自己的军工厂与研发机构只能实现部分自给,无法完成台湾当局的

---

① MICHAEL E. O'HANLON. Defense Policy Choices for the Bush Administration [M]. Washington D. C. : Brookongs Institution Press, 2002: 203.
② STEPHEN J. YATES. Restoring Perspective and Priority in U. S. Relations with China [M]// STUART M. BUTLER, KIM R. HOLMES. Priorities for the President. Washington DC: The Heritage Foundation, 2001: 265.
③ 张清敏. 从布什政府对台军售看美台军事关系的变化[J]. 美国研究, 2004(4): 37.
④ 容安澜. 悬崖勒马: 美国对台政策与中美关系[M]. 贾宗宜, 武文巧, 译. 北京: 新华出版社, 2007: 158.
⑤ DENNY ROY. U. S. - Taiwan Arms Sales: The Perils of Doing Business with Friends [J/OL]. Asia — Pacific Center for Security Studies, 2004(4) [2008 - 12 - 01]. http://www.apcss.org/Publications/APSSS/Roy-TawainArms. pdf.

全部要求"①。

一些学者更是美国协防台湾的积极鼓吹者。如史文称为了美国的利益,应该介入台湾内部事务。"华盛顿应该努力向台湾传递一个明确而持续的信号,那就是美国在台湾防务与军事现代化各个方面的看法与优先选择。同时,支持台湾努力解决内部的纷争,以及建立更加清晰的战略目标。此外,美国政府还应该尽力帮助台湾发展民用军事工业,提供更能准确反映台湾政治、军事与社会态势的军事领域的评估报告"②。

(二) 美国与台湾政经关系

关于民进党执政期间的美国与台湾政治关系,美国国会研究处邓凯丽(Kerry Dumbaugh)表示,民进党的台独政策确对台海现状造成冲击,而这是美国所不愿意看到的,并且台湾在防务方面没有达到美国的期望值,在华盛顿的国会游说工作也不成功,这些都是造成近年来台湾与美国关系恶化的因素③。唐耐心的研究发现,虽然在民进党执政期间,台湾与美国关系出现问题,陈水扁被布什政府视为麻烦制造者。但是即使如此,布什政府对台湾仍然表现出有倾向性的立场,如反对中国大陆在任何情况下对台使用武力。"在布什执政期间,虽然努力寻求保持两岸关系和平的现状,但是对中国大陆与台湾并没有发生重大的政策改变"④。容安澜认为2006年2月陈水扁的"废统"行为,加剧了他与美国的不信任,进一步增加了未来美国与台湾关系的不确定性。但即使如此,美国仍然不会容忍任何一方改变现状,或者妨碍和平解决两岸问题⑤。传统基金会资深研究员谭慎格(John Tkacik Jr)宣称台湾是亚洲最有活力的民主社会,也是美国十大贸易伙伴之一。也是西平洋重要的安全伙伴。台湾横跨东亚海空航线,具有地缘政治的重要性。如果美国对中国大陆妥协放弃台湾,虽然可以短期

---

① DAVID A. SHLAPAK. Cross-Strait Balance and Its Implication for U. S. Policy [M]// DONALD S. ZAGONIA. with the assistance of Chris Fugarino, Breaking the China-Taiwan impasse. Westport: praeger publishers, 2003: 150 - 151.

② MICHAEL D. SWAINE. Taiwan's Defense Reforms and Military Modernization Program: Objectives, Achievement, and Obstacles [M]//NANCY BERNKOPF TUCKER. Dangerous Strait, The U. S - Taiwan - China Crisis. New York: Columbia University Press, 2005: 161.

③ KERRY DUMBAUGH. Taiwan - U. S. Political Relations: New Strains and Changes [J/OL]. CRS Report for Congress 2006, 10 [2008 - 09 - 03]. http://fpc.state.gov/documents/organization/74903.pdf.

④ NANCY BERNKOPF TUCKER. Balancing Act: Bush, Beijing and Taipei [M]//ROBERT M. HATHAWAY, WILSON LEE. Georgy W. Bush and East Asia: A First Term Assessment. Washington DC: Woodrow Wilson International Center for Scholars, 2005: 143.

⑤ ALAN D. ROMBERG. The Taiwan Tangle [J]. China Leadership Monitor, 2006 (18): 1 - 18.

获益,但是却要付出长期的代价。他还认为"二战"以后台湾地位未决论对台湾是有利的,承认美国长期以来也是支持台湾地位未决论的,这样对美国的国家利益是有利的①。

在美国与台湾经济关系研究方面,外交政策委员会研究员梅里特·库克(Merritt T."Terry" Cooke)强调美台签订自由贸易协议的重要性。首先,台湾在支持美国全球利益方面能够发挥间接但是极为重要的作用。例如台湾是美国IT工业所有品牌的重要的原创设计制造的事实上的合作伙伴。其次,作为美国的重要经济伙伴,美国不能允许台湾处于经济孤立状态。只有这样,台湾才能承诺继续保持市场经济与民主价值,从而巩固它的全球经济成就②。战略与国际研究中心高级研究员薛福瑞(Randall Schriver)与企业研究院高级研究员卜大年(Dan. Blumenthal)也建议美国应将签订"台美自由贸易协议"列为优先。报告也建议台湾解除投资中国大陆的限制、美方应停止代替中国大陆对台湾施压、台美应共同发布未来议程等③。

五、结　　论

回顾布什政府时期美国学界的台湾研究成果,其研究特色主要表现在三个方面。

一是学术中立不足。以美国思想库为例,由于经常受到政府研究经费的资助,思想库的对台政策研究与政治决策层关系相当密切,而许多思想库学者拥有曾经在政府任职的经历,更是强化了这一关系。如上文提到的卜睿哲、包道格,都曾任美在台协会主席。卜睿哲此前还担任前国会议员索拉兹的助理、中央情报局的情报官。战略与国际问题研究中心高级研究员薛瑞福,在克林顿政府时期担任过负责东亚事务的副助理国务卿。布鲁金斯学会约翰·桑顿中国中心主任杰弗里·贝德曾任负责美国国务院东亚事务的助理国务卿帮办、美国国务院中国和蒙古事务处处长、国家安全委员会亚洲事务主任、美国副贸易代表和驻香

---

① JOHN J. TKACIK, Jr.. Taiwan's 'Unsettled' International Status: Preserving U. S. Options in the Pacific [J/OL]. The Heritage Foundation, 2008(6) [2009 - 12 - 01]. www. heritage. org/Research/AsiaandthePacific/bg2146. cfm.

② MERRITT T. ('Terry') Cooke. Prospects for a U. S. - Taiwan Free Trade Agreement [R/OL] [2006 - 06 - 29]. http://www. fpri. org/enotes/20060629. asia. cooke. ustaiwanfreetradeagreement. html.

③ 美前高官薛瑞福、卜大年拜会马英九[N/OL].(香港)中国评论新闻网[2010 - 05 - 01]. http://gb. chinareviewnews. com/doc/1005/7/7/1/100577143. html? coluid = 7&kindid = 0&docid = 100577143&mdate=0226103648.

港副总领事等职务,在2008年总统大选期间还是奥巴马团队亚洲和中国政策首席顾问。外交政策委员会资深研究员叶望辉在2003—2005年曾任副总统切尼办公室政策计划主任与国家安全事务助理。卸去公职后,加盟知名公关公司BGR(Barbour Griffith & Rogers,LLC)并出任副总裁。邓凯丽长期在美国国会研究处供职。史汀生中心东亚研究计划主持人容安澜担任职业外交官长达20年(1964—1985),曾任国务院日本事务处处长及政策计划处研究员、白宫国安会主管中国事务官员,曾派驻香港及台湾,他还是克林顿政府美国海军部长特别助理。传统基金会资深研究员谭慎格曾以外交官身份先后驻台湾与中国大陆。企业研究院高级研究员卜大年曾任美国国防部台湾科科长。兰德公司高级安全顾问苏葆立曾是美国政府职业情报分析家,在美国国家情报委员会、国家安全委员会从事情报分析工作长达24年。对这些学者来说,他们的台湾政策研究往往带有浓厚的官方色彩,时常凸显国家利益优先的研究立场。如卜睿哲在论著中经常强调两岸关系中的美国因素与美国的作用。他认为为了保护美国在东亚的和平与安全的根本利益,美国已经在两岸关系中发挥了关键的作用,所谓"任何一方都必须信任华盛顿的可信度,只有这样才能使美国发挥更核心的作用"①。他认为中国政府反对台湾问题国际化的政策是不可取的。

在寻求社会资金资助的自身利益追求方面,美国思想库表现得同样非常积极。以这些思想库与台湾的关系为例。多年以来,台湾当局为了"争取支持",对美国智库频繁进行"金钱收买","传统基金会、国际战略研究中心、太平洋论坛、企业研究所等重要思想库,都从不同渠道得到过台湾当局直接或间接(通过亚洲基金会、蒋经国基金会等)的资助"②。为谋求自身利益,这些思想库的许多学者研究立场自然是偏向台湾当局,经常发表支持台湾当局的言论。如传统基金会的丹娜·狄龙就表坦承,从亚太地区范围看美国的地缘政治利益,台湾与中国大陆相比较是微不足道的。但是从东亚区域来看,台湾就不小了,台湾的人口比澳大利亚还要多,而且台湾还是美国在东亚民主国家联盟坚定的成员。如果台湾加入东盟,它将是东盟中经济与军事力量最强的成员。"台湾是亚洲民主的模范生,它是美国长期的军事盟友,它在太平洋边缘居有重要的战略位置"③。其他

---

① RICHARD BUSH. Untying the Knot: Making Peace in the Taiwan Strait [M]. Washington, D. C. : Brooking Institution Press, 2005: 11.
② 中国现代国际关系研究所. 美国思想库及其对华倾向[M]. 北京: 时事出版社, 2003: 91.
③ DANA R. DILLON. The China Challenge: Standing Strong against the Military, Economic, and Political Threats that Imperil America [M]. lanbam, Maryland: Rowman & Littlefield Publisher, Inc. 2007: 144.

诸如战略与国际问题研究中心高级研究员薛瑞福、企业研究院高级研究员卜大年、传统基金会的谭慎格等都是公认的亲台学者。

二是战略思考缺失。在利益优先观的制约下,为使自己的研究成果尽快产生社会影响,以获得更多的研究资金项目支持,当今美国台湾研究学界的重心还是政策研究。学者们多半关注中美关系、两岸关系中的热点时事问题,习惯就重大事件,如美中军机擦撞、布什总统访问中国、美国决定对台军售项目、台湾进行重大选举等召开研讨会或撰写政策论文。从研究内容来看,一般讲求时效性与对策性,对基础性研究却是相当忽视。"它们的成果多是以政策简报和报道等简短、快捷的形式出现,而不重视出版书籍和著作"。同时"向决策者提供及时的相关政策建议,而不是进行长期的学术研究,开始成为许多新思想库的首要目标"。传统基金会就自称"该会的关键在于能及时向政策制定者与公共舆论的领导者提供当前重要事项的最新研究成果",其对推销主张的重视超过了学术研究①。

因此,对台政策研究缺乏大国政治的战略视角。学者们很少从中美关系的战略高度来思考两岸关系的发展变化,对未来美国在亚洲,特别是东亚地区的战略利益与目标也缺少清晰的认识。人们还是习惯于墨守成规,多数人还是陶醉于单极世界的梦想,所谓"一个多世纪以来,美国一直是太平洋地区的强国。允许其他国家控制亚太地区不仅是与美国的政策对抗,而且是与美国从 19 世纪晚期以来的大战略相违背的"。即使是兰德公司 2007 年的研究报告《台湾地位问题解决后的美中关系》,其研究视野也是如此。如报告虽然认为在美国介入情况下的两岸武力统一,是十种模式中最糟糕的情况,美国、大陆将走入冷战。所以为了维系美国的利益,美国必须始终维持足以击败中国大陆的武力。

三是客观研究不多。由于自由主义的西方价值观,至今仍是美国学界的主流意识形态。正如有学者指出:"在相当一部分美国人看来,无论是拒绝民主化进程的社会主义意识形态和制度特点,还是缺乏对美国所主导的国际军控与裁军制度的热情,中国都是美国潜在的最重要的'敌人'。"研究台湾问题的学者自然也不例外,他们的研究立场与观点也深受价值观的影响,难以秉持客观立场。

此外,由于政策研究与大众媒体联系密切,一些学者还有意识迎合传媒的热点论调,更是难以做到理性客观。而不时兴起的"中国威胁论",就经常成为一些学者的研究取向。如唐耐心就强调两岸和平统一将造成对美国的"威胁","中国崛起,即使成为民主国家,也会影响美国的安全和战略考虑。如果大陆和台湾统

---

① 中国现代国际关系研究所.美国思想库及其对华倾向[M].北京:时事出版社,2003:36.

一,中国势将取得战略利益。最明显的,中国大陆军力不再以台湾为目标,不再担心台湾攻击大陆,也不再担心为了台湾而与美国发生冲突。于是中国的资源可以更自由的运用;解放军的优先顺序可以自由调整;战力可以重新部署;战略目标可以重新认定。对美国而言,这意味着出现了一个不易预判、更为灵活、较少负担的对手"。柯瑞杰也宣称:"西太平洋的军事力量平衡朝着对中国有利的方向转移。到2015年,中国可能会在数量上拥有对美国的军事优势。"

综上所述,由于受到利益与价值观等因素的制约,美国学界存在的问题与局限亦很显著,这一研究特色将会长期影响美国学界台湾问题研究的水准。

(原载《美国研究》2011年第4期)

徐家汇观象台与近代中国气象学

王 皓

王皓,毕业于复旦大学历史系,获博士学位。2014—2015年先后在香港中文大学和英国埃克塞特大学(University of Exeter)访学,2015—2016学年获国家留基委资助在巴黎社会科学高等研究院(L'École des hautes études en sciences sociales)接受博士联合培养。在欧洲期间曾前往德国《华裔学志》研究所(Sankt Augustin)和汉堡大学(Universität Hamburg)等地参加学术交流和学术会议。现为上海大学文学院历史学博士后研究人员,主要研究领域为中西文化交流史和近代中国学术史。在《学术月刊》《宗教学研究》《"中央研究院"近代史研究所集刊》等刊物发表学术论文数篇,部分被人大报刊资料全文转载。

徐家汇观象台是耶稣会在华科学事业的重要机构,它位于远东第一大商埠上海,具有全球性的联系网络。从1873年正式建立至1950年末被中国政府接收,一共持续78年。该观象台包括气象、天文、地磁、地震、授时等多个部门,它们的成立有先后之分,而且位于不同的地点。关于这一机构的发展历史,学者们已经作了较为细致的研究①。

本文主要考察的是徐家汇观象台的气象部门与中国近代气象学的各种联系。气象学作为19世纪新兴的科学,由耶稣会士将其引入中国。他们的气象观测一方面以天气预报的形式服务于社会,另一方面为远东的气象学研究提供了基础的数据和资料,从而构成了全球气象学研究的重要一环。这既涉及科学的

---

① 阎林山,马宗良.徐家汇天文台的建立和发展(1872—1950)[J].中国科技史料,1984,2;吴燕.科学、利益与欧洲扩张:近代欧洲科学地域扩张背景下的徐家汇观象台(1873—1950)[M].北京:中国社会科学出版社,2013.可以看出,学者们对于该机构的成立时间意见并不一致,这是因为史料本身常有歧见,论者对于"成立"的标准往往因观察角度不同而在界定上略有差异,但基本上这无关紧要。

移植和扩张,又涉及中国社会的接受和应对。同时,这一科学活动也是耶稣会学术传统的体现,而天主教会与世俗世界的张力和互动又构成耶稣会学术传统的重要背景①。

在本文所考察的时段内,中国和世界都经历了巨大的社会和科技变革。在复杂的历史语境中发掘各种联系,耶稣会士的气象事业便成了多种维度的交汇,有很多问题值得深入探讨。首先是耶稣会为何要从事气象学研究,它对于传教事业起到了什么样的作用?什么机制保证了在华耶稣会的气象学研究能够有效运行,主流学界如何评价他们的研究成果?在现代气象学未引入中国以前,国人对于天象具有神秘的观感,徐家汇观象台对于人们观念的转变起到何种作用?气象学既关涉个人的生活,又与国家主权的关系紧密,在徐家汇观象台的示范之下,中国的社会、政府和学界有怎样的反应?气象事业的性质以及耶稣会士的外人和宗教的双重身份决定了权势转移的必然发生,在本土气象学力量形成之后,他们与徐家汇观象台的关系有怎样的演进?

一、徐家汇观象台的运作机制

徐家汇观象台的设立是耶稣会学术传统的体现。1685 年,法王路易十四(Louis XIV,1638—1715)派遣五名耶稣会士前往中国,这批教士的特别之处在于他们具有"国王的数学家"(Mathématiciens du Roi)之称号,其中四人在赴华前夕都成为法国科学院(l'Académie des Sciences de Paris)的通讯院士②。这批耶稣会士的使命之一是帮助法国政府对中国进行全面调查,从而提供关于中国的各种知识③。在"国王的数学家"出发之前,法国科学院的院士们提出了一份问题清单,这些问题五花八门、包罗万象,而在此后出版的《耶稣会士书简集》和1735 年问世的《中华帝国全志》中,大部分问题都可以找到答案。这充分显示法

---

① 吴燕的著作强调在以欧洲为中心的科学扩张背景下,徐家汇观象台作为一种提供地方性知识的机构对于欧洲科学发展的参与模式。Agustin Udias 的两部著作提供了一种宏观的视野,即分别从耶稣会士的各种科学事业和全球网络两种视角来考察这一修会的科学活动,既涉及该修会的神学思想和学术传统,又能在历史纵深的背景下论述耶稣会科学活动的变迁。参:AGUSTÍN UDÍAS. Searching the Heavens and the Earth: The History of Jesuit Observatories[M]. Dordrecht/Boston/London: Kluwer Academic Publishers, 2003; AGUSTÍN UDÍAS. Jesuit Contribution to Science: A History[M]. Cham/Heidelberg/New York/Dordrecht/London: Springer, 2015.
② ISABELLE LANDRY-DERON. Les mathématiciens envoyés en Chine par Louis XIV en 1685[J]. Archive for History of Exact Sciences, 2001, 55: 423-463.
③ PIERRE HUARD, MING WONG. Les enquêtes françaises sur la science et la technologie chinoises au XVIIIe siècle[J]. Bulletin de l'Ecole française d'Extrême-Orient, 1966, 53(1): 137-226.

国耶稣会士的在华科学活动有着明确的问题导向和交流渠道①。

徐家汇观象台可以被视为17—18世纪耶稣会士在北京钦天监事业的延续,然而还是要区分不同的历史背景。19世纪时,现代科学已经牢固地建立起来,理性思维在欧美广泛普及,甚至科学和宗教因此而显得对立。教会内部也感受到这种张力的存在,这种情况下,耶稣会的科学工作便成了一种有效的方式,以表明科学和宗教能够和谐共存②。在近代的天文学和气象学的发展中,耶稣会曾扮演重要的角色,从事观象工作的教士都是专业工作者,其中很多还是重要科学团体的成员。如徐家汇观象台的雁月飞(Pierre Lejay,S. J.,1898—1958)是法国科学院通讯院士,马尼拉观象台的阿乐古(José María Algué,S. J.,1856—1930)、徐家汇观象台的能恩斯(Marc Dechevrens,S. J.,1845—1923)和龙相齐(Ernest Gherzi,S. J.,1886—1973)等则是教廷科学院院士③。

气象学发轫虽早,然而直至19世纪中叶才发展成为一门现代形态的科学。竺可桢(1890—1974)认为,中国真正的气象纪录最早的来自法国耶稣会士宋君荣(Antoine Gaubil,S. J.,1689—1759)的工作,他从乾隆八年(1743)开始记录北京的气象④。实际上,在此之前,南怀仁(Ferdinand Verbiest,S. J.,1623—1688)和"国王的数学家"们便已经在中国各地作广泛的气象纪录。1682年,南怀仁随康熙皇帝巡视东北,记载了沿途的天气、纬度和磁偏角等信息⑤。1688年5月29日至9月29日,张诚(Jean-François Gerbillon,S. J.,1654—1707)随中国使团参加中俄边界谈判,前后计124天,留有日记122天,其中有120天记载了天气现象,所涉及的地区包括今北京、河北和内蒙古等地⑥。康熙三十年(1691),白晋(Joachim Bouvet,S. J.,1656—1730)有关于北京阴晴、风向、温

---

① [法]蓝莉.请中国作证:杜赫德的《中华帝国全志》[M].许明龙,译.北京:商务印书馆,2015:134-147.
② AGUSTÍN UDÍAS. Searching the Heavens and the Earth:The History of Jesuit Observatories[M]. Dordrecht/Boston/London:Kluwer Academic Publishers,2003:10-11;教育消息·天主教在中国五大文化事业概况(五)[N].申报,1940-12-12(7).
③ AGUSTÍN UDÍAS. Searching the Heavens and the Earth:The History of Jesuit Observatories[M]. Dordrecht/Boston/London:Kluwer Academic Publishers,2003:4-7,12.
④ 竺可桢.前清北京之气象记录[M]//竺可桢全集:第2卷.上海:上海科技教育出版社,2004:324.
⑤ [比]南怀仁.鞑靼旅行记[G]//薛虹,译.杜文凯,编.清代西人见闻录.北京:中国人民大学出版社,1985:71.
⑥ 曹冀鲁.康熙时期法国传教士张诚日记的气象记录考[G]//朱祥瑞,主编.中国气象史研究文集(二).北京:气象出版社,2005:133-135.

度、气压的记载,这一手稿目前保存在法国国家图书馆①。可见,耶稣会关注中国的气象学,有着深远的传统。不过,在旧耶稣会时代,这种纪录更多的是具有一种文献学和历史学上的意义,它对于实际生活几乎没有影响。自克里米亚战争(1854—1856)之后,欧美各国政府始知有气象台筹备之必要。在这次战争中,英法两国的海军在黑海遭遇风暴,几乎全军覆没,事后得知风暴中心未达联军舰队以前一二日,西班牙和法国西部已受到影响。若有气象台事先预报,则可避免这次惨重的损失②。

研究徐家汇观象台的论著,一般都会提到它对于远东航海的重要性。从应用层面来说,将观测结果以天气预报的形式嘉惠远东航运事业,的确是徐家汇观象台影响最大的一个方面。为此,徐家汇观象台的劳积勋(Louis Froc,S. J.,1859—1932)、蔡尚质(Stanislas Chevalier,S. J.,1852—1930)和田国柱(Henri Gauthier,S. J.,1870—?)等人从中外军政部门、科学学会和商业企业等机构获得的荣誉不计其数③。除了天气预报以外,耶稣会士们的研究成果也极受航海业之重视。1920 年,法国海军部制图科与劳积勋协商,希望获准再版他的《远东气象》一书④。航海业之所以对徐家汇观象台如此重视,是因为飓风的破坏力实在是太大,若不事先周知并设法躲避,往往会船倾人亡。对此,时人的记述可以提供最直接的认识。1874 年 9 月 22 日,粤东香港、澳门等处,突遭飓风之患,损伤人船极众,澳门的市井房屋,"被风倾塌,十不存一",香港则有十余艘轮船和夹板船"覆碎无遗",损毁者不计其数⑤。

气象台若能在生活中具有广泛的辐射力,首先需要精密的仪器设备以资观察记录,其次需要有迅捷的发布渠道将观测结果宣告遐迩,这两点实际上都涉及近代社会非常深刻的转变。1872 年,刘德耀(Henri Le Lec,S. J.,1832—1882)负责支配从欧洲运来的各种气象仪器,其中包括一台塞奇(Pietro Angelo Secchi,S. J.,1818—1878)所发明的气象仪,它能够自动记录各种主要气象指标的变化。这些仪器和观测方法都是由法国气象学会(la Société météorologique de

---

① "Changement de l'air pour chaque jour depuis le mois de novembre 1690 jusqu'au mois d'octobre 1691," Manuscrit BnF. Ms. Fr. 17240 f°37 - 42v. 笔者要感谢蓝莉教授提供此手稿的复制。手稿上并无署名,蓝莉教授识别出此为白晋的笔迹,谨致谢意。
② 竺可桢. 气象学发达之历史[M]//竺可桢全集:第 1 卷.上海:上海科技教育出版社,2004:82 - 83.
③ 近事・本国之部[J].圣教杂志,1919(7):332;近事・本国之部[J].圣教杂志,1920(1):40 - 41;近事・本国之部[J].圣教杂志,1921(3):140 - 141.
④ 近事・本国之部 徐家汇天文台台长劳司铎之荣誉[J].圣教杂志,1920(9):426 - 427.
⑤ 丁韪良.各国近事:粤东近事・飓风大灾[J].中西闻见录,1874(10):24 - 25.

France)所推荐和制定,从而保证两地的观测采用统一标准,进而在研究中可资比较。能恩斯负责的地磁观测也是一样,这些仪器都是由英国制造,并且经过伦敦附近的克尤皇家观象台(l'Observatoire royal de Kew)校正①。克尤观象台台长佩里(Stephen Joseph Perry, S. J., 1833—1889)的一封信为此提供旁证,他还进一步透露,"一套完整的亚第(Adie)磁象自记器将于本周寄给该台,徐家汇观象台的台长及其助手已经收到了该仪器的使用说明书,我们可以充分展望,这一新机构的设立将会大大促进地磁科学的进展"②。该仪器于 1876 年 8 月运抵徐家汇③,1877 年投入使用④。

徐家汇观象台在创始之初便在仪器和标准两个方面与世界先进水准保持同步,同样值得注意的是,上海租界在一开始便对他们的观测活动非常重视。塞奇所制的气象仪于 1874 年 8 月 16 日运达徐家汇,同年 9 月 25 日,它开始正式运行并提供精确的观测结果。不久,上海英文日报《晋源西报》(The Shanghai Courier & China Gazette)便逐日刊登来自徐家汇的气象观测公告,月度的观测概述则刊于上海的周刊《华洋通闻》(The Celestial Empire)上。同时,皇家亚洲文会北华支会还提议在其年刊(Journal of the North China Branch of the Royal Asiatic Society)中刊登所有的气象和地磁观测结果⑤。

徐家汇观象台位于上海,其自身观测范围有限,它之所以能够发布涉及广大地域的气象消息,是由于中国沿江沿海数十个海关测候所提供了不可或缺的观测数据。论者一般都强调,能恩斯于 1879 年成功预测一次猛烈的台风侵袭上海,这使得海员对于徐家汇观象台极为重视,以此为契机,徐家汇观象台的航海气象服务进入一个新阶段。这种说法不错,然而也要看到,上海租界对于观象台的重视是一以贯之而非遽然垂青。能恩斯在 1876 年的《法国气象学会年报》上发表了世界上第一篇关于上海气象研究的长篇论文,其中明确讲到,"在不久的将来,我们希望能够结合中国海岸各重要港口的数据报告,为这一海域的航运提

---

① Relations de la mission de Nan-King confiée aux religieux de la Compagnie de Jésus (Ⅰ. 1873 - 1874) [M]. Chang-hai: Imprimerie de la Catholique, à l'orphelinat de Tou-sai-vai, 1875: 61 - 62.

② REV. S. J. PERRY, F. R. S. Magnetic Observations at Zi-Ka-Wei [J]. Proceedings of the Royal Society of London, 1874, 22(154): 440.

③ R. P. MARC DECHEVRENS. Recherches sur les principaux phénomènes de météorologie et de physique terrestre à l'Observatoire météorologique et magnétique de Zi-Ka-Wei, près Chang-haï (Chine) [J]. Annuaire de la société météorologique de France, 1876, 24: 190.

④ 马德赍. 地磁学简史[J]. 丁汝仁,译. 圣教杂志,1931(12): 723.

⑤ Relations de la mission de Nan-King confiée aux religieux de la Compagnie de Jésus (Ⅱ. 1874 - 1875) [M]. Chang-hai: Imprimerie de la Catholique, à l'orphelinat de Tou-sai-vai, 1876: 65.

供实用的服务"①。这说明耶稣会科学家对气象事业有着明确的愿景和计划。事实上,在华外侨对气象学的重视只不过是当时欧美社会一般观念的反映,能恩斯的这篇论文,在很大程度上参考了伦敦会医学传教士雒魏林(William Lockhart,1811—1896)关于上海温度和雨量的纪录。此外,当时租界所出版的上海年鉴也有大量的气象纪录②。从一定意义上讲,包括徐家汇观象台在内的科学机构和外人管理下的海关等系统从整体上构成了一种社会制度和科学制度的移植。

徐家汇观象台的服务对象覆盖整个远东海域,"它的联络网,北从西比利亚,南到马尼辣,又从印度支那到太平洋中的瓜姆岛,在这区域以内的测候所,无不密接相联络"③。将数十个测候站的数据汇集处理,然后将预测结果有效地传达给相关机构,这必然依赖一套高效迅捷的通信系统。在很长一段时间内,这一传递媒介是有线电报。观象台每天收到的气象电报有数百封④。全世界和徐家汇观象台有通信来往的测候所和观象台总数,也有几百所之多。尽管电报的费用高昂,但由于事关公益,各国电报公司凡传递徐家汇观象台之消息,"一律免费,且随到随送,毫不耽迟"⑤。正是有了这种通信制度的保障,徐家汇观象台才能做到在天气预报方面洞烛先机,使航海陆运者交口称便⑥。

需要指出的是,认识到气象信息的重要性并且提供迅速免费通信服务的主要是外国电报公司,中国电报总局所提供的无偿服务不仅时间上晚了很多,而且还有每天打报不超过两次、"每次以 10 字或 50 字母为限"的配额。从晚清直至民国,中国当局对此一直重视不够⑦。1915 年,北京中央观象台咨请交通部,希望照国际惯例免收往来气象消息的电报费用⑧。然而在整个民国期间,中国都未能形成气象电报随到随打的制度,据竺可桢说,"中央台收到全国天气电报要化 24 小时以上的时间,等到电报收齐,想预告的天气早已

---

① R. P. MARC DECHEVRENS. Recherches sur les principaux phénomènes de météorologie et de physique terrestre à l'Observatoire météorologique et magnétique de Zi-Ka-Wei, près Chang-haï (Chine)[J]. Annuaire de la société météorologique de France, 1876, 24: 189.
② R. P. MARC DECHEVRENS. Recherches sur les principaux phénomènes de météorologie et de physique terrestre à l'Observatoire météorologique et magnétique de Zi-Ka-Wei, près Chang-haï (Chine)[J]. Annuaire de la société météorologique de France, 1876, 24: 223-224.
③ 徐家汇气象台[J]. 圣教杂志,1936(9):551.
④ 泽. 随笔[J]. 圣教杂志,1936(6):364.
⑤ 渔人. 徐汇记略[J]. 圣教杂志,1914(6):243.
⑥ 近事·本国之部[J]. 圣教杂志,1915(9):421.
⑦ 夏维奇. 电报的引入与清季气象事业[J]. 江西社会科学,2010(12):128-130.
⑧ 近事·本国之部[J]. 圣教杂志,1915(9):421.

成为过去了。"①

　　对比之下,可以看出徐家汇观象台之所以能有巨大的国际影响,除了其自身的专业能力以外,外在的制度配合也是不可或缺。劳积勋曾坦率地承认,"敝台若不得海关、两租界工部局、商会、电报局及轮船公司之赞助,则决不能有如许成绩"②。从全球气象学的发展来看,观象台、测候所和电报公司共同构成了一个研究网络,借助于这个网络,气象台得以发挥广泛的辐射力。即便后来中国的气象学重心转移到本土力量,仍是循着这种模式发展。徐家汇观象台虽然是由外人创办,但毕竟位于中国,在一定程度上代表了中国参与全球科学事务。相形之下,中国的电报事业进展迟缓。1875 年,万国电报公会在俄都圣彼得堡开会,商议国际电报的标准化事项,"同议者共计二十四国,内有日本二人,惟中国无之"③。事实上,中国加入万国电报公会已经迟至 1921 年④。这更加凸显了徐家汇观象台作为在中国扎根的外来机构,具有联结中国和世界并代表中国发声的重要意义。

二、冲击之下的回应和互动

　　竺可桢指出,19 世纪以来,凡是带有中国"地方性"的学术研究,外人无不越俎代谋,徐家汇观象台是这种外来学术的一部分。竺可桢对此深感忧虑,但他认为,问题不在于外人的越俎代谋,而在于中国学术界的难辞其咎。和中国一样,日本在很多现代学科的起始阶段,"亦多受外人之赐"。近代科学大约同时传入中日两国,但是日本的起步早于中国三四十年,在此期间,中国一直无动于衷,以至于日本操斧伐柯,跻身对中国进行调查的列强阵营。日本最早的气象测候所设立于 1872 年,与徐家汇观象台的成立几乎同时。日本政府的地磁测量工作始于 1897 年,而徐家汇的验磁台则由能恩斯创办于 1873 年,是东亚成立最先、持续最久的现代验磁台。然而到了 1920 年,北京中央观象台的验磁仪器仍未完备,为此,时任菉葭浜验磁台台长的马德赉(Joseph de Moidrey,S. J.,1858—1936)致函中央观象台台长高鲁(1877—1947),"请其注意此点,盖磁气为气象学

---

①　竺可桢. 对台湾科学界朋友们讲几句话[M]//竺可桢全集:第 3 卷. 上海:上海科技教育出版社,2004:223.
②　教中新闻・徐家汇天文台劳神父之荣誉[J]. 圣教杂志,1931(10):627.
③　丁韪良. 各国近事:俄国近事・电信总会[J]. 中西闻见录,1875(8):22.
④　夏维奇. 拒请与申入:近代中国与万国电报公会[J]. 复旦学报(社会科学版),2012,6:73.

不可少之一学。中国政府,若不于此时即办,将来别国必有出而代庖之者"①。因此,竺可桢认为,日本科学的进步固然是由于政府的提倡和外国学者的热心帮助,日本社会和学术界的自觉奋进也是不可或缺的因素②。在这种对照之下,探究中国对于现代科学的接受历程及其反应便很有意义。

民国政府虽然于1912年成立北京中央观象台,然而相比较而言,该台的发展极为滞后。1908年3月,上海创设有轨电车,影响磁力测验,徐家汇验磁台迁至江苏昆山菉葭浜,1933年再迁至佘山。马德赉自1898年10月30日到中国,便长期执掌验磁台事务越30年,直至1936年去世的前几年,他才息影徐汇总院③。高鲁是毕业于比利时布鲁塞尔大学的工科博士,他对于验磁工作的意义十分清楚。当1920年春他收到马德赉的信之后,便派遣中央观象台副台长蒋丙然(1883—1966)到菉葭浜与马德赉商议协助之事。同年9月,高鲁派遣刘文俊到菉葭浜学习使用各种验磁仪器,次年8月回京开始测验。以后又有李春惠、辛广渊等人陆续前来学习。同时,在1920年,中央观象台磁气科长王英伟到菉葭浜,请马德赉代购验磁仪器。这些举动是对菉葭浜验磁台进行"速成式的复制",这种"移植"见效虽快但局限也多。1922年,北京的磁象台各种检测仪器基本完备,"然因电车之驶行,测验磁象,难能准确,乃购地于城西,以备乔迁",但是直至1931年仍然未成④。

1922年,日本政府照会中国政府,请测验中国沿海各省之磁象,声言是为了作为参考以校验本国磁气图。日本政府提出三种测量方式供中国选择:(一)华人自己测验,(二)日人代测,(三)中日合测。中国政府认为"关于学问,事权不可旁落,乃答以华人自己测验"。然后中国政府在海关总税务司安格联(Francis Aglen,1869—1932)等人的介绍下,将测量事托菉葭浜验磁台台长马德赉。马德赉让其高足鲁如曾出面,代表中国政府。当时北京观象台的李春惠和辛广渊恰在菉葭浜接受马德赉理论指导,借此机会又会同鲁如曾出外实地测验。此次测量的地域包括江苏、浙江、福建、广东、山东、直隶和东三省等地,1923年夏蒇事。

在测量之先,日本方面提议校正两国的测量仪器,以确保标准统一。中国答允日本的要求,东京水路部部长于是派三名海军职员到菉葭浜比较仪器。其方

---

① 宗勉. 马公德赉与中国之气象学人材[J]. 圣教杂志,1924(2):72-74.
② 竺可桢. 日本气象学发达之概况[M]//竺可桢全集:第1卷. 上海:上海科技教育出版社,2004:573-579.
③ 教中新闻·公教磁气学家马司铎逝世[J]. 圣教杂志,1936(4):253.
④ 马德赉. 地磁学简史[J]. 丁汝仁,译. 圣教杂志,1931(12):724.

法如下：将测量人员分为三部，第一部为日本观测员三人；第二部即中国政府代表鲁如曾等人；第三部是菉葭浜李国盛等人。每部分别测验不同地点的磁气、偏角、俯角、水平磁力等项，然后交换测绘地点，彼此互校，确保结果同一，如是共测验四日。日本测验员返日后，东京水路部部长即致函马德赉称谢："此次在菉葭浜之比较仪器，海军参谋部中，未有一人，见如此之精确详明。"1923年日本大地震，东京所藏之磁气图稿化为灰烬。于是日本方面又致函菉葭浜，索取底稿，中国方面将稿件复制整理，寄至东京①。

在日本之前，美国卡耐基学社便考察全球各处地磁。它从1906年开始对中国磁场作调查勘测，从1906年到1917年，一共作十六次巡回观测旅行，测量范围几乎遍及除新疆和西藏以外的各个省份②。面对如此频繁的学术冲击，中国却迟迟拿不出有效的限制和应对举动。当地磁事业起步晚于中国的日本后来居上并且要越俎代谋时，中国只好请徐家汇观象台出面应对，挽回部分颜面。1923年3月25日，中国总统黎元洪（1864—1928）有感于马德赉对中国气象事业的贡献，颁授他五等嘉禾章③。从民族身份的角度看，徐家汇观象台是由外人主导的科学机构，它的作为再大也摆脱不了外人身份的限制。然而，这里实际上反映出比身份认同更大的问题，即这些本应由政府完成的工作，却长期毫无进展。对此，竺可桢一语道破："徐家汇气象台能于每日综合各处报告，而制为中国气象图。今日之气象图，于翌晨即能邮递各处。夫制气象图，乃一国政府之事，而劳外国教会之代谋亦大可耻也。"④

马德赉指出，地磁学作为气象学的重要分支，也是一门国际科学。磁象常随地而异，比如上海磁针偏东三度，湖北磁针指向正南。这种差异，航海者、建筑工程师以及地理学者不可不知。判断地磁信息，只能依靠磁象图。世界大国多拥有本国磁象图，中国则连一省之磁象图也没有。为此，马德赉提醒中国政府"此图之作，不可有缓"。1936年，中国能有效运行的验磁台只有徐家汇观象台、香港观象台和青岛观象台⑤，三者分别由法、英、德三国设立。马德赉与竺可桢的认识完全合辙，在他看来，中国气象学的责任只能由中国人奋起担当。值得注意

---

① 宗勉. 马公德赉与中国之气象学人材[J]. 圣教杂志，1924(2)：74-76.
② 卜尔克，鲁如曾. 中国地磁图[J]. 徐家汇验磁台地磁丛报，1937，40：2-4.
③ 宗勉. 马公德赉与中国之气象学人材[J]. 圣教杂志，1924(2)：73-75.
④ 竺可桢. 论我国应多设气象台[M]//竺可桢全集：第1卷. 上海：上海科技教育出版社，2004：344.
⑤ 卜尔克，鲁如曾. 中国地磁图[J]. 徐家汇验磁台地磁丛报，1937，40：6.

的是,马德赉将徐家汇观象台视为中国之机构①,这实际上也有相当的道理,而不能看作取悦国人之辞。一则徐家汇观象台的服务对象包含中国,对于中国也是有求必应,台中各个部门都有国人从事科学工作,如马德赉的学生鲁如曾、蔡尚质的学生高均(1888—1970)等。二则受民族主义的影响,今日的研究者对徐家汇观象台的"外人"和"宗教"身份强调过重,而忽略了它更为重要的"民间"或"私立"身份,作为一个社会机构,徐家汇观象台在中国气象史上长期占据要津,这恐怕不是殖民理论或侵略论能够完全解释的。

中国气象事业开始走上轨道,始于国立中央研究院气象研究所之筹备。1927年12月,竺可桢应大学院院长蔡元培(1868—1940)和行政部主任杨杏佛(1893—1933)之邀,担任大学院观象台筹备委员会常务委员,另一位常务委员是高鲁。观象台原计划包含天文、气象、地震和地磁四项,这种架构与徐家汇观象台几乎一致。但是受条件限制,只能先着手筹备天文和气象二部。1928年2月,蔡元培为便利办事起见,分观象台筹备处为天文研究所和气象研究所,高鲁与竺可桢分别任事。1928年11月9日,国民政府公布《中央研究院组织法》,国立中央研究院直隶于国民政府,气象研究所则为中研院拟设的十四个研究所之一。气象所设立之初,人手与经验都非常欠缺,于是竺可桢在1928年4月决定派遣沈孝凰和黄应欢二人至菲律宾马尼拉观象台实习,时任台长绥尔加(Miguel Selga,S.J.,1879—1956)对于竺可桢的请求爽快应允。马尼拉观象台设立于1865年,同样由耶稣会主办,"在东亚各国中创设最早,设备优良,对于预报台风之精确,在全球当首屈一指"。气象研究所成立初期,在研究方面鲜有成绩,这无可厚非,然而在实用的天气预报方面,也无法提供。据竺可桢的说法,原因主要有两个,一是测候网络不健全,二是电政配合跟不上。以中国之幅员,至少需一等测候所两百所以上,而当时的总数不及五十。另外,气象电报的接收往往花费一到两日,收到后已经失去了预报的意义②。

从民间层面来说,与徐家汇观象台有密切关系的一个机构是张謇(1853—1926)设立的南通军山气象台。张謇设立军山气象台与他的地方自治思想很有关系③,他认为气象关系地方农业、教育,"气象不明,不足以完全自治"④。

---

① 马德赉.地磁学简史[J].丁汝仁,译.圣教杂志,1931(12):724-725.
② 竺可桢.国立中央研究院气象研究所筹备经过报告[M]//竺可桢全集:第2卷.上海:上海科技教育出版社,2004:1-3.
③ 章开沅.开拓者的足迹——张謇传稿[M].北京:中华书局,1986:202-208.
④ 张謇.南通气象台概略[M]//李明勋,尤世玮,主编.张謇全集(4).上海:上海辞书出版社,2012:352.

1913年,张謇任农商总长,曾试图借助行政力量在全国推广气象观测,无功而返。关于军山气象台,刘叔璜有《南通军山气象台简史》一文,刘叔璜即该台的首任主任刘渭清①,此文和张謇的描述可以互证。刘叔璜在1913年被派往徐家汇随马德赉学习气象学,张謇于1914年托马德赉从英、法代购气象仪器,1916年11月25日气象台开幕,马德赉派鲁如曾前来襄助。后来,刘渭清又在田国柱的引介下到上海卢家湾法国无线电报局学习无线电收发报技术,并购置无线电收报机一台,自此每日接收徐家汇观象台的气象报告和标准时,然后向社会发布。徐家汇观象台对该台仍不时指导和传授最新的气象学技术。对此,张謇称外国教士的启导匡翼可谓有始有终,良厚之意可感②。

军山气象台在中国近代气象史上只是昙花一现,它在1937年因日寇犯境而停顿。该台基本上是对徐家汇观象台的依样画瓢,它的历史意义主要在于开辟之功。诚如胡适(1891—1962)所说,张謇是近代中国一个伟大的失败的英雄,他独力开辟了无数新路③,军山气象台便是其中的一条。然而,对于军山气象台的成立,仍然有很多历史细节值得挖掘。

刘叔璜指出,张謇于1905年在南通城南建设博物苑,苑内附设一测候室,该苑于1906年落成,这可以被视为南通地方气象事业的起始④。关于规划博物苑之事,最早见于张謇1906年1月3日的日记,1月6日的日记又称"规度博物苑之建筑,拟测候室三间,动、矿物陈列室楼三间"⑤。张謇的地方自治思想与他1903年赴日考察的经历很有关系,博物苑的设立是实现地方自治理想的一个方面⑥。在笔者看来,张謇的地方自治思想在一定程度上也有对徐家汇的借鉴,这一点并没有直接的文献明确提及,但是通过文献的比证还是有迹可循。

徐家汇观象台鼎力协助张謇开办军山气象台,这本身便说明张謇与徐家汇的关系匪浅,这种关系的中间人便是马相伯(1840—1939)。马相伯与张謇有长期交谊⑦,而地方自治也是马相伯一贯的政治主张,他的这一思想集中体现在

---

① 刘叔璜.南通军山气象台简史[G]//中国人民政治协商会议江苏省南通市委员会文史资料研究委员会编.文史资料选辑:第2辑(内部刊物).1982:101-106.
② 张謇.南通气象台开幕辞;南通气象台概略;军山气象台创办经过概况[M]//李明勋,尤世玮,主编.张謇全集(4).上海:上海辞书出版社,2012:352-353,367-369.
③ 胡适.《南通张季直先生传记》序[M]//欧阳哲生,编.胡适文集(4).北京:北京大学出版社,1998:597.
④ 刘叔璜.南通军山气象台简史[G]//中国人民政治协商会议江苏省南通市委员会文史资料研究委员会编.文史资料选辑:第2辑(内部刊物).1982:101.
⑤ 张謇.柳西草堂日记[M]//李明勋,尤世玮,主编.张謇全集(8).上海:上海辞书出版社,2012:621.
⑥ 章开沅.开拓者的足迹——张謇传稿[M].北京:中华书局,1986:203.
⑦ 薛玉琴,刘正伟.张謇与马相伯的交谊[G]//南通市政协学习、文史委员会,编.张謇的交往世界.北京:中国文史出版社,2011:97-108.

1932年一·二八事变之后所作的《国难刍议》一文中①。耶稣会管理之下的徐家汇天主教社区,除了天主堂和各种修院等纯宗教机构以外,还包括育婴堂、幼稚园、初等小学、启明女校、徐汇公学、聋哑学堂、震旦大学、徐汇书楼、观象台、博物院以及土山湾的各种工厂等②,俨然就是一个地方自治的标本。张謇在讲到自己设立南通养老院时,称仿照的对象是上海耶教会安老院③,即天主教会董家渡安老院④。

　　1905年9月1日,张謇日记有如下记载:"飓风大作,夜尤厉,潮大上。中夜,卧室墙角倒。徐汇测候言不虚。"在接下来十余日中,张謇多有关于天气的记载,尤其记述了水灾对于其所办实业所造成的损失⑤。这在张謇的日记中是比较罕见的。作为实业救国的践行者,气象预报的实际效用对于张謇的思想冲击之大可想而知。笔者认为这是张謇几个月后筹划南通博物苑时设置测候室的重要渊源。

　　在公共事务上,张謇以实业家、教育家和政治家等形象名世。然而在私人信仰上,张謇的思想却极富中国传统特色,我们可以说张謇信佛极诚,但是其信仰世界中又不止佛教一端,这些可从其日记中散见观察。1898年2月8日,张孝若(1898—1935)出生,张謇以子平术推算其命运。1925年7月13日,张謇"至五福寺申问三世夙因"。1926年2月13日为农历元旦,张謇占卜观测时运⑥。刘叔璜称,1924年9月有大同教散发传单诡言中秋节将有空前大地震,军山气象台"当即据理驳斥,登载《海通新报》,以安人心"⑦。然而有趣的是,作为军山气象台的发起人,张謇在面对旱灾时的反应竟然也是求神祈雨⑧。由此不难理解"徐汇测候言不虚"对张謇思想的冲击。作为科学事业的发起者,张謇很难突破自己知识结构的局限,但是他能够突破自己观念的局限,将个人"信仰"与社会

---

　　① 方豪. 马相伯先生年谱新编(下)[M]//李东华,编著. 方豪晚年论文辑. 台北:辅仁大学出版社,2010:335-339.
　　② 渔人. 徐汇记略[J]. 圣教杂志,1914(6):241-247.
　　③ 张謇. 南通养老院记[M]//李明勋,尤世玮,主编. 张謇全集(6). 上海:上海辞书出版社,2012:373.
　　④ 耶稣会某司铎. 安老会记[M]. 上海:土山湾印书馆,1912.
　　⑤ 张謇. 柳西草堂日记[M]//李明勋,尤世玮,主编. 张謇全集(8). 上海:上海辞书出版社,2012:613-614.
　　⑥ 张謇. 柳西草堂日记[M]//李明勋,尤世玮,主编. 张謇全集(8). 上海:上海辞书出版社,2012:441,969,977.
　　⑦ 刘叔璜. 南通军山气象台简史[G]//中国人民政治协商会议江苏省南通市委员会文史资料研究委员会编. 文史资料选辑:第2辑(内部刊物). 1982:104-105.
　　⑧ 张謇. 柳西草堂日记[M]//李明勋,尤世玮,主编. 张謇全集(8). 上海:上海辞书出版社,2012:920.

发展作出区分,这既反映了张謇兴办实业的难得之处,也反映了历史的微妙。

从耶稣会传教士的角度来看,张謇的例子同样堪称吊诡。耶稣会士兴办观象台本来就有科学传教的目的,他们甚至因此而遭到一些会中同志的批评。雁月飞在1933年写信给耶稣会总会长,抱怨观象台的科学工作未得到教区充分的尊重,很多人认为这是对时间的浪费。总会长回信安慰,他说直接传道和科学传道这两种方式是互益的,都至关重要①。在军山气象台成立时,有一个小插曲值得注意。1914年5月,刘渭清到上海和马德赉商议气象台建筑图稿,马德赉称山巅面积太小,宜将山顶普陀寺僧舍拆除建台。张謇"不欲毁数百年之古刹,乃议因巅普陀寺后殿之基址建台。往复商榷,至是图稿成"。不能排除马德赉的说法有一定的科学理据,然而同样不能排除,这其中也有天主教自明末入华以来"辟佛"传统的体现。马德赉或有一石二鸟之意,既借军山气象台的成立普及科学,又借此去除信仰方面的竞争者佛教的势力。正如教内人士对马德赉的评价:"公谦抑自持,不求世荣,惟冀有助中华,示我华人气象学问。尤愿吾华人求学问,而不忘学问之万有真原耳。"②不巧的是,张謇礼佛甚笃,1914年冬12月气象台开工,"先营庙舍,俾僧栖息奉佛有所,而后从事于台"③。这个案例也从一定层面上反映了在中国的处境中耶稣会科学传教策略的实际效果。

三、观念的变迁

当19世纪西人携近代文化东来时,中国社会出现了明显的转变。科技的进步使交通速度突飞猛进,火车、电报以及无线电等的应用改变了人们的生活方式,人们的思想也随之改变。在科学未昌明的时代,人们从容不迫地过日子。由于交通速度的增加,人们对于空间与时间的观念发生了巨大转变。"昔日重洋,今日庭户。昔人论时论刻,今则论分论秒矣"④。

然而观念的变迁过程并不简单。晚清时期,上海是中西文化的接榫地。姚公鹤(1881—1930)尝言:"吾国外力侵入,则上海当为政治上之国耻纪念地;物质

---

① AGUSTÍN UDÍAS. Searching the Heavens and the Earth: The History of Jesuit Observatories [M]. Dordrecht/Boston/London: Kluwer Academic Publishers, 2003: 13.
② 宗勉. 马公德赉与中国之气象学人材[J]. 圣教杂志, 1924(2): 76.
③ 张謇. 南通气象台概略[M]//李明勋, 尤世玮, 主编. 张謇全集(4). 上海: 上海辞书出版社, 2012: 352.
④ 竺可桢. 科学与社会[M]//竺可桢全集: 第2卷. 上海: 上海科技教育出版社, 2004: 573-574.

进步,则上海又为学术上之文化发轫地。"史学家孟森(1869—1937)对此深以为然①。在上海这个西潮最先涌入的城市,现代时间观念的普及持续了数十年。1876年成书的《沪游杂记》对于法租界公董局和董家渡天主堂的自鸣钟有简单描述,还有一首竹枝词称:"大自鸣钟莫与京,半空晷刻示分明。到来争对腰间表,不觉人歌《缓缓行》。"②论者一般都强调前三句所体现的时间观念的变化,实际上末句说明这种观念的转变仍在进行之中,依然有很多人按照传统的方式度日计时。到了民国初年,徐家汇、江海关和跑马厅等处也安置了自鸣钟,③它们的时刻校验"悉听命于徐家汇天文台"。此后,民众对于精确时间的需求也越来越高,1931年,上海市公用局为了统一全市标准时间,设置了标准钟,担任时刻校验的依然是徐家汇天文台④。

博物院的例子也可以反映观念变化的长期性特征。1868年韩伯禄(Pierre Heude, S. J., 1836—1902)来华,筹备创办徐家汇博物院。论者指出,徐家汇博物院的专属建筑于1883年才完成,因此以这一时间作为博物院的成立时间也有合理之处⑤。事实上,教内史家已经指出,尽管博物院建成于1883年,但是这与徐家汇博物院诞生于1868年并无抵牾,因为构成博物院的并非砖瓦墙壁,而是藏品。而且,在韩伯禄来华以前,他的同志如刘德耀和罗礼思(Louis Hélot, S. J., 1816—1867)便收集了很多动、植物标本⑥。史料显示,徐家汇博物院在1883年以前便在上海颇有影响,即使当时它仍未有自己的专属建筑。黄式权的《淞南梦影录》著于1883年,其中有云:

> 西人于徐家汇隔河教堂侧建博物院一所,珍禽异兽,毒蟒巨蛇,并蓄兼收,部下属千百种。或以药水浸玻璃瓶中,使历久不改颜色。或则剥取其皮,装立架上,飞鸣饮啄,宛转如生。并考其出处,别其性情,贴说绘图,著成简帙。苟有熟识之人,即可入门观玩。近则华众会主人仿而行之。罗致异物,锁闭室中,入观者必先输青蚨五十翼。然一鳞半爪,具体而微,终不及徐

---

① 姚公鹤. 上海闲话[M]. 吴德铎,标点. 上海:上海古籍出版社,1989:44.
② 葛元煦. 沪游杂记[M]. 郑祖安,标点. 上海:上海古籍出版社,1989:16,56.
③ 姚公鹤. 上海闲话[M]. 吴德铎,标点. 上海:上海古籍出版社,1989:6.
④ 吴静山. 上海的纪时[M]//沈云龙,主编. 近代中国史料丛刊续编:第39辑. 台北:文海出版社,1977:5-11.
⑤ 戴丽娟. 从徐家汇博物院到震旦博物院——法国耶稣会士在近代中国的自然史研究活动[J]. "中央研究院"历史语言研究所集刊,2013,84(2):331-335.
⑥ O. PIEL, S. J. Le 70e anniversaire du musée Heude [J]. Bulletin de l'Université l'Aurore,1938-1939,38:10-14.

汇之无奇不有也。①

可以看出,国人对于徐家汇博物院的关注较为迅速。黄式权的观察很细致,徐家汇博物院的确于"每日午后,准人参观,不收游资,亦无入场券之例。入门后,须投名刺,即有人招待导观"②。然而黄式权有所不知的是,韩伯禄每年的四分之三时间都在外地旅行考察,他所采集的对象包括鸟类、鱼类、介壳类动物和植物等,剩下的三个月,韩伯禄便在徐家汇从容不迫地研究和分类他的采集物,并识别出欧洲所没有的物种③。相比之下,国人的模仿既无公益性质,又一鳞半爪,不成系统,堪称画虎类犬。这说明博物院在上海的设立,固然较快地引发国人的关注,但是在反应的深度上,则未免停留在猎奇的层面上。

中国社会对于博物院的功能有较为完整的了解,可能已经到了民国时期。1921年桑志华(Émile Licent, S.J., 1876—1952)成立北疆博物院,分为公共部和研究部。这时的公共参与明显增多,很多中国和日本的学生都前来参观,北疆博物院的出版物也备受学界关注④。1930年,徐家汇博物院迁入震旦大学,同样分为以普及知识为目的的普通馆和专供研究使用的实验室⑤。

晚清以来,西学以排山倒海之势涌入中国。作为其中的一个分支,气象学的输入者主要是耶稣会士。但是宏观地看,徐家汇观象台并未给中国社会带来观念上的深刻改变。为了展现气象学输入中国的背景,笔者引述几种不同时段的新教传教士的文献,进而以历时性的角度观察传教士关于气象论述的一般主旨和不同策略。

1837年,由郭实猎(Karl Friedrich August Gützlaff,1803—1851)创刊的《东西洋考每月统记传》有则报道:"去年正月二月之时,中国数省,雷霹雳震地,电礮碑,当雷击毙多人……由是观之,上帝全能大操权势,人类岂非宜敬畏之哉。"⑥1867年7月,湛约翰(John Chalmers,1825—1899)主编的《中外新闻七日录》则称:"客自福建来言,该省自正月以来,大雨连宵,山水泛滥,延至本月初间,

---

① 黄式权.淞南梦影录[M].郑祖安,标点.上海:上海古籍出版社,1989:138.
② 渔人.徐汇记略[J].圣教杂志,1914(6):244.
③ Relations de la mission de Nan-King confiée aux religieux de la Compagnie de Jésus (I. 1873 - 1874) [M]. Chang-hai: Imprimerie de la Catholique, à l'orphelinat de Tou-sai-vai, 1875: 62.
④ Gerbes chinoises [M]. Lille: Procure des Missions "Chine, Ceylan, Madagascar", 1934: 82 - 83.
⑤ 近事·教中新闻 震旦大学新建博物院行奠基礼志盛[J].圣教杂志,1930(6):285.
⑥ 新闻·天气[J].东西洋考每月统记传,道光丁酉年正月:14.

竟无三日天晴者,吴督求晴不验,有谓南门闭关所致,吴督将南门启之,而阴雨如常,可见唐人之言,风水真无足凭也。"①吴督为时任闽浙总督吴棠(1813—1876)。

可见,在徐家汇观象台成立以前,新教传教士对于气象的解释并无科学的依据,以这样的话语方式去批判中国传统信仰中的求晴祈雨,对于不信教者而言实在是缺乏说服力。可以说,对于非基督教徒来说,求晴祈雨如若不灵,固然无损于他们的信仰,他们只会归咎于自己精诚未至,而一旦灵验,这种信仰又会得到强化且继续传播。因为在现代气象学发达以前,天气的变化完全在人的能力之外,它具有神秘性的特征。而在中国,祈雨禁屠又有着久远深厚的知识和信仰传统②,上节张謇的例子便为这种传统作了一个极佳的注解。到了1873年,英国驻华领事达文波(Arthur Davenport,1836—1916)在丁韪良(William A. P. Martin,1827—1916)等人主编的《中西闻见录》上发表《天时雨旸异常考略》,此文已经摆脱了护教的话语方式,对降水的形成作出科学性的解释③,但是片言只语,影响不大。

与新教传教士不同,耶稣会士通过实实在在的科学活动将气象学引入中国,在国内外都有相当的学术声望。然而如果从科学辅翼传教的目的来评估的话,这些活动可以说是失败的。马德赉在民国初年指出,即使是在西学风气普开的上海,人们对于徐家汇观象台的天文、气象、验磁和地震等部门尚不能分辨其名实,前来咨询者"往往所问非所事"④。中国从官方到民间并未因徐家汇观象台的存在而改变对于气象的传统认知。1926年,中国多处遭遇罕见旱灾,"各省当局,先后祈雨禁屠,宛若祈雨禁屠,为救济旱灾之惟一方法"⑤。

由此不难理解,竺可桢在留美学成归国后,在《科学》《申报》和《东方杂志》等报刊上奋力鼓吹气象学之于现代社会的重要性⑥。竺可桢指出,欧战时"德军飞

---

① 闽省大雨奇闻[N].中外新闻七日录,第一百二十七号,同治六年六月初十日.
② 竺可桢.论祈雨禁屠与旱灾[M]//竺可桢全集:第1卷.上海:上海科技教育出版社,2004:539-541.
③ 罗琳森.天时雨旸异常考略[J].达文波,译.中西闻见录,1873(4):1-3.
④ 马德赉.气学通诠·序[M].上海:徐家汇土山湾印书馆,1914:1-2.
⑤ 竺可桢.论祈雨禁屠与旱灾[M]//竺可桢全集:第1卷.上海:上海科技教育出版社,2004:539.
⑥ 需要指出的是,基督宗教也有祈雨活动,这种活动的本质是祈祷,无论是从教义还是从仪式的角度来看,这种祈祷都与基督宗教的体系不相冲突。竺可桢学成归国的前后,恰是新文化运动和五四运动兴起之时,"科学"作为一种主义和思潮在新知识分子中方兴未艾。竺可桢虽然于1910年刚到美国求学时便受洗成为基督徒,但是对于基督教了解并不深刻,信仰也并不虔诚。他在年轻时的人生观排在首位的是"科学救国",这对于那个时代的中国知识人而言是当务之急。在竺可桢普及气象科学时,首当其冲的便是有着深远传统的祈禳做法和祈雨禁屠等行为。然而,将现代气象科学引入中国的耶稣会在民国期间也举行祈雨活动,这一现象所隐含的历史信息极为丰富,既涉及中国和欧洲社会变动和思潮变迁中宗教和科学的势力消长,又涉及天主教自明末入华以来与中国传统信仰的碰撞和冲突,能够很好地反映在观念变迁过程中所涉及的历史因素至为复杂。对于此点,笔者拟另文专门探讨。

机之出伏,炮火之方位,毒气之攻发与守备,莫不视乎气象报告为转移。其当时之所以战必胜而攻必克者,良有以也。"当然,气象之于社会的功用,不仅体现在战争上,在承平时期,农业、航空等各个方面无不受气象的影响。值得注意的是竺可桢对于气象影响航海的描述:

> 清光绪三十一年(西历一九零五年九月一日)之飓风,行近崇明,使全岛均成泽国,损失财产以数千万计,舟子之遭淹毙者达数千人。民国四年七月二十八日之飓风,其中心亦逼近上海,航驶于宁波、上海间之甬兴轮,沉溺于扬子江口,遇难者二百余人。自吴淞某港至海关,距离不过一哩,而船只之覆没者至二十六艘之多。即以上海一隅而论,浦江之中,浮尸多至二百余具。①

这一方面可以看出飓风为害之烈,另一方面也反映出徐家汇观象台的局限。即使仅仅承担上海周边地区的气象防患,徐家汇观象台都显得力有未逮,更不必说承担整个中国的气象职责了。这也从一定的层面反映了中国气象学的权势转移早晚要发生。

此外,气象学也关乎国体。竺可桢指出,不只是气象学,凡是含有地方性的各种科学,如地质学、动物学、植物学之类,"我们在理论方面,虽然不敢高攀欧美,至少在我们国境以内的材料,应当去研究研究。但实际就在这一方面,我们也没有充分地发展"②。他在1921年的一篇文章中说,"测量地形,制为舆图,调查全国田赋、户口、气候、物产,此为政府之事固也。但吾人不得不警告政府,鼓吹社会,使人人知有测量调查之必要"。言"警告"、言"鼓吹",可见意识和观念的缺乏,而且这种缺乏已经造成严重的后果,日本人便因此而讥诮秦地无人,称"外人苟欲知中国之内容者,询日人斯可矣"③。

广义地说,耶稣会士以观象台和博物院为中心所从事的科学工作都属于地理学的范畴。这些学术活动在中国扎根约半个世纪之后,本土的学术力量才开始有意识地奋起直追。这些本土学术力量与耶稣会并无直接渊源,他们在西潮

---

① 竺可桢.论我国应多设气象台[M]//竺可桢全集:第1卷.上海:上海科技教育出版社,2004:342-344.
② 竺可桢.取消学术上的不平等[M]//竺可桢全集:第1卷.上海:上海科技教育出版社,2004:570-571.
③ 竺可桢.我国地学家之责任[M]//竺可桢全集:第1卷.上海:上海科技教育出版社,2004:339-340.

的冲击下负笈海外,学成归国后肩负着建立新学术的使命。外来学者和本土新锐构成了现代学术的两类载体,当行政力量逐渐和后者结合时,前者由喧宾夺主到客随主便,便只是时间的问题了。

四、权势的转移

民国元年(1912),北京成立中央观象台,隶属于教育部,高鲁任台长。民国二年,中央观象台设立气象科,蒋丙然任科长,此为中国近代自办气象事业之嚆矢。该年五月,东京观象台召开东亚气象会议,香港、徐家汇和青岛各观象台皆在受邀之列,而中央观象台始终未得邀请。高鲁与上述三台时有通问,得知后自费赴日以旁听资格参会。后来日方解释说邀请函已发至中国海军部。此次会议前后,徐家汇观象台台长劳积勋对于高鲁关照备至,高鲁后来回忆说"劳神父之爱人以德,至可感也!"劳积勋在此次会议上还说徐家汇观象台只是以"客籍之身"承乏中国气象事业,对于中国国情"适当与否,究难周知",而高鲁所代表的中央观象台才是中国本土的气象机关。此次会议归来后,高鲁便与蒋丙然谋划成立中国气象学会,以便和国际学术界争衡。然而该计划一拖便是11年[1],民国十三年(1924)二月,蒋丙然代表中国从日本手中接收青岛观象台。同年双十节,蒋丙然和竺可桢等人在青岛成立中国气象学会,这标志中国气象学术团体的正式形成,蒋丙然为会长,竺可桢为理事。1925年9月1—4日,中国气象学会召开第一届年会,竺可桢被选为副会长[2]。

北洋政府时期政治混乱,领导观象事业的高鲁和蒋丙然等人对于发展学术有心无力。此时,徐家汇观象台和新生的本土学术力量关系良好,劳积勋等人乐意看到中国人承担起本国的气象事业。但是中外双方对于各自的身份和使命都有清楚的认识,他们都知道中国的气象事业由外人承担不是长久之计。换言之,权势的转移迟早会发生。实际上,在本土学术团体内部也有一个权势转移的发生。吕炯(1902—1985)是中国现代气象学的先驱之一,他指出,中国气象事业的真正领导者是竺可桢。竺可桢自1928年担任中央研究院气象研究所所长,次年,中国气象学会的会所也从青岛转移至南京,越一年,蒋丙然和竺可桢的位置互换,此后竺可桢担任会长逾20年。在此期间,国家广设测候所,统一气象观测

---

[1] 高鲁.中国气象学会成立以前之感想[J].中国气象学会会刊,1925,1:2-4.
[2] 陈学溶,陈德群.建国前中国气象学会事略[G]//中国近代气象史资料编委会,编.中国近代气象史资料.北京:气象出版社,1995:26-33.

标准,厘定气象学术名词,维护气象行政主权,促请在大学内添设气象学系等,这些目标次第实现,与此同时,学术研究也有一定进展①。

气象学研究立足于大范围的持久观测基础上。中国气象学步入正轨太晚,这使得它的发展较为艰难和被动。当中国的本土气象学精英欲建立自身的优势时,首先要面对的问题是在学术上对外人的超越。

蒋丙然在回忆中国观象事业的发展历程时说,徐家汇观象台在中国发展气象事业,虽属越俎代庖,但是成绩卓著,在远东气象学界独树一帜。他说即使称徐家汇观象台"为中国气象事业树一基础,亦非虚誉",国人在民元以后经营气象事业,又得到该台的竭力相助②。蒋丙然毕业于震旦大学,与徐家汇观象台有一定的渊源,然而他的这一评价基本是客观的。

在竺可桢的大量气象学论著中,徐家汇观象台的研究成果构成了他重要的参考来源。如他对于台风的介绍基本参考阿乐古和劳积勋等人的研究成果③。1934年,在一篇论述东南季风的文章中,竺可桢根据马德赉所统计的三十年风向纪录与民间所称的舶䑸风互证,称"古人观察以目,不能如斯精密"④。类似的例子还有很多,这充分证明竺可桢对于徐家汇观象台的观测数据和先行研究非常熟悉,而且这些构成了他进一步研究的基础。值得指出的是,竺可桢1918年向哈佛大学提交的博士论文《远东台风分类新说》,很多基础数据是来自徐家汇观象台和马尼拉观象台,而且他深入参考了劳积勋、蔡尚质和阿乐古等人的著述⑤。这固然不足为奇,因为这些耶稣会士的著述是这一领域的开拓性研究,但是这可以表明,中国本土气象学的学术起步在很大程度上是建构在徐家汇观象台的工作基础之上的。

然而,徐家汇观象台在学术研究方面也有局限,这主要包括如下两点:一、观测所较少,且分布不均。如劳积勋的《中国十一年来之雨量》,其数据来源于八十余处测候所,其中一等测候所三十四处,它们多设在沿海和扬子江流域,西北和蒙藏地区阙如。对比之下,美国面积小于中国,而当时的一等测候所已二

---

① 吕炯.中国气象学会[J].科学大众,1948(6):260-261.
② 蒋丙然.四十五年来我参加之中国观象事业[G]//杜元载,主编.革命人物志:第11集.台北:"中央"文物供应社,1973:279.
③ 竺可桢.本月江浙滨海之两台风[M]//竺可桢全集:第1卷.上海:上海科技教育出版社,2004:346.
④ 竺可桢.东南季风与中国之雨量[M]//竺可桢全集:第2卷.上海:上海科技教育出版社,2004:194.
⑤ COCHING CHU. A New Classification of the Typhoons of the Far East [M]//竺可桢全集:第5卷.上海:上海科技教育出版社,2005:33-117.

百余处。以这种观测结果描述全国雨量,显然不能完全确当①。二、研究方法的科学性不够。比如针对龙相齐1928年出版的关于中国雨量的研究,竺可桢评论说,龙相齐所制的雨量图在坊间通行,但欠妥之处颇多。该雨量图所采用的纪录,并非同一时期,长短也不一例,因此不足以代表任何时期的雨量②。

大体而言,竺可桢主持下的气象研究所在学术上已经足以和徐家汇观象台分庭抗礼,甚至在某些方面有超胜之处③,接下来它面临的问题便是通过行政力量来推进全国的气象事业。本文主要关注的是,在本土气象学的发展过程中,他们与徐家汇观象台的关系。中国本土学术力量的形成太晚,此前,徐家汇观象台已经在国际上牢固地树立了自己的声望。劳积勋在任时,曾数次参加国际气象学会议④,在这些会议上,他是为远东尤其是中国气象学代言。当本土学术力量欲后来居上时,徐家汇观象台是无法回避的竞争者。就徐家汇观象台而言,他们面对本土学术生力军的反应和应对也同样值得探讨。

国际科学组织对于中国科学事业能够步入正轨同样乐见其成。尤其是像气象学这种地方性色彩甚浓的科学,如果缺少中国的参与,会是很大的缺憾。1882年,12个国家联合组织第一次国际极年观测。1929年,国际气象学会在哥本哈根召开第七届国际气象台台长会议,会议曾函邀中国,气象研究所决定派胡焕庸(1901—1998)参会,后因中俄交涉,西伯利亚铁路中梗而未能成行⑤。此次会议决议自1932年8月至次年8月为第二次国际极年。"届时凡滨南北冰洋之各国或其属地,均须加设测候所,即位温带各国亦须添设高山或高空测候站,并推丹麦气象局局长赖谷(La Cour)先生为极年委员会会长,敦促各国气象机关分头组织。"1931年春,气象研究所收到赖谷的公函,邀请中国参加观测,气象研究所以事关国家荣誉,决计于极年度内在山东泰山及四川峨眉山等地设立测候所参与观测。⑥

哥本哈根会议还通过很多重要提案,其中涉及海洋气象的观测。为测量海

---

① 竺可桢.中国之雨量及风暴说[M]//竺可桢全集:第1卷.上海:上海科技教育出版社,2004:1-8.
② 竺可桢.《中国之雨量》绪言[M]//竺可桢全集:第2卷.上海:上海科技教育出版社,2004:248-249.
③ 汤铭和.徐家汇天文台(二)[N].申报,1939-04-25(10).
④ 教中新闻·徐家汇天文台劳神父之荣誉[J].圣教杂志,1931(10):625.
⑤ 竺可桢.第七次国际气象台台长会议纪略[M]//竺可桢全集:第2卷.上海:上海科技教育出版社,2004:34.
⑥ 竺可桢.《峨眉山泰山国际极年观测报告》弁言[M]//竺可桢全集:第2卷.上海:上海科技教育出版社,2004:277.

上气象,全球共指定海轮一千艘,装设头等气象仪器用以观测。此种海轮须备有无线电,每日在格林威治时间 6 时、12 时和 18 时观测,然后形成气象报告相互传递。当时这一活动在北半球只限于欧美各国,会议深望远东各国加入这一观测网络。而远东各气象台的观测活动各行其是,因此应首先在区域内统一标准。1930 年 5 月在香港举行的远东气象会议讨论这些事项①,劳积勋代表徐家汇观象台参加了香港会议②,然而此次会议未能达成目标。直至 1937 年,东亚各国的气象观测每日仍只有两次,且观测时间极不统一。

1935 年 9 月,第八届国际气象台台长会议在华沙举行,此次会议也曾函邀气象研究所参加,因路途遥远,该所未能派代表出席,徐家汇方面则由雁月飞出席③。华沙会议以远东出席人数过少,决定另设远东分区会议,并任命法属印度支那气象台台长勃鲁松(E. Bruzon)为分区会议召集人。勃鲁松在和各台协调之后,决定于 1937 年 1 月 13 日召开远东区气象会议,会址仍在香港。此次香港会议,竺可桢代表气象研究所、龙相齐代表徐家汇观象台参会,两人同船前往香港,并在船上交谈 1 个小时,似乎相处得还不错④。

1937 年 2 月 4 日,竺可桢给国内诸多气象机构发函,邀请他们参加 4 月 2 日的第三届全国气象会议⑤。然而邀请名单中偏偏遗漏了徐家汇观象台,这一举动对耶稣会刺激不小。4 月 6 日,历史学家裴化行(Henri Bernard, S. J., 1889—1975)司铎专程从上海赶到南京,拜会竺可桢并询问原因。竺可桢此日日记载:"九点一刻至所。天主教司铎裴化行来……此次气象会议未邀徐家汇,渠颇引以为憾。余告以过去龙相齐之不合作态度,如六七年前之改摄氏一耗制,前年之改分区广播,渠皆反对。裴亦不以龙为然,但云以后可与台长 Lejay 直接交涉云。"⑥龙相齐对竺可桢领导的统一观测标准工作不合作之事,还可见于竺可桢 1936 年 2 月 1 日日记:"蒋右沧来函,谓气象电报较前大为进步,可知一种改良工作其始多受人反对。气象研究所初办时,欲海关更用大陆尺寸制,而徐家汇龙相齐反对,去年广播气象电报集中,而龙相齐又反对,岂耶稣会教士受教会

---

① 竺可桢.第七次国际气象台台长会议纪略[M]//竺可桢全集:第 2 卷.上海:上海科技教育出版社,2004:36 - 37.
② 教中新闻·徐家汇天文台劳神父之荣誉[J].圣教杂志,1931(10):625.
③ 教中新闻·徐家汇天文台台长雁司铎之科学贡献[J].圣教杂志,1937(3):190.
④ 竺可桢.竺可桢日记[M]//竺可桢全集:第 6 卷.上海:上海科技教育出版社,2005:231.
⑤ 竺可桢.致各气象机关及学校公函[M]//竺可桢全集:第 2 卷.上海:上海科技教育出版社,2004:390 - 391.
⑥ 竺可桢.竺可桢日记[M]//竺可桢全集:第 6 卷.上海:上海科技教育出版社,2005:279 - 280.

之影响倾向于保守乎?"①蒋右沧即蒋丙然。从这两则史料可见,中国气象事业在竺可桢的领导下克服阻力,进步卓著,连更为资深的蒋丙然也对竺可桢的工作予以肯定。另一方面可以看出,对于气象研究所在全国气象行政中的主导作用,徐家汇观象台在开始时并不顺从,但是随着形势的变化不得不进行妥协。4月10日,裴化行再度拜会竺可桢,称以后气象研究所若有往来信件可以与雁月飞径商,过去因为雁月飞常在欧洲,故不得不由龙相齐出面,竺可桢则答允不日即作函给雁月飞和龙相齐②。

对于气象研究所和徐家汇观象台之间的关系,有两点需要说明。一是尽管存在一定的分歧,但基本都属于公事公办的范畴,并未影响双方礼数性的往来。1939年5月6日,时值抗战期间,龙相齐致函身在浙江宜山的竺可桢,转发将于该年7—8月在旧金山举行的第六次太平洋科学会议的邀请函③。1930年和1932年,蔡尚质和劳积勋先后辞世,竺可桢以中国气象学会的名义深致哀忱④。1936年2月27日,竺可桢接徐家汇函电,知马德赉于该月7日逝世,他在日记中写道:"此君余于十二三年前曾遇之于昆山附近之卢家浜验磁台,在彼住一晚,时渠虽龙钟老态,而招待极周。研究所成立后,曾来函赞许。惜其物故,为作书唁之。"⑤可见对于蔡尚质、劳积勋和马德赉等老一辈耶稣会科学家的谦恭仁厚之形象,张謇、高鲁、蒋丙然和竺可桢等人的描述颇为一致。二是分歧的发生虽然有个人性格的因素,但是决定性的因素还是身份和认同。相比之下,裴化行和雁月飞在与竺可桢打交道时要圆通一些,而龙相齐为人较为强硬,给人不易合作的感觉⑥。但是在涉及自身认同的时候,双方都是毫不含糊的。第三届全国气象会议的重要议案包括在西沙设立测候所,当时越南为法国殖民地,法国与中国就西沙的主权问题存有争议。龙相齐在4月10日或前几日给中国外交部去函,称法国公使曾表示,"中国人若在西沙建台并不反对,只要不提出领土问题"。竺可桢为此致函龙相齐索要法国公使原文⑦。应该说,徐家汇观象台并未在中法之间的领土问题上卷入争端的前线,龙相齐的话也只是转述而已,但是彼此的立

---

① 竺可桢.竺可桢日记[M]//竺可桢全集:第6卷.上海:上海科技教育出版社,2005:18.
② 竺可桢.竺可桢日记[M]//竺可桢全集:第6卷.上海:上海科技教育出版社,2005:281-282.
③ 竺可桢.竺可桢日记[M]//竺可桢全集:第7卷.上海:上海科技教育出版社,2005:83.
④ 竺可桢.一年来气象学之进步[M]//竺可桢全集:第2卷.上海:上海科技教育出版社,2004:117.
⑤ 竺可桢.竺可桢日记[M]//竺可桢全集:第6卷.上海:上海科技教育出版社,2005:31.
⑥ 竺可桢.竺可桢日记[M]//竺可桢全集:第10卷.上海:上海科技教育出版社,2006:15.
⑦ 竺可桢.竺可桢日记[M]//竺可桢全集:第6卷.上海:上海科技教育出版社,2005:277,282.

场都再明白不过了。事实上,即使是耶稣会内部,在涉及认同问题时也是非常复杂。因为耶稣会是一个国际修会,同一个教区中的会士可能来自不同的国家。马相伯在做耶稣会士时,便与法国籍会士产生很多龃龉,而法籍会士和意大利籍会士之间同样矛盾颇多①。据说在徐家汇观象台内,自1940年意大利法西斯向法国宣战后,法籍的茅若虚(Louis Dumas,S. J.,1901—1970)便与意大利籍的龙相齐积不相能②。

抗战期间,无论是气象研究所还是徐家汇观象台都受到极大的影响,几乎无法开展正常的工作。抗战结束后,中国收回了外国在华租界,并对外人在华设立的各种组织和机构加强了管理。徐家汇观象台在抗战前的地位和作用一去不复返,观象工作基本处于停摆状态,然而国民政府始终未能正式接收该台③。1950年11月23日,已经身在北京主持中国科学院工作的竺可桢得知华东局准备封闭徐家汇观象台,于是建议华东局接收该台,由中科院负责保管之职。12月12日,徐家汇观象台被华东军管会接收④。需要补充的是,即使该台未被接收,也很难避免关闭的命运。"二战"以后,观象工作对于仪器的精密要求日益增加,高昂的成本使得这一活动在修会中难以为继。另外,20世纪中叶以后,科学和宗教的争论衰微。随着1965年梵二会议(Second Vatican Council)的闭幕,天主教会内部对于现代世界的态度也更为开放。以科学进行护教的动机不复存在,耶稣会也将工作重心转移到其他方面⑤。

五、结　　语

晚清以来,西潮涌入中国,这并非单向的西学东渐,西人在华的学术研究构成了全球知识体系的重要组成,徐家汇观象台的气象研究在这种背景下仅仅是一种支流。作为一个科学机构,徐家汇观象台在中国的传教团体中是独一无二的,然而在耶稣会的全球观象网络中,它又是一般的。在欧美等国,气象事业是

---

① 李天纲. 信仰与传统——马相伯的宗教生涯[M]//朱维铮,主编. 马相伯集. 上海:复旦大学出版社,1996:1242-1247.
② 竺可桢. 竺可桢日记[M]//竺可桢全集:第9卷. 上海:上海科技教育出版社,2006:555.
③ 吴燕. 科学、利益与欧洲扩张:近代欧洲科学地域扩张背景下的徐家汇观象台(1873—1950)[M]. 北京:中国社会科学出版社,2013:177-185.
④ 竺可桢. 竺可桢日记[M]//竺可桢全集:第12卷. 上海:上海科技教育出版社,2007:227-228,239.
⑤ AGUSTÍN UDÍAS. Searching the Heavens and the Earth: The History of Jesuit Observatories[M]. Dordrecht/Boston/London: Kluwer Academic Publishers, 2003: 13-14.

由政府机构主导，在半殖民地的中国，它在起始阶段的发展是在宗教团体的主导下通过世俗机构的合作来实现的。

徐家汇观象台在实践方面主要服务于以在华租界为中心的欧美社会，在它成立的四十多年内，中国社会对它的活动没有深刻的认识，当然也缺乏有力的回应。和很多学科一样，中国本土气象学也是在"五四"以后由留学生群体所建立，他们在西方的学术中心得以窥见所谓西学的堂奥，在学成归国后便大显身手并励精图治，期望在学术方面收回外人的主导权。不必讳言，竺可桢等人所领导的本土气象事业对于徐家汇观象台在学术和制度方面借鉴颇多，双方既有竞争也有合作。当具有半殖民地性质的租界不复存在后，徐家汇观象台的命运必然面临着转捩。

在这个过程中，世俗、宗教和学术的关系耐人寻味。耶稣会士从事科学事业，这本身便是天主教会对于欧洲世俗力量的对抗和回应，科学事业在一定程度上成为抵抗攻击教会的工具。然而在中国的租界里，欧洲宗教团体又与世俗机构合作密切，甚至在一定程度上承担了世俗机构的职责。世俗和宗教的关系在欧洲本土和海外侨地有着明显的错位，恰恰是这种错位使得耶稣会在客观上承担了将气象学引入中国的使命。巧合的是，如同他们明末清初的前辈一样，耶稣会再一次事与愿违，他们以科学辅翼传教的目标未能实现，不过，他们留下的学术遗产同样值得深入发掘和恰当评估。

（原载《学术月刊》2017 年第 9 期，被中国人大报刊复印资料《中国近代史》2017 年第 12 期转载，收入此文集时略作修订）

晚清的"进化"魔咒：
严复历史意识的再考察

成 庆

成庆，早年出身理工科，做过电信工程师及财经日报编辑，后入华东师范大学攻读中国近代思想史。2011年入上海大学文学院工作。主要研究领域为近代佛教思想史、当代中国佛教口述史等。主讲课程有"佛教的智慧世界""佛教概论""中国佛教史""近代佛教思想研究专题"（包括本科生及研究生课程）等。发表有关清末民初士人与佛教的学术论文多篇。

严复的社会进化思想，一直是晚清思想史所关注的重要议题，这不仅涉及晚清思想史的大转折，也与晚清现实的革命风潮有直接的关联，学术界对此多有着墨。总体而言，过往的研究，根据其研究重点与结论大致可分为两类。一类多属较为早期的研究，研究目标多聚焦在严复的社会达尔文思想方面，如杨宪邦先生早在20世纪80年代所写的《论严复的天演论哲学》一文，就是类似之代表。此文明确地把严复的天演思想归结为"社会达尔文主义"，认为是晚清非常重要的思想突破，也是晚清变法革命思潮的重要推动力。此文还认为，严复并没有彻底贯彻其社会达尔文主义思想，将其视为不彻底的唯物主义思想家。①诸如此类的研究多存在一个假设，即严复的社会进化论思想源于西方，而较少顾及严复思想中的传统因素，如道家、《易》的思想与社会进化论之关联。另外一类研究则开始试图摆脱所谓的中西二元的架构，并不将严复视为简单的西学接受者，而是挖掘严复在翻译《天演论》时所动用的各种思想资源，从一些基本思想议题出发来探讨严复对于社会进化论的诠释，因此会较多关注严复的中国思想背景，这以史

---

① 杨宪邦.论严复的天演论哲学[J].社会科学辑刊,1984(1).

华慈的《寻求富强：严复与西方》一书为典范。史华慈没有将严复看作是西方进化论的被动接受者，而是东西文明的对话者。在此前提下，史华慈认为，严复所诠释的"天演论"其实是一种"有意篡改"与"创造性的转化"。不过，史华慈并没有在诸子学、道家与《易》的内容部分作太多的发挥。① 在此问题意识下，一些学者开始关注严复如何利用中国的本土思想资源去理解乃至移译社会进化论，如高瑞泉的《在进化论的传播背后——论"进步"观念在近代中国确立之条件与理路》一文，明确地提出严复的社会进化论思想与《易》，乃至与《荀子》及《韩非子》之关联；②另外，既往之研究大多会肯定社会进化论与晚清革命思潮之关联，但并没有将进化论与革命思潮的其他要素综合起来考察，王中江先生的《进化主义在中国的兴起》则较多地分析了晚清社会进化论与"天道""富强"乃至"乌托邦"观念之间的内在理路，也考察了严复的社会进化思想与其"群学"（社会学）之间的联系，是少有完整考察严复社会进化思想与晚清变法、革命思潮之关联的研究。③

总体言之，对于严复的社会进化思想，虽然已有相当的研究成果，但仍缺乏整体的研究架构，对于严复思想中的一些看似矛盾模糊之处还无法完全厘清其思想史意义。如史华慈教授对于《天演论》中所蕴含的"宇宙进化"与"人类选择"之间的思想冲突有相当系统的辨析，这一议题对于严复的《天演论》而言，实属相当重要的议题，但大部分对于《天演论》的研究，虽会有所论述，但少有在这方面有深入的探讨。而且我们一般将"富强"作为严复社会进化思想的主轴，但是严复对于"富强"并非是全盘接受。那么，严复所阐释的进化论思想，核心的理论依据和历史标准究竟是什么？论述社会进化论，还需要其他"子观念"去作支撑，因而严复不仅翻译了《天演论》，也翻译了《社会通诠》这类社会学的著作。还需进一步探讨的是，晚清的进化论思潮是否是由西方的社会进化思想与中国传统的历史意识（历史观）以及其他思潮共同发酵而产生的？而晚清的革命党人与无政府主义的民族主义论述，即是与社会进化论密切相关的议题，但这些议题，在目前的研究中，仍然被割裂开来，因而无法呈现严复思想的整体脉络及其思想史的意义。

---

① 史华慈. 寻求富强：严复与西方[M]. 叶凤美,译. 南京：江苏人民出版社,1996. 英文版由哈佛大学出版社在1964年出版，但由于中西学术交流隔绝，直到20世纪90年代，国人才得以了解。
② 高瑞泉. 在进化论的传播背后——论"进步"观念在近代中国确立之条件与理路[J]. 学术月刊,1998(9).
③ 王中江. 进化主义在中国：20世纪西方哲学东渐史[M]. 北京：首都师范大学出版社,2002.

一、富强的秘密:"天道"的再诠释

社会进化的思想虽属晚起,但晚清以降,从龚自珍、魏源开始,由于政治衰败而引发的"变局意识"始终未有中断,随着时局的不断转变,对这种历史变化意识的表达却有其不同之处。如魏源在《默觚》中说,"三皇以后,秦以前,一气运焉;汉以后,元以前,一气运焉。"①不过,他同时也会用"运会"来表达对时势的看法,如他曾有诗云:"九重日忧勤,四海日疮痍。岂非运会间,盈亏各有时。"②无论是"气运"或是"运会",魏源基本上是一种循环论色彩的历史观,强调人类不可能完全主宰天道之下的政治变化。此时的士人对于"历史意识"的理解,大多仍使用"世运"等词,更为激进的"进化"一语尚属未见。③

鸦片战争之后,虽然政治上的求变愿望在士人中不断地酝酿,但仍然未能突破传统的历史意识,儒家士人大多以"天理"及"天道"来审视人类历史的演进,将一时的治乱仍然归结为某种不断循环往复的"气运"与"运会",虽然廖平、康有为的"异端"思想初现,但对于一般儒生而言,仍然在传统的历史意识中摇摆,这种保守性体现在具体的政治上,即为只强调器物之变,不求精神更新的洋务运动。

这种保守态势最终被甲午战争打破,在光绪二十年(1894)的九月至十一月间,严复与陈宝琛之间有多封书信往来,当中论及甲午战事,除开对北洋海军及主事者的议论外,严复明白地指出国人不思改变、不思进取的习气。在同年十月十一日,严复在给长子严璩的信中,对这种局面表示出极大的不满:"中国今日之事,正坐平日学问之非与士大夫心术之坏,由今之道,无变今之俗,虽管、葛复生,亦无能为力也。"④

光绪二十一年(1895)的二月四日、五日,严复在天津《直报》上发表了一篇重要文章——《论世变之亟》,开篇严复即有一段非常重要的表述:

---

① 默觚下·治篇[M]//魏源.魏源集:上册.北京:中华书局,2009:43.
② 道中杂言[M]//魏源.魏源集:下册.北京:中华书局,2009:590.
③ 康有为早期著述中,鲜有发现"进化"一词,如光绪乙未年(1895)间康有为的讲课笔记《康南海先生讲学记》中的关于"张三世"的内容,就没有出现"进化"一词;但在1901—1902年完成的《礼运注》中,大量出现"进化"一词,而在1902年定稿的《大同书》也出现"进化"一词。但由于康有为前后删削文稿,因此这并不足以判断康有为对"进化"一词的使用到底是很早就出现,还是在1901年左右才大量使用,无论如何,时间的早晚并不意味康有为在晚期才有历史进化意识。关于康有为与廖平在历史意识上的突破,可参看:成庆.晚清士人的普世主义想象:以康有为《大同书》为例[G]//许纪霖.多维视野中的个人、国家与天下认同:知识分子论丛第11辑.上海:华东师范大学出版社,2013.
④ 与长子严璩书[M]//严复.严复集:第3册.北京:中华书局,1986:780.

> 呜呼！观今日之世变,盖自秦以来未有若斯之亟也。夫世之变也,莫知其所由然,强而名之曰运会。运会既成,虽圣人无所为力,盖圣人亦运会中之一物。既为其中之一物,谓能取运会而转移之,无是理也。彼圣人者,特知运会之所由趋,而逆睹其流极。唯知其所由趋,故后天而奉天时;唯逆睹其流极,故先天而天不违。于是裁成辅相,而置天下于至安。后之人从而观其成功,遂若圣人真能转移运会也者,而不知圣人之初无有事也。即如今日中倭之搆难,究所由来,夫岂一朝一夕之故也哉！①

此段话以"世变"与"运会"为关键词,自然是有本于甲午战事的局面而言。严复虽以"运会"说明历史之流变趋势,但也认为,儒家"圣人"只能认识与顺应这种历史的演变趋势,而无法去改造与变化它。

关于中西关于历史意识的差异,严复在文中如此说:

> 尝谓中西事理,其最不同而断乎不可合者,莫大于中之人好古而忽今,西之人力今以胜古;中之人以一治一乱、一盛一衰为天行人事之自然,西之人以日进无疆,既盛不可复衰,既治不可复乱,为学术政化之极则。②

此时《天演论》尚未译竟,③但严复显然了解中西在历史意识方面的差异:西方持的是一种线性的社会进步观,认为人类可以不断进步,而中国传统历史意识的特征,则是一种以天道为基础,侧重"复古"的循环史观。那么,他为何在历史意识问题上循西而废中呢?

严复认为,中国传统圣人的治理精神为"期于相安相养",即通过抑制生民的欲望,而将物质的相互争夺压制到最低程度,但这带来的结果却是"民智因之以日窳,民力因之以日衰",严复正是在此强烈的"经世"动机之下,才提出富强的奥秘——"自由":

> 公等念之,今之夷狄,非犹古之夷狄也。今之称西人者,曰彼善会计而已,又曰彼擅机巧而已。不知吾今兹之所见所闻,如汽机兵械之伦,皆其形

---

①② 论世变之亟[M]//严复.严复集:第1册.北京:中华书局,1986:1.
③ 关于严复翻译《天演论》的起始时间问题,学界已有相当集中的研究,认为其翻译始在1895年4月之后。关于这一时间点,曾给学界带来很大争议的《天演论》"味经版"问题,也已有相关学者加以讨论,参见:邬国义.关于严复翻译《天演论》的时间[J].华东师范大学学报,1981(3).汤志钧.再论康有为与今文经学[J].中国社会科学,2000(6).俞政.严复翻译《天演论》的经过[J].苏州大学学报,2002(4).

下之粗迹,即所谓天算格致之最精,亦其能事之见端,而非命脉之所在。其命脉云何? 苟扼要而谈,不外于学术则黜伪而崇真,于刑政则屈私以为公而已。斯二者,与中国理道初无异也。顾彼行之而常通,吾行之而常病者,则自由不自由异耳。①

在严复看来,是否拥有"自由"是中西最大的差异,也是中国难以达成富强的直接原因。光绪二十一年(1895)三月四日开始,严复在天津《直报》上连续发文——《原强》,阐述富强之理,"是故富强者,不外利民之政也,而必自民之能自利始;能自利自能自由始;能自由自能自治始,能自治者,必其能恕、能用絜矩之道者也。"②人民拥有自由,能自利、自治,便能开民力、民智、民德,才足以富国强兵。

经由公羊学弘扬者的不断酝酿,以及自强运动的铺陈,最终催生出严复这种对于"富强"目标的强烈冲动。史华慈的研究就明确地发现,严复此时已经敏锐地察觉到西方文化中所独特的追求功利、求竞争的"浮士德性格"。

严复因时局之变的迫切感,而以"竞争"与"自存"作为人类历史演变的方向,将其"经世意识"发展为一种极端的"富强论",显然与甲午之战的历史背景密切相关。《马关条约》的签订,更是渲染、烘托这种危亡情绪的导火索。

严复在光绪二十一年(1895)二月至五月间连续发文,《论世变之亟》《原强》《辟韩》《原强续篇》及《救亡决论》,篇篇直指当下的时势,甚至发出"今日中国不变法则必亡"之语,经世冲动在时局的催逼下已被迅速激化。在这样的时局下,"富强"自然是严复最为关心的目标,正因此,"西学"成为严复一而再、再而三诉求的重点所在,"是则一言富国阜民,则先后始终之间,必皆有事于西学,然则其事又曷可须臾缓哉!"

这种对于"富强"的关注,显然部分来自传统儒家的经世关怀。儒家的"经世"观念,大概分为三层意涵,第一,为一种彻底的入世精神;第二则是认为可以通过政治将人世改造为一个理想的社会;第三则指的是具体的政治制度与治理方法。值得指出的是,宋明以来儒家所理解的"政治",并不是一种纯然世俗性、物质性的人事活动,而是与超越性相关,如儒家的宇宙论或心性论。③ 廖平、康

---

① 论世变之亟[M]//严复.严复集:第1册.北京:中华书局,1986:2.
② 原强[M]//严复.严复集:第1册.北京:中华书局,1986:14.
③ 宋明以来儒家经世思想试释[M]//张灏.幽暗意识与民主传统.北京:新星出版社,2006:74-79.

有为重新有机会将修身与经世融为一炉,如廖平的"天人之学"与康有为的"大同论"。可见儒家之经世精神,虽注重现实政治,但也有宇宙论、天理论和心性论作为其基础。儒生的"经世"意识一旦萌生,首先就会凸显重人事的"历史意识",更多关注人事政治在历史中的演变,依靠"圣人"创造历史的观念逐渐取代了完全受天道、天理限制的历史观。

然而,康有为在《大同论》中以一个充满意义感的超越性乌托邦作为人类进化的目标,严复则给未来设定的则是纯粹生物性与物质性的进化路线。他以达尔文与斯宾塞的学说重新对人类历史进行了影响巨大的新式解读,在《原强》的开篇,他引用达尔文的说法,认为西洋思想因达尔文而为之一大变,"论者谓达氏之学,其彰人耳目,改易思理,甚于奈端氏(即牛顿)之天算格致,殆非溢美之言也"。①严复认为达尔文学说中最重要的内容一为"争自存"、一为"遗宜种",而在《原强》的修改稿中,他更是简明扼要的总结为"物竞"与"天择",由此人类历史成为强与弱、种与群的竞争史,将人降至动物层面来重新审视人类历史,"民人者,固动物之类也,达氏总有生之物,标其宗旨,论其大凡如此"。

将人类降至动物层面,以"竞争"与"适者生存"作为人类的演化原则,这显然是与传统的认知是相悖的,严复此处将人与动物所共有的"竞争"特性视为人的重要特点,显然在人性的问题上开始出现重要的转变。

正如严复已发现的,传统儒家的政治理想是一种"圣人模式",即由了知治术与时势的圣人来为政治规定方向,一般生民不具备政治参与的可能性,也无法在政治的蓝图设计中扮演任何重要的角色。从实际政治上看,表现为一种官僚士大夫阶层为主体的治理模式,在政治目标方面则倾向于"小康"式的经济富足、邻里和睦的伦理秩序观念。在严复这里,这些政治价值与目标被扭转,转而是以个人与国家作为基本的政治单元,通过相互竞争与淘汰,来使得国家在竞争中达致富强。严复在光绪二十一年(1895)发表的几篇文章中,一方面将政治目标从追求伦理性的秩序修改为"生物性保存"的目标;另一方面则是极大抬升了"个人"的地位,并且将国家的富强与个人的状态与能力建立起密切的联系。

对于严复以生物学的视角来审查人类历史的新视角,显然是发儒家之未敢发,毕竟"民人者,固动物之类也"的观点,显然不符合儒家以"仁义"来定义"人"的人类学假设。因此严复在阐述其社会进化论之前的第一步,就必须重新构造

---

① 《原强》一文存在两个版本,一为1895年发表于天津《直报》上的版本,二是1896年严复的修改版本。从思想上而言,两个版本并无本质差别,但修改稿的观点更为集中扼要,本文引用则不作太大区分。原强[M]//严复.严复集:第1册.北京:中华书局,1986:5.

出一个"生物学意义"上的个人,这显然非达尔文学说莫属。

达尔文的观念引入中国,与严复密切相关,不过从思想接受史来看,1873年的《申报》就有一篇相当简要的短文介绍达尔文的思想,在1891年的《格致汇编》集刊中,也有关于达尔文思想的介绍。但此类种种,都只是片言只语的引介,对于达尔文观念的系统阐发,仍然要以严复在《天演论》的翻译与阐发为集大成。不过,严复显然并非亦步亦趋的西学"摹仿者",而是有自己作为传统士人的高度精神自觉,对西学的汲取带有强烈的自主性,也让其面对赫胥黎与斯宾塞的"进化论"时,其实扮演的是一位对话者与创造者的角色,这一点从其对《天演论》的翻译可以有清晰的观察。

严复对赫胥黎所著《天演论》的翻译,显然正如学界研究所发现的,并不纯然是直接的翻译,而是杂糅了斯宾塞等其他作者的观点,甚至赫胥黎此书本是反对斯宾塞的"任天为治"的自然主义观念,而严复却在按语中处处引用斯宾塞的看法,并且赞美斯氏的观点。因此史华慈认为,严复之所以翻译这本与其观点相冲突的书来为其赞成的宇宙进化论张目,是因为赫胥黎此书对于达尔文学说较为详细的介绍所致,而且也让严复有了借斯宾塞来驳斥赫胥黎的机会。①

赫胥黎与斯宾塞之间的主要差异,乃是斯宾塞认为,自然性的宇宙进化逻辑与人类的进化逻辑一致,早在达尔文的《物种起源》之前,斯宾塞就已经提出自己的社会进化论,而达尔文的《物种起源》无疑启发了斯宾塞将人类社会的进化与生物的自然选择并列齐观。但赫胥黎则明显反对将宇宙进化(cosmic evolution)与人类社会的演变逻辑等同,他不仅认为法律与道德必须要对人类社会中的竞争加以限制,而且人类社会的伦理进化过程(ethical process)也与宇宙进化过程(cosmic process)是截然对立的逻辑。

对于严复而言,从开篇翻译伊始,就在有意无意地混淆宇宙进化过程与人类伦理进化过程之间的区别,这一点从其译名的选择即可察觉,如赫胥黎这一段原文:

> Yet nothing is more certain than that, measured by the liberal scale of time-keeping of the universe, this present state of nature, however it may seem to have gone and to go on for ever, is but a fleeting phase of her

---

① 本杰明·史华慈. 寻求富强:严复与西方[M]. 叶凤美,译. 南京:江苏人民出版社,1996年:88-101.

infinite variety; merely the last of the series of changes which the earth's surface has undergone in the course of the millions of years of its existence.①

严复的翻译如下：

> 故事有决无可疑者，则天道变化，不主故常是已。特自皇古迄今，为变盖渐，浅人不察，遂有天地不变之言。实则今兹所见，乃自不可穷诘之变动而来。京垓年岁之中，每每员舆，正不知几移几换而成此最后之奇。且继今以往，陵谷变迁，又属可知之事，此地学不刊之说也。②

赫胥黎此段意义颇为简要，交代宇宙的演化在地球物质层面所表现出来的变化形态，但是其中一个用语则让人颇感深意，"天道"一词在赫胥黎原文中大抵指代的是"this present state of nature"（自然世界之状态），但无论对于道家还是儒家的观念中，"天道"一词具有不同于科学主义式的神秘主义维度，虽然道家的"道"也具有某种朴素的自然论色彩，但显然与赫胥黎所指代的物质世界的"自然论"相差甚远。同样的例证还有：

> Thus that state of nature of the world of plants which we began by considering, is far from possessing the attribute of permanence.③

中文译文则为：

> 故知不变一言，决非天运。④

严复将 state of nature of the world of plants（植物界之状态）直接翻译为"天运"。正是出于对"天"的物质主义理解，在最为关键的"天演"这个概念上，严复也持有同样的看法，如下面这段：

---

① THOMAS H. HUXLEY. prolegomena, Evolution and Ethics: and other essays [M]. New York: D. Appleton and Company, 1901: 2-3.
② 天演论[M]//严复.严复集：第5册.北京：中华书局，1986：1324.
③④ THOMAS H. HUXLEY. prolegomena, Evolution and Ethics: and other essays [M]. New York: D. Appleton and Company, 1901: 4.

And in the living world, one of the most characteristic features of this cosmic process is the struggle for existence, the competition of each with all, the result of which is the selection, that is to say, the survival of those forms which, on the whole, are best adapted, to the conditions which at any period obtain; and which are, therefore, in that respect, and only in that respect, the fittest.①

严复的译文则为：

不变惟何？是名天演。以天演为体，而其用有二：曰物竞，曰天择。此万物莫不然，而于有生之类为尤著。物竞者，物争自存也。以一物以与物物争，或存或亡，而其效则归于天择。②

只要略作比较，即知严复将 cosmic process（宇宙进化过程）翻译为"天演"，因生物性的保存而竞争的结果则为"天择"，即自然世界的演化结果。

以这三段译文比较，我们就可以比较清楚地了解，严复的"天道""天运""天演"，虽取用的是旧词汇，但与其相对应的原文观念却是截然不同。从表面上看，其最大的特点在于将西方自然论的"宇宙"观念直接取代了中国思想传统中带有强烈超越性格的伦理秩序之天，人类历史的演变在核心要义上则与宇宙自然界的演变是同一种规律，即西方近代流行的科学主义的宇宙进化论。这种"宇宙论"剔除了传统西方宇宙论中的神秘主义色彩，而是成为自然科学化的"物质宇宙"。严复自己也深知"天"一词在中文中的复杂性，因此在翻译斯宾塞的《群学肄言》中就特地写过一段按语：

中国所谓天字，乃名学所谓歧义之名，最病思理，而其争端。以神理言之上帝，以形下言之苍昊，至于无所为作而有因果之形气，虽有因果而不可得言之适偶，西文各有异字，而中国常语，皆谓之天。如此书天意天字，则第一义也，天演天字，则第三义也，皆绝不相谋，必不可混者也。③

---

① THOMAS H. HUXLEY. prolegomena, Evolution and Ethics: and other essays [M]. New York: D. Appleton and Company, 1901: 4.
② 天演论[M]//严复. 严复集: 第 5 册. 北京: 中华书局, 1986: 1324.
③ 群学肄言·按语[M]//严复. 严复集: 第 4 册. 北京: 中华书局, 1986: 921.

虽然此段按语是本于《群学肄言》而写,但其中提到的"天演"之"天",乃是"因果之形气",类似一种物质性的因果结构。可见严复对天演的理解,是一种依循自然界之因果规律而演变的过程,在此意义上,的确与斯宾塞的"宇宙进化"有相近之处。

在类比"天"的概念后,严复同时也接受了达尔文学说中关于人类的"生物学"设定:

> 自达尔文出,知人为天演中一境,且演且进,来者方将,而教宗抟土之说,必不可信。盖自有歌白尼而后天学明,亦自有达尔文而后生理确也。斯宾塞尔者,与达同时,亦本天演著《天人会通论》,举天、地、人、形气、心性、动植之事而一贯之,其说尤为精辟宏富。①

达尔文的"物种起源"观念在西方思想史上,无疑对两路关于"人"的思想传统都构成了冲击,一是古希腊传承下来的哲学传统,一则是基督教的"创造论"传统。近代哲学如笛卡尔,从身体(body)与心灵(mind)的人类学观念来定义"人",身体与灵魂之间则是一种机械论式的关系;而基督教的"创造论"则认为人类是由超自然的上帝所创造,正因此,人类与造物主保持着超越性的联系。因此达尔文学说,尤其是严复所钟爱的斯宾塞,将自然的宇宙、动植物以及人类"一贯之",将人类降格为普通自然界的一员,强调其自然属性,而淡化甚至祛除其在"灵魂""心灵"等精神层面的特征。

因此严复在翻译《天演论》时,所要作的一个重要工作,就是重新阐发传统的"天人关系",在传统儒家的天人关系中,基本认为人世间的政治社会秩序来源于宇宙秩序,非人力所能控制和变更,具体表现为汉儒的天人相应模式。② 严复则大量引用《易经》的观念来解释斯宾塞的宇宙构成模式,如他说:

> 斯宾塞尔之天演界说曰:"天演者,翕以聚质,辟以散力。方其用事也,物由纯而之杂,由流之凝,由浑而之画,质力杂糅,相剂为变者也。③"

---

① 天演论·复按[M]//严复.严复集:第5册.北京:中华书局,1986:1325.
② 宋明以来儒家经世思想试释[M]//张灏.幽暗意识与民主传统.北京:新星出版社,2006:80-84.
③ 天演论·复按[M]//严复.严复集:第5册.北京:中华书局,1986:1327.

翕辟之说来自《易经》，一开一合为世界生成之源，严复以此说来理解斯宾塞的"质力说"，最终是想说明宇宙万物的生成与演变。显然，严复并不是故意将斯宾塞的观念来与《易经》比附，而是认为中国传统思想已经内含了斯宾塞的宇宙生成观，即他大力推崇的"天演论"。在《天演论》序言中他就认为，《易》与斯宾塞的天演思想其实是相互发明：

> （斯宾塞）为天演界说曰："翕以合质，辟以出力，始简易而终杂糅。"而《易》则曰："坤其静也翕，其动也辟。"至于全力不增减之说，则有自强不息为之先；凡动必复之说，则有消息之义居其始。而"易不可见，乾坤或几乎息"之旨，尤与"热力平均，天地乃毁"之言相发明也。此岂可悉谓之偶合也耶？虽然，由斯之说，必谓彼之所明，皆吾中土所前有，甚者或谓其学皆得于东来，则又不关事实适用自蔽之说也。夫古人发其端，而后人莫能竟其绪；古人拟其大，而后人未能议其精，则犹之不学无术未化之民而已。祖父虽圣，何救子孙之童婚也哉！①

由此可见，严复认为，斯宾塞只不过恢复了《易》中早已阐发的观念，这些见地只是被后人遗忘而已，如今通过斯宾塞的天演论，严复重新恢复了《易》中的乾坤翕辟之说，即宇宙生成演变的观念。

因此，严复的所谓"西体"，本质上仍是"中体"，只不过是《易经》之"体"，"西体"也只是中国古人之发现而已。有趣的是，严复对于《易》中宇宙生成论的阐发，同样也见诸康有为的论述。康氏比附西学格致学，也用《易》构造出一个自然宇宙生成、演化的模式，以此来与西方现代自然科学相附和。

从"历史意识"角度来看，严复的"天演论"似乎是一种生物与物质世界的演化史观，那么自然宇宙与人事世界之间的关系，难道没有任何冲突？

尽管赫胥黎在其著作中明确区分了宇宙进化（Cosmic evolution）与人类社会的进化伦理（ethics of evolution），但是严复在翻译《天演论》时仍然有意无意忽视赫胥黎的这一区别，认为赫胥黎的大部分著作仍然是和斯宾塞的"任天之说"一致，只不过《天演论》存在不同看法。由此严复认为，虽然赫胥黎认为"天行人治必相反"，还是"同出一原，特天行则恣物之争而存其宜，人治则致物之以求得其所祈向者"，明显忽视与曲解了赫胥黎以"人治"反对"天行"的根本看法，而

---

① 天演论自序[M]//严复.严复集：第5册.北京：中华书局，1986：1320.

是赞同斯宾塞"人治天行"同为天演之理的看法。

在此观点下,严复认为的"天行"与"人治"的根本之"原",即是其大力阐发的"质力论":

> 谓质力杂糅,相剂为变者,亦天演最要之义,不可忽而漏之也。①

所谓"质",指的是宇宙间的基本物质形态,所谓"力",则是凝合物质的各种"力量"。因此不光是物质世界,还是人体生理结构,都是以"质力"体合而成。斯宾塞进一步将这一逻辑推至"农商工兵、语言文学之间",即社会政治也要服从生物性的相互竞力的原则,由此人类社会,也成为一优胜劣汰之社会,人类之历史,即为残酷无情的"物竞天择史"。

不过,这里所言的人类历史之"残酷无情",或许还需作出澄清,这也是严复思想的微妙之意所在。李强的研究认为,严复是用一种新的达尔文普遍主义替代传统儒家式的道德普遍主义,因此在诠释"天演"时,仍然掺入儒家的"道德主义"。② 这种以儒家的"道德主义"来理解严复的"天演之道",恐怕仍然没有厘清严复的思想资源其实本于《易》与道家的思想史线索,除开前述提到严复反复地引用《易》的观念,他在讨论斯宾塞时也提到黄老之学,③ 如他曾说:

> 斯宾塞氏之言治也,大旨存于任天,而人事为之辅,犹黄老之明自然,而不忘在宥是已。④

可见严复对自然之"天"的理解,也取道家所谓"道法自然"之意,如"天地不仁,以万物为刍狗",即是从无善无恶的自然主义立场来理解人世间的"天演"。按照史华慈的看法,黄老之学中,自然性的"道"不仅是超越性世界的规律,也支配着人类文明世界的全部"自然过程",因此政治上的"无为"正是出于对这种自然之"道"的认同与服膺。⑤ 儒家却是认为圣人通过礼秩与教化,可以获得一个

---

① 天演论[M]//严复.严复集:第5册.北京:中华书局,1986:1328.
② 李强.严复与中国近代思想的转型——兼评史华兹《寻求富强:严复与西方》[J].中国书评,1996(9).
③ 王天根.《天演论》传播与清末民初的社会动员[M].合肥:合肥工业大学出版社,2006:31-32.
④ 天演论[M]//严复.严复集:第5册.北京:中华书局,1986:1334.
⑤ 本杰明·史华慈.古代中国的思想世界[M].程钢译,刘东校.南京:江苏人民出版社,2004:257.

理想的政治伦理秩序。从这个角度看,严复是以道家思想来理解斯宾塞的"天演"观念,人类之间的物竞天择既然属于自然之道,自然不是像儒家所认为的那样,只是一般意义上的人世间的残酷与无情。

因此在讨论"天"与"人间福祸"之间的关系时,赫胥黎将自然界之"残酷血腥"理解为天道的自然法则,"非仁非暴,无善无恶,彼方超夫二者之间"。这一观点激发了严复的联想,在该节按语中,他如此写道:

> 此篇之理,与《易·传》所谓:乾坤之道鼓万物,而不与圣人同忧。老子所谓:天地不仁,同一理解。老子所谓不仁,非不仁也,出乎仁不仁之数,而不可以仁论也。斯宾塞尔著《天演公例》,谓教、学二宗,皆以不可思议为起点,即竺乾所谓不二法门者也。①

因此,严复在翻译《天演论》时,他是以道家式的自然演化观去理解斯宾塞的宇宙进化论,将人类历史理解为一个生物性的竞逐求存的过程,这种竞争过程中的优胜劣汰,并不是"仁"与"不仁"的问题,而是超越于这两者之上的天演公理,也就是超越世俗人为的道德与善恶判断,甚至严复在此还用佛家的"不二"观念来作解释,更证明他眼中的天道,是一种纯粹真理性的说明,而非道德性的。这样的世俗历史并没有与形而上意义上的宇宙或自然脱离开来,人类的世俗历史仍然服从于那背后的"天演之道",这种天演之道的本质即为"质"与"力"之间的相互作用,才产生了自然界与人类的演化,因此严复的"历史意识"仍然是一种"天人关系"模式:在天道的指引下,人类历史以物竞天择作为运作原则,生生不息,只是这种"天道"不是程朱理学之"天道""天理",而是本于《易经》与道家之自然论式的"天道",这也是严复对于"天演论"所作的最具创造性的阐释所在。

关于这一点,我们也可从严复与夏曾佑之间的私下交谈了解到。光绪二十三年(1897),夏曾佑从北京抵达天津,与严复会面,在夏写给汪康年的书信中,他谈到与严复的会晤:

> 到津之后,幸遇又陵,衡宇相接,夜辄过谈,谈辄竟夜,微言妙旨,往往而遇,徐、利以来,始明算术;咸同之际,乃言格致。洎乎近岁,政术始萌,而彼中积学之人,孤识宏寰,心通来物,盖吾人自言西学以来所从不及此者也。

---

① 天演论[M]//严复.严复集:第5册.北京:中华书局,1986:1370.

(《天演论》为赫胥黎之学,尚有塞彭德之学,名《群静重学》,似胜于赫。又言中国大易确系非拉索非各种人之古书。自印度外,无及之者。)①

夏曾佑此时虽已沉溺佛法,经世之心并不如严复那般炽热,但这段记录显然包含了丰富的信息,不仅信中对晚清的西学东渐史有非常简单扼要的总结,而且更为关键的是,信中透露出,严复对《易》的评价相当之高。在严复翻译《天演论》时如此高调赞赏《易》,无疑可以窥得严复对天演思想的演绎实乃得力于《易》。

关于这一点,也可从严复对《老子》《庄子》的批注中清晰可见。严复对《老子》作注,是因其弟子熊季廉要为其所评《老子》指正,严复遂"为芟薙十九,而以己意列其眉。久之,丹黄殆遍,以王辅嗣妙得虚无之旨,其说亦间有取焉"。熊季廉得到后,大喜过望,并将严复的批注转给陈三立,得其绝叹,"以为得未曾有"。在严复的批注中,清晰可见道家观念与"天演论"之间的关联。如"天地不仁,以万物为刍狗"一句,严复如此批注:"天演开宗语。"②紧接在"天地不仁,以万物为刍狗;圣人不仁,以百姓为刍狗"之句旁,则更是批注道:"此四语括尽达尔文新理。至哉!"③如此种种,皆可说明,严复的"天演"思想与他所理解的道家思想之间的密切关联,即将道家的"天"与赫胥黎与斯宾塞的"宇宙"并列齐观,认为宇宙自然之演化,是天道之自然演化,所谓的"仁"与"不仁"皆是天道之一部分。④

关于严复的这一思想,夏曾佑在为其作序时,也明确提出:

老子既著书之二千四百年,吾友严几道读之,以为其说独与达尔文、孟德斯鸠、斯宾塞相通。尝为熊季廉说之,季廉以为是。曾佑闻之,亦以为是也。⑤

严复在1903年至1904年间批注《老子》后,迟至1912年又开始批注《庄子》,但由于其所批注之书被友人借走未还,因此到1916年再度批注《庄子》,即为如今我们所看见的严复对《庄子》的完整批注。尽管严复翻译《天演论》到批注

---

① 汪康年.汪康年师友书札[M].上海:上海古籍出版社,1986:1325.
②③ 《老子》评语[M]//严复.严复集:第4册.北京:中华书局,1986:1077.
④ 严复对"天道"的理解,带有强烈的"物质主义"色彩,这表现在他对老庄思想的神秘主义色彩并无多少体会,在1918年他写给侯毅的信中,他提到:"鄙人以垂暮之年,老病侵夺,去死不远;旧于宗教家灵魂不死之说,唯唯否否不然;常自处如赫胥黎,与出世间事存而不论 agnostic 而已。"可见严复对道家的理解,仍然是在"实证"的层面上,明显缺乏"神秘主义"的维度。
⑤ 夏曾佑.夏曾佑序[M]//严复.严复集:第5册.北京:中华书局,1986:1100.

《庄子》,时间跨度近20年,但是仍然可以发现,严复对"天演"思想的理解仍然无大变化,如他对《庄子·达生篇》所作批注就有这样一段解释:

> 斯宾塞谓天演翕以合质,辟以出力,即同此例。翕以合质者,合则成体也,精气为物也;辟以出力者,散则成始也,游魂为变也。①

由此可见迟至1916年,严复仍然在用《易》的翕辟观念来理解庄子以及斯宾塞的宇宙进化论,可见仅从"天演进化"这一点而言,严复并未改变初衷,有极为一致的连贯性。

尽管承认"天道"之根本性,严复仍然认为"人择"有其必要,但他强调的是却是"圣人"的作用。他认为,西方政治家治理国家,如治理草木一样,由此可以开民智,进民德,自然获得善政结果。可见严复在翻译《天演论》时,持有的是一种道家"圣人观",圣人洞悉天演之道,指引生民自由竞逐,达到国家的富强,以此来保种、保群。

但是,"天演"的未来目标是什么?国家富强显然不足以成为一个终极意义的历史目标,在赫胥黎的《天演论》翻译中,严复在《导言八》处颇有意味地加了这样一个标题——"乌托邦",但赫胥黎的原文当中并无"utopia"一词,而是用 an earthly paradise, a true garden of Eden(世间天堂,一个真实的伊甸园)来表达,严复以"乌托邦"加以指代,说明"乌托邦"一词此时已经开始进入汉语思想界。在西方乌托邦思想史中,乌托邦观念自然是由托马斯·莫尔所发明,其背景是宗教改革的发生以及世俗化的出现,即在现实社会寻找一个完美世间的目标,而从不可触摸的天国返回到人间。因此,西方现代"乌托邦"观念的核心,仍然指的是在现世实现美好社会的理想,而严复用"乌托邦"来诠释赫胥黎的"世间天堂",从观念的移译来看,无疑相当准确。不过赫胥黎本人在书中对此"世间天堂"并没有太多阐发,相反,他认为这个"乌托邦世界"的实现会因人类与自然世界之间的竞争而带来阻碍,因为人口会由于物质上的富足而不断膨胀,必然导致资源稀缺,人类内部的和平状态难以长久维护。严复在翻译中虽然将此"乌托邦"社会表达出来,并未将赫胥黎关于"乌托邦"为何无法实现直译出来,他是如此表达的:

---

① 《庄子》评语[M]//严复.严复集:第5册.北京:中华书局,1986:1131.

> 假使员舆之中,而有如是之一国,则其民熙熙皞皞,凡其国之所有,皆足以养其欲而给其求,所谓天行物竞之虐,于其国皆不见,而惟人治为独尊,在在有以自恃而无畏。降以至一草木一禽兽之微,皆所以娱情适用之资,有其利而无其害。又以学校之兴,刑罚之中,举错之公也,故其民莠者日以少,良者日以多。驯至于各知职分之所当为,性分之所固有,通功合作,互相保持,以进于治化无疆之休。夫如是之群,古今之世所未有也,故称之曰乌托邦。乌托邦者,犹言无是国也,仅为涉想所存而已。然使后世果其有之,其致之也,将非由任天行之自然,而由尽力于人治,则断然可识者也。①

对于严复而言,赫胥黎对人类进化未来的理想状态所持有的"忧虑"与"反省",却是通过"人治"可能实现的未来目标,没有表现出任何的担忧与疑虑,如他说:

> 曰:然则郅治极休,如斯宾塞所云云者,固无有乎?曰:难言也。大抵宇宙究竟,与其元始,同于不可思议。不可思议云者,谓不可以名理论证也。吾党生于今日,所可知者,世道必进,后胜于今而已。至极盛之秋,当见何象,千世之后,有能言者,犹旦暮遇之也。②

严复显然对未来的完美世界持有审慎的乐观,认为那是一种"不可思议"的境界,难以揣度,但是能够肯定的是,"世道必进,后胜于今",可见他对历史的线性进步论深信不疑,虽对未来之"完美乌托邦世界"持有保留态度,但却肯定世俗历史不断进步之意,这种现代"历史意识"相较儒家传统的循环历史意识,无疑大大推进了一步。

在这一点上,严复与康有为也有区别,康有为认为历史会不断进化,但是他的"乌托邦"不仅有物质富足的"小康"内涵,而且还在此世俗历史的基础上更进一步,赋予以佛道的精神超越之义。因此康氏之历史目标更具超越性的内涵,而不仅仅关注世俗历史的进步。《天演论》译成之后,并没有立即出版,事实上,在慎始基斋本于1898年正式出版前,《天演论》基本只以手稿流传,在光绪二十三年(1897)三月梁启超写给严复的信中,大表赞叹之意,而且还转告康有为的称颂

---

① 天演论[M]//严复.严复集:第5册.北京:中华书局,1986:1339.
② 天演论[M]//严复.严复集:第5册.北京:中华书局,1986:1360.

之词,不过信中也留下这样一句伏笔:"(康有为)惟于择种留良之论,不全以尊说为然,其术亦微异也",①可见康有为当时对其"物竞天择"的社会进化论,也并非全部赞同。

甲午后的严复,给中国引入了一种十分崭新的历史进化意识,无疑是对儒家所理解的历史意识是一次重要的突破。而严复从《易》与道家的宇宙演化论中找到相应的思想加以糅合,遂发展出一种去道德的(并不是反道德)、"自然论"的天道观与历史进化意识,这种进化意识虽然着眼于国家的富强,也肯定物竞天择的规律,但严复却未接受道家"无为而治"的观念,他仍然试图以治理术,如"群学",来应对政治与心灵秩序的困境。

二、超越维新与革命:严复的文明进化论

严复在用道家的"道法自然"来理解宇宙进化与人类进化时,是将"道"与世间的政治秩序结合起来思考的,这充分体现在他对《老子》和《庄子》的批注中。在《道德经》的"道常无为,而无不为。侯王若能守之,万物将自化"部分,严复批注道:"老子言作用,辄称侯王,故知《道德经》是言治之书。"②因此,严复对于老庄之解读,仍然是本于"政治"而言的。

因此,严复在翻译《天演论》时,思想其实一直伴随着另外一个议题,那就是"群学"。关于"群"的内涵,严复如此解释道:

> 盖群者人之积也,而人者官品(指生物)之魁也。欲明生生之机,则必治生学;欲知感应之妙,则必治心学,而而后乃可以及群学也。且一群之成,其体用功能,无异生物之一体,大小虽异,官治相准。知吾身之所生所生,则知群之所以立矣;知寿命之所以弥永,则知国脉之所以灵长矣。一身以内,形神相资;一群之中,力德相备。身贵自由,国贵自主。生之与群,相似如此。此其故无他,二者皆有官之品而已矣。故学问之事,以群学为要归,唯群学明而后知治乱盛衰之故,而能有修齐治平之功。③

"群"的观念在严复思想中的重要性不言而喻,因为一旦要以进化论作为人

---

① 梁启超.梁启超致严复书[M]//严复.严复集:第5册.北京:中华书局,1986:1570.
② 《老子》评语[M]//严复.严复集:第4册.北京:中华书局,1986:1091.
③ 原强修订稿[M]//严复.严复集:第1册.北京:中华书局,1986:17-18.

类历史演变的基本规律,那么通过何种方式达到国家富强即为题中之义。严复认为,要使得民众通过自由、自立、自强释放出人类的潜在能力,这种能力需要靠"群"才能得到最大程度的释放。严复将"群"同"人体"作类比,认为"群"就如同人身的有机体结构,人需要"形神兼备",而"群"则需要"力"与"德"之合力,才能富国强兵、修齐治平,因而严复在此基础上提出"群学"问题。严复翻译《群学肄言》,其实也有纠《天演论》之偏的考虑。他在晚年(1918)写给熊纯如的信中,曾对其翻译动机作过一番解释:

> 时局至此,当日维新之徒,大抵无所逃责。仆虽心知其危,故《天演论》既出之后,即以《群学肄言》继之,意欲锋气者稍为持重,不幸风会已成,而朝宁举措乖谬,洹上逢君之恶,以济其私,贿赂奔竞,跬步公卿,举国饮醒,不知四维为何事。①

以"群学"来纠"天演"之偏,其实是要强调"物竞天择,适者生存"并不等同于只事破坏,不重建设,这也是严复对于维新派的浅薄与革命派的冒险都持异议的原因所在,在《群学肄言》序言中,他如此写道:

> 群学何? 用科学之律令,察民群之变端,以明既往、测方来也。肄言何? 发专科之旨趣,究功用之所施,而示之以所以治之方也,故肄言科而有之。今夫士之为学,岂徒以弋利禄、钓声誉而已,固将于正德、利用、厚生三者之业有一合焉。群学者,将以明治乱、盛衰之由,而于三者之事操其本也。②

在严复看来,"群学"是利用西洋科学原理来观察"民群"的演变规律,从中发现修齐治平之道,因此"群学"的目标是获得关于社会进化与政治的"科学化"知识,而且"群学"兼有道德上的"正德"、工商上的"利用"以及民生上的"厚生"效用,"群学"本身就是具有形而上内涵与经世具体方法的学问与知识体系。

不过,"群"并非是严复独有的思想。事实上,康有为就曾提出过"合群"之说,如康氏在《上海强学会序》里说道:"天下之变,岌岌哉! 夫挽世变在人才,成

---

① 与熊纯如书(六十三)[M]//严复.严复集:第3册.北京:中华书局,1986:678.
② 严复.译群学肄言序[M]//斯宾塞.群学肄言.严复,译.北京:商务印书馆,1981.

人才在学术,讲学术在合群,累合什百之群,不如累合千万之群,其成就尤速,转移尤巨也",①但此处之"群"基本还是指士人所组成的"学会"。甲午前后,关于"群"的观念已经出现,对"群"的指涉已有"公司""学会""议院"等含义。不过是否康梁已经提出现代"社会"意义上的"群学",确也是思想史上的一段公案,如梁启超在1897年所作的《说群序》中提到:

> 启超问治天下之道于南海先生,先生曰:以群为体,以变为用,斯二义立,虽治千万年之天下可已。启超既略述所闻,作《变法通议》,又思发明群义,则理奥例赜,苦不可达,乃得侯官严君复之治功《天演论》、浏阳谭嗣同之《仁学》,读之犁然有当于其心。②

此段提到梁启超是从康有为处获知"群学",但后却又在严复与谭嗣同的启发下才有发明"群"之义的思路,可见晚清"群"的观念其实是不断地演变与推进的。康有为虽提出"合群",但其主要所指仍然是士人之群,其着眼点仍主要聚焦在政治变法问题上。③ 如梁启超就说:"国群曰议院,商群曰公司,士群曰学会。而议院公司,其识论业艺,罔不由学,故学会者,又二者之母也。"④正如梁启超所言,"群"其实是不同的组织形态,如"议院""公司""学会"等等,而在梁看来,"学会"的角色要更为重要与突出。这也表明,此时康梁谈"群",主要集中在"士人集合"的层面。

根据金观涛、刘青峰的研究,庚子之前,"社会"一词虽偶有使用,但并不用来指代具体的组织形态,仍以"群"的使用为主流。真正将西方社会学观念引入中国,糅合而为"群学"的,仍然非严复莫属,但是严复所引入的"社会学"在历史意识方面开始发挥作用,其实要归功于其所翻译的甄克思的《社会通诠》。⑤

严复为何要在1902年翻译《社会通诠》? 在翻译并公开出版《天演论》后,此书获得了极大的反响,维新知识分子纷纷奉此书为圭臬,以为时代变革之先锋。无论是梁启超、康有为,还是孙宝瑄与夏曾佑,都是《天演论》的赞赏者以及传播

---

① 上海强学会序[M]//姜义华,张荣华,编校.康有为全集:第2集.北京:中国人民大学出版社,2007:92.
② 说群序[M]//梁启超.饮冰室合集(第2卷):第1册.北京:中华书局,1989:3.
③ 陈旭麓.戊戌时期维新派的社会观——群学[J].近代史研究,1984(2).
④ 论学会[M]//梁启超.饮冰室合集(第1卷):第1册.北京:中华书局,1989:31.
⑤ 《社会通诠》一书对于晚清思想史的重要性已有学者提及,如王汎森就认为《社会通诠》对于中国近代历史学观念起到非常重要的作用,开启历史阶段论之滥觞,参见:王汎森.近代中国的史家与史学[M].香港:香港三联书店,2008.

者。梁启超在1897年发表的《说群》一文中就曾引用《天演论》,"自地球初有生物以迄今日,物不一种,种不一变,苟究极其递嬗递代之理,必后出之群渐盛,则此前之群渐衰,泰西之言天学者名之曰'物竞'。"①"天演"观念从一开始被晚清士人接受,其实就与"群"的进化密切相关,从外部环境来看,"群"的观念在晚清的兴起,直接来自士人们想利用这一术语来表达对变法的期待,如"学会之群""公司之群""议院之群"等词语的出现。类似种种都表明,这些新兴社会组织经由鸦片战争的中西交接,已经开始为士人们所了解,并且在社会层面上,也出现了往日不可想象的组织形态。

从时局层面看,戊戌维新运动的失败,无疑让严复遭受挫折。十月,江南道御史徐道焜参劾《国闻报》与严复、王修植、孙宝琦,后由军机大臣王文韶出面才得以平息此事,此后《国闻报》与严复屡遭奏劾,个人处境日渐逼仄,入世之心,也大为挫折。光绪二十五年(1899)六月,他在回张元济的信中谈到:"时事靡靡无足谈者,瓜分之局已成,鱼烂之灾终至,我等俯首听天而已。"②光绪二十八年(1902),严复受管学大臣张百熙之聘,出任京师大学堂译书局总办,正是在这一年到1904年卸任的任期之间,他完成了《社会通诠》的翻译。

从1897年开始翻译《群学肄言》,到在《社会通诠》中将"群"译为"社会",用词的转变显然蕴含了极为丰富的思想史含义。更值得注意的是,甄克思此书的英文书其实名为 *A History of Politics*,如此看来,中英文译名之间显然很难直接对应。严复将"politics"一词译为"社会",或许可以窥得当时严复对于"社会"的理解仍然是本于"政治"而言的,这也是晚清士人理解"群"与"社会"的基本立足点。

从西方思想史角度来看,"社会"观念的出现,自然是与西方资本主义发展密切联系的,也因此,市民社会(Civil Society)成为"社会"观念的主要表达形式,这一概念本身是被亚当·弗格森首先在《市民社会之历史》(*An Essay on the History of Civil Society*)中提出,在他以及霍布斯、卢梭等人的论述里,Civil Society 主要与远古历史中的野蛮状态相对应,因此 Civil Society 一般被翻译作"文明社会",而所谓的"文明"也即是与资本主义的大规模的技术文明密切结合,这也是现代"社会"观念背后的主要思想动力。

不过就历史的"进步意识"而言,尽管黑格尔与孔德都认为西方文明是一种

---

① 说群序[M]//梁启超.饮冰室合集:第2卷第1册.北京:中华书局,1989:5-6.
② 与张元济书(三)[M]//严复.严复集:第3册.北京:中华书局,1986:531.

进步的历史观,也即是说,未来历史的目标是"文明"的历史,但不同之处在于,黑格尔的历史意识建立在基督教的基础之上,将世界历史看作是一种"世界精神"的展现;孔德则从生物学、化学、物理学等自然科学的基础上来理解西方文明的优越性,认为人类历史未来将在科学的指引下不断进步。① 值得强调的是,孔德将历史总结成为三个不同阶段,即神学的、虚构的阶段,形而上学或抽象阶段,直至科学的、实证的阶段。在这个历史序列中,科学的时代是一个终极时代,而社会学变成为解释人类历史的终极标准,即是说,需要依靠研究现世社会现象之间的演变规律来解释人类历史的未来方向。② 其历史目标,就是一种从原始状态阶段到发达阶段的过程,而要达成这样的进步,就要将自然科学的成果运用于社会学。显然,这是科学释放出人类对历史无限进步的美好想象。③

由此我们可以了解,为何严复在构建其"天演论"时,为何同时会夹杂大量的"社会学"内容。因为此时的西方思潮中,孔德所开启的"历史进步意识"完全奠基在实证化、科学化的社会学基础之上,因此严复阐述历史进化论,势必要正视"社会学"的问题,这也是为何严复要翻译《社会通诠》以及《群学肄言》的重要理论动机。④

而甄克思所著的《社会通诠》,核心观念是描述人类历史是从蛮夷(图腾)社会,经宗法社会而到国家社会的演变:

> 故稽诸生民历史,社会之形式有三,曰蛮夷社会,曰宗法社会,曰国家社会。是编所论,本其最初,降成今制,所重者即社会天演之常,以迹其蜕嬗徐及之致,非于三者有赚详也。盖社会之为物,既立则有必趋之势,必循之轨,即或不然,亦必有特别原因之可论,其为至赜而不可乱如此。⑤

在甄克思的原文中,这三种形态的社会只是以隐晦的"进化"形式存在,但是

---

① 卡尔·洛维特.世界历史与救赎历史:历史哲学的神学前提[M].李秋零,田薇,译.北京:生活·读书·新知三联书店,2002:83.
② 卡尔·洛维特.世界历史与救赎历史:历史哲学的神学前提[M].李秋零,田薇,译.北京:生活·读书·新知三联书店,2002:84-86.
③ 卡尔·洛维特.世界历史与救赎历史:历史哲学的神学前提[M].李秋零,田薇,译.北京:生活·读书·新知三联书店,2002:87-88.
④ 王汎森在分析近代中国的线性历史观时,认为近代受社会进化论影响的历史观,大多都以某种公例作为理解与阐释历史的标准,而特别以严复所翻译的《社会通诠》为例,认为其开创的图腾社会——宗法社会——军国社会的社会演化模式在晚清发挥了很大影响,参见:近代中国的线性历史观——以社会进化论为中心的讨论[M]//王汎森.近代中国的史家与史学.香港:三联书店,2008.
⑤ 甄克思.社会通诠[M].严复,译.北京:商务印书馆,1981:4.

很显然,严复则赋予其极为强烈的"天演进化"色彩,也就是将这三种社会形态明确地看作为人类历史不断发展的进步序列。在这个不断进步的人类历史序列中,从时间意识上看,无疑是一种线性的时间观念,因为将过往的历史重新规划为一种从"野蛮"演变至"文明"的过程,尽管甄克思并没有试图展现未来人类社会的可能图景,但是却勾勒出一个不断"进步"的线性历史趋势。

因此《社会通诠》一书的意义不仅仅体现在对"群学"的介绍与引进上,而更为重要的含义是让中国历史观的重构有了一个新的参照系,即欧洲的科学文明。

以"文明"作为政治秩序,甚至是中国历史演变的参照系,无疑是一个重要且激进的转变,关于这一点,需要放在戊戌变法至庚子之变后的政治背景下去理解,方可理解严复的这种"文明史观"的意义所在。

甲午前后,康梁等维新士人,大多都持有保国、保种、保教的观念,纵览当时康有为所起草的强学会章程,虽以自强为名,研习西方富强之术之外,最后都"皆以孔子经学为本",而严复此时在大张西学,与康梁旨趣大异。就在光绪二十二年(1896)十月,在严复写给梁启超的信中,严还在极力勉励梁启超学习西学,"使足下业此而就,则岂徒吾辈之幸而已,黄种之民之大幸也。"① 而在次年的往来信函中,严复更是直斥保君与保教之非,"黄种之所以衰,虽千因万缘,皆可归狱于君主","教不可保,而亦不可保"。② 其《辟韩》一文更是直接触怒张之洞,"见而恶之,谓为洪水猛兽"。

光绪二十四年(1898)六月三日至日(公历),严复在《国闻报》上发表《有如三保》,赞同保国、保种,而反对保教之说,甚至讥讽大倡孔教之人:

> 今日更有可怪者,是一种自鸣孔教之人,其持孔教也,大抵于耶稣、谟罕争衡,以逞一时之意气门户而已。不知保教之道,言后行先则教存,言是行非则教废……然则以孔子之道律今人,乃无一事是皈依孔子。以此而云保教,恐孔子有知,不以公等为功臣也。③

此时之严复,无疑对倡孔教之人深为反感,也对维新与革命人士并无太高评价,他在《国闻报》上所发表的《论中国分党》一文中,就对孙文的革命党人与康梁

---

① 与梁启超书(一)[M]//严复.严复集:第3册.北京:中华书局,1986:515.
② 孙应祥.严复年谱[M].福州:福建人民出版社,2003:87.
③ 有如三保[M]//严复.严复集:第1册.北京:中华书局,1986:82.

的维新党人都提出批评,认为"孙之为人,轻躁多欲,不足任重,粤人能言之者甚多。幻气游魂,幸逃法外,死灰不然,盖已无疑",①倡导维新变法的士人不仅"其数极小",而且"此党之中,实能见西法所以然之故,而无所为而为者,不过数人"。②显然,严复虽在政治上赞同维新变法,但又与晚清士人中所流行的"中体西用"之论调大相径庭。

如果说,严复的"天演论"在构建宇宙进化与社会进化之间的关系(一种新型的天人关系)时,是以《易》与道家思想来理解斯宾塞,但他绝非一个纯粹意义上的"道家"信仰者,这表现在他虽也偶提"无为"政治,但在"经世"议题上,却仍表现为一种强烈的政治改造的倾向,如他对自然科学与社会学的高度重视,而且认为是重构政治秩序的重要资源。所以严复对中国历史未来方向的目标设定,无疑是以西方科学文明作为指向的,而在关于历史目标的标准上,"社会学"成为重要的价值参考系统。

在严复为《社会通诠》所写的译序中,他对中国在文明历史序列中的定位无疑是耐人寻味的:

> 吾尝考欧洲之世变,希腊、罗马之时尚矣,至其他民族,所欲今号极盛者,其趾封建,略当中国唐宋间;及其去之也,若法、若英,皆仅前今一二百年而已。何进之锐矣!乃还观吾中国之历史,本诸可信之典籍,由唐虞以讫于周,中间二千余年,皆封建制时代,而所谓宗法亦于此时最备。其圣人,宗法社会之圣人也。其制度典籍,宗法社会之制度典籍也。物穷则必变,商君、始皇帝、李斯起,而郡县封域,阡陌土田,燔诗书,坑儒士。其为法欲国主而外,无咫尺之势。此虽霸朝之事,侵夺民权,而迹其所谓,非将转宗法之故,以为军国社会矣!乃由秦以至于今,又二千余岁矣,君此土者不一家,其中之一治一乱常自若,独至于今,籀其政法,审其风俗,与其秀桀之民所言议思惟者,则犹然一宗法之民而已矣。然则此一期之天演,其演缘不去,存于此土者,盖四千数百载而有余也。③

在严复看来,中国演变至今日,仍为一"宗法社会"形态,尚未完全发展为"军国社会",因此如何从宗法社会发展为文明国家,则是严复翻译《社会通诠》的题

---

①② 论中国分党[M]//严复.严复集:第2册.北京:中华书局,1986:488.
③ 甄克思.社会通诠[M].严复,译.北京:商务印书馆,1981:4.

中之义。但在如何发展,以及发展成何种"文明国家"的问题上,当时已有不同的立场与观点相互抵牾,呈现为竞争性的格局,如革命派的"民族主义"、康有为等维新党人的"保守主义"等等。

严复所设定的"文明国家"这一历史目标,是以西方自然科学\社会科学作为历史演变的动力与标准。但悖论之处在于,"天演论"带来的社会进化思潮不断发挥作用时,严复所设想的"进化"路径与目标却出现了各种不同的方案,这使得一种线性的历史意识突然在庚子年间产生了某种变形,许多在严复看来为前现代\反(西方)文明的思潮突然与社会进化论结合起来,而形成了一种传统与现代思想资源杂糅的历史意识。这当中最为典型的,即是革命派所倡导的一种神话论的种族主义意识与保守派倡导的文化民族主义意识。

庚子之变后,庙堂之上弥漫着一股"排外"的氛围,如当时的《外交报》就多提"文明排外"之语,这让严复感到某种隐忧,因为对他而言,人类历史从图腾社会、宗法社会一变而为军国社会,是一个从野蛮迈向文明的天演进程,而其方法无外乎科学一途,他在《与〈外交报〉主人书》中就直言道:

> 夫道咸以降,所使国威陵迟,驯致今日之世局者,何一非自侮自伐之所为乎,是故当此之时,徒倡排外之言,求免物竞之烈,无益也。与其言排外,诚莫若相勖于文明。果文明乎,虽不言排外,必有以自全于物竞之际;而意主排外,求文明之术,傅以行之,将排外不能,而终为文明之大梗。二者终始先后之间,其为分甚微,而效验相绝,不可不衡量审处以出之也。①

严复的观点十分清晰,救国之出路不能依靠"排外"达成,而是仍要以"文明"作为目标,在这样一个历史过程中,不能排外而自我封闭。从历史意识角度而言,严复显然持有一种"文明史观",只不过这种"文明"样态,主要表现为西方式的富强文明。

戊戌变法及庚子之乱,让时局显得十分错综复杂,康有为流亡海外,仍汲汲于呼吁君主立宪,请求变法,而革命党人此时开始号召"排满",大倡种族式的民族主义,这一切都与严复的"文明国家"目标相冲突,严复对此显然持有强烈的异议,他在《社会通诠》的按语中明确地反对这两种形态的民族主义:

---

① 与《外交报》主人书[M]//严复.严复集:第3册.北京:中华书局,1986:558.

> 中国社会，宗法而兼军国者也，故其言法也，亦以种不以国，观满人得国几三百年，而满汉种界，厘然犹在。东西人之居吾上者，则听其有治外之法权，而寄籍外国之华人，则自为风气，而不与他种相入，可以见矣。故周孔者，宗法社会之圣人也。其经法义言，所渐渍于民者最久，其入于人心者亦最深。是以今日党派，虽有新旧之殊，至于民族主义，则不谋而皆合。今日言合群，明日言排外，甚或言排满；至于言军国主义，期人人自立者，则几无人焉。盖民族主义，乃吾人种智之所固有者，而无待于外铄，特遇事而显耳。虽然，民族主义将遂足以强吾种乎？愚有以决其必不能者矣。①

庚子之后的维新党人与革命党人，同时高举"民族主义"旗帜，但仔细分析，却可发现它们之间的区别，如民族主义的目标当时其实可一分为二，一为西方列强，一为满人政权；因此庚子之后的民族主义思潮，常同时伴随以上两种目标，从现实的政治力量看，康有为可谓是严复所描述的"今日言合群，明日言排外"一类，而排满者，则应指章太炎及孙中山等。

但从历史意识角度来看，由于《天演论》的刊行与传播，"进化"思潮当时已成主流。梁启超在回顾《清议报》的成立时就曾言："以天演学'物竞天择，优胜劣败'之公例，疾呼而棒喝之，以冀同胞之一悟"，可见天演进化思想也是维新派的重要"启蒙资源"。② 同年，梁启超在《清议报》上撰写《过渡时代论》，仍然还是阐发一种进化的"时间意识"：

> 过渡有广狭二义。就广义言之，则人间世无事无地而非过渡时代，人群进化，级级相嬗，譬如水流，前波后波，相续不断，故进无止境，即过渡无已时，一日无过渡，则人类或几乎息矣。就狭义言之，则一群之中，常有停顿与过渡之二时代，互起互伏：波波相续体，是为过渡相；各波具足体，是为停顿相。于停顿时代，而膨胀力（即涨力）之现象显焉；于过渡时代，而发生力之现象显焉。欧洲各国自二百年以来，皆过渡时代也，而今则其停顿时代也。中国自数千年以来，皆停顿时代也，而今则过渡时代也。③

---

① 《社会通诠》按语[M]//严复.严复集：第4册.北京：中华书局，1986：925-926.
② 梁启超.《清议报》一百册祝辞并论报馆之责任及本馆之经历[M]//丁文江，赵丰田.梁任公先生年谱长编.北京：中华书局，2010：134.
③ 梁启超.过渡时代论[G]//张枬，王忍之.辛亥革命前十年间时论选集：第1卷上册.北京：生活·读书·新知三联书店，1960：3.

这段话写于1901年，其时和议初成，维新变法之说又始活跃，但朝廷并无变法之决心，梁启超此时所欲发者，仍然是要促进化、致富强，因此这段话虽直接针对的是国家与时代的演化，但反映出的则是一种无止境的时间进化意识，如水流般向前流淌。可以说，从"时间意识"层面看，一种人类线性进化的意识对于庚子前后的士人而言，基本已成共识。不过对于梁启超而言，"进化意识"也并不只是从严复的《天演论》中才得以发现，因为康有为的"进化意识"早在《天演论》之前就有论述。但值得注意的，此时梁启超所讨论的"进化"，并没有着眼于形而上的"宇宙进化"层面，而是落实在"经世"层面，已逐渐细化为"国家""社会""政治"等领域的问题；反映在思想上，则是"社会学""政治学"的兴起；在具体政治实践层面，则表现为舆论的兴起，及立宪、革命等诉求的不断高涨。在此背景下，民族主义成为庚子前后士人与新兴知识分子面对国家危亡与政体的改弦更张问题上流行的一种重要思潮。因此，《天演论》中包含的"宇宙进化"与"社会进化"的两条思想线索，最终因为"经世"议题的凸显，而逐渐演变为士人只关注"社会、政治进化"，而无视"宇宙进化"层面的问题，这一点甚至对于严复本人而言也同样如此，传统儒家的"天人关系"，在历史意识层面，最终以"人的进化""社会的进化""种族的进化"以及"民族的进化"为主导，而"宇宙进化"则逐渐转化为科学化的"公例"与"公理"的进化。

正是在这样的背景下，"民族主义"在庚子后的兴起，其实同时伴随着对"历史意识"的重构，并且这种重构表现为一种"复古式"的历史重构，如"黄帝"突然成为构造民族主义历史的重要神话符号。梁启超在1900年左右所写的《少年中国说》中写道：

> 且我中国畴昔，岂尝有国家哉？不过有朝廷耳！我黄帝子孙，聚族而居，立于地球之上者既数千年，而问其国之为何名，则无有也。①

梁启超以"黄帝"作为种族之源的象征符号，将晚清开始兴起的"国家"观念涂抹上一层种族主义的色彩。在1905年创刊的《民报》，刊登有黄帝的画像，下面的注释则为"世界第一之民族主义大伟人黄帝"，将"黄帝"提升为"民族主义"的始祖地位，这样一种现代与前现代观念符号的杂糅，不仅让人疑惑，为何一种典型的现代国家观念，在中国会以这样的复古面目出现？

---

① 少年中国说[M]//梁启超.饮冰室合集(第5卷)：第1册.北京：中华书局,1989：9.

"黄帝"形象与现代民族国家观念的结合,自然与达尔文主义的引入有密切的关系,使得"种族"这样一个生物学概念成为现代国家认同的一个重要指标,这也是"保种"一词深入士人之心的重要原因。从"种族"角度出发,既有与西人相区别开来的"亚种"与"欧种"之分,也有"汉族"与"满族"之别;如果说"亚种"与"欧种"在生物学意义上极易划分外,"汉满"之间却因同属一个政权、满汉之间的文化融合而显得扑朔迷离。尽管对于"满汉"而言,生物性的种族之别可以成为区分的一个要素,但是要想将满人与汉人作出明确区隔,则"满"与"汉"的历史源流则可以发挥十分重要的作用。事实上同样是梁启超,他在1898年也曾发表过一篇带有强烈种族主义色彩的檄文《变法必自平满汉之界始》,直接引用的就是由《天演论》所开启的达尔文观念:

> 自大地初有生物,以至于今日。凡数万年,相争相夺,相搏相噬,迭为强弱,迭为起灭,一言以蔽之曰,争种族而已。始焉物与物争,继演人与物争,终焉人与人争。始焉蛮野之人与蛮野之人争,继焉文明之人与蛮野之人争,终焉文明之人与文明之人争,茫茫后顾。未始有极。呜呼!此生存相争之公例,虽圣人无如之何也,由是观之,世界中种族之差别愈多,则其争乱愈甚,而文明之进愈难,其种族之差别愈少,则其争乱愈息,而文明之进愈速,全世界且然。①

梁启超思想前后多变,虽难一贯,却可以借助他来看当时受达尔文观念影响的种族主义历史意识,这种文明与野蛮之争的动力即为天演竞争,而竞争的主体即为"种族",放在晚清的语境里,即为"满汉之争"。

以"满汉之别"作为民族主义的标准,从历史意识角度来观察,势必要回应这样一个问题:所谓正统的"国史"叙述要以何等的历史观作为依据。

相比康有为将上古史视为蒙昧神怪之时代,革命派在庚子年间左右一转而为"复古",改为尊崇黄帝为中华民族之根源,可见民族主义在历史意识的"复古"方面所发挥的推动作用。但是,这种"复古式"的民族主义显然让严复极为反感,他在光绪三十年(1904)发表《读新译甄克思〈社会通诠〉》一文,再度公开反对民族主义:

---

① 变法必自平满汉之界始[M]//梁启超.饮冰室合集(第1卷):第1册.北京:中华书局,1989:77.

宗法社会之民,未有不乐排外者,此不待教而能者也。中国自与外人变通以来,实以此为无二惟一之宗旨。顾欲排外有功,其事必资于知彼,而吾之操政柄者又不能也,故所为辄败。至庚子之役,使通国三十年以往之财力,捆载输之外洋,而国愈不救矣。至今物极者反,乃由媚外之象,然其外媚之愈深,其内排之益至,非真能取前事而忘之也。而自谓识时者,又争倡民族之主义。夫民族主义非他,宗法社会之真面也。虽然,处今之日,持是义以与五洲之人相见,亦视其民品为何如耳。使其民而优,虽置其义,岂至于灭?使其民而劣,而力持其义者,将如昔商宗之计学,以利国不足,而为梗有余。不佞闻救时明民之道,在视其所后者而鞭之。民族主义果位吾民所后者耶?此诚吾党之所不及者矣。①

严复此段论述概要地描述了庚子之后民族主义的演变历程。庚子之变后,由于外强气盛,国力不足应对,由此开始"媚外",但同时又开始"内排",由此发展为一种内部纷争的民族主义,即满汉之争。但严复认为,中国正处于富强之阶段,假如以"民族主义"立国,显然是"利国不足,而为梗有余"。

因此,严复在此时所面对的"民族主义历史意识",是沿着"物竞天择,适者生存"的进化逻辑发展而来的另一条路径,严复所构想的"文明历史",是奠基在"富强文明"的基础之上,寻求的是与西洋文明的同质性,但民族主义历史意识,却是想在富强的前提下,寻找中西、满汉之间的差异性,因为这种差异性能够孕生出强大的颠覆力量,为各个政治派别的群体实现自己的目标赋予其现实的力量。

所以,当严复大谈"群学"与"军国社会"时,他构想的是一个依靠竞争不断进化的文明发展序列,但他并没有充分意识到,在"富强"的背后,还隐藏着"种族"与"文化"的因子;另一方面,"种族""民族""文化"在转型时代又悖谬地扮演着现代国家凝合剂的作用,因此当1904年严复大谈"救贫"时,其声音已被维新派与革命派的争吵声浪所淹没。

1903年,康有为在流亡海外途中写道,"今日乃是同心拒外之时,而非内讧之日,而今者志士误读欧美书,以为革命乃万应膏丹,是恐其寿之长而自促之也。当万国竞争之日,吾国不合大群而专思内讧,此等见识之愚,真可哀怜。"②同年,

---

① 严复.读新译甄克思《社会通诠》[N].外交报,1904-05-06.此文初刊时并未署名,但据孙应祥考证,应为严复所作。
② 与某华侨笔谈[M]//康有为.康有为全集:第7集.北京:中国人民大学出版社,2007:197-198.

章太炎在狱中答《新闻报》时却说:"夫民族主义,炽盛于二十世纪,逆胡羶虏,非我族类,不能变法当革,能变法亦当革;不能救民当革,能救民亦当革。"①两种政治态度可谓南辕北辙、水火不容,但相比章太炎、刘师培等人的"种族主义化的历史意识",康有为则体现为一种"文化民族主义意识",具体表现在他的"保教"意识,是以孔子所代表的儒家伦理作为国家的价值基础。康有为戊戌之后,大倡孔子纪年,对此刘师培一言道出背后的玄机:

> 吾观泰西各国,莫不用耶稣降世纪年;回教各国,亦以摩哈麦特纪年;而吾中国之纪年,则全用君主之年号。近世以降,若康梁辈皆知中国纪年之非,思以孔子纪年代之。吾谓不然。盖彼等借保教为口实,故用孔子降生为纪年;吾辈以保种为宗旨,故用黄帝降生为纪年。②

可见,在庚子前后的维新党人与革命党人中间,尽管都持有一种线性的历史进化意识,但是他们在为"国家"和"民族"奠定新认同乃至价值基础时,却有不同的努力方向。严复在《社会通诠》中勾勒的文明进化的蓝图,在此已被狭隘的"生物种族主义"以及"文化民族主义"重新塑造。

三、结　　语

甲午之后,受到西洋思想影响的新兴知识分子开始借助媒体舆论登上历史舞台,严复在此时运际会下所翻译的《天演论》,直接将一种从古到今的"历史进化意识"直白地呈现给国人,而《天演论》的激进之处在于,它首度呈现出一幅与儒家史观迥然不同的历史画面:即人类历史与自然界历史一样,是以竞争求生存的"力本主义",弱小者自然被淘汰,强力者才可自保。这无疑摧毁了儒家强调"礼"与"仁"来矫正人与人之间相互争斗之不道德的方案。从思想资源上,严复不仅得力于西方社会达尔文主义思潮,而且还融合了道家的思想,将宇宙与人类的进化过程视为是物质的演化,弱肉强食被理解为宇宙万物生灭之道。这种将人与自然生物等同视之的观点,让当时的士人们很容易联想到列强环伺的时局,共鸣之强烈,可以想见。

---

① 狱中答新闻报[M]//章太炎.章太炎政论选集:上册.北京:中华书局,1977:233.
② 黄帝纪年说[M]//刘师培.刘师培辛亥前文选.北京:生活·读书·新知三联书店,1998:3.

虽然严复本人并不单单强调"天演"这一面,而是认为人类的竞争只是通达未来理想社会的工具与手段,但是严复的《天演论》却打开了人性的潘多拉之盒,将人与自然生物等同齐观,那么儒家种种限制人性的道德伦常,便成为"政治变革"的阻碍,仅仅只有五六年时间,"革命"话语便开始挑战"变法"与"改制"这类儒家传统经世话语,而成为20世纪最为流行的政治词汇。

严复虽然译介《天演论》,但也并不认为可以用一种激进的方式颠覆传统政治秩序,而是想从改造文明的角度开启民智、富国强兵,在严复的心目中,理想的政治目标是当时的西洋文明,是可见、可触、可学的具体政治形态。

但是,"历史进化意识"与强调弱肉强食的"力本论"一旦结合,就开始超出严复当初的设想,尤其是社会达尔文主义背后的生物种族观念,也激发出汉满之间的种族之争,而民族主义的兴起更使得普世性的"天下"观念日趋狭隘,民族国家之间的角力与竞争加剧了富国强兵的国家本位观念。此时,历史进化论逐渐转化为以"社会""国家""民族"为本位的进化问题,也因此发展出不同版本的进化论。

1911年10月10日,武昌新军起义,总督瑞澂弃城逃跑,在给张元济的书信中,严复如此写道:

> 夏间揖别,彼此黯然,不图祸发之近如此。吾国于今已陷危地,所见种种怪象,殆为古今中外历史所皆无,此中是非曲直,非三十年后无从分晓。①

此时的严复,无疑对这场突如其来的变局相当震惊,这位《天演论》的翻译者当革命来临之时,非但没有丝毫的欣喜,反而是震撼与深深的怀疑。

在严复看来,"进步"不是奠基在"革命"的基础之上,而是要建立在人民的教育与开化之上,"社会进化论"不应是摧毁与破坏,而应是一种新文明的建设过程。

(原载《学术月刊》2016年10月号)

---

① 与张元济书(十九)[M]//严复.严复集:第2册.中华书局,1986:556.

载芟集
上海大学文学院四十周年纪念文集

近现代民众生活史

一·二八事变后日本对在沪"第三国侨民"的赔偿

忻 平 张智慧 吕佳航

忻平,1954年生,祖籍浙江鄞县。1982年毕业于华东师范大学历史系,获博士学位。2006年调入上海大学文学院工作,任教授、博士生导师,兼任上海市社科联副主席、上海市中共党史学会会长等职。主要研究领域为近现代上海城市社会史、中共党史、中日关系史、高校思想政治教育等。出版有《从上海发现历史——现代化进程中的上海人及其社会生活(1927—1937)》《1937:深重的灾难与历史的转折》《城市化与近代上海社会生活》《转型期中国民间的文化生态研究》《危机与应对:1929—1933年上海市民社会生活研究》等著作;在《历史研究》《近代史研究》《抗日战争研究》《中共党史研究》等刊物发表学术论文近百篇。

关于一·二八事变后在沪民众救济与赔偿问题的研究,国际学界主要聚焦于日本政府对在沪日侨的救济问题。① 然而当时在上海,还居住着众多"第三国侨民"。② 关于他们的战争损失以及向日本索赔这一问题,尚未见专论。日本学者井竿富雄虽有所论及,但因其主要着力于近代日本政府涉外救济政策的形成

---

① 关于九一八事变和一·二八事变后,日本政府对上海日本侨民的救济援助研究,学界已有所积累。如高纲博文、陈祖恩对此曾有提及(参见:高纲博文,陈祖恩.近代上海日侨社会史.上海:上海人民出版社,2014)。张智慧也曾针对20世纪二三十年代的上海日侨救济问题展开了具体研究。[参见:张智慧.战前上海の日本人居留民に関する研究——1920—30年代の救济问题を中心に-[J].历史科学,2013(214).张智慧.1930年代初期上海的日侨社会研究——以一·二八事变为中心[J].军事历史研究,2015(1)]。吕佳航对于战时日本政府通过其下设的自治机构向受难日侨发放"复兴资金"以扶植其振兴事业,走出困境有所研究(参见:吕佳航.上海日本居留民团研究[D].上海大学博士学位论文,2013)。

② 所谓第三国侨民,是指中日开战后,在华除日侨之外的其他国家侨民。在本文中,主要是指在上海的17个欧美国家的侨民。此说源于日本外交档案中,将九一八事变后在中国除日侨外的其他国家侨民,统称为"第三国人",这里的"第三国"并非单数特指某个国家,而是指除中国和日本之外的第三方非交战国群体。

和变迁,并未专题探讨日本战争赔偿问题。①

本文以日本外务省外交史料馆所藏的《满洲事变/被害救恤相关》日文档案资料,包括《被害救恤相关》资料2卷、《救恤审查会相关》资料2卷、《外国人救恤相关》资料5卷为主体史料,同时充分利用这一时期的《美国对外关系文件集》(FRUS),并辅之以当时在上海出版发行的英文报刊《北华捷报及最高法庭与领事馆杂志》②及《大陆报》③等其他资料,考辨一·二八事变后日本政府对在沪第三国侨民赔偿问题的经纬始末,力图较为完整地揭示日本政府的赔偿内幕和过程。

一、一·二八事变与赔偿问题的缘起

九一八事变后不久,日本在上海又制造了一·二八事变。战争使中国人民和生活在上海的各国侨民生命财产遭受了一次空前浩劫。上海市区被日军侵占面积达474平方公里,直接受到损害的居民达180 816户、814 084人,占全市华界人口总数的45%。在当时的日占区内,居民的财产70%受到损害,房屋受损达80%,共计价值10.4亿元。④ 一·二八事变的战火,打乱了在沪外侨的正常生活秩序。1842年上海开埠后,上海外侨人数不断增加。及至1931年,上海各国侨民总数已达65 180人,⑤在公共租界内的各国侨民总数已达到约40 000人,他们拥有大量的财产和其他利益。⑥ 事变爆发后,尽管市中心租界地区没有被战火直接波及,但是华界的闸北等地区被日军狂轰滥炸,损失极为严重。居住在华界及其附近的各国侨民也未能幸免于难,直接或间接受损较大。战争打破

---

① 井竿富雄.満州事変・第一次上海事変被害者に対する救恤(1933—1935)[C].山口県立大学國際文化学部紀要,2014(20).

② 《北华捷报及最高法庭与领事馆杂志》(North China Herald and Supreme Court and Consular Gazette),1870 - 1941,源自《北华捷报》,是《字林西报》的副刊。沪上第一家英文报刊《北华捷报》(North-China Herald),在1864年改组为《字林西报》(North China Daily News)后,以《字林西报》的星期附刊继续出版。1867年4月8日增加商情并易名为《北华捷报与市场报道》(North China Herald and Market Report)。1870年1月4日《北华捷报与市场报道》增出期刊《最高法庭与领事公报》(The Supreme Court and Consular),旋即两报合并,改名为《北华捷报及最高法庭与领事馆杂志》,直至1941年12月。

③ 1911年8月29日在上海创刊,由美国人密勒(Dr. Thomas F. Millard, 1868 - 1942)等人具体经办。据1931年统计,《大陆报》日发行量约7 000份,读者约有三分之一为在华外侨,三分之一为中国人,还有三分之一在国外。

④ 温济泽.九一八和一·二八时期抗日运动史[M].北京:中国工人出版社,1991:296 - 297.

⑤ 邹依仁.旧上海人口变迁的研究[M].上海:上海人民出版社,1980:141.

⑥ The Secretary of State to the Ambassador in Japan (Forbes) (January 27, 1932). Military Action by Japan at Shanghai, 1932 [G]//Papers Relating to the Foreign Relations of the United States: Japan, 1931 - 1941 (Volume I). Washington: United States Government Printing Office, 1943: 162.

了上海的平静,影响到各国利益,引起广泛关注。

1932年2月17日,日本驻美大使与美国国务卿会面,对日持强硬态度的国务卿史汀生明确表示美国将提出抗议,并声明:依照国际法,日本政府应该为可能发生的损害承担责任。对于美方的意见,日本表示已经向中国军队发出了最后通牒,要求中国军队退离租界20公里,否则将使用武力强迫遵从。对此美国主张和平解决,不袒护任何一方,希望日方不要继续动用武力。① 2月26日,美国驻日大使致电日本外务大臣,要求日本战舰转移到一个不会将战火蔓延到公共租界的区域,以确保战火不会波及租界;3月1日,日本外务大臣回复:"依国际法,日本政府有权于当前位置驻扎军队,将尽可能避免对其他国家人员造成伤害,并向陆海军方面传达美国政府的意愿,希望其尽可能考虑此事的利弊因素。"②

此时,在上海生活的第三国侨民因日本的侵略战火遭受"无妄之灾",战损甚大,他们或直接或间接通过本国外交机构向日本提出保护要求和索要赔偿。据日本驻沪总领事馆的统计,截至1932年2月25日,在沪各国侨民提出要求保护和索要赔偿的申请共55件,其中涉及索赔申请有16件:英国6件、美国6件、德国3件、其他国家1件。③ 第三国侨民直接认定日本侵略是导致他们巨大损失的罪魁祸首,遂将索赔的目标指向日本政府。随着事态发展和军事行动的扩大,更多的第三国侨民加入索赔的行列中来。至1932年8月,来自上海第三国侨民的财产损失赔偿要求已达128件。④

面对政府支持下的各国侨民不断增多的赔偿申请及其背后的国际舆论压力,日本政府不得不对赔偿问题予以正视。1933年5月31日,日本政府颁布敕令第143号,正式着手处理索赔问题,并规定赔偿申请的最后期限为"1933年8月15日"。⑤ 截至最后期限,提出赔偿申请者涉及英、美、德、法、意、比利时、挪

---

① Military Action by Japan at Shanghai, 1932 [R]. Memorandum by the Secretary of State, 1932-02-17(196).
② Military Action by Japan at Shanghai, 1932 [R]. The Ambassador in Japan (Forbes) to the Secretary of State, 1932-03-01(205).
③ 外國人ノ財産ニ対スル損害及保護要求ニ関スル件(1932年2月26日)[A]//満州事変/被害救恤関係/外国人救恤関係:第1卷(日本外務省外交史料館).国立公文書館アジア歴史資料センター,B02030489600.
④ 上海事件ニ依ル第三國人ノ損害賠償ニ関スル件(1932年10月28日)[A]//満州事変/被害救恤関係/外国人救恤関係:第1卷(日本外務省外交史料館).国立公文書館アジア歴史資料センター,B02030490200.
⑤ 勅令案(1933年5月31日)[A]//満州事変/被害救恤関係/救恤審査会関係(日本外務省外交史料館).国立公文書館アジア歴史資料センター,B02030488500.

威、瑞典、葡萄牙、西班牙、苏联、伊朗、希腊、捷克、丹麦、亚美尼亚、南斯拉夫等17个国家,索赔件数为235件,索赔金额据日本政府统计高达6943847.05上海弗。① 按照当时上海弗与日元1∶1的比例,相当于近700万日元。

在沪17国侨民的索赔要求,反映了他们对安居乐业的稳定生活被打破而受到战争创伤的强烈不满。虽然直接受损者主要是居住在华界闸北等地的侨民,但是租界侨民因地缘、业缘关系同样受到冲击。闸北等地外侨为避战加快了撤离华界搬入租界的速度,华界外侨人数从1931年的12 200人,减少到1932年的9 347人、1933年的9 331人。② 以美国为首的西方列强对于日本打破亚太均势现状尽管表示中立,但日益不满的强硬态度也给了以美英侨民为首的第三国侨民索赔的底气,日本政府无法忽视这些索赔背后展示出来的西方各国政府的支持和国际话语权的力量,不得不对第三国侨民的索赔予以正视。这才有了日后的赔偿计划的制定和实施。

二、日本政府的赔偿过程

一·二八事变后,日本政府企图把上海第三国侨民财产损失的责任嫁祸给中国。1932年3月3日,日本广播电台宣称:日本政府对战争损失并无责任,责任在中国一方,故日本不存在赔偿问题,并且提出"上海此次损失,由中国负责赔偿",同时强硬表态"谈判未成立以前,保留军事自由行动之权"。③ 后来随着美英等主要国家对在华利益的关切及对日本侵华态度的变化,1932年11月日本逐渐改变了对上海第三国侨民索赔的态度,希望通过谈判解决赔偿问题,以"避免第三国人把这个问题诉诸国际法庭",④造成国际负面影响。

从1932年一·二八事变爆发,到1935年夏赔偿基本完成,整个过程历时近3年半。期间,经历了一波三折的变化过程,大致可分为三个阶段。

---

① 上海事件第三國人被害救恤問題(时间不详)[A]//満州事変/被害救恤関係/外国人救恤関係:第1巻(日本外務省外交史料館).国立公文書館アジア歴史資料センター,B02030489600. 在上海第三国人被害救恤ニ関スル决議案(1934年1月18日)[A]//満州事変/被害救恤関係/救恤審查会関係(日本外務省外交史料館).国立公文書館アジア歴史資料センター,B02030488800.
② 邹依仁.旧上海人口变迁的研究[M].上海:上海人民出版社,1980:71.
③ 《吴铁城密电二》,1933年3月3日,见:上海市档案馆.日本帝国主义侵略上海罪行史料汇编·上编[G].上海:上海人民出版社,1997:57-58.
④ 上海事件第三國人被害要償取扱方ノ件(1932年11月10日)[A]//満州事変/被害救恤関係/外国人救恤関係:第1巻(日本外務省外交史料館).国立公文書館アジア歴史資料センター,B02030490300.

(一)第一阶段:日本驻沪陆海军和总领事馆开展的调查

虽然日本一开始强硬的公开拒绝赔偿,但实际上日本驻沪陆海军早在1932年3月下旬就秘密开展了实地调查。据1932年5月15日日本驻沪海军第三舰队司令部秘密总结的《第三国人财产被害调查报告》可知,日本驻沪海军与陆军、日本驻沪领事馆等达成一致意见,决定查定方针是:只对"单纯由日军军事行动所造成的第三国人的直接损害予以补偿",而对"中国人遭受的损害不予理会"。①

据这份调查报告统计,至5月10日第三国侨民仅向驻沪海军一方提出的申请已达70多件。虽然新的申请还在不断出现,但日本驻沪陆海军的调查在5月15日暂告段落。调查结论认定的"第三国人的直接损害"范围极为有限,只有10余件申请被认为可以适当给予补偿,余下的60多件申请则被归入不予理会之列。对于查定的基准和依据,日本驻沪海军方面作了如此解释:凡明显有被中国军队利用痕迹的财产法理上被看作具有敌性之物,由中国军队的炮弹及中国人放火所造成的受害,由中国人的掠夺所造成的受害等情况,不予补偿。日军在直接军事行动时所利用的第三国人财产(如占据为住宿、阵地)、军事征用(包括没收物品丢失的情况)、明显由日军的犯罪行为所造成的受害、交战区域外由日方的误炸所造成的受害等情况,可以适当给予补偿。②这个由驻沪日本陆海军提出的查定基准,本文称之为第一个查定方针,其为后来的赔偿方针奠定了基调。该方针所设前提和赔偿条件的严苛性、范围的狭窄性,使其与第三国侨民赔偿要求相差甚远,极易引起第三国侨民的不满,以致深谙国际大势的日本驻沪外交官们对这个报告颇有微词。

1932年8月26日,日本驻沪总领事村井仓松在发给外务大臣内田康哉的电报中明确指出,"被陆海军方面认定为需要支付慰问金的受害件数极少,仅为10件左右,而且金额颇少。对此还应有充分考虑的余地"。③日本外交界从国际关系出发,认为此方案难以使索赔者满意,可能会刺激和激怒各国政府,背离日本政府处理此事的政策意图。他们认为有必要重新调查并另定赔偿范围和标准。11月10日,继村井仓松之后任日本驻沪总领事的石射猪太郎在发给内田的电报中,报告了第三国人的申请件数已升至133件,索赔总金额已达471万多

---

①② 第三國人財產被害調書(其一)(1932年5月15日)[A]//満州事変/被害救恤関係/外國人救恤関係:第4卷(日本外務省外交史料館).国立公文書館アジア歴史資料センター,B02030492600.
③ 外國人ノ財產二対スル損害賠償要求二関スル件(1932年8月26日)[A]//満州事変/被害救恤関係/外國人救恤関係:第1卷(日本外務省外交史料館).国立公文書館アジア歴史資料センター,B02030490200.

日元。对此,石射提出了处理意见:"据(1932年)5月20日的内阁会议决定,上海事件中的我方行动是列国共同防卫的一部分,事件发生的责任在中国一方,所以没有理由对第三国人的损害负责。然而对于我方军事行动直接造成的第三国人的损害,按照前述道理完全拒绝赔偿的话,于情不忍。"所以他建议将"赔偿"改为"慰问金"名目来协商解决赔偿问题,以避免第三国方面把该问题投诉到国际法庭。①

从这份电报中可以看到日本政府政策的变化调整之处:一是明确提到"我方军事行动直接造成的第三国人的损害"这一事实。二是决定进行赔偿,"按照前述道理完全拒绝赔偿的话,于情不忍。""于情不忍"是一种委婉的说法,赔偿是主题。三是赔偿的说法涉及政治责任,提出了"慰问金"的代名词以争取主动。四是明确赔偿的前提是调查认定。石射在此信中提到,日本驻沪总领事馆已经开始主持查定工作,并和日本驻沪陆海军达成一致,制定了更为具体的查定方针,这实际上形成了第二个查定方针。该查定方针规定:拒绝慰问金的情况包括在有敌性区域的损失,中国人的掠夺及放火所造成的损害(由中国军队的炮弹所造成的损害将视情况而定),间接受害(如事变期间的收入减少、房租无法回收、因避难造成的房租损失及避难时的搬运费等),被中国军队利用的第三国人财产;可以支付慰问金的情况(主要是单纯由日方军事行动造成的第三国人的损失)包括误炸造成的损害,由日军的直接军事行动所造成的损害(包括构筑阵地、军队运输、搜捕便衣队等军事行动),在日军警备区域内,中国人很难进入的地方所发生的掠夺行为,曾被日军征用的物品(主要是枪支武器类)丢失。第二个查定方针与第一个相比:一是认定的原则和标准有变化。表面看来第一个较为笼统,而第二个更为细化。但是不难看到,第二个查定方针的标准已经在第一个查定方针的标准基础上有所松动,如即使在拒绝赔偿范围,也有视情况而定的弹性。二是主持调查的主体有变化,此次调查完全是由日本驻沪总领事馆主导。为防军方责难,外交官们事先和军方进行了沟通,所谓的"和日本驻沪陆海军达成一致"其实就是此次调查基本撤除军方主导的一种说辞。两个调查原则基本相同,表明日本外交界和军方基本立场是一致的,但两者方法、途径解决问题的方法和途径存在差异。

日本驻沪总领事馆主导了对第三国人索赔申请的第二次查定,多次向日本

---

① 上海事件第三國人被害要償取扱方ノ件(1932年11月10日)[A]//滿州事变/被害救恤関係/外国人救恤関係:第1卷(日本外务省外交史料館).国立公文書館アジア歴史資料センター,B02030490300.

外务省请示，催促政府制定政策，以指导赔偿工作。1933年4月13日，石射致电内田，就建立审查委员会机构、会议召开时间等问题提出了请示。为了让外务省更细致地了解和认同日本驻沪总领事馆的基本想法，电报还谈到让副领事寺崎英成回国当面汇报，以使决策者了解第一线的情况。① 4月18日，石射再次致电内田，请示审查委员会的组织结构、成立日期、审查范围、原则等情况。② 5月20日，石射致内田的电报有两点值得注意：一是透露出日本政府确定的海外赔偿重点，将不是第三国侨民而是在华日本"邦民"。石射点破原则变化的关键所在："虽说邦人受损和第三国人受损的申请金额没有大的差别，但是查定金额有很大的区别。"③也就是说，日侨获赔比例与第三国侨民获赔比例将完全不同。还未开始赔偿，日本已经预设了结果。二是重点强调了处理第三国人赔偿问题的复杂性和困难性。石射对赔偿政策和资金的重点放在日本在华"邦民"并无异议，但警告说，必须对实施后第三国侨民可能不满和反弹这个后果要有充分的准备和预案。他对只出台政策而无后续详细准备方案提出质疑："假使给第三国人拨款五十万元，也很难满足他们的要求，不能保证他们不会怀疑我方的正义、认为我方措施的不公平以及与第三国人方面组成共同战线。另外第三国人方面报纸也不会对此默默不闻，这是个颇为棘手的问题。因此，尽快制定周到的对应方策是非常必要的"。④ 石射的预测是有远见的，日后围绕这个问题日本与第三国的争论和博弈一直未断。

（二）第二阶段：日本政府出台政策

九一八事变和一·二八事变后，要求战争赔偿的群体包括东北和上海等地的日侨、东北的朝鲜人和在沪第三国侨民等。针对他们的索赔，日本政府开始制定统一指导、分类赔偿的政策。1933年5月31日，日本政府颁布《敕令案》第143号，共12条。敕令首先将战争"赔偿"改为"救恤"，以突出主动安抚的定性。敕令规定了救恤的范围、救恤金的总额、救恤审查会的建立、救恤申请的期限、申请书要求和救恤审查会人员组成等。敕令第一条规定："在满洲及支那之人或者在该地拥有财产之人，于1931年9月18日至1933年3月31日之间，因满洲事变而造成身体及财产上的直接损失，按照本敕令给予救恤金"；第二条规定："救

---

① 石射総領事から内田外務大臣宛電信写（1933年4月13日）[A]//満州事変/被害救恤関係/救恤審査会関係（日本外務省外交史料館）．国立公文書館アジア歴史資料センター，B02030488500．
② 石射総領事から内田外務大臣宛電信写（1933年4月18日）[A]//満州事変/被害救恤関係/救恤審査会関係（日本外務省外交史料館）．国立公文書館アジア歴史資料センター，B02030488500．
③④ 石射総領事から内田外務大臣宛電信写（1933年5月20日）[A]//満州事変/被害救恤関係/救恤審査会関係（日本外務省外交史料館）．国立公文書館アジア歴史資料センター，B02030488500．

恤金的总额为300万元以内";第三条规定:"救恤金的交付是按照希望救恤者的申请,经过救恤审查会的审查后由外务大臣决定";第四条规定:"救恤审查会在外务大臣的监督下由会长一人审查员十人以内组成";第九条规定:"救恤金的申请截至1933年8月15日"等。①

按照《敕令案》第143号规定,日本政府任命外务次官重光葵担任救恤审查会会长。1933年6月12日,救恤审查会任命了10名审查员。这10名成员中,来自外务省4名、大藏省3名、陆军省1名、海军省1名和拓务省1名,主要骨干分别是外务省亚洲局长桑岛主谷正之、条约局长栗山茂、大藏省主计局长藤井真信、陆军省一等主计大内球三郎和海军省主计大佐荒木彦弥等。②6月21日主持召开了救恤审查会第一次会议,会上通过了《关于上海第三国人被害救恤金总额及救恤手续》的决议案,原本决定对上海第三国人救恤金额为40万日元,但鉴于当地交涉状况,救恤审查会决议再增加10万日元,共计50万日元。③

值得关注的是重光葵在救恤审查会第一次会议上的发言:一是明确了赔偿地域和类别。重光葵说:"这次针对满洲事件受害所进行的救恤与历来的救恤相比,范围极广。除了一般在留邦人之外,还包括很多在满朝鲜人,以及上海事变之际因我方的军事行动受到直接损害的第三国人。其范围囊括支那及满洲全域。"④"救恤"的范围和对象已经拓展至包括东北、上海等在内的"在留邦人"(即在华日侨)以及东北的朝鲜人和索赔的上海第三国侨民三类群体。二是索赔人数和金额数量大为增加。"根据至今为止各领事馆的受害统计,死者1 319名、受伤者783名、被强制监禁者262名,另外物损的申告金额包括第三国人在内达到了约14 770 000日元。"⑤巨大的索赔金额已远远超过日方的估计和底线。三是强调完成难度极大。对于高达1 477万日元的申请金额,日本政府却试图以区区300万日元的预算来应付。"一般受害者中陷入窘迫之人颇多,而且救恤问题又受世人关注,所以本件的处理要尽可能公平和迅速。特别是上海第三国人的受害问题,关系到种种微妙的国际关系,有必要迅速圆满解决","本审查会的工作与历来相比将更为困难和复杂。"⑥

---

① 勅令案(1933年5月31日)[A]//满州事变/被害救恤関係/救恤審查会関係(日本外務省外交史料館).国立公文書館アジア歴史資料センター,B02030488500.

② 在上海第三國人被害救恤ニ関スル件(1933年)[A]//满州事变/被害救恤関係/外國人救恤関係:第2卷(日本外務省外交史料館).国立公文書館アジア歴史資料センター,B02030491200.

③④⑤⑥ 第一回審查会議附議事項及其決議案(1933年6月26日—8月12日)[A]//满州事变/被害救恤関係/救恤審查会関係(日本外務省外交史料館).国立公文書館アジア歴史資料センター,B02030488700.

1933年7月20日,日本总领事馆负责赔偿事宜的副领事寺崎接受了记者采访。他首先重申了日本政府的立场；其次介绍了索赔的时间节点和方式,强调第三国侨民的索赔申请必须于1933年8月15日前递交给日本驻沪总领事馆,并且最好通过本国领事馆递交；再次公布了日方对于赔偿事宜的处理原则和程序,即日本驻沪总领事馆将与日本陆军、海军合作,征收申请书并调查证实后给予赔偿,日本外务省也将成立一个特别委员会来调查每一件申请并评估损失。① 寺崎还指出,"在这些案件里可能存在需要例外考虑的情况,但估计这种情况极少。如受损被证实,日本当局将尽快进行恩惠的考虑并给付赔偿以缓解受损"。② 这个所谓的"例外"为后来"救恤"第三国亲日侨民留下了伏笔。最后寺崎给出了提示和警告：由于此时距一·二八事变的爆发已经一年半之久,较晚提出申请的人,由于缺乏足够具体和"新鲜的"证据证明遭受损害,"从现在开始"很可能将面临很大困难,日方要求的是"严格的"证据。③

1934年1月18日,救恤审查会召开了第二次会议,会上正式通过了《上海第三国人被害查定方针》及一些相关决议,成为审核是否赔偿和赔偿金额多少的重要依据和准绳；④这就形成了第三个查定方针。该方针将第三国侨民提出的赔偿申请,按照性质、地域、受损原因等划分为甲、乙、丙三类,甲类给予赔偿,丙类不予赔偿,处于二类之间的划为乙类,视情况可适当给予"救恤",乙类又细分为A、B、C三等,A等近甲类,C等近丙类。各类项目具体所指范围如：甲类(给予赔偿)是指由日方军事行动造成的第三国人所蒙受的损失,即(1)由误炸所造成的损失；(2)起因为日军的直接军事行动；(3)曾被日军征用的物品(主要是枪支武器类)丢失等情况；主要区域为黄罗路、窦乐安路、江湾路及北四川路的一部分等。乙类(视情况可适当给予赔偿)是指在同济路及江湾路的一部分、施高塔路、狄思威路等区域,被害性质与甲类相近的损失。丙类(不予赔偿)是指(1)具有敌性的受害情况(特别是为中国军方所利用的第三国人的财产),敌性最显著的区域为吴淞及闸北的大部分；(2)被判定为中国人掠夺及放火、中国军队的炮弹造成的损失；(3)间接被害,如事变期间的收入减少、房租或学费无法回收、因

---

① ③ Japan Not Obliged to Indemnify; Third-Party Nationals in Shanghai Fighting [N]. The North-China Herald and Supreme Court & Consular Gazette (1870 – 1941), 1933 – 07 – 26.
② Red Tape In "Reparations" Tangle Begins To Unwind; Japanese Consulate Solicits Applications From "3rd Parties" For War Damages; August 15 Is Deadline; Committee To "Investigate" [N]. The China Press (1925 – 1938), 1933 – 07 – 21.
④ 上海事件第三國人被害救恤問題(时间不详)[A]//満州事变/被害救恤関係/外国人救恤関係：第1卷(日本外務省外交史料館).国立公文書館アジア歴史資料センター,B02030489600.

避难造成的房租损失以及避难时因搬家所产生的搬运费等。① 此外,救恤审查会还列出了一些次要条件,如"赔偿额尚须考虑申告者的国籍、申告者的对日态度及其要求态度、受损物件的性质、是否证据确凿、金额大小、提出申请的迟速、申请经由领事馆的态度以及政策方面等因素而定。"② 后来的赔偿事实也证明这些次要因素对赔偿结果的影响不容忽视。依据前述第三个查定方针,日本政府完成了对第三国侨民索赔的查定工作。针对第三国侨民接近700万上海弗的索赔,日本政府审查核定的最终金额仅约为36万上海弗。这就是日本赔偿的内部底线。

表1 上海第三国侨民索赔查定金额(1934年1月18日)

国别	申请件数	查定等级			申请金额			查定金额(上海弗)
		甲	乙	丙	上海弗	两	美元	
英国	82	10	A3 B6 C35	31	1 007 660.71	1 504 386.19		147 180
美国	40	3	A1 B1 C17	23			330 764.32	103 068
德国	41	1	A0 B2 C13	8	302 883.44			19 150
葡萄牙	19	1	A3 B4 C9	2	56 433.30	77 635		42 050
苏联	14	0	A0 B0 C7	7	19 420.30	36 000		15 350
西班牙	5	0	A2 B0 C1	6	7 465	25 611.76		6 600
法国	5	0	A0 B1 C1	6	173 559	532 425		8 000
希腊	4	0	A0 B0 C2	2	6 925			700
意大利	3	0	A0 B2 C1	0	8 547.20	11 456		6 500
比利时	3	0	A0 B0 C0	3	法郎 16 680	587 133.80		0
挪威	2	0	A0 B2 C0	0	11 024.25			5 500
瑞典	2	0	A0 B0 C1	1	2 509.60			5 500
捷克	2	1	A0 B0 C1	0	168	3 658		3 150
国际	0	0	A0 B0 C1	3	696	13 726		250
伊朗	2	0	A0 B0 C1	1	7 746	5 304.84		700
丹麦	1	0	A0 B0 C0	0	13 000			0
亚美尼亚	2	0	A0 B0 C2	0	10 966.98			1 150
南斯拉夫	1	0	A0 B0 C	0	2 194.55			200

①② 上海事件第三國人被害救恤问题(时间不详)[A]//满州事变/被害救恤关系/外国人救恤关系:第1卷(日本外务省外交史料馆).国立公文书館アジア歴史資料センター,B02030489600.

续表

国别	申请件数	查定等级			申请金额			查定金额（上海弗）
		甲	乙	丙	上海弗	两	美元	
其他	7	0	A B C	4	1 096.50			0
合计	235	16	A9 B18 C93	94	1 632 295.83 法 16 680	2 797 336.59	330 764.32	360 148

注：1932年3月3日（停战当日）的汇率（横滨正金银行上海分店）100两＝33美元＝847法郎，100银元＝71.5两。

资料来源：《在上海第三國人被害救恤ニ関スル決議案》，1934年1月18日，B02030488800。

　　相较于对战乱中受难日侨的抚恤救助，日本政府在查定第三国侨民的赔偿申请时设置的条件要严苛得多。1933年12月15日，石射总领事在致外务大臣广田弘毅的书信中，详细陈述了对待本国侨民和第三国侨民的不同"救恤"原则。① 日本政府在此问题上采取了双重标准，如最关键的责任问题，本国侨民"责任问题无需考虑，尽可能对本国侨民进行救助"。而对第三国侨民进行严查，并且改"赔偿"为"启发""救恤"，强调日本不承担战争"责任"。在重重设限的政策指导下，日本政府对上海第三国侨民的赔偿额度，进行了极为严格的评估和审查，目的就是"尽可能缩小救恤范围"。此外还赋予上海总领事以临事处置权，规定具体事务由上海总领事来直接操办，并授以相当的权力。重大事项如金额有变动需向审查会报告，除审查会特别认定的情况外，原则上尽量以上海总领事的查定额为准。② 如此，驻沪日本领事馆在救恤审查会第二次会议召开后，开始与各国交涉，具体处理赔偿交付问题。

　　1934年2月20日，寺崎在接受日本联合通讯社（Rengo）采访时公开表示希望侨民降低期望值，明确表示不可能按照索赔金额如数赔偿。"尽管日本驻沪总领事馆的调查受到东京相关部门会议认可，但赔偿总额比期望的有所减少。"寺崎接着说："这些部门对于在一·二八事变中遭受损害的第三国侨民深表同情，但是资金缺乏使他们的工作非常困难，现在可以确定的是，政府决定的最终数额将是为此所能承受的最大限度。……日本不会改变对于一·二八事变的态度，因为日本没有责任，尽管日本承诺出于同情给予抚慰。由于经费缩减后与我们

① 上海事件第三國人直接被害救恤ニ関スル件［A］//満州事変/被害救恤関係/外國人救恤関係：第2卷（日本外務省外交史料館）.国立公文書館アジア歴史資料センター，B02030490700.
② 上海事件第三國人被害救恤問題（时间不详）［A］//満州事変/被害救恤関係/外國人救恤関係：第1卷（日本外務省外交史料館）.国立公文書館アジア歴史資料センター，B02030489600.

预算有差距,我们正在进行调整。这些一旦完成,将开始与相关国家的代表会面。由于牵涉10多个相关国家,不可能一次性顾及全部申请,因此,完成赔偿需要花费一些时间。并非所有的申请都能得到承认,申请额也不能全额给付。"① 寺崎公开接受采访,表明日本政府的赔偿原则已经确定。

(三) 第三阶段:审核调整,赔偿交付

按照查定方针规定,申请后的查定和复核审批程序十分烦冗,比如对于"申请人中特别值得同情的,或有必要从政治上考虑的,在已查定的救恤额基础上有增加的必要时,需得到救恤审查会委员全体同意"。② 程序复杂不便,导致工作时间延长,引起申请方第三国侨民的不满和抗议。为了减少冗繁的程序、提高效率,1934年6月22日在救恤审查会第三次会议上设置了"上海第三国人被害救恤小委员会"。委员长由外务省东亚局长桑岛主计担任,另有委员4人,分别是外务省外务书记官守岛伍郎、大藏省大藏书记官入江昂、陆军省一等主计大内球三郎、海军省主计大佐石黑利吉。根据授权,该小委员会的审查决定,经救恤审查会会长的同意,则可视作审查会的决定。③ 小委员会成立后,获得授权后,简化了审批程序,使查定工作的效率明显提高。1934年间,104件已完成赔偿金交付(见表2)。④ 但整个查定核实工作直至1935年8月才最终完成。

表2 日本向第三国侨民赔偿交付情况(1934年间)

国 别	苏 联	挪 威	美 国	捷 克	意大利	葡萄牙
件数	1	2	16	2	2	18
救恤额(日元)	9 000	2 700	61 000	2 150	4 200	20 780
交付日期	31/3	23/4	19/6	30/6	26/7	31/7

国 别	瑞 典	南斯拉夫	西班牙	德 国	英 国
件数	1	1	3	14	44
救恤额(日元)	500	200	4 300	18 900	
交付日期	9/7	1/9	24/9	5/12	10/12

资料来源:上海事件第三國人被害救恤问题(时间不详)[A]//满州事变/被害救恤関係/外国人救恤関係:第1卷(日本外務省外交史料館).国立公文書館アジア歴史資料センター,B02030489600.

---

① Tokyo slashes Foreign War Claims Here:Japanese Vice Consul Explains Latest Move To Fix Damage Charges [N]. The China Press (1925-1938),1934-02-21.

②③④ 上海事件第三國人被害救恤问题(时间不详)[A]//满州事变/被害救恤関係/外国人救恤関係:第1卷(日本外務省外交史料館).国立公文書館アジア歴史資料センター,B02030489600.

赔偿方案揭晓后,果如寺崎所说,赔偿金额距离索赔金额差距巨大。对于第三国侨民提出的索赔总额达 6 943 847.05 上海弗(相当于 700 万日元)的 235 件索赔申请,日本政府赔偿了 121 件,而赔偿金额仅为 216 275 日元,只占申请金额的 3% 左右(见表 3)。

表 3 上海事件第三国人直接受害救恤金交付情况(1935 年 8 月)

国 别	英国	美国	葡萄牙	德国	法国	比利时
救恤件数	46	18	18	15	2	1
交付金额(日元)	61 540	61 000	20 780	20 210	15 000	10 000
国 别	白俄	西班牙	意大利	挪威	捷克	丹麦
救恤件数	5	3	2	2	2	1
交付金额(日元)	9 950	4 300	4 200	2 700	2 150	2 000
国 别	伊朗	希腊	瑞典	亚美尼亚	南斯拉夫	
救恤件数	1	2	1	1	1	
交付金额(日元)	770	700	500	275	200	
总计: 121 件 216 275 日元						

资料来源:上海事件第三國人直接被害救恤ニ関スル件[A]//滿州事变/被害救恤関係/外國人救恤関係:第 3 卷(日本外務省外交史料館).国立公文書館アジア歴史資料センター,B02030492300.

纵观整个赔偿过程,日本自始至终拒不承认战争责任。日本承认第三国侨民受害者中有极少数情况值得同情,所以"赠予"了适当的补助金,但强调这是一种"恩惠的例外措施",不代表日方承认对战争损害具有赔偿义务,[①]并且表示日本政府所发放的"启发费"是属于慰问金性质,希望由此开启对日本的友好关系。[②] 对被害者的赔偿变成了施恩,日本企图以所谓的"人道主义"来博取第三国受害者侨民的好感。

历时 3 年多的赔偿问题交涉,日本政府在外交公文表述上经历了从"赔偿"到"救恤"的转变。通读这一时期的相关外交档案时可以清晰看到这一过程。

---

① 上海事件ニ依ル米國人損害要償権留保ニ関スル米國大使公文ニ対スル回答(1933 年 12 月 19 日)[A]//滿州事变/被害救恤関係/外國人救恤関係:第 1 卷(日本外務省外交史料館).国立公文書館アジア歴史資料センター,B02030490700.

② 上海事件第三國人被害要償取扱方ノ件(1932 年 11 月 10 日)[A]//滿州事变/被害救恤関係/外国人救恤関係:第 1 卷(日本外務省外交史料館).国立公文書館アジア歴史資料センター,B02030490300.

1932年的公文标题多使用"赔偿"一词，如1932年10月28日石射发给内田的公文件名就是《由上海事件造成的第三国人损害赔偿相关一件》。① 当时日本外务省总结的公文件名同样是《上海事件第三国人损害赔偿一件》。② 1933年则出现了"赔偿"和"救恤"混用的现象，而到了1934年则多以"救恤"为主。到底是"赔偿"还是"救恤"，涉及战争责任问题。这种用词转变，不能不说是日本政府推诿战争责任的重要表现。反映这种推诿的一个典型事件，是在日本政府对上海第三国侨民进行受损赔偿的过程中，发生了篡改查定方针以掩盖日军掠夺事实的问题。前述一·二八事变后日本驻沪陆海军展开的调查和制定的第一个查定方针中，把"明显由日军的犯罪行为所造成的受害"的第三条，列入可以适当补偿的范围。而1932年11月，日驻沪总领事馆开始主持查定工作后，与日本驻沪陆海军协商，制定了更为具体的第二个查定方针。在该查定方针中，上述条款表述被改为："（三）在日本警备区域内，中国人很难进入的地方所发生的掠夺行为"。然在1934年1月18日救恤审查会第二次会议上正式公布的第三个查定方针却删除了这一项。为何删除这一项？笔者在一份日本外务省的"极秘"电报中找到了答案。

1932年11月制定的第二个查定方针明确规定："在日本警备区、中国人很难进入的区域内所发生的掠夺事件，应当予以赔偿"，而日方又明文强调了对于中国军队造成的破坏和损失不予赔偿，那么该条款则暗示着一·二八事变期间，在日占区和"中国人很难进入区域内发生的抢掠行为"，都是日本人所为。毫无疑问，留下这样的明显矛盾和破绽的条款，将会成为日本战争罪行的证据。为此，日本军方要求上海总领事和查定委员会删除该项内容③。可是这样简单删改的做法，显然是行不通的。连上海总领事石射都觉得说不过去。因为事变时日本人的抢掠行为已是公认的事实，日方也难以否认。第三国侨民有明确证据直接指认日军抢劫索赔案甚多，其中仅英国侨民的申请就多达31件。若直接删除甲类第三项内容，彻底否认拒不赔偿的话，"将会使日本同意赔偿第三国侨民损失的正义姿态受到影响，使日本与第三国侨民的关系产生裂痕"，④容易引起公愤。因此，不能简单化的直接删除这个条款，但保留这样的条款无异于自首日

---

① 上海事件ニ依ル第三國人ノ損害賠償ニ関スル件（1932年10月28日）[A]//満州事変/被害救恤関係/外國人救恤関係：第1卷（日本外務省外交史料館）．JACAR，B02030490200．

② 上海事件第三國人損害賠償ニ関スル件（1932年11月5日）[A]//満州事変/被害救恤関係/外國人救恤関係：第1卷（日本外務省外交史料館）．国立公文書館アジア歴史資料センター，B02030490200．

③④ 上海事件第三國人"クレーム"ニ関シ：第159号（極秘）（1934年3月26日）[A]//満州事変/被害救恤関係/外国人救恤関係：第2卷（日本外務省外交史料館）．国立公文書館アジア歴史資料センター，B02030491000．

本人的罪行并留下证据。为了解决"进退两难"的局面，1934年3月26日，石射总领事致外务大臣广田的第159号"极秘"电报中，提出了他解决这个问题的建议，就是对甲类第三项和丙类第二项内容都进行修改。为了保证日本人没有进行抢掠这一说法成立，石射建议将《查定方针》中的丙类第二项（中国人掠夺造成的损失不予赔偿）改为"允许例外情况的存在，即虽为中国人所实施的抢掠行为，也可以酌情予以赔偿"。他建议增加脚注，说明战争期间在日军警备区出于作战的需要而禁止普通人通行是正常的，而在有大量中国人居住的日本警备地域发生的掠夺行为，必然是中国人趁日军警备间隙进行的掠夺行为，对于这种情况下造成的损失，理论上和日本无关，但是出于同情可以视作例外而酌情加以赔偿。同时，将甲类第三项（在日本警备区及中国人很难进入的区域发生的掠夺）属于赔偿范围这一条根据军部的要求予以删除。石射认为，在"查定方针"中做这些修改并注释清楚，"是有益且必要的"。① 其奥妙就在于，当第三国侨民不满于口头说明、要求公文通报的时候，使用修改过的查定方针，既能够将责任推给中国，又可以掩盖日本人在战争中实施过掠夺的真相，实现军部的要求和希望，同时也可能获得第三国索赔方的谅解。

石射的建议，得到了广田的同意。② 在最终向各国公布的查定方针中，甲类第三项被删除了。该条款的删除是日本掩盖战争罪行的铁证。这一历史真相，在日本外交档案中被完整地保存了下来。

三、围绕赔偿问题的外交交涉

日本政府最初确定的查定金额总数为36万上海弗，在交涉过程中一再减少赔偿金额，最终的赔偿金额缩小到21万，尚不足赔偿预算总额50万元的一半。如此苛刻的条件和极低的赔偿金额，自然引起了诸多国家特别是英美等国的质疑和抗议。围绕赔偿交涉，日本采取了分类操作、分化瓦解的措施。

审查委员会第二次会议之后，日本政府开始与各国进行具体交涉，日美交涉可以视为日本赔偿过程中的典型个案。向日本提出索赔的在沪侨民涉及17个国家，其中，美国侨民要求赔偿的申请为40件，索赔总额为330 764.32弗，③并

---

①② 上海事件第三國人"クレーム"ニ関シ：第159号（極秘）（1934年3月26日）[A]//満州事変/被害救恤関係/外国人救恤関係：第2卷（日本外務省外交史料館）.国立公文書館アジア歴史資料センター，B02030491000.

③ 上海事件第三國人被害救恤問題（时间不详）[A]//満州事変/被害救恤関係/外国人救恤関係：第1卷（日本外務省外交史料館）.国立公文書館アジア歴史資料センター，B02030489600.

不是各国中最高的。然而,日本却把美国排在交涉的第一顺位,当作首先要解决的重点对象。这大致有三方面原因:第一,20 世纪 30 年代初日美关系日趋紧张和微妙。第一次世界大战后,美日同时跨入世界强国行列,都试图在国际舞台上有更大的话语权乃至称霸。凡尔赛—华盛顿体系建立,日本在大国争斗中始终未能获得期望的国际利益。这种深刻的不可调和的矛盾使得美日 30 年代在军事、经济和外交上的对立愈加尖锐。日本始终将美国视为自己突破亚太条约体系藩篱和称霸亚洲的最大阻碍。30 年代初,日本对中国东北和上海进行武装侵略,对美国的"门户开放"政策形成严重威胁。美国始终不承认日本改变亚太格局的侵略行动的合理性,处处向日本施压,日本退出国联前后,两国关系已经十分紧张。在一·二八事变后上海第三国侨民的赔偿问题上相遇,日本自然格外重视美国的态度。第二,从实际情况的排查来看,日本政府认识到以少量金额平均处理 17 个国侨民的索赔是行不通的,容易造成不满的各国间的联合,为此,日方采取各个击破的原则,按照"由难到易"的方针,重点先从美国这个最难的对手开始交涉。① 如果能够顺利完成将会是个良好的开端,作为一个参照模板,为与其他国家的交涉奠定基础。第三,从"有利"条件来看,正如石射所言,一方面寺崎与美国驻沪副领事百思(Vyse)有些私交,通过这个渠道交涉容易展开;另一方面,当时传出美国领事将要转任的消息,所以要赶快优先解决。② 相较于其他原因,这只是诸多原因中最为次要的却是可操作的一点。对于为何最先解决美国侨民索赔申请的决定,日本也顾虑如何向其他国家解释,必须寻觅合适、合理的说法。石射提议,关于赔偿的顺序无人问起则罢,如有人质疑,则可回答说是按照日本五十音的顺序来进行的。③ 以五十音为序,美国刚好首位。日美交涉主要发生在前述日本政府赔偿过程的第三阶段。历经了从强硬对峙到缓和妥协的过程。

第一回合:美国提出抗议,日本推诿责任。由于日本政府规定了第三国侨民的申请日期截至 1933 年 8 月 15 日,④对于之后提交的赔偿申请一律不予受理,驻日美国大使于 1933 年 11 月 1 日向日本外务大臣广田弘毅提出严正抗议:"我按照美国政府的指示,告知你方:无论索赔申请是否已经提交给在沪日本当局,美国政府将根据国际法的规定,保留全部的根本权力,除非将索赔调整使得

---

①②③ 上海事件第三國人"クレーム"ニ関シ:第 102 号ノ一(極秘)(1934 年 3 月 2 日)[A]// JACAR,B02030491000.

④ 勅令案(1933 年 5 月 31 日)[A]//満州事変/被害救恤関係/救恤審査会関係(日本外務省外交史料館).国立公文書館アジア歴史資料センター,B02030488500.

令日本政府和美国侨民都满意。"①美国政府强硬态度表达得淋漓尽致。对此日方也不甘示弱,12月19日,日本外相广田弘毅回信中老调重弹,再次强调了日本无责任无义务对第三国侨民进行赔偿的政策,之所以同意给予"救恤金",仅是出于同情和慰问的"赠予"。② 1934年3月22日,美国驻上海总领事发给美国国务院的电报,被日本海军破译,其主要内容是美国驻沪总领事无法得知日本对上海第三国侨民的赔偿总额底线,希望在东京的美国驻日大使帮助探知。③ 由此可见此时日本政府对各国的查定金额底线秘而不宣尚未为各国所知。3月26日,石射发给广田的电报中,提到了对美交涉的方案和基本思路。提出虽然美侨的查定金额定为103 068上海银元,但不要一下子全部拿出来,而应该先拿出60%左右也即是6万元与美国交涉,条件是美方申请者必须放弃后续索赔,否则不能交付赔偿金。剩下的4万元可以通过美领事馆分配给不予赔偿之人,如果能换取美国放弃所有索赔要求的话,也可以免去外交交涉之苦。广田回电表示赞同。④日方的出发点是掌握赔偿主动权。满足美国侨民的部分赔偿要求,但为了杜绝后患,采取一次了断的办法。然而日方的想法有重大矛盾之处,如果按照石射提议的用"剩下的4万元通过美领事馆分配给不予赔偿之人",来换取"美国放弃所有索赔要求"的话,日本政府的查定方针将成为一纸空文,持续两年多的查定工作也将毫无意义。石射本人也注意到了问题的严重性,提议要谨慎行事,伺机试探美方。

第二回合:"探底"与"交底",美国从强势到妥协。美方对于日方提出的6万日元的赔偿方案表示了强烈不满。1934年5月3日,百思到日本驻上海总领事馆约见寺崎,转述了美国政府对日赔偿方案的立场。"美国政府对于赔偿费之少和多数索赔者被排除在赔偿范围之外感到十分意外",并十分不满地提出"不用说那些被置于赔偿之外的情况,即使被赔偿之人也可以保留未赔偿部分的申诉权,如赔偿了申请额的20%的情况下,对未赔偿的80%将保留在未来进行申诉索赔的权力"。⑤ 美国政府的强硬态度激怒了日方,寺崎直接拒绝并驳斥了百

---

①④ 上海事件第三國人被害救恤問題(时间不详)[A]//滿州事變/被害救恤関係/外国人救恤関係:第1卷(日本外務省外交史料館).国立公文書館アジア歴史資料センター,B02030489600.
② 上海事件ニ依ル米國人損害要償權留保ニ関スル米國大使公文ニ対スル回答(1933年12月19日)[A].国立公文書館アジア歴史資料センター,B02030490700.
③ 石射総領事から広田外務大臣宛電信(1934年3月24日)[A]//滿州事變/被害救恤関係/外國人救恤関係:第2卷(日本外務省外交史料館).国立公文書館アジア歴史資料センター,B02030491000.
⑤ 第242号ノ二(1934年5月3日)[A]//滿州事變/被害救恤関係/外國人救恤関係:第2卷(日本外務省外交史料館).国立公文書館アジア歴史資料センター,B02030491100.

思转达的美方要求:"一,通过外交途径解决的话,日方无所谓,但美方得不到什么好处;二,日方公文已明确规定,申请者必须放弃后续索赔,否则不能交付赔偿金。"并讥讽"美方希望先得到能得到的,再对余下的部分进行外交交涉,最终实现获得全部赔偿的想法过于自私"。① 寺崎再次强调了日方无任何赔偿责任,完全是出于人道主义的立场才同意给予补偿,就这笔钱的性质而言,只是一种"赠予",接受者要出具收据。而对于保留索赔权利的人则视为对日本不友好当然不发放"赠予金"。必须放弃后续索赔,并同意日方的赔偿标准,否则不予赔偿。这就是日方的底线。寺崎继续阐述日方的立场:"正如贵方要保留后续索赔权利而提出的权利义务论,如果我方坚持没有任何赔偿责任,一银元也不出,想要赔偿可以向中国索要,那样的话这个问题最终也不能解决。外交交涉之际,如果按照上述责任论的思路,自然会演变成无休止的争论,耗费时日,如发展成日本撤回全部赔偿费的结局,对于相关美国人来说是无益的。"②通过寺崎与百思的对话,美国政府探知了日本的赔偿条件底线,日本政府也驳回了美国的要求,表明了不可动摇的坚定立场。权衡之下,美国认为不宜一味过于强硬而导致谈判破裂,采取了退一步的妥协态度以解决问题。

5月19日,美国领事艾德文(Edwin)在给石射的回信中表达了美方对解决方案的认可。"现在多数遭受损失的申请者同意接受按照核定金额给予的赔偿,并愿意放弃他们所遭受的依《赔偿费的分发处理原则》属于B和C部分的损失之日后索赔权利",并随信附上16名申请者的名单。③ 这样通过审核的19件美侨索赔申请中,有16件已经处理完成。并于6月18日,通过美国领事馆发放给美侨申请人。④ 及至6月29日,关于一·二八事变后在沪美侨损失赔偿问题的日美交涉基本结束,赔偿详情见表4。

---

① 第242号ノ二(1934年5月3日)[A]//満州事変/被害救恤関係/外國人救恤関係:第2卷(日本外務省外交史料館).国立公文書館アジア歴史資料センター,B02030491100.
② 第242号ノ三(1934年5月3日)[A]//満州事変/被害救恤関係/外國人救恤関係:第2卷(日本外務省外交史料館).国立公文書館アジア歴史資料センター,B02030491100.
③ American Claims arising from the Sino-Japanese Hostilities in and near Shanghai, 1932 (1934年5月19日)[A]//満州事変/被害救恤関係/外國人救恤関係:第2卷(日本外務省外交史料館).国立公文書館アジア歴史資料センター,B02030491200.
④ 上海事件第三國人被害救恤問題(时间不详)[A]//満州事変/被害救恤関係/外国人救恤関係:第1卷(日本外務省外交史料館).国立公文書館アジア歴史資料センター,B02030489600.

表4 对在沪美侨的赔偿核定表

姓　名	被害类别	位置	申告额（美元）	查定额（弗）	救恤额（日元）	查定等级
Apostolic Faith Mission	掠夺	Lotien	339.20	842.00	830.00	乙C
Asia Realty Company, Fed. Inc. U. S. A.	破坏	租界内、日本总领事馆旁 North Seward & Wuchan Rds.	1 361.54	3 000.00	2 700.00	乙C
Antonio Cenera	掠夺	Chapoo Rd.	63.00	84.00	80.00	乙C
Central China Mission of the Foreign Mission Board	破坏	1. Paoshing rd. 2. Barchet Rd. 3. Jukong Rd.	3 094.49	2 000.00	1 850.00	丙及乙C
Central Council of Board of Missions, Methodist Episcopal Church, South in China	破坏	1. Quinsan Rd. 2. Ta Tung Rd. 3. Woosung 4. 闸北及南翔	3 374.75 129.25	1 500.00	1 550.00	乙C及丙
Thomas Joseph Engstrom	掠夺	39 Wonglo Rd.	4 733.25	12 630.00	9 700.00	甲
Henningsen Produce Company, Fed Inc. U. S. A.	掠夺	West Sawin Creek Rd.（租界外）	10 438.48	6 315.00	4 500.00	乙C
Walter Scot Hibbard	破坏 掠夺	江湾路41号	20 090.00	16 840.00	14 600.00	甲
James Marvin Howes	破坏	Lao Sao Kee Laun-dry, Kiangwan & Tung chi Rds. Alley-wan 93 House 3.	39.83	105.00	100.00	乙C
John C. Lind	掠夺	Darroch Rd. Shing-wah Li House 3.	5 090.80	5 000.00	3 000.00	乙A
Realty Investment Company, Fed. Inc. U. S. A.	破坏	1. Ning Kwei Rd.（北部小学校旁） 2. Woosung Rd. 3. Chapoo Rd.	3 507.99	6 315.00	4 500.00	乙B及乙C

续　表

姓　名	被害类别	位置	申告额（美元）	查定额（弗）	救恤额（日元）	查定等级
St. Luke's Hospital	破坏	江湾路8号	1 670.00	500.00	1 700.00	乙C
Singer Sewing Machine Company	破坏	闸北、江湾、吴淞的多处	8 403.00	1 500.00	1 300.00	乙C及丙
Socony-Vacum Corporation	破坏 掠夺	1. Chapei & North Szechuen Rd. 2. Lotien, Nansiang, Chapei & Woosung 3. Wing Lok Terrace	643.27 3 857.84	900.00	900.00	乙C及丙
Joseph Yuk-Woon Tseu		北四川路	1 043.05	1 263.00	970.00	乙C
Union Realty & Investment Company, Inc.	破坏	Lincoln Terrace	31 230.34	42 100.00	11 500.00	乙C
Alice Green Walters	掠夺	Nansiang	1 132.13	1 263.00	1 060.00	乙C
John Yun-Tet Woo	破坏	4 247 Ning Kwei Rd.（off N. Szechuen Rd.）吟桂路	900.00	200.00	160.00	乙C
合　计			101 142.21	102 357	61 000	

资料来源：在上海第三國人被害救恤ニ関スル件［A］//満州事変/被害救恤関係/外國人救恤関係：第2卷（日本外務省外交史料館）．国立公文書館アジア歴史資料センター，B02030491300．

注：因为审核工作在上海当地进行，所以查定额以上海当地的银元（弗）计；赔偿拨款来自日本政府，因而赔偿额按日元计。

接下来是与英国的交涉。鉴于对外政策和上海租界的实际利益，英国不愿刺激日本的意图比较明显。在此背景下，日本对英国索赔的交涉显得十分平和。1934年9月17日石射总领事在发给广田弘毅的电报中报告了8月27日副领事寺崎与英国驻上海总领事馆首席领事布莱克本之间的会谈记录①。当寺崎对英侨救恤人名单和查定理由作了说明后，布莱克本觉得和英方索赔数额差距太大，

---

① 上海事件第三國人直接被害救恤ニ関スル件（1934年9月17日）［A］//満州事変/被害救恤関係/外國人救恤関係：第2卷（日本外務省外交史料館）．国立公文書館アジア歴史資料センター，B02030491500．

问道:"救恤金额非常少,能否增加"? 寺崎毫不客气的回答说:"救恤金额是由在东京的救恤委员会决定的,不可能增加"。当英国领事提到"日本政府就本件是否有和我方商讨的意向"? 寺崎回答道:"本件是救恤,不是赔偿、补偿的问题,所以不具有商讨的性质"。面对寺崎的强硬态度,英国领事回答说"上述金额很难使申请者满足,不管怎样我先向公使报告"。11月12日,布莱克本接到了英国政府的回训。① 英国总领事馆终于继美国之后,同样毫无保留的接受了日方提出的救恤方案。当表面强硬实质心虚的寺崎打探没有拿到救恤金的人会怎样时,布莱克本甚至毫不迟疑的表示"英国没有使事情变得更糟的意思",表示会尽力说服他们接受日本赔偿方案的。与英侨索赔的查定金额 147 180 日元相比,可以说日本政府最后只用不到一半的 61 540 日元就解决了对英交涉问题。解决得如此顺利,连日方都感到不可思议。之所以如此,除了与 20 世纪 30 年代英国绥靖政策有关,我们也关注到,一·二八事变期间日本在上海的军事行动,实际上得到了上海公共租界工部局的支持,以及上海各外侨团体、特别是英国侨民的后援。② 不能不说这一背景与英国的妥协态度是有内在联系的。

与对英美交涉中显示出来的强硬态度不同,日本政府在与德国、法国、丹麦等国的交涉中,则表现出妥协、现实甚至友好,这些态度反映了日本政府多面的政治考量。

从表 4 中可知,日本政府对德国侨民的查定金额是 19 150 日元,而最终赔偿 20 210 日元,赔偿金额超过了查定金额,这与对美英交涉的结果形成了鲜明的对比。这一结果与 30 年代德日关系变化分不开。1921 年 5 月中德签订《中德协约》,废除德国在华一切特权,成为鸦片战争以来第一个平等新约,也为日后废除其他不平等条约开辟了道路。从魏玛共和国到希特勒上台,中德关系始终良好,30 年代德国多次向中国贷款,大量输入武器,派出军事顾问"围剿"红军甚至参与策划抵抗日军侵略,致使日德在对华政策上矛盾日深。一·二八事变后,德国还作为五国之一参加了李顿调查团并将日本行动定性为侵略,日本对此大为不满。德日关系虽有冲突,但反共反苏却成了德日结成同盟的桥梁。希特勒执政后以苏联为假想敌,却惧怕苏联与法国、英国联合,因此希望求得一个强国来共同反苏。日本同样始终视苏联为敌,遂与德国一拍即合。1933 年希特勒上台后德日关系开始改善。在这样的背景下,日本在赔偿交涉上采取了与对美英

---

① 上海事件英國人直被ニ関シ(1934 年 11 月 12 日)[A]//滿洲事変/被害救恤関係/外國人救恤関係:第 2 卷(日本外務省外交史料館).国立公文書館アジア歴史資料センター,B02030491500.
② 张智慧."一·二八事变"与上海"自由市"计划始末[J].学术月刊,2011(8).

不一样的态度。1934年11月16日,石射在发给广田外务大臣的电报中报告了与德国交涉的经纬。当日方向德国领事贝伦德提示赔偿件数和金额时,贝伦德一面指出赔偿件数和金额过少,距离申请数额差距太大,很难接受日方方案,一面提到没有得到赔偿的人当中有些人索赔态度非常强硬,特别是德侨Breitenfeld多次强烈要求日本政府赔偿。对此,石射在转述了日本在与英美谈判时的强硬立场,表示日本的赔偿方案是不可能在德国面前改变的。① 他又报告说:"对德国的查定金额中还有约2 000日元的剩余,在此金额内对德侨Breitenfeld进行救恤,这样既可以顾及贝伦德领事的面子,也可以让他协助断绝其他索赔要求,对我方是非常有利的"。日方就此与德国领事贝伦德进行了协商,表示"虽然我们不会接受救恤范围外的索赔要求,但如果仅德侨Breitenfeld一件的话,我们会破例向审查会请示。虽说这是违反查定根本原则的,能否在审查会通过甚是怀疑,但是我们会尽最大的努力使其通过"。贝伦德则表示"仅此一件也可以,期待一定给予救恤"。最后双方在"严守秘密"的条件下,对赔偿德侨Breitenfeld一件达成了协议。日本政府的对德交涉中虽仅额外增加一件,却显示了日方交涉过程中的与英美交涉时绝无仅有的"灵活性",考虑到此时日德逐渐走近,可视作日本政府向同在1933年退出国联的德国抛出了"橄榄枝"。

日本对法国的赔偿谈判立场与对德国的相近。"一战"后,法国对德国外交政策经历了由强硬到软弱的转变。对德外交政策改变的同时,法国的整个外交政策也发生了改变,法国开始追随英国搞绥靖主义。② 更重要的是,法国在上海的法租界是上海两大租界之一,日本在上海的很多事务需要法国的配合支持,这也是日本试图在索赔谈判上拉拢法国以留下后路的原因之一。日本在对法国侨民索赔的处理上更多考虑了现实利益。从表4可知,日本政府对法国侨民的查定金额是8 000日元,而最终赔偿金额却增加到15 000日元,增幅近一倍。石射总领事在1935年1月31日致广田外务大臣的电报中明白的点出了关键原因:"第三国人救恤与邦人救恤之间最大的不同之处在于需要协商以及考虑彼此的政治立场(与法国交涉时,由于涉及法租界内不法朝鲜人的取缔问题,所以特别有必要获取法国总领事馆的协助)。然而这次的查定中发给法国的金额几乎没有,如果想要圆满解决本件问题,就必须从政治角度出发想方设法解决"。③ 日

---

① 上海事件第三國人直被二関シ(1934年11月16日)[A]//满州事变/被害救恤関係/外國人救恤関係:第2卷(日本外務省外交史料館).国立公文書館アジア歴史資料センター,B02030491500.
② 吴友法.法国在两次大战期间对德国外交政策述略[J].法国研究,1987(3).
③ 石射総領事から広田外務大臣宛電信(1935年1月31日)[A]//满州事变/被害救恤関係/外國人救恤関係:第3卷(日本外務省外交史料館).国立公文書館アジア歴史資料センター,B02030491800.

本在上海要有所作为,不能不考虑法租界因素。正是出于以上的现实需要和政治考量,日本政府对法国的最终赔偿总数增加为 15 000 日元。

而对于丹麦人 Charles Kliene 的解决方式则凸显了日本政府对亲日外籍人士的"友好"态度。从表 4 中可知原来对丹麦侨民的查定金额为 0,属于不予赔偿之列。而最终日方却主动赔偿 2 000 日元。1935 年 2 月 20 日,石射在致广田的电报中做了特别解释:"对于上海事件中第三国人的被害救恤申请,如果受损物位于闸北、吴淞等中国军队占领、攻战区域的情况下,该受损物被看作具有敌性之物,理所当然不予理会。然而丹麦人 Charles Kliene(曾在中国海关工作 44 年,现在是公共租界工部局汉语科科长)救恤申请的财产(13 000 弗)位于闸北商务印书馆,属于不予理会之例。但是由于该人在日俄战争之际任海南岛海口关税总长,对赶赴该岛探查波罗的海舰队行迹的帝国海军军人给予了莫大的帮助;转任上海后曾任日本人沪上青年会的名誉英语讲师等,直接、间接的帮助邦人甚多。作为上海的亲日家之一,与我们很多官民都有交往。如果把该人置于救恤之外,实在于情不忍,而且将来在利用该人上也会很不利。所以认为在严守机密的条件下,应该例外的对其授予救恤金。"①这位丹麦人在 1904 年日俄战争期间曾经在海南岛帮助过前去探查俄国舰队形迹的日本海军军人,对日本取得日俄战争胜利有过臂助之功,但其回报一直没有兑现。鉴于此,丹麦人 Charles Kliene 的受损物件虽在《查定方针》所设定的条款之外,但在此次赔偿中日本政府给予了特殊"关照",可视为出于政治考量的一种特殊处置措施。

从材料中,我们看到,赔偿交涉后期比较顺利。很多索赔外侨逐渐放弃了早期的强硬立场,渐趋妥协,还有一个现实原因。由于赔偿过程旷日持久,日本态度始终强硬,美英德法各大国妥协先例在前。而日本政府的查定金额是按日元来核算的,一些第三国侨民担心日元持续贬值,觉得时间拖得越久越不利。在结果尚不确定的前提下,不少人主动提出放弃后续索赔,希望早点拿到赔偿金。② 此后日本政府对其他第三国侨民们的赔偿事宜变得相对简单而顺利。这样,日本政府对一·二八事变中遭受损失的第三国侨民的赔偿问题,在历经抵触、对峙、矛盾、博弈、权衡后,在日本政府软硬兼施和特殊的国际背景下,最终完成了与各国的交涉。虽然大多数国家都对赔偿结果不满意,但最终也只能无奈

---

① 上海事件ニ於ルヂ抹人"クリーネ"ノ直接被害ニ関スル件(1935 年 2 月 20 日)[A]//满州事变/被害救恤関係/外国人救恤関係:第 3 卷(日本外務省外交史料館).国立公文書館アジア歴史資料センター,B02030492000.
② 上海事件第三国人被害救恤问题(时间不详)[A]//满州事变/被害救恤関係/外国人救恤関係:第 1 卷(日本外務省外交史料館).国立公文書館アジア歴史資料センター,B02030489600.

接受。

纵观20世纪30年代特殊背景下,日本虽然对第三国侨民的索赔问题始终掌握了主动权,但其自我矛盾、强横的侵略者面目也暴露无遗。一·二八事变后日本政府对第三国侨民的赔偿问题不仅与该时期日本国内军部法西斯化的进程息息相关,而且与30年代初围绕上海以及东亚地区的国际关系密不可分。不断挑战华盛顿体系的日本,侵略野心也日益膨胀。

毫无疑问,一·二八事变后日本政府对第三国侨民的赔偿,很大程度上是在国际舆论压力下被迫进行的。在整个查定核实与赔偿过程中,无论是缩小赔偿范围,还是减少赔偿金额;无论是删改《查定方针》条款以掩饰日军掠夺真相,还是改"赔偿"为"慰问""启发"和"救恤",目的都是否认侵略战争的性质。30年代初,日本利用此时国际关系,以咄咄逼人的强势军事外交和各种手段,逼使索赔的第三国侨民和各国政府接受其可怜的赔偿金额,最终实现了其赔偿意图。尽管如此,日本进行了赔偿,这是史载其册不容否认的历史事实。也是我们所知的近代以来日本首次大规模的对外战争赔偿。但是,作为一·二八事变最大的受害者的中国人民,却完全被日本排斥在赔偿范围之外,这固然受当时的日本军国主义政策所限定,但必须指出这正是日本战争赔偿的最大问题所在。

中国地方档案馆和企业档案馆小三线建设藏档的状况与价值

徐有威

徐有威,1964年生。1985年毕业于复旦大学大学历史系,获学士学位。1985—2004年,历任东华大学人文学院助教、讲师、副教授和教授。2004年调入上海大学文学院工作,现任历史系教授、博士生导师。主要研究领域为中国近现代史及中国当代史等。出版专著、译著多部,在《历史研究》The China Quarterly、Modern China、《近代史研究》《中共党史研究》等刊物发表学术论文数十篇。为2013年度国家社科基金重大项目"小三线建设资料的整理与研究"首席专家。

小三线建设系20世纪60—80年代全国三线建设的重要组成部分,是以战备为中心,以地方军工和工业交通设施为主的全国性经济建设战略。小三线企事业单位分布在全国一、二线(沿海沿边)28个省区市的腹地,依靠地方自筹资金开展建设。时至1985年底,全国小三线拥有229家企事业单位,职工人数25.65万人,工业总产值17.2亿元,固定资产原值31.5亿元,建筑总面积1377万平方米,国家累计投资29亿元,累计实现利润15.9亿元[①]。时至80年代中期,全国小三线建设进入调整阶段,这个工作10多年后得以全部完成。

小三线建设属于三线建设的一部分,在过去几十年中因为其军工企业身份而秘不示人。2011年8月,上海社科院历史研究所主编的《史林》杂志,出版了由笔者采访、许汝钟先生口述的《我在皖南小三线的经历——许汝钟先生访谈录》,将"小三线"这三个字首次公布于世,从此曾经一度轰轰烈烈的小三线建设

---

① 地方军事工业编辑委员会.地方军事工业·绪论[M].北京:中国兵器工业总公司,1992:6-7.全国小三线始于1965年,一直处于发展和调整过程中,1979年底企事业总数曾多达268家。笔者的研究以此数字为准。参见《地方军事工业》,第26页。

开始进入国内外学术界和公众视野。2013年笔者的研究课题"小三线建设资料的整理与研究"荣获国家社科基金重大项目资助,由此小三线建设研究成为国家级课题,为笔者的研究从各方面提供了极大的便利。在笔者这个研究团队的多年努力下,全力以赴地收集和整理小三线企事业单位的档案资料,至今已经取得了一定的进展。笔者计划在本文中重点介绍已知的各地小三线档案资料的馆藏情况,以及笔者研究团队依据这些资料进行研究的心得。

一、政府档案中的小三线

小三线建设是20世纪60—80年代全国28个省区市主导下的重大经济建设,因此28个省区市档案馆的政府方面的档案资料,自然成为笔者寻觅的首选对象。

从1965年到1988年间,在全国各省区市小三线建设中,上海小三线建设是门类最全、人员最多、规模最大的一个以军工生产为主的综合性的后方工业基地。1988年,上海将在皖南和浙西的上海小三线81家企事业单位无偿移交给安徽省和浙江省。上海市档案馆由此收藏了数量巨大的相关档案资料。

据上海市档案馆编著的《上海档案馆指南》下卷的《上海市档案馆馆藏全宗名册》检索,上海档案馆馆藏的有关上海小三线建设的卷宗,按照相关领导机构检索,包括上海市人民政府国防科技工业办公室(B66,1971—1973,1977—1986,794卷),上海市小三线协调办公室(B78,1984—1992,79卷)。按照管理机构检索,包括上海市后方基地管理局(B67,1966—1991,3 587卷),上海市后方轻工业公司(B68,1970—1988,2 112卷),上海市后方机电工业公司(B69,1969—1991,1 531卷),上海市后方仪表电讯工业公司(B70,1966—1992,2 082卷),上海市后方化学工业公司(B71,1970—1992,1 285卷)。按照具体的企事业单位进行检索,包括上海金星化工厂(5305厂)(G1,1971—1988,2 105卷),上海卫星化工厂(5355厂)(G2,1970—1988,1 919卷),上海红星化工厂(5345厂)(G3,1970—1988,3 203卷),上海燎原模具厂(5323厂)(G.4,1969—1984,918卷),上海光辉器械厂(5304厂)(G5,1970—1979,377卷),上海万里锻压厂(5313厂)(G6,1970—1986,185卷),上海红光材料厂(5313厂)(G7,1974—1985,73卷),上海光明机械厂(5303厂)(G8,1970—1986,977卷),上海前进机械厂(5317厂)(G9,1960—1969,74卷),上海永红机械厂(5327厂)(G10,1978,10卷),上海胜利机械厂(5303厂)(G11,1960—1969,561卷),上海协作机械厂(9383厂)(G12,1969—19686,22卷),上海红旗机械厂(G13,1971,81卷),上海联合机械厂(526厂)(G14,1962—1980,40卷),上海协同机械厂(9337厂)(G15,1979—1986,218卷),上海五洲电机厂(5337厂)(G16,1971—1978,6卷),上海八五钢厂(G17,1974—1978,8卷)。以上卷宗共计22247卷①。

目前该馆已开放的上海小三线档案包括B1、B66、B67、B68、B103、B109、B112、B119、B127、B 135、B146、B154、B156、B189、B198、B246和B248等卷宗。内容涉及上海小三线建设的军品生产、配套生产、后勤服务,以及与当地的互动和调整等方面,具体内容包括各类上级批复文件、单位请示报告、年度总结报告、上级指导文件、情况反映报告、会议总结报告、生产计划及财务报表等②。

上海小三线81家企事业单位分布在安徽徽州、安庆、宣城三个专区下属的贵池、东至、绩溪、旌德、宁国、泾县、歙县、黟县、祁门、休宁、屯溪和黄山县,以及浙江临安县境内。作为上海小三线曾经的驻地,这些地区的政府档案资料,也是非常重要的。笔者已走访安徽的宣城、宁国、旌德、泾县、绩溪、安庆、贵池、东至、黄山、屯溪、徽州、祁门、歙县、黟县、休宁及浙江临安等16个县市区的上海小三线档案资料,共计228卷,以及各地的分散资料近1 800张。其中宣城市档案馆500余张、宁国市档案馆47卷、旌德县档案馆81卷、安庆市档案馆5卷、池州贵池区档案馆7卷、东至县档案馆12卷、黄山市档案馆39张、屯溪区档案馆5卷、徽州区档案馆300余张、祁门县档案馆9卷、绩溪县档案馆3卷、东至县财政局56卷、贵池招商局有小三线资料600张、东至龙江水厂档案资料346张、浙江临安档案馆3卷。

这些档案中有政府公文、工作会议纪要,有调整改造工作的报告和总结,有领导干部会议发言、视察工作报告,亦有征用土地申请报告、协议书及批复等,还有交接协议书、物资财产移交细目等,有对小三线建设单位的概况介绍,也有小三线建设调整改造的方案和利用情况汇报等。这些档案全方位多层面地展示了上海小三线调整改造的历史细节,为研究上海小三线提供了珍贵的档案资料。但是因为上海小三线建设的主体是上海方面,安徽和浙江的档案资料比较零散,不成系统,集中在上海小三线后期调整问题上的资料较多③。

---

① 上海市档案馆.上海档案馆指南:下卷[M].北京:中国档案出版社,2009:856,872-873.
② 霍亚平.上海档案馆藏上海小三线建设资料介绍:上[G]//徐有威,陈东林,主编.小三线建设研究论丛:第1辑.上海:上海大学出版社,2015:387-393.杨帅.上海档案馆藏上海小三线建设资料介绍:下[G]//徐有威,陈东林,主编.小三线建设研究论丛:第1辑.上海:上海大学出版社,2015:394-399.
③ 徐有威,李云,等.皖浙两省地方档案馆藏上海小三线建设档案资料概述[G]//上海市档案馆.上海档案史料研究:第17辑.上海:上海三联书店,2014:345-360.

北京市的小三线建设也是20世纪60—80年代北京的重大事件,北京市档案馆中也有不少的资料。这部分档案约有100多卷,可以分为以下几类:

(一)关于小三线建设基本情况的档案。关于北京市小三线建设基本情况的档案(即以"三线建设""三线""小三线"等为关键词进行搜索)共有20多卷档案,时间跨度从1964年1月1日至1973年12月31日。这一部分主要是关于北京市计委、市革委会、市劳动局等单位在中央关于在一线地区城市后方开展小三线建设的号召下进行建设规划的文件、通知以及保密规定等内容,参考价值很大。其他卷多为文字后附计划表格形式的档案,其中涉及小三线建设迁厂问题,有关三线建设的计划、投资、国家计委、经委、华北局计委下达小三线建设三年规划项目和交通战备动员计划、军工生产计划、一机部关于加强三线建设的保密规定,以及其他部门支援三线建设的情况等资料。

(二)北京市小三线建设过程中重点建设的工厂,分布在北京远郊区县的房山、门头沟、昌平,以及河北省蔚县和赤城等地。目前从北京市档案馆中查询到7卷8个工厂的档案资料,很有价值。

(三)北京市小三线建设的重点在国防产业,1964年北京市小三线建设启动后,国务院有关部委、华北局有关委办局、北京市有关委办局就军工企业的迁厂、基本建设、生产计划、经费拨付等问题,下发过许多文件。目前从北京市档案馆可查阅的档案来看,有60多卷,其中有些档案对于深入研究北京市小三线建设中国防产业的发展具有重要史料价值。

(四)北京市小三线建设中迁厂问题是一个重要的问题。在北京市档案馆的档案材料中有一些是关于北京市小三线建设中迁厂问题的。如1964年北京市计委下发的《关于小三线建设迁厂问题的有关文件》(005-001-01380),1965年市计委、统计局转发五机部《关于建立地方军工定期统计报表的通知及迁厂情况汇报》(005-001-01219),1965年市计委下发的《关于迁厂、迁校问题的通知》(005-001-01383)等①。

在其他的各省级档案馆中小三线资料同样很多。如笔者所见,20世纪60—80年代江西省小三线建设的企事业单位多达60多家,在全国范围内数量仅次于上海。江西省档案馆馆藏的1965—1983年公布的小三线建设

---

① 耿向东、李晓宇. 北京市档案馆馆藏有关北京小三线建设档案资料情况概述[G]//徐有威,陈东林,主编. 小三线建设研究论丛:第2辑. 上海:上海大学出版社,2016:380-388.

档案有 4 773 件①。山东省档案馆收藏的山东省小三线资料,卷宗数和上海相差无几。山西省档案馆和河北省档案馆也有丰富的馆藏。宁夏回族自治区也曾有过两家小三线企业,也收藏不少相关资料。

在各省区市以下的地级市档案馆中,同样也收藏着不少政府档案。以江苏小三线为例,曾经江苏省境内有过 9 家企业,其中以 9395 厂(淮河化工厂)等 5 家下属于江苏省淮阴市国防工业办公室,其部分档案目前收藏于江苏省淮安市档案馆内。根据江苏淮安市档案馆已开放的《淮阴市国防工业办公室 1984—2000 年目录》显示,该馆共藏各类小三线档案资料 7 975 卷,共计 21 804 页纸质文件。按照发文单位划分,其中有国防科工办文件(包括江苏省国防科技工业办公室、淮阴市国防工业办公室发文)2 633 卷,计有 8 817 页纸质文件;政府类文件(包括江苏省、淮阴市、盱眙县人民政府及其下属各机关发文)1 281 卷,计有 3 475 页纸质文件;淮安市的 5 家小三线工厂 9395 厂(淮河化工厂)文件 919 卷、9489 厂(滨淮机械厂)566 卷、9305 厂(天明化工厂)789 卷、925 厂(永丰机械厂)809 卷、5315 厂(红光化工厂)782 卷。此外,该馆还馆藏 935 厂档案文件 75 卷、淮阴市光学仪器厂 67 卷、9315 厂 4 卷、9259 厂 2 卷、9485 厂 2 卷、9495 厂 2 卷、9205 厂 1 卷、996 厂 1 卷、9385 厂 1 卷、9350 厂 1 卷、9359 厂 1 卷、945 厂 1 卷、95 厂 1 卷、5375 厂 1 卷。另外还有 84 卷文件,比较分散,难以归类。

在当前开放的这 7 975 卷档案资料中,根据其内容划分主要包括各类企业的年度总结报告、企业年度生产计划、年度工作要点、企业年度经济指标规划及其完成概况、职工工资改革情况表、劳动工资统计表、基层党组织年报表、党建党委会议、基层党员发展情况表、各类整党材料、各类会议记录会议讲话材料、企业生产设备采购、职工教育和岗位培训以及工伤事故安全生产类资料。此外,还有大量涉及个人的任职通知、调动介绍信、党员名册相关资料。其中不乏许多有重要价值的文件,如企业年度总结类的资料较多,包括江苏淮阴市国防工业办公室下辖的 5 个小三线工厂的年度工作总结文件,如淮阴市国防工办发布的《关于一九九一年工作总结和一九九二年工作意见的报告》《关于地方军工系统上半年工作情况》《江苏省国防工业一九九二年主要经济指标完成情况简报》、国营红光化工厂的《一九八七年工作总结和一九八八年工作计划》《国营滨淮机械厂一九八七年上半年工作总结》《国营九四八九厂一九九二年度工作总结》《国营九三九五

---

① 江西省军事工业志编纂委员会.江西省军事工业志[G].2005:18-28. 张志军.江西三线建设研究正式启动课题组第一次工作会议召开[G]//徐有威,陈东林,主编.小三线建设研究论丛:第 1 辑.上海:上海大学出版社,2015:472.

厂一九九二年度工作总结》《国营九二五厂党委一九九三年工作总结》等。这部分档案文件主要反映了江苏省淮阴小三线企业的全年生产经营状况，从中可以总结小三线企业的整体形势。这些文件中有大量淮阴国防科工办和江苏省各级人民政府的发文，共计3914卷，占总量的一半左右。这些政府文件里包含有许多对小三线企业总结类的信息和涉及小三线的决策类信息，具有重要价值[1]。该档案馆还藏有《国营九四八九厂厂志(1970—1988)》和《国营九三〇五厂志(1965—1985)》二种，非常珍贵。

四川省南充市档案馆收藏着四川省境内二家小三线企业国营长城机械厂和国营燎原机械厂的档案，其中仅长城机械厂的档案从1968年到2003年间，多达1538卷，内容丰富。80年代中期，这两家厂都曾经编纂过厂史《燎原厂厂史(第一稿，1964—1985)》和《国营长城机械厂简史》，这些为南充市档案馆收藏，成为研究四川小三线企业的绝好资料。据悉，在江西省宜春市档案馆中，也存有宜春地区的江西小三线的资料。总之，全国各省区市凡是历史上存在过小三线企事业单位的，其政府档案馆中，必多少存有小三线的各类资料，这是笔者长期研究得出的结论。

二、小三线企业档案

如果说政府档案资料虽然丰富多彩但是密存档案馆中不易寻访，那么存在小三线原企业中的企业文件，相对比较容易寻找和利用。

正如上文笔者提及的，全国小三线始于1965年，1979年底企事业总数曾多达268家。近年来，笔者按照《地方军事工业》编辑委员会主编的《地方军事工业》一书显示的原小三线企事业单位名录，按图索骥，已经走访了位于上海、安徽、湖北、广东、北京、江苏、山西、河南、山东和江西等省市，走访了数十家原小三线企事业单位。承蒙他们的关爱，以及各方面当事人和知情人的鼎力帮助，查看到了大量的企业档案。与此同时对这些原小三线企事业的干部职工进行口述史采访，收获巨大。在此谨介绍其中最具代表性的情况。

如果说全国各省区市小三线中，上海小三线是门类最全、人员最多、规模最大的一个以军工生产为主的综合性的后方工业基地，那么其中的八五钢厂，则是

---

[1] 江苏省淮安市档案馆，整理. 江苏淮安地区小三线建设史料选编[G]//徐有威，陈东林主编. 小三线建设研究论丛：第2辑. 上海：上海大学出版社，2016：355-379. 此史料为国内第一次公布的小三线建设政府档案。

上海小三线81家企事业单位中最大的企业。该厂1968年开始选点,1972年全面投产,国家历年投资9 205.5万元,固定资产原值8 200万元,累计上缴利税9 359万元,1985年职工人数达到5 328人。由此推断,八五钢厂名列全国268家小三线企事业单位之首。

令人感慨的是,八五钢厂不但昔日在贡献小三线方面令人敬佩,而且在保存档案方面,同样走在了全国小三线的前列。上海小三线八五钢厂的档案资料现存于上海宝钢集团上海五钢有限公司档案室,卷宗始于1970年从上海去安徽贵池县基建,到调整回到上海的1987年,共716卷,20个档案箱,极为完整。同时还留有1982年原八五钢厂党委办公室袁德祥同志主笔的198页的《上海八五钢厂大事记》。该大事记是根据八五钢厂文书档案资料整理撰写而成,具有极高的史料价值。

八五钢厂的档案资料内容涵盖了八五钢厂的建设、产品生产、工作计划总结、工人生活等各方面,包括各类上级通知、上级批复文件、单位请示报告、上级指导文件、后方情况汇报、会议纪要、产品生产计划及其质量情况分析等,这些档案资料是全面研究上海小三线乃至全国小三线建设不可或缺的。

特别值得介绍的是,在八五钢厂的档案中,完整保留着《八五团讯》和《八五通讯》这二种八五钢厂自办的企业报,这在全国小三线企事业单位中,可谓绝无仅有。同时八五钢厂档案中还保存有厂办主编的《情况简报》,同样很有价值。

《八五团讯》由八五钢厂团委主编,始于1976年,结束于1984年12月。前后历时八年,共出版371期。高峰期,是4天一期,春节除外,也有2天、3天甚至8天一期的,大多是4天一期。1980年后,每期间隔约3—4天。设有报道、体会、散文、诗歌和小评论等栏目,反映了八五钢厂的青年职工的婚姻、文化娱乐、思想教育和工作等各方面的情况。《八五通讯》由八五钢厂宣传科主编,创刊于1979年7月1日,结束于1986年12月31日。前后历时7年,出版共272期,150万余字。每月刊约2—3期,每期为八开二版。该通讯通过短新闻、法制教育、读者来信、学习园地、精神之花等栏目,反映了全厂职工在厂党委的领导下,贯彻党的路线、方针、政策,交流经验,互通情况,扶持正气,发扬新风①。《情况简报》由上海八五钢厂办公室编,不对外发行,每月2—5期不等,每期推送一篇报道或事件。从1980—1987年,现存的《情况简报》175期,内容涉及八五钢厂

---

① 鉴于《八五团讯》的史料价值,笔者已经整理出其全部目录予以陆续出版,请参看:上海小三线八五钢厂《团讯》目录(1)[G]//徐有威、陈东林,主编. 小三线建设研究论丛:第1辑. 上海:上海大学出版社,2015:400-430. 上海小三线八五钢厂《团讯》目录(2)[G]//徐有威、陈东林,主编. 小三线建设研究论丛:第2辑. 上海:上海大学出版社,2016:389-429.

生产情况汇报的居多，其中也不乏钢厂开展的活动情况的总结和介绍。

通过《八五团训》《八五通讯》和《情况简报》等通讯类档案资料，我们可以全方位地了解八五钢厂这个上海乃至全国小三线最大企业的职工的思想动态，经济形势和日常工作开展情况等。

上海小三线的另外一家企业新光金属厂的档案资料的保存也是非常完整，现存于上海宝钢集团上海五钢有限公司档案室。从1966年建厂至1991年调整改造，共计380卷。其中包括各类统计报表、年报表、财务决算报表等表格类资料、企业年度工作总结和工作计划、工作报告类资料和基层党组织统计和整党资料等。就现存的档案资料来看，新光厂与其他小三线工厂的档案资料相比较，其突出的特点就是表格类资料丰富，尤其是基建生产报表、财务决算报表、劳动工资年报表、厂干部统计年报表等，同时还有一本上海市新光厂厂史编写组1986年编写的《上海市新光金属厂厂史(1965—1986)》(打印稿)。

上海小三线胜利机械厂档案也有特色。从1969—1988年档案共有776卷，档案内容涉及企业的生产、财务、劳资、安全保卫、党团组织、行政、教育等方面。其中档案文件中比较多的是企业的党委会会议记录、各年度的生产规划及年度总结、财务统计表、整党整风材料、劳动工资包括工调方面的文件、职工及子弟教育的文件等。尤其是该厂的档案中还保留了一些在其他档案中比较少见的文件。比如反映胜利机械厂"文革"时期的总结资料有《七〇届学生"文革"中表现情况的专卷》《部分支内职工及外省市调进厂内的"文革"情况专卷》《上海胜利厂"文革"大事记》《各车间工人"文革"情况分析表》《中层以上干部"文革"情况分析表》等，以及小三线支援农业方面的文件《支援农业支援地方的情况》等文件，这些在上海小三线其他工厂档案中比较少有，对于小三线资料的搜集是一个重要的补充。该档案仍藏于上海电气电站设备有限公司上海汽轮机厂档案室。

上海小三线前进机械厂1970—1988年的档案资料共有301卷，内容涵盖了前进机械厂的建设、产品生产、生活等各方面内容，包括工作总结、生产计划、上级指导文件、会议纪要、产品生产计划、劳动工资和奖惩等类。该档案现存上海电气集团上海锅炉厂有限公司的档案室。另外，笔者还收集到了分别藏于有关企业档案室内的江西省新民机械厂、广东省国营南江机械厂和上海协同机械厂等的部分档案，都具有一定的史料价值。目前分布在上海、河南、湖北、江西和江苏等省区市的不少原小三线企业，愿意向笔者的研究团队提供档案资料，前途可谓一片光明。

另外值得一提的是，有一定数量的小三线建设的各类资料，为小三线建设的亲历者个人收藏。这些资料包括文件和会议纪要等①。

三、小三线档案资料和小三线研究

俗话说得好,巧媳妇难为无米之炊,小三线档案资料对于小三线建设研究的价值,无疑就是笔者这些"巧媳妇"面对的不可或缺的"米"。

以笔者为首的小三线建设研究团队,依据档案资料以及口述史资料和其他相应的文献资料,从 2011 年 8 月以来,已经出版有关小三线的论著、论文、文章和译文等近 60 本(篇),同时指导以小三线建设为主题的硕博士论文 9 篇。研究论文多次为《新华文摘》《中国社会科学文摘》和人大复印资料《中国现代史》等转载。由上海大学出版社出版的"小三线建设研究论丛"出版了两本,约 100 万字,已成为国内外小三线建设研究交流平台。笔者所在的上海大学历史系 2012 年和 2013 年连续两年主办全国性的三线建设学术研讨会。2013 年笔者主持的《小三线建设资料的整理与研究》项目成功申报国家社科基金重大项目。同时笔者应邀赴日本、澳大利亚,以及中国台湾和香港等国家和地区交流小三线建设的研究成果。笔者依靠以上研究成果,协助 2016 年度全国政协委员的三线建设提案,帮助位于四川攀枝花的中国三线建设博物馆筹建小三线分馆,在上海大学举办"上海小三线建设图片展"。如果没有上述的各类档案资料的支撑,这些全方位成果的展现,是无法想象的。

小三线建设的研究,绝对离不开档案资料的利用,尤其是昔日小三线建设利益各方的档案综合使用。以上海小三线和安徽以及浙江关系的研究为例,笔者的研究团队全面利用了上海市档案馆、安徽和浙江有关地方档案馆和上海小三线原企业档案②,出版了比较深入的研究成果,引起学术界的关

---

① 笔者已经整理公布了部分类似的文件,诸如陈耀明.上海小三线自强化工厂厂部会议记录(1)[G]//徐有威,陈东林,主编.小三线建设研究论丛:第 2 辑.上海:上海大学出版社,2016:244-270.

② 自 2012 年以来,笔者已经指导完成的有关小三线的博士论文包括崔海霞《上海小三线社会研究》(2013)、李云《上海小三线建设调整研究》(2016);硕士论文包括吴静《危机与应对:上海小三线青工的婚姻生活——以八五钢厂为中心的考察》(2012)、胡静《上海小三线的调整与改造——以安徽省贵池县为例》(2013)、李婷《上海媒体报道与上海小三线建设(1965—1988)》(2014)、杨华国《从计划到市场:国企生产与管理的研究——以上海小三线建设为中心》(2015)、邬晓敏《妇女能顶半边天:小三线建设女性研究——以上海为中心》(2015)、霍亚平《在革命与生产之间:上海小三线建设研究(1965—1978)》(2016)。上海大学之外的硕士论文包括北京师范大学李晓宇《北京小三线建设初探》(2015)。目前上海大学和北京师范大学正在撰写过程中的以小三线主题的硕士论文主题包括环保、职工和企业子弟教育、后勤、医疗和社会生活等。如果没有上述这些档案资料,这些学位论文文章的完成是不可想象的。

注①。这些档案的价值主要体现在以下几个方面。

（一）档案资料为窥探当时的上海小三线建设与安徽和浙江当地、三线职工与当地民众的关系提供了资料来源。有关两地的矛盾现象，安徽宁国档案馆里保存的有关征地资料中有几处提到，因土地测量不明、四止界限不明确等引发村民与小三线单位的不愉快；宁国发电厂的排污造成当地水源的污染，引起当地村民的不满。另外，在交接过程中，上海方面以种种借口拖延不交，致使交接工作停滞，造成了机器设备因长期停用严重锈蚀的现象；关于小三线资产的交接，沪皖双方因没有明确"以账面为准"，因此作为交方的上海不同意提供账、表、据，在交接中生产扯皮现象，从而对交接工作造成了一定的影响，延误了交接的进度等；上海方面留少数人与皖方搞疲劳战术，寻找种种借口拖延交接，想方设法转移物资，并占用大量资金拖延不交等。

档案中也可见到两地相互援助的资料。根据上海市委提出的"小三线要支援农业"的要求，上海后方基地党委作出"主动支援农业、支援地方"的决定，因此，便有了上海小三线建设支援当地农业、农村用水用电的记载。另外，皖南当地对上海小三线建设的土地支援，数量不少的征用土地协议书即可说明这个问题。上海小三线在皖南的土地上建立起了工厂、宿舍、食堂、学校、医院等，皖南当地的支援使小三线在皖南有了一个生存与发展的地域空间。这些资料对研究上海相互印证，可以发现，在两地相互支持和援助的同时，在建设和调整时期双方还小三线建设和调整时期双方关系的研究提供了素材，通过与我们采访的口述资料是存在矛盾的。

（二）有助于探讨上海小三线的基本建设问题。安徽地方有关上海小三线的征地等资料，征地协议主要包含征地面积、征地类别和征地目的等，从征用土地的类别和所在地理位置等内容来看，上海小三线的选址和建设基本贯彻了"靠山、分散、隐蔽"的方针和"不占高产田，少占可耕地，不迁居民，便利居民"的原

---

① 徐有威,陈熙.三线建设对中国工业经济及城市化的影响[J].当代中国史研究,2015(4)：81-127.此文为《新华文摘》2015年第24期和人大复印资料《中国现代史》2016年第1期转载；陈熙,徐有威.落地不生根：上海皖南小三线人口迁徙研究[J].史学月刊,2016(2).此文为《中国社会科学文摘》2016年第7期转载；李云,杨帅,徐有威.上海小三线与皖南地方关系研究[J].安徽史学,2016(4)：158-165.此文为《中共党史研究》2016年第9期论点摘编；张秀莉.皖南上海小三线职工的民生问题研究[J].安徽史学,2014(6)：145-153.此文为人大复印资料《中国现代史》2015年第4期全文转载；徐锋华.东至化工区建设述论——上海皖南"小三线"的个案研究[J].安徽史学,2016(2)：147-154.徐有威,杨华国.政府让利与企业自主：20世纪80年代上海小三线建设的盈与亏[J].江西社会科学,2015(10)：17-25.徐有威,李云.困亮与回归：调整时期的上海小三线——以新光金属厂为中心[J].开发研究,2014(6)：152-155.

则。从征用土地的面积、目的及协议书内容来看,其初期的征地基本用于建厂,到后来逐步建立医院、学校、公路等配套设施。可见,上海小三线的建设贯彻了"先生产,后生活"的原则。厂房、生活用房等设施的扩建,足以说明小三线工厂规模的扩充和职工人员的增多。同时,我们还可以据此进一步思考:这些现象为什么会产生?又是在什么背景下出现的?上海小三线的建设对当地又有什么影响?又将如何评价上海小三线的建设?总之,关于上海小三线基本建设问题的研究,除了安徽地方的档案资料外,还需要结合上海档案馆所藏资料,才能反映上海小三线建设的规划、决策、建设过程等。

(三)有助于深入对上海小三线建设调整改造过程的研究。从已有的档案资料看,有关调整改造的资料所占比重最多,这部分资料有助于对小三线建设调整改造阶段的过程、特征、得失等问题的探讨。从这些资料出发,既可以从宏观层面探讨上海小三线建设的调整任务的提出、调整方针的制定、调整内容的展开及呈现的特点等,又可以从微观上进行个案分析,如宁国胜利水泥厂、东至自强化工厂的成功改造利用,上海八五钢厂的复产经营及停产关闭。通过对调整改造中一些企业成功或失败的案例,总结经验和教训,可以为地方经济的发展提供借鉴。皖南小三线的调整改造不仅是个经济问题,同时也是一个政治问题和社会问题。因此,我们还可以在利用这些档案的基础上,结合其他资料,对一些问题进行考察,如在小三线调整改造的过程中,政府扮演着什么角色?它的决策又是怎样的?调整改造的具体实施又是如何?都是值得进一步研究的课题。

(四)有助于深化对上海小三线建设调整改造结果的研究。安徽省接收上海小三线后,秉承充分、合理地改造利用小三线,但不同企业的改造利用却出现不同的结果。一部分企业发展成为当地的支柱产业,促进了皖南当地经济的快速发展。如1988年,安徽省利用小三线企事业单位资产已办成全民企业50个、乡镇企业25个,现有职工1.5万人,其中新招职工5 532名。上述企业中,有25个将成为县的骨干企业。皖南小三线接收利用改造,实现工业产值在1986年为4 400万元,1987年9 000万元,1988年预计2亿多元,占移交前1984年总产值的60%。技改项目达产后,年产值可达4亿多元。单就安徽宁国县而言,到1989年的上半年,14个沪属小三线企、事业单位,90%的小三线单位已利用改造,80%的小三线企业已利用搞活,1988年已创产值6 138万元,利税887万元。1989年1—6月份实现产值4 294.07万元,创税利492.66万元,为宁国县的工业发展作出一定的贡献。另外,随着经济体制改革的深入,一部分企业改造后经营不善,纷纷转让或关停。如安徽东至县财政局存有改造后小三线企业的资产报废、固定资产重估、工厂设备转让等有关资料。出现这种情况的原因是什么?小三线建设调整改造后的效应如何?通过对这些档案资料的分析,我们就可以有把握地回答这些问题。

(五) 将小三线建设档案资料与其他资料结合,可以深入探讨上海小三线与皖南地方经济发展的关系。上海小三线建设分布在皖南12个县市,每个县市的历史环境和经济基础都各有不同,各县市的上海小三线建设调整改造情况亦有不同。从已有的研究成果和档案资料来看,上海小三线建设的研究还不够深入,仍有很大的拓展空间。

发掘第一手的档案,填补以往研究的空白。环保史是时下最受追捧的新的研究领域,处于20世纪60—80年代的小三线企业自然身处其间,但是苦于缺乏第一手资料。笔者游走于上海、河北、北京、江西、山东、陕西、安徽和海南等省市,遍寻政府和企业档案以及其他相关资料。从周恩来总理60年代有关环保的指示,到小三线基层企业的环保报告,以及亲历者目击者的口述史资料,由此勾勒出小三线企业环保问题的前世今生,完成了题为《为了祖国的青山绿水:20世纪70—80年代小三线企业的环境危机与应对》的文章,填补了这方面的空白①。

从社会史的角度研究小三线这个"飞地"小社会,是一个非常有趣也非常有价值的课题。笔者充分利用了企业档案特别是企业档案中存有的企业报,诸如上述的上海小三线八五钢厂的《八五团讯》和《八五通讯》等。这些企业报也许不起眼,但是它们具备了全景式反映小三线日常生活的功能,最大限度地复原了历史的原生态,笔者将这些企业报的内容和档案相结合,指导硕士复试博士研究生完成了若干学位论文,部分研究成果已经出版,给读者留下了印象②。

在研究过程中,档案资料必须和其他史料综合使用,互相印证互相纠正,才有可能做出靠得住的研究成果。这里的其他史料包括口述史、地方志和报

---

① 徐有威,杨帅.为了祖国的青山绿水:20世纪70—80年代小三线企业的环境危机与应对[J].贵州社会科学,2016(10):36-45.
② 邬晓敏.妇女能顶半边天:小三线建设女性研究——以上海为中心[D].上海:上海大学历史系硕士论文,2015.霍亚平.在革命与生产之间:上海小三线建设研究(1965—1978)[D].上海:上海大学历史系硕士论文,2016.徐有威,吴静.危机与应对:上海小三线青年职工的婚姻生活——以八五钢厂为中心的考察[J].军事历史研究,2014(4):34-43.

刊等文献资料。在收集整理档案资料的同时,笔者有计划的收集整理这方面的资料。以上海小三线为例,笔者已经出版上述成果,已经引起学术界和社会各界的关注①。同时笔者在此基础上开展研究。例如上海拥有数量上全国领先的众多媒体,它们对上海小三线有超过50万字的报道。笔者以此为素材,结合档案资料和口述史,研究媒体和小三线建设的互动关系,取得了良好的效果②。

小三线档案的寻找,是一项极为艰苦的工作。首先,由于20世纪80年代小三线全面调整后,绝大部分企事业单位已经关停并转。其上级领导机构几十年来也是变化巨大,因此目前根本不清楚这268家的昨天和今天。在这种情况下,只有靠笔者设法走遍这268家小三线企事业单位,才有可能进行彻底的了解,特别是它们档案的所在。

其次,出于众所周知的原因,中央档案馆收藏的档案笔者根本无法目睹。全国小三线所在的省区市的档案馆,虽然收藏有几近海量的档案,研究者目前绝对不可能看到全部,即便是卷宗目录因为保密而无法目睹,这给研究带来了无法逾越的困难。这个问题,近年来有愈演愈烈之态势。由此导致研究者无法了解小三线建设过程中中央层面的决策,以及省区市层面的情况。即便我们从已经公布的政府档案中看到只言片语,同时了解到一部分小三线企事业单位基层的情况,但是也无法融会贯通地了解从中央到省区市到基层企事业单位方方面面的内情。

总之,小三线建设的研究,从2012年笔者发表第一篇论文至2016年期间不过5年时间,如果说取得了一些成绩,在学术界和社会各界赢得了一些声誉,都是因为笔者及其团队想方设法阅读到了部分少量政府档案和若干企业档案的结

---

① 徐有威,选编.上海小三线报刊资料选编(1976—1987)[G]//华东师范大学冷战史研究中心.冷战国际史研究:第11辑.北京:世界知识出版社,2011:215-267.徐有威,编.有关上海小三线建设报刊资料选编(1979—1986)[G]//上海地方志办公室,等.上海研究论丛:第20辑.上海:上海书店出版社,2012:305-356.徐有威选编.上海小三线口述史选编(一)[G]//华东师范大学冷战史研究中心.冷战国际史研究:第12辑.北京:世界知识出版社,2011:253-282.徐有威,选编.上海小三线口述史选编(二)[G]//华东师范大学冷战史研究中心.冷战国际史研究:第18辑.北京:世界知识出版社,2014:267-304.徐有威.上海小三线口述史选编(三)[G]//华东师范大冷战国际史研究中心.冷战国际史研究:第21辑.北京:世界知识出版社,2016:445-474.徐有威,主编.口述上海——小三线建设:第3版.上海:上海教育出版社,2015.徐有威,霍亚平.上海首轮新编地方志中的上海小三线建设[G]//俞克明,主编.现代上海研究论丛:第11辑.上海:上海书店出版社,2014:126-131.

② 徐有威,李婷,吴静.散落在皖南山区的海派文化[G]//李伦新,等.海派文化的创新发展和世界文明.上海:上海大学出版社,2012:171-186.徐有威,李婷.上海小三线与媒体的互动初探——以生产和婚姻为例[G]//张瑾,主编."城市史研究的新疆域:内陆与沿海城市的比较研究"国际学术会议论文选编.重庆:重庆大学出版社,2016:154-169.

果。也正是现在遇到的瓶颈,已经影响到了研究的广度和深度。这类档案的利用和开发过程中遇到的困难,应该是新中国史研究者普遍遇到的问题,值得深思。

(原载杨凤城主编《中共历史与理论研究》2017年第1辑,社会科学文献出版社,2017年)

近代华侨与中国高等教育公益事业

王栋(著)　史晓云(译)

王栋,祖籍河南洛阳。1987年毕业于山东大学,1993年毕业于中国社会科学院近代史所对外关系史专业,获博士学位。为1993—1997年美国Pew基金会全额奖学金得主、1998年美国堪萨斯大学历史学博士。自2002年以来任美国哈佛大学费正清中国研究中心研究员,2007年在美国戈登大学(Gordon College)破格晋升为正教授。2014—2015年美国联邦政府人文基金大学教育项目主任。现为上海大学历史系上海市千人特聘教授。过去20多年在美国、德国、芬兰、中国香港等地大学和智库任职,为享有国际声誉的知名学者。出版中英文专著多部,发表中英文学术论文数十篇。

引　言

通过对岭南学堂(岭南大学,1888—1951)[①]全球范围内募款、捐款公益活动的综合考察,本文旨在探究近代海外华人公益事业在高等教育的实践应用。许多研究指出,华侨在家乡本土投资为他们自身带来更高的地位和社会资本,同时也为中国带来现代化和民族国家意识。民族认同、福利主权国家和国家与慈善

---

① 有关岭南大学1951年之前的历史,参见：CHARLES HODGE CORBETT. Lingnan University [M]. New York: Trustees of Lingnan University, 1963. DONG WANG. Managing God's Higher Learning: U. S. - China Cultural Encounter and Canton Christian College (Lingnan University), 1888 - 1952 [M]. Lanham, Md.: Rowman & Littlefield, 2007. 有关岭南大学1951年之后的重建与发展,参见：李瑞明,编译. 岭南大学[G]. 香港: 岭南(大学)筹募发展委员会, 1997: 218 - 242. 南方凤凰——中山大学岭南(大学)学院[M]. 香港: 香港商务印书馆, 2005: 134 - 268.

公益的关系是以往研究的侧重所在①。我认为近代中国募捐公益事业产生于中国乃至整个太平洋沿岸相互影响的新旧社会机构之中。

现代化机构在中国扎根的核心便是基督教大学和学院在亚洲、大洋洲和南北美洲的城市社区之间形成联系，产生新机遇并提供更深层的支持。国内外的多方参与表明，高等教育中的筹款、捐献事业是实现社会承诺的协作成果，它在20世纪头30年表达了近代中国和世界更广阔的愿景②。本文的关注点在于近代中国本土、海外华人和西方人开拓发展被誉为"人类精神事业"的中国高等教育募捐公益的观念、形式、策略和实际内容③。

在社会理论中，公益来源于仁爱，这长久以来被认为是一种基督教美德，虽然公益一词指的是长期重建与塑造人们的心灵。法国经济学家安·罗伯特·雅克·杜尔哥(1727—1781)将社会需求分为两类，一类是教育，这是家庭对子女的责任，另一类由意外灾害引发的，证明了公益慈善事业的正当性④。亚当·斯密(1723—1790)、威廉·冯·洪堡(1767—1835)以及其他学者倾向于赞同教育不应该由国家赋予的观点。有关公益事业和美国高等教育的早期研究认为美国与欧洲在大学公益方面不同，无论国家资助、或教会或个人赞助都没有害处，他们的主要动机是为社会服务⑤。19世纪末，美国公益家安德鲁·卡内基(1835—

---

① 参见：LANE J. HARRIS. Overseas Chinese Remittance Firms, the Limits of State Sovereignty, and Transnational Capitalism in East and Southeast Asia, 1850s - 1930s [J]. The Journal of Asian Studies, 2015, 74(1): 129 - 151. CHEE-BENG TAN, ed.. Routledge Handbook of the Chinese Diaspora [M]. London: Routledge, 2013. PRASENJIT DUARA. Transnationalism and the Predicament of Sovereignty: China, 1900 - 1945 [J]. American Historical Review, 1997, 102(4): 1030 - 1051. 最近，学者们将这种生机力概念为"协调包括乡土归属感在内的传统情结与涉及组织透明和组织结构的国际常态"。DAVID FAURE. Charitable Donations for Health and Medical Services [G]//JENNIFER RYAN, LINCOLN C. CHEN, ANTHONY J. SAICH, eds.. Philanthropy for Health in China. Bloomington, Ind.: Indiana University Press, 2014: 250 - 267.

② 在近代中国,世界主义和自由开放与民族主义交织在一起；因此,民族国家和民族身份只是历史叙事的一个元素。参见：SHELLY CHAN. The Case for Diaspora: A Temporal Approach to the Chinese Experience [J]. The Journal of Asian Studies, 2015, 74(1): 107 - 128. XIAOQUN XU. Cosmopolitanism, Nationalism, and Individualism in Modern China: The Chenbao Fukan and the New Culture Era, 1918 - 1928 [M]. Lanham, Md.: Lexington Books, 2014.

③ 参见：ANDREW Y. Y. TSU. Friend of Fishermen [M]. Ambler, Pa.: Trinity Press, 1951.

④ 参见：ANNE ROBERT JACQUES TURGOT, edited by EUGÈNE DAIRE. Oeuvre de Turgot [M]. Paris: Guillaumin, 1844: 299 - 309.

⑤ 美国高等教育的历史开始于1638年约翰·哈佛给哈佛大学的遗产捐赠。有关公益事业和美国高等教育的早期著述包括 JESSE BRUNDAGE SEARS. Philanthropy in the History of American Higher Education [M]//Bulletin No. 26 of the Department of the Interior, Bureau of Education. D. C.: Government Printing Office, 1922. MERLE CURTI, RODERICK NASH. Philanthropy in the Shaping of American Higher Education [M]. New Brunswick, N. J.: Rutgers University Press, 1965. 也可参阅：FREDERICK RUDOLPH. The American College and University: A History, 2nd ed.. Athens, Ga.: University of Georgia Press, 1990.

1919)指出,人类社会在工业竞争法则下失去了经济同质性。为了缩减当时普遍存在的贫富差距,卡内基倡导为公共目的管理大笔款项是处置剩余财富最明智的方式①。1911年,哥伦比亚大学朱友渔在题为《中国公益事业的精神:一项关于互助的研究》的博士论文中探讨了中国公益、慈善事业的根源,但他却回避了中国传统慈善与近代公益在社会观、组织方法和筹款策略上的差异和联系。

自20世纪90年代后期以来,中国学者更多地关注慈善以及非教育领域的慈善事业,当然有时还包括幼儿园和中小学②。但很少将传统的慈善仁爱与现代公益资助及其在高等教育的组织结构区分开来。

岭南财政、海外华人与多元公益事业

华侨公益事业影响了中国大学的最初发展。他们的观念、领导能力和资金合在一起带来高等教育的变化。但是,正如冼玉仪所言,这一过程很少是单一、直接地从提供者(或A地)到接受者(或B地)③。岭南大学即是一个世界各地相互联系、凝结的例子,它是一个动员了基督徒与非基督徒、政府与非政府组织、商业、军事和其他领域的中国人、海外华人和洋人的共同事业。最先进的高等教育管理原则与美国最优秀的机构一同被引入中国。到了20世纪30年代中期,生机勃勃的公益运动在中国可谓硕果累累。

在1952年之前,岭南大学主要依靠四种收入来源:海外华人捐献、学费收入、政府分配的资金以及独立的岭南大学纽约董事局,其中华侨捐款收入资助建

---

① ANDREW CARNEGIE. The Gospel of Wealth [G]//ANDREW CARNEGIE. The Gospel of Wealth and Other Timely Essays. Cambridge, Mass.:Belknap Press of Harvard University Press,1962:14-49. 原载于 The North American Review,1889(148):653-664;1889(149):682-298.

② 1994年,在朱镕基总理的支持下,中华慈善总会成立,归属民政部,是中国规模最大、影响力最广的慈善组织之一,[2014-11-09]. http://cszh.mca.gov.cn/article/zhjs/. 1998年,国务院颁布"社会团体登记管理条例"和"民办非企业单位登记管理暂行条例",界定了民办非企业单位与社会团体。1994年和1998年的政策为当代中国的慈善公益事业运作奠定了框架。1999年,第九届全国人民代表大会常务委员会第十次会议通过了《公益事业捐赠法》,规定了捐赠人和受赠人的权利义务,捐赠财产的使用管理管理情况以及捐赠现金免税的待遇。慈善公益事业发展对社会保障制度的重要性已经明确写入2004年第十六届四中全会的重要文件中,成为社会和谐工作的一部分。JENNIFER RYAN, LINCOLN C. CHEN, ANTHONY J. SAICH, ed. Philanthropy for Health in China [M]. chapters 1 and 2[M]. 王娟. 近代北京慈善事业研究[M]. 北京:人民出版社,2010. 王振耀. 当代中国慈善事业现状、路径、前景[N]. 中国社会科学报,2010-07-20[2014-11-09]. http://sspress.cass.cn/news/11587.htm. 周秋光. 熊希龄与慈善教育事业[M]. 长沙:湖南教育出版社,1991. 有关公立大学的研究,参见:苏云峰. 三(两)江师范学堂——南京大学的前身(1903—1911)[M]. 台北:"中研院"近代史研究所,1998;苏云峰. 从清华学堂到清华大学(1911—1929):近代中国高等教育研究[M]. 台北:"中研院"近代史研究所,1996.

③ ELIZABETH SINN. Pacific Crossing: California Gold, Chinese Migration, and the Making of Hong Kong [M]. Hong Kong: Hong Kong University Press, 2013.

设了岭南大学三分之二的校园建筑。至今为止,华侨个人和团体仍向岭南大学捐赠大量资金,这包括香港、芝加哥、洛杉矶、纽约、旧金山、萨克拉门托、多伦多、温哥华、广州、深圳、上海和北京的岭南校友会在内。在过去20年,岭南大学的校友向广州岭南学院的捐款超过2亿5000万港币,并资助兴建10幢楼宇,资助教学与科研项目以及各项奖学金①。

如同许多美国国内和国外的美国高等教育机构,岭南大学被认为是美国基督徒在中国的社会投资,同时还受到那些学校所在地当地人的支持。岭南大学被称为"南方的燕京大学"。1888年,美国传教士安德鲁·哈巴(1818—1894)通过长老会外国差会于广州成立格致书院。1893年,岭南大学在纽约州立大学的赞助下成立,截至1887年,共有10万美元的启动资金,这些资金是由哈巴的朋友和同事捐助。从建校开始,岭南大学就有一个负责财务的独立董事会,这使其独立于任何宗派团体,不同于中国其他基督教大学。

1904年,岭南学堂定址于广州河南岛北部的康乐村。创新型自筹资金财政模式以及国内外华洋人发挥实质性作用,这些因素使得岭南大学与众不同,这直到今天仍令人叹为观止、难以想象。岭南大学第一位华人校长钟荣光(1866—1942)的两段讲话展示了岭南大学的优势和所面临的不寻常的挑战:

> 岭南大学新的管理层请求美国基金会②继续给予至少同当前一样多的外籍教师的支持。这种请求并非仅是为了外籍教师所代表的经济援助。即使我们有一百万美元可以支配,我们仍然希望我们这所大学有外国教授。这样做唯一的原因是岭南大学是一所大学。对于一所中学而言,也许没有外国教授也可以,但一所汇集全世界知识的大学不能没有他们。大学必须具有国际性。伴随大学发展和部门增加,我们需要更多而不是更少的外国人(1927年)。③

> 在我看来,世界终极和平的曙光取决于学术人……世界各地的大学汇

---

① [2015-05-15]. http://www.lingnan.sysu.edu.cn.
② 岭南大学董事局/董事会,位于纽约。
③ 这段话是于1927年岭南大学在南京国民政府治下高等教育国有化运动中,和平交给国人接办之前写的。Memorandum re. Lingnan University[R]. Office of the Trustees, 150 Fifth Avenue, New York City, Yale Divinity School Library. 钟荣光是1894年广东香山(今中山)举人、一位虔诚的基督徒,他是岭南大学的第一任华人校长(1927—1937)。参见:广东省档案馆,岭南大学档案.钟荣光传[A].文档♯38-4-70;私立岭南大学履历:1931—1948[A].文档♯38-1-83.

聚国际学者。这些大学除了培养本国青年之外,对于能够招收更多的留学生而感到非常自豪……我希望所有的中国大学,不论是公立还是私立,都能够打开大门招聘更多的外籍教师、招收更多的留学生(1936年)。①

到20世纪20年代末,岭南学堂提供三个级别的学习:高等小学(始于1906年,学制6年)、中学(包括初中和高中,学制6年,其中一年为大学预科)和大学,大学部包括博雅和科学院、农学院(成立于1922年)、桑蚕学院(成立于1927年)、土木工程学院(成立于1928年)、商学院(成立于1929年)和医学院(形成于19世纪后期)。岭南大学还设有华人学校(1918年)。在20世纪40年代后期,岭南大学除了2 000英亩的农业站外,还有600英亩房屋,98座永久性建筑,4幢大学宿舍,8幢中学建筑,7幢小学小楼和40幢住宅楼。学生的总入学人数从1900年的17人增加到1947年的3 000人,其中1 058人是大学生,包括319名女生(占学生总数的30.1%,远高于同年2.5%的全国平均水平)②。

岭南大学的财政收支和院系增加映照了以上学生人数的增长③。学校的收入从1897年的3 122美元(黄金)增加到1916年的99 791.96美元。华人捐赠呈现井喷式增长,从1900年的6.26美元(黄金)到1908年的528.68美元,1912年增至14 029.54美元④。1916年,来自华人的捐助超过美国人的捐助,除抗战期间外,这种模式一直持续。与许多美国大学类似,岭南大学长期面临巨大的筹集资金压力,很少有盈余。

表1至表5概述了岭南大学1897年至1944年的财务状况,一些年份数据缺失⑤(除非特别指出,这些数据均以美元为单位)⑥。在1928年,由于大学国有化,岭南大学从国民党政府那里获得了104 999.93元(52 499.965美元)拨款,占岭南大学总收入的25.6%。然而,在1930年到1937年期间的某一年(表4),国民党政府似乎没有拨款,广东当局拨款78 000美元,只占总收入的18.5%。

---

① 钟荣光的广播讲话,见:国际的岭南[J].岭南校友,1988(16):15-16.
② Academic Year Semester II, 1945-46, Lingnan University[A]//人事材料.广东省档案馆,文档♯38-4-59;无标题无日期(作者推测为1947年末)[A]//人事材料.广东省档案馆,文件♯38-4-58.
③ 表格与部分论述节选自:DONG WANG. Managing God's Higher Learning: chapter 3 [M]. Lanham, Md.: Rowman & Littlefield, 2007.
④ Trustees of Lingnan University. microfilm roll 26.
⑤ Report of Operations 1924-1925, Canton Christian College. Trustees of Lingnan University, microfilm roll 26. CHARLES HODGE CORBETT. Lingnan University [M]. New York: Trustees of Lingnan University, 1963: 116.
⑥ 广州地区的收支以墨西哥鹰洋、港币和法币计价,并转换为美元。1924—1925年的汇率为1墨西哥鹰洋=0.52美元,1港币=0.5美元,1法币=0.38美元。

另一方面,来自纽约美国董事会的资金为119 500美元(占总收入的28.2%),中国的私人捐助总额为73 253美元(接近广东当局的拨款数额),学费为107 235美元,支持了岭南大学四分之一的花销。这些具体收入明目凸显1927年岭南大学收回国人管理的意义和面临的挑战,这在一定程度上解释了多渠道资金及其国际化开放性背后的财政逻辑。

表1　1897—1908年岭南大学收支

年份	1897/1898	1900	1904	1906①	1908②
收入(美元)	3 122	4 789.67(赤字544.54)③	8 997.04(赤字1 047.63)	17 094.27(赤字应急储备金491.73)	23 159.92(赤字915.80)
支出(美元)	约2 423.34	5 334.21	10 044.67	17 586	24 075.72
捐赠(美元)	126 885.62	123 325.24	107 824.03	134 488.81	132 144.32

表2　1912—1929年岭南大学收支

年份	1912	1916	1925	1928—1929④
收入	42 370.77美元(赤字1 023.61美元)	99 791.96美元(盈余13 186.8美元)	162 584.14美元(赤字59 570.08美元)	409 984.30元(约为155 794.03美元)(赤字12 035.70元,即4 573.57美元)⑤
支出(美元)	43 394.38	86 605.16	222 154.22	422 020.00元(160 367.6美元)⑥
捐款(美元)	224 432.10	409 754.44	不明⑦	2 314 673.57⑧

---

① 参见:Financial Statement. Trustees of the Canton Christian College [A]. April 18, 1906. Trustees of Lingnan University [A]. microfilm roll 26. 表格译自:DONG WANG. Managing God's Higher Learning:chapter 3 [M]. Lanham, Md.:Rowman & Littlefield, 2007.
② Financial Statement. Trustees of the Canton Christian College [A]. 1908. Trustees of Lingnan University [A]. microfilm roll 26.
③ 薪金占去4 089.55美元。
④ 由于岭南大学移交中国管理,1928—1929年的数据分别根据中国管理下的岭南大学和美国纽约岭南大学董事会的财政汇总表和试算表所得。参见:Trustees of Lingnan University [A]. microfilm roll 26.
⑤⑥ 该数据来自:the Chinese report[A]//Trustees of Lingnan University. microfilm roll 26.
⑦ 1924年至1925年的运营报告没有提到从纽约收到任何款项。Trustees of Lingnan University [A]. microfilm roll 26.
⑧ 该数据从1929年2月28日试算表中获得。参见:Trustees of Lingnan University [A]. microfilm roll 26. 1928年霍尔地产700 000美元的意外收入和岭南大学校舍资产收入1 002 381.04美元使得岭南大学捐助资金猛增。

表3　1915—1916年收入汇总①

总收入共计108 201.77美元(源自美国人的收入42 443.51美元,源自中国人的收入53 943.81美元,其他收入11 814.51美元)

源自中国人的收入：53 943.75美元
　　学费——学杂费与膳食费……………………44 428.16美元
　　用以支付日常开销………………………………8 219.06美元
　　用于普通用途和建筑资金………………………1 296.59美元

源自美国人的收入：42 443.51美元
　　用于支付日常开销………………………………32 565.75美元
　　用于普通用途和建筑资金………………………5 292.11美元
　　投资基金与存款利息……………………………4 585.65美元

表4　抗日战争前(1930—1937)某年收支②

收入
　广东当局拨款………………………………78 000美元
　美国董事会…………………………………119 500美元
　中国基金会拨款……………………………3 900美元
　国内个人捐赠………………………………73 253美元
　学费…………………………………………107 235美元
　学生租用费…………………………………22 860美元
　其他租用费…………………………………2 820美元
　水电费、电话费等…………………………1 904美元
　社区银行……………………………………1 477美元
　社区百货商店………………………………450美元
　大学书店……………………………………1 485美元
　农产品………………………………………10 800美元
　总收入………………………………………423 684美元

支出(当前)	附属学校(美元)	大学(美元)	总计(美元)
教育			
总体与各部门			
管理与推广	17 169	43 738	

---

① Trustees of Lingnan University：财务长报告(1913—1916)[A]. microfilm roll 26.
② A Romantic Achievement of Chinese and American Cooperation：Illustrated Historical Sketch [M]. New York：Trustees of Lingnan University, 1941. 该表的数据为近似值,基于美元与广东货币3：10的兑换比率。

续 表

支出(当前)	附属学校(美元)	大学(美元)	总计(美元)
设备运转与维护	5 768	16 818	
授课	40 705	117 015	
图书馆增书	1 500	10 425	
添置教育设备	1 746	11 893	
民族历史博物馆运营及发展与调查	—	14 756	
医务室	4 177	4 489	
奖学金、奖品及学生劳务费	871	4 551	
出版物	150	7 290	
体育运动等	420	856	
应急	800	3 585	
	73 306	235 416	308 722
社区服务			
银行	1 477		
书店	1 485		
百货商店	450		
	3 412		
总运营支出	312 134		
全部设施投资			
购买土地及改进	600	900	
新建筑	72 000	35 000	
家具	500	2 500	
	73 100	38 400	
运转以及设施总开支	423 634		

表 5 1943 年 8 月 1 日—1944 年 7 月 31 日岭南大学财政情况①

第一部分:收入	单位:元
1. 教育部	159 650.00
2. 广东省当局补贴	102 000.00
3. 财政部	50 000.00
4. 英国援华会	1 027 373.47
5. 学费:	990 675.00
1) 大学	657 550.00

---

① Trustees of Lingnan University [A]. microfilm roll 26. 由于原始档案难以识别，一些数据为推测值，可能导致某些误差。

续　表	
第一部分：收入	单位：元
2) 中学	333 125.00
6. 中国友人捐赠（包括 698 762.00 元建筑资金）	832 859.00
7. 美国援华联合会、美董事会以及国际交流政府补贴	3 076 989.75
8. 贷款与津贴	399 856.53
9. 杂项	266 327.24
10. 库存余额	88 833.34
总计	6 993 664.53(6 994 564.33①)
第二部分：支出	元
总计	1 614 3xx.4x
薪金及食品	
办公开支	
设备	
特殊费用	
文科学院	394 195.04
薪金及食品	
办公开支	
设备	
特殊费用	
理工学院	26 641x.xx
（与上述财政支出结构相同）	
农学院	1 027 499.75
医学院	394 535.85
中学	373 332.03
应急	2 608 059.65
书籍与设备	107 700.43
交通	443 680.30
建筑、维修及家具	2 056 678.92
总计	6 678 687.30
余额	314 977.23
	6 993 664.53

在全面抗战（1937—1945）期间，岭南大学与当地人、海外华商及外部世界的

---

① 括号内的数据 6 994 564.33 是本人根据财务细目计算所得，原始数据计算有误。

联系变得更为宝贵。广州沦陷之后,岭南大学于 1938 年 12 月至 1945 年底多次迁徙。首迁香港,之后其农学院迁至坪石,1941 年 12 月香港沦陷后,岭南大学返回广东,辗转大村、曲江、兴宁、梅县等地①。由 1942 年至 1943 年财政年度(表 5)可知,英国援华会、美国援华联合会和驻纽约美国董事会捐助了岭南大学近 60% 的财政资金。岭南大学校长李应林(1892—1954,1937 年至 1948 年担任校长)和美方负责人黄念美也从中华民国教育部、财政部和广东省当局筹得法币 311 650 元(只占岭南大学总收入的 4.5%)。

高等教育的公益包装:"募捐不要低三下四"②

公益事业是通过坚持不懈的公关人脉发展和根据不同社会群体而打造的关系来到岭南大学的。格致书院与新教徒密切相关,但没有直接为传教机构所控,这与当时中国其他所有基督教高等教育不同。岭南大学的运作资金源自学生学费和地方、全国、世界各地、私人以及公众筹款,就像美国和世界其他地区的大多数基督教学校一样。高等教育公益的先驱源自美国国内公益机构和美国在海外设立的大学,美国最早的海外两所大学是建于 19 世纪 60 年代的土耳其伊斯坦布尔的罗伯特学院和黎巴嫩贝鲁特的叙利亚新教学院③。凭借独特的组织和财政结构,根据具体的捐助者基础,岭南公益事业被包装为机遇、希望、家园、基督教、现代性、进步性、民族主义和世界主义的象征。尽管存有分歧,募集资金活动成为联结所有不同参与者和社区的国际联盟④。

岭南大学是如何向潜在的捐赠者"推销"自己的呢?晏文士(1876—1949)⑤、钟荣光(1866—1942)、马应彪(1864—1944)和廖奉献(1890—1970)是众多人士的代表,他们在岭南大学和世界各地的募捐活动将教育的普世性与务

---

① 《大村岁月》出版组. 大村岁月——抗战时期岭南在粤北[M]. 香港:岭南大学,1998.
② JAMES M. HENRY, secretary and treasurer of the Trustees of Lingnan University in New York. C. C. C. Publicity and Cultivation Brief [A]//Records of the Trustees of Lingnan University. Harvard-Yenching University, Box 202 (1914).
③ ROBERT L. DANIEL. American Philanthropy in the Near East, 1820 - 1960 [M]. Athens, Ohio: Ohio University Press, 1970.
④ 关于岭南大学纽约董事局与哈佛燕京学社之间查尔斯·霍尔地产 70 万美元捐款所引发的争议是中国自筹资金办大学和公益事业所面临困难的一个例子。详细内容参见:DONG WANG. Managing God's Higher Learning: chapter 3 [M]. Lanham, Md.: Rowman & Littlefield, 2007.
⑤ 关于晏文士担任岭南大学及波莫纳学院校长的研究,参见:DONG WANG. From Lingnan to Pomona: Charles K. Edmunds and His Chinese-American Career [G]//DANIEL BAYS, ELLEN WIDMER, eds.. China's Christian Colleges: Cross-Cultural Connections, 1900 - 1950. Stanford, Calif.: Stanford University Press, 2009: 173 - 191.

实的企业精神结合。

晏文士(1876—1949,1907 至 1924 年任岭南大学校长,1928 至 1941 年任位于加利福尼亚州克拉蒙特的波莫纳学院校长)曾任岭南大学校长(监督),钟荣光早年是协助其工作的中方监督,他们是岭南大学中美两方的管理者,努力培养与中国官员、精英、商人和学生,特别是那些家境富裕学生的关系。1908 年,为了筹集资金建设三所中学宿舍,岭南学堂向学生分发了带给家长的捐款表。任何认捐 1 000 港币的人士,学校均可将其名字写在教室的门楣上,且可以享受一个学生免除格致书院十年学费的待遇。共有 80 人响应这次募捐活动并进行捐助。1908 年 7 月,约 500 名清朝高官参加了另一个筹款活动,两广总督因病派遣了他的外交总长作为代表。其他出席者包括美国驻中国领事和曾任中国驻美大使梁诚,梁诚的 5 个侄子均就读于岭南大学。梁诚在募捐活动上发言,两广提学使沈曾桐发表主旨讲话[①]。

在 1909 年至 1910 年期间,钟荣光在新加坡、越南(西贡的堤岸,唐人街至今仍在那里)和北美向当地华人筹款,分别筹得 6 000 港元、17 500 港元和 70 000 港元[②]。钟荣光在美国的檀香山、西雅图、旧金山、萨克拉门托、洛杉矶、芝加哥、纽约、波士顿以及加拿大的维多利亚和温哥华等城市奔走并与当地华侨建立了广泛的联系。钟荣光此行不仅为岭南学堂第三个宿舍楼的建设筹集了足够的资金,而且发展了广泛的人际网络,开始提倡天下一家的世界主义理念。

当时,岭南学堂是一个美国人的学校,这是钟荣光在海外华人中募捐活动卓有成效的一个意外的辅助剂。钟荣光是孙中山的同盟会成员,1913 年被袁世凯和广东宣抚使龙济光列入逮捕黑名单。晏文士得知龙济光的部队在岭南搜寻钟荣光时,将钟荣光藏在他家的地下室里,拒绝士兵进入他家。当晚,钟荣光搭乘美国领事馆的船逃往沙面,然后经由香港前往檀香山。1914 年至 1916 年,钟荣光暂居北美,他去哥伦比亚大学学习教育,并在岭南学堂遇到财政困难时筹集资金。

危机常常刺激公益创新。岭南大学以港币结账,但美元在其财政收入中占很大比例。有时,汇率波动威胁着岭南学堂的预算。例如,在第一次世界大战造成的经济危机中,美元急剧贬值,从 1915 年的 2.27 港币,下降到 1916 年的

---

① 晏文士记录了这些事件,这与钟荣光的自传吻合。参见:Extract from Dr. Edmunds' letter to Dr. Jackson. Honglok, July 9, 1908. Records of the Trustees of Lingnan University [A]. Harvard-Yenching Library, Box 15. 钟荣光先生传[M]. 香港:岭南大学香港同学会,1996:28 - 29.

② 杨华日. 钟荣光先生传[M]. 香港:岭南大学香港同学会,1996:30. 换算成美金为 65 000 美元. 参见:美洲岭南学校共进会报告书[J]. 美洲岭南学校共进会联刊,1918:40.

1.95港币,1917年的1.58港币,1918年的1.28港币和1919年的1.20港币。1917至1918年美元贬值意味着岭南学堂不得不募集37 000美元来避免该财政年度赤字①。岭南学堂的中美两方领导人以及纽约董事局会都将目光投向东南亚和南北美洲的华侨动员捐款。

在华侨会馆领导、新教会、当地国民党和其他等组织网络的支持下,钟荣光和他的新婚妻子组织建立了募捐对象网络,在美国和加拿大的30多个城市建立北美岭南学校共进会。这种创新精神建立在一个既新型又传统的公共活动范围,直到今天仍然存在,从岭南大学各地校友会中可见一斑。

钟荣光是如何使岭南在环太平洋区域的华人眼中充满吸引力的呢?是同乡、民族主义、还是其他?钟荣光用公益事业的公共目的来进行募捐说服。首先,中国需要新型、科学的贸易和务农方法。大多数中国人都很贫穷,期望丰衣足食、清洁的住所以及宽阔的道路。岭南是广东省培育可靠老师和领导人的"最完美"的大学。但教育本身不盈利,岭南大学要想成为中国南方的一所综合性大学,就需要海外华人伸出经济援助之手。

第二,"教育是世界主义",所以欢迎每个人、每个国家都加入这样一个和平组织,北美岭南学校共进会没有界线之分。在筹款活动中,钟荣光有意识用中国传统美德进行宣传说服。钟荣光讲了岭南纽约董事局书记兼司库格兰先生对母亲的孝敬。格兰跟他的兄弟姐妹不一样,他和他90多岁高龄的母亲幸福地住在一起,住在新泽西州,格兰从家中往返纽约上班地点需要50英里,但离家去上班时总是与他的母亲打招呼,他下班回到家后还给老母亲讲有趣的故事,日复一日。格兰是个慷慨之人。他出生于一个富裕的特权家庭,为岭南大学殚精竭虑地工作,却又不领取任何工资②。

第三,岭南大学位于广东,钟荣光告诉华侨们帮助同乡人教育是广东人的社会责任。当时华侨都是广东人。但岭南大学的大部分资金是由美国人捐赠的。钟荣光说:如果广东人自己不捐款的话,那外国人会多么灰心丧气啊。任何帮助都是帮助。外国捐款人若看到我们自己的同胞对教育感兴趣,"爱国爱群",工作就会更加卖力气③。

第四,岭南大学作为非教派学校,欢迎所有宗派捐助。基督教代表现代化、

---

① Charles Edmunds' letter to Clinton N. Laird, April 3, 1918 [A]//Trustees of Lingnan University. microfilm roll 6.
② 美洲岭南学校共进会报告书[J]. 美洲岭南学校共进会联会刊,1918:45-46.
③ 美洲岭南学校共进会报告书[J]. 美洲岭南学校共进会联会刊,1918:6.

求知、集体主义以及中国品牌①。钟荣光说：岭南大学的巨额捐助者主要是基督徒，他们相信基督教在中国的重要性，正如在欧洲和美国一样②。成立岭南共进会的原因之一是让北美众多华人基督徒资源共享和通力合作。

1917 年，钟荣光建议开办一所华侨学校，理由是"东南亚南洋诸岛上的许多华侨都很富有，他们希望他们的孩子在经过几年的中文、英文或荷兰文学习后，能够回到中国接受进一步学习"。钟荣光相信通过华侨学校，岭南大学可以"与香港富商以及英国和荷兰殖民地的富裕华侨保持联系"③。许多祖籍广东和香港的侨民都就读于岭南大学。岭南华侨学校于 1918 年成立，学生占岭南大学学生总人数的 30% 左右，这也解释了为什么岭南大学将华侨学校列为优先处理的任务④。

1917 年秋季至 1918 年春季，晏文士和钟荣光都在东南亚筹款。在这一轮募捐中，东南亚的华侨捐助 20 000 港币用于建成岭南大学第四宿舍，15 000 港币用于一般用途，10 000 港币用于建造小学中心楼，70 000 港币用于岭南大学第一宿舍（即爪哇堂）建设。在该财政年度，岭南的总收入为 308 792 港币（1 港币＝0.8 美元），其中 72.2%（222 984 港币）来自华人⑤。

那么，岭南大学是如何向美国捐款人宣传自己的呢？在 1921 年晏文士担任校长期间，一份 12 页的有关岭南养蚕工作宣传小册子揭示了岭南大学向美国人"兜售"自己的内容、风格和策略。晏文士宣传岭南大学的方式与钟荣光在海外华人中的宣传截然不同。职业化的视觉物给人的第一印象是岭南大学具有进步性：桑树丛，从河面汽船上望去的校园，蚕丝工业建筑的图面设计，荔枝树和校园北缘的实验稻田，在一天内吸引了 4 000 多名中国人的学校农业展览，以及由物理系的费礼门气象台。

第二，来自纽约丝绸进口公司和康涅狄格州曼彻斯切尼丝绸公司的两封

---

① 在很大程度上，这种观点在 1979 年之后的中国仍然存在，参见：DONG WANG. Portraying Chinese Christianity: The American Press and U. S.‐China Relations since the 1920s[J]. The Journal of American-East Asian Relations，2008(13)：81‐119.

② 美洲岭南学校共进会报告书[J]. 美洲岭南学校共进会联会刊，1918：前言，6.

③ 参见 Chung Wing Kwong's letter to W. Henry Grant, September 21, 1917; Charles Edmunds' letter to W. Henry Grant, January 27, 1918. Trustees of Lingnan University [A]. microfilm roll 6. DONG WANG. Managing God's Higher Learning: chapter 3 [M]. Lanham, Md.: Rowman & Littlefield, 2007. HENRY ELLIS. Journal of the Proceedings of the Late Embassy to China [M]. London: John Murray, 1817: 26. 埃利斯是英国 1816 年阿美士德来华使团的第三代表大臣，他观察到东南亚华人长期以来的做法："把孩子送到中国接受教育是巴达维亚富有华人的普遍做法"。

④ 广东省档案馆，无标题文档，文档#38‐4‐58.

⑤ 简又文.岭南，我岭南[J]. 岭南通讯，1958(16)：17.

见证信强调年轻的美国人在岭南学堂所做的"真正富有建设性的工作",这些美国年轻人"教中国人如何让自己的劳动有更大更好的成果,为岭南大学赢得声誉,给美国丝绸业的成功做宣传"①。

第三,岭南的募捐者们强调岭南从小学部到大学部的广泛教育基础,以及岭南的战略地位。岭南大学是中国3 000多万广东人里唯一的一所大学,也是"基督教在东方传播最具影响的力量之一……是将东方纳入西方文明进步准则的一个实质性因素"。

第四,募捐者们宣传了岭南大学的迅速扩展和进步。从1904年的60名学生、6名外籍教职员工、6名中国员工,以及2 000美元开支到1921年的690名学生,36名外籍教职员工,54名中国工作人员,以及297 000美元开支。除此之外还得到中国人的赞赏和支持,在岭南大学35个永久性建筑物中,中国人资助建设了15个。

最后,也是最重要的一点是,岭南募捐者们认为中国南方在农业领域亟须帮助,为富有企业精神的美国人,提供了前所未有的机会。宣传册写道,"中国亟须领导者,中国急需农村发展。岭南学堂是一个为中国提供技术和精神领导者的'人力资源工厂'"。作为美方的"代理",岭南大学"正在为中美两国人民在文化和商业的合作做准备"。宣传册宣称,"美国与中国贸易的机会很大程度上取决于中国人民通过诸如岭南学堂等机构所做的准备"②。

1922年,在给岭南大学董事会会长赫伯特·帕森斯的信中,晏文士描述了他是如何竭尽全力推动岭南大学的发展:③

> 我一直忙着向美国朋友发送两轮募捐活动信(每轮活动包括约26 000封募捐信),募捐信的副本已邮寄给你。我还在忙着为后续的活动拍摄大量的照片,我【在美国】随身带着这些照片底片。忙着修改拟建科学大楼的计划并起草一份写给美国中华医学基金会的呼吁书……这次回来在岭南,忙碌辛苦之至,五十七天里我唯一的运动就是带着相机走遍整个校园!

---

①② Sericulture at Canton Christian College, Canton, China [A]. held at Trinity College Library, 378.53/1084.

③ 参见:CHARLES K. Edmunds's letter to Herbert Parsons, president of the Trustees of C. C. C., dated November 18, 1922 [A]//Records of the Trustees of Lingnan University. Harvard-Yenching Library, Box 38 (1922). Trustees of Lingnan University [A]. microfilm roll 7. 晏文士1876年出生于马里兰州巴尔的摩,1903年获约翰霍普金斯大学物理学博士学位。他来到中国在岭南学堂担任教职,受卡内基研究所一个委员会的资助对中国各地进行磁性调查。参见:DONG WANG. Managing God's Higher Learning: chapter 5 [M]. Lanham, Md.: Rowman & Littlefield, 2007.

为了资助农学院的扩建,钟荣光与岭南大学的陈辑五教授一同再次踏上南北美洲筹资之旅。在1925年5月27日的一封来自古巴的信中,钟荣光概述了一个雄心勃勃的行程:"光自去年8月,由巴拿马沿太平洋南下;今年1月,由巴西沿大西洋北上南美及西印度,募捐职务,至今该部结束。现在古巴首都,计划中美、墨西哥与北美未完之职务,一时未能回国。"①美洲的筹款活动非常成功,为岭南带来了34万美元资金②。1929年,岭南大学美方主管黄念美写道:

> 从1908年第一次面向中国人筹集资金直到今天,钟校长在世界各地的中国同胞中奔走,并亲自为岭南大学筹得几十万美元。在他的努力以及岭南大学全体忠诚教职工、学生的努力之下,岭南大学校友已经发展培育出类似于美国校友对自己母校的最忠诚的精神。③

参与早期中国高等教育公益工作的人员包括中外人士和各行各业的组织,他们具有创新性和前瞻性。长期以来,岭南大学的资金来自海内外多种渠道,包括私人资金、公共资金以及国人和海外侨胞的资金。其中一位杰出代表是基督徒澳大利亚华商马应彪。比如,1918年他和爪哇的华侨帮助建造护养院,1919年建的爪哇堂(学校宿舍),1921年建的张弼士堂(华侨校舍)和马应彪招待室④,1925年建的同学屋和岭南医院,1931年建的陆佑堂(另一所大学宿舍)和1936年建的岭南礼拜堂。

与钟荣光一样,马应彪(1864—1944)是广东香山人,在悉尼华人长老会牧师周容威的影响下,皈依基督教⑤。马应彪17岁时去了澳大利亚,此时正值淘金热,他靠种植蔬菜和水果为生。后来,马应彪在悉尼开设了永泰(1890)、生泰(1893)和永生三家铺位,并在其他地方积极从事水果(如香蕉)贸易,特别是跟昆士兰和斐济的贸易。1894年,他在香港开办进出口生意和侨汇业务。1900年,

---

① 钟荣光先生传[M]. 香港:岭南大学香港同学会,1996:76-77.
② 钟荣光先生传[M]. 香港:岭南大学香港同学会,1996:79.
③ 参见:Lingnan: The News Bulletin of Lingnan University [J]. 1929, 6(2). Canton, China, held at the Yale Day Missions Library.
④ 这两层招待室设有一间厨房,一个阁楼,四间客房,一个阳台和一间可以容纳50—60人的会议室,照片刊登在1931年2月《私立岭南大学校报周刊》封面上,第3卷第2期,封面和第23页。马应彪负担了包括家具在内的一切费用。
⑤ JOHN M. CARROLL. Edge of Empires: Chinese Elites and British Colonials in Hong Kong [M]. Cambridge, Mass.: Harvard University Press, 2005. CHING-HWANG YEN. The Chinese in Southeast Asia and Beyond: Socioeconomic and Political Dimensions [M]. Singapore: World Scientific, 2008. 杨永安. 长夜星稀:澳大利亚华人史[M]. 香港:香港商务印书馆,2014:8-12.

在12位澳大利亚华侨和美国华侨的协助下,他筹集了25 000港元,成立香港第一家百货公司先施百货公司。马应彪将西方的零售和管理模式介绍到中国香港和大陆。在澳大利亚、中国香港和大陆通过联姻与工作与马应彪建立密切关系的人包括郭标、郭乐和郭泉(1875—1966)三兄弟。1897年,广东省香山同乡郭氏兄弟在悉尼开设了永安水果店,1907年在香港创办了永安百货公司。先施百货公司与永安百货公司逐渐成为港人以及华侨消费者的一站式百货公司。1912年先施百货公司开设了五层楼的广州分公司,并在1914年扩展到上海。这3家先施百货公司价值700万美元,拥有3 000多名员工①。

当马应彪创办先施百货公司的时候,他骄傲地雇用了他的妻子霍庆棠作为店员,成为当时中国的首创。霍庆棠出生于基督徒家庭,与马应彪共有13个孩子。她还积极参与公共福利、慈善和公益活动。1918年,霍庆棠与包括她的小妹妹霍絮如(马永灿的妻子,夫妻二人在澳大利亚居住了九年)在内的同道一起成立了香港基督教青年会,霍庆棠任第一任会长②。

除了亲属关系和同乡关系之外,新教和资本主义在这些进程中携手并进,就像世界各地的工业化和现代化一样③。马应彪深信演变中的资本主义是中国的未来,他也为社会事业投入了大量时间和金钱。1918年他成为岭南大学首位华人校董。1921年岭南农科学院董事会成立,马应彪任主席。④

中国政治家、商人和社会精英认识到,他们首要的任务是改善中国人民生活和人间关系的经济基础。岭南农学院曾获得30万元法币的启动资金以及广东省省长颁发的10万元法币。广东省当局还协助岭南农学院购买土地和农场⑤。马应彪为农学院捐款1万港元。1924年9月,钟荣光在纽约发起了为农学院募捐活动。捐赠者包括华侨个人、海外家庭、公司和组织。这些组织包括纽约的致公堂、国民党支部、华人教会和香山同乡会。捐款还来自美国、泰国、夏威夷、澳大利亚、英国、新西兰和中国的香港、上海等其他地方。

---

① 参见:黄泠.商界名人传:马应彪先生[J].商业杂志,1926,2(5):1-2;良友,1927(15):32.
② 参见:基督教女青年会月刊,1940,7(6):6.富吉堂会务周刊,1939(54):2.刘咏聪.中国妇女传记辞典:清代卷(1644—1911)[M].悉尼:悉尼大学出版社,2010:34-36.
③ Mei-fen Kuo从另一角度指出,悉尼大都市的社会和商业网络是澳大利亚华人移民形成中澳身份的关键,而非亲属关系和同乡会. MEI-FEN KUO. Making Chinese-Australia: Urban Elites, Newspaper and the Formation of Chinese-Australian Identity, 1892-1912 [M]. Clayton: Monash University Publishing, 2013: 155.
④ 参见:南大(广州),1921,5(4):5.
⑤ 岭南大学农学院成立经过及概况(1934年5月)[A].岭南大学工农两学院概况(1934年5月)[A].广东省档案馆,文档#38-1-6.

公益事业不仅促进了学术创新,而且还将接受高等教育的权利开放扩展到中国女性群体,这跟世界其他地方是同步发生。1903 年,岭南学堂中学招收女学生,在中国是首例。1908 年,岭南学堂成为第一所向女生开放大学课程的学校①。一些富裕的中国父母,包括岭南大学的校医、孙中山的盟友廖德山,他的 10 个子女(7 个女儿)都受到良好教育,岭南学堂是他们接受教育的第一站。廖德山在女儿们中学毕业后向岭南学堂提出请愿,允许她们继续读大学②。

从岭南中学毕业后,廖家女儿之一廖奉献女士(1890—1970),于 1909 年去美国的俄亥俄州伍斯特学院学习了两年。1914 年,她获得了威尔斯利学院学士学位,宋美龄是在这 3 年后去那里学习的。廖奉献还在哥伦比亚大学师范学院学习了一年。1916 年,她获得学士学位,回到岭南大学。廖奉献是岭南大学女学部第一位主管③,后来成为校董成员。像其他许多岭南大学项目一样,女学是一场跨太平洋、有人脉关系网络支持的运动。参与募捐运动的人员包括岭南大学校董的夫人、女子部成员、在美国的岭南大学原工作人员和来自匹兹堡大学、宾州州立学院、威斯多佛中学、史密斯学院、韦尔斯利学院、纽约女子美国东方俱乐部和纽约妇女大学俱乐部。

在美期间,廖奉献为岭南学堂的女子部和女子学院进行募捐。1915 年 9 月她在康涅狄克州哈特福德做了一个关于家庭生活和妇女教育的演讲,被一位记者称为"具有启发性,话语亲切有趣"④。廖奉献"给韦尔斯利学院的同学写了很多封信,请求他们帮助岭南女子学校,哪怕只捐助一点点资金"。通过廖奉献的努

---

① Women's Departments, Canton Christian College [A]//Trustees of Lingnan University. microfilm roll 37.
② 本文提到的廖先生的女儿包括廖奉献、廖奉恩、廖奉灵和廖奉基。
③ HENRY GRANT, Secretary of the Trustees. Is It Worth While to Educate Chinese Girls? [J]. New York: Ling Naam: The News Bulletin of Canton Christian College, 1924, 1(1). Letter dated April 24, 1916 from Liu Fung Hin in Canton, China, to Henry Grant in New York [A]//Trustees of Lingnan University. microfilm roll 37. 1918 年,在岭南大学的鼎盛事业与东北的王正黼的求婚之间,廖奉献犹豫不决。王正黼是她在哥伦比亚遇到的一个朋友,他的妻子在生下 1 个女婴 1 周后过世。廖奉献最终决定嫁给王正黼,与王正黼共有 6 个孩子(5 个亲生)。王正黼(1890—1951)是一位矿业工程师和工业家,后来担任国民政府商务部副部长。他获得哥伦比亚大学采矿工程学士学位,并完成所有博士课程,之后由于健康问题在 1914 年返回中国。廖奉献还曾从事过基督教女青年会、盲人学校、托老所、孤儿院、大众教育和妇女运动的工作。她的妹妹廖奉恩 1915 年获得史密斯学院学士学位,1916 年获得哥伦比亚师范学院学士学位。廖奉恩于 1918 年回到中国,成为宋庆龄的英语秘书。王正黼有 3 个兄弟,他的一个哥哥是王正廷(1882—1961),中华基督教青年会总干事,国民政府外交部长和驻美国大使。参见:K. P. WANG(王恭斌), A Chinese-American Exciting Journey into the 21st Century [M]. Bloomington, Ind.: Author House, 2006: 125 – 140.
④ 新闻节选自 1915 年 9 月康涅狄克州哈特福德州的报纸。Trustees of Lingnan University. microfilm roll 37.

力,广东省省长承诺无论他是否留任在广州,他都会在 1918 年捐助 4 000 美元①。

是什么驱使像廖氏姐妹这样的年轻女性从事公益事业和接受高等教育呢? 1913 年,廖奉献在给朋友的一封信中写道:"西方给予东方的东西太多了,东方也有可以给予西方的东西";"感觉到学院(韦尔斯利学院)与家乡(岭南大学)同样需要我,这对我来说是极大的鼓舞。"②19 世纪和 20 世纪之交,岭南大学的妇女工作与世界趋势是一致的。在公益事业圈里,男性和女性经常肩并肩为共同事业工作合作,而这种环境时常导致女性们思考女性自己。由这种思考所产生的结果,"并非是不和谐,而是一种实际行动和主观意愿上更加全面与自由的和谐",正如美国艺术文学院第一位女院士朱莉娅·沃德·豪(1819—1910)所观察③。廖氏姐妹和许多其他现代女性的生活道路都证实这一点。1918 年,廖氏姐妹之一廖奉基在一次募捐出版活动中谈到岭南的妇女工作。她说,妇女对丈夫和孩子确实有义务,但"中国必须有好的家庭,必不能永远只是一个半文明的国家……教育不仅对妇女有益,而且对整个中国社会都有好处"④。这与廖氏同代的美国人士观点一致:"按照圣徒阿维拉的方式,她(女人)不允许她的理性陶醉对她的日常普通职责熟视无睹,她充分证明她可以承担爱、奉献与先知这三重责任。"⑤

结论:"睦邻友善的世界"?⑥

世界主义认为不同地域、不同种族和不同意见的人们组成了相互依赖的世界。美国驻上海广告代理商卡尔·克劳(1883—1945)在 1937 年出版的一本书中指出中国人是潜在而又可爱的客户。他认为世界变得越来越小,"让人人都成

---

① Letter from Owen E. Pomeroy, Bursar, in Canton to C. K. Edmunds in New York, dated July 3, 1917 [A]//Trustees of Lingnan University. microfilm roll 37. DONG WANG. Managing God's Higher Learning: chapter 4 [M]. Lanham, Md.: Rowman & Littlefield, 2007. 当时广东政局不稳,1916 年 6 月到 1918 年 9 月之间更换了 5 位省长。
② Letter from Liu Fung Hin to Mrs. Doremus, dated September 27, 1913 and sent from Wilder Hall, Wellesley, Mass.
③ JULIA WARD HOWE. Introduction [M]//ANNIE (NATHAN) MEYER, ed.. Woman's Work in America. New York: Henry Holt, 1891.
④ 廖奉基. 岭南女学[R]//美洲岭南学校共进会报告书. 美洲岭南学校共进会联会刊,1918: 53-54.
⑤ MARY F. EASTMAN. The Education of Woman in the Eastern States [M]//ANNIE (NATHAN) MEYER. Woman's Work in America. New York: Henry Holt, 1891: 53.
⑥ CARL CROW. 400 Million Customers: The Experiences — Some Happy, Some Sad of an American in China and What They Taught Him [M]. Norwalk, Conn.: East Bridge, 2003: 318. 原版出版于 1937 年。

为4亿中国人的邻居"①。1936年至1937年,从哈佛大学来到岭南大学的交换生埃德蒙·迈森海德与其他留学生共同提议在岭南大学建立一个"国际之家",因为他们"深信国际交流计划授慧各方……外国学生和对此最感兴趣的中国人汇聚一堂,这将有利于更富有成效的思想交流。有关世界问题的讨论将如火如荼,代表大约来自20个不同国家的声音意见。与过去相比,岭南大学将成为一个更真正的国际大学"②。

对于廖氏姐妹来说,高等教育领域的公益事业代表了人们对普世现代化和性别关系平等的信念。谈到近代中国现代女性的理想时,廖奉灵在一次毕业典礼演讲中说:

> 现代女人面临的任务不是东方与西方的拼拼凑凑,而是通过对东西双方精华更深刻的理解和赏识,来创造一个新生事物。渴望跟随西方姐妹的中国女人,一定不能忘记老祖宗传给她的好东西。她的职责是在争斗冲突的世界中演奏和谐的乐章。③

高等教育和公益捐赠引发人们将新旧社会关系的异质性看成一次机遇。"作育英才,服务社会",至今仍是岭南大学的校训,它提倡地方、国家和国际社会公民生活的公益精神。1929年,中国接管岭南大学一年后,时任岭南大学副校长李应林(也是一位华侨)与美国梁敬敦(岭南大学教师,1905—1942)重新表述了岭南大学作为私立的、基督的、国际的和中国的教育使命④。这种教育使命超越家族血缘、乡土和国家的界限。

近代中国海外移民的公益捐赠具有实际性和世界主义性质,同时它又包含浓重的民族主义成分。就在岭南大学收归中国人自办之前,钟荣光用中文给中华文化教育基金董事会写信请求给予额外补贴⑤。他说,岭南大学的扩建带来了难以承受的巨额开支。岭南大学亟须资金,但不得不勉强维持,因为计划中的

---

① CARL CROW. 400 Million Customers: The Experiences — Some Happy, Some Sad of an American in China and What They Taught Him [M]. Norwalk, Conn.: East Bridge, 2003: 318.
② EDMUND W. MEISENHELDER. The Foreign Exchangers at Lingnan [Z]. manuscript, p. 14, 李瑞明先生提供。
③ LIU FUNG LING. The Epic Woman of China [J]. Ling Naam: The New Bulletin of Canton Christian College, 1924, 1(1).
④ 钟荣光先生传[M]. 香港: 岭南大学香港同学会, 1996: 95.
⑤ 中国教育文化基金会成立于1924年,是用美国退还的"庚子赔偿"建立起来的一个民间文教机构,董事会最初由5个美国人和10个中国人组成。

岭南大学回归中国管理涉及国家主权和中国政府的信誉①。

民族主义与其他因素一起确实激励了许多华人捐助者在不同历史背景下为岭南大学慷慨解囊。1945年,第二次世界大战结束后,岭南大学收到了来自谭礼庭(1876—1966)的一份史无前例的巨额捐赠。谭礼庭是一位经营船坞和煤矿的广东企业家,自20世纪10年代以来一直是岭南大学校董成员之一。谭礼庭将全部资产捐给岭南大学,包括十几家商店、几套住宅、一个大码头、九艘蒸汽机船、一些空地、70亩稻田、在广州一带的48亩土地以及价值70万元的富国煤矿公司股份②。与钟荣光以前所说相一致,谭礼庭资助岭南大学,是因为洋人为我们办学提供资金。如果我们有能力却不去匹配,或者什么贡献也不作,这将是一种耻辱③。

通过研究岭南大学的筹款理念和策略,本文认为近代国人、华侨、美国人和其他各国人民开创发展了中国高等教育公益事业的形式和内容。岭南的华人公益事业呈现出显著的中国价值观,同时在现代化、基督教和世界主义方面又具有时代超前性。总之,海外华人公益事业的发展与募款人根据具体助款人背景把大学教育作为机遇、希望、家乡、基督教、现代性、进步性、民族主义和世界主义等流动象征进行包装和重新包装密不可分。

(原载张俊义、陈红民主编《近代中外关系史研究》第7辑,社会科学文献出版社,2017年)

---

① 私立岭南大学请补助函及附件[A]."中研院"近史所档案馆,文档♯03-12-006-07-002.
② 私立岭南大学谭礼庭基金保管委员会办理经过及校产现状[A].广东省档案馆,文档♯38-1-68,1945—1950.
③ 李应林.谭礼庭先生献产兴学记[A]//广东教育:40.广东省档案馆,文档♯38-1-69-8,1949—1950.

碑文里的历史与历史里的碑文
——对清代行会研究中史料运用的一个批判性反思

陈德军

> 陈德军,兰州大学历史学学士,复旦大学世界近现代史硕士、中国近现代史博士。现为上海大学文学院历史系副教授,硕士研究生导师。主要研究领域为中共党史和社会史。出版有专著《乡村社会中的革命——以赣东北根据地为研究中心(1924—1934)》;在《中共党史研究》《党史研究与教学》以及《史学月刊》等刊物发表学术论文多篇。主持教育部、上海市哲学社会科学项目多项。曾获上海市哲学社会科学优秀成果奖。

在历史研究中,忽略了文本的作者,几乎等于失去返回文本所处的历史情景的桥梁,由此重构的某一种历史图景毫无生动具体之处自不必说,严重的是差不多触摸不到真实的历史。而且,这种研究在作为史料的文本面前总是被动,经常为一些前所未见的材料弄得手脚慌忙,马上修正甚至推翻自己的结论。用碑刻来说明清代行会历史情况的研究者,不能说已经意识到并避免了这一点。

一、行会与其成员的日常生活

对于一个会员来讲,其事业能否成功很大程度上取决于自己的努力,而不是与其所加入的会社关系如何。从这个意义上说,行会在它的成员的整个生活里并不算是一个十分重要的因素。当然,地缘性的行会组织较诸业缘性的行会组织更可能是一个个体追求成功的有用的社会资源。但每个成员在行会结构里所占的位置不过是他在行会以外个人事业中成就的反映。然而,这些情况难以从遗留下来的碑文本身得到证实。恰恰相反,许多碑文把人引向这个结论:行会左右着市镇社会的生活和生产。① 考虑到初到异地谋生时的举目无亲,以及长期以来城市里从业者有参加组织的传统,这个结论还不是过于远离事实。更关键的是,对碑文本身的阅读就给人这个印象。比如,道光十二年徽宁会馆碑记称:

> 以俦侣众多,或不幸溘逝,设积功堂,置殡舍,权依旅,俟其家携带以归。其年久无所归者,徽郡六邑、宁国旌邑,各置地为义冢,分为两所,每岁冬季埋葬,具有程式。于是徽宁之旅居于镇者,无不敦睦桑梓,声应气求……②

即使是业缘性的同业组织,成员之间的互助在有关碑文里也多有记载。北京银号会馆各成员,据说能"善过相规劝,患难疾病相维持"。③

但是生活中更多的事还是要由会员自己去应对,而且这些事情应对的如何直接关涉到他营业的兴衰。上面提到的情况是一个共同体存在的最起码的底线。大部分行业碑文在本质上相当于一种"约",这种"约"如果可以从约众那里有效地获得更多的行动控制权,"约"的首唱者以及唱和者(也就是碑文的作者)就没有理由拒绝这样一个显耀自己所在团体具有高度凝聚力的机会。换句话说,对于处于生存边缘和道德规范最极限(逾越此限就会被共同体的其他成员公认为良心应受谴责)的会员提供团体的支持,是会员所能转让给碑文作者的最大限度的行动控制权。除此之外,行会并无控制会员行动的合法根据;会员对行会所尽的义务也只此为止。某一会员在此限度之外向其他会员提供的援助,不过是一种私谊的表现。所以,假如行会能在此之上进一步提出要求,碑文的作者就肯定不会遗忘把它泐定成文。例如,康熙六十年《正乙祀公议条规》中就议定:"会中诸友有出仕者,捐银十两。如不给者,量力捐助。"④这种要求在行会规章里并不多见。实际上,以成文的方式阐明行会内部的一些关系的必要性,就间接地折射出这些关系和团体规范很容易遭到侵蚀和瓦解,因此须"给示勒石",期望永垂不朽。

---

① 如:张研.清代社会的慢变量[M].太原:山西人民出版社,2000:179-180.
② 彭泽益.清代工商行业碑文集粹[G].郑州:中州古籍出版社,1997:151.
③ 李华.明清以来北京工商会馆碑刻选编[G].北京:文物出版社,1980:14.
④ 彭泽益.清代工商行业碑文集粹[G].郑州:中州古籍出版社,1997:36.

二、行会的规章与行会的实际运作

即使行会的规章已经刻在碑石,也不能想象为会员在实践中就完全照章奉行。当然,历史的实际不可能与碑文规定相去甚远。许多规则不过是对个体之间相互交往的累积经验或者不成文惯例的明文表述;没有这些规则,个体在市镇的生态环境就会陷入霍布斯所说的"万人对万人的战争"混乱状态,市面的繁荣无从谈起,每个个体也人人自危。所以,行会的规则对于会员个人而言,可能并不是最优选择,而是次优选择,但对于整个行会,却是最优选择。雍正元年《吴县纱缎业行规条约碑》就对比了官宪为此行立法前后的生意状况:

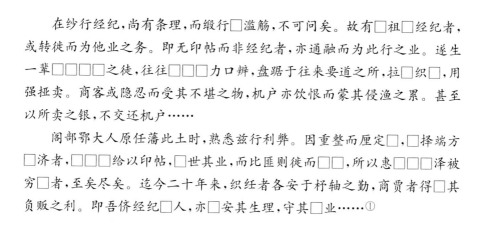

所以仁井田陞说,行会大多数决议是从名副其实的一致中产生的,因为明确的争执中国人会觉得丢人,而且行会成员有实际的共同利益。②

但是,行会内的会员一致一般情况下只是碑文作者们所向往的理想,或者是出于维系人心的需要,有意粉饰溢美。联系到立碑本是一件歌功颂德之事,岂又可将家丑外扬,或者说上一些让会众对团体前景感到沮丧的事,从而导致人心涣散?碑文至多在重申会规时,对违断紊规者斥罚经过作一交代。如光绪二十年《蜡纸业公议规条碑》提到在立碑前,有"戴传芝一人,阳奉阴违","非惟自名下抗不付捐,且敢串耸上年轮应经收之张锦杨,吞用公款",因此要把规定勒石,以杜

---

① 彭泽益.清代工商行业碑文集粹[G].郑州:中州古籍出版社,1997:110-111.
② 施坚雅.中华帝国晚期的城市[M].叶光庭等,译.中华书局,2000:688.

纷争。① 在此之前,碑文也提到曾两次发生寻衅乱规的事情。

所以,行会的规章基本上处于不断被违反又不断地被维护这样动荡不定的过程之中。相对于行会规章这种有关制度安排的高度集中表述,实际运作中的行会规章大部分时间显得面目模糊,边界不太确定。碑文的作者们在解释立碑原因时,都要强调"恐日久废弛"。但也不至于出现对着行会的规章完全逆行倒施的情况。总之,大部分情理上可以宽恕的小错经常出现,但情理难容的大错几乎很少见。由此也可以理解对违反章程具体原则的人的处罚一般较为温和,通常的形式是罚酒席、罚唱戏或罚钱2吊到1 000两入公。只有严重过错时,才开除出会。

三、行会的异化

从组织内的权利分布状态来看,任何组织的原型不外两大类:一类是分离性规范,组织内的委托人(如这里的行会成员)与代理人(如这里的行会的相当于非正式官员一类的人物)之间的利益是不一致的;另一类是共同性规范,委托人与代理人的利益是一致的。固执地以为行会宣称的面向全体会员利益的目标,无非是掩盖增进最有财势的会员利益这一真实目标的烟幕而已,只是阶级分析方法的教条主义的运用。不过,尽管很少发现行会中有财有势的成员会利用行会作为谋取私利的工具,但就此断言行会是一种共同性规范的组织,肯定言过其实。假如这一点没有疑问的话,那么许多碑文在它的声音之下,应该还有一些今天无法直接听到的微弱的却可能是抗争的异议。碑文无疑埋葬了抗议,尽管还够不上暴政之称。然而我们的研究者对此不能没有清醒的意识。况且一些碑文对它们所谓的行会异化(即由共同性规范的组织沦为分离性规范的组织)的讨伐,本身就揭示了碑文(的作者)具有意识形态特征。

光绪四年《长洲元和吴三县永禁宋锦业人等设立行头行规以及另改名目仍立公所碑记》里讲到:

> 同治九年春间,据沈友山……等在长邑禀称:织宋锦机为业,遭同业曹阿传、顾廷等创立行头,借神勒捐,禀求究禁。嗣据沈友山等,以曹阿传等复萌故智,图欲另改名目,仍立公所,借索敛钱,扰累同业等情具呈,均经前县

---

① 彭泽益.清代工商行业碑文集粹[G].郑州:中州古籍出版社,1997:132-133.

示禁。本年八月间,据吕锦山……禀:刻今曹阿传虽故,有王沛等结党成群,又起风波,喊歇停工,遍贴允价公议字条,择日款神,亦要倡捐勒索,同业受累等情。又经万前县给示严禁在案。本长州县莅任,复据吕锦山……等禀:有王沛……等复扰勒诈,求饬提讯、勒石永禁等情到县……①

这篇碑文出自官方,但是不仅对事实的叙述而且其中的价值判断,都以民间的报告为基础。大概不会有行会史的研究者以此来说明行会的情况,因为拟议中的行会公所被认为是非法的,从而没有机会产生出现。但是倘若地方政府不出面干预禁止,由此诞生的行会组织在树碑纪念此事时,不必说碑文对整个事件的经过将采用另一种叙述方式;行会的组织就不是据说的异化而为一部分人的工具,其存在将被赋予合法的根据。这里无法勘定三县政府的行为是否正当,但行业内部对设立公所的不同看法之间的难以调和却是昭然若揭。

使问题复杂化的是,行会组织确实有可能沦为一种强制性的聚敛方式。同治三年《遵奉抚宪批饬永远禁革三义公所碑》就是针对这种现象而立的:"奉抚宪批本局禀请将三义公所名目撤销,并革除行头总店,将原刊石碑饬令销毁由。蒙批,各业霸持行市、垄断苛敛,均属违例……如敢再有借词敛费,定即从严究办不贷。"②原刊石碑既被销毁,其碑文作者对行业的描述与观念同时也就被否定。不一定原碑文的作者会完全歪曲事实,但显然对同一事实的其他不同看法也有充足的依据。

认为把行业中的工匠组织起来是行会异化的表现并极力予以阻止,只是一种明显的阶级偏见。康熙五十四年的一块碑刻中有布商对结党创立会馆的控告:

"王德……等皆一班流棍,前来蛊惑众匠,以增添工价为由,包揽告状,肆行科敛,以为□□之本。前议工价,每匹一分一厘三毫,案经确定,无可生发。复要各商增价,以助普济院育婴堂之用。此岂目不识丁之踹匠所为,总皆流棍王德等数人从中簸弄,希图射利,病商病□,□□□克。今欲倡踹匠会馆,暗害□□占地,又可科敛钱财。倘会馆一成,则无籍之徒,结党群来,害将叵测。"③

---

① 彭泽益.清代工商行业碑文集粹[G].郑州:中州古籍出版社,1997:112.
② 彭泽益.清代工商行业碑文集粹[G].郑州:中州古籍出版社,1997:182.
③ 彭泽益.清代工商行业碑文集粹[G].郑州:中州古籍出版社,1997:104-105.

地方政府处理这个诉讼案件时,对劳资双方有关工价问题作了调解,但最终似乎没有如布商所请永远禁止设立踹匠会馆。不过这与行会组织内部的结构状态没有多大关系,但布商控词里讲到流棍操纵踹匠成立会馆,大体上符合行会组织由首唱与唱和构成的特征。行会的异化问题对于碑文研究者而言,实质上是要清理出被碑文作者意识形态化了的历史真相,而不只是考查行会组织内部的张力如何。

四、结束语

一旦明白了碑文产生的历史机制,也就可以确定碑文的表述在多大程度上说明了当时的历史实际。碑文对一段历史的表述,在细致透彻的分析之后,其意识形态化的方式和痕迹就逐渐明晰起来。所以把碑文里的历史直接当作历史的本身,就与研究者对碑文理解挖掘的深度不够很有关系,以至于掌握不了碑文所蕴含的曲折与复杂,有时甚至因此会误解,得出一些严重偏离事实的结论。

(原载《南京社会科学》2003 年第 6 期)

经济危机时期的企业应对：
以章华毛绒纺织公司为中心（1929—1936）

吴 静

吴静，安徽黄山人。厦门大学历史学博士，上海大学社会学博士后。自2013年1月起，任上海大学文学院历史系教师。主要研究领域为近现代社会经济史、社会生活史。主讲课程有"近现代中国经济史专题""近现代城市生活史""中国经济史""共和国经济史""上海城市生活史""民国史"等。出版有《新中国卫星城建设丛书——上海卫星城决策规划》《上海城市发展与市民精神》《危机与应对：1929—1935年上海市民社会生活研究》等图书多部；在《中国社会经济史研究》《史学月刊》等刊物发表学术论文10余篇。主持国家社科基金项目"近代上海民营企业技术引进研究"，参与国家社科基金重大项目、国家社科基金特别委托项目、教育部人文社科基金项目等多项。

1929年10月美国纽约股市跌暴后，整个社会陷入萧条之中，美国经济开始陷入危机。随后，德国、英国、日本、法国等主要资本主义国家如多米诺骨牌一样纷纷陷入经济危机的漩涡。此时，已被纳入资本主义世界大潮中的中国，同样受到了波及。

面对此次世界性的经济大萧条，国内民营企业是如何应对？学界对此研究已有所涉及，但主要是从近代上海企业整体和旅沪商人群体视角做了富有价值的探讨[①]。本文详其所略，选择从民营企业视角详细探析近代上海工业企业的

---

① 关于经济危机时期的上海工商业应对问题，主要有徐鼎新在《中国近代企业的科技力量与科技效应》（上海社会科学院出版社1995年版）探讨了企业技术人才对危机时期企业发展的积极作用；黄汉民、陆兴龙在《近代上海工业企业发展史论》（上海财经大学出版社2000年版）一书中，从上海企业的内部环境和外部环境对此稍有涉及；日本学者城山智子的《大萧条时期的中国——市场、国家与世界经济》（江苏人民出版社2010年版）则从中国和世界的货币体系变化的视角探讨国民政府通过币制改革应对经济危机；李瑊的《妙应时变：危机交织下的应对与抗争——以近代上海甬商为主的分析》（《上海大学学报》(哲社版) 2011年第6期）和刘家富的未刊博士论文（上海大学2009年）《传承与变迁：近代徽商转型研究——以旅沪徽商及其社会生活为例(1843—1949)》对近代旅沪甬商和旅沪徽商在经济危机时期的作为进行了概述。

危机应对,以期对近代上海民营企业应对经济危机有更深的认识。

一

由于经济危机的迟滞效应,加之中国因银本位制而形成的一道脆弱的"防火墙"作用,中国遭受经济危机全面冲击的时间晚于资本主义世界。直至1931年下半年,经济危机才开始全面蔓延至国内的工商业。而作为经济中心的上海,在1929—1936年则呈现一度繁荣而后衰退的景象。

1929—1930年世界经济大萧条来临之际,上海工业除了以出口为导向的丝织业因世界经济的衰退而日渐萎缩外,其他行业则受益于国际上金贵银贱以及世界市场上原料价格的下跌,一度呈现出蓬勃发展的气象,"许多工业如橡胶、肥皂、帽子、文具、灯泡、水门汀等,如雨后春笋般兴起"[①]。

国际上,白银不断流入中国,尤其集中在上海,促使上海房地产业繁荣。国际上,银价汇率不断下跌,到1931年9月,纽约银价下降了51.1%,伦敦下降了50.5%。从图1中可以看出银价在经济危机期间,跌势空前猛烈,1929—1931年跌落45.6%,而同期汇率跌落46.9%。在欧美金本位制国家,白银是商品而非货币,因此会和其他商品一样价格下降。而对于银本位制国家而言,银价下降导致商品价格上涨。1929—1931年中国的物价上涨了21.2%,而美国、英国、日本等国的物价却在下降[②]。因此,大量的白银从国外涌入中国。

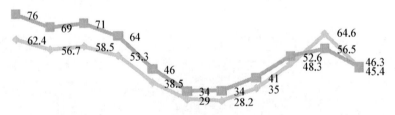

图1 1926—1936年银价和汇率变动图

资料来源:许涤新、吴承明主编:《中国资本主义发展史》(第三卷·上),人民出版社2005年,第27页。

[①] 莫湮.上海金融恐慌的回顾与前瞻[J].东方杂志,1936,33(22).

[②] 国家关税税则委员会.上海商品价格年度报告[M]//城山智子.大萧条时期的中国——市场、国家与世界经济.孟凡礼,尚国敏,译.南京:江苏人民出版社,2010:128.

除了外国人的直接投资外,还有华侨的大量汇款。1930 年 11 家美国银行报告汇款量超出平常。其中一家银行报告指出,大部分旅居海外的中国人,趁银价下跌之机将积累了 40 年之久的资金转移出去①。

因国外和国内大量游资不断流入上海,致使上海白银的储量在一直持续攀高,参见表 1 所示。充裕的资金,在金融市场中的体现是储蓄和借贷的利息率下降,银行信贷扩张。但当时这些资金并没有被投资到工商业企业中,反而是集中在房地产业领域,这类商业广告铺天盖地出现在人们的视野中。如作为领头企业的亚洲房产公司的广告,"进口出口均极暗淡,唯有地产一枝独秀。大量存银,唯有投资地产最为安全。如君有意,敬请垂询。积 17 年之经验,服务咨询,包您满意"②。

表 1　1926—1935 年上海银行的白银储备

年　份	中资银行数量	外资银行数量	总　量	总量指数
1926	73 474	73 859	147 333	100
1927	79 342	62 907	142 249	96.5
1928	102 760	68 784	171 544	116.4
1929	144 196	96 064	240 260	163.1
1930	166 293	95 663	261 956	177.8
1931	179 305	86 883	266 188	180.7
1932	253 289	185 050	438 339	297.5
1933	271 786	275 660	547 446	371.5
1934	280 325	54 672	334 997	227.3
1935	239 443	36 159	275 602	187.1

资料来源:城山智子.大萧条时期的中国——市场、国家与世界经济[M].孟凡礼,尚国敏,译.南京:江苏人民出版社,2010:148.

房地产市场的繁荣则潜藏着严重的经济危机。这一时期上海的房地产业的发展,并不是基于市场正常发展的需求和赚取租金的愿望,而是基于白银路的充足和白银价值的追求,1930 年上海房地产成交金额达到 96 909 000 两,1931 年成交额达到 183 217 000 两,而在危机全面爆发的 1932 年,此时的成交额跌至三四千万元左右③,由此可见上海房地产业的投机性之强。

---

① 雷麦.外人在华投资[M].蒋学楷,译.北京:商务印书馆,1953:185.
② 《银行周报》1931 年 2 月 10 日第 685 期.转引自:城山智子.大萧条时期的中国——市场、国家与世界经济[M].孟凡礼,尚国敏,译.南京:江苏人民出版社,2010:149.
③ 上海市档案馆,编.旧上海的证券交易所[M].上海:上海古籍出版社,1992:365.

1931年9月英国等国先后放弃金本位制,随后英镑的贬值提高了伦敦市场上白银的价格,这也意味着外国出口商品价格下降,中国出口商品若要扩大市场不得不降低价格,否则出口量减少。因此,上海工商业原先因金贵银贱而获得的脆弱的外汇优势逐渐丧失,工商业受世界经济危机影响开始衰颓。

天灾人祸加剧了国内工商业危机。1931年长江中下游8省特大洪灾,受灾人数高达1亿多人,加速了农村经济的破产,国内市场极大萎缩。国内农民是民族棉纺织厂最大的消费群体,而江淮大水灾过后,受灾区的棉纱需求明显减少,最终导致棉纱每担市场价格比七八月降低了10元①。长江洪灾最终让民族工业的主要支柱产业——棉纺织业陷入危机。此外,1934年的大旱灾波及11省399个县,使农村经济濒临破产境地,农村市场购买力急剧减弱,沉重打击了本已脆弱的民族工业。

中日民族矛盾日益尖锐,民族危机空前加剧,使上海的工商业雪上加霜。自1931年"九一八"事变,1935年的华北事变,民族工业失去了东北和华北广阔的市场。以东北、华北为主要销售市场的上海机制面粉厂,因此"有全沪面粉厂停车之势"。工业产品销路日益狭窄,对上海民族工业的发展是个沉重的打击,特别是1932年"一·二八"淞沪战事,上海各方损毁惨重,"闸北繁盛之区,被炸成瓦砾之场,仅商务印书馆及东方图书馆被毁之损失,已达1 600万元,物质文化,俱遭极大之摧毁",上海的经济损失高达20亿元左右②。上海的民族工业开始爆发全面的恐慌,"市面物价比1931年降低了11.3%,轻工业如棉花、面粉、火柴等工业亦开始极度的衰落"③。

1934年6月美国的《白银收购法案》直接导致中国大量白银外流,加速了这场经济危机在上海金融业中蔓延。至此,国内所有经济部门陷入严重的危机当中,而上海作为国内经济中心,其危机更为明显,这从表2可以看到1934—1936年上海工商业的衰颓。勉强支撑着的上海各工业行业,其开工率都非常低,1934年纺纱业的开工率是75%,制帽业、水泥业和针织业是70%,染织业是60%,印刷业和电气器具业为55%,搪瓷业、火柴业、热水瓶业和玻璃业是50%,毛织业是45%,陶瓷业是40%,橡胶业和造船业为35%,机器制造业是25%,而生丝业仅为20%④。

---

① 城山智子.大萧条时期的中国——市场、国家与世界经济[M].孟凡礼,尚国敏,译.南京:江苏人民出版社,2010:128.
② 张梓生,章倬汉,主编.申报年鉴[M].上海:申报馆特种发行部,1933:A13-A20.
③ 上海市档案馆.旧上海的证券交易所[M].上海:上海古籍出版社,1992:365.
④ 中国经济情报社.中国经济年报:第1辑[G].上海:上海生活书店,1935:105.

表 2　1934—1936 年上海工商业的破产、停业状况　　　　　单位：家

年度	工厂	商店	金融业	交通业	土地建筑业	其他	不详	总计
1934	83	254	44	7	6	62	54	510
1935	218	469	104	27	12	103	132	1 065
1936	134	347	49	18	8	143	85	784

资料来源：据：小林幾次郎.支那财政经济论[M].东京：業文阁,1939：71.

在多重危机交织下,上海民营企业一面积极引进技术和培养技术工人等自救措施,不断进行技术革新,改变企业的产业结构；一面在市政府积极改善外部市场环境和加强对民族工商业的引导下,转"危"为"机"、变"危"为"机"。刘鸿生的章华毛绒纺织公司就是在危机时期,结合自身努力、政府力量和倡导民族主义消费的国货运动,实现企业近代转型。

二

刘鸿生于 1929 年筹建的章华毛绒纺织公司,是在 1907 年郑孝胥等人集资创立的日晖织呢厂基础上创建的,日晖织呢厂的全套生产设备是 20 世纪初从比利时引进,主要有：纺毛机 3 部,织机 49 部,弹回丝机、整理机全套、洗毛机、烘毛机、锅炉；有粗纺锭 1 750 枚,9 台单节的梳毛机分头、一、二、三四道,细纱机是走锭式的,以及从英国 J. H. Hadden & Co. , Ltd. Nottingham 制造厂引进驼绒机器①。这些机器设备主要生产粗呢。

章华厂在 1930 年 7 月正式开工之初,沿用日晖织呢厂的旧机器设备和湖州的羊毛,只能生产粗呢,而且在"配料等技术上还存在很多问题",生产出来的产品质量很差,"染上去的颜色很容易褪落"②。企业缺乏技术人员和熟练工人,加上落后的管理制度,1930 年章华毛绒纺织厂就亏蚀 8 万多元。此后,尤其"一·二八"之后,呢绒作为当时日常生活中的"奢侈品",在上海市况萧条百业凋敝下,更为滞销。

章华厂自创建之日起就年年亏损,企业发展陷入困境。为此,以刘鸿生为首

---

① 上海社会科学院经济研究所.刘鸿生企业史料：上册[M].上海：上海人民出版社,1981：246-249.
② 上海社会科学院经济研究所.刘鸿生企业史料：上册[M].上海：上海人民出版社,1981：252.

的章华厂股东们积极采取措施,增强企业自身的技术力量,同时善于运用外部环境,积极拓展产品市场,为危机中的章华厂带来发展的时机。

第一,引进先进的配套机器设备。章华毛绒纺织公司在1931年8月就曾与澳大利亚毛绒纺织行业联系,企图利用澳洲资本、原料和技术专家重整企业,但因时局不稳等因素遭到澳方拒绝。① 在引进外资失败后,章华毛绒纺织公司变更生产方针,将纺纱、织造两部分明确地划分开来,由此前只生产粗呢改为生产粗呢、细呢两大类,并十分注重生产细呢。同时,开始引进全套先进的设备,更换全套洗毛机和钢丝车,改进纺锭和精纺机,用日本织机更换旧织机,改革整染车间,全部改用日本的纺织工艺;同时将原有的蒸汽动力,改为电气马达传动②,"计全厂共置洗毛、烘毛、梳纺、并线、梭织、针织、经纱、浆纱、染线、染毛、染匹头及漂白、漂洗、缩呢、烘呢、吸水、拉毛、剪毛、烫呢等各式机器百数十座"。其主要机器引进的具体情况见表3所示。

表3 1933—1936年章华毛绒纺织公司主要机器引进情况③

年 度	机 器 名 称	数 量	功 用
1933	立式织绒机	2台	织造骆驼绒用
	圆式织绒机	2台	织造骆驼绒用
	落纱机	2台	织绒准备工作用
1934	织 机	11台	织造细哔叽呢用
	煮呢机	1台	整理织物用
	梳毛机	1台	梳毛用,为纺纱之前道工程
	立式织机	2台	织造骆驼绒用
	烘毛机	1台	自动给毛供大量生产用
1935	蒸呢机	1台	整理织物用
	染 机	1台	增加工作量
	织 机	6台	增加产量
	整经机	1台	增加织造准备工程用
	烘毛机	1台	整理织物用
1936	织 机	30台	增加产量
	德国精纺锭	2 000锭	纺纱用
	法国精纺锭	2 000锭	纺纱用

注:1. 1933—1935年的资料来源于章华毛绒纺织公司档案。
　　2. 1936年的资料来源于章华毛绒纺织公司总务科科长张子威的口述。

① 上海社会科学院经济研究所.刘鸿生企业史料:中册[M].上海:上海人民出版社,1981:51-52.
② 刘念智.实业家刘鸿生传略——回忆我的父亲[M].北京:文史资料出版社,1982:35.
③ 上海社会科学院经济研究所.刘鸿生企业史料:中册[M].上海:上海人民出版社,1981:61-63.

章华毛绒纺织公司在机器设备的引进上具有以下特点：（1）机器设备引进的先进性。章华从当时世界上纺织业发达的德、日、法等国引进先进的设备和工艺，为生产高质量的产品奠定了良好的硬件基础。（2）具有配套性特点。刘鸿生在承盘日晖毛织厂的全套纺、织、染等设备后，在察知设备陈旧、生产效率低下、产品质量不过关情况后，毅然高价引进日本全套新设备和先进的纺织技艺，更替旧设备①。机器设备的配套性，不仅增强机器的生产效率，而且增加产品的技术含量，提高产品质量和效能，减少资源的浪费，降低消耗和成本，大大增强企业的活力。（3）渐进性特征。章华毛绒纺织公司在引进全套先进机器设备后，不满足于现有的状况，不墨守成规。随着近代科学技术的突飞猛进，各种机器设备的更新日新月异，刘氏企业意识到这一点，所以，不断引进当时发展较为成熟的设备，更新技术，保证生产的持续发展。从表2可看到，1933—1936年，章华每年都在更新机器设备，以缩小与先进毛纺国家的技术差距。这些机器设备都引自德、法、日等纺织技术发达的国家，以确保引进机器的先进性，使产品更适合市场的质量需求和品种的多样化需求。

第二，引进和培养技术人才。章华毛纺厂开工时缺乏核心技术，生产管理落后，企业进行改革后，刘鸿生从各方面延揽人才，除"重金聘请英国里士毛纺织学院毕业生张训恭为副总工程师，严智桐任工程师"，先后"聘请来的技术专家有留学法国、比利时的邱陵、潘炳兴，原在海京毛织厂担任工程师的李枝湛，以及南通纺织学校毕业的茅祖构、陈时鼎、彭汉恩"②等真才实学的人才，极大加强了企业生产技术力量，并且依靠这些技术人才解决了染整等方面的技术问题。

刘鸿生本人是圣约翰大学的学生和董事，他利用同学、同校师谊关系，招揽了许多圣约翰大学的优秀毕业生加入企业管理团队，并予以重用，担任重要的主管职务。如林兆棠担任章华毛纺厂会计主任，王建训、马德泰等人都在企业中分任重要工作③。圣约翰大学成为章华毛绒纺织公司科技、管理人才的主要来源之一，使企业较为顺利地走上经营管理的近代化轨道。

刘鸿生于1920年始在家乡宁波定海捐款设立了两所学校，一所是专招男学生的定海中学，另一所是定海女子中学，这两所利用同乡关系建立起来的学校，成为刘氏企业招聘和培养职工的人才基地。刘鸿生从定海中学挑选了一批优秀毕业生，送他们去日本学习毛纺织工业的生产管理和技术知识，学成归国后，被

---

①② 刘念智.实业家刘鸿生传略——回忆我的父亲[M].北京：文史资料出版社，1982：35.
③ 上海社会科学院经济研究所.刘鸿生企业史料：上册[M].上海：上海人民出版社，1981：311.

分配在各车间负责生产管理和技术指导工作,其他的毕业生则在完成培训课程后,直接进入工厂工作①。这两所学校的很多毕业生成为章华毛绒纺织公司的基层技术指导人员和工场管理人员的主要来源,为引进技术内化创造必要条件。同时,章华厂招工时要求职工"文化程度要高小,最低也得初小"②,提拔工人,必须经过技术考试③。

留学教育、圣约翰大学及定海两所中学是章华毛绒纺织公司技术人员的主要来源,留学生技术骨干与外国技师、自己培养的技术人员和职工技术培训三管齐下,使得章华毛绒纺织公司形成一个金字塔式的技术结构,在企业内营造一个强有力的以科技骨干为核心,技术、管理人才为基干队伍的科技力量,渗透到企业内部机构的各个环节,支配着企业的生产技术和经营管理等各方面的行为。正是有这么一支近代先进的技术队伍,增强了章华毛绒纺织公司的技术研究开发能力,提高企业对引进技术创新的技术含量和竞争力。设备的更新,技术力量的加强,使整个企业产量和质量都有了一个质的飞跃,成本随之降低,企业开始呈现活力,其"营业趋势呈突飞猛进之姿态"④。

第三,求助于上海市政府的支持。世界主要资本主义国家纷纷采取贸易保护主义以缓解危机的影响,促进本国工商业的发展,南京国民政府亦在全国范围内积极提倡国货运动。提倡国货发展民族工商业,上海市政府是走在全国的前列,市政府将国货运动作为长期发展民族工业的首要举措。上海市政府率先于1928年就规定:市政府各机关办公用品一律优先使用国货,除非没有国货替代的情况下才可以购买他国货品。1930年还制定了《上海市政府提倡国货使用实施办法》,规定所属各机关公务人员均应一律服用国货,并提出"一俟本市行之有效将来自可再行,呈请行政院采择通令全国施行"⑤。

结合上海市已出台的国家机关公务人员所有物品以国货为首选的条令,1930年9月刘鸿生向上海市政府呈文,并附上章华毛绒纺织公司产品的样本,要求政府倡导使用章华毛纺厂的产品。其主要内容是:

    近年国人衣着趋尚欧化,毛织品需要日广,吾国毛工业之不振势不得不

---

① 陆志廉. 企业大王刘鸿生[G]//浙江文史资料选辑:第39辑. 杭州:浙江人民出版社,1989:153.
② 上海社会科学院经济研究所. 刘鸿生企业史料:中册[M]. 上海:上海人民出版社,1981:317.
③ 刘念智. 实业家刘鸿生传略——回忆我的父亲[M]. 北京:文史资料出版社,1982:61.
④ 陈真,姚洛. 中国近代工业史资料:第1辑[M]. 北京:生活·读书·新知三联书店,1957:413.
⑤ 上海市政府公报:第62期[A]. 上海市档案馆馆藏,Y2-1-399.

仰给外货。统计每年漏卮之巨,言之痛心。回溯清季燕陇鄂吉等省均曾设有毛织工厂资力未尝不厚,惟大都不能纺制适用之毛绒,复以当时政府不加维护,战而后相继停业,存者已寥若晨星。商等目击此状情切挽救,聘专门技师悉心研究采购国产上品羊毛驼绒原料,自纺粗细线料织制各式军装制服之呢绒,以期抵制外货,所有出品可称纯粹国货;又兼制各种梳毛、哔叽、直贡花呢等精细西装材料以应国人需要,实开我国自制精细毛织品之新纪元。但值此世界商战剧烈、外人经济侵略日见扩张之际,必国货之销路,得以通畅无阻普遍我国,庶舶来之品得以日冀其减少。矧自金贵银贱影响,国内商业识者,金谓正振兴国内工商业之绝好机会。钧府提倡国货不遗余力,凡在商民莫不景仰,商厂出品对于党政军警暨学界制服尤为合宜。兹特恭呈各种毛线呢绒出品样本,暨棉羊头商标样张,拟恳察核俯赐转呈行政院准予通饬各省尽量采用。①

在当时中国的毛织品市场上,英法等国毛织品"与国货无甚正面冲突,因西货大致均质地较佳,售价较昂,彼此各有其市场范围"②,唯有日货与国货在市场上竞争激烈,尤其经济危机爆发后,日货通过各种途径走私进来,与国货在市场上大打价格战。哔叽和直贡呢是中日竞争最激烈的产品,"日货一年之间,竟跌价约百分之二十五",即日货哔叽"每码只售二元三角五分",而章华厂的哔叽呢"每码售价二元六角五分已至无法再减"③。这导致日货呢绒充斥市场,而民族企业无束手之策,只能求助于政府支持。

为拓展章华毛绒纺织厂的市场,刘鸿生向上海市政府发出上述请求,符合上海市政府积极提倡的国货运动,因此市政府积极响应,并认为:"该公司创制国产毛绒纺织品以应国人需要,允宜予以提倡,俾得销行全国而免利权外溢"④,同意并大力向党政军警教育部门举荐,要求其制服材料选用章华毛绒纺织厂出品,并向南京国民政府积极推荐。因此,在章华毛绒纺织企业最初的产品销售中,"军衣呢系专供军警制服材料"⑤,其生产的粗呢中尤以军衣呢为主,这与市政府的支持是分不开的。

此后,随着市场上织呢技术的提高,章华企业产品在市场上竞争力不强,且党政军警部门制服市场遭到了国家军政部织呢厂的竞争,企业产品因"产量多而

---

①④ 上海市政府公报:第67期[A].上海市档案馆藏,Y2-1-404.
②③ 上海社会科学院经济研究所.刘鸿生企业史料:中册[M].上海:上海人民出版社,1981:57.
⑤ 上海社会科学院经济研究所.刘鸿生企业史料:上册[M].上海:上海人民出版社,1981:253.

销路转少"出现滞销①,这有效地促使企业进行自身技术的改良。章华毛绒纺织公司经过引进先进设备和技术人才,提高企业技术能力,改进产品的质量,增加产品的附加值;改善产品的结构,增加产品的种类以满足市场多样化的需求,其生产的呢绒遍布南北,成为政府、教育部门和军队制服满意的材料②。东吴大学吴兴附属中学校长孙闻远就曾致函该企业,确认其学生冬季制服的材料是否是章华厂出产的呢绒③。

第四,顺应社会民族主义的消费热情,推出"九一八"哔叽呢。1931年"九一八"事变后,民族危机的加重激发了民众的爱国主义思想,在国民政府和上海市政府积极推行国货运动之际,1933年章华毛绒纺织企业注重生产细呢,并推出"九一八"哔叽呢,以迎合民众爱国的心理和体制日货的要求。

哔叽是用精梳毛纱织造的一种素色斜纹毛织物,呢面光洁平整,纹路清晰,紧密适中,悬垂性好④。因此,章华厂的"九一八"哔叽呢,"九一八"这一商标具有巨大的吸引力,能满足消费者爱国的民族主义心理;产品以藏青色、墨绿色、元色等单色为主,非常适宜缝制中装和妇女的旗袍,因此一上市就广受欢迎。在当时南京的章华门市部的玻璃窗,有一次曾因顾客的拥挤而被轧碎⑤。章华在"九一八"哔叽呢地产销中,"赚了很大一笔钱,这对于扭转章华当时的困难局面,起了很大作用"⑥。

在国货运动爱国主义消费热情的推动下,章华毛绒纺织公司不断推出较高质量的新产品,毛纺专家邱陵解决染整技术的关键性问题,还精心设计出既节约原料,又深受消费者喜爱的"雪花呢"产品,通过在各地所设的门市运销南北,很快风行全国。章华毛绒纺织公司的产品作为国货呢绒的代表,其产品不仅盛销国内,而且扩展至海外。1935年振德兴号就致函章华毛绒纺织企业,因中美洲华侨抵制日货,欲以国货代替,其中男子西装所用的呢绒就从章华厂采购的⑦。

三

通过以上举措,章华厂不仅打开其销售市场,其产品"遍于南北",提高了产

---

① 上海社会科学院经济研究所.刘鸿生企业史料:上册[M].上海:上海人民出版社,1981:253.
②⑥ 上海社会科学院经济研究所.刘鸿生企业史料:中册[M].上海:上海人民出版社,1981:64.
③⑤⑦ 上海社会科学院经济研究所.刘鸿生企业史料:中册[M].上海:上海人民出版社,1981:65.
④ 中国大百科全书编辑部.中国大百科全书·纺织[M].北京:中国大百科全书出版社,1984:3.

品的知名度,而且从表4可以得知该企业在经济危机日益深化的1934年起由亏转盈,除了还清历年累计亏损外,到1936年企业累计盈利近30万元。

表4　章华毛绒纺织公司1930—1936年盈亏统计表

金额单位:元

年　份	盈　亏　额
1930	−88 374
1931	−17 427
1932	−116 080
1933	−63 846
1934	+52 696
1935	+24 597
1936	+501 506

注:1930—1932年的数据引自《刘鸿生企业史料·上册》,第255页。
　　1933—1936年的数据引自《刘鸿生企业史料·中册》,第74页。

章华毛绒纺织公司在经济危机蔓延至国内之时,亦是企业发展最艰难时刻。但企业及时改变其经营策略,不断引进硬件层面的先进机器设备和软件层面的技术人才,提高企业的资本有机构成,调整企业的产品结构,提高产品质量,满足社会多元化、多层次的需求。与此同时,企业积极谋划,利用政府提倡并发展国货之机,取得上海市政府的支持成为党政军警教育部门制服材料的供给商,扩大产品的市场;并及时抓住社会民众爱国的民族主义消费心理,积极创新产品,迎合民众爱国心理和抵制日货的要求,生产出"九一八"哔叽呢,开启了该企业发展的新历程。

在近代国内经济危机、民族危机和社会危机交织作用下,企业自下而上地改变经营策略谋求发展,通过政府自上而下以国货运动为核心的政策引导,双方的利益诉求相吻合。同时,章华毛纺织公司善于利用有利的爱国主义消费环境,成功地应对并渡过此次经济危机,化"危机"为"时机"。

晚清上海城市治理中的法律移植与司法实践

——以法租界中的违警罪为例

侯庆斌

侯庆斌,1986年10月生,河北石家庄人。先后就读于同济大学、华东师范大学、法国里昂高等师范大学,2017年获历史学博士学位,同年8月进入上海大学文学院历史系工作。主要研究领域方向为上海史、法律史和中法关系史。主讲课程有"中国近代史""上海史"等。在《学术月刊》《史学月刊》《复旦学报》《史林》等刊物发表学术论文多篇。主持上海市哲学社会科学青年课题1项。2018年获得上海浦江人才计划资助。

自晚清开埠以来,上海逐渐形成三界四方的行政格局。其中华界市政管理延续了官绅合作的模式。地方官负责治安和税收,并允许士绅和商人提供公共服务。[①] 上海租界有别于华界,由外国领事和侨民负责日常事务。目前有关上海城市管理的研究有以下三类:一是从器物和技术层面考察市政设施的现代化;[②] 二是以警政和卫生防疫为对象,展现租界中西方城市管理理念和机构的移植;[③] 三

[①] 参见:刘石吉.明清时代江南市镇研究[M].北京:中国社会科学出版社,1987:120-127. 林达·约翰逊.上海:一个正在崛起的江南港口城市(1683—1840)[M]//帝国晚期的江南城市.成一农等,译.上海:上海人民出版社,2005:208-220. 周青松.海地方自治研究(1905—1927)[M].上海:上海社会科学院出版社,2005.

[②] 马长林编.上海的租界[M].天津:天津教育出版社,2009. 马长林编.上海公共租界城市管理研究[M].上海:中西书局,2011.

[③] 张彬.上海英租界巡捕房制度及其运作研究[M].上海:上海人民出版社,2013. 彭善民.公共卫生与上海都市文明[M].上海:上海人民出版社,2007. KERRIE MACPHERSON. A Wilderness of Marshes: the Origins of Public Health in Shanghai, 1843-1893 [M]. Lanham: Lexington books, 1987. ANNE GLAISE. L'Evolution Sanitaire et Médicale de la Concession Française de Shanghai entre 1850 et 1950 [D]. thèse de doctorat, Université Lumière Lyon, 2005.

是从城市功能的角度,讨论租界中的城市规划。① 本文所讨论的"城市治理"不同于一般意义上的城市管理,它更强调城市管理中的法制因素。以往研究多以公共租界为中心,如刘文楠注意到西方法律观念和租界卫生治理的内在联系,着重考察英美法传统中的"妨害"概念对上海公共租界卫生行政的影响。② 限于史料,学界有关晚清时期上海法租界的研究相对滞后。不可否认,上海公共租界和法租界的城市治理存在一定的相似性,但两个租界的市政立法分别受到普通法和大陆法的影响,法律移植的过程各异。此外,已有研究对市政法规的实际效果缺乏深入的讨论,无法有效地揭示租界立法、司法与城市治理三者间的有机联系。本文以租界中颇具特色的违警罪作为切入点,探讨法租界城市治理中的法律移植、制度设计和司法实践,进而检讨违警司法在租界城市治理中的得失。

1810年《法国刑法典》第一次将违警罪纳入西方成文法,构成了大陆法系中一类独特的刑事违法范畴。该法典第四卷规定了违警行为的种类和量刑标准。狭义的违警罪指违反警察管理法规的行为,广义的违警罪包括妨害公共安全和秩序,并受法律法规制裁的一般行为。违警罪的出现,对法国的市政立法起到指导作用。违警司法也成为城市日常治理的核心。本文首先追溯违警罪在法国刑法中出现的思想背景及其司法制度,继而考察法国领事将违警罪引入法租界,逐步形成以市政法规、巡捕房和会审公廨为核心的违警司法体系的经过。最后,本文还将以违警案件的数量和违警罪量刑为考察对象,评估违警司法在租界城市治理中的实际效果。

一、十九世纪法国本土的违警罪及其司法体系

17世纪的欧洲,公共管理和近代城市的出现相伴而生。城市治理主要采取一种依据法规进行主动干预的模式(mode réglementaire),以应对人口增长、流动性增加和经济发展带来的挑战。③ 违警罪便出现于这一背景之下。旧制度时期,法国地方官就开始审理市镇违警案(les infractions de police municipale),但违警罪并未写入刑法典中。当时的法国刑法将违法行为分为轻罪(petit crime)和重罪(grand crime)。法国大革命之后,1810年《法国刑法典》将刑事违

---

① 陆烨.宜居城市的管理:以上海法租界中部地区为中心[J].社会科学,2011(12).练育强.城市、规划、法制:以近代上海为个案的研究[M].北京:法律出版社,2011.
② 刘文楠.治理"妨害":晚清上海工部局市政管理的演进[J].近代史研究,2014(1).
③ 福柯.安全、领土与人口[M].钱翰等,译.上海:上海人民出版社,2010:304-305.

法行为分为违警罪(contravention)、轻罪(délit)和重罪(crime)。①

　　这种罪分三类的立法原则首先受到意大利法学家贝卡利亚的影响。18世纪法国启蒙思想家对本国刑事司法系统批评尤多,矛头直指误判、冤案和滥刑。② 贝卡利亚继承了孟德斯鸠和百科全书派的观点。在1764年出版的《论犯罪与刑罚》一书中,他提出刑事司法的两项重要原则:一是罪刑法定原则,即法典中没有禁止的行为均不得视为犯罪;二是刑罪相适应原则,即根据违法行为的性质,设置相应的刑罚等级以示区别,保障惩罚的必要性和公正性。③ 这两项原则得到法国刑事法院的积极响应,推动了法国公权力机关的改革。④ 较之旧制度时期的法国刑法,1810年《法国刑法典》规定:"任何违警罪、任何轻罪、任何重罪,均不得处以其实施之前法律未明文规定的刑罚。"⑤同时,《法国刑法典》针对违警罪、轻罪和重罪,设置不同的刑罚种类和量刑区间,防止滥刑。除此之外,将违警罪纳入刑法典与欧洲国家中警察(police)权力的上升密切相关。在欧洲近代早期,police一词并非专指警务人员,而是泛指市镇公共管理中的各类官员。police伴随封建制而生,保留了大量行政职能。17世纪后期,法国出现了"警察学",旨在讨论治理国家的理论与技术。police的种类繁多且职权甚广,除抓捕罪犯之外,还负责管理公共卫生、街道交通、社会救济、管制物价、约束居民日常行为(如禁止衣着奢侈、禁止铺张浪费)等。⑥ 法国大革命期间,随着地方自治程度的加强和市政机构权力的扩张,police在城市治理中的地位愈发重要。⑦ 福柯将police的出现视为国家治理技术发展中的重要阶段。封建制瓦解和宗教革命是警察学兴起的背景,国家理性不必服从于基督教教义或是某种超验宇宙论,而是转向国家利益本身。⑧ 随着法律法规的健全,police的权力从公领域向私领域渗透,国家对社会的控制也日益加深。⑨

---

① 1810年《法国刑法典》主体部分一直适用至1994年2月28日。
② 卡斯东·斯特法尼.法国刑法总论精义[M].罗结珍,译.北京:中国政法大学出版社,1998:77.
③ 切萨雷·贝卡利亚.论犯罪与刑罚[M].黄风,译.北京:中国方正出版社,2003年:10-11.
④ 卡斯东·斯特法尼.法国刑法总论精义[M].罗结珍,译.北京:中国政法大学出版社,1998:78-79.
⑤ Code pénal de l'empire français [M]. Paris: L'Imprimerie Impériale, 1810: 1.
⑥ 福柯.安全、领土与人口[M].钱翰等,译.上海:上海人民出版社,2010:299-302.
⑦ GEORGES DUBY (ed.). Histoire de la France urbaine: la ville de l'âge industriel [M]. Paris: Editions du Seuil, 1983: 544.
⑧ GRAHAM BURCHELL, COLIN GORDON, PETER MILLER (eds.). Foucault Effect: Studies in Gouvernmentality with two lectures by and an interview with Michel Foucault [M]. Chicago: University of Chicago Press, 1991: 10-14.
⑨ ULRICH BRÖCKLING, SUSANNE KRASMANN, THOMAS LEMKE (eds.). Gouvernmentality: Current Issues and Future Challenges [M]. NewYork: Routledge, 2011: 4.

增设违警罪的意义在于,根据违法行为的危害性,通过差异化量刑区分一般违法行为和犯罪行为。所以违警罪在法国法典中是通过所受刑罚的种类来反向定义的。《法国刑法典》第1款规定:"凡施以违警罪刑罚(peine de police,也译作治安刑)的违法行为皆属违警罪。"①违警罪刑罚包括罚金(1—15法郎)和监禁(1—5天)。治安刑共有三级,对应不同的罚金数额和监禁时间。《法国刑法典》第471至483款规定了违警行为的范围,涉及公共治安、交通秩序、街头商贩、公序良俗等。可见违警罪刑罚中的"police"一词并没有褪去它自17世纪以来所包含的社会治理的意味。该法典第484款还补充规定:"凡现有刑法典没有涉及的行为,而有专门的法律(loi)法规(règlement)加以约束,那么法庭将遵守这些法律法规。"②此处的"法规"指由执法机关颁布的地方行政法规,不同于中央立法机关通过投票批准实施的法律。行政法规在惩罚违法行为时须服从《法国刑法典》中违警罪的量刑标准。③ 违警案件应由地方刑事法院系统中的违警罪法庭审理,但在司法实践中,大部分违警罪并不一定开庭审理,而是经行政程序进行惩处。④ 违警行为刑罪化是19世纪大陆法系中的特色。有批评者指出,从违警行为的性质和违警罪刑罚的种类上看,违警罪似乎不足以纳入刑事违法行为的范畴。将违警罪纳入刑法典,混淆了行政执法和刑事司法的界限。不过,也有学者强调违警行为刑罪化的积极意义在于,国家创造了一种阻滞犯罪的机制,通过惩治轻微违法行为,防止其发展为严重犯罪,客观上扩大了社会治理的范围。⑤

简而言之,19世纪的法国城市治理中,《法国刑法典》和地方市政法规共同构成了裁定违警罪的法律依据,并由地方法院、警察和市镇议会等执法机构监督实施。17世纪末以来,普通法中同样存在违警罪(police offense)。违警罪在大陆法与普通法中的立法原理完全不同。英国的违警罪源自普通法中的"妨害"(nuisance)概念。妨害指那些给不动产或个人健康造成"伤害、不便和损失"的行为。治理妨害旨在维护私人业主的权益。⑥ 在普通法中,妨害的概念非常模

---

① Code pénal de l'empire français [M]. Paris: L'Imprimerie Impériale, 1810: 1.
② Code pénal de l'empire français [M]. Paris: L'Imprimerie Impériale, 1810: 78.
③ PIERRE PACTET, GEORGES VEDEL. Institutions politiques: Droit constitutionnel [M]. Paris: Maison et Cie, 1968: 603.
④ 卡斯东·斯特法尼. 法国刑法总论精义[M]. 罗结珍,译. 北京: 中国政法大学出版社,1998: 184.
⑤ 卡斯东·斯特法尼. 法国刑法总论精义[M]. 罗结珍,译. 北京: 中国政法大学出版社,1998: 25-27.
⑥ WILLIAM BLACKSTONE. Commentaries on the Laws of England: Vol. III [M]. Oxford: Clarendon Press, 1775: 222.

糊,而且针对妨害行为缺乏明确的惩罚标准。违警罪的范围完全依据地方行政的实际需要而设。19 世纪以来,妨害概念演变为英国市政立法的思想来源,衍生出《妨害消除法》等一系列专门法规。由于欧陆与英美在立法传统上的差异,19 世纪普通法中尚无违警司法的一般原则和统一的违警罪量刑标准。与之相比,大陆法系中的违警罪是三大刑事违法范畴之一。1810 年《法国刑法典》第四卷中详细规定了违警罪的定义、违警行为的种类及其对应的刑罚标准。大陆法中违警罪的出现,与消除妨害并无直接关系,而是从惩罚的合理性和必要性方面,将违警罪与其他刑事重罪加以区别,进而成为市政立法的主要参考。

二、法租界违警司法体系的建立与市政立法的演进

中国传统立法中没有"违警罪"或相应的违法范畴。清律将现代意义上的刑事诉讼分为州县自理的轻罪案件和需要逐级审转复核的重罪案件。尽管清代地方行政中没有市政立法的观念,①但不可否认,清律中确实存在一些与现代意义上的城市管理相关的法条,如《刑律·人命·车马杀伤人》规定:

"凡无故于街市、镇店驰骤车马,因而伤人者,减凡斗伤一等。"②

又如《工律·河防·侵占街道》规定:

"凡侵占街巷通路而起盖房屋及其围圃者,杖六十,各令(拆毁修筑)复旧。其(所居自己房屋)穿墙而出秽污之物于街巷者,笞四十。(穿墙)出水者,勿论。"③

其他法条中也不乏严惩违反儒家礼教和社会公益的行为,但面对城市管理的复杂性,这些有限的法律和条例仍显不足。④

1840 年代列强在上海相继开辟租界。起初,英美租界中的外国侨民成立道路码头委员会,负责租界中的日常管理和市政建设。1854 年之后英美领事成立工部局,履行市政管理职责。法租界创立之初,一切事务均由法国领事处理,无专门的市政管理机构。1853 年至 1854 年小刀会占据上海县,清政府无力保护租界。法国领事势单力薄,不得不接受英美领事的建议,由工部局临时统一管理三国租界。这期间,由于法国领事与英美领事对小刀会的态度不同,双方的合作

---

① 约翰·瓦特.衙门与城市行政管理[M]//施坚雅.中华帝国晚期的城市.叶光庭等,译.北京:中华书局,2000:439-445.
② 田涛,郑秦点校.大清律例[M].北京:法律出版社,1999:437.
③ 田涛,郑秦点校.大清律例[M].北京:法律出版社,1999:617.
④ 西比勒·范·德·斯普伦克尔.城市的社会管理[M]//施坚雅.中华帝国晚期的城市.叶光庭等,译.北京:中华书局,2000:733.

很快名存实亡。法国领事爱棠在1854年12月30日写给外交部的信中指出,英美领事无意保护法国人的利益,最佳策略是维持法租界的独立性。① 此外,小刀会和太平天国运动相继祸及江南地区,大量难民涌入租界,导致市政管理的压力陡增。清政府无暇顾及租界事务,外国领事借机不断蚕食上海地方政府在租界中的行政权和司法权,将清政府的势力排除在租界城市治理之外。捍卫租界独立性,以及应对华洋杂居的复杂局面,构成了法租界市政立法的背景。

1856年法租界巡捕房成立。1859年法国领事敏体尼公布违警章程,并设立违警裁判所审理违反警务章程的行为,违警司法体系初具雏形。② 法方此举并未招致清政府的反对。究其原因,诚如法国领事在回顾租界历史时所言,"租界中的违警行为在清代法律中不属于违法行为"。③ 中法双方在立法和城市管理中的差异有利于法国领事独揽违警案件的审判权。

19世纪60年代法国领事筹立公董局。公董局相当于市议会,由法国领事主持,成员以法国商人为主,在城市管理中兼具立法和行政的双重职能。1866年《法租界公董局组织章程》草案第14款规定法国领事有权审理违警案件。1869年9月,英美德三国领事承认该章程的有效性,至此法国领事对法租界内违警案件的审判权得到各方认可。④ 同年10月,法国领事颁布《公董局警务路政章程》(以下简称《警务章程》)。这是法租界最基本的市政法规,它确定了违警罪的范围,并由巡捕房监督执行。此外,法租界会审公廨成立于1869年4月,由上海道台和法国领事的代表会同审理租界中华人为被告的各类诉讼。法国领事将已有的违警裁判所并入其中,会审公廨便成为违警案件的审判机构。至此以《警务章程》、巡捕房和会审公廨为核心的违警司法体系初步形成。

基于普通法中治理妨害的观念,公共租界当局建立了与法租界类似的违警司法体制。1854年,英美领事签署颁布的《土地章程》第9款中已经将违章建筑、堆放危险品、堵塞道路、肆意喧闹等事项归为"惹厌之事"(nuisance),违者处以5—25元不等的罚款。⑤ 1866年英美领事修订《土地章程》,根据城市治理的

---

① 梅朋,傅立德. 上海法租界史[M]. 倪静兰,译. 上海:上海译文出版社,1983:147.
② 史梅定. 上海租界志[M]. 上海:上海社会科学院出版社,2001:321.
③ Note sur la cour mixte française par G. Soulié décembre 1905 [A]. 法国外交部档案馆南特分馆,档案号:635PO/A/164.
④ 梅朋,傅立德. 上海法租界史[M]. 倪静兰,译. 上海:上海译文出版社,1983:419-420.
⑤ Land Regulations for the Foreign Settlement of Shanghai. Shanghai: The North-China Daily News & Herald Ltd., 1932(10). 中文版参见:史梅定. 上海租界志[M]. 上海:上海社会科学院出版社,2001:685.

需要增加了 42 条附律(by-laws),将治理妨害的目标进一步精细化,构成了公共租界市政法规的主体。① 截至 1869 年,公共租界内同样形成了以市政法规、巡捕房和会审公廨为核心的违警司法体系。上海租界中两个违警司法制度的差异表现在执法过程中的华洋权力结构不同。公共租界工部局由英美侨民组成,不隶属于任何国家。它有立法权和行政权,并兼管巡捕房。公共租界会审公廨的法官由上海道台和外国领事的代表组成,原则上以中方谳员为主,外国陪审为辅。这种违警司法体制受制于工部局、外国领事和中方谳员三方,一定程度上影响了违警审判的效率。例如公共租界会审公廨中方谳员视违警罪为不甚重要的小事,常在审判时替华人被告求情,最终减免他们的惩罚。或是采用宽容和教化的态度来对违章者进行训诫,无法起到惩治和救济的作用。② 反观法租界,自 19 世纪 60 年代末,公董局和巡捕房直接听命于法国领事。不仅如此,法租界会审公廨的法国陪审比公共租界会审公廨的外国陪审拥有更多特权,它的地位高于中方谳员,在司法审判中占据主导地位。③ 法国领事的专权,保障了违警司法体制的高效运转。

法租界的市政立法原则上适用于全体居民,但是由于外国侨民享有领事裁判权,不受会审公廨的管辖。加之租界内华人远多于外国人,所以市政立法主要针对华人居民而设。1869 年版《警务章程》共计 31 款:首先是道路交通类(9 款),如限制车速、不得阻塞交通、不得随意挖掘路面等。其次针对店铺和流动商贩(6 款),如规定招牌的高度、营业时间、定期检查旅馆客栈的住宿登记簿等。第三类涉及公共安全(5 款),如禁止携带凶器上街、不得非法储存易燃品等。第四类关乎公序良俗(3 款),如禁止妓女在街头聚集、禁止有伤风化的着装、禁止售卖淫秽品。④

法国领事移植违警罪时深受法国本土法律传统的影响。通过比对可知,以上 23 款内容完全照搬自 1810 年《法国刑法典》中与违警罪相关的法条。例如:

《警务章程》第 20 款规定:"不准将石块、硬物或垃圾任意向行人投掷或抛入

---

① 蒯世勋,等.上海公共租界史稿[M].上海:上海人民出版社,1980:446.
② 参见:刘文楠.治理"妨害":晚清上海工部局市政管理的演进[J].近代史研究,2014(1).
③ 参见:张铨.上海法租界会审公廨[J].史林,1994(2).1869 年,英美等国领事和上海道台颁布《上海洋泾浜设官会审章程》(简称《会审章程》),建立了公共租界会审公廨。该法院有权审理洋人为原告华人为被告的华洋诉讼、华人之间的民刑诉讼以及租界内的违警案件。同年,上海道台与法国领事议定《法租界会审协议》,规定法租界会审公廨不受《会审章程》的约束,同时规定凡《会审章程》赋予外国领事的权力,法国领事同样享有。事实上造成法国领事在法租界会审公廨的日常司法中拥有极大的话语权。参见:《上海外事志》编辑室.上海外事志[M].上海:上海社会科学院出版社,1999:131.
④ 史梅定.上海租界志[M].上海:上海社会科学院出版社,2001:712-714.

他人的住房、住宅、栅栏或花园内。"该款与《法国刑法典》第475款第8条正文相同。①

《警务章程》第28款规定："客栈、旅馆以及带家具的住房出租人均应及时和全面地在专用的登记簿上将下列情况作好登记：住宿者的姓名、人数、常住地址、住入日期、离开日期等。"该款与《法国刑法典》第475款第2条完全一致。②

在《警务章程》其余8款中，法国领事在移植法国刑法时，针对法租界内华洋杂居的实际情况，做出相应调整。其中，与乞丐治理和卫生治理相关的条款最具代表性。乞丐和流民之间并无清晰的界限，构成社会不稳定因素。清政府试图将乞丐和流浪者纳入保甲制度，由官府登记监管。但是由于保甲制度逐渐废弛，所以清代地方官主要依赖地方帮会管理乞丐，政府仅仅起到监督作用。③ 在西方，工业革命之后，乞讨和流浪才被视为是一种非法行为。旧制度时期，乞丐和流民是法国城市中的顽疾，路易十四曾试图通过发放许可证来区分真正需要救济的穷乞丐和有犯罪倾向的流浪汉，但是收效甚微。④ 1810年《法国刑法典》中将乞讨（Mendicité）和流浪（vagabondage）归为轻罪（délit），违法性质重于违警罪。《法国刑法典》第274款和第275款规定，若行乞者身体强壮，或是贫弱乞丐执意乞讨，拒绝进入政府开设的收容所，那么该乞丐将被处以一个月到两年不等的监禁。⑤ 第276款中规定，若乞丐伪造创伤或疾病，并暴露于人时，将被处以6个月以上两年以下的监禁。⑥ 华洋杂居的局面形成后，乞丐的管理是法租界城市治理中一个长期存在的顽疾。警务处年报显示，乞丐中不乏犯罪嫌疑人。即便与犯罪行为无涉，这些为数众多的乞丐被巡捕房描述为"衣衫褴褛""污秽"和"令人作呕"，影响了城市的面貌。⑦ 乞丐们寄居在上海县，白天进租界乞讨，晚上回城过夜，这种流动性也增加了管理的难度。⑧ 晚清法租界市政建设刚刚起步，巡捕房监狱容量有限，严格移植法国刑法，对乞丐实施监禁刑并不现实。《警

---

① Code pénal de l'empire français [M]. Paris：L'Imprimerie Impériale，1810：75. 史梅定. 上海租界志[M]. 上海：上海社会科学院出版社，2001：713.
② Code pénal de l'empire français [M]. Paris：L'Imprimerie Impériale，1810：75；史梅定. 上海租界志[M]. 上海：上海社会科学院出版社，2001：714.
③ 卢汉超. 叫街者：中国乞丐文化史[M]. 北京：社会学科文献出版社，2012：122-150.
④ THOMAS MCSTAY ADAMS. Bureaucrats and Beggars：French Social Policy in the Age of the Enlightenment [M]. Oxford：Oxford University Press，1991：136-142.
⑤⑥ Code pénal de l'empire français [M]. Paris：L'Imprimerie Impériale，1810：42.
⑦ Rapport sur le service de la Garde Municipale pour l'année 1893 [A]. 法国外交部档案馆南特分馆，档案号：635PO/C/284，第5页.
⑧ Rapport sur le service de la Garde Municipale pour l'année 1894 [A]. 法国外交部档案馆南特分馆，档案号：635PO/C/285，第5页.

务章程》第 26 款规定：

"捕房人员有权不让乞丐在马路上乞讨，尤其是那些为了赢得过路人的怜悯，故意将溃烂的创口或令人不忍目睹的身体残废部分裸露的乞丐。"①

该款显示法租界当局移植《法国刑法典》时，将乞讨罪从轻罪降为违警罪。巡捕有权禁止乞丐乞讨，但在面对为数众多的乞讨者时，巡捕房实际承担的只是监督的任务。② 该款的后半部分移植自《法国刑法典》第 276 款，目的是优先治理那些影响市容和路人观感的恶意乞讨者。

卫生治理是《警务章程》的另一个特色。中国传统社会缺乏个人卫生和公共卫生的观念。1843 年，英国传教士雒魏林注意到上海街道脏乱，下水道如同细菌池。③ 1862 年日本来华考察团成员记述当时上海"粪芥路满，泥土足埋，臭气穿鼻，其污秽不可言状"。④ 华人常把死亡的猫狗和家禽扔入河道之中，导致上海每年炎暑时节疫病流行。⑤ 华人将不良卫生习惯带入租界，故《警务章程》规定华人需到指定位置倒垃圾，禁止将垃圾倒在道旁或河浜，禁止存放有异味的物品妨碍他人或损害公共卫生等。这些内容反映了法租界当局改造华人卫生习惯的努力，收效显著。1872 年一篇时论指出上海各个租界街道洁净，"过其旁者不必掩鼻"。该文认为租界卫生状况优于上海县的原因是"租界之规定之早而禁之严"。⑥ 同年另一则短评提到租界管理之严，无人敢在道旁便溺，以致行人内急，"多有便于裤中者"。⑦ 这则描述或许夸张，但也一定程度上反映了租界法规的震慑力。

《警务路政章程》是上海法租界城市管理中最基本的行政法规，此后根据租界管理的实际需要不断修订完善。以 1889 年版《警务路政章程》为例，它在 1869 年版《警务路政章程》的基础上合并了一些条款，使内容更加简洁。此外还增加了一些新的内容，试举几例如下：

---

① 史梅定. 上海租界志[M]. 上海：上海社会科学院出版社，2001：714.
② Rapport sur le service de la Garde Municipale pour l'année 1895 [A]. 法国外交部档案馆南特分馆，档案号：635PO/C/286，第 3 页.
③ WILLIAM LOCKHART. The Medical Missionary in China：A Narrative of Twenty Years Experience [M]. London：Hurst and Blackett，1861：37.
④ 峰洁. 清国上海见闻录[M]//日比野辉宽，等. 1862 年上海日记. 陶振孝等，译. 北京：中华书局，2012：28.
⑤ 纳富介次郎. 上海杂记[M]//日比野辉宽，等. 1862 年上海日记. 陶振孝等，译. 北京：中华书局，2012：15-16.
⑥ 租界街道洁清说[N]. 申报，1872-07-20(1).
⑦ 美中不足[N]. 上海新报，1872-12-26(3). 参见：沈云龙. 近代中国史料丛刊三编：第 59 辑[G]. 台北：文海出版社，1990 年：4408.

针对道路交通：1889年版第2款将1869年版第2、3两款合并，并补充规定车辆靠左行驶、车夫或驾驶人员必须随时携带相关驾驶许可证件。此外，1889年版第15款为新增内容。该款禁止汽车、人力车、独轮车超载，以免发生事故。

针对道旁店铺和流动商贩：1889年版第17、20款分别对1869年版第21款进行了扩充，将街头流动商贩的营业时间缩短1个小时，将道路两旁的咖啡馆、饭店和其他公共服务设施的营业时间从晚上11点延长到午夜12点。1889年版第22款为新增内容，禁止华洋零售商贩卖掺假或是有损人体健康的饮料，同时禁止向醉汉出售酒精饮料。1889年版第23款中正式将鸦片烟馆纳入管辖范围，除注册登记外，鸦片烟馆的招牌必须置于醒目位置。①

公董局会议记录显示，除《警务章程》之外，法租界当局还颁布了其他市政法规，如《法大马路华人店铺条例》(1890年)、《当铺经营条例》(1897、1906年)、《养狗条例》(1900、1906年)、《家禽屠宰与肉类销售条例》(1903年)、《奶制品管理条例》(1905年)、《人力车管理条例》(1906年)、《烟馆经营条例》(1907年)、《用电条例》(1907年)、《乘坐电车须知》(1908年)等。其中一部分法规是《警务章程》个别条款的衍生物，如《机动车管理条例》(1904、1906年)等等。

《警务章程》内容的完善以及其他市政法规数量的增加，反映了晚清上海法租界的高速发展和城市治理的日趋复杂。1907年法国领事和法租界公董局讨论《用电条例》的修订稿时便指出，修订后的章程较之旧有章程更加严格，加大了对违规用电的惩罚力度。这么做主要考虑到当时法租界电压上升和用户用电量的增加，不得不采取一些必要的预防措施。② 市政法规不仅关乎公共安全和社会秩序，主要目的仍致力于改造华人生活习惯。例如华人有焚烧纸钱纪念先人的习俗，此举极易引发火灾，故各版《警务章程》中均禁止华人"在马路上或在住屋旁焚烧纸锭"。③ 再者，华人有食用野味的习惯，常有人在租界私售野味，构成卫生隐患。1869年版《警务章程》规定每年3至9月间禁止私售野味，1889年版将该时段延长为2至9月。1899年公董局修订《警务章程》时彻底禁止沿街兜

---

① Règlement municipal de police et de voirie de 1889, 参见: Règlements Municipaux relativement à la Voirie, aux Travaux Publics et à l'Eclairage Electrique [Z]. Shanghai: Kelly & Walsh Printers, 1897: 2-10.

② Séance Générale du Conseil du 20 Mars 1907, 参见: Le Compte-rendu de la gestion pour l'exercice de 1907 [A]. 法国外交部档案馆南特分馆, 档案号: 635PO/C/298, 第59页.

③ 参见1869年《警务路政章程》第19款和1889年《警务路政章程》第26款。

售野生动物。①

　　法租界市政法规的内容关乎租界居民的日常生活,显示了法租界当局传播西方城市理念、改造租界华人居民的生活习惯和塑造现代城市生活的努力。法租界当局在大量移植法国成文法典的过程中,也不乏根据租界内华洋杂居的情况作出的调适。不过值得注意的是,无论在《警务章程》,还是在此后其他市政法规,均对违警行为的惩罚标准或量刑区间言之不详。在司法实践中,法国领事将违警行为的惩罚权完全交由巡捕房和会审公廨。

三、违警罪量刑与城市治理的效果

　　租界中违警行为数量庞大,但只有一小部分进入刑事诉讼程序。前文提及的各类市政法规中,只有违反个别条款才会被法院起诉。在司法实践中处理违警行为分为三种情况。对一般的违警行为,巡捕往往就地处理;对性质较重的违警行为,巡捕会将当事人带回捕房,处以数小时监禁,例如,某赶猪人不谙法租界警务章程的规定,在路上肆意驱逐猪群,被巡街巡捕所见,带回捕房"管押数点钟即行释放";②性质最为严重的违警案件交由会审公廨审理。根据中法之间的协议,法租界会审公廨必须适用清代的刑罚,且仅有权审理罪至笞杖刑以下的轻罪案件。③ 不过,法租界会审公廨在刑事司法实践中逐渐形成以笞刑和杖刑为主刑,兼用枷号、罚金、驱逐出境和监禁刑的刑罚体系。尽管法国刑法典中,违警罪刑罚为罚金刑和监禁刑;但就法租界内的违警罪量刑而言,不仅要考虑到中法刑罚体系的差异,更需要视违警案件的实际情况而定。具体量刑方面,罚金刑只能适用于有一定资本的违规商贩。如1898年3月,某华人奶贩向牛奶中注水,屡次违反奶制品经营条例,被会审公廨处罚金20元。④ 在绝大多数违警案件中,被告多是贫苦之人,罚金刑难以实施。加之巡捕房监狱容量有限,因此会审公廨的违警罪刑罚起初以笞杖刑和枷号为主,辅之罚金刑,鲜有监禁刑。例如

---

　　① Séance Générale du Conseil du 27 Septembre 1899, 参见：Le Compte-rendu de la gestion pour l'exercice de 1899 [A],法国外交部档案馆南特分馆,档案号：635PO/C/290,第53页。
　　② 法捕房琐事[N]. 申报,1889-01-08(4).
　　③ 清律规定了笞、杖、徒、流、死五种主要刑罚。笞杖刑对应轻罪案件,徒流死刑对应重罪案件。根据上海道台与法国领事之间的协议,法租界内发生的重罪案件,法租界会审公廨无权过问,需将之移交到上海县衙进行初审,继而进入清政府的逐级审转复核程序中。
　　④ Cour Mixte [N]. L'Echo de Chine, 1898-03-07(3). L'Echo de Chine 中文名为《中法新汇报》,是晚清时期上海最主要的法文报纸,其中有大量关于法租界会审公廨的报道。

1881年5月17日,法租界内有外来艺人在街头演唱淫戏,违犯警务章程,故演唱者被拘至会审公廨受审。最后会审公廨判两名男艺人各责30板。①

1905年清政府进行司法改革,废除笞杖刑和枷号,全面推行罚金刑和监禁刑。这项新政自1905年12月起在法租界会审公廨生效,至此法租界内违警罪刑罚的种类与法国本土相一致。例如1906年9月数人在茶馆聚赌,分别被判1个月监禁。② 同年11月有人携带匕首上街,被判6个月监禁。③ 不过,清政府此番改革并未得到法租界当局的支持。罚金刑的实施难度仍然存在,加之法租界内监狱容量有限,会审公廨面对庞大的违法群体显得力不从心。1905年12月,法国领事向上海道台一方面抱怨清政府废除身体刑,将导致华人不再畏惧惩罚;另一方面,他强调租界监狱的条件远好于华界监狱,客观上削弱了监禁刑的震慑力。④ 1907年初法国领事决定将部分刑期超过1个月的犯人,移交到上海县监狱服刑,以缓解租界监狱的压力。这一政策一直持续至1908年10月。

针对一时的社会问题,会审公廨会在短时间内施以重刑。法租界公董局为扩大税源,允许赌场、妓院和鸦片烟馆合法存在,但是有大量娱乐场所为避税而不在公董局登记。⑤ 1894年警务处年报提到非法赌场呈现新趋势,一是赌徒借茶馆为掩护设局赌博,二是大量赌摊设在英法租界交界处,增加了执法难度。所以巡捕房请求会审公廨加大对聚赌者的违警罪量刑。⑥ 次年警务处年报显示:"去年对聚赌者的严惩收到了效果:在法律追责之下,今年只发现了一家非法赌场。老板和四名伙计被会审公廨处以非常严重的刑罚。"⑦

违警司法满足租界治理的短期目标之余,还需在长时段中考察违警司法对城市治理的影响。下表是1880年至1911年法租界中违警案件的统计数据:

---

① 花鼓夫人[N]. 申报,1881-05-18(2).
② Cour Mixte Française [N]. L'Echo de Chine, 1906-09-26(3).
③ Cour Mixte Française [N]. L'Echo de Chine, 1906-11-09(3).
④ Lettre de Taotai à Ratard 2 novembre 1905;Lettre de Ratard à Taotai 4 novembre 1905;Lettre de Ratard à Rouviez 15 février 1906 [A]. 法国外交部档案馆南特分馆,档案号:635PO/A/166.
⑤ Séance Générale du Conseil du 25 Février 1891,参见:Le Compte-rendu de la gestion pour l'exercice de 1891 [A]. 法国外交部档案馆南特分馆,档案号:635PO/C/282,第10页.
⑥ Rapport sur le service de la Garde Municipale pour l'année 1894 [A]. 法国外交部档案馆南特分馆,档案号:635PO/C/285,第5页.
⑦ Rapport sur le service de la Garde Municipale pour l'année 1895 [A]. 法国外交部档案馆南特分馆,档案号:635PO/C/286,第3页.

表 1　1880—1911 年期间法租界内违警案件的数量①

年 份	1880	1881	1882	1883	1884	1885	1886	1887	1888	1889	1890
数 量	4 428	4 218	4 392	4 108	3 405	3 100	4 070	4 673	4 505	4 779	4 975
年 份	1891	1892	1893	1894	1895	1896	1897	1898	1899	1900	1901
数 量	4 154	4 526	4 078	4 502	4 263	3 606	3 908	4 357	2 837	2 459	3 186
年 份	1902	1903	1904	1905	1906	1907	1908	1909	1910	1911	
数 量	4 243	3 708	3 542	3 532	1 856	1 908	1 966	2 137	2 903	2 920	

通过查阅历年法租界警务处年报,此处需要澄清"违警行为"(acte contraventionnel)和"违警案件"(affaire contraventionnelle)的区别。违警行为的数量不等于违警案件的数量。违警案件不包括那些"不甚重要"和"根本不值得起诉"的违警行为。② 所以表 1 中的数据中不包含一般的违警行为,而只是巡捕房和会审公廨受理的违警案件数量的总和。在一个较长的时段内,该表能够反映性质较为严重的违警行为的量变情况。

影响违警案件数量的变量很多,如政治环境、经济发展水平等等。本文仅选取能够在档案中量化的重要变量进行分析,即华人人口(含流动人口)、巡捕数量和市政法规的数量。一般而言,租界中的华人尤其是华人流动人口往往不谙租界法规,所以人口和市政条例数量的增长,都可能增加违警案件的数量。而法租界警力提升与违警案件数量的关系比较复杂。警力的增长一方面增加了发现违警行为的可能性,另一方面也对潜在的违警行为起到震慑作用。

自 1880 年以来,法租界内 15 岁以上华人常住人口和流动人口总数持续增长,到 1910 年已达到 87 783 人。③ 1880—1911 年之间,巡捕人数也呈现连续上升趋势,从 72 人增至 459 人。④ 同一时期市政法规的数量也在持续增加。考虑到 1900 年 2 月法租界扩界后地理范围不再变化。因此以 1900 年为节点,将表 1 分两部分加以考察,以 1880—1899 年为第一阶段,1900—1911 年为第二阶段。

---

① 上海市公安史志编纂委员会.上海公安志[M].上海:上海社会科学院出版社,1997 年:219.
② Rapport sur le service de la Garde Municipale pour l'année 1907,参见:Le Compte-rendu de la gestion pour l'exercice de 1907 [A].法国外交部档案馆南特分馆,档案号:635PO/C/297,第 390 页.
③ Séance du Conseil du 28 novembre 1910,参见:Le Compte-rendu de la gestion pour l'exercice de 1910 [A].上海市档案馆,档案号:U38-1-2456,第 82 页.
④ Le Rapport au Conseil Municipal pour l'Exercice 1880,参见:Le Compte-rendu de la gestion pour l'exercice de 1880 [A].法国外交部档案馆南特分馆,档案号:635PO/C/270,第 11 页. Rapport sur le service de la Garde Municipale pour l'année 1910,参见:Le Compte-rendu de la gestion pour l'exercice de 1910 [A].上海市档案馆,档案号:U38-1-2456,第 163 页.

第一阶段违警案件的量变毫无规律，均值为 4 144 件/年。难以得出上海法租界的华人人口、警力和市政条例的数量的上升与违警案件数量之间的显著关系。第二阶段中，三个变量仍然继续增长，但年平均违警案件数却呈现下降趋势，减至 2 863 件/年。尤其 1905 年之后，有两个现象值得注意，一是 1906 年违警案件数量较之 1905 年下降 47%，是晚清时期历年违警案件数量降幅最大的一次；二是 1906—1911 年期间，年平均违警案件数仅为 2 282 件，而 1880—1905 年期间的年平均违警案件数为 3 983 件。1905 年之后，年平均违警案件数量较 1905 年之前下降了 43%。在警力、人口和市政条例数量与违警案件数量之间的对应关系不甚明确的前提下，1905 年之后违警案件的量变可能和违警刑罚种类的变化密切相关。虽然 1906 年以后违警案件数小幅上升，甚至在 1909 年和 1910 年出现加速上升的势头，但刑罚改革之后法租界年平均违警案件数仍低于刑罚改革之前的水平。

上述变化表明：首先，1906 年之前年违警案件数量大致在 3 000 至 5 000 件之间波动，说明中国传统的笞杖刑虽被西方人认为野蛮残酷，但在违警司法中的震慑力有限。巡捕房总巡在 1892 年警务处年报中感慨，违警罪多是累犯所为，身体刑的有限性影响了违警司法的效果。[①] 其次，从 1905 年底开始，违警罪刑罚中废除笞杖刑，将监禁刑上升为主刑。1906 年的违警案件数较之 1905 年已经大幅下降，说明监禁作为近代刑罚中最重要的自由刑，对违警行为起到一定震慑作用。1905 年底法国领事对清政府刑罚改革后果的担忧部分出自他个人的臆断。最后，从 1908 年底开始，刑期超过 1 个月的犯人不再移交上海县监狱，而是留在法租界内服刑。这极有可能是 1909 年起违警案件增速上升的一个原因。这从一个侧面说明，对于短期监禁而言，由于租界监狱的条件优于华界监狱，在租界服刑客观上削弱了监禁刑的震慑力。总体而言，1905 年刑罚改革之后，监禁刑和罚金刑彻底取代了笞杖刑，极有可能是违警案件数量下降的主要原因，对法租界的城市治理产生了良好的效果。

四、结　　语

与华界中官绅合作的传统城市管理模式相比，违警司法是租界城市管理的

---

① Rapport sur le service de la Garde Municipale pour l'année 1892 [A].法国外交部档案馆南特分馆，档案号：635PO/C/283，第 2 页。

突出特色。晚清上海法租界当局将违警罪引入市政立法和城市治理中,很大程度上借鉴了法国本土的经验,并根据租界华洋杂居的情况进行调整。法国领事建立并逐步完善了一套以市政法规、巡捕房和会审公廨为核心的违警司法体系。租界当局通过官方主导下的市政立法将治理目标精确化,不仅规训华人居民的日常行为,而且塑造了一个西方文明标准下的现代都市秩序。巡捕房起到日常监督的作用,会审公廨则是保障市政法规精确实施的最终环节。从短期来看,违警司法通过加重量刑能够有效地治理城市中存在的社会问题。从长期来看,违警司法的效果一定程度上受到违警罪刑罚种类的影响。1905年会审公廨刑罚改革之后,年平均违警案件数量得到明显地遏制。

上海法租界内违警罪移植过程中的主要问题是量刑标准的长期缺失。租界当局通过调节量刑达到城市治理的某些短期目标,却也导致了司法不公。整个晚清时期,法租界中违警罪和其他刑事犯罪的刑罚种类一致,但是在量刑方面并没有明显的等级差别。以1905年刑罚改革之后为例。1907年4月3日,某车夫违章行车,被判两个月监禁。同一天,某华人因入室盗窃受审,同样被判两个月监禁。① 两起案件中的量刑相同,但两者的社会危害性大相径庭。有时违警罪刑罚过重,甚至超过严重刑事犯罪的量刑。例如1906年12月21日,某华人违反警务章程,被处以5个月监禁;②同年11月21日某华人被控拐卖妇女,罪名成立,虽然这一违法行为在法国刑法和清律中均属重罪,但被告仅仅被判3个月监禁。③ 违警罪量刑的不规律性,违背了法国刑事立法中罪分三等的初衷,没能实现根据刑罚等级区分一般违法行为和严重犯罪行为的目的。法租界内违警罪的移植及其司法实践,侧重扩大法国领事在租界治理中的权限,并未兼顾司法公正。违警司法一方面将现代城市管理方式引入近代中国,具有积极的意义。另一方面,租界当局用西方文明标准来约束和改造华人居民的生活习惯,是一种强者对弱者规训。违警罪量刑标准的缺失,虽然便于法租界当局通过调整量刑的多寡来实现城市治理的特定目标,但难以保证华人居民得到公正的对待,一定程度上反映出租界内华洋间的不平等关系。

---

① Cour Mixte Française [N]. L'Echo de Chine, 1907-04-04(5).
② Cour Mixte Française [N]. L'Echo de Chine, 1906-12-22(5).
③ Cour Mixte Française [N]. L'Echo de Chine, 1906-11-22(3).

上海大学文学院四十周年纪念文集

上海大学文学院 编

上海大学出版社

图书在版编目(CIP)数据

英华集/上海大学文学院编. —上海：上海大学出版社，2018.12
（上海大学文学院四十周年纪念文集）
ISBN 978-7-5671-3368-6

Ⅰ.①英… Ⅱ.①上… Ⅲ.①社会科学-文集 Ⅳ.①C53

中国版本图书馆CIP数据核字(2018)第274131号

书名题字　董乃斌
特邀编辑　石　婧
责任编辑　邹西礼
技术编辑　金　鑫　钱宇坤

英华集
上海大学文学院四十周年纪念文集
上海大学文学院　编
上海大学出版社出版发行
（上海市上大路99号　邮政编码200444）
（http://www.shupress.cn　发行热线 021-66135112）
出版人　戴骏豪
＊
南京展望文化发展有限公司排版
上海世纪嘉晋数字信息技术有限公司印刷　各地新华书店经销
开本710mm×1000mm 1/16 印张27.75 字数483千
2018年12月第1版 2018年12月第1次印刷
ISBN 978-7-5671-3368-6/C·128 定价248.00元

《上海大学文学院四十周年纪念文集》编辑委员会

主　任：张勇安　竺　剑
委　员：董乃斌　谢维扬　王晓明　陶飞亚　郭长刚
　　　　姚　蓉　杨位俭　倪　兰　黄景春　宁镇疆
　　　　朱善杰　杨万里

序　言 | Preface

40年栉风沐雨,我们与改革开放嘤鸣同响。

40载沧桑砥砺,我们与代代学子潮头弄浪。

2018年12月,将值上海大学文学院建院40周年华诞。时光流转,盛事如约。回望来时路,我们弦歌迭唱,宛转悠扬。1978年12月9日,复旦大学分校之成立,乃上海大学文学院之肇基。校长王中先生、党委书记李庆云同志,九畹初植兰,辛勤难具论。1983年,上海大学文学院始得今名,中文、历史、社会、涉外经济法、影视、广告、行政管理、信息、档案等9系15个本科专业,顺时而备举,素积而博洽。1994年,上海大学文学院焕新于四校融合,文学院初心自持,合社会、中文、历史、档案、文化研究5系于一体,而后顺应改革发展之大势,终集文史精华之大成,既览古今事,欲究治乱情。

道由白云尽,春与青溪长。时有落花至,远闻流水香。今天,学院已拥有中国语言文学、中国史、世界史3个一级学科博士学位授权点和中国语言文学、中国史、世界史3个博士后流动站,汉语国际教育、文物与博物馆等两个专业硕士点和政治学一级学科硕士点,怀瑾握瑜,春耕秋获。近年来,学院坚持走内涵式发展道路,以一流人才培养为中心,勇担人才培养、科学研究、文化传承、社会服务、国际合作之使命,以一流学科、一流教学、一流师资、一流科研、一流国际化、一流社会服务为牵引,以文化建设、平台建设、管理服务为保障,以传承和发扬中华文化自信为目标,切实践行博文雅人、转识成智之训,朝着建设一流的开放性、国际化、研究型学院扎实迈进。终见杏坛嘉木盛,泮池百花芳。

君子立言,非苟显其理,将以启天下之方悟者;立行,非独善其身,将以训天下之方动者。值此40周年院庆之际,我们秉承"立言行之谨慎"之宗旨,从老师们的丰富科研成果中,择其瑰琦锦绣,编撰成集,旨在汇聚学院智慧之结晶,为院庆献礼。这其中,既有多年吐纳涵泳、笔耕不辍、声名远播的学界前辈,也有甘守寂寞、淡泊名利、勤于磨砺的中流砥柱,还有生气勃勃、传承薪火、潜力无穷的后起之秀。我们更希望通过这本学术文集,向学界打开交流互鉴之门闾,搭起往来沟通之桥梁,以迎同行和专家学者之珠玉良言,用祛尘惑,益彰学术。

忆往昔岁月峥嵘,看如今海阔天高,望未来百尺竿头。上海大学文学院在40年的奋斗历程中清辉幽映、精益求精,共铸学院之精魂;文学院历代探索者在科学的哲思与人性的感悟中上下求索、左右采获,共期明日之辉煌。

因为我们怀揣激情,便无惧波澜翻涌,风雨兼程!

因为我们以梦为马,便敢越重关叠障,万里驰骋!

是为序。

编　者

2018 年 10 月

目 录 Contents

文 化 研 究

今日中国"住房问题"的文化意义 …………………………… 王晓明 （003）
"业余"的位置：当"彩虹"开始合唱 ………………………… 罗小茗 （019）
大都会里的乡村：作为"文化"的崇明岛 …………………… 朱善杰 （032）

现 当 代 文 学

毛泽东诗论与中国现代诗歌变革 …………………………… 吴欢章 （043）
漫话幽默文学 ………………………………………………… 殷　仪 （056）
民国时期沪上小学语文教材管窥 …………………………… 黄乐琴 （060）
流水三十年 …………………………………………………… 蔡　翔 （068）
战争、新村与启蒙的界限
　　——基于《一个青年的梦》译介关系的考察 …………… 杨位俭 （076）
在文学内部思考政治
　　——重探中国现代文学的特质及其历史逻辑 …………… 周展安 （086）
20世纪60年代中国文学中的"物"与"心"
　　——关于《艳阳天》的一种读法 ………………………… 朱　羽 （101）

比较文学与世界文学

旅行写作、帝国叙述、异域再现
　　——当代英美"旅行写作"研究述评 …………………… 陈晓兰 （123）
梅列日科夫斯基译介与研究

——兼论梅列日科夫斯基的另一种意义 …………… 耿海英（134）
伊格尔顿对《麦克白》的政治符号学解读 ……………… 张　薇（146）
教育与命相
　　——柏拉图《会饮》(172a1—174a2)研读 …………… 肖有志（160）
安德烈·纪德"道德三部曲"主题分析 …………………… 景春雨（179）

文　艺　学

西方左翼思潮中的毛泽东美学 …………………………… 曾　军（189）
作为共通感的美感
　　——审美之中的共通感问题研究 ……………………… 刘旭光（201）
村庄中的文书行政
　　——以"土改"与"合作化"小说为中心 ……………… 孙晓忠（220）
朱光潜美学的"存在"意味初探 ………………………… 曹　谦（241）
女扮男妆故事的叙事话语分析 …………………………… 苗　田（260）
文学史的语言学模式与"话语"的文学史 ……………… 邓金明（275）

创　意　写　作

创意写作：文学的创意本质及其产业化问题
　　……………………………… 葛红兵　高尔雅　徐毅成（285）
应用写作的思维特点及教学方法漫谈 …………………… 施逸丰（296）
应用写作教学在创新人才培养中的作用 ………………… 周康敏（302）
生态文学与自然文学几个问题的辨析 …………………… 谭旭东（308）
论现代历史小说的思辨叙事 ……………………………… 许道军（319）
"我们"向何处去
　　——由话剧《WM(我们)》和《我们走在大路上》而来的一份
　　　时代精神考察 …………………………………… 吕永林（333）

应　用　语　言　学

《论语新注新译》导言 …………………………………… 杨逢彬（355）

基于归约的汉语最长名词短语识别方法 ………… 钱小飞　侯　敏（382）
多维接触与语言扩散模型
　　——基于宜兴话祖父、外祖父面称的词汇表分析法 ……… 黄　河（398）

汉语国际教育

语言风格与"心理频率"说 ………………………………… 沈益洪（419）
按义项排列词条
　　——汉语学习型词典编纂的一种尝试 ……………… 王淑华（425）

英华集
上海大学文学院四十周年纪念文集

文化研究

今日中国"住房问题"的文化意义①

王晓明

王晓明,1955年生,浙江义乌人。1982年毕业于华东师范大学,获文学博士学位。现为上海大学文学院中文系教授、博士生导师、中国当代文化研究中心主任。主要研究领域为当代文化分析和20世纪中国文学。出版有《沙汀艾芜的小说世界》《所罗门的瓶子》《潜流与漩涡》《追问录》《无法直面的人生:王晓明选集》等著作。

一

"住房问题"是困扰中国的最严重的社会问题之一。

这有点奇怪:最近30年,凡是规模比村庄大一点的城镇,几乎都添造了大批住房,以上海为例,2014年底,已有住宅的总面积,平摊到每一个户籍人口,是35平方米,即便算上将近1 000万的非户籍人口,人均也有18平方米,不算少了。② 可尽管如此,住房作为一个"问题",却不见缩小,反而越来越大。不但在上海如此,这10年间,越来越多的小城市——甚至小镇——也都如此。1980年,中共实际上的最高领导人邓小平就指示建造"商品房";2015年,国家主席习近平还在筹划如何消除商品住宅的库存量:单从这一点也可以看出,"住房问

---

① 本文主旨是介绍上海大学中国当代文化研究中心的一项调查问卷和主要在此调查基础上形成的分析报告《1990年代以来上海都市青年人的居家生活》。此报告的全文见《探索与争鸣》(上海社会科学联合会主办)2016年特刊。本文虽以我个人署名,却有很多文字取自该报告出我执笔的绪言和结论部分,因此,特别感谢上述调查和报告的其他四位作者:罗小茗(问卷的主要设计和报告的第二章、第三章之第1—3节和第四章之第1、2、4节的执笔)、郭春林(报告第一章的执笔)、朱善杰(报告第三章之第4节的执笔)和高明(报告第四章之第3节的执笔)。当然,本文具体展开的分析,一定有很多并不体现我与上述四位执笔者的共识,其中的不当之处,由我个人负责。
本文与上述调查和报告一样,得到了上海市教育委员会的资金支持(项目编号:12ZS090),特此感谢。
② 上海市统计局.2014年上海市国民经济和社会发展统计公报.

题"真是很大！

可以从很多角度来描述这个"大"。

比如，当年邓小平提议由政府组织建造"商品房"，要求城市居民付钱购买，其初衷之一，是要解决城市居民的住房短缺，可一旦为此重建了全国规模的房地产市场，①推广了中国特色的住房产权制度，②政府行政权力高度介入房地产的市场交易，事情的性质就明显改变，涉及的范围迅速超出"政府如何让市民有房可住"的边界，往四面八方扩展：政治规则的转变、经济秩序的调整、城市空间的重组，直至社会阶层结构的再造。

再比如，1980年代晚期开始，在各种社会状况的联合教育下，③城市青年普遍形成了这样的信念：人生成功的第一标志，就是买一处让人称羡的住宅。随着城市化的快速膨胀，数亿农民进城打工，这个新观念迅速深入乡村人心，在城里买一处让家乡人称羡的住宅，成为多数二代农民工的奋斗目标。可是，与这人生价值观念的普遍转变几乎同时，城市房价却持续飙升，在其他社会因素的配合下，④逼迫越来越多的青年人——无论身处城市还是乡村，也无论有没有大学文凭——苦恼地发现：照这个样子下去，再怎么省吃俭用，也买不起一套房……"住房问题"竟然成就了主流意识形态的如此强烈的蛊惑性和破坏力，至少现代中国的历史上，这是第一次吧？

还比如，随着两大社会趋势的日益交汇，一个是人民币的印发数额持续膨胀，一个是中国人的生活与外币资本的关联越来越多，住宅的投资和保值价值迅速被开发出来，屡屡在大小不等的范围内，形成所谓的"恐慌性购房"。照理说，生活必需品是不能像黄金、股票一样，被完全当作投资对象，全部推入市场的，可在今天的中国大陆，住宅恰恰因其是生活必需品，获得了比大多数非住宅建筑更可靠的投资价值：世道再怎么变，人也得找地方住！"住房问题"的范围因此大

---

① 1949年中华人民共和国建立以后，中国原有的房地产市场很快就被政府完全消灭，1950年代中期到1980年代中期，中国大陆是没有房地产市场的，城市居民的绝大部分住房，都由政府直接管理、分配和维修。

② 这个"特色"的主要表现是：1. 中国城市的商品住宅的所有权，不包含对其所在的土地的所有权；2. 但商品住宅的价格中，包含对其所在土地的70年的租金，这个租金必须在购房时一次付清；3. 中央政府至今没有明确70年以后这个地租如何续期。

③ 其中比较重要的是：政府对于1989年的学生运动的严厉镇压、快速膨胀的"中国特色"的资本主义式经济、包括对西式现代化的崇拜在内的新的社会风尚、对1950—1970年代的生活贫困的记忆，以及重视房产的传统意识。

④ 这主要是指食品、交通和其他生活必需品的一般价格的持续升高、税负的居高不下，以及在主流风尚挟裹下形成的年轻人的生活理想的"虚胖"（例如许多年轻夫妇初次购房时，就不满足于小户型或者样式老旧的公寓）。

开,许多过去不被视为"居住"要素的事项:股市、汇率、税制、GDP、国家(State)的政治前景……现在都进入其中了。

显然,今日中国的"住房问题",一开始就不只涉及"住房":因为城市里早已存在的住房短缺,引起政府的高度关注;政府随之展开的政策调整和行政措施,也不只出于解决住房供需失衡这一个考虑,而是包含了多面的其他意图。[①] 因此,其后30年间,"住房问题"逐步成为社会变迁及其经济、政治和文化后果的一大聚集点,因此日益巨大,是不奇怪的:它本就不是出自住房短缺这单一的因素,自然不会随着大批新住宅的出现而同步缩小。

二

我们是从文化研究的角度看"住房问题"的,这个角度大体出自如下的判断:

1980年代末和1990年代初国内国际的一系列重大事变,促动中国大陆的"后社会主义"巨变以明显加速度的方式展开。不到20年,一个前所未见的社会制度/结构基本成形,开始有力地牵引中国大陆的社会再生产。

可以将这个新的社会制度/结构大致分为三个子系统,它们分别从各自的角度致力于大陆中国人的再生产:[②]一是以"维稳"为首要目标的国家政治(State politics)系统,它竭力引导人成为头脑灵活、顺应现实的公民;二是"中国特色"的市场经济系统,它相当有效地将人塑造为合乎市场需要的劳动力和兴致勃勃的消费者;三是以"城市式居家"(Urbanized at-home style living)为核心的日常生活系统,它向人提供生存的基本意义,减轻其从前两个系统承受的精神和生理压抑。

2000年代初以来,这三个子系统的配合日趋默契,对中国人的合力塑造也日益深刻。中国大陆虽然深陷各种严重的结构性矛盾和失衡,日益全面地遭遇来自外部的压力和阻力,却依然大体保持经济的持续增长和社会的基本稳定,这个新的社会制度/结构的有效运转,特别是其子系统之间的互相配合,显然至关重要。

[①] 其中比较重要的两个意图是:1.通过重建房地产市场,为政府(不仅是中央政府)筹集发展经济所急需的资金;2.通过发展建筑业来带动其他相关产业的发展,增加就业岗位。邓小平在《关于建筑业和住房问题的谈话》(1980)中对此有清楚的说明。

[②] 作为社会关系之产物的人的再生产,是社会再生产的关键部分,这是本文有关社会构成及其变迁的基本预设之一。

随着中国在全球经济和政治格局中的位置的日益重要，全球——不仅是中国——人文/社会科学界日益聚焦于中国的新社会制度/结构，以及其子系统之间的运作关系。

但到目前为止，研究界对上述第三个子系统——以"城市式居家"为核心的日常生活系统——的认识，明显不如对另外两个子系统的认识。这个缺失不补上，无论是对新的社会制度/结构的内在肌理，还是对中国大陆的社会再生产机制的运行状况，都很难获得有效的整体把握。

特别要指出的是，以"城市式居家"为核心的日常生活系统，既是构成新的社会制度/结构之有效运行的一个关键环节，也是暴露这个运行的难以为继的一个可能最醒目的领域。假定 GDP 导向的经济增长仍能以减速的方式继续一段时间，分配机制的严重倾斜就会成为社会矛盾的呈现焦点：人们越是习惯于从——以"城市式居家"为中心组织起来的——日常消费中体验人生的意义，这些年社会和生态方面日益触目的消费困境，[①]就越会尖锐地暴露上述意义的虚幻：对一个从小就被各方面——父母、教师、电视节目、手机讯息——教育得深信只有进城才有人生的农村青年来说，还有什么能比城市房价的成倍上升，更剧烈地令他绝望？

这就是为什么要从文化研究的角度来看"住房问题"了：现行的社会再生产机制，已经将"城市式居家"生活设置成让人安心的主要领域，乃至支配性文化的第一产区，要了解今日中国的支配性文化和人民的精神状况，就自然该选"居家"生活为考察的首要地点，而这生活的第一要事，正是"住房"。

没有篇幅进一步交代上述社会判断的依据，只粗略说一下什么是本文所说的"城市式居家生活"：

最近 20 年来，大陆中国人的大部分生活内容：求学、就业、休闲、医疗、养生，更不要说恋爱、交友和一般衣食住行了，经由现实规则（经济制度、政府运作模式、主流媒体/学校教育等）和主观认知这两个层面的交互作用，都是越来越以"居家"为中心而组织起来的。

可以这么来概括这个"居家"的主要含义：一，是都市的：公寓、轿车、"中产"式的消费能力和趣味，追随时尚的休闲和娱乐习性，诸如此类；二，是非公共的，不仅远离公共政治，也尽量屏蔽工作场所的劳资——或类似——关系的侵扰；三，是以积极消费为媒介的，把新物件买回家，生活才有新鲜感；四，空间上是扩

[①] 其中最触目的，是城市住房、食品安全、医疗保障、空气和淡水质量这几个方面。

散的:去购物中心吃喝玩乐,在饭店包厢里聚会亲朋,赴东京的三越公司扫货,乃至去赌场寻求刺激,都是"居家"的一部分。

因此,我以"城市式"总名这个"居家"。即便越来越多的城里人去乡村造住宅,通常也是比照都市里的公寓样式和居家趣味。

这样的"居家"正日益普遍地充当今日中国人孜孜奋斗的终极目标。从小学阶段就努力当一架考试机器,进大学时根据就业收入选择专业、放弃个人爱好去考公务员、拼命赚钱、贪赃枉法……你问这么做是为什么,大概10个人中有9个,给出的答案不出"城市式居家"的范围吧。

这当然绝非都是出于自主的选择。经济制度(如房地产市场)、城市扩张、媒体(从纸面、电子到建筑)运作、政治记忆……所有这些都合起伙来,威逼利诱,把人往"城市式居家"的方向赶。

唯其如此,"城市式居家"才有组织中国人生活的这么大的力量。也唯其如此,这样的组织过程才不但普遍发生于城市,也越来越广泛地从城市扩展到乡村,促就城市生活的主流模式对乡村世界的深刻重构。

最近20年间,在上述这样的社会和城市巨变的过程中,类似上海这样的东部大城市,具有明显的带头作用;与此相应,在"城市式居家生活"的形成和扩展过程中,都市青年①堪称最具风向标意义的群体。

三

从上述这样的文化研究的角度,可以看出今日中国"住房问题"的若干特别的地方。②

与购物中心里那些人声鼎沸的餐馆和影院不同,"住房"和"居家"状况清楚地提示了都市青年在日常生活中的被动位置。这被动不仅来自实际的情形:雇佣劳动强度的普遍增加,愈益强横地制约他们的作息时间,越是低收入的群体,在睡眠上越是被动;来自家庭——主要是父母——的支援,③更愈益成为决定他们能否买房和安家的关键因素……也来自都市青年的主观认知:他们普遍觉得,"家"的一项必备条件,就是得有稳定的工作或不低的收入,可同时,他们又确

---

① 此处所谓"都市青年",不包括权贵子弟和极端贫困者这两个部分。
② 以下的分析文字,主要是依据注释1所介绍的问卷调查的数据及其分析报告而展开的,不一一列出具体数据和图表了。
③ 这不仅指提供购房首付款之类直接的货币支援,还包括以照看小孩和提供餐食等非货币形式体现、实际上仍具有明显的经济意义(当然,不只于经济意义)的支援。

信,他们的经济状况主要不取决于自己的努力,而是取决于那些个人无法控制的社会因素……

不仅如此,"住房"和"居家"状况还触目地呈现了这个被动的深刻程度。比如,都市青年虽然乐意、实际上也普遍与父母分开居住,其中大部分人,却同时形成了对父母的日常经济支援的不同程度的依赖:这一状况,正在不知不觉间深刻地改变代际之间的交往关系,将其导向一个与譬如15年前几乎相反的方向。倘说1990年代中期开始,相当多的城市青年深信自己搭上了"市场经济"的顺风车,在"父母—自己—子女"这一代际接棒关系中,理当处于强势位置,今天的新一代青年中,却有越来越多的人表现出相反的情状:一方面是对长辈的经济依赖的迟迟不得减弱,另一方面是自己的生育愿望的日益普遍的低落,如果这二者竟然形成持续的循环,它的社会后果,一定惊心动魄。

更值得注意的是,都市青年对于居家生活的物质的追求,并没有因此放松,相反,通过全情投入对"家"的物质条件的辛苦营造,他们中的相当一部分,似乎正日益自觉地努力转化自己对上述被动的体认,不但继续从中感受被逼无奈的苦恼,也同时从中发掘值得追求的生趣。

在这一方面,他们显然得到了新的社会风尚的极大鼓励:1990年代初以来,我们这个社会的文化趋向的一大变化,就是一系列"物=意义"的新等式的涌现和重返,及其日益稳固的普及:"高收入=人生成功""购物=享受自由""出手阔绰=浪漫风流""佩戴iwatch=与时俱进"……依据可标价的物品去确认人生价值,这样的习性,差不多已经构成今日中国人心智结构的核心部分了。于是,秉持"买房=成家"和"成家=人生成功"的信念,每日孜孜,为购房而缩减——甚至放弃——其他的生活内容和责任,并由此体会奋斗的乐趣,在许多时候,甚至不觉得这样的人生有什么欠缺和被动:这样的精神和心理进向,正是会普遍展开的吧?

知道房价已经蹿上了自己不可能够得着的高度,却依然习惯性地憧憬买房、努力体会攀高的快感:正是在这里,凸显了今日社会对"弱者"的无情的定义。一百年前革命知识分子热烈呼唤、以此自任的革命"少年",现在似乎被全力筹攒购房款、至多上网"围观"十分钟的"居家"青年取代了。愤恨于老板或长官的压迫,想大叫一声"老子不干了",却忽然记起每月要还的房贷,一下子软了下来:类似这样的情形,你我肯定都不少见。

这是影响深远的巨变,应该给出入情入理的解释。在我看来,"城市式居家生活"的视角所呈现的"住房"景象,已经提示了可行的方向:从人与"物"的关系——尤其是人对"物"的感知习性——的变化入手,去把握都市青年在新的社会结构中的位置。这位置并非单由其实际的政治和经济状况所决定,而是有越来越大的部分,最终确定于他们的精神和文化状况,确定于他们如何理解自己的身份证①和银行卡。因此,循这一路向展开的探究,有很大的可能,比那些主要根据政治地位、经济收入等一般指标展开的分析,更多地揭示都市青年受制于现实秩序的复杂情状和深刻程度,以及建基于这些之上的内部的差异。

四

今天的都市青年,有两种明显不同但每每并行不悖的"消费理性"。一种是以自己的实际需求、经济能力、商品的实用价值和与之配合的"通行价格"为标准,由此展开的消费行为,通常聚焦单一、就物论物、不免于斤斤计较、也因此更显自主的强度,"网购"的如火如荼,就是显例。另一种则主要以宏观风尚为导向:主流价值观、政治和经济大势、支配性的生活方式、不同层面和场域的集体氛围……正是对这些因素的体认,合力形成一种弹性很大的"心理价位感",由此展开的消费行为或计划,往往多点聚焦、视域不稳定、符号意味浓烈、很容易超出青年的实际消费能力:楼市是凸显这一种消费的最醒目之处。

我们早已习惯说,现代人嘛,就是内心分裂的!但"住房问题"所凸显的"消费理性"的矛盾,还有让人无法这么心安的一面:一个下班时常常在便利店仔细地比较盒饭价格的青年,却起意购买一处他不吃不喝二十年、用全部薪水也不见得能还清房贷的公寓,一个分明被通行标签指为"底层"的人,却衷心按照"顶层"推荐的思路构想人生之梦:你看多了这样的事情,会不会疑心他们对世事的理解出了大问题?是不是越来越多的人,只在一件一件单个——往往也是小——的事情上精明敏捷、火眼金睛,一到了需要触类旁通、把多个事情综合起来判断的时候,就失了定准,眼神茫然,很容易被忽悠?

我们这个调查的多项数据,都证明这样的担心并非多余。比方说,都市青年普遍视住宅为一种资产,但在估量自己的资产状况的时候,却有极大比例的受访者,并不将自有住宅的升值计算在内:他们清楚什么是自用的生活必需品,不会因为房价飙升就真以为自己是×万富翁。但同时,也是这些受访者,普遍觉得自己的住房偏小,即便买了面积超过110平方米的公寓的人,也有相当一部分想要

---

① 中国大陆的身份证的户籍所在地的信息,非常清楚地显示了持卡人是否拥有城市户口。

住得更大。在上海这样人口密集、房价冲天的地方,整体收入不高的青年人,却对住宅空间有如此普遍的豪迈要求,这是怎么回事?

再比如说,受访者中的那些尚未买房的人,比那些已经买了公寓的人,更在意"家"的整体装潢的更新;对于各类家具、摆设、布艺产品的在意程度,前者也都普遍高于后者:为什么会这样呢?

你可以说这是暴露了主观认知与实际经验的脱节:住得并不小,却觉得小,房子还没有,却兴致勃勃要更新。也可以深掘一层,说都市青年对各种实际匮乏的体验,完全可能激发出对于虚拟丰裕的畅想,唯其此刻蚁居于群租房,才更在意将来"家"中的墙壁刷什么色:这些正向看来明显是脱节的现象,其实深含着反向的紧扣。

的确,今日大陆的统治秩序,①并不只是靠兑现许诺来维持运转的,最近20年来,其不能兑现的范围和频率,都在逐渐扩大。这迫使它发展多种转化民众的消极经验的能力,把炸弹改造成紧身衣。上述都市青年的经验与欲望的反向紧扣,就是这能力施展的结果之一。

顺着这个思路,你甚至可以接受如下的判断,尽管它不符合"政治正确"的信条:越是匮乏体验尖锐强烈的群体,其受制于各种宏观风尚、有意无意被带着走的程度往往越高,倒是那些在生活资料上有所习获、并非两手空空的人,反而有可能保持自己原有的方向和步速。调查数据也能作证:比如,受访者中已经拥有住宅的群体,对于主流媒介②所营造的"居家生活"模式的依顺程度,就比其他的群体低,其居家行为中的符号/仪式意味,也相应淡一些。

不过,只说到这里是不够的,还得进一步往下解释:比如,同是已经买了房、并不两手空空的人,为什么有的依然只能在小事情上头脑清楚,另一些却能在较大的事情上不发懵?"住房"和"居家"状况的确证实了,都市青年的大量负面消极的生活经验,经由譬如上述"反扣"那样的途径,被改造成了附和主流意识的积极意愿,但是,也有数据清楚地显示,另一些经验却拒不服从改造,依然保持爆破现实的潜能:统治秩序改造民众消极经验的成败之点,分别是在哪里呢?从都市青年与两种"消费理性"的不同关系,或者说,从他们分别将自己的哪一些生活内容交付给何种"理性"管理的这一安排上,能发现进一步分析的有效线索

---

① 此处的"统治秩序"是一个综合的概念,包括了从国家机器到主流意识形态的各个层面,这些层面的主导秩序/结构并不完全契合,时有矛盾,但总体上互相配合。

② 此处的"主流媒介"一词中的"主流/非主流",并非根据媒体的掌控者在国家机器中的位阶高低而定,而是根据其受众的数量多少而定;"媒介"则并非仅指通常所谓的传媒(如报刊、影视和网络媒体),也包括商业广告、建筑空间(如住宅、楼盘、街区、各类消费场所……)和行政法规等。

吗?……

显然,这是再次领我们走到上一节末尾提出的那个任务的面前了:如何以对文化和精神状况的深入分析,激发政治经济分析所内含的潜能。在这里,"城市式居家生活"状况的提示相当明白:事情并不只是发生在政治经济的层面,甚至也不只发生于譬如"消费理性"那样的层面,应该再往下追,看那生命的深处,人的普遍的心智结构和习性,已经或正在发生怎样的转变。虽然没有篇幅在这里展开来谈,我却愿意强调:也许只有追到这一步,我们才真正开始把握,在今天这样复杂的社会条件下,"剥夺"与"被剥夺"、"支配"与"被支配",实际大概是什么意思。

五

把讨论的范围稍稍扩大一点:不只是"消费理性",而是人的整个资本和市场意识。

在1950—1970年代,中国人——尤其是年轻人——的这个意识,总体上是比较薄弱的,也因此,这个意识的大规模复兴,乃至超乎常情的膨胀,才构成1980年代开始的社会文化的一大巨变。在这件事情上,1980年代晚期快速重建的房地产市场,作为中国大陆与民生直接相关的各类市场中资金规模最大、起伏也最剧烈的一个,起的作用特别大。

这不只是说,它以住宅商品化这一触目的巨变,教育无数青年和非青年明白,他们现在可以、也只能到市场里去谋取基本的生存条件;也不只是说,它以住宅价格的夹着过山车式波动的一路暴涨,激励无数人形成"进市场就是要赚大钱,无能之辈才赚辛苦钱"的判断。都市青年的"居家"状况清楚地显示,它在培训我们的资本和市场意识上,还有更多别的成功。

比如说,已经拥有产权房的都市青年中,有极高比例的人继续关注楼市,思忖是否以及如何再次入市。但在我们这个调查的受访者中,这一群体的大约三分之二的人,是只有一套住房的,虽然这是花了巨款[①]买下的,却是生活必需品,并不能像别人的第二套、第三套房那样,可以方便地当作增值的工具投入市场。上一节说了,都市青年对于自用住宅的生活必需品的性质,大多有清楚的认识。在这种种情况下,这个群体中仍有这么高比例的人愿意再次进入楼市,他们对于

---

① 此处的"巨款"之"巨",指的主要不是款项的数额,而是这数额占都市青年的通常收入的比例。

房地产市场的信任和乐观,相当惊人。

这不只是一份经济的信任,其对象甚至主要不在商品房,而是还指向许多范围更大的因素:政府的利益、制度和法规、城市化的趋势、一般消费者的心理、三十年"改革开放"的历史、全球化和世界经济的大势……正是综合了对这些方面的或自觉或懵懂的积极判断,都市青年才会形成如此热衷楼市的心态,尽管按照狭义的资本市场的通则,他们中的多数人,并不具备以房产投入资本博弈的充分条件。

这自然是上一节所说的第二种"消费理性"的一大显例。不过,跟股市相仿,大陆的楼市极富"中国特色",常常违反一般教科书说的经济定律,到目前为止,都市青年的这份信任,仍然能获得——特别是北京、上海一类标杆性城市的——楼市状况的不同程度的验证。2010年以来,各地楼市愈益分化,许多三、四线城市的房地产状况,与这份信任的抵牾之处越来越明显,但与此同时,所谓"恐慌性入市"的爆发式蔓延,又从一个反向的角度,给这信任提供了新的证明。①

这不奇怪。最近30年的社会状况和主流教育,早已养成了民众一种凡事只看"投入—产出"之比,其他基本不问的习性,连谈婚论嫁都常常如此,评估市场走向和经济前景的时候,就更是如此了,只要数据显示价格——放大了说就是GDP——继续上涨,我就尽可安心憧憬货币的回报:"恐慌性入市"能掀起这么大蜂拥跟进的浪头,这个习性显然功不可没。

正因为人们多是理直气壮地以为自己只看数据、不问其他,我才要特别指出,都市青年的这一份对楼市的信任,实际内含了颇多的"其他"因素。其中极容易被忽视、作用却可能最大的一类,是那些范围远远超出"经济"边界的宏观判断,它们兼有正反两向,既有"正常情况下,经济总是发展的""过去是这样,今后也会这样"一类近乎盲目的确信,也有"全球化啊人民币啊都靠不住,只有造在稀缺的土地上的房子才真能保值"这样赤裸裸的阴暗之论。显然,在楼市这间大教室里,经济课同时也是政治课、文化课和历史课,甚至是伦理课。都市青年不但从中领受对市场感觉和投资意愿的激励,更经由这一激励的中介,获得对多方面的远非"经济"一词所能涵盖的重大关系的领悟:过去与未来、政治与文化、功利与伦理、城市与乡村……甚至不妨说,新的支配性意识形态的全套内容,都在这里开讲了。

---

① 在这里,正可以看到前一节所说的"统治秩序"转化民众的消极经验的能力的又一个成功的表现。

都市青年的居家生活,最直接地体现了这一教学的效果。比如他们对经济压力的感受:我们这项调查的受访者中,超过六成的已经还清房贷的人,继续感受到从"一般"到"非常大"的经济压力,比例与那些还在苦苦还房贷的人差不多;而尚未买房者中,无须付房租的人和每月须付房租的人,其感受"较大"和"非常大"的经济压力的比例,也都相当接近;更可注意的是,每月须还房贷因而可被称为"房奴"的人,对于经济压力之强度的感受,整体上反而小于租房①但无须付租金的人!看起来,就像对房价涨跌的判断,多半包含了对若干非楼市因素的判断一样,都市青年对经济压力的体认,也不是只依据狭义的收入和资产计算的,而是深刻结合了其他非经济的计较——虽然这多半并不自觉,是在对综合性的社会压力作评估。如果不是接受了"买房=人生成功"的流行观念,确信自己"应该"买房,那些已经有房可住而且不用付费的人,是不会感觉那么大的经济压力的吧。

再看他们消费时候的自主程度。我们的数据显示,在大城市长大的青年中,不迷信品牌、相信自己能够鉴别者的比例,明显高于出身乡镇的青年——哪怕他们后来也移居大城市了:这是否显示了社会阶位与文化自主能力之间的联动关系?可这调查的另一些数据,比如,在拥有产权房和依然"群租"这两个至少经济地位明显高下的群体当中,"相信品牌"的比例,前者高出后者不少,却提醒我们,情况可能没这么简单。比如,在商品质量和行政监管这些方面,大城市的状况多半与乡镇明显不同,是否正是类似这样的不同,一面令大城市的青年能从自主鉴别中获益,因而更愿意发展自主消费的能力;一面却令乡镇青年不得不依赖品牌,以避免伪劣商品的戕害?其次,如何理解都市青年面对商品——尤其是大件服饰、家具、家电产品和汽车之类高价商品——时候的复杂心理?今天中国的社会状况,令人在面对这一类商品的时候,很难以单纯的消费者自视,各种符号性的感受都会涌入心中:买不买,买哪一款,常常牵涉到对身份的界定,是否正是这样的多维心理,一面令收入较高者不惮于承认自己相信品牌,因为这意味着高消费的能力;一面又令低收入者本能地就要避开名牌商品:那可是他们无力承受、有伤自尊的?许多看上去应该归入"文化能力"范围的事情,可能从一开始,就嵌进了大量非文化的因素。

倘说当今社会,文化与政治、经济等早已深度融合,难分彼此,都市青年的

---

① 此处的"租房"是指居住于非自己拥有产权的住宅,如父母长辈提供的公寓,或者公司提供的宿舍。

"住房"和"居家"状况,则以堪称尖锐的方式,将这融合的若干叵测之处,清楚地暴露出来。即以这一节所述的情形为例,社会一方面鼓励人们把几乎所有的事情都当成经济来处理,另一方面又把大量远远超出经济范围的因素,嵌入他们权衡经济的思路之中。什么叫造化戏弄人?没有什么能比这更厉害了吧!可是,这么欺负人的事,为什么做得成?是哪一些有形无形的社会条件,让我们对这一类播弄如此缺乏抵抗?

我想,这么追问下去,大概又会遭遇上一节里都市青年的两种"消费理性"已经有所揭示的大问题了:这些年中国人的心智结构的变化。文化研究的一大可赞之处,就是将"情感结构"这样的无形之物,看作社会再生产的关键之一。无论是此刻面对的都市青年的居家生活,还是我们自己的切身经验,都促使我们觉得,探究现实的至少一部分目光,应该投入类似这样的方向。我相信,通过分析房地产市场如何高强度地培训青年人的资本和市场意识,能打开探视这同一处地窟的另一扇门。

六

我们的调查的很大一部分,是聚焦于这个问题的:都市青年努力奋斗、买房成家以后,在居家空间里展开的生活,实际大致是怎样的?

出乎一般[①]的想象,获得居家空间,和在其中展开家庭活动(即家人共同参与的活动),这两者之间并无正向的关联。比如,有了配置齐全的厨房,并不意味着就要在其中施展厨艺,与家人一起围坐共餐,与尚未购房者相比,拥有产权住宅的受访者,利用自家厨房为家人"做一顿好吃的"饭菜的比例,竟然比租房者更低,周末外出就餐的比例也更高。

同样,有了宽敞的陈列全套沙发的客厅,也不意味着就会招亲引类、高朋满座;相反,大部分受访群体中都有这样的情况:收入越高(这意味着越大的买房概率),在家里招待亲朋、展开社会交往的频率反而越低。即便其中个人年收入30万元以上、必定拥有宽敞住房的群体,也有超过三分之一的人"几乎不在家招待"亲朋。与此相类的是,尽管买房自住意味着嵌进确定的社区网络、建立稳定的邻里关系,购房者搬进新房以后,在拜访邻居、展开社区交往方面,普遍并不积极,甚至比只是租住公寓、流动性大的群体更不积极。

---

① 此处的"一般想象"主要是来自对1990年代之前家庭生活的基本状况的通行认知。

1990年代初以来，主流论述基本上是用"私人"这一属性来概括人生价值的："私人空间""私人领域""私人生活"……①都市青年之所以普遍将"买房"和"居家"视为承载人生价值的主要事物/事务，很大一个原因，就是他们普遍接受了这个概括。可是，如上所述，都市青年获得"私人空间"以后展开的"私人生活"，似乎并不包含通常意义上的家庭活动和私人交往的增加，甚至还意味着这些活动和交往的减少。这就引人发问了：都市青年在居家空间里实际展开的，是什么样的生活呢？

综合我们这个调查的多项数据，可以这么概括：这是一种日益偏向于"内缩"的生活。对家门以外的世界关上门窗、减少因为承担责任而来的要求和逼迫、有意无意地回避与家人的深度沟通，日益习惯于"宅"在自己的房间里……看起来，在这样的状态里，"私人"主要意味着"个人"，这"个人"并非相对于"集体"和"社会"这样的"非个人"，而只是相对于他自己的其他的面向，比如，他在职场和公共领域中相当紧张，不得不承受四面的注视和要求，那在家里就力图相反，要摆脱周围射来的视线，彻底放松：我们的问卷问及"家"中什么物品最重要，最多人勾选的是："舒服的沙发，想怎么坐就怎么坐！"

这样一个向自己的某一单面内缩的"个人"，似乎愈益被派为居家生活的主角，他自然也反过来，将这生活一步步按自己的需要重新编排：从住所的房间的数目，到可以上网的设备，从跟父母和亲戚家的距离，到对婚姻关系的盘算……商业系统也全力配合这个编排：隔几个月就推出一款新手机或者新程序，引你更持久地沉入掌上世界；密集地推送吐槽、搞笑和"荤"段子，哪怕你在挤地铁，也要占住你的注意力；咖啡馆更是遍地开花，只消出门走几步，你就可以缩进角落里的沙发座，独自看书、发呆，当然更多还是刷屏幕……"居家"的一部分空间溢出了居所，"路人"式的氛围则悄无声息地漫进了客厅：正是在这里，都市青年与其"居家生活"之间的相互生产，或者更准确地说，这相互生产的主流模式，现出了它的本形。

为什么"城市式居家生活"着力孕育的，是这样一个单面内缩的"个人"？要回答这个问题，我们就得再扩大范围，把本文第二节提及的另外两个社会子系统，一并考虑进来。都市青年的职场生涯和公共（政治）经验，其实是一直在场、和"居家"感受混在一起，与都市青年持续互动的。因此，当追问"为什么都市青

---

① "私人"一词之所以最近30年来在中国大陆被赋予这么突出的正面价值，是有多种原因的，其中最重要的两条：一是民众普遍确信公共生活中缺乏非政府的力量能动参与的空间，二是"中国特色"的资本主义的迅猛发展对于"私有化"有强烈的需求。

年的主流的居家生活会是这个样子"的时候,我们同时也是在问:都市青年与其居家生活之间的互动,跟他们与职场和政治生活之间的另外两种互动,是个什么关系?是发展了一种不依顺资本逻辑和国家机器、但同样能有效组织人的情感和行为的生活机制,因此对前两者构成挑战?还是相反,这关系其实与另外两个大体相配,因此主要是与它们互补共生,联手培育人对现实的适应能力和顺应之心?我相信,能较好地厘清后面这个问题,也就有了应答前一个问题的思路。

七

最后来看这个情况:我们的多数受访者,都不把父母在经济和生活上的支持列入"家的必备条件",尽管很多数据都指向相反的方向;已经买了住房者中持有这种看法的人,比例还高于未买房者。明明在购买住宅、维持居家的实际过程中,普遍受惠于父母长辈的支持,为什么他们总结自己这个"家"的构成要素的时候,有意无意地避认这一事实?

这其实不奇怪。对于都市青年而言,"家"和"居家生活"是一个帮助他们整理自己的——至少大部分——生活经验、建构人生意义的主要场所。它当然表现为各种具体的器物和言行,但整体却是高度抽象、不免于模糊的,恰似许多已经成"家"的受访者强调的那个"整体风格",他们知道这是"家"的关键,却说不清那是什么。更重要的是,这是都市青年置身的各种空间中,唯一一个似乎由他们自主创设、体现其人生能动性的空间,唯其如此,他们才觉得,在这里面构建的人生意义,可以放心地去皈依。

因此,"父母长辈的支持"只是一个代表,所有可能戳破自主的想象、逼人直面其被动状况的同类因素,都会遭遇本能的回避,尤其是那些已经买房成家、正开始由此确认自己的成功故事的人。这可以从其他的数据得到呼应,比如,受访者中收入越高的群体,越普遍地指认"家"和"居家生活"的精神功能:既然关乎"我"的人生价值,自然是多一点自主为好。

从这个角度看,"居家生活"实际处理的,并非仅是都市青年的"家"内事务和经验,也包括其家外的事务和经验。如果说,占据今日"居家生活"的中心位置的,是都市青年的那个内缩为单面之个人的"私",这个"私"就一定有一位孪生兄弟,一个同样富于"中国特色"的"公"。世界不是由各种"居家"活动单独构成的,人越是有意缩进自家的门窗里面,越说明他强烈感知到外面有状况。

从受访者对各类涉及公共事务的问题的应答,可以归纳出他们对公共事务的大致看法：自己住处的门窗墙栏，是区分私公的最可信的界限；处置公共事务的各种方式中，"购买服务"可能是最佳方式；"食品安全"和"贪污腐败"是最迫切要解决的问题，而"庞大的农村人口"是否——或如何——进城，则是最不重要的问题；未来中国会有危机，教育状况可能是一大触因；如果这四个问题不能很好解决，未来很难"越来越好"：产业结构、城市化、创意产业、综合软实力；房价上涨的主要原因，是政府对于城市化、土地、楼市，以及整个经济事务的政策作为；现在这样的房价太高了，应该下降……

很明显，这些看法所构成的"公"意识，在空间感、关注点、视角和思路等方面，都与那个单面内缩的个人相当契合。

但在这个契合之内，有许多更深的不合，甚至相悖。这是其中的一部分：上网频率越高的人，越可能相信"围观改变中国"，这频率越是低的，不相信的越多；收入越高的人，越明白"国"与"家"密切相关，反而是收入低的人，多有觉得关系没那么重要的；越是处于收入等级的中间位置的人，越容易比两头的人悲观，觉得未来难以预测、可能很糟……

特别介绍这两组数据的相悖：根据收入而区分的不同阶层的受访者，阶层位置越高的，往往对现实和未来都不乐观；可是，根据自评而确认的不同阶层的受访者，越是远离"底层"的，越多持中国将"越来越好"的判断。[1]

显然，都市青年的实际感受和他们对这感受的主观理解之间，存在多样的差异。比如，切身的经济压力令他们觉得房价太高，但他们依然正面评价政府主导的城市化运动，尽管他们同时知道，这运动正是推高房价的大手之一。再比如，社会实感驱使他们一路后撤到自家门口，甚至不觉得门外也有自己的权益在，他们却愿意相信可以用"消费"来满足公共需求，仿佛那些明显不能用市场解决的问题都不存在。至于受访者对"政治体制改革"的评价的普遍分化，和应对同一问题时的同样普遍的自相矛盾，[2]更是将这种差异的微妙和强烈，显现得非常突出。

可以从支配性意识形态和（广义的）主流媒体的作用这个角度来解释这些差异，但事情显然比这个复杂。更可行的分析之一，是考察都市青年在实际分享

---

[1] 这相悖的一个明显的原因是：在我们的数据中，依据收入和依据自评做出的分类，结果是不一致的，例如，为数不少的受访者，其收入并未达到其时通行的中等收入阶层的标准，却明确地自评为属于中等收入阶层。

[2] 不同的受访群体中，对"政治体制改革"的评价都不一致；几乎每一个受访群体中，都出现这样的现象：当同一个问题或现象以不同的方式被问及的时候，同一群体或同一类人，会给出自相矛盾的应答，自评为"底层"的群体对于社会未来的估计，就是一个突出的例子。

30年"改革"和经济发展的成果这一方面,不同收入/阶层的群体的多样状况。可能正是这一实际"分享"与支配性意识形态的相互作用,最终决定都市青年会形成怎样的"公"意识,或者说,这意识会形成怎样的矛盾和张力。

正是在这样的分析方向和视野中,都市青年的"居家生活"显出了特别重要的意义。正是它充当了都市青年的上述"分享"得以展开的主要媒介,也因此成为支配性意识形态深度运作的关键领域,正是这两者在"家"中的持续冲突和交融,在最基础的层面,形塑都市青年的日常感受和公共意识。

所以,应该修正前面的说法:那些差异看起来是出现在都市青年的感受与对这感受的理解之间,其实却有极大的部分,是深植于感受之内,密布于更为基础的感觉及其自我体会的层面,或者说,下渗进了所谓"无意识"的层面。正因为涉及了这些层面,在受制于直接的政治经济因素的同时,也深系于今日中国人的心智结构的变异,我们才确信,(不仅仅只是都市青年的)"城市式居家生活",正是今日中国的社会和身心矛盾的一大箭垛,并有极大的可能,成为这些矛盾的扩展和爆发的一个聚集点。

2017年3月于上海

"业余"的位置：当"彩虹"开始合唱

罗小茗

罗小茗，华东师范大学文学硕士、上海大学法学博士。2007年9月入职上海大学文学院，现为文化研究系副研究员，主要研究领域为城市文化、日常生活及课程改革。出版有《形式的独奏：上海"二期课改"为个案的课程改革研究》(2012)、《末日船票：日常生活中的文化分析》(2015)等专著，编有《制造国民》(2011)、《反戈一击：亚际文化研究读本》(即出)等图书；发表《"社会生活噪音"的诞生》《城市结构中的"个人悲伤"》《谁是"工人阶级"："我的诗篇"媒介组织中的个人危机》等学术论文多篇。2012年至今，组织参与"我们的城市"市民论坛；2017年至今，担任亚际文化研究委员会委员。

一、现象级的"业余"

今日社会中，人们对"业余"的偏爱和推崇，正日益高涨，由此形成的社会话题和商业活动也越发密集。比如，若没有理所当然的专业界线和由此出现的"业余"，泛滥中的"跨界"——运动员演喜剧、漫画师设计新鞋、演员当大厨，便无从博人眼球。再比如，同样泛滥的"选秀"。如果说"跨界"追捧的是由精英和专业混搭而来的"业余"，打造一小撮人做什么都出色的社会景观，那么整套选秀机制的前提，便在于高度肯定普通人的"业余"。仰仗于这种被抽象肯定但范围极为有限的"业余"，无论实际表现如何，"业余"的展示总能调动特别的社会情绪，产生立足于此的商业价值。就连不少"网红"的争议性，也由此而来。从早年的旭日阳刚、余秀华到最近的范雨素，引人注目的首先是他们在"业余"时间里的歌唱与书写居然不错。其次才是这些打工者的"业余"，既不曾遵循商业利益的明确指导，又溢出了选秀机制的刻意规范，如何对其展开评价，成为极具争议性的话题。

　　上述罗列,并不能穷尽"业余"在当前社会生活中的膨胀与渗透①,却足以说明:长期以来,作为工作的对立面或剩余物而存在的"业余",越来越成为重要的集体欲望的集散地。这固然是因为,在这个注意力经济的时代,经济和文化的携手共进,正催生出一种特殊的繁荣;其基本特点在于,无论是广义还是狭义的文化,都不得不以经济为标准,加速度地生产自身,并由此形成社会生活的新节奏。兀自膨胀中的"业余",既是对这一变动的本能反应,也是被此类繁荣挤压而出的一种新的生活状态。但更要紧的是,由此产生的对"业余"的推崇和热情,弥漫在经济利益和大众文化的缝隙之中,无法被它们之间过于利落的交换清除和穷尽。此时,运用各色名词指称聚集于此的集体欲望,分而治之,将其转化为文化经济的助燃剂,是饥渴中的资本的基本策略。在这一策略中,一方面,"业余"被大规模地征用,积极参与在注意力经济对社会景观的重塑之中;另一方面,此种分而治之的征用方式,又使得"业余"被或着眼于经济利益或注重大众文化的媒体和学术话语迅速瓜分,就此隐形。这意味着,想要打破分而治之的征用,理解被挤压而出的不断膨胀的"业余",把握其对经济生产和文化生产的意义,进而描述在此过程中社会欲望的集结和投掷的可能方向的话,就需要将"业余"确立为一类明确的社会事实,展开更为认真的审视和思考。

　　正是在这一形势中,上海彩虹室内合唱团(Rainbow Chamber Singers)具有其特别的意义。这不光是因为,这支由各界青年组成的业余合唱团,亦正亦邪,在短短两年间,持续贡献着神曲和雅乐,为人们带来了彩蛋不断的欢乐时光;更是因为,它持续穿梭在专业/业余、工作/休闲、商演/公益、高雅/搞怪、严肃/娱乐这一系列二元对立之间,使这个时代里"业余"的丰富含义,初步显形。至此,考察其所具有的业余属性,特别是由合唱团的运动轨迹和社会际遇所揭示的"业余"在当前社会中的位置,也就构成了本文的任务。

二、挤压而出的工作之"余"

　　2016年年初,凭借合唱演出的搞笑返场视频《张士超你到底把我家钥匙放

---

　　① 更多的例子来自"业余"由"临时"向"正式"过渡,被解释和吸纳为新自由主义下一种新的工作。比如,同人、字幕组、"斜杠青年""网红"、优步专车的兼职等。如今,这一业余性,已经进入了更为"高端"的金融行业。在《经济学人》最新一期的报道中,成立于2011年的对冲基金和网上众包平台Quantopian拥有12万的业余人士,为其提供算法。

在哪里了》,上海彩虹室内合唱团迅速走红网络。在这首被网友称为"开年第一神曲"的合唱歌曲中,男女8声部共同追讨"我家钥匙"的去向,气势恢宏地表达着城市生活中的小怨念。一时间,正经八百的室内合唱与追讨钥匙未遂的小情绪之间的巨大反差,引燃了人们对合唱团的好奇和热情。这支成立于2010年,最初由音乐学院指挥系学生组建、此后吸纳各界合唱爱好者加入的业余青年合唱团体,就此走进公众的视野。

在一次电台的访谈节目中,当被问及指挥系的同学怎么会想到自组合唱团时,团长金承志坦言,一个直接的原因就是他们的专业考虑。既然学了指挥,按照专业对口的思路,未来的工作就应该是干指挥这一行。可偏偏乐团指挥这个职业过于冷门,不仅工作机会极为有限——一个城市最多1—2个正规乐团,在岗人员的退休速度又异常缓慢——"老而弥坚"在这一个行当里仍然准确管用。与此同时,胜任这份工作的要求,却是指挥经验的积累越深厚越好,这恰恰需要不断的练习和反复的揣摩。于是,对指挥系的学生来说,既有的工作岗位和可能的工作经验,构成了一个"鸡生蛋蛋生鸡"的矛盾:必须有丰富的工作经验,才有竞争上岗的实力;可丰富的工作经验,又只能在不断上岗中积累。对年轻的指挥者们来说,如完全依赖既有的专业乐团制度,这就是一个不可能完成的任务。与其等到别人终于把一个团交到自己手上,不如"自救",组个团先操练起来。在"业余"的过程中期待上岗,彩虹合唱团应运而生。

可以说,"彩虹"和其他业余乐团的诞生,正是源于这种"制度性的不可能"。乍看之下,这是由于指挥这个行当过于专门而造成的。但实际上,经验积累和岗位竞争之间犹如二十二条军规般的"制度性的不可能",广泛存在。无论是大学生在求职时,用人单位对实习经历的格外重视,还是越来越多的没有酬劳甚至需要缴费才能获得的"实习岗"的出现,或是不断加码的晋升规则和对功成名就者的高价引进机制,都意味着,社会对"工作者"的要求正滑向荒诞。指挥这个冷门职业的现状,不过对这种荒诞性,做了最直截了当的表达:在经历了近四十年的改革开放和经济高速增长之后,中国社会进入了各行各业相对饱和,工作机会和社会资源不再向青年一代轻易开放的新阶段。与此同时,由新自由主义主导的工作制度,又将持续减少就业岗位、使工作变得不稳定作为提高效率、攫取更大利润的方便法门。这两个变化彼此叠加的后果,就是不断提高对工作者的要求、拉高稳定工作的门槛等做法变得理所当然。于是,充分享受了改革红利、执掌分配大权的社会中坚,对于新自由主义下的后福特制,有着某种天然的亲近感。凡事优先考虑如何对自身有利,而不考虑此种"制度上的不可能"对社会长久运行的利害，是其最自私短视的一面。只是，这样的制度显然无法独立运作。各种在体制之外的替代性或补充性做法由此催生，以大量弹性、不稳定和隐形的工作类型和工作方式，与之配合，共同维持一个"不可能"的工作制度持续运行。这种体制内外的默契，已经成为当前社会的常态。以"业余"而自觉待岗的彩虹团，便是其中的一种。就此而言，"彩虹"的业余，是对当前不合理的工作制度的自觉补充。此时的业余，是缺乏正规工作者的社会发明，朦胧地承担着未来就业者的蓄水池功能。

如果只是这样，那么"彩虹"的业余性，至多凸显了这个时代的极端功利，以及对这一功利行为的社会自救，并无太多的新意。不过，它的运动轨迹，显然还有另一个重要的面向：来自社会各界的合唱爱好者们的持续加入和参与；即便是它尚未成名之前，也是如此。按照金承志的说法，一个完全由未来指挥者组成的合唱团，困难重重。因为每个人都有对音乐的专业理解，调和妥协总是异常困难。于是，指挥者们的"自救"，因为过于专业而不可持续。新鲜的血液，来自各行各业的爱好合唱的年轻人。他们对于合唱有着自己的热爱，这样的热爱和专业无关，而是和另一种工作之"余"相关。如果说，指挥者们的组团自救，是被正规工作制度挤出时的本能反应，那么合唱爱好者们的加入，则是被既有的工作制度牢牢套住的年轻人，在面对工作压力时的另类选项。参加合唱，调整身心，从中获得和工作相对的一种完全不同的精神状态，由此形成安排工作之"余"的时间和情感，乃至投掷精力的新方式。

显然，对绝大多数城市青年来说，这一种工作之"余"，是后福特制高强度剥夺的另一个结果。而被剥夺后的本能反应，则在"彩虹"的"神曲"《感觉身体被掏空》中得到了精准而全面的表达。这首自带弹幕、加入了"葛优躺"和作为老板的"黎明"等各类噱头的歌曲，在短短的五分半钟之内，既生动描述了后福特制中工作的基本特点，"眼神似黑背"的老板、随时随地的开会加班、看似平等亲近实质紧张的上下级关系——"宝贝加班吧"，以微信这样的社交平台为媒介而不断延长的工作时间——"辞职以后拉黑他"，以及"天天 KPI"的绩效考核制度。又将年轻人在今天的城市生活中，为保障这份工作必须付出的身心条件和盘托出：所能承担的住处与工作地点之间永远遥远的距离，每天花费大量的时间和体力与恶性的交通环境作战——"起来征战北五环，我家住在回龙观"，加班加点导致的"作息紊乱""越来越胖"，由此堆积起来的疲惫心态——"感觉身体被掏空，我累得像只狗"和与之展开妥协或协商的办法——"难道你没有家？""不要加班""我要去云南"。在这里，作为对没有边界的黑洞般吸纳一切时间和精力的工作的对抗、家的重要性、生活在别处的信念和对工作的彻底拒绝，成为年轻人在心中恣意挥舞的想象性武器。

更有意思的是，借助于合唱这种多声部的表达形式，歌曲还带出了正尴尬地夹在这两者之间的第三部分——现代工作伦理。一面是媒体正在大力宣传和推动的"匠人情怀"，可每天高强度的工作和追在屁股后面的KPI，自然容不得慢工出细活的"匠人"，也就很难让人体会工作带来的意义感和成就感，这无疑是对目前这种糟糕透顶的工作状态的控诉。与此同时，另一个声部又极具讽刺地高唱："我热爱工作，工作让我进步，我喜欢学习，超快乐。"显然，现代人日益发达的自我管理术，已经将工作和进步、学习和快乐这些关键词直接挂钩，工作学习和个人成长、情感获得之间的关系，是比"匠人情怀"更为深层也更广为接受的工作和生活伦理。于是，一方面是拒斥当下的工作；但另一方面，作为这种工作状态的对立面，一种"更好"的工作想象，及其与自我成长的关联，并未彻底破产，而是以某种谐谑反讽的身份重返。这种对工作伦理的半信半疑，和来自西伯利亚的爸爸和远在天边的云南一样，成为"累成狗"的工作者们在躲避、嘲讽乃至对抗现实中的工作时仅有的，既极为必须又极不稳定的理念支持。

至此，在彩虹室内合唱团这一个案中，我们看到的是两种工作之"余"的叠加组合。其中，第一类工作之"余"，是被占据支配位置的正规工作制度挤压而出的剩余。作为对既有的工作制度必不可少的补充，这样的剩余，正以各种方式现身。无论是政府大规模地提倡大学生自主创业，是数量激增的白领投身"代购"或"共享"事业，还是大量以志愿、实习或派遣等名义存在的职位，都是这一类剩余的不同表现形式。与之不同，第二类的工作之"余"，是人们被这一整套工作制度——正规和非正规的集合，高度剥夺后的必然要求。当后福特制使人精疲力竭，补偿的不二法门又总是消费之时，寻找不同的组织和安置自身情感、精力和时间的方式，这一类的愿望也就越发强烈。

正是这两种既和现代工作制度紧密相关、又不尽相同的工作之"余"，它们的叠加组合，使得彩虹室内合唱团成为一个特别的团体：既非一心等待，以期更加专业和商业，从而进入体制的乐团；也非纯属兴趣爱好，为了一味地开心有趣而失去音乐上的自我要求的团体。也正是这种特殊的组合方式，敦促我们去思考，在当前社会中，由新自由主义的重压挤出的，究竟是一个什么样的"业余"的现实位置？

三、在工作/消费之外：谁的余数

已有报道指出，彩虹合唱团贡献的《感觉身体被掏空》《春节自救指南》等歌曲，唱出了"新城市民工"的心声，为压力巨大的城市职场生活提供了发泄的出口。这当然是彩虹合唱团一部分走红网络的作品极具特色之处。然而，如果只是如此，那么作为"业余者"的彩虹合唱团以及他们所提供的音乐，也就沦为了大众文化商品中的一种，是包装完毕、只待消费的对象。面对这样的文化商品，每个被高度剥削的城市民工，只需回家后在沙发上以标准的"葛优躺"，打开电脑或手机，一边欣赏一边发笑自嘲便可。如此一来，工作之"余"再次蜕变为消费时段。此种片面化的描述，也在有意无意间，将人们对"业余"的要求，重新拉回工作/消费的二元对立，把嘲笑工作和自嘲，变为合格劳动力再生产的必要手段。然而，彩虹合唱团对既有的工作制度、消费制度及其合谋的挑战，远不是几首歌曲几段视频那么简单，而是来自其创作和实现这一类歌唱的业余化的运作模式。

正如团长金承志在多个场合反复说明的那样，彩虹合唱团的团员们参加排练和演出，并非想成为专业的演出团队，也不是为了赚钱。他们都只是以业余者的身份做一件自己喜欢的事情。因此，每年固定的几场演出，如果条件许可也愿意参加几次商业演出，但这些都要视大家的意见而定。对于有着固定且不错收入的城市白领们而言，参加合唱团是一种严格区别于工作的状态。如果说赚钱往往构成了人们评估工作的重要指标，甚至成为唯一目的和动力的话，那么与此相区别，"业余"之所以可贵，恰恰在于它的目的不是金钱，也无法以金钱加以衡量。

只是，若仅到这一步，是不够的。因为这样的"业余"，仍只能经由对工作的否定来确立自身。这样的否定之法，并不能够给予业余自身的根基，反而成为人们诟病或径直将彩虹团、跑团或其他由兴趣爱好而起的自发组织，视为中产阶级自娱自乐的一个原因。毕竟，合唱也好，马拉松也罢，如果"业余"总是建立在不在少数的金钱投入和慷慨的时间投掷之上，此外又别无与消费娱乐更为根本的区别性特征的话，这样的指责自然在所难免。这意味着，倘若要正面论述今天社会中的"业余"，就需要进一步梳理和明确，"业余"究竟如何确立起自身的意义，它是否可能或正在从工作/消费的支配下摆脱出来。

就此而言，在彩虹团尚未红火之前，一篇发在其微信公众号的讨论文章《我不觉得一群人唱得高兴就好》,很值得注意。文章一开头便申明,自己是一名合唱团的团员,对合唱有着自己的理解和要求。对于合唱团中普遍存在的对于"业余"的看法——"大家在一起唱得开心就好",作者颇不以为然。他/她在合唱团所做的一切,也就成了和这些看法持续交战的过程:

> 开唱音高不准或者没时间复习乐谱都是有原因的,为什么要揪着不放,破坏别人的乐趣呢?识谱虽然没那么强,但是这个人很有趣啊;对声音的控制虽然无感,但这个人知道哪里有好吃的啊;音准的概念虽然弱,但这个人……为什么要揪着不放叫别人不高兴?而且为什么总是说那几个个别的人好,他们是做事认真,排练认真,唱得也很不错,但为什么就是对别人视而不见?是啊,为什么呢?①

这段生动有趣的记录,不仅把我们带回到了纷扰的排练场和各有特点的合唱者们中间,更是向我们展现了当前社会中人们对于"业余"的习惯性定位,即便是业余者们自己也不例外。比如,既然是"业余",也就意味着它并不是那么重要的事,一旦需要,就应该为工作或其他更要紧的生活内容让路。首先牺牲"业余",有何不可?既然是"业余",那么所有的活动便是为了乐趣或开心而来,一切导致不那么开心或有趣的做法,例如艰苦枯燥的练习,就不受欢迎或干脆拒绝。不然,怎么叫放松?既然是"业余",那么业余者就不再是异化劳动下的片段,而是应该被视为一个"完整的人"来接纳。唱得不好,但有其他优点的人,难道不同样值得友爱珍视吗?于是,这段看起来再平常不过的合唱队员之间的彼此埋怨/相互体谅,实际凸显的是"业余"在现实中的尴尬位置,以及这个位置缘何而来的各色线索。

显然,长久以来,人们不断投掷在"业余"之上的,是在工作中无法被满足的自相矛盾的欲望和要求。一方面人们如此看重和渴求业余,羡慕别人展开此类活动的能力;但另一方面又总是不假思索地认为,它不重要,并不需要特别地思考、养成和呵护。一方面人们认为在繁重高强度的工作中,人惨遭异化,失去了完整性;另一方面又似乎觉得只要脱离了工作,作为完整的人的资格就会自然恢复。一方面人们厌恶工作,把无聊、繁重、费心劳力视为工作的基本特征,拒绝它们被视为对工作的抵抗;另一方面,享乐、搞笑、不花力气便可以轻松享受的消费

---

① 哈贝.我不觉得一群人唱得高兴就好.上海彩虹室内合唱团微信公共号,2014-12-3.

乐趣，却也很难真正让人满意，欢乐中的空虚，被越来越频繁地注意到，变得刺目和尖锐。然而拒绝费心劳力的本能反应，又注定了这一注意和抵抗之间彼此断裂。

不难发现，在这些矛盾中，对工作的厌恶越是强烈直接，工作越是能以一种更为深刻和隐秘的方式支配人们的喜好与取舍。不费心劳力的以消费为主旨的休闲，也就越发顺理成章地接替工作，成为注意力经济时代的另一重剥削之法。这些自相矛盾的欲望和要求，既构成了人们对"业余"几乎条件反射式的理解，也开启了重新思考它的契机。关键在于，我们是否愿意梳理这些欲望和要求，重新设定问题。

首先，究竟什么才是今天社会中，工作和业余这一组关系的实际状况，和我们应该具有的对它们的认识？一般说来，今天人们普遍持有的对这组关系的看法，是在马克思描摹的大机器时代这一具体的社会条件中逐渐成形的。在这一时代中，工作的种类、样式乃至有无，看起来总是由机器在创造和规定；按照马克思的说法，人成为必须配合机器这个死结构的活零件。[①] 正是在此种社会条件下，业余与维持劳动力再生产的休息不同，它的作用在于丰富人们的社会生活，如果一时没有时间和精力去展开，也没有关系。这也就决定了，在这一组关系中，业余总是可有可无的锦上添花。

问题在于，一旦离开了机器系统对工作的支配状态——它似乎总能"随心所欲"地创造/消灭工作，业余作为对工作的补充和辅助的关系，是否依然成立？当前的变化，正在于此。在后福特制中，机器系统主导生产的地位并未改变，但其创造和规定"工作"的能力，却因机器自身的发展大大变化了。这一变化主要表现为齐头并进的两个方面。首先，是人必须配合机器的运行、担任各种活零件的机会，正被机器自身的"进化"所剥夺。越来越多人的劳动和社会时间，从具体的物质生产中被"驱逐"/"解放"出来，投掷于社会生活内容的生产和更新。20世纪五六十年代以来，无论是米尔斯讨论的"人格市场"，还是拉扎拉托定义的"非物质劳动"，都是对这一趋势的敏锐观察。可惜的是，这一类观察和命名，都过于聚焦工作形态和属性的变化，而忽略了工作和业余这一组关系的实际变动及意义，以至于无从解释在新自由主义的冲击之下，"工作"越来越需要甚至依赖于

---

① "在工厂中，死机构独立于工人而存在，工人被当做活的附属物并入死机构。……不是工人使用劳动条件，相反地，而是劳动条件使用工人，不过这种颠倒只是随着机器的采用才取得了在技术上很明显的现实性。"(马克思. 资本论：第一卷. 北京：人民出版社，2004：486-487.) 当然，马克思始终强调，是资本主义制度对机器系统的应用，而非机器系统本身，导致了机器对人的彻底支配。人和机器（系统）的对立/敌对，是资本主义制度运作的结果。目前的状况，也是类似。

"业余"的翻新、补充和供给,这一点究竟意味着什么?与此同时,在机器"进化"的干预下,人不断发展和调整自身,构成了这一变化的另一个方面。从生产的角度,这个方面可以被理解为,在机械生产力不断提升的状况下,"业余"以及业余与工作之间残留的合谋关系,导致了大量弹性、不稳定且缺乏社会保障的工作种类的"发明",就此重新结构人类社会。而如果从人的整体发展而非生产的角度,来打量这一变化的话,便会发现,当被驱逐的时间和精力生成不断膨胀翻新的"业余"时,人正近乎本能地探索,当机器可以代替绝大部分的体力和脑力劳动之时,人究竟还能为自己和社会创造什么。

上述变化意味着,究竟是谁在定义和创造"工作",且一并定义与之相关的"业余",这样的问题,必须在新的社会形势中被再次提出。在这里,真正的难点,从来也不是持续更新的"业余"是否可能转化出同样多或更多的工作,以便人们从容就业,养活自己。而是,当大机器时代势必终结,机器不再牢牢把持当年从人们手中抢夺而去的创造和规定"工作",乃至"业余"与"休息"的权力之时,人是否有能力真正收复这一定义权?就此而言,人工智能的紧迫性,并不在于它们将大规模地取代人,从而迫使人承认自己在生产力上远不如机器,而是在于,以人工智能为代表的机器,极有可能再一次入侵乃至全面接管目前仍主要由人而非机器主导的社会生活内容的生产和更新,进而控制创造和规定工作/业余的新一轮进程。在这一过程中,再次失去定义权的人们,势必和当年身处大机器时代的人们一样,沦为被支配的微小部件。只是这一次,人的反抗能力,会因机器对社会生活内容生产的全面接管而进一步丧失。

如果说,这是人们今天重新理解工作和业余关系的依据,那么,显然,继续认为业余可有可无,随时可以放弃,此类理解和现实,不仅不匹配,而且严重滞后。在这种陈旧的理解中,通过机器获得更美好的人类生活的朴素愿望,势必落空。格外重视人们几乎本能的展开"业余"的能力,不仅使之摆脱可有可无的地位,而且将其视为与机器(及其背后的资本主义应用)争夺定义权时人的独特能力,也就成为需要首先确立的新常识。

其次,不难发现,新自由主义的经济制度,已经在驱使和利用这一工作和业余之间关系的新变化了。它比普通人更敏锐地意识到,业余不再可有可无,而是新的利润增长点。本文开头所描述的大部分"业余",便是如此。这一驱使和利用的方式,有着一个固定不变的目标,即将"业余"彻底吸纳到既有的工作制度之中,使之成为一个继续以生产力和利润为标准来确立自身合理性的所在。不过,这并非以"彩虹合唱团"为代表的"业余"模式的诉求。如果说,"大家在一起唱得开心就好"是一种在旧有的工作和业余的关系中生成的对"业余"的理解,就连合唱爱好者也不例外的话,那么在对这一常识的反驳中,实际上就包含了这样一个命题:摆脱了作为工作的辅助内容而存在的"业余",是一套既不根据金钱和生产率,也不根据纯粹的有趣来衡量的对自我展开组织和劳动的社会方式。音要唱得准,排练之前要熟悉乐谱,彼此之间需要多多协同合作,所有这些都不仅仅是为了歌唱的愉悦、合音的曼妙,而是通过歌唱来炼成一个更为成熟的自我。这个自我,不是通过"工作"在现有的体制中被动地生产出来,而是通过"业余"和更加自觉的对"业余"的理解,主动出现。正因为如此,合唱这样的练习功夫,不仅是为了唱得开心,也不光是为了唱得更好听,而是通过合唱更好地平衡自身的欲望,节制情感和能量,就此展开一种针对自我的劳动。正是这,构成了业余的区别性特征。和工作或休闲不同,只有它,才能彻底摆脱一切生存、劳动、商业和市场问题,将精力投掷于人的生长之上。① 只有这样的自我劳动,才有可能恢复被工作异化了的自我。一种不围绕工作,而以业余为核心展开的新型自我,以及与其一并发生的新的社会集体,正是它们构成了人类争夺社会生活定义权的抵抗的主体。②

最后,说到这一步,我们也就不难发现,长久以来,工作所垄断的,从来不仅是金钱观念,它同时也强有力地控制着我们对于辛勤、艰苦、乐趣、欲望、压迫、时间、空间、公共性等一系列基本观念的把握和理解。换言之,工作最终垄断和剥夺的,是人对于自我和社会究竟如何可能更好地生长成熟的认识能力。而无处不在、蠢蠢欲动的"业余"保留的,是这一能力的残余与进一步恢复的可能。如何更深地理解"业余"对于自我的意义,如何从中发现抵抗和反思工作的因素,将针对自我的训练和创造,从唯利是图的资本逻辑中解脱出来,理应构成整个社会持续重视"业余"的动力所在。

四、"业余"之战:今天的余数,会成为未来的多数吗

若带着上述线索,重新审视"彩虹室内合唱团",便会发现,其实际呈现的,是今天社会中,几种不同类型的力量就规范和制约"业余"展开的一场争

---

① 达尼-罗伯特·迪富尔.西方的妄想:后资本时代的工作、休闲与爱情.赵飒,译.北京:中信出版集团,2017:128-129.
② 彩虹团的"业余模式",在这一方面有一些初步的表现。其所展开的这些活动,在当前的解释框架下,被笼统地称为"公益"。在这里,需要进一步整理和思考的是,这些活动究竟如何和舞台表演、商业活动、媒体传播等,共同构成了"业余模式"下新型自我和新的公共性的生成和发展。

夺战。

　　首先，是为娱乐消费服务的商业制度，对"业余"的牵制和拉扯。娱乐和消费，作为一种制度性的力量，总是充分利用其与工作之间的合谋，机敏地吸纳任何可能溢出既有规定的行为，为己所用。2016年，因《感觉身体被掏空》而走红的"彩虹合唱团"，受"天猫双11"之邀，录制《我就是这么诚实》。这首广告歌曲，虽同样控诉无法让人满意的工作现状，结论却是人应该对自己好一点，在诸多不满的现实中，通过购买让自己的身体首先满意起来。此外，参与卫视节目、与"凤凰传奇"合作，发布多首电影主题曲，走红之后的"彩虹合唱团"，其参与商业活动的活跃程度，正持续增长。

　　一方面，将具有新颖性的"业余"活动，转化为对现实制度毫无挑战性的消费品，这样的商业利用，在曲解和遮蔽"业余"时，显然比一般媒体报道更具效力。但另一方面，这种商业的利用，也极有可能将新的对"业余"的重视和更为明确的理解——如果有的话，传播得更远。在这里，一个更为基本的事实在于，在今天社会中，任何"业余"得以生长和壮大的领域，此种商业的利用和可能的传播效果，都将如影随形，难以回避。此时需要思考的，不是如何去商业化，而是在这一力量的钳制和利用之中，真正干扰乃至阻挠"业余模式"更顺利地运行的，究竟是什么？就此，一个现成的回答，也由彩虹团给出。那就是，业余运作和商业节奏之间不可避免的冲突。在《十三邀》这一档访谈节目中，刚刚走红一年多的金承志便已经生出了这样的感慨，实际的创作节奏，难以跟上商业所要求的加速度。至此，高度重复也好，加快创作和排练的节奏也罢，都是初步成型的彩虹团式的"业余模式"在面对商业力量时做出的妥协和权衡。如何维系"业余"模式的运作，也只能在这一判断和权衡中实现。在它彻底与商业节奏相一致，蜕变为与之匹配的工作之前，所有这些判断和权衡，都是在积累我们这个社会对于"业余模式"的有效经验或教训，应当得到珍惜和重视。

　　其次，是趣味的力量。"业余"之所以存在，不光是与工作/休闲的角力，还源于其呈现和塑造趣味的能力。这种呈现和塑造趣味的能力，既可以被商业利用，比如，在2017年5月"红星美凯龙"广告歌曲的重点便在于中产阶级的居住品味；也可能被划为"高雅文化"保护起来，成为少数人才能欣赏的部分。比如，在"虾米"上，对"彩虹合唱团"的另一类作品——"泽雅集""双城记"等，一种常见的评论便是：大多数人只关心《感觉身体被掏空》一类的神曲，而对更好听的合唱歌曲，毫不关注。更值得注意的是，这一趣味不光是音乐上的，同时也是更大范围内的文化资本和经济资本的选择和呈现。比如，彩虹团一年一度的招新简章，便要求团员除了有合唱的经验之外,还至少熟悉一门外语。

在这里,需要指出的是,当布迪厄在《区隔》中大谈趣味,视之为区分阶级的有效标签之时,中国当代社会中的趣味,还远不是一个既成事实。这是因为,任何一个社会或阶级的趣味,都不可能单凭迅猛的消费主义独自完成。相反,只有在一个社会、一个时代的集体记忆、消费经验、历史积淀、政治意识等多种因素得到充分整合之后,具有区分效力的趣味方有可能成形。到目前为止,在消费主义的持续冲击之下,属于当代中国社会的足以区分阶级的趣味,仍在艰难地形成之中。彩虹合唱团的作品,既是这一混杂的形成过程中一种趣味类型的标本,也是"业余模式"如何积极参与趣味形成的社会过程,对其展开整合与形塑的阶段性个案。于是,在他们的歌声中,既可以听到对改革开放初期的懵懂无暇的童年的怀念,也可以听到在当前激烈的社会竞争下,对城市的厌弃和对田园乡野的眷恋;既可以从中辨识出对自身品味的标榜,也可以听出对远去的人文情怀的追慕。在这一类正在形成中的趣味背后,是改革开放以来,中国社会逐渐出现的阶级分野。生活在城市、接受过高等教育,且有一定的国际交流经验和体面工作的年轻人,构成了这一趣味形成的主体。而支持这一趣味的形成的,则是改革开放以来的加速度的城市化进程。这也就对正在形成之中,且努力保持新颖性的"业余",提出了更进一步的要求:倘若"业余模式",具有此种整合形塑社会乃至阶级趣味的力量,那么参与和坚持此种"业余"的人们,应该如何理解其内在的阶级属性?理解由这样那样的"业余"经营而来的"趣味",最终如何可能在严酷的等级区分之外,对社会现实发出真正的挑战?

最后,是既有的理解和展开"业余"的观念性力量。显然,到目前为止,让"业余"变得重要起来的途径,往往是使之最后荣升为"工作"。这样的观念无疑仍然占据了主流。当前的流行词汇——"斜杠青年",便是其中一例:赶紧把你的业余爱好变成一项可以赚钱养活自己的职业吧。网红们的签约上岗,大把赚钱,似乎也正把这一转化变得越来越不需要讨论。然而,正如之前所指出的那样,如果"业余模式"的目标,只是为了发明一种新的工作,那么,我们便很难真正从机器的手中夺回对"工作""业余"和"休闲"的定义权。因为在既有的以生产力为指标的工作制度中,机器将永远比人更有效率。当"休闲"总是与以此为目标的"工作"相配合时,"业余"却是以人的完整和生成为旨规,只为人而投掷的活动。也就是说,当越来越多的"业余",被转化为新的工作种类的时候,人留给自己和整个人类社会的生长空间,恐怕也就越来越小。至此,当阿尔法狗在围棋大战中全面获胜之时,人们迎来的倘若不是人的终结,那么就应该是一个社会将展开"业余"的能力,视为人区别于机器的重要特征,为此展开全民教育的新时代。①

在一个窘迫糟糕的时代,人们总是很容易产生一种不自觉的希望。那就是,有一群人能够突然做对所有的事,帮助或示范人们如何脱离困境。又因为这样不自觉的希望,对那些被社会形势所推动,偶然做对了一些事情的人们,变得异常苛刻。"彩虹合唱团"的遭遇,也将大抵如是。

谁也无法预料,在这一场特别的"业余"之战中,"彩虹合唱团"是否可以坚持得更加长久一些。然而,无论如何,在这场战争之中,单打独斗的胜利或失败,并不重要。重要的是,人们意识到,面对这样的战争,任何袖手旁观、只待别人提供战果的人是可耻的。在这个社会中,并非每一个人都能歌唱,正如并非每一个人都拥有发展业余的能力,这本是现实生活诸多制度限定的结果。但是,珍惜一点一滴的事关"业余"的偶然,帮助它们从既有的话语和制度中持续挣脱出来,并且意识到,将目前零星的余数,变成将来的大多数是一个应该为之努力的美好目标,恐怕是绝大多数不那么擅长唱歌,却仍然对将来有所期待的人们力所能及之事。

2017/6/13 初稿

2017/6/21 修改

2017/6/29 修改

---

① 分析到这一步,实际上也就到了摆脱既有的"工作"和"业余"的关系,在新的社会情境中重新定义"业余",或者说,寻找一个新的更为准确的词语,指称和命名人的这种特殊能力的阶段。限于篇幅,这一部分的思考,此处无法展开。

大都会里的乡村:作为"文化"的崇明岛

朱善杰

朱善杰,上海大学文化研究系副研究员。主要研究领域为当代文学与文化。出版有译著《在中国制造》(合译,上海人民出版社,2013 年);在《当代作家评论》《中国现代文学》(韩国)、《人间思想》(中国台湾)、《文化纵横》《文化研究》和 Inter-Asia Cultural Studies 等刊物发表学术论文数十篇。

崇明岛地处长江口,是中国的第三大岛,长期属于上海的崇明县管辖,2016 年进行了撤县改区,现在属于崇明区了。改区前后的这一年间,我多次去做调查,其目的之一就是想了解置于大都市"包围圈"中的崇明人的日常生活和地方文化。

调查区域选在竖新镇,原因有两个:一是崇明岛很大,只在一个村子做调查,是很难把整个岛的一个封闭而系统的文化状况相对清楚地呈现出来的。而一个镇则是一个兼备了内在独立性和外部关联性的中型结构形态,可被用来作为一个具有完整功能性的社会"切片"。通过对这个镇的调查,在一定程度上,是能够大致分析整个岛的文化状况的。二是把崇明岛从南到北跑下来后,我发现竖新镇是最能代表当代崇明社会与文化的历史、现在及变迁的镇之一。这里有着成熟的本地人的日常生活和完整的崇明岛的文化形态,既有城市化进程中乡村文化的变化,又有一份对传统文化的厚重保留。

一、流动中的三类村庄

竖新镇位于崇明岛中南部地区,东连堡镇和港沿镇,南濒长江,西连新河镇,北接前进农场。东西长 5.6 千米,南北长 11.5 千米,总面积 58.84 平方千米。现辖 21 个行政村、2 个社区,共有 429 个村民小组,13 个居民小组,总人口有

4万左右。村与村之间的情况差异有些大,大致可以分为三类:

一类是以仙桥村为代表。该村已开始发展了充满现代技术特征的旅游业、果树种植业和水产养殖业等,土地流转程度很高,房屋规划有序,尤其是靠主街的房屋,家家都是才建不久的三层小楼,外表很新也很整齐,有的几户已开起了农家乐。在路上,基本上看不到本村的年轻人,他们都进城打工去了,偶尔留下来的一两个,还是暂时帮父母打理农家乐生意的。外来人络绎不绝,有小学生排着长长的队伍来参加名为"乡野奇乐会"的乡村嘉年华活动的,也有市委党校的英才班学员来进行学农拓展锻炼的,还有白领或市民来度假、休闲或参加集市而采购崇明糕、酱菜、稻米、鸡蛋、羊肉等当地特产的。

另一类是以春风村为代表。该村的主要产业是蔬菜、水果种植业和瓜子黄杨培育。有的年轻人没有进城打工,而是在家从事农业生产,也有个别外地人在此常年租种土地。田里的大棚内种着韭菜、杭白菜、莜麦菜、小青菜、金丝瓜、黄瓜、茄子、西红柿等;大棚外,西瓜、甜瓜等已爬满了地。本村的土地流转程度相对低一些,可在路上看到一两个本村的年轻人,就是那些留下来种蔬菜水果的。房屋规划也很整齐,家家院子里都栽培着瓜子黄杨,这些高高低低的黄杨树,被修剪和形塑成各式各样的观赏性盆景。一个正在门外的路边散步的70岁的老阿姨指着她院子里的30多棵黄杨树说,它们一棵的售价从数千元到上万元不等。而河两岸、沟渠边、田间地头等处,也都遍布了正在培育着的小树苗。

再一类是以响啁村为代表。该村主要种植水稻、小麦、玉米等农作物。年轻人几乎都到市区或县城工作了,只有一两个身体有些不适的,暂时无法进城找工作,就留在了家里。路上看到的只有本村的老人,也没有外来游客。该村土地流转程度很高,还没舍得流转的三五户人家,土地面积都不大,只有两亩左右,由家中留守的老人临时种着粮食作物。村子没有经过统一规划,村民都是在原有的宅基地上翻盖的新房,因此房子盖得东一幢,西一座的,虽错落但无致,有的是很新的三层楼房,有的是20世纪80年代的瓦房,后者已是断瓦残垣了,多年来从无人居住。

这些村子的总体地貌相同,都有肥沃的土地,密布的河流,地理条件较好,也都有两三百年的历史,自古以来就有人在此聚居,每个村子都具备完整的村庄形态,也有着成熟的崇明文化。

但不同的是,有的村子已在城市化进程中出现了"双向流动"现象,不仅外出的人进城打工,而且留守的人在家开起了农家乐,发展起了旅游业,外来人不断增多,村里顿时热闹起来了,仙桥村就是这类的典型代表。

而有的村子在城市化进程中还处在"单向流动"的状态,虽然进城打工者甚众,但还没有外来人不断地、大批地进来,村子里相对安静,比较有代表性的就是春风村和响啁村了。

两者之间,形成了鲜明的对照与互补。

这三类村子,基本上构成了该镇整体上的以农业生产、旅游发展和水产畜牧养殖为主的"三轮驱动"的经济发展模式。而农业生产基本上是以现代科学技术为支撑并以现代大农业的某些特征、方式甚至规模进行的,农村家庭联产承包责任制施行以来的以户为单位所进行的养殖业和种植业都正在"合作社"或"有限公司"中逐渐告别历史的舞台。比如,生猪已不允许个人畜养了,而是被集中起来由企业进行规模化养殖,不流转而由自家耕种的土地已所剩不多了。

这些村里,基本上都是老年人在居住和生活,甚至从事一些农业生产活动。随着青壮年的陆续进城工作,孩子也都跟着父母去市区上学。通了跨海大桥和海底隧道后,再加上私家车在近些年的普及,青年人也会在节假日回来看看老人,处理点家事,或偶尔帮老人干点农活。

但总体上,明显地,家里人气不足。每个村里,往往都是总面积两三百平方米的三层楼房,到了晚上,通常只有一个房间中是亮着灯的;很多新建的楼房的大门都长时间地锁着,门上布满了灰尘;一些东倒西歪的破旧房屋早已无人居住,不再承载本来的居住功能,只是被用于护着宅基地罢了。

老年人的生活安排得很简单,一日三餐简单朴素而定时。此外,就在屋里做点家务活,看看电视;或在院子里养养花,喂喂鸡鸭狗;或去地里种种菜,拔拔草;或到路上晒晒太阳,散散步;或去邻居家里串串门,打打麻将,聊聊天等。个别的,短时间地帮儿女照顾一下一两周岁的孩子,而长时间帮儿女照顾孩子的,全部都跟着进城了。而那些年龄在 80 岁及以上的,日子就过得更简单和轻松了。

二、接地气的文化形式

那么,在这样一种"流动着"的村子里的人的生产和生活中,又有着一种怎样的文化形式呢?

我归纳了一下,总体上说,有两类文化:第一类是与本地人的生产和生活息息相关的,第二类是只供外来人来此地进行观光和体验的。两者在当下崇明所推动的"美丽乡村"建设中所承担的功能不一样。

其中,在第一类里,又可分为两部分:一部分是产生于现实世界,如饮食文化、园艺文化、器物文化、茶文化等;另一部分是产生在精神世界,如风俗、观念、宗教、信仰等。前者融汇、浸透、内嵌在了崇明糕点、花卉园艺、铁器打制、木器制造等正在发生着的生产劳动和日常生活里,物的文化价值孕育于使用价值中。后者体现在镇海寺的重建中。

一般来说,这样的文化,既有传统性,又有当下性。文化本是在生产和生活中自然而然地产生的,又会紧随着两者在时代中的变化而不断地进行自我形塑,从而产生新的文化形式。新的文化形式就是"过去"与"现在"的耦合,未脱离现实世界,也未脱离文化母体,是一种创造性的推陈出新,只是其中有"陈"也有"新"。

比如,崇明糕是非常有特色的本地小吃,历史很悠久,做法也考究,色香味形俱全,有上好的口感和悦目的质感,人在吃的过程中,还能得到美的享受。据做糕的阿姨说,现在的崇明糕,在内容、形状和大小上,与过去的既有联系,又有区别,糕点是根据人们的饮食需要,处在不断变化调整中的。

东风村的花卉和盆景,很讲究技艺,富有艺术内涵,经常有别出心裁之笔,几乎一棵就一个造型,且有的还奇特无比,甚至有的具巧夺天工之美。栽种和培育瓜子黄杨的农民和园艺人说,要根据时代的审美眼光和艺术形式,不断变化各类盆景的造型,既有传统的奇,又有当下的新。

该镇铁匠师傅打造出的各种器具,不仅具有使用功能,如刀可以切菜、农具被用来锄地等,而且有的铁器是很讲究样式、花纹和造型的,往往充满着独具的匠心,蕴含着一些文化的传承。木匠师傅做的家具、橱柜、床等木器上的图案和雕花,也亦大概如此。

镇海寺历史悠久,始建于明末清初,当时因为海坍不止,威胁到岛民的生命与财产安全,于是当地人就在海滩上建造了一所寺庙。起初叫龙王庙,后来庙的规模不断壮大,就改称镇海寺了。抗战时期被日本侵略者付之一炬,在1946年时得以重建。但"文革"中又被拆除了,到1986年,村民自发筹钱重建。2013年获官方批准重建,现已初具规模和雏形。

由于崇明岛是河口冲积岛,在地理环境上具有独特性,作为岛民,人们的生产和生活都与这一自然条件休戚相关。自古以来,镇海寺不仅在竖新镇这一片地方,而且在更广阔的地域,甚至整个崇明岛,都有着重要的现实作用和文化意义。

从20世纪90年代中后期开始,随着"一切向钱看"的拜金主义和商品拜物教以迅雷不及掩耳之势充斥了人们的现实世界,于是人的精神世界出现了一定程度的"真空"。除了一些一头钻进"钱袋子"里后就一直出不来的人外,大部分的人又开始重新思考和寻找精神和信仰的栖息地。尤其是一些又已从"钱袋子"里钻出来的人,心情就更加迫切。

因此,重建镇海寺,在一定意义上,是重建竖新镇文化乃至崇明的"岛文化"的重要内容之一。这一行动,主要是自下而上同时也有自上而下的力量相配合的结果,也是与当下现实世界中的生产和生活密不可分的一种文化的"再生产"。

三、置于日常生活之外

现在轮到说第二类了。它与当下崇明人的生产和生活有点儿关联性,但又确实很小,所以不像第一类那样是一种密切的关系。然而,它与外来人的关系很大,或说,主要是被外来人重新发现或新建的,具有很强的物质功利性,试图靠供外来人享用以实现文化消费的目的,而围绕它的都是一些"洋观众"。

这类文化,仔细看起来,又可分为两种,背后相应地有两群不同的"洋观众"在支撑。

第一种是有着本土之"根"的,也就是在一些资本的推动下,人们刻意去寻找和发掘本地的传统文化,如扁担戏、竹编术等,其实它们作为艺术或技艺的文化,当前都已在生产方式的改变中退出崇明人的日常生活了,只是前者的逐渐退出发生在 20 世纪 90 年代,后者的日渐退出是伴随着 21 世纪的到来,两者相差大约 10 年。

现在,在资本的驱动下,两者在"乡村嘉年华"活动中被作为崇明传统文化的两个最重要的内容而被重新发现、组织、设计和包装起来,从而得以在活动中频繁亮相,表演了一场又一场,得到很多外来游客的欢迎。

而这些"洋观众"不论年龄大小与性别,都在现场拿着手机、iPad 或相机拍照或录像,然后在微博或微信圈里一通"秀",以此作为自己来过崇明和崇明就是崇明的存在性证明。

崇明扁担戏就是木偶戏,在本地有着 200 年的历史,近年被评上了上海非物质文化遗产。活动的表演嘉宾是崇明扁担戏的第三代传人,一位 60 岁左右的大伯。门票的售价是 20 元。

我先后观看了两场,其中有一场是成人在看,另一场是小学生在看。两场表演的内容都是一样的,为《西游记》中的精彩片段。木偶戏的灵魂在于声音和动作,需要表演者有很强的口技本领,同时要求手指和手腕的功夫很厉害,做到声音迷人,变幻多样,动作精准、娴熟而连续,就已很精彩了。

据老年人说,30年前,扁担戏在崇明司空见惯,大人小孩都喜欢看,表演者也不少,他们常常走街串巷,几乎每到一处,都会引来人们围观。但后来,随着电视、电影等大众文化的流行,这种传统文化艺术比起大众文化艺术来,画面不占优势,也没那么刺激,就慢慢地失去了受众和市场。

而现在,城里人在遭遇了大众文化20年后,终于受够了它的喧嚣和复制,转而开始喜欢接地气的民间文化艺术了,有一种回归农村传统文化的冲动。

20多年来,以流行文化、大众文化为主要内容的城市文化已被资本给打上了深深的烙印。目前,一些农村传统文化的被"再发现"或说"复活",也离不开资本的力量,甚至是资本在主动出击的,与曾经孕育这种文化的本土的生产劳动和日常生活,已基本上没有了关系。在此意义上说,它们只是作为"古董",被喜欢猎奇的外来人用来观摩和欣赏。至于增加的一些新的文化元素,也是资本为城里受众量身定做的。

扁担戏在崇明"重出江湖"的路径之一即是如此,竹编术的被改造也遵循了大致相似的逻辑。竹编术,就是一种用竹子来编织生活用品的技术。它在崇明的流传,有着比扁担戏更为久远的历史。崇明不盛产竹子,但也不缺竹子,自古以来,人们习惯在房前屋后或河边种上一些竹子,供编织和制造生活用品,也用来从事农业生产,比如豆角、黄瓜等蔬菜会爬上竹架。

在生活用品中,有筛子、篮子和渔具等,它们有各种各样的造型,有的还带有图案,因此蕴含着一些技艺性的文化内容。而目前在被重新改造了以后,编织出来的就只是艺术品了,看上去很可爱的小篮子很有观赏性和艺术性,已不再具备作为生活用品的使用性。

参与竹编活动,每位也是20元,教编织技艺的是一位65岁的大叔。在我看来,他的技术并不娴熟,应该是有很多年没有从事竹编活动了。而参与者,都是从市里来的年轻人,有大学生,也有上班族,他们对这个活动很感兴趣。参与者在编好以后,可以把自己编的小篮子带回城里,当做手工自制的艺术品来欣赏,实现自我意识的投射和一种文化想象。

观看扁担戏和参与竹编活动的人,都不是崇明本地人,而是一些生长于城市的没有农村生活经验的人,或童年在农村生活但后来因读书或工作进城了,已有20多年没有见过它们的中青年人。确切地说,这些"洋观众",是来"怀旧"和"猎奇"的小资或中产阶层,属于城市中的"乡愁者"或"乡土派"。

第二种是没有本土之"根"的,完全是在一些外来资本的推动下而进行的现代艺术想象。近些年,主流话语在为崇明创造所谓世界级生态岛的概念,在相应政策的配套、鼓励和支持下,崇明吸引了一些外资进来,有投入农业生产的,也有投入文化艺术创造的。

有一位来自境外的策展人,创造了一个"猪圈文化"的艺术概念,在仙桥村的一片麦田中间辟出了一片地,盖了十几间外形很像过去农村中的养猪棚。"乡村嘉年华"活动的志愿者告诉观众,这个地方过去是猪圈,所以现是在故地上重建。

但是,在以前的农村中,一般来说,猪圈是不会被集中盖在田里的,而是要盖在房前屋后最多是村头的,这样饲养和照看起来才方便。也许,志愿者已跟着艺术家学会了"卖概念"。

现在,在这些"猪圈"里,确实有文化,都是一些现代和后现代艺术,有抽象艺术,也有行为艺术。引起我注意的是,有一间"猪圈"里,展出的是来自冰岛的艺术家的作品。

玻璃墙上的说明文字显示,三位洋人艺术家在一位留学冰岛的中国艺术家的带领下,来竖新镇采风了45天。发现崇明作为一个岛,与冰岛有类似之处,都比较潮湿。他们就开始考虑:崇明人在生活中是怎么除湿的。

他们就想在除湿方法上着手,帮本地人改变一些生活方式。后来,忽然发现,崇明本地的河边、房前屋后和田间地头等处都种了一些竹子。人们现已基本上不再砍竹子来编织和制造生活用具了,竹子长得茂盛。他们想起了竹炭有除湿的功能,于是就去镇上让手工业者给焊制了七八个密封的铁盒子,每个有半块红砖大小,然后砍了几棵竹子,削成一段段的,放在铁盒子里盖好,接着放在农民做饭的灶台里,烧制出了一些竹炭。

展台上的竹炭形状各样,一般也就如成人的手指大小。艺术家们认为,他们在一个半月的崇明采风里,为当地人发现了一种结合当地气候与物产而生产出来的可在生活中进行除湿的方式,希望在"猪圈"里以艺术的形式再现出来,然后在崇明形成一种"竹炭文化",从而引起本地人乃至外来参观者的重视,并把这种文化应用到岛民的日常生活中去。

他们给观众们说,自己是在坚持和实践着一种艺术改造或再造日常生活的理念。但我感觉此"竹炭文化"仅仅是"艺术",或者就是个"概念股",或说是在用艺术来想象生活,更确切地说,是"他者"的生活,而不是以艺术来改造或再造生活,所以对当地人的日常生活不会产生任何影响。原因有两个:一是崇明人现在用土灶的家庭已不很多,而用煤气灶的在增加;二是崇明本地虽有竹子,但无竹林,不算盛产。

"猪圈文化""竹炭文化"的"生产者"同时扮演着"洋观众"的角色,确切地说,他们是境外来的"洋观众",与上述那些上海市区或中国其他城市里来的"洋观众"既有差异性又有共通性:差异很明显,就是国籍不同,来处不同;而共通性则体现在两者都是"观光客",基本不了解本地人的生产和生活状况。

可见,不仅是"扁担戏""竹编术"这种艺术或技艺文化的再发现者和观赏者,而且是"猪圈文化""竹炭文化"的制造者和观赏者,在根本上说,都属于不同类型的"洋观众"。所谓的文化复兴或创造,背后大多都是资本在推动,并非崇明人的生产劳动和日常生活的需要在起作用。

因此,第二类文化的"生产"或"再生产",与本地人当下的现实世界基本无关。

四、传统与现代的耦合

传统文化是在漫长的历史进程中形成的。一种传统文化的内容和形式,往往都会根据时代的变迁和人们的现实需要而发生改变,但其内在因袭的灵魂则是一直存在着的,这就是本土性。

中国传统文化之所以多样,重要原因之一就是地域广阔,各地间有很大的差异性:农村文化与城市文化不同;城市文化内部差异也大,如北京、西安的古建筑就不一样,而农村文化内部差异更大,一直就有"入乡随俗"的谚语。所以,中国传统文化有着很强的地方性。而这种地方性,不仅体现在南北文化之间,也存在于南方文化与北方文化各自的内部。

但无论文化的地方性如何,它们都是与当地人的生产劳动和日常生活密不可分的。因为,文化是人创造的,更准确地说是人在不断的、漫长的生产和生活中创造出来并在实践中逐步形成、成型、固定,同时还会继续发生改变的。上述第一类文化中的两者都是如此。

而第二类文化中的第一种,即扁担戏、竹编术等这种传统文化,如果在今天已与本地人的现实生产和生活没有了强烈的内在关联,那么这种文化即使被资本重新发现和激活,也是不接地气的,也许能够被支撑着流行一时,但终究很难长久地存在下去,最多只是作为一种文化符号被资本所操纵的某一次活动或表演所征用、消费、观看或反复地被征用、被消费、被观看,但文化本身很难在现实世界中落地生根并达到"老树发新芽"。

至于第二类文化中的第二种,即"猪圈文化"或"竹炭文化"这种最近才被生拉硬扯出来被展览的而与崇明人的无论历史还是当下的生产与生活都没有多少关联的艺术文化,确切地讲是一种艺术想象,不但不能以文化的名义来实现改造或再造崇明人日常生活的目的,而且根本无法被本地人所了解、认识与认同。到头来,充其量只能是一种艺术本身的自娱自乐活动,像海市蜃楼,虽看上去很美,但是虚幻的,并且很快就会消失,还不会在本土留下任何的印迹。

由此看来,只有上述第一类文化,无论它当中的前者还是后者,都是传统的农村文化在人们的现实生产和生活中发生的传统与现代耦合的产物,既具当下性,又有传统性,是接地气的,也有生命力在崇明这片土地上继续生长和发展,从而能给当地人甚至外来人的日常生活产生或大或小、或深或浅的不同类型的影响。而第二类文化,无论其中的第一种还是第二种,都非如此:第一种已与崇明人的当下生活基本无关,第二种与人的关系更是大大小于它与艺术、概念尤其是资本的关系。

置于上海这个大都会中的崇明岛的当代文化的基本状况是这样,中国其他地方的文化有的也在大致分享着类似的经验和逻辑。因此,可以以崇明作为方法,从调查和分析作为文化的崇明中,去反思当代中国的城市化运动给农村文化所带来的"冲击",以及农村文化对城里人的文化生活所产生的"贡献",还有正在当下存在着的生活及资本各自对传统文化的再发现、重建或重塑的力量与途径,乃至传统文化与新生文化的融合对当代中国人的城乡生活及当代中国的城乡关系所产生的作用,甚至全球资本给中国文化带来的多面向的问题等。

(原载《中国图书评论》2017年第9期)

英华集
上海大学文学院四十周年纪念文集

> 现当代
> 文学

毛泽东诗论与中国现代诗歌变革

吴欢章

> 吴欢章,1959年毕业于复旦大学中文系,1985年应邀来上海大学文学院工作。主要研究领域为中国现当代文学,也进行文学创作。主讲课程有现代文学、当代诗歌、余秋雨散文、毛泽东诗词等。出版文学评论集6部、诗集10部、散文集4部,主编文学著作31部,发表论文200余篇。曾两度获得上海市哲学社会科学优秀成果奖、中国大学出版社协会优秀著作奖一等奖、国际炎黄文化研究会龙文化金奖、中国报纸副刊好作品一等奖等奖项。曾担任上海大学学术委员会委员、文学院学术委员会主任,多次担任上海市高校职称评审委员会中文学科组成员、上海市哲学社会科学评奖委员会文学组成员。曾担任10多个全国性学术团体的副会长、常务理事、理事、学术委员、顾问。为中国作家协会会员。

毛泽东作为伟大的领袖诗人,不仅创作了大量雄奇瑰丽的诗词,还根据他丰富的艺术创作经验和对中国诗歌的深刻洞察发表了不少既有现实针对性又有深远历史意义的见解和主张。这些精辟独到的诗论,是毛泽东文艺思想的重要组成部分,是马克思主义美学观在诗歌领域中的创造性运用。毛泽东诗论涉及中国诗歌变革很多重大的问题,其真知灼见,对于我们探索中国特色社会主义诗歌的发展道路,有着深刻的启示性和长远的指导性。

一、诗歌和人民

写诗究竟是为了什么,这是诗歌创作的根本价值取向问题。《在延安文艺座谈会上的讲话》中,毛泽东开宗明义就提出了"为什么人的问题,是一个根本的问题,原则的问题"这个文艺的大方向问题。诗歌与人民的关系这个核心问题,也是毛泽东诗论的出发点和归宿。他明确指出:"诗是人民创造的,我们是人民的代言人。"①在他看来,诗歌只有表现人民、服务人民,才是有价值的。1939年在延安他就在给"路社"的信中说:"无论文艺的任何部门,包括诗歌在内,我觉得都应是适合大众需要的才是好的。"评论中国古典诗歌他就是依据这个价值标准。他称赞"杜甫是中国古代最伟大的人民诗人。……杜甫的诗,代表了中国人民天才的独特风格";他颂扬白居易"用通俗易懂的口语写出精彩的文艺作品。尽管他在宫廷身居高位,但是仍然接近群众,并在作品中表达普通老百姓的情绪和愿望"。(1949年与赛德林谈话)他评论中国现代诗歌创作,也是坚持这个价值标准。他赞扬柯仲平的长诗《边区自卫军》说:"你把工农大众做了诗的主人;对民歌形式进行了吸收、融化,为诗歌的大众化做出了辛勤的努力。"②萧三富有战斗性的诗篇,也获得他热情的肯定:"大作看了,感觉在战斗,现在需要战斗的作品,现在的生活也全部是战斗,盼望你更多作些。"③毛泽东爱好旧体诗词而不甚喜欢新诗,但他却指出"诗当然应以新诗为主体,旧诗可以写一些,但是不宜在青年中提倡"④,为什么?就"因为这种体裁束缚思想,又不易学"。⑤显而易见,这仍然是超越个人的审美趣味而从诗歌是否易于为人民大众所掌握和表达的战略高度着眼的。我们还可看到,他看待自己的诗词作品,也依然是以诗歌的人民性这一尺度决定取舍的。1962年4月他在《词六首引言》中写道:"这些诗是在1929年至1931年在马背上哼成的。文采不佳,却反映了那个时期革命人民群众和革命战士的心情舒快状态,作为史料,是可以的。"⑥毛泽东诗论坚持诗歌的人民性,是对诗歌历史经验的科学总结,也是对诗歌艺术规律的深入把握,为中国现代诗歌指明了正确的方向。然而几十年来,在中国现代诗歌发展过程中,围绕"诗歌何为"这个根本问题,始终存在着矛盾和斗争,直到近年来那种对诗歌脱离人民的鼓吹仍然时有表现。一种是"诗歌自我表现论"。持这种观点的人,认为诗歌只是个人感情的宣泄,宣扬"新诗写作应该成为个人的语言史,而不是时代的风云史","捍卫住个人的情感,这就是时代的命题",因而他们主张"背对社会,面向自我",甚至说"为了读者而写,是大倒退",这种论调实质上就是把诗歌抒个人之情和抒人民之情割裂开来、对立起来,为诗歌脱离人民的倾向找借口和

---

① 陈晋. 文人毛泽东. 上海:上海人民出版社,1997.
② 孙琴安,李师贞. 毛泽东和著名作家. 北京:人民出版社,2003.
③ 毛泽东文艺论集. 北京:中央文献出版社,2002.
④ 毛泽东文艺论集. 北京:中央文献出版社,2002.
⑤ 毛泽东文艺论集. 北京:中央文献出版社,2002.
⑥ 毛泽东文艺论集. 北京:中央文献出版社,2002.

打掩护。另一种是"为艺术而艺术论"。某些人鼓吹诗只到语言为止,抛开诗歌的内容而热衷于表现形式的花样翻新。他们公然鼓吹"逃避知识,逃避思想,逃避主义",宣扬"超越逻辑,超越理性,超越语法"。他们这样制定判断诗歌的尺度:"对于这个时代的诗歌,也许我们应当以酷还是不酷,爽还是不爽,性感还是不性感加以衡量。"①不难看出,这种论调实质上是要把诗歌引向背离时代、脱离现实和脱离人民的邪路,其后果便是某些诗作遭到人民的拒绝和唾弃。其实这类诱使诗歌脱离正确轨道的言论和创作倾向,早就遭到毛泽东的批评:"艺术至上主义是一种艺术上的唯心论,这种主张是不对的。"②习近平总书记《在文艺工作座谈会上的讲话》也就此一针见血地指出:"还有的热衷于所谓的'为艺术而艺术',只写一己悲欢、杯水风波,脱离大众、脱离现实。凡此种种都警示我们,文艺不能在市场经济大潮中迷失方向,不能在为什么人的问题上发生偏差,否则文艺就没有生命力。"③在诗歌必须为人民服务的问题上,习近平同志与毛泽东诗论是一脉相承的,他再一次召唤:"人民的需要是文艺存在的根本价值所在,能不能搞出优秀作品,最根本的决定于是否能为人民抒写、为人民抒情、为人民抒怀。"④

二、古代和现代

究竟如何认识和对待民族诗歌历史传统,是当下诗歌发展中的一个重大问题,因为这关系到我国现代诗歌能否延续民族诗歌的血脉,能否沿着为中国老百姓所喜闻乐见的轨道向前运行。但在这个问题上,诗界某些人仍然存在着一些模糊的以至不正确的认识。毛泽东对这个问题的态度一贯是非常明确的。他反复指出,"历史总是要重视的。……要砍也砍不断"⑤,"今天的中国是历史的中国的一个发展;我们是马克思主义的历史主义者,我们不应当割断历史"⑥,"对中国的文化遗产,应当充分地利用,批判地利用"⑦。对于当下的中国诗歌来说,面对着两个诗歌历史传统:一是自周秦以来的中国古代诗歌,这是远传统;二是

---

① 野曼.中国新诗坛的喧哗与骚动.北京:中国文联出版社,2005.
② 毛泽东文艺论集.北京:中央文献出版社,2002.
③ 文艺报,2015-10-15.
④ 文艺报,2015-10-15.
⑤ 毛泽东文艺论集.北京:中央文献出版社,2002.
⑥ 毛泽东论文学与艺术.北京:人民文学出版社,1958.
⑦ 毛泽东文艺论集.北京:中央文献出版社,2002.

自"五四"以来的中国现代诗歌,这是近传统。至于怎样对待这种历史传统,我认为,一是要继承和借鉴其中的优良经验,二是要总结和吸取其中的历史教训。而在这两个方面,毛泽东诗论都给我们指出了应当遵循的基本原则。

应当如何认识和对待"五四"以来中国新诗的历史传统呢?毛泽东明确指出,"新诗的成绩不可低估","诗当然应以新诗为主体",对于以发表新诗为主体的《诗刊》也给以鼓励,"《诗刊》出版,很好,祝它成长发展",在谈到新诗的发展时,他也强调要继承诗歌的传统,"包括古典诗歌和'五四'以来的革命诗歌的传统"。① 这是毛泽东对"五四"以来的新诗传统从总体上所做出的基本评价。这个论断是符合历史本来面貌的。我们知道,"五四"新诗运动,挣脱封建主义的枷锁,冲破旧诗格律的束缚,用接近现代口语的白话文写诗,实现"诗体大解放",这适应了时代巨变和表现现代生活的要求,是具有历史的进步意义的。我们也应该注意,当时许多新诗运动的代表人物,他们反传统也不是反对和抹杀一切传统,不管自觉还是不自觉,他们努力改革诗歌,目的是为了使诗歌更好地表现现代人对民主自由和社会解放的要求,是为了扩大诗歌的读者覆盖面,使诗歌较易于为人民大众所理解和接受,这在某种意义上仍然是对中国诗歌中的爱国主义精神和人民性的一种继承。而且还应看到,在中国新诗发展进程中,在马克思主义的影响下,在中国共产党的领导下,新诗的爱国主义和人民性日益上升到主流地位,为社会进步和民族解放鼓与呼,发挥了时代号角的作用。新诗中有许多名篇佳作,诸如胡适的《威权》、郭沫若的《凤凰涅槃》、闻一多的《死水》、徐志摩的《为要寻一颗明星》、戴望舒的《我用残损的手掌》、艾青的《我爱这土地》、臧克家的《老马》、田间的《假使我们不去打仗》、李季的《王贵与李香香》、阮章竞的《漳河水》、贺敬之的《雷锋之歌》、郭小川的《乡村大道》、舒婷的《祖国,我亲爱的祖国》、顾城的《一代人》等等,都是充满反抗黑暗、追求光明的爱国激情,成为长缀历史诗空的璀璨群星。应该说,我国新诗是回应了时代的要求,践行了历史赋予它的使命的。

然而正如毛泽东所指出的,"五四"新诗运动的许多代表人物,当时他们缺乏历史唯物主义的批判精神,用以看问题的方法是形式主义的方法,所谓坏就绝对的坏,一切皆坏,所谓好就是绝对的好,一切皆好,他们观察中国古代文学,未能将封建主义的糟粕和民主性的精华区分开来,在诗体问题上,也未能将古代诗歌格律形式束缚思想的一面和其中所蕴含的丰富而宝贵的艺术经验区分开来,因

---

① 朱蔚蕃.毛泽东同志为中华诗词做出的伟大贡献.东方红,2009(2).

而在反对封建主义诗歌的同时连旧体诗词这种艺术形式也全盘否定掉了。当时借鉴外国经验所创造的自由体新诗,的确可以更自由地表现现代生活和现代人的思想感情,但它在发展中由于割断了民族诗歌的历史血脉,后来就有点流于自由而无度,想怎么写就怎么写,出现了不少弊病。就像毛泽东一再指出的:"新诗太散漫,记不住。""现在的新诗还不成型,不引人注意。"①"几十年来,新诗的散文化倾向是严重的。抽象的说教,直白的道情,使诗失去了鲜明的形象,减却了引人入胜的魅力,读作品时,不能使人如见其形,如闻其声。"②对于新诗这种弊端,就连自由体新诗的代表人物艾青后来也反省说:"想到哪儿写到哪儿,语言毫无节制,章节显得很松散,这是五四运动后,一面盲目崇拜西洋,一面盲目反对旧文学的错误倾向的极端表现。"③

我们应当注意,在占主导地位的自由体新诗愈来愈暴露出不足的情势下,也有一部分新诗人开始探索和尝试半格律化和格律化诗歌的艺术实践。在新诗发展进程中,出现了越来越多的句式和节式大致整齐、双句大致押韵的半格律体诗歌,这类诗歌后来几乎占据了新诗的半壁江山。也有不少新诗人致力于新诗格律化的鼓吹和创作。20世纪20年代有新月派的格律诗探索,30年代有中国诗歌会的大众诗歌的尝试,40年代在解放区出现了新诗民歌化的热潮,50年代有现代格律诗的提倡,60年代涌现众多新诗人努力于诗歌民族化和大众化的多方实验。几十年来众多新诗人的这种努力,虽然获得了一些成果,取得了一定的社会效应,积累了一定的经验,但从总体来说,距离把民族诗歌传统和现代艺术经验融合起来重建一种为广大人民欢迎的新诗体的历史任务,还远远没有完成。所以毛泽东语重心长地指出:"但是用白话写诗,几十年来,迄无成功。"④

"五四"新诗运动笼统地否定传统造成的另一个后果,便是旧体诗词这种诗体长期处于被排斥和遭冷落的状态。一些新诗人把旧体诗词看作是封建的落后的东西,甚至把旧诗格律斥之为"封建羁绊",从而造成了新诗与旧诗水火不容的局面,这就严重阻碍了现代旧体诗词的发展和进步。虽然后来某些新诗人有所醒悟,因而"勒马回缰写旧诗"(闻一多语),但终究未能彻底改变旧诗姓"旧"的不合理状况。直到毛泽东诗词和毛泽东一些诗论的发表,才真正彻底地改变了这种对立的态势,促进了旧体诗词在现代的复兴,使旧体诗词跻身于为人民服务,

---

① 臧克家.毛泽东同志与诗.红旗,1984(2).
② 毛泽东与中国古今诗人.长沙:岳麓书社,1999.
③ 诗的形式问题.人民文学,1954(3).
④ 毛泽东.致陈毅//毛泽东书信选集.北京:人民文学出版社,1983.

为社会主义服务的行列,逐渐形成了今天这种新诗与旧诗比翼双飞的现代诗歌发展格局。我国新诗的奠基者之一郭沫若后来深有感悟地说:"五四时期对旧的一概反对,我的观点也有个逐渐转变的过程。特别是读了毛主席诗词以后,根本上有个改变。主席的诗不能说是旧的,不能从形式上看新旧,而应从内容、思想、感情、语汇上来判断新旧。"① 否定之否定是螺旋式的上升,这是历史辩证法的胜利。

三、民族和世界

中国诗歌要有民族的特性,要有民族形式和民族风格,要提倡为中国老百姓喜闻乐见的中国作风和中国气派,这是毛泽东诗论中反复强调的一个观点。他明确指出:"艺术有形式问题,有民族形式问题。艺术离不了人民的习惯、感情以至语言,离不了民族的历史发展。""应该越搞越中国化,而不是越搞越洋化。"② 然而在我国新诗发展进程中,却不时冒出一种"全盘西化"的倾向。某些人以为在全球化的历史语境下,民族化是一种狭窄的眼界,诗歌必须向西方看齐,这才是现代化。毛泽东对此一针见血地指出:"在中国艺术中硬搬西洋的东西,中国人就不欢迎。""全盘西化,有人提倡过,但行不通。"③ 他的这种论断是总结了历史经验教训的结果。诗人李金发在20世纪20年代曾是"全盘西化"的鼓吹者,他搬来法国象征派的艺术经验,消化不良地写了许多洋味颇浓的象征诗,但他后来逐渐认识到此路不通,在出版自己的第三本诗集《食客与凶年》时他就在序中写道:"余每怪异何以数年来关于中国古代诗人之作品,既无人过问,一意向外采辑,一唱百和,以为文学革命后,他们是荒唐极了的。"到了晚年,他更是否定自己当年的象征诗"那是弱冠时的文字游戏"。④ 在我国台湾地区,20世纪五六十年代也曾刮起一股"全盘西化"的旋风,一些人盲目崇拜西方,鼓吹"横的移植",以致"西潮汹涌",使台湾诗坛成了西欧各国诗风的展示场。但是这类"语言晦涩""精神孤绝"的现代诗,日益受到读者的冷落。经历了这番"恶性西化"之后,许多代表性的诗人皆大彻大悟,余光中认识到纷然杂陈的现代诗让"读者自觉目迷五色,耳充万籁,如坠五里雾中",而洛夫则提出了"回归传统,拥抱现代"

---

① 诗座谈纪盛.诗刊,1962(3).
② 毛泽东文艺论集.北京:中央文献出版社,2002.
③ 毛泽东文艺论集.北京:中央文献出版社,2002.
④ 野曼.中国新诗坛的喧哗与骚动.北京:中国文联出版社,2005.

的主张①,直到最近,洛夫还深有感慨地说:"尤其是五四新诗,是在对几千年汉语诗歌'归零'的情境中诞生的,因而,如何使漂泊的新诗回到自己的土壤里,深深植根于本土的文化,成为百年来有作为的诗人思考与探索的重要课题。"(《文艺报》2015年2月23日)历史的教训值得注意,然而近年来在对外开放的情势下,我国诗界又有些人重蹈"全盘西化"之路。他们盲目崇拜西方现代派,写一些语言晦涩、形象怪诞、内容空虚的现代派诗,结果又一次走入背离群众因而为群众所拒绝的死胡同。"全盘西化"论可以休矣,这就是历史的结论。

在全球化的语境下,中国诗歌要不要向外国诗歌学习呢?毛泽东的回答是肯定的。他认为中国诗歌改革,应该"以外国诗歌作参考"②,"要把外国的好东西都学到"③。但他又明确指出,学习外国诗歌的良好经验,并不是原封不动地照搬,而应该根据"洋为中用"的原则,加以批判地吸收。他一再申明:"外国有用的东西,都要学到,用来改进和发扬中国的东西,创造中国独特的新东西。"④他认为在学习外国的问题上应当反对两种错误倾向:"对于外国文化,排外主义的方针是错误的,应当尽量吸收进步的外国文化,以为发展中国新文化的借镜;盲目搬用的方针也是错误的,应当以中国人民的实际需要为基础,批判地吸收外国文化。"⑤至于中国诗歌如何与世界接轨,如何走向世界,如何为世界诗歌作贡献的问题,毛泽东也是坚持了如鲁迅所说的"愈是民族的愈是世界的"观点。他认为"无论东方西方,各民族都要有自己的东西""在文化方面,各国人民应该根据本民族的特点,对人类有所贡献"。⑥我们可以看到,毛泽东以民族为本位,用马克思主义的辩证观点解决了中国新诗发展史上长期存在的关于中西之争的问题,为诗歌的改革指明了正确的方向。

四、内容和形式

毛泽东在文章、谈话、书信和批注中,多次讲到诗歌的艺术形式和艺术技巧问题。他谈论这些问题是以内容和形式相统一的原则为出发点的。他一再批评那种忽视艺术性的观点:"我们只是强调文学艺术的革命性,而不强调文学艺术

---

① 野曼.中国新诗坛的喧哗与骚动.北京:中国文联出版社,2005.
② 建国以来毛泽东文稿:第7册.北京:中央文献出版社,1992.
③ 毛泽东文艺论集.北京:中央文献出版社,2002.
④ 毛泽东文艺论集.北京:中央文献出版社,2002.
⑤ 毛泽东论文学与艺术.北京:人民文学出版社,1958.
⑥ 毛泽东文艺论集.北京:中央文献出版社,2002.

的艺术性,够不够呢?那也是不够的,没有艺术性,那就不叫做文学,不叫做艺术。""至于艺术技巧,这是每个艺术工作者都要学的。因为没有良好的技巧,便不能有力地表现丰富的内容。"因而他明确主张:"艺术作品还要有动人的形象和情节,要贴近实际生活,否则人们也不爱看。把一些抽象的概念生硬地装在艺术作品中,是不会受欢迎的。"①毛泽东正是根据这种辩证观点,对诗歌的艺术性发表了一系列切中肯綮的意见。

一是"诗要用形象思维"②,这是对诗歌创作规律的总体把握。诗歌不同于概念演绎,必须从实际生活出发,要从丰富的生活感受中提炼出生动具体的形象,有血有肉地表达作者的思想感情。要创造饱含感情又内蕴思想的艺术形象,"比兴两法是不能不用的"③,也就是说,诗要充分发挥艺术想象力的作用,借以由此及彼、由表及里地开掘生活的矿藏,使其"反映出来的生活却可以而且应该比普通的实际生活更高,更强烈,更有集中性,更典型,更理想,因此就更带普遍性"④。毛泽东在纵论诗的形象思维规律时,又继承我国古代诗论"以境界为上"的传统,特别强调意境的营造。他称赞唐诗说,"神奇的想象,奇妙的构思,大胆的夸张,严谨的平仄格式和对仗,是唐诗的特点,也是诗的意境之所在"。⑤ 意境是诗人的主观情志和客观生活融为一体的艺术结晶,是诗的最高、最广、最深、最美的艺术境界,有意境,诗才能充分发挥启迪思想、开阔视野、润泽心灵的审美功能。毛泽东提出:"诗贵意境高尚,尤贵意境之动态,有变化,才能见诗之波澜。"⑥这是对我国古代意境说的新概括和新发展,他为现代诗歌创造意境树立了高标杆和拓展了新活力。其实,毛泽东本人的诗词创作,就充满了生活实感,想象纵横,形象鲜活,意境高尚而波澜起伏,在用形象思维写诗方面,为我们提供了一个典范。

二是诗歌要有"诗意"和"诗味"。这是毛泽东在谈论自己的诗词创作时反复强调的一个问题。"诗意"与"诗味",这是两个有所交叉又有所差别的概念,一是主要着眼于创作者而言,二是主要着眼于接受者而言。诗意与美有关,诗人只有把社会生活的美,自然的美,精神的美集中表现出来,诗歌才能愉悦人们的心灵并提升人们的精神境界。诗意也与真、善有关,美只有与真、善融合起来,才具有

---

① 以上:均见毛泽东文艺论集.北京:中央文献出版社,2002.
② 均见:毛泽东文艺论集.北京:中央文献出版社,2002.
③ 均见:毛泽东文艺论集.北京:中央文献出版社,2002.
④ 均见:毛泽东文艺论集.北京:中央文献出版社,2002.
⑤ 刘汉民.毛泽东诗话词话书话集观.武汉:长江文艺出版社,2002.
⑥ 刘汉民.毛泽东诗话词话书话集观.武汉:长江文艺出版社,2002.

现实的价值和精神的指向。所谓诗意就是诗人对生活中的真善美的发现,并在其中灌注着丰富的社会和个人的信息。诗意产生诗味,但读者对诗味的咀嚼又与诗意的含蓄表达有关,诗意浅露则味寡,诗意直言则味穷,诗味来自诗意的"随风潜入夜,润物细无声",如此方能"余音绕梁,三日不绝"。须有诗意和诗味,这是毛泽东对诗歌创作提出的很高的美学要求。

三是诗歌必须有"特色"。这也是毛泽东在评价诗人和谈论自己的作品时一再强调的问题。所谓诗有特色,即是要求诗人须有自己鲜明的艺术个性。诗人在取材、构思、语言、创造意象和意境等方面,必须有自身的特点,要善于从新的角度观察生活,以新的方式表达思想感情,由新的方面来揭示生活的真理,也就是说,诗人艺术地把握生活和抒写生活的方式不混淆于旁人,而要具备独特的"这一个",如此方能向世界贡献出人人所无而我独有的艺术精品。毛泽东称赞曹操的诗"直抒胸臆,豁达通脱",李白的诗"文采奇异,气势磅礴",喜爱李贺奇特的个性化的浪漫主义风格,李商隐的缠绵诗情和婉约诗风,我们可以看到其中有一个共同的评价尺度,就是这些诗人创作都有鲜明的特色和独创的艺术风格。其实毛泽东的诗词创作就是最有特色的,它们以写大题材、呈大气象、创大境界的鲜明艺术个性,创造了雄奇瑰丽的独特艺术风格,开了一代诗风,赢得亿万人的喜爱,这就是对他的这种诗论主张的最好诠释。

四是诗的语言必须要明白晓畅、通俗易读。毛泽东的诗论反复谈到诗的语言问题,因为诗是语言的艺术,语言形式直接影响到内容的表达,直接影响到读者的好恶。他谈论诗的语言,总是着眼于能否更好地为读者大众所理解和接受。他与费德林谈话时说:"我主张新文学要建立在通俗易懂的口语基础上。诗么,主要该是新诗,让大家都能看得懂。"(《我所接触的中苏领导人》,新华出版社1995年版)在他为胡乔木的《六州歌头(二首)》所作的旁注中指出:"有些地方还有些晦涩,中学生读不懂。唐、五代、北宋诸家及南宋每些人写的词,大都是易懂的。"① 毛泽东在对胡乔木《词十六首》引言的修改中也指出,这些词不少地方"未能做到明白晓畅"。② 诗的语言如何做到为大众所理解和接受呢?毛泽东也指示了明确的方向:"诗的语言,当然要以现代大众语为主,加上外来语和古典诗歌中现在还有活力的用语。大众化当然首先是内容问题,语言是表现形式。要有民歌风味,叫人爱看,爱诵,百读不厌。"③

---

① 胡乔木诗词集. 北京: 人民文学出版社,2015.
② 胡乔木诗词集. 北京: 人民文学出版社,2015.
③ 新文学史料,1979(2).

毛泽东所论述的诗歌艺术诸问题,都是有针对性的,他总结了古往今来中国诗歌的优良艺术经验以及他个人创作的心得体会,又揭示了中国现代诗歌发展中许多值得记取的教训,这些真知灼见,我们应该将之作为宝贵的精神财富运用到当前诗歌变革的实践中去。

五、改革和发展

中国新诗迄今已有 90 多年的历史,在取得很大成绩的同时也存在不少缺陷,还有许多不能尽如人意的问题。当前我国已进入以实现民族伟大复兴为中心任务的时期,现代诗歌必须进一步实行改革才能适应新的时代要求。诗歌究竟怎样进一步改革,成为当今中国诗歌界密切关注和热议的一个焦点。我觉得,毛泽东诗论所提出的一些原则,值得深入地思考、探索和实践。

关于现代新诗进一步改革的大方向,是毛泽东一贯重视和反复强调的问题。他一再指出:"新诗的发展,要顺应时代的要求,一方面要继承优良诗歌的传统,包括古典诗歌和五四以来的革命诗歌的传统,另一方面要重视民歌。"[①]"中国诗歌应该是民歌与古典诗歌的统一,以外国诗作参考。"[②]概括起来说,他认为新诗改革的大方向,"应该在古典诗歌、民歌基础上发展新诗",并借鉴"五四"以来新诗以及外国诗歌的良好经验。

为什么毛泽东如此主张呢?

先说古典诗歌。毛泽东认为我国古典诗歌经过几千年的发展,在诗体建设上积累了丰富的艺术经验,"千百年来真是名家代出,佳作如林",[③]因而符合中国老百姓的审美习惯,有着广泛的群众基础。

再说民歌。民歌是人民的口头创作,直接表现人民的心声,体现着他们的艺术爱好和审美追求,自周秦迄于现代一直绵延不绝,构成了不容忽视的艺术长河。毛泽东向来重视民歌。对古代民歌的推重,仅从他对《诗经》的高度评价即可见一斑:"《诗经》是中国诗歌的精粹。它来源于民间创作,都是无名氏作者。……这种诗感情真切,深入浅出,语言很精练。"[④]在谈到文人诗歌与民歌的关系时他指出:"诗要从民间的歌谣发展。过去每一时代的诗歌形式,都是从民

---

① 朱蔚蕃. 毛泽东同志为中华诗词做出的伟大贡献. 东方红,2009(2).
② 魏红珊. 毛泽东的新诗观与民族文化认同. 毛泽东思想研究,2009(4).
③ 毛泽东与中国古今诗人. 长沙:岳麓书社,1999.
④ 尼·费德林. 我所接触的中苏领导人. 北京:新华出版社,1955.

间吸收来的。"①他这样展望现代诗歌未来的发展:"将来趋势,很可能从民歌中吸取养料和形式,发展成为一套吸引广大读者的新体诗歌。"②

毛泽东提出这种对于诗的见解,并不是偶然的。其实,在中国新诗发展过程中,许多著名的作家诗人都逐渐认识到新诗向民歌和古典诗歌学习的必要性。鲁迅就很重视民歌。他曾一再指出:"旧文学衰颓时,因为摄取民间文学或外国文学而起一个新的转变,这例子是常见于文学史的。"③"民谣、山歌、渔歌等,这就是不识字的诗人的作品;不识字的作家虽然不及文人的细腻,但他却刚健清新。"④朱自清也说:"我们主张新诗不妨取法歌谣,为的使它多带我们本土的色彩;这似乎也可以说是利用民族形式,也可以说是在创作一种新的'民族的诗'。"⑤以创作自由体新诗著称的艾青后来也认识到:"民间文艺中有非常丰富的宝藏。……这些作品,纯真、朴素,充满了生命力,而所有这些正是一切伟大的文学作品所应该具备的品质。这些正是我们民族的文学遗产中最可贵的一个部分。"⑥曾经视旧诗为镣铐的新诗人,后来许多人也逐渐改变了偏激的观点,而主张应当吸取古典诗歌的艺术养料,闻一多说:"对于会作诗的,格律不是表现的障碍物;对于一个作家,格律变成了表现的利器。"⑦朱自清也指出:"到现在通盘看起来,似乎新诗押韵的并不比不押韵的少得很多。……新诗独独的接受了这一宗遗产,足见中国诗还在需要韵,而且可以说中国诗总在需要韵。"⑧连艾青也认识到,"格律是文字对于思想与情感的控制,是诗的防止散文的芜杂与松散的一种羁勒"。⑨ 我们可以看到,随着历史的进程,对于新诗与民歌、古典诗歌的继承和借鉴的关系,日益受到很多新诗人的重视,由此可见,毛泽东关于在古典诗歌和民歌基础上发展新诗的倡议,也是总结历史经验的成果。

毛泽东不仅提出了在古典诗歌和民歌基础上发展新诗的方向,而且还对他倡导的新体诗歌的艺术内涵做出了具体的构想。在这方面,我们更可见出他运用马克思主义的辩证法批判继承历史传统的精辟见解。古典诗歌艺术精微但格律过严,新诗比较自由但又散漫,民歌较为自由又有一定韵律但比较浅显直白,

---

① 毛泽东与文化传统.北京:中央文献出版社,1992.
② 毛泽东文艺论集.北京:中央文献出版社,2002.
③ 鲁迅.鲁迅全集.卷6.北京:人民文学出版社,1958.
④ 鲁迅.鲁迅全集.卷6.北京:人民文学出版社,1958.
⑤ 朱自清.新诗杂话.北京:生活·读书·新知三联书店,1984.
⑥ 艾青论创作.上海:上海文艺出版社,1985.
⑦ 闻一多论新诗.武汉:武汉大学出版社,1985.
⑧ 朱自清.新诗杂话.北京:生活·读书·新知三联书店,1984.
⑨ 艾青论创作.上海:上海文艺出版社,1985.

他择取三者之长而扬其短加以有机整合,对新体诗歌的艺术要素提出了如下的要求:

新体诗歌的形式,"应该精练,大体整齐,押大致相同的韵"。①

精练是诗体最重要的艺术元素,不精练无以成诗。诗的精练,不仅要锤炼语言(炼字、炼句),更要锤炼构思和意境(炼意)。精练说到底,就是诗既要形象化又要抽象化,通过精心提炼的艺术形象去表现诗人的真知和生活的真谛,以小见大,以少总多,做到一花一世界,一沙一乾坤,这样才能达到言近旨远的境界,发挥言有尽而意无穷的艺术效果。

"大体整齐"指的是诗体的篇章结构形式。我国古典诗歌充分发挥汉字的优势,篇有定句,句有定字,形成了诗体的匀称美、均齐美和对称美。而新诗则少有规范,大多篇无定句,句无定字,缺乏"建筑美"。"大体整齐"既继承了古典诗歌的诗体优点,纠正了新诗的形式缺陷,又保留了一定的包容性和灵活性,给今人提供了较大的艺术创造空间。

"押大致相同的韵",这也是新体诗歌应该具备的一个艺术元素。"韵有定位"是我国古典诗歌的一个优点。有规律地押韵,既可把全篇诗句构成一个互相照应的有机整体,又可形成一种回环反复的音乐美,便于吟诵和记忆。毛泽东主张要继承这一优点,但尺度要放宽一些,而"反对拘泥太甚,作茧自缚"。② 由于现代生活和语言的变化,他认为押韵不必拘泥于古代的平水韵之类,而依然"今声今韵"即可。在这方面,鲁迅的意见和毛泽东的意见是完全一致的:"要有韵,但不必依旧韵,只要顺口就好。"③

新体诗歌的内容,"应该是现实主义和浪漫主义的对立统一"。④ 革命现实主义和革命浪漫主义相结合,这是毛泽东总结诗歌史上的积极浪漫主义和现实主义的创作经验,在新的思想基础上所提出来的一种适应新时代要求的创作方法。诗歌不应平庸地记录生活而应用理想的光芒照亮生活,这样才能充分发挥引领生活和提升人心的艺术功能。革命现实主义和革命浪漫主义相结合,既反对鼠目寸光的自然主义,也反对脱离实际的假大空,而是把客观真实和主观激情、现实和理想水乳交融地结合起来。正如习近平同志近来所指出的:"应该用现实主义精神和浪漫主义情怀观照现实生活,用光明驱散黑暗,用美善战胜丑

---

① 臧克家.毛泽东同志与诗.红旗,1984(2).
② 陈晋.毛泽东之魂.北京:中央文献出版社,1997.
③ 鲁迅.鲁迅全集:卷10.北京:人民文学出版社,1958.
④ 臧克家.毛泽东同志与诗.红旗,1984(2).

恶,让人们看到美好,看到希望,看到梦想就在前方。"①

  自然,要创建一种新体诗歌,不是一朝一夕之事。毛泽东就曾说过:"新诗改革最难,至少需要50年,找到一条大家认为可行的主要形式,确是难事。一种新形式经过实验、发展,直到定型,是长期的,有条件的。"②不过,经过长期实验、探索,有没有可能在将来形成具有主流倾向的诗体呢?应该说是可能的。从我国诗歌史来看,汉魏古风、唐代近律、宋词、元曲都各领风骚,主导了一个时代。问题在于要逐步形成共识,坚持不懈地奋斗。

  即使在我国逐渐形成了一种占主流地位的新诗体,现代诗歌的艺术形式依然是绚烂多姿的。毛泽东向来主张艺术的百花齐放,他一再强调,"表现形式要多样化"③,"求新并非弃旧"④,"为群众所欢迎的标新立异,越多越好,不要雷同"⑤。请注意:毛泽东所设想的未来的新体诗歌不是一种,而是"一套",这就为占主流地位的新体诗歌预留了广阔的创造空间,也就是说即使是新体诗歌,也不是整齐划一,而是多种多样的。从整个现代新诗来说,与新体诗歌同时存在的还有各式各样的诗体:自由体、格律体、半格律体、歌谣体等。旧体诗词也仍然与新诗双峰并峙,比翼齐飞。不过正如毛泽东指出的,"格律诗和新诗,都应该在发展中改造"。⑥ 各种诗体都应沿着现代化、民族化、大众化的道路改革发展。

  统而言之,毛泽东诗论的一个核心思想就是改革创新,要为人民改革,为时代创新,以创造为人民和时代需要的诗歌。改革必须创新,创新才能发展。只要我们坚定不移、坚持不懈地向前努力,中国现代诗歌的未来必定是光明的。

2016年元月写于上海

---

① 在文艺座谈会上的讲话.文艺报,2015-10-15.
② 臧克家.毛泽东诗词鉴赏.石家庄:河北人民出版社,1993.
③ 毛泽东文艺论集.北京:中央文献出版社,2002.
④ 费德林.我所接触的中苏领导人.北京:新华出版社,1995.
⑤ 毛泽东文艺论集.北京:中央文献出版社,2002.
⑥ 刘汉民.毛泽东谈文说艺实录.武汉:长江文艺出版社,1992.

漫话幽默文学

殷 仪

殷仪,女,上海大学文学院中文系教授。主要研究领域为现当代文学。出版有《悠悠游子情》《幽默文学面面观》两本专著发表学术论文数十篇。参与编纂了《中国现代文学词典》《元勋文采》《20世纪中国散文英华》等图书。曾获国际炎黄文化研究会第三届龙文化金奖、上海哲学社会科学联合会1988—1991年度学术成果奖。

大凡拜读过鲁迅的《阿Q正传》的,无不为那传神的阿Q精神,和那特有的阿Q腔而绝倒;看过《围城》者,也都不能不感佩钟书钱老先生,是他,运用谐谑、揶揄、调侃的笔触,将一群退避战乱后方的文化青年,苟且搏击在"爱情城堡"(实乃人生城堡)里的心智和无奈,刻画得形神毕露,惟妙惟肖,让人忍俊不禁。现代杰出的幽默作家老舍,他的第一部长篇小说《老张的哲学》,还未及问世,他的同室好友许地山(当年在英伦),看了其手稿,笑得竟误把食盐当做洋糖放进了咖啡。

不难看出,以上作品的一个共同特点,就是笑。是故有人把它们统称为"笑的文学",也就是我在下面要谈的幽默文学。

谈到幽默文学,先得从幽默说起。幽默,属于特殊的审美范畴,它是审美主体与审美对象相互感应、渗透、包孕的产物,在审美过程中形成。在美学领域里,以其审美趣味的悖谬性和审美判断的会意性,区别于崇高和卑劣;又以其可笑性,与姐妹艺术的"讽刺""滑稽"相沟通。它是悖谬性、会意性、可笑性的有机统一。由于笑的动因,笑的情感,笑的表现情态不同,所以笑有大笑、狞笑、奸笑、冷笑、嘲笑、微笑等等之别。显然,不是所笑皆能构成幽默的。那么,什么样的笑才是幽默之笑呢?我赞同中外多数研究学者的意见,持"会心的微笑"之说。这种笑,即使是讽刺,也是善意的,怜悯的,不伤和气、不会使矛盾激化之笑。

至于"会心",亦即领悟和意会。记得相声《歪批三国》中有这么一段对话,逗哏的问捧哏的:"你知道周瑜的姥姥姓什么吗?"捧哏的脱口而出:"姓季啊!"又问:"那么,诸葛亮的姥姥呢?""姓何啊!"捧哏的不假思索地答道。"你从哪听来的?""嗨!周瑜临终前不是仰天长叹吗:'季生瑜,何生亮?'那就是说,季氏老太太生的是周瑜,何氏老太太生的是诸葛亮呀!"这样精彩的段子,在都市剧场里,无疑会获得满堂彩。但是,观众要换做农村老太太,或没读过《三国演义》的老外,效果又将如何呢?这儿的笑,除了段子的"悖谬""可笑"之外,还须具备领悟、意会的条件,比如,阿Q临刑前,得意地趴在判决书上划押的画面,正因为我们意会到其划押的意义,所以才会对他那"惟恐不圆"的认真劲儿,发出"会心的微笑"。

幽默是人的一种能力,一种高级的精神活,它可以浸瀹漫画、乐曲、舞蹈、雕塑或散文、戏剧、小说等意识形态,这些受到幽默浸瀹、渗透的精神产品,都是幽默的艺术载体,无不呈现出一派幽默丰彩,我们姑且把呈现出幽默丰彩,带有幽默格调的文学作品,统称为幽默文学。

幽默文学古已有之,它经历了一个漫长的孕育、萌动和成长发展的过程。

放眼世界,带有幽默色彩的作品,最早见诸文字的,是公元前2世纪古埃及的《能说会道的农夫的故事》,千年之后诞生的古希腊的《伊索寓言》,算来还是它的小弟弟。它们均以娱乐性和讽喻性赢得广泛的青睐。在继后的民间故事、滑稽戏、箴言诗等样式的作品中,也不乏轻松谐趣、活泼滑稽的篇什。古巴比伦箴言诗《奴隶和主人的对话》,奴隶开口闭口"是的,我的主人"!简单的重复,有时连主人也不耐烦起来,竟发狠要杀死他,但奴隶依然"是的,我的主人,——不过,我死后,您也只能活三天"。他的先恭后倨,却也能让奴隶们一展愁颜,一吐闷气。看过《一千零一夜》里《渔夫和哈里发》故事的都知道,渔夫为防阿拔斯帝王哈里发的榨取,保住自己的一百个金币,他日夜苦想对策,怎么在被抓送督衙门时能经得住严刑拷打,咬紧牙关,不承认储有金币?一天夜里,他突然想到一条妙计,就是从眼下起,要养成一种经得起鞭挞的习惯。于是,他立刻跳下床去,动手实践。他一面自我鞭打,一面申辩:"老爷,是他们给我造谣呀!我是打鱼为生的穷人,什么东西都没有嘛……"渔夫的奇思异想,滑稽突梯,怎不叫人捧腹?可是幽默一词,直到6世纪末,才由英国剧作家本·琼生引进文学艺术的殿堂。

文艺复兴以后,随着以实现人的价值为中心的文化浪潮滚滚而来,幽默文学也在中世纪城市文学的基础上,得到深化和提高,从而走向成熟。涌现出众多的诸如鹿特丹、拉伯雷、塞万提斯、乔叟、本·琼生、莎士比亚、莫里哀、歌德、巴尔扎克、果戈理、契诃夫、马克·吐温等幽默作家,和大量的幽默作品。塞万提斯的名著《堂吉诃德》,则摘取了"幽默的第一部完美范本"的桂冠。

幽默文学在我国,亦源远流长。

它萌发于原始社会人民的娱乐游戏。产生于公元前1世纪的《周易》,卦驳辞《大壮·上六》记载:"羝羊触藩,不能退,不能遂。"这是目前所能看到的最早的幽默文字。短文通过对羝羊触藩情态的描写,比喻人一莽撞,就有可能陷入进退维谷的狼狈境地。生动活泼,谐趣逗人。透过玩笑、游戏的画面,给人以思想启迪。

它兴起于春秋战国的霸业政坛。春秋战国时期,诸侯混战,兼并剧烈。一方面贵族士卿为了维持统治和扩充势力范围,招徕文人学者,替自己出谋划策,加上权贵们淫于戏乐,偏爱滑稽,于是养士、蓄优成风;另一方面,濒临衣食之忧的文人游士,也在寻求寄生,图谋个人的腾飞,纷纷向统治阶级靠拢,为主子或筹划于密室,或游说于列国。一些记录聪慧、辩捷策士言行的篇章,便成了千古流传的幽默故事。著名的《晏子使楚》,晏子的胆略、机智、辩才,及其谐谑的语言,世人莫不为之惊叹!优,是以歌舞谐笑娱人的职业艺人,属于下层"贱民"。由于统治阶级的嗜好,才得以接近上层。又因为他们的"巧为言笑",能"令人主和悦",所以他们可用戏言、"隐语",自由地"箴谏时政"。这种以戏谑、讽谏为特色的戏言、"隐语",经过文人学士的皴染和再创造,便使幽默文学悄然走进了先秦文艺的百花园。

它繁荣于元明清的文学艺术园苑。秦汉以前,没有戏剧、小说,只有记述智者哲人言行的散文。其中的戏谑讽谏,加上滑稽的动作,司马迁把它们统称做"滑稽",那便是现代意义上的东方幽默。经过秦汉、魏晋、唐宋的历史发展,思想文化乳汁的浇灌,幽默人物故事,在此后的传记文学和民间笑话中,得到了进一步绘声绘色的记载和描述。这在魏晋的佚事小说,唐传奇和唐宋戏曲、诗词中,都有所反映。但多数只是风趣性格,奇谲情节,诙谐语言的穿插和零星的调侃。直至元代,才出现以幽默格调为主的戏剧,特别是讽刺喜剧的出现,幽默才得以独立的风姿,跃登文坛。

继元代的讽刺喜剧之后,明朝的幽默小品,清朝的长篇讽刺小说,一发而不可收。《儒林外史》的"戚而能谐,婉而多讽",诙谐、戏谑,独树一帜,成为新文化运动前的幽默文学"绝响"。

新文化运动以后,在"学习西方"的时代大潮中,鲁迅及其同代作家,一方面继承我国丰富的幽默遗产,同时又积极吸收西方的幽默表现方法,从而形成自己独特的幽默风格。1918年,《阿Q正传》的问世,绽开了第一朵中西合璧的幽默文学之花。并于20世纪30年代被收入《世界幽默全集》。尽管直到1924年,才由林语堂第一次将英文humour音译成汉字,但幽默和幽默文学,在我国早已存在,并不断发展着,已是不争的事实。

新中国成立以前,继卓越的讽刺幽默大师鲁迅之后,除了林语堂"闲适冲淡"式的幽默小品,真正显出生命力的当数老舍的小说、散文和话剧,还有丁西林的喜剧、梁实秋的小品、张天翼的小说和童话、赵树理的作品、钱钟书的小说、丰子恺的散文、侯宝林的相声等等,幽默型、隐嘲型、讽刺型,品种多样。正所谓时世造"英雄"吧,战斗的岁月里,幽默型幽默,渐渐地被苦难深重的中国人民所遗忘,隐嘲型幽默渐渐也乏人问津,唯有"带刺的玫瑰"大放异彩。

新中国成立以后,幽默创作一度沉寂,十七年道路曲折,幽默在彷徨中蹒跚前行。新时期伊始,是一批短小生动的幽默诗歌、故事、相声、说唱等作品,率先冲破文坛的沉寂,接着,王蒙、高晓声等作家的幽默小说相继问世,这才壮大了幽默创作的声势。及至20世纪80年代,一股以人民为主体,以人民为对象的幽默新潮,蓦地漫卷中国大地,幽默已不再是文学的点缀或消遣之物,而成为一种备受赏识的文风,是作家着意追求的美学风骨。幽默创作适应社会主义文学的建设和人民的不同鉴赏层次的需要,被推上了文坛的重要艺术席位,从而呈现出空前的缤纷色彩和勃勃英姿。

民国时期沪上小学语文教材管窥

黄乐琴

> 黄乐琴,毕业于复旦大学中文系,供职于上海大学文学院中文系至退休。主要研究领域为现当代文学。主讲课程有"中国现代文学史""中国现代文学作品选""鲁迅研究""中国新诗研究"等。编著及参与编著了《元勋文采》《中国近代散文精萃》《二十世纪散文英华》《二十世纪短篇小说选》《中国现代分体诗批判与鉴赏》等图书;发表有关南社与左联、鲁迅与城市文明、老一辈革命家诗歌综论等论文数十篇。

一

晚清以来,随着近代经济社会的出现,以及西方列强的强行开埠,上海在向外开放中呈现出包容性、多变性、传承性与创新性的海派文化特色。在这一特定区域文化涵化下的小学语文教材也同样具此鲜明的特征。

20世纪初期小学语文教科书经历了"蒙学读本""国文教科书""国语课本"等名称的变化。从这些名称的衍变中,我们可以看到在当时政治经济、文化思潮的影响下,教科书从文言编写到白话编写的语言形式的更迭,从以经学为中心的传统伦理教育体系到现代伦理体系、现代知识体系建构的急剧转型。

不光从名称,从教材内容上也能看到海派文化多变性的特征。晚清盛宣怀南洋公学的《蒙学课本》、吴稚晖、俞复依据早年在无锡三等公学堂讲授的讲义编写的《蒙学读本》、刘树屏的澄衷蒙学堂《字课图说》等力"破"旧式教材,略仿外国课本,在教学内容、教学手段上有了一些革新。选字、内容都注重从儿童身边浅近事物取材,形式上也有变化,如《蒙学读本》"楷画石印,附有图画,形式内容,均较美观",当然整体上还未脱离旧式教材的樊篱。继之是民间出版机构开始自行编辑小学国文教科书。自1904年商务印书馆推出《最新国文教科书》后,开始有了现代意义上的教材。此表现为从英才教育转向普及教育；从一段式教育转入划分等级与程度；从教材内容陈义过高、脱离学生年龄、精神到关注与学生已有的知识、生活经验相适应；从以国学经典作为学生的立身训，到注入现代知识和技能，以培养"健全的人格""完全的共和国民"。但在"教育救国"的大潮和"救亡压倒一切"的呼声中，从塑造"新国民"的理想出发，由传统的教化转入到现代的启蒙，教材编写仍是以工具理性为主导的。教材的取舍仍是"以启其人生应有之知识，立其明伦理爱国家之根本"为目标，尊重学童的自然需求与兴趣，并非是他们首要考虑的。随后由商务印书馆、开明书店、世界书局等出版机构推出的国语教科书则体现了人文主义的教育思想，其核心是尊重儿童的自然本性，在教育目标上注重儿童身心两方面的和谐发展，注重真善爱美种子的播撒。

除多变性以外，海派文化多样性的特征也在小学语文教材中有所体现。从晚清到1930年代教科书出版基本都由民间学堂或出版机构自行编辑，经过学部/教育部审定通过后再出版发行。其教材虽然带有强烈的时代印记，具有这一时代主导文化的价值与标准，但其多元化、个性化的特征亦非常明显。编辑者各显其能，相互竞争，相互吸纳，共同推进了小学国文国语教科书的发展。如商务印书馆以"共和"为主题的教科书，其以培养共和国新国民为目标的内容，都列入教材中，从建制符号、西方科技知识到西式服饰发型都被吸纳。而世界书局的国语读本则以"友爱""慎食""清洁""公平"等内容完成了具有传统伦理和现代公民素质相融合的"健全的个人"的培养目标。1930年代后，官方加紧对中小学教学用书的控制、审查，推行教育部编辑的"国定本"，民间出版机构的力量被削弱。在国家统一化、标准化的编辑理念指导下多样化、个性化的特征也逐渐消融了。

二

海派文化的丰富性、活跃性在于各种文化质数的碰撞交织，沪上小学语文教材编写者不同教育理念的坚守与应变，也在他们的教材编写中得以呈现。

20世纪初，与科学破蒙昧的近代化目标相适应、与救亡图存目的相联系的，不少有识之士把目光投向了教育，"然终信救国家救人类，仍以教育为基础""教育的根本在小学""立国根本，在乎教育，教育根本，实在教科书，教育不革命，国基终无由巩固，教科书不革命，教育目的终不能达也"。于是，众多的知识分子纷纷投入到教科书特别是小学国文教科书的编辑之中，以实现他们教育救国、社会进步的理想。

　　从小学国文、国语教材的编辑中,我们可以看到当时知识分子精神与理想的同中存异。商务印书馆教科书的编辑以培养"新中国"的"新国民"为出发点,从1904年至1933年先后出版了《最新国文教科书》《共和国新国文教科书》《复兴国语教科书》,这些教材都以民族精神做骨架,特别注重救国雪耻等内容的列入。而以开明书店教科书编辑为代表,则更认同西方教育家洛克等人的观念,教育的最高目的,在于使人幸福,即有健康的身体与健康的精神。他们认为,社会的进步实际上依靠学校中"健全的个人"的培养,教育上调和发达人的"内敛的本能与理想的本能,利己的倾向与利他的倾向,服从的运命与自由的要求"。正是培养"新国民"与培养"健全的个人"的教育理念与目标的差异,使得两者在教材的选定与编排上显示出不同的风貌。此处要指出的是,即使商务中的编辑,也往往在两种教育理念中摆动,如由庄俞等编写,张元济校订的另外一套商务《国语教科书》(1917)风格上接近开明的《国语课本》(1932)和世界书局的《国语读本》(1933)。《国语教科书》从1917年问世,10年中共发行七八千万册,是民国时期影响最大的语文教科书。由此看来,商务印书馆既有急应时势之举,将教材书的编辑与国民革命紧密联系的趋势,又有持稳妥立场,在儿童观点、儿童经验、儿童生活、儿童心理上到位的编辑态度。由此导致了他们所出教材风貌上的差异。为叙述方便,笔者在下文将简以商务"最新·共和国·复兴教科书"和商务、开明、世界书局的"国语课本"来加以比较阐述。

　　从编选宗旨来看,商务"最新·共和国·复兴教科书"强调的是"灌输"。商务《复兴》的编辑大意中有"灌输党义,提倡科学"的主张。"灌输"即是以成人的经验、成人的观点驱使儿童接受的。商务、开明、世界书局的"国语课本"关注的是"自启","自启"之法是编者按照小学生的程度,"使童子依据自己的经验""自为教师""自行探究""自定其推论"。后来主持商务国语教科书的王云五也认为"养成学生自动研究之能力与兴趣者,较灌输知识于学生远为重要"。这和注重现代知识与传统伦理的灌输法已有不同。如同是初小第一册开篇,《最新》是教认字"天、地、日、月"并配图,《共和国》教的是有配图的"人、手、足、刀尺",而《开明国语课本》则是教句式"早上起来"并配有刷牙、洗脸、吃早饭、背书包出门四幅图。虽然都取自小学生多已认知的事物、事情,但前两者关心的是"讲什么""教什么",是静态的、单调的物事认知。后者还要考虑的是"怎么讲",以何种内容与形式来达到所设定的教育效果。其自启效果显然要高于前者。"四个字,四幅画",无须教师多讲即能让学生通过读画获得直观形象并结合自己的生活经验体会到早晨起来后必须抓紧做的事。继而是"上学去""先生早"两课,沿途的景色、学校的场景,刚经历的"新鲜而陌生"的生活在课本上重现,让学童能感到学习的快乐。如此具体的形象思维与逻辑思维相互渗透,推动着儿童思维能力的发展。

　　西方教育家夸美纽斯认为,感觉是人的认识的开端,"认识从感觉开始"。这样,教学的出发点就应是儿童的感觉,教科书《世界图解》的编写是基于这种观念进行的,"它第一次将图画有意识地、巧妙地应用到语言教学中"。① 商务"最新·共和国·复兴教科书"与商务、开明、世界书局的"国语课本"都开始注重儿童的感觉,将图画与文字有机配合,且注意画面的简约单纯。但在配图上,前者画是文字的附属、说明,后者文字与画融为一体,构成意境。《开明国语课本》第三十三课《公德》仅有一母弯腰捡垃圾,儿在边上观看的画面,不着一字,其寓意就让人回味无穷。第四十五课《睦邻》"母在厨房,制糕已成,命儿捧糕,送往邻家",并配画。母亲良好的人际互动并对小儿的潜移默化的影响,在此凸现。儿童在读情趣盎然的配字画中所培植起来的思维定势和美好情愫将会伴其一生。

　　从"灌输论"的宗旨出发,商务"最新·共和国·复兴教科书"虽然力破"陈义过高,不合儿童生活"的传统蒙学读物,力求"适应儿童学习心理,从儿童日常生活中熟悉的事物入手,由浅入深,循序渐进,使小学生易于认知",但他们不认可日本"皆取小儿游戏故事"的编辑方法,而是认为"修身教授贵举善行模范之实例为谈话之资料以起儿童之感动有模仿之情形"。主张"必取古人事实可为模范者"作为学生的楷模。《最新》初等小学 10 册的修身教科书里"共 200 左右故事,没有一则以儿童游戏形式,都是当时可资效法的古人嘉言善行故事"。同样,《共和国》也取古人嘉言懿行的故事来使小学生达到潜移默化的蒙养效果。相较于《最新》等采用古人的典型形象,《复兴》开始注重树立"今人"的模范,如孙中山、七十二烈士……乃至"我""我们"等以第一人称出现的"新国民"群像,这些群像或许有着"儿童"的相,却是成人的志,无童趣、童真可言。反对"游戏说",使商务"最新·共和国·复兴教科书"重理由、重说教、重意义、重驱迫,"教者皆信欲使学校功课及人生事业有趣而可乐,为不可能之事。是故欲使幼子为勤苦生活之豫备,唯有出于勉强驱迫之一途"。② 教科书的书名就直接急切地向儿童灌输他们的"最新""共和国""复兴"的理念。在书本的内容上也贯穿着他们的主张,如《共和国》后有关"共和国"及与之相关的一系列建制符号都引入了课文,如大总

---

① W. F. Connell. 教学方法史. 转引自:(瑞典) 胡森. 简明国际教育百科全书·教学(下册). 北京:教育科学出版社中,1990:248.
② 斯宾塞尔. 教育论. 任鸿隽译. 上海:商务印书馆,1929.

统、平等、自由等等。

与商务"最新·共和国·复兴教科书"相比,商务、开明、世界书局的"国语课本"从顾及儿童"自身发展""内具快感"的原则出发,对日本教育家编辑教科书"涉于游戏"的编辑方法积极采纳。教材中有很多情境化、游戏化的课文,它们中有些是纯审美的、趣味的,所谓"玩"者,差不多含有游戏的态度,就是"无所为而为",除了这事的本身以外,别无其他目的的意味。① 有些虽涉及意义,但也以儿童嬉戏的形式表现,如世界书局《国语读本》第一课《小猫咪咪》分别是大猫教小猫捉球、摇布娃娃、玩线团、捉老鼠的画面,小猫在玩的过程中学会了觅食的本领。如《商务国语课本》中《尚武》《兵队之戏》的儿童游戏故事中透出的尚武精神。有些课本也取古人故事,以弘扬其优良品质,但多取古人幼时的趣事,如《韩庚卖药》(诚信)、《宋懿拒盗》(勇敢)、《王戎观虎》(镇定)等,浅显易懂,形象鲜活,易被学生接受。他们的教材与海派文艺追求的审美性、欣赏性、趣味性是一致的,其间既有古典文化的超俗性,又有市民文化的趋俗性。

民国时期,这两种教育理念一直在纠结、碰撞着。在民族情绪、阶级意识的支配下,编写教材中由外向内的工具主义较为突出,编写者以家族主义、集体主义、国家主义为价值目标向学生灌输。如1912年中华民国成立,中华书局即于此年2月发行《中华新教科书》,在初小国文教科书第一册的首页上,印了当时南京国民政府的五色国旗,并在课文中解说:"我国旗,分五色,红黄青白黑,我等爱中华。"此种将爱中华、爱国旗、爱领袖的课文置于首篇以示强调的编法,在以后的教材中屡有出现。

而另一种"由内向外"的编辑思路也一直有学者秉承着。叶圣陶如是说:"给孩子们编写语文课本,当然要着眼于培养他们的阅读能力和写作能力,因而教材必须符合语文训练的规律和程序。但是这还不够。小学生既是儿童,他们的语文课本必是儿童文学,才能引起他们的兴趣,使他们乐于阅读,从而发展他们多方面的智慧。当时我编这一部国语课本,就是这样想的。"②从内容上看,他们的课文大都是趣味浓郁的儿童文学,如《世界书局国语读本》第八十课《换袜子》:"妈妈对强儿说,你的袜子穿了一只白的,一只黑的,快去换吧。强儿走到床边一看,对妈妈说,不要换了,这里的袜子也是一只白的一只黑的。"如《商务国语教科书》是配有插图的有关入学、家居、游戏、待人等内容。《开明国语读本》的也是配

---

① 夏丏尊.关于国文的学习//中学各科学习法.上海:开明书店,1931.
② 叶至善.老开明国语课本始末//开明国语课本.上海:上海科学技术文献出版社,2005.

有插图的早上起来后卫生、吃饭、上学、拍球等一天的生活内容。更有充满园趣味的"三只牛吃草""大家画牛""月亮出来了"等儿童日常所见所闻、所作所为。这种由日常的生活内容导入,将儿童的生活经验置于首篇的编排法,很容易把学生带入到编者所设定的教学情境中,新鲜而又切实,温馨而又感人,从而达到了很好的教学效果。

  从形式上看,因他们把儿童的感觉置于首位,故编辑教材注意循序渐进的引导,"国文读本授以日常生活必须之知识技能,并授以关于言语文章之初步课以反复的教材采用圆周的排列案,分七年配置三回反复最为相宜"。① 如《商务国语教科书》有三篇关于小儿战阵之戏的。其一,《尚武》"齐荣显幼时,集群儿,为战阵之戏。荣显持刀指挥,群儿各就行列,无一喧哗者。"其二《兵队之戏》"温课已毕,弟谓兄曰:'吾辈可游戏乎。'兄曰:'弟欲何戏?'弟曰:'吾辈有竹刀,木枪,习为兵队可乎?'兄曰:'可。'遂率诸弟,为兵队之戏。"其三《兵队之戏》"儿童戏习兵操,削竹为刀,执木为枪,以竹笛为巨炮,使小犬夷之。年长者,持刀指挥,分群儿为三队。令行则皆行,令止则皆止,行列整齐,进退有节。"如此反复的逐渐加深小儿嬉戏之篇,让儿童在不断地阅读、感受、玩味中获得内心的狂欢,想象的启迪与尚武精神的播种。

  同样,《开明国语课本》也有三篇关于孙中山先生的故事,分别是《孙中山先生的故事》《孙中山先生和农人》《孙中山先生伦敦遇难》,如此不断复现孙中山,其人格也得到了全面的彰显。儿童通过几个片段的阅读,对伟人的敬意也油然而生。商务、开明、世界书局的国语读本即是在这种反复圆周的编排中潜移默化地向儿童植入了中国的孝、悌、忠、信、礼、义、廉、耻八德。

三

  晚清以来小学语文教材经历了从以文言文编写的"国文"教科书到以白话文编写的"国语"教科书的语言形式的更换。国文教科书与国语教科书,前者以文言文编写,后者不少以语体文即白话文编写。现代教科书兴起伊始,采用的是文言文,1920年北洋政府教育部下令国民学校(即小学)一、二年级采用白话文编写的教科书。这是在晚清国语运动的推动下进行的。国语运动是文字改革运动,它提倡白话,不废古文。而继起的新文化运动却彻底否定古汉字、古文学。

---

① 侯鸿鉴.最新式七个年单级教授法.上海:中华书局,1914:67.

白话文进入书面语系统利弊各显，其优处是"小学儿童读书的能力，确实增进了许多，低年级六七岁的小孩子也居然会自动地看起各种补充读物来，高小毕业生虽然没有读过文言，可是用浅近文学写作的书报，他们也粗枝大叶能够阅读"。其劣处是促使汉语"平面化"，失去了汉语原有的厚度。对此，不少知识分子是有警觉的，他们试用各种方法弥补白话文的不足，如商务、中华书局教科书取用文语并造的方法，一篇文言在前，一篇白话在后；周作人提出以欧化为中心，将古语"化入其中，随着时常日久"，补充的古语都化为通行的新熟语。邹鲁认为"白话文浅显易瞭，在初级小学中，固自有其长处"。但"白话文患在冗赘词繁，不如文言之要语不繁"。熟习文言，由浅入深，可以久而畅晓古代之典故与古人之文艺。为此他建议："小学初级中学，不妨用语体文，高级小学，则须以文言文为主，一方能经此致用，他方又可作为日后研究高深学问之准备。"①当时教育部对语文教育的设置体现了邹鲁的思想。1945年3月中华书局《初级中学国文教科书》编辑例言里明确表示："本书材料，文言并选，其各年级分配方法，系语文题递减，文言文递增。"

尽管教育部如此设置，但在普及基础知识的浪潮中，"唯白话文是崇"的立场终究占了上风。回顾商务的四套教科书，从《最新》(1904)、《共和》(1912)到《国语》(1917)、《复兴》(1933)，其由文言文到白话文的趋势逐渐明朗。前面两套是纯文言文的，到《国语》中是文白交加，而到《复兴》则全是白话文了。民国时期教材中不管是文言文还是白话文，每一套基本的文体是一致的，它显示了"中国书面文字从文言转型为白话，实质上也是一场中国人的思维转变，是思、言、文三维一致"。②

与文言、白话语言形式更迭相联系的是"五四"后，对国文课驱使儿童背诵古文经典一直有所非议，批评之声不绝，专家们借用西方教育家的思想来批评中国传统的训练法，"凡体智得诸育，皆以古训为本，不问童子之天然倾向与其动念""谓训练当以确用感官为主，而徒读故书为从。亦有多数学校，憬然与记诵之法，不足尽启迪童蒙之能事；彼虽良教育之一部分，而要不得以代耳目受官之讨习。斯氏常详述童年幼年，仅恃官感，而用之不已，已足以求得巨量之知识"。③

士子们推动沪上小学语文教材从重古汉字、重词章到重篇章的阅读训练的变更，其中显著的是从重古文化经典到选现代美文编辑体系的变化。晚清时期

---

① 邹鲁. 我对教育之今昔意见自序. 上海：商务印书馆，1945.
② 张梦阳. 鲁迅对中国人的思维批判. 北京：东方出版社，2011.
③ 斯宾塞尔. 教育论. 任鸿隽译. 上海：商务印书馆，1929.

的教科书属于传统教育体系的有"蒙学读（课）本""字义教科书"。前者关涉字义、词汇、章句。后者将教学内容明确设定在文字的读写训练上。从字的特点和结构规律入手展开识字教学，进行"母体字组字"和"字族"识字。如澄衷蒙学堂的《字课图说》，其宗旨是为"小学堂训蒙而作，故词尚浅近，深文奥义不及"，单字先释音，后释义，然后例举关联的词语，附释天文地理、人事物性的事例。这些教材虽旧但已见新，一则从选字、内容上开始注重从儿童身边浅近事物取材，二则开始注重知识的汲取，三是"摹我国旧书图或译本而图"，四是具有全球的视野，《字课图说》中既有大清全图，也有世界地图。刘勰《文心雕龙》论章句曰："人之立言，因字生句，积句成章，积章成篇。篇之彪炳，章无疵也，章之明靡，句无玷也，句之清英，字不妄也。"属于传统教育体系的上述两种教科书依旧重视对文字的训练也不足为奇。至商务的《最新》出版，其也是从识字始，但突出的一点是，确定了以文字笔画的多少，儿童认字的难易程度作为编排课文的一大依据。稍后的国语读本系列因是在白话文兴起、倡导言文一致的背景下出版的，对字词的训练弱化，取而代之的是句章。《商务国语教科书》第一至三十三课是词组配画，如"入学""教师""爱同学""课堂规则"等。其后进入句、篇的阅读，如第三十四课"起居"为"夜间早眠，日间早起"。《开明国语课本》的开头几课分别是"早上起来""上学去""先生早"等，识字、词是在阅读句章的过程中完成的。《世界书局国语读本》开头几课是字、词，第五课始即进入句篇的学习中，当然这种句篇的阅读也是尊重由简到繁，由易到难，反复圆周的原则的。

（原载《海派文化的创新发展与世界文明》，上海大学出版社2012年，此次略有修改）

流水三十年

蔡 翔

蔡翔,1953年12月生,江苏泰县人。1970年赴安徽固镇县杨庙公社插队,后为上海三轮铸件厂工人、上海长新纺织厂技校教师。1980年毕业于上海师范大学中文系,历任《上海文学》杂志社理论编辑、编辑部主任、主编助理、副主编。1982年开始发表作品,1986年加入中国作家协会。2002年调入上海大学文学院,任中文系教授、博士生导师。2011年7月1日起被聘为重庆大学兼职教授。2015年起任《上海大学学报》(社科版)主编。出版有《躁动与喧哗》《侠与义——武侠小说与中国文化》《此情谁诉——中国知识分子的历史性格》《革命/叙事》《一个理想主义者的精神漫游》《日常生活的诗情消解》等专著以及随笔集《自由注解》《写在边缘》《语词别解》,散文集《神圣回忆》等。

1982年,我写了我的第一篇文章《高加林和刘巧珍——〈人生〉人物谈》,那时,我还在上海一家工厂的技工学校工作,课余无事,乱翻杂志,恰巧读到路遥的《人生》,心有所动,便著此文。文章写好后,投稿给《上海文学》,不久,收到通知,约我去编辑部面谈。在上海巨鹿路675号那座老洋房三楼一个朝北的小房间,我见到了周介人老师,后来又见到了李子云老师,他们改变了我一生的命运,也成了我的引路人。文章后来发表在《上海文学》1983年的第一期。再不久,我就调到了《上海文学》杂志社,直到2003年,我才最终离开,到上海大学工作。

时间过得很快,现在想想,也真有点"弹指一挥间"的感觉。1980年代已经成为一个遥远的记忆,即使1990年代,也未免恍如隔世。恍惚间,栩栩如生的,反而是1960年代和1970年代。也许,对我这一代人来说,本没有什么"两个三十年",有的只是"六十年",共和国六十年。后来发生的一切,可能都已隐藏在一种共和国的记忆之中。而这一记忆,被反复唤醒,并被形式化。

我想，对许多人来说，1980年代都是一个值得纪念的时代，我也一样。但我以为，1980年代不应该只是1980年代人的纪念馆，它还应该成为一座活着的图书馆，以供人们反复阅读，并不断地征用。重新讨论1980年代，是我目前的一项主要工作，但困难很多。困难之一，恰恰在于自己的亲历性，经验有时候反而可能是一种羁绊，甚至是视野和想象的局限。因此，个人的记忆也仅仅只是个人的记忆而已。

我在1980年代的写作，基本上以文学评论为主，后来出版过两本著作，一本是《一个理想主义者的精神漫游》，另一本是《躁动与喧哗》。我不太清楚别人的知识背景，但对我个人而言，我受别林斯基的影响很深，无论是他的文章风格，还是他对俄罗斯的深厚的感情和关怀，直到今天，这种影响还在。后来有些人批评别林斯基，坦率说，我对这种批评不以为然。

一方面，1980年代，尤其在文学批评领域，好像是一个没有规范和家法的年代，每个人都在突出自己的个性，指点江山，挥斥方遒，隐约其中的，或许正是吉登斯所谓的"解放政治"。当然，就我个人而言，也难免逞才使气，语不惊人死不休，以辞害意也是常有的。

但另一方面，每个人也都带着自己的历史记忆走进1980年代，并且努力塑造着1980年代。一个人和一个人不一样，一代人和一代人也不一样。对我而言，被唤醒的，可能是1960年代的记忆，这一记忆被压抑在1970年代。那或许是一种有关青春和激情的记忆，一种解放和抗争的记忆，也可能是一种重新创造世界的记忆——有关这一切的记忆，都隐蔽在共和国的理念之中，或者，我也可以把它解释为一种"革命"的理念。因此，在某种意义上，1980年代也是对这一理念的遥远的回应，尤其是有关"异化"问题的讨论，实际上暗暗接通了1960年代的血脉。因此，1980年代，在它拒绝政治的时候，却隐伏着另一种重新创造政治的愿望，这可能更重要。但是，1980年代毕竟有着它的规定性，尽管1980年代的许多重要问题，都可在1960年代或者1970年代找到它的历史缘起，但仍然不能完全说明1980年代的重要意义。1980年代的重要性仍然在于它处在"两个三十年"之间，它完成了一个重要的历史转折，这一转折的历史意义，至今也仍然难以估计。然而，这一转折的最终完成，却是因为各种的因素，甚至包括偶然的历史机遇。而在这一历史机遇中，当然也包括了文学的介入。一些历史事件被重新解释，比如"五•四"，"个人"再次成为一个统治性的概念。所谓"现代化"，也更多地被技术化，或者可以称之为"技术现代性"。正是"技术"（科学）的介入，这一所谓的历史转折才可能完成，显然，技术崇拜——科学崇拜——制度崇拜——意识形态崇拜,也正是 1980 年代的逻辑演变,这一逻辑帮助中国重新回到"世界体系"之中。尽管不可能每个人都被这一逻辑吸纳,但仍然可以看出一种大致的变化。

因此,一方面,1980 年代在努力回应"革命"的理念;另一方面,又中断了这一"革命"的逻辑发展,人们试图找到另一种逻辑起点,"社会主义"被简单地解释为"封建"和"人治",而"1980 年代"则被理解为"现代"和"法治"。所谓重新"创造政治"在这一逻辑的裹挟之中,除了继续的"西方化",似乎也很难找到自己新的形式化的可能。我想说明的是,尽管如此,1980 年代的文学仍然呈现出一种抗争性的态势,它似乎并未心甘情愿地被这一"现代性"所"启蒙",但是却逐渐退回到审美的领域,个人始终被强调,并抗拒一切的规范、约束和异化的可能,但并不是在政治领域,而是在美的领域。正是在这一领域中,同时生产出了一种巨大的幻觉,当然,幻觉依然可以生产激情,甚至理想主义的激情。

1980 年代发生了许多事情,因此,这一时代就不可能被完全地做一种扁平化的处理。对我来说,1984 年也许非常重要。"个人"的迷狂并未持续太久,"文化"这个概念开始引起我的兴趣。尽管,在当时,这个概念仅仅停留在人类学的层面,但也足以引发我们继续的思考。一方面,经济基础和上层建筑,这样机械的二分法,已经无法继续吸引我们,"文化"恰在此时打开了另一个广阔的领域;而另一方面,更重要的是,"文化"这个概念可能悄悄地重新接通个人和社会的关系。个人不再处于世界的中心,历史、国家、族群、甚至社会现实,都在这一关系领域中重新进入我们的视野——一种记忆,一种有关 1960 年代的记忆也再次被悄悄唤醒,只是那时并未自觉地意识。在《一个理想主义者的精神漫游》中,有一篇文章叫《知识分子和文学》,其中说到:"当知识分子在现实中,已经逐步渗透到社会的各个层次,并且开始分享权力和财富。当知识可以同权力和财富进行等价或半等价的交换时,它还能保持自己'现状反对者'或'社会良心'形象吗?"二十多年后,不幸而言中。当时有意识的,可能是"文化批评"这个概念,《躁动与喧哗》一书中,收录了我和这本书的责任编辑林爱莲女士的一次对话,在对话中,我强调了"批评如果能够进入了文化层面,前景肯定是非常广阔的",而在方法论层面,则更强调"为什么这样写",当然,总体上仍然局限在一种"个人化"的立场:"它主要立足于人文精神,再具体地说,是它的个人化立场,它从个人主体的角度自觉地反思或展示整个民族文化心理,这也是我们这个时代的精神反映",这就是 1980 年代对我的启发和制约,它和后来的"文化研究"并不完全一样。重新翻阅旧著,我曾有一篇文章名为"神圣启示录",里面粗糙地讨论了"文革",也完全受制当时的思想氛围,但却强调了"重建信仰"。

1980年代终结于1989年,但在1989年之前,却已经出现了某种疲惫的情绪。创造的激情开始冷却,怀疑和自我怀疑再次出现。我之所以要提出"之前",因为我反对把一个时代的终结直接归之于某一政治事件,那样只可能束缚我们的思考。但是,1989年却把这种情绪强化了。但反过来,也促使我们更深刻地思想,包括更广泛地阅读。

1989年之后,我的写作范围开始扩大,但基本上仍然延续着所谓的"文化"。我讨论过武侠小说,后来结集为《侠与义——武侠小说与中国文化》,有几年,沉迷于古代,出版了两本书,一本是所谓的学术小品《自由注解》,另一本是《此情谁诉——中国古代知识分子的历史性格》。当然,这些文章搁到今天,我未必敢写,也正应了俗话,读书越多,胆子越小。但在那个时候,多少有一种重新反思1980年代的愿望在内。而在1994年,我出版了《日常生活的诗性消解》,那是一本当代文学的研究著作,1980年代的浮华之气略有减退。相反,可能更多的,是疑虑重重,以及再次奋发的希冀。

1990年代,我很少写作当代文学最新作品的评论,一方面,我觉得不断地追踪新的作品越来越困难;而另一方面,我一直隐隐地抗拒文学批评的职业化。实际上,在那个时候,我一直把自己定义为"自由写作者",所以在1990年代的后期,我基本上从事两方面的写作:散文和随笔。后来,散文结集为《神圣回忆》,随笔则命名为《回答今天》。

对我个人而言,1990年代的重要性,并不亚于1980年代,尽管至今我仍然难以描述这个年代。但在那个时代,一种批判意识开始重新确立,并强调"批判知识分子"的重要性。我的确不太清楚应该如何描述这个时代,但有一点,在比喻的意义上,我会将这个时代解释为一个"小时代",一个不断向内又不断缩小的时代,一个模仿和复制的时代。

我也许应该提到唐小兵主编的《再解读》一书,这本书1990年代中期出版于香港,但通过各种管道进入内地。书中的一些作者都是我在1980年代的朋友,我一方面感叹于他们在学术上的提升;另一方面,他们对现代性的重新讨论,将"社会主义"从一度流行的"封建"的解释中解放出来,从而打开了一个广阔的讨论空间。当然,我也有不满足的地方,那就是过于"现代",而忽略了"革命"的特殊意义。可能,这就是后来我为什么会写《革命/叙述:中国社会主义文学——文化想象(1949—1966)》一书的原因之一。

但是,1990年代对我来说,重要的,并不仅仅是学术上的,更重要的可能是现实的急剧变化,这一变化才真正使我们从 1980 年代的幻觉中走出,直面现实。隐秘已久的 1960 年代的记忆,这个时候才可能被真正唤醒。1996 年,我写作了《底层》一文,很多年后,也就是 2006 年,我在《何谓文学本身》一书的自序中,回顾了这篇文章的写作前后:

> 大概在十年前,我写过一篇名为《底层》的散文,在那篇文章里,我记录了当时的感想和感受。今天,"底层"已经成为一个非常普泛化的语词,而且,开始进入学术讨论的视域。我无意把我当年的那篇文章纳入这一知识谱系,事实上,今天相关的学术讨论与我这篇文章也没有丝毫的关系,完全是两种不同的写作活动。在这里,我重提旧事,只是感慨于现实的残酷性程度,正是现实的残酷,才逼使这个词浮出水面。在学术研究的热闹背后,却是一个阶级的日益贫困和更加不堪的生活状况。每念及此,常常感慨万千。
>
> ……可是,我仍然得面对这个语词,不仅因为这个语词可以帮助我们进入现实,而且,我们还得面对因为这个词而导致的各种批评意见。而最令人不解的是,这些批评意见居然主要来自文学批评届。或许,因为这个词的粗暴进入,破坏了文学的所谓的美和诗意,破坏了文学久已习惯的想象方式?是这样吗?不是这样吗?似乎是,似乎也不完全是。
>
> 我们真正需要面对的,可能还是这样一种意见,今天重提"底层"的目的何在? 的确,我们今天为什么要重新叙述底层,是为了唤起道德的同情和怜悯? 当然不是。是为了重新接续某种"苦难"叙事? 也不完全是。对于这个问题,每个人都会有自己的回答,就我个人而言,在非文学的意义上,重新叙述底层,只是为了确立一种公正、平等和正义的社会原则。一个理想的社会形态,是不能也不应该漠视底层以及所有弱势阶层的存在。我们必须确立一种这样的社会原则,公平、平等和正义的社会原则,应该成为一个共同体的普遍的价值诉求,甚至成为"政治正确"的核心内涵。

也许,《底层》这篇文章,暗示了我的一个新的写作时代的开始,只是,当时并没有意识到。很多年后,也就是 2009 年的夏天,我应李云雷兄之邀,到清华大学参加他主持的一个有关"底层文学"的讨论会,在会上我有一个简短的发言。实际上,我从来没有正式用过"底层文学"这个概念,而且,坦率说,我对这个概念有点疑虑,也是在那篇自序中,我提到:"然而,在文学的意义上,我的态度却会更加谨慎。因为'政治正确'并不可能保证一部优秀作品的诞生,这是一个普通的文学常识。如果把'底层'仅仅视为一种题材,那么我们就有可能重新陷入'题材决定论'的旧式陷阱。即使把'底层'当做题材,那么它也永远无法替代文学的其他叙事元素。'写什么'和'怎么写'不应该成为一个次序先后排列的问题,它们永远复杂的纠缠在一起,共同完成文学的叙事过程。在我而言,重要的并不在于是否具体的叙述底层,更重要的,是让这个词成为一个'在场'的'他者',是在这个词的目光注视中,开始我们的叙事。"可是,我仍然支持这一写作倾向,我的意思是,这一文学写作倾向最起码给我们提供了三个有益的启示:

(一)重新引入政治经济学的叙述视野,并挑战心理主义的霸权地位;

(二)重新讨论个人和所属族群的关系,并挑战个人中心主义;

(三)重新讨论私人情感和公共领域的关系,并挑战泛滥化的审美主义倾向。

当然,更重要的是,并不是就此轻易地否定心理主义等等,而是如何在这数者之间构置一种必要的张力。当然,在我看来,所谓"底层文学"面临的最大问题,可能是如何创造一种重新解释世界的思想,否则的话,即使"批判现实主义",也可能无奈地默认资本逻辑的合法性。如此这样的话,那么,"底层文学"的意义就值得怀疑。

我在《何谓文学本身》的自序中,也曾回顾了近10年来的思想路程:

> 对我来说,近十年的道路,是一段相当漫长的旅程,不仅仅是一种知识转型的痛苦,内心更充满了困惑、焦虑甚至分裂,许多的想法沉入心底,成为隐秘,难以言说。正是在内心的隐秘深处,一些确立已久的信念开始动摇,而另一些曾被压抑许久的记忆却又渐渐复活。在许多的时间里,我默默注视自己,一个暧昧的、分裂的、身份可疑的自我。我曾经一度想放弃写作,我不知道该怎样叙述这个暧昧的、分裂的、身份可疑的自我——直到今天,这种想法仍然挥之不去。我不知道我的写作的意义何在,甚至有无意义,而在20年前,这却似乎是一个不证自明的写作前提。

不过,仍然没有放弃寻找。重要的,可能是"文化研究"这个概念的出现,同20年前的泛化的"文化"概念相比,"文化研究"具有更为强烈的理论性,而且指向明确:"另一些语词却在这个时代愤怒地涌现出来:资本、权力、阶级、市场……我们与这些语词遭遇,与这些语词背后的残酷的现实遭遇,现实逼使我们重新思考。在这个意义上,我接受或部分的接受所谓的'文化研究'并不仅仅只是一种知识的需要，更多的，仍然是现实使然。是我在一个批判知识分子的确立过程之中，渴望找到的某种理论资源或者写作范式。因此，在另一种意义上，对我，或者对我的朋友来说，'文化研究'更多的可能只是一个'能指'，我们依据这个'能指'来重新组织我们的叙述，包括对文学的叙述。"就我个人而言，这一所谓的"文化研究"的重要性，并不完全在于它的西方理论的背景，而是有可能接通我的历史记忆，这一记忆包括国家、阶级、公平、平等，等等。实际上，有关"纯文学"的讨论，也正是在这一背景下展开。当然，我并不排斥理论，尤其是西方理论，相反，我愈加认识到理论的重要性。而在理论转型的同时也正是知识和学术的转型。

2002年，我调到上海大学工作，学院给我一个新的专业化的工作环境。授课、读书、讨论、写作……几乎构成了我全部的生活内容。在这一环境中，我开始把我的经验和感觉知识化，也开始从文学批评转向文学史研究。

有几年时间，我的工作内容完全围绕重新讨论"十七年"的文学和文化想象。方法论上仍然延续了我在20年前所希望的"为什么会这样写"的讨论理路，而在具体讨论中，则基本上让文学史和社会史处于一种互文性的叙述之中。就像我过去也曾经说过："这些讨论既在文学之中，又在文学之外，这和作者近年来一直强调的打通文本内部/外部的研究有关，也可以视之为当代文学研究方法论上的新的实践。显然，作者努力使文学重回公共领域，因此，文学史始终处在和社会政治史积极对话的过程中间。作者在强调了中国革命的正当性的同时，并没有刻意回避无理性的一面，而是严肃讨论这一正当性如何或因何生产出了它的无理性。"我并不认为这是一种最好的研究方法，事实上，我也从不认为只有一种最好的研究方法，但在这本书中，我更愿意采取这种方法。

实际上，随着讨论的进一步展开，我愈加意识到政治的重要性。只要我们不满足于既定的世界秩序的安排，而且愿意继续讨论"世界应该怎样"，那么，这就是政治的。所以，在文学性的背后，总是政治性，或者说，政治性本身就构成了文学性。

当然，对我来说，"文化研究"只是一种理论或者方法论上的过渡——"如果哪一天，'文化研究'控制或者开始限制我的思考，我想，我也会毫不犹豫地离开它"。今天，我仍然是这一看法。

我在最近完成的著作《革命/叙述：中国社会主义文学——文化想象（1949—1966）》的导论中谈到：罗兰·巴特在《共产主义的设想》中以一种决断性的修辞方式阐释了西方左翼在今天的命运和工作："从许多方面看，我们今天更贴近于19世纪的问题而不是20世纪的革命历史。众多而丰富的19世纪现象正在重新搬演：大范围贫困，不平等加剧，政治蜕变为'财富仪式'，青年人群众大部分所秉持的虚无主义，众多知识分子的奴性屈从，探索表达共产主义设想的众多小团体的实验精神，也是受群起之功、被围追堵截的实验精神……无疑就是这种情况，和19世纪一样，今天最关键的不是共产主义假设的胜利，而是它的存在条件。处于目前压倒性的反动间隔期之中，我们的任务如下：将思想进程——就其特质而言总是全球化的或普遍的——和政治经验——总是地方性的和独一无二的，但毕竟是可传播的——结合起来，从而使共产主义设想得以复生，既在我们的意识之中，也在这片大地之上。"在某种大致的也是粗略的意义上，我可能倾向于巴丢的说法，但问题是，我们怎样回到19世纪？没有别的路径，我们只能带着20世纪的思想遗产——这一遗产既是正面的，也是负面的，包括20世纪的失败教训——回到19世纪，重新地思考、探索和准备另一个世纪的到来——也许，这个世界遥遥无期。但是，也正如鲍曼在《寻找政治》中所言："知识本身并不能决定我们对它做何种使用。"归根到底，这事关我们自己的选择。然而，没有这种知识，任何选择就无从展开。有这种知识，自由人至少有行使其自由之机会。

在这一意义上，我开始注意并重视学院的知识生产的工作。

我现在的主要工作是重新讨论1980年代，也许，我对1980年代有一个重新的认识之后，才可能较为完整地描述这一"六十年"的历史演变的过程。我不会轻易地否定1980年代，实际上这一时代的复杂性并没有在我们的叙述中被完整地再现出来。我也不会轻易地否定这个时代涌现出来的概念：民主、自由、个人、法治等等。相反，我一直努力把这些概念纳入我的思想谱系之中，并和其他的概念一起构成对世界的设想。

我亲历并见证了这一"三十年"的变化，我也一直在寻找通向未来世界的道路，这一寻找隐藏在1960年代的记忆之中，至今，我也并未放弃这一寻找，尽管寻找在今天变得怎样的困难重重。我看着自己的生命渐渐老去，但在内心深处，仍然回荡着少年时代的呐喊——对我这一代人来说，我们始终是共和国的长子。

（《当代文学与文化批评书系·蔡翔卷》序言，北京师范大学出版社2010年出版，2012年台湾人间出版社《神圣回忆：蔡翔选集》亦收入）

战争、新村与启蒙的界限
——基于《一个青年的梦》译介关系的考察

杨位俭

> 杨位俭,文学博士,现为上海大学文学院副教授、硕士研究生导师。曾为美国杜鲁门大学访问学者。主要研究领域为现当代文学。主讲课程"中国现代文学史""乡土社会""文化与诗学""文化产业研究"等。出版有《浴血传奇:战时中国文学乡土叙事研究》《20世纪中国文学与民间文化》(合著)等专著,参与编写了《中国现当代乡土文学研究》。在国内外学术刊物发表论文10余篇,部分论文被《中国社会科学文摘》《新华文摘》等刊物转载、辑录或收入其他论文集。

追溯五四运动的国际性关联,"第一次世界大战"(时称"欧战")是不容忽视的因素,这不仅指"欧战"的消极后果所引起的国内民族主义情绪的激烈反弹,以及"十月革命"对中国道路的启示性,而且还包括针对战争及国际上军国主义潮流的深刻反思。在"欧战"前后,中国知识分子与国际和平主义、无政府主义思潮进行了充分的联结和互动,以此丰富并深化了启蒙运动的世界主义内涵。《一个青年的梦》是日本白桦派代表作家武者小路实笃(Mushakoji Saneatsu,以下简称"武者")创作的一部反战戏剧,该剧创作并发表于"欧战"期间(1916年《白桦》杂志第七卷三月号至十一月号),中国思想界对该剧的译介是在"欧战"已经结束、凡尔赛会议所直接引发的五四事件刚过去三个月之时(1919年8月),是时日本侵华野心更渐显露,思想界对"强权战胜公理"的国际新秩序倍感失望,该剧由周作人推荐、鲁迅亲自翻译,渐次发表于《国民公报》和《新青年》上,以《新青年》登载内容为定稿。发表同时,周作人、蔡元培、陈独秀以及胡适等都对该剧进行了积极的回应。围绕《一个青年的梦》的译介,形成了一次重要的思想文化事件,推动了新村(Atarashiki Mura)理想的传播,并深刻卷入了国际性的思想互动。回顾这一历史，有助于理解五四启蒙思想的实践性、复杂性、内在张力与未来向度。

《一个青年的梦》戏剧结构比较复杂，不仅有层层嵌套的剧中剧，还有梦境与现实、冥界与生界、神灵与恶魔等层次之间的穿越互动，但是整体上是围绕青年"A"的梦游展开的，在《与支那未知的友人》一文中，武者提出拟将戏剧题目改为《A与战争》，其意旨更为明晰地指向止战的可能主体——青年，对于武者而言，戏剧本身就是一种启蒙教育实践，它深入到思想主体晦暗与歧路重重的内部，意图以不停的诘问重建青年的思想和行动能力。在剧中，"不识者"尽管面容模糊，但是其严厉且智性的教导应是青年自身孱弱、内面"缺失"的精神反照，如鲁迅所叙之藤野先生——那个"不敢面对的人"，恰是青年所焦虑并期待的精神导师，这种将青年锁定为启蒙和行动对象的意图正与中国新文化运动的精神进路高度契合。作为观念形式的戏剧表现广泛涉及了国家主义、动员政治、个人主义以及艺术、宗教、爱欲等诸多命题，彼此之间又矛盾纠缠。但武者显然并不满足于揭示事实和批判战争的恐怖，在他的心里应该有一个理想的、超越国家形态的世界构想。他在《自序》中提到："我做这剧本，决不是想做问题剧。只因倘使不做触着这事实的东西，总觉得有些过意不去，所以便做了这样的东西。""我希望从这忧虑上，生出新的这世界的秩序来，太不理会这忧虑，便反要收到可怕的结果。我希望：平和的理性的自然的生出这新秩序。血腥的事，我想能够避去多少，总是避去多少的好。这也不是单因为我胆怯，实在因为愿做平和的人民。"①表现战争，是为了揭示支配战争的逻辑，而揭示这种逻辑，赋予了戏剧深刻的思想性。我们看到，该剧角色间的对话有很强的论辩色彩，其风格颇类似于柏拉图的《理想国》，这一方面使一些抽象的观念得以形象化、情境化地呈现，因而也更富有修辞的力量；另一方面也有助于戏剧矛盾的快速推进，对于社会现实具有高度的模拟性和思想介入能力。

在《一个青年的梦》中，战争作为批判与反思的起点是确定的。在第一幕中，通过"死者告诉活着的人"，那些因战而死的鬼魂的演出渲染了死亡的恐怖，而地狱里迟来的友爱则反衬出战争的荒谬，这无疑是一种沉重的战争告诫，青年因此意识到战争的非理性，并作出了"战争根源于国家"这样的判断；在第四幕的"剧中剧"中，恶魔的作祟胜过了神对人类的乐观，人格化的国家争斗尽管具有魔幻的表象，却无疑是"现实化"了的战争写照，其"现实性"不仅在于还原出了战争的

---

① 武者小路实笃.一个青年的梦·自序.新青年，第七卷第二号.北京：人民出版社，1954年影印版：68.

逻辑，而且还明言了个人对于战争无可逃避的被动处境：以国家的视角——从积极的方面来看，以爱国的名义攻城略地是利益和光荣；从消极的方面看，"亡国的恐怖，是谁的脑里，也都渗进着的"，这让青年尤为觉得可怕，"一切生人，都以为战争是不可免的事，而且以为不爱战争似乎是一桩丢人的事。国家看那战争的事，比什么都害怕。说弱于战争，便是国家灭亡的意思"。在这种逻辑的支配下，"人们生在世上，似乎专为着做军备了。非互相杀害便生存不得的根性，渐渐要加强了；而且若不毁了别国，自国便发展不得的根性，渐渐要加强了"，[①]恰如中了恶魔的诅咒一般：不用天灾和疾病，只要在人的头里种下一两粒仇恨的种子，就足够相互灭亡了！

表面上看，战争源于国家之间的疑惧、不可遏止的工业和军备竞赛，各国均以为不如此便要亡国，最后都不由自主地卷入战争的旋涡。从内部机制上看，每个现代民族国家（nation state）都必须是高效的战争动员机器，其主权强化模式将每个国民都纳入到了竞争性国家关系中，民族主义构成了现代国家的核心意识形态。在戏剧中，德大（指德国）快速崛起的关键就在于懂得如何通过爱国者和国贼的甄别宣传，取得军事动员的极大成功，成为后起国家的榜样；在第三幕第一场中，（日大的）村长这个角色就是国家动员中很重要的一层力量，村长以战争为名誉动员画家儿子参战，结果自己的儿子落了同样的命运。探讨军事动员的机制，除了制度化的义务强迫，武者更注意到是已经内化的集体无意识对个体的蛊惑驱动，"说到敌人这东西，是最容易发生敌忾心的。只要（遇到）一些事，立刻发恨，觉得只要能多杀人，便自己死了也可以。听到自己的同胞给人杀了，被人辱了，听到自己的祖国危险了，便觉得自己是不算什么的。这虽然可怕，但实在觉得如此。而且遇着敌人，单是杀了还不够，还想将他惨杀哩"，"忍辱这件事，在个人是美德，在国家是无比耻辱的了"，"杀人是不行的事，抢别人的东西是坏事，扰乱他人的平和与自由是讨厌的行为；但一为国家，这些恶德便不但得了许可，而且变了美德了"，戏剧以朴素的形式呈现了狭隘民族主义形成的情感逻辑，威权操纵固然是一个方面，即使在人性本身，未尝不存在民族主义形成的根源，所以武者的人道主义更强调个人主体的理性决断，而不是集体认同。在这一点上，人道主义思想似乎与国家主义有着天然的对立，而且人道主义所确立的人本价值与战争的毁灭本质之间是根本对立的，但是其限度在于，来源于人性本身的

[①] 剧中引文均出自鲁迅译《一个青年的梦》，刊于《新青年》第七卷第二号至第五号，以下不再一一注释。

竞争意识、好胜心以及荣誉感和恐惧感仍然有可能导致非理性的普遍冲突。第三幕第三场中，一群少年打群架的场景正呈现了个人在集体行动中的悖论处境，在伙伴们为了名誉采取一致行动的时候，青年原本想做和睦的使者，然而因为破坏了团结、影响了士气而被伙伴们殴打，但更吊诡的是，随着双方缠斗升级，青年见友人一方被杀，遂开枪反击，把对方开枪行凶的人杀死，自己最终也不免成为战争的参与者。青年被动采取的杀戮行为有助于认识个人在普遍的民族主义情绪中无可选择的处境，揭示了和平主义和非战论脱离现实实践的那一面，因而也受到了"不识者"的强烈质疑。

以调和论和绝对的非战论来对待战争，很容易变成不抵抗主义，抽象和静止的价值信条并不能转变为有效的行动，这是一种实践的困境。戏剧中出现的托钵和尚（乞丐）、学生、画家等是一群以艺术生活来对待战争的人，他们的行为呈现了对战争的不同反应方式。在第三幕第一场中，画家作画是强制遗忘和回避世事、避免自己被失子的悲伤击倒的一个办法；而乞丐和他周围的学生则是用狄奥根尼式的犬儒主义（Cynicism）态度对付世间的谬误和秩序。有些人对宗教的反战作用似乎还抱有一点希望，但戏剧中与宗教关联的场景却具有戏谑和荒诞的色彩：十个士兵与一个士兵遭遇，在彼此都以为享受着救赎的喜悦（摩头的意象）的时候，被俘虏的士兵却莫名其妙失去了性命。虽然耶稣、释迦不认国家，且以战争为罪恶，但是武者认为人们不可能从耶教佛教无我无爱，或不抵抗主义的倾向，得到一个没有战争的未来。在戏剧中，武者所塑造的神相对于恶魔是没有信心的形象，而职掌和平的女神，一直是"饥饿着""没有元气""一点事便哭"的样子，在这种戏剧表现上应该能够看出武者对神学价值的游离，说到底，武者的信心还是在"人"身上，寄托于民众的觉醒：一方面必须凭着民众的力量，改变国家的内容，形成人类的团结，从而消除战争发生的根源；另一方面，不能以集体的、国家的要求取代个人的位置，个人仍必须是自由的，"将人承认是人，真心图谋他的发达和幸福，战争便该消灭了"。在实践路径上，武者提出了建立一个"世界同盟"，以消灭彼此"对于亡国的恐怖"；关于战争的选择，他赞成"反抗征服的战争（如殖民地解放斗争）是国民可以承认的战争"，反对除此之外的任何不义之战。在涉及日本军国主义的倾向上，武者也给予了毫不留情的批判，这也反映出日本思想界对于明治维新以来德国式帝国主义教育倾向的反思。

武者著作《一个青年的梦》始于他对不可遏止的战争逻辑的"恐怖"判断，当年（1916）对于日本在欧战中角色的反思，经由译介活动转换成了中国思想界对变动的世界关系的新思考,其中自然也包括日益恶化的中日关系,但是武者所主张的多元文明观、用人类的眼光而不是国家的眼光看事物,及其倡导的民族间互助、反对彼此妖魔化,以增进人类幸福为世界发展的根本目的,在该剧译介中仍然获得了中国知识分子的广泛认同。谈及译介该剧给中国人的原因,鲁迅提到,"《新青年》四卷五号里面,周起明曾说起《一个青年的梦》,我因此便也搜求了一本,将他看完,很受些感动:觉得思想很透彻,信心很强固,声音也很真。我对于'人人都是人类的相待,不是国家的相待,才得永久和平,但非从民众觉醒不可'这意思,极以为然,而且也相信将来总要做到"。鲁迅敏锐地意识到该剧的启蒙意义,这是他所以动手翻译该剧的主要考量,这个"启蒙"与鲁迅的国民性省察是一脉相承的,"对于中国人爱好和平这句话,很有些怀疑,很觉得恐怖。我想如果中国有战前的德意志一半强,不知国民性是怎么一种颜色。现在是世界上有名的弱国,南北却还没有议和,打仗比欧战更长久",①"中国人自己诚然不善于战争,却并没有诅咒战争;自己诚然不愿出战,却并未同情于不愿出战的他人;虽然想到自己,却并没有想到他人的自己。譬如现在论及日本并吞朝鲜的事,每每有'朝鲜本我藩属'这一类话,只要听这口气,也足够教人害怕了","所以我以为这剧本也很可以医许多中国旧思想上的痼疾,因此也很有翻译成中文的意义"。②鲁迅自觉承担了国民精神的解剖,不免也对自己的民族根性感到怀疑、恐怖、羞耻,此处自我启蒙似乎首当要紧。鲁迅在《译者序》中提及翻译当口恰好孙伏园要让自己"做点东西",这种游移消沉的情绪几乎与钱玄同劝自己做小说时如出一辙,鲁迅的顾虑是"两面正在交恶",所以在外界看来翻译这个东西"不很相宜",也正是这一点游移和遮掩的私心,让鲁迅怀疑起"自己的根性",而翻译实践正是观念和行动之间的一种有力转换,一种对思想阴影的克服。鲁迅对于戏剧中的观念并不全然认同,比如关于德国的认知,在武者那里德国导致日本堕落的坏榜样,而在鲁迅这里却是弱国能够尽快团结起来的样板,因为鲁迅对中国人窝里斗是深恶痛绝的,"中国开一个运动会,却每因为决赛而至于打架;日子早过去了,两面还仇恨着。在社会上,也大抵无端端的互相仇视,什么南北,什么省道府县,弄得无可开交,个个满脸苦相"。也许是基于思想中师承的关系,鲁迅应很不希望中日之间积怨仇恨,所以会真心认同武者关于互助与和平的理想主义,"现在国家这个东西,虽然依旧存在;但在人的真性,却一天比一天的流露:欧战

---

① 鲁迅.一个青年的梦·译者序.新青年,1920,7(2):65.
② 鲁迅.一个青年的梦·译者序二.新青年,1920,7(2):66-67.

未完时候,在外国报纸上,时时可以看到两军在停战中往来的美谈,战后相爱的至情。他们虽然还蒙在国的鼓子里,然而已经像竞走一般,走时是竞争者,走了是朋友了"。① 及至"一·二八"淞沪战事爆发,仓皇躲避战火的鲁迅仍未完全断绝"渡尽劫波兄弟在,相逢一笑泯恩仇"②的执念,可以判断,世界主义在鲁迅的思想脉络里是一个或隐或显的路向,当然,也一定是处于思想矛盾的漩涡之中。

在《新青年》第七卷第三号中,周作人、蔡元培、陈独秀接连发声,总体上对《一个青年的梦》持认同的意见,不过,关注的重点还是略有不同。他们都特别说明了武者等人与侵略者的分别,并强调要超越国家之间的分立来共同思考人类的问题。蔡元培认为,"现在中国人与日本人的感情,是坏极了,这因为日本对中国的态度,的确很不好。但我们并不是说:凡有住在日本的一部分的人类,都是想借了中日亲善的口头禅,来侵略中国的。武者先生与他的新村同志,都抱了人道主义,决没有日本人与中国人的界限,是我们相信的","不但这一类的人,就是现在盲从了他们政府,赞成侵略主义的人,也一定有觉悟的一日,真心与中国人携手,同兄弟一样"。③ 作为行动上的建议,蔡元培提出应该像武者那样尽力唤醒更多的人,不但要唤醒本国的人,也要"去敲对方的门",尽人类的义务;陈独秀非常认同武者心目中期待的那个"人",即"肯为人类做事的人","不将手去染血,却流额上的汗;不借金钱的力,却委身与真理的人",积极响应"互助"、人类本位的和平主义与世界主义的倡议。在《新青年》第七卷第二号《答半农的D—诗》中,陈独秀以浪漫主义的诗人气质描绘了一幅永续的时间与空间中没有疆界、没有仇敌、充满友爱的未来大同世界,与武者《寄一个支那兄弟的诗》④遥相呼应,可谓不谋而合。但相对于武者,陈独秀对帝国主义的扩张本质有更清醒的判断,其"人观"中的平民概念也更具有阶级化的色彩。

在译介过程中,周作人无疑是最重要的推手。表面上看,他与《一个青年的梦》的直接关联除了《读武者小路君所作〈一个青年的梦〉》与翻译《与支那友人的信》之外,似乎对该剧着墨不多,但其实更为紧密的关联多体现于他对日本白桦派新村实践的介绍。对于武者而言,新村实践与文艺实践是高度统一的,统一点就是"人的生活",这也是武者为代表的白桦派人道主义思想的核心,但这个人道

---

① 原载《新村》杂志第二年七月号,见:新青年,1920,7(3):49-50.
② 鲁迅:《题三义塔》,全诗为"奔霆飞焰歼人子,败井颓垣剩饿鸠。偶值大心离火宅,终遗高塔念瀛洲。精禽梦觉仍衔石,斗士诚坚共抗流。度尽劫波兄弟在,相逢一笑泯恩仇。"
③ 蔡元培.武者信与诗附记.新青年,1920,7(3):50.
④ 同①.

主义是一种混合了托尔斯泰式的宗教道德关怀、普世主义的博爱及无政府思想的整合性观念,比如在涉及宗教性的方面,新村将释迦牟尼、耶稣、托尔斯泰、奥古斯特·罗丹的生日统统拿来作为祭日或重要节日,似乎保留了一些宗教的空气,但实际上是在文明交融的立场上将诸宗教作为超越性的"人类的意志";白桦派与托尔斯泰的渊源极深,但同时又超出了托尔斯泰的宗教人文限度,在个人自由这一点上其实又与尼采的思想进行了融合,更强调人在劳动、艺术中对于世界的创造价值;白桦派力图在"独立自由健全的个人"和"人类"之间建立平衡沟通,而非近代以来孤立的个人和"社会—国家"的视野,对于后者而言,个人只能是国家动员的对象(国民)。在《一个青年的梦》的第四幕,戏剧的场景转移到乡下简陋的戏棚,这实际上是第二幕乞丐和学生们故事的延伸,理想国在此具有了现实的外形,在武者的设想中,新村既赞美协力(互助),又赞美个性;既发展共同精神,又发展自由的精神,通过"协力的共同生活",可以解决自由的个人与集体、脑力劳动和体力劳动等诸多不平衡关系中的矛盾,以及阶层之间的隔阂,强调信任理性,从而避免暴力与战争的危害,最终实现世界的和平与大同。

因为喜欢和平,所以赞成新村。周作人引介新村的基础动力,还是在于《一个青年的梦》所表达的人道主义。与白桦派和《一个青年的梦》有直接关联,早在《人的文学》和《平民文学》中,周作人就为新文学的理论构想注入了人道主义的思想内涵,借助墨子"爱人不外己,已在所爱中"的"兼爱"等本土性思想脉络,周作人融通耶教的泛爱主义,为新文学建立了世界性的理想价值标准,在文学革命的语境中,这一人道主义主张排除了神学化的教条与纪律,具有强烈的启蒙意义,是对个人主义的重大促进,其主旨便是"改良人的关系"、创造普遍的"人"的理想生活,据此可见其与"新国民"一脉的显著区分。与陈独秀比较接近,此时周作人亦具有强烈的"平民"意识,尤感平民中存在的平等与和平观念之可贵,以为"中国的生机还未灭尽,就只在这一班'四等贫民'中间"。[①] 也是在这个路向上,周作人更为明确地将启蒙运动的场域锁定在了乡村建设实践上,但又与此后梁漱溟、晏阳初及社会主义者的乡村建设不同,这种新村模式因为主要强调知识者的劳动义务、艺术生活和各取所需等无政府思想,具有自由主义和人道主义的空想性质。尤其要指出的是,在周作人这里,人道主义不是"悲天悯人"或"博施济众"的慈善主义,而是"个人主义的人间本位主义",所谓"平民"则主要在于人的概念的普遍化构想(common people)。周作人认为新村应该坚持个人主义的生

---

① 周作人.游日本杂感.新青年,1919,6(6):611.

活,"不从'真的个人主义'立脚,要去与社会服务,便容易投降社会,补苴罅漏的行点仁政,这虽于贫民也不无小补,但与慈善事业,相差无几","他们(武者等)相信人如不互相帮助,不能得幸福的生活,决不是可以跳出社会,去过荒岛的生活的。他们又相信只要不与人类的意志——社会进化的法则相违反,人的个性是应该自由发展的"。① 意识归意识,既然脱离了具体社会关系的改造,实践起来就难免落空。这倒并不意味着周作人不关心日益尖锐的劳工与阶级问题,恰恰相反,正是普遍恶化的阶级矛盾构成了新村实践的思想背景。周作人目睹了日本国内物价飞涨、劳工困苦与罢工运动不断的状况,与此穷人处境截然对照,"成金"(Narikin,即暴发户)却穷奢极欲、一脸凶恶相,"阶级的冲突,决不是好事,但这一道沟,现在不但没有人想填平,反自己去掘深他,真是可惜之至了",②阶级冲突一定会关联到不同性质的国家政权之间的冲突,武者和周作人都清醒地意识到战争与世界革命的某种必然性,"现今世上,都以为别人的损失,便是自己的利益;外国的损失,便是本国的利益。……世上以为若非富归少数者所有,其余都是贫民,社会便不能保存;对于这宗思想的错误,我们也想就用事实来推翻他","新时代应该来了。无论迟早,世界的革命,总要发生;这便因为要使世间更为合理的缘故,使世间更为自由,更为'个人的',又更为'人类的'缘故","对于这将来的时代,不先预备,必然要起革命"。③ 但是在对革命的态度上,《一个青年的梦》明确传达了非暴力与反战的立场,而新村正是这种观念的实践形式,"新村的运动,便在提倡实行这人的生活,顺了必然的潮流,建立新社会的基础,以免将来的革命,省去一回无用的破坏损失"。④ 作为解决方案,新村运动实行"人的生活",将劳动作为第一重要的人生义务,强调互助的生活,针对的就是剥削和不劳而获,"现在这必不可缺的劳动,专叫一部分的人负担,其余的人都悠然度日,虽说是不得已的事情,决不是正当的事";⑤新村承认身体、智力的差别,所以更强调"各尽所能,各取所需","并不是说,叫一切人都变成现今的劳动者,也不是都变成现今的绅士;只说一切的人都是一样的人。是健全独立的,尽了对于人类的义务,却又完全发展自己个性的人。……一切的人只要尽了一定的劳动义务,便不要忧虑衣食住";⑥在国家的问题上,新村实践采取改良与妥协的路线,"上

---

① 周作人.新村的理想与实际.晨报,1920-06-23,24.
② 周作人.游日本杂感.新青年,1919,6(6):607.
③ 周作人.日本的新村.新青年,1919,6(3):269-267.
④ 周作人.日本的新村.新青年,1919,6(3):268.
⑤ 周作人.日本的新村.新青年,1919,6(3):271.
⑥ 周作人.日本的新村.新青年,1919,6(3):270.

帝的归上帝,恺撒的归恺撒";对于社会变革的设想,他们相信人类,信托人间的理性,不赞成暴力,希望平和的造成新秩序来。与武者的设想多少有些出入,周作人理解的新村中人和人的关系更具有澄清、隐逸的特质——互助与独立相兼容,从弱国子民的心态来看,相对于列强的侵略主义压迫,新村之于中国的意义更在其"脱域"的保守一面,强调其脱离于资本主义竞争和国家机构的"异托邦"性质。周作人打了个比方:就像对一所破屋的态度,有人要修、有人要拆,在新村的设想上,应是另建一新屋,给大家看,旧人见了新屋的好处,或可动心变过来;周作人同时提出,也不能排除迷信发疯的情况,以致暴力终于兴起,在这种情况下新村也只能变为"隐逸"了。两年多以后周作人遁入"自己的园地",虽然"人道主义"的理想还在,但实质上是部分退回了个人持守,走向他在新村推介初期所反对的"荒岛隐逸"。解剖周作人一以贯之的理路,他是把个人的自由与独立放在了极端重要的位置,将牺牲个性等同于战争的非人性,在《自己的园地》中,他这样提到,"倘若用了什么名义,强迫人牺牲了个性去侍奉白痴的社会,——美其名曰迎合社会心理,——那简直与借了伦常之名强人忠君,借了国家之名强人战争一样的不合理了",这种立场与之前的"个人主义"坚持并无根本区别。我们联想起鲁迅"铁屋呐喊"的譬喻与"荷戟独彷徨"的决绝战斗姿态,对照之间,可以看出周氏兄弟各自坚守"个人主义"的不同路径,鲁迅后期其实是从托尔斯泰式的人间情怀偏向了尼采式的绝对意志,而对国族现实问题的态度则明确标示了周氏兄弟启蒙实践的思想分际线。

个人主义与国家主义作为两个价值极点的相对性关系实际上也构成了启蒙运动的重要界限,循着"战争—国家—人(民族主义/个人主义)"这样一条不断逼近战争意识根源的路径,能够抵达启蒙的核心问题。"欧战"作为重要的思想遗产催生了中国早期的共产主义运动,并赋予了中国的启蒙运动以深远的世界主义内涵,不唯如此,它更在文明的意义上对工业主义所导致的资本主义全球扩张进行了批判和反思,并重新启动了启蒙的"传统"资源。在《一个青年的梦》推介过程中,陈独秀将国家侵略的原因归结为帝国主义的保守倾向,其是通过俄国的列宁主义、日本和意大利的社会民主派"反侵略"主张来进行反证的。在国内政策上,陈独秀在对北洋政府的军人政治猛烈抨击的同时,也批评那些自命为新学家的一班日本留学生贩卖爱国和卖国两种主义,讥其为真正的"日货",而他们本也是舶自欧美的国家主义。相比之下,陈独秀反倒更为肯定"中国古代学者"和"现代心地忠厚坦白的老百姓"所持有的"世界"或"天下"观念。陈独秀记起托尔斯泰给中国人的忠告,托尔斯泰在世纪初即奉劝中国人不要抛弃农业、不要羡慕西洋富强、不要迷信立宪政治、不要取武力抵抗主义,那时中国人不曾理会他的金玉良言,陈独秀希望青年切勿再漠视武者先生的倡议。① 细究起来,托尔斯泰的观念与当代学者厄内斯特·盖尔纳(Ernest Geller)竟然非常相合,盖尔纳将民族主义的产生与欧洲工业时代的来临结合在一起,认为风起云涌的民族主义运动往往发生在前工业社会向工业社会过渡的时候,而民族矛盾的激化必然转化为政治领域的激烈斗争,民族主义既是两次世界大战的后果,更是其根源。托尔斯泰从人道主义的角度经验性地预见了这一后果并对东方民族以警告,而陈独秀超出人道主义的限度将战争的根源与资本主义垄断性的分配体系联系在一起,认为只有消除了阶级对立的基础,才可能消除民族冲突的根源。

在新文化人物中间,胡适是不赞成周作人武者和周作人新村空想的一个代表,尽管他们在"非暴力"主张上相对一致,但实现社会进化的路径选择上却差异很大,此时的胡适似乎已经偏离了早期争个人独立的激进立场,对"个人主义"进行了清算,胡适在《非个人主义的新生活》中认为新村运动代表了一种危险的"独善的个人主义",新村采取的所谓和平的方法就是对社会现实的消极回避。胡适格外批评了《一个青年的梦》中流露的"无力"感,他认为这种无力感与日向新村的问题是一样的。② 相对于周作人,他的贡献在于规划了个人和国家之间"社会化"的公共领域。如果还是以旧屋子与新屋子相对关系的譬喻来观照新文化实践的差异,周作人、鲁迅、胡适与陈独秀之间展现了一个渐变的光谱,其实无论是"理性"还是"以人为根本目的"的启蒙教义,从来都不是真空中的抽象范畴,知识分子对于现实关系的不同规划方式决定了启蒙运动的内部界限以及溢出个人主义限度的观念起源。

近代以来的中国逐渐卷入帝国主义主导的全球秩序,"富国强兵"几乎成为民族—国家现代化的唯一进路,中日关系与国际局势剧烈变动的现实深刻改变了人们的思想与行动,这导致了知识分子之间的高度分化和内在精神矛盾。正如后来所看到的,武者和周作人在日本军国主义全面侵华问题上的暧昧态度在他们的思想中留下了不可抹除的污点,但重新思考启蒙运动中的世界主义构想,创造性地建构个人与共同体、普遍性与地方性之间的良性关系,以图最终消除战争的根源,仍然具有重要的现实意义。

---

① 陈独秀.武者信与诗附记.新青年,1920,7(3):51-52.
② 胡适.非个人主义的新生活.新潮,第二卷第三号,上海书店出版社影印版:471.

在文学内部思考政治
——重探中国现代文学的特质及其历史逻辑①

周展安

> 周展安,1980年3月生,山东即墨人。2010年获博士学位,同年进入上海大学文学院工作,为中文系讲师。主要研究领域为19世纪以来的中国思想史与文学史。近期发表论文有《依他起自性、依自不依他与反公理——试论章太炎从佛学出发的"唯物论"思想》《时间·语言·现实》《作为一项"现实运动"的共产主义——从〈德意志意识形态〉出发的思考》等。

"中国现代文学"的概念在当前正处于一种暧昧不清的状况当中。晚近以来,研究者或者用"20世纪中国文学"这种长时段提法将"中国现代文学"含而化之,或者用"20年代文学""30年代文学"这类更细致也更实证的命名方式将其搁置或者分离,或者用"民国文学"的概念将其替换。有些还在使用"中国现代文学"这一概念的学者,则或者追步异域执着于"现代""现代性"等理论概念的反复定义,或者径直用"新民主主义""西方文明""个人主体性""民族国家想象"等来指涉"现代"。上述各项研究的价值容当结合各自所从出的历史现场浓墨再述,这里要呈现的是一种略有差异的观点。本文认为,"中国现代文学"的概念有其独立性,并且,"中国现代文学"之所以为"现代",从根本上说,并不是因为它使用了"现代的语言文字"来表达"现代人的思想感情"②——这种从形式层面展开的表述透露了对于"现代"的一种凝固的实证化也是自我循环式的理解,也不是因为它从外部指涉了"世界文明"或者"民族国家想象"之类——这种外部性的视角

---

① 本文初稿完成后,曾先后得到王晓明、汪晖、袁先欣、Gaia、张翔、何吉贤等师友的批评指正,谨此致谢。
② 钱理群,温儒敏,吴福辉. 中国现代文学三十年. 北京:北京大学出版社,1998:1.

说到底是"反映论"的,从而将"文学"置于客体的位置,而是因为"中国现代文学"从"文学"的"内部"直面了中国的现实困境并且近乎是毫无凭借地对这一困境展开了思考。本文把中国现代文学的这一特质简要概括为"在文学内部思考政治"。

一

"在文学内部思考政治"在一种极端的意义上,意味着"政治"即对同时代中国之困局的挣扎和突破不能在"文学"以外的任何领域找到现成的答案,唯有文学,唯有通过文学式的思考,困局的呈现和突破才有根柢上的可能性。在中国现代史上,包括三民主义、国家主义、自由主义、无政府主义等在内的各式主义和理论体系都曾走马灯式地上演,这些主义对于同时代中国的困局都有相当程度的思考和解答。中国现代文学和这些主义所指涉的内容时有交叉重叠,有时候甚至表现出一种强烈的党派性,但中国现代文学内核性的特质,它的真正的自我规定性,在于它在根柢上对于所有这些主义的不信任,而赤手空拳、一空依傍地走在一条独自面对同时代现实困局的道路上。这种对于所有规范性的思想和制度的怀疑,对于所有宣称是答案的形而上学思维的抵抗,眼光始终向下,向着现实的更深处探求的努力,构成了中国现代文学的基本品格。强调中国现代文学所具有的自我规定性,不是说中国现代文学面对各式思想和理论体系有意识地采取了自我封闭和退缩的姿态,不是说它排斥思想和理论体系而坠入一般的修辞和审美之域。恰恰相反,中国现代文学对于各式思想和理论体系采取了极为主动甚至可以说是急切的对话与交锋的姿态,而对话和交锋的结果不是让自己成为既定思想理论的传声筒,而是促使所有这些思想和理论体系都在其作为思想体系的位置上产生裂变、动摇乃至瓦解,促使其从作为答案的位置上转变为问题。

"在文学内部思考政治"、对所有自我标榜为药方的形而上学思维的抵抗,源自中国现代文学对于晚清以来的中国社会危机的深刻体认。这种体认的深刻性和独特性表现在,并不只是将危机对象化,而且是将自身也放在危机当中来认识,甚至将认识这种危机是否可能也问题化了的意识。鲁迅的"自在暗中,看一切暗"[①]的姿态具体而微呈现了这种意识。相比于革命、宪政、西化、复古等各色

---

① 鲁迅.夜颂.准风月谈.北京:人民文学出版社,2005:203.

药方,这种认为连对危机的认识是否可能也需要充分问题化的思想意识是相当无力的。然而,也许可以说,正是这种无力性反过来使得中国现代文学获得了一个从内部观察中国社会的契机。因为只有彻头彻尾地忠实于这种无力感,才能获得一个站在危机之最底部的位置从而整全性地把握这一危机的契机,才能最大可能地将危机的深重性凸显出来,在这里容不得一丝一毫的轻视和掩盖。对于中国现代文学来说,以这种无力感深刻把握了现实危机之深重性的是一种可归之于广义的"现实主义"的方法,或者更准确地说,是一系列紧紧围绕"现实"这个范畴所展开的文学实践和理论探索,它们在"现实"这个铁砧上反复锤炼自己,以至于要把自身都消弭到"现实"中去。在这个意义上,中国现代文学是最忠于晚清以降的中国社会现实的一个知识领域,用现象学的语言来描述,甚至可以说中国现代文学是在"存在"而非"存在者"的高度上联系了和同时代中国社会现实的关系。

由此可以说,"在文学内部思考政治"也就是在现实内部思考政治。这一思考的独特性在于它不是一般地重视作为经验对象的现实,而是说思考者自身也处在复杂现实的牵绊当中,这种牵绊如此之纠缠,以至于遑论把握现实,就是将现实对象化也是极为困难的。因此,通常说现实主义是中国现代文学的主要传统自然是对的,但也不能不说这种概括是太过平面化了。因为现实主义对于中国现代文学而言,已经不仅仅是一般的创作手法,而是需要从本体论的意义上来把握的范畴。对于这样的现实主义,就不能局限在一般文学理论或者文学创作技巧的层面去认识,也不能径直上溯到欧洲或者俄国的源头处去做对等理解。中国现代文学现实主义的特点应当从"中国的现实"这个角度去认识,和唯物论一样,它是在经验主义和教条主义的夹缝中成长起来的把握中国现实的方式。文学上的现实主义,对应着哲学上的唯物论,共同折射了中国现代史的独特性。从消极的角度说,这种独特性来自中国现代史迫使所有现成答案均显示为无效的难题性;从积极的角度说,这种独特性来自中国现代史沿着孙中山所说的"毕其功于一役,还视欧美,彼且瞠乎后也"[①]的指示探索自己道路的新颖性。换言之,对于中国现代史来说,几乎唯一有效的思考支点或者根本还只是思考的起点的就是中国现代史本身,就是现实主义的"现实",就是唯物论的"物"。

诚然,并不是在中国现代文学史上的每位作家每部作品都同等地领受了中国现代历史的难题性,并且勇敢地也是退无可退地在文学内部思考了这一难题

---

① 孙中山.《民报》发刊词.民报,1905(1).

性。甚至可以说,长久以来为我们所熟悉的现代文学,可能恰好就是那些在各式既定的主义、理念面前充当了媒介的文学,或者是从域外的各种关于"文学"的规范性定义那边出发的文学,乃至是从这个难题性上不断退缩的文学,并且以这种对于中国现实之难题性采取了回避态度的文学为中国现代文学的正统。"从文学内部思考政治"自然不是要拒绝政治,守护文学的所谓独立性,但也不是要文学屈从于既定的政治架构,去充当既定政治倾向的媒介和传声筒,而是要把"政治"拉回到"文学"内部,展开持续的拷问与思考,从而发出现代文学自己的"心声"。我们反对文学屈从于政治,不是因为政治会"损害"文学,而是因为这实在是"降低"了中国现代文学的能量。我们认为,正是那些把现实难题放在思考的中心,面对现实难题迎头而上,不轻信任何许诺而把现实的难度尽可能表现出来的作家和作品才使得中国现代文学得以成立。做出这样的论断,并不是要由此抹杀比如现代主义文学或者自由主义文学或者通俗文学等的价值[①],这里想强调的是中国现代文学的上述特点尽管没有均质地表现在每位作家身上,但或许正是它构成了理解具体的中国现代作家和作品的内核,把握各不相同的现代作家和作品之现代品质的成色,正可视其与这个内核的距离远近而定。正如丸山升先生也指出的:"与人生—社会紧邻这一性质赋予中国现代文学最大的特色。这一特色就是中国现代文学在世界文学中所表现出来的独特之处。"[②]也正是这个特色支撑了"中国现代文学"概念的独立性,使得它强烈地区别于"中国当代文学"。

二

以上,是就中国现代文学之特质的简要提示。为了更好把握这一特质,我们需要回到中国现代文学史的脉动中去,在具体的历史展开过程中去探索这一特质萌生、成立、展开、变形的印痕。或者反过来说,正是因为我们获得了"在文学内部思考政治"这一前提性理解,我们才能看到中国现代文学历史的如下进程。

在晚清,准确地说是在戊戌变法失败之后,经由梁启超等所倡导的"小说界革命""诗界革命"等潮流的推动,文学的位置才变得分外醒目。在这之前,思想

[①] 进一步或许可以说,确立"从文学内部思考政治"之作为中国现代文学内核的位置,正是希望由此反思乃至破除包括现代主义文学、自由主义文学、左翼文学等在内的各种固定概念,因为在本文看来,这些概念或者是从规范化的角度展开的,或者是从外部赋予的,都没有真正深入"现代中国"的历史内部。

[②] 丸山升.关于中国现代文学研究的一己之见(收入《鲁迅·革命·历史》).北京:北京大学出版社,2005:365.

界所鼓动的主流是因应了富国强兵之需而备受推崇的"实学"思潮①,文学在整体上是达官贵人或者失意文人在饱食之余的消遣之具。海外学界早有"被压抑的现代性"之说为晚清文学张目,但究其实,那些所谓求新求变的文学试验并没有真正介入对同时代难题的思考,毋宁说还只是时代难题的浮萍一般的衍生物,如谭嗣同所言:"中外虎争,文无所用。"②正是在"小说界革命"中,才有梁启超将"小说"与"群治"并举,鼓吹"政治小说",并且自己动手写作了《新中国未来记》,把素来被轻视的小说和政治问题关联在一起。但是,梁启超等人的努力并不足以构成理解中国现代文学的起点,因为在这里,文学与"政治"的关联还是外部性的。所谓外部性,是指对于康、梁以及他们的论敌来说,政治,即对晚清政局的思考早已有了答案,这答案或者是君主立宪,或者是共和革命,但无一不都是既成性的东西。文学所承担的,只是将这一既成性的答案传播出去的媒介作用。文学本身并不需要思考政治之出路何在,也即文学并不直接面对中国社会之难题性。因此梁启超的努力终究不脱传统"文以载道"的框架。这样说,并非是意味着文学不应该和"道"发生关联,更不是要流于鼓吹文学的所谓自主性。我们不同意"文以载道"的框架,关节点在于这个框架预设了"文"外之"道"的先验存在。在这框架内,"文"的生命最终是系于"道"的。一般的狭邪小说、侠义小说不必说,就是晚清文学的优秀之作"谴责小说"也只是经验性地罗列零散的现象,将现实黑暗景观化而已,"谴责者"自身是置身在这景观之外的。在内在逻辑上,这和中国传统的道德劝诫作品一样,共享"众人皆醉我独醒"的意识,所不同的只是后者描写的往往是个人,而这里呈现的是社会和官场。由此,也可以理解"小说界革命"之结束,从根本上说,并非源于文学市场的变动或者文学杂志的浮沉,而是因为 20 世纪最初十年的多数小说作品所鼓吹的"立宪政治"的终结。当着"政治"终结之后,仅仅作为媒介而存在的"文学"自然也就翻腾不出更多的花样。

那种认为"政治"已经在某个地方了,已经作为一种完成的东西存在着了的观念,经由辛亥革命——这是亚洲的第一场共和革命——而得以实现。但是,很快,这种完成了的"政治"就被一系列的政坛乱象出卖了。如孙中山所说:"夫去一满洲之专制,转生出无数强盗之专制。"③最先进的共和革命的夭折,迫使时代

---

① 王仁俊曾于 1897 年创刊《实学报》,由章太炎主笔,围绕"天学、地学、人学、物学"大力鼓吹"实学"。关于晚清"实学"的演变进程,可参王尔敏. 晚清实学所表现的学术转型之过渡. 中央研究院近代史研究所集刊,2006(52).
② 谭嗣同. 三十自纪 谭嗣同全集. 北京:中华书局,1981:55.
③ 孙中山. 建国方略·自序//孙中山全集:第 6 卷. 北京:人民出版社,1985:158.

的思考者们转而谋求民众之"最后觉悟",要求刮磨"盘踞吾人精神界根深底固之伦理道德文学艺术诸端"①。新文化运动应运而生。由此可以说,新文化运动是以"文化"的方式将同时代最大的"政治"即"虽经三次革命,而黑暗未尝稍减"的状况纳入自己内部的一次尝试。概括地说,这是"在文化内部思考政治"。需要指出的是,"在文化内部思考政治"的"文化"不能直接等同于有某种确定内容的"思想文化",不能直接等同于"科学""民主""反传统"等具体方案。实际上,对科学和民主的介绍早在晚清的时候就开始了,对于章太炎来说,这反而应该是需要批判的对象。② 近代对于传统和儒学的批判则可以追溯到18世纪今文经学家对"刘歆作伪"的考察,到了晚清则进一步汇合为今文经学家和古文经学家两方面对于中国历史和儒学传统的再评价。③ 这些主题出现在运动当中,并且由新文化运动而得以强化。但新文化运动真正的新颖性并不在此,而是在于陈独秀用拗口的"最后觉悟之最后觉悟"所传递出来的"觉悟"一语。"觉悟"不是陈独秀个人的用词,它是整个新文化运动的基调。这一从佛学中出来的词汇,正如在佛学的脉络中指示着"空"这个意思一样,在新文化运动中,"觉悟"也是指向了一片虚空。所不同的是,在佛学的脉络中,"空"是般若智所把握的最高的真理,而在新文化运动当中,"空"则包含着更多的否定性,也就是"觉悟"包含着更多的否定性。

"觉悟"表达了一种要和以前的一切进行断裂的意识,也就是所有既成的东西均在这个瞬间被意识为无效的。可以说,新文化运动是基于一种彻底的废墟感而产生的运动,"新青年""新潮""青春""少年中国"等意象所传递出来的创造气息,也只有在理解了这种废墟感之后才能予以真正的把握。否定性的"空"的意识在原理上将截断任何自鸣得意的形而上学思路,对于这种"空"的意识,对于这种"废墟感"而言,唯一的真实就是废墟本身。因此,抓住乃至不惜深陷到作为废墟一样的中国现实,恐怕就是面对中国的最忠实的态度。而这也就是中国现代文学在一开始就借鲁迅之手而表现出来的态度。"觉悟"的"空",在文学上的对应物就是作为中国现代文学第一篇白话小说的《狂人日记》所描写的"难见真的人"。作为新文化运动之代表性实绩的《呐喊》的诸篇作品,正是以"难见真的

---

① 陈独秀.文学革命论//文学运动史料选:第1卷.上海:上海教育出版社,1979:22.
② 周展安.合群名分、社会主义与五无之制——试论章太炎的进化思想及其相应的政治构想.澳门理工学报,2015(3).
③ 刘逢禄.左氏春秋考证(卷二),皇清经解(1295卷).上海书店出版社,1988.刘逢禄的观点后来被康有为继承。早在1891年,康有为就将"二千年来"的中国历史、"二十朝王者礼乐制度"等作为一个整体加以批判,这是五四"反传统"的先声。具体参:康有为.新学伪经考.北京:中华书局,2012:2.

人"为起点而展开的。对于这"难见真的人"的中国现实,鲁迅的态度不是"批判",自居于高明而擅长"批判"的是那些"穿长衫者"。对于鲁迅来说,阿Q们是黑暗的,但是,他们却是"黑暗的积极人物"①。我想,阿Q们之所以是"积极的",不只是因为他们有自己的觉醒的瞬间②,更在于他们就是中国唯一的实存,因为要么干脆放弃对中国出路的思考,只要哪怕是尝试着思考中国,就必须正视阿Q们的存在,就必须和阿Q们一同前行,"革命者们总不能不背着这一伙市民进行"③。在这里,容不得任何延宕开去的许诺和预言:"仰慕往古的,会往古去罢!想出世的,快出世罢!想上天的,快上天罢!灵魂要离开肉体的,赶快离开罢!现在的地上,应该是执着现在,执着地上的人们居住的。"④我们认为,这可以概括为"现在主义"的思想方法正是鲁迅思想的核心,它凝结了鲁迅"在文学内部思考政治"的努力。

"现在主义"以其对于"现在"和"地上"的毒蛇怨鬼般的执着持续冲撞着所有堂皇、明确的改革方案,也内在地否定了自身作为一种主义话语的规范性,而且,这一借助了"文学"的样式而发展出来的思想方法还进一步突破了"文学"的规定性,并翻转了"文学"和"现实"的关系。当鲁迅说"我希望我攻击时弊的文字和时弊同时灭亡"的时候,这不只是鲁迅的谦虚,是说对于鲁迅而言,文学并不是完成于自身的,而是完成于和现实问题的交锋,只有在和"现在"与"地上"的现实难题交锋的界面上,鲁迅的文学才存在。就此而言,相比于称呼鲁迅是文学家,不如称呼他为战士更能表现出鲁迅的位置。我想进一步说,不仅鲁迅,而且中国现代文学在整体上不也是一种"战士"的态度吗?当着茅盾宣告"现代的活文学一定是附着于现实人生的,以促进眼前的人生为目的"⑤的时候,当着创造社诸位要求"重新创造自我"⑥,相信"打破这现状是新文学家的天职"⑦的时候,在显示的不都是"战士"的态度吗,何曾有一丝一毫顾惜规范化"文学"的意思?而当我们联系到鲁迅1931年说:"现在,在中国,无产阶级的革命的文艺运动,其实就是惟一的文艺运动"⑧,则甚至可以说,"战士"已经不仅是一种态度,它就是中国现

---

① 木山英雄.文学复古与文学革命.北京:北京大学出版社,2004:13.
② 汪晖.阿Q生命中的六个瞬间.现代中文学刊,2011(3).
③ 鲁迅.太平歌诀//鲁迅全集:第4卷.北京:人民文学出版社,2005:104.关于鲁迅这篇文章的分析,可参:丸山升."革命文学论战"中的鲁迅.革命·文学·历史.北京:北京大学出版社,2005:56-57.
④ 鲁迅.杂感//鲁迅全集·华盖集.北京:人民文学出版社,2005:52.
⑤ 茅盾."大转变时期"何时来呢.文学,第103期,1923-12-31.
⑥ 郭沫若.创世工程之第七日.创造周报,第1号,1923-5-13.
⑦ 成仿吾.新文学之使命.创造周报,第2号,1923-5-20.
⑧ 鲁迅.黑暗中国的文艺界的现状//鲁迅全集:第4卷.北京:人民文学出版社,2005:292.

代文学的参与者的真实的身份。无疑,这不是整个现代时期所有作家的态度和身份,但如果说它潜在地支配了中国现代文学的基本品质,恐怕也是不争的事实。

从一个稍微拉长的视野来看,近代以来的中国在整体上乃笼罩于一种"日之将夕""以梦为邻"①的令人郁结、烦闷的压抑气息当中。而新文化运动正是接续了洪秀全的"尽把凡情丢却去"、谭嗣同的"冲决一切罗网"的精神,对这种压抑气息的总释放,因其彻底的否定性而带来的思想解放的效果是空前的。但是,对于所有旧的东西的否定并不能自然就带来新的东西的创造,思想解放也并不能自动地带来真实的社会解放,不能带来对于军阀和帝国主义这同时代的两大压迫力量的消除。实际上,就在运动尚在进行的1920年,罗家伦就发现了新文化运动本身所包含的创造乏力的现象,这其中最集中表现为作为运动之主体的青年学生面对因为运动的深化而新出现的"群众"却无可措手的问题。② 绾合了新文化运动的能量同时也接手了新文化运动所没有解答的难题的新的力量,是1920年代以新的面目出现的政党。作为一种现代政治之表象的政党,在中国结胎于清末的立宪运动,最早的政党则大概算是清朝资政院由民选议员所组织的宪友会。③ 但是,早年的政党运动都是逡巡于既有政治架构底下,在整体上甚至不脱旧时"朋党"的气息。以革命政党的面目出现,并且试图凭借政党自身的理念和动员能力彻底改造政治架构,特别是要联合"群众"这一崭新的政治力量的政党的成立和完善,则是1920年代的事情,其标志就是1921年共产党的成立和1924年国民党的改组。也可以说,正是在1920年代,一种新型的"政党政治"出现了,并在此后的整个现代时期成为一种支配性的政治形式。

政党政治,是要以政党"为无产阶级运动的神经中枢"④,"为革命的民众之本据"⑤。因此,当着"必须为中国造一个最有力量的革命党,除了这没有法子救中国"⑥这样的意识成为思想界一种普遍性认识的时候,政党就获得了整个时代之枢纽的位置,它将吸纳和牵引全社会各个领域的思想和实践的运行方向。这

---

① 龚自珍.尊隐//龚自珍全集.上海:上海人民出版社,1975:87.
② 罗家伦.一年来我们学生运动底成功失败和将来应采取的方针.新潮,第2卷第4号,1920-6.
③ 杨幼炯.中国政党史.上海:商务印书馆,1937:3.
④ 蔡和森.蔡林彬给毛泽东//新民学会资料.北京:人民出版社,1980:128.
⑤ 孙中山.中国国民党第一次全国代表大会宣言//孙中山全集:第9卷.北京:中华书局,1986:122.
⑥ 恽代英.造党.中国青年,第21期,1924-3-8.

不仅是因为政党立足的理论体系比同时代其他的理论体系更高明①,更完整——既能说明社会难题的成因,又能提供解答难题的对策,更能勾画未来的远景,而且也因为作为思想之肉身的政党有着将思想本身现实化的行动能力。因此,同样以"政治"即探求中国危机之出路为主要课题的中国现代文学就不可避免也受到政党政治特别是政党政治所据以立足的那套完整思想体系的影响,甚至是径直被收编于那套完整的思想体系。② 创造社从初期的"《创造》季刊时期"到五卅前后的"《洪水》时期"再到大革命失败之后的"《文化批判》时期"的整个演变过程具体而微呈现了这一影响。不仅创造社在1920年代的演变是如此,通常作为中国现代文学史之重要组成环节的由中国共产主义青年团机关杂志的《中国青年》等发起的革命文学的讨论、大革命失败之后创造社太阳社对于鲁迅和茅盾等人的批判、左联的成立、关于文艺大众化问题的讨论和创作、对《新月派》和"民族主义"文学潮流等的批判、左联的解散、国防文学口号的提出、民族形式问题的讨论和创作,更不用说1942年《在延安文艺座谈会上的讲话》的发表和此后整个解放区的文艺实践,可以说都是在政党政治的框架内部展开的,有的直接就是接受了党的领导。

三

政党政治对于中国现代文学的影响,甚至可以说是支配性的影响,是中国现代文学史的实存。然而,如果我们把视线停留于政党政治对于中国现代文学单向的影响作用,或者把中国现代文学史看成是中国革命史的文学版,则仍然是回到了梁启超的思路,从外部去把握了文学,并且也不期然而然割裂了中国现代文学史。我认为,即使在政党政治持续发挥效力的历史行程中,中国现代文学还是执着地持守了"在文学内部思考政治"的特质。只是,在不同的历史时刻,这一特质时而因为政党政治而受到阻碍,时而又因为政党政治而得以深化。要理解在和政党政治的复杂纠葛中的中国现代文学的特质,需要把握着政党政治自身的复杂性从几个层次来分析。

最显而易见的层次,是站在规范化的政党政治的对立面,从抵抗的角度所发

---

① 关于共产党和国民党之理论体系和同时代其他思想体系的对比,可参:萧楚女.国民党和最近国内思想界.新建设,第2卷第2期,1924-8.

② 关于政党思想,特别是无产阶级思想对于现代文学影响的分析,可参:黎活仁.卢卡契对中国文学的影响.台北:文史哲出版社,1996.特别是该书第二部分对于日本福本主义思想的介绍。

展出来的对于中国现代文学的理解。如前所述,"在文学内部思考政治"意味着对于所有自我宣称为答案的形而上学思路的怀疑,它要求沉入现实的更深处,将中国现实的难题性最大可能地呈现出来,这是一种不轻言"未来"的"现在主义"的思考方式。而政党政治在逻辑上则相反,它的理论基础是体系性的,也就是必然要预设政治斗争的出路、方向和必胜的前景。因此,受到政党政治影响的文学理解必然和在新文化运动中酝酿产生的"在文学内部思考政治"的思路发生冲突,其在现代文学史上的第一个典型表现就是后期创造社太阳社和鲁迅茅盾等人之间发生的"革命文学论战"。在论战中,新锐理论家们或者站在"无产阶级意识"的制高点上俯瞰文学、俯瞰革命①,或者确认了对于"未来的光明"的信念而要求"落伍的"新文化一代作家具备"政治思想"②。他们用着福本和夫和藏原惟人等人的理论从外而内、从上而下地把握了自己的同时代,对于他们来说,"问题是在观点,而不在题材"③。与之相对,新文化一代作家则执着于"现世""正视现实",反对"标语口号式或广告式的无产文艺",提倡要写自己熟悉的生活,"写小资产阶级的生活"④。而在这一貌似保守的负重姿态的背后,凝结的是对于由辛亥革命的夭折、五四运动的退潮、北伐战争的中废等所串联起来的现代史的无言之恸。

不必再加铺陈,成为"革命文学论战"之核心的"目前—将来""现实—理论""黑暗—光明"的矛盾也是贯穿此后整个现代文学史的基本构图。它表现在鲁迅对左联的告诫当中,表现在两个口号的论战当中,表现在延安时期围绕丁玲、王实味等展开的争论当中,也表现在"胡风一派"和"周扬一派"从1930年代就开始的围绕"典型"和"真实"等问题的相互批判当中。⑤ 1948年胡风《论现实主义的路》的发表,可以说是作为抵抗的"在文学内部思考政治"这一脉络在中国现代文学史上的最后一搏,但因胡风本身就和政党政治牵涉太深,⑥因此这又是扭曲的一搏。

当然,就像胡风在和苏汶围绕"现实"问题所展开的争论中所指出的,"现实"并不等于"现象",对"现实"的重视并不必然排斥"理论",胡风所期待的是作为

---

① 李初梨.怎样地建设革命文学.文化批判,1928-2,第2号.
② 钱杏邨.死去了的阿Q时代.我们太阳,1928年创刊号.
③ 转引自:芦田肇.钱杏邨的"新写实主义"——与藏原惟人"无产阶级·现实主义"的关系及其他//收入王风,白井重范.左翼文学的时代.李选,译.北京:北京大学出版社,2011:41.
④ 茅盾.读《倪焕之》.文学周报,1928,8(7).
⑤ 胡风.现实主义的一"修正"——关于"典型"的普遍性和特殊性问题.文学,1936,6(2).周扬.典型与个性.文学,1936,6(4).
⑥ 解志熙.胡风的问题及左翼之分歧之反思.华中师范大学学报,2012(6).

"历史之本质"的现实,是"阶级的主观和历史的客观的一致"①。但阶级的主观和历史的客观、政治的正确和艺术的正确究竟该如何取得一致呢?对照1940年代以后胡风和周扬等人的论争历史,可以发现胡风的这一期待并没有取消上述对立构图。不仅如此,直到新中国成立以后,在围绕社会主义文学能不能写矛盾、能不能写悲剧、如何书写"中间人物"等问题的讨论中,依然能看到上述对立构图的存在。还需要特别指出的是,这里强调的"在文学内部思考政治"的思路和"政党政治"思路之对立,并不能被径直抽象为一般的"文学与政治"或者"文学与权力"的冲突。这种对立的核心不在于实体性文学与实体性政党的对立,而在于两种不同的思想方法的对立。也因此,政党政治并不是天然就和文学对立着,政党政治也可以和文学本身所携带的政治能量有相当的重叠,这一点,对于中国现代史上的左翼政党来说就更是如此。

因此,除了这最显见的层面而外,还需要去进一步分析"在文学内部思考政治"的思路和"政党政治"思路的纠缠重叠,特别是分析中国现代史上的左翼政党本身的复杂性。可以看到"在文学内部思考政治"这一特质不仅贯穿了上述以鲁迅为代表的那些作家的创作,也实际上构成了被政党政治所支配的那一部分作家的创作和文学思想的显著标志。不,更确切地应该是说,即使对于这些作家而言,也正是"在文学内部思考政治"这一特质不断叩击着政党政治的体系性边界而成为其创作中最有活力的部分。这一方面是因为"在文学内部思考政治"这一特性紧紧抓住了中国的现实,使得任何同样试图去把握现实的政党不能无视这一特性。另一方面,也是因为中国社会的难题性和独特性迫使政党政治也要不断向着这个难题性、向着"现实"开放自己,突破既定的框架,实现自我更新乃至理论意义上的自我否定。②也就是说,要把自己从"将来""理论""光明"这一维度上俯下身来,尽可能地去拥抱"目前""现实"和"黑暗"。当着左联成员说:"中国劳苦群众所受的痛苦乃是20世纪最大的痛苦,他们的生活比任何民族都更非人的。这是中国劳苦群众要求革命的唯一而十足的理由"③的时候,当着

---

① 胡风.粉饰,歪曲,铁一般的事实——用《现代》第一卷的创作做例子,评第三种人论争中的中心问题之一.文学月报,1932,1(5-6);胡风.关于现实与现象的问题及其他——杂谈式地答苏汶巴金两先生.文艺,1933,1(1).胡风对于"现实"问题的辨析需要再加讨论,但他对于"公式主义(标语口号)和自然主义(客观主义)"同时展开批判的姿态的确聚焦了中国现代文学史上的一个核心问题。
② 周展安.中国共产革命的内在逻辑——以延安哲学界对力行哲学的批判及其对"唯物论"思想的阐发为中心.开放时代,2015(4).
③ 为国民党屠杀同志致各国革命文学和文化团体及一切为人类进步而工作的著作家思想家书.前哨,1931,1(1).

1940年代延安的理论家们说:"我们改造这世界的工作就只有从认识它的本来面目开始。……我们只有说实话,只有大喊大叫的去宣传实话,在那里面才存在着和生长着我们的全部希望、全部力量"①的时候,我们所体会到的正是这样一种朝向现实的自我更新与自我否定。

要抓住现实的脉动,这一点,不仅延安的理论家们意识到了,就是国民党文艺政策的制定者们也意识到了,国民党在1930年代所推动的民族主义文学和民族文艺运动承接了自晚清以来就涌动的民族主义浪潮,应该说也是抓住了一部分的中国现实,但是,国民党自身高度的封闭性,以及粗暴的干涉主义导致其所推动的文学运动只能是昙花一现。② 与之相对,多数的左翼文艺理论家则一直保持着将"理论"开放给"现实"的高度自觉。对于左翼的文艺家来说,政党政治所支配的文学虽然总是要立足无产阶级意识,以作为动员和组织群众的武器,但是作品如果没有正视现实,没有真实性,也会"形成生活感的空虚"③,就会造成"脸谱主义"④。在这里,在对于"无产阶级意识"和"现实"之关系的把握上,不是把这两者看成是分离的从而采取兼顾的态度,更不是把无产阶级意识的成熟看成是先于正视现实的既定的东西。而是相反,无产阶级意识的成熟和它之成为有力的武器,恰需要首先沉入民众生活的深处,和民众产生共感。不是别的,正是"'现实'用历史的必然性替无产阶级开辟最后胜利的道路"⑤,因为,"高明的先见或批判,不能在人民历史斗争之外产生,而是人民解放斗争的历史经验的总结,并时时在新的现实斗争和思想斗争中改正和发展的结果"。⑥ 这些且都不必再说,就是被冯雪峰批评为东鳞西片地凑拢理论,"实在是一个小钱杏邨"⑦的周扬,不也一直在争夺对于"现实"问题的阐释权吗?所不同的只是周扬更倾向于把握"远景""主流",把握"未来的现实",但在他看来,这不是离开现实,而恰恰是更真实的"现实":"从现实的主流出发的国防文学无疑地是最现实主义的文学。"⑧

---

① 宣传唯物论.解放日版,1942-6-10.
② 关于国民党的文艺政策和文学运动失败原因的分析,可参倪伟."民族"想象与国家统制——1929—1949年南京政府的文艺政策及文学运动.上海:上海教育出版社,2003:297-301.
③ 无产阶级新的情势及我们的任务.文化斗争,1930,1(1).
④ 史铁尔(瞿秋白).普洛大众文艺的现实问题.文学,1932,2(1).
⑤ 同上.
⑥ 冯雪峰.现实主义在今天的问题.《中原、文艺杂志、希望、文哨》联合特刊,1946-2.收入:文艺运动史料选:第5册.上海:上海教育出版社,1979:444.
⑦ 吕克玉(冯雪峰).对于文学运动几个问题的意见.作家,1936年第1卷第6号.该文对于以周扬为代表的文学界的宗派主义和关门主义问题有透彻的分析.
⑧ 周扬.现阶段的文学.光明,1936,1(2).

更进一步说，也正是因为有了政党政治的推动，在新文化运动中形成的"在文学内部思考政治"这一进路所携带的"智识阶级"的嗅味才慢慢消散，其所念兹在兹的"现实"突破"智识阶级"的生活世界而进一步下沉，其所关注的"民众"也从抽象而走向了具体。而且，以往文学的规范形式也在由政党政治所推动的革命实践中逐渐发生蜕变，从1930年代开始出现了速写游记、墙头小说、小歌剧、朗诵诗、报告文学等新的文学样式。

且不说在大革命失败之后的迷茫岁月中，以《蚀》三部曲和《从牯岭到东京》等论文传递了"要抓住小资产阶级生活的核心"①那样的意思的茅盾，就是到了1931年，鲁迅也还是认为"在现在中国这样的社会中，最容易希望出现的，是反叛的小资产阶级的反抗的，或暴露的作品。"②就整体而言，在五四以来所谓"民众"文学的作品世界中，居多数的甚至只是"洋车夫文学和老妈子文学"③。这也不仅仅是一般的新文学作品的特点，就是政党政治所支配的那些作家也不能摆脱自己同样作为"智识阶级"的局限，往往只能写出"标语口号式的文学"。而站在"智识阶级"前头的是"工农阶级"和"中国的工农的党"，因为这个党的存在，"智识阶级才仿佛被火焰和刀光所验了似地动摇起来"④。因此，尽管在左联成立近两年之后，"还没有产生真正的无产阶级革命文学"⑤，尽管萧三到1935年的时候还认为左翼作家"关于工人领导农村革命及反帝反封建的这一点，无论大的或小的作品差不多完全没有"且存在"关门主义"的毛病⑥，但是，毕竟还是因为左联的推动，文艺大众化运动才蔚成风潮，描写农村经济的破产、地主阶级的崩溃、工人的斗争、广大的失业、广大的贫民生活，克服作家的小资产阶级性和同路人性等才得到自觉的提倡，出现了包括《春蚕》和《一千八百担》在内的大量表现农村经济的小说。街头文学运动、工农通信运动、用俗话用工人可以听懂的语言来写作，进而开展一个新的"俗话文学革命运动"等等，也都因政党政治的推动而开辟了新的局面："无产阶级自己的话将要领导和接受一般知识分子现在口头上的俗话——从最普通的日常谈话到政治演讲——使它形成现代的中国普通话。"⑦

---

① 茅盾. 从牯岭到东京. 小说月报, 1928, 19(10).
② 鲁迅. 上海文艺之一瞥. 文艺新闻, 1931(20-21).
③ 瞿秋白. 普洛大众文艺的现实问题. 文学, 1932, 1(1).
④ 画室(冯雪峰). 革命与智识阶级. 无轨列车, 1928(2).
⑤ 中国无产阶级革命文学的新任务——一九三一年十一月中国左翼作家联盟执行委员会的决议. 文学导报, 1931, 1(8).
⑥ 萧三. 给左联的信. 收入《文学运动史料选》第2册. 上海：上海教育出版社, 1979：332.
⑦ 瞿秋白. 普洛大众文艺的现实问题. 文学, 1932, 1(1).

如果说在1930年代的中前期,向着现实的深处、向着工农大众的趋近还基本是作为一种理论导引的话,那么在经历了抗战之后,这一趋近就成了真正的客观事实。因此抗战的爆发和上海的沦陷,使得现代作家出现了一个地理空间的迁移,即从上海到延安的迁移,从沿海到内陆的迁移,"为着工作,为着生活,他们不能不离开安定的故居……深入了荒凉落后的内地。……他们很自然地离开了狭隘单纯的所谓'作家群'的生活,而开始实践了'和大众生活在一起'。……他们不必再以'想象'和'回忆'为题材的主要源泉,而可以拿自己周围的现实生活(也就是万千大众的现实生活)为写作的根据"①。而这种空间的迁移同时也就是中国共产党在政治上发挥影响力和吸引力的结果。地理空间的迁移使得现代作家所孜孜以求的"现实感"真正得以落实,"在文学内部思考政治"所执着的现实在广度和深度上都得到了强化,"工农兵"或者更直接地说就是"农民"成了这个新的"现实"的具体肉身。由"智识阶级"的视野出发所看到的"现实"一转而成由"农民"的视野出发所看到的"现实"。众所周知,从理论上总结了文学面对这一新的现实所应采取的姿态的指导性纲领就是毛泽东1942年所发表的《在延安文艺座谈会上的讲话》。

四

然而,我们也发现,就在"现实"经过了漫长的"下沉"过程获得了自己具体化的肉身,特别是当这一肉身最终由此结晶为"人民"这一概念的同时,"现实"也逐渐出现了凝固化的倾向。在几乎整个现代史上作为一个难题的现实,或者说现实本身的"难题性"在慢慢消散。如上文所论,在现代文学史上,李初梨们的"无产阶级意识"以及后来周扬们的"正确的世界观"乃至整个政党政治在文学问题上的基本姿态是倾向于从外部俯瞰中国社会现实,以必胜的信心来面对中国社会的难题的,但是,这条线索毕竟还只是整个现代文学史的某种组成环节,且不断受到政党政治内外两方面的批判和反思,没有别的,这正是因为中国社会固有的难题性和中国革命的新颖性迫使所有的规范性答案不得不一一按照中国历史自身的脉动来调整自身所导致的。然而,从1940年代开始,特别是随着《讲话》肯定了"社会主义的现实主义"的提法之后,这条线索似乎越来越膨胀为主

---

① 以群.关于抗战文艺活动.文艺阵地,1938,1(2).

线。① 周扬一派和胡风一派之间围绕"主观""现实"等问题的论争正是这一膨胀在客观上的表现。没有政党政治的推动,就没有"现实"的深化,但是,深化的结果似乎又带来了凝固化的问题,这一悖论性的状况凝结在"人民"这个概念上。进一步说,也表现在此后当代文学的发展过程当中。鲁迅翻译厨川白村的《苦闷的象征》,同意作者所说的文艺"如果能够描写现在,深深的彻到核仁,达了常人凡俗的目所不及的深处,这同时也就是对于未来的大的启示,的预言"。② 也就是说,"对于未来的大的启示、的预言"是"深深的彻到现在的核仁"的一个一个可能性,是"在文学内部思考政治"的一个效果。

但是,从1940年代开始,这个结构被慢慢翻转了,那就是"未来"不是作为"现在"的可能性的结果,而是"未来"越来越被作为一个无比确定的东西从而成为借以把握"现在"的出发点。我们曾经在钱杏邨们那里领略过的对于"未来的光明"的信念如果说还基本上是作为理论推导的结果,那么到了1942年的周扬们那里,这种信念就变成了确信,因为"光明不是一个抽象观念,而是具体的实际的存在"③。众所周知,这种对于"光明"的确认也构成了新中国成立之后当代文学的基本设定。无须赘述,论述这些并不是说我们对于中国现代史越来越趋向于光明的进程表示怀疑,也不是要因此来贬低当代文学的发展,更不是说我们就格外迷恋难题和矛盾。当代文学自身所承载的历史课题特别是它力图创造现实、成为"革命的推动者"④的使命容当结合中国当代史详细论述。只是,当我们回溯历史,特别是意识到当代的社会主义文学进程所遭遇到的若干挫折的时候,我就会不由得看重被现代文学作家们所普遍视为创作出发点的对于中国社会之难题性的把握,以及由此而带来的甚至是一定程度的"失败感"。持续地保持着这种"失败感"才可能走向真正的胜利,而丧失了"失败感"就会不期然迎来失败,这或许也是一个不容忽视的启示?

---

① 周扬.王实味的文艺观与我们的文艺观.解放日报,1942-07-28,29.
② 转引自唐弢.论鲁迅小说的现实主义.鲁迅的美学思想.北京:人民文学出版社,1984:140.原文可参:鲁迅译文集:第3卷.北京:人民文学出版社,1958:71.
③ 周扬.王实味的文艺观和我们的文艺观.解放日报,1942-07-28,29.
④ 可参王朝闻.一定要塑造光辉的革命的英雄形象.新建设,1964年第10—11期.从"革命的推动者"的角度来理解文学的意义,这是新中国成立以后在文学界普遍存在的看法。

20世纪60年代中国文学中的"物"与"心"

——关于《艳阳天》的一种读法

朱 羽

  朱羽,1981年11月生,江苏无锡人。2004年毕业于华东师范大学中文系文科基地班,免试直升南京大学中文系文艺学专业攻读硕士学位,2007年成为华东师范大学—纽约大学联合培养博士生,并于2011年获得文学博士学位(中国现当代文学专业)。2011年9月入职上海大学文学院中文系。主要研究领域为20世纪中国文学、文化与思想、美学与批评理论。主讲课程有"中国现代文学史""中国当代文学史""'黑格尔《美学》与现代文化'读书会"(以上本科生课程)、"专业英语""20世纪中国文学案例与理论专题导读"(以上研究生课程)等。出版有专著《社会主义与"自然——1950—1960年代中国美学论争与文艺实践研究》;在《文学评论》《文艺研究》《中国现代文学丛刊》等刊物发表学术论文10余篇。主持国家社科基金一般项目1项。为英文学术期刊 Frontiers of Literary Studies in China 编委、华东师范大学批评理论研究中心(ICCT)兼职研究员。

  在1962年八届十中全会召开之后,"千万不要忘记阶级斗争"日益明确地与"物"的问题关联起来。深究一下就会发现,这一"物"的难题呈现为无法简单跨越的历史必然性,以及在此历史条件下对之进行辩证否定的尝试与困局。这也构成了中国社会主义实践的某种深层焦虑,用更加明确的语言来表述,就是:"在社会主义制度下,在存在着个体私有制残余的历史时期内,总还是存在着个体私有制残余超越必要限度,并由此滋生资本主义经济的现实可能性。"①当然,此种难题并不能直接"反映"在文学表征当中。毋宁说这里存在的是一种"转码"实

---

① 刘诗白.试论社会主义制度下的个体私有制经济残余.新建设,1964(1).

践。暂且用颇为图示化的方式来表述：第一个层面坐落着社会主义实践的结构性矛盾。第二个层面可称之为"政教"机制，它为当时的多种话语实践所共享，有时会表现为较为稳定的叙事结构，不仅凸显矛盾并且提供解决矛盾的一般途径。政教机制从根本上呼应着历史难题，但它所呈现的"矛盾"并不等同于第一层面的"难题"。这是一种特殊的"翻译"，而且尝试给出示范性的解决途径。比如，后1962年语境中的"国家"与"集体"之间的矛盾及其引导性的解决方式（国家认同的再次强化），就是一例。应该说，政教机制已然表达出一种"社会主义精神"的理想形态——尤其依赖典型与榜样的形塑。由此，文艺实践才能确认其表达的边界。在文艺实践这个第三层面，具体的人物设置与叙事安排会被政教机制反复修改。不过，前者终究是一种更加特殊化的运作，因此必然会牵扯出一般政教叙事难以触及的要素，比如地方风俗、维持下来的旧习惯、先进者与落后者共享的某些物质与文化前提等。同时，文艺实践多少会继承着已有的文类传统，故而也会呈现自身的惯性与惰性。

在此种方法论框架中，激进化的20世纪60年代文学获得了一种新的可读性。此种阅读尝试将文学文本放回到充满着交互作用的、层级性的历史总体当中，同时放弃简单地在历史难题与文学表征之间寻找直接的对应关系，而是充分注意到"政教机制"不可忽略的中介作用。以《艳阳天》为例，它是"20世纪60年代危机"的某种重要表现——"分配"难题，因此暴露出那一时代国家、集体与个人之间难以消解的矛盾。[①]但我们同时需要注意到，小说本身已经表达出一种"解决"，此种解决即根源于政教话语，因此为那一时代的文艺作品所共享。在这个意义上可以说，虽然《艳阳天》写的是1957年的事，表达的却是20世纪60年代的问题意识。进言之，小说在"分配"问题上证成国家的方式，一方面涉及国家与集体间的利益交换关系，如小说主人公东山坞农业社党支部书记兼社主任萧长春在一开始就挑明了："去年的灾荒，要不是国家支援，咱们过的来吗？"[②]另一方面小说中的先进者们扣住了对于"牺牲者"的政治债务："这个江山是千千万万个先烈用心血、用脑袋换来的。"[③]同时还强调只有国家才是现代化（物质丰裕是其结果之一）的根本保障："不用最大的劲儿支援国家建设，不快点把咱们国家的工业搞得棒棒的，机器出产得多多的，咱农村的穷根子老也挖不掉哇！"[④]小说最

---

① 参看：蔡翔.革命/叙述——中国社会主义文学—文化想象（1949—1966）.北京：北京大学出版社，2010：325.
② 浩然.艳阳天：第1卷.北京：作家出版社，1964：28.
③ 浩然.艳阳天：第1卷.北京：作家出版社，1964：43.
④ 浩然.艳阳天：第1卷.北京：作家出版社，1964：41.

终想要形塑的群众的觉悟水平,则如东山坞农业社副主任韩百仲所言:"国家是咱们自己的嘛!支援国家建设,也是支援咱们自己,一点不假。"①

但有必要强调的是,《艳阳天》亦需呈现在萧长春等先进分子带动下,整个东山坞的"成长",因此,必然呈现出一种更加细微而丰富的文学表达。这一"成长"即在于能将细微的日常经验与根本问题联结起来。《艳阳天》中充盈着一种转型的时间。不仅是萧长春这样的"当家人"在政治上不断"成熟",而且呈现了各类人物(除了马小辫这类怀有根深蒂固的阶级仇恨的"敌人",以及马之悦这种混进革命队伍的投机者)的转型;自私而顽固的中农弯弯绕,至少叙事者对之是留下余地的。② 从政教意识显白化的叙述层面来说,《艳阳天》着力表现的是老军属喜老头那句话:"这是夺印把子的大事儿,是咱们穷人坐天下、传宗接代的大事儿呀!一代一代往下传,不能断了根儿。"③但小说叙事所展开的不仅是贫下中农阶级意识的强化,还有许多具有政治—伦理温度的场景:诸如中农马之悦在萧长春关于"个体的日子就是你挤我、我挤你"的提点后"动了心";落后妇女孙桂英在集体劳动中感受"热闹"与快乐等。④ 因此,文学叙事远非当时激进的"一分为二"哲学的转写,而是对整个政教机制有着很多增补。20世纪60年代"物"的难题在小说叙事中尤其联通了一个"物"的感性维度。《艳阳天》里"物"的呈现——包括物的消费、物的区隔、物的扬弃等——一方面为政教机制所中介,另一方面也刻写着已有生活世界的惯性与逻辑。

一

首先必须承认,在《艳阳天》中,"物质享受"有其正当性。憧憬物质丰裕、陶醉于"物"所带来的快感,本身并不一定是否定性的,反而成为东山坞普通群众的念想。比如,青年积极分子马翠清就谈到她妈妈的状态:"躺炕上还跟我叨咕半天:麦子收来了,咱们的日子越过越红火啦!又盘算着给我买这样、置那样,絮絮叨叨,我都睡了一觉,她还在那儿叨咕。"⑤但同时必须注意,小说中的"贫下中

---

① 浩然.艳阳天:第1卷.北京:作家出版社,1964:490.
② 可注意叙述者对弯弯绕(马同利)劳动工具——锄头——的描绘:"主人用它付了多少辛苦,流了多少汗水呀!"(艳阳天(第1卷).125.)
③ 浩然.艳阳天:第2卷.北京:人民文学出版社,1966:782.
④ 关于萧长春与马子怀的对话,参看:艳阳天:第1卷.505-507.孙桂英参与集体劳动,参看:艳阳天:第3卷.北京:人民文学出版社,1966:1262-1276.
⑤ 浩然.艳阳天:第1卷.北京:作家出版社,1964:63.

农"群体——尤其以住在沟南的韩姓与焦姓人家为主——很少在此刻就去享受或想到去享受物质生活。与之形成对照的是，小说非常细致地描绘了富农马斋之子、社里的会计马立本家里之"物"，而且富有意味的是，这是凭借先进者韩百仲的"视点"带出来的场景：

  韩百仲不耐烦地等着。他看看炕上，炕上已经过早地铺上了印着花的大凉席，一对在城里才能见到的镶着边儿、绣着字儿的扁枕头，炕一头堆着好几条新被子、毯子、单子，全是成套的；墙上又挂上了一副新耳机子，又添了一个新的像片镜框；柜上放着漆皮的大日记本和一支绿杆钢笔，那笔帽闪着光……

  忽然，从外边传来"吱啦"一声响。那是对面房子里，油锅烧热了，正往里放葱花和青菜之类的东西。接着，铲刀声伴着香味儿也传过来了……①

这一无言的观视所呈现的"物"，关联着韩百仲的某种怀疑：作为会计，马立本是否贪污了公家财产（作为一种叙事设置，这一怀疑最后得到了确认：马是个贪污犯）。但也可以说，韩的厌恶——比如"不耐烦"这种感觉——源于对此种生活方式的情绪性抵制。这以物的形象沉淀在趣味与审美之中。马立本的物质生活之所以显得不合时宜，因为他在此刻"消费"过多（注意叙述话语中"过早"这一表述）。与当时农村的生活标准相比，这一状态是"溢出"的。有趣的是，在马立本的视点里，贫农五保户五婶的物质生活则令人感到极为不适："马立本一迈门槛，就觉着一股怪气难闻，赶紧捂鼻子。往炕上一看，土炕沿，更怕脏了新衣服；又看看五婶端碗的手，简直是要恶心。"②此种围绕"物"之享受的差异而产生的趣味、感觉与情感差别，早在解放初的小说《我们夫妇之间》中就已得到展示。在20世纪60年代语境中，物质享受是否正当的问题一度成为青年（革命接班人）教育的议题。③而且已经被赋予了比较明确的政教解决方式。小说叙事中，对于"物"之富有政教意义的展示，落实在萧长春这一"新人"的日常感受中：

  萧长春用筷子轻轻地拄着碗底说："这样的日子，过着没有劲儿，还有什

---

 ① 浩然.艳阳天：第2卷.北京：人民文学出版社，1966：767-768.
 ② 浩然.艳阳天：第1卷.北京：作家出版社，1964：390-391.
 ③ 关于20世纪60年代"幸福观"论争的简明材料，可参考：《南方日报》编辑部.幸福观讨论集.广州：广东人民出版社，1964.

么日子过着有劲儿呢?我七岁就讨饭吃,下大雪,两只脚丫子冻得像大葫芦,一步一揶擦,还得赶门口,好不容易要了半桶稀饭回来,过马小辫家门口,呼地蹿出一条牛犊子似的大黄狗,撕我的灯笼裤,咬我的冻脚丫子,打翻了我的饭桶,我命都不顾,就往桶里捧米粒儿……"

焦淑红听呆了,两个眼圈也红了,她使劲儿把小石头搂在怀里。

萧老大深有感触地说:"要比那个日子,这会儿应当知足了,是甜的……"

萧长春说:"这会儿的日子也是苦的,不过苦中有甜;不松劲地咬着牙干下去,把这个苦时候挺过去,把咱们农业社搞得好好的,就全是甜的了。所以我说,苦中有甜,为咱们的社会主义斗争,再苦也是甜的。淑红,你说对不对呀?"

这些话虽短,却很重,字字句句都落在姑娘的心上了。[①]

萧长春的爱慕者、东山坞的中学生、中农之女焦淑红在《艳阳天》中所处的位置正是"受教者"。此刻她的地位与小说预想中的读者高度重合。因此这一段落具有相当明确的政教指向。从中可以看出20世纪60年代扬弃此刻"物质享受"的基本方式。对于贫下中农来说(但不限于贫下中农),诉诸"新旧对比"是一种核心修辞装置。然而,萧长春并没有强行把此刻的苦说成"甜",而是将此刻无法直接享受物质生活的问题,置于更高的政治—伦理使命之中("为咱们的社会主义斗争"[②]),同时他也许诺了"全是甜的"丰裕的未来。无疑,这里既确认了物质享受的正当性,也暗示了此刻物质享受的不正当或弱正当性。一种革命性的"物质享受"观的强表述或许是:如果世界上还有任何一个贫苦者无法享受,那么我就没有理由提前享受。更为关键的是,"物质享受"的整个难题性在小说主人公的心物关系中已经得到了改造。以下一段叙述萧长春"满意",颇为重要:

这间屋子好几年不住人了,窗户上糊的纸都已经被雨淋坏,外边挂着个苇草帘子,阳光被遮住,里边显得特别黑暗。炕上地下除了常用的家具,就是盛吃的盆盆罐罐。

他扳着小缸看看,里边盛的玉米面;用手划啦划啦,不多了,小石头他们

[①] 浩然.艳阳天:第1卷.北京:作家出版社,1964:231-232.
[②] 此种措辞在20世纪60年代文艺作品中屡见不鲜。可参看:兰澄.丰收之后.剧本,1964(2);从深:祝你健康.剧本,1963(10—11).

爷俩吃，还能对付十天半月的。他又拉过一条小布袋，伸进手去摸摸，里边装的是豆子，掂了掂，也不多了，对付几天没问题。还有个大盆子里边盛的是豆面。一个罐子里有半下子麦麸子。

他轻轻地拍去手上的面屑，心想："行，还算富足，满可以对付到分新麦子。"就满意地从屋子里走出来了。①

虽然当时的社会主义实践不否定物质享受，但显然试图形塑一种对于物质生活的全新态度乃至感觉结构。"新人"此处的"满意"看似单纯，却由相当扎实的"心"之要素支撑。这也是社会主义实践的最终赌注：建设新的物质基础的同时必须养成新人，譬如形塑出无私、对于共同体的关注等新的"第二天性"，以取代自私与自我导向的心性结构。不过，正如萧长春的言说中始终保留了"物"之丰裕的维度，以其为必要的"激励"要素，任何"心"的改造无法绕开"物"的中介。因此，在社会主义实践中，"物"之扬弃就显得特别困难。特别是现代化、工业化进程不断将"国家"本身建构为"物"的巨大吸纳者。个人、集体与国家之间围绕"物"所展开的争执始终存在。同时由于短缺性经济一时无法克服，社会劳动分工的持留乃至社会阶级某种意义上的残存，以及商品货币关系所施加的"物"之教育，就使单纯以政教方式介入"物质"批判，显得效力有限——特别是当这一教化想要真正掌握那些游移不定的"中间"人物的时候。而一旦革命性的"物质享受"观的双重赌注——政治—伦理使命的动员与丰裕未来的承诺——之中有一方出现危机，那么，围绕的"物"的革命性批判就会先行面临分崩离析的危险。

因此，"物"之改造的成败最终系于一种更为普遍的感觉结构的塑造。由此而言，最具有症候意义的，倒并不是"新人"与"物"的关系，而是相对更为落后的群众与"物"的关系。首先，在物之丰裕的"未来"向度上，萧长春们对于弯弯绕之类顽固中农的批判，具有"现代"大工业相对于"传统"小农的优势。弯弯绕之"创业梦"无非是《创业史》里梁三老汉曾做过的梦的"重复"；这一梦的实质内容无非是对曾经的剥削阶级的下意识模仿：

弯弯绕心里边有一个"宏图大志"，梦想将来自己家能有这么一个场院，这么多的大垛是他的，这么多的麦子是他的，这么多的人，也是他的——儿子、媳妇、孙子，还有长工、小半活、车把式，说不定还有他的护院的、做饭的；

---

① 浩然.艳阳天:第1卷.北京:作家出版社,1964:442.

那时候,他是老太爷子,往场上一站,摇着芭蕉扇子,捋着嘴上的胡子,就可以非常自豪地、自得其乐地说:"哼,孩子们,这家业,这财富,全是我给你们创出来的,好好地过吧,美美地过吧,别忘了我……"①

与之相比,在小说一开始,萧长春就清晰地交代了关于东山坞的"远景图":满村电灯明亮,满地跑着拖拉机,那时全中国都是一个样。② 一种有着平等诉求的现代化方案,带来了神奇的黄金世界图景。在小说第三卷,叙述者通过东山坞普通群众之口传递出这一超越弯弯绕式地主梦的"未来"。而触发这一愿景的,正是社里修水渠的方案。也正是这一方案使得前地主马小辫的祖坟将不保,从而进一步激化了小说的矛盾——直接造成萧长春儿子小石头的死亡。

马长山说:"当然真能走到这一步啦!咱们农业社说到哪儿,就办到哪儿,有咱们萧支书头边领着,大伙儿跟着干,准能办得到,不信您等着,说话要到了。"小伙子说着,不知道怎么想到地主身上了,又转了话题:"嗨,如今咱们农业社能办到的事儿,不要说咱们这些小门小户办不到,就是过去专会剥削人的地主,也不用想办到!不信咱们摆摆看吧!"

人们附和着:"那是真的。过去财主们生着法儿发大财,可是哪个地主让这地里长出过这么好的麦子!地还是那地,收成可不是那个收成了!"

"地主最会挖心挖肝地逼着长工给他们整治地,他们没有想到种大米;其实,他们就是想了,也办不到,多大的地主能挖来一条河呀!

"地主最会坑害别人,自己享福,什么馊主意、鬼办法都想得出来,可是他们点过电灯吗?我们说话之间就要点上了!"③

此种比优越性的思路——尤其表现为超越"自然经济"——经过一定的修改,就能转为"改革"话语。④ 但不能忘记,农业合作化并不单纯是解放生产力的实践,毋宁说其经济、政治与伦理意义被整合在一起。但难度也在这里,即这种

---

① 浩然.艳阳天:第3卷.北京:作家出版社,1225-1226.
② 浩然.艳阳天:第1卷.北京:作家出版社,1964:18-19.
③ 浩然.艳阳天:第3卷.北京:人民文学出版社,1966:1295-1296.
④ 关于"自然经济""商品经济"及其扬弃的问题,可参考田光.从自然经济、商品经济到社会主义"产品经济"的辩证发展.经济研究,1964(1). 20世纪80年代经济学界关于"自然经济"的讨论,则在很大程度上将"自然经济"的帽子扣在了"前30年"头上。参看刘国光.彻底破除自然经济论影响,创立具有中国特色的经济体制模式.经济研究,1985(8).

整合同时依赖政治、经济与伦理三者。如果经济出现问题,将损耗政治正当性。如果政治出现问题,则会损耗伦理正当性。如果政治出现问题,经济和伦理则将同时从整体性结构中脱嵌出来。这是社会主义现代性自身的辩证结构所致。诸种证成机制在同一文学叙事中的并置,亦源于此。

虽然在两种未来之梦的竞争中,弯弯绕丝毫没有优势,从根本上说,他缺乏一种"敞开"的未来向度;但需注意,赋予前者以坚固性的终究是一种私有意识。而后者如要取得更为饱满的状态,需要增补一个同样稳固的集体性与集体意识的环节。更大的难度在于,这种集体意识需要将个体性、私我性和此刻享受的冲动扬弃在自身之内。而且,此种扬弃需表现在每时每刻的心物关系之中。因此,不能简单地把落后者的意识视为应该予以排斥的另一极。也恰恰是在看似难以被政治"标记"的日常感知、情感表达、趣味倾向中,蕴藏着有待被读解的具体的历史性。当然,这就需要将这些感觉的"周边"一并纳入讨论。

二

在这个意义上,小说中关于孙桂英的一段细节处理,值得细读。这位东山坞农业社第一生产队队长马连福的娇妻,容易沉溺于此刻的物质享受。然而小说又没有将此种冲动刻画成阶级敌人式的"过剩"物欲(虽然她在男女关系上曾有污点,但叙述者也视之为另一类"受苦人"的遭际[①])。就算她什么都不买,却能从商品浏览中获得快感:

> 大湾供销社一个下乡卖货的小车子,停在沟里的石碾子旁边了。业务员手里那个货郎鼓"叮铃铃,叮铃铃"地一响,那些做针线、哄孩子的闺女、媳妇们,立刻就你呼我叫,成群结伴地围过来了。
>
> 坐在家里替男人打点行装的孙桂英,也被这声音惊动。她把几件要洗的衣裳往盆子里一按,端着就朝外跑;到了小货车子跟前,把盆子往地下一放,又动手,又动嘴;看看这个,瞧瞧那个;问这多少钱,问那什么价;拿过来,放过去,又是品评,又是比较,闹了半天,一个小子儿的东西也没买,她却心满意足地端起盆子,要到河边洗衣裳。[②]

---

① 关于孙桂英"受苦人"的定位,参看:艳阳天:第2卷.北京:人民文学出版社,1966:836-837.
② 浩然.艳阳天:第2卷.北京:人民文学出版社,1966:830-831.

需要注意,孙桂英的形象在此嵌入"群像"之中:对于购物有着极大兴趣的年轻农村妇女。这里有主客观两个方面值得进一步绎读。在主观方面,孙的快感倒并不在于占有物,而是流连于选物、询价、品物的过程。概言之,源于最基本的商品"景观",以及某种潜在的择物自由。这已经成为一种相当普遍的感觉结构,是"闺女、媳妇们"十分喜爱的生活方式。从《艳阳天》的叙述笔调来看,显然没有直接否定此种物欲。在客观方面,特别需要注意"供销社一个下乡卖货的小车子"这句。这提示我们,此种商品交换的媒介与传统的自由市场以及小商小贩有所区别。在小说所写的那一时期,供销社已经被整合进社会主义商业体系。商品分工与城乡分工是其基本特征,即供销社负责领导农村市场,采购批发农业生产资料、土产原料、日用杂品、中药材、干鲜果品等。① 它在社会主义改造进程中曾承担三大任务:开展城乡物资交流,为农民生产服务,以支援国家工业化;根据国家计划和价格政策,通过有计划的供销业务,将小农经济和个体手工业纳入国家计划;在国营商业领导机关的领导下扩大有组织的商品流转,领导农村市场,实现对农村私商的改造,切断农民和城市资本主义的联系。② 社会主义改造完成之后,供销社依旧承载着在商业领域限制资本主义自发势力的任务。只不过在《艳阳天》里,这一供销社派出的卖货小车形象并没有表现出后来的《送货下乡》那样明确的政教指向——介入"正当需要"的界定。③

但小说叙事并非对孙桂英的此种"癖好"没有处置。孙能否转变,关乎《艳阳天》的政治—伦理承诺。第三卷中,叙述者让我们见证了孙桂英参加集体劳动时的"乐":"她觉着这比逛庙会、赶大集还有意思;跟孤孤另另地闷在屋里一比,更不是一个滋味儿了。"④这不啻暗示,逛庙会、赶大集未必一定会填满相对落后者的生活想象。但集体劳动的游戏性(比如妇女竞赛、拉歌)毕竟无法抹除身体的消耗。这决定了孙桂英此种"乐"无法长久维持:"孙桂英的确感到自己有点儿支持不住了,头昏脑裂,浑身发软,两腿打颤。她想:劳动这份苦是不好吃,下午是得请个假,明天……要不,就找克礼说说,到场上去,场上总是轻快一点儿,也有个荫凉,离家近,看个孩子也方便;要不,干脆,等着过了麦秋,活儿轻点再干……"⑤而就在孙桂英动摇、马凤兰试图乘虚而入时,萧长春替她搬来了救兵——请来孙桂英的妈妈替女儿分忧。这毋宁说亦是一种伦理性的回应方式。

---

① 邓玉成.中国供销合作社的发展(下).山西财经学院学报,1989(3).
② 伯云.我国供销合作社的社会主义性质.经济研究,1956(5).
③ 株洲市文艺工作团创作组编剧,刘国祥执笔.送货下乡.北京:人民文学出版社,1974.
④ 浩然.艳阳天:第3卷.北京:人民文学出版社,1966:1268.
⑤ 浩然.艳阳天:第3卷.北京:人民文学出版社,1966:1273.

因此,《艳阳天》并没有动用大跃进歌谣式审美化劳动的方式。在孙桂英的生活世界里,对于逛庙会、赶大集的念想之外,有了集体劳动的位置,在这一劳动开始呈现否定性结果的时候,小说叙事又及时地补入了伦理性环节,而且这一家庭伦理背后还蕴含着萧长春的集体伦理回馈——他在请孙妈妈的时候帮人家义务抹了门楼子。

除此之外,小说还动用了一个能即刻达成"物"之扬弃的方式——审美。紧接着上述孙桂英流连于货车的引文,有这样一段萧长春与孙桂英相逢的场景:

> 在家里,他[萧长春]听说供销社那位年轻的业务员下乡来送货,心里很高兴,就赶忙跑来,想帮帮忙,再问问带没带着小农具和避暑的药物,像仁丹、十滴水之类的东西,以便买些,留给社员在收麦子时候用。……
>
> 萧长春没有跟她[孙桂英]闲扯下去,就走到货郎担子跟前,跟年轻的业务员打招呼。
>
> 孙桂英也跟在后边,没话找话说:"大兄弟你瞧,新社会真是样样好,供销社的同志都把东西送上门口了。你看看那条毛巾,成色、花样多漂亮啊!等到打场的时候,蒙在头上,嗨……"她一伸手,从货郎担上扯过一条葱绿地、两头印着两枝梅花的毛巾,在自己的身上、头上,比比试试,朝围着的人得意地笑着:"我想买一条,一捉摸,算了。我这脑袋要蒙上它,又该有人说闲话儿了,又该说我光想打扮了。打扮有什么不好,人没有不爱美的,大兄弟你说对吧?你这支书反对不反对打扮?"
>
> 萧长春一边问业务员喝水不,有什么需要帮忙的事情没有,一边在挑子上寻找他要买的东西;听到孙桂英这么问,就笑笑回答说:"我们不主张总是讲究打扮,也不反对打扮。话说回来,人美不美不在打扮,也不在外表,心眼好、劳动好、爱社会主义,穿戴再破烂,再朴素,也是最美的。你们孩子他爷爷,就是这样美的人。我说的是闲话儿,该买你还是买,买一条手巾用,也不是什么多余的事儿。"①

萧长春此处对于"物"的态度表现为:仿佛本能地关注与生产劳动相关的"有用"之物。但小说叙事借孙桂英之口进一步将"物"引向了"美"。萧长春此处的回应无疑中介着政教机制的引导。但需注意,他还是为孙的物欲及其背后的

---

① 浩然.艳阳天:第2卷.北京:人民文学出版社,1966:831-832.

"审美"观留下了余地,虽然基本是从"有用性"的角度来界定是否"多余"。但是,有趣的地方在于,《艳阳天》关于"美"的言说还不止于此,即不限于用政治—伦理置换事物的感性外观,反而凸显了"新人"与更加"纯粹"的审美能力的紧密关联。尤其在萧长春那里,敏感于"自然美",成为"新人"扬弃"物欲"的一种独特方式:

> 萧长春穿过大门道,直奔二门,一股子很浓烈的花香扑鼻子;接着,眼前又出现一片锦绣的天地:那满树盛开的紫丁香,穿成长串的黄银翘,披散着枝条的夹竹桃,好像冒着火苗儿似的月季花,还有墙角下背阴地方碧玉簪的大叶子,窗台上大盆小盆里的青苗嫩芽,把个小院子装得满满荡荡,除了那条用小石子嵌成图案的小甬路,再也没有插脚的地方了。
>
> 一夜没有睡好觉的萧长春,立刻感到精神一振,那英俊的脸上闪起了光彩:他被这美妙的景致迷住了。①

这一场景不啻让人想起20世纪50—60年代美学讨论中李泽厚关于"自然美"的看法。他特别区分了作为"内容"的自然美与作为"形式"的自然美,前者与"物欲"有着较近的联系(如牛羊瓜菜),而后者则是对于物欲的扬弃。萧长春的这一审美能力的设置无疑不是随意的。在共产主义新人的文学谱系中,拥有审美能力是一项不可或缺的素质。② 相反,那些阶级敌人身上则丝毫见不到此种特质。

三

不过,围绕新人的日常感知所展开的叙事中,不仅有着"崇高"(政治—伦理)与"优美"(审美)这两种审美经验,而且还让"新人"直接卷入"散文化"的商品交换活动之中。在我看来,这是整部《艳阳天》中最为有趣的细节。它首先带出了社会主义商业内部的多样性与矛盾性。对于东山坞高级社来说,与送货下乡的供销社货车相比,更让人感到愉悦的是柳镇集市,这一交换空间无疑关联着曾被当时的经济学家称之为社会主义市场"根本问题"的农村市场。③ 但是,赶集

---

① 浩然. 艳阳天:第2卷. 北京:人民文学出版社,1966:777.
② 如工人作家胡万春笔下的"新人"王刚,参看:胡万春. 特殊性格的人. 北京:人民文学出版社,1959.
③ 贺政. 关于我国农村市场问题. 新建设,1965,10月号.

并不仅仅是一种经济活动,毋宁说是一种生活方式。这在农业社成立以后依旧没有改变。根据蒙文通的考证,中国自古以来就存在"广大人民群众的市":"古人常说'日中而市',这种'市',正是广大人民群众的市。周官说'五十里有市',正是这种市。五十里正是当天一往返的行程。"①柳镇大集应有此历史渊源。《艳阳天》第 2 卷自第 64 章至最后一章(第 91 章),写的都是东山坞"三天假期",而假日的第二天,正赶上柳镇大集,呈现赶集以及集市上种种场景与活动的部分,处在第 2 卷的中间位置。叙述者并没有将赶集视为单纯的经济活动,而是将之呈现为 20 世纪 50 年代末北方农村的日常生活不可缺少的一个环节:

> 这是麦收前的最后一个集日了,家家户户都有点事儿要办,就是没啥大事儿的人,也想着到集上转转,看看热闹,要不然,等到活儿一忙,哪还有功夫赶集呀!②

叙述者在这里显然诉诸了一种"常态"的视角,其口中的"家家户户"也不限于先进者。令人好奇的是,"新人"与这一赶集活动的关系是怎样来表述的。小说对于萧长春"赶集"之前因后果的叙述,极为明白:他家在土改那年分了地主马小辫祖坟上的几棵大树,盖完房子还剩下些枝枝杈杈,他想卖了给萧老大和小石头扯点布做衣服。当然,萧长春赶集还有一个主要目标:到柳镇派出所打听一下搜捕反革命分子范占山的消息。此外,他还想看看大牲口的行情,瞧瞧胶皮车的货色,顺便打听支援工地的东山坞社员的劳动情况。随着萧长春到了集市附近,叙述者将这一充满笑声的空间铺陈了出来:

> 到了集市附近,人们聚拢到一起,就更加热闹喧哗了。小贩的叫卖声,饭摊上的刀勺声,牲口市上牛羊的叫声,宣传员们的广播声,嗡嗡地汇成一片。
>
> 小百货摊五光十色的招牌啦,供销社陈列货品的橱窗啦,摆在街头的农具、水果、青菜啦,平谷过来的猪石槽子,蓟县过来的小巧铁器,从潮白河上过来的欢蹦乱跳的大鲤鱼,从古北口外边过来的牛羊啦,这个那个,充塞了好几条街道。把乡村、城镇所有特产的精华都聚集到这里来了,像个博物

---

① 蒙文通. 从宋代的商税和城市看中国封建社会的自然经济. 历史研究,1961(4).
② 浩然. 艳阳天:第 2 卷. 北京:人民文学出版社,1966:868.

竞赛会。它既显示着北方农村古老的传统,优良的习惯,丰富的资源,又显示着新农村生产的发达和朝气蓬勃的景象。①

柳镇大集本身是一个贯通了数个历史时期的社会空间。在叙述者的口吻中,它颇为"有机"地整合进了社会主义生活方式之中。而从文本多次诉诸"笑"可以看出,赶集与集市将人的习惯、兴趣与行为自发性充分释放了出来,也暴露了心物关系的基本构造。但对于萧长春来说,他与整个人群之间的关系既亲密又有距离。他卖木材的具体细节,在文本中是缺席的,但叙述者还是写出了以下这一幕:

> 萧长春把木柴挑到集市口上,就没有勇气往里挤了;把担子一放,立刻就有人围过来。他既不贪图大价钱,也不恋集,三言两语,就卖出去了。他把人民币塞进衣兜里,把绳子缠绕在扁担头上,这才一身轻松地朝里挤。他常常碰到熟人,除了本村和邻村的,还有一些在一块儿开过会的农业社干部和县里各部门的工作人员。他简单地跟他们打过招呼,谢绝喝酒请饭的邀请,不停步地朝里挤。有力气的庄稼汉,挤热闹是最不在行的。这一段"艰难的行程",在他的感觉里,简直比爬一趟瞪眼岭还要费力气。往少说也花了半个钟点,他才带着一头热汗,跨进柳镇派出所的门口。②

萧长春对于私人性的交换活动十分漠然。在很快完成交易之后,便一心扑向柳镇派出所了。热闹的集市、朋友的酒食招呼,对他丝毫没有诱惑,反而成为一段"艰难的行程"。但这种与集市的"距离"并不限于有事在身的情况。耐人寻味的是,萧长春与赶集的家家户户以及整个集市之间,首先就表现为一种观看的关系:

> 这会儿,萧长春把他急需要办的事情全办完了,别的事儿只能等消闲一下再说了。
> 他挤出人群,走到一个人少的小角落里,心满意足地往那儿一站,搂着拄在地下的扁担,卷了一支烟;一边抽着,一边看热闹。他周围的人都在活

---

① 浩然.艳阳天:第2卷.北京:人民文学出版社,1966:909.
② 浩然.艳阳天:第2卷.北京:人民文学出版社,1966:909.

动,都在吵嚷。在工地、山村奔波了几个月的庄稼人,偶尔来到这样繁华的闹市上,就像第一次进了北京城那么新奇,那么适意,又那么忍不住地想这想那——他那一颗火热的心,长了翅膀,飞起来了。

他想,过了几年,这个集市上就会有东山坞的肥牛壮羊出售,也会有东山坞的桃子、李子挑卖;说不定还会有东山坞的苹果来增加这儿的光彩。那时候,社员们再赶集来,就不用挑着担子,或者推着车子了,起码有足够的大胶皮车接送他们,说不定还有了汽车哪!嘿,到了那个日子,大家的生活该是多美呀!①

萧长春之所以与此刻的集市存在距离,是因为他没能在这里看到东山坞的成分。而他那"飞起来"的"心",见到的正是未来柳镇大集的幻景:东山坞的牛羊瓜果占据了带有"节日"性质的交换空间。因此,这种"新人"与赶集诸众之间的叙述距离,这种"新人"直接卷入交换活动的简化处理,这种"新人"对此刻交换活动的置换,正是那一时期社会形式的诗学表达。萧长春的思考单位与情感投入单位,始终是农业社。甚至可以说,萧长春的形象就是集体性本身的"道成肉身"。萧本想在赶集时吃一顿便饭,可一想到社里黄瘦脸的马老四和儿子小石头,就放弃了吃饭的念头,用仅有的钱给马老四打了一瓶油,给儿子买了个鸟笼:

他把手里的东西全部放在地下,紧了紧裤腰带;把布卷往衣裳兜里一塞,把油瓶子和鸟笼子拴在扁担的一头,随后又把扁担一扛,急忙往回走。那刀勺的响声,那诱惑人的叫卖声,那冒着热气、散着香味儿的东西,他都不去听,都不去看了。他眼前出现的是:饲养员马老四的碗里飘动的油珠子和小石头提起鸟笼子时候的笑脸。

一股子满足的情绪,荡漾在他的心头。②

这为萧长春的赶集画上了一个句点。这里荡漾的是一种极为强烈的感情,一种"满足"。值得强调的是,"新人"克服"物质刺激"的动力是情感,而不仅仅是理性。但请注意,此处萧长春与小石头间的亲情,同他对马老四的情感还是并置在一起的。因此,萧长春"丧子"成为文学叙事将政教机制的焦虑内化后的一种

---

① 浩然. 艳阳天: 第2卷. 北京: 人民文学出版社,1966: 910-911.
② 浩然. 艳阳天: 第2卷. 北京: 人民文学出版社,1966: 914.

设置。马之悦在利用孙桂英勾引萧长春不成后,试图用亲情来摧毁他或至少是使之无措。但仿佛这一"考验"及其"解决"早已潜伏在理想读者心中了。齐泽克以为,切断与所珍爱对象之间的联系(珍爱之物是敌人要挟的砝码)以及绝对臣服于某一任务,正是革命主体性的最彻底状态。这一巨大的代价所换来的是主体永久的负疚感,却同时也换来了令敌人恐惧的行动力,因为他已将自己转变为"活死人"。① 《艳阳天》的叙事高潮就是这一"打麦子"还是"找小石头"的设置。萧长春通过一种别样的交换(献祭),最终确认了不可交换之存在。但萧长春并没有向"非人"转化。或者说,他的形象在这一"考验"发生之后产生了分裂:在"敌人"面前,他变成了"非人"(资产阶级"人道主义"已经在此失效);但对于"朋友"来说,他依旧保持着伦理温度。此种"一分为二"无疑是20世纪60年代"新人"的内在要求(如雷锋之语:"对党和人民要万分忠诚,对敌人越诡诈越好"②),但也是"新人"的难度——如何处理此种必要的"裂隙"。具有症候意味的是,萧长春当着焦淑红的面释放出内心失去小石头的痛苦,并找到了情感转移方式之后(将痛苦"化开"而非"藏着"③),在小说以后的进程中,小石头的问题几乎就缺席了。特别是,在最后一章里,小石头再也没有被提到,一切都显得稳稳当当,甚至是意料之中。这说明了小石头已经在集体性的"哀悼"中被升华,而没有成为挥之不去的"忧郁"的对象。④

四

小说之所以如此处理,很大程度上是因为萧长春"当家人"的特殊位置。一句"咱们这个社会最能感化人"⑤在小说第1卷、第3卷重复出现。小说字面上诉诸的是:党的政策,团结、拧成一股劲儿斗争,耐心地说服动员工作。但其实需要的是萧长春这样的肉身榜样。"当家人"形象是农业合作化文学叙事的核心要素,也是政教机制的依傍。根据博尔坦斯基的研究,历史中的"资本主义精神"理想型与六种正当性逻辑相关,即灵感型(高位人物属于圣哲与艺术家)、家庭型("大人物"是长者、祖先、父亲)、声誉型(更高的地位决定于赋予信任和尊重的人

---

① Slavoj Žižek. In Defense of Lost Causes. London: Verso, 2008: 171.
② 雷锋. 雷锋日记. 北京: 解放军文艺出版社, 1963: 30.
③ 浩然. 艳阳天: 第3卷. 北京: 人民文学出版社, 1966: 1543.
④ 在精神分析话语中,"哀悼"指的是对于失落能够承受下来,得以"扬弃"这一失落,因而是"正常的";而"忧郁"则坚持自我对于失落对象的自恋式附着,因而是病态的。
⑤ 浩然. 艳阳天: 第1卷. 北京: 作家出版社, 1964: 530.

数)、公民型(大人物是表达公意的集体机构之代表)、商业型(大人物是竞争性市场中的成功者)、工业型(高位取决于效能与专业能力级别)。第一种资本主义精神(相当于资本主义的古典时期)植根于家庭型和商业性相妥协后确立的正当性;第二种资本主义精神(20 世纪 30 年代以后至 70 年代)植根于工业型与公民型达成妥协后的正当性。而如今主导世界的第三种资本主义精神,则与"全球化"及新技术的使用紧密相关。① 博尔坦斯基的理论模型有助于辨识文学史中各类主人公所展示的"精神"气质。对于确认社会主义文艺中的人物形象及其所依据的"社会主义精神",亦有参考价值。社会主义精神区别于资本主义精神,正可以从当家人形象入手来分析。譬如,当家人形象既是对于家庭型的扬弃——克服传统的身份与地位崇拜、克服血亲相隐,但保留亲情般的亲密性(这对于农村合作化实践来说尤其关键);也是公民型的扬弃——用"阶级性"超越抽象的民主,但依赖先锋党组织;更是工业型的扬弃——用"通情达理"来克服官僚制或科层制,但保留对于生产能力与技术水平的重视。他在一定程度上接近于声誉型——获得绝大多数人的信任与尊重,但基本与灵感型与商业型保持否定性的关系(凸显审美能力似乎又与灵感型有一丝相关)。社会主义新人的精神实质在此种对比性框架中,或许可以获得更为清晰的界说。而其难度也在于:家庭型、公民型、工业型因为历史条件所限皆无法真正扬弃,灵感型与商业型在不断生产干扰性因素。声誉型在此种条件下会发生偏移。

而从萧长春这一"当家人"形象中可以读解出颇为完整的"新人"之"心"的特质:首先,是有"心术",即有着细密的心思,讲策略,有手段。这从焦二菊、马之悦一正一反两方面得到确认。② 其次,是能够自我控制,不使自己放纵于激情。在小说中,叙述者的声音曾以此批评过韩百仲。③ 再次,即上文所论述的掌握审美能力,以此作为扬弃"物质刺激"的必要环节。第四,能够将"道路"意识内化,与上级党形成一种内在的精神联系,而非唯官是从(否则小说中就不会有萧长春与乡长李世丹的"对峙"了)。但此种形象在很大程度上亦包含着一种服从性——"我再告诉您一个分辨好坏的窍门儿:只要党号召干的,全是好事;只要谁说的话跟党说的是一样的,全是好话"④。

最后,是能植根于地方,通情达理,具有伦理温度。萧长春开导马翠清,让她

---

① 博尔坦斯基(Luc Boltanski),希亚佩洛(Eve Chiapello).资本主义的新精神.高铦,译.南京:译林出版社,2012:18-24.
② 浩然.艳阳天:第 1 卷.北京:作家出版社,1964:52.
③ 浩然.艳阳天:第 1 卷.北京:作家出版社,1964:61.
④ 浩然.艳阳天:第 2 卷.北京:人民文学出版社,1966:1064.

多关怀未来的公公韩百安,就是明证:"怎么没引子呢?老头子跟大伙儿淋了半天,受了凉没有,做饭吃没有。晚辈人嘛,他就是怎么落后,也得像晚辈人那个样子,知道关心他;这样一来,又是慰问,又是鼓励。……对什么的落后人,得开什么方子治他的病;百安大舅这会儿最担心的不是分麦子吃亏不吃亏的事儿了,是怕儿子跟他不亲、翠清你跟他不近。"①

在这最后一点上,伦理对于物质的扬弃,表现得非常明确。东山坞正是在萧长春的努力下,逐渐形塑成一个真正的集体或共同体。小说中关于"缝儿"的隐喻,由此就显得十分有趣了。在小说第 2 卷,叙述者借"反右"事件,将"右派"的基本行动逻辑比喻为"找缝儿下蛆,钻空子引虫"②。其实这是农业合作化小说乃至社会主义文学中反派人物的一般行动方式——利用人之心性上的弱点、利用其癖好与欲望,或者更确切地说,如马之悦般"玩弄没有狠心割尾巴的中农户"③。而萧长春想要形塑的东山坞,得将这些"缝儿"全都缝上:

> 大舅[指韩百安],还有一条:坏人要拉垫背的,决不会找我,也不会找马老四、喜老头,也不会找哑叭,因为这些人跟农业社一条心,没缝儿可钻;他们专门要找马连福这类人,也会专门找您这样的人,因为你们跟农业社还没有一条心,有缝儿让他们钻。④

马之悦对于东山坞集体性的侵蚀,取决于人身上的"缝儿"。而体现这一"缝儿"或"两条心"却又不能完全归于"敌人"之列的弯弯绕,构成了最为棘手的挑战。在弯弯绕身上,其实凝聚着中国革命的基本特质。在他与"反动富农"妹夫的对谈中,我们可以发现弯弯绕守着一条底线。

> 弯弯绕捉摸着说:"要我说,这天下,还是由共产党来掌管才好……"
> 妹夫奇怪地叫了一声:"哟嚄,看样子,你对共产党还有点情分啊?"
> 弯弯绕苦笑了一下。真的,是奇怪的事儿。这个顽固的富裕中农平时对共产党满腹不满,或者说结下了仇,怎么忽然听说共产党要"垮台",又不安,又害怕了呢?他的心里边乱了,没头没脑,自己也摸不着边儿了。过了

---

① 浩然.艳阳天:第 3 卷.北京:人民文学出版社,1966:1379.
② 浩然.艳阳天:第 2 卷.北京:人民文学出版社,1966:902.
③ 浩然.艳阳天:第 2 卷.北京:人民文学出版社,1966:850.
④ 浩然.艳阳天:第 2 卷.北京:人民文学出版社,1966:1064.

一会儿,他像自言自语地说:"你说情份吗? 唉,这真难说。想想打鬼子,打顽军,保护老百姓的事儿;想想不用怕挨坏人打,挨坏人骂,挨土匪'绑票儿'、强盗杀脑袋;想想修汽车路,盖医院,发放救济粮……这个那个的,唉,怎么说呢? 只要共产党不搞合作化,不搞统购统销,我还是拥护共产党,不拥护别的什么党……"①

弯弯绕此种态度包含着对于革命国家的直觉性认知与认同("真的,是奇怪的事儿")。这可能是最普遍且切实的革命共识了。当他妹夫用"别的党掌了天下,也不会再搞旧社会那个样子的社会,完全是新的。打个比方吧,像人家美国那样"②来诱惑他时,弯弯绕的反应是迟疑甚至是惊惧的。对于他来说,只是要求"共产党改改制度,松松缰绳"③。弯弯绕真正觉着困难的是,自己没办法变成萧长春这样的人。在第3卷中,他依旧没有将自己的"肠子"理顺,因为"要想肠子顺,除非让自己变得像萧长春、韩百仲、马老四这色人一样,把吃穿花用这些个人的事儿全抛到九霄云外,合着眼瞎干,干了今天,明天拉棍子要饭吃,也干"④。他甚至退一步为萧长春着想:"你不照顾我们这些户,总得照顾马老四这些户吧?"⑤弯弯绕虽然直觉性地认同国家,但国家对他来说还是"外在的":"就是一个粒儿不往国家交,大仓库还是大仓库,国家照样儿搞建设。"⑥这种看似顽固的"私念",其实也暗示出另一种隐晦的想法——"咱不当家"。这种"私心"的克服,不仅关乎"心"的改造,而且关乎"物"——尤其是作用于"物"的制度的创设——如何真正落实更为普遍的"当家作主"。中农马子怀的担忧则相对更平和一些——担心农业社不够稳当牢靠:

> 有一回,车把式焦振丛的鞭子折了,一时买不着,找他来借这把鞭子。他千嘱咐万嘱咐,使两天送回来。焦振丛说:"你家里还留这玩艺干什么呀?"他说:"等社散了,我还得过日子呀!"
> ……
> 马子怀缠着那把鞭子,心里头没着没落。这一阵,他甚至感到,自己这

---

① 浩然.艳阳天:第2卷.北京:人民文学出版社,1966:903.
② 浩然.艳阳天:第2卷.北京:人民文学出版社,1966:903-904.
③ 浩然.艳阳天:第2卷.北京:人民文学出版社,1966:904.
④ 浩然.艳阳天:第3卷.北京:人民文学出版社,1966:1224.
⑤ 浩然.艳阳天:第3卷.北京:人民文学出版社,1966:1224.
⑥ 浩然.艳阳天:第3卷.北京:人民文学出版社,1966:1225.

日子一点儿也不牢靠,并没有什么奔头。①

如何形塑出一种健康而向上的"常态",是社会主义建设面临的核心挑战。特别是,弯弯绕式的"私心"有其现实基础,20世纪60年代的中国不可能完全将集市交换等带有私人性质的经济活动完全消灭。更大的危机在于赵树理在1963年曾谈及的问题:"比如我们说,现在的日子比过去强,要保卫胜利果实,农民说现在不比过去强;我们说依靠集体就有办法,农民说没办法,还是靠自留地解决了问题。……农村住房有些坏了,公社不能修,农民靠在自由市场上买东西,把房子修上了。集体不管,个人管,越靠个人,越不相信集体。"②赵树理显然没有从先进分子或政教机制所凸显的"榜样"出发,而是从依旧无法摆脱"物质刺激"的普通农民视角出发来发言的。一旦再纳入国家,形成国家、集体与个人三重关系,那么围绕"物"所生发出的矛盾还要棘手。由政教机制所中介的文艺经验则尝试将这些人性较低的部分消弭在一种社会主义精神的理想型中。在这个意义上,《艳阳天》里"夺人"的议题有其深刻性,但本身亦成为一种症候:一方面"感化"中农以及贫农中的"堕落者",另一方面不断提升贫下中农的政治主动性。如果是这样,赵树理式的难题完全可以在一种更具远景与政治觉悟的视野中被消弭掉。但是,这也有其限度。社会的结构性矛盾会在并不彻底的解决方式中积累起来,最终获得一种突破既有政治、伦理与美学框架的强度。在《艳阳天》里,由"物"之命题带出的矛盾,远比文学叙事自身的解决路径要广阔。特别是,诉诸"当家人"这一肉身,必将面对局部、特殊个体的可朽性。因此,"物"的最终扬弃,显然无法依托政教形态与"当家人"的形象美学机制。

不妨再次回到赵树理式思考的特征上来,值得追问的正是,历史实践中是否存在介于"觉悟"与"物"的逻辑之间的经验?如果存在,又如何为之赋形?或者说,如何进一步思考其赋形的不可能性,以及此种"不可能性"所蕴含的辩证契机。历史的悖谬正在于:在改革时期,萧长春所在意的"缝儿"被赋予了一种肯定性的、不可辩驳的"生存"意义。同时,持续地追求具有政治、伦理、美学统一性的"新人"的方案遭到质疑。要知道,如今"新人"方案的不可能性,正在于此。政教—美学机制虽然有着一种家长式的关切与审慎,但依旧内化了社会主义实践

---

① 浩然.艳阳天:第1卷.北京:作家出版社,1964:123-124.
② 赵树理.在中国作协党组扩大会议上的发言(1963年6月)//赵树理全集:第5卷.北方文艺出版社,1994:355-356.

的核心矛盾。此种具有超前意识的"物质"批判视野,由于嵌入物质匮乏(部分是由于不得不完成高积累以实现工业化)的社会机制,最终使蕴藏在内部的诸矛盾爆发出来,甚至进一步瓦解了其基本的"语法"。政教机制本身亦有意无意地生成了自身的盲点,即对于"中间""之间""汇合"等经验领域的搁置或相对粗糙的处理。但不管是以自在还是自为的方式,正是这些领域"现实地"联结着两个"三十年",它们有待更具批判性的视野去将之重新勾勒出来。

(原载《文学评论》2017年第3期)

英华集
上海大学文学院四十周年纪念文集

比较文学与
世界文学

旅行写作、帝国叙述、异域再现[①]
——当代英美"旅行写作"研究述评

陈晓兰

陈晓兰,1963年8月生,甘肃张掖人。于张掖师专(现河西学院)中文系;1991年毕业于贵州大学中文系获暨南大学文学硕士学位;2003年毕业于复旦大学中文系,获文学博士学位。曾任教于兰州大学中文系,在德国特里尔大学汉学系任教1年,在美国怀俄明大学文理学院访学4个月。2003年7月起任教于上海大学文学院,为中文系教授、博士生导师。主要研究领域为中西城市文学与文化、国际旅行写作、性别与文学等。主讲课程有"外国文学""比较文学""西方妇女文学""比较文学与比较文化"等。出版有《女性主义批评与文学诠释》(1999)、《文学中的巴黎与上海》(2006)、《城市意象:英国文学中的城市》(2006)、《外国女性文学教程》(合著,2011)、《想象异国:现代中国海外旅行与写作研究》(合著,2012)、《中西都市文学比较研究》(2012)、《性别·城市·异邦:文学主题的跨文化阐释》(2014)、《美国印象:中国旅美游记选编,1912—1949》(编校,2018)等著作。在《文学评论》《外国文学评论》《中国比较文学》等刊物发表学术论文60余篇。主持国家社科基金项目以及教育部、上海市社科项目4项。为中国比较文学学会理事、上海市比较文学研究会副会长兼秘书长。

一

1980年代以来,英美学术界掀起了"旅行写作"研究的热潮。"旅行写作"(Travel Writing)这一中性且外延宽泛的术语被确定,用以涵盖难以用单一文类

[①] 原文发表于《中国比较文学》2016年第1期,人大复印资料《外国文学研究》2016年第6期全文转载。

加以界定、数量庞大、种类繁杂、风格迥异的旅行作品,如探险文学、朝圣记、游记、航海日志、科学考察报告、大使出使记述、传教士的异域写作、有关异国生活的回忆录、想象的旅行(旅行文学)等。

由于旅行写作本身的杂糅性文体特征和包罗万象的内容,导致其文类界限不清,长期以来被视为次文类而遭到学术界的忽略甚至轻视。然而,这些融客观记述与主观想象于一体,内容涵盖航海旅行、异域探险、外交仪式的程式化记录、旅行见闻、新闻报道、考察报告、工作日记、日常生活记述、逸闻趣事、自传性回忆、散文、摄影、插图等的旅行作品,长期以来被不同学科(特别是民族志、地理学、世界史、自然史等)当作历史、地理文献按需征用甚至滥用。

旅行写作被学术界冷落的另一个原因是它在读者市场上的巨大成功。自18世纪以降的300年间,旅行写作赢得了巨大的读者市场和经济利益,旅行写作也因此被视为大众通俗读物而被学术研究所轻视。然而,正如玛丽·路易斯·普拉特(Mary Louise Pratt)所说:16世纪以来,欧洲公众正是通过阅读旅行写作产生了对于欧洲之外的地域和国家的"好奇、冒险和道德狂热""使帝国的公民感受到帝国殖民扩张的意义并渴望扩张""获得了对于殖民地的占有感,并且认识了那些被探险、被入侵、被投资、被殖民的遥远地方"。① 因此,旅行写作作为欧洲帝国知识生产中的重要组成部分,在欧洲的民族观念、领土观念、世界观念和殖民主义、帝国主义意识形态的建构中发挥了不可或缺的作用。

然而,直到"二战"后,旅行写作才引起欧美学术界的关注,直到1980年代后殖民批评兴起,学术界才严肃认真地对待旅行写作,大批研究成果在最近30年间问世。玛丽·贝恩·坎培尔(Mary Baine Campbell)将英美学术界对于旅行写作的关注追溯到犹太人的离散、战后的抵抗运动,前殖民地的解放以及随后的移民潮,世界范围内的移居和流动,引发的"对于世界的重新想象""对于帝国主义权力的历史与现状的关注"。② 玛丽·路易斯·普拉特将旅行写作的研究归因于1980年代开始并持续至今的"全球重组和意识形态上的动荡,学术界对于揭开帝国主义神秘面纱的迫切与无望""对于欧洲殖民主义及其后果的重新思考",美洲原住民对于自己历史和生活方式的重申以及他们"为了领土和自治而进行的斗争",对于美国历史观的挑战,"知识分子被唤起重新界定他们与其生产

---

① Mary Louise Pratt. Imperial Eyes: Travel Writing and Transculturation. New York: Routledge, 2008.
② Mary Baine Campbell. "Travel Writing and Its Theory", in Tim Youngs and Peter Hulme eds., The Cambridge Companion to Travel Writing. Cambridge: Cambridge University Press, 2002: 261 - 279.

并被生产的知识、权力之间的结构性关系",重新检视帝国在知识和意义生产中的作用及其历史影响力,目的在于"使知识生产和人类关系去殖民化"。① 她的《帝国的眼睛:旅行写作与文化嫁接》(*Imperial Eyes: Travel Writing and Transculturation*)考察了1750年以来欧洲人所撰写的有关非欧洲世界的旅行书籍。她认为,正是这些旅行书籍为在国内的欧洲人创造了帝国的秩序并确定了他们自己的位置,个人的冒险也是帝国的冒险,更何况这种冒险常常受到政府的鼓励和资助,这种冒险及其有关写作强化了欧洲的领土观念,并对占有全球具有强大的历史影响力。《帝国的眼睛》在欧洲的地理扩张与自然科学史的背景下,探讨了18、19世纪欧洲人在南非、西非、加勒比海以及美洲的探险、旅行与叙述。她认为:欧洲中产阶级,即欧洲话语的男性主体,在对非欧洲风景的再现中,具有一双帝国的眼睛,凝视并占有非洲的风景,并为欧洲人撰写了非欧洲的民族志。她提出的关键问题是:旅行写作"用什么符码书写其他世界?如何创造了欧洲的进步观念?如何使经济扩张和帝国扩张合法化并进一步激发它的扩张?附属于欧洲的他者如何知道欧洲关于他们的观念并将这些观念内化为自己的构成部分?被欧洲人观念化的经验和想象如何改变了他们对于生活于其中的世界的感知?"②普拉特创造了"接触地带"(contact zone)这一核心术语,用来界定"分离的文化相遇、碰撞、相互较量的社会空间",③正是在这个"接触地带",历史上和地理上相分离的人民相互接触,并发展出一种支配与从属关系,这种关系通常伴随着强制、压迫、不平等以及难以解决的暴力和文化冲突。同时,在不同语言的接触中发展出一种供接触双方交流的混合语和文化的混合与嫁接现象。如果说,欧洲人撰写的殖民地的民族志/人种志表现了对于他者的再现,那么殖民地的"民族自志"(autoethnography)④则反映了殖民地人民面对殖民者话语而进行的自我表达,是殖民地作家对宗主国所创作的殖民地表述的一种回应,他们甚至借用殖民者的方式重写自我。在普拉特看来,以往的学术研究仅仅关心欧洲人看见了什么和说了什么,与其说那是欧洲关于非欧洲世界的知识,毋宁说是欧洲有关自己的知识与解释的独白。实际上,独白根本不存在,因为,"接待欧洲

---

① Mary Louise Pratt. Imperial Eyes: Travel Writing and Transculturation. New York: Routledge, 2008.
② Mary Louise Pratt. Imperial Eyes: Travel Writing and Transculturation. New York: Routledge, 2008.
③ Mary Louise Pratt. Imperial Eyes: Travel Writing and Transculturation. New York: Routledge, 2008.
④ Mary Louise Pratt. Imperial Eyes: Travel Writing and Transculturation. New York: Routledge, 2008.

游客的人们有自己的知识和解释",面对宗主国的文化及其解释也会做出自己的回应。虽然"被支配的文化不能控制支配性文化造访他们",但却可以"从宗主国和支配国传播给他们的文化中做出取舍""可以决定选择什么吸收进自己的文化,并如何利用,使之产生意义。因此,文化嫁接是接触地带的普遍现象"。①

英美学术界围绕着500多年来欧洲对于世界的发现和考察的重要区域和地方——中东地区和阿拉伯国家、北美大陆及密西西比河流域、太平洋与南海岛屿、南美、非洲大陆、远东地区以及重点考察和书写的国家,展开区域的、国别的、断代的、通史性的研究。旅行写作不仅仅被视为异国再现的主要媒介,也被视为欧洲自我叙述的重要组成部分。在对于现代早期旅行写作的研究中,欧洲的民族认同与他者再现是一对不可分的概念,而对于18、19世纪旅行写作的研究则基本上在"帝国叙述"的框架中展开,旅行写作被视为最重要的社会、政治文类,是殖民主义和帝国主义遗产的重要部分,在帝国观念和知识生产与传播中发挥过重要的作用。罗依·布里奇(Roy Bridges)在18世纪以种植园、奴隶制、大西洋贸易的商业帝国的终结和19世纪的全球扩张、激烈的国际竞争以及伴随而来的深刻焦虑这一历史背景下,探讨了1720—1914年间欧洲的世界探险、旅行写作与帝国的关系。他指出:"1720—1914年的旅行写作与欧洲社会的利益和兴趣高度认同,他们希望把非欧洲的世界引向可以影响、利用、并直接控制的地位。"②帝国叙述支配着19世纪英国的旅行写作,越来越多的旅行者跟随着英国殖民地的扩张周游世界,考察并报道英国的殖民地,其中渗透着西方特别是英国的优越性,对帝国意识形态的建构与传播做出了贡献。即使是那些纯属个人的旅行,在面对异国时也难免"帝国的凝视"。杰弗里·那什(Geoffrey Nash)在有关中东地区旅行写作的研究中,发现旅行者在异域的个人探索与国家的军事征服之间,自我发现和个人救赎与政治诉求之间具有密切的关系。尽管西方旅行者个人孤独的探索、宗教关怀、对于原始的他者和异国情调的追寻是对于西方现代性的抵抗性回应,但是,这些旅行者的政治倾向依然体现了对于他者的支配,他们对于他者的审美观察依然体现了"帝国的凝视"。

劳拉·E. 弗兰尼(Laura E. Franey)在《维多利亚时期的旅行写作与帝国暴力:英国的非洲写作》(*Victorian Travel Writing and Imperial Violence:*

---

① Mary Louise Pratt. Imperial Eyes: Travel Writing and Transculturation. New York: Routledge, 2008.
② Roy Bridges. "Exploration and Travel outside Europe (1720-1914)", in Tim Youngs and Peter Hulme eds., The Cambridge Companion to Travel Writing, 53-70.

British Writing on Africa)中借用萨义德"想象的帝国"这一概念,探讨了1850年至20世纪初英国的非洲旅行写作,包括报刊发表的游记、虚构与非虚构的作品,以及受非洲旅居生活影响的作家,如亨利·瑞德·哈格德(Henry Rider Haggard)、欧莉弗·施赖纳(Oliver Schreiner)、约瑟夫·康拉德(Joseph Conrad)等作家的作品。弗兰尼认为,维多利亚时期的非洲旅行写作充斥着针对非洲人的身体暴力和心理暴力,对于非洲人伤残的身体、伤害和销毁非洲人的身体及其施暴武器和手段的生动描绘随处可见,如对于非洲受雇者的鞭打和惩罚,对于不服从者、暴乱者的公开审判和处刑,对于那些挑战殖民者权威或做错事的非洲人的语言规训,白人女性对于她们所雇用的非洲人的语言暴力,等等。此外,还有"收集非洲人的身体器官,从死人的头盖骨到活人的牙齿,用于对非洲人身体和思想进行科学研究"。① 日常生活中随意发生的暴力,或无法无天的殖民者对于非洲人的犯罪行为,或由国家支持并被视为文明化的必要部分的暴力,在帝国事业中发挥了重要作用。而非洲人对于暴力的直接反应则是合作或抵抗,或以暴力的形式加入施暴者的行列,或以暴力的形式反抗暴力。当然,"殖民统治并非只靠武力,而且也靠非身体的方式如心理强制,削弱传统权威的新的宗教的引入、殖民地官员和当地统治者的合作"。② 欧洲教育政策的推行,对其地理、地方进行重新命名等。有关非洲的旅行写作提供了反思英国特定时期政治、思想和文化的另一个维度。

二

英美学术界挑战既定的学科界限和文类划分标准、文学与非文学的区分,澄清概念,追本溯源,在与他者相遇并再现他者的历史架构中书写旅行写作的历史。某种意义上说,旅行写作的历史也即异国叙述的历史。

英美学者如彼得·怀特费尔德(Peter Whitfield)、蒂姆·荣斯(Tim Youngs)等将旅行写作的史前史上溯至古巴比伦、古希腊、古罗马,《吉尔伽美什》《旧约圣经》《奥德赛》《埃涅阿斯记》深深地影响了西方两千多年的"文学旅行"(literary journey)和实际的旅行。旅行是英雄对于永恒、知识和超越日常的

---

① Laura E. Franey. Victorian Travel Writing and Imperial Violence: British Writing on Africa. Palgrave Macmillan,2003.
② Laura E. Franey. Victorian Travel Writing and Imperial Violence: British Writing on Africa. Palgrave Macmillan,2003.

追求,是个体经受苦难、考验和挑战并使生命获得转型的特殊经验;旅行也是一个民族获得民族意识和民族身份的重要历程。① 旅行,也深刻地影响了历史书写。公元前5世纪古希腊历史学家希罗多德在中东、北非、中亚、巴尔干岛诸国的旅行为他撰写《历史》提供了大量的素材,正是在"与他者,如斯基泰人、波斯人和埃及人的相遇和对比中,完成了对于'希腊性'(Greekness)的界定"和对于"他者性"(Otherness)的探索。② 色诺芬的《远征》描绘了"希腊人穿越异国的土地、被异族包围的孤独感和失败感",其中"弥漫着一种异国意识(sense of foreignness)"。③ 在异国的旅行,对于陌生的、危险的、难以理解的国度的描绘,对于异国的地理、风土人情和人民特质的叙述,一直影响着后世欧洲的历史书写。古罗马史诗《埃涅阿斯记》将旅行与帝国的建立有机地联系了起来。自罗马帝国晚期开始及漫长的中世纪,圣地旅行及朝圣作品成为拉丁文化及欧洲文化的重要组成部分,耶路撒冷的朝圣狂热激发了朝圣作品的兴盛,创作了数以百计的朝圣作品,及至14世纪,迎来了朝圣文学的高峰。朝圣,作为生活的隐喻和文学意象,影响了中世纪及其后的文学创作。中世纪的骑士探险著作表现了世俗精神,也继承了朝圣者的精神探求,并"从道德的视角审视、再现异域的地理风景和人文景观"。④

中世纪晚期开启了文艺复兴时期对于陌生土地和新世界的探险,到欧洲大陆旅行与人文主义相结合,开启了17—18世纪的"大旅行"(Grand Tour),到欧洲其他文明、高尚的国家去旅行成为统治阶级青年教育的重要组成部分和"社会仪式",地中海、意大利、古代罗马帝国、希腊等地的旅行取代了圣地耶路撒冷的旅行,"其目的不是圣坛和圣地,而是寻找地上的天堂,或带回知识和信息"。⑤ 冒险家的地理探险、航海记述,《马可·波罗游记》,曼德威尔虚构的《游记》标志着欧洲旅行写作作为一种杂糅性文类的出现,其万花筒式的、碎片化的叙述方式,大百科全书式的、包罗万象的内容,融虚构与纪实,探险、朝圣、传教、商贸记述为一体,地理界限远及东方异教世界,极大地影响了哥伦布及其后继者的探险与写作。安德鲁·海德费尔德(Andrew Hadfield)在《英国文艺复兴时期

---

① Peter Whitefield. Travel, A literary History. Oxford: The Bodleian Library, 2011.
② Tim Youngs. The Cambridge Introduction to Travel Writing. Cambridge: Cambridge University Press, 2013.
③ Peter Whitefield. Travel, A literary History. Oxford: The Bodleian Library, 2011.
④ Donald R. Howard. Writers and Pilgrims, Medieval Pilgrimage Narrative and Their Posterity. Berkley: University of California Press, 1980.
⑤ Donald R. Howard. Writers and Pilgrims, Medieval Pilgrimage Narrative and Their Posterity. Berkley: University of California Press, 1980.

的文学、旅行与殖民写作，1545—1625》(*Literature，Travel and Colonial Writing in the English Renaissance 1545－1625*)中分析了英国文艺复兴时期有关法、德、意、瑞士、荷兰、美洲大陆、非洲以及更遥远的异国土地的探险和记述。这些作品采用报道和叙述方式，将旅行路线和事件的编年史叙述形式与地理描绘、人种观察的形式相结合，直接与间接地参与了英国国内及国际事务。旅行写作变成了"政治论坛"，以异国为背景和隐喻"参与当时激烈的社会政治问题的争论"。① 意大利被看作自由、放纵的象征，而天主教国家西班牙则被视为专制、恐怖的象征。通过再现异国的政体讨论英国的政治，并在完全陌生的异域设想激进的政治改革、创立全新的政治制度，如托马斯·莫尔的《乌托邦》等。

威廉·谢利曼(William Sherman)有关1500—1720年间英国海外旅行写作的研究，勾勒了近两个世纪英国有关欧洲大陆、南北美洲及近东、远东、非洲、太平洋地区的旅行写作风貌，其作者包括传教士、布道者、邮差、士兵、间谍、游侠、征服者、变装爱好者、殊离的艺术家、游手好闲的贵族子弟以及妇女等。② 商人关于新大陆的书信和描述记录了英国旅行的商贸目的和利润驱动下的冒险活动；殖民者的旅行写作记述了殖民地的物产、商品、政府形式、民情风俗，描绘了殖民者对于土地的征服、开垦及其与土著的关系；出使俄国、印度、希腊、小亚细亚的大使们记述了这些国家的地形地貌、气候特征、物产商贸、社会政治、宗教、习俗；无名之辈们反复讲述着伟大的探险家的冒险故事；流放者、俘虏、被抛弃的人、船难的幸存者等"不情愿的旅行者""被迫旅行到他们不愿去的地方和环境，创作了最悲惨也最流行的旅行记，表现了英国人如何面对外国人的残忍"；海盗的写作"在早期的旅行文学中占据显著地位，并且在英帝国的创造中发挥了中心的但也是充满矛盾的作用，他们增加了个人和国家的财富，但同时也对于政府和贸易公司构成了威胁"；在全面理解自然历史的要求下，由皇家学会资助的思想单纯的探险家和科学家，其旅行考察记，"以理性和公用的名义收集科学知识"，详细描绘异国的人民、植物、动物、水文、气象和环海航行。这种科学考察记在18世纪达到鼎盛，成为理性时代旅行写作最重要的一支，到19、20世纪，其考察和书写范围远及中国腹地和西部边陲。

18世纪是旅行写作的黄金世纪，19世纪则被称为旅行写作的爆炸时期。正

---

① Andrew Hadfield. Literature, Travel and Colonial Writing in the English Renaissance 1545-1625. Oxford：Oxford University Press，1998.
② William H Sherman. "Stirrings and Searchings (1500－1720)"，Tim Youngs and Peter and Hulme，The Cambridge Companion to Travel Writing. Cambridge University Press，2002：17－36.

如珀西·G. 亚当斯(Percy G. Adams)所说,18 世纪是一个思想和观念游移的世纪,一个求知的世纪。人们为了快乐,为了寻求知识,为了政治避难,为了寻找新的机会,或者为了探寻新的国家观念,为了寻找一块土地,或者为签署外交协议,或者仅仅为了收集旅途见闻和新奇的发现去旅行。① 在这个地理扩张和崇尚冒险的时代,欧洲送出成千上万的探险家、旅行者,探寻新世界,发现财富,寻找居住地。他们的足迹到达欧洲内陆未知的领域、加拿大湖区、密西西比河流域、太平洋岛屿、印度、埃及、非洲已发现或未发现的地区,穿越西伯利亚西行至中国。然而,"直到 19 世纪的最后 25 年,世界上还有大片土地未被发现,在欧洲世界地图上仍然处于'空白'。那些未被发现和占有因而被视为'黑暗'的地方,不论是对于旅行者和欧洲国家,都具有迷人的诱惑力。旅行的目的就是要去探索这些未知领域,并填补地图上的空白"。② 19 世纪的旅行写作反映了对于那些"空白之地"的探险、考察、讲述,占有、开发、利用。到 20 世纪,世界上已经没有空地需要被发现了。"一战"期间政府对于跨国旅行的控制及其战后的长远影响,"二战"后地缘政治的重构,跨界旅行和人口流动被视为对于国家安全和稳定的潜在威胁,旅行受到官方控制。另一方面,交通的便利、战争、帝国贸易的扩张和全球化又使一部分人口"或者由于自由选择,或者为了娱乐,或者由于战争、灾难和工作需要"而流动。③ 流动性、跨文化接触已经成为 20 世纪最普遍的特征。20 世纪的旅行已经丧失了传统的浪漫传奇和英雄主义色彩,旅行写作虽然借鉴了传统旅行写作的方法,但与大旅行时期和殖民时代的旅行写作存在着本质的差异。两次战争期间的旅行写作表现了充满悲剧感的逃亡,战后的写作却表现了"对现实世界的逃避、怀乡、寻求庇护的动机"和"寻求未被玷污的土地的幻觉",同时也体现了在日益趋同的世界中"寻求文化、地域和种族差异"的努力。④

三

长期以来,旅行写作被作为历史地理科学文献而征用。然而,尽管旅行作品采用让人信服的方式——以亲历者的口吻叙述他的亲眼所见,但是,旅行作者却

---

① Percy G. Adams. Travelers and Travel Liars, 1660 – 1800. Berkeley: University of California Press, 1962.
② Tim Youngs ed. Travel Writing in the Nineteenth Century: Filling the Blank Spaces. London and New York: Anthem Press, 2006.
③ Carl Thompson. Travel Writing (The New Critical Idiom). New York: Routledge, 2011.
④ Carl Thompson. Travel Writing (The New Critical Idiom). New York: Routledge, 2011.

"不必像历史学家那样为知识的真实负责,他被允许运用文学的想象和文学的描述"。① 就文类本身而言,追奇寻美是该文类一贯的美学追求,同时,旅行写作吸取了其他文类如回忆录、小说、散文、诗歌等的修辞惯例。尽管作家们总是在前言中表白如实讲述自己在遥远地方的亲眼所见,并以目击者的身份采用第一人称叙述,但是貌似客观、科学的现实记录无法避免个人情绪化的选择、臆测、偏见和误解,因此,旅行写作并不是实际发生的旅程的客观记录,它携带着预设的观念,并深受作者的国籍、阶级、年龄、性别和文化、教育背景、政治倾向、价值取向、审美趣味的影响。因此,旅行写作者的异国经验和异国表述深受先在的文化预设的影响。正如威廉·谢尔曼(William H. Sherman)所说:"即使是现代初期的旅行写作,也体现了复杂的修辞策略。作者在知与未知之间、传统的说教要求和娱乐之间、在个人的体验和恩主、雇主、皇室的要求之间达到平衡。在提供娱乐与实际的指导、记录与叙述、描述发生的和有可能发生的之间徘徊。"[10:31]此外,旅行者作为异邦人在异域与陌生文化相遇时的"心理惊骇""文化震惊",文化对比中的不对等现象,将局部上升为全体,将"接触地带"当作整个国家的象征,以相遇的个体代表整个族群乃至国家的现象,不可避免地影响着旅行写作。

珀西·G.亚当斯的《旅行家与旅行谎言家,1660—1800》(*Travelers and Travel Liars , 1660 - 1800*),颠覆了旅行写作被视为真实的科学文献的传统观念,揭示了崇尚科学的、"理性时代"所谓的真实的旅行叙述的虚假和谬误。18世纪是旅行写作的黄金世纪,文人创造了想象的、离奇的、感伤的旅行和乌托邦小说、月球旅行、大人国与小人国的冒险故事。有良知的、诚实的探险家、旅行家撰写了真实发生的旅行记述。官方通过他们收集外部世界的信息,公众则通过他们满足好奇心和求知欲,海外游记成为最流行的公众读物。读者市场的需求和有利可图刺激了游记作品的创作、翻译、虚构乃至剽窃,编辑再版十分流行,有些编辑甚至自己编写游记,为了满足读者的趣味而随心所欲地润色、修饰,删减、夸大旅行经验。因此,这个世纪盛产了大量歪曲事实、悖理真理的虚假的旅行作品,珀西·G.亚当斯称之为"旅行谎言"(travel lie),即那些"旅行者或者匿名的旅行者有意欺骗读者而讲述的旅行故事"。② 这些虚假的旅行者——"炉边的旅行者"、编撰者,阅读了大量的旅行故事,掌握了游记的写作技巧,舒舒服服

---

① Hagen Schultz-Forberg. London-Berlin: Authenticity, Modernity, and the Metropolis in Urban Travel Writing, From 1851 to 1939. Brussels: P. I. E.-Peter Lang, 2006.
② Percy G. Adams. Travelers and Travel Liars, 1660 - 1800. Berkeley: University of California Press, 1962.

地坐在家里,却谎称去过他们从未涉足过的地方,以"真实的"旅行者的身份描述自己从涉足的地方和从未经历过的冒险,编造绯闻、冒险传奇、船难、在异邦人中间的艳遇,把自己美化为旅行英雄。这些"故意的谎言"编造事实,歪曲真理,描绘奇异的植物和地理环境、风俗习惯、历史、法律、宗教、节日和异邦人的生活。即使那些真正旅行过的人,也由于偏见、无知和虚荣心,错误地报道他们所遇见的民族的风俗、性格、体型、寿命,或者虚构、歪曲旅行事实,篡改时间和地点,编造地理景观,发明根本不存在的动物、植物、河流。有关北美的写作中充斥着地理错误。而南美南端巴达哥尼亚身高九英尺的巨人族和野蛮人则完全是由旅行者发明出来的。"很长时间内,欧洲人和美洲人都相信这种巨人族的存在,甚至一些科学家和哲学家也被大量的证据所打动。"①在这些作品中,有关埃及人、亚马逊人、印第安人、中国人的无稽之谈随处可见。与其说,这些有关异族的报道反映了异族的事实,毋宁说传递了旅行者和写作者个人的好恶和思想倾向——"他们在他们民族的敌人身上发现邪恶,在他们的同盟者那里发现良善。……耶稣会传教士们夸大他们在异教徒中间的传教成功,自然神论者,或者革命者,谎称自己在马达加斯加遇见了王子,在加拿大的荒野遇见了印第安酋长,这些人身上体现了当时理性宗教和无政府论争的所有理论。"②早在18世纪,就有人批评这类虚假的旅行记述歪曲、虚构事实、不尊重理性、毁灭真理,狄德罗发现过去的航海家几乎都美化他们的旅行,"都是谎话王"。③ 费尔丁认为,旅行者性格中的浮夸和虚荣心,对于远方的美化,为满足公众和出版商而获取高额利润的贪心,个人的政治、宗教、民族、哲学偏见,再加上愚蠢无知、空虚无聊,都是导致虚假游记产生的原因。④ 但是,由于所采用的"现实主义"的叙述策略,"旅行谎言"以及那些充斥着错误印象和传说的旅行记述,不仅成为公众获取海外知识信息的来源,甚至作为官方制定政策和法规的依据,被列入旅行和探险记的行列,被当时乃至后世学者作为真实的历史、地理文献误用。

现代地理学、自然史、文化人类学的发展离不开旅行与旅行写作。彼得·休姆(Peter Hulme)在《写作、旅行与帝国》(*Writing, Travel, and Empire*)中追

---

① Percy G. Adams. Travelers and Travel Liars, 1660 - 1800. Berkeley: University of California Press, 1962.
② Percy G. Adams. Travelers and Travel Liars, 1660 - 1800. Berkeley: University of California Press, 1962.
③ Percy G. Adams. Travelers and Travel Liars, 1660 - 1800. Berkeley: University of California Press, 1962.
④ Percy G. Adams. Travelers and Travel Liars, 1660 - 1800. Berkeley: University of California Press, 1962.

溯了文化人类学的学科史与旅行的关系,考察了那些在大英帝国的殖民地——如澳大利亚、新西兰、南非、圭亚那、托斯马尼亚、旁遮普、西太平洋、亚马逊、刚果、爱尔兰、美索不达米亚等地工作的传教士、殖民地官员、自然学家等,他们的写作对于19世纪中期到20世纪中期人种学、民族志研究做出了贡献。鲁贝斯(Joan Pau Rubies)在"旅行写作与民族志"(Travel Writing and Ethnography)一文中指出:"有关民族及其自然、习俗、宗教、治理形式和语言的描写,在16世纪以来欧洲的旅行写作中得到了如此生动的体现,以致你会认为旅行写作这一文类的本质就是民族志,英国16—19世纪出版的旅行作品集的确证实了这一假定的合理性。"[①]一方面,部分文化人类学者本身就是跨国的旅行者,他们与非欧洲的接触,如他们在印度、非洲、南美的旅行经验直接影响了他们的研究,当然某种程度上也影响他们对于民族自我的反观,因此,旅行经验以及非欧洲的知识也为人类学的自我批评和文化民族主义提供了资源。另一方面,16世纪以来,尽管时事变迁、时代不同,但不同时代的欧洲旅行者和写作者,对于非欧洲的关注话题却极为相似,他们对于非欧洲民族的关注集中在"王权、贵族、战事、政治秩序、民族(种族)性格、经济活动、城市、贸易、宗教(主要关注异国情调的方面,诸如仪式、节日、偶像崇拜、寺庙、宗教精英)、婚姻、女性和性、服装与裸体、饮食与卫生习惯、文学与科学、航海、技术及其他艺术"等方面。[②] 这些融主观与客观为一体的描述成为人种志研究的重要依据。正是通过旅行写作的叙述和民族志著作的科学界定,欧洲宗主国的人民了解了异国的民族史。而这个民族的历史和性格往往在不同的旅行家的写作中被主观表现并常常被改变。随着后殖民批评的兴起,旅行写作作为地理、历史、民族志、地理学和社会学的知识作用被重估。

---

① Joan Pau Rubies. "Travel Writing and Ethnography", Tim Youngs and Peter and Hulme eds., The Cambridge Companion to Travel Writing. Cambridge: Cambridge University Press, 2002: 242-260.
② Joan Pau Rubies. "Travel Writing and Ethnography", Tim Youngs and Peter and Hulme eds., The Cambridge Companion to Travel Writing. Cambridge: Cambridge University Press, 2002: 242-260.

梅列日科夫斯基译介与研究
——兼论梅列日科夫斯基的另一种意义

耿海英

> 耿海英,先后于河南大学外语系俄语专业、郑州大学中文系文艺学专业、华东师范大学中文系比较文学与世界文学专业获得学士、硕士、博士学位。2013年5月入职上海大学文学院,任中文系教授。主要研究领域为俄国文学、俄国宗教哲学与文学关系、俄国文学期刊、中俄文学关系等。主讲课程有"陀思妥耶夫斯基精读""托尔斯泰精读""欧美文学与基督教"等。出版有《别尔嘉耶夫与俄罗斯文学》《中国俄苏文学研究史论》(合著)等专著以及《陀思妥耶夫斯基的世界观》《果戈理与鬼》等译著;在《中国比较文学》《俄罗斯文艺》等刊物发表学术论文多篇。主持并参与国家、教育部项目"俄国《现代人》杂志研究:1836—1866""别尔嘉耶夫文学思想研究""中国俄苏文学研究史""20世纪俄罗斯人文思想与当代中俄文化关系"等多项。

自20世纪末的最后四五年间中国出版了梅列日科夫斯基的一些译著后,至今十几年他的(或关于他的)著作的出版就停滞了[①],似乎表示,他热闹了一阵子就过去了。笔者从梅列日科夫斯基起步研究俄国的宗教哲学与文学的关系,走过别尔嘉耶夫、罗赞诺夫等人,梅氏一直没有离开视线。十几年下来,觉得非常有必要重返梅列日科夫斯基,笔者翻译的《果戈理与鬼》,恰恰是在研究别尔嘉耶夫的过程中进行的;也就是说,梅列日科夫斯基开先河,奠定了那个时期的俄国精神走向;研究后来者,无法绕过他;而且,我们愈是研究这一时期,就愈是发现,梅列日科夫斯基绝不仅仅影响了那一时期的文学、那一时期的宗教哲学运动这些形而上的领域,更是在形而下的现实社会运动中,他奠定的精神走向成为一种

---

① 直到2013年才又有笔者翻译的梅氏的《果戈理与鬼》,2014年杨德友翻译的罗森塔尔的《梅列日科夫斯基与白银时代》和梅氏的《拿破仑》出版。

内在的冲撞力,催生了社会革命。因此,研究他,就不能仅仅囿于文学,甚或宗教哲学,还要在社会思想史以及社会政治运动中来思考他。所以,这里所说的重返梅列日科夫斯基,就是要在那一时期诸多力量的牵扯中,考察他的意义。然而,在重新思考梅列日科夫斯基之前,我们有必要首先考察我国已有研究的状况,厘清我们在什么层面上认识他,我们的盲区是什么。以下研究主要依据20世纪80年代以来相关论文200余篇,相关著述30余部。

在中国,最早提及梅氏的是"五四"时期沈雁冰的文章《近代俄国文学家三十人合传》介绍了以他为领袖的象征派;1933年日本学者昇曙梦的《俄国现代思潮及文学》的汉译本中有专章论述梅氏;20世纪40年代有他的作品《达·芬奇》译本;50年代中苏关系"蜜月"期,在接受俄罗斯文学的高潮中没有他的位置;60年代、70年代对他这样的作家的介绍更是不可能,就是那些"供批判用"的作品中也没有他的立足之地。这样,到了80年代及其后才陆续译介他的作品,至今译有著作10部、文章6篇、各种刊物和诗歌集中收录他的诗歌。这与其庞大的创作遗产相比显得相当单薄。对他的研究除译本的前言、译序外,翻译有俄国学者的评述文章5篇,中国学者的专门性研究文章30余篇,另外以"俄国象征主义""俄国宗教哲学""俄国白银时代文学""20世纪俄国文学""俄国侨民文学"为研究对象时对他多有涉及。所有这些研究集中在以下几个面向中:象征主义理论、宗教哲学思想、文学创作、文学批评。

一、象征主义理论的奠基人

中国20世纪80年代以后关注梅列日科夫斯基是从研究俄国象征主义文学流派开始的。1982年第4期《诗探索》刊登了勃洛克的《论俄国象征主义的现状》。自此拉开了研究俄国象征主义文学的序幕。不过,在这一序幕之中,梅列日科夫斯基的名字只是闪现了一下;到了1991年、1992年,他作为象征派人物方正式出场:《苏联文学联刊》刊发了他的文章《伟大的日见伟大——纪念屠格涅夫》和《德·梅列日科夫斯基诗六首》,并介绍指出,梅列日科夫斯基的论著《论当代俄国文学衰落的原因及新流派》是俄国象征派文学的宣言书,堪称俄国文学发展史上的重要里程碑。

1991年第2期《外国文学评论》刊发了文章《俄国象征派小说在苏联重新受到青睐》。紧接着,1991年、1992年,国内密集、重磅介绍俄国象征主义,在《外国文学评论》《外国文学研究》《国外文学》《读书》《苏联文学联刊》这些重量级刊物上连续发表介绍俄国象征派文学的重要文章，可以说俄国象征派也开始受到我国研究界的青睐。也正是在这两年间的介绍中，梅列日科夫斯基的面孔渐次清晰凸显出来。当然，这里也有个契机，即 1991 年 3 月在莫斯科召开了"梅列日科夫斯基创作国际学术讨论会"，梅列日科夫斯基象征主义小说创作的得失、他的象征主义文学理论以及宗教思想探索一起被列为大会学术讨论的课题。中国学界紧跟了这一脚步。

经过这种密集介绍，《象征》诗集、《论当代俄国文学衰落的原因及新流派》、"宗教哲学学会"、《新路》杂志、《基督与反基督》三部曲、"新宗教意识"等这些符号，已经与梅列日科夫斯基紧密联系了起来。更重要的是，这些介绍性文章都不同程度地阐释了他的以"神秘、象征、艺术力的扩张"三原则为核心的象征主义理论，转述了其象征主义理论的几个核心特征：其一，批评与否定此前的现实主义文学的公民性倾向、服务社会的功利主义，认为其是导致艺术"衰落"的原因；其二，具有浓重的宗教哲学意味，是一种世界观、宗教观；其三，它既受到了西方叔本华、尼采等唯心主义、非理性主义哲学、美学观点的影响，又融进了固有的民族和社会特征，形成了自己独特的诗学体系和艺术风格。这样，梅列日科夫斯基的象征主义理论奠基人的形象在中国学界得以确立。

接下来，"俄国象征主义研究热"在国内蔓延，成果迭出。1993 年、1995 年、1996 年有《俄国象征派文学研究》《俄国象征派的文学理论建树》《俄罗斯象征主义》三部专著和一部《俄国象征派诗选》面世。与此同时，其他学者也在此前总体介绍的基础上展开了细部研究，俄国象征派的主要代表人物勃留索夫、索洛古勃、勃洛克、巴尔蒙特、先驱索洛维约夫都有了专论；并开始研究象征主义的批评思想、文学特色、宗教精神，以及与阿克梅主义、尼采的关系，也在研究"俄国现代主义文学""白银时代""侨民文学"的视域中涉及象征主义。以上研究继续涉及梅列日科夫斯基的象征主义理论奠基人的作用。

到了 1997 年，以梅列日科夫斯基为专门对象的翻译与研究正式展开，1997 年、1998 年他的《基督与反基督》三部曲翻译出版，其重要文章《论当代俄国文学衰落的原因及新派流》《俄罗斯诗歌的两个奥秘》(节选)刊发，"俄罗斯白银时代精品文库"收录了谢·波瓦尔佐夫的《梅列日科夫斯基肖像》，安·别雷的《德·梅列日科夫斯基》。1999—2001 年翻译出版了其著作《路德与加尔文》《永恒的旅伴》《重病的俄罗斯》《托尔斯泰与陀思妥耶夫斯基》《但丁传》《先知》《梅列日科夫斯基传》。应该说，这五年是梅列日科夫斯基翻译丰硕期，形成了一个小高潮(此后翻译就停滞了)。这些译本都附有前言、译序、代序等研究性文章。同时,各种期刊上出现了梅列日科夫斯基的专论:《梅列日科夫斯基之谜》(叶尔莫拉耶夫,1999)、《梅列日科夫斯基:从俄国到苏联诗学转换的重要作家——关于〈基督与反基督者〉的叙事时间研究》(林精华,1999)、《白银巨擘梅列日科夫斯基》(里力,1999)、《梅列日科夫斯基的神学思想概述》(2000)、《德·谢·梅列日科夫斯基——思想家、评论家、艺术家》(赵桂莲,2000)。

进入21世纪后,以梅列日科夫斯基为专题的研究成果,主要以期刊论文、硕博论文为主(约30篇),这是梅列日科夫斯基研究的主要成果;著作类仅有刘小枫的《圣灵降临的叙事》(2003)一书的第二部分,刘琨的《圣灵之约:梅列日科夫斯基的宗教乌托邦思想》(2009,内容基本都以论文形式发表过)。需要提及的是,自1995年汪介之的《现代俄罗斯文学史纲》出版以后至2013年,我国出版了一批中俄重写的20世纪俄罗斯文学史和白银时代文学研究的著作(约33部),这些著作中象征主义流派和梅列日科夫斯基都是重要的关注对象,因此也构成了梅列日科夫斯基研究的重要组成部分。在所有这些研究成果中,若就研究梅列日科夫斯基的象征主义理论而言,陈述式居多,思考式较少,因而刘小枫的《圣灵降临的叙事》显得较为重要,因为他指出,"只要梅列日科夫斯基算俄国象征主义中的一个人物,俄国象征主义就并非仅是一场文学运动"(刘小枫,2003:113),"他提出的象征主义就不会仅是一种**文学主张**,更有可能是一种**思想主张**"(刘小枫,2003:115),"俄国象征主义运动与晚期俄罗斯帝国最后二十年复杂、剧烈的思想冲突中出现的宗教精神更新运动迭合,引出了一个值得探讨的问题:**作为一种社会思想**,俄国象征主义的**思想史**(而非文学或批评史)意义是什么?"(刘小枫,2003:116)[黑体为作者所示]作者的这一阐述,突破了大多数学者囿于文学范畴就事论事谈论梅列日科夫斯基的思路,将其象征主义理论置入社会思想史中考察,为研究他定了另一个基调。然而,这一路向的研究并没有形成气候,至今依然是我们相对薄弱的地方。

二、"新宗教意识"的首倡者

梅列日科夫斯基的"新宗教意识"也是中国研究的一个切入点,在几乎所有涉及他的研究中,多多少少都会提及这一点。研究视角则大致有两种,一种是依据他的诗歌、历史小说和批评著作论述其新宗教意识,结果其新基督教思想就成了是在诗歌中反映、小说中演绎、批评中图解;也可以反过来说,他的诗歌、小说、批评反映、演绎、图解了他的思想。如《从〈基督与反基督三部曲〉看梅列日科夫斯基的宗教思想》等研究即是这样一种思路,而且代表一大批研究者的思路。另一种是从神学、哲学出发,研究梅列日科夫斯基的"新基督教"哲学的来龙去脉,揭示它所针对的"历史基督教"的和社会现实的问题,呈现梅氏"新基督教"的内涵:基督教的社会性、肉体圣化、圣灵王国。如《梅列日科夫斯基"第三约"研究》《梅列日科夫斯基的神学思想概述》等。不过,对梅氏的"新宗教意识"作出较为深刻评述的,不是我国的研究者,而是见之于翻译过来的格·弗洛罗夫斯基的《俄罗斯宗教哲学之路》(见第八章)和别尔嘉耶夫的相关论述中。关于后者,笔者在《别尔嘉耶夫俄罗斯文学》一书中予以了详细阐述。别尔嘉耶夫认为,"新宗教意识"应该关注的问题,不是像梅列日科夫斯基所认为的神圣肉体或神圣社会性的问题,而首先是人的问题,是宗教人类学的问题,"新宗教发现"只能是关于人的发现,关于作为具有神性的人的发现,是人的创造性的揭示。"第三约言"也将是人的创造的约言。"第三约言"是内在性的,是上帝从人那里等待的回答。只有在自由的深处并遵循自己自由的创造,人才可以发现"第三约言""圣灵的约言"。而梅列日科夫斯基总是等待来自上面的新发现,甚至,他不只是等待来自上面的,而且等待来自周围的某种东西。在他那里,不只是没有人的发现,而且没有对人的自我价值的最基本的承认。这是梅列日科夫斯基的主要误区之一①。

学界通过研究和翻译,从文本解读和哲学阐释两种视角,使我们认识了梅列日科夫斯基"新基督教"哲学的风貌。

三、诗歌新精神的注入者、小说文体的革新者

梅列日科夫斯基的创作生涯始于诗歌,先后 25 年,出版有《诗集》(1888)、《象征》(1892)、《新诗集》(1896)、《诗选集》(1904)。一般认为梅列日科夫斯基的诗歌成就有限,诗歌技巧单调、呆板,且常犯概念化之疾,令人感到理性有余,情感不足,很少有独创之处。这样的评价几乎就可以判作为诗人的"死刑"。事实上,在中国梅列日科夫斯基研究中,也几乎不见研究其诗歌的文章。然而,在一批著作中,涉及俄国象征派研究时,还是绕不过他的诗歌,尽管褒贬不一,其中《俄国"白银时代"文学概观》(李辉凡)、《俄罗斯白银时代文学史》(俄罗斯科学院)、《俄国白银时代现代主义诗歌研究》(曾思艺)还给了相当的篇幅,并予以中

---

① 可参:耿海英.别尔嘉耶夫与俄罗斯文学.上海:上海书店出版社,2009.

肯的评价。除了那些显而易见的缺陷，统观梅列日科夫斯基的整个创作，诗歌是其不可分割的部分，是其早期思想上多方面、多角度探索的折射。他走过的心路历程：从实证主义到唯美主义，从尼采主义到神秘主义，恰恰代表了19世纪最后二十年间一批俄国知识分子走过的道路。尽管他的诗歌"还只能代表象征派诗歌艺术的初级水平"（周启超，1993：130），但研究者们肯定了他的象征诗派的领袖与宗师地位，及其对象征主义理论的奠基作用。他的诗歌"具有宣言的性质。认识现象的神秘本质、宗教基础，直接建立新的文学美学纲领，是梅列日科夫斯基诗歌的直接任务"（郑体武，2001：21）。正如勃留索夫指出的那样，"作为诗人的梅列日科夫斯基同作为批评家和思想家的梅列日科夫斯基是分不开的。他的小说、戏剧和诗歌跟他的研究著作、论文和短评一样，说的都是同一个问题"（Карсалова Е. В.，1996：137）。他的诗歌不仅是其后来全部文学创作的母题之所在，还为象征诗派确立了一系列基本主题和形象。笔者认为，实质上，他的诗歌最重要的贡献在于，为诗歌注入了一种新的精神——寻求新的信仰、寻求上帝的宗教精神。诗歌是其整个"新宗教"探索链条上的第一环。别尔嘉耶夫指出："无论怎样，我们将公正地评价梅列日科夫斯基，将感谢他。在他那里出现了新的俄罗斯文学，俄罗斯的唯美主义、俄罗斯文化转向了宗教主题。他唤醒了宗教思想，他是文化与宗教的媒介，在文化中唤醒了宗教意识与情感。"（Н. А. Бердяев，2005：545）

相对于诗歌，中国学界对其小说给予了更多关注。早期研究集中于《基督与反基督三部曲》上，后期拓展至《野兽王国三部曲》《埃及两部曲》《耶稣三部曲》及《但丁》《拿破仑》《路德》《加尔文》。对其小说的研究有两种视角。第一种即是我们在谈到对其"新宗教意识"研究时所指出的，研究其小说，旨在揭示其"新基督教"思想及其文化和历史哲学。大多数研究者认为，其小说是其思想的载体，也就是说，小说是其"圣灵王国"思想的图解，并更多的是诟病这样一种机械的创作手法。另一种视角是从小说本体出发，研究小说的体裁、题材、叙事、风格、语言等。其中对小说体裁的研究值得我们注意。在界定梅氏小说体裁时，出现了多种说法：历史小说、思想小说、宗教小说、哲理小说、历史传记小说、宗教思想小说、传记体评论、小说体传记等。这些界定都体现着研究者对其小说解读的重点所在，同时也最能体现出研究者对梅列日科夫斯基的态度。事实上，笔者认为，这种不同界定，恰恰体现了梅列日科夫斯基的难以界定。梅列日科夫斯基是那个时代的一个"异数"，在他的"小说"中，似抒情诗、似小说、似评论、似历史、似哲学、似科学、似艺术、似文化、似宗教研究，然而又都不是。梅列日科夫斯基的创作是一个奇异的世界,这个世界不可分割也不可肢解,它并非是诗歌、评论、历史研究、宗教研究、哲学研究的总和;同时,没有任何领域使其巨大的才能发挥到极致:他不是绝对的文学家、单一的评论家或纯粹的神学家;也不完全是哲学家或单纯的历史学家。他要比单纯的诗人、比纯粹的批评家更深邃复杂,"他在艺术中杀死了艺术、在历史中戕害了历史"(别雷:1998:350-351)。在他的"叙事"中,纯艺术、教会、国家、科学、哲学、历史都存在,又都消亡,一切都是象征。他的文体是一种独创的"混合文体",以现有的创作形式无法命名,他是小说文体的革新者。同样,这一革新对同时代及后来者的小说创作都有着隐性的影响。他的"混合文体"也为我们跨学科研究他提供了可能性。

四、"主观批评"的完美实践者

梅列日科夫斯基不仅是当时俄国"新基督教"哲学思潮的风云人物,象征主义的奠基人,小说文体的革新者,还是出色的文学批评家,留下了丰硕的文学批评遗产。他论及普希金、莱蒙托夫、果戈理、屠格涅夫、涅克拉索夫、丘特切夫、冈察洛夫、托尔斯泰、陀思妥耶夫斯基、赫尔岑、契诃夫、高尔基等俄国经典作家,以及从古希腊悲剧到卡尔德隆、塞万提斯、歌德、蒙田、福楼拜、易卜生、拜伦等西欧一系列作家和各种文学流派和现象。

中国对他的文学批评的研究论及了其《论当代俄国文学衰落的原因及新派流》《托尔斯泰与陀思妥耶夫斯基》《果戈理与鬼》《永恒的旅伴》及其关于屠格涅夫和普希金的论述。在这些研究中都注意到了梅氏独特的文学批评方法——"主观批评"。研究者们指出,梅列日科夫斯基的文学批评注重主观心理分析和精神世界透视;同时,他总是力求在每位作家身上找出两种对立的世界观,即或是多神教的,或是基督教的,他的许多著作都以此类二元对立为基础,把托尔斯泰与陀思妥耶夫斯基、涅克拉索夫和丘特切夫、高尔基和契诃夫对立起来;他无论分析哪位作家,都把作家外貌和心理特征的分析放在首位;他喜欢引用作家的书信、作品等去寻找作家的个性、道德准绳、艺术原则,理解作家的创作途径。这些"知人论世"的批评风格带着极大的"主观性"。这种方法遭到了很多研究者的指责,认为其中不乏偏颇,甚至偏见,如很多人认为他对托尔斯泰的评价不公平,对一些作家态度苛刻。尽管如此,笔者认为,其批评文字却具有犀利而深刻的艺术洞见,他被称为"继尼采之后最伟大的文学批评家和无所不在的心理学家"(罗森塔尔,2014:13)。他的那些批评著作一经面世,无论是与他亲近的,还是疏远的、有分歧的、还是无分歧的,都给予了极高的评价,认为是光彩夺目的极品,是俄罗斯文艺批评和文学理论发展进程中划时代的著作。勒纳·韦勒克因他的巨著《列·托尔斯泰和陀思妥耶夫斯基》称他是"充分认识到陀思妥耶夫斯基的历史意义和艺术重要性的第一人"(勒纳·韦勒克,1999:169)。而他的《果戈理与鬼》则颠覆了传统俄国批评关于果戈理的论述,动摇了俄国现实主义文学批评的根基。他关于俄罗斯众多作家的论述,无可争议地成为其时代新的文化意识觉醒的重要因素,其影响不仅限于俄罗斯国内,也加深了欧洲人对俄罗斯的宗教思想以及俄罗斯文学的宗教探索的兴趣。其强烈的主观态度及热烈的政论风格也许你可以反感,但你无法拒绝。即使其坚定的论敌也承认,他的评论"虽然不能永远让人信服,却能永远让人激动,让人产生反驳的冲动,而正是在这一过程中,人们得以更深入地认识作家"(高尔基世界文学研究所,2001:276)。他从自己的"新基督教"哲学出发,全新揭示了俄罗斯文学的价值与意义。可以说,他与别尔嘉耶夫、罗赞诺夫等一批俄国宗教哲学家一起,开创了俄国文学的宗教哲学批评路径。

除了上述几个主要层面的研究,各种研究成果中还涉及梅列日科夫斯基的生平、他的影响及其思想来源等。可以说,已经是在各自的领域中较为深入地去认识与理解这位"时代巨擘"。不过统观整个研究,我们可以看出,研究者大都比较局限于自己的学科背景与领域,或诗歌、或小说、或批评、或诗学、或哲学等,相对封闭于自己的视野中,就文学论文学,就哲学论哲学。当我们把他放到一个更大的背景之中时,就会发现他的另一种意义。

事实上,由梅列日科夫斯基引领的俄国象征主义运动,继而生发的新宗教哲学运动,对于当时俄国社会的进程具有极大的介入力量。他既在形而上提出了革命性的思想,又在形而下推进了社会变革,这两者是相辅相成。

首先,象征主义运动作为一种介入现实的力量。在大部分人的研究中,将俄国象征主义描述为一种逃离与超脱现实的纯艺术流派,然而却没有意识到问题的另一面,即它的出现恰恰既是对现实的一种反叛,又是一种介入。梅列日科夫斯基的早期象征诗歌创作及其象征主义宣言的提出,可以说是一场美学革命的开始。这场美学革命是对当时俄国工业化和城市化所带来的结果的回应,在梅氏的著作中,对账本代替了《圣经》、柜台代替了祭坛的小市民文化、平庸鄙俗的精神现象有非常多的批判。俄国象征主义运动的兴起和发展,与社会发展这一更大的背景相关,即俄国乃至全欧对"启蒙主义和实证主义及其在19世纪粗糙衍生物的幻灭感"(罗森塔尔,2014:11)。这正是梅列日科夫斯基明确思考与针对的对象,即否定艺术中的现实主义、功利主义,科学和道德领域的物质主义和实用主义,以及与之相伴的产物和建制。象征主义运动起初旨在颠覆传统的艺术形式与类型概念,使艺术感受和人的认知摆脱现实的羁绊,穿越现实,达到更高的另一个真实的世界;旨在追求人的精神解放与自由,消除对个人的一切限制;受尼采思想的影响,认为美、艺术和感性比社会繁荣和物质满足更重要。注意,这其中隐在的是一种激进的审美感。这一审美运动是以抗议传统秩序的形式兴起的,起初是对压制个体的传统秩序的非政治的抗议;当这种抗议受制于政治、经济和的社会福利这些狭隘的问题时,这一审美运动就隐蔽地指向了重建整个社会,使其符合象征主义的审美规范。他们最乐于引用陀思妥耶夫斯基的那句箴言——"美将拯救世界"。他们的"美"是要"拯救"世界,是要"重塑"世界。因此,实质上,梅列日科夫斯基他们所寻求的不仅仅是某种新的美学技巧,而是某种全新的世界观和价值观。象征主义艺术不仅引发了形式、技巧和主题的变化,它还代表艺术家对现实世界的拒斥,是创造新世界的尝试,同时,也是按照新的世界观和价值观"创造一种独立的、敏感的、审美的、在情绪上自由的新人"(罗森塔尔,2014:27)的尝试;他们是要创造"新天、新地"和"新人"。在挑战既有秩序,抵抗工业化和城市化的物质享乐主义的俄国现实,走向更高的世界的同时,象征主义艺术家们实际上是对沙皇独裁和左派的物质第一的乌托邦提出挑战。如果说审美上的反叛是一种形而上的反抗;那么反叛的、政治化的艺术家,就是潜在的激进主义者,对于既定秩序和传统建制就具有了介入性,尽管大多数艺术家在最初并没有政治介入热情。

象征主义运动的介入性还在于,发端于抗议工业主义、实证主义、理性主义,抗议"60一代"的审美、政治、社会纲领的象征主义运动所导向的精神革命,制造出一种迷失、冲动、不满的社会情绪,也可以说是一种革命情绪;具有意味的是,这一情绪恰恰与象征主义运动的审美革命所挑战的激进左派的社会革命相应和,伴随并推进了社会秩序的革命。有一点我们也必须注意,文学在俄国精神生活中从来都占有突出地位,象征主义的美学革命带来的文学领域的风格、题材、主题、意象的变化,很快渗透所有艺术领域,诗歌、散文、戏剧、音乐、绘画都体现着象征主义的神秘、启示录主题,形成了一种新的神秘主义的文化氛围,带来了一种新奇、神秘、变革的气息。这对社会情绪产生了重大影响,它搅动了整个社会的神经,不仅裹挟了所谓有教养的精英阶层;许多艺术家在青年工人和青年学生中有大批"粉丝",他们为倾听所拥戴诗人的朗诵,不惜排队数小时等待;观看先锋的实验戏剧,参与各种文化活动。"革命"气息弥漫,波及广大受众。同时,在社会思想层面,象征主义运动的兴起,直接的结果是民粹主义走到了尽头,并伴随着俄国马克思主义兴起。1895年前后俄国城市罢工,新的无产阶级力量兴起。梅列日科夫斯基认为,无产阶级被固定在"可恨的机器上""被非人格的经济力量控制"(罗森塔尔,2014:25)。这与马克思主义对资本主义的批判不谋而合。梅氏的观点得到许多艺术家和知识分子的响应,许多象征主义、神秘主义艺术家变得热衷于政治问题和社会问题,结果强化了左翼的政治激进主义运动。

因此,我们说这场美学革命与当时的社会政治革命两种革命并行不悖。也就是说,梅列日科夫斯基的象征主义文学运动,就不仅是刘小枫所说的也是一种思想运动,具有思想史意义,还是一种社会运动,具有社会政治史意义,梅列日科夫斯基后来在其象征主义理论基础上构想的神权政治及其实践即证明了这一点。

其次,新宗教哲学运动对社会的冲撞力。笔者在早前的研究中就指出,梅列日科夫斯基对象征主义阐释的立足点,"与其说是在美学方面,不如说是在宗教方面"(梅列日科夫斯基,1998:372)。也正如别尔嘉耶夫所说:"俄罗斯象征主义没有止步于审美—艺术的世界,它迅速地迈向宗教—神秘的范畴。"(Н.А. Бердяев,1990:91)他是最早觉醒了"新基督教意识"者之一,他在自觉地在寻找一种"新信仰"。19世纪80年代之后,俄国社会普遍缺乏信仰的能力,这造成了精神的焦虑和情感的混乱,整个知识阶层弥漫着一种迷惘与病态。梅列日科夫斯基的信仰寻找,正是要克服这一状态(自身的和社会的),然而,在这一过程中,"他实验了一种又一种的信条,总是看到其中的缺陷,一直到最后才依靠神性的天意给他提供了一种'新启示'"(罗森塔尔,2014:49)。这就是他的"第三约言"。

然而,最重要的是,他并没有止步于提出"第三约言",还不遗余力地传播与实践着他的思想。他早期在象征诗歌中探索,后又提出象征主义理论,进而建构自己的"圣灵基督教"哲学,再到以小说、文学批评诠释自己的"圣灵王国"思想。他正是带着这全部的准备投入到了社会活动层面——沙龙、杂志、宗教哲学会议,以此扩散着他的思想,影响着社会进程。

当时的彼得堡活跃着许多沙龙。梅列日科夫斯基夫妇自己家的沙龙"穆鲁奇之家"[①]就是其中之一。这个沙龙成了当时散播与实践其"圣灵王国"思想的中心,吸引了理想主义、唯灵论、神秘主义等各种思想的人士,受众面波及甚广。

[①] 参见 Андрей Белый. Начало века. Изд. Художественная литература. 1990 г. с. 608.

这里成了从个人审美主义到社会激进道路上的客栈。

如果说沙龙还仅是一种情绪的散播，那么，梅列日科夫斯基夫妇创立的宗教—哲学学会及举办的会议，对于社会转型则具有直接的推动力。在我们的研究中，多多少少都提到过他组织宗教—哲学学会的活动，然而限于陈述这一生平，甚至宗教哲学会的人员组成、会议议题、关心的具体问题都不甚了了①，最重要的是这些活动与当时的社会现实究竟有着怎样的勾连，更是没有思考。也就说，我们在他的另一种意义面前止步了。在1901—1903年间，以梅列日科夫斯基为首成立的宗教—哲学学会，除了小型沙龙会议外，召开了22次大型正式的宗教—哲学会议，他们的主旨是要将自己思考的宗教问题与社会现实结合起来。在22次会议上，他们尖锐、深刻、广泛地讨论了基督教的社会性问题，在全部会议的主题中，有三个最具挑战性：教会与国家的关系，基督教对"性"（或说"世俗生活"）的立场，基督教教条是否完整。每一个问题都搅动了整个俄国社会的神经。由于会议涉及的人员上到沙皇及国家在教会中的代表，下到普通的大学生，涉及都主教、主教、神职人员、神学教授和世俗知识分子，加之人数、次数之多，因而在俄国社会产生了巨大影响。最重要的是，他们所讨论的议题直接影响了后来沙皇的宗教改革。我们可以说是1905年革命激发了俄国的宗教改革运动，但是梅氏他们的宗教—哲学会议不能不说是已经为宗教改革准备好了土壤和种子。需要强调的一点是，在梅列日科夫斯基的"宗教—哲学学会"之后，俄国各地相继涌现了一批宗教—哲学协会。除了莫斯科、彼得堡、基辅三个重要的宗教—哲学协会，在第比利斯、雅罗斯拉夫、下诺夫哥罗德、雷宾斯克、辛菲罗波尔都成立了宗教—哲学协会，集中了一大批杰出人士。另外，配合宗教—哲学会议，他们还创办了《新路》杂志，刊发会议纪要，使得会议议题广泛传播，加之分散在各地的协会的传导效应，使得那一时期的俄国整个弥散着宗教及改革情绪。因此，我们相信，别尔嘉耶夫的那句话"梅列日科夫斯基在唤醒文学和文化中的宗教兴趣和宗教焦虑上起了主要作用"（Н. А. Бердяев，2000：194）并非妄言，他的先驱示范与推动力不可小觑。梅列日科夫斯基要求在教义解释和宗教表达方面的更大自由，这令人们想起路德，人们称梅列日科夫斯基为"俄国的路德"（罗森塔尔，2014：182）。

在俄国1905年革命中，梅列日科夫斯基主张的革命形式是"宗教革命"。他

---

① 仅见一篇：1901—1903年彼得堡宗教哲学聚会及其影响. 理论探讨，2012(1)列举了会议的一些议题，依然偏重于介绍会议本身。

坚信"宗教革命"将会名副其实地开启一个新千年,解决全部的个人问题和社会问题。在1905—1917年间,他放弃了自己先前的许多信念,认为"为艺术而艺术"已经变成了陈词滥调,艺术家必须为更高的目标服务;进行社会启蒙,要宣传"宗教革命",正教教会必须借助于知识分子的参与而变成一个革命的集体。他认为,现代艺术都沉浸在湿地的迷雾中,故作玄虚的风格妨碍艺术家接近人民。他希望结束与民众运动的隔绝状态,对时局施加影响。1905年10月,他会见社会革命党人。他认为,革命从人身上释放出来的野兽,实际上是启示录的先兆,他希望说服社会革命党人,把政治革命转化为宗教革命。在他的寓所里建立了"类似革命司令部的机构",在那里举行了解放同盟的秘密会议。1906年他到巴黎出版著作《沙皇与革命》,在他巴黎的公寓,克伦斯基、薇拉·菲涅尔、萨文科夫、布-冯达明斯基、别尔嘉耶夫、维·伊万诺夫、让·饶雷斯、柏格森、法郎士,以及天主教现代派人士都成了常客。返回彼得堡后,梅列日科夫斯基为当时轰动全国的案件犹太工人门德尔·贝利斯谋杀案的当事人贝利斯作了最雄辩的辩护。他不再停留在"纯粹的思想"上,认为"思维的权利"不是人唯一的避难所;行动是走向真理的方法,更有说服力。行动具有团结人民的持续的价值,人类的全部努力,都应该指向革命。

至此,我们已经发现,梅列日科夫斯基从最初的思想和精神革命的领袖,一跃而成了现实社会革命的倡导者和行动者,也正是在此,显示出了他的另一种意义。他所倡导并实践的宗教革命,与当时的社会革命党人、民主革命党人、民粹主义、无政府主义、马克思主义、自由主义等各种社会变革力量合力,成为即将到来的俄国社会重大转型的催化剂和前奏。

可以说,梅列日科夫斯基从美学革命,走向宗教革命,又走向社会革命,这既可以理解为一种递进的过程,又可以理解为一种并行的过程,思想与实践合力,推动了俄国社会的变革。他的全部生平具有社会学的多种主题:群体组织方面有创办协会或"宗教小团体",社会制度方面主张以新宗教信仰组织社会形式,社会过程方面有社会新价值观的建立、社会舆论的传播、改革与革命的行动。因此,只有在这一社会学与文学、哲学共同的语境中,方能更加深刻地理解他的意义。

(原载《中国比较文学》2016年第1期)

伊格尔顿对《麦克白》的政治符号学解读

张 薇

张薇,1964年生,江苏海门人。1986年毕业于南京师范大学,获文学学士学位;1998年毕业于华东师范大学,获文学硕士学位;2003年毕业于苏州大学,获文学博士学位。2003年9月入职上海大学文学院,现为中文系副教授。主要研究领域为英美文学。出版有《海明威小说的叙事艺术》《莎士比亚精读》等专著;在《外国文学研究》等刊物上发表学术论文30余篇,其中有关莎士比亚研究的论文12篇,被《人大复印资料》转载2篇。为中国外国文学学会莎士比亚研究分会理事,美国哥伦比亚大学访问学者。

英国当代著名的文学理论家、文化唯物主义的代表伊格尔顿在马克思主义文学评论家雷蒙·威廉斯的指点下,写出了一系列马克思主义文学批评的著作,如《批评和思想:马克思主义文学理论研究》《马克思主义和文学批评》《文学原理引论》《批评的功能:从"观察家"到"后结构主义"》等。中国掀起了对伊格尔顿文学理论、文化理论的研究热,"超星·读秀"学术搜索显示有800多篇论文;但学界忽略了伊格尔顿的莎学研究,须知伊格尔顿的文化理论是建立在对经典作家和作品分析之上的,因此我们亟须重视这些应用性批评。《莎士比亚与社会》(1967)、《威廉·莎士比亚》(1986)是伊格尔顿专门论述莎士比亚的著作,后一部著作几乎被人遗忘,百度网上介绍伊格尔顿居然根本没提该著作,学界在一些介绍伊格尔顿和翻译伊格尔顿文学理论著作中也未提及,这实在是一个严重的疏漏,造成这种疏漏的原因可能是这一书名容易被误认为莎士比亚传记,未把它当成理论著作来看待。这两部专著见他人之所未见,闪烁着诸多思想之光。本文仅以他对《麦克白》的解析为例,来管窥他的莎评思想。

对麦克白王权的讨论在莎学史上已是老生常谈的话题,伊格尔顿在两部著作中都分析了《麦克白》,但角度不同,《莎士比亚与社会》抓住"不合身的长袍"意象重新审视王权与社会的关系,而《威廉·莎士比亚》从能指与所指的维度来分析女巫的预言在麦克白王权更替中的作用,这些都是政治符号学的解读。

一、"不合身的长袍":名分僭越

在《莎士比亚与社会》中,伊格尔顿敏锐地抓住"不合身的长袍"(ill-fitting robes)这一意象,揭示麦克白在争夺王权过程中被名分(name)与头衔(title)所苦恼,从而表征这样一个问题:王位来得是否正当,会决定了社会的安定与否和人生的幸福与否。

"不合身的长袍"的意象在剧中反复出现,当罗斯和安古斯拿考特的头衔来恭喜麦克白时,麦克白问:为什么他们要给他穿上借来的长袍(borrowed robes)?当女巫的两个预言已实现,麦克白入神地思考第三个预言,一旁的班柯一针见血地点出了要害:"新的尊荣加在他的身上,就像我们穿上新衣服一样,在没有穿惯以前,总觉得有些不太合身似的。"①(第一幕第三场,124页)

伊格尔顿认为:在这里"长袍"成了名分与头衔的隐喻,身份和头衔可以被外在地安置在一个人身上,但是不久他必须使它成为自己的东西,与自己合为一体,而不再是外在的;仅仅表面上成为考特爵士或国王尚不够,必须名副其实、从内而外真正地成为爵士或国王。这个剧反复强调了名分和头衔的重要性,大而言之,关乎国家社稷是否稳定;小而言之,关乎个体是否幸福安宁。前一阶段由于麦克白为苏格兰建立了战功,他被当之无愧地授予考特爵士的头衔,因此,麦克白的功绩与头衔、英雄本色与荣誉名分是和谐一致的。伊格尔顿在接下来的分析中一再强调"name",麦克德夫发现邓肯被杀后说这是一个"不可想象、不可言说(cannot conceive nor **name**)"的恐怖,女巫做"无可**名状**的行为"(a deed without a **name**);马尔康说"一提起这个暴君的**名字**,就使我们切齿腐舌。"(This tyrant, whose sole **name** blisters our tongues)麦克白非分攫取王冠,因此其名分是虚假的、空洞的,伊格尔顿认为"这就是这个剧所建立的悖论:作为创造性的、自我确定的行动(即成为国王)实际上解构并毁灭自我"。② 原来响当当的实有英雄的名分变为虚空的、甚至是邪恶的国王。在此,伊格尔顿把麦克白的夺权

---

① 莎士比亚全集:增订本第6册.朱生豪,译.南京:译林出版社,2011:124.以后引用,在正文中随文标注页码。
② Terence Eagleton. Shakespeare and Society. London: Chatto & Windus Ltd., 1967: 130.

行为冠之以"越轨犯界"。

让麦克白更为苦恼的是：这个王位后继无人，他的**"不育"**(sterility)毁坏了他的行动意义，没有儿子来永久保住他取得的成果，篡权夺位的内在是无果的，即便他不被消灭，他的王权也是断层的。麦克白之所以杀班柯，固然因为班柯知道女巫的预言，促使班柯怀疑麦克白，但更重要的是班柯的后代将继承王位，这是麦克白所无法接受的。他一方面疯狂地为自己创造一个国王的身份，另一方面杀邓肯、杀班柯反而加速了他自身的灭亡，这就是伊格尔顿所指出的悖论。如果麦克白不杀邓肯，也不杀班柯，那么他将生活在自足自乐中，"要是我在这件变故发生以前的一小时死去，我可以说是活过了一段幸福的时间"（第二幕第三场，140页）。在毁灭邓肯的过程中，麦克白也毁灭了自己，谋杀成了自我毁灭的行为，一个人本想获得快乐，结果却在试图得到它的时刻失去了快乐。

麦克白得到这一"不合身的长袍"，意味着这件长袍或者王冠本不属于他，因此，他后面的每一个行为都只能使他在血泊中越陷越深，他渴望回复到以往安宁的生活，但正如伊格尔顿指出："**试图达到安宁的每一个行动损坏了它本身：每一个行动都有内置的缺陷。**"①他想杀了班柯去除危险，但逃跑了的班柯儿子福雷恩斯反而成了他的心病，因为将要应验女巫的预言：班柯的子孙将君临一国。伊格尔顿认为："力图使行动完美彻底的念头在该剧中一直很突出，麦克白听到福雷恩斯逃跑的消息后，懊恼总是不能圆满完成事情。"②他说："我本来可以像大理石一样完整，像岩石一样坚固，像空气一样广大自由，现在我却被恼人的疑惑和恐惧所包围拘束。"（第三幕第四场，153页）麦克白想杀麦克德夫，可是麦克德夫事先跑了，于是麦克白杀了麦克德夫的妻儿，这一行为激起了麦克德夫的深仇大恨，麦克白无形中给自己增加了一个掘墓人，武艺加上复仇使麦克德夫所向披靡，曾经战无不胜的麦克白也被他砍下了首级。这再一次证明：麦克白寻求安宁的行动本身反而毁坏了安宁，事与愿违，他想杜绝后患，但每次的后患远远超出他的意料，变得更糟。伊格尔顿关于"掘墓人"的观念承继了马克思主义的论述，是新兴力量推翻专制统治的颠覆者，意味着革命的必然。

因为缺乏名分，伊格尔顿认为："麦克白发现王权对他来说只是一个过程，不像对邓肯来说是完全的确定的东西。通过谋杀邓肯，成为形式上的国王之后，他觉得本质上一无所获：在成为真正的国王之前他总是要采取进一步的步骤来巩

---

① Terence Eagleton. Shakespeare and Society. London: Chatto & Windus Ltd., 1967: 131.
② Terence Eagleton. Shakespeare and Society. London: Chatto & Windus Ltd., 1967: 131.

固王位,但是每一个步骤都消解了他所得到的,因为每一步产生了更多摧毁性的后果,他无法成为真正的国王;他殚精竭虑巩固王位,因此一点也不能享受王位的乐趣。他一意孤行,追求自我;杀邓肯王的行为成就了他,也损坏了他。……他整日陷入良心不安中,反而羡慕那已死去的邓肯王,他所采取的每一步——如谋杀班柯、屠杀麦克德夫妻儿——进一步消解了他,使他不能在所取得的成果上休息,这就是他为什么嫉妒坟墓中的邓肯的原因,因为邓肯一了百了完全安息。"①伊格尔顿引用麦克白的话说:"要是用毁灭他人的手段,使自己置身在充满着疑虑的欢娱里,那么还不如那被我们所害的人倒落得无忧无虑。"(第三幕第二场,149页)这一切都由于他缺乏真正的国王名分,他始终在追求合法的名分,但终不可得。

麦克白一直想使这件"不合身的长袍"变得合身。在这一点上,伊格尔顿与美国马克思主义莎学家安妮特·T.鲁宾斯坦不谋而合。鲁宾斯坦指出:"麦克白绝非幼稚的谋杀犯或政治上的白痴。他深知自己的欲望和真正的目标——做一个享有尊严、受人崇敬、地位稳固的国君——是不能用这种谋杀的手段来达到的。"②他想获得正当的名分,可是弑君行为已使他永远不可能回到正义的轨道上来,没有退路,也无法修补,以不义取得的地位必须靠罪恶加以巩固。

伊格尔顿进一步分析名分与头衔的实质,"名分有特殊的创造力,没有名分的事情超过了人类意义的极限,魔鬼存在于人类共同体的边缘,是虚无的部分,得到名分是积极正面的事情,能在共同体中拥有被认可的位置"。③也就是说名分是人在共同体中的一个标志,是共同体自然赋予每一个人的,不管你的名分是高是低,都证明你是共同体中的一员。麦克白初始是一名将军、葛莱密斯爵士,后来成为考特爵士,他以勇敢正直的品性在苏格兰人民的心中占有崇高的地位,处在邓肯王统治的苏格兰共同体中,他感到充实和幸福。伊格尔顿指出:"在谋杀之前,麦克白真正的生活是效忠邓肯,这种效忠不是外在的、机械地服从,而是生动的自我表达:他的效忠不求回报。"④他在效忠邓肯之中获得安谧。伊格尔顿引用麦克白的台词来证明这一点:"为陛下尽忠效命,它本身就是一种酬报。"(第一幕第四场,125页)"他不需要外在的回报,行为本身就是回报。在此,效忠

---

① Terence Eagleton. Shakespeare and Society. London: Chatto & Windus Ltd., 1967: 132,136.
② Annette T. Rubinstein. The Great Tradition in English Literature from Shakespeare to Shaw. Volume I. Modern Reader Paperbacks. New York and London. 1969: 70.
③ Terence Eagleton. Shakespeare and Society. London: Chatto & Windus Ltd., 1967: 133-134.
④ Terence Eagleton. Shakespeare and Society. London: Chatto & Windus Ltd., 1967: 134.

与回报的循环是实际行为和责任行为的融合,不是麦克白后来状况的自我毁灭的循环;在侍奉邓肯的过程中,麦克白享受到个人的快乐,'这是一个莫大的光荣'(第一幕第四场)。"①"但是麦克白谋杀邓肯意味着从共同体中的位置坠落到邪恶的否定面、无名分的行为领域。"②他背叛了邓肯王的苏格兰共同体,成了千古罪人。关于这一点,英国文化唯物主义者特雷·霍克斯(Terry Hawkes)也持相同观点,他说:"麦克白选择从被认可的事物规则、既定的世界观、已完成的真实的共同体中脱离出去。"③由此可见共同体对人类生活的重要性,它是人赖以生活的精神保证。

继而,伊格尔顿以麦克白夫人为解剖对象,阐释僭越名分的后果。"僭越一个人的限度就会失去自我、消解自我,真正的生活存在于自如地处在天然的限度内。"④僭越限度,就是僭越名分,但是麦克白夫人并不明白这个道理,"对她来说,男人要能创造他的限度,冲出极限去实现野心"。⑤ 她说:"是男子汉就应该敢作敢为,要是你敢做比你更伟大的人物,那才更是一个男子汉。"(第一幕第七场,131页)麦克白听从她的建议,超越了限度,试图要成为更伟大的人,在试图要得到超越他名分的头衔时,他陷入了邪恶和混乱的否定面。麦克白夫人不明白:名分产生于界定和限度中,僭越限度则将招致祸害,她对真正的男子汉的理解是完全错误的,违背了社会道德和公民责任。伊格尔顿批评道:"她忽略了责任,只考虑要成为真正的男子汉就是按欲望行事,不顾它可能产生的伤害。认为假如决心已定,那么他必须坚持它,无理由地忽略其他要求。"⑥这是一种极端自私自利的思想,是放纵欲望、丧失理性的思想。不仅如此,麦克白夫人同时也僭越了作为女性、作为母性的名分。

> 我曾经哺乳过婴孩,
> 知道一个母亲是怎样怜爱那吮吸她乳汁的子女,
> 可是我会在他看着我的脸微笑的时候,
> 从他的柔软的嫩嘴里,

---

① Terence Eagleton. Shakespeare and Society. London: Chatto & Windus Ltd., 1967: 134.
② Terence Eagleton. Shakespeare and Society. London: Chatto & Windus Ltd., 1967: 134.
③ H. R. Coursen. Macbeth: a Guide to the Play. London: Greenwood Press. Westport, Connecticut. 1997: 128.
④ Terence Eagleton. Shakespeare and Society. London: Chatto & Windus Ltd., 1967: 135.
⑤ Terence Eagleton. Shakespeare and Society. London: Chatto & Windus Ltd., 1967: 135.
⑥ Terence Eagleton. Shakespeare and Society. London: Chatto & Windus Ltd., 1967: 135.

摘下我的乳头,

把他的脑袋砸碎,

要是我也像你一样曾经发誓下这样的毒手的话。

(第一幕第七场,131页)

如此恶毒凶狠的想法!难怪她被人们称为"魔鬼式的王后"。伊格尔顿把她作为一种隐喻,从这个越界(transgression)的女人身上读出了现代社会的意义,"像莎士比亚作品中大多数的坏蛋一样,麦克白夫人是资产阶级个人主义者。"①资产阶级在不断的越界中为自己产生了掘墓人,就像麦克白为自己产生了掘墓人(班柯、麦克德夫等)。麦克白夫人与女巫一样颂扬女性力量,但是用现代语言来说,"她是'资产阶级'的女权主义者,努力在她所从属的男权体制下超越男性主宰和男人气概,鼓动麦克白来解构和颠覆现存的社会。"②女巫从她们的世界来到邓肯王的世界也是一种越界,她们破坏苏格兰现存的王朝统治,伊格尔顿站在马克思主义的立场精辟地指出:"这种越界的矛盾在《共产党宣言》中被很好地关注,马克思、恩格斯写道:不把所有社会关系持续地革命化,资产阶级就无法存在。"③

> 生产的不断变革,一切社会状况不停的动荡,永远的不安定和变动,这就是资产阶级时代不同于过去一切时代的地方。一切固定的僵化的关系以及与之相适应的素来被尊崇的观念和见解都被消除了,一切新形成的关系等不到固定下来就陈旧了。一切等级的和固定的东西都烟消云散了,一切神圣的东西都被亵渎了。人们终于不得不用冷静的眼光来看他们的生活地位,他们的相互关系。④

伊格尔顿紧紧抓住资产阶级与女巫的相似性,"'一切坚固的东西都烟消云散了,一切神圣的东西都被亵渎了',这是资产阶级对女巫的滑稽模仿,她们消解到稀薄的空气中,破坏所有神圣的价值。然而资产阶级在清理这种'固定的、僵化的关系'时自我解构了,滋生出新的剥削形式,最终又解构了它。像麦克白一

---

① Terry Eagleton. William Shakespeare. Oxford: Basil Blackwell Ltd., 1986: 4.
② Terry Eagleton. William Shakespeare. Oxford: Basil Blackwell Ltd., 1986: 6.
③ Terry Eagleton. William Shakespeare. Oxford: Basil Blackwell Ltd., 1986: 5.
④ 马克思恩格斯选集(第一卷). 马克思恩格斯列宁斯大林著作编译局. 北京: 人民出版社,1972: 254.

样,资产阶级逐渐陷入自己的过度统治中,产生它自己的掘墓人(工人阶级)。"① 这种论述方式非常酷似德里达在《马克思的幽灵》中的论述方式,即采用互文性的解读,将莎士比亚文本中的形象与社会现实联系起来。德里达将《共产党宣言》的开头"一个幽灵,共产主义的幽灵,在欧洲徘徊"中的"幽灵"归于对《哈姆雷特》中幽灵的化用;而伊格尔顿则将资产阶级的不断解构和破坏比喻为女巫式的越界,与德里达一样,伊格尔顿论述的着眼点也落在社会制度更迭的政治思维中。

伊格尔顿探索的脚步并没有就此停步,他发现麦克白在山穷水尽时迸发出另一种爆发力:"麦克白那么严重地毁坏他自己,以至于他只能继续前行,将来的行动不可避免地越界犯法;既然他已经不能再毁坏自己了,他决心赌一赌,一旦意识到他不能赢,反而促使他产生一种新的力量,背水一战。"② 他引用剧中刺客甲的台词:"一次次的灾祸造运,使我厌倦于人世,我愿意拿我的生命去赌博,或者从此交上好运,或者了结了我的一生。"(第三幕第一场,148页)剧中人罗斯评论苏格兰的状况时也表达了同样的感觉:"最恶劣的事态总有一天告一段落,或者逐渐恢复原状。"(第四幕第二场,166—167页)麦克白指望通过搏一搏,破罐子破摔,或许能时来运转。女巫的预言说他是"不会被打败的,除非……"(第四幕第一场,164页)让他获得一种盲目的信心,把邓西嫩防守得固若金汤,披上战铠,决心"像熊一样挣扎到底"。

伊格尔顿最后的结论是:"麦克白在拒绝社会责任心的同时毁灭了自己,因为不管创造什么样的价值观念,拒绝社会责任势必不可避免地被边缘化。莎士比亚从反面来探索社会责任,它包含个人的权力驱动以及我们在《麦克白》中所看到的深度,意味着一种超越能量的运动,这种能量在人的力量上是强大的,然而本质上是消极负面的。"③ 这种超越能量的运动,就是野心驱使,超越名分,伊格尔顿别开生面地阐释了麦克白王权政治中的这一根本问题。

二、能指与所指:语言身体与现实政治

伊格尔顿对"能指"与"所指"的理解不同于索绪尔,也不同于罗兰·巴尔特。

---

① Terry Eagleton. William Shakespeare. Oxford: Basil Blackwell Ltd., 1986: 5-6.
② Terence Eagleton. Shakespeare and Society. London: Chatto & Windus Ltd., 1967: 136-137.
③ Terence Eagleton. Shakespeare and Society. London: Chatto & Windus Ltd., 1967: 137-138.

索绪尔从语言学的角度认为能指和所指是语言符号的一体两面,不可分割,"用所指和能指分别代替概念和音响形象"。① 罗兰·巴尔特从符号学的角度认为"能指的实体始终是物质的(声音、物品、图像)"。② 巴尔特对索绪尔的"能指/所指"概念作了进一步的阐释和延伸,巴尔特把"能指"看做是我们通过自己的感官所把握的符号的物质形式,所指是符号使用者对符号涉及对象所形成的心理概念,能指与所指的关系变成了物质与意识的关系。伊格尔顿并没有从音响和概念角度去阐释,但他吸收了索绪尔所指/能指图式的二元论思想,从社会学的角度来阐释;他也吸收了罗兰·巴尔特的符号学的观点,伊格尔顿认为:"符号的稳定性——每一个词有固定的位置,每一个能指(如 mark or sound)对应于它的所指(如 meaning),这是任何社会秩序的有机部分:固定的语义、共享的定义和语法规则既反映又有助于形成一个秩序井然的政治状况。"③伊格尔顿采用后结构主义的方法,他既继承了结构主义的"能指""所指"的术语,但又消解了结构主义的东西,提出了对"能指"与"所指"的新的阐释,他把身体与语言看做是能指,是物质的,把现实和政治看成是所指,是意识形态的,这可以说是伊格尔顿的创造性贡献。伊格尔顿的马克思主义文学批评的基本思想之一就是把文学、语言与社会现实相联系。王逢振先生在翻译伊格尔顿的《当代西方文学理论》的译者序里指出"一切批评都是政治性的,实际上这是伊格尔顿最近几年来的一贯主张。他认为当前西方的文学批评过于学院化,过于强调文学的本体而严重忽视文学批评的社会作用"。④ 那么,伊格尔顿是如何通过分析莎士比亚的作品来阐释他所理解的能指与所指的辩证关系的呢?下面以伊格尔顿在《威廉·莎士比亚》中运用后结构主义的理论来分析女巫预言对麦克白的影响为例,来看他的"能指"与"所指"的逻辑关系。

莎评史上学者对女巫在剧中的作用存在两种截然不同的看法:一种认为女巫是麦克白内心世界的外化,莎士比亚借用女巫的预言来把我们看不见摸不着的麦克白的野心展现出来,这方面以黑格尔为代表,他说:"巫婆们所预言的正是麦克白自己私心里的愿望,这个愿望只是采取这种显然外在的方式达到他的意识,让他明白。"⑤"女巫们其实不过是麦克白自己的顽强意志的诗的反映。"⑥黑

---

① 费尔迪南·德·索绪尔.普通语言学教程.高名凯,译.北京:商务印书馆,1999:102.
② 罗兰·巴尔特.符号学原理.王东亮,等,译.北京:生活·读书·新知三联书店,1999:38.
③ Terry Eagleton. William Shakespeare. Oxford: Basil Blackwell Ltd., 1986:1.
④ 特雷·伊格尔顿.当代西方文学理论.王逢振,译.北京:中国社会科学出版社,1988:6.
⑤ 黑格尔.美学(第1卷).朱光潜,译.北京:商务印书馆,1979:294.
⑥ 黑格尔.美学(第2卷).朱光潜,译.北京:商务印书馆,1979:354.

格尔从唯心主义的立场怀疑女巫这一物质个体的存在。另一种认为女巫是确实存在的外在的力量,她们推动麦克白篡权夺位,这方面以威廉·赫士列特和加里·威尔斯为代表。赫士列特认为:"超自然势力不可抗拒的压力以双倍的力量激荡着人类感情的浪潮。麦克白自己被命运的压力所驱策,像一只船在风暴中飘荡:他像个醉汉摇来摆去;他在自己意图和别人暗示的重压下摇摇晃晃;他被自己的境遇所迫而陷于困境;巫婆的指示使他沉溺于迷信的畏惧与屏息的悬望。"①在此,别人的暗示、巫婆的指示就是外在推动力的标志。加里·威尔斯明确指出"女巫不是麦克白内心状态的外在发散"②,"不是麦克白心理组成的产物"③,"她们有政治色彩,巫术是王权背叛的意识形态的一部分"④,他把女巫称为"黑暗的势力"(Instruments of Darkness)。伊格尔顿倾向于第二种观点,而且强调女巫隐喻的政治意味。

首先,我们从本义的角度来分析一下女巫的两次重要的预言在剧情中的具体意义。我们发现女巫第一次的预言采用的完全是确定性的语句,麦克白将成为葛莱密斯爵士——考特爵士——君王,等等,这些都属于"能指",而这个"能指"对应"所指"——现实中的王权。女巫的第一次预言使麦克白力图夺取"不合身的长袍"——国王的名分,而第二次的预言采用的是不确定的语句"麦克白是不会被打败的,除非……"詹姆斯·布尔曼断言:"女巫在这个剧中是语言不确定的来源。"⑤正是因为第一次的三个预言都应验,导致麦克白对女巫的话深信不疑。但是麦克白犯了一个严重的错误,确定性语句中,能指与所指是单一对应的;而不确定性的语句中,它的能指与所指不是单一的对应,而是有无限的可能性,女巫的第二次预言的所指实际上完全违背了麦克白的意愿。大卫·约翰逊说"麦克白以他的方式(his way)来阐释女巫的预言"⑥,而这个方式当然是朝有利于他的方面去理解,即他不会被打败。"当麦克白权衡女巫的话之后,他显然从好的方面理解,从而落入陷阱中。"⑦这里反映了人类的一个通病,从心理学角度说,这属于"选择性记忆",由人趋利避害的本能所导引,人总是选取有利于自

---

① 杨周翰主编. 莎士比亚评论汇编:上册. 北京:中国社会科学出版社,1985:197.
② Garry Wills. Witches and Jesuits: Shakespeare's Macbeth. Oxford University Press, 1995: 37.
③ Garry Wills. Witches and Jesuits: Shakespeare's Macbeth. p. 43.
④ Garry Wills. Witches and Jesuits: Shakespeare's Macbeth. p. 35.
⑤ James Bulman. The Heroic Idiom of Shakespearean Tragedy. Cranbury, N. J.: Associated University Presses, 1985: 172.
⑥ See, H. R. Coursen. Macbeth: a Guide to the Play. p. 44.
⑦ See, H. R. Coursen. Macbeth: a Guide to the Play. p. 59.

己的东西,而忽略甚至拒绝吸收不利的东西。笔者认为麦克白的错误就是情不自禁地陷入"选择性记忆"的通病之中。其实女巫真正要说的是:麦克白,你将被打败,当勃南的森林向邓西嫩方向移动,当遇上剖腹而生的麦克德夫,将是你的死期。可是,女巫没有这样直接说,而是玩文字游戏,采用模棱两可的句式,或者说女巫对人类的通病洞若观火,利用这一点来玩弄麦克白。因此死到临头的麦克白咬牙切齿地咒骂女巫"愿这些欺人的魔鬼再也不要被人相信,他们用模棱两可的话愚弄我们,虽然句句应验,却完全和我们原来的期望相反"(第五幕第八场,188页)。其实,女巫并没有欺骗他,而是他错误地理解能指与所指,从而欺骗了自己。高明的莎士比亚回避平铺直叙地编织情节,而把玩"能指"与"所指"的玄妙关联,迂回曲折、故弄玄虚、制造悬念来增强戏剧性,麦克白就像落在蜘蛛网中的虫子,无法摆脱女巫之网、命运之网的操控。

其次,伊格尔顿对能指与所指进行新的阐释——身体是能指,现实政治是所指。麦克白的身体成为一个能指符号,因为麦克白为王不符合君权神授,因此他一直没有堂而皇之的名分,于是他不停地杀戮,欲清除所有的威胁,但是适得其反,反而使他在血泊中越陷越深。伊格尔顿说:"每一步都讽刺性地消解了纯粹的可能性,麦克白追逐他一直得不到的身份,他成了不停漂浮的能指,注定要追求锚一样的所指。"①麦克白努力要使自己的身份在现实政治中巩固下来,获得永久的名分,"单单做到这一步还不算什么,总要把现状巩固下来才好"(第三幕第一场,146页),这个所指就是合身的长袍、正当的王位。

邓肯是身体政治的符号,在该剧意识形态术语中,麦克白杀死邓肯,也危及麦克白自己生命的物理根基,以至于弑君的行为也是一种毁灭自己身体的形式。语言——女巫多义的谜——压倒并肢解了身体,女巫的预言使麦克白的意识膨胀到一个点,它从意识的控制中分裂,把自己耗尽为空无。"当语言从现实中被割裂,'能指'从'所指'中被剥离,结果在意识和现实生活中出现了彻底的裂缝。麦克白最后结束于一串被打破的能指,他的身体沦为战争的、盲目的自动机器。"②他被麦克德夫砍下了首级。

在伊格尔顿的眼中,身体与语言是相通的,都是能指的符号,最典型的例证莫过于邓肯夸奖流血的军士:"你的叙述和你的伤口一样,都表现出一个战士的精神。"(第一幕第二场,119页)这句话很好地说明身体与语言的有机一体。关

---

① Terry Eagleton. William Shakespeare. Oxford: Basil Blackwell Ltd., 1986:3.
② Terry Eagleton. William Shakespeare. Oxford: Basil Blackwell Ltd., 1986:7.

于这一点,伊格尔顿在分析《理查二世》时说得更清楚,"理查二世判毛勃雷流放到国外,这是身体的放逐,而毛勃雷的回答却是'我现在只好放弃40年来熟悉的语言——母语'"①,言下之意,身体的放逐等于语言的放逐,到异国他乡,失去讲母语的机会。理查二世原来判勃林波洛克放逐10年,后来缩减掉4年,变成6年,勃林波洛克感叹道:"短短一语,却是多么漫长的岁月!四个沉重的冬天和四个放纵的春季,一语就勾销了,这就是帝王一语。"②(第一幕第三场,504页)这段台词同样说明语言与身体的密切关系,理查二世的一句话就可以使勃林波洛克的身体少受4年的苦。我们看到:语言和身体的所指是政治的冲突,麦克白的身体是被编码的含义隐晦的文本,需要一个对他来说从个体整合到政治的不可分割的过程,它涉及符号的重新固定,把漂浮的"能指"复位到它们的"所指"。假如政治冲突能通过语言与身体合理地统一而化解,那么理想的社会与幸福的个体就诞生了。

伊格尔顿认为所指意义(meaning)是"词语之魂",即词语将在它们的物质形式中找到真正的体现。物质决定意识,能指影响所指,"词语决定了现实,而不是相反"③,女巫的语言在剧中起到引领方向的作用,甚至可以看做是指令,全剧的情节就是在她们的指令下发展的,正如《哈姆雷特》中老哈姆雷特鬼魂的语言一样,复仇的指令统御了全剧。女巫的语言引导了麦克白弑君的命运,我们可以说:没有女巫的诱惑,麦克白是不会走上杀君篡位的悲剧道路,他会继续做将军,成为人们爱戴的英雄。当语言符号把自己从物质世界分离出来,清空所有限定的内容,那么这样的符号纯粹是空洞的、死的字母。语言只有放到现实中才有意义,这就是所指。女巫的话只有联系到现实,才显示篡权夺位的意味,否则毫无意义。我们看到麦克白从葛莱密斯爵士——考特爵士——君王一级一级地爬上去,如果女巫的话没有与现实挂钩,那么女巫的预言只是空洞的戏言,是nothing。语言的能指与现实的所指相依相生,语言推动了人物的行动,构成这部悲剧震撼人心的力量。

伊格尔顿进一步发现麦克白在身体与语言的矛盾中被分裂了,他原来的身体遵循传统、效忠君王,可是预言刺激他的欲望,不可抑制的欲望冲动冲击着他固有的身体,他在这矛盾中被撕裂了,他的身体最终服从了语言。伊格尔顿认为女巫没有经历这样的分裂,因为她们的身体不是静态的,而是可变的,像空气一

---

① Terry Eagleton. William Shakespeare. Oxford: Basil Blackwell Ltd., 1986: 9.
② 莎士比亚全集:增订本第3册.朱生豪,译.南京:译林出版社,2011: 504.
③ Terry Eagleton. William Shakespeare. Oxford: Basil Blackwell Ltd., 1986: 9.

样随风飘散,她们既是物体又是非物体,模棱两可,就像语言本身变化无穷。简而言之,如果要从悲剧中奔突出来需要有一个多变的身体样式,从单一身份逃离到多重身份,就像莎士比亚《暴风雨》中的精灵爱丽儿,时而变鸟,时而变人,身份多变,形态多变。因此,爱丽儿不是悲剧,女巫也不是悲剧。这一论述非常费解,难道麦克白面对女巫的预言有一个多变的身体就能保持一致性、就能万事大吉了吗?其实伊格尔顿并非要麦克白多变,他的真正用意在于把女巫看做喻体,指向政治无政府主义,请见下述。

再次,伊格尔顿站在当下社会进行发散式思维,他指出:像女巫般的政治无政府主义的女性易变性,瓦解和毁坏了现存秩序,她们破坏了邓肯王的江山社稷。以女巫作为隐喻,来说明在政治上"资产阶级思想以万变去应付不变,在无序而随意的资本主义市场中存在着某种毁灭性倾向";①女巫毁灭了邓肯的社会,政治无政府主义也可以毁灭资本主义社会,这才是伊格尔顿隐喻的所指:"女巫作为这个剧最有推动的力量栖居于无政府主义、完全模棱两可的地带,既在官方社会之内,又在社会之外。"②她们居住在自己的世界里,又交叉在麦克白的世界中,她们是诗人、预言者和女性崇拜的信徒、激进的分裂主义者,她们指责男权的内部是空洞的喧哗和骚动,当她们跳舞、消解时,她们的语言和身体嘲笑严格的限定,用她们的舞蹈消解所得到的意义。不仅如此,在性别上,伊格尔顿认为女巫的颠覆性表现在女巫完全掌控着社会性别繁殖的决定权,在那个社会中,就连出生的方式都决定了命运,譬如麦克白输在了剖腹而产的人手里,自然分娩的人将被麦克白所杀,如小西华德,非自然分娩的人如麦克德夫将战胜麦克白,而这一切都在女巫的掌控之下。女巫是一种颠覆的、破坏的力量,伯纳德·麦克尔罗伊说:"女巫不是引起解构和苦难的力的工具,女巫是享受解构和苦难的力的工具,她们用心险恶。"③她们是破坏之力,她们所唱的"美即丑,丑即美",旨在颠倒美丑黑白,女巫象征着邪恶。

莎士比亚完全可以不写女巫,把麦克白杀君篡位归于纯粹是夫人以及他自身欲望的推动,那么,莎士比亚到底为什么要把女巫加进剧中呢?探究莎士比亚当时塑造女巫形象的背景,美国学者斯达利布拉斯采用了新历史主义的方法分

---

① Terry Eagleton. William Shakespeare. Oxford: Basil Blackwell Ltd., 1986: 8.
② Terry Eagleton. William Shakespeare. Oxford: Basil Blackwell Ltd., 1986: 3.
③ Bernard McElroy. Shakespeare's Mature Tragedies. Princeton, N. J.: Princeton University Press, 1973: 212-213.

析:"詹姆斯一世登台之前,在英格兰,预言、巫术、君主之间早就有联系了。"①
"事实上,朱厄尔主教大约在1560年布道时对伊利莎白女王一世说'我的意思是说最近几年女巫男巫在您的王国里惊人地增长,他们潜在的危险是巨大的,他们的所为是恐怖的,他们的恶意是不可容忍的。'……主教的这段话提醒女王:他们可能是颠覆性的力量,抑制颠覆对任何政治制度来说是政权延续的手段。"②英雄所见略同,斯达利布拉斯与伊格尔顿都把《麦克白》放在政治的框架内,放在被詹姆斯一世所指示的环境语境中,伊格尔顿认为詹姆斯一世继位,建立了新统治,正如《麦克白》的剧终马尔康继位,建立新统治。按照这些专家的推测,莎翁设置这样的结局是受到詹姆斯一世的指示,因此有当时的政治意味在里面,这就是莎士比亚之所以加进女巫的原因。亚瑟•麦吉说:"女巫是意识形态制度的客观代理",③女巫是推翻现有制度的颠覆性力量,助推了新制度的建立。但是,笔者并不完全同意他们的观点,如果没有女巫的蛊惑和兴风作浪,马尔康王朝依然能够建立,因为邓肯王已经宣布王位传继给马尔康。伊格尔顿并没有像斯达里布拉斯采用新历史主义的方法,而是从喻义的层面对《麦克白》解析,既有后结构主义的理念,又有文化唯物主义的倾向,显露出"文化与社会"的视野和方法,分析文学文化的现象,着眼于社会政体。

伊格尔顿在1960年代写《莎士比亚与社会》,1980年代写《威廉•莎士比亚》,时隔19年后,为什么伊格尔顿要再写莎士比亚的专著呢? 显然,他有新的认识才会这样做。《莎士比亚与社会》是按照莎剧篇目来结构的,列了6章:第一章《特洛伊勒斯与克瑞西达》、第二章《哈姆雷特》、第三章《一报还一报》、第四章《科利奥兰纳斯》与《安东尼与科利奥佩特拉》、第五章《麦克白》、第六章《冬天的故事》和《暴风雨》,关注莎士比亚和我们时代的关系;而《威廉•莎士比亚》是按照论题(topic)来架构的,语言、欲望、法律、虚无、价值、自然,把跟这些论题相关的17部剧作分类论述,也就是说伊格尔顿更关注对这些问题的探讨,而把莎剧看做是辅助他阐释这些问题的重要依据。另外,1980年代以后,随着后结构主义和后现代主义的兴盛,伊格尔顿自觉地尝试用这些理论来重新解读莎剧,在《威廉•莎士比亚》的前言中他开宗明义地指出:"本书对历史研究并没有直接的

---

① Peter Stallybrass. "Macbeth and Witchcraft". See. Focus on "Macbeth", Edited by John Russell Brown. London: Routledge and Kegan Paul, 1982: 191.
② See, H. R. Coursen. Macbeth: a Guide to the Play. p. 93.
③ Arthur R. McGree. "Macbeth and the Furies". See. Shakespeare Survey, 1966: 66.

意义,**而是政治符号学的演练**,试图就在这些文本的字里行间中定位相关的历史。"①政治符号学是符号学理论在政治学中的应用和交叉。伊格尔顿在1960年代采用文学社会学的研究方法,到1980年代受后结构主义的影响,他采用政治符号学方法进行研究,两种方法相得益彰,独特而深透地阐释了莎剧,在现代莎评史上书写了重要的篇章。

(原载《国外文学》2017 年第 4 期)

---

① Terry Eagleton. William Shakespeare. Oxford: Basil Blackwell Ltd., 1986: ix.

教育与命相

——柏拉图《会饮》(172a1—174a2)研读①

肖有志

> 肖有志,1976 年 11 月生,福建泉州人。2000 年毕业于福建师范大学中文系汉语言文学教育专业,获文学学士学位;2003 年毕业于华东师范大学中文系文艺学专业,获文学硕士学位,导师夏中义教授,研究方向为 20 世纪中国文论;2007 年毕业于中山大学哲学系外国哲学专业,获哲学博士学位,导师刘小枫教授,研究方向为西方古典政治思想,主修古希腊语文与古典拉丁语文。2007 年 7 月入职上海大学文学院,现为中文系副教授。主要研究领域为古希腊罗马文学与哲学,专注于古希腊戏剧翻译与解读、柏拉图对话翻译与解读、欧洲古典语文学。主讲课程有"外国文学""古希腊罗马文学专题""柏拉图读书会""拉丁文文献""中外诗学文献"等。出版有专著《悲剧与礼法——索福克勒斯、柏拉图与莎士比亚》;在《国外文学》《求是月刊》等刊物发表学术论文多篇。曾在香港汉语基督教文化研究所访学,为英国牛津大学古典学系访问学者。

柏拉图的作品是对话,对话中有人物,理解对话就一定要理解人物,可理解人物则要在对话中理解,两者相辅相成。柏拉图的作品不是现代意义上的哲学著作,它的最基本的面貌就是模仿人的生活——对话、聊天。

柏拉图的对话总有一个主题,这个作品标题是"会饮",副标题则是"或关于爱欲(或论向善)"。然则,柏拉图对话主要写的是哲人苏格拉底,即苏格拉底是

---

① 本稿柏拉图《会饮》的译文依据 Sir Kenneth Dover 注疏本,Plato, Symposium, Cambridge, 1980;参考 Seth Benardete 英译本,Plato's Symposium, Chicago, 2001;柏拉图四书. 刘小枫,编/译. 北京:三联书店,2015;研读得益于:施特劳斯讲课稿. 论柏拉图的《会饮》. 邱立波,译. 北京:华夏出版社,2012;伯纳德特. 柏拉图的《会饮》义疏. 何子健,译. 收于刘小枫,等,译. 柏拉图的《会饮》. 北京:华夏出版社,2003;罗森. 柏拉图的《会饮》. 杨俊杰,译. 上海:华东师范大学出版社,2011.

谁,苏格拉底跟谁聊天、怎样消磨时光。而哲人是谁这个问题按古希腊人的一种说法是"热爱智慧的人怎样过生活",按我们的说法就是"好学之人怎么过生活"。这里"过生活"有两层基本含义,一者是怎么读书、学习,一者是怎么与人相处。

再者,这个对话中有苏格拉底的一些弟子,准确地讲是他的朋友们。在这个作品中,阿波罗多洛斯是他的弟子、朋友,阿里斯托得莫斯也是,阿尔喀比亚德某种意义上也是,还有柏拉图本人,但他们命相各异。有趣的是他们可能都是在跟苏格拉底交往之后命相产生了大的转变,这或许就是古典意义上的教育改变命相,知识改变命相(参第欧根尼·拉尔修《明哲言行录》第二卷第六章"色诺芬")。

一

其中,阿波罗多洛斯①正式出场于柏拉图的三场对话中:《申辩》他出现在法庭中,他的名字被苏格拉底提到了两次;《斐多》他出现在监狱中,斐多多次叙说其性情与行动,我们还听到了他的哭声;《会饮》他看似是个对话者,实则是个苏格拉底故事的叙说者。看来,在《会饮》中他的地位最高。

> 阿波罗多洛斯:在我看来(δοκῶ μοι),关于你们在问(πυνθάνεσθε)的我并非没有准备(ἀμελέτητος,或不在意、不留心,甚至不操心)。因为较早前当我正从在法勒雍的(Φαληρόθεν)家里(οἴκοθεν)进城去,却说认得的人中的一位(τῶν οὖν γνωρίμων τις)从后头(ὄπισθεν)瞧见我从老远(πόρρωθεν)喊我,且(καὶ)在喊叫时闹弄,"法勒雍人啊(ὦ Φαληρεύς),"他说,"你这厮阿波罗多洛斯(οὗτος Ἀπολλόδωρος),你不等等?"而我哩(κἀγὼ,语感上连接的是καὶ)停下来等。

《会饮》是个对话,其开场中又包含一个对话,作为阿波罗多洛斯较长的开场白。一开始就是个至关重要的语词——"在我看来"。② 有人说这个对话的开场有很强的阿波罗多洛斯的主观色彩,这可能意指阿波罗多洛斯因为自己熟谙苏格拉底故事而自得甚至自满。阿波罗多洛斯说自己早有准备,因为之前格劳孔问过他这群生意人现在问的问题。

---

① 刘小枫.凯若斯——古希腊文读本:上册.上海:华东师范大学出版社,2013:第19课.
② 戴维斯.古希腊悲剧与现代科学的起源.郭振华,曹聪,译.上海:华东师范大学出版社,2008:17-27.

"因为较早前当我正从在法勒雍的家里进城去",也有人翻译为"上城去(up to town)"。阿波罗多洛斯家在海边,海边一般地势比较低,他从海边上去到雅典。我们知道他上城应该是去找苏格拉底,去学习。他在进城路上遇到了认得的人,这人从后头看到他,就远远地开玩笑地喊他。这个人首先喊的是地名,以地名代指人——"法勒雍人啊"——以地名称呼人带有轻蔑的口吻。"你这厮阿波罗多洛斯","你这厮"用第三人称代替第二人称,也带有轻蔑口吻。这人用两种称呼喊叫阿波罗多洛斯,均有看不起他的意味。阿波罗多洛斯被人看不起,不仅因为他不是雅典人,更有可能是因为他的性情太柔弱。反过来呢,这个他认得的人——格劳孔则是个性情非常勇烈的人,勇猛而热烈。在苏格拉底的弟子们中,这两个人的性情差异极大。性情勇烈、血气旺盛的人常常会鄙视这种性情很柔弱的。这个时候格劳孔就欺负阿波罗多洛斯。可后头我们马上看到阿波罗多洛斯也有血气,他也看不起格劳孔。两个人身上的血气显然差异很大。

这个时候格劳孔想必还没有跟苏格拉底学习,而阿波罗多洛斯早已跟苏格拉底学习了。格劳孔对苏格拉底也有兴趣,可是他仍然会欺负阿波罗多洛斯并且鄙视他。

色诺芬《回忆苏格拉底》第三卷第六章苏格拉底问格劳孔,"你为什么想当城邦的领袖"。格劳孔还不到20岁,他和阿尔喀比亚德非常像,出身贵族,很想在政治上有所建树,成就一番政治事功。可他年纪轻轻,性情过于激烈,很多人来安抚他。有趣的是唯有苏格拉底安抚得了他。

苏格拉底有很多弟子,格劳孔是在柏拉图的《王制》中地位突显出来了。而《王制》的开场与《会饮》的开场有诸多相似之处。《王制》的开场苏格拉底和格劳孔一块去佩莱坞港,当他们看完祭神仪式要回雅典的时候,被人留下来了。他们在回雅典的路上——阿波罗多洛斯是要进城,他们是要回城——用了一样的词汇;再者,在苏格拉底的叙说中也用了"背后""老远"这些词,有人从背后老远地喊苏格拉底的名字,让苏格拉底等,"等"这个词也一样。一番叫喊过后,他们才停下来等着。他们本来是要回雅典去,被迫留在佩莱坞港,聊了一晚上。《王制》格劳孔和苏格拉底被留下来,《会饮》格劳孔让阿波罗多洛斯停下来等,接着他俩一路上聊着苏格拉底的故事一块进城,两者有些差别。据说《王制》的主旨之一是苏格拉底贬低爱欲,而《会饮》中格劳孔则听苏格拉底关于爱欲的言辞,两相对照,这个时候格劳孔可能还没有跟苏格拉底来往。我们可以这么设想,格劳孔通过听苏格拉底关于爱欲的言辞而接近苏格拉底。

"阿波罗多洛斯啊，"接着他说，"哎哟，刚刚正找你哩，我想询问（διαπυθέσθαι，参 172a1，πυνθάνεσθε）阿伽通的那次聚会（τὴν Ἀγάθωνος συνουσίαν，至关重要的词汇），也就是苏格拉底和阿尔喀比亚德还有其他几个人那会在（παραγενομένων，或在场、参加，参 172b7，172c2，173b2—3）一起吃饭的［那次聚会］，［问］关于爱欲的言辞（περὶ τῶν ἐρωτικῶν λόγων，περὶ 参 172a1，περὶ ὧν πυνθάνεσθε）都是些什么？"

"因为较早前当我正从在法勒雍的家里进城去"，这句话中含有碰巧的意味，阿波罗多洛斯碰上格劳孔。与格劳孔的相遇在阿波罗多洛斯看来是无意的，而在格劳孔看来可能是有意的。他说"正找你哩"。他可能特意出雅典城去法勒雍找阿波罗多洛斯，但没找着。格劳孔返回雅典，在路上碰到了阿波罗多洛斯，如此看来两人的相遇既有意又无意。格劳孔热切地想知道这次聚会和关于爱欲的言辞。《会饮》中格劳孔主动出城去找阿波罗多洛斯；《王制》中格劳孔主动邀请苏格拉底一块儿去佩莱坞港。格劳孔像似在雅典城坐不住，老想去城外溜溜，这回去法勒雍，下回呢，去佩莱坞港，一个更大的港口——两回均与苏格拉底相关。这一回他去法勒雍找阿波罗多洛斯打听苏格拉底；下一回他邀请苏格拉底和他一块儿去佩莱坞港，其间变化很大。

"询问（διαπυθέσθαι）"与"你们问（πυνθάνεσθε）"两个词的词干一样，但前者的词义似乎更深切一些。生意人在问阿波罗多洛斯，格劳孔也在询问他，从中我们似乎可以看出格劳孔和这群生意人看待苏格拉底的些微差别。

"聚会（τὴν συνουσίαν）"，这个词非常重要，可以直译为"在一起是其所是"。人要成人，是其所是，不能脱离于人群。这个词除了包含具有哲学性质的含义之外，还有其日常的含义，比如一块吃饭、一块喝酒，另有性活动的含义，还有求学、聊天、讨论的含义等。一块吃饭，人成为人；一块喝酒，人成为人；男人和女人之间的性活动，人成为人；聊天，人成为人；再来，上学受教育，人成为人；一块讨论，人成为人。而这个词的表面含义是人群聚在一起。"也就是苏格拉底和阿尔喀比亚德还有其他几个人那会在一起吃饭的［那次聚会］"。格劳孔首先单独提到阿伽通，接着提到"苏格拉底和阿尔喀比亚德还有其他几个人"——从而格劳孔两次提到聚会，其中他强调了"吃饭"。格劳孔询问了两个问题——那次苏格拉底等人的聚会，以及他们关于爱欲的言辞——格劳孔引出了主题。准确地讲，他实质上意欲询问的是苏格拉底等人关于爱欲的言辞。由此我们知道这次聚会是在阿伽通家，有苏格拉底、阿尔喀比亚德和其他人参加，还吃了饭，更重要的是他们有关于爱欲的言辞——聚会与关于爱欲的言辞被格劳孔分开来询问。

《王制》中的那次聚会一群人不吃饭且贬低爱欲，《会饮》中一群人吃饭且谈论爱欲；格劳孔参与前一次，他询问后一次。据说爱欲与吃饭这两样非政治的事物可能是政治事物的基础，所以《会饮》很可能是《王制》的基础。或者说，相应于《王制》的主题是正义、哲人的正义，《会饮》的主题是爱欲，哲人的爱欲——何谓哲人。

可有趣的是《会饮》的场景并不是在苏格拉底家（参《普罗塔戈拉》的开场）——这个时候苏格拉底可能已婚（参色诺芬《会饮》9.7）。苏格拉底在吕凯宫待了一天，洗了澡，晚上应该回家的，却受邀去了阿伽通家宴饮并谈论爱欲。

格劳孔是很喜欢热闹的人，性情非常热烈的一个人。《王制》中格劳孔带苏格拉底去看祭神仪式。很明显他喜欢聚会，也想了解聚会。可以设想一个想当城邦领袖的人会是一个安安静静的人吗？不大可能，他天性上肯定就喜欢人多的地方。色诺芬《回忆苏格拉底》第三卷第五章开头提及格劳孔很想到城邦的公共场所去发表演说。城邦总有各种各样的聚会，人和人聚在一起。《会饮》中的这次聚会包含两种常见的人世事物——吃饭与谈论爱欲，都是非政治事物。但是聚会本身呢，则是非常政治的，是人群生活的基本方式，亦是城邦的政治事物。这是格劳孔性情中的特质——喜欢了解政治事物。格劳孔——这个潜在的政治人想了解城邦中人群的基本生活方式，这些生活方式中有些特殊的事物。这些事物由阿伽通、苏格拉底、阿尔喀比亚德引发并构成。

可此后阿尔喀比亚德发动西西里远征，他想建立一个雅典帝国。阿伽通则跑到马其顿去。精英们的生活有很大的活动范围；民众就只能待在雅典，去不了哪，离不开这块土地（参阿里斯托芬的《鸟》）。苏格拉底呢，后来跟格劳孔和阿德曼托斯在佩莱坞港谈论理想城邦。

我们刚才讲到聚会是城邦中人群的基本生活方式，但是要明白的是这次聚会非同凡响。它是雅典精英们的聚会。后来，这些精英们呢比如阿尔喀比亚德、阿伽通，不是叛离就是远离雅典；斐德若和厄里克希马库斯也牵涉于此后的政治动乱中；再后来苏格拉底被城邦判死刑。格劳孔只提到这次聚会中的三个人阿伽通、苏格拉底与阿尔喀比亚德——诗人、哲人、政治人，这恰恰是精英的基本类型，可这三种人都可能极端地危及城邦。他们的聚会是城邦政治生活的基本形式，聚会本身却也可能危及城邦。而在《会饮》与《王制》两场聚会中起连接作用的人是谁呢？可能就是格劳孔——热衷政治事物的人——《王制》中的对话者之一。

可以设想的是,格劳孔是在阿波罗多洛斯学习的基础上更进了一步。我们没有看到柏拉图写过苏格拉底与阿波罗多洛斯的对话。柏拉图和色诺芬都写了格劳孔与苏格拉底的对话。柏拉图《王制》并非格劳孔与苏格拉底的单独对话,可他毕竟参与了柏拉图这部最重要作品中的对话。

人群生活的自然事物中最重要的是教育,教育使得人成为人,真正地成为人。格劳孔听过阿波罗多洛斯叙说苏格拉底与人聚在一块谈论爱欲后,与苏格拉底一块谈论正义。看来,热爱政治事物的格劳孔多次受教于哲人苏格拉底。

因另有从斐利波斯的儿子弗依尼科斯听来(ἀκηκοὼς,"听"在开场乃至整个对话都是个重要词汇)的人对我叙说了(διηγεῖτο,接下来是个重要的词汇,不同于ἔφη、εἶπον,表示叙述、转述),他还说你也知晓。但他讲得不清晰。你给我叙说罢,因为宣告(ἀπαγγέλλειν)你的同伴(τοῦ ἑταίρου,不同于172a3,τῶν γνωρίμων)的言辞你最合宜(δικαιότατος)。可首先,他说,"告诉我,你本人参加这次聚会了没(σὺ αὐτὸς παρεγένου τῇ συνουσίᾳ ταύτῃ ἢ οὔ,参加或译为在场)?"

格劳孔已经听过这一场聚会和关于爱欲的言辞。但跟他叙说的那个人也是听来的。而这个人是谁呢,不甚清楚,格劳孔说的是"另有从斐利波斯的儿子弗依尼科斯听来的人"。弗依尼科斯也是苏格拉底的弟子,格劳孔还提到其父斐利波斯,但那个人(τις)连名字都没有。格劳孔听来的消息不清晰,不知道问题出在哪;是不是因为那个没有名字的人没有听清楚,还是因为弗依尼科斯得来的消息不清晰?格劳孔渴望听到清晰的关于爱欲的言辞。他可能并没找过弗依尼科斯,转而找阿波罗多洛斯询问,进而听他叙说。因此,格劳孔可能认为阿波罗多洛斯更可信,他优于那个没有名字的人和弗依尼科斯——阿波罗多洛斯会是个更好的叙说者,尽管格劳孔也先开他玩笑。格劳孔不仅是一个心底非常热切的人,而且具有追求精确的心性——精确据说是《王制》至关重要的词汇。

如此,开场有两条线索:格劳孔→有人→弗依尼科斯→阿里斯托得莫斯;格劳孔→阿波罗多洛斯→阿里斯托得莫斯。当然第二条线索可能隐含着第一条,那个不知道名字的人还说阿波罗多洛斯也知道,很明显这个人认识阿波罗多洛斯,并告诉了格劳孔阿波罗多洛斯也知道。

开场阿波罗多洛斯提到自己的家乡,但没提及父亲;他提到阿里斯托得莫斯的家乡,没提及其父;阿波罗多洛斯没提到格劳孔的家乡,也没提及其父——《王制》苏格拉底一开始叙述就提及格劳孔的父亲；格劳孔提到阿波罗多洛斯是法勒雍人，没提及其父。唯一被提及的是弗依尼科斯的父亲斐利波斯。斐利波斯出现在色诺芬的《会饮》中，他是个搞笑的人，他批评苏格拉底。可有趣的是，在柏拉图的《会饮》中他儿子跟着苏格拉底学习。弗依尼科斯的名字只出现在这里，柏拉图的其他作品再没有提到过，这说明他在苏格拉底的弟子中地位比较一般，显然远不如阿波罗多洛斯。

因而，从苏格拉底的众弟子来看，我们猜测这个对话中蕴含了教育品级的区分。

另外，格劳孔和这群生意人一样主动请求阿波罗多洛斯叙说。但生意人们没提及"有人"和弗依尼科斯，他们可能是直接找上阿波罗多洛斯的。如此看来，阿波罗多洛斯有一定的声名，他的声名应该是源于他公开叙说苏格拉底故事。

再来，格劳孔说："因为宣告你的同伴的言辞你最合宜。"最合宜($δικαιότατος$)这个词用的是形容词的最高级形式——义者，宜也，它的原义是最正义的。格劳孔没再提到阿伽通、阿尔喀比亚德还有其他人，也没提到关于爱欲的言辞，直接提及阿波罗多洛斯的同伴——显然指的是苏格拉底——的言辞，把苏格拉底等同于爱欲。格劳孔的意思是你宣告你的同伴——苏格拉底的言辞最合宜、最正义。这里格劳孔似乎把宣告等同于叙说，并且似乎只有同伴才能宣告——他没说苏格拉底是"有人"或弗依尼科斯的同伴，而说是阿波罗多洛斯的同伴。格劳孔去法勒雍找阿波罗多洛斯最主要的原因大概就是这个。进而，最合宜、最正义与清晰一词似乎关联在一块。

格劳孔跟阿波罗多洛斯说了不短的一段话。格劳孔最后说阿波罗多洛斯叙说、宣告苏格拉底的言辞"最合宜"，他突然转而问"可首先"，此时阿波罗多洛斯直接叙述"他（格劳孔）说"，格劳孔问阿波罗多洛斯"告诉我，你本人参加这次聚会了没"。其中阿波罗多洛斯直接叙述"他说"这个词把这两个问题分开了。这两个问题似乎本应结合在一起——最合宜、最正义与在场。格劳孔首先直接询问的不是那次聚会，也不是关于爱欲的言辞，而是阿波罗多洛斯在场吗？格劳孔也可能意指在场是阿波罗多洛斯作为最合宜、最正义的宣告者或叙说者的首要因素。并且，在场也应该与同伴有关联——作为苏格拉底的同伴阿里斯托得莫斯就在场。这使得看起来阿里斯托得莫斯若是作为叙说者应该是最合宜的。

格劳孔首要的问题是阿波罗多洛斯在场吗，实际上阿波罗多洛斯并不在场，所以认为其是"最合宜的"，显然有折扣。阿波罗多洛斯当时还小，还没跟随苏格拉底。再者，阿波罗多洛斯可能也并非苏格拉底最亲密的同伴，而阿里斯托得莫斯是。"可首先",格劳孔说,"告诉我,你本人参加这次聚会了没?"由此引出了阿波罗多洛斯与格劳孔的一番争执,中间插入关于悲惨或幸福的生活方式的争执;并引出了在场的阿里斯托得莫斯,他既是苏格拉底最热烈的有情人还叙说了这些言辞;进而引出了苏格拉底本人——阿波罗多洛斯就是从阿里斯托得莫斯那儿听来的并问过苏格拉底,苏格拉底同意,但苏格拉底自己不叙说——这让我们联想到《王制》苏格拉底自己叙说关于正义的言辞。

如此看来,最合宜、最正义的宣告或叙说与清晰相关,还与同伴、在场相关。

补充一下,《申辩》和《斐多》中阿波罗多洛斯都在场,与苏格拉底在一块,但《会饮》中阿波罗多洛斯不在场。《申辩》中阿波罗多洛斯在听审;《斐多》中他一直在哭。

> 而我说道（κἀγὼ εἶπον ὅτι,参 173a5）:"那个给你叙说的人（ὁ διηγούμενος）似乎叙述（διηγεῖσθαι）得一点儿也不清晰（参 172b4—5）,如果你以为你在问的（ἣν ἐρωτᾷς,正好对应于 172b2, περὶ τῶν ἐρωτικῶν λόγων, ἐρωτᾷς 与 ἐρωτικῶν 紧密相关;而不是 172a7, διαπυθέσθαι;参 172a1, πυνθάνεσθε;）这次聚会发生（τὴν συνουσίαν γεγονέναι ταύτην）在不久前,[认为]我像似也在场（ἐμὲ παραγενέσθαι）。"

阿波罗多洛斯说"那个给你叙说的人似乎叙述得一点儿也不清晰"。"有人"是谁,阿波罗多洛斯也不清楚。阿波罗多洛斯认为格劳孔听来的信息不清晰,有两方面的理由:聚会不是最近发生的,阿波罗多洛斯自己不在场——阿波罗多洛斯多假设了一个问题,"如果你以为你在问的这次聚会发生在不久前"——当然这两个问题是相关的。因为聚会发生在很久以前,阿波罗多洛斯跟随苏格拉底才三年。格劳孔问阿波罗多洛斯在场吗,阿波罗多洛斯随即引向自己。格劳孔问的是最合宜、最正义的叙说者在不在场。阿波罗多洛斯转而引向自己,引向自己跟随苏格拉底学习,引向苏格拉底爱智慧的生活方式。

"我的确这样[以为]的,"他说。

但其实格劳孔没有说出来。

"怎么可能呢,"我说,"格劳孔噢,难道你不知道阿伽通不住在这里已经好多年了,而从我跟随苏格拉底一块儿消磨时光(συνδιατρίβω),每天留心于知晓他所言或所行(καὶ ἐπιμελὲς πεποίημαι ἑκάστης ἡμέρας εἰδέναι ὅτι ἂν λέγῃ ἢ πράττῃ),才不到三年? 而在那之前,我漫无目的地东游西荡,虽然想自己在干一些重要的事,[其实]比谁都惨,就跟你现在差不多,因为我想干任何事肯定也比爱智慧强(οἰόμενος δεῖν πάντα μᾶλλον πράττειν ἢ φιλοσοφεῖν)!"

这里才第一次出现格劳孔的名字,而阿波罗多洛斯的名字在一开场就出现。首先,格劳孔好像知道的东西很少,阿伽通不住在雅典已经很多年了,他不知道;他也不知道阿波罗多洛斯已跟随苏格拉底学习多久了。由此,我们似乎可以判定一个基本情况——此时格劳孔离苏格拉底还很远。当然,这也说明了这场会饮已发生挺久,之后阿波罗多洛斯才跟苏格拉底学习。我们猜阿波罗多洛斯在三年之前刚开始跟苏格拉底学习的时候,可能也还不知道这场会饮。因而,我们不知道阿波罗多洛斯由于什么原因跟苏格拉底学习的;而格劳孔很有可能听了关于爱欲的言辞才靠近苏格拉底。如此,《会饮》与《王制》的关系可以略窥一二。

阿伽通离开雅典很久了,苏格拉底一直在雅典。在这场会饮之后,雅典政治状况发生了很大的变化,诗人和政治人都逃走了。阿伽通去了马其顿,阿尔喀比亚德去了斯巴达,苏格拉底呢,还在雅典。柏拉图《克力同》中,苏格拉底被关在监狱,他的一个朋友克力同去劝苏格拉底逃走,但是苏格拉底没有接受。苏格拉底被判死刑都没有逃离雅典。苏格拉底是因为热爱自己的城邦而受死吗? 而且,到底谁才是真正的政治人呢? 我们读过《高尔吉亚》,其中苏格拉底说他是唯一的真正的政治人(521d)。智术师、政治人和诗人看似在干政治,真正干政治的好像是哲人,但城邦恰恰把哲人处死。雅典给阿伽通荣誉,给阿尔喀比亚德荣誉,可他们并不热爱雅典。因此,从《会饮》的场景与人物来看,哲人最接地气。

格劳孔问的是聚会、爱欲的言辞进而苏格拉底的言辞,阿波罗多洛斯说的却是自己和苏格拉底的来往,其中隐含的情节论证线索一直在推进。"一块消磨时光"(συνδιατρίβω)这个词很重要。在《斐德若》的开场就有个问题,你到底跟谁一块消磨时光。这里阿波罗多洛斯说的是自己跟苏格拉底学习,一块消磨时光,"每天留心于知晓他所言或所行"。

ἐπιμελές,留心、关心、操心,阿波罗多洛斯留心于了解苏格拉底说了什么做了什么。"所言或所行",阿波罗多洛斯用动词虚拟式,即苏格拉底可能说了什么做了什么。今天我从法勒雍去雅典,明天我还从法勒雍去雅典。什么原因呢? 阿波罗多洛斯用心于知晓苏格拉底今天说了些什么做了什么，明天还会说些什么做些什么。什么意思呢？他已经知晓了苏格拉底的言和行了，可是还想知晓苏格拉底可能说什么做什么。这在某种程度上说明他对自己老师的爱慕，留心于了解自己老师的言行。而这会儿格劳孔只提到想听苏格拉底的言辞。

阿波罗多洛斯说自己在跟苏格拉底学习之前没有目的，东游西逛；跟苏格拉底学习之后呢，他就有目标了。我们常常讲人是有自然目的的，即要变得更好。跟了苏格拉底之后，就有了目的，他的生活方式发生了重大的转变，即跟苏格拉底生活在一起，每天关心苏格拉底的言或行。很明显他的生活目的就是像苏格拉底那样生活、说话、做事。之前他以为在干正事，之后他认为自己其实比谁都惨。

阿波罗多洛斯以为自己很惨，其惨跟苏格拉底的幸福相对。阿波罗多洛斯说自己惨的同时顺带提及格劳孔。阿波罗多洛斯本来以为"干任何事情肯定也比爱智慧强"，而他现在以为爱智慧是最好的生活方式。属人的生活中有各种各样的行动、事情，"干任何事情肯定也比爱智慧强"；而此时阿波罗洛斯首次说出苏格拉底怎么过日子、怎么行动——爱智慧，在阿波罗洛斯看来，这是最幸福的、最高的生活方式。人群中有各种各样的爱欲，只有爱智慧是最高的爱欲，爱智慧的人是最幸福的；反之，不爱智慧的是不幸的。这场会饮中，雅典精英们的六位发表了六篇关于爱欲的颂辞，从而这六个人展现了各自的生活目的，而其中的要害其实是在比智慧的高低，谁的智慧高，谁的生活目的就更圆满更幸福。因而，每个人的生活目的及其圆满幸福与否，可以从每个人的爱欲中得到理解。——子曰："视其所以，观其所由，察其所安。人焉廋哉？人焉廋哉？"（《论语·为政》）这个问题的情节论证线索在这篇对话中就是由阿波罗多洛斯引申出来的。而这场会饮中的斐德若、泡赛尼阿斯、厄里克希马库斯、阿里斯托芬、阿伽通以至苏格拉底，各自展示各自的爱欲实则是六种生活方式的比较。唯有苏格拉底爱智慧的生活方式是真正充满爱欲的，是最幸福的，所谓乐在其中耶。——子曰："知之者不如好之者，好之者不如乐之者。"（《论语·雍也》）

阿波罗多洛斯顺带提及格劳孔，意欲何为呢？你也应该跟苏格拉底一块学习，以改变你的生活方式，他要说的是这个。阿波罗多洛斯劝别人爱智慧，苏格拉底也劝人爱智慧，但是他的方式与阿波罗多洛斯多少有些不同，他不会直接劝你爱智慧，他在跟你聊天的过程中让你发现自己。阿波罗多洛斯则直接劝，所以有人说阿波罗多洛斯有传道的热情。阿波罗多洛斯跟苏格拉底不一样，他挖苦别人，你生活过得不好，你要爱智慧才会好。他接着挖苦这些生意人。这里有两个要点：一者是格劳孔还没有改变生活方式，他有可能在听过这场会饮之后改变了；更关键的是阿波罗多洛斯本人的性情。——古之学者为己，今之学者为人，阿波罗多洛斯的热情似乎是劝人而非为己。有人没跟苏格拉底学习，阿波罗多洛斯"人不知"而愠怒。接下来，我们发现这些生意人就奚落阿波罗多洛斯常常发怒。——人不知而不愠，不亦君子乎？阿波罗多洛斯显然不是君子，他好为人师而有患。准确地讲阿波罗多洛斯并不自知，但他仍然很想搞大众启蒙。

后来格劳孔跟随苏格拉底学习进步、上升。阿波罗多洛斯可能就没有。虽然他听过这场会饮，并在柏拉图的几个作品中出现，可结果是他仍然远远不如格劳孔。

"别挖苦我啰，"他说，"告诉我那次聚会啥时候发生。"

格劳孔打断了阿波罗多洛斯对自己的挖苦，他想知道聚会什么时候发生，而非如先前想首先知道阿波罗多洛斯在场吗。格劳孔把话头引离了阿波罗多洛斯自己还有他自己。这会儿格劳孔似乎只喜欢当听众而已，而非被纠缠于比较自己与阿波罗多洛斯甚至苏格拉底的生活方式。

前头格劳孔一上来就从背后突袭阿波罗多洛斯，跟他闹弄、开玩笑。格劳孔开他玩笑只因他对阿波罗多洛斯的性情有所了解，知道他是柔弱之人。在这个地方，阿波罗多洛斯反过来挖苦格劳孔的生活方式，多多少少带有报复的意味。柔弱之人以爱智慧的理由挖苦甚且报复性情热烈之人。格劳孔是有政治野心的人，阿波罗多洛斯像是在挖苦政治人的生活感觉、生活方式。

"那时咱们都还是小孩子咧，"接着我说道，"当时，阿伽通的第一部悲剧得了奖，他自己和歌队庆祝胜利祭仪的第二天。"

阿伽通是《会饮》中的一个非常重要的人物。《会饮》这出戏就是以他在悲剧竞赛中获胜作为起点然后上升。此处"胜利祭仪"就是得奖了要祭神。比赛当天苏格拉底看了阿伽通的戏，但没去参加他的胜利祭仪，第二天才来。苏格拉底隐然地并不承认阿伽通的悲剧是最好的。阿伽通获得城邦给予的最高荣誉，是城邦中最优秀的诗人。之后苏格拉底就是要来和他再次比赛，巅峰对决。苏格拉底与阿伽通比赛的"剧场"就在阿伽通家，他俩比智慧，即哲人与诗人较量。《会饮》的六篇颂辞中，阿伽通和苏格拉底排在一起，阿伽通把爱神当作诗人自己，苏格拉底把爱神当作哲人自己。这场会饮的尾声阿里斯托芬、阿伽通、苏格拉底仨人饮酒并且对话、较量，后来阿里斯托芬与阿伽通跟不上，困得不行，先后睡着，苏格拉底则清醒地离开阿伽通家。这据说暗指哲人高过诗人们，获得终极胜利。

  "哦，的确像是很早前的事了，"他说，"但谁对你叙说，苏格拉底本人吗（αὐτὸς Σωκράτης）？"

此前，格劳孔问阿波罗多洛斯本人在场吗，这时候他问是苏格拉底告诉他的吗。刚开始格劳孔说有人告诉他，他又跑过来向阿波罗多洛斯问清楚，阿波罗多洛斯则说自己是从阿里斯托得莫斯那儿听来的，还跟苏格拉底求证过，如此看来格劳孔越来越靠近苏格拉底本人。

  "当然不是，向宙斯发誓，"我说，"正如同一人告诉弗依尼科斯的，一个叫阿里斯托得莫斯的，奎达特耐人，小个子，总是光着脚丫。"

阿波罗多洛斯向宙斯发誓。这是开场的唯一一次发誓。这可能喻示了开场甚至整个对话之题旨的性质——因阿波罗多洛斯之传道热忱而带有些微的宗教色彩。阿波罗多洛斯之发誓其背后的含义据说是因为苏格拉底自己肯定不会主动叙说这场会饮。阿波罗多洛斯知道苏格拉底不会主动讲爱智慧之爱欲是什么，知道应该保守这种爱欲的秘密。可奇怪的是他自己喜欢讲，这是他的矛盾，这也是他和他老师的差别。这矛盾和差别就存在于阿波罗多洛斯身上——阿波罗多洛斯柔弱的性情与其受诱惑于爱智慧之言辞的爱欲互相抵牾。

  关于这场会饮的故事，之前格劳孔引出一条线索——弗依尼科斯，这里阿波罗多洛斯又引出另一条线索——阿里斯托得莫斯，这个人亲自在场，见证一切。这场会饮之故事的开头，阿里斯托得莫斯路上碰见苏格拉底，他受苏格拉底之邀一块去阿伽通家，最后又陪着苏格拉底从阿伽通家离开。阿里斯托得莫斯几乎见证了一切，他很像悲剧中的歌队。

  "奎达特耐"是雅典的一个乡区，阿里斯托芬也是这个乡区的。阿里斯托得莫斯是苏格拉底的学生和崇拜者，柏拉图在其他作品并没有提到他。在这个作品中他很重要，他对阿波罗多洛斯、弗依尼科斯等叙说了这场会饮，阿波罗多洛斯转述他的叙说。色诺芬的《回忆苏格拉底》第一卷第四章中提到了阿里斯托得莫斯，"我首先提一提我有一次亲自听到苏格拉底对那绰号小人物的阿里斯托得莫斯讲关于神明的事。苏格拉底曾听说阿里斯托得莫斯无论做什么事,既不向神明献祭,也不从事占卜,反而讥笑那些做这类事的人"。阿里斯托得莫斯不敬神,还反对别人敬神。表面上看来他跟苏格拉底很像,苏格拉底被判死刑的罪名之一就是不敬城邦的神。然而色诺芬笔下的苏格拉底教导阿里斯托得莫斯敬神。

苏格拉底的学生阿里斯托得莫斯不仅模仿他不敬神,还模仿他光着脚丫,他在身心上均模仿老师苏格拉底。苏格拉底有很多弟子,有人学到苏格拉底的这个方面,有人学到另一个方面。我们可以设想,柏拉图会光着脚丫吗?

> "那次聚会他在场(παρεγεγόνει δ' ἐν τῇ συνουσίᾳ),依我看,他是那时热恋苏格拉底的有情人(ἐραστής,至关重要的词汇)中最热烈的一个。而我就从他那里听来的(ἤκουσα,再次出现听一词,参 201d,苏格拉底说自己从第俄提玛处听来关于爱欲的说法)一些还问过苏格拉底,他同意那个人所叙说的(διηγεῖτο)。"

前头格劳孔提到阿波罗多洛斯是苏格拉底的同伴,这里阿波罗多洛斯提到许多人追慕苏格拉底,阿里斯托得莫斯据说是最热烈的一个有情人。此前格劳孔追问阿波罗多洛斯在场吗,他似乎认为在场很重要。这个时候,在场的人、直接叙说者阿里斯托得莫斯,更关键的是他是苏格拉底最热烈的有情人,三个因素密合无间。

阿波罗多洛斯证实了那个人说的——弗依尼科斯知道,进而他和弗依尼科斯都是从阿里斯托得莫斯那儿听来的,然后阿波罗多洛斯向苏格拉底问过,苏格拉底同意阿里斯托得莫斯所说的。如此可见,他们一步步靠近苏格拉底,这个时候格劳孔大概就满意了。

据说爱智慧要还原到在场,还原到生活中去。爱智慧和生活息息相关,爱智慧就是过活、度日。爱智慧的本义就是一种生活方式,看看苏格拉底怎么生活、过日子。此处格劳孔听苏格拉底的言辞,《王制》中格劳孔就亲自与苏格拉底聊起政治与哲学。

"听"这个词在开场很重要。格劳孔想听阿波罗多洛斯叙说苏格拉底故事。一帮生意人也想听。而阿波罗多洛斯自己所叙说的也是听来的。据说《旧约》最重要的一个词就是"听",听先知说了什么,摩西听上帝说了什么。柏拉图的作品中很重要的一个词是"看",另一个词是"听"。"听"据说与教诲相关——教你怎么做；而"看"则是亲自在场，亲自证实。这个对话的开场包含对在场的追问，但其整体面貌主要具有教诲性质。

"怎么样呢？"格劳孔说，"不给我叙说（διηγήσω）吗？反正进城（参172a2）这一路我们赶路时［或译为对于赶路的我们来说］正好边说边听（πορευομένοις καὶ λέγειν καὶ ἀκούειν）。"

至此我们可以瞎猜，格劳孔听了这场会饮之后，进城直接去找苏格拉底了。
"正好"，ἐπιτηδεία这个词的含义是合适，即"边说边听"是合适的，适合于某种目的的。阿波罗多洛斯说，格劳孔听。ἐπιτηδεία原义为专心致志做什么事情，一心从事这个事，进而引申为一个人的生活方式。"边说边听"，即专心致志于说和听，这发生在俩人进城的路上。如此可见，爱智慧之爱欲是在行动中、在人的身上，与人的身心都相关。走与身体相关，说与听跟心灵相关；再者，走与心灵也相关，说与听跟身体也相关。

阿里斯托得莫斯模仿苏格拉底光着脚丫。而阿波罗多洛斯呢，则在此模仿苏格拉底的言说方式与教育方式。阿波罗多洛斯对一群生意人讲述他之前跟格劳孔的对话，很像是苏格拉底忆述第俄提玛与他的对话，所以阿波罗多洛斯两次强调他早有准备（172a1，173c1）。

二

于是我们就边走边说这些事儿。而正如我一开始说的，我并非没有准备（οὐκ ἀμελετήτως ἔχω）。倘若非要也给你们叙说（διηγήσασθαι），这必得做。无论如何我自个儿真得，每当自个儿（αὐτὸς，参172b7，173a8）聊起哲学［爱智慧］的话头或听别人聊（τινας περὶ φιλοσοφίας λόγους ἢ αὐτὸς ποιῶμαι ἢ ἄλλων ἀκούω，开场阿波罗多洛斯两次爱智慧一词，173a3第一次是动词，第二次是名词，别人都没有提及；这里再次提到听一词），除了认为受益外，实在超级享受！而每当［说起］其他的话头——富豪和大款，我自个儿不仅厌恶你们，而且可怜你们同伙啊（αὐτός τε ἄχθομαι ὑμᾶς τε τοὺς ἑταίρους ἐλεῶ，ἑταίρους第二次出现，看来阿波罗多洛斯与苏格拉底是一伙，生意人是一伙，人以群分。但是阿波罗多洛斯是否想破除其间的界限呢？），你们以为干些啥事，其实什么都不干（ὅτι οἴεσθε τὶ ποιεῖν οὐδὲν ποιοῦντες，这里不仅出现ἑταίρους的两层含义，还出现ποιεῖν的双重含义,参196e以下,205b以下)。也许,你们会反过来以为(ἡγεῖσθε,参172c1)我是个可怜虫(κακοδαίμονα,参202d3以下),而我想你们真这么想。我呢,确实不是想你们,而是明白得很(καὶ οἴομαι ὑμᾶς ἀληθῆ οἴεσθαι; ἐγὼ μέντοι ὑμᾶς οὐκ οἴομαι ἀλλ' εὖ οἶδα。很显然,阿波罗多洛斯在此在玩语词的音韵οἴομαι和οἶδα,他自个儿在制作言辞λόγους αὐτὸς ποιῶμαι,173c3—4;参173a1—3, οἰόμενος; εὖ οἶδα,参172b4,172c6,εἰδέναι)。

《会饮》开场中阿波罗多洛斯所忆述的自己与格劳孔的戏中戏至此结束。对话接续至他开场的第一句话,其中的一个至关重要的词汇ἀμελέτητος(没准备,或不在意、不留心,甚至不操心)再次出现,仅改变了词形而已,变为副词ἀμελετήτως。阿波罗多洛斯重复了这个词,而这其间恰好出现这个词的反义词ἐπιμελὲς (172c5—6)。我们知道《阿尔喀比亚德前篇》中"关心你自己"(ἐπιμεληθῆναι σαυτοῦ, 127e,129a)是苏格拉底著名的说法。而在此阿波罗多洛斯似乎对自己关心不够,他关心苏格拉底的言行,关心生意人的不幸——古之学者为己,今之学者为人。他还区分生意人的想(οἴεσθαι)与自己的明白(οἶδα),其中的要义是他以爱智慧的理由厌恶甚至否定但也可怜生意人的生活方式。很明显阿波罗多洛斯看似爱智慧,其实其爱欲混杂着奇异的血气——"哀其不幸,怒其不争"。而这当中比较含混的是阿波罗多洛斯说生意人们会以为他是可怜虫,而且他想生意人真这么想。进而,阿波罗多洛斯说不是想而是很明白生意人。阿波罗多洛斯没说很明白自己。看来,他并不怎么关心自己也不认识自己。苏格拉底对阿尔喀比亚德说,认识了我们自己才可能知道关心我们自己,不认识就永远不可能知道(《阿尔喀比亚德前篇》129a, γνόντες μὲν αὐτὸ τάχ᾽ ἂν γνοῖμεν τὴν ἐπιμέλειαν ἡμῶν αὐτῶν, ἀγνοοῦντες δὲ οὐκ ἄν ποτε)——君子求诸己,小人求诸人。

难怪他是可怜虫(κακοδαίμονα)即坏命神。反之,苏格拉底说自己身上有命神,并且在《会饮》中第俄提玛说爱神是大命神(δαίμων μέγας)。苏格拉底最后说自己敬奉爱神,并且修习爱欲度日(καὶ αὐτὸς τιμῶ τὰ ἐρωτικὰ καὶ διαφερόντως ἀσκῶ, 212b6,参《高尔吉亚》526d,527d—e)。如此,是否可谓为苏格拉底的知命——我们知道苏格拉底这个时候大概52—53岁,他回忆自己年轻时候受教于第俄提玛,显然是而立、不惑乃至知命的生命历程——天命之谓性,率性之谓道,修道之谓教。反之呢,阿波罗多洛斯不知命,无以为君子也。

之前阿波罗多洛斯说格劳孔的生活方式不好,这时候他也是看不起生意人的。两相比较,阿波罗多洛斯更厌恶生意人的生活方式,生意人的生活品质比格劳孔的更低。生意人的生活方式特点是东游西荡，到处跑生意。格劳孔想在政治上有所作为，生意人搞经济赚钱。阿波罗多洛斯既贬低关乎政治的生活方式，也贬低关乎经济的生活方式，人群的两种重要的生活方式都被阿波罗多洛斯嘲讽。干什么好呢？聊哲学和听哲学是最好的，阿波罗多洛斯于此超级享受而且受益。

阿波罗多洛斯可怜生意人"同伙"。前面格劳孔提到阿波罗多洛斯与苏格拉底是同伙。"物以类聚，人以群分"——阿波罗所洛斯的意思是生意人也得通过聊哲学和听哲学，跟他变成同伙吗？凡人有厌恶心与可怜心，极可能深深地败坏自身——修之身，其德乃真。身与德分离，人就会生病。难怪阿波罗多洛斯随后说自己疯疯癫癫。

> 朋友：你总是老样子(ἀεὶ ὅμοιος εἶ)，阿波罗多洛斯哦，总是责骂自己，责骂别人(ἀεὶ γὰρ σαυτόν τε κακηγορεῖς καὶ τοὺς ἄλλους,)。我看哪你完全认为(ἡγεῖσθαι，参 172c1，173d1)所有人都是悲惨的(ἀθλίους，参 173a2)，除了苏格拉底，从你自己开始。而你怎么何时会被叫了个"粘乎乎"(τὸ μαλακὸς καλεῖσθαι，参 172a4)的绰号，我真是不明白(οὐκ οἶδα ἔγωγε，参 173d3，εὖ οἶδα)。因为在你的话里总是这般(ἀεὶ τοιοῦτος εἶ)，你对自己和别人粗得很，除了苏格拉底(σαυτῷ τε καὶ τοῖς ἄλλοις ἀγριαίνεις πλὴν Σωκράτους)。

责骂(κακηγορεῖς)与可怜虫(或坏命神，κακοδαίμονα)前缀一样，这会让我们猜想两者的语义也可能相关。阿波罗多洛斯总是责骂自己而不是认识自己、关心自己。"总是"一词朋友说了三次。正如我们先前所判定的——阿波罗多洛斯没有上升。阿波罗多洛斯被认为是犬儒派分子，也源自"责骂"一词。他总是不满，骂骂咧咧，说话粗得很(ἀγριαίνεις，另有激怒、使生气、使恼怒的意思)。阿波罗多洛斯对自己和别人生气，也使自己和别人生气。

阿波罗多洛斯骂自己、骂别人，对自己、别人粗得很，都源于他对自己、别人的生活方式不满，他认为所有人都过得很惨，苏格拉底除外。苏格拉底的生活方式是最幸福的。此处出现了三次"总是"(ἀεί)，看来生意人与阿波罗多洛斯的关系比格劳孔与阿波罗多洛斯的关系更近。并且他们看似更了解阿波罗多洛斯，甚至可能比阿波罗多洛斯更了解他自己；而此前阿波罗多洛斯说自己对这群生意人的生活处境明白得很——两相较量。而其中生意人一说，阿波罗多洛斯的性情就显露出来了——他常常骂人。骂人，说人坏话，而其目的则是劝人学哲学,即跟随苏格拉底。

"认为(ἡγεῖσθαι)"在开场中出现三次(172c1,173d1,173d6),分别是格劳孔、生意人和阿波罗多洛斯用到这个词,这指向三类对话者、三类人之间认知水平的较量。这些较量的中心人物是阿波罗多洛斯,可胜出的暂时好像是生意人——生意人在苏格拉底悔罪诗的灵魂九品中排在第三品(《斐德若》248d)。而《会饮》中各位雅典精英赞颂爱若斯,多方较量,最终胜出的好像是苏格拉底。

生意人不明白的是阿波罗多洛斯怎么会被叫了个"黏乎乎(τὸ μαλακὸς)"的绰号——因为他说话粗得很、骂人。当然在生意人看来有个显而易见的也可能是最重要的原因,即阿波罗多洛斯只赞美苏格拉底。τὸ μαλακὸς(柔软、敏感)跟粗得很(ἀγριαίνεις)的词义正好相反。如此看来,阿波罗多洛斯的性情内里反差极大。

一开始在阿波罗多洛斯自己的叙述中格劳孔叫(καλεῖσθαι,柏拉图用了同一个词及其变形)他"法勒雍人"和"你这厮阿波罗多洛斯",没叫他这个绰号。显然,格劳孔事先不知道阿波罗多洛斯会骂他,再者他可能也不知道阿波罗多洛斯只赞美苏格拉底,但生意人知道。

　　　　阿波罗多洛斯:最亲爱的朋友(ὦ φίλτατε),所以很明显嘛,因为如此地心想到(διανοούμενος)关于自己和你们的(καὶ περὶ ἐμαυτοῦ καὶ περὶ ὑμῶν),我疯疯癫癫、神经错乱(μαίνομαι καὶ παραπαίω)。

生意人一眼看穿阿波罗多洛斯的性情。阿波罗多洛斯马上有反应,像是被说到心窝里去了,所以随即称其为"最亲爱的朋友"。开场至此出现了认得的人、同伴/同伙和最亲爱的朋友三种人际关系。其中格劳孔与生意人关系最远,而格劳孔与阿波罗多洛斯只是认得的。通过一路听阿波罗多洛斯叙说这场会饮后,不知道两人之间的关系会不会发生变化。格劳孔说阿波罗多洛斯是苏格拉底的同伴,阿波罗多洛斯说生意人是一伙的,用的是同一个词(τοῦ ἑταίρου),但其语义显然有所不同。阿波罗多洛斯被生意人看穿后,称生意人是最亲爱的朋友,似乎胜过他与苏格拉底的关系。尽管生意人知道他只赞美苏格拉底,但生意人没说阿波罗多洛斯与苏格拉底是同伴;也不大可能如此,因为在生意人看来阿波罗多洛斯眼中的苏格拉底是特异的,而阿波罗多洛斯自己与生意人自己以及其他人一样——过得很惨。阿波罗多洛斯在跟格劳孔聊天时给人的印象是他确实是苏格拉底的同伴,可在生意人看来不是。

经生意人一提醒,阿波罗多洛斯清醒地意识到自己疯疯癫癫、神经错乱的原因在于他心想的是自己和生意人的悲惨生活。当然,我们知道其中的参照是苏格拉底的生活。阿波罗多洛斯变得疯疯癫癫和神经错乱,因为他看到苏格拉底这么好,自己、别人又那么差,他似乎总在两个极端之间。这里阿波罗多洛斯的疯疯癫癫让我们联想到苏格拉底悔罪诗中的四种神圣的疯癫——预言的灵启（阿波罗的疯癫）、秘仪的灵启（狄俄尼索斯的疯癫）、作诗的灵启（缪斯们的疯癫）和第四种阿芙洛狄忒和爱若斯的疯癫,其中最后一种爱欲的疯癫（即爱智慧）最好（《斐德若》265b）。阿波罗多洛斯的疯癫与此都不相类。另外,"疯疯癫癫(μαίνομαι)"一词也有发怒的含义。神经错乱(παραπαίω)则有弹出走调的音乐的意思,亦即心智失序。

阿波罗多洛斯的疯癫可能跟苏格拉底有关,但更重要的是和他自己相关。难怪柏拉图只以他作为《会饮》的叙述者,并没有让他与苏格拉底直接对话。

前面阿波罗多洛斯跟格劳孔讲爱智慧、跟生意人讲自己喜欢听哲学的话头、言辞,接下来在他的转述中苏格拉底出场,这些都指向苏格拉底。据说苏格拉底死后,阿波罗多洛斯自杀。表面看来,阿波罗多洛斯爱智慧就是爱苏格拉底。而理解苏格拉底与智慧的关系想必就得看苏格拉底怎么讲述第俄提玛教育自己的故事。

> 朋友：这会儿不值得为这些争吵,阿波罗多洛斯喔,还是(ἀλλ')[做]应我们请求你的,别做其余了(μὴ ἄλλως ποιήσῃς),还是[应我们请求]叙说那些言辞是什么(ἀλλὰ διήγησαι τίνες ἦσαν οἱ λόγοι,参)。

就如格劳孔打断阿波罗多洛斯的挖苦,朋友赶紧止住阿波罗多洛斯的疯劲。他用了两个"还是"(ἀλλ'),既有转折亦有递进的意味,中间加个词形相近的ἄλλως表示劝诫。朋友不让阿波罗多洛斯制作言辞而要他叙说言辞。因为他们早已知道阿波罗多洛斯一制作言辞,就又要开始责骂人了(λόγους αὐτὸς ποιῶμαι,173c3—4)。朋友意欲迅即转移阿波罗多洛斯的注意力——转向一开始格劳孔提到的那场会饮、那些言辞(172b2—3)。但朋友没有提到关于"爱欲"的言辞,也没有提到"聚会"。

> 阿波罗多洛斯：那些言辞[或话说]大概是这样的……,不如从头,正如那个人[阿里斯托得莫斯]所叙说,而我试着给你们叙说(ὡς ἐκεῖνος διηγεῖτο καὶ ἐγὼ πειράσομαι διηγήσασθαι)。

这些生意人朋友成功地把阿波罗多洛斯的注意力转向苏格拉底，因为这是阿波罗多洛斯所喜欢的。

阿波罗多洛斯的混杂血气和矛盾性情在他跟这伙生意人对话时得以重复展露，因为他向他们叙说了他之前跟格劳孔的对话，还劝他们学哲学。这些都被生意人看透了，因为他们知道阿波罗多洛斯一心只想着苏格拉底。看来，苏格拉底和苏格拉底的故事与言辞对阿波罗多洛斯确实有益，某种程度上暂时缓解并净化了其血气。

阿波罗多洛斯本来又想自己制作言辞，一转念还是觉得按阿里斯托得莫斯所叙说的试着从头叙说好。所以，阿波罗多洛斯只是个叙说者。看来阿波罗多洛斯既不能像斐德若、阿伽通、阿里斯托芬等那样制作言辞以赞颂爱若斯，也不能像苏格拉底那样是个对话者。阿波罗多洛斯有些像《高尔吉亚》中的珀洛斯甚至卡利克勒斯，他们与苏格拉底对话过程中因为自身的怒气和不满，使得对话不时面临中断甚而难以为继的境地。而《斐德若》中苏格拉底跟斐德若说："我自己嘛，当然对这些有爱欲，斐德若，亦即对区分和结合有爱欲，由此我才会有能力说话和思考(266b)。"此次会饮中雅典精英们依次赞颂爱若斯，最后是苏格拉底的赞颂。苏格拉底改变了先前颂辞的所有修辞方式，先是与阿伽通对话作为前设，然后忆述第俄提玛对自己的关于爱欲的教诲也是对话。

安德烈·纪德"道德三部曲"主题分析

景春雨

景春雨,1977年生。毕业于复旦大学中文系,获文学博士学位。2005年进入上海大学社会学博士后流动站工作,2007年出站,留校任教至今。主要研究领域为比较文学与世界文学。出版有专著《纪德研究》,参与《中国语言文学本科必读书目》《外国女性文学教程》等教材的编写。主持上海市教委优秀青年教师基金项目"现代法国女性文学研究",参与国家社科重点课题"20世纪中国大学文学教育的历史回顾和现实意义"。

法国现代作家安德烈·纪德在创作中总是尝试从不同的角度展现个体内在精神世界的变化,表达相应的伦理诉求。他曾认为,"在全部西方文学里——不仅仅是法国文学——除了极少数的例外,小说讲的都是人与人的关系,感情关系或思想关系、家庭关系、社会关系、阶级关系,但是从不,几乎从不谈个人与自我或上帝的关系"。[①] 而个人与自我及上帝的关系恰恰是纪德思考和创作的起点。在《非道德的人》(L'immoraliste,1902)、《窄门》(La porte étroite,1909)和《田园交响曲》(La symphonie pastorale,1920)这三部作品中,纪德尝试通过不同主体在特定情境下的不同选择来探讨自我与上帝之间的关系。因对个人伦理诉求的集中关注及相互间的关联性,这三部作品普遍被视作其道德三部曲。"所谓伦理其实是以某种价值观念为经脉的生命感觉,反过来说,一种生命感觉就是一种伦理;有多少种生命感觉,就有多少种伦理。"而道德则是"伦理中的成文或不成文规例"。[②] 可以说,伦理问题关注的是个体内在的意愿和感受,而道德问题关注的是群体性的外在规范。因而伦理诉求,尤其是个体伦理诉求总是以潜在的

---

① 安德烈·纪德.纪德文集:文论卷.桂裕芳.译.广州:花城出版社,2001:230.
② 刘小枫.沉重的肉身.上海:上海人民出版社,1999:3.

道德规范为表诉对象,它反映了个体自我意识的觉醒,是确立自我认同的重要标志之一。本文试以纪德这三部作品为对象,通过探讨其中的主题意义解读纪德的伦理观。

一、"非道德"主义:自我意识的显现

《非道德的人》这部作品取材于纪德自己的真实经历,在多处情节设置上有迹可寻,在某种程度上可以看做是纪德早年的精神自传。在创作这部作品之前,"人的目标是上帝"和"人的目标是人"一直是困扰着纪德的两个主要命题。在他苦思冥想的时候,尼采进入了他的视野,尼采的思想使纪德有了方向感,使他坚信人的目标只能是人本身。纪德说:"我相信这个问题的转移指出了在我写作生涯初期,当我写《非道德的人》时,我的思想所经历的演变。我过去觉得人的目标可能是上帝,而渐渐地,我终于把问题完全转移了,并且得到这个有点过于自信的结论:不,人的目标是人,并且用人的问题代替了上帝的问题。"①因此,我们在这部作品中能够看到,主人公米歇尔的"非道德"化转变是一种对个体内在的自我逐步肯定的过程,这个转变过程也正是纪德对这一问题进行探索的过程。

与纪德自己的北非之旅如出一辙,作品主人公米歇尔也在类似的一次旅行中遭遇了生死考验。病愈后重新回到生活中,米歇尔从精神到肉体都发生了根本性的转变,原来那个循规蹈矩的学究式人物变成了无所顾忌的"非道德"主义者。死里逃生后他看待世界的方式变了,对从前生活的态度也发生了变化。因为有了不同的标准,米歇尔发现,原来在生活中显得重要的事物其实没那么重要,比如社会性的道德规范,而原来那些被忽视的事物反而才应该珍视,比如自己内心深处被压制的欲望。米歇尔认为,这次经历给予他一种力量,掀开了自己精神上原有的涂层,使被遮蔽的自我得以显现。他认为,"从那时起我打算发现的'那个',正是真实的人、'古老的'人,《福音》弃绝的那个人,也正是我周围的一切:书籍、导师、父母,乃至我本人起初力图取消的人。……从此我鄙视经过教育的装扮而有教养的第二位的人。必须摇掉他身上的涂层"。② 这个所谓的"涂层"就是主人公原来所要遵从的宗教教义和各种社会道德规范,《福音》与上帝的无处不在使得个体的自我需求不得不受制于外在的规范沦为"第二位"的人。这

---

① 安德烈·纪德.纪德文集:传记卷.罗国林,译.广州:花城出版社,2002:351.
② 安德烈·纪德.纪德文集:一.桂裕芳,译.北京:人民文学出版社,2002:345.

次病愈使米歇尔发现了那个被掩盖的自我,他决心要摇掉自己身上的涂层,做一个"真实""古老的"、非宗教化的人。自我意识的觉醒使米歇尔看到了自己生活中的矛盾之处,原来视作行为依据的宗教教义和社会规范此时反而成为他实现自我的最大阻碍。为此,他选择以自己的"非道德"主义向原有生活中的一切规范宣战。

"非道德"主义不同于反道德主义,其目标并不是要否定社会道德规范,也并非刻意在个体伦理诉求与社会道德规范之间形成一种对抗性的关系,而是试图通过无视已有社会道德规范来使其失去根本效力。在实践"非道德"主义的过程中,主体对既有的社会道德规范采取的是规避的态度。米歇尔发现,自己在实践"非道德"主义的过程中陷入了一种意想不到的道德困境之中。这种困境突出表现为原有社会规范中业已形成的自我形象恰好与觉醒后的自我之间形成了一种否定性的对照。为了摆脱这种困境,米歇尔逃离了自己原来生活的社会环境,试图以此来摆脱那个曾经循规蹈矩的自己。最终,米歇尔那个新生的自我破茧而出,实现了从精神到肉体的完全自主。

纪德在1885年左右开始接触尼采的思想,他在创作《非道德的人》这部作品的时候,正对尼采的思想陶醉至深。纪德认同尼采的"超人"思想,以及"一切价值重估"的哲学理念。他赋予主人公米歇尔一定的"超人"个性,并以"非道德"主义阐释了自己对"一切价值重估"的理解。米歇尔为了实践自己的"非道德"主义原则而变得极端自利,他通过极大满足自我内在需求的方式来实现自己身上的一切可能性,诠释了"人的目标是人"这一伦理命题。他的"非道德主义"强调个体实现自我内在需求的正当性和绝对性,最终发展成为一种极端的"个人主义"。纪德通过米歇尔这个思想实验品,探讨了自我实现的途径及其现实可能性,尽管其结果可能并不圆满,但纪德依然执着于其具有可能性的存在的形式,使其成为探讨自我与上帝的关系中重要的组成部分。

二、窄门:上帝的法则

《窄门》是与《非道德的人》同时构思的,但比后者晚了7年才发表。如果说《非道德的人》表达的是纪德对"人的目标是人"这个命题的探讨,那么《窄门》则以否定"人的目标是上帝"这种形式间接肯定了前一个命题。纪德认为,如果此前不是《窄门》已经成竹在胸的话,他根本无法创作《非道德的人》这部作品。因为在他的构想中,《窄门》是作为《非道德的人》的平衡性力量而存在的,因为有

《窄门》作对照,所以他才能创作出《非道德的人》。表面看来,《窄门》与《非道德的人》是一种对立关系,但究其实质,《窄门》表达的是纪德在不同向度上对同一个问题的思索,其伦理诉求具有同一性。

《窄门》这部作品的篇名源自《圣经·福音书》。在《马太福音》中,耶稣说:"你们要进窄门。因为引到灭亡,那门是宽的,路是大的,进去的人也多;引到永生,那门是窄的,路是小的,找着的人也少。"在《路加福音》中,当有人问耶稣将来得救的人是否很少时,耶稣对众人说:"你们要努力进窄门。我告诉你们:将来有许多人想要进去,却是不能。"《窄门》的题记即为"你们要努力进窄门",这句话凝练地诠释了女主人公阿莉莎的一生。在作品中,阿莉莎为了和恋人热罗姆在死后都能进入所谓的天国"窄门"而否定了现世的爱欲,陷入一种对道德纯粹性的极度迷恋。她将人的灵魂与身体视为完全对立的两个范畴,只有禁绝由欲望带来的感性快乐,对身体加以折磨才能使灵魂变得更加纯洁,最终进入天国实现永生。海涅曾将禁欲主义称为基督教培植的一朵花,"这朵花绝不难看,只是鬼气森然,看它一眼甚至会在我们心灵深处引起一阵恐怖的快感,就像是从痛苦中滋生出来的那种痉挛性的甘美的感觉似的。在这点上,这朵花正是基督教最合适的象征,基督教最可怕的魅力正好是在痛苦的极乐之中"。① 阿丽莎的困境即在于罔顾生命主体的内在需求,因盲目追求禁欲而放弃了人的法则,执着于一种近乎神性的圣洁。纪德试图用阿莉莎孤独离世的人生悲剧说明,在人身上加诸神的法则,进而追求一种极端的道德纯粹性是一条不可行的窄路,这条路窄得甚至容不下正常的人性。

阿莉莎的悲剧不在于对自己的宗教信仰异常虔诚,而在于她错误地理解了上帝的法则,并为此放弃了人的法则。在此基础上一味否定个体内在的生命需求,把禁欲视为一种崇高的道德境界,当这种态势发展到极端时便成为一种反人性的畸形生活形态。在纪德看来,阿莉莎的这种做法是以上帝作为人的目标,其结果即是以上帝的法则取代了人的法则,个体的生命力也因这种沉重的精神枷锁而逐渐消亡。阿丽莎自愿选择给心灵戴上这副枷锁,但是作为生命本体所具有的爱欲本能却无法被束缚。困境中的阿莉莎在生命本能的驱使下不断挣扎,一方面她在心灵深处还保有对恋人深厚的情感,另一方面她又不得不违背本意压制自己的爱恋,这种矛盾心理给她带来极大的痛楚,并最终将她的生命力消耗殆尽。阿莉莎在形容这种痛楚的时候说:"当我们自愿受束缚而向前走时,我们

---

① 海涅. 论浪漫派. 张玉书,译. 北京:人民文学出版社,1979:5.

并不感到有束缚；但当我们开始反抗，并远离它时，我们便十分痛苦。"①阿丽莎的道德困境也曾是纪德本人感同身受过的。纪德的矛盾在于，是要顺从自己内心深处的欲望还是听命于长久以来一直无法摆脱的新教道德。他一面用不同的作品进行思想实验，探讨各种存在形式的可能性，一面质问："你以什么神的名义，以什么理想的名义，禁止我按自己的天性生活？"②纪德在《窄门》这部作品中表明，唯有顺从个体的生命本能，承认主体的生命感受，在人自身的法则的支配下选择生活方式，才能避免陷于这种困境。

三、选择性失明：在自我与上帝之间

与前两部作品中的主人公一样，《田园交响曲》中的牧师也徘徊于自我与上帝之间，宗教伦理与个体伦理之间的冲突是他痛苦的主要根源。牧师收养了盲女热特律德，并在其后的教养中爱上了她，他很清楚自己的行为有悖宗教伦理，但是他又无法压制自己的感情。为了给自己的行为寻找正当的理由，牧师便从世俗意义的层面上解释基督教的教义。他告诉后者，"上帝的法则就是爱的法则"，而"爱里面没有罪恶"。③ 牧师一方面以此安抚了热特律德，另一方面也为自己的行为进行了辩护，试图减轻自己道德上的负罪感。热特律德察觉到了两种"爱"之间的不同含义，她感觉到牧师和牧师的儿子雅克都爱她，但是她更想明白的是，哪种爱带来的幸福才是被上帝的法则所允许的。她对牧师说："我觉得您给我的全部幸福，是建立在无知上面。……这样的幸福我不要。……我宁愿了解真相。"④牧师借用基督的话来安慰她说，"你们若是盲人，就没有罪了"。牧师说服热特律德接受了他这种不同寻常的"爱"，也任由自己在这种"爱"中沉沦。牧师试图用曲解教义这种方式消除自我与上帝之间关系的紧张状态，他也在这种欺骗和自欺中找到了暂时的平衡点。而这一切的前提是热特律德在生理上的失明和牧师自己在宗教教义上的选择性失明。

热特律德是双重意义上的失明：一方面她在生理意义上是真正的"盲"；另一方面，由于她无法看见周围生活的真实样貌，因而她的心智对道德是非的分辨能力也处于蒙昧的状态。相对于热特律德的失明而言，牧师是一种选择性的失

---

① 安德烈·纪德.纪德文集：二.桂裕芳,译.北京：人民文学出版社,2002：113.
② 安德烈·纪德.纪德文集：传记卷.罗国林,译.广州：花城出版社,2002：351.
③ 安德烈·纪德.纪德文集：二.桂裕芳,译.北京：人民文学出版社,2002：113.
④ 安德烈·纪德.纪德文集：二.桂裕芳,译.北京：人民文学出版社,2002：113.

明。无论就生活的实际状况而言,还是宗教教义而言,他都十分清楚自身所处的境况,但他却选择欺骗热特律德。热特律德复明后,最先映入眼帘的却是自己和牧师之间所谓的"爱"造成的过错和罪孽。在她看来,从前她没有罪是因为她根本看不见那些罪。但是,现在她看得见了,所以她自觉罪孽深重。在热特律德身上,伴随着生理性复明的,是心智中道德意识的觉醒,因而她无法再忍受牧师的欺骗行为。她对牧师说:"我以前没有律法,是活着的;但是诫命来到,罪又活了,我就死了。"①对热特律德来说,眼睛的失明与复明与心智的无知与澄明是同步的,而心智的无知与澄明也是与道德上的善与恶直接相关的。因此,她几乎在眼睛复明的那一刹那就看清了自己深陷其中的道德困境,她用自杀摆脱困境也就成了一个必然性的结局。牧师的悲剧在于,有意在"人的法则"和"上帝的法则"之间不做选择,试图以此来模糊道德判断的标准,从中得到暂时的逃避。而一旦这种模糊的状态被破除,他们也必然要做出抉择并承担相应的后果。

纪德通过这部作品表明,没有一个纯粹的道德中间地带,人必须为自己做出抉择,并在这种抉择中体现出自主性和对自身法则的肯定。在纪德看来,人的最终目标只能是人自身,个体也必须在自我完善中实现救赎。正如他早年在《大地食粮》中阐明的一样,他不否认上帝的存在,上帝每时每刻都显现于生活的方方面面。在纪德看来,上帝的意旨就是要让人按照本性自由地生活。自我与上帝并非一种对立的关系,一切以上帝的名义发出的道德指令都是对人性的扭曲和束缚,他深信这绝非上帝的本意。在他的自传《如果麦子不死》中,纪德明确地表达了类似的观点:"我深信每个人,或者至少上帝的每个选民,都要在世间扮演某种角色,确切地讲就是他自己的角色,与其他任何人的角色是不相同的。因此任何让自己服从于某种共同准则的努力,在我看来都是叛逆,不错,是叛逆,我将之视为反对圣灵的这样一种'十恶不赦'的大逆不道,因而使个人丧失了自己确切的不可替代的意义,丧失了他那不可复得的'味道'。"②在纪德看来,在自我与上帝之间存在着紧密的关联,这种关联的存在是为了使自我具有更大的自主性,可以更为自由地依照自己的天性来生活。而每个人的天性是上帝早已设定好的,一味违背自己的天性去服从某种社会群体的共同准则才是违背了神的法则,造成自我与上帝对立的主要原因。每个个体理应在保存自己天性的前提下顺从自我意志,这种自我抉择也是遵从了神的法则,是个体实现自我认同的必由之路。

---

① 安德烈・纪德.纪德文集:二.桂裕芳,译.北京:人民文学出版社,2002:113.
② 安德烈・纪德.纪德文集:传记卷.罗国林,译.广州:花城出版社,2002:351.

四、结　语

米兰·昆德拉认为,"世界的非神化是现代的特殊现象。非神化不意味着无神论主义,它表示这样一种境况:个人,即我思,取代作为一切之基础的上帝;人可以继续保持他的信仰,在教堂里下跪,在床上祈祷,他的虔诚从此只属于他的主观世界"。① 纪德在他的一系列作品中也表达出类似的观点,无论是"非道德"主义还是极度追求圣洁的禁欲,抑或是在两种对立立场下的摇摆不定,都源自对《福音书》和上帝存在意义的曲解。这种对上帝形象的僵化膜拜,对自我与上帝之间关系的不恰当的理解是这种困境存在的主要原因。因为它们都直接导致了对真实的个体意愿的有意遮蔽,僭夺了人的自主权。纪德说:"当我以新的眼光阅读它(《福音书》)的时候,我会看到思想和文字突然被它照得通明透亮。对于教会对福音书的解释,对于经过教会的解释,福音书的神圣,教诲我几乎辨认不出来了这个事实,我既感到遗憾又感到愤慨。我一遍又一遍对自己说:我们西方世界正因为看不到这一点,而正在消亡。这已成为我的深刻信念,揭露这种弊端的责任落到了我头上。"② 正是怀着这样一种责任感,纪德把笔触伸向了现代人的精神世界深处,以切实的道德关怀展现出现代人的精神处境。纪德在作品中对个体伦理诉求的表达,真切地反映出"非神化"现代社会情境中的精神现实,也显露出其自身的现代性特质。

---

① 米兰·昆德拉.被背叛的遗嘱.孟湄,译.上海:上海人民出版,1995:7.
② 安德烈·纪德.纪德文集:传记卷.罗国林,译.广州:花城出版社,2002:351.

英华集
上海大学文学院四十周年纪念文集

文艺学

西方左翼思潮中的毛泽东美学

曾 军

曾军，1972年12月生，湖北沙市人。2002年毕业于南京大学中文系，获文学博士学位，曾在中国人民大学做博士后研究工作。现为上海大学文学院教授、博士生导师，上海大学文科处处长。主要研究领域为文艺学和文化理论与批评，在巴赫金研究、城市文化、视觉文化、当代西方批评理论等方面产生较大学术影响。出版有《接受的复调——中国巴赫金接受史研究》《观看的文化分析》《城视时代》等专著和译著，主编《文化批评教程》《新世纪文艺心理学》等图书13部；在《文学评论》《文艺研究》《文艺理论研究》等刊物发表学术论文130余篇（其中被《新华文摘》《中国社会科学文摘》、人大复印资料等转载54篇次），并获首届"人大复印报刊资料重要转载来源作者（2016年版）"称号。撰写决策咨询专报或内参10多份，其中多份被中央有关领导或上海市委领导批示。先后承担国家社科基金重大项目、国家社科基金重点项目、国家社科基金青年项目以及上海市教委科研创新重点项目等各类纵向课题11项。入选首届长江学者青年学者、文化名家暨"四个一批"人才、国家"万人计划"哲学社会科学领军人才、上海市曙光人才计划、2010年度上海社科新人。荣获上海市哲学社会科学优秀成果奖6次、上海市优秀教学成果奖1项、上海大学优秀教学成果奖3项以及上海市优秀教材奖、上海市暑期社会实践优秀指导教师、上海大学王宽诚育才奖、教育部全国高等学校文科学报研究会"名校建设优秀主编"称号等奖项。为CSSCI刊物《上海大学学报（社科版）》副主编、国际学术期刊中文季刊《批评理论》和英语半年刊Critical Theory主编、中国中外文论学会理事、中国文艺理论学会理事、全国马列文艺论著研究会理事、中国中外文论学会中国文化创意产业研究会副会长、中国中外文论学会中国巴赫金学会常务理事、中国外国文学学会文学理论与比较诗学研究分会理事、上海市改革创新与发展战略研究会理事、东方青年学社理事等。

一

马克思主义在 20 世纪的全球流变是一个非常重要的现象。发端于欧洲的马克思主义经过俄苏再传到中国,发展成中国马克思主义①;以毛泽东为代表的中国马克思主义在 20 世纪 60 年代之后逆向影响西方发达资本主义国家,它在西方左翼思潮中所展开的美学维度,可命名为"毛泽东美学"(Mao Zedong Aesthetics)。西方"毛泽东美学"不是中国"毛泽东文艺思想"的翻版或镜像,而属于西方左翼思想中的美学和文艺维度。长期以来,学术界在"毛泽东文艺思想"与"毛泽东美学"关系上一直存在某种认知的断裂,甚至将它们视为彼此对立的思想体系。20 世纪 80 年代以后,"毛泽东美学"以西方马克思主义美学和文艺理论的面貌重返中国,形成了"毛泽东文艺思想"和"毛泽东美学"并存但不兼容的理论格局。作为对这一知识运动的学术清理,本文的研究重点是,通过对西方左翼思潮中毛泽东思想影响的清理和辨析展开对"毛泽东美学"的认知测绘。既然毛泽东的思想和著述是彼此共享的理论资源,我们就需要在一个新层面建立"毛泽东文艺思想"和"毛泽东美学"的比较和对话平台。

以毛泽东思想及其著作为核心,我们可以以"同时代性"将作为中国马克思主义美学的"毛泽东文艺思想"和作为西方左翼思潮中的"毛泽东美学"建立起必要的学术关联。在中国马克思主义美学和西方左翼美学之间,尽管隔着"东/西"的文化差异和"社会主义/资本主义"的意识形态分野,但是它们都对 20 世纪"二战"之后政治、经济、军事、社会以及文化秩序的恢复和重建做出积极回应并提出了建设性方案。这一"同时代性"决定了西方左翼学者能够主动接受"来自东方的风"的毛泽东思想的影响,并从中国社会主义革命中获得启迪,并能够作为西方同行展开与毛泽东思想和中国革命的"远西对话"。

中国马克思主义者经历了从革命党到执政党、从社会主义革命到社会主义建设的历史场景转换,还面临着如何在一个落后的、资本主义发展不充分的"东方亚细亚"国度贯彻马克思主义思想、践行社会主义理想的诸多难题,更不用说其中还经历了诸多曲折和弯路了。而西方左翼学者则经历的是从国际共产主义

---

① "中国马克思主义美学"一词的最早出现应该是在 20 世纪 50 年代"美学大讨论"期间。目前资料所能够查到的最早表述是:翟士林. 论建筑艺术与美及民族形式. 建筑学报,1955(1). 但正式提出这一问题的,要属 1958 年 8 月,周扬的《建立中国自己的马克思主义的文艺理论和批评》的讲话了。在这篇讲话中,明确提出"中国马克思主义的文艺理论和批评"要克服的是"教条主义"和"修正主义"。

运动的革命失败和思想分化,社会主义革命在西方暂时失去了现实的可能性,马克思主义者只能从社会变革退回学术思想;他们所面对的资本主义社会的现实已经从早期资本主义过渡到晚期资本主义,面对的是各种"后学"在思想文化领域里的泛滥。① 如果仅仅停留在国际共产主义运动的维度来审视,西方左翼学者早已退回书斋,用"话语革命"替代了"社会革命";真正的政治革命和社会革命的旗手无疑是从欧洲经过俄苏,转移到了中国手上。如果仅仅从毛泽东思想的角度来判断,西方左翼学者无疑停留在对毛泽东思想的断章取义的浪漫想象层次;20世纪50年代之后,中国也将绝大多数的西方左翼美学作为批判对象归为"资产阶级文艺理论"。而如果仅仅站在西方左翼的立场来考察,西方左翼思想所受到的毛泽东思想的影响无论如何也都是局部的、阶段性的、存在巨大局限的;同时期毛泽东思想国际传播的重心也不在西方发达资本主义国家,而是在亚非拉第三世界国家和地区。这致使"中国马克思主义美学"和"西方左翼美学"虽然长期同时存在,却始终没能处于同一个话语平台上展开交往和对话。

长期以来,毛泽东文艺思想研究主要是在中国马克思主义美学和文艺理论学术界内部开展的知识生产。其中,狭义的毛泽东文艺思想特指毛泽东作为革命领袖和浪漫主义诗人对于文艺问题的思考和看法。这里有必要区分作为革命领袖的毛泽东和作为诗词作家的毛泽东对美学和文艺问题的看法。两者的共同点在于,都是由毛泽东亲口或亲笔表述的思想,不同点在于,前者是毛泽东代表党和国家对文艺问题的表态,因此是集体智慧的结晶;后者则是毛泽东个人美学和艺术趣味的表现,因此具有鲜明的个人风格。尽管两者在许多时候都是共通的,但这一区分恰好划定了毛泽东文艺思想的外延和边界。还有,"文艺的工农兵方向"作为党和国家文艺政策的价值导向与毛泽东古典诗词创作的审美偏好之间也保持着一种美学张力。广义的毛泽东文艺思想则泛指以毛泽东为代表的共产党人领导中国社会主义革命和社会主义建设过程中对文艺问题的方针、政策以及创作思潮等。这超出了毛泽东个人的范围,是将整个毛泽东时代作为一个整体来进行的命名。如李准、丁振海所编的《毛泽东文艺思想全书》就属于后者。② 不难发现,毛泽东文艺思想并不是一个纯粹的文艺创作风格、文学流派甚至写作技法的问题。更主要的是,作为一个以马克思主义指导的中国共产党的

---

① 在此特指作为学术思潮意义上的从卢卡奇、葛兰西到法兰克福学派、阿尔都塞学派以及英美新马克思主义等,此外还有各种林林总总的借鉴和部分马克思主义思想,或者打着"马克思主义"旗号的理论思潮以及20世纪后半期的"后马克思主义"思潮则并不包含在内。
② 李准,丁振海.毛泽东文艺思想全书.长春:吉林人民出版社,1992.

文艺指导思想还经历了从革命党到执政党的转变。此外,"毛泽东文艺思想"还有第三种形态,即从新中国成立之后,毛泽东文艺思想进入文艺理论的研究和教学的领域,逐步被知识化、逻辑化和体系化的被建构起来。这些教材或专著主要的贡献在于在"马克思主义中国化"框架下对毛泽东文艺思想进行系统化的梳理。

如果从中国马克思主义美学发展史的角度来看,"毛泽东文艺思想"自身还有一个不断形成、演变、发展和成熟的过程。它继承和发扬马克思主义基本精神,在结合中国本土经验和现实需要的过程中逐步形成了有别于俄苏的列宁—斯大林主义,并最终成为世界马克思主义美学发展史上相对独立的一个阶段。我们就需要既在"中国外部"又在"中国内部"、既"赞成"也"反对"、既"继承"也"发展"的多重维度,完成对"毛泽东文艺思想"的准确定位。

将中国马克思主义与西方左翼思潮纳入马克思主义思想史的整体中予以考察,即是这种试图兼容"杂音"形成"复调"的学术努力。如英国学者莱恩(Laing, D.)在《马克思主义的艺术理论》一书中,专章介绍了"社会主义现实主义在中国",并分为"鲁迅与上海的亭子间作家""毛泽东与革命根据地""社会主义内部的文化斗争"三节来展开中国马克思主义美学思想内部的复杂性。① 南斯拉夫的弗兰尼茨基(Predrag Vranicki)在《马克思主义史》第3卷第2篇中专设两章,即《毛泽东在革命时期的主张》和《武装革命胜利后的理念和实践》,比较系统地描述了中国革命历程和以毛泽东为代表的中国共产党从革命时期到新中国初期的各个历史阶段的主要哲学理念和政治主张。波兰的科拉科夫斯基在其专著《马克思主义的主要流派》第3卷的最后一章即第13章中,用一节篇幅评述毛泽东的理论,将其思想命名为"农民马克思主义"②。王善忠主编的《马克思主义美学思想史》第4卷《中国马克思主义美学思想的发展历程》从中国近代农民美学观念的表现开始讲起,经过梁启超和王国维启蒙美学的奠基、马克思主义美学在中国的传播、中国马克思主义革命美学的发展,聚焦到毛泽东文艺观和美学观的集成,最后落脚到蔡仪美学思想,尝试将"毛泽东文艺思想"置于中西马克思主义美学发展史中进行定位。

---

① Laing, D. The Marxist theory of art: Marxist theory and contemporary capitalism, Humanities Press, 1978.
② 莱泽克·科拉科夫斯基. 马克思主义的主要流派:第3卷. 唐少杰等,译. 哈尔滨:黑龙江大学出版社,2015:475-476.

二

将西方左翼学者中接受毛泽东思想影响的美学家视为"西方同行/同时代人",便可讨论他们在"同时代"面对相同或相似的问题时如何展开理论与实践,以及他们之间是如何展开学术思想的交往对话,形成既有内在的关联又存在明显差异的多维"毛泽东美学"。结合西方左翼思潮的自身发展轨迹,主要受到毛泽东思想影响,聚焦毛泽东思想中的关键文本,进而提炼出毛泽东美学中的关键议题,我们可以粗略绘制一幅"西方左翼思潮中的毛泽东美学"的学术地图:

时间(年)	国家	理论家	关键文本	关键议题
1954	德国	布莱希特	《矛盾论》	辩证戏剧
1955	法国	萨特和波伏娃		新中国
1962	法国	阿尔都塞	《矛盾论》	多元决定
1968—1974	法国	索莱尔斯	毛泽东诗词、《矛盾论》	辩证法
1970	德国	马尔库塞	流动剧院	革命和艺术
1974	法国	巴利巴尔和马舍雷	《在延安文艺座谈会上的讲话》	文学和意识形态形式
1975—	法国	巴迪欧	《矛盾论》	辩证思维
1977	英国	雷蒙·威廉斯	《毛泽东论文艺》	作家与人民的关系
1980s	美国	詹明信	《矛盾论》	政治无意识
1990s—	美国	德里克	毛泽东选集	中国马克思主义
2000s	斯洛文尼亚	齐泽克	《矛盾论》《实践论》	辩证法

西方"毛泽东美学"的形成始于20世纪50年代。从时间上看,德国的布莱希特算是较早接触毛泽东和中国革命的西方左翼学者中最为重要的一位。可能受到斯诺《红星照耀中国》引起的世界性轰动的影响,布莱希特在1937年流亡丹麦期间创作了一首关于毛泽东的短诗。1952年4月1日,《人民日报》刊登了毛泽东写于1937年的《矛盾论》。该文也于1954年翻译成了德文,并立刻引起了布莱希特的强烈兴趣。1955年,在回答一家杂志关于"什么是1954年的最佳图

书"的问题时,布莱希特认为,"在去年阅读过的图书中,给我印象最为强烈的,是毛泽东的论文《矛盾论》"。① 对毛泽东《矛盾论》中的辩证法思想的学习,使布莱希特深化了自己对戏剧创作的理解。他在后期戏剧理论著述中有意弱化早年的"陌生化"理论,并不断强化"辩证法"思想,而且还将自己的戏剧创作实践的命名从"史诗剧"变更为"辩证剧"。次年,法国哲学家萨特和波伏娃接受中国政府的邀请,访问北京并参加了中国的国庆庆典。这次中国行促使萨特发表了《我对新中国的观感》(《人民日报》1955 年 11 月 2 日)和《我们所见到中国》(《法兰西观察家》1955 年 12 月 1 日和 8 日),波伏娃也撰写了《长征:中国纪行》。他们从中国文化的传统、五四新文化运动的发展历史以及新中国成立之初的文化普及程度的现实等问题的梳理出发,提出新中国文化普及的必要性、文字改革的可能性以及作家思想改造的现实性等诸多问题的看法,认为"只有大众的知识水平和判断力都大大提高了,中国才能成为毛泽东所许诺的'一个文化繁荣的国家'"。② 这些著作又在法国思想界引起了更大的轰动和激烈的讨论。这两个事件都是具有标志性的,揭示出毛泽东之所以引起西方左翼思想家的关注,得益于两个重要的机缘:一是 1949 年新中国的成立,在一个东方古国成立了社会主义国家;二是毛泽东著作的翻译,其中《矛盾论》成为毛泽东对西方左翼思想家影响最深远的关键性文本。

1962 年,毛泽东的《矛盾论》法文版在《思想》杂志发表,引起了阿尔都塞的强烈兴趣。他及时做了《矛盾与多元决定(研究笔记)》,次年又撰写了《关于唯物辩证法(论起源的不平等)》一文。这两篇文章分别发表在《思想》杂志的 1962 年 12 月和 1963 年 8 月上。阿尔都塞通过对毛泽东《矛盾论》的解读发现,"马克思主义的矛盾观似乎与黑格尔的观点毫无关系"。③ 他创造性地借鉴毛泽东关于"主要的矛盾和矛盾的主要方面"的思想,并将之用"多元决定"这一概念来概括。④

真正构成对西方左翼思想的巨大影响的时期,主要集中在以法国"五月风

---

① 张黎. 布莱希特与毛泽东. 中华读书报,2009 - 7 - 15.
② 波伏瓦. 长征:中国纪行. 胡小跃,译. 北京:作家出版社,2012:288.
③ 路易·阿尔都塞. 矛盾与多元决定(研究笔记)//保卫马克思. 顾良,译. 商务印书馆,1984:72.
④ 阿尔都塞用"多元决定"来概括毛泽东的矛盾论,其主要的目的是为了将之与黑格尔的思想相区别,具有"反决定论",尤其是"反对单一的决定论"的倾向。但 surdétermination(英语的 overdetermination,德语的 Überdeterminierung)一词的翻译历来也是争讼不断,如何既避免"决定论"的简单,又不至于陷入"多元论"的陷阱,从而更好地呈现阿尔都塞所欲保持的理论的张力,确实需要认真考量。参见:蓝江. 症候与超定——对阿尔都塞 surdétermination 概念的重新解读. 马克思主义与现实,2017(6).

暴"为代表的1960年代末到1970年代初的五六年时间里。这一时期最重要的"毛泽东美学"的代表要数原为法国先锋文学和激进思想的《原样》(Tel Quel)团体了。1968年秋,《原样》发表了集体宣言共同理论①,寻求"全面颠覆",并将写作和革命视为共同的事业,这标志着"原样"团体进入毛泽东美学时期。作为主编的索莱尔斯,不仅创作了包含中国因素的小说,而且还翻译了毛泽东诗词和相关著作,②并在1972年春的第48和49合期、1972年夏的第50期和1974年秋的第59期出版了3期中国专号,共43篇文章。1974年5月,《原样》代表团来到中国访问,这是他们转向左翼后的重要事件之一。中国行期间,罗兰·巴特写的《中国行日记》,对中国这一时期的文学艺术状况多有记录和评点。克里斯蒂娃则写了《中国妇女》一书,成为"欧洲妇女眼中的中国妇女"的重要文本,该著不仅全面描述了中国妇女社会地位、文化风俗、思想观念的变迁,而且还开展了专题访谈,其中就有时任北京大学中文系教师的冯钟芸,了解到当时大学文学教育的现状;③她和索莱尔斯的小说创作中也频见中国元素。中国行之后,《原样》内部思想逐渐分化。

马尔库塞虽身在美国,但仍然坚持法兰克福学派批判理论的立场。在《反革命与造反》一文中,他重新理解了19世纪末期到20世纪以来的现代主义艺术思潮,认为艺术和美学形式的变革体现了"艺术的政治潜力"这一激进主义的特征。该文是马尔库塞根据他1970年在普林斯顿大学和纽约市社会研究所新学院所做演讲的内容写成的小册子,并在1972年发表。它通过对资产阶级的艺术传统以及美学原则的颠覆,指出无产阶级艺术充分发挥了其"否定性力量";而作为这一"强有力的力量"的典型代表,中国革命文艺时期的流动剧院得到了马尔库塞的高度评价。在他看来:"中国的戏剧并不在一个'游戏的世界'里进行演出;它是革命事件的一部分,插曲性地反映了演员和战士的同一性:演出空间和革命空间的统一。"④

《毛泽东选集》以及专题性的《毛泽东论文艺》的英译本首先是由中国翻译出版并在海外发行的。英国伯明翰学派的精神领袖雷蒙·威廉斯在其《马克思主义与文学》中所引的就是由中国1960年翻译发行的英译本《毛泽东论文艺》。在该书的第9章《立场与党性》中,雷蒙·威廉斯征引了毛泽东的《关于正确处理人

---

① Philippe Sollers. Theorie d'ensemble. Paris: Le Seuil, 1968: 67-68, 78-79.
② 仅《原样》杂志就在1970—1976年期间发表过两组毛泽东诗词的翻译,翻译了毛泽东的《关于哲学的面谈》,还重译了《矛盾论》。可见这一时期是他们积极主动了解和研究毛泽东思想的时期。
③ 张颖.阅读中国:论克里斯蒂娃《中国妇女》的文本张力.上海大学学报(社会科学版),2016(2).
④ 马尔库塞.反革命和造反,工业社会和新左派.任立,编译.商务印书馆,1982:172.

民内部矛盾的问题(1957年2月27日)》和《在延安文艺座谈会上的讲话》中的三段话,认为"毛泽东这种论点(连同先前我们已熟知的那些立场观点)之中最能在理论上引起人们兴趣的是,他非常重视改造作家同人民之间的社会关系。……'党性'成了由某种迄今分立的、同社会和政治还保持一定距离或间离化状态的写作所采取的一种行动"。① 这段征引放在《马克思主义与文学》全书中也许并不特别引人关注,但是如果从整个"毛泽东美学"展开认知测绘的角度,其特殊之处也就凸显出来了:首先,所征引的毛泽东文献是由中国选编翻译并海外发行的《毛泽东论文艺》,这使得威廉斯能够"准确"把握"毛泽东文艺思想"的要义,因此,成为"毛泽东文艺思想"产生海外学术影响的典范;其次,雷蒙·威廉斯所关心的议题不再是"辩证法"或"文化革命",而是作为"马克思主义文学理论"关键问题的"立场和党性"的重要组成部分看待的②;再次,雷蒙·威廉斯强调了毛泽东处理"立场和党性"方面的特殊之处,即在"改造作家和人民之间的社会关系"的意义上强调文学的"立场和党性"问题。

詹明信与中国的关系也极为密切。早在1971年的《马克思主义与形式》一书中便征引过毛泽东的《矛盾论》③。其"认识测绘"的理论作为凯文·林奇的"城市的意象"和阿尔都塞"多元决定"的混合体,也包含了毛泽东"矛盾论"的理论因素。④ 在其《理论的意识形态:1971—1986年文选》中,大体呈现了詹明信在20世纪七八十年代重要的思想历程,其中涉及对毛泽东著作和毛泽东思想的讨论非常之多,尤其以《划分六十年代》一文最为集中,展现了詹明信的"毛泽东情结"。⑤

美国马克思主义学者德里克同时也是一位汉学家。他致力于对中国近现代史的研究,曾自述对其学术思想影响最重要的人物有三个:马克思、毛泽东和陀思妥耶夫斯基⑥。作为《亚洲哲学百科全书》中"毛泽东和'中国马克思主义'"词

---

① 雷蒙德·威廉斯. 马克思主义与文学. 王尔勃,译. 郑州:河南大学出版社,2008:214-215.
② 雷蒙·威廉斯的《马克思主义与文学》由三部分组成("基本概念""文化理论"和"文学理论"),《立场和党性》这一章属于"文学理论"中的第9章。
③ Fredric Jameson. Marxism and Form: Twentieth Century Dialectical Theories of Literature. Princeton: Princeton University Press, 1971. 所征引的文献来自 Mao Tse-tung. "On Contradiction." In Selected Works, II, 13-53. 5 vols. New York: Interatonal, 1954-1962.
④ 吴娱玉. 从政治实践话语到文化阐释策略——以詹姆逊对毛泽东的美学挪用为例. 文艺理论研究,2016(6).
⑤ "毛泽东情结"一词是谢少波的命名。参见:谢少波. 弗·杰姆逊的毛泽东情结. 邓少辉,译. 天涯,1999(5). 颜芳. "毛主义"与西方理论——弗雷德里克·杰姆逊教授访谈录. 外国文学研究,2017(2).
⑥ Arif Dirlik. A Short Biography & Selected Works Perspectives. Anarchist Theory, 1997, 1(2).

条的撰写者,德里克以"毛泽东思想"和"中国马克思主义"的名义对毛泽东的思想进行了全面介绍,并认为毛泽东哲学的形成有赖于第三世界革命反抗殖民统治、寻求独立自主意识的觉醒。因此,"中国的马克思主义"在某种意义上说,就是"毛的马克思主义"(Mao's Marxism)。因此,德里克对毛泽东的介绍立足于"马克思主义中国化"①,聚焦《矛盾论》和《实践论》,强调其"游击社会主义/本土马克思主义"(Guerrilla Socialism/Vernacular Marxism)。②

进入20世纪70年代之后,阿尔都塞学派发生内部分化。作为学生的巴迪欧、朗西埃等分别自立门户,并在20世纪90年代之后汇成西方激进左翼思潮。这批学者更加紧密地将审美与政治、文化与社会、艺术与革命等问题结合起来,更加直接地从中国思想和中国现实中汲取理论灵感。巴利巴尔和马舍雷也在20世纪70年代初期接触到了毛泽东著作。1974年,在他们合作完成的《论作为一种观念形式的文学》一文中引用了毛泽东《在延安文艺座谈会上的讲话》中的观点来论证文学和意识形态形式的关系问题。巴迪欧在20世纪70年代撰写了大量以毛泽东思想为背景的著作,如用来批判和超越阿尔都塞的《矛盾理论》(1975)、《论意识形态》(1976)等。进入20世纪80年代之后,他的《主体理论》(1982)试图用拉康的精神分析来解决毛泽东思想中革命实践的主体问题,形成别具一格的主体理论。对文学艺术和审美的政治维度的强调是朗西埃的重要特点,在从"美学的政治"到"政治的美学"的过程中,朗西埃一直思考着"艺术如何政治"的问题。他从中国革命的工人阶级动员和革命中获得启发,有感于五月风暴中阿尔都塞等知识分子不走上街头革命的做法,转而研究工人运动和劳工问题,认为应该像毛泽东那样"相信群众的能力",主张普通工人也能够欣赏和创造文学艺术。

如果说,西方左翼思潮在半个多世纪的发展中,从早期的对毛泽东思想和中国革命的浪漫想象是一种出于无知和善意的误读,到了20世纪70年代随着"五月风暴"革命激情的消退从而进入理性且克制的沉默的话,那么,20世纪90年代之后,西方左翼思想界对毛泽东和当代中国的态度正在发生重要的转变。其中,齐泽克作为激进左翼思潮中的重要成员,在21世纪之后转向了对毛泽东最具代表性的理论——矛盾论和实践论中的辩证法思想——的批判性反思便是这

---

① 在"Global Capitalism and the Condition of Postcoloniality"一文中,德里克采用的是"the Sinification of Marxism"一词(参见 Arif Dirlik. The Postcolonial Aura: Third World Criticism in the Age of Global Capitalism. Westview Press, 1997.)。
② Arif Dirlik. "Mao Zedong and 'Chinese Marxism'", Companion Encyclopedia of Asian Philosophy. ed. by Brian Carr and Indira Mahalingam. Routledge, 1997: 536–562.

一具有标志性的转变之一。齐泽克以其《意识形态的崇高客体》为标志,正式进入英语学界,并一跃而为炙手可热的学术明星。但是,他对毛泽东和当代中国的关注却是从1999年《敏感的主体》开始的,进入21世纪之后齐泽克"重新发现"并高度重视列宁的革命遗产,进而展开对"革命"的重新理解。① 在这一"列宁时期"大背景下,齐泽克的著作中对毛泽东和当代中国问题的讨论陆续增多起来。其中,他对毛泽东最重要的评价就是2007年给新版《矛盾论、实践论》所做的长篇序言,一方面认为"他的名字就代表了对数以亿计的默默无闻的第三世界劳动者的政治动员";但另一方面,认为毛泽东的矛盾论对"否定之否定"的反对是有局限的,认为毛泽东的思想和政治的核心缺点正是"他没有把握到'否定之否定'为什么不是肯定和绝对否定的妥协,而恰恰相反是真正的否定"。② 在2008年出版的《保卫逝去的原因》一书中,齐泽克还以"从罗伯斯庇尔到毛泽东的革命恐惧"为题,重点分析了毛泽东辩证法的局限。③ 2011年《Positions》推出了"中国与齐泽克"专号。齐泽克与刘康展开了激烈的交锋,中国学者张颐武、杨慧林等人也参与了讨论。在这次与中国学者展开的正面交锋中,齐泽克把希望寄托到了巴迪欧式的"共产主义"的"永恒理念"之上。④ 齐泽克对毛泽东矛盾论的批评在西方"毛泽东美学"发展中是具有标志性的事件:如果说长期以来,毛泽东的思想对西方左翼思潮的影响主要是正向激励,西方左翼学者也主要是以"同情之理解"的方式来汲取毛泽东思想和作为"他山之石"的中国问题的思想启迪甚至是精神支撑的话,那么,西方左翼学者对毛泽东和当代中国问题的态度则经历了从20世纪70年代之后的沉默到20世纪80年代之后的隔膜再到20世纪90年代之后尤其是21世纪以来的质疑,西方"毛泽东美学"正在发生重大而深刻的变化。这值得我们关注。

---

① 2001年和2002年,齐泽克先后撰写了《重述列宁》(Repeating Lenin, Zagreb: Arkzin D. O. O.),并选编了《一触即发的革命:列宁文选》(Revolution at the Gates: Zizek on Lenin, the 1917 Writings, London: Verso. 2002)。2017年,齐泽克再发表《列宁2017》(Lenin 2017: Remembering, Repeating, and Working Through, VersoBooks 2017)。

② Slavoj Zizek. "introduction", Mao Tse-Tung, On practice and contradiction, Verso 2007.

③ Slavoj Zizek. In Defense of Lost Causes, London: Verso 2008.

④ "Chinese Perspective on Zizek and Zizek's Perspective on China", Positions: East Asia Cultures Critique, 2011. 相关问题的讨论参见:韩振江. 齐泽克对毛泽东辩证法思想的阐释与误读. 上海大学学报(社会科学版),2016(5). 韩振江认为"作为西方马克思主义者的齐泽克虽然很推崇毛泽东的历史功绩,但是他对毛泽东的唯物辩证法的理解很多是错误的"。

三

长期以来,中国马克思主义研究中一直存在"西马非马"的争论;在对待西方"毛泽东美学"的问题上,也存在将"毛泽东美学""毛泽东文艺思想"对立起来的倾向。这种思想观点有一定的合理性,即站在"经典论"和"还原论"的角度,坚持全面客观准确地把握马克思主义和毛泽东思想,警惕在一定程度上事实存在的歪曲和误读。但这同样也存在对发展和丰富马克思主义、毛泽东思想带来思想上的禁锢。我们不可简单地偏执一端,而应该保持思想的活力和张力。

清理西方左翼思想中的"毛泽东美学",有利于在中西方左翼美学交往对话中进一步厘清"毛泽东美学"与"毛泽东文艺思想""中国马克思主义美学"与"西方左翼美学"之间的相互影响和复杂关系。"毛泽东美学"更重视的是毛泽东的《矛盾论》中的辩证法再加上与文学艺术密切相关的"文艺与政治""艺术与革命""作家与人民"(立场与党性)等相关问题,因此,"毛泽东美学"也不是简单的毛泽东政治理论的美学化或曰美学转向,而是毛泽东哲学思想、对文艺问题的政治思考,以及文艺社会学维度的强调。

"毛泽东文艺思想"和"毛泽东美学"虽然分属中西,但20世纪80年代之后,"毛泽东美学"伴随西方左翼在中国的译介和传播已经进入到当代中国文论话语体系的内部,在不同历史时期对不同的文论话语都产生了不同程度的影响。如布莱希特的戏剧理论、萨特的"介入"思想、阿尔都塞的辩证法、马尔库塞的解放美学、雷蒙·威廉斯的马克思主义文学理论、詹明信的政治无意识、德里克的后革命以及近年来激进左翼思潮的大规模引入,等等。但是我们并没有特别留意它们与毛泽东思想的关系,没有展开毛泽东文艺思想与之的对话。与此同时,强调中国马克思主义美学和西方左翼美学之间的"同时代性",还有一个非常重要的原因。长期以来,西方左翼往往简化并片面地强调毛泽东美学中的某些侧面,对中国马克思主义美学内部的复杂性存在严重忽视、误读和曲解的问题。因此,将两者置于"同时代"展开讨论,有助于恢复西方"毛泽东美学"对"毛泽东文艺思想"遮蔽的地方。正如刘康所说的:"中国的马克思主义美学具有原创性,不仅是因为它提供了概念性的框架,而且是因为它敏锐的立场和议程构成了极为独特的声音,有助于消除当代文化研究中对差异的过度偏爱。中国的这种独特的声音既来自激进的遗产,又包含了对激进的遗产的自我批评,正是这个激进的遗产培育了当代的'他者政治'。而当代西方激进的文化政治学者们却忽略了这种声音,这样的情形是很讽刺的。"①西方"毛泽东美学"与中国"毛泽东文艺思想"的平行比较、影响研究以及对中国的"折返影响研究",有助于更加凸显被遮蔽的中国毛泽东文艺思想中"极为独特的声音"。

---

① 刘康.马克思主义与美学.李辉,杨建刚,译.北京:北京大学出版社,2012:序9.

作为共通感的美感

——审美之中的共通感问题研究

刘旭光

刘旭光,1974年1月生,甘肃武山人,1997年毕业于兰州大学中文系,获文学学士学位;2000年毕业于陕西师范大学人文研究所,获哲学硕士学位;2003年毕业于复旦大学中文系,获文艺学博士学位;2005—2007年在山东大学文艺美学研究中心从事博士后研究工作。曾任上海师范大学美术学院执行院长。2018年入职上海大学文学院,为中文系教授、博士生导师。主要研究领域为中西方艺术理论、中西方美学史与美学理论。出版有《海德格尔与美学》《近代欧洲艺术精神的起源》《存在之链上的美学——形而上美学的历史与命运》等专著4部;在CSSCI级刊物发表学术论文90余篇。主持国家哲学社会科学重点项目、国家哲学社会科学青年项目、教育部分项目以及上海哲学社会科学项目等数项。曾获2016年上海哲学社会科学二等奖、2017年上海教学成果二等奖。为上海市曙光学者、上海美学会副会长兼秘书长、上海市艺术学理论学科评议组成员。

在日常经验中,常常会有这样一个现象:在我们观看、聆听和评判,特别是创造一个事物的时候,会被一种"感觉"控制着,要么是一种"和谐感",要么是一种"舒服感",要么是一种"自由感"……这种感觉或者心意状态,决定着我们的"愉悦",我们往往统称为"愉悦感"。愉悦感在日常生活中指引着我们的行为,往往它既是目的,也是尺度。这种"愉悦感"在近代以来,被称为"美感"。

美感是一种"感受",既然是感受,就应当是通过"感官"获得的,可问题是,愉悦感究竟是感官自己的应激性反应,还是说,愉悦感先于每一次感官感受,先天的存在于我们的认知能力中,并且不断被具体的感官经验激活?当人们开始对审美活动进行反思时,这构成了最初的难题。但有一点是共识:美感首先是一种感受,因此,中国人用"品味"这个词,西方人用"tasty",来言说美感愉悦在感受中的获得。

在日常经验中人们往往可以发现,通过感官获得的愉悦感是具有普遍性的,这种普遍性在审美中有时候是民族性的,有时候是地域性的,有时候是阶级性的,甚至还有年龄的普遍性,情况异常复杂,但总还具有某种意义上的普遍性。这种普遍性从哪里来?当人类对审美活动进行理论反思时,就不得不面对这些难题:美感首先是一种愉悦感,但这种愉悦感的来源——经验性的还是先天的?它的普遍性——是不是具有超越于个体感官差异之上的一般性?它的产生的机制——是本能反应,还是判断的结果?都成为棘手的难题。

一、有没有"纯粹审美"

提这个问题,是因为如果能得到肯定的回答,就能够解释审美经验中的普遍愉悦现象。在具体的审美经验中,确实有一种可引发愉悦的具有普遍性的感觉,这至少具有局部的普遍性,因此审美愉悦,或者说美感至少可以被设定为一种源自感性的普遍愉悦,这种预设是现代美学的起点,问题是,这种普遍愉悦是怎么获得的?

这个问题必须从两个角度来回答,一个方面是能够引起愉悦的对象一定具有某种普遍性;另一方面,我们有感性地把握到这种内在普遍性的能力。

感官感受往往是主观性的,个体差异非常明显,而且感官还容易形成对于对象的适应性,为此早期的经验论者们相信,一定有一种内在的感官,是这种普遍性的根据。这个猜想来自英国的经验论。

关于审美愉悦是怎样获得的,夏夫兹博里所代表的经验论者一方面像柏拉图一样相信感性事物内部有一种精神性的,更高层次的美,"这种美不仅形成了我们称之为单纯形式的东西,而且是……所有美的原则、根据和源泉"。(Shaftesbury, 1999, 323—324)问题是,"精神"是不是可以被感性地认识到?为此,夏夫兹博里认为领悟内在精神却必须凭借另外的能力,这种能力他称之为"内在的眼睛"。

> 当行为被观察到,当人的情感和激情能被人觉察到(大多数人感觉到的同时就已经能分辨),一只内在的眼睛就立即会加以分辨,看到漂亮的和标致的,就会心生喜爱和爱慕。(Shaftesbury, 1999, 326—327)

通过"内在的眼"就获得愉悦，这仅仅是一个猜想，但却从理论上能够回答通过感官而获得的普遍愉悦是如何可能的。沿着这个思路，夏夫兹博里的门徒哈奇生认为，人依靠一种特殊的先天能力，即"内在感官或趣味"感觉到美。这种感受美的能力，作为内在感官，是一种先天能力，与外在感官一样是直觉性的。这个假设或许能够解释我们如何在审美中通过一种直觉性的直观获得普遍愉悦，就好像是通过感官直接获得的一样。

经验主义者的这两个假设——对象内在的包含着一种可以引发精神愉悦的普遍性；主体内在的具有一种类似感官一样的直觉器官，可以把握到对象内在的普遍性——变成了后世解释美感经验之普遍性的两个思路：前者相信在美的事物中具有一种内在的普遍性，后者相信"审美"是一种"纯粹能力"。

审美是不是一种"纯粹能力"？这个问题在18世纪有争议，英国的经验论者显然相信有这么一种纯粹能力，但他们不能分析出这种能力。维柯这样的人文主义者相信有这样一种进行审美与艺术创造的纯粹能力，他称之为"诗性智慧"。但是鲍姆嘉通不承认有这样一种纯粹能力，他认为审美是诸多能力的综合，统称为"低级认识能力"（Alexander Baumbarten，2013，202）和"类理性能力"的综合。低级认识能力提供感性知觉，并将之表现（representation）出来。低级认识能力可以实现综合的知觉，它可以生动、明晰、鲜明、富于意义——这是其完善状态。它由以下部分构成：感觉（senses）、想象力、洞察力（perspicacious）、记忆、创造力（invention）、预见力（foresight）、判断力、预感力（anticipation）、特征描述（characterization）。在讨论理性时，他又给出了他认为的"类似理性"能力：(1)认识事物的一致性的低级能力，(2)认识事物差异性的低级能力，(3)感官性的记忆力，(4)创作能力，(5)判断力，(6)预感力，(7)特征描述的能力。这些能力显然与低级认识能力是相通的。而后他解说"理性"，用了智慧（wit）、特性、证明、普遍性、提炼（reduce）等词。在没有进行逻辑层次区分的情况下，又罗列了统一性（indifference），愉快与不愉快。在他的分析中，"审美"这个行为实际上是低级认识能力和类理性能力的综合。因此，显然不存在一种"纯粹的审美能力"。

但是这个结论会把审美推入一个完全经验化的领域中，按鲍姆嘉通的这种分析，审美无非是认识的一种综合效果，而不是纯粹的先天能力。

鲍氏的这种分析引起了康德的注意，鉴赏判断，或者说审美，究竟是不是一种纯粹能力？康德最初对这个问题持否定的态度，在《纯粹理性批判》的一个注脚里他作了这样一个说明：

"有德国人目前在用'Asthetik'这个词来标志别人叫作鉴赏力批判的东西。这种情况在这里是基于优秀的分析家鲍姆加通所抱有的一种不恰当的愿望,即把美的批评性评判纳入到理性原则之下来,并把这种评判的规则上升为科学。然而这种努力是白费力气。因为所想到的规则或标准按其最高贵的来源都只是经验性的,因此它们永远也不能用作我们的鉴赏判断所必须遵循的确定的先天法则,毋宁说,鉴赏判断才构成了它们的正确性的真正的试金石。"(康德,2004,26)

如果不具有先天法则,那么审美就是完全经验性的,不可能具有普遍性,因而根本不存在"纯粹审美"。但康德后来改变了这种看法,在1787年给朋友的一封信中说:

"我正在从事趣味的批判工作,我已经发现了一种与以前观察到的原理不同的先天原理……这部著作将题名为《趣味的批判》。"(转引自曹俊峰,2001,121—122)

这就意味着,康德认为审美判断力本身有其先验原理,必须确立判断力的先天立法能力,为此他提出了"反思判断力"的概念。在反思判断力中,特殊的经验性的东西呈现出一种规律性,体现为自然的形式的合目的性,它是判断力的一个先验原则,问题是,这个合目的性之中的"目的"是什么? 为了保证反思判断的先验性,就必须要保证这个"目的"的先验性。一个先验的"目的",加上一个先验的能力——反思判断力,这就使得"纯粹审美"得以可能,纯粹审美必须有一个同样纯粹的目的,为此,"共通感"这个概念出场了。

二、作为鉴赏判断之先天原则的共通感

在审美之中,作为主观合目的性的"目的",它是鉴赏判断的先验性,或者说纯粹性的保证。这个"目的"是什么? 这是康德美学也是鉴赏判断理论最核心的部分,康德认为在对象被给予的表象中,有一种"内心状态的普遍能传达性"(康德,2002,52),它就是鉴赏判断作为合目的性判断的"目的",鉴赏判断本质上就是在表象中判断出这种"普遍能传达的内心状态"。

这个"普遍能传达的内心状态"是康德美学的钥匙,但也是康德美学的死结。它是一种什么样的内心状态呢? 康德说是"诸表象力在一个给予的表象上朝向一般认识而自由游戏的情感状态"(康德,2002,52),而"表象力"又是指想象力和知性,因此康德说这种内心状态"无非是在想象力和知性的自由游戏中的内心状

态"(康德,2002,53),诸表象能力的自由游戏,也就是自由感,是鉴赏判断的普遍性的基础,是判断的结果和鉴赏判断之所以带来愉悦的原因。

按照这个理论,我们对对象的表象进行判断,判断出内在于表象的具有自由感的内心状态,从而获得愉悦,而"这种愉悦我们是和我们称之为美的那个对象的表象结合着的"(康德,2002,53)。——这就是鉴赏判断的实质。

这意味着,鉴赏是这样一个过程:直观一个对象,而后借助于先天能力我们获得对象的表象,而表象是人的先天能力——知性和想象力的结果,一旦在表象中两者有一种自由游戏的和谐,通过反思判断力我们可以判断出这种自由感,就会产生愉悦,对象因此就可以被判定为"美的"。在形成表象的过程,一定是知性为想象力服务,同时,每一种表象都可能和某种愉悦相结合,但美的表象"必然"和愉悦相结合。因为这种恰恰源自表象力中的自由感——而这种自由感实际上是普遍的——是人的"共通感"。

关于共通感与自由感以及鉴赏判断的关系,康德有这样一个明确的说法:"所以只有在这前提之下,即有一个共通感(但我们不是把它理解为外部感觉,而是理解为出自我们认识能力自由游戏的结果),我是说,只有在这样一个共同感的前提下,才能作鉴赏判断。"(康德,2002,73—74)

共通感是康德的审美与艺术理论中至关重要的一个概念,什么是"共通感"?以及共通感究竟是从哪里来的?

在这个关键问题上,康德却给出了一个略显暧昧的回答:

"至于事实上是否有这样一个作为经验可能性之构成性原则的共通感,还是有一个更高的理性原则使它对我们而言只是一个调节性原则,即为了更高的目的才在我们心中产生出一个共通感来;因而鉴赏就是一种原始的和自然的能力,抑或只不过是一种尚需获得的和人为的能力的理念,以至于鉴赏判断连同其对某种普遍赞同的要求事实上只是一种理性的要求,要产生出情致的这样一种一致性来,而那种应当,即每个人的情感与每个他人的特殊情感相汇合的客观必然性,只是意味着在其中成为一致的可能性,而鉴赏判断则只是在这一原则的应用上提出了一个实例:这一切,我们还不想也不能在这里来研究,现在我们只是要把鉴赏能力分解为它的诸要素并最终把这些要素统一在一个共通感的理念中。"(康德,2002,76—77)

使用共通感这个概念的理论目的,是要解决"每个人的情感与每个他人的特殊情感相汇合的客观必然性",这种汇合如果是客观必然的,那么鉴赏判断就可以先天综合判断,审美就可以成为先天的普遍性的"纯粹审美"。问题是,这个共通感究竟是什么？对这个事关重大的问题,康德没有给出一个确定的回答——它究竟是一个先验意义上构成性原则研究,是经验可能性的前提？还是调节性原则,是理性设定的理念？

对于这个问题的回答,康德给出了两种假设。

第一个假设：共通感是先验意义上的构成性原则,也就是说它是经验之可能性的必不可少的条件,是我们的认知的先天的部分之一。结合康德的整体论述,我们可以推论出,先验的共通感就是康德所说的表象力的自由所体现出的"普遍能传达的内心状态",这种状态是审美愉悦的前提,是美感经验的先天的构成性条件。这个意义上的"共通感"在"纯粹审美"的确立上是必需的,它既是鉴赏判断作为合目的性判断的目的,也是鉴赏判断先天性的保证。尽管康德本人并没有把共通感与普遍能传达的内心状态明确称之为共通感,但通过"普遍能传达"这一点,把共通感与之关联起来是合理的推论。

作为构成性原则的共通感在康德看来有其先天基础,康德专列一节,标题为"人们是否有根据预设一个共通感"(康德,2002,75),做出了肯定性的回答,他认为知识与判断,连同伴随着它们的那种确信,都必须能够普遍传达,他的理由是,如果知识应当是可以传达的,那么内心状态、即诸认识能力与一般知识的相称,也就是适合于一个表象(通过这表象一个对象被给予我们)以从中产生出知识来的那个诸认识能力的"比例",也应当是可以普遍传达的：因为没有这个作为认识的主观条件的比例,也就不会产生出作为结果的知识来。

为了说明这一点,康德作了这样一个推论："如果一个给予的对象借助于五官而推动想象力去把杂多东西复合起来,而想象力又推动知性去把杂多东西在概念中统一起来的话。但诸认识能力的这种相称根据被给予的客体的不同而有不同的比例。尽管如此却必须有一个比例,在其中,为了激活(一种能力为另一种能力所激活)这一内在关系一般说来就是在(给予对象的)知识方面最有利于这两种内心能力的相称；而这种相称也只能通过情感(而不是按照概念)来规定。既然这种相称本身必须能够普遍传达,因而对这种(在一个给予的表象上的)相称的情感也必须能够普遍传达；而这种情感的这种普遍可传达性却是以一个共通感为前提的：那么这种共通感就将能够有理由被假定下来,就是说,既然如此,就无须立足于心理学的观察之上,而可以把这种共通感作为我们知识的普遍可传达性的必要条件来假定,这种普遍可传达性是在任何逻辑和任何并非怀疑论的认识原则中都必须预设的。"(康德,2002,75)

这个推论的根据是"诸认识能力的相称"有其"比例",这种相称只能通过情感来规定,"比例"是普遍可传达的,因此共通感就有理由被假定下来。

第二个假设:共通感是基于更高的理性原则而设定出的调节性原则,是理性的要求,而不是原始的和自然的能力。它是被理性设定出的"理念",这个理念的目的是确保"每个人的情感与每个他人的特殊情感相汇合的客观必然性"成为可能!把共通感作为理念设定出来,对于康德的鉴赏判断理论非常重要,因为通过这一设定,可以解决一个重大的问题:鉴赏判断作为先天综合判断是何以可能的?"鉴赏判断虽然谓词(即与表象结合着的愉快这一谓词)是经验性的,然而就其向每个人所要求的同意而言却是先天判断,或者想要被看作先天判断,这一点同样也已经在它们的要求的这些表达中包含着了。"(康德,2002,130)作为理念的共通感,有其先天基础,又像理念一样,只能在经验活动中呈现出来。通过"共通感"这个"理念",我以愉快来知觉和评判一个对象,这是一个经验性的判断。但我觉得这对象美,也就是我可以要求那种愉悦对每个人都是必然的,这却是一个先天判断。以此推论,共通感是"对每个人都必然的愉悦"。

这两个假设实际上康德都采用了。共通感作为先天构成性原则,是鉴赏判断的先天性的基础;共通感作为经验的调节性原则,是鉴赏判断之综合性的保证。还有一个问题——它是不是一种"感觉"?

共通感不是一种"感觉",至少康德是这样认为的。对美的愉快既不是"享受的愉快"(通过感官对对象之质料的感知而获得的愉悦),也不是某种合法则的行动的愉快,又还不是根据理念作玄想静观的愉快,而是"单纯反思的愉快"。没有任何目的或原理作为准绳,这种愉快伴随着对一个对象的通常的领会,这种领会是通过作为直观能力的想象力、并在与作为概念能力的知性的关系中,借助于判断力的某种运作而获得的。但它又"类似"于"感觉",它在审美评判中看上去是用愉悦去"感觉"那种表象力的自由状态[①]。问题是,这种状态可以被"感觉"吗?

对这个问题,康德作了专门的回答:

"鉴赏作为共通感的一种当引起人们注意的不是判断力的反思,而毋宁说只是它的结果时,人们往往给判断力冠以某种感觉之名,并谈论某种真理感,某种对于正直、公正等等的感觉;虽然人们知道,至少按理应当知道,这并不是这些概念可以在其中占据自己的位置的感觉,更不是说这种感觉会有丝毫的能力去要求一些普遍的规则;相反,如果我们不能超越这些感觉而提升到更高的认识能力的话,我们关于真理、合适、美和公正是永远不可能想到这样一种表象的。共同

[①] 康德. 判断力批判. 邓晓芒,译. 杨祖陶,校. 北京:人民出版社,2002:134.

的人类知性,人们把它作为只不过是健全的(而尚未得到训练的)知性而看得微不足道,是人们只要一个人要求被称为人就可以从他那里指望的,因此它也就有一个侮辱性的名声,必须被冠以普通感觉①(sensuscommunis,拉丁文"共通感")的称呼。"②

在这段话中,康德认为共通感与真理感、公正感,甚至美感一样,实际上是健全的人类知性的结果,是反思判断的结果,但人们误把这种人类的普遍知性能力称为"普通感觉"。显然康德相信,所谓的共通感,实际上是人类的健全的知性所体现出的评判能力。这种普遍能力由于人们的习以为常,所以人们会误以为这种评判能力就是一种"感觉"。

这一点似乎在审美之中更明显。针对审美中的共通感,康德又作了更进一步的说明:"比起健全知性来,鉴赏有更多的权利可以被称为共通感;而审美(感性判断力)比智性的判断力更能冠以共同感觉之名,如果我们真的愿意把感觉一词运用于对内心单纯反思的某种结果的话;因为在那里我们把感觉理解为愉快的情感。我们甚至可以把鉴赏定义为对于那样一种东西的评判能力,它使我们对一个给予的表象的情感不借助于概念而能够普遍传达。"(康德,2002,137)

显然,康德不认为"共通感"是一种"感觉",而是对健全的知性的评判能力所作的一个不恰当的称谓,或者说类比。审美中的共通感,实际上是内心单纯反思的结果,由于这一反思判断带来愉悦的情感,如果把愉悦的情感称为"感觉",那么审美中的反思判断就好像是在用感觉进行判断。

按以上的观念,共通感就不是一种"感觉",而是基于人的反思性的评判能力而被预设出的"理念",由于这种评判能力仿佛依凭着全部人类理性,因而具有先天的普遍性。

康德关于共通感的认识,实际上否定了在人类的评判活动中"感觉"的共通性作用,共通感这个词所标示的不是感觉在评判之中的共通性,而是我们误把知性在评判中的先天性的作用称为"感觉"。共通感本质上是想象力与知性的某种关系,在这种关系中,直观被加入概念中,概念也被加入直观中,它们汇合在一个知识中,"这样一来这两种内心力量的协调就是合规律的,是处于那些确定的概念的强制下的。只有当想象力在其自由活动中唤起知性时,以及当知性没有概

---

① "普通感觉"和"共通感"都是拉丁词 sensuscommunis 的译名,康德作了区分:普通感觉是知性,是一种概念,康德称之为"逻辑的共通感";共通感首先是情感状态,或许也是一个理念,康德称之为"审美的共通感"。

② 康德. 判断力批判. 邓晓芒,译. 杨祖陶,校. 北京: 人民出版社,2002:135.

念地把想象力置于一个合规则的游戏中时,表象才不是作为思想,而是作为一个合目的性的内心状态的内在情感而传达出来。所以鉴赏力就是对(不借助于概念而)与给予表象结合在一起的那些情感的可传达性作先天评判的能力"。(康德,2002,138)当这种情感传达出来之后,我们称之为"鉴赏"或者"审美"。

按康德所剖析的,共通感作为先天知性的评判能力及其内在情感的传达,是纯粹知性能力的一部分。它本质上是一个"理念",这个理念即有知性的基础,也是理性所作的预设。由于这个理念,虽然我们不能从单纯反思判断的性状中把情感或者兴趣推论出来,但却说明了在鉴赏判断中的情感为什么会被仿佛作为一种义务一样向每个人要求着。

康德对"共通感"的认识有重大的理论意义:由于共通感的先天性,纯粹审美就是可能的;由于共通感的普遍性,这就使得私人化的"趣味"可以具有公共性的可能;由于共通感的理念性质,这就使得鉴赏判断可以成为先天综合判断。这就可以说明,"共通感"实际上是康德的鉴赏判断理论中最核心的概念。

三、作为审美经验的"共通感"

在先天层面上对于美感的奠基,不能解释具体的美感经验,康德对于共通感的理论,特别是把共通感作为一个被设定的理念,可以从先天层面上解释美感的"纯粹机制",但是在具体的美感经验中,感官与感性的作用似乎比康德所揭示的更直接,而且,共通感毕竟不是一种"感",但美感经验毕竟是感受性的,因此,康德关于共通感的理论,必须进一步"感性化"。

康德关于共通感的设定有两点可疑之处:首先,通过康德的分析可以推论出——表象力的自由感是形成表象的过程中偶发的,但我们对这种自由感的感知能力(无论是直接感觉到,还是判断出)应当是先天的,以自由感为核心的愉悦是先天愉悦。这个结论更像是一个人文主义者和自由主义者善良地预设和独断。理性主义者或许会认为秩序感才是令人愉悦的,古典主义者会认为庄严感才是令人愉悦的,现实主义者会认为真实感才是令人愉悦的……但康德显然更倾向于先天层面上确立"自由"的情感意义,把美感和自由感结合起来,和表象的形式结合起来,并且把这种结合"宣布"为"先天原理",这更像是"立场"和倾向性的表达,他在宣告人类具有一种"自由愉悦",但这一宣告并不具有理论上的绝对性。当他认为形成表象的过程中诸认识能力有其"比例",这个比例是普遍可传达的,这显然是一种具有人类学与人文主义倾向的预设。其次,在"美的对象"

处,以自由感为核心的愉悦与对象"必然"结合在一起。那也就意味着,审美者必然能"判断出"这种自由感,但麻烦的是,即便在"美的艺术"的领域中,这种"必然"也经常无法被保证,但如果没有这种必然,"纯粹审美",也就是先天审美能力就不可能,这就需要预设出对于自由感的必然感知,因此康德把共通感设定为我们对之有义务的关于必然愉悦的"理念"。问题是,我们是不是在"具体的审美经验中"必然能感知到对象的表象之中的"自由",这令人生疑。

从这两个疑点似乎可以推论出:共通感的先天机制或许是明晰的,但共通感的内涵可能是在经验中变化的;共通感所引的必然愉悦,其必然性可能是由其他现实的经验因素决定的。

康德的理论想要说明共通感是存在于一切人之中的普遍能力,只不过他认为这种能力是一种知性能力,而不是真正的感官认识能力。但西方的人文主义传统中很早就希望铸造出那种具有共同性的感觉,毕竟,引导人类意志之方向的,不仅是理性的抽象的普遍性,而且是一个民族、一个国家、一方地域、一个集团,甚至一个阶级在感性上具有的具体的普遍性。这种感性的具体的普遍性一方面指"健全的感觉"或者"日常感觉",它预设感性认识在达到完善的状态下应当是共通的,这在维柯或者鲍姆嘉通,以及苏格兰学派的思想中都可以被看到,被称为"趣味",另一方面也指"共同的趣味"。但康德的理论不能说明这种感性能力的具体的普遍性,因为共通感在他看来根本就不是感性的,而他之后的德国古典哲学同样是把感性与知性撕裂开的①,并且怀疑感性认识的普遍性。但是在审美领域中,必须要建构感性的具体的普遍性,否则审美的感性学性质就没有根基。怎么建构?

感性认识是不是具有具体的普遍性,这一点首先由费尔巴哈给出了肯定的回答,但问题是,这种普遍性是怎么获得的?马克思在《1844年经济学哲学手稿》里指出:感官不是作为生物学意义上的刺激的接受装置而起作用的,它是"社会的器官";其次,感官同对象的关系,是"人"的能动与"人"的受到,它有"人化"的一面。"人对世界的任何一种人的关系——视觉、听觉、嗅觉、味觉、触觉、思维、直观、情感、愿望、活动、爱——总之,他的个体的一切器官,正像在形式上直接是社会的器官的那些器官一样,是通过自己的对象性关系,即通过自己同对象的关系而对对象的占有,对人的现实的占有。"(马克思,2000,85)在这个理论

---

① 对这种撕裂的描述与分析见:刘旭光. 作为理论家的感性——感性的智性化历程追踪. 社会科学,2016(2).

中,感性能力似乎被预设为人类学意义上的"普遍性",即人人都拥有的器官本身的自然机能,这就使得感性认识的普遍性有其生理条件,更重要的是,马克思指出人的感官是社会化的,那就意味着我们感性能力不仅取决于器官本身的自然机能,而且取决于人所处的社会历史条件,社会关系的基本状态,会影响人感知世界的方式。如果这个前提成立,那么马上可以得出以下推论:社会关系或者社会状态的普遍性,会造就感性的普遍性。

这个思想实际上既承认的感官的共通性具有生理学基础,又指出感官认识可以借助感官的社会化而获得共通性。这就使得,共通感不仅仅是一个理念,更是感官的具体现实。由于这种社会性的内容是"人的"一般性或者"社会的"一般性,为此马克思说出一句格言:"感觉在自己的实践中直接成为理论家。"(马克思,2000,86)这就意味着,人的器官成为社会的器官,感性的认识成为社会的认识。五官感觉作为世界历史的产物,一定具有共通性[①]。

马克思关于感性的认识应当可以引申到美学中关于共通感的认识中来,他有过这样一句话:"不仅五官感觉,而且连所谓精神感觉、实践感觉(意志、爱,等等),一句话,人的感觉、感觉的人性,都是由于它的对象的存在,由于人化的自然界,才产生出来的。"(马克思,2000,87)如果我们把美感作为实践感觉或者精神感觉的一种,那就可以解释在审美中感性的直接性如何与审美的反思性相结合,如果感性本身即感觉着,也会判断,甚至能判断出精神性的内容,那么美感中感受性与反思性的矛盾就可以化解了。

如果共通感本身就是感官自身的具体的普遍性,那么我们完全可以把这个观念移置到康德的鉴赏判断理论中,不需要把共通感理念化就可以直接把趣味判断上升为具有经验的普遍性的判断。这种"经验的普遍性"意味着,当我们具有相同的在感官能力上的"共通感"时,我们的鉴赏判断就可以通过这种共通感获得共识,美感由此可以成为"感官愉悦的普遍性"。一旦这种感官愉悦的普遍性又具有社会性的精神内涵,那么审美就可以从反思判断延伸到感性直观,美感就可以从反思愉悦延伸到感官直接的感受与体验。

感官的社会性的共识,或者说共通,使得我们在具体的审美活动中,不仅仅是康德所说的在表象力的自由中获得愉悦,而且是通过感官而把握到对象的一般性,即包括外在的一般性,比如说形式特征,也包括内在的一般性,或者精神性。康德

[①] 关于马克思的感性理论,见:刘旭光.作为理论家的感性——感性的智性化历程追踪.社会科学,2016(2).

出色地证明了我们的审美离不开共通感,但没有把共通感建立在感官感受之上,现在如人文主义者与马克思主义者所言,人的感性感官的确具有共通性,无须借助知性,那么共通感可以从"表象力的自由及其普遍能传达的内心状态"这一先天基础上拓展开去。或许,一种源自经验的感受的普遍性,可以成为实际审美活动中的"共通感"。比如说,法国人会在对象的"明晰感"中,德国会在对象所给予的"深沉感"中,中国人会在"空灵感"中,日本人会在"凄寂感"中,体现出民族的共通感。

康德本人也同意有这样一种源自经验的感受的普遍性,他在解释"美的理想"时说:"感觉(愉快或不愉快)的普遍可传达性,亦即这样一种无概念而发生的可传达性,一切时代和民族在某些对象的表象中对于这种情感尽可能的一致性:这就是那个经验性的、尽管是微弱的、几乎不足以猜度出来的标准,即一个由这些实例所证实了的鉴赏从那个深深隐藏着的一致性根据中发源的标准,这个一致性根据在评判诸对象由以被给予一切人的那些形式时,对一切人都是共同的。"(康德,2002,67—68)这个"标准",隐藏在美感之中,实际上是美感的共通性,或者作为共通感的美感。康德所说的这个标准,就我们的审美经验而言,除了民族的,还包括阶级的、地域的,或许用文化共同体这个词更恰当一些,当然也包括时代的"标准"。

美感具有民族性是我们具体的审美经验的共识。这在造型艺术中,在文学中,都有最直观的体现,这一点首先在赫尔德的文化民族主义中体现出来,同时也在斯达尔夫人对于欧洲人在艺术上的民族风格的研究中体现出来,她把审美上的民族共通感建立在民族与地域之上。尽管这种民族共通感难以进行明晰的概括,但如果我们承认这种民族共通感的存在,那就意味着,"法国人的审美""中国人的审美""德国人的审美"这些命题就是合理的,问题不应当仅仅是"人的审美",而是"某种人"的审美,康德奠定了共通感的先天机制,并且把共通感确立在一种感受的基础之上,而现在,我们就可以把共通感建立在某种经验感受之上,这种经验感受可以具有文化的差异性与民族的差异性,甚至时代的差异性。

首先是文化共同体的共通感。这种共通感会体现在形式、主题、情感内涵、审美对象的功能等方面。这个文化共同体可以是阶级,同一个阶级的趣味是接近的,这种阶级趣味的共同性是马克思主义者在进行艺术批评时常用的观点,比如对工人阶级文化的研究,或者宫廷文化的研究,都会总结出普遍的阶级趣味。这个文化共同体也可以是民族或者族群,不同的民族,会体现出某种形式上的共通感,有时候体现在色彩上,有时候体现在线条上,有时候也是节奏上,这些形式因素会以整体的方式呈现为某种风格,而这种风格就构成了民族的形式美感的共通感。在造型艺术中,日本人的形式美感和中国人的就不同,尽管难以给出明晰的理性分析,但我们可以"感觉到"!这是审美的神秘体验——可以被分析出的,恰恰是不重要的,而可以被感受到,但不可言传的,恰恰是审美中最有味道的地方。

文化共同体的共通感往往决定着共同体的美感,这种美感是共同体的文化特征,也是共同体的黏合剂。饮食、建筑、服饰、音乐、色彩感、礼仪、对事物的质感等因素,都是这种共通感的表现方式[①]。

其次,共通感有时代性,它的具体体现方式为"时尚"。时代性的时尚是总体性的趣味的呈现,尽管时尚的发生充满着各种偶然性,但对时尚的追随恰恰反映着社会因素对于共通感的塑造。这种共通感直接作用于感性,并且强迫感性进行认同,从而形成时代性的共通感。

但是,这种经验性的共通感既在社会历史中生产,也会在社会历史中流变,它会体现为趣味的演变史,比如唐代的趣味与宋代的不同,17世纪英国的趣味与风尚与20世纪的不同,这可以笼统地说是美感经验在变化,但本质上是时代的共通感在变化。作为美感的共通感,它在实践中的基本形式是"审美理想"。审美理想是经验性的,康德在解释人的美的时候提出这个概念,并且把审美理想视为源自经验概括的"平均值"。但在广泛的审美实践中,审美理想往往是时代性的与民族性的风格,或者说是关于这些风格的"理念",审美理想可以在想象中被展望,从而形成评价的尺度,也可以在具体的鉴赏判断中被激活,从而形成对审美者的引导与并且成为他的审美的参考系,这个审美理想可以是引导性的标准,也可以是每一次突破或变革的对象。

但是,共通感的经验化,特别是在经验中的区分,既包含着一种温和的人文主义,也隐含着一种危险。

四、教化还是规训?——关于共通感的意义

由于共通感与美感之间的深刻关联,因而在审美中一旦预设了某种共通感,那就意味着可以引导甚至控制人们的美感。康德所给出的自由感并不是共通感的唯一选择,对共通感的预设就变成了与时代的社会理想或者社会的意识形态的紧密相关的部分:感觉影响着我们的意志,而意志左右着我们的行为,建立在

[①] 对一个文化共同体的共通感的形成,具体的案例研究见:刘旭光.近代美感的起源.文艺研究,2014(8).该文以文艺复兴时期佛罗伦萨的美感的形成,案例性地解释文化共同体的美感的形成。

感觉之上的美感,因此就成为影响人们的情感与意志的有效手段,而通过这一手段,就可以形成某种"共同体"。在康德那里,这个共同体是人类学意义上的,有其先天基础,这更像是一个乐观的人文主义的预设。在马克思主义者那里,这个共同体是社会历史意义上的,建立在感觉由于社会历史的原因而形成的共同性上。前者奠定了人在审美与情感上的融通与共识的可能,而后者则为某种难以进行价值评判的审美与情感上的"区分"奠定的基础。

审美中的"共通感"这个现象在19世纪受到诸种人文主义者的偏爱,人文主义的核心概念之一是"教化",通过教化,每一个个体可以获得相同的经验模式,如果这个教化是通过艺术与审美完成的,那么教化就可以让被教化者在观看方式和美感经验上获得相同的经验模式。通过教化,主体先天的差异性可以被纳入一种主体在能力上的统一状态来,比如通过学习语言,每一个主体由于掌握了相同的语言而获得了交流的可能。教化在审美中的意义体现在,个体的美感经验与情感结构实际上是他在成长的过程中,从他所处的文化共同体中习得的,这一习得的过程,就是他被教化的过程,这个过程首先落实在对于感官的熏陶上。具有人文主义倾向的城市思想家芒福德在描述了中世纪城市在听觉、嗅觉和视觉等方面给人的愉悦之后,说了这样一段话:"这种耳濡目染的感官熏陶教育,是日后全部高级教育的形式的源泉和基础。设想,如果日常生活中存在这种熏陶,一个社会就不需要再安排审美课程;而如果缺少这种熏陶,那么即使安排了这种课程,也多是无益的;口头的说教无法替代生动真实的感官享受,缺乏了就无以疗救……城市环境比正规学校更发挥经常性的作用。"(芒福德,2009,57—58)城市的"美"直接熔铸着市民的感官与感性,塑造着市民的形式感与美感,最后塑造市民的心灵。这种感官熏陶教育,就是19世纪的审美教育观念最核心的部分。

"教化"的过程,是可以人为的、目的性的干预与引导的,人文教育本身就是对人的总体性的引导,而在审美领域中,艺术教育(学院化的与民间的、群众化的)与普遍化的审美活动,比如博物馆、美术馆、群众文化活动等,以及这些审美活动在公共媒介上的传播,构成基本的"教化"。这种审美领域的"教化",按照伽达默尔的归纳,培育出了两种能力。一是"机敏",是指我们对于外部世界的感官上的敏感性与感受能力的强化。在审美和艺术创作中,这种能力表现为对对象的某些构成要素深切的和直觉式的领会,以及对某些内在关联的直觉式的把握,比如指挥家对声音的敏感,印象派画家对色彩的敏感,国画家对线条的敏感,雕塑家对立体构成的敏感……这或许有天赋的因素,但专业化训练真正使得天赋成为能力。机敏既是审美性教化,又是历史性教化的结果。这两种教化使得我们一定对审美的东西和历史的东西"有感觉",或者造就感觉。因为这种感觉不是简单地出自天性的东西,它是训练出来的"意识",但这个意识由于教育与训练的强化,从而获得了有如感觉一样的直接性,这种意识就被感觉化了。

这种意识具有在个别事件中确切地做出区分和评价的能力,而且似乎无须说明其缘由。"所以,谁具有了审美感觉,谁就知道区分美的和丑的,好的质量和糟的质量,谁具有了历史感觉,谁就知道对一个时代来说什么是可能的,什么是不可能的,而且他就具有对过去区别于现在的那种异样性的感觉。"(伽达默尔,1999,20)由于历史教化与审美教化的存在,比如艺术史教育与博物馆教育,以及基础教育中的美术与音乐,以及文化史教育,由于这些教育及其影响,每一个观众在面对一件具体的艺术作品时,教化已经使具备了一种对于艺术作品的在先的领会,以及进行比较的维度,从而使欣赏者能对作品做出更精确的考察与评判,没有这种教化,我们不能真正欣赏艺术作品。由于这种教化,"存在着一种对于自身尺度和距离的普遍感觉,而且在这一点上存在着超出自身而进入普遍性的提升。……受到教化的意识可以在一切方面进行活动,它是一种普遍的感觉"。(伽达默尔,1999,20)这就意味着,在审美与艺术欣赏中,我们对于对象的感觉,并不是使用完全个人化的感觉,而是一种被教化过的机敏——"普遍感觉"。这种普遍感觉,实际上是现代人审美和艺术欣赏的真正前提,没有这种普遍感觉,人们无法进入到"无目性的"和"非功利性"的审美与艺术活动。

通过教化,我们获得的第二种能力按伽达默尔的说法,就是"共通感"。人文主义的历史传统认为,那种给予人的意志以其方向的东西不是理性的抽象普遍性,而是表现一个集团、一个民族、一个国家或整个人类的共同性的具体普遍性。因此,造就这种共同感觉,对于生活来说具有决定性的意义。——造就这种共通感,就是教育的使命。这个思想可以用"伟大"这个词来形容。共通感既是指"健全的感觉",又可以指称民族或者公民的"共同品性",它还可以被形而上学化为心灵或者生命的理想或本真状态。共同感这个概念或者能力,使得感觉具有了理性才具的普遍性,或者说,把理性能力熔铸到感觉之中。在审美与艺术经验中,在审美中,正如康德所揭示的,共通感可以保证我们的经验具有普遍性。尽管康德本人不同意共通感是一种"感觉",但是19世纪感性学的发展,特别是20世纪感性的智性化[①]的完成,使得感性直观获得了理性内涵,感性能力获得了

[①] 关于20世纪感性的智性化历程的描述见:刘旭光.作为理论家的感性——感性的智性化历程追踪.社会科学,2016(2).

理性才具有的普遍性,感性由于其理性化从而在个体身上体现出的普遍性,就是感性的共通性。

现在,通过机敏和共通感,审美经验在感觉这个层面上,就获得了"普遍性"。这种普遍性甚至切入到看起来完全个人化的领地——趣味中。以共通感为尺度,我们的感性会对对象进行选择,进而表现出肯定或否定的态度,这被称作"趣味"。感性趣味似乎是一种本能反应,但又包含着判断与分辨,因此,趣味介乎于感性本能和精神自由之间。但趣味并不是个人的,有时候它是时代性的,有时候是民族性与地域性的,它本质上是"共同感觉"。趣味可以被区分高低,一般来说,感性的喜好离本能越近,层次越低,离精神理想越近,越高级,而这种理想是精神性的与社会历史性的,所谓的高级趣味,实际上是理性化了的感性。

先天意义上的"共通感"具有一种人类学意义,它可以使人们在美感、在趣味方面,结为文化共同体,但是康德之后的共通感隐含着一种内在的危险。

共通感如果是先天的,那么它可以保证人们在感性和情感上的共通性,并且使纯粹审美成为可能,作为共通感的美感因而成为人类达成共识与进行交流的手段,而不仅仅是表现个性与个人情趣的手段。从这个意义上讲,康德的共通感理论中包含着一种高贵的人文主义——我们先天地可以超越我们的个体性而成为一个类的文化共同体。但是,康德之后,共通感被视为社会历史的结果,那这就意味着,社会历史的具体状况,会产生不同的"共通感",这就使得共通感成为区域的,或者局部的文化共同体的标志,成为人们相互区分的标尺。这令人惊讶,讨论共通感本身是为了解决审美的普遍性问题,但实际上由于承认局部的普遍性而消解了总体的普遍性。审美的民族性、阶级性、时代性、地域性居然可以借助共通感理论得到认识论上的支持!而源于教化的共通感又会带来另一种担心:教化在什么意义上,才不是"规训"?

这就使得共通感成为一种危险的理论:它为区分与对抗,为话语霸权,找到了一种感觉层面的根据!

当代思想家,特别是当代美学,以一种矛盾的态度看待"共通感"。对于"共通感"所许诺的普遍性,马克思主义的经典作家首先承认感觉是社会历史的结果,那就意味着他们暗中承认了感觉的民族性与阶级性,但是从他们的理论中又可以推论出:社会化的大生产和共产主义,最终会让这种差异消融在大同世界里。由于"共通感"可以从先天性与社会历史性两个层面加以认识,因而在当代就产生了两种"善良愿望"之间的冲突,一方面,出于人文主义立场上对文化共同体,甚至人类共同体的期许,理论家们会对共通感抱以厚望,比如汉娜·阿伦特对康德的共通感观念在政治领域中的加以申引,她把康德的共通感一词从其拉丁语形式"sensuscommunis"翻译为"共同体感觉"(the community sense)①,共通感就成了进行政治区分或者结成政治共同体的一种手段。而朗西埃则希望借助康德意义上的审美与"共通感"所具有的先天性与普遍性,打破"等级"与"秩序",并以其为手段建构一种"审美异托邦"。

另一方面,共通感所承载着的"区分"与"对立",以及"规训",又使得共通感成为挑战与攻击的对象。这种攻击来自法国的左派思想家布尔迪厄。

在1979年完成的《区分:对趣味判断的社会批判》②一书中,我们看到了一种从社会经验层面上对康德"共通感"理论的挑战:不存在纯粹审美,所谓审美的先天性,实际上源自遗传下来的文化资本对于后天的趣味的塑造;不存在审美在非功利意义上的超越性,有的只是被普遍化了的阶级趣味和规训式的教育所带来的区分;不存在趣味的先天的普遍性,它的普遍性实际上是阶级趣味的普遍化,是意识形态化的阶级趣味;审美愉悦也不具有必然性,审美愉悦的必然性只不过是阶级趣味体制化的结果。

按布尔迪厄的这种分析,"共通感"一词实际上仅仅是拥有相等文化资本的人的审美趣味的普遍化,而这种普遍化非但没有形成一个文化共同体,反而会形成一种隐藏的区分。布尔迪厄用社会学的方法③把这种区分呈现出来,他通过对各阶层在审美与趣味上的差异的分析,将自康德以来所奠定的审美的先天机制,从经验层面上进行了消解,因此,《判断力批判》及其所给出的关于审美的先天机制的分析,就变成了攻击的总目标:"康德对鉴赏判断的分析是完全反历史的,如同一切名副其实的哲学思想一样,完全是人种中心的,因为它除了一个审美人的实际经验之外别无馈赠,这个审美人只是变成艺术体验的普遍主体的审美话语主体,这种分析在一系列伦理原则中找到了其真正根源,这些伦理原则是与一种特定的条件相连的配置的普遍化。"(布尔迪厄,2015,782)很难想象康德的理论可以与社会性的伦理原则结合在一起,更过分的是,"审美判断的社会范畴只有以高度升华的范畴的形式,才能在康德本人及其读者身上起作用,这些高度升华的范畴,诸如美与魅力、愉快与享乐,或文化与文明之间的对立这类委婉措辞,在一切有意识的掩盖意图之外,使人们能够通过一种符合一个特定场的表达规则的形式,表现并体会社会对立"。(布尔迪厄,2015,783)这个结论令人惊

---

① 汉娜·阿伦特.康德政治哲学讲稿.曹明,苏婉儿,译.上海:上海人民出版社,2013:107-108.
② 布尔迪厄.区分:判断力的社会批判.刘晖,译.北京:商务印书馆,2015.
③ 他大量使用了社会调查,特别是问卷调查及之后的图表分析。

讶地把康德的审美判断理论与"社会对立"结合起来,审美在布尔迪厄看来,就是社会区分的手段与社会区分的结果。

那么,布尔迪厄是不是推翻了"共通感"?没有!他推翻了共通感的先天性,但在阶级趣味层面上肯定了趣味的普遍性,也就是共通感在社会历史层面上的普遍性。但布尔迪厄没有分析阶级的共同趣味是怎么形成的,更重要的是,他没有分析民族的共通感,这使得他的结论是有待完善的。但根本的问题是,在趣味与审美领域中人的阶层区分是显而易见的,这种区分根本无须去以社会学调查的方式进行确认,如果这种调查的目的是推翻康德在先验层面上建构的共通感,那就需要回到问题的本源:为什么要制作出"共通感"这个概念?

在审美趣味与艺术领域中的差异以及由此而来的区分,也是对人进行社会区分的重要手段,这种区分往往是歧视与冲突的根源。但欧洲人自近代以来的审美观念,植根于人文主义,试图建构出一种超越于人的具体社会区分之上的"审美",让审美成为建构文化共同体的一种手段,无论是建构具有先天普遍性的"纯粹审美",还是通过教化而建构出具有经验普遍性的审美趣味,这种人文主义传统都在试图超越"区分",或者消解由于区分而带来的冲突。共通感本身是一个人文主义概念,而不是一个政治概念,因而,当现代思想家把共通感政治化,并且使其成为社会区分与社会斗争的手段,这有违审美的人文主义传统。支撑着我们的社会进行发展的,不是阶级斗争理论,而是人文主义传统;不是社会区分,而是对于社会区分的不断克服。在审美中,普遍交往和审美趣味的融合,艺术观念的融合,以及国民艺术教育与公共审美教育的普遍化,使得在趣味上的区分,本身并不是绝对的,甚至是应当被超越的。当一群小学生排队走过博物馆的时候,由博物馆的陈列间接实现着的"教化",这种教化既具有时代性,又具有民族性,再加上人们在数字媒体时代视听经验的普遍化,使得个体的趣味在与其他的趣味之间形成交融甚至"共同化",从而形成共通的感觉,这种共通感如果能够形成,就意味着我们在情感的领域中,在美感的领域中,可以达到相互理解。

共通感的形成并不排斥文化的差异性与趣味的多样性,恰恰相反,只有在尽可能多的文化经验中,尽可能多的生活趣味中,才可能实现真正的"共通",见多识广,必然趣味非凡,只有当感觉有了丰富的经验之后,才能够从个体的褊狭走出来。共通感不是一次强制的"规训",而是人们的感觉在经验世界中融合的结果。

在美学中,不应当由于趣味的多样性而否定共通感的可能,而应当在多样性之中,去寻求甚至建构"共通感",美感如果不是共通感,就没有意义。康德的美学中，最高贵的部分，就是坚信审美具有普遍性，并且在先天层面上建构出这些普遍性，一旦这种普遍性可以通过文化与教化的手段在经验层面上建构出来，那么审美，就转变为在经验层面上寻求共通感的过程，审美是让我们成为一个共同体的手段，而不是把人们区分开的方式。

村庄中的文书行政

——以"土改"与"合作化"小说为中心

孙晓忠

孙晓忠,1969年12月生,安徽合肥人。1999年毕业于华东师范大学中文系现代文学专业,获硕士学位;2003年毕业于北京大学中文系现代文学专业,获博士学位。2003年4月入职上海大学文学院,现为中文系教授。主要研究领域为当代文学与文化。主讲课程有"鲁迅精读""鲁迅与当代中国""左翼批评理论"等。主编有《延安乡村建设文献》《生活在后美国时代》《鲁迅与竹内好》《重返人民文艺》等图书;在《文学评论》等刊物发表学术论文多篇。曾主持国家哲学社会科学一般项目等课题。为华东政法大学人文传播学院兼职教授、华东师范大学国际批评理论中心客座研究员、中国丁玲研究学会常务理事、中国赵树理研究学会常务理事。

近年来对中国现当代文学研究中,声音和图像作为独特的艺术形式受到越来越多的研究者关注,新"文学"因此逐渐被新"文艺"取代,这些视野开阔的研究有力推动了对现代文学和当代文学的研究。本文仍然关注抽象的文字符号如何进入乡村,但这一进入,不是在启蒙教化的"识字"层面,而是探讨文字作为抽象和象征符号在国家的文化政治和治理政治中的意义,它如何伴随着国家的文书行政进入自然村,如果说国家的文书需要保持声音无法达到的稳定性和图像无法达到的普遍性,在这一声音和文书相互转换和转述的过程中发生了什么?如何回答民国时期费孝通对"文字下乡"的质疑?如果说皇权从来就不能下下县,那么从皇权到民国到"土改"后的新中国,乡村官僚制的实践形式各有差异,在这一过程中,乡村下等"官吏"及与此相关的乡村小学教员扮演着什么角色?"土改"后的乡村文学如何塑造新的乡村空间以回应现代官僚制难题?这是本文提出的核心问题。

一、劣绅和劣生

  日本学者从平势隆郎在谈到文字在国家行政治理中的作用时,论及最早的国家文书对国家统一治理的作用,"随着战国时代开始文书行政制度,汉字的属性发生了一百八十度大转换",文书行政是用来联系领土国家的中央与地方之物,史书出现,历史才变得"清楚"起来,"天下"就是汉字圈。① 同样,富谷至《文书行政的汉帝国》也考察了文书行政在中国帝国官僚体系中的转变及成型。他指出,除了军队,汉王朝帝国的确立与巩固很大程度上也归因于内地文书行政的贯彻实行。②

  由此看来,汉字立国从来就不只是安德森所言的"想象的共同体",事关实实在在的下层治理实践。文书文字在不发达的乡村如何传播?新中国的文书法令如何抵达自然村落?在新中国成立前后的"土改"小说中,我们看到了灵活的文书行政"行走"模式。其中人口登记、土地堪舆既是国家宣示主权的方式,也是确保税收和领土安全的治理实践,在传统向现代国家转型过程中,需要将自然史意义上的乡村("自然村")逐步纳入主权国家之中;不论是古代王朝还是现代君主,都得通过启蒙教化和文字律令来治理国家。在汉代,下行的指令文书到达的最低一级是乡,由乡到里则需要口头传达。因为民众识字率低,"文书行政是官署之间由官吏实施执行的行政方式,是命令、报告等行政信息的传达。也就是说,一般庶民没有纳入考虑范围之内。换言之,针对庶民百姓的文书命令或文书传达是不存在的",流行于乡村集市的"张榜""布告""圣谕""律例"等可视性文书虽然也是国家权力进入地方的手段,这类文书象征意义多于实际意义③。秦汉以后,隶书作为统一的文书是帝国形成的条件和标志之一。历史上与税收和国家安全紧密相关的"编户齐民"和保甲体系也需要能读会写的乡村文人,但由于学校制度不完备,负责书写文书的"书史"官也多为世袭,乡村行政体系一直到清朝也没能完全有效地建立。况且地方文化精英出于自身利益与中央时有冲突,出现了"皇权"和"绅权"的对立。各个时期的乡村自治,地方暴动中,士绅或士子几乎都是牵头人,乡村读书人成为乡村最难管理的对象;地方精英也常常利用郡县行政的代理人地位鱼肉下层百姓,造成中央政府对地方士绅的不信任。一方面

---

① 从平势隆郎.城市国家到中华.周洁,译.桂林:广西师范大学出版社,2014:1-2.
② 富谷至.文书行政的汉帝国.刘恒武,孔李波,译.南京:江苏人民出版社,2013:5.
③ 富谷至.文书行政的汉帝国.刘恒武,孔李波,译.南京:江苏人民出版社,2013:101-120.

由于地方乡绅在公共事务中饱私囊,或下层"胥吏"为非作歹;另一方面由于治理成本昂贵,中央无法在县下设置更多的"公务员",经办人所得的利益不足以支付其付出,造成保甲体系最终形同虚设,比如要上文字门牌,却"连门牌纸张的费用都没有着落"①。此种乡村治理危机,费孝通、吴晗、萧公权等明清研究者已有深入研究,不再赘述。因此地方大乡绅和大地主多不愿或不能承担税收等公共管理事务,改由乡村略通文字的小文人轮流担任或强迫其担任。这就造成了劣绅和劣生在中国乡村中大量滋生,对乡民盘剥更直接。这个治理难题在民国时期也未能解决,大量乡村赢利型经纪人的出现造成了杜赞奇所说的行政"内卷化"。这其中的"劣生",就是本文关注的一类比地方文化精英和"士绅"身份都小得多的乡村小知识分子,如乡村中地位不高的塾师、粗通文墨的农民、近代学堂出身的农村小学教员。

作为现代小知识分子的乡村小学教员在乡村社会的公共生活中扮演的角色不可小觑,他们地位不高、身份模糊。在郡县体系中,官学仅限于县学,国家不承担县以下基础教育责任,地方教育自发办"私塾"和义学,经费来自宗族或地方的慈善捐助。元代依靠民间力量办社学,五十家为一社,每社设立一个学校,可谓最早的乡村公立学校,但社学直到明代,也未普及。18世纪后,乡村教育更经历了蒙学和经学的分化,考科举只是大户人家的事,蒙学招收只为识几个字,并不参加科举的下层子弟。科举废除后,读书人仕途中断,乡村累积了越来越多的读书人,就业就成为大难题。而做小学教员是一个不错的职业,直到1980年代,路遥依然在其名著《人生》中将故事冲突的起点放在小学教员岗位的争夺上。新文化运动前后,乡镇小学教员是现代文学作品中的主角。比如鲁迅小说中就有吕纬甫、高尔础,柔石的《二月》和叶圣陶的《倪焕之》《潘先生在难中》,等等。据近代教育家舒新城在绍兴浙江省立第五中学的讲演中所讲的"中学生出路统计",1924年中学生升学的可能性只有23%,其余77%做小学教师②。20世纪30年代《定县社会概况调查》曾对民国东亭乡62村小学的调查,该乡最早的现代小学建立于1902年。以村为单位,依靠学田、地亩摊、学费、牙捐等7项收入来办学。外村学生学费高于本村,教员本地占35.9%,本县占多数,别县教员少。年轻教

---

① 此种治理危机请看萧公权关于19世纪对中国乡村的研究:萧公权.中国乡村——论19世纪的帝国控制.张皓,张升,译.台北:联经出版事业股份有限公司,2014:95.

② 这7种职业依次是:(一)小学教师,包括塾师、初等教育机关各项职员与县教育行政人员;(二)出版业、新闻业的中级或高级官员;(三)高等教育机关或行政机关的佐理员;(四)工商业界的中级职员;(五)乡绅;(六)军士(七)小政客、小军阀——即依傍下等政客与军阀为生的无业流氓。舒新城.中学生的将来//舒新城教育论著选.北京:人民教育出版社,2004:329.

员多为定县师范毕业或定县女子师范毕业,或省立中学毕业后回乡的。小学教员家产,78个小学教员中无家产的一个,其余多为农村中产家庭。农村中学是促成农村社会流动的主要机构。不论城镇或乡村,地主子女做学生和当小学老师居多,根据《定县农民调查》的数据,民国时期的乡村小学教师70%为"地主家子女"[1],这里也可见乡村小学教员的阶层分布。孔飞力用艾尔曼的理论,将19世纪前后的中国"文化精英"定义为"通晓经典的文人",尤其指"通过乡试获得举人身份的人"。由于职位的稀缺,这些精英不乏通过担任"幕友"也即鲁迅笔下魏连殳的"师爷"的方式卷入政治[2]。与此对照,孔飞力通过阅读魏源,发现晚清的政治参与"并没有延伸到精英阶层的最下端,未能惠及只是通过了县试、尚未获得'为官资格'的秀才等人,用魏源提到自己时的话来说,这是因为他们既然身为'下士',又岂敢议政",乡村中更多的文人则属于"下士"。这些下士未必没有参与政治的热情,但是不论是晚清的胥吏治理耗费和民国乡治的内卷化,"看不到这些文人参与政治的合适机构和机制"[3],乡村文人出于自身利益,"土改"后仍然有多数和乡间地主保持千丝万缕的联系,体现了这个阶层的依附性和两面性。比如《李家庄的变迁》中春喜和《桑干河上》的任国忠等。

《李家庄的变迁》说的是阎锡山统治下的农村,在中国乡村格局中,庄和村虽然都是自然村落,但"庄"多为大户居住,比"村"有更大的宗法势力。李家庄小学教员春喜和邻居铁锁发生民事纠纷。铁锁的爷爷是外来户,早年从春喜的爷爷手中买下了春喜家屋后"连院子带茅厕"一处地产,爷爷去世后,春喜欺负铁锁不识字,企图讹回地产,官司在村庄内部处理。小说开头春喜气势汹汹来到村庙里,敲钟"说理":

> 从前没有村公所的时候,村里人有了事是请社首说理。说的时候不论是社首、原被事主、证人、庙管、帮忙、每人吃一斤面的烙饼,赶到说完了,原被事主,有理的摊四成,没理的摊六成。民国以来,又成立了村公所;后来阎锡山巧立名目,又成立了息讼会,不论怎样改,在李家庄只是旧规添上新规,在说理方面,只是烙饼增加了几分——除社首、事主、证人、帮忙以外,再加上村长副、闾邻长、调解员等每人一份。……李春喜是教员又是事主,照例

---

[1] 李景汉. 定县社会概况调查·第5章"教育". 上海:上海人民出版社,2005.
[2] 孔飞力. 中国现代国家的起源. 陈之宏,译. 北京:三联书店,2013:14-19.
[3] 有关中国的现代国家进程的讨论,请参见:孔飞力. 中国现代国家的起源. 陈兼、陈之宏,译. 北京:三联书店,2013;第四章103-122.

是两份。①(赵树理《李家庄的变迁》)

案件和文字"契书"紧密相关。铁锁自信手里有爷爷早年买卖的"纸契",有理走遍天下,可是最终输了官司。可见在李家庄,"庄"内运行的是另一套"宗法",所谓"息讼",不过是让富人横行乡里,穷人忍气吞声。所谓民国新村治只不过让农民多摊几份烙饼钱,铁锁不仅全部承担了吃烙饼和开会的费用,还因不服判决要上告,得罪了"判官"大地主李如珍,结果李如珍勾结民团让铁锁身陷囹圄,借了480元高利贷才得以赎身,最终铁锁倾家荡产,不仅没要回后院茅厕,连房子也抵给了春喜家,这个身强体壮的农民从此一蹶不振。

春喜比普通事主多得一份烙饼,可见小学教员在村中有特殊地位。但这样的小文人在村中地位又不是太高,需要寻找靠山,正是仗着族长李如珍和社首小毛官官相卫,他才能到处讹人,欺压百姓。

作为现代文明符号的村小学,既是乡村链接外部世界的通道,也是打开乡里空间的窗口。村小学一般很小,教师不多。《太阳照在桑干河上》里村小学共有两个教员,任国忠县师范学校毕业后来暖水屯教书,另一位是本地农民刘志强。任国忠来到暖水屯觉得"鹤立鸡群",找不到知己,散了学,抬起腿就不自觉地走向地主钱文贵家,唯有钱文贵还可以谈谈心,任国忠常常把报纸上的"新闻"及时带到钱文贵的卧室里。他不满小学教员要受"民教"领导,也瞧不起农民出身的教员刘志强,并且在刘教员在村里为村民写黑板报时,任国忠一清早趁没人时涂改黑板报,污蔑村干部耍私情,引出一场文字风波。

师范生出身的毛泽东对乡村知识阶层十分熟悉。经过对民国湖南农村调查,他发现大绅士、大地主都去了城市,留下了小文人和小地主:只有"五等以下的土豪劣绅崽子"留在了乡里,他们和富农总共占乡村的百分之十,历来土豪劣绅"经手地方公款,多半从中侵蚀,账目不清";还有"穷苦知识分子占百分之十",穷苦知识分子在农协的查账和清算运动中起了积极作用。报告还指出,"一切地方的农民协会,都主张提取庙产办农民学校",其中"北三区龙凤庵农民和小学教员,砍了木菩萨煮肉吃。南区东富寺30几个菩萨都给农民和学生一起烧掉

---

① 本文讨论的"土改"和"合作化"小说的版本分别为:赵树理.李家庄的变迁//赵树理全集:3卷.北京:大众文艺出版社,2006.丁玲.太阳照在桑干河上//丁玲全集:第2卷.石家庄:河北人民出版社,2001.梁斌.红旗谱.北京:人民文学出版社,1957.柳青.种谷记//柳青文集:1卷.北京:人民文学出版社,2005.周立波.山乡巨变.北京:人民文学出版社,1958.以下引用不再注明。

了"。① 这里提到了劣绅旧文人之恶并首次提出"穷苦知识分子"概念。在《湖南农民运动调查报告》中,毛泽东还专节论述了土地革命前后农民对乡村小学态度的变化:

> 试看农民一向痛恶学校,如今却在努力办夜学。"洋学堂",农民是一向看不惯的。我从前做学生时,回乡看见农民反对"洋学堂",也和一般"洋学生""洋教习"一鼻孔出气,站在洋学堂的利益上面,总觉得农民未免有些不对。民国十四年在乡下住了半年,这时我是一个共产党员,有了马克思主义的观点,方才明白我是错了,农民的道理是对的。乡村小学的教材,完全说些城里的东西不合农民的需要。小学教师对待农民的态度又非常之不好,不但不是农民的帮助者,反而成了农民所讨厌的人。故农民宁欢迎私塾(他们叫"汉学"),不欢迎学校(他们叫"洋学"),宁欢迎私塾老师,不欢迎小学教员。②

我们从中明白了民国教育的危机,也明白梁漱溟为何感慨自己毕生组织的乡村教育运动总是动员不起农民,也理解了为何萧涧秋、倪焕之等人为何兴冲冲来到农村,又总是失望离去③。

二、农民小知识分子与文字书写

农村中还有一类出身农民,粗通文墨的人——农民"小知识分子"。赵树理《小二黑结婚》中"二诸葛"就算得上是小知识分子,因为能读懂皇历,识风水,便严格按皇历行事,自以为比村里人更会"科学种田",村里人叫他"二诸葛",也说明他比真正的乡绅"大诸葛"们还差一截。"二诸葛"虽然识字,但仍然种田,只能算是村中的"小能人"。乡村中的这类识字小文人身份模糊,作为下层文人,他们自认为其地位比农民高,他们在村中的经济地位和文化地位比不上地主和士绅,但是他们也不甘心完全与农民为伍,有的也依附于乡绅精英,同样具有两面性。

在"土改"小说中,我们发现许多"二诸葛":《种谷记》中的存恩老汉、王克俭,《在故乡》(柳青)中的破落地主等,这类人都是乡里的诸葛孔明和阴阳先生,

---

① 毛泽东.湖南农民运动考察报告//毛泽东文集:第一卷.北京:人民出版社,1999:21-32.
② 毛泽东.湖南农民运动考察报告//毛泽东选集:第一卷.北京:人民出版社,1991:39-40.
③ 萧涧秋、倪焕之分别是柔石《二月》、叶圣陶《倪焕之》中的人物,其身份均为小学教师。

他们如毛泽东所言"文墨不高",掌握了一点旧文化,遵循着传统中国的时间秩序(皇历)和文化秩序,身份摇摆不定,常常代表着乡村中的保守势力:

> 二孔明也叫二诸葛,原来叫刘修德,当年做过生意,抬脚动手都要论阴阳八卦,看一看黄道黑道。……二孔明忌讳"不宜栽种"。这里面又有两个小故事:有一年春天大旱,直到阴历五月初三才下了四指雨。初四那天大家都抢着种地,二孔明看了看历书,又切指算了一下说:"今天不宜栽种。"初五是端午,他历年就不在端午这天做什么,又不曾种……(赵树理《小二黑结婚》)

和二诸葛一样,《种谷记》中的存恩老汉也是个粗通文墨的贫穷文人,他们害怕政府,二诸葛一进政府大门就惊慌失措,存恩老汉"宁信皇历不信县长",典型说明了乡村小文人对古老风俗崇拜,以及他们历来对皇权的不信任甚至害怕。存恩老汉遇事总要翻翻"古规程",老皇历:

> "我看的是今年的,"他肯定地答复道,"这个我比你们在行!"一阵笑声打断了他的话,半天才又听见他忠告,"谷雨剩不了几天了,众人不要瞎闹吧。冯县长我晓得,他老人家倒是个好劳动,可是他本人从小念书,后来学织毡子,长那么大,手都没挨过镢把,他能指示好这号事吗?"(柳青《种谷记》)

《种谷记》中也有一个二诸葛,他叫王克俭。王克俭出身农民,因为精于持家算计,被村里人称为"小孔明"。因为念过书,又是从小给四福堂讨租的,办事有经验。在旧社会是个老甲长,"土改"时第一次乡选,四福堂的二财主王相仙提议他当行政主任,减租减息四福堂被斗倒,王克俭失去了靠山,"再不敢到二财主那里去请教"。"土改"后这类干部仍然依附地主士绅,所以不是说"土改"中"混入"了"坏干部",而是"土改"初期村干部不得不由这类人来做:"王家沟除过王克俭,你还找不出一个更合适的人当行政,积极分子全不识字,不会写不会算,虽说成立了识字班,但冰冻三尺,绝不是一日之功,马上接手,一定拿不下来,反给乡政府增加麻烦。"(《种谷记》)对于持家,自有一套:

> 王克俭在小年冬学里便熟读了《朱子格言》,他差不多可以说完全跟着

格言治家的。但自从订过"农户计划"以后,他对家道的一切用度,便瞅得紧,并且开始记账,建议教员在学校的课程里增加珠算,以便二愣能够在这一方面帮助他,把他家里的私账弄得像他当行政主任的村内公账一样,一分一厘都不差。(《种谷记》)

因为苦底出身,习惯精打细算,和《三里湾》中小能人范登高一样,分地后就不再热心公众事务,害怕互助劳动自己吃亏。这些既识字又会种田的农民都认为"土改"后,"公家管得太多""为什么给老百姓添这许多麻烦,哪个受苦人不会种地呢!",同时认为大锅饭总比不上单干有效率。作为干部,关键时刻又只做老好人,丧失了带头作用和党对群众的教育和引导。在王克俭身上,我们再一次看到了乡村下层小知识分子阶级身份的摇摆性,这类乡村知识能人的两面性直接导致新中国成立后"合作化"运动中对富农路线和新富农的争论。

因为是村长,村里人就戏称他"王行政",王行政从乡里领回乡里村农户计划,回到家随手就撂在了床上,等到乡里催着上交,这才想起来,却怎么也找不到了:

随着时间的延长,行政越急着要来开会,越是动怒,他发动了总动员令,要全家动手在各处寻找。不过一锅烟时,老婆从平柜的角落里一堆男女鞋袜中间,拖出一本麻纸四裁的本子,上面排满了油印的毛笔填写的小字,便带笑地问这是否他所说的什么"脓户计划"抑或"血户计划"。行政接住一看,"是嘛!怎么跑到那里了?"拿到灯上一瞧,它已经远非旧观了,前边和后边都掉了不少页,拿在手里显得薄多了……(《种谷记》)

费孝通说:"一般研究传统中国行政机构的人很少注意到从县衙到每家大门之间的一段情形,其实这一段是最有趣的,同时也是最重要的,因为这是强大的中央政权与自治的社区之间的结合点。只有对这个结合点有很好的了解,我们才能理解中国传统体制是如何运作的。"[1]无论在表达层面还是在实践层面,这里村行政的"家"显然还存放不下象征着国家权威的文件,国家政治还没有能有效进入自然村落。到了"合作化"时期,新式的农民小知识分子干部才会出现,《山乡巨变》刻画了一个奔波于"乡上"和村里的女干部邓秀梅的形象,"土改"时

---

[1] 费孝通.乡土重建.上海:上海观察社,1948:46.

期的邓秀梅因早年"念过一年老书"而参加了工作,到了"合作化"时期,已经锻炼成"能记笔记,做总结,打汇报,写情书"了。《三里湾》中,村干部不再是一字不识的文盲,而是可看文件,能记笔记的新农民知识分子。村支书王金生走到哪里都带着笔和笔记本,笔记本已经成为他开展工作的重要工具:

> 玉梅腾出手来拾起纸单儿正要夹进笔记本里去,可是又看见纸单子上的字很奇怪,不由得又端详起来,单上的字,大部分又都是写好了又圈了的,只有下边一行十个字写好了没有圈,玉梅一个一个念着:
> "高、大、好、剥、拆、公、畜、欠、配、合。"
> ……
> 突然看见她大哥金生揭起竹帘走进来,金生媳妇说:"会散了?"金生说:"还没开哩!"又看见玉梅拿着他的笔记本,便指着说:"就是回来找这个!"
> (赵树理《三里湾》)

金生丢失的是会议记录本,妹妹看不懂金生高度抽象化的文字。同样寻找"丢在家里"的"国家文书",结果不同了,无论是国家行政,还是文字,他们和乡民的关系发生了改变。这一变化是"土改"小说里没有的,从金生的笔记本中我们甚至看到本地村干部已经能将产生计划等国家的语言转化为自己的语言,这一点在《暴风骤雨》中的老孙头等人身上都可看到。百姓学会了"官话",老孙头们喜欢用抽象的"新字眼"来概括日常情感和家庭内部矛盾:

> "看你那一股醋劲,也不'调查研究'。"白玉山说,从工作队里学了些个新话,"调查研究"也是头里的一个。(周立波《暴风骤雨》)

在国家文字和乡村语言遭遇中,不仅乡村语言转化为国家语言,同时也看到了外来干部进村后也学会说当地方言,这在周立波的小说中尤其明显。

书写对于下乡干部同样重要,《太阳照在桑干河上》里的区委书记老董,下乡时随身携带着公文挎包,里面装着"公章"和公家的"信封",是一个下乡干部现场办公以及灯下"学习者"的形象:

> 老董伏在炕桌上写些什么,这个老长工在三年的党的工作下学到了能写些简单的信。他的学习精神被人称许,他也很自得,在他的挂包里是不会

忘记带着那盖了公章的信纸信封和他自己的私章的。只要有机会他就写信,如同只要有机会他就要做长篇大论的演讲一样。(丁玲《太阳照在桑干河上》)

为强化政权管理,1942年陕甘宁边区进一步规范了新公文程式,为施行精兵简政,特别提出"除有些事非得要公文不可外,在能够尽量节省公文的地方,就要尽量节省,多采用写信,写条子,或者当面接头的方式"①。由此我们看到新的国家干部都是写信的能手。国家的法令正通过这样的方式流动起来,小说第十节题目就叫"小册子",张裕民和程仁从区上拿回一本县委宣传部印发的"石印的小书",因为识字不多,只能找小学教员李昌来帮他们念。"三个人一道研究这本'土地改革问答',却各有各的想法。总是容易接受新事物却又缺乏思考的李昌,他越念越觉得有趣。"

在《山乡巨变》中,邓秀梅身上携带的是"一本封面印有'新中国'三个金字"的工作笔记本。她从县上开完9天的省区乡有关"合作化"运动三级干部会议,来到清溪乡,要将会议上的"报告、理论、政策"带到村里。在上村,她被安排住在亭面胡家里:

房间收拾干净了。邓秀梅打开了拿了进来的背包。盛妈帮助她铺好了被褥,挂起了帐子,就到灶门口煮饭去了。邓秀梅从挎包里拿出了好些文件:"互助合作","生产简报",还有她爱人的一张照片。她拿起这一张半身相片,看了一阵,就连文件一起,锁在窗前书桌的中间抽屉里。

在盛家吃了早饭,邓秀梅锁好房门,走到乡政府,开会,谈话……(《山乡巨变》)

文件在农民家里得到了很好的保护,并且作者有意识地用一张"爱人的照片"来冲淡和调和房间中的国家权威,也进一步塑造这个女干部身上的人情味。在"砍树"一节,敌对分子龚子元堂客为了打探国家的山林政策,找各种借口到亭面胡家:

---

① 《陕甘宁边区新公文程式》,收入:朱鸿召.延安时期文献档案汇编:第5卷.西安:陕西人民出版社,2013:91.

这一天,这位镶着金牙的女人又到盛家借筛子。面胡一家大小都不在,门上挂了一把旧式的铜锁,邓秀梅卧房的门上也挂了一把小小黑漆吊锁。龚子元堂客绕着屋子走了一遍,看见朝南的亮窗子关得严严实实,糊着报纸,她走到窗下,先向四围瞄了一眼,再用手挖个小洞,她扒着破洞,往里窥看,窗前桌上摆着几期《互助合作》,一本《实践论》,还有一个打字的文件,有部《实用袖珍字典》压在上面,文件只露出一角。龚子元堂客好奇地细心地看去,文件角上,有这么一句:"山林问题很复杂,没有充分准备,暂时不要轻率作处理……"还要念下去,地坪里的鸡扑扑地飞动,她以为有人来了,慌忙离开了窗子……(《山乡巨变》)

　　龚子元堂客作为老一代女性能识字,这一情节叙事的目的首先是暴露了她的非农民身份;普通农民尚不识字,且无暇偷看。而且也只能通过一个有文化的坏分子的"偷窥"来展陈国家的文书。通过她对乡村女干部卧房的好奇和窥视,理论、政策文件和字典,国家行政的目的:互助和合作。工作方法(实践论)和朴素的工作形式(字典)呈现在读者面前,这些文件之所以被上了"锁",不是因为它需要保密,而是要说明其重要。邓秀梅也正到处宣传这些山林暂不充公的政策,而且通过一个敌对分子对国家文件的朗读,国家的政策通过敌对分子的"声音",通过玉梅的声音,被更普遍地在乡村传达,在"法"的门前,国家不再是那么空洞、抽象和神秘。

三、乡村小学与文书行政的空间配置

　　大革命时期,毛泽东通过对1927年前后湖南农村的徒步调查,发现民国后的乡村已留不下大地主,只有"五等以下的土豪劣绅崽子"留在了乡里,他们和富农总共占乡村的百分之十,贫农占总人口的百分之七十,其中"穷苦知识分子占百分之十",在历史上首次提出并关注到了上文论述的穷苦知识分子。这些小学教员"文墨不高",在农村中作用很大。毛泽东后来更重要的《寻乌调查》报告,也得力于几位曾经做过小学老师的帮助①。在《长冈乡镇调查》中,他进一步指出苏维埃应该将行政权力下设到自然村,每个行政村都要建有小学,每个小学"各有校长、教员"一人。本地教员多尽义务,互助社帮其耕田,或利用合作社赚钱供

---

① 这三个小学教师出身的人是:古柏、陈倬云、郭清如。

教师伙食①。全乡另有夜学和识字班多个,《才溪乡调查》中全乡10所小学,教员情况类似。

与民国"乡"治鲜明对照,共产党则试图将政权推进到行政"村",由行政村组织起零散的"自然村"。为此提出"一切权力在村",但这一现代化治理同样不能不考虑干部稀缺及治理成本。就行政设置来说,直到"土改"时期,区的功能都不健全,地方时有对中央文件精神理解偏差和执行有误的情况发生。加上本地农民文化低,本地干部严重匮乏,直到1951年12月,中共中央仍在担忧多数农村基层干部"太不整齐,有指挥能力的干部太少""一区平均不到一个"②。所以赵树理才会感慨,以前是山高皇帝远,如今是"天高政府远"③,其中文书行政的通达就是难题,由于村一级干部不识字没文化的居多,如何准确领会上级的文件、通知、报告也是一大问题。因此赵树理小说常常设置一个村干部犯错,区政府纠偏的故事模式。在"土改"小说中,我们看到了一种为应对行政危机而新颖的基层工作方式,乡村小学在承担乡村启蒙教育的同时,还被组织到乡村管理中,承担了现代科层官僚之外的上传下达功能,文书行政通过另外一条特殊的通道,发挥了乡村学校在组织农村集体生活中的文化政治功能,完成乡村的组织和动员,形成新型的乡村伦理关系和人民民主的国家管理模式。这提示我们,可否经由"土改"后新式村小学在乡村中的作用,来考察"新社会"给传统"乡里空间"带来的社会结构变化;理解"集体劳动不仅改变劳动形式,更重要的是改换人的脑筋(思想)"。在"组织起来"的浪潮中,王家沟建立了变工队(《种谷记》),该村小学教员赵德铭帮助村里把灵官庙的钟搬到村中央,六老汉自愿做敲钟人,建立起了报时打钟制度。新的现代时间制度和生活方式(集体劳动)纳入乡村日常生活世界。与此对照,《红旗谱》中恶绅冯老兰要霸占村里修水利用的公田,为了毁灭村祖先铸在铜钟上的公田契约,不惜砸烂铜钟,朱老忠父亲护钟失败,官司也最终打得倾家荡产。

农民自愿是"合作化"的前提,正如《种谷记》中的乡村二流子老雄说:"这互助合作和减租减息不一样,又不是'法令'!"这个发难说明了党在"土改"和"合作化"期间走的不是一般意义上官民对立的"法"治路线,而要以群众的"觉悟"和自愿为前提,如此,行政管理渠道之外的动员因素,如小学及小学教员等非行政力

---

① 毛泽东.长冈乡调查//毛泽东文集:第一卷.北京:人民出版社,1999:306-307.
② 中共中央文献研究室.建国以来重要文献选编:2卷.北京:中央文献出版社,1992:504.
③ 赵树理:《孟祥英翻身》。1952年全国还有私立小学和教会小学8900多所。1954年才全部接办完成。参见:中共中央文献研究室.建国以来中央文献选编:3卷.北京:中央文献出版社,1992:363.

量就更为重要。

延安时期,小学教师其实成了"群众文化改造的指导员",小学教师在乡村中威信高,"小学尽管没有民事权,但是群众出现纠纷常来学校,请求评理,如解决土地纠纷请求学校解决",因为威信太高,报纸上甚至不得不建议"学校不要包办行政与司法工作"。下乡"土改"干部除了住农民家里,学校更是区乡干部的重要驿站。《红旗谱》《创业史》《种谷记》和《太阳照在桑干河上》等小说中都无一例外写到了小学,村小学和小学教员在提供干部住宿,提供会场以及协助行政、发动学生,村干部储备等方面都发挥了重要作用,学校在乡村改造中承担着积极角色,它超越了启蒙教化功能,在国家行政和自然村之间处于能动的位置。但也因为重要,在具体工作中,乡行政和学校也常常发生矛盾,"土改"时期也有人在报上建议"小学教师和乡长的关系要弄得好":

> 小村小学教师和乡长的关系应该很密切,可是在某些地方,乡长和小学教师互相看不起,乡长认为小学教师没有政治地位,小学教师认为乡长一字不识。要认识到小学教师在农村的作用,他们是农村的"文化堡垒",群众的文化要依靠他来提高,小学教师应该和乡长"弄好关系",从文化上去努力帮助他。①

新式学校取代私塾和学堂,其空间和功能发生了很大变化。在农村"土改"中,小学承担了移风易俗、文化革命等诸多政治功能。它不但是乡村文化娱乐空间,也是会场,村民议事,具有上传下达等政治动员功能。和乡村集市的改造一样,乡村小学因为是村里最重要的节庆和业余聚会场所,是民众娱乐活动中心,是最需要改造的空间。在交通偏僻和现代通讯尚不发达的行政村和自然村之间,小学成为社会结构中的中心,承担政府文书,书报分发、书信及邮电传送功能,考虑到这一时期大多数农民不识字,教员和学生在文书转述中起重要作用。通过这一时期的小说,我们看到国家的行政文书在乡村如何进一步向下"行走",如果文字通知在乡村只能到达行政村,经由"小学",国家文书必须转化为"声音"行政下达到村里。《种谷记》开篇从村小学写起,通过"声音"描述王家沟的新气象:"王家沟村里一片嗡嗡的纺车声,布架吱吱呀呀地交换,再加上小学校的学生娃们尽嗓子高声念书,把一个偏僻的山村喧嚷得生气勃勃。"接着写两个学生拿着儿童团木刀的娃娃奉学校"先生"之命来通知村长"王行政"到乡政府开会:"两

---

① 王全璋. 小学教师怎样在群众当中建立威信. 大众习作,1940,1(5-6).

个学生娃背诵一样完成了任务,便蹦蹦跳跳地跑回学校去了。"从"行政老婆"和"行政"的对话中,我们得知学校已经打发学生娃来"催好几回了"。《太阳照在桑干河上》一开头,一辆快速行驶的胶皮大车带着读者进入暖水屯。作者沿着大车行进路线,用类似长镜头的方式描写大车路过村小学的情景,"许多人都蹲在小学校的大门外,戏台上空空的,墙这边也坐了一群人",这群广场上的人瞭望着马车和马车上的外来者,"马车"也看着小学:

> 从小巷里出来,转到村子的中心,这里有一个小学校,它占了全村最好的房子,是从前的龙王庙。这小学校里常常传出来嘹亮的整齐的歌声,传出来欢笑,只有天黑了才会停止活跃。学校门外有两棵大树,树下有些不规则的石凳,常有人来歇凉,抽烟。女人们就坐在远点的地方纳鞋底,或者就只抱着她们的孩子。学校对面的空场上,有一个四方大平台,这原来是一个戏台,现在拆成这个样子。(《太阳照在桑干河上》)

显然,小学的广场是人群乐于聚集的地方,它总是位于村里最好的地方,有着村里最好的房子。昔日上香朝拜的庙宇如今变成学堂,戏台拆成了广场。"土改"中被没收的地主大院和乡村庙宇,由于分割困难,不适宜农民居住,用来做政府的办公场所既在情理之中,同时新政权对这些旧时代权威空间的征用也具有象征意味。在《三里湾》中,村小学和村公所设在地主家的宅院,刘举人家的"旗杆院"——标识着科举时代乡村最高文化身份和最高"绅权"的旗子已落下,旗杆院变成了新政权的办公室——"1942年县政府把这两院房子没收归村——村公所、武委会、小学、农民夜校、书报阅览室、俱乐部、供销社都设在这两个院子里。"昔日象征着村中最大权力的空间和符号并没有被去除,而是被转换。《三里湾》开头介绍完旗杆院,接着就围绕这个村小学教室写村民夜校,玉梅每天吃过晚饭就来这里上夜校,有翼、灵芝以及黑妮(《桑干河上》)这些新社会的第一代高小毕业生担任教员,年轻人在这个公共生活空间交流思想、谈情说爱。《暴风骤雨》写的是东北"土改",小说开头也是大车进入元茂屯,工作队随着大车进入元茂屯,随后入住村小学,"放下行李卷,架好电话线",代表国家权力声音的现代化工具"电话"已经进入乡村临时办公地点——小学、小学的课桌椅和操场都为开村民大会提供了便利:

> 在小学操场里,他们用六张桌子和十来多块木板子搭起一个临时的台

子。台子靠后摆四五把椅子。台子旁边两棵白杨树干上,粘着两张白纸条,一张写着:"元茂屯农民翻身大会",另一边写着:"斗争地主恶霸韩风歧"。这是刘胜的手笔。

……

第二天,早饭以后,由农会的各个小组分别通知南头和北头的小户,到小学开会。赵玉林背着钢枪,亲自担任着警戒。他站在学校的门口挡住韩家的人和袒护韩家的人,不让进会场。白玉山扛着扎枪,在会场里巡查。郭全海从课堂里搬出一张桌子来,放在操场的中间,老孙头说:"这是咱们老百姓的'龙书案'。"(《暴风骤雨》)

小学成为斗争韩老六的最合适的会场,乡村的树干上出现了文字书写标语,更重要的是,和书写和开会相关的桌子出现在会场中。桌子为乡村会议提供了重要的形式和象征意义,也是一个公共空间得以形成的平台,是申冤诉苦、公理评判的依靠。现代欧洲的官僚制(bureaucratie)始于18世纪,由写字台(bureau)和统治(cratie)两部分构成,意为"官僚政体或写字员政体"。官僚政体与传统君王政体迥异,就是"它是一种非人格的统治",桌子这一符号赋予台后人以统治权力,"因此写字台的统治,就是文书档案的统治"[1],如此作为社会科学家的官员像自然科学家一样通过阅读和书写实现对人的观察、记录和治理,桌子也可以是组织公共空间的平台,"土改"时象征村政权的桌子和韦伯批评的现代理性统治的铁笼子有所不同,所以农民才由衷地喊出"这是咱们的龙书案"。

"土改"时的学校终结了"自然村"的自然史,它也是村子里夜晚"少数有灯光"的地方,"王家沟除了两三家富户和学校的教员之外,大多数都借着天光吃夜饭"。小学白天是孩子们念书,晚上则开展"读报会""识字班"等文化活动。因为要照顾白天农村的劳动,乡村的许多活动如开会要放在夜晚进行,小说经常写到农忙时节,"受苦人"忙完一天后晚上来小学聊天、开会、交流生产信息。会场里,既有争吵,也有哄笑,这样的笑声体现着农民对邪恶势力的讽刺,对封建迷信的嘲笑,以及"土改"后穷人翻身解放:

受苦人从自己的院子里出来,老汉们拄着棍,年轻人唱着流行的时兴小曲,其余的嚼着烟锅或拉着闲话来到学校里。有人挤进窑去,向教员请教着

---

[1] 洪涛. 卡夫卡与官僚制. 复旦大学学报(社科版),2017(1):153-170.

什么,或者只是不声不响地站着,啵啵地吃着烟听着干部人员的谈话。院里自然而然形成了许多小圆圈,天气和风向,夏田苗子的匀称与否,以及粮价的趋势等等,都是他们拉谈的题目,彼此毫无关联,却被众人扯来扯去说不到尽头,直至宣布开会时,人们才住了嘴,倚着原来的小圈圈靠拢起来了。(《种谷记》)

学校也是对乡村日常生活的一次抽象,这个"公家"的吸引人之处还在于它和农民的住家不同,去除了人间烟火和家庭日常生活嘈杂,是干净卫生的,是精神享受的地方:

> 学校是一个三眼石窑的很宽敞的院落,因为不是住家的,所以既无碾磨,又用不着驴圈和草房,只在大门一边的拐角处有三四个茅圈。正面沿着窑门口是一条约有一炕高的门台,这便是自然的讲台了。门台下面,开会的受苦人有的坐在土院子上,有的蹲着,一直摆到大门口。在模糊不清的人丛中,烟火在烟锅上忽明忽暗地闪烁,仿佛天空的繁星一样。村干部和教员从窑里出来,从中窑的教室里搬了两条板凳坐下。王加扶以农会和变工队长的资格当着主席,他简单地宣布了开会,便请教员报告。(《种谷记》)

王加扶和众人在学校开会时,憧憬王家沟未来的"共产主义"生活,除了壮观的集体劳动美学,还要建一个俱乐部,"识字、读报、开会全到那里去好了,不要像而今一样,大小一点事全跑到学堂里来了,老碍着教员的事,烟灰给他磕得满窑都是。咱也要学延安绥德的办法,也办它个托儿所,把娃娃们弄在一块……"(《种谷记》152页)。

"土改"运动中的乡村面临着全面的社会大转型,在人口登记、土地测量、财产登记和分配等环节,乡村学校教员起着很大作用。由于村级干部的缺乏,"土改"中诸如需要大量能识字、肯工作的本地干部,乡村教员是最佳人选。在减租减息和"土改"运动中,城市和乡村甚至动员大量在校学生配合中心工作[①],与改

[①] 在《中共中央关于克服目前学校教育工作中偏向的指示》中指出:1951年教育工作中存在的问题,"随便抽调学生参加工作",这种抽调在"土改"时期大量缺乏干部可以理解,但是"我们应该认识在'土改'完成后,生产和教育是两件最重大的工作",大量在校学生到农村参加减租等临时性工作,而且"因开会居住占用学校房舍,妨碍教学"。因为抽调学生参加工作,1951年已经造成"部分中小城市的中等学校学生数量已在减少",参见中共中央文献研究室.建国以来中央文献选编:2卷.北京:中央文献出版社,1992:236-242.

造前的私立学校不同,新式教员是村里唯一正式的"公家人",享有较高的威望。《种谷记》里小学教师"赵同志"赵德铭在本县中学还没毕业,就被公家调来当小学教师,作为外来者,赵德铭曾留恋在延安城里工作,不喜欢下乡做老师,工作不安心,白天孩子吵,夜晚"又孤单得可怕"。每到周末就迫不及待回延安城,整风后,"连大知识分子,也都被号召下了乡",自认为是"小知识分子"的他,思想也有了转变。

苦底出身的王加扶被选为村农会主席,可是不识字。"旧前念书要花钱,而今公家满供满垫,世上还有这么便宜的事?他在旧社会活了四十年,常常连吃饭的碗都不够每人一个,更不知学堂书房的门是朝哪里开的了,而今办起工作,才知道不识字的难处。"(《种谷记》63页)他读不了文件,更不用说到乡上开会记笔记了。小说开头便着意交代文件的下达者是"县政府教育科和建设科"两家单位,1943年,边区政府号召"学校与生产教育两大运动结合",可见当时教育机构参与生产运动中的普遍性:

> 边区政府号召"学校与生产教育两大运动结合"以后,简直等于宣布他是这村里的村文书,学校也随着变成了全村的议事厅,经常有人出入,俨然是王家沟的中心了。村里的样样工作他都要插手,而社会教育(扫盲)则需要他一手去做;做了不算,他还得按期向区公署的教育助理员交出工作日记,以便考核他的工作情形。(《种谷记》)

除了社会教育,小说每次安排教员赵同志与农会主席同赴乡上开会,小学教员几乎成为村里的"文书","土改"时期,县区乡三级政府只有区级能规范地配备识字的文书①,乡级识字文书很少,在村政府里,能有条不紊组织村级会议,传达县上报告的,只有这个"文书":

> 赵德铭咳嗽了一声,清了清嗓门,开始报告了。众人都噙着烟锅准备听。
> 他说得有层有次,一二三四,毫无遗漏,把众人的注意力全集中到他这边了。

---

① 《陕甘宁边区政府为合水县县区乡三级干部之重新分配的批答》中,边区政府曾要求该县"惟区上秘书应选有识字者担任,以便帮助区长工作",收朱鸿召.陕甘宁边区政府文件选编:5卷.西安:陕西人民出版社,2013: 363.

……

赵德铭依次顺序传达了上面关于定期集体种谷的指示……

"太好了"赵德铭说，把报纸重新填进抽屉里，"县上来了指示，全村都要集体互助，几天就安完种，到时候学校也放忙假……"（《种谷记》）

这些地方都让我们看到国家的文字文件如何通过声音转述给村民，3月24日，王家沟负责敲钟的六老汉又一次将一封乡政府的"信"送到了学校，要教员和村干部火速将组织起来的数目统计一下，即日送去，以便向区公署汇报：

"信里还有一张复写的表格，项目很繁杂，需要的材料十分广泛——组长、组长姓名、组员户数和人数、共种谷的垧数，新组织的呢还是原有的小组，倘是原有的，新参加了几户人，最后，在备考的一项里，还须注明各组的阶级成分——富、中、贫农各几户……"

……

"你来了。"教员见他一进门，立刻拿起表格，说："又来了表！"

"什么表？"

"种谷变工队的统计表，"赵德铭说，愁苦地嘀咕起来，"今儿来信今儿就要，你说就算不要调查，也要填得及啊！"（《种谷记》）

如此烦琐复杂的数据表格！赵德铭一看，又发了愁。在一年来的减租、生产和文教运动中，"表格像雪片似的发来，把他填过的统统积存起来，怕早够他背一背了。一切调查统计的材料都是要求那么详尽具体，而老百姓对填表又是那么冷淡马虎，他要做到正确可靠，有时真是作难"。邓秀梅"算数不高明，她汇报的数目字、百分比，有时不见得十分精确"，如果说这里说明的是邓秀梅作为干部和国家对乡村的数目字管理要求尚有差距，那么对农民来说，则是需要一种观念的转变："究竟是七卜还是八卜？"农民往往回答："你看着写吧，我看有两三卜要死不活的样子，到头也只能活四五卜。"农民不习惯数据治理，要想得到准确数字，更重要的是教育农民理解国家精确生产计划的意识，明白为何"什么公家都要管"的现代国家观念。"现在他一看表格，又不是他和王加扶两人的工作，说不定还要户长们都来，因为谷地的垧数需要各户的加起来。"（《种谷记》145页）因为各自然村距离远，通知来不及，所以不等放学，赵德铭及时赶回学校，利用全校的学生娃捎信给各自家长：

"对。"教员说着，一转身便用轻捷的脚步，一口气跑上斜坡，回学校去了，唯恐学生娃们自动放了学，他不能给村干部的子弟或者他们邻家的子弟捎话，要他们吃过夜饭来开会。（《种谷记》）

县乡文件、通知和报纸下到学校，也是因为学校是农村里识字人最多、流转最快的地方。赵德铭同时还是党报的通讯员，负责写当地新闻稿给报纸："他把当天从乡政府带回来的两张《边区群众报》又从抽屉里抽了出来。这报上第三次登载了他的一篇稿子，写的是关于王家沟建立打钟报时制度的经过。"这是延安《晋绥日报》改版后创立的报刊地方通讯员制度。

赵德铭不仅要协助农会主任帮助村民制订"农户计划"，还要帮助不识字的农会主任王加扶学会开会，练习在会上怎么"说话"：

（赵德铭：）"你不练习，一辈子不出嫁是个老闺女！"
"说话方面，我就是不行嘛，"王加扶不自然地搔着脖项，承认道，"行又不用前回在县上丢人了！"
……
"唉，"王加扶叹了口气，羞红了脸，说，"咱一辈子给财主受苦，旧社会真如毛驴一样，用着的是咱的苦力，谁晓得新社会又用得着咱的嘴巴了哩？"他说着，转向教员催促道，"你快报告吧！"（《种谷记》）

在教员的引导下，王加扶将逐渐成为合格的乡村干部。小说的高潮就是怎样抵制单干，集体种谷，在这个节骨眼上，新式小学再次起到了配合作用。民国前旧小学每至农忙时节，学生多停学在家帮忙种谷。赵德铭为了让变工成功，打击个别单干户，会上决定来一次变革：教员除了集体放小学生忙假，种谷时忙假以外学生娃不请假帮家里点籽，最终约定在同一个时刻行动，集体种谷终于成功。

四、结　语

至此我们看到从"土改"小说到"合作化"小说，文学如何塑造乡村社会中新型的国家和农民的关系。农民知识分子在这场运动中分化并产生了新的农民书写者。这和葛兰西对农民知识分子和城市知识分子的落后/先进的认识框架有所不同。正如韩丁所言,"每一次中国革命都创造了一次新词汇"[1],而每一个新词汇所对应的,是中国革命所创造的新形式。从"土改"小说中的文书职能和文书行政的行走路径,我们看到文书行政如何依靠非行政因素,打破历代王朝行政中的中间环节阻断,尤其是下层吏役耗损,让国家和人民真实地相遇。因此费孝通说1930年代文字很难下乡,那是因为文字没有打破阻碍它进村的结构。现代乡村治理肯定离不开文字,农民也并非天然不喜欢和"不需要文字"。《小二黑结婚》中传统栽种知识让能掐会算的二诸葛烂了谷子,《播种记》中互助组抓住时机,在"同一时间"的成功"播种"活动中,让农民意识到国家的力量,因此,这"一瞬间"的播种也就有了神学意味。新社会新国家的种子必将在农民心田生根发芽,由"土改"的深翻土地,到互助组的翻身,再到"合作化"翻心。

但是词与物的有效搭配依然是艰难的,从"土改"小说到"合作化"小说,文书行政也在不断走向正规化过程。在这一过程中,我们同时看到了"合作化"小说重塑了国家—集体—农民的关系,这一时期的文书进入乡村在越来越规范和日常化的同时,其神圣性、灵活性和耐心也逐渐耗散。卡夫卡在《城堡》中讲述了以书写为特征的现代科层管理制的荒谬和压迫性机制,同样卡夫卡也刻画了一个试图走向基层的小知识分子,一个同样和土地管理有关的"土地测量员"的国家治理者形象。而在《在法的门前》中,卡夫卡又从另一端刻画了一个急于想看到国家的"法"却终生徘徊在法的门前的老农形象。这两类人都无法进入对象的世界,作家意在表达现代官僚制度从政府到家庭,从理性到情感的全方位统治,其策略就是以现代文书书写的抽象、空洞和荒谬,来剔除生活的意义和情感。在这个韦伯所言的理性铁笼子中,现代人因抵达不了"入口"而找不到"出口"。在"土改"和"合作化"小说中,中国农民不是想进入"法"门而不得,而是"法"进驻到了农民的卧房。通过塑造从干部—教员和农民的新型行政管理关系,国家试图以具体克服抽象,并借助书写回到普遍性,努力让政策文书不脱离日常生活的真实世界,数字管理和官僚制书写因情感的介入、非"法"渠道的征用,使得乡村治理获得了解放的可能。让下层民众直接面对文书,其本身就是克服行政官僚化管理的尝试,更需要超出"送法下乡"的层面,在乡村干部、教员、学生和农民中间,

---

[1] 韩丁. 翻身——中国一个村庄的革命纪实. 韩倞,等,译. 北京:北京出版社,1980:扉页《关于"翻身"一词的说明》.

文书自上而下和自下而上都达到传递，并且通过声音达到相互转述，在这一过程中，农民和党的干部既改造对方，也改造自己，进而创造人民执政的新型共同体。不过，从文书抵达家庭内部，到创造新的人民主体，并由人民自身立法来实现当家作主，社会主义实践仍有漫长的路要走。

朱光潜美学的"存在"意味初探

曹 谦

曹谦,1971年12月生,安徽合肥人。文学博士、博士后。现为上海大学文学院中文系副教授。主要研究领域为美学和文艺理论史。主讲课程有"《谈美》与美学入门""文学概论""西方文论""美学原理""德国近代美学与文论""中国现当代文艺美学"(以上本科生课程)以及"近代德国美学与文论"(研究生课程),其中"美学原理"被评为上海市高校市级精品课程。出版专著1部,在CSSCI核心刊物上发表学术论文30余篇。

整个朱光潜美学生涯中,朱光潜与西方存在主义直接相遇的机会并不多:第一次相遇在1948年6月,《文学杂志》第3卷第1期发表了陈世骧的文章《法国唯在主义的哲学背景》,这里的"唯在主义"即指"存在主义"。① 因此我们判断:作为杂志主编的朱光潜,对存在主义不会完全陌生,至少他可以从这篇文章中对存在主义得到间接的了解。第二次相遇在新时期也就是新中国成立后第二次美学热中,晚年朱光潜在一次演讲中说:"现在在哲学社会科学界,不论是哪一个社会科学家,哪怕是资产阶级,都在搞马克思主义,马克思主义成了一门科学,叫马克思主义学。这门科学引出了好几个流派。比如存在主义,它也自称马克思主义,发展了马克思关于异化的学说,至于对不对,那是另外一回事。这说明马克思主义重要。"② 此外,朱光潜著述再没有提及存在主义。但这并不能说,朱光潜美学与存在主义没什么联系。相反,当我们平行比较朱光潜美学与海德格尔存在主义之后,会惊奇地发现:朱光潜美学许多地方弥漫着浓厚的存在主义

---

① 陈国球. "抒情传统论"以前——陈世骧与中国现代文学及政治. 现代中文学刊,2009(3):68.
② 朱光潜. 怎样学美学——1980年10月11日在全国高校美学教师进修班上的讲话//朱光潜全集:第10卷. 合肥:安徽教育出版社,1993:510.

的意味。

一、朱光潜早期美学发生之动因探析

(一) 现实的"烦闷"与艺术的"超脱"

青年朱光潜的兴趣集中于美学,其基本动因是:他要寻求理想的人生。1923年,在《消除烦闷与超脱现实》一文中他感慨道:"世事不尽由人算","当"欲望不厌足,就是失望的代名词;失望又可以说是烦闷的代名词"。而"烦闷生于不能调和理想和现实的冲突"。那么,如何摆脱现实的烦恼呢?朱光潜以为方法有三:其一是"奋斗",直至"征服环境为止"。[①] 但他又怀疑道:"环境是极不容易征服的。"其二是宗教信仰。不过尽管宗教有种种长处,但朱光潜又明确表示自己"不是一个教徒"[②]。朱光潜最看重的是第三种方法,即"在美术中寻慰情剂",这里的"美术"泛指艺术审美活动。在朱光潜看来,"空中决计不能起楼阁。美术便没有这种限制""现实界不能实现的理想,在美术中可以有机会实现"。也就是说,自由想象的审美活动能够使人从现实中超脱出来,在精神世界中获得一个理想的人生。同时,艺术审美活动还能摆脱现实生活中的种种欲望与实用目的,从而获得纯粹精神上的自由愉悦。朱光潜为此举例说:"在实际上看见一个美人,占有欲就蠢蠢欲动",但一个人站在《蒙娜丽莎》画像前,"如果曾经受过美术的陶冶,那时心神只像烟笼寒水,迷离恍惚,把世界上一切悲欢苦乐遗忘净尽了,还有什么欲望?"[③]这里朱光潜显然受到了康德审美非功利思想的影响,他所追求的非功审美分明是对物欲横流与纷纷扰扰现实的反拨,指向一个超越现实的理想人生。可见,此时朱光潜的审美追求主要不是在康德认识论体系中来认知审美是什么,而是追求一种理想的生命样式或者说生存状态。简言之,朱光潜心目中的美学是以追求理想人生为目的的。至于何为理想人生,朱光潜首先以"婴儿"比喻说:"最能超脱现实的要算是婴儿""他们天真烂漫",所以"生活最愉快。人生快乐倘若想完备,一定要保存一点孩子气"。[④] "孩子气"便是王国维所谓"赤子之心"[⑤],它自然而然,是生命本真的样态,同时也是审美的样态。朱光潜还评价说,《论语》里的曾点"的长处就在能保一种天真烂漫的孩子气。孔子称许他,

---

[①] 朱光潜. 朱光潜全集:第8卷. 合肥:安徽教育出版社,1993:89.
[②] 朱光潜. 朱光潜全集:第8卷. 合肥:安徽教育出版社,1993:91.
[③] 朱光潜. 朱光潜全集:第8卷. 合肥:安徽教育出版社,1993:92.
[④] 朱光潜全集:第八卷.94.
[⑤] 王国维. 人间词话:第16条.

或则也因为'大人者无失其赤子之心'罢"。①

在1920年代,朱光潜多次谈论烦恼及其摆脱,至少还有一个来自他对政治的态度方面的原因。朱光潜并非一个守旧青年,在香港大学受过正规西式教育的他,对新文化运动基本持肯定态度,并很快学会了用白话文写作,也愿意参加中国新文化的建设工作。但当新文化运动如火如荼地越发向政治斗争的时候,他游移了,徘徊了。晚年朱光潜回忆这一时期时说:"香港毕业后""我于一九二二年夏,到吴淞中国公学中学部",还"兼校刊《旬刊》的主编。当我的编辑助手的学生是当时还以进步面貌出现的姚梦生,即后来的姚篷子,在吴淞时代我开始尝到复杂的阶级斗争的滋味"。② 复杂的阶级斗争对于朱光潜这样生性持重懦弱的一介书生,想必是难以从容应付的,内心平添不少烦恼自在情理之中。因此激进青年试图凭借改造世界的政治奋斗而使环境符合自我理想的解脱烦恼之方法,朱光潜自然毫无兴趣,对此并不抱怎样的希望。对政治,朱光潜谨慎地保持着距离,"虽是心向进步青年却不热心于党派斗争",甚至"以为不问政治,就高人一等"。③

这一时期,朱光潜的内心是纠结的,在《中学生与社会运动》一文中,他一方面认为:"学生去干预政治""教育界中人本良心主张去监督政府,也并不算越职。"另一方面对当时呐喊式的革命运动颇不以为然,以为:"所谓救国,并非空口谈革命所可了事。我们跟着社会运动家喊'打倒军阀','打倒帝国主义力已竭,声已嘶了。"④他在《谈十字街头》一文又写道:"中国满街只是一些打冒牌的学者和打冒牌的社会运动家""站在十字街头的我们青年怎能免彷徨失措?""在现时这种状况之下,冲突就是烦恼,妥协就是堕落。无论走哪一条,结果都是悲剧。"⑤

当时朱光潜正是一个良知未泯却又性格软弱的青年,1956年他回忆自己在1920年代的心情时说:作为一个"没落阶级的青年人""对革命是畏惧的",但"既不满意社会现实,而自己又毫无办法,只觉得前途一片渺茫,看不见一条出路""这是一种很沉重的心情。"⑥这段在新政权下的自我检讨除却那些上纲上线的政治标签外,我以为大体上是可信的,基本真实反映了青年朱光潜彷徨焦虑的晦

---

① 朱光潜.朱光潜全集:第8卷.合肥:安徽教育出版社,1993:94.
② 朱光潜.作者自白.朱光潜全集:第1卷.合肥:安徽教育出版社,1993:4.
③ 同②.
④ 朱光潜.给青年的十二封信//朱光潜全集:第1卷.合肥:安徽教育出版社,1993:19.
⑤ 朱光潜.给青年的十二封信//朱光潜全集:第1卷.合肥:安徽教育出版社,1993:25.
⑥ 朱光潜.我的文艺思想的反动性//朱光潜全集:第5卷.合肥:安徽教育出版社,1993:14.

暗心境,所谓的"很沉重的心情"其实就是他此前常说的"烦恼"。

正是在这种无路可走、又不愿跟着别人(比如党派、宗教)走的情形下,朱光潜转而在艺术审美中寻求精神上的慰藉。

(二)"纯正的趣味"与"生命的彻悟"

在朱光潜1920—1930年代的著述中,我们不难看到一个频频出现的关键词——"趣味"。何为趣味?朱光潜首先将它视为一种对诗的审美鉴赏力,不过它不是鉴赏者一己之主观偏好,而是在对好诗"涉猎""广博"、受其长期受熏陶的基础上,"从极偏走到极不偏,能凭空俯视一切门户派别者的趣味",朱光潜称之为"纯正的趣味"。所以,这种"纯正的趣味"是一种带"普遍"性的艺术修养,或者说是一种足以构成"文艺标准"的审美鉴赏力。①

朱光潜将纯正的文学趣味与诗的内在相关性给予特别的关注。在他看来,"一个人不欢喜诗","文学趣味就低下","因为一切纯文学都要有诗的特质"。他举例说,小说的"佳妙处"并不在于故事;相反,故事是小说中"最粗浅的一部分"。② 因为"第一流小说中的故事大半只像枯树搭成的花架,用处只在撑扶住一园锦绣灿烂生气蓬勃的葛藤花卉。这些故事以外的东西就是小说中的诗。读小说只见到故事而没有见到它的诗,就像看到花架而忘记架上的花。要养成纯正的文学趣味,我们最好从读诗入手"。③ 朱光潜在这里强调的是,"纯正的文学趣味"是诗性的、优美的;而"真正的文学教育不在读过多少书和知道一些文学上的理论和史实,而在培养出纯正的趣味"④。

至此,朱光潜已将文学趣味的诗性意蕴说得很清楚,但他的目光并未停留在文学或美学内部,而是将这个文学或美学理论问题提升到了更广阔的人生哲学层面。他指出,所谓"纯正的文学趣味",其特征是一种"简朴而隽永的情趣"⑤,其实质便是"艺术家对于人生的深刻的观照以及他们传达这种观照的技巧"⑥。接着他更明确地指出:所谓"趣味是对于生命的彻悟和留恋"⑦。那么,生命又是什么?生命的本质在于生生不息、流动不止,正如朱光潜所言:"宇宙生命时时刻刻在变动进展中,这种变动进展的过程中每一时每一境都是个别的,新鲜的,有

---

① 朱光潜.谈趣味//朱光潜全集:第3卷.合肥:安徽教育出版社,1993:348.
② 朱光潜.谈读诗与趣味的培养//朱光潜全集:第3卷.合肥:安徽教育出版社,1993:349.
③ 朱光潜.谈读诗与趣味的培养//朱光潜全集:第3卷.合肥:安徽教育出版社,1993:350.
④ 朱光潜.谈读诗与趣味的培养//朱光潜全集:第3卷.合肥:安徽教育出版社,1993:351.
⑤ 同④.
⑥ 同③.
⑦ 朱光潜.谈读诗与趣味的培养//朱光潜全集:第3卷.合肥:安徽教育出版社,1993:352.

趣的",而诗的使命便是将这"新鲜有趣"的"人生世相""描绘出来"。① 反之,一个"有生命而无诗的人""实在是早已到生命的末日了。"人们常说:"哀莫大于心死","所谓'心死'就是对于人生世相失去解悟和留恋,就是对于诗无兴趣"。至此,朱光潜在生命、即人的生存层面上概括了诗的功用,即诗"使人到处都可以觉到人生世相新鲜有趣,到处可以吸收维持生命和推展生命的活力"②。

文学、艺术以至美学的旨归乃是为了生命,这一理念宛如一条红线贯穿在早期朱光潜的美学著作中。其实,早在他1922年出版的美学普及读物《谈美》小册子中,其最后一篇《慢慢走,欣赏啊!》便已点明,他致力于美学归根到底是为了实现"人生艺术化"的理想,他说:"人生本来就是一种较广义的艺术。每个人的生命史就是他自己的作品。""知道生活的人就是艺术家,他的生活就是艺术作品。"③他又说:"'觉得有趣味'就是欣赏。你是否知道生活,就看你对于许多事物能否欣赏。""艺术是情趣的活动,艺术的生活也就是情趣丰富的生活。""情趣愈丰富,生活也愈美满,所谓人生的艺术化就是人生的情趣化。"④

至此我们可以知晓,朱光潜认为,审美的人生是理想的人生,其中还有一层含义:即审美的人生才是本真的人生。

二、从海德格尔存在论看朱光潜早期美学之发生

(一)"烦闷"与"沉沦"

今天我们从海德格尔存在论维度看,会发现:朱光潜当年的思路是完全合理的。

我们知道,海德格尔虽然在表面上多次明确否定了"主体性"与"人道主义",但就此判定海德格尔存在论是反"人学"的,那是一个根本的误解。实际上,海德格尔的全部理论都是围绕着"此在在世界中在"这个核心命题展开的,虽然我们不能把这里的"此在"完全等同于"人",但"人"无疑是此在的最优先方面,而且对此在的所有解释也都是以"人"作为参照或例证的。从根本上说,海德格尔存在论关注的是人与世界的整一关系,其聚焦点和旨归仍然是人的本真意蕴和人在世界中的境遇,所以它不但不反对"人",而且本质上就是一种"人学"。正是在这

---

① 朱光潜.谈读诗与趣味的培养//朱光潜全集:第3卷.合肥:安徽教育出版社,1993:353.
② 朱光潜.谈读诗与趣味的培养//朱光潜全集:第3卷.合肥:安徽教育出版社,1993:354.
③ 朱光潜.谈美·慢慢走,欣赏啊//朱光潜全集:第2卷.合肥:安徽教育出版社,1993:91.
④ 朱光潜.谈美·慢慢走,欣赏啊//朱光潜全集:第2卷.合肥:安徽教育出版社,1993:96.

个意义上,中外学界都将海德格尔存在论视为现代人本主义哲学的奠基性理论。实际上,人的存在确实也在诸多存在方式中居于优先位置。反观朱光潜早期美学,归根到底也是以人生为目的的,是一种围绕着人的生存境遇的思考。

海德格尔存在论以"此在"为出发点而展开,这是一个"存在者"层面的出发点,或者说是日常生活的出发点。日常生活中的人就是"此在之沉沦",①具体表现为:日常生活中的人陷于"闲言"②"好奇"③"两可"④之中,也就是海德格尔所谓的陷于"意志、愿望、嗜好与冲动"⑤等现象之中,处于"被抛"⑥的状态,海德格尔将这种状态描述为"此在首先与通常沉迷于它的世界"⑦。也就是说,芸芸众生通常沉迷于种种欲望中,甚至"政治行动"和"休息消遣"也部分地沉沦于这些欲望。⑧ 这些欲望构成了我们日常生活的现实世界,它们似乎昭示着人类堕落的现实,但人类并不会一直这么沉沦下去,他们天生有对美好的理想生存状态的追求本能,这是一种"超越"⑨性的追求本能,海德格尔称之为"寻视",即人寻视着自己的"存在",而"存在"才是人本真的、自由的生存方式。由此可见,人的存在(准确地说是"此在之存在")"源始"⑩地具有超越性或者说理想性。现实日常生活与人的这种对自己本真存在的超越性追求必然地产生冲突,于是人有了"烦",这烦恼通常被海德格尔称为"操心"。⑪

再看青年朱光潜常常谈论的"烦闷"(或"烦恼")与摆脱,同样是在对现实不满与对理想追求的冲突中形成的,与海德格尔所谓的"烦"与"操心"的含义本质

---

① 参见:海德格尔.存在与时间:第3版.陈嘉映,王庆节合译.北京:生活·读书·新知三联书店,2006:194.
② 海德格尔.存在与时间:第3版.陈嘉映,王庆节合译.北京:生活·读书·新知三联书店,2006:195.
③ 海德格尔.存在与时间:第3版.陈嘉映,王庆节合译.北京:生活·读书·新知三联书店,2006:198.
④ 海德格尔.存在与时间:第3版.陈嘉映,王庆节合译.北京:生活·读书·新知三联书店,2006:201.
⑤ 海德格尔.存在与时间:第3版.陈嘉映,王庆节合译.北京:生活·读书·新知三联书店,2006:211.
⑥ 海德格尔.存在与时间:第3版.陈嘉映,王庆节合译.北京:生活·读书·新知三联书店,2006:203.
⑦ 海德格尔.存在与时间:第3版.陈嘉映,王庆节合译.北京:生活·读书·新知三联书店,2006:132.
⑧ 参见:海德格尔.存在与时间:第3版.陈嘉映,王庆节合译.北京:生活·读书·新知三联书店,2006:223.
⑨ 参见:海德格尔.存在与时间:第3版.陈嘉映,王庆节合译.北京:生活·读书·新知三联书店,2006:230.
⑩ 参见:海德格尔.存在与时间:第3版.陈嘉映,王庆节合译.北京:生活·读书·新知三联书店,2006:143.
⑪ 海德格尔《存在与时间》里的"操心"也被广泛地翻译为"烦",参见熊译海德格尔《存在与时间》。

上是一致的。青年朱光潜不愿堕入物欲横流的庸俗中,也对"复杂的阶级斗争"退避三舍,其实他所不愿陷入的正是海德格尔所谓的日常生活"沉沦"状态,因为这不是人的本真的存在。

朱光潜由对现实不满而烦闷,由烦闷而生摆脱之心,由摆脱而将自己的心灵上升到自由的审美境界,他称之为"趣味"。这审美境界就是海德格尔所说的此在(首先是人,其次指一切事情)的自由的、本真的、源始的存在。海德格尔将这种"存在"描述为"澄明"之境。对于"澄明",海德格尔从词源学角度形象生动地论述到:"名词'澄明'源出于动词'照亮'(licheten)。形容词'明亮的'(licht)与'轻柔的'(leicht)是同一个词。照亮某物意谓:使某物轻柔,使某物自由,使某物敞开","这样形成的自由之境就是澄明"。① 海德格尔强调说:"澄明乃是一切在场者和不在场者的敞开之境。"②可见,"澄明"乃是一切现象或者说"事情本身"的"无遮蔽状态",是一切现象或者说"事情本身"的"自我显现",是"存在者(包括人——笔者注)之存在"。③ 澄明之境自由、轻柔、明亮,难道不正是优美之境吗?

(二)"生命的彻悟"与"领会"

朱光潜说:"趣味是对于生命的彻悟和留恋。"④这里的"彻悟"就是"领悟""领会"之意,而"领会"是海德格尔存在论中又一个关键词。我们知道,存在论对此在之存在的把握是通过"源始"的"领会"来实现的。领会,不是"理论的"认识、也不是"外在"于物的"观察"⑤,而是带着"情绪"⑥的"体验"⑦。

存在论中领会作为"情绪的体验",其内涵大体有二:第一,情绪"先于一切认识和意志","是此在的源始存在方式"⑧,这里的"情绪"不同于我们通常理解的人的主观情感,海德格尔说:"情绪一向已经把在世作为这个题展开了","情绪并非首先关系到灵魂上的东西,它本身也绝不是一种在内的状态,仿佛这种状态

---

① 海德格尔.哲学的终结和思的任务//面向思的事情.陈小文,孙周兴,译.北京:商务印书馆,1999:79.
② 同①.
③ 参见:海德格尔.我进入现象学之路//面向思的事情.陈小文,孙周兴,译.北京:商务印书馆,1999:96.
④ 朱光潜.谈读诗与趣味的培养//朱光潜全集:第3卷.合肥:安徽教育出版社,1993:352.
⑤ 参见:海德格尔.存在与时间:第3版.陈嘉映,王庆节合译.北京:生活·读书·新知三联书店,2006:82.
⑥ 参见:海德格尔.存在与时间:第3版.陈嘉映,王庆节合译.北京:生活·读书·新知三联书店,2006:159.
⑦ 参见:海德格尔.我进入现象学之路//面向思的事情.陈小文,孙周兴,译.北京:商务印书馆,1999:96.
⑧ 同⑥.

而后又以谜一般的方式升腾而出并给物和人抹上一层色彩"。① "情绪袭来。它既不是从'外'也不是从'内'到来的,而是作为在世的方式从这个在世本身中升起来的。"②可见,这里的"情绪"既不是主体(人)之内在的主观东西,也不是世界之外在的客观东西,而是主客一体的此在在世本身,即"事情本身",它是存在者之源始的存在方式。海德格尔的"情绪"不正近似于朱光潜所说的"生命"吗?生命是能够体验到的存在,它是个体肉体和心灵的,又是无边无际的外在宇宙,即使自我人生的,也是自我与他人"共在"的世界的。所以,朱光潜谈论"生命的彻悟与留恋"也常常采用"宇宙生命""人生世相"③等词汇。

第二,我们知道,"领会"作为"情绪的体验"不是理论性的认识,它所得到的不是概念,因此"领会"不等于"思维"。实际上,海德格尔存在论是反对笛卡尔—康德以来的近代认识论的,他批评"通达(笛卡尔所说的)这种存在者的唯一真实通路是认识,而且是数学物理意义上的认识"④这样的认识论观点,在海德格尔看来,"笛卡尔无须乎提出如何适当地通达世内存在者这样一个问题","把捉本真存在者的真实方式事先就决定好了。这种方式在于(一个希腊词),即最广义下的'直观'"。⑤ 这里的"最广义下的直观",就是胡塞尔现象学的"本质直观",它是通过"领会"而不是思维实现的。

海德格尔又说:"仅仅对物的具有这种那种属性的'外观'做一番'观察',无论这种'观察'多么敏锐,都不能揭示上手的东西。只对物做'理论上的'观察的那种眼光缺乏对上手状态的领会。"⑥这里的"外观"式的"观察"就是指认识活动,它以最终形成概念为目的,因此是"理论上的",而真正"上手状态"的存在是通过"领会"得到的。

反观朱光潜关于"生命的彻悟"理解。朱光潜毫不犹豫地指出,"彻悟"或"领悟"不是理论认识或者思维属性的。他以文学趣味的培养为例,说:"真正的文学

---

① 海德格尔.存在与时间:第3版.陈嘉映,王庆节合译.北京:生活·读书·新知三联书店,2006:160.
② 海德格尔.存在与时间:第3版.陈嘉映,王庆节合译.北京:生活·读书·新知三联书店,2006:159-160.
③ 参见:谈谈诗与趣味的培养//朱光潜全集:第3卷.合肥:安徽教育出版社,1993:353.
④ 海德格尔.存在与时间:第3版.陈嘉映,王庆节合译.北京:生活·读书·新知三联书店,2006:112.
⑤ 海德格尔.存在与时间:第3版.陈嘉映,王庆节合译.北京:生活·读书·新知三联书店,2006:113.
⑥ 海德格尔.存在与时间:第3版.陈嘉映,王庆节合译.北京:生活·读书·新知三联书店,2006:81-82.

教育不在读过多少书和知道一些文学上的理论和史实,而在培养出纯正的趣味。"①这里朱光潜把作为审美鉴别力的"趣味"和知识性的"理论"和"史实"相对立,可见,他所理解的"趣味"主要是感性的直观领会。虽然准确地说,海德格尔之"领会"兼有感性直观和理性思维两个方面,但海德格尔之"领会"又更多地偏向于感性的直观方面,因此朱光潜的"彻悟"和"趣味"与海德格尔的"领会"两者的一致性仍然是主要方面。

(三)"静观"与"操心"的异与同

对于宇宙生命的领悟,即对于存在之领会,在朱光潜早期美学里主要是通过"静观"实现的。

当然,朱光潜早期美学也谈到"动",但主要宣扬的是以静制动、"静观"的人生哲学。在《谈静》一文中他写道:"能处处领略到趣味的人","大约静中比较容易见出趣味"。他进一步解释说:"我所谓'静'便是指心界的空灵,不是指物界的沉寂",比如一个人"在百忙中","仍然"能够"丢开一切,悠然遐想",于是"无穷妙悟便源源而来。这就是忙中静趣"。② 青年朱光潜把这种"静趣"视为人生理想的存在方式,而这种静趣正是从"静观"中得来。他还以"万物静观皆自得""山涤余霭,宇暖微霄""采菊东篱下,悠然见南山""目送飘鸿,手挥五弦""渡头余落日,墟里上孤烟"等诗句替自己的"静趣"做了生动形象的"注脚",③更让我们形象地感到,静趣是一种美妙的人生境界。

青年朱光潜何以追求"静趣"?主要还是处于他对现代人生活中的那种"烦"而"沉沦"状态的不满,他认为,"现代生活忙碌,而青年人又多浮躁",其根本原因便是不能"静"。他举例说,曾经到巴黎卢浮宫观赏《蒙娜·丽莎》,正当自己沉浸在蒙娜·丽莎"那神秘的微笑"时,忽然"蜂拥而来"了一队四五十人的美国旅行团,他们刚到这幅画像前便"照例露出几种惊奇的面孔,说出几个处处用得着的赞美的形容词,不到三分钟又蜂拥而去了"。④ 朱光潜形容这队美国旅行团是"现世纪的足音""惊醒"了他心中"中世纪"的"甜梦"。⑤ 朱光潜分明感到,现代生活的高"效率"是"至少含有若干危机的"⑥,他自问:"'效率'以外究竟还有其他估定人生价值的标准么?"他又自答:现代工业织锦和钢铁房屋"用意只在适

---

① 朱光潜.谈读诗与趣味的培养//朱光潜全集:第3卷.合肥:安徽教育出版社,1993:351.
② 朱光潜.朱光潜全集:第1卷.合肥:安徽教育出版社,1993:15.
③ 朱光潜.给青年的十二封信//朱光潜全集:第1卷.合肥:安徽教育出版社,1993:15-16.
④ 朱光潜.给青年的十二封信//朱光潜全集:第1卷.合肥:安徽教育出版社,1993:52-53.
⑤ 朱光潜.朱光潜全集:第1卷.合肥:安徽教育出版社,1993:52.
⑥ 朱光潜.朱光潜全集:第1卷.合肥:安徽教育出版社,1993:54.

用",而古老的"湘绣和中世纪建筑于适用外还要能慰情""还要能表现理想与希望"。① 这就是说,人除了日常生活的实用之需外,还需从静穆的艺术品中慰藉情感、寄托"理想与希望"等。

早在1924年朱光潜就在他的美学开篇之作《无言之美》中就高度赞赏了"静穆"之美。他说,古希腊雕塑《拉奥孔》主要"以静体传神",其安静之态含蓄而隽永。他又说:"中国有一句谚语说:'金刚怒目,不如菩萨低眉'""所谓低眉,便是含蓄。凡看低头闭目的神像,所生的印象往往特别深刻。"所谓"静",就是无声、"无言",在朱光潜看来,最上乘的音乐是此时无声胜有声的乐曲②,最上乘的文学是以"有尽之言"含"无穷之意"的诗③,而"无穷之意"便是静中得来的趣味。

朱光潜极欣赏钱起的"曲终人不见,江上数峰青"两句诗,④认为这两句诗启示了"消逝中有永恒的道理""只有'静穆'两字可形容了"⑤。他指出:"懂得这个道理,我们可以明白古希腊人何以把和平静穆看作诗的极境,把诗神阿波罗摆在蔚蓝的山巅,俯瞰众生扰攘,而眉宇间却常如作甜蜜梦。"朱光潜归根到底是要把作为"艺术的最高境界"的"静穆"比赋为人生的最高境界,正如他所言:"'静穆'是一种豁然大悟,得到归依的心情。它好比低眉默想的观音大士,超一切忧喜,同时你也可说它泯化一切忧喜。"他又说,因为"陶潜浑身是'静穆',所以他伟大"⑥。朱光潜这里论"静穆",是将"静穆"从艺术境界上升到了人生境界,进而又将"静穆"提升到"阿波罗""观音菩萨"等天地众神的境界。其实,海德格尔存在论何尝没有"天地神人"四重奏的思想呢? 两人在此不正是殊途同归了吗?

由上述可见,朱光潜是主张从"静观"艺术欣赏中领悟出宇宙人生的真谛的。如果将朱光潜的"宇宙人生的真谛"理解为海德格尔的"存在"的话,那么海德格尔存在论的"此在(首先是人)领会到存在"则是通过"操心"(亦被以为"烦")而不是通过"静观"来实现的。

"操心"是海德格尔存在论的核心概念之一。实际上,操心是一种"行为"或"行动",只不过它比日常生活中的一切行动诸如"政治行动""休息消遣"等更为

---

① 朱光潜.朱光潜全集:第1卷.合肥:安徽教育出版社,1993:54.
② 参见:朱光潜.无言之美//朱光潜全集:第1卷.合肥:安徽教育出版社,1993:64.
③ 朱光潜.朱光潜全集:第1卷.合肥:安徽教育出版社,1993:69.
④ 朱光潜.朱光潜全集:第1卷.合肥:安徽教育出版社,1993:64.
⑤ 朱光潜.曲终人不见,江上数峰青//朱光潜全集:第8卷.合肥:安徽教育出版社,1993:397.
⑥ 朱光潜.曲终人不见,江上数峰青//朱光潜全集:第8卷.合肥:安徽教育出版社,1993:396.

源始,因此也更接近于本真的存在。① 如此看来,操心是动态的,具有主动性。而朱光潜所谓"静观"在海德格尔存在论里基本被认为是一种"纯意识"②,几乎完全是"被动"的。③ 实际上,青年朱光潜的"静观"说也在有意无意间接受了笛卡尔—康德的认识论思想,根据认识论原理,作为认识或判断的主体——人(我)并不需要采取实际的行动,便可以把握外在事物乃至宇宙万物的本质。而存在论是反认识论的,海德格尔坚定地认为,把握一切的本质唯有通过活动的行为才能实现。因此,在这一根本内涵上,"静观"与"操心"有着根本的、重大的差异,两者几乎是针锋相对的。这是朱光潜的"静观"与海德格尔的"操心"两者的"异"。

不过,"操心"除了"行动"之外,还包含着一些精神层面的含义,如海德格尔说:"意志与愿望从存在论的角度看来都必然植根于此在,即植根于操心。""嗜好与冲动可以在此在中纯粹地展示出来,就此而论,它们也植根于操心。""上瘾与冲动是植于此在被抛境况的两种可能性。……因为而且只因为二者在存在论上都植根于操心。"④这说明,"意志""愿望""嗜好""上瘾""冲动"等日常生活中的感性精神活动都可被视作"操心"。总之,操心从日常生活的存在者层面出发,受着"良知"的召唤,向着"存在"进发,因此"操心"是此在由现实的存在者层面走向具有普遍性和超越性的存在层面的必经之路,只有经历了操心,此在才能"领会"存在的意义。而朱光潜的"静观"则将日常生活中的人从"烦闷"中直接超脱出来,似乎只要采取"静观"的姿态,即海德格尔所谓"纯粹凝视"⑤的姿态俯瞰世间一切,便能够"领略"⑥到宇宙人生的真谛。因此,朱光潜的"静观"已经就是"领会"本身⑦。从这个意义上,静观又超越了纯粹的认识,与海德格尔的"领会"在内涵上相当接近却不尽相同,因为海德格尔在"领会"之前需要一个作为行动的"操心"的过程。但是无论静观还是操心,都指向"领会"(朱光潜称之为"领略"),这又是朱光潜的"静观"与海德格尔的"操心"两者的异中之"同"。

---

① 参见:海德格尔.存在与时间:第3版.陈嘉映,王庆节合译.北京:生活·读书·新知三联书店,2006:223.
② 海德格尔.存在与时间:第3版.陈嘉映,王庆节合译.北京:生活·读书·新知三联书店,2006:363.
③ 朱光潜.朱光潜全集:第1卷.合肥:安徽教育出版社,1993:14.
④ 海德格尔.存在与时间:第3版.陈嘉映,王庆节合译.北京:生活·读书·新知三联书店,2006:224.
⑤ 海德格尔.存在与时间:第3版.陈嘉映,王庆节合译.北京:生活·读书·新知三联书店,2006:174-175.
⑥ 朱光潜.朱光潜全集:第1卷.合肥:安徽教育出版社,1993:14.
⑦ 朱光潜称之为领略、领悟、彻悟等。

但总的来说,"静观"与"操心"的差异是主要的:朱光潜通过"静观"已经"领会"到了高高悬浮于现实世界之上的超脱境界;而海德格尔的"操心"处在现实世界里艰苦奋斗之中,只有经历了这种不断向上的艰苦奋斗即操心,才能"会当凌绝顶",到达存在的山巅,从而也才能"领会"到宇宙人生即此在之存在的真谛。

三、朱光潜后期美学的"实践"论观点与海德格尔存在论比较

(一)朱光潜后期美学的实践观点

根据上文,"操心"可以大体理解为为了达到对存在的领会、而发生在领会此之前的行动,在我看来,它非常接近于"实践"一词。朱光潜在1949年前美学虽然根据克罗齐直觉学说认为"艺术不是科学认识",意识到了审美活动具有直观体验性,但他的整个前期美学体系并没有摆脱康德式的认识论,他的静观理论也正是在认识论框架下形成的。但是,到了1950年代美学大讨论之后,朱光潜的思路发生了较根本的转变,这种转变是从反思当时在中国大地上流行的苏联反映论开始的。而反映论就是认识论,它强调美的物质客观性,朱光潜意识到了这种反映论(认识论)的片面性,进而提出"美是客观与主观的统一"的观点。①

这种突破反映论的思路发展到了1960年代,朱光潜逐步形成了实践论的美学观,并在新的理论基础上再次确证了自己"美是客观与主观的统一"的观点。朱光潜的实践论美学主要论点有三:一、马克思的"实践"概念是生产劳动,不仅包括物质生产劳动,还包括精神生产劳动,即相对于科学理论性的活动,一切人的感性活动都是实践,包括艺术、宗教、政治等。② 二、实践使得人与世界构成了相互作用、不可分割的统一关系,即"不断的劳动生产过程就是人与自然不断地互相影响、互相改变的过程"③。三、"劳动生产是人对世界的实践精神的掌握,同时也就是人对世界的艺术的掌握。""一切创造性的劳动(包括物质生产与艺术

---

① 参见:朱光潜.论美是客观与主观的统一//朱光潜全集:第5卷.合肥:安徽教育出版社,1993:68.

② 参见:朱光潜.生产劳动与人对世界的艺术掌握——马克思主义美学的实践观点//朱光潜全集:第10卷.合肥:安徽教育出版社,1993:188-216.朱光潜.政治经济学的方法//朱光潜全集:第20卷.合肥:安徽教育出版社,1993:326-327.

③ 朱光潜.生产劳动与人对世界的艺术掌握——马克思主义美学的实践观点//朱光潜全集:第10卷.合肥:安徽教育出版社,1993:196.

创造)都可以使人起美感。人对世界的艺术掌握是从劳动生产开始的。"①

概括地说,"实践"的基本特征是它的劳动特征(也可以说是"行动"特征)以及它与世界构成的整体关系。

到了1980年代前后,朱光潜更加明确地指出,以往美学家多采取"观照"或"静观"的态度看待现实世界,这就不可避免地滋生出孤立、静止、片面的世界观。因为我们面对的现实世界首先是一个感性的世界,所以正确的方法应当是:用"实践"的观点来对待世界,这样也就揭示了人与世界的审美关系。②

(二)"实践"与"操心"

对照朱光潜的"实践"观点,我们再来看海德格尔的"操心"。

海德格尔说"cura(即操心——笔者注)这个术语"有"双重意义":"它不仅意味着'心有所畏的忙碌',而且也意味着'兢兢业业'、'投入'。"③而"操心"就"兢兢业业""投入"的"忙碌"而言,其内涵与"实践"是相当接近的。

海德格尔说:"在被使用的用具中,'自然'通过使用被共同揭示着。"④被揭示的当然是"存在",而对"用具"的"使用"当然就是"实践"。

海德格尔又说:"一旦实施,此在就被迫回它自身","投身去做的此在缄默无语地去实行,去尝真实的挫折"。⑤ 这里的"实施""投身去做""实行"都是"实践",只有通过这些实践,才能回到"真实"的"此在自身",而"真实的此在自身"不是别的,正是存在。

海德格尔说:"上手事物即是操劳所及的东西,它首先与通常恰恰不得了却其因缘:我们不让被揭示的存在者如其所是地'存在',而是要加工它、改善它、粉碎它。"⑥这里"因缘"指的是一种存在方式,⑦海德格尔意思是说,要揭示存在,需要经历"加工""改善""粉碎"等过程,其实就是一种改造世界的实践过程。

---

① 朱光潜.生产劳动与人对世界的艺术掌握——马克思主义美学的实践观点//朱光潜全集:第10卷.合肥:安徽教育出版社,1993:197.
② 参见:朱光潜.马克思的《经济学—哲学手稿》中的美学问题//朱光潜全集:第5卷.合肥:安徽教育出版社,1993:412.
③ 海德格尔.存在与时间:第3版.陈嘉映,王庆节合译.北京:生活·读书·新知三联书店,2006:229.
④ 海德格尔.存在与时间:第3版.陈嘉映,王庆节合译.北京:生活·读书·新知三联书店,2006:83.
⑤ 海德格尔.存在与时间:第3版.陈嘉映,王庆节合译.北京:生活·读书·新知三联书店,2006:202.
⑥ 海德格尔.存在与时间:第3版.陈嘉映,王庆节合译.北京:生活·读书·新知三联书店,2006:99.
⑦ 参见:海德格尔.存在与时间:第3版.陈嘉映,王庆节合译.北京:生活·读书·新知三联书店,2006:102.

海德格尔说:"寓于上手事物的存在可以被把握为操劳,而与他人的在世内照面的共同此在可以把握为操持。"① 我们知道,"操劳""操持"在性质上看都是"操心"的,它们的实质不是别的,正是"实践"。② 海德格尔还认为:"最切近的交往方式并非一味地进行觉知的认识,而是操作着的、使用着的操劳——操劳有它自己的'认识'。现象学首先问③ 的就是在这种操劳中照面的存在者的存在。"④ 这就是说,宇宙人生中最本质的问题不是认识问题,而是现象学中所谓的存在问题,而存在问题首先表现为操劳问题,即实践问题。

海德格尔进一步说:"操劳的方式也还包括:委弃、耽搁、拒绝、苟安等残缺的样式,包括一切'只还'同操劳的可能性相关的样式。'操劳'这个词首先具有先于科学的含义,可以等于说:料理、执行、整顿。"⑤ 其实,"料理""执行""整顿"都是实践,即使"委弃、耽搁、拒绝、苟安等残缺的样式",也都具有实践的意味。

海德格尔又写道:"此在之在绽露为操心。……这类现象是意志、愿望、嗜好与冲动。操心不能从这些东西派生出来,因为这些东西本身奠基在操心之中。"⑥ "意志、愿望、嗜好与冲动"笼统地被称为"欲求",即康德三大精神活动中的"意"(意志),其实质是感性的精神活动,而根据朱光潜对马克思原著的理解,马克思的"实践"就是指人的感性活动,不但包括所有的物质性感性活动,也包括了精神性的感性活动。因此在马克思看来,欲求或意志也都是实践。因此,在这里我们又一次看到:海德格尔的"操心"与马克思所说的"实践"具有同质性。

海德格尔援引亚里士多德的话说:"人的存在本质上包含着看之操心",陈嘉映《存在与时间》译本中对此句的注释是:"亚里士多德的这句话通常翻译为:'求知乃人的本性。'海德格尔却将[欲求]与操心联系起来。"⑦ 如果说,欲求是一种操心的话,那么"看之操心"就是指认识,准确地说是操心基础上的认识。其实,虽然海德格尔试图以"存在"来代替"认识"作为把握宇宙人生的最基础、最源始

---

① 海德格尔. 存在与时间: 第3版. 陈嘉映,王庆节合译. 北京:生活·读书·新知三联书店,2006:223.

② 参见:海德格尔. 存在与时间: 第3版. 陈嘉映,王庆节合译. 北京:生活·读书·新知三联书店,2006:140-141.

③ 我们知道,海德格尔存在论是整个现象学运动的一部分。

④ 海德格尔. 存在与时间: 第3版. 陈嘉映,王庆节合译. 北京:生活·读书·新知三联书店,2006:79.

⑤ 海德格尔. 存在与时间: 第3版. 陈嘉映,王庆节合译. 北京:生活·读书·新知三联书店,2006:66-67.

⑥ 海德格尔. 存在与时间: 第3版. 陈嘉映,王庆节合译. 北京:生活·读书·新知三联书店,2006:211.

⑦ 海德格尔. 存在与时间: 第3版. 陈嘉映,王庆节合译. 北京:生活·读书·新知三联书店,2006:199.

的方式,但海德格尔从来没有彻底否定"认识",只不过他要改变笛卡尔—康德以来人们给予"认识"的最基础、最优先地位,也就是说,海德格尔认为,先有存在后才会有认识,为此海德格尔批判说:"通达(笛卡尔所说的)这种存在者的唯一真实通路是认识,而且是数学物理意义上的认识。"①在海德格尔看来,"笛卡尔无须乎提出如何适当地通达世内存在者这样一个问题","把捉本真存在者的真实方式事先就决定好了。这种方式在于(一个希腊词),即最广义下的'直观'"。② 这里的"直观"基本相当于"存在之领会"。海德格尔无非是要揭示:是存在决定了认识,而不是相反。而我们知道,操心正是通向此在之存在的道路。鉴于操心与存在的密切联系,于是海德格尔的话又可理解为:操心之后才会有认识发生。如今,当我们知晓了海德格尔的"操心"就是马克思的"实践"时,我们也就看到了,海德格尔关于存在与认识的理论与马克思主义的实践—认识理论是非常接近的,因为马克思主义认为,认识来自实践。1960年代以后,朱光潜大体将"实践"看作是第一性的东西,即本体,他认为,实践是认识的"根源"与"效果";③并认为,人的每一项完整的思维(包括形象思维)都是一个实践→认识→再实践的过程,即从实践中来,到实践中去。

当然,从海德格尔存在论内部看,"操心"不能与"实践"完全等同起来。因为海德格尔曾十分明确地区分了"存在"与"实践",他说:"操心作为源始的结构整体性在生存论上先天地处于此在的任何实际'行为'与'状况''之前',也就是说,总已经处于它们之中了。因此这一现象绝非表达'实践'行为先于理论行为的优先地位。通过纯粹直观来规定现成事物,这种活动比起一项'政治行为'或休息消遣,其所具有的操心的性质并不更少。'理论'与'实践'都是其存在必须被规定为操心的那种存在者的存在可能性。"④这里的"纯粹直观"指的是存在之领会。以上这句话无疑告诉我们:操心才是最源始、最基本的引导此在走向存在的东西,它比"理论"(即认识)和"实践"都更源始,更接近于存在,因此比"理论"和"实践"具有领会存在的优先地位。这就不仅把操心与实践明显地区别了开来,而且把"认识"(即理论)与"实践"平等地看待为存在者层面的东西。也可以

---

① 海德格尔.存在与时间:第3版.陈嘉映,王庆节合译.北京:生活·读书·新知三联书店,2006:112.
② 海德格尔.存在与时间:第3版.陈嘉映,王庆节合译.北京:生活·读书·新知三联书店,2006:113.
③ 朱光潜.美学拾穗集//朱光潜全集:第5卷.合肥:安徽教育出版社,1989:478.
④ 海德格尔.存在与时间:第3版.陈嘉映,王庆节合译.北京:生活·读书·新知三联书店,2006:223.

粗略地认为,操心是存在层面的概念,是本体性的东西;而实践和认识一样,都是存在者层面的概念,都是非本体的东西。由此可见,海德格尔存在论的"实践"与马克思视其为本体的"实践"是有一定区别的。从这个意义上说,朱光潜1949年后所理解的"实践",有一定的存在论意味,与海德格尔的"操心"有异曲同工之妙,但还不能完全与存在论的"操心"完全画等号。

(三) 殊途同归,打破主客二元论

我们知道,朱光潜1950年代后逐步形成了"美是客观与主观的统一"的观点。实际上这个观点在他的青年时代就已有了萌芽。1930年前后朱光潜在《诗的客观与主观》一文中曾写道:"诗的情趣都从沉静中回味得来。感受情趣是能入,回味情越是能出。诗人对于情趣都要能入能出。单就能入说,他是主观的;单就能出说,他是客观的。能入而不能出,或能出而不能入,都不能成为大诗人。"①这里所谓"诗的主观与客观"是一个审美心理学上的命题,意指:日常生活中直接感受到强烈的、生糙的情感是"主观"的,而经过了艺术家在静观中回味、加工、整理之后的艺术化的"情趣"则是"客观"的;真正的艺术作品都要经历这一从主观情感到客观情趣的过程,从这个意义上说,诗乃至一切艺术都是主观与客观综合一致的产物。

基于这样的主客一体的美学观点,朱光潜1929年在《谈美》一书中这样论述"移情作用":"美感经验中的移情作用不单是由我及物的,同时也是由物及我的","所谓美感经验,其实不过是在聚精会神之中,我的情趣和物的情趣往复回流而已"。② 这里"我"就是主观的,"物"就是客观的,在朱光潜看来,审美活动中的"移情作用"的"由我及物"及"由物及我",其实就是一个从主观到客观、再由客观到主观的相互作用的过程。他举例说,我们在聚精会神地观赏古松的一刹那,"我忘记古松和我是两件事,我就于无意之中把这种高风亮节的气概移置到古松上面去,仿佛古松原来就有这种性格。同时我又不知不觉地受古松的这种性格影响,自己也振作起来,模仿它那一副苍老挺拔的姿态。所以古松俨然变成一个人,人也俨然变成一棵古松。真正的美感经验都是如此,都要达到物我同一的境界,在物我同一的境界中,移情作用最容易发生,因为我们根本就不分辨所生的情感到底是属于我还是属于物的"。③ 在朱光潜心目中,移情作用其实是"物我同一"的境界,其实就是主观—客观浑整统一的境界。

---

① 朱光潜.我与文学及其他//朱光潜全集:第3卷.合肥:安徽教育出版社,1993:366.
② 朱光潜.朱光潜全集:第2卷.合肥:安徽教育出版社,1993:22.
③ 朱光潜.朱光潜全集:第2卷.合肥:安徽教育出版社,1993:22-23.

虽然，朱光潜在青年时代便有了审美的主客观统一思想的雏形，但直到1950年代美学大讨论期间、即朱光潜提出"美是客观与主观的统一"观点时，才真正具有马克思主义的辩证唯物主义性质。此时朱光潜认为，美感活动起于客观存在的实物本身，即"物甲"，它是"美的条件"，只有经过了人的主观"意识形态"过程，即主要是"思想情感"①的过程之后，才能够最终形成"艺术形象"，即"物乙"，也就是"美"。② 到了1960年代，如前文所述，朱光潜进而将自己的"物甲物乙"说发展为实践论美学，从而突出了"实践"的地位，以后基本就不再用"意识形态"概念来论证"美是主客观统一"的观点了。

从某种程度上说，海德格尔建立存在论的真正目的或者说初衷，也是打破西方近代以来以认识论为主流思想的主客二元论，从而建立起主客统一的新的本体论。

一般说，"主体"指的是人，人以外的客观世界是"客体"。近代以来，人们习惯地把人与世界分开并对立起来，这就是二元论的世界观。在此前提下，"人为自然立法"（康德语）又让主观的人对客观的世界构成了一种单向的意识层面的关系，从而奠定了认识论的基础。这就是说，所谓认识论实质是以人的意识为中心的认识论。而海德格尔却不同意这种认识论，认为："最切近的交往方式并非一味地进行觉知的认识，而是操作着的、使用着的操劳——操劳有它自己的'认识'。现象学首先问的就是在这种操劳中照面的存在者的存在。"③可见，海德格尔强调的是人与世界的整体性交互方式及其实现这种交互方式的行动。

而全部海德格尔存在论的基础结构便是："此在在世界中存在"，这是一个典型的现象学命题，其基本特征就是它的整体性，海德格尔说："'在世界中之存在'源始地、始终地是一整体结构。"在海德格尔眼中，人与世界是一种一而二二而一的关系，是须臾不可割裂的同一关系，而这样的关系就是存在。在《存在与时间》中，海德格尔反复强调的就是这种整体性，他把这种整体关系称为"在之中"，说："'在之中'意指此在的一种存在建构，它是一种生存论性质。"我们知道，"此在"优先地意指"人"（亦可称为"我"）。海德格尔进而解释道："'之中'[in]源自

---

① 朱光潜.论美是客观与主观的统一//朱光潜全集：第5卷.合肥：安徽教育出版社，1993：78.
② 参见：朱光潜.论美是客观与主观的统一//朱光潜全集：第5卷.合肥：安徽教育出版社，1993：75-78.以及：朱光潜.美学怎样才能既是唯物的又是辩证的//朱光潜全集：第5卷.合肥：安徽教育出版社，1993：40-50.
③ 海德格尔.存在与时间：第3版.陈嘉映，王庆节合译.北京：生活·读书·新知三联书店，2006：79.

innan-,居住,habitate,逗留。'an[于]'意味着:我已住下,我熟悉、我习惯、我照料。"①因此,"在之中""等于说,我居于世界,我把世界作为如此这般熟悉之所而依寓之,逗留之。"②也可以理解为:我"依寓世界而存在"或我"消散在世界中"。③ 关于对"依寓"和"消散"的理解,海德格尔举例说:"有如水在杯子'之中',衣服在柜子'之中'","它们作为摆在世界'之内'的物,都具有现成存在的存在方式。在某个现成东西'之中'现成存在,在某种确定的处所关系的意义上同某种具有相同存在方式的东西共同存在"。④ 海德格尔把人在世界之中如此形象地喻为水在杯中或衣在柜中,无非是要强调人与世界的"共在"的关系,也就是整一的或统一的关系,而不是彼此独立的关系。

实际上,海德格尔常说的"在之中"就是指"在世界中在",这里包含着与他人或其他此在"共在"之意,这就是说,存在论的"世界"是广义的世界,也包括他人或其他此在的世界。所以海德格尔如是说:"与他人共在也属于此在的存在,属于此在恰恰为止存在的那一存在。因而此在在作为共在本质上是为他人之故而'存在'。"⑤

总之,海德格尔存在论是围绕着"此在在世中在"这个最基本的命题展开的,它始终强调并坚守着主客一体的"整体性"观点。我们知道,朱光潜在1949年以后最重要的美学观点便是"美是客观与主观的统一",而且朱光潜认为,只有通过"实践"才能达到主客观统一的目标。那么"实践"是什么呢? 朱光潜从马克思的经典理论出发认为,实践作为生产劳动本质上是一种"人化的自然"与"自然的人化"过程,也就是"不断的劳动生产过程就是人与自然不断地互相影响、互相改变的过程"。⑥ 可见,实践不仅仅是人单向度地改造世界的活动,实践(劳动)也"创造人本身"。因此实践说到底是一种人与世界(自然)的关系,具有联系着人与世界,即联系着主体与客体的整体性、统一性特征。从某种角度可以说,实践是一种人与世界的交互统一的整体性行动。

---

① 海德格尔.存在与时间:第3版.陈嘉映,王庆节合译.北京:生活·读书·新知三联书店,2006:64.
② 同①.
③ 海德格尔.存在与时间:第3版.陈嘉映,王庆节合译.北京:生活·读书·新知三联书店,2006:65.
④ 海德格尔.存在与时间:第3版.陈嘉映,王庆节合译.北京:生活·读书·新知三联书店,2006:63.
⑤ 海德格尔.存在与时间:第3版.陈嘉映,王庆节合译.北京:生活·读书·新知三联书店,2006:143.
⑥ 朱光潜.生产劳动与人对世界的艺术掌握//朱光潜全集:第10卷.合肥:安徽教育出版社,1993:196.

四、余　　论

综上所述，我们不难得出结论：尽管朱光潜并没有怎么受到西方存在论及存在主义的直接影响，但他从早期到后期美学中，到处闪烁着与存在论观点遥相辉映的思想火花。对照海德格尔存在论，朱光潜诸多美学观点的确具有"存在"之意味，朱光潜与海德格尔许多观点可谓是殊途同归，异曲同工，最后的结论和目标是近似的，或者是互文的。

至于何以出现如此奇妙的近似和互文？我以为从根本上说，海德格尔存在论是一种本体论，它的建构是以反思西方近代以来占主流地位的笛卡尔—康德认识论为旨归的。而这种本体论思维与中国传统文化的整体性思维方式具有内在的一致性或同构性。我们知道，早期朱光潜美学虽然以西方认识论为理论框架，却带着浓重的中国文化的发生痕迹，于是在朱光潜早期美学中，中国传统的本体论思想与海德格尔本体论就这样构成了"隔空对话"式的互文关系。另者，马克思主义的实践论也在一定程度上突破了西方近代以来认识论的二元框架，具有本体论的倾向，朱光潜早年就有了打破主客观二元论的思想雏形，然而直到1950年代引入马克思主义方法论之后，才系统运用了"实践论"较完整地论证了自己的"主客一体"的美学观点，至此在朱光潜后期美学，实践论中的本体论思想与海德格尔存在论的本体论构成了又一对话关系。

［原载《文艺争鸣》2016年第11期，《人大复印资料》（美学分册）2017年第2期全文转载］

女扮男妆故事的叙事话语分析

苗 田

苗田,1968年生,籍贯山东。1995年毕业于曲阜师范大学,先后获文学学士及硕士学位;2002年毕业于复旦大学,获文学博士学位。2002年入职上海大学文学院,现为中文系副教授。主要研究领域为中国古代审美思想和文化、基础诗学、美学基础理论等。参著《中国古代审美文化论》《西方美学名著提要》等著作7部;在《文学评论》《文艺争鸣》《社会科学》《中国图书评论》等刊物发表学术论文20余篇。

一

"女扮男妆"故事作为一种特殊的故事类型具有悠久的传统,而且至今不衰。但对于这类故事的解释却存在困难:表层故事的简单直白与换妆故事的曲折显隐之间存在巨大的解释鸿沟。究其因,应该与我们长期以来形成的"故事""情节"等观念有着密切的关系。也就是说,使用既有的情节结构原则很难解释这类故事在叙事上的复杂性。

亚里士多德将情节定义为"事件的安排"。叙事自然首先要有事,但一个单纯事件并不能构成"叙"。"我上班"只是陈述了一种生活状态而非讲述一个事件,要使讲述成为叙事,须对两个以上的事件予以缀联。而要使这样的缀联为人们所接受,事情的变化还必须遵循时间和逻辑上的成规,受到时间、逻辑和目的论等多方面原则的制约,所以亚氏指出故事讲述的必须是"可能"发生的。这一原则得到现代叙事学的多角度的阐释,但不论把情节细分成行动、性格和思想等多种类型,[1]还是结构主义者的功能中心论,叙事总要通过情节建构故事。情节

---

[1] 种情节类型由芝加哥学派的奠基人克莱恩提出,申丹在《西方叙事学:经典与后经典》一书第二章第二节"传统情节观"中对此有比较简明的介绍。

即时间,时间是情节的临场,事物一旦进入时间便开始了其生长发育的具体进程。否则作品至多不过是为昭示某种意义而制作的排喻,是陈述或论证而不能成为叙事了。因而不论叙事趋向展示"行动""性格"抑或"思想",情节仍然是它们基本的现身之所。其次,由情节所结构的故事区别于日常生活事件的地方在于其完整性。托多罗夫将其解析为一种由平衡开始,继之不断地打破与重新恢复平衡的过程。生命维度上的日常生活时间是累进的,随着个体的生老病死一天天退走、消失,生活甚至是随生随灭的,无所谓完整统一。叙事却可以在这样的日复一日之外,通过对行动予以目的论的前设而将这种完整观念感性化,这就涉及叙事的序列性、因果性和有机性的问题。亚里士多德对叙事的有机性界定说:

> 按照我们的定义,悲剧是一个完整而具有一定长度的行动的摹仿(一件事物可能完整而缺乏长度)。所谓"完整",指事之有头,有身,有尾……结构完美的布局不能随便起讫,而必须遵照此处所说的方式。①

依照这一原则,亚氏指出故事"任何一部分一经挪动或删削,就会使整体松动脱节。要是某一部分可有可无,并不引起显著的差异,那就不是整体中的有机部分"。② 有机性是故事完整性要求的必然结果,它同时决定了叙述者在"有意安排"事件时必然要衡量情节在事件序列中的功能地位。由此,亚氏的整体有机性原则从三个方面来理解:即基于时间性而生成的动态性;建立在因果论基础上的序列化;以及由目的论的预设而形成的完整性。在此种因果观念的引导下,故事得以建构的前提是事件发生的因果逻辑,但这样就使叙述过程中那些处于目的论的、境域的或隐喻功能之外的事件往往被视作叙事冗余,被看成是一种叙事失败的标志。

在这样的理论语境下来考察女扮男妆故事的叙事形态,则发现它们的情节常常在有时甚至正是在许多叙事"冗余"中才得以展开的。一般而言,一个故事应该是在目的的召唤下结构成探险、征战、求偶、应试、复仇、寻宝等故事类型,目

---

① 亚里士多德.诗学.罗念生,译.北京:人民文学出版社,1962:25,28.按:许多研究将情节的序列化和完整性直接等同于情节的因果性要求,但《诗学》中似乎并未注意到情节进行或"突转"的因果问题。这个要到福斯特那句经典的"国王死了,然后因为悲伤,王后也死了"才得以明确。有了福斯特的补充,亚里士多德的有机论原则才足够完整。

② 亚里士多德.诗学.罗念生,译.北京:人民文学出版社,1962:25,28.按:许多研究将情节的序列化和完整性直接等同于情节的因果性要求,但《诗学》中似乎并未注意到情节进行或"突转"的因果问题。这个要到福斯特那句经典的"国王死了,然后因为悲伤,王后也死了"才得以明确。有了福斯特的补充,亚里士多德的有机论原则才足够完整。

的得以实现,故事也即结束。然而换妆故事虽然也有这样的框架和目的,但在具体叙事进程中,它们往往不是将叙事的重点放在目的实现的曲折艰难复杂多变上,而是将注意力转移到女身男妆上面,造成目的论原则下的叙事冗余,但这些冗余非但没有成为这类故事叙事失败的标志,反而成为一种特色。这就使得我们无法通过常规的解读原则去判断它们的成功与否。换句话说,解读这类叙事的关键,在于其中的身份问题。

二

在女扮男妆故事中,角色身份的异性化取向有着刻意与无意的不同,如话本故事《女秀才移花接木》(《二刻拍案惊奇》)中的闻蜚娥,出身参将家庭,母亲早亡,作为武人的父亲在教育方面受到望凤作龙心理的驱使,对膝下的这个长女难免女子男养。当她明白世事人情,则干脆依错就错地将自己装扮成男子支撑门户了。这在换妆故事中几乎算是特例,更多的换妆故事还是被动选择的结果,如花木兰的代父从军,刘方的侍父讨饷,谢小娥的潜行复仇,孟丽君的逃婚避祸之类,①都是迫不得已而变妆。这类题材往往都有一个相同的空间结构形式,就是出门远行。从叙事平衡上来说这是很自然的。因为故事若要为接受者所认可,首先得使换妆成为可能,显然这样的可能性在熟悉的地方是难以实现的,所以故事得以展开还必须隔开由熟人所构成的存在场域,消除读者对事件合理性的质疑,以保证换妆隐身的实施。像闻蜚娥因为居于乡里,叙述者就对其男妆而没有被人识破进行了认真的辩说,告诉人们她是因为出身、家境等原因一开始就没有以本来面目出现,否则除非借助魔幻等手段,要使平衡真正被打破,故事真正得以展开,出门远行是唯一的选择。当然,总的来说,不论依循还是无奈,远行他乡还是隐于故地,一切都是为换妆而设计的,换妆是故事序列的总驱动因素,是叙事张力得以生成的根源。不论行动、性格还是思想叙事,通常都是在目的论统摄之下进行的。但在换妆故事里,除却普通目的论叙事之外,还常常出现由换妆本身所引起的独立的身份错位叙事,使结构本身一开始就隐含了二重乃至多重发展的可能。这种发展也不同于为增加复杂性而进行的多维叙事。

女扮男妆故事的核心元素就是性别身份的错位,当这种错位不受关注时,就

---

① 分别见于《乐府诗集·木兰辞》《醒世恒言·刘小官雌雄兄弟》《初刻拍案惊奇·谢小娥智擒船上盗》和《再生缘》。

不会或者微弱地影响到叙事结构的展开。如拟话本小说《谢小娥智擒船上盗》详细展开了谢小娥遇祸、解谜、潜身、报仇的一系列情节,性别身份对叙事进程没有发生任何影响;莎士比亚的《威尼斯商人》也是将笔墨集中于主客体之间的斗争过程,涉及的乔装只是扮演法官是否成功的问题。然而有些则不然,前文所及闻蚕娥故事中,叙事的外在层面是蚕娥入京寻找除冤救父的机会。但整个故事并没有围绕这一目的展开,而是插入蚕娥入京途中入住一家客店,因身份误会而被店主人招婿定亲之事。入京后的救父行动也只用了200字即叙述完毕,文本空间都让给了杜子中识破其身份而求偶的情节。闻蚕娥换妆有两次成为叙事进程上的核心事件:首先是能够走出深闺而得以结识两位同窗并成为好友,这个事件隐含了入京寻找同窗施救的情节,而这一情节则直接促成了婚姻选择的明朗化。在这一大叙事框架中,成都客栈被客店主人甥女看中恋上欲为婚姻这个嵌入情节,其实是为了解决蚕娥在魏、杜两人间左右游移、取舍不定的难题而设计的,归根结底还是为了蚕娥故事可以获得一个如愿以偿的圆满结局,因而这个嵌入情节不可或缺。当然,叙述者的目的原本就在于讲述一个婚恋故事,闻父的陷冤只是推进情节的功能事件之一,但不论叙事受到何种目的导引,这个故事已经与《木兰辞》的叙事不同,它在闻家故事这一框架之外衍生出了因为女扮男妆而引起的婚恋事件出乎意料的完满结局。由此可以看出,由于换妆而导致的身份错位有导致叙事结构动态化的可能。

这种变化可以分成两类。其一是将性别身份的错位嵌入故事主体结构,形成目的论叙事之下的身份叙事,如《梁祝》故事的同窗三载及十八里相送两段。不论悲剧、喜剧还是成长、探险,也不论纪实还是虚构,叙事要在生活和想象成规的制约下展开行动序列,张力存在于行动过程中,序列由过程的变化多端所填充。但在女扮男妆故事中,这个目的实现的过程是比较简略的,或者几乎可以不构成情节发展的中心事件。像《木兰辞》中从"万里赴戎机"到"壮士十年归"只用了三个句子就讲完了十年赴戎的经历,却用了七个句子铺陈其恢复女儿妆的过程。这样的例子不少见:

> 且说刘方二人自从刘公亡后,同眠同食,情好愈笃,把酒店收了,开起一个布店来。四方往客商来买货的,见二人少年志诚,物价公道,传播开去,慕名来买者,挨挤不开。一二年间,挣下一个老大家业,比刘公时已多数倍。[①]

[①] 醒世恒言·刘小官雌雄兄弟.西安:陕西人民出版社,1985:204.

> 黄善聪假称张胜,在庐州府做生理,初到时止十二岁,光阴似箭,不觉一住九年,如今二十岁了。这几年勤苦营运,手中颇颇活动,比前不同。①

女扮男妆故事在情节设置上通常比普通故事简单,其叙事重心不在探奇历险、除恶扬善、发财致富、苦恋痴情之类事件的发展过程上。如果去掉木兰从军故事中的女扮男妆成分,它就变成了一个"应征—战斗—立功—返乡"的平淡无奇的故事,连其中所蕴含的孝悌意义也会遭到削弱或消解;同样,去掉梁祝故事中的异性妆扮元素,则同窗读书、十八里相送两场戏的行动设置就都毫无意义了,而这正是梁祝故事的精彩环节。同样,《再生缘》中也正是孟的身份掩饰才成为推进事件不断得以补充、扩展、叠加的根本动力。这部分叙事完全围绕性别身份的恢复归正而设计,可以视作叙事过程中不提供选择、只扩展、详述、维持或延缓原有情节的"催化元素"。这占据文本近乎一半篇幅的叙事其形式化色彩是很强的,叙事只是大大拓展与充实、细化了文本空间。叙述者在此将大量的时间留给了性别身份的隐—显问题,故事主体的时间甚至不被置入流程。而由女性身份所引起的事件则是场景化,再现式的。叙述者在这样的故事中往往仅作为导游或者直接隐身于读者中一起观看扮装者的行动与际遇,叙事时间与事件展开的时间同步。

大量换妆故事关注的焦点不在换妆的目的,而是将行动的目的和过程推向背景,作为情境来处理,从而使性别身份置于中心受到凸显,性别身份反客为主成为主要事件。外在框架中的主导事件于此反而成为辅助,只起到为前者的展开提供时空情境的作用,由换妆导致的双重性别身份所引发的一系列悖常构成了情节发展的基本叙事张力。女扮男装故事常常由于性别元素对目的元素的置换而形成性别叙事,原初目的往往只剩余一个触发运转的功能,随后即退居次要位置甚至完全隐没,行动换由性别身份元素向前推进。

其次,由于这种置换,叙事过程中出现了由于性别身份的错位而引发的情节蔓生现象。

前文所举故事中,扮妆既然作为主要叙事事件,当然会在身份置换后得以顺利展开与转换,进而构成一个具有完整情节的故事。叙述者将因性别身份的错位所引发的一系列事件嵌入框架叙事的主体结构,导致叙事重点的主次颠倒,不过它们并没有逸出主体故事框架的控制。然而只要叙事张力源自身份,就存在

---

① 喻世明言·李秀卿义结黄贞女.西安:陕西人民出版社,1985:414.

着叙事重心偏移甚至脱离主体框架结构的可能。事实上,性别问题的凸显常常使叙事进程逸出目的控制的主体情节进路,导致蔓生性的叙事变异。试以《再生缘》为例:文本中建基于性别身份的叙事内容可以分成两个部分,前部分讲述孟丽君迫于权贵威逼出逃避婚,并考中状元得机救出遭到陷害的未婚夫皇甫少华一家,使其恢复了往日的门望。叙事至此形成一个完整的"招亲—蒙冤—申诉—昭雪"之环,按说故事应该作结。然而这个框架叙事的内容在整个文本中只占了一半的语言篇幅,后半部分从第四十九回一直到结尾的第七十四回,叙事从框架叙述的"冤—解"结构完全转为性别身份的"隐—现"结构。如果身份错位在前半部分还只是一个辅助事件的话,则此时性别身份已经成为叙事的母体事件,围绕性别身份的隐藏与揭露而展开。换句话说,如果我们将前半部分界定为"身份叙事",则此时已经变为真正的"性别叙事"。此时皇甫家的冤情已覆,孟丽君因为才干杰出、清正廉明而深得皇帝信任,即使身份暴露,也已经构不成影响。皇帝的处理就是"管他是男和是女,只要他,才情敏捷决难疑",也就"做做官时无所碍"了。可见她一再掩饰身份所持的理由并不充分。叙事者调动了孟丽君的父母、奶妈、兄长、未婚夫、皇帝、皇后等几乎所有与其生活和仕途行为相关联的人物,引发出大量的身份窥探与揭发事件。孟丽君则在这样的四面围堵中沉着应对,化解了一个个身份暴露的危险。由于其占据了近半的篇幅,整个叙事进程就转向了孟丽君的性别身份"隐—显"问题的发生与解决。后半部分有关性别身份的叙事成为整个文本的重心,叙事视点发生转移,以再现性、场景化为主,叙述者的声音退隐到几乎不存在。

这种逸出性的叙事可以像《再生缘》这样成为整个叙述框架文本中一个情节相对集中、完整的组成部分,也可能穿插于表层叙事的进程之中。将前者比作种瓜得豆,则后者就算捕雁获翎了。如果像"水火之事,小心谨秘,并不露一毫破绽出来"之类还只是为遵守故事的现实性的成规而进行的预防,①则下面所引的这段就算得上渲染了:

> "这边僻雅,兄就此宿歇罢。"若素那里肯?采绿恐露机关,推着背就走。蕙卿唤玉菱留着,玉菱即笑嘻嘻扯住。若素道:"小弟素爱独睡,恐不便于兄。"……采绿同宋妈妈取行李过来,做一处铺着。童子道:"你两个怎么一同睡?"宋妈妈道:"是我的儿子。"采绿几乎笑倒,勉强忍住。故意道:"倘夜

---

① 凌濛初.初刻拍案惊奇·谢小娥智擒船上盗.北京:人民文学出版社,1957:348.

间要小便,不曾问主人取个夜壶。"童子道:"只有一个,是我家相公要用。不然,我到小姐房里取个水马子来,又好备着你家相公大解。"宋妈妈道:"我有随身小便的在此,将就合用罢。"若素听得,肚里暗笑。①

一个事件在文本中要么是功能性的,充当推进或延缓事态的因素;要么是语义性的,充当行动的阐释者。这段叙述用了五百多字展示一个不具有情节或主题功能的事件,不但秦惠卿主仆对同睡的执意远超出了通常情理,将换妆后最难处置的同宿问题巨细不漏地——展出,也明显属于甚至过度化了的蔓生性叙事。2009年星光国际制作的电影《花木兰》有一场搜查丢失玉佩的戏,搜寻过程中士兵们为了清白纷纷脱掉衣服,将木兰挤进无隙可凭的绝境,但结果却是匈奴来犯,玉佩事件遂不了了之。将一个瞬间事件通过敌军来犯这样一个延时事件予以衔接、替代,逻辑上不免有些勉强,除了纯粹为彰显其性别身份而设计,很难说还有什么功能指向。主体情节外的叙事通常是为了人物性格、才情、思想、命运、心理或境域等传达的需要,而相对目的论叙事模式而言,性别身份在叙事中实际变成了一种以身份的"隐—显"结构为框架的、非常特殊的嵌入性的事件元素,叙事常常是非功能性的,纯形式化的。

换妆故事中由性别身份秘密而引起的"身份叙事"常常脱离出目的论主导下的因果链条,身份秘密在其中既非动力因素,也非语义因素,而是直接作为显现者被嵌入语义或功能化的情节序列中。但由于换妆所导致的身份错位存在着引发身份关注的可能,导致由性别身份引起的"显—隐"结构转而成为框架叙事之外的另一个叙事元,单独成为事件发生与进展的内在驱动,成为事件连缀的聚结点,从而衍生出一系列的"性别事件"。这些事件在小说理论中常常被视作蔓生出来的"冗余",但如果将这些文本中这种蔓生性的叙事剔除,则整个故事将所剩无几并且淡而寡味了。

当然,叙事的蔓生元素并不仅见于女伴男妆或男扮女妆。精变故事中的变形、潜伏故事中的伪装、魔法故事中的神器等在叙事过程中都有挣脱成规而蔓生的可能。有时这种"蔓生"具有正如雅各布布逊所说的语言的诗意功能,将接受者的关注吸引到性别"隐—显"结构上来,构成复合叙事,提升了叙事的复杂性。

---

① 安阳酒民.情梦柝·第15回//古本小说集成:第1辑第091册.上海:上海古籍出版社,1991:207.

三

这种基于性别身份"隐—显"结构基础上的叙事蔓生,很容易使作品获得喜剧风格。

我们可以通过花木兰故事的话语形态演变来展示其喜剧生成性:乐府《木兰诗》旨在旌扬孝行,叙事进程中加入大量抒情:"阿爷无大儿,木兰无长兄……愿为市鞍马,从此替爷征。"从军途中叙事仍然由这个主题所控制:"旦辞爷娘去,暮宿黄河边。不闻爷娘唤女声,但闻黄河流水鸣溅溅。旦辞黄河去,暮至黑山头。不闻爷娘唤女声,但闻燕山胡骑声啾啾。"诗中叙事是单纯而线性的,对她从军过程中以女性身份进入男性世界是否将引起性别事件的问题没有给予任何关注。[①] 之后唐代韦元甫《木兰歌》[②]、李亢《独异志》[③]等也都在这一主题统摄之下沿袭了木兰诗以抒情为主的叙事取向。至明代徐渭创作的戏剧《雌木兰》,文体本身的特性迫使抒情让位于行动,叙事状况开始发生变化,增加了木兰母亲、自身以及同行士兵对性别问题的关注。[④] 由于身份的特殊性,女性进入男性世界所造成双方私密空间的交叉与冲突,还是使奠基于性别问题的叙事变得活泼起来。

进入现代工业社会,视像技术的发展带来叙事场景上的直观性,使喜剧化趋向一下变得变本加厉。在各种影视剧中,讲述者一开始总是强调其顽劣、粗豪、英武的男性化性格倾向,而在扮装之后则完全相反,频繁地变换聚焦方式强调其男性妆扮下的女性身份,这种强调显然更多是为了保持行为惯性,以便在性格阐释功能之外为后面不断地置入错位空间中强化身份暴露的危险,设置冲突语境,制造喜剧效应。迪斯尼动漫版《木兰》首先增添了洗澡的场景。1998年台湾与大陆合拍的48集电视连续剧,再到星光国际的电影版《花木兰》,这个并不承担叙事功能的细节一直都被保留并刻意渲染。不仅如此,电视剧因为时间上的富裕从容而将性别叙事变本加厉且尤为率性,叙事进程中随时可见拍肩、搂抱、触摸、脱衣及戏谑的对话、与性别身份直接相关的梦魇等尴尬场景。至木兰与李亮

---

① 当然这也是因为受到孝亲伦理这一主题的严肃性的抑制。
② 全唐诗:第5函第1册.上海:上海古籍出版社,1986:683.
③ 李亢.独异志·第54条.北京:中华书局,1983:7.
④ 故事见:徐渭.徐渭集.上海:上海古籍出版社.雌木兰.按:故事中对性别身份的关注分别从花母、木兰自身及军士三个角度进行补充说明,虽然可以补充解释独处军中十多年而没有暴露身份的问题,以绾合原作中所忽略的行动逻辑。但从中看不出有什么必要如此频繁地将读者引向这一话题。

一起被匈奴俘虏一节,更是进行了大肆渲染:

  (李)"也没什么了,顶多,不过脱掉你的衣服,抽几鞭子。或者,烧红了铁,烙几下而已。"
  (花)"哎呀,他们要怎么折磨我都行,不过,能不能不脱衣服?"

  待敌兵进来提审,木兰立即大叫:"你们要带我去哪里?我不去,我不会脱衣服的!"这里的铺张与被俘事件还算榫接较好,有些则与情节、性格或氛围没有关系。如其中有一幕练兵场景:李将军面对众军士突然撇开正题转向木兰打诨:"我这个老朋友一碰到高兴的事情,不论男女老幼,她都喜欢抱一抱,要不,你们都来抱一抱?"这个强行嵌入的细节显然是游离于正常的行动进程之外的,差不多纯粹为了喜剧效果而将木兰置于性别禁忌的尴尬境地。但对叙事的喜剧化风格来说,则显然具有强化、渲染嬉闹气氛的效果。

  当然,喜剧可以是对生命存在状况的自觉反思的形式。目前我国对于女扮男妆叙事的分析主要也是从这一角度出发,对古代作品中频现的女性乔装现象予以性别政治学的解读,如黎藜《论易性乔装与才子佳人小说中的男权本位意识》①、唐昱《明清"易性乔装"剧与性别文化》②、佟迅《中国古代妇女社会地位及女扮男妆文学题材的演变》③等。在这些研究中,故事被予以权力叙事的隐喻化解读,并归因于中国古代文化中的文人女性化传统,强调这一传统对故事类型的影响。——不能说这些结论没有道理,故事文本中也不难发现这样的表述:"这都是裙钗伴,立地撑天,说什么男子汉"④,"若辈尽属女中巾帼,并非七尺须眉。谚云:有智妇人赛过男子,信非诬也"⑤,"丽君虽则是裙钗,现在而今立赤阶。浩荡王恩重万代,巍峨爵位列三台。何须必要归夫婿,就是正室王妃岂我怀?"⑥这些表述中的身份意识是很明显的,它们并非仅出于女性作者之手。但故事中叙述者不会在人物的出门远行到目的的达成之间设置阻碍,也不设置在成功后为显示女性才能而主动显示其女性身份的情节,而是在情节发展过程中被识破身份并获得了理想的丈夫。身份的复原不是成功的刻意彰显,而是重新回到闺房

---

 ① 见:内江师范学院学报,2010(3).
 ② 见:戏曲研究,2007(74).
 ③ 见:华北电力大学学报,2005(7).
 ④ 孙德英.金鱼缘全传:第十九回、二十回.光绪二十九年上海书局石印.
 ⑤ 孙德英.金鱼缘全传:第十九回、二十回.光绪二十九年上海书局石印.
 ⑥ 陈端生.再生缘//续修四库全书 集部 曲类:第11卷.上海:上海古籍出版社,2002:316.

守候满意的丈夫。这样的情节设置只能说明才能、品质等方面的证明是个人化、私人性的,而不是面向社会的性别权力层面上的申说。因此,不论作者是男性还是女性,我们从故事中读到的并不是社会对于女性获得社会身份过程的阻绝、抑制或压迫,将主题解作女性的权利难免有拔高之嫌。另一方面,这类作品和题材于今仍然十分活跃,而现在性别早已不是女性自我实现的障碍,何必如此曲折地去表达一种十分表面化的权力诉求呢。如果将其视作女权宣言来予以解读,难免会掩盖意识形态背后的文学意义。

历史文化维度上的因果判断也是如此。且不说把使用女性声音的文本定性为男性作者女性化的取向是否合适——正如从女性作家创作女扮男妆故事不能推出女人男性化一样,将这种并非只出现在中国、也不止发生于古代的故事类型民族化,再将中国文化简化成阴性传统,以至推论其为中国文化所特产,在方法上很难不产生疑问。女扮男妆故事能够持久地葆持魅力的原因,恐怕不是观念主义的简单标签所能解释。

故事首先是艺术,艺术得以确立的不是知识,也非思想,是叙事文本成为艺术品所应该拥有的审美价值。正是这一价值才使艺术文本拥有了独立存在的资格。对于一个故事来说,审美价值得以生成的机制不在于事情本身,或者说不主要地取决于事情,而是更多地来自叙事话语。意识形态视野中的故事只表现为话语的标本意义,其本身怎样被结构出来,具有怎样区别于其他题材的艺术特质,反复被请入临场的魅力何在之类的问题,则很容易遭到忽略,而这恰恰才是它们特立独出的根本所在。就叙事功能而言,如果孟丽君的竭力掩饰还有提供新的选择以推动事态持续延展的功能,电视剧《花木兰》里的这些细节则连推动事态变化的功能也不存在,实际上构不成情节事件。叙述者一方面不断地在行动进程中插入性别身份事件,向接受者强调其女性身份,一方面利用其身份的错位予以插科、打诨以及有意无意的"性侵犯"恶剧,造成女主人公身份的尴尬处境。这里叙述人地位的特殊之处在于其身份的多重性:他可以站在女性一方,保证了性别身份的私密性;当叙事视点由女性的内在空间转出,叙事者又变成了知晓主人公秘密的传播者,有混于旁观者群中十分得意地取笑主人公遭受"欺负"却又不得不强颜若无其事的窘迫。叙述者正是利用扮妆者的错位身份这一"软肋"与接受者形成共谋,狂欢式地将女主人公陷入由于性别身份错位而导致的隐私公开化的冲突中,形成广场言语和广场姿态,通过尴尬境遇促狭地展示身份伪装所付出的代价,从而将传统的孝亲或民族主义的题材几乎完全转换成为一个娱乐性的喜剧故事。随着讲述形式的不同,木兰故事中的性别身份也逐渐得到加强。与此相伴生的,关注程度越高,其因错位带来的喜剧化气氛也就越热烈。

"叙事视点不是作为一种传送情节给读者的附属物后加上去的,相反,在绝大多数现代叙事作品中,正是叙事视点创造了兴趣、冲突、悬念乃至情节本身"①,换妆故事相异于其他的,不在伦理、功业、婚恋、财富之类的题材,其不衰的魅力正在于换妆行为本身。正是换妆引起了视点的变化与叙事向度的转移,将主题化叙事转变为场景化观赏,将时间性的情节化叙事转换为空间化的蔓生,从而形成一种特殊的叙事策略,并自然生成喜剧效果。

四

不过,指出换妆故事的叙事中女性主体意识自觉性不足,并不意味着这类叙事不具有意识形态的阐释空间,更不是将女权主义视角也全盘否弃。詹姆斯·费伦将叙述者的作用分成报道、阐释和评价三类,并认为叙事在修辞的意义上就是指"某人在特定场合出于特定目的给特定的读者讲述某个特定的故事"。由此,则文本的意识形态内容就是内涵的、先验的。而柏格森通过对喜感的分析将喜剧植入生命存在的根深的意识中,滑稽、诙谐、调笑的背后,其实是人的自由意志的呈现。则这种蔓生的、喜剧化的叙事并非毫无主题性的无厘头,而且同样蕴涵了人的存在境况的修辞指向。

巴赫金指出理解狂欢节文化不能停留于目的论或生理机制这种肤浅的层面上,而"应该从人类生存的最高目的,即从理想方面获得认可"。② 如果狂欢的终点是对秩序的解构,是人类自由根性的发露,依此推论,则叙事的戏谑性、狂欢化越强,可以设想其形成反讽效果、从而"颠倒"秩序世界的冲力也就越足。那么对于女扮男妆故事的讲述而言,可不可以从历史目的论的角度说叙事的非主题化、狂欢式的蔓生性越强,就越拥有了对权威的颠覆力量呢?换个角度说,它是否属于巴赫金所界定的狂欢节文化呢?

秩序的权威由政治、道德、习俗等所建构和维持,电视剧《木兰》故事中的喜剧情景奠基于性别禁忌,表现为男女伦理观念。如果将叙事作为权力颠覆的修

---

① 华莱士·马丁.当代叙事学:第2版.北京:北京大学出版社,2005:128.
② M. M. 巴赫金.巴赫金全集:Ⅵ.石家庄:河北教育出版社,1998:拉伯雷的创作和中世纪文艺复兴时期的民间文化,10.另外需要指出的是,这里只是参考巴赫金对狂欢节文化的哲学人类学分析,而不是直接使用其"狂欢节文化"概念。

辞,则其"权力和真理"来自伦理秩序中的男性权威化。但故事中女性进入男性世界后由于身份表象的改变而无法再自我防护,从而陷入"任人宰割"的性别尴尬境地,喜剧性是在既定秩序框架下依靠身份的将错就错实现的,身份错位保障了性别"侵犯"的合法性。无论男妆的女性怎样地被触摸、搂抱或者言语犯禁,白龙鱼服而遭到伤害,"侵犯"者都不需要承担任何道德或法律的责任。但问题在于,这种"侵犯"是经由叙事者讲给读者的,叙事者完全知晓男妆者的身份秘密并在讲述中向接受者众人公开,这就形成了一种围观效应,叙事的喜感即来源于此。而围观所以能够产生嬉闹效果,正是由于秩序权威的存在。因此,虽然不能说它强化了既有道德话语的权威,但显然也不可说这种狂欢式的"犯禁"构成了对性别空间秩序的挑战。女子在叙事话语中只是一个身体,一个被观看的对象,而不是一个权利主体。

　　进入视像时代,声像的直观化与拟真性给围观提供了直接的感性效果,"男人是看的主体,而女人则是被看的客体,这种主客体、主动/被动关系构成了电影中叙述与影像序列的基本结构。……(影片)将电影院中观众的观影行为转换为一个观察者的位置,从而在观众想象的三维空间中将女性身体夸张为一个审美或欲望的客体"。[①] 这种便利大大强化了身份错位的戏谑色彩,叙述上的蔓生变得漫而无制。但不论文字书写还是读图时代,正因为拥有性别话语秩序中的优越感,叙述者才把主人公难以摆脱的尴尬变成了与接受者相共谋的恶作剧的对象。古代并非没有男扮女妆故事,如《赫大卿遗恨鸳鸯绦》(《醒世恒言》)、《金海陵纵欲亡身》(《醒世恒言》)等,但这些故事中的男性都是否定与批判的对象,因为犯了万恶首罪而使扮妆失去了合法性的限度,结局自然是罪有应得。叙事只沿着"谋划—实施—败露"的线索向前推进,时间性很强,也没有女扮男妆故事的复式结构,因而基本不存在蔓生细节,更没有那种喜剧化的戏谑。

　　前文所及的影视作品有一个共同的地方,就是讲述者的性别表现为男性。如果换由女性讲述,则又会呈现为何种样态?经由身份转换所引起的视角转换能建构起怎样的意识形态空间呢?它是否可以激起如研究者所称的女性乃至女权意识的自觉?或者仅仅停留于视觉快感的满足?从理论上说,任何故事都含有意识形态解读的可能性,那么女扮男妆故事强化了男性意识还是女性意识呢?

　　叙事可以进行深层和表层的区分。表层叙事在时序中通过因果时间关系展开,深层话语空间中隐含着成分间的空间逻辑结构。女扮男妆故事得以建构的

[①] 见:申丹.西方叙事学:经典与后经典.北京:北京大学出版社,2010:251.

前提是男女性别的二元对立,研究者所进行的阐释批评也正是建立在这种对立思维基础上的。社会空间除了政治的、伦理的、道德的、习俗的等等之外,还存在着由性别文化所孕育出来的性别空间,形成个体的性别意识。由于角色的文化赋予等诸多复杂的因素,这个空间对异性保持着私密性。彼此并非不知对方那个不便涉入的世界,但这个世界就被一道无形之墙区隔开来,彼此心照不宣地保持着距离。性别形象就在这样的区隔中得以抽象和确定。古代故事中女性内视点的叙述方式比较少见,一般要么置于叙述者,要么赋予其中的男性角色。如《水浒传》里从潘金莲到扈三娘,视点差不多都是外在的,或者如潘巧云偷情一节,由故事中某个男性人物的视角去追踪。接受者的注意力被吸引到情节的发生与发展过程中。因为视点的统一,故事得以展开的空间本身被忽略。我们看《红楼梦》里即使宝玉与众女子朝夕相伴,任意往来,但宝玉的形象对于女子们来说仍然是外在的,对大观园以外的形象更是不甚了了,属于她们并不熟悉同时也不必要或不该去熟悉的男人世界。

但扮装犹如潜伏,是进入对方世界的唯一途径。通过性别身份置换,女性得以行走于性别区隔的边界上,或者进入男性世界的内部,叙事视点也由此而常由女性承担。女性化的叙事视角得以进入男性世界内部,使这个向异性封闭着的空间得以敞开,瞬间变得透明无碍,这势必因为视点的调换而将男性置于被审视的状态中。在各种流传的《梁祝》故事中,叙事因为改装而从一般的问学、交谊而转向对梁山伯内在习性品质的审视。而就在这样的审视之下,作为读书人的梁山伯呈现出另类的形象:祝英台欲表露自己的身份而费尽周折,而梁却总是启而不发:"英台说蜷腿不如伸腿睡,到天明咱再扶起来。山伯就说算了吧,咱师傅知道了不得!师傅如果生了气,咱二十戒尺都得挨。祝英台就说不要紧,到明天二十戒尺我替你挨。山伯就说睡觉吧,急忙把界牌扶起来。"①这段叙事里祝的审视与怀春少女的崇拜不同,她只是给予对方一个改变身份的机会,因而不乏一种居高临下之态。在这样的审视之下,男子经纶满腹、咳唾成珠、儒雅倜傥、大任天下的士人形象成规在此无形中被解构,显露出内里的憨厚朴实与懵懂混沌。这样的场景是外视点所无法展现的,观审客观上对男性权威的成规构成了破坏。

在《情梦柝》《梁祝》及三言里的同类故事中,女性面对的都是单独的个体,结局也是良缘玉成,皆大欢喜。女性虽然得以进入男性世界,但不过只触及外围的

---

① 梁祝文化网:http://cmspub.cnnb.com.cn/liangzhu/system/2007/08/13/010013728.shtml 2011/6/14:11:00。

一隅,并未给男性的权威造成困扰。而《再生缘》则不同,故事中孟丽君真正进入了由师生、君臣、父子、男女等各种关系所编织的男人的整个世界。正如工具的结构彰显于故障之时,在孟丽君进入了这个世界之后我们却发现,她虽然身居高位门生络绎,却始终都无法回避身份不当所造成的困扰。

与所有同题材故事都不同,孟丽君故事后半部分其女性身份对周围来说早已不再是秘密,众人需要的仅仅是孟的身份回归而已。如此则她为何在确凿的证据面前坚决否认,就成为一个"焦点意象"。由于孟丽君的坚决隐藏而无法使种种关系各就各位,势必引起对这些关系的重新思考,叙事无形中构成了身份修辞。女性主义批评话语也正是在这样的基点上得以言说的。

涉及特定时代的视角并非单纯的感知问题,它必然含着特定的情感、立场和认知状况。读者在追随叙述者一起观看故事中的人物、经历其中的事件时,叙述者在读者面前其实扮演着向导和对话者的双重角色,这种身份引导读者一起分享着叙述者和视点人物的所有体验。孟丽君不仅成了未婚夫的座主,而且还成了脱他一家于灾厄的恩人,当她高居台上审视面前卖力展示才能等待评判的男人时,观念中那个高过于天的丈夫形象怎能不悄然坍陷呢?三从四德话语控制下的那个女性这时也不可能不隐遁于黑暗深处。虽然在第三者视角中,这仍然是正常的元老权威与青年新进之间的交流,但表层之下却是一个女性居高临下的视点,传统男女的身份结构很难说不会遭到拆解。尤其重要的,读者虽然追随着孟丽君的视点一起分享她的经验,但这种分享却涵融了读者自身的观念,这个读者群体里也包含了真实作者在内。正是在这样的注视中,书生秦惠卿成了乞赖着要求同宿的无聊者,梁山伯不是儒雅风流,而是颠顶呆钝的木头人,元成宗也不再是威风八面一呼百应的国王,只是一个工于心计假堂皇之旗饰自私之欲的市侩而已……这个女性视点在叙述者这里是被暂时遗忘了的,但也许正是因为故事讲述人对身份的遗忘,才无意中成就了解构的视点:帝王贵胄、学士大儒、将星武人都在自由观审的目光下烛照无隐,那个奠基于男权话语秩序的男性权威被祛魅,男性形象成规至此遭逢拆解的危险。

当然,这并不能说这些故事旨在张扬女权。故事存在于讲述中,思考存在于故事中,而且更多的是存在于故事的接受过程中。到底是叙事引发的意义思考,还是思考规范了叙事,恐怕并不像社会学或文化批评视角那般确定。当孟丽君观审周围人物的表演,洞察到他们的隐秘的黑暗世界时,其身份其实是处在遗忘中的。也就是说,她并不是以女性自觉的意识去审视的。因而所谓祛魅,与女权主义者的理想相去遥远。在这种偶或触及的解构中,女性意识即使得到张扬也是十分有限的。表面看来,孟丽君几乎比所有故事里的换妆女性都成功而且顺利:才华横溢,仕途顺畅,父母亲爱,未婚夫痴情,皇家眷顾有加,仆从亲密而恭顺,门生络绎,百姓爱戴……如果不是女性身份,简直就是亘古以来一直只存在于想象中的圣王的显灵,贤相的具体化。然而问题也恰就在这个身份上:父母兄弟千方百计迫使她承认女儿身,未婚夫软硬兼施地要去除名字前的"未"字成为丈夫,皇帝又处心积虑地欲纳之为妃,连舍身救己亲如姐妹的侍女,也因为身份对婚姻的妨碍而时出幽怨。所有这些挂爱、欣赏和推戴无一不是在催迫她恢复女性身份。处在这样一个犹如八面之阵的围堵之下,孟丽君虽然通过换妆而进入男性世界并成为主宰,却在成就之刻即成了所有人都不愿意接受的人,繁华的外表之下潜隐着一颗孤独的灵魂。与其说这是一个女性在性别对置的世界里曲折获得话语权的成功故事,不如说是闯入男性权力所建构的秩序中手足无措的悲剧。

文学史的语言学模式与"话语"的文学史

邓金明

邓金明,1975年生,湖北鄂州人。2002年毕业于湖北大学,先后获文学学士及硕士学位;2008年毕业于首都师范大学,获文学博士学位。2008年入职上海大学文学院,现为中文系讲师。主要研究领域为文学理论、文化诗学、社会文化史。主讲课程有"文学概论""文艺心理学""西方文论"等。出版有专著《新世纪文艺心理学》及译著《怪物:玛丽·雪莱与弗兰肯斯坦》;在《学术月刊》《当代文坛》《上海学报》等刊物发表学术论文近10篇。主持上海市教委科研创新项目。

有没有"正确的、恰当的文学史观"?如果有,它又来自何处?这是乔国强在《叙说的文学史》中,一开始就提出的一个巨大的"文学史之问"。这恐怕也是所有文学史写作和研究都无法回避的一个问题。某种意义上,《叙说的文学史》一书正是对这个问题的回答。

一、文学史学的语言学模式

海登·怀特曾说过:"《元史学》是西方人文科学中那个'结构主义'时代的著作,要是在今天,我就不会这么写了。尽管如此,我还是认为本书对于更具综合性的历史著述理论有所贡献,因为它认认真真地考虑了历史编纂作为一种书面话语的地位,以及作为一门学科的状况。"[①]这段话基本上也可视为是对乔国强《叙说的文学史》的描述。毕竟,《叙说的文学史》明显受到了《元史学》的影响,它可以说是"元史学"在文学史学领域的投影,尽管这道"投影"与其说是"结构"的,

---

① 海登·怀特.元史学:19世纪欧洲的历史想像.陈新,译.南京:译林出版社,2004:中译本前言.

不如说是"形式"的①。不过,不像怀特认为的结构主义史学已经是过去时,在中国,文学史的形式研究还远远不够。

在中国流行的三大文学史研究模式——哲学模式(陶东风《文学史哲学》)、政治学模式(戴燕《文学史的权力》)、教育学模式(陈平原《作为学科的文学史》)——之外,《叙说的文学史》开辟了文学史研究的第四种模式,即语言学模式。诚如著者所言,《叙说的文学史》"与其他那些探讨文学史写作的专著不同,它关注的焦点不是该如何评价具体的文学事件、作家、作品以及在文学史上的地位,而是通过对文学史叙事的讨论,来看清文学史叙事的一些带有本质性的问题及其属性的特点""这是一本从叙事的角度对文学史叙事原理进行讨论的书"②。简单说,《叙说的文学史》通过叙事学理论来研究文学史文本及文学史写作。

这种以"文学史叙事"为对象、从形式分析角度切入文学史的研究路径,在国内文学史学界显然并不常见。究其原因,是因为在国内文学史研究中,长期占主导地位的一直是"内容主义",而它又与"偏于史学的文学史写作方式"密不可分:"用重要的历史事件诠释文学现象,以社会语境的变迁作为文学思潮嬗变的主要依据,将文学史与社会史、心理史、政治史等一起纳入宏大叙事的范畴,为社会代言,为时代服务……这些似乎成为这种文学史写作方式的主要内容。"③偏重于"历史"的文学史写作导致了一种偏重于"内容"的文学史研究,两者互为表里。而这种文学史写作与研究上的"历史至上"及"内容至上",背后则有将文学史视为"救亡""启蒙"或"规训"手段的历史功利主义做支撑。

因此,就此意义而言,《叙说的文学史》对国内的文学史研究,无疑是有纠偏意义的。

但文学史研究的语言学模式,有一个无法回避的问题,那就是如何在文学史文本的形式与社会意识形态之间建立联系。比如,《叙说的文学史》通过解读德国汉学家顾彬的《二十世纪中国文学史》,非常精彩地论述了"秩序"在文学史叙事中的意义。它已经注意到了,《二十世纪中国文学史》在叙述历史事件时,其语言组织和论述顺序背后,掩藏了叙述者的政治立场和价值取向④。但可惜的是,《叙说的文学史》点到即止,并没有沿着后殖民主义的思路进一步去追问,顾彬的

---

① 关于"结构"与"形式"的区别,参阅:列维·斯特劳斯.结构与形式——关于弗拉基米尔·普洛普一书的思考//结构主义人类学.陆晓禾,等,译.北京:文化艺术出版社,1989.
② 乔国强.叙说的文学史·绪论.北京:北京大学出版社,2017:5,9.
③ 董丽敏.文学史:被遮蔽的真相.文学报,2003-10-30.
④ 乔国强.叙说的文学史·绪论.北京:北京大学出版社,2017:144-145.

《二十世纪中国文学史》与海外汉学研究意识形态之间具有何种关系,从而错失了对萨义德《东方学》进行补充说明的机会。当然,一个更根本的问题是,文学史编纂者在进行历史叙述时,由论述和事件组成的文学史的"语言秩序",与整个社会和历史的"文化秩序"之间,会形成某种关系,这种"秩序"甚至是一种"反秩序",而这些正是文学史学家要去分析的。但在这方面,《叙说的文学史》囿于形式主义,并没有充分地展开论述。至于通过叙事学来审视文学史叙事,从而"厘清文学史文本内、外之间的关联和互动关系,窥见一些深层结构所具有的意蕴",这恐怕是叙事学、形式主义以及结构主义等形式分析方法本身就无法胜任的。

《叙说的文学史》的一个基本观点认为,"文学史是一种具有一定叙事性的文本,其本质是一种没有走出虚构的叙事",但这种关于"文学史写作的虚构性"的强调,并不指向对"文学史情结"或"文学史迷思"的任何批判,无论这种"情结"和"迷思"是何种意义上的[①]。它不承担任何历史反思的功能。因此,《叙说的文学史》中隐含的文学史关怀,即建立"正确、恰当的文学史观",并没有得到很好的落实。因为何为"正确、恰当的文学史观",并不能由文学史形式自身得到证明。它需要把文学史作为话语类型放到历史中来思考,也需要我们对"什么是文学""什么是文学史"进行反思性的认识。

二、"话语"视野下的文学史学

《叙说的文学史》对西方20世纪中叶以来的文学史理论进行了全景式的介绍,尤其是重点介绍了韦勒克的文学史理论。但正是后者建立在"新批评"基础上的理论观点,决定了《叙说的文学史》的文学史学视野。虽然它也认识到,"韦勒克的文学史观说到底,其实坚持的还是对文学内部的研究,而不是与其相关的历史的、社会的、思想史的或心理等背景的研究,总体上没有超出'新批评'对文学的认知范围"[②]。但是说到底,《叙说的文学史》对文学史的叙事学研究,也并没有太大脱离语言—形式分析的范畴。要对文学史观有大的推进,我们离不开西方当代哲学和史学,尤其是福柯的理论。而这其中,"话语"是我们理解"文学"和"文学史"的一个关键词。

[①] 陈平原认为,"中国学界以及出版界之所以倾心于编撰各种各样的'文学史',除了学问上的追求,还有利益的驱动,以及莫名其妙的虚荣心"。参见:陈平原.作为学科的文学史.北京:北京大学出版社,2011:序言,4.但在这种文学史"情结"或"迷思"背后,其实有更深层的文学历史话语权的争夺。

[②] 乔国强.叙说的文学史·绪论.北京:北京大学出版社,2017:90.

在论述文学史叙事的"故事话语"时,《叙说的文学史》谈到了"话语"。在叙事学中,"故事"与"话语"是两个不同的概念,"故事"指的是"叙述世界/叙事的内容层面","话语"指的是"叙述世界/叙事的表达层面",按热奈特的定义就是"叙事",即承担叙述一个或一系列事件的叙述陈述,它是口头或书面的。"故事"与"话语"构成了叙述"什么"与"怎么"叙述的关系。在《叙说的文学史》中,"话语"只是对文学史叙事进行形式分析的一个要素,但在福柯的理论中,"话语"有着重要的思想意义,它关乎我们对"文学"和"文学史"本质的理解。

"话语"概念在福柯那里有广义狭义之分。广义的"话语"指"文化生活的所有形式和范畴",而狭义的"话语",则接近于"语言的形式"。然而狭义的"话语",在福柯那里也是有其独特含义的。首先,"话语"是对严格规范化的反抗。其次,"话语"是索绪尔语言学意义上的"语言"(Langue)和"言语"(Parole)之间的第三者。"话语"之所以不同于"言语",是因为它涉及主体间的关系;而不同于"语言",是因为它的意义来自自由,因而不可能被语言学规则穷尽。"话语"虽然是由符号组成的,但并不等同于符号语言,它做的要比用这些符号去指称事物来得更多。在福柯看来,人类的一切知识都是通过"话语"获得的,历史文化由各种各样的"话语"组成。"话语"意味着一个社会团体依据某些成规将其意义传播于社会之中,以此确立其社会地位,并为其他团体所认识的过程。

在《什么是文学?》一文中,福柯明确认定,"文学"是"文学作品"和"语言"之外的第三项,"文学不是全部语言作品的一般形式,它也不是语言作品所处的普遍位置",而是"作品"与"语言"之间的一种"主动的关系,实践的关系"①。我们很容易就明白,福柯所理解的"文学",其实就是一种"话语"。"文学"是一种谈论方式。"文学"意味着在"文学"的名义下去言说。而所谓"文学史",不过是文学的话语史,是人类在"文学"这个名义下(或者说在"什么是文学?"这个问题下)展开的一系列话语。

福柯把"文学史"的起点,定在了18世纪晚期或19世纪早期,"19世纪的文学领域里出现的历史性是一种十分特殊的历史性,它无论如何不能被比作到18世纪为止一直确保文学之连续性或不连续性的那种历史性。19世纪文学的历史性没有导致对其他作品的拒斥,或它们的消失,或对它们的接受;19世纪文学的历史性必然导致对文学本身的拒斥""自19世纪以来,每一个文学行动都呈现了自身并意识到自身是对文学据说曾是的那种纯粹的、无法通达的本质的一

---

① 福柯等.文字即垃圾:危机之后的文学.赵子龙,等,译.重庆:重庆大学出版社,2016:83-84.

次僭越"①。在福柯看来,19世纪以来,当作品让"文学"成为"问题",或者说,作品通过自身不断触及"什么是文学?"这个问题时,"文学史"才真正开始了。正因如此,福柯才会惊人地宣告,古典时代的"文学作品"并不是真正的"文学"。

而如何展开这种"文学史"或者说所有的话语史?福柯认为必须借助"知识考古学"。而正是在比较"知识考古学"与"思想史分析"的过程中,福柯为我们间接提供了三种"文学史"的模式。

第一种是传统意义上的"作品的文学史"。它研究的对象是文学家和文学作品。但实际上,我们已经发现,这种看似稳固的"文学史",在自律与他律、形式与语境的拉扯下,处于永远都无法消停的挣扎中。哪些作品能列入"文学史",成为这种"文学史"永恒的困惑。这种"文学史"展现的是一种拼命维持其审美性或纯粹性的悲剧姿态。

第二种是现在意义上的"思想的文学史",或者说"文化的文学史"。它研究的对象是文学文本,它把"文学"视为思想和文化,各种"大文学""文学生活""文学文化"②的提法,是这种"文学史"的显著标志。这也是福柯提到的"思想史"主导下产生的"文学史",这种"思想的文学史"讲述的"不是文学史(不是第一种意义上的'作品的文学史',引者注),而是小道传闻史,街头作品史,由于它消失极快,所以从未取得作品的头衔,或是马上失去这种头衔:例如,次文学的、年鉴的、杂志和报刊的、瞬间的成功和不入流作者的分析"③。而"思想的文学史"的义务就是要描述文学作品的"起源、连续性、总体化"。

第三种是未来意义上的"话语的文学史"。它的研究对象是作为话语的"文学"。它是在福柯的"知识考古学"主导下产生的"文学史"。它考察的不是建立在作品基础上的思维、描述、形象、主题,而是文学话语本身,即服从于某些规律的实践。它要确定文学话语的特殊性;指出文学话语所发挥的规则作用在哪些方面对于其他话语是不可缺少的;沿着文学话语的外部的边缘追踪文学话语以便更清楚地确定它们。这种"文学史"要通过"考古学"确定文学话语实践的类型和规则,而这些话语实践横贯个体的作品,但它不关切创作主体层面。最后,"话语的文学史"并不试图去重建或还原"作品"或"作者",也不关心起源问题。这也

---

① 福柯等.文字即垃圾:危机之后的文学.赵子龙,等,译.重庆:重庆大学出版社,2016:87-88.
② 参见吴福辉."大文学史"观念下的写作.现代中文学刊,2013(6);温儒敏."文学生活"概念与文学史写作.北京大学学报,2013(5);宇文所安.史中有史(上):从编辑《剑桥中国文学史》谈起.读书,2008(5).
③ 福柯.知识考古学.谢强,马月,译.北京:三联书店,2007:150.

意味着,被一般"文学史"视为核心的"虚构还是真实"问题,在这里其实是无效的。

三、"文学史"与"文学"的"孤独"

《叙说的文学史》的书名,英文翻译成 The Narrative Literary History,就全书的论述内容而言,这自然很贴切。但这个英文翻译以及全书的论述思路,恰恰反映出我们对文学史的认识存在某种误区,即:文学史是被叙说者,而不是叙说者;文学史是客体,而不是主体。正如"历史是任人打扮的小姑娘"一样,"文学史"往往被视为"叙说"的对象,"文学史"无法自己发声。

因此,在何种意义上,我们可以说"文学史"是在"叙说"呢?我们不妨回到福柯意义上的"文学"的开始时刻:

> 作品何时在某种意义上是文学呢?作品的悖论恰恰是这样的事实,即只有在开始的那一刻,在(写下第一句话,面对白纸)的那一刻,它才是文学。(无疑,只有在那一刻,在那个表面,在那个为词语提供了献祭之空间的最初的仪式里,它才是真正的文学。)所以,一旦这张白纸开始填满,一旦词语开始被转写到这个仍未被开垦的表面,在那一刻,就文学而言,每一个词语某种意义上绝对地消失了,因为没有一个词语通过某种自然权利本质地属于文学。①

在《讲故事的人》中,本雅明则描述了"文学"相对于"故事"的这种"孤独":

> 散文的体式有神话、传说,甚至中篇故事。小说与所有这类文体的差异在于,它既不来自口语也不参与其中。这使小说与讲故事尤其不同。讲故事的人取材于自己亲历或道听途说的经验,然后把这种经验转化为听故事人的经验。小说家则闭门独处,小说诞生于离群索居的个人。此人已不能通过列举自身最深切的关怀来表达自己,他缺乏指教,对人亦无以教诲。写小说意味着在人生的呈现中把不可言诠和交流之事推向极致。囿于生活之

---

① 福柯,等.文字即垃圾:危机之后的文学.赵子龙,等,译.重庆:重庆大学出版社,2016:86.

繁复丰盈而又要呈现这丰盈,小说显示了生命深刻的困惑。①

可以看到,福柯所说的"文学"的"开始"时刻,同时也是本雅明所描述的"文学"的"孤独"时刻。"文学"就像波提切利画笔下刚从海上诞生的维纳斯一样,带着孤独与哀愁,在其诞生之初,就面临着"不可言诠和交流"的困境,而"文学"所显示出的"生命深刻的困惑",则指向"什么是文学?"的根本问题。

本雅明所描述的"文学"的"孤独",并非一般意义上的作品创作中的孤独,而是一种根植于"文学"本身的本质的"孤独"。这种"孤独"与其说是心理性的,不如说是存在性的。文学行动本身就带有孤独性。为了克服这种"孤独","文学史"就成了一种**内在必要**。如果按福柯所说,"文学史"可以视为一个话语空间的话,那"文学"就必须通过引入艾略特所说的"历史感",来克服这种"文学"的"孤独":

> 历史感蕴含了一种领悟,不仅意识到过去的过去性,而且意识到过去的现在性。历史感不但驱使人在他那一代人的背景下写作,而且使他感到:荷马以来的整个欧洲文学和他本国的整个文学,都有一个同时性的存在,构成一个同时的序列。②

"同时性的存在"是展开文学话语对话的前提,这一点,本雅明在德国"精神史"的传统下也作出了回应:

> 对作品的整个生命及影响范围,应与作品、尤其是与创作史平等相待,也就是说,要注重作品的命运、当代人对作品的接受、作品的翻译情况及作品的荣誉。这样,作品便能够在心灵深处构成一个微观宇宙,乃至微观永恒。因为,不是把文学作品与它们的时代联系起来看,而是要与它们的产生,即它们被认识的时代——也就是我们的时代——联系起来看。这样,文学才能成为历史的机体。使文学成为历史的机体,而不是史学的素材库,乃是文学史的任务。③

---

① 瓦尔特·本雅明.启迪.张旭东,王斑,译.北京:三联书店,2008:99.
② 转引自周宪.三种文学史模式与三个悖论——现代西方文学史理论透视.文艺研究,1991(5).
③ 本雅明.文学史与文学学.经验与贫乏.王炳钧,杨劲,译.天津:百花文艺出版社,1999:250-251.

但正如艾略特强调的是"历史感"而非"历史"本身一样,"文学史"作为文学话语的场所,是作为内在空间出现的。也就是说,"文学史"已经"内化",也就是本雅明所说的作品形成的"微观宇宙"。而这也正是木心把自己的"世界文学史"定义为"文学回忆录"所包含的"文学史"深义:"我讲世界文学史,其实是我的文学的回忆","这个题目,屠格涅夫已经用过,但那是他个人的,我用的显然不是个人的,而是对于文学的全体的。"①

"文学史"在"内化"的同时,也就是"文学史"展开"叙说"的开始。而只有这种"内化"的"文学史"才能维持一种"同时性的存在",实现巴赫金所说的那种"众声喧哗"的复调对话状态。而要克服那种独白型的文学史话语状态,强调文学史写作的多样性,就成为一种合理的途径。詹姆逊就认为,在文学史写作上,必须提"叙述方式或历史对象的构建方式的多样性。如今,多样性越丰富,人们就越兴奋,而我们接近历史真相或历史事实的机会随着我们解释或构建这些对象的方式的增加也相应提高"②。

回到本文开头的"文学史之问",如果说,有什么"正确、恰当的文学史观"话,那也只可能是一种多样性的文学史话语并存的状态。

(原载《中国图书评论》2018 年第 5 期)

---

① 木心. 文学回忆录:上. 桂林:广西师范大学出版社,2013:开课引言.
② 詹姆逊."新"已终结后的新文学史//菲尔斯基. 新文学史:第 1 辑. 杭州:浙江大学出版社,2013:111.

英华集
上海大学文学院四十周年纪念文集

创意写作

创意写作：文学的创意本质及其产业化问题

葛红兵　高尔雅　徐毅成

葛红兵，1968年11月生，江苏南通人。1998年毕业于南京大学，获文学博士学位。1999年7月进入上海大学，牵头建成自主设置目录外二级学科创意写作、上海大学文学与创意写作研究中心/上海大学中国创意写作中心、上海大学利兹大学合作办学创意写作专业硕士点、上海大学中国作协网络文学委员会上海研究培训基地、上海大学阅文集团人工智能写作研究联合项目组等。现为上海大学中国创意写作中心主任、二级教授。主要研究领域为创意写作、文化创意产业及公共文化问题、中国现当代文学文化、文学影视创作等。主讲课程有"小说类型学""影视文学创作"等。出版有《文学史学》《身体政治》《小说类型学基础理论问题》《20世纪中国文艺思想史论》等专著；发表中英文学术论文近百篇。曾主持国家级社科、省部级社科及政府委托、社会委托项目若干项。为中国创意写作学科创始人、文化产业与国家公共文化研究专家。作为上海市知名文化类民办非企业法人机构——上海市华文创意写作中心创始人，带领团队投身社会公共文化服务实践，成功打造"翼书网——上海网络文学创作及出版高地项目""华文社区公益书坊——上海市公共文化创新项目"，获评"2014年上海公益领军人物"。为中国社科联青年联谊会理事、上海作协理事、中国文艺理论学会理事、中国当代文学研究会理事、上海市文化局决策咨询专家、世界华文创意写作协会执行会长、中国报告文学学会创意写作研究会会长等。

创意写作学在中国的创生引发了层出不穷的争议，最核心的争论在于"培养作家"的问题上，多数的批评者认为，作家不能也没必要批量培养——我们的社会不需要这么多作家。"作家是可以培养的"，这一点经过上海大学创意写作团队的引进、介绍和研究，已经逐步得到了汉语学界的认可，当下中国高校中文系的创意写作化浪潮方兴未艾,这就是一个证明。但是,"批量培养"是否必要和可能的问题,似乎还没有解决;这个问题非常重要,是事关创意写作在高校作为一门学科是否成立的问题,事关这一浪潮的未来。创意写作之所以认定作家可以经过高校学科机制来批量培养,强调人人具有创意本能,人人可以写作,是因为创意写作要培养的作家不仅仅是传统意义上的指向纯文学写作的专业作家,还包括以文字创作为生的创意产业基础从业人员、策划师、创意师、文案师、歌曲词作者等,创意写作把这些人也定义为"作家"。

在创意写作视野中,创意是第一性,写作是第二性的,创意写作将自己定义为以文字表达为主要表现形式的创意活动。创意写作学的诞生,试图把"作家"和更加广阔的领域——创意产业——结合起来。这需要我们重新定义文学的本质。

一、"一度创意"VS"二度创意":对文学本质的再认识

从创意写作到创意产业,实际上是一个"创意"的流变过程。创意在创意写作阶段,就开始了,创意最初从写作者的意识转化为笔端的文字,这个过程是"**一度创意**"。"一度创意"是原生态的,其中有相当一部分是无法产业化的(例如很多没有市场的纯文学作品),一部分是直接以文字的形式直接产业化的,另外一部分也无法以其原初的面目进入市场(如舞台剧本等),往往需要通过"**二度创意**",成为符合产业要求的创意形态(舞台剧、广告、电影等)。

"一度创意"发生在创意写作阶段。上海大学创意写作中心对于创意写作的定义是:人类以写作为活动样式的以作品为最终成果的一种创造性活动[①]。"二度创意"发生在创意产业阶段。"一度创意",是原始创意(文字态、文案态创意),常常并不能或者不以它本来的面目进入市场,它需要通过一定的转化,这种转化,并不是对大众趣味的简单迎合或者样态的简单变化,而是一个再创意过程,我们称它为"二度创意",它的终点是产业化了的创意,产业态创意。

创意产业的特殊性正在于它运行的是一种特殊的生产要素——创意。创意是一种理性与感性的混合物,它有时令人难以捕捉,却又是切实存在的。创意是可被认识的,但是传统的艺术创作理论通常不是以创意为中心的,而是更加强调

[①] 葛红兵,许道军. 中国创意写作学学科建构论纲. 探索与争鸣,2011(6).

创作的技巧、素材等一些工具性问题,[1]这与我们所倡导的"创意"第一性,写作第二性的创意写作学路径不同。针对传统写作学"写作"第一性的观点,创意写作提出"创意"第一性的观点。同时,传统写作学中将写作局限于文学艺术的内部的观点也随着时代的发展而略显陈旧。针对这一问题,创意写作主张将写作从艺术领域拓展出去,将文化创意产业的视角纳入其中,将写作文本分为欣赏类阅读文本、生产类创意文本、工具类功能文本。这样,创意写作学就将对"创意"的研究拓展到了创作论之外,引申向产业态创意——"二度创意"了。

从这一角度,创意写作重新认识了文学的本质,这和客观反映论、主观表现论的文学本质观比,可以将文学内部和外部研究直接打通,将文学的本质放在创意产业链上来研究。

田川流的《创意时代的文学创意》一文认为"文学创意即运用创意思维,以多元和系统的方式从事文学活动与创作,实现对于文学意蕴及其作用的强化,增进其文化价值与经济价值"[2]。

文学的本质是创意。文学正是因为其创意本质,才具有产业化的可能。在产业化转化过程中,是"创意"的文化价值和经济价值在流转,本质是"一度创意"向"二度创意"的转化,才使得文学能变成影视、戏剧、广告、摄影……才使得文学能与市场经济结合——文学中"一度创意"的"二度创意"化,原始创意转化成了产业态创意,文学创意才转化成一种可消费的商品,推动文化经济的发展。另一方面,文化创意产业的不断深入,也反过来影响到文学创作,促进文学创意的不断涌现,形成良性的创意产业链。[3]

创意,在文学创作及其产业化过程中的流动与转化,其实并不是完全由作者、生产者决定的,而是读者和消费者参与的结果。创意写作将基于创意写作者视角的"一度创意"和基于创意接收者视角的"二度创意"紧密地结合[4],正是试图克服传统文学本质观的局限。文学的"创意"内在地包含了基于创意接受者视角的"二度创意",这样,就把市场的维度引入了文学本质的研究,赋予文化创意的消费者更高的文学本体地位。

---

[1] 葛红兵.创意写作学的学科定位.湘潭大学学报,2010(5).
[2] 田川流.创意时代的文学创意.文艺报,2009-8.
[3] 张军.文学创意与新媒体文学.南方论坛,2011(3).
[4] 寇鹏程.论接受美学的根本局限.深圳大学学报,1999(8).

二、文学：从创意写作到创意产业的转化

创意的产业化的实质，从内部来讲，就是"一度创意"与"二度创意"的结合，通过这种结合，使"一度创意"成为符合产业逻辑的"二度创意"。从外部来讲，则包括了一整套策划、包装制作、传播、消费的流程和工序。

广义的文化创意的产业化(此处不讨论文学作品直接以电子书或者纸书的形式传播销售等狭义产业化问题)，我们可以从文学创意的跨媒介转化、跨时空转化(包括时间和地域)、跨业态转化(创意产业向其他产业渗透转化)等角度来讨论。

（一）文学创意的跨媒介转化

韩国在发展创意产业的过程中提出"一项创意，多重使用"的口号。媒介多元化时代，一部小说可以被改编成电影，电影原声音乐可以出版发行，电影又可以被改编成网络游戏，网络游戏中的人物可以被设计成卡通玩具。当然，也有逆向的模式，比如经典的游戏《仙剑奇侠传》则被拍成电视剧，陈凯歌导演的《无极》被郭敬明改编成小说，被胡戈改编成网络视频，这种相互间的转化，往往伴随着新创意的产生。中国北魏乐府民歌《木兰诗》中的花木兰形象，就是一个跨媒介转化的成功案例。一个篇幅不长的文本，在不同的时代通过不同的媒介进行了反复的演绎，无论是豫剧《花木兰》，还是1939年版的黑白电影《木兰从军》，或是1998年迪斯尼的动画电影《木兰》，每次都能带给观众焕然一新的感受，尤其是中国的花木兰转化成世界荧幕上活灵活现的、用美国文化进行重新阐释的动画片，这部动画片不仅仅是跨媒介的典范，而且同时也将文化创意的跨时空、跨地域，体现得淋漓尽致。花木兰从一个文学创意原型，经过后人的反复改编，形象历久弥新。

在这个过程中，"一度创意"是一次性的，而"二度创意"却是无限次的。

文学影像化是跨媒介转化的主要模式。文学影像化是对文学文本资源的充分利用，也可能是未来文学的出路所在。由此可见，文学的影像化使文学的魅力重新获得展现。

（二）文学创意的跨时空转化

从时间维度看，是传统文学的现代转化。传统的文学中有着深厚的创意内涵，但其中已经有相当一部分无法与现在这个时代相适应，于是就造成了一个局面：一边是创意产业中文化创意的匮乏，另一边又是大量传统文化创意处于闲

置状态。因而,探讨传统文化创意的现代转化问题就变得极为迫切。在这一方面,国内已经有学者有所涉及,比如厉无畏在《历史文化资源的开发利用与创意转化》中对文化资源的开发利用模式做了一定的考察,首先是传统文化资源的景观化,在保护历史文化资源的条件下开发旅游景观,例如上海的新天地、1933老洋行等就是其中的典范。其次是以故事力活化资源[1],这样的例子也不胜枚举,《三林塘传奇》[2]一书的编纂过程,就是将传统的、作为"一度创意"的民间传说转化为与现代人的趣味更加相合的故事,但在此过程中,也尽可能地保持了原故事的内核。当然,本节中要探讨的"传统文学的现代转化"主要侧重于文学内部,即从文学文本到创意文本的转化。20世纪初,中国现代文学鼻祖鲁迅的《故事新编》拉开了传统文学现代改编的序幕。在当下,传统文学的现代转化所呈现出的两种不同的模式:解构模式与传承模式,前者占据了主导地位。

在解构模式中,作者通常采取一种"戏仿"的运作机制对原著进行颠覆性的改编,这在网络文学中是十分普遍的现象,主要原因有两个方面:一方面是基于网络的技术特性和人文特性,另一方面又与文坛近十几年来的"去经典化"的动向同声相求[3]。网络文学的后现代解构倾向十分明显,以今何在(本名曾雨)在新浪网金庸客栈发表的网络小说《悟空传》为例。《悟空传》对《西游记》的解构主要表现在三个方面:人物形象、叙事手法、故事主题[4]。在人物形象方面,在《西游记》中为了崇高理想而坚定地前往西天取经的四位主人公在《悟空传》中却因各自的世俗化目的而放弃了西天取经,这样的改编消解了原著所宣扬的终极价值,放弃了《西游记》的宏大的故事主题,与当今年轻人思想的后现代倾向相契合,因而成为众多读者心中的新经典。另外,它的叙事手法也采用了颇为现代的形式,摒弃了传统的线性叙事方法,而是双线并行,"五百年前"与"五百年后"交错穿插,其间反复的闪回正是借鉴了现代影像艺术的蒙太奇手法。可以说,《悟空传》将"解构"发挥到了淋漓尽致。但是传统文学的现代转化如果完全依靠解构,那么就很可能会造成文化上的断裂,这种断裂的迹象已经出现,因此,我们还需要传承模式与之相辅相成。

传承模式就是在忠于原作的基础上进行一定范围的改编和加工,原著的框架是被完全地保留下来,而在细部的表述上进行一些现代的修饰或创新。《三林

---

[1] 厉无畏.历史文化资源的开发利用与创意转化.学习与探索,2010(4).
[2] 葛红兵,等.三林塘传奇.上海:上海文化出版社,2012.
[3] 赵洁.解构:网络时代传统文学经典的命运.中国石油大学学报,2009(6).
[4] 赵如冰.后现代主义观照下的悟空传.宜春学院学报,2013(7).

塘传奇》一书根据在三林镇口耳相传的历史民间故事改编,这种改编更多地是以传承为目的,是一种对于民间文化的活态保护,这种传承可能在难度上不如解构,但从历史学、社会学的角度来看却意义更为深远:它的真实性可以为社会科学的理论研究提供可靠的文本依据。无论是后现代语境下的结构模式还是在社会科学视角下的文化传承,都对传统文本进行了或多或少的改变,由此可见改编的必要性。无论选取的是何种模式,这种转化都是在一种现代的、符合当下现实的文化思维模式的统摄之下进行的。

从空间维度看,是文学作品的跨地域改编。跨地域的实质是跨文化。迪斯尼的动画电影《木兰》就是一个跨文化跨地域的案例,该片充斥着中国元素,但内核却是"美国梦"。在同一作品中的文化碰撞与交融,正是文化创意跨地域转化最具价值的地方。文学创意的跨地域转化是一种很常见的创意产业化方式。2006年,冯小刚的《夜宴》票房过亿,这部电影的原型为英国作家莎士比亚的传世之作《哈姆雷特》。

文学作品通常会显现出民族和地域特征。不同的文化孕育出风格迥异的文学,通常会产生风格上的排异现象,一些相对保守且拥有特色文化的区域往往会对异文化采取拒绝的态度,这令文学在传播上遇到障碍。歌德为此提出总体文学观和"世界文学"的概念,意欲让民族文学在保持自身特点的基础上尽可能地汲取异文化中的优秀传统,通过这种有机的结合,拓展出新的文学样式。在歌德看来,民族文学应当采取开放式的态度看待异文化,但同时,必须将汲取来的东西与民族文学相结合,形成有民族特色的自己的东西,而不是拿来主义,将异文化直接移植或嫁接进来,这样会丧失民族文化的主体性。因此,这种转化是一种融合,而不是照搬,《木兰》和《夜宴》的改编都很好地体现了这一点。

迪斯尼动画电影《木兰》对于中国南北朝民歌《木兰诗》的改编是天翻地覆的,但就内核而言,电影与原诗的区别被总结为三点:践行孝道和自我实现、男尊女卑传统的恪守与颠覆、爱情的压抑与追求。[①] 在原著中,花木兰替父从军是一种对于中国传统的孝道的践行,从军的动机也仅仅在此,同时,诗歌中也透露出古代中国男尊女卑秩序的社会现实,花木兰对自己真实性别的隐藏,正是为了恪守孝道而压抑自己的爱情。而迪斯尼动画电影中的花木兰替父从军的背后其实是对个人自由的向往和对自我实现的强烈欲望,她也拒绝成为男人的附庸,是

---

① 郑伟玲.黄皮白心的花木兰——细读迪斯尼影片木兰对中国木兰诗的变异.安徽文学,2009(5).

一个充满个性、敢于挑战传统和世俗的女英雄,在爱情方面,她更是主动追求,活脱脱就是一个"美国妞"。从这一案例中我们可以看出,动画电影《木兰》只是借用了木兰从军这个中国传统的民间故事,而其中所要传达的精神内核其实都是美国式的,这是文化融合的一个典型的范例,正如李婉所形容的,这个花木兰是"穿比基尼的花木兰"[①]。

既然美国价值观可以借用中国故事来讲述,反过来也是成立的。2006年,冯小刚将莎士比亚经典戏剧《哈姆雷特》进行中国化的改编后搬上大银幕,同样引起了轰动。

迪斯尼动画电影《木兰》成功打入中国市场,花木兰这一动画形象在中国也获得了广泛的认同,人们甚至觉得她比南北朝民歌里的花木兰更可爱、更鲜活,这便产生了一种文化认同的效果。反观《夜宴》,对于国内观众而言,它可能比《哈姆雷特》更加易于接受,但是却很难在西方人心目中建立起形象,这一鲜明的反差值得我们深思。

(三) 文学创意的跨业态转化

创意产业具有极强的渗透性,它能够与第一产业、第二产业、第三产业相互融合,从而实现产业的优化升级。这种作用是全方位的。例如"农家乐"(创意产业与农业的结合)、"石库门上海老酒"(创意产业与制造业的结合)、"创意婚礼策划"(创意产业与服务业的结合)。

文学创意的跨业态转化案例中极为典型的就是英国作家詹姆斯·希尔顿在20世纪30年代创作的小说《消失的地平线》,小说中虚构了一个具有东方异域色彩的地名"香格里拉",是一个遥远的净土,人间的乐园。小说中的香格里拉作为一种"一度创意",富有艺术感染力和审美价值。而几十年后,这个不存在的地方变成了真实——被当作香格里拉原型的中国滇西北地区成为著名旅游胜地,推动了当地旅游产业的发展。香格里拉的品牌效应不止于此,还延伸到了酒店产业,"香格里拉"此后成了一个香港酒店品牌的名称,1971年,香格里拉酒店集团的第一家豪华酒店在新加坡开业,如今,香格里拉已经成为亚洲知名的酒店品牌。

文学创意的"跨业态"主要指的是文学在艺术领域以外的应用,也就是非艺术的行业运用文学手段获得商业价值的各种形式。分辨某种文学创意是否跨业

---

① 李婉. 穿比基尼的"花木兰"——从叙事学角度看迪斯尼影片《木兰》对中国《木兰诗》的改编. 重庆交通大学学报,2007(8).

态的主要标准就是：相关文学文本是否以艺术传播和接受为最终目的。例如，广告文案中的文字往往和文学作品有着类似的功效，即唤起读者的情感，使读者获得某种审美上的快感。但是广告文案和文学作品的不同之处在于，广告文案在使读者获得审美享受的背后，还有更加重要的最终目的——通过唤起读者的情感诉求、价值认同，激起其消费欲望。

就消费者而言，购买一件商品的初衷可以从理性和感性两个方面进行分析。所谓产品的理性诉求，又称"机能诉求"，即通过对产品属性和用途的描述来传达商品所能提供给目标消费者的利益点[①]。文学创意在广告领域内主要的工具性用途在于，运用审美的方式引发受众对于商品所传达的美感或是美好生活模式的向往，通过唤醒消费者的情感来促成消费意愿的建立。例如，"孔府家酒，叫人想家"这样的广告语，带有浓浓的人情味，这种人性化的设计很容易走入消费者的内心，提升对品牌的好感，这里运用文学创意向人们传达了中国传统文化中的"孝道"，提高了其美学内涵，但是其真正的用意还在于提升品牌知名度和销售量，这就与一部描述亲情和思乡之情的电影或文学作品产生了本质上的区别。

"悬念"是文学和影视作品中经常被运用的艺术技巧，是创作者为了激活观众"紧张与期待的心情"而在艺术处理上采取的积极手段[②]。著名的科勒卫浴的搞笑广告"夫妻比赛脱衣"就是运用了影视作品的悬念手法，广告开端，一对男女在路上相遇，充满敌意地相视，然后他们开始赛跑，女子猛踩油门，犹如好莱坞电影中的飞车追逐戏，男人则拼命奔跑，不断走捷径。奇怪的是，两人在赛跑的同时，还在不断地脱衣服。这里就设置了一个悬念，让观众产生疑问：这两个人在干什么？他们为什么要脱衣服？他们是什么关系？到广告结尾"释悬"后，观众才明白，这是一对夫妻在抢着回家洗澡。当最后科勒的标识出现时，才告诉受众，这是一个卫浴广告。这个意料之外的结尾引发了观众的会心一笑，也使该广告在受众的心目中留下了深刻的印象，提升了品牌的辨识度。

文学创意在广告领域内被广泛地试用，这是创意时代的一个明显的趋势，这主要有两方面的原因：首先是因为不同品牌产品的性能日益趋同，一个品牌是否能获得受众的认同就越来越取决于产品的感性诉求；其次则是因为受众即消费者的文化内涵逐步提升，不再将视野仅仅停留在物质层面，而是转向了精神层面，这对广告的审美性和艺术性提出了新的要求。

---

① 罗宣,林亚斐.视觉冲击下的广告文案和唯美诉求.宁波广播电视大学学报,2004(6).
② 朱建霞.文学手法与电视公益广告文案设计.中国电视,2012(8).

创意产业本身具有"跨业态"的特性。比如,地域历史文化资源往往通过建筑、音乐等形式得以留存,经过改造之后,可以形成相关产业链,获取商业价值。文化资源转变为文化生产资料成功地走向市场,要经过市场化运作、商业机制介入、正确的营销策略、良好的传播推广媒介系列流程①。当创意产业与第一产业、第三产业等有机结合起来,便形成了跨业态的创意农业、文化创意旅游业等全新的产业形态,这充分显示了创意产业的渗透力。

文化创意旅游业,是创意的跨业态转化的代表。传统历史文化资源的有限性要求我们在旅游业中注入创意的活力,从而盘活旅游业。旅游发展的创意转向成为一个必然的趋势。理查德和威尔逊对城市文化旅游发展进行了四类模式的区分:首先是重大标志性或旗舰项目,构建体现城市特性的象征性实体;其次是大型事件,以提高城市知名度,成为被广泛采用的策略;再次是主题化,侧重于体育、艺术、娱乐等特殊主题的推广和营销;最后是遗产开发,试图通过对文化遗产特别是建筑遗产的复兴进行再发展。② 学者高静从认知视角的差异把创意旅游分成两类:一类是旅游者自我关照视角下的创意旅游;另一类是旅游产业发展视角下的创意旅游③。这两种视角的区分实质上就是体验经济和产业本位的创意产业观之间的差异,在创意旅游的发展过程中,既不能缺乏对旅游活动主体的关注,也不能丧失基于产业的认知,也就是说,要将旅游文化和旅游产业融合起来。

以中国最大的民营旅游投资集团宋城集团为例,宋城最初就是对杭州等城市的本土文化进行深入的挖掘,并将传统文化和休闲产业结合起来,打造独具特色的文化品牌。利用地方文化资源推动本土文化创意旅游业的可持续发展,同时以产业链盘活原本已经逐渐陈旧的传统文化,形成良性互动机制。正如宋城集团的董事长黄巧灵所说:"文化是宋城的核心竞争力,文化是旅游的内容和深层次的表述,旅游则是实现教化和娱乐功能的良好载体,在宋城,文化是一种鲜活的,可以触摸的东西。"④可见文化对于新型的旅游业具有不可替代的作用。宋城、三国城、水浒城等旅游景点都是以传统历史文化演绎为主要形式,这种文化演绎既包含物质性的演绎:复古建筑的实景展示、原生态的地域风情等等,也包含精神性的演绎,即通过演员表演等艺术形式来展示当地文化,这是最为关键

---

① 徐品. 文化创意产业对江苏历史文化资源的利用. 现代交际,2012(4).
② 赵玉宗,潘永涛,等. 创意转向与创意旅游. 旅游学刊,2010(3).
③ 高静,刘春济. 论创意旅游——兼谈上海都市旅游的提升战略[J]. 旅游科学,2010(6).
④ 江国庆. 试论宋城景区演出的经营模式. 浙江艺术职业学院学报,2006(12).

的。例如大型歌舞《宋城千古情》，被认为是宋城景区的灵魂，它完美地运用了现代的舞美音响技术，这出戏包括序幕在内总共五场。"良渚之光""宋宫宴舞""金戈铁马""西子传说""魅力杭州"……单是名称就充满了文学色彩，可以说，这部大型歌舞是用舞台表演的方式呈现了一部拥有深厚历史积淀的文学作品。

在以上这两个层次的文化演绎之下，旅游者被暂时性地带入到一个与现实生活迥然不同的时空，由此来获得一种日常生活所无法领略的体验，这样的双重演绎充分体现了文化旅游业背后强大的体验经济的思维方式。

三、结　语

在传统的观念里，我们普遍习惯于将文学与市场割裂开来，这种把文学界定为审美和意识形态的二维观点遮蔽了我们对文学的全面认识，文学产业化正是给我们提供了一种全新的，基于生产实践的角度考察文学[①]的方法。这就要求我们在进行文学创作的时候纳入市场意识，用一种全局性的观念来进行文学的生产。

文学创意要强调"一度创意"和"二度创意"的结合，换言之，要让文学和市场进行深度的融合，要尽可能地保持两者的平衡。过于强调"一度创意"而忽视"二度创意"，不利于文学的发展。在市场化的今天，文学产业化是一个必然的趋势，文学消费者在某种程度上占据了主导地位。相反，如果过分强调"二度创意"，纯粹基于文学接受者和消费者视角进行创作，则陷入了一种媚俗的困局。因此，两者的结合就成了十分迫切的要求，文学创作者需要在写作之初就考虑到产业化的可能性，打通文学与其他艺术形式之间的围墙，努力拓展文学的转化空间并不断优化更新文学接受者的期待视野。

文学的产业化是市场经济下文学的存在方式，要充分地利用跨媒介、跨时空、跨业态的转化模式，让文学创意在产业化的道路上能够更加畅通，从而建立起成熟的生产机制和盈利模式。文学的产业化要以高科技为手段，以创意写作学科为智力支持，[②]尤其是创意写作学科的普及与否，对于文学产业化的成败起到了决定性的作用，因为创意写作工坊制教学及创作模式使文学建立起规模化的生产机制，缺少了这最上游也是最重要的一环，整个文学产业链就难以维系。无论是文学产业化还是高校写作教育改革和创意写作学科，都是新生事物，它们

---

① 李亚军.产业化形态——谈市场经济下文学的存在方式.廊坊师范学院，2009(4).
② 许峰.文学产业化：一场新的文学革命.黄河文学，2012(Z1).

必然会受到反对和质疑。但是,这些反对和质疑声并不能阻挡文学发展的必然趋势,毕竟创意写作在英美等国家的普及也经历了一个漫长而艰辛的过程。

(原载《新华文摘》2016年第19期,摘自《当代文坛》2016年第4期,原题为《从创意写作学角度重新定义文学的本质——文学的创意本质论及其产业化问题》)

应用写作的思维特点及教学方法漫谈

施逸丰

施逸丰,女,1963年10月生,上海人。1985年7月毕业于上海大学文学院中文系,获学士学位;2003年7月毕业于上海大学影视学院"影视学"硕士研究生班。1999年9月入职上海大学文学院,现为中文系讲师。主要研究领域为应用写作学、影视艺术学等。主讲课程有"大学应用写作""大学语文""涉外商务应用文写作"等。参与编写了《大学应用写作》《应用写作进阶》等教材;在《才智》《应用写作》《社科研究》《读书文摘》等刊物发表学术论文多篇。为中国民主同盟盟员、上海应用写作学会会员。

在中国高等教育已进入大众化阶段的背景下,注重学生实用写作技能培养的应用写作课也越来越被各级各类高等院校所重视,几乎所有的高校都开设这门课,但在排课时,很多老师都不愿上,原因有三:一是课程不好教。应用文很多文种写作是模式化的,必须按格式写作,格式是固定的,几句话就讲完了,很枯燥,不易获得良好的教学效果。二是教材太陈旧,缺乏时代性。现在很多应用写作教材,内容陈旧过时,与时代严重脱节,学生对此不感兴趣。三是学生对课程不重视不了解。很多学生以为自己已是大学生了,基本写作都会,以后又不会专门从事写作方面的工作,只是混个学分而已。为了改变这一现状,很多高校都对应用写作课进行了教学改革。笔者在上海大学从事该课程的教学工作多年,对该课程的教学改革进行了一些思考。具体有以下两个方面:

一、必须充分了解应用写作的思维特点

思维是人类特有的一种精神活动,属于人的认识过程的理性认识阶段。它

是人脑对客观现实的反映,是人脑有意识地对客观事物的本质和规律性的一种概括的间接的反映。所以,写作是一种思维活动,任何文章都是人类思维的产物。客观世界的各种信息进入人的大脑后,经过吸收、消化与加工,形成意识,再用语言文字系统地有规律地加以表述,就构成文章了。而作为写作活动的重要组成部分的应用写作,也离不开思维,任何应用文的形成都是人类思维的结晶,是作者思维的物化形态。当然,与文学写作相比,应用写作的思维有其自身鲜明的特点。

(一)程式化的思维

应用文是一种为直接应对生活、处理事务、解决问题而进行的写作活动,其本质属性就是实用性,即解决问题。因此,应用写作中主要采用的思维方式是逻辑思维。逻辑思维又称理性思维、抽象思维,是一种运用概念、判断、推理反映现实的理性认识形式。在应用写作过程中,大致分为三个阶段:首先是叙事思维(指出问题),即对具体事务作客观的符合实际的陈述;其次是说理思维(分析问题),即运用逻辑方法进行分析研究,揭示和把握事物的本质和一般规律;最后是结论思维(解决问题),即提出解决问题的方法、措施。三个阶段循序渐进,有机结合,使文章从内容到层次安排、遣词造句都具有严密的逻辑性。比如写请示公文,就要先说清请示的缘由,再提出请示的事项,最后写出请示结语即"特此请示,请批复";再如写公务中常用的"工作方案"文书也是如此,先写出"方案"制定背景(缘由),其次写出"方案"要达到的预期目标(具体完成目标),也就是做什么,这是方案的核心,最后就要写出怎么做了,即写出完成目标的具体措施和步骤。这种程式化的思维模式,在应用写作中被广为运用,人称"三段式思维法"。它符合了应用写作尤其是公文写作具有固定格式的行文特点。了解并掌握这种思维模式,并运用在应用文写作实践中,将会事半功倍,助你成文。

程式化的思维特点还表现在应用写作的思维主体是以群体思维为主,思维走势是定向思维。思维主体即写作者,文学写作主要表达的是写作者个人对生活的认识和感悟,在作品中常常可以自主灵活地表达自己的思想、情感。而应用写作则不然,它更多的是一种遵命写作,它的思维主体是个体与群体的结合,而以群体思维为主。无论是文章内容、观点的形成,还是构思、文章框架的建立,思维主体的把握都应如此。其实我们看应用文的署名就会明白,它大都是以组织名义制发的,写作者仅仅是执笔人、代言人而已,比如公文就是。即使一些以个人名义写作的文章,如调查报告、广告文案等,也必须在别人的联系、协助下完成,是要受到群体思维的限制、修正并得到思维群体的认可的。比如广告文案策划,广告人的创意必须符合广告委托方的要求并得到认可。由于应用写作是为了解决实际问题而完成的写作,所以,在写作中,它必须运用符合客观实际(规律)的科学方法并依据国家的有关方针、政策、法规、规章来思考问题,所表达的主要是群体意识、组织意识,其思维方向必须与群体思路相一致,切忌执笔人个体的主观意识代替群体意识;同时,它还必须服从于组织的既定目标,按这个既定目标来展开思路,还要照约定俗成的规范形式进行写作,这就决定了其思维走势必然是定向思维为主。

当然,这种程式化的思维特点都是经过了长期的应用写作的实践而形成的,具有很强的稳定性和规范性。如能了解并掌握这种思维特点,将有助于写作者的迅速成文和阅读人的准确理解。

(二)创造性思维的运用

虽然应用写作是以逻辑思维为主导,但它也常结合运用其他思维形式,如创造性思维、形象思维等方式,以发挥写作过程中所需要的思维互补机制和互补效应,进而创造出严谨、深刻、新颖、独具一格的文章来。

创造性思维是指在对原有知识信息进行感知、思考、加工、整理、推倒的基础上,寻找异于常规的通道,在异于顺向的思维递进中,运用多维视角的方式来分析研究客观事物,以求形成新的认识、新的观点、新的理论。美国心理学家吉而福特认为,多端性、变通性及独特性是创造性思维的三大特征,但其核心本质还是创造。也基于这一点,创造性思维是人类的最伟大的能力,是人类的科学技术、文化教育、社会发展的重要动力。电话发明家贝尔说过:"有时需要离开常走的大道,潜入森林,你就肯定会发现前所未有的东西。"所以,创造性思维的具体表现就是创新、求异,我们常说的发散性思维、求异思维、横向思维、逆向思维、换位思维等,都属于创造性思维。尽管应用写作是以逻辑思维为主导,但在有的应用文写作过程中,它往往需要我们打破常规,跳出传统思维定势,积极运用创造性思维,以获得最佳的表达效果,这样才可能解决实际问题。比如广告文案创意、营销方案的策划、新闻稿的写作等。要想夺人眼球、脱颖而出,就需要运用创造性思维。如果只是一味套用固定的思维模式,那就很难获得好的效果,甚至没有实用效果。记得 2008 年"恒源祥"(一个羊毛毛线品牌)曾做过一个十二生肖广告,用了多个字连读"羊羊羊——",来宣传其品牌。有人认为,从形式看,这样的广告很恶俗,听了令人生厌。但从创意的角度看,它运用了求异思维,它以超出常人的思维模式,用连读生肖名,"羊羊羊——"来让人记住了它的品牌名字"恒源祥"。也因此有人认为它的创意是成功的。再比如,换位思维,就是站在对方立场来看问题,分析问题,解决问题,这样,很多以前很难沟通解决的问题可能就迎刃而解了。在请示公文写作中,如果学会用换位思维方式来行文,往往会起到事半功倍的效果。因为请示公文是下级对上级请求指示、批准的公文。在实际公务活动中,下级在遇到难以解决困难时,常常会向上级写请示公文,以期获得上级指示、帮助。比如向上级请求拨款以完成某项工作。但在行文时如果只是一味向上级叫苦要钱,这样的请示未必会获得预期的效果。但如能在写作时以换位思维方式行文,就是从上级角度来阐述请求拨款的重要性,这样的请示可能更容易获得上级的首肯。

总之,应用写作是以逻辑思维为主导的,但创造性思维方式也是不可或缺的。只有认识并掌握了这两个思维特点,并对学生进行相应的思维训练,才能迅捷地提高学生应用写作能力。

二、根据应用写作特有的思维特点,采用灵活多样的开放式的教学方式,训练、培养学生的思维能力,提高学生应用文写作能力

众所周知,好的文章是写出来的,不是讲出来的。文学大师巴金曾说:"写吧,只有写,你才会写。"也就是说,要培养和提高写作能力,唯一的途径就是多多练笔,勤写多写。在应用写作过程中,思维只是一种无形无声的心理语言,它必须通过有形的书面语言的表达,也就是我们用文字写下来,写成应用文,这才是应用写作的结果。但传统的应用写作教学模式较多的都是先由教师讲授理论知识,然后分析例文,最后练习写作。而应用写作本身的规范性、程式化的特点又使得其教学内容较为枯燥,再加上如此固定的教学模式很容易使学生上课思想不集中,甚至产生厌学情绪。因此,对于这样的现状,笔者认为,应采用灵活多样的、开放式的教学方法和教学手段,吸引学生积极主动地参与到课堂教学中来,尽力解放学生的思维和创造力,真正发挥学生的主观能动性。除了传统理论+例文+写作的教学模式外,以下几种教学方法可以一试:

(一)课堂讨论教学法

前面我们提到了应用写作思维具有程式化的特点,这实际上也是应用写作的一个重要特点。所以,很多应用文的写作格式是规范性的,格式化的,你只要按着格式写就可以了,不必多讲。比如公文写作就是如此。讲多了,学生反而觉得你照搬书本,枯燥无味。但对于一些教学中的重点、学生容易混淆的知识点,

可以展开讨论,在讨论中明辨是非,教师适当进行点拨归纳。如"公告"与"通告"公文,极易被混淆乱用,教师可准备些材料,让学生讨论选择,教师再总结指正,这样教学效果会更好。

（二）案例比较教学法

应用文就是"应"付生活,"用"于实务的"文"章。所以,实用性是其最本质的属性。教师在讲课时应与时俱进,注重联系实际,结合公务,因材施教。可从实际生活、工作中精选一些贴近生活、时代性强的格式规范的优秀范文让学生借鉴、模拟写作。甚至于可以选择正反两方面的例文,加以比较分析其优劣,以给学生留下鲜明的记忆,进而让学生对照自己的习作,检查修改,这样既锻炼了学生的思维能力,又激发了学生的学习兴趣,可谓两全其美。比如在讲新闻文体"消息"写作时,笔者曾用两份不同的报纸报道同一事件,两位记者却采用了完全不同的新闻标题和新闻切入点做例子,来进行"消息"写作的讲课,比较分析它们不同的新闻效果,学生听课都很专注,显示出了极大的兴趣。

（三）情景设置教学法

所谓情景设置教学法,就是在教学中根据实际公务需要设置特定的场景,进行模拟训练,这是激发学生学习兴趣的一种极为有效的教学方法。如讲"自荐信"的写作时,可组织学生虚设"模拟招聘会",让学生做招聘人或应聘人,来解读自荐信,让学生在"实战"中弄清楚怎样的自荐信才是符合要求的。又如在给商科的同学讲授"市场调查报告"这一文种时,笔者曾模拟设置,要求学生为一文具制造公司做一份校内学生使用文具情况的调查报告,限时两周交报告,没想到,学生的作业完成得非常认真、出色。情景设置教学法,既缩短了学校与社会生活的距离,又训练了学生的应用写作能力,可谓一举两得。

（四）竞赛激励教学法

在教学中,还可以采用竞赛的方法来激发学生无限的创造力。因为在实际公务活动中现在有许多项目是需要竞争(竞标)才能最终被获得的。如行销方案、广告文案的制作等。笔者在讲"广告语"的写作时,就曾让学生根据具体材料每人创意一条广告语,并在课堂进行集体讨论点评,最终选出最佳广告语,极大地激发了学生的创造性思维潜能,有的同学甚至创意了多句广告语,以求获得认可。在我们举办的创意写作夏令营活动中,我们要求学生进行各种文体的创意写作,最后并进行了评奖颁奖,效果极好。有学生说:"创意写作夏令营极大地激发了我的无限的创意能力,提高了我对写作的兴趣。"可见此种教学法的益处。

(五）项目化教学法

所谓项目化教学法,即是以"项目"(或叫工作任务)为主线串联几种应用文文种的使用和写作。教师可根据实际需要来设定项目,在"项目"中贯穿应用写作中的一些基础理论知识,并进行相应文种的写作训练,适时地对一些重点、误点加以辨析纠正,最后进行点评总结。这几个步骤是环环相扣,循序渐进的。这样,一个项目完成了,学生也随着项目将几个原来独立的知识点(几个文种)有机地联系起来,既学会了项目里涉及的几种文种的写作,又了解了那些文种在实际公务活动中的用途所在。比如,某公司要组织召开全行业的新技术研发会议,这就是一个项目。在组织会议过程中,就会产生"会议计划""会议通知""会议记录""会议纪要""会后总结"等多种公务文书。在这里,项目起了一个统领作用,所以,学生从接受项目开始,就要围绕项目自主收集写作信息、选择确定使用文种,草拟撰写相应的公务文书,及至最后点评分析效果,这整个过程的完成需要学生发挥极大的主观能动性,也将极大地激发出学生的写作潜能。但是这种项目化的教学法实施起来不太容易。首先,有关项目的设计既要有科学性、合理性,还要符合学生的客观实际生活(符合学生的专业、生活需要)。但目前这种正规的项目化教学教材凤毛麟角;其次,此种教学法耗费学时较多,一般在正常教学期很难展开。笔者个人认为它比较适合在课外实践教学中进行。

应用写作教学在创新人才培养中的作用

周康敏

> 周康敏,1963年4月生,江苏南京人。1986年6月毕业于上海师范大学中文系汉语言文学专业,获文学学士学位,同年入职上海大学商学院,1999年7月调入文学院;2005年6月获上海大学文学硕士学位,专业为中国现当代文学。主要研究领域为应用文体写作与大学语文。主讲课程有"应用写作""公文写作""财经应用文写作""文案写作训练""文选与写作""大学语文""硬笔书法"等;其中"应用写作"课被评为2008年度上海大学校级精品课程,"创意写作"课获2017年上海大学校级教学成果一等奖、2017年上海市高等教育成果二等奖。参与编写了《大学应用写作》《大学创意·应用写作篇》《新编大学语文教程》《大学生语文课本》《应用写作讲授纲要》《书法教程》等教材;在《写作》《秘书》等刊物发表学术论文近20篇。

一、培养创新人才是社会发展的需要、时代的需要

21世纪是人类更多地依靠知识创新来实现可持续发展的世纪。当今世界进入空前的创新密集和产业变革时代,知识和创新越来越成为提高综合国力和国际竞争力的决定因素,人力资源越来越成为推动经济社会发展的战略性资源。21世纪的人才竞争已不再是人才数量的竞争,而是人才质量尤其是人才创新精神和创新能力的竞争,即创新人才的竞争。

近二三十年来,世界各国,尤其是一些发达国家不约而同地把培养创新人才作为高等教育的主要目标。20世纪70年代,美国教育界就提出了培养具有创新精神的跨世纪人才的目标。20世纪80年代以来,日本把发展创新能力视为国策,提出"创造性科技之国"的口号,在学校开设"创新理论课",培养学生的创造能力。20世纪末,法国也把教育的重点放在提高国家的创新能力上。可见,

21世纪人才培养的重点是人的创新精神和创新能力,创新人才将成为决定国家竞争力的关键。

目前我国正处在改革发展的关键阶段,建设创新型国家,加快转变经济发展方式,更加凸显出需要一大批具有创新精神和创新能力的创新人才。创新人才作为国家的核心竞争力,受到党和国家的高度重视。胡锦涛总书记曾在庆祝中国共产党成立90周年大会上的重要讲话中指出:"加强创新人才培养,是提升国家核心竞争力的关键。当前我国创新人才尤其是拔尖创新人才匮乏,严重制约着我国经济和科技的国际竞争力,深刻影响着国家长远发展。"可见,缺乏创新人才,我们终究难以成为创新型国家,难以形成强大竞争能力和可持续发展能力,难以屹立于世界先进民族之林。

《中华人民共和国高等教育法》第五条明文规定,"高等教育的任务是培养具有创新精神和实践能力的高级专门人才"。因此,高校必须肩负起培养适应知识经济时代的创新人才的重任。

二、写作教学是培养学生创新能力的最佳途径

写作是一种充满创造性的心智活动,写作过程实质是一个具有一定规律的创造过程,其本质特征就是创新。林可夫认为:"写作是开启创造力的钥匙。写作作为人所特有的一种行为活动,它不仅只是记录思维成果,而且可以诱发创造性思维,造就创造性人才。"(林可夫主编《高等师范写作教程》,福建教育出版社,1991年版,第3页)

写作教学是培养创造性的实践活动,是培养学生创新能力的最佳途径。

创造心理学和一切创造性活动也告诉我们:创造的过程既需要观察、逻辑、记忆、想象和操作等智力因素,同时也需要有热情、兴趣、毅力等非智力因素,这些智力因素和非智力因素,正是创新人才具有的核心特质。写作活动的进行,正是要动用观察、分析、概括、推理、记忆、联想、想象等智力因素,又要有创作的热情、兴趣、趣味等非智力因素,写作活动囊括了创造所需要的这些因素。因而,写作活动对学生创造力的培养无疑是一种巨大的促进。

(一)写作可以激发创新欲望

创新欲望是学生发现问题,探求新知的一种心理需求。人的创新意识,是在其知识和智慧基础上,伴以良好的情绪,萌发创新欲望,进而形成的。教育家陶行知说过:"处处是创作之地,天天是创作之时,人人是创作之人。"但创造性往往

又是潜在或隐性的,有待激发或发掘。写作可以激发创新欲望,写作教学中,教师努力营造一种和谐民主、开放宽松的气氛、情境,在这种气氛、情境的感染之下,诱发学生的创作欲望,激发创新热情,激活创新契机,为学生写作灵感的迸发创造条件。在教师的诱导下,不断地参与带有极大创造精神的训练,进入"我要写"的精神状态。

(二)写作可以训练创新思维

我国著名大数学家华罗庚曾说过:"'人'之可贵在于能创造性地思维。"多向思维是创新思维的主要思维方式,它是沿着不同方向、不同的角度思考问题,从多方面寻找问题的多个答案的思维方法。运用这种思维方式,还离不开推理、想象、联想、直觉等思维活动,它可以突破常规的束缚,富有创意地提出问题、分析问题、解决问题。写作可以训练创新思维。写作教学中,教师启发、引导、鼓励学生都尽可能地发表自己的意见,在精神自由、和谐的状态中,让学生各抒己见,展开讨论,讨论的过程是相互诱导、相互激活的过程,这样师生之间的信息和情感通过交流产生思维碰撞,会碰撞出创新思维的火花,甚至可能形成汹涌创新思维的浪潮。

(三)写作可以培养创新能力

创造力来源于实践。"学生的创造力是可以训练的,是可以通过一定的训练而达到一定预期的目的的。"写作教学中,通过具体的写作实践,调动学生的观察、分析、概括、推理、记忆、联想、想象等能力,写出"见人所未见,发人所未发""人人心中有,个个笔下无"的境界来。

三、应用写作教学采用"任务驱动"教学法是培养学生创新能力的一种有效尝试

应用文是人们日常生活和工作中使用最广泛的文体。应用写作"用"是目的,"写"是核心,是一门实用性、实践性很强的课程。这一课程同样也是复杂的精神活动,是充满创造力的心智活动。日常工作生活中,我们需要写的调查报告、总结、报告、公函等,要经历提出问题、分析问题、解决问题的过程,这个过程需要理性思维能力对事物作出准确认识、判断的能力,需要创造性地提出新观点、新措施、新办法以解决问题的能力。

应用写作教学采用"任务驱动"教学法,创设情境,提出任务,让学生在相对真实的情境中完成相应活动,可激发学生的学习兴趣和参与动力,激发学生的积

极性、主动性和创造性,培养创新探索精神,使学生在任务训练中提高思维能力和实践技能。

(一)"任务驱动"教学法内涵

"任务驱动"就是以完成"任务"为目标。应用文写作作为一门公共基础课,可以尝试把每一类文种的学习看成一项工作任务,然后围绕完成这项工作任务来展开教学活动。学生在完成任务的过程中,必须参与具体的写作实践,调动自己全方位的能力,发挥自己的独创性,灵活处理材料,积极主动地去寻找最佳解决问题的办法,才能完成任务。"任务驱动"可进一步培养分析问题、解决问题的能力,并可以更好地激发学生的求知欲,培养独立探索的精神。

(二)"任务驱动"教学法的实施

首先,创设情境,激发兴趣。教师创设一个鲜活的、有利于创造的教学情境,让学生身临其境,并提出写作任务。

在调查报告的学习中,我们创设的任务和学生的实际生活和所处环境密切相关。如,针对现阶段大学生整体素质的情况,通过了解同学们课外阅读情况,从中分析产生这种现象的原因,寻求改变这一原因的措施,写出大学生课外阅读情况调查分析报告。又如为了丰富学生业余生活,学校成立了许多社团,学生社团生存状态如何?对我们有何意义?写出我校社团的调查报告。再如当代大学生不仅消费能力在提高,而且在消费结构方面呈现多元化的趋势,针对在校大学生消费较高的现象,写出大学生消费状况的调查报告。

在合同的学习中,设置这样一项任务:有两位刚毕业的女大学生欲合租一套房,该房位于××街×号四楼×室,48平方米,配有两张单人床、一个大衣柜。她们将如何与房东协商,达成协议?这份合同的内容应该具备哪些法定和约定的条款?语言上有哪些要求?请你替他们拟制一份规范的租房合同。

在请示、批复、函的学习中,我们设置这样一个情境:某大学学生工作处计划在2013年暑期组织各院系学生干部赴皖南山区进行一次留守儿童情况的调研活动,依据有关规定,活动须报请学校党委批准,并提供一笔经费。此外,还需要与当地有关部门联系,为调研顺利进行提供必要的帮助。要求学生考虑:这次暑期调研活动的目的、意义、调研地点、日程安排、经费预算等内容。然后布置任务:写一请示、批复、函。

在学习求职自荐信时,布置的任务是:家乐福麦当劳餐厅拟在大学生中招聘兼职餐厅服务员,请根据各人自身的优势、特点,写一封求职自荐信。

良好的问题情境,使同学产生心理上的期待感,形成探究的欲望。

其次，小组协作，实战操作。学生根据写作任务，以小组为单位，围绕任务查阅资料，合作协商、探讨交流完成任务的方法和途径，最终写成文章，完成任务。

在学生明确任务后，全班分为若干个小组，每组3—4人相互合作，每个团队可以针对相同的问题展开分析、讨论，学生各自表达意见，积极思考完成这一任务所面临的一系列问题。利用课余时间，通过查阅资料、共同设计问卷调查表，采用随机调查、个别采访、座谈等方式搜集资料。比如，在对大学生消费状况的调查时，他们积极思考，设计出的问卷从购买商品首先考虑的因素、经济来源、每月可支配的钱、月平均消费、每月用于饮食费用、消费组成等项目展开。每个人既可以是调查成员，找机会对他人调查；每个人又可以是被调查成员，积极配合提供他人需要的材料。在调查的基础上，教师在课堂上做适当的指导、点拨引导，组织学生对调查结果进行讨论、思考、统计、分析，再在深入分析的基础上，实战操作，写成文章。最后通过小组互评，选出最佳作品在全班交流。

另外，作为求职者，在团队中要接受其他同学根据招聘要求进行的面试，面试完以后，角色互换，刚才的求职者变成面试考官，面试考官变成求职者。通过角色互换，推进学生之间的沟通交流。在交流中，群策群力，探讨改进，让每一位同学加深对事务的认识，知道什么样的自荐信更有新意，更富有吸引力，更能得到招聘单位的认可并被录用。

通过实践环节，学生都"活"起来、"动"起来了，学习过程成为一个人人参与的主动、生动的实践活动、创造性活动，而且还发挥了他们的团队协作精神，培养了独立思考、解决问题的能力。

最后，及时反馈，效果评价。学生完成一项写作任务后，教师应及时对任务完成的情况，在课堂上交流、展示、讨论并评点。通过评价可以让学生相互学习并且可以激发他们的学习积极性和主动性，同时也极大地促进学生成就感的培养。如"调查报告"完成后，学生自然有着愉悦的兴奋感，此时对作品的评点和交流，有利于学生的直观感受，鼓励学生发挥创新精神，创造有特色的作品。同时又针对写作中普遍存在的问题，一起分析原因，概括调查报告的正确写法，以及写作时应注意的事项。及时评价有利于促使学生进行反思，发现自身的弱点，及时纠正改进。及时评价能够提高学生的进取心。

总之，应用文写作的学习应该是一个交流合作的互动过程。在教师的策划和组织下，学生更注重的是自己去思考、去实践，以及学生之间相互的讨论、交流、影响、启迪。通过这样的合作学习环境，群体的思维与智慧得到了共享。

我们要利用写作教学这个有利平台，多角度、多形式、多渠道地引导和培养学生的创新精神和创新能力,不断提高他们的分析能力和文字表达能力,促进个性的发展,提高学生的创新思维。只有这样,学生才能写出有新意的文章来,才能勇敢地面对21世纪的挑战,成为21世纪的创新人才。

参 考 文 献

1. 秦军,王爱芳.我国高校创新型人才培养模式研究.教学研究,2009(7).
2. 曾振平,沈振锋.论高校教学方法创新与创新型人才培养.华中农业大学学报(社会科学版),2009(5).
3. 李白坚,丁迪蒙.大学题型写作训练规程.上海:上海大学出版社,2004.
4. 黄振强.任务驱动教学法在《应用写作》课程中的实践.山东广播电视大学学报,2010(4).

[原载《湖南师范大学学报》(社会科学版)2013年第42卷]

生态文学与自然文学几个问题的辨析

谭旭东

谭旭东,湖南安仁人。现为上海大学文学院创意写作中心教授、安徽大学兼职教授、广东财经大学客座教授、安徽大学大自然文学协同创新中心学术委员会委员。当代著名诗人、儿童文学作家、评论家、儿童阅读和语文教育专家。出版诗歌、散文、童话、儿童小说、幻想小说和寓言等80多部,译著60多部,文学理论批评著作20部。曾获得宝钢教育奖、北京市师德先进个人、北京师范大学优秀博士毕业生、北京师范大学励耘学术奖一等奖和北京市宣传文化系统"四个一批"人才等奖项和荣誉称号。创作作品荣获《儿童文学》杂志优秀作品奖、《少年文艺》杂志优秀作品奖、全国优秀少儿图书奖、"三个一百"原创图书、中国童书金奖、冰心儿童图书奖、冰心儿童文学新作奖、中华优秀出版物奖、中国寓言文学金骆驼奖和北方十五省市文艺图书评奖二等奖等奖项。理论著作《童年再现与儿童文学重构》荣获第五届鲁迅文学奖。

生态文学(Ecoliterure 或 Ecological Literature)近几年是国内学术研究和文学界的一个热门话题,文艺理论界对此尤为关注。随之而来,生态批评和生态美学成了一个重要的学术领域。2010年浙江工商大学出版社出版了荆亚平编选的《中外生态文学文论选》和陈力君编选的《中外生态文学作品选》,这是国内首次集中展示生态文学研究和创作的成果。2011年中国社会科学出版社就出版了由党圣元、刘瑞弘选编的《生态批评与生态美学》一书,在总序《新世纪文论转型及其问题域》里,党圣元把生态批评与审美现代性、图像转向、消费社会、文学终结论、全球化与复数世界文学、身体写作、文学史理论等列为新世纪文论的八个基本话题。[①] 可见,生态批评成为新世纪文艺理论新的话语资源并为解读

---

① 党圣元,刘瑞弘.生态批评与生态美学.北京:中国社会科学出版社,2011:12.

当前文艺现象提供了重要的方法和视角。

在《生态批评与生态美学》一书中,鲁枢元的《走进生态学领域的文学艺术》、赵白生的《生态主义:人文主义的终结?》、王宁的《文学的环境伦理学:生态批评的意义》、曾繁仁的《试论生态美学》、杨春时的《论生态美学的主体间性》、吴秀明的《我们需要什么样的生态文学》、龚举善的《转型期生态报告文学的理性审视》、赵树勤与龙其林的《中国当代生态小说创作的迷误及其思考》、徐治平的《生态危机时代的生态散文:中西生态散文管窥》和田皓的《20世纪80年代以来中国生态诗歌发展论》等,从不同的角度论析了生态文学、生态批评、生态主义和生态美学等理论概念,也梳理、介绍了一些中国当代生态文学创作的状况,并对生态文学的一些问题进行了反思。

与生态文学相比,自然文学(Nature Writing,也称为自然书写)在国内受到的关注度显然没有生态文学高,在大学里专门研究自然文学的人很少,尤其是像生态文学那样作为一门学科来研究,在文艺理论界和当代文学批评界也没有。但自然文学研究,在外国文学研究领域出现了重要成果,如程虹的《寻归荒野》就是国内最早研究自然文学的著作,不过,它是对美国自然文学创作及发展的梳理,也包括了对自然文学概念和美学内涵的辨析。程虹还出版了《宁静无价——英美自然文学散论》和《美国自然文学三十讲》等论著,给中国学术界和读者打开了一扇了解英美自然文学的窗口。程虹还亲自从事美国自然文学的译介,把美国自然文学作家亨利·贝斯顿的《遥远的房屋》、特丽·威廉斯的《心灵的慰藉》、西格德·F.奥尔森的《低吟的荒野》和约翰·巴勒斯的《醒来的森林》翻译到中国,引发了出版界小小的自然文学引进的热潮。但无论是对程虹的英美自然文学研究和译介,还是对其他的自然文学译介,媒体和学术界都存在认识的偏差。有些研究者和媒体简单地把自然文学归到生态文学之中,有些研究界甚至简单地把自然文学当作环保文学。

一、关于生态文学

王诺在《欧美生态文学》一书中,考辨了"生态文学"的来历并认为它有四个特征。第一,生态文学是以生态系统的整体利益为最高价值的文学,而不是以人类中心主义为理论基础、以人类的利益为价值判断之终极尺度的文学。第二,生态文学是考察和表现自然与人的关系的文学。生态责任是生态文学的突出特点。第三,生态文学是探寻生态危机的社会根源的文学。文明批判是许多生态文学作品的突出特点。第四,生态文学在很大程度上可以跟被看成是表达人类与自然万物和谐相处的理论、预测人类未来的文学。生态理想和生态预警是许多生态文学的突出特点。在归纳和总结以上特征的基础上,王诺给生态文学下了这么一个定义:"生态文学是以生态整体主义为思想基础、以生态系统整体利益为最高价值的考察和表现自然与人之关系和探寻生态危机之社会根源的文学。生态责任、文明批判、生态理想和生态预警是其突出特点。"而且王诺认为:"从生态文学的特征和定义可以看出,生态文学研究主要是思想研究内容研究,是对文学所蕴含的生态思想的发掘、分析和评论。"[1]

王诺对生态文学的首次定义,虽然具有开创性和启发意义,但也存在一些问题。吴秀明在《我们需要什么样的生态文学》一文中对生态文学做了一些梳理,他列出了美国哈佛大学劳伦斯·布伊尔认为的"环境取向的作品"的四个特征:"第一,非人为环境不是仅仅作为提供背景框架的手段来展现,而是作为显示人类与自然之密切关系的对象来表现。第二,人类的利益不被当作唯一合理的利益。第三,人类对这种环境的责任是文本的主要伦理取向之一。第四,文本中对环境的描写必须是一种独特的感受过程,而不是给定的、不变的。"吴秀明认为依照这四个特征,布伊尔的"环境取向的作品"大致可以看作生态文学。他又对比了王诺上述对生态文学的特征的归纳及定义,并给予了肯定,也对此定义提出了一些质疑。他认为,从布伊尔、王诺所给出的概念和特征来看,他们所指的"生态文学",其重点是在"生态"而不在"文学","文学"只是充当"生态"的修辞。它主要借助文学这一载体来表达人与自然的生态关系,揭示人在这一关系中所应承担的生态责任,甚至借助文学这一有力的形式来达到对生态危机的预言和警示作用;至于文学本身包括艺术原则、审美规律和叙事技巧等,它是不大或很少考虑的。与之相对应的,"生态文学研究"自然也就成为对文学所蕴含的生态思想的一种研究——这是典型的主题学研究而不是文体学研究。[2] 吴秀明的这一质疑,非常直率,也点到了生态文学研究的穴位,那就是,现在生态文学研究界并不完全理解生态文学本身作为一种文学的基本要素。因此,也就出现了很多人谈生态批评和生态美学,却没有人去研究生态文学的文本,尤其是去研究生态文学的审美要素。

不过,要给生态文学下一个明确的定义也非常难。从国内外生态文学的创

---

[1] 王诺. 欧美生态文学. 北京:北京大学出版社,2003:11.
[2] 吴秀明. 我们需要什么样的生态文学. 理论与创作,2006(1).

作来看，文体非常博杂，花样繁多，所谓的"生态小说""生态诗""生态散文""环保文学""绿色文学""自然书写""环境文学"，包括"生态批评"，等等，都可以归到"生态文学"里去。此外，国内的生态文学研究也如此。如厦门大学生态文学研究团队所出版的《美国生态文学》《英国生态文学》和《俄罗斯生态文学》等，都把诗歌、散文、小说中含有生态思想和生态意识的作品都涵盖进来了。如李美华所著的《英国生态文学》中，文艺复兴时期的莎士比亚的十四行诗、约翰·邓恩的诗、安德鲁·马维尔的诗、约翰·弥尔顿的诗都被当成了"生态诗"文本；把18世纪的丹尼尔·笛福的《鲁宾逊漂流记》和19世纪查尔斯·狄更斯的《雾都孤儿》等都当成了生态小说文本。因此，生态文学就像一个大箩子，与生态主题有关的写作都装进去了，甚至唐诗宋词里的田园诗和描写了自然景物的词都列入了生态文学的范畴。虽然我们可以统一给生态文学设定统一的思想特征、价值内涵，却无法给它一个统一的文体特征、一个可以用通用的审美话语来解读的形式，这也是目前国内生态文学研究绝大多数停留在思想内涵研究，少有对文本的审美解读，也许生态文学创作本身就带着思想大于审美的先天不足。

二、关于自然文学

自然文学和生态文学是不同的概念，但自然文学和生态文学有交叉融合，也有内涵和文体的差异。在《寻归荒野》里，程虹对美国自然文学的发生发展给予了清晰的梳理，也通过作家作品的解读给自然文学一个比较清晰的美学定位，可以说，《寻归荒野》里，不但从思想立场和精神价值角度，也从审美的角度给了自然文学一个明确的定义。在该书的导言里，一开头就对自然文学的概念和特征做了很好的论述。她说："从形式上看，自然文学属于非小说的散文体，主要以散文、日记等形式出现。从内容上来看，它主要思索人类与自然的关系。简言之，自然文学最典型的表达方式是以第一人称为主，以写实的方式来描述作者由文明世界走进自然环境那种身体和精神的体验。也有人形象地将它称作：'集个人的情感和对自然的观察于一身的美国荒野文学。'"她还说："自然文学主要特征有三个：1. 土地伦理的形式。放弃以人类为中心的理念，强调人与自然的平等地位，呼唤人们关爱土地并从荒野中寻求精神价值。2. 强调地域感。如果说种族、阶层和性别曾是文学上的热门话题，那么，现在生存地域也应当在文学中占有重要地位。3. 具有独特的文学形式和语言。自然文学这些特征也在自然文学作家身上得以体现。"①

在《寻归荒野》的结语里,她进一步阐述了自己的自然文学观念,她说:"美国自然文学是源于17世纪,奠基于19世纪,形成于当代的一种具有美国特色的文学流派。它是已经形成但又在发展之中的文学形式。它所描述的对象是自然,而自然的内涵又是极其丰富的。"这是对自然文学的发展历程的阐述。她还说:"自然文学的主题,由最初研究自然与人的思想行为的关系,到如今自然与整个人类及其文明和文化的关系,经历了一个漫长的过程。"这是对自然文学主题的阐述。而对自然文学的角度、手法和文体特点,程虹认为:"描写自然和人类的关系,既可以从哲学的角度,也可以用科学的手法,但是由于人类是富有思想和感情的动物,我们就不能不用文学的语言。到目前为止,自然文学最典型、最富有特色的文体,仍是作者以第一人称,用非小说的散文体,来描述自己与自然的体验。而这种体验是双重性的,它既有身体五官的外在体验,又有精神的、内在的体验;它既是个人与自然的交流,又由此折射到自然与整个人类文明的方方面面。"值得一提的是,程虹还注意到了自然文学是一种开放性的文体。她说:"当现代文化标志着群体意识时,走向自然则意味着走向个性,走向自我,走向没有边界的精神王国。这就为自然文学作家提供了极其广博的思维空间。如果说自然文学本身是集体性的,是以一个围绕着共同主题而创作的庞大作家群来推动的话,那么就其写作风格而言,它又是个性化的。不同作家面对着自然,却有着不同的诠释。"

程虹又说:"由于自然文学是以日记、笔记和散记这些简洁方便的文学手法来表现的,这也为它的发展打下了深厚的人文基础。它的文体的简练和方便,使得人人都可以尝试。虽然并不是说人人都可以成为自然文学作家。"事实上,自然文学的确如此,无论是英国自然文学,还是美国自然文学,俄国的自然文学,甚至是中国的大自然文学,特别是人所共知的美国作家梭罗的《瓦尔登湖》,就是典型的散文体,还有前面提及的程虹翻译的几部美国自然文学作品,都有日记、笔记、散文这个特点。自然文学遵从作家对自然的亲近、观察和理解,尊重作家的原野、旷野、森林、草地、高原、沙漠和海洋等生活经历和经验,因此也不太适合用诗歌、小说等想象性、虚构性的文体。这也是自然文学很容易成为比较自觉的文体的一个重要因素。

---

① 程虹.寻归荒野(增订版).北京:生活·读书·新知三联书店,2013:5.

三、自然文学和生态文学的交叉和差异

自然文学和生态文学有交叉之处,也有很大的差异。这里再简要辨析一下。

第一,自然文学和生态文学的生产与发展理路不同。美国自然文学是从17世纪开始的,随着新大陆的发展,第一代美国人就开始探索自然,认识到自然,从而审视人与自然的关系,以文学的方式关怀自然。古代中国和欧洲的文学作品和思想著作里,都有初生的生态思想,有对于"自然"的论述,但比较自主成熟的生态意识,却是18、19世纪以后。学术界已经共知,第一个提出"生态学"概念的是德国科学家恩斯特·赫克尔。但生态文学其实是工业革命和科技革命以后才有的,"生态"这个概念是一个现代概念。是现代化到了一定阶段,工业化和城市化到了相当的程度之后,产生了生态问题,才开始有生态文学。因此,在欧美国家,生态思潮和生态文学是在20世纪才产生重要影响,它是"人类对自身生存加以生态审视时的共同焦虑"。20世纪60年代以后,生态思想空前活跃,欧美几乎所有的人文科学学科都与生态有关的分支学科出现,生态批评成为全球性的显学。到了20世纪90年代和21世纪之初,生态思想和生态文学在中国也引发了一股热潮,尤其是生态批评和生态文艺学成为一个热点。这也是目前中国生态文学创作还不太成熟,也少有力作的原因之一。

第二,自然文学创作方式和生态文学的创作方式有差异。自然文学作家写作都是与自身的经验有关,他们一般身处于自然环境之中,强调"地域感"。如美国自然文学的第一代作家史密斯的《新英格兰记》就是以亲身的经历,以自己生活的新英格兰来作为描述的对象。而布雷德福的《普利茅斯开发史》也是以普利茅斯这一作家生活之地为描述对象的。第一位美国本土出生的自然文学作家威廉·巴特姆写《旅行笔记》,就是自己亲身跋山涉水,游遍了美国的东南部,观察那里的动植物群,以及自然风貌和土著居民,并把所见所闻详尽地写进他的日记的。蕾切尔·卡森虽然没有居住于某一自然地,亲身去探险去考察自然,但她1935年至1952年间供职于美国联邦政府所属的鱼类及野生生物调查所,这使她有机会接触到许多野生生物并了解许多环境问题。在此期间,她曾写过一些有关海洋生态的著作,如《在海风下》《海的边缘》和《环绕我们的海洋》等。这些著作使她获得了第一流作家的声誉。[①] 刘先平的大自然文学都是在考察大自然

---

① 蕾切尔·卡森.寂静的春天.吕瑞兰,李长生,译.上海:上海译文出版社,2011:358.

之后写作的,都首先是观察笔记,而且都是亲历性的文字,不过,与程虹研究的美国自然文学作品相比,他笔下的"地域感"更为宏大,他定点考察的自然范围更大,是以祖国的自然山水为家的。生态文学创作者却不一定是这样的,他们只是以文学的方式来关注生态,强调对环境的保护,对现代工业和城市化进行批判。生态文学没有明显的地域感,很多作家基本上没有实地考察,更没有走进大自然场景里去,因此也没有"荒野意识"。

第三,自然文学作品一般是日记、随笔、散文,都是非虚构的。美国自然文学基本上都是散文体,很多作家都是先写观察日记,随后再整理成散文。我国大自然文学作家刘先平的作品,刚开始是以大自然探险小说出场,但后来大部分也都是先写考察笔记,然后再整理成散文体。但生态文学包括了几乎所有的文学文体,生态诗、生态散文、生态报告文学、生态小说、动物小说,甚至生态童话、生态戏剧和生态批评等等,这种文体的泛化,也使得生态文学缺乏自身表意的独特文体。如陈力君编选的《中外生态文学作品选》里,把铁凝的《孕妇和牛》和史铁生的《我与地坛》都列为"生态小说",而张晓琴的《中国当代生态文学研究》中,把张炜、韩少功、于坚、贾平凹、阿来和周涛等都作为生态文学的代表性作家,就是把文学创作中对乡土、对自然的回归和注视(即自然题材或主题)简单地当作了自觉的生态文学创作。也正是这样,生态文学研究只能是思想研究、主题研究,不可能在文体分析上有所作为。当然,从中国当代生态文学来看,也没有很特殊的值得推崇的力作,因为它们虽然有生态的主题,但可以放到诗、散文、小说等门类里去论析。

第四,自然文学有"实践性"和"荒野"意识。"荒野"在自然文学里是一个关键词,也是最能够体现自然文学本质特征的一个词。如美国自然文学里,都强调"荒野"之美,而且追求一种"壮美"之美。科尔在《论美国风景的散文》里,就认为美国的风景一点也不逊色于欧洲大陆,而且有它自己独特的壮美。自然文学作家喜欢散步,喜欢行走,喜欢探险,喜欢旅行。梭罗在《散步》里写道:"在文学中,正是那些野性的东西吸引了我们。"在《瓦尔登湖》里,也是走向荒野。他在自己的创作中,发出了"我想为自然辩护"的呼唤,提出了"只有在荒野中才能保护这个世界"的观点,表述了野生自然与健康的人类文明之间的关系,折射出他超前的睿智,精神的魅力。刘先平的大自然文学创作更是带着鲜明的实践性,他的作品篇篇都是真实的故事,"都是作者迈开双脚,跋山涉水,历尽千辛万苦采撷来的关于野生动物的生存环境、生活习性、生命状态、繁衍历程的真实记录。"[①]生态

---

① 束沛德.体味"寻找"的苦与乐//大自然文学研究:首卷.合肥:安徽人民出版社,2013:146.

文学一般没有"荒野意识",更没有作家走进荒野的勇气及到荒野探险的实践和精神。就中国当代生态小说来看,大多数停留在生态事件上,就事叙事,以事论事,既缺乏对自然的探索,也缺乏对"人"的挖掘,人物形象单薄。韩进在论述中国生态文学和大自然文学时说过:"生态文学与后起的大自然文学相比,一个重大区别在于生态文学可以不直接描写大自然。"[①]这也是一种值得注意的看法。

第五,自然文学和生态文学在一定程度上有交叉性。首先,他们在主题内涵上,都有关注环境,关注生态,关注人与自然的和谐关系,等等。而且自然文学有时候也可以看作是生态文学的一部分。如美国自然文学,到了20世纪就和生态文学很接近了,因为作家不但更自觉地关注人与自然的和谐,而且还关注环境保护并直接参与环境保护运动。这就使得他们的自然文学也符合生态文学的思想特征。其次,自然文学中有些作品也类似于生态散文,这是形式上的一些交叉和重合。20世纪以后的自然文学,很多不但反映人与自然和谐的主题,还有环保意识和生态意识,因此这类作品都可以与生态文学合流。中国的刘先平、胡冬林等作家创作的大自然文学作品,有些可以算是生态纪实散文,或者说自然散文,它们可以归到生态文学里去。

四、动物小说与大自然文学

谈到生态文学,很多人也把动物小说列到了生态文学里,甚至把姜戎的《狼图腾》和杨志军的《藏獒》都归到动物小说里去。在我国,儿童文学界有一个约定俗成的看法,那就是把动物小说和大自然文学都归于儿童文学范畴。动物小说作家沈石溪在《漫议动物小说》一文中,大致道出了动物小说受欢迎的两个原因:一是全世界所有的少年儿童都喜欢动物,都对动物感兴趣;二是动物小说先天具有知识性、趣味性和传奇性的优势,十分适合求知欲旺盛的少年读者的阅读胃口。[②] 也许正是因为动物小说和大自然文学被列为儿童文学家族,使得对儿童文学素怀偏见的当代文学研究和评论界对它们缺乏足够的兴趣。

"动物小说"现在无法考证是谁最早提出,但动物小说在中国,是发轫于20世纪80年代;而欧美国家动物小说的鼻祖被认为是美国作家杰克·伦敦。"动物小说"一直在儿童文学里享受荣耀,这是一个不争的事实。如,我国鄂温克

---

① 韩进.幼者本位:儿童文学论集.南宁:接力出版社,2011:408.
② 沈石溪.动物小说的艺术世界.上海:少年儿童出版社,2010:100-104.

族作家乌热尔图的短篇小说《七叉犄角的公鹿》获得了1982年全国优秀短篇小说奖,可它却深受儿童文学界的好评,而成人文学评论界提得很少。他还以短篇小说《老人与鹿》获得1988年首届全国优秀儿童文学奖,可以说,他是享受了儿童文学界荣誉的第一代动物小说作家。随后,蔺瑾创作了《冰河上的激战》和《雪山王之死》等作品,沈石溪创作了《第七条猎狗》《红奶羊》和《狼王梦》等作品,金曾豪创作了《苍狼》和《丹顶鹤悲歌》等作品,黑鹤创作了《鬼狗》《黑焰》《狼獾河》《草地牧羊犬》和《叼狼》等作品,牧铃创作了《艰难的归程》《荒野传奇》和《猎犬冰狐》等作品,许廷旺创作了《火狐》和《山羊妈妈》等作品,胡冬林创作了《野猪王》等作品,这些动物小说作家也得到少儿出版和儿童文学界的肯定,获得了各种荣誉,赢得很多小读者的喜爱。

但是动物小说不能简单地归于自然文学,它们很多作品也不算生态文学。如美国作家杰克·伦敦的《野性的呼唤》,讲述的是一只名叫贝克的狗经历种种折磨和搏杀,经历了人间的冷酷无情,最后在荒野狼群的呼唤下,成为一只狼,并成为狼群的首领的故事。他的《白牙》讲述的是一匹狼在主人体贴周到的驯化下,克服了野性,变成了狗的故事。它们其实是以动物的视角来反映人性,但作家都是从动物的特性着眼来结构故事的,对动物行为的自然动机观察入微,蕴含着深刻的哲理,且没有将动物拟人化的痕迹,堪称真正的优秀的动物小说的范本。① 动物小说是用动物视角来写小说,它和一般小说的不同之处在于:其一,视角不一样,它是动物视角。其二,它的主人公是动物,而不是人。其三,它描述动物世界,叙述动物世界里的情感和矛盾,也从侧面反映人。其四,动物小说通常以人来衬托动物世界,表现人性之恶,反映动物世界之美。如写《藏獒》出名的杨志军的另一部动物小说《骆驼》,与生态文学并不相关。它的魅力就是它的叙述空间很丰富,叙述线索交错,挑战了读者的想象力。它是以"骆驼"为叙述视角的,在小说里,作家不是通过人来展开故事,而是从动物的角度来讲述故事,也把人与动物两个世界紧密联系在一起。这里面,有两根明显的线索,一是两头骆驼的爱情,即格尔穆和乌图美仁两头骆驼的爱情;二是两个人的爱情,即库尔雷克与娜陵格勒的爱情。因此,从表面看来,好像这部动物小说是一部爱情故事,而且两份爱情都最终以悲剧结尾,显得很有悲剧之美。这两根主线索互相交错,形成了两个圆环的重叠。还有黑鹤的动物小说《叼狼》讲述的是一只狗和一个孩子的故事,也没有涉及环保和生态,不过属于动物视角或动物题材而已。沈石溪说

---

① 沈石溪.动物小说的艺术世界.上海:少年儿童出版社,2010:101-102.

过:"严格意义上的动物小说应具备如下要素:一是严格按动物特征来规范所描写角色的行为;二是沉入动物角色的内心世界,把握住让读者可信的动物心理特点;三是作品中的动物主角不应当是类型化的而应当是个性化的,应着力反映动物主角的性格命运;四是作品的思想内涵应是艺术折射而不应当是类比或象征人类社会的某些习俗。"[①]沈石溪的这一段话,有助于我们理解动物小说的内涵和美学特征。但由于儿童文学理论批评界已习惯性地把动物小说也当作大自然文学和生态儿童文学来评析,因此不妨把动物小说当作"准自然文学"(关于"准大自然文学",将另文论述)。

"大自然文学"这个词和概念最早是刘先平提出来的。刘先平是中国最早专心从事自然文学创作的作家,他早在20世纪70年代末就开始创作大自然探险小说,如他的《云海探奇》创作于1978年10月,1980年1月由中国少年儿童出版社出版,被评论界认为是"中国第一部描写在猿猴世界探险的长篇小说"。还被评论界认为"开拓了文学的新领域和自然保护文学"。这部作品还于1981年获得全国优秀儿童文学奖。1981年,刘先平的长篇大自然探险小说《呦呦鹿鸣》由人民文学出版社出版。1985年,刘先平的第三部长篇大自然探险小说《千鸟谷寻踪》由中国少年儿童出版社出版。这三部大自然探险小说其中的多个篇章以纪实散文的形式发表于《当代》《上海文学》和《新观察》等报刊。其实,这三部作品就是自然散文,只是因为当时刘先平还缺乏自然文学理论的装备,他意识到了自己作品不同于一般的小说,也不像一般的散文,于是,他把自己当作大自然探险的主人公,来叙述他亲身在大自然探险的所见所闻。由于对自己创作的自然文学作品还缺乏艺术上的定位,他把这些作品定名为"大自然探险长篇小说"。其实,刘先平这些后来被列入"大自然文学"的就是中国的自然文学。1987年,刘先平在安徽少年儿童出版社出版了《山野寻趣》,这是一部纪实散文,是他20世纪80年代出版的最具有自然文学特征的作品,可以说,是我国最早的具有自觉艺术形态的"自然文学"。2001年,由中国少年儿童出版社出版的"大自然探险纪实系列"(包括《寻找相思鸟》《寻找香榧王》《寻找魔鹿》和《寻找猴国》等4部),是最能体现刘先平大自然文学文体特点的作品,奠定了刘先平作为自然文学作家的地位,这些作品都是纪实散文体,而且都以"寻找"为题,展示作家在大自然中探索、寻找,同时也引领读者去大自然探索、寻找。其"寻找"是对荒野的探险,也是对大自然奥秘的好奇,更是对大自然生命的致敬。不过,刘先平在

[①] 沈石溪.动物小说的艺术世界.上海:少年儿童出版社,2010:101.

"自然"面前加了一个"大",只是表达对自然的尊敬,这也是中国人的一个习惯。中国人喜欢把自然称为"大自然"。

　　从以上对生态文学、自然文学、动物小说和大自然文学等问题和概念的辨析来看,动物小说其实与生态文学勾连比较紧密一些,或者说,它也只是部分具有生态文学的内涵,它不能算是真正的自然文学。因此,评述和研究中国大自然文学,就没有必要把动物小说和生态儿童文学放进来。不过,考虑到它们都受到儿童读者喜爱,可以把动物小说和生态儿童文学、绿色诗歌归到"准大自然文学"里去,让它们在儿童文学里留一个特殊位置,还是可以的。但大自然文学有它自己的文体特征,也有其思想和内涵特征。大自然文学的写作实践也证明,它在日渐走向丰富和成熟,成为当代文学里最有可能走向世界的一部分。

(原载《文艺评论》2015 年第 9 期)

论现代历史小说的思辨叙事

许道军

许道军,1973年7月生,河南新县人。2003年毕业于西北师范大学,获文学硕士学位;2010年毕业于上海大学,获文学博士学位;同年入职上海大学文学院,现任中文系副主任、副教授。主要研究领域为创意写作学、故事设计原理与技巧、类型小说、网络文学、诗歌批评等。出版有《故事工坊》《创意写作:基础理论与训练》(合著)等专著,另有《作为学术科目的创意写作研究》(合译)、《创意写作十五堂课》(合著)、《城市时代的诗歌与诗学》等即将出版;主编"上海大学创意写作丛书(第二辑)"以及创意写作教程《大学创意写作》等教材;在《中国现代文学研究丛刊》《社会科学》等杂志发表学术论文70余篇,其中4篇被"人大报刊复印资料""中国社会科学文摘"全文转载。完成教育部项目《英语国家创意写作研究》等。兼任世界华文创意写作协会秘书长,为上海市作家协会会员、签约作家。

历史小说是一种特殊的小说类型,"兼具历史与小说双重的'弹性'导向",[①]因此它既要具备一般小说的虚拟特征,又要传达出历史的真实信息,"叙述多有来历"。[②] 虽然中国古代历史小说在创作与批评上,很早就意识到虚构的存在和虚构的重要性,但是在"历史"与"小说"的权衡之中,最终还是倾向于"历史",认为历史小说叙事应服从于历史撰述,历史小说的任务只是把历史撰述内容通俗化。[③] 在中国历史小说的草创期,就已经明确了小说对历史的附庸地位,《三国志

[①] 王德威.想象中国的方法——历史・小说・叙事.北京:生活・读书・新知三联书店,1998:298.
[②] 鲁迅.中国小说史略.上海:上海古籍出版社,2006:84.
[③] 这些理论主要见于《三国志通俗演义序》《三国志通俗演义引》《新列国志改编》《唐书演义序》《西汉通俗演义序》《题列国序》《新列国志序》《两晋演义序》《痛史序》《洪秀全演义序》等,丁锡根编著的《中国历代小说序跋集》有完整的收录,历史小说部分主要收录在中册。参见:丁锡根.中国历代小说序跋集.北京:人民文学出版社,1996.

通俗演义》开创的"羽翼信史而不违"传统被继承，发展到极端就是"按鉴演"。①

这种小说观念导致的结果是喜剧性的，"中国历史演义小说一直充当普及历史知识的义务教员。这种寓教于乐的形式，已被历代读者所接受，并培养形成了广大群众的传统的审美欣赏习惯",②以至于有学者惊呼："可惜的是，我国号称有悠久的史学传统，历来看重史学，可她的读者们今天却喜欢从历史小说中获取历史知识，其可怪也欤。"③历史撰述者、历史小说作者及广大的读者长期以来共享一个价值观、真实观和共同意义体系，乐此不疲，似乎是中国历史小说发展的常态。但是这种习以为常、约定俗成的审美现象背后，却隐藏有一个深刻的意识形态"阴谋"，正如许多新历史学家发现的那样，"历史学家讲述的'故事'是为强者对弱者的统治寻求依据并为之服务的",④而历史小说对历史撰述的"实录""演义"，则体现的是一种更为隐蔽而深刻的权利认同、价值认同和意义认同。因此，作为五四新文学组成部分、中国历史小说发展"第五阶段"的现代历史小说，"所完成的不应是复归于历史、与历史进一步混同的任务，而是继续与历史分化发展、取得与历史并立的独立的文化地位的过程"。⑤

认为现代历史小说从此就"与历史分化发展"显然是一厢情愿。在许多革命历史小说那里，小说不仅没有与"革命历史"分化，反而较之古代历史小说，文学与历史更加紧密地纠缠在一起，如有学者言："三红从军事、道德以及农民社会基础等不同角度共同创造了一个中共如何夺取政权的'革命历史故事'。"⑥它们不仅要演绎中国共产党领导的革命历史，"讲述'革命'的起源的故事，讲述革命在经历了曲折的过程之后，如何最终走向胜利",⑦而且还要在很大程度上建构一种规定的"革命历史"。革命历史小说的历史事件是选定的，不能生产出特定意义、与既定结果相违背的历史事件，如失败的武装斗争、非正确领导者发起的斗

---

① 如《新刊按鉴演义全像大宋中兴岳王传凡例》说，"大节题目，俱依《通鉴纲目》牵过"。《新刊参采史鉴唐书志传通俗演义》，每卷之前标明："按唐书实史节目"。《京本通俗演义按鉴全汉志传》正文开头，均明言其是"按鉴本传"。余邵鱼在《题全像列国志引》中说，"《列国志》起自武王伐纣，迄今秦并六国，编年取法麟经，记事一据实录……莫不谨按五经并《左传》、《十七史纲目》、《通鉴》、《战国策》、《吴越春秋》等书，而逐类分记"等等。它们反对虚构、编造，还因为历史撰述已经给它们提供了足够的叙事内容，如蔡元放《新列国志》中："有一件说一件，有一句说一句，连记事实都记不了，那里还有功夫去填造。"
② 李忠昌.论历史演义小说的历史流变.社会科学辑刊，1994(5).
③ 郭宏安.从历史小说里学历史?.北京日报，2004-5-9.
④ 伊丽莎白·福克斯—杰诺韦塞.文学批评和新历史主义的政治.节选自：张京媛.新历史主义与文学批评.北京：北京大学出版社，1993：60.
⑤ 王富仁，柳凤九.中国现代历史小说论.鲁迅研究月刊，1998(3).
⑥ 许子东.当代小说阅读笔记.上海：华东师范大学出版社，1997：24.
⑦ 洪子诚.中国当代文学史.北京：北京大学出版社，1999：106.

争等,都将遭到忽略或压制,严重者会被扣上"伪造党史"大帽,"以小说反党"罪行,如《刘志丹》等;对历史事件的文学组织也是规定的,"情节发展当然一律是反败为胜、从水深火热走向革命人民的盛大节日、从胜利走向更大的胜利。作者和读者都深深意识到自己置身于滚滚向前的历史洪流之中,浩浩荡荡,顺之者昌,逆之者亡"。① 在更晚近的某些探根寻源的国族认同叙事,如《虞舜大传》那样的历史小说那里,语焉不详、只言片语的"历史",乃至神话传说,同样没有得到足够的辨析,小说虚构与历史演绎几乎是循环论证。尽管作家宣称,"我们写演史小说,尽管有具体细节上的创造,但基本史料要尊重历史记述和考古成果所证明的史实,不能乱来",但是作者"用小说的形式从侧面演绎",一下子将中国文明史从"四五千年"上溯到"万年",②并在前言中引用黑格尔的话作证:"历史必须从中华帝国谈起,因为根据史书的记载,中国实在是最古老的国家。"言之凿凿背后,荒谬如影随形。

但是,作为一个整体,现代历史小说的确出现了"与历史分化发展"、进而取得"与历史独立的文化地位"普遍现象,并且在小说的叙事上,出现了一种比较完整、成熟的叙事形态,我们姑且称之为历史思辨叙事。

一

历史学家都要面对"历史事实"这个问题。什么是"历史事实",不同的历史学家有不同的解释,但大致有符合论的解释、融贯论的解释和辩证的解释三种。③ 波兰历史学家耶日·托波尔斯基持辩证的解释观点,即"既承认作为历史研究客体的客观历史实际的存在,又承认历史学家的头脑的创造性认识功能对历史事实概念的解释"。④ 这种观点认为,历史事实是一种客观的存在,但同时也是一种话语、历史叙述的结果,它始终处于总体和动态生成之中,而历史学家的任务,既要通过已有的历史编纂、撰述进入历史现场,同时又要以辩证的态度进行新的认识,以此来逐渐接近真理与真相,并不断丰富历史事实本身。与历史学家一样,历史小说作家同样要面对历史事实这个问题,对历史事实的演义/演绎、翻案/重写与质疑/辩证也大体上可以对应历史学家的三种态度,我们借用耶

---

① 黄子平. "灰阑"中的叙述. 上海:上海文艺出版社,2001:26.
② 王金铃. 虞舜大传(出世篇·御世篇). 上海:上海文艺出版社,2002:576,574.
③ 详见:陈新. 西方历史叙述学. 北京:社会科学文献出版社,2005:177-185.
④ 耶日·托波尔斯基. 历史学方法论. 张家哲,等,译. 北京:华夏出版社,1990:219.

日·托波尔斯基的观点和思路,来构建并讨论现代历史小说中的历史思辨叙事形式。

所谓历史思辨叙事,我们可以概括为历史小说作者因对既定历史撰述的意识形态属性与主观偏见保持警惕、对历史撰述内容的真实性产生怀疑进而对历史真实进行文学性思辨的一种小说叙事形式。这种叙事在主观上相信存在一个历史生活的真实,但是这种真实或是被官方历史撰述的意识形态所扭曲、反转,或是被历史撰述者本身的视野、偏见所局限,历史本身未能正确地得以记录和显现,因此,历史小说有必要从历史撰述的边缘、缝隙处甚至对立面切入历史现场,发现被遮蔽的事实。随着西方新历史主义、后现代叙事学等理论的兴起,这种叙事进一步对历史撰述话语进行叙事分析,反思历史撰述与文学叙事的同构本质,在此基础上对历史撰述内容进行更深刻地辨析,以图达到对历史真实再认识、再发现的目的。

有广义的历史思辨叙事,也有狭义的历史思辨叙事。在某种意义上说,现代历史小说总体上都具有历史思辨的属性,即使在二月河、高阳等这样比较"传统"的历史小说家那里,作品也不会完全认同过往的历史记载,其叙事也包含有事实的考证、观念的辩驳、态度的调整等因素,如姚雪垠所说的那样:"历史小说应该是历史科学和小说艺术的有机结合。"①这些小说的叙事依据虽然依旧是过往正统的官方历史撰述,而且也相信历史材料的有效性,但是不再无条件认可既往对这些材料的意义赋予和价值判断,而是要以现代的历史观念或"历史唯物主义观"去重释或重构。它们在阶级认同、文化认同或国族认同等基础上,多多少少对既定的历史材料做出了这样那样的再书写,但是这些历史小说的思辨程度与新历史小说、与鲁迅《故事新编》那样的小说相比,仍旧停留在对历史材料的再解释、简单翻案阶段,没有深入到历史撰述的意识形态、叙事话语层面。枪口抬高一寸,我们发现,许多古代历史小说其实也并非完全是历史撰述的奴仆,或多或少表现出了某种思辨意识。它们或是指责野史的内容"乃捕风捉影,以眩市井耳目"(《〈隋炀帝艳史〉凡例》),或是质疑正史记录者"一人之见斯狭,一史之据几何?"(《〈南宋志传〉序》)甚至在某些时候表现出对历史撰述的根本不信任,比如《樵史通俗演义》作者竟然要亲身去"补正史而垂千秋"。但上述两类历史叙事现象,不是本文要讨论的对象。

我们这里要讨论的是狭义的历史思辨叙事。狭义的历史思辨叙事主要集中

---

① 姚雪垠.李自成:第一卷.北京:中国青年出版社,1977:前言.

于部分现代历史小说和众多新历史小说以及大量网络盛行的架空历史小说中,从黄小配的《洪秀全演义》针对具体历史文本的思辨、到鲁迅的《故事新编》针对整个历史发展进程与结果的整体性思辨、再到格非的《青黄》、李洱的《花腔》等针对历史和历史叙述的本体性思辨,整体上呈现出逐渐深入的态势。某些历史思辨叙事不仅怀疑历史叙事的意识形态属性,而且还怀疑历史叙述本身的有效性以及历史叙事是否可能,进而怀疑历史是否存在、历史是否还有价值等,这就走向了历史思辨的反面。我们反对历史虚无主义。

二

《洪秀全演义》是黄小配的代表作,连载于1905年的《有所谓报》,1906年续刊于《香港少年报》。这部作品在中国历史小说发展史上具有特别的地位,欧阳健先生认为它"是中国历史小说史上划时代的作品",①它一改传统历史演义"兴废治乱"出发点,站在与传统史家截然相反的立场,"以是否热爱民族、是否忠于国家论英雄,给历史演义创作吹进了一股清新之风"。②

章炳麟在《序》中对历史小说发表了这样的见解:"演事者,则小说家之能事。根据旧史,观其会通,察其情伪,推己意明古人之心,而附之以街谈巷议。"虽然,章炳麟在国族认同立场上,高度肯定历史小说的"存古之功",但是也认为在对历史进行"演事"的过程中要"察其情伪"。洪秀全"功虽不就",但其价值"亦雁行于明祖",而他及石达开、林启容、李秀成等革命者的事迹,"虏廷官书虽载,既非翔实,盗憎主人,又时以恶言相诋。"相比之下,记录太平天国事宜的《太平天国战史》"足以发潜德之幽光"。黄小配的自序更为激进,他认为:"后儒矫揉,只能为媚上之文章,而不得为史笔之传记也","是纲也,鉴也,目也,只一朝君主之家谱耳,史云乎哉!是以英雄神圣,自古而今,其奋然举义旗,为国死者,类淹没而弗彰也"。③ 正是出于这样的历史认识,小说才首次将这些过往官方历史撰述中的"妖孽""叛贼"给予正面的书写,破天荒"以天国纪元为首,与《通鉴》不同",表现出了罕见的勇气和鲜明的时代历史观特征。

《洪秀全演义》开辟了现代历史小说思辨叙事的先河。一方面,它对历史撰述的意识形态属性的认识已经到了高度自觉的地步,并作了精彩论述。虽然作

---

① 欧阳健.历史小说史.杭州:浙江古籍出版社,2003:421.
② 段启明,张平仁.历史小说简史.西安:陕西人民出版社,2005:130.
③ (清)黄小配.洪秀全演义.上海:上海古籍出版社,1981:1.

为单部作品,它在20世纪以来历史小说长河中并不被许多人所知,但是它的确站在中国历史小说发展的转折处,预示着现代历史小说的出现。在历史观念方面,我们甚至能在当代新历史小说诸如类似"历史从来是大而化之的。历史总是被筛选和被遗忘的,谁是执掌筛选粗眼大筐的人呢"①这样"激进"的"新历史发现"那里,听到它久远的回声。另一方面,它从官方历史的对立面建构新的历史谱系、塑造新的人物形象的努力,对后来有关无产阶级斗争史、革命史、家族史、民族史、地域史等历史小说的写作,也起到了启示作用,在某种意义上算是革命历史小说、新历史小说等小说的遥远先声。

但是《洪秀全演义》的局限性也显而易见(这种局限也同样体现在黄小配的另一部作品《吴三桂演义》上)。它在对既定历史撰述的意识形态保持警觉和置换小说表现对象时,其思辨并未反视自身,没有意识到自己笔下的"历史""显然是从宣传资产阶级民主革命的需要出发,是以政治意识改造过的历史"。实际上,"作为艺术的《洪秀全演义》",并不能与太平天国历史等同。它是小说家黄小配有意识对历史事实进行选择、改造,以理性的思考和审美的眼光表现的历史"。② 另外,它依然沿用的是传统的演义模式,没有在叙事上做出新的探索。如果形式是有意味的话,那么,仅从形式上看,它只是在主题层面或是意识形态层面,把颠倒的东西颠倒过来。只有到了现代时期,或者说从鲁迅开始,历史思辨叙事才开始成为主流并达到成熟形态。当然,这并不是说,历史思辨叙事就是现代历史小说叙事的全部。

三

鲁迅开启了中国历史小说的现代转型,其《故事新编》也真正类似于自己所说的"历史的小说":"取古代的事实,注进新的生命去,便与现代人生出干系来",③这个"新的生命"与"现代人",我们不能仅仅理解为物理时间上的"现在",而应该倾向于性质上的"现代","现在"不一定就是"现代"。传统的历史叙事认为现实是历史的继续,从历史中生发出来。它自觉充当历史的合法继承人,全盘认同并承接历史的连续性和稳定性,并将现实生活纳入既定的价值体系与生活

---

① 刘震云. 温故一九四二//刘震云精选集. 北京:北京燕山出版社,2006:242.
② 齐裕焜. 中国历史小说通史. 江苏教育出版社,2000:251-252.
③ 鲁迅.《罗生门》译者附记. 见:严家炎. 二十世纪中国小说理论资料:第二卷.北京:北京大学出版社,1997:185.

秩序之中,以此安置现实,指向未来。但是现代历史小说恰恰要斩断这种联系,实现现实与历史的断裂,开启一个新的未来。

这种断裂首先体现在叙事时间形态上。在传统历史小说的认同叙事那里,故事情节展开之前,多有一个"漫长的开头",[①]着力建构一个从古到今的时间谱系。但鲁迅先生的《故事新编》打破了这个连续性(虽然也未重建出新的时间谱系),透露出毅然决然的反传统信息。《补天》是《故事新编》也是鲁迅的第一篇历史小说,有理由被认为是"中国新文学史上第一篇历史小说"。[②] 小说中的时间标识"有一日",我们根本不知道是哪一朝、哪一年的哪一日;《奔月》中是"过了一夜就是第二天"的这样的自然时间;《理水》发生在"这时候";《采薇》从"这半年来"说起;《铸剑》从"眉间尺刚和他的母亲睡下"说起;《出关》从"孔丘又来了"说起,"上一次"是什么时候,没有交代;《非攻》《起死》等也是如此。这里,时间完全"非历史化"了,历史时间被纳入了现实时间体系,"过去"要接受"现在"的考察,而不是像传统历史小说那样,"现在"需要接受"过去"的检验和比照,并被赋予"续接天命"的使命,获得"正统"的价值。

这种断裂也体现在对历史内容的"编次"上。"以小说比附史书,引'史传'入小说,都有助于提高小说的地位。再加上历代文人罕有不熟读经史的,作小说借鉴'史传'笔法,读小说借用'史传'眼光,似乎也是顺理成章。"[③]演绎"史传"内容,借用"史传"笔法,更是传统历史小说、历史演义的传统。《故事新编》的8篇小说中,作者完全没有按照纪传体、编年体或纪事本末体"编次"历史撰述内容的形式,将女娲补天、大禹治水、嫦娥奔月等故事有头有尾讲述出来,或是将女娲、大禹、后羿等历史(传说)人物做完整的介绍,从一开始,小说就将这些历史(传说)人物置于现在进行时的空间,进行零碎、片段式的编排,历史撰述被割裂、小说化了。从叙事顺序上说,小说出现了大量的倒叙、插叙,期间引入心理时间和心理活动,让故事中的人物自己去思考,而不是历史撰述者替代他们去思考。这样,《故事新编》就从历史化向小说化的转变中,开启了现代历史小说"与历史分化发展"之路。

从叙事态度上说,与传统历史小说相比,《故事新编》对历史人物和历史事件的认识也发生了根本的转变。它不仅与既往的意义体系不同,比方说,对"大人

---

① 典型的比如毛本《三国演义》开篇语:"话说天下大势,分久必合,合久必分。周末七国纷争,并入于秦;及秦灭之后,楚汉纷争,又并入汉;汉朝自高祖斩白蛇而起义,一统天下;后来光武中兴,传至献帝,遂分为三国。"再如《东周列国志》开篇,亦从"道德三皇五帝"说到本朝"周室赫然中兴",等等。
② 田仲济,孙昌熙.中国现代小说史.济南:山东文艺出版社,1984:455-456.
③ 陈平原.中国小说叙事模式的转变.上海:上海人民出版社,1988:222.

物"的揶揄态度、对传统道德的虚伪本质体认、对世界发生发展的动力再解释等,也不再是在既定的价值观下,去发掘和演绎历史材料中的"大义",而是要重新审视甚至批判它。《补天》肯定的是"创造",《理水》歌颂的是"实干",《非攻》歌颂的是"兼爱",《铸剑》的主题是"复仇",等等,这些都与"兴废争战""治乱更替"没有关系,更与"天命""王道"没有关系;相反,在历史的人道主义天平上,传统历史小说中的主角"帝王将相"则受到了嘲弄和批判。

从语言风格上说,《故事新编》也从传统庄重的史官语言或者"文不甚深言不甚俗"的公众话语转向独语、杂语,"油滑"是它的外在特征。[①] 独语体现出作者的主体意识和主体思想,杂语代表对传统价值体系的调侃反讽。从对象说,它表现的不是帝王将相的伟大功绩,恰恰相反,它们要表现的是对历史和社会真正起到进步作用的力量,社会的脊梁(《补天》《理水》),或者是对帝王将相权威的反抗与颠覆行为(《铸剑》),或者是对中国传统思想起到决定性作用的历史人物(《出关》《起死》),或者是理想的道德人格(《采薇》《非攻》)。这里要指出的是,《故事新编》"油滑""杂语"式的语言风格,被以后的大量历史思辨叙事文本继承,几乎成为一种标志性面貌。

四

相信历史事实自身的存在,也不在叙事中改变历史发展的结果,但是却通过现代的观念与知识去戳破"历史事实"的价值泡沫,揭穿历史叙述的逻辑漏洞,质疑历史人物与事件的合法性所在,全面审视历史撰述内容,也是历史思辨叙事的鲜明特点。

郑振铎的《汤祷》从人类学和心理学等角度探索了"汤"成为圣人的滑稽经过。小说写到,春旱严重影响了部落的生活,部落成员"吁天祷神、祀祖求卜"无效后,开始怀疑:"该是那位汤有什么逆天的事吧!天帝所以降下那末大的责罚。这该是由那位汤负全责的!"于是,头领汤被民众和巫师们包围,推上了祭台,在民众狂热的呼喊声中,汤感受到了民众的敌意和由衷的恐惧。但是大雨及时下来,结束了这场闹剧,汤于是成了圣人。"万岁,万岁,万岁!——他们是用尽了腔膛里的肺量那末欢呼着。"可是汤"从心底松了一口气;暗暗的叫着惭愧"。这其中的奥妙只可意会,"只有那位柴堆还傲然的植立在大雨当中,为这幕活剧的

---

① 权绘锦,陈国恩.《故事新编》的"油滑"与现代历史小说的文体自觉.长江学术,2006(2).

惟一存在的证人"。① 王独清的《子畏于匡》写孔子从卫国回来,经历爱情、谋官双失败后在匡地被匡人当作"阳虎"围起来,孔子跪求当地头领的夫人饶命,并将南子送给他的九曲明珠转送给她。小说"心怀恶意",以虚设的细节揭开了圣人身上的光环,并以农民朴素的"真理"揭示了夫子理论的虚伪实质。② 茅盾的《石碣》则"揭露"了梁山泊英雄群体平等中的阶级分野。梁山泊一百零八将的座次是老天排定的,早已刻在石碣上面。《水浒传》故事内容部,英雄们没有怀疑,故事外的读者也没有怀疑,但是《石碣》却揭露了这个事实的真相。小说通过圣手书生萧让和玉臂匠金大坚的对话,让我们窥察到了梁山好汉铁板一块中的阶级裂缝,正是这阶级裂缝的存在,才迫使军师智多星吴用出此计策,以弥合这个裂缝。它同时也揭露了即使在义军这样的先进组织里,也会有这些不可泄露见不得人的"机密"。

对历史的思辨不仅体现在历史观、价值观、道德观等观念性方面,现代历史思辨叙事还包括从现代医学、心理学、地理学等方面对历史的重新认识和思考。郭沫若的《孟夫子出妻》的题材出处与创作动机是:"这篇东西是从《荀子·解蔽篇》的'孟子恶败而出妻'的一句话敷衍出来的。败是败坏身体的败,不是妻有败德之意,读《荀子》原文自可明了。孟子是一位禁欲主义者是值得注意的事情:因为这件事情一向为后世的儒者所淹没了。而被孟子所出了的'妻'觉得是尤可同情的。这样无名无姓的做了牺牲的一个女性,我觉得不亚于孟子的母亲,且不亚于孟子自己。"③小说完全主观性将孟子妻设计为一个健康、青春、饱满、性感的女性,进而在此基础上顺向推想他们的夫妻生活状况。孟子因为要"养夜气"、养"浩然之气"而正襟危坐、"独善其身",但却受不了妻子肉体的诱惑,压抑不住肉体的冲动,备受煎熬。他觉得妻子似乎也看穿了他内心脆弱和挣扎,因此要"出妻",但是又要考虑到做圣贤也要考虑柴米油盐的道理,因此心情极为矛盾。小说对孟夫子出妻做了心理学、精神分析学上的新解,一方面试图说明孟子妻的被"出"的无辜,另一方面也有意识揭露孔门夫子理论教条的虚伪和虚弱。在《秦始皇将死》中,小说更是借现代医学知识对秦始皇之死做了病理学的解释,颇具新意,但也近乎荒诞。

---

① 郑振铎.汤祷.见:王富仁,柳凤九.中国现代历史小说大系:一.石家庄:河北人民出版社,1999:296-300.
② 王独清.子畏于匡.见:王富仁,柳凤九.中国现代历史小说大系:一.石家庄:河北人民出版社,1999:265-279.
③ 郭沫若.孟夫子出妻.见:王富仁,柳凤九.中国现代历史小说大系:一.石家庄:河北人民出版社,1999:141.

谭正璧的《长恨歌》一方面津津乐道于对历史传说，如《奔月之后》《女国的毁灭》等，一方面又从现实主义的角度对这些历史传说去魅，让它们恢复生活"本来面貌"。如嫦娥飞到月亮上后，首先感受到的不是寂寞，而是饿和冷；《女国的毁灭》则借穆王之口，解答了一个"历史难题"："这次西征，使我获得了一种非常宝贵的历史知识，证实了山海经记载的翔实。原来所谓西王母虎首人身豹尾，是古代这个国度还有野兽时常要伤人时代的事，因为不用这种伪装来吓退野兽，她们这个民族，老早都给野兽吃完了。"这些小说其实开创了一个神话传说世俗化、日常化的传统，这个传统在 21 世纪"神话重述"运动中得到了呼应，比如苏童的《碧奴》、叶兆言的《后羿》、李锐的《人间》等。另一些小说则是"对于一个熟悉的神话或故事另作合理的解释，如《落叶哀蝉》叙明汉武帝所见死后的李夫人到底是谁，《清溪小姑曲》叙明清溪小姑到底是神还是人，《坠楼记》对于绿珠坠楼的原因另作新解"。① 当然，施蛰存、李拓之等小说家从性心理角度对历史或传说人物做精神分析，也是一种对历史的新解。

五

对"历史"和"历史叙述"本身的思辨，是历史思辨叙事的逻辑延伸，当代新历史小说开始试图回答"历史是什么"以及"历史如何叙述"这个本体性问题。

周梅森的《国殇》通过虚拟的方式，深入到历史深处，揭露掩藏在历史深处的内容，但是"历史依然在如雾如幛的硝烟中流淌着"，"历史是什么东西！历史不是他妈的就是阴谋和暴力的私生子么"？② 毕飞宇的《叙事》以寓言的形式告诉人们：所谓的历史"其实是一个浪漫主义诗人"，"历史是即兴的，不是计划的。'历史的规律'是人们在历史面前想象力平庸的借口。历史当然有它的逻辑，但逻辑学只是次序，却不是规律"。在对自己家族耻辱历史调查后，"我"终于发现："历史就这样，一旦以谎言作为转折，接下来的历史只能是一个谎言连接一个谎言。只有这样，史书才能符合形式逻辑，推理严密，天衣无缝。在我成为史学硕士后发现了这样一条真理：逻辑越严密的史书往往离历史本质越远，因为它们是历史解释者根据需要用智慧演绎而就的。真正的史书往往漏洞百出，如历史

---

① 谭正璧.长恨歌·自序.见：王富仁,柳凤九.中国现代历史小说大系：二.石家庄：河北人民出版社,1999：2.
② 周梅森.国殇.北京：人民文学出版社,1988：98.

本身残缺不全。"①在《充满瓷器的时代》中，小说写道："最初满足修史者好奇心的往往被修史者称为'历史'"；"历史的叙述方法一直是这样，先提供一种方向，尔后补充。矛盾百出造就了历史的瑰丽，更给定了补充的无限可能。最直接的现象就是风景这边独好。从这个意义上说，补叙历史是上帝赐予人类的特别馈赠。"②

廉声的《月色狰狞》、格非的《青黄》等小说通过调查当事人的形式，去探寻"真实的历史"，但是调查人"我"最终发现，即使历史的当事人和见证者也难以达到历史的了解。《月色狰狞》围绕寻找莫天良的历史真相展开，在相互矛盾的"史料"中，不仅真相无法触及，经过更加深入地调研后发现："哪有什么男尸女尸的。可不能跟别人瞎扯"，根本没有莫天良这一件事。③ 格非的《青黄》形象地展示了人根本无法抵达"终极历史"的事实。小说虚构"我"对九姓渔户的历史调查，特别是对其中"青黄"的终极意义追寻，最终结果是，"青黄"到底是传说中的"一个漂亮少妇的名字"，还是"春夏之交季节的代称"，或是"一部记载九姓渔户妓女生活的编年史"，或是"年轻或年老妓女的简称"，或是"多年生玄参科草本植物"，如此等等，根本就不可知。调查的失败，当然有多种寓意，"从历史观的角度讲，则寄寓了对历史的元叙述的怀疑，暗喻了文本之外别无历史的历史理念"。④

李洱的《花腔》以寻找主人公葛任为基本线索，以破解葛任的生死之谜为结构中心，描写了葛任短短一生的生活境遇、政治追求及爱情经历，揭示了个人在历史动荡中的命运。小说的最大特色是以三个当事人的口述和大量的引文来完成叙事。书中众多的人物性情不同、身份各异，他们以不同的腔调来叙述这桩历史谜案，显得意味深长，引发我们对历史与现实、真实与虚构、记忆与遗忘、饶舌与缄默等诸种生存状态的体验和思考。这是一种特别的历史讲述方式，作者回忆写作经过时说："我开始确实想写一个中规中矩的历史小说。但是，我无法忍受自己这样写，我觉得我的很多想法无法付诸实施，读者会怀疑我这样讲述是真实的吗？如果我自己都不确信，我怎么能写下去呢？"⑤这是一部关于"历史是什么"和"历史是如何叙述的杰作"，将历史思辨叙事的深度与形式都推向一个极度。如同小说的"仿元叙述者"——"我"在"卷首语"中所说，"这并非我一个人写

---

① 毕飞宇. 叙事. 见地球上的王家庄. 北京：新世界出版社，2002：303，348.
② 毕飞宇. 毕飞宇文集·这一半. 南京：江苏文艺出版社，2004：123-124.
③ 廉声. 月色狰狞. 见 http://www.cnread.net/cnread1/xdwx/l/liansheng/001/001.htm.
④ 王爱松. 政治书写与历史叙事. 北京：中国广播电视出版社，2007：330-331.
⑤ 李洱，梁鸿. 百科全书式的小说叙事. 见西部话语文学，2008(2).

的书。它是由众多引文组成的。我首先要感谢医生白圣韬、人犯赵耀庆以及著名法学家范继槐。他们不光见证了葛任的历史,参与了历史的创造,而且讲述了这段历史"。然而,他们的讲述并没有使历史的真相浮出水面,反而在相互抵牾中使真相消散。因此小说采用了"正文"和"引文"特别组合以及随意阅读的形式,去讲述这个或者说展示这个历史调查报告,"我这样做,并非故弄玄虚,而是因为葛任的历史,就是在这样的叙述中完成的"。① 李洱在接受采访时坦白告诉大家,《花腔》中所有的小道消息、新闻、广告、日记、通信等都是假的,但是我们认为《花腔》却是"真实的",所有的"虚假"通过特别的组合都通向"历史的真实"。正如论者所言:"李洱以假乱真,用'仿史'的创作手法,显示出历史叙述与小说的叙述是同一的,'历史的真实'与'小说的虚构',或'小说的真实'与'历史的虚构',是可以对换的。"③

六

现在看来,"新历史小说"是个权宜性概念,在某种意义上说,所有不同于前期存在的历史小说都可以称为"新"历史小说,但我们依然对这个小说群体保持有共识,是因为它的"新"首先是相对于"革命历史小说"而言的,"很大程度上,'新历史小说'的'再叙事'正是针对'革命历史题材小说'这一'前叙事'而展开的"。④ 正是自觉作为"革命历史题材"小说的对立物,作为一种互文式写作"新历史小说"才具有"新"的资格。新历史小说提供了一些新的材料、新的见解,但仍旧坚持了历史小说故事的主导品格,没有改变这个小说类型的成规,比如:"小人物"撬动了历史,承担了"大人物"的功能,依旧是"大人物";"小事件"引发历史转折,是历史的导火索,成为"大事件"的前身。在人物模式与事件模式上,它依旧符合这样的成规:"要么不写历史小说,要写,不可避免地会写帝王将相";⑤虽然是"野史""地方志",但它们相信,这更接近真实,"是'红色经典'符合历史的真相呢,还是我们这批作家的作品更符合历史真相? 我觉得是我们的作品更符合

---

① 李洱. 花腔. 北京:人民文学出版社,2002:1-2.
② 李洱,梁鸿. 百科全书式的小说叙事//西部话语文学,2008(2).
③ 魏天无."历史是一曲花腔?"//羊城晚报,2002-3-7.
④ 孙先科."新历史小说"的叙事特征及意识倾向. 文艺争鸣,1999(1).
⑤ 金东方. 历史小说创作诸问题. 参见吴秀明. 中国历史文学的世纪之旅——中国现当代历史题材创作国际研讨会论文集. 2004:46.

历史的真相"。① 综上种种,我们认为,新历史小说既是"新"的小说,也是"历史小说"的一种。

历史是否真的不存在,历史是否真的没有规律、充满偶然性,等等,我们认为,新历史小说的价值未必体现在这些"耸人听闻"的结论上;相反,新历史小说对历史真相近乎偏执地探求和"实证"精神,更令人肃然起敬。我们注意到,与过往历史演义、革命历史小说等传统历史小说非个人化、全知全能的叙事方式不同的是,新历史小说出现了大量的第一人称叙事,比如《灵旗》中的青果老爹的主观回忆湘江之战、《红高粱》中"我父亲"讲述"我爷爷""我奶奶"的故事。刻意地主观化叙事,当然大大降低了历史小说的"拟科学""拟史"的权威性,但是它却透露出一个强烈的信息:历史的真实性应得到个人的检验,历史也应与个人有关!当然,在间接地主观叙事以及以个人形式去调研历史的有无或者展示历史叙述的本质,类似《夜色狰狞》《青黄》甚至《花腔》这样"仿元叙事"的历史思辨叙事小说之外,还有一种更奇特的"个人拟在场"的历史思辨叙事,将历史思辨推至一个空前的深度。

一个在历史上并无被记录,也没有记录历史的人物——"我"——直接"进入"历史现场,去"亲历""见证"和"感受"历史事件发生的来龙去脉,而不是"取古代的事实,注进新的生命",这个"匪夷所思"的叙事创意,首先来自现代时期刘圣旦《发掘》短篇集中的《突围》。"取材于历史",但是又发掘"埋葬在历史里的故事",是刘圣旦《发掘》的创作意图。② 为了真相,作者化身"我"——"老许"——亲自跑到了历史生活中去,"实证"的去看看。若干年后,以个人身份亲眼目睹历史真相的写法,在潘军的《重瞳》、红柯的《剑如秋水》等小说那里有了呼应。它们设想自己就是历史当事者:"我"就是项羽,"我"就是冯梦龙,"我"就是历史中的那个人,所有的真相都在眼中、身边。刘震云的《故乡相处流传》安排叙事者"我"进入历史的轮回,去"见证"一个个历史事件的真相和整个历史的荒唐。邱华栋新近的历史小说的《长生》也采用了"历史拟在场"的叙事方式,但是其目的并不在于要还原一种历史真相,而是为了更好地营造一种历史生活氛围,自当别论。

《突围》及新历史小说所开创的"历史拟在场"叙事手法在架空历史小说那里得到广泛的呼应。架空历史普遍的情节模式是:假设一个现代人或一个具有现代意识的人,由于某种原因"进入"或者本身就"在"某个历史现场,由于对历史发

---

① 莫言,王尧.从《红高粱》到《檀香刑》.当代作家评论,2002(1).
② 刘圣旦.发掘·前记.见:王富仁,柳凤九.中国现代历史小说大系:四.石家庄:河北人民出版社,1999:357,365.

展过程与结局的不满,开始利用自己的历史"先知先觉"经验和现代知识积累,着力改变历史的发展方向。① 与《突围》及《重瞳》《剑如秋水》不同的是,架空历史小说的叙事者"我",不仅仅是故事人物,还跟现实中的作者(往往是年轻的大学生)高度统一,"我"对历史的思辨就不仅是一种象征的行为,作品也不仅是某种寓言,在某种意义上就是一种更深入的个人体验、历史"实证"。当然,架空历史小说的叙事目的首要在于虚拟"改变"既定的历史,而非历史真实性的考辨,但是,在许多这样的小说当中,由于"进入"了历史现场,势必要引出对历史撰述的真实性的怀疑。《明2·大风》中,武安国与刘凌讨论《三国演义》时说:"真是荒诞,千里单骑连地理位置都没弄清楚,整个南辕北辙。两军打仗成了武将单挑,那要士兵干什么用……"②之所以提出这样的疑问,是因为武安国作为大明震北军统帅正与高丽作战,"亲历"了冷兵器时代的战争后,才有资格对《三国演义》的战争模式提出疑问。

从《洪秀全演义》到《故事新编》再到《花腔》,现代历史小说对历史事实、历史撰述的思辨与认识呈现逐渐深入态势,但历史思辨叙事是否真的触摸到了历史真实,还原了历史与历史叙事的真相,我们依旧要持谨慎的态度。我们应该看到,新历史小说对革命历史小说权威与崇高的恣意消解,架空历史小说对历史走向的快意改变,的确有将中国历史小说带向历史虚无主义、历史游戏主义的危险。而历史思辨叙事在现代时期以及20世纪90年代以来大规模出现,所展现出来对整个中国历史包括"革命历史"的不信任、不满意(所以要改变),背后也一定有其原因,我们需要严肃对待。

但令人欣慰的是,历史思辨叙事促进了现代历史小说的求真意识、民主意识和怀疑精神,这是中国历史小说走向现代化的一大步,而多样化叙事中生发出来的"历史拟在场叙事"在架空历史小说那里也获得了极大发展。它不仅衍生出了历史小说新的子类型,而且"小人物"参与历史进展,在想象中改变世界,却让更多的年轻人亲近了历史,并且在虚拟的改变中体会到,历史不仅仅是大人物的事情,而与每一个人有关;小人物有能力改变历史,或许将是80后、90后、00后公民意识产生的特殊途径。只有每个人都认为,历史与自己有关,他们才不会等待被拯救,才会去参与现实的事情。——这或许是历史思辨叙事意外的收获吧。

---

① 许道军.论网络历史小说的架空叙事.当代文坛,2011(1).
② 酒徒.明2·大风.北京:中国广播电视出版社,2007:63.

"我们"向何处去

——由话剧《WM(我们)》和《我们走在大路上》而来的一份时代精神考察

吕永林

吕永林,1975年7月生,内蒙古五原人。1998年毕业于淮北煤炭师范学院,获文学学士学位;2001年毕业于浙江大学,获文学硕士学位;2008年毕业于上海大学,获文学博士学位。2013年入职上海大学文学院,现为中文系副教授。主要研究领域为中国现当代文学、创意写作和非虚构写作等。主讲课程有"创意写作""非虚构文本写作""国外创意写作前沿"等。出版有《个人化及其反动——穿刺"个人化写作"与1990年代》(东方出版中心2010年)、《销魂者考》(上海人民出版社2018年)、《创意写作教学:实用方法50例》(第一译者,中国人民大学出版社2014年)等图书;主编有"自然笔记"丛书(青少年版)(即出);在《文学评论》《光明日报》《中国现代文学研究丛刊》等刊物发表学术论文数十篇。主持上海市哲学社会科学一般项目1项。为世界华文创意写作协会理事、上海市作协网络作家。

我在《谁是刘震云小说世界恒久的主人公》一文中曾言:"对于那些处于种种政治、文化焦虑的人来说,最具逼迫性的问题或许只有两个:未来世界的形式如何?主体为谁?"[①]而关于这两个问题,作为活生生的具体总体性的诸般呈现,以及W.布斯所言思想认知、情感实践和审美形式的聚居之所,优秀的文学作品每每拥有非同寻常的表现力和存储功能,即在深入勘探世界"形式"的同时,为读者提供各种有关"主体"的想象。在此意义上,任何一件"好"的作品都是一份不可替代的社会记录和生命绘图,是经由作者之手投递给世界的"公开的情书"。也

---

① 吕永林.谁才是刘震云小说世界恒久的主人公.上海文化,2012(6).

因此,文学研究与评论的任务之一,便是努力打捞或推举这些"情书",以保障它们能够时时发出应有的声音。

中国当代文学史,若以"新时期"开启为界,则之前作品,以"我们"为名且入史者众;而之后作品,以"个人"为名且入史者众。早在1970年代末1980年代初期,那些可用"我们"一词去指称的集体行动者形象就已经开始从当代文学中快速隐没——包括在聚啸一时的"改革文学"谱系当中,像"乔光朴"这样能够召唤出新的集体行动或共同体观念的"改革者"形象,也很快跌落为历史低语,而覆盖其上的,则是众多或直接或间接地催生各种社会分化的时代"弄潮儿"。至于"改革文学"之外,则更是属于个体行动者的形象世界,顾城的诗歌名篇《一代人》虽然题以复数,其间主词却是个体之"我":"黑夜给了我黑色的眼睛/我却用它寻找光明";①被称为"一代中国青年的思想初恋"②的"潘晓讨论",其核心文本《人生的路呵,怎么越走越窄……》③也是以"潘晓"个人的名义在向历史、现实和未来发问;张辛欣《在同一地平线上》的男女主人公虽然是一对夫妻,但小说首节的一句话却早就表明俩人各自为战的性质——"我和他就这样分开了",因此整篇作品的主词也只能是两个"个人",而非一个"我们"。纵览之后的文学史,以上三例,不过是"以个人为名"的叙事洪流开始淹没各种集体行动者形象——"我们"的先声。也正是在这样的文学史迁变之中,话剧《WM(我们)》和《我们走在大路上》等作品才日益凸显为一种与时代潮流相悖的"异类"之声,同时也凸显出其弥足珍贵之处和久远可存的文学史价值。

一、"我们"在何种意义上"无法重新生活"

在某些局部的历史时空之内,所谓"时势"乃至"世道"每每会裹挟一切,不容回旋。对无数普通人而言,新时代的开启,既有可能意味着一种新的人生境地豁然开朗,也有可能意味着一场巨大的心灵磨难由此萌芽。置身于两个时代板块的交接之处,"大家都在重新选择生活"④,然而,每个行动者看似在进行自由选择,其实皆身不由己地被裹在道道洪流之中。洪流之一,便是在1980年代前期所发生的,将"个体"快速普遍化为新的社会基本行动单位的历史巨变——"在城

---

① 顾城.一代人.星星,1980(3).
② 彭波.潘晓讨论——一代中国青年的思想初恋.天津:南开大学出版社,2000.
③ 在《重温那个"个人"——关于一个久已消散的文学史印迹》一文(《上海文学》2008年第2期)中,笔者曾将"潘晓"的信《人生的路呵,怎么越走越窄……》"界定"为一件文学文本。
④ 张承志.北方的河.十月,1984(1).

市,无数的个体被从除经济维度外尚包含政治、伦理、精神、文化意涵的社会主义单位共同体中释放出来;在乡村,无数个体被从组织严密、管理严格,同时规划设计亦包含政治、伦理、精神、文化内涵的农村集体经济共同体中释放出来"。① 对于许多习惯于或倾向于以"我们"作为其行动单位和人生目标的人而言,在这样一个历史转型时刻,"共同体的幽灵如何摆放"这一命题,势将造成种种刻骨铭心的悬疑和不安。所不同的是,有的人最终从这个历史性的悬疑和巨大不安中挣脱出来——哪怕只是临时的和自以为是的,有的人却长时间地受困其中,找不到让灵魂安妥的真正出口。比如在《北方的河》的"题记"中,张承志就曾写道:"我相信,会有一个公正而深刻的认识来为我们总结的:那时,我们这一代独有的奋斗、思索、烙印和选择才会显露其意义。但那时我们也将为自己曾有的幼稚、错误和局限而后悔,更会感慨自己无法重新生活。这是一种深刻的悲观的基础。"如今,带着另一个时代的普遍不安和社会分化之痛来考察当代国人跨越半个多世纪的"心灵史",有心人自会发觉,张承志此言实在值得深究。

就在《北方的河》发表后的第二年,即1985年,一部话剧于无形之中对张承志的话作了一个极为深刻而具体的回应。这部话剧,便是由王培公编剧、王贵导演的《WM(我们)》②。在中国大陆文坛,1985年是一个收获颇丰的年份,"现代派小说""寻根文学""第三代诗歌""先锋文学"等在这一年形成了众声喧哗的创作盛况,张辛欣与桑晔的《北京人》、阿城的《孩子王》、马原的《冈底斯的诱惑》、史铁生的《命若琴弦》、刘索拉的《你别无选择》和《蓝天绿海》、王安忆的《小鲍庄》、莫言的《透明的红萝卜》、韩少功的《爸爸爸》和《归去来》、残雪的《山上的小屋》、刘心武的《5·19长镜头》、张贤亮的《男人的一半是女人》、高行健的《野人》、林子的诗集《给他》、傅天琳的诗集《音乐岛》等作品也都在这一年纷纷亮相。同以上作品相比,无论是从面世时的社会反响来看,还是从文学史或社会文献学价值来看,话剧《WM(我们)》并不逊色多少。但是从后来的受关注度和进入文学史的程度来看,《WM(我们)》却一直是一部相对沉寂的作品。尽管2008年它曾受到被"复排"的礼遇,并且也跻身于《中国新文学大系1976—2000》③,可事实上,就它所发出的最隐微、最晦涩,同时又最深切、最揪人的声音而言,这部作品的文学史价值还是被远远低估了。这固然跟它当时被明令禁演和后来长久失声有关,但更重要的,恐怕还是同后来整个时代"以个人为名"话语的全面胜出及其强

---

① 贺照田.从"潘晓讨论"看当代中国大陆虚无主义的历史与观念成因.开放时代,2010(7).
② 王培公,王贵.WM(我们).剧本,1985(9).本文之后所引该剧本文字均来源于此。
③ 沙叶新.中国新文学大系1976—2000(第25集):戏剧卷1.上海:上海文艺出版社,2009.

大的宰治力有关,与之相反相成的,无疑是"以我们为名"话语及其社会竞争力的失落与消隐。

在1985年的争议现场,最具代表性的反对意见,是认为《WM(我们)》没有写出当时社会的"本质真实"——"没有反映出八十年代青年奋发进取的本质特征,没有反映出新时期社会主义建设和改革的主流,不能给人以积极、正确的思考,给人以力量和希望",反倒塑造和渲染了几个"歇斯底里""精神变态"的人物形象,"他们的灵魂都被扭曲了,伴随他们的只有寂寞、苦闷、颓废和懊丧""他们都在声嘶力竭地挣扎,找不到出路"。这一反对意见还特别强调:"这种情况在十年动乱中出现是可以理解的,但到'三中全会'以后仍未见显著改变,就不好理解了。"①客观地说,此类批评意见倒也准确抓住了《WM(我们)》中几位青年人核心的精神特征:寂寞、苦闷、颓废、懊丧。如其所言,剧中的"我们"也的确是在"文革"后的新时期"声嘶力竭地挣扎,找不到出路"。然而这个所谓的"找不到出路",却并非"我们"几个跟不上时代的步伐,或者无法顺应"三中全会"以来的社会潮流,而是"我们"在紧跟时代步伐和对社会潮流的不断顺应中,所领受到的巨大失落感和虚无感的特别体现。剧中,在1984年的秋天②,"我们"七人再度聚首,这些曾经"集体户"伙伴们,一个个升官的升官("板车"),发财的发财("大头""小可怜儿"夫妇),成名的成名("公主"),深造的深造("修女"),发达的继续发达("鸠山"),在社会上可谓各有斩获和成就③,然而令人颇感意外的是,《WM(我们)》中的这几位"成功人士"在各自成功的同时,内心却不断滋生一种强烈的丧失感和虚无情绪。他们对人生的感慨也一如其在1976年冬天所哀叹的那样:"人哪,人是什么?""人是可怜的小石头子儿!"而他们曾经忘情歌唱过的"共产主义接班人"之歌仍旧只是一种遥不可及的梦想——"准备好了吗?时刻准备着!……将来的主人,必定是我们。……我们的前途是无穷的呀!将来的主人,必定是我们!"④也恰恰是这种伏匿于"成功者"灵肉深处的"失败感"让我们看到:走出"文革"的"改革"年代,也照样存在着各种异化力量,也照样生产着它自己的言行禁区和思想苦闷。而与"共产主义接班人"之歌所传递的人生自由美好境况相比,"我们"几个所实际遭受的,恰恰是新的失落与人生扑空的叠加——

---

① "本刊记者". 对《WM(我们)》的批评. 剧本,1985(9).
② 人们常常将秋天比喻为"收获的季节",《WM(我们)》也不例外,但在《WM(我们)》中,秋天还被定义为"思考的季节"。
③ 只有"将军"(岳阳)是个例外。
④ 佚名:《共产儿童团歌》,本文在此借用了徐荣街、钱祖来发表于《中国青年》1963年第12期的诗作《接班人之歌》的名字。

"改革"所允诺的社会共同体形式理想的落空;能够去实现共同体形式理想的总体性主体理想的阙如。

在"我们"当中,"大头"(于大海)所表现出来的丧失感和虚无情绪尤其突出。按理说,在1984年秋天,这位钱已经多到连自己都"说不清"的"大经理"应该是最符合"三中全会"以来全国上下齐搞经济这一时代主旋律的,何况他发家不忘社会,经常大量买进"国库券",还给"修长城"文物保护项目捐款……可是跟"集体户"朋友们聊起来,他却"苦笑"着说:"我忙得自己都没有了!"结合《WM(我们)》的上下文,"大头"此言绝非某些成功人士所惯用的那种自嘲式自诩①,而是一种远离了自己理想抱负的苦闷自白。1981年夏天,下定决心要大干一场的"大头"曾经说过一句十分悲壮的话:"只有走一条路——开公司,搞个体企业,实现我的理想!"(《WM(我们)》第三章,"夏(1981)")那么什么才是"大头"的真正理想呢? 1978年春天,当时"大头"念大学的道路虽然被切断了,但他依然斗志昂扬,一个人在家啃"民间刊物"和大学经济管理课程的全套教材②(《WM(我们)》第二章,"春(1978)";第三章,"夏(1981)"),还对"将军"说:"我怀疑,有些口口声声'大干社会主义'的人,他们懂不懂什么叫社会主义? 我劝你看看。甭管说得是不是都对,保证你感觉不一样! 都是一样的年轻人,瞧瞧人家在想什么? 在干什么?"接着他很有些自负地说:"我认为:中国的希望,就在像我们这些人自己的手里!'天生我材必有用'! 干吧,兄弟!"听了这话,"将军"当时不由一震(《WM(我们)》第二章,"春(1978)")。从上述可以见出,在"搞个体企业"的商业进路中,埋伏着"大头"强烈的"共同体情结"和理想主义精神,他心中预约的最终的行动主体,也绝非一个个孤立的个人,而是朝向社会普遍的"我们"。然而从1981年开始"搞个体企业"到1984年已经腰缠万贯的几年,除了在个人财富上的"暴发"之外,"大头"所要面对的现实状况,却是他所追念的旧有共同体的分崩离析和他所想象的新共同体的无着无落。

首当其冲的,是新的社会共同体想象的无以维系。在1980年代,对于"大头"这样的成功者而言,虽然"人与物"的关系理得比以前顺畅了,但是"人与人"的关系却进入一种始料未及的恶化状态:当时的国家政策在保证政治稳定的大前提之下,开始对人的"不平等冲动"实施了全方位的解禁甚至鼓励,这就使得全社会的竞争普遍丛林化、幽暗化——不平等、不规范、不透明,使得陌

---

① 这种"自嘲式自诩"表面上看去,似乎是说很想为自己或家人腾出一些时间、享受一下生活,骨子里却始终将个人的功名利禄视为最高的生存价值或自我理想,并乐在其中。
② 后来发展到系统地自修大学课程和参加"存在主义"讨论。

路人的关系日益冷漠化、无情化——强者漠视弱者的苦痛,富人漠视穷人的死活,同路人的关系日益流氓化——相互利用、相互依存、相互撕咬、相互拥抱,如在剧中"鸠山"对"大头"所言:"你不了解文艺界。跟你们一样,做生意。不过你们还好,在明里。这? 全在底下玩'猫儿腻',什么手段都使得出来。"(《WM(我们)》第四章,"秋(1984)")与此同时,更使得各种权力和财富日益趋向一种新的不合理的集中,而在实质上,这无疑属于社会主义实践一直试图破解与祛除的"垄断",如在剧中"大头"对"鸠山"所言:"我们办个事儿怎么就那么难? 你们怎么就那么容易? 敢情中国这点儿'自由''民主',全让你们这帮少爷秧子占了去了,连一点儿也不给老百姓留下呀!"(《WM(我们)》第三章,"夏(1981)")

其次,几个"集体户"伙伴所构成的友谊共同体也日渐崩溃——高干子弟"鸠山"和高知子女"公主"搭乘着现行体制谋求个人发展和生存快感去了①;工人子弟"板车"和普通职员子女"修女"则一个走了"搞关系"的路子成为国家机关干部,一个走了上大学"搞知识"的路子以求纯粹个人意义上的"知识改变命运",这跟"大头"的共同体抱负无疑相去甚远;而在1981年毅然决然地同"大头"走到一起的"小可怜儿",也陷入了一种富而无聊的空虚状态,转而又跟旧情人"鸠山"来往起来,并且对"鸠山"知心地说:"你只有搞艺术!"②而她跟"大头"的爱情和婚姻则走到了解体的边缘。唯其如此,才会出现1984年秋天几个老友聚会时的讽刺性一幕:"青年们走到一起,微笑着招呼、握手,彬彬有礼地拥抱。他们拉开长桌,就座。"这情形与陌生人之间的碰面几乎毫无差别,直到"将军"上场,大家才又迸发出久违的热情与激动,纷纷"狂喜"地叫着,奔过来,"高兴地拥抱在一起"(《WM(我们)》第四章和"引子"部分)。但是,只剩下"将军"这一个情感挂钩的友谊共同体,早已经脆弱之极。

如此看来,对于《WM(我们)》中"我们"几个而言,埋伏在1984年秋天的一个十分紧要的"问题"是:当以往种种由人类的"自然需求"、总体性的社会实践以及具体的人生际遇合力打造和维系的共同体及其想象普遍消隐之后,个人又将如何重置"他者对自我的重要性"问题? 或者说,当友谊、爱情、家庭、社群、集体等共同体形式纷纷遭遇危机之后,个人又将如何处理自我的生命归属与心灵

---

① 这两个人一个在搞电影,一个在搞美术,其职业身份恰恰是新一代的文艺符号生产者。
② "小可怜儿"这句话其实可以引发许多疑问,比如她所说的"艺术"到底是指什么? 它跟政治的关系如何? 它跟市场的关系又是如何? 它在新的社会演进当中扮演怎样的角色? 对此,《WM(我们)》一剧并无太多交代。

寄托问题?① 比照来看,在1976年的那个历史临界点上,正是由种种因素所促成的、并不明晰的甚至可能充满"错觉"的友谊共同体——包括其中的爱情共同体,近乎先验般地构成了正在绝望中苦熬的"我们"几个所能拥有的最大情感支柱,同时也构成了"我们"几个跨入"新时期"之时的一笔极其宝贵的精神财富。但是跨入"新时期"后不久,"我们"及"我们"的共同体意识便开始分解、弱化及至退场,当时代"共名"化的"自我实现"冲动同每个人的生存实际相绞合之时,"我们"几个中的多半便和当时许许多多的个人(特别是作为利益主体的个人)一样,很快从旧有的各种共同体中析解出来。②在那历史性的所谓自由之中,大家似乎通通看不到弗洛伊德早已发布过的精神分析学告知:"集体心理是最古老的人类心理。我们撇开所有的集体成分而分离出来的个体心理只是通过一个渐进的、目前可能仍然被描述得不完全的发展过程,从古老的集体心理中分化出来的。"③从现实的层面来看,"重新选择生活"的"我们"似乎都成功了(只有"将军"除外);然而从理想的抱负来看,"我们"又似乎都失败了,并且都在"感慨自己无法重新生活"(包括"将军"在内)。

二、"我们"走在什么样的"大路"上

2008年12月23日,在濮存昕等人的策划之下,由70多岁的王贵导演出山复排的话剧《WM我们》④被重新搬上舞台。对于此番复排、重演,一些观剧者尝作如是描述与评价:"冬夜清冷,朝阳文化馆内却热气腾腾。毛主席的大幅画像俯视群伦,灿然生辉。人头攒动,但不再是平日剧场里看得脸熟的文艺青年们,而多是一些五十开外的中年人。"曾经的副标题"谨以此剧献给国际青年年(1985)"也被置换成"纪念知青上山下乡四十周年"的新名目,"八〇后的年轻人演绎着他们父辈的痛苦,一句句台词显然没往心里去"。⑤ "看过《WM我们》,有朋友惊叹的是'速度':只二十年的功夫,就把当年的先锋戏剧磨成了仓库里的

---

① 如今重新翻看,一些同样是诞生于1985年,但被分别纳入"现代派文学""寻根文学""第三代诗歌""先锋小说"等范畴的文学作品,其实都是在不同的角度或层面上试图回答这同一个问题,包括稍后而起的"新写实小说"乃至"新历史小说",也都如此。
② 蔡翔在其《私人性及其相关的社会想象——一种历史沿革的关系描述》一文中对此有详细的描述与分析,可参见:蔡翔.回答今天.上海:上海人民出版社,2000.
③ 弗洛伊德.弗洛伊德后期著作选.林尘,等,译.上海:上海译文出版社,1986:133.
④ 1985年该剧问世时的标题书写形式是《WM(我们)》,2008年的则是《WM我们》,前者为"我们"加了括号,以此凸显大写字母WM所象征的人的正立/倒置意味,但不少论者对此并未加以严格区分。
⑤ 思伽.《WM我们》:剧场考古.书城,2009(3).

储藏物品,拿出来,只是在展览着当年的神情风貌,很难与当下的'我们'有什么关联了。这话不假,我看着现在舞台上的《WM我们》,只觉得它如孤魂野鬼,絮叨着自己曾经的艰涩命运。"①最终,2008年的复排很快也遭遇了停演的命运,只不过这一次停演的原因不再是官方禁令,而是票房冷淡。观众对23年后上演的这出《WM我们》隔膜甚大,有评论认为:"我们再看《WM我们》的时候找不到感觉,是因为我们所面临的问题改变了。我们的隔膜是内心深处对于自身的隔膜,我们不再是'我们'了,我们需要再一次自我拯救,但《WM我们》已经不能提供新的思想资源。事实上,我们也只能往前走,也许我们对前面的风景并没有把握,不过,我们却清楚后退是没有希望的。这样看来,对于我们而言,《WM我们》不妨被看作是一次怀旧。"②

但事实上,对于23年前《WM(我们)》所发出的最隐微、最晦涩同时又最深切、最揪人的声音而言,"怀旧"本身就是一种南辕北辙的精神错会,以"纪念"为名的复排不但很难起到重新打开剧本的作用,反倒容易对之造成新的遮蔽,从而引发话剧《WM我们》"很难与当下的'我们'有什么关联了"之类的感受,这种感受自然又会阻碍大家对当年的"我们"作更多更深的倾听,继而对"《WM我们》已经不能提供新的思想资源"式的评论产生认同。在这一点上,笔者更愿意赞同另一位论者思伽的见解:"《WM我们》的作者,无意中描绘了今天羽翼丰满的'社会精英'的雏鸟阶段。他当年为剧中人选择的社会身份,经过二十余年的变迁皆已开花结果。正是在这个意义上,《WM我们》可以视为一部独特的历史文献剧。如果它当年确实是贴近生活提炼生活的,那么,它作为今天的伏笔实在并非儿戏。剧中人的沉浮荣辱,恰似一个无意识的预言。"即使在今天,"这出戏依然有耐人寻味之处,甚至可以说,表现出某种不同寻常的'敏感'",尽管戏剧停滞在过去的时光里,但"生活的舞台却从未落幕"。③ 只可惜,在世事变幻之间,1980年代的中国社会并未能好好珍视这份"不同寻常的'敏感'",而今的众人则又似乎不知道该以何种方式去重新倾听和激活这份近乎"早产"的"敏感"。也许,在实际行动的层面,今天中国社会对《WM(我们)》的重新倾听只能首先借助于某些消极的"中介物",比如正在持续爆发的人与人之间的关系危机,包括随之而来的普遍不安和心灵灾荒——其最直接的反应,首先呈现为一种"消极"的危

---

① 陶庆梅."我们"随风而去. 载于 http://blog.sina.com.cn/s/blog_5540382b0100e9qf.html.
② 解玺璋.《WM我们》:我们的思想在走下坡路. 载于 http://blog.sina.com.cn/s/blog_475b6ef80100e801.html.
③ 思伽.《WM我们》:剧场考古. 书城,2009(3).

机反应。毫无疑问,这是一种错失了某些正向的历史机缘的反应模式,而它恰恰是当下最为真实的反应模式。

其实在2006年,一出同样"以我们为名"的话剧就已经在这一反应模式的思考框架之内,向人们发出某种对应于当下现实的尖厉提醒和温情召唤了,这出话剧,便是由黄纪苏编剧、王焕青执导的多媒体舞台实验剧《我们走在大路上》[①]。在黄纪苏等人的构想当中,该剧的主要旨趣是对中国"近三十年的社会心理史"和中国人"三十年的道路以及行走"进行一个总体展示,而在笔者看来,《我们走在大路上》还具有一个非常特别的附加功能:它无意中完成了一次对《WM(我们)》的"补写"与"续写"工作。

每次重读《WM(我们)》,几个持续的疑问总是挥之不去:为什么"我们"的苦恼没有成为当时整个时代的苦恼?为什么"我们"的切肤之痛没有成为一个时代的切肤之痛?为什么"我们"对他人和共同体重要性的意识没有成为一个时代的集体意识?为什么"我们"式的心灵苦痛没能对"文革"后中国人的精神构造产生显著影响,进而对"新时期"以来中国的社会文化和心理进程产生显著影响?难道仅仅是因为《WM(我们)》只是一部文艺作品吗?难道仅仅是因为《WM(我们)》迅速被禁吗?如今将话剧《WM(我们)》和《我们走在大路上》进行对照阅读,一些之前不曾有过的对1980年代的反思开始慢慢变得清晰起来:原来在1980年代,"我们"几个其实只是"少数派",而人们后来追忆和想象的诸多所谓"美好",在许多层面很有可能既受不住经验的碾压,也经不起知识的考古。[②]

《WM(我们)》是以"我们"七个人作为叙事焦点的,因此对于"我们"之外的社会总体状况,其直接描写非常有限,多数是通过"我们"来进行折射或间接呈现的,在这方面,《我们走在大路上》恰好可以形成极好的补足。同样是表现1980年代中前期,在《WM(我们)》的"第四章"中,"我们"几个当时正遭受到价值虚无感的猛烈袭击,但是大家心中都还有着某种深深的犹疑和挣扎,都还没有彻底丢掉"追求、探寻真理的激情和热诚"[③],而是处在一种既彷徨失落、又苦苦求索的复杂情态当中,因此对于"将军"最后所言——"人呢,活着总得有点精神,总得奉献点什么,创造点什么。没有这个支柱,恐怕一天也挺不下去"(《WM(我们)》第四章,"秋(1984)"),剧中的"我们"几个都还有着明显的认同感。然而比

---

① 该剧剧本全文可见"北京市东城区图书馆"网站网页:http://www.bjdclib.com/dclib/photoreading/reading1/zpxd/hangjisu/201004/t20100401_31791.html,本文之后所引剧本文字均来源于此。
② 或许,这也是今天还原1980年代时所需的一种必要思想准备。
③ 解玺璋.《WM我们》:我们的思想在走下坡路.

照《我们走在大路上》一剧的剧本,读者就会看到当时某种普遍而凶险的大众情绪:

"管它正义路西斜街——只抄那道近的/管它红砂掌黑砂掌——只练那致命的"……

"人,就这么逼出来/事,就这么拼出来/命,就这么争出来/历史就这么踏着尸骨前进"……

"楼,就这么盖起来/家,就这么发起来/国,就这么强起来/历史就这么踏着尸骨前进"……

对于以上的"群舞群诵"和社会心理氛围,《我们走在大路上》"第三幕"一开始就用多媒体投影嵌入了一种解释:"作为社会转型的前奏,社会心理发生山河巨变。这一切都伴随着对'人'的重新发现:人的真相是兽(弗洛伊德),人的本质是私(黑格尔),人类历史是欲望的跑道,人类社会是强者的猎场(李劼)……"当然,这个解释所表现的,只不过是当时民众对各种思想自取所需式的误读与误认,然而恰恰就是这种"误读与误认"的思想与情绪混合体,后来却在种种社会力量之重重绞合中上升为普遍流行的社会观念,而无数操持与认同这种"误读与误认"的中国人,则在各自的精明算计与理性投机中释放出种种野蛮前行的癫狂力量,进而对当时的理想主义和反思精神造成了巨大冲决。关于这点,黄纪苏本人是有自觉考量的,他说:"当我写到1980年代各个时期的特征的时候,就发生一些分歧。一些朋友都在说1980年代的特征是理想主义。在戏中,我认为1980年代是价值观念天翻地覆的时期,出现实用理性、世俗理性、个人主义、强者哲学、精英路线等等。变化的价值观、商品社会与政治激进主义把中国社会推到一个状态。一些人说我没有把1980年代的理想主义表达出来,这与我个人的感受不太一样。"①我们倘要在文学领域寻找该时期"另一"时代精神的对应物的话,应该就是先锋文学、王朔小说和新写实小说等在1980年代中后期的兴起及至盛行,而它们书写的中心恰恰是:恶、虚无主义、私人情欲和财富观念的主宰性、近乎"死心塌地"的物质化和世俗化……②

不过,这一知识的考古工作还可以再往前推进一步,因为早在"文革"之末与

---

① 靳大成,等.话剧《我们走在大路上》讨论会纪要.文艺理论与批评,2007(1).
② 与此相关的详细论述可见拙著:吕永林.个人化及其反动——穿刺个人化写作与1990年代.东方出版中心,2010;第一章第三节:"共同体叙事之消隐"。

"改革"之初的历史铰合处,就已经潜伏了各种社会分化可能与历史幽暗面。对此,《我们走在大路上》"第一幕"可谓有着十分直观的"虚构"式传递,如在舞台"投影时间—路线图标示"的"1976年",台上众人"依次宣告自己的心事",其中,"插青"的心事便是:"反白造了,乡白下了,苦白受了;梦白做了,心白跳了,血白热了;风白吹了,水白流了——谁也别跟我白乎了:谁让我回城进工厂吃商品粮我跟谁走……"而当众人"手挽手沿着解放大道走向未来"之时,他们"或单人或双人在热烈的行走中"喷涌而出的话语则是:"腰枝要解放,到春风里扭一扭/腿脚要解放,往野地上走一走/脑筋要解放,顺自己想一想/心情要解放,由性子嚷一嚷……利益要解放,恶的本是真的/效率要解放,善的净是蠢的/差距要解放,齐的都是死的/个人要解放,小的才是好的……想象要解放,西风起了/理性要解放,世道变了/欲望要解放,上帝完了……"应该说,这种种或潜伏于历史地表之下或早已公然播撒其上的社会普遍心理,无疑是1980年代的一个重大的精神起源。

  从文本上与之相应证的是,在《WM(我们)》中的"1981年",高干子弟"鸠山"曾有过一次同当时社会风气直接相关的自白:"我像钻进了下水道,哪儿都脏!……我换了很多地方,可到哪儿都看得见趋炎附势、尔虞我诈、虚伪欺骗!我的朋友可以说很多,可没有一个是真的,都是想利用我。(惨笑)互相利用!可你们这些真朋友一个也不来找我!"可见,在新一轮的社会"解放"体系之内,历史与现实的阴影可谓无处不在。如果说"鸠山"所揭发的是当时社会中上阶层的生存情状,那么工人子弟出身的"板车"对"鸠山"和"将军"的一次当面情绪宣泄,则充分传达了当时社会中下阶层积压已久的不满与怨恼:"我哪点儿比你们差?凭什么你们当官的儿子就注定当官,我他妈就注定还得住大杂院儿?……总有一天,你们会对我'板车'另眼看待!"(《WM(我们)》第三章,"夏(1981)")而在"我们"这个充满象征意味的小共同体内部,个人与个人之间的分化其实从大家参加高考那一幕就开始了:当榜单放出之时,过线的"修女"先是"几乎不相信自己的眼睛",接着是无以自禁的"狂喜",她希望与伙伴们分享自己的喜悦:"你们看哪!我超过分数线啦!哈哈哈哈!我考上了!考上啦!"然而现实的难题在于,青年们根本无法和她分享喜悦,"修女"猛然清醒过来,"看看同伴,感到惊恐和尴尬",她向伙伴们致歉,甚至"乞怜地望着大家",但是各怀伤心的青年们"有的扭过脸去,有的勉强笑笑"。最终,"修女"捂着脸哭了,"她抽泣着向大家鞠躬,然后转过身,一个人孤零零地走了……"此后,《WM(我们)》中连续出现了好几处类似的"走了""散去"的情形,这些无疑都是"我们"这个友谊共同体的一次次危机绽裂。

值得留意的是，每次散去，高干子弟"鸠山"多半是那个最后留在现场的人，也就是说，不管主动被动有意无意，以"鸠山"为代表的得势群体和成功人士始终是真正强大的在场者，而"将军""大头"们貌似积极主动的"走了"，实际呈现的乃是他们在新的历史进程中的无奈让道和倒伏。

如此看来，即便是1980年代前期这个看似"载满每个人的梦想，充满所有人的力量"，或者说"对几乎所有人都欣欣向荣"的年代（《我们走在大路上》，第二幕），实际也同时是一个众生野蛮滋长和朝向分化的年代。因此当时之众人，多数可能并不具备多少倾听"我们"心声的耐心和诚意；相反，他们更容易接收的，很可能是类似《在同一条地平线上》式的冷酷宣告："不管人们承认不承认，不管每一个人在用什么样的速度、节奏活着，整个社会，跟大自然，跟生物界一样，都被安排在生存竞争的和谐之中。……人，有无数的欲望，整个世界就在竞争中推进。""这是一个没有定局限制的拳击赛。连正儿八经的比赛规则都没有。不仅是用拳，而且是用膝，用脚，用肘，像暹罗拳那样。又像柔道，带衣领绞杀的手段。"①如今回头重温此篇小说，可知作家当时经由作品人物所说的所谓"生存竞争的和谐"，原不过是一种自欺欺人的社会生态想象，而这想象跟它在现实生活中的具体显形——社会丛林法则一道，皆汇入了一个民族在历史转折关头所进行的那场精神大迁徙。

当我们如此这般地将目光从《WM（我们）》移向《我们走在大路上》，然后再投向远远近近的历史和现实，或者反过来行之，就不免会问："文革"结束后的数十年来，在各种文本和剧场内外，"我们"究竟走在一条什么样的"大路"上？未来的"我们"究竟要朝着何处奔去？而话剧《WM（我们）》所演绎的20世纪80年代青年之痛、青年之惘和青年之问在今天是否还有其并不过时的精神价值？如果有，这价值又当在何种意义上等待着人们去开掘和珍视？我想，若要对上述问题作出更多回应，就需要大家一方面继续将话剧《WM（我们）》和《我们走在大路上》合在一起进行"互文"式阅读，另一方面又将其同"后革命时代"的社会生活几相对照，进而将这场"多方互文"式的精神勘探尽可能地深入下去。

相对于《WM（我们）》在剧本层面即已呈现的真切具体和细致幽微，《我们走在大路上》主要是动用舞台形体、音乐、高密度的话语和多媒体投影等元素来表现"近30年的社会心理史"的，其中，各种信息量极大的话语——包括众人物的言语、"说唱人"的唱词、舞台上的"群诵"、叙事者的声音，等等，常常相互交织，此

---

① 张辛欣. 在同一条地平线上. 收获，1981(6).

伏彼起,并像泥石流般地直扑观众和读者,令人闻之震撼。如它们共同完成的这种对"中国近30年当代史"的总体勾勒:

"这是历史举办的一堂喜宴",几乎所有的人都"意气风发、高歌猛进、不舍昼夜"。不过与此同时,另一种"低徊"之声已然浮现:"再往前流,水就混了/再往前走,路就分了/再往前看,眼就迷了/在往前想,心就沉了。"……(1970年代末、1980年代初)

"80年代的启蒙路灯,就是这样把路照亮":"人性就是恶","人类的本质只能是你追我赶/人类的宿命只能是你争我抢","他人是你的地狱","要不你给社会下跪,要不社会给你下跪。"……(1980年代中期)

"我们走在跳板上/飘飘忽忽悠悠荡荡","世人宣腾躁进,魂不附体;社会分化由心而境在广大人群中展开。"……(1980年代后期)

"强者跟菜刀接轨/弱者跟肉末接轨/人心跟防盗门接轨/人际跟大峡谷接轨/人情跟打火机接轨/人世跟火药桶接轨","1980年代确立的虎狼之道至此通过全面的市场化私有化政策展开为虎狼世界,一时间磨牙吮血之声、伤心惨目之象充斥华夏。"……(1990年代)

"大款跟大官组合/大官跟大腕组合/大腕跟大师组合/大师跟太极阴阳组合/太极阴阳跟软玉温香组合/软玉温香跟紫檀家具组合","没钱跟没势组合/没势跟没声组合/没声跟没辙组合/没辙跟素质低能力差组合/素质低能力差跟下岗组合/下岗跟上访组合/上访跟爬楼组合/爬楼跟跳楼组合","被精英阶级挟持的改革事业,终于以中华民族的崛起为抵押,将中国社会带到富者奢靡无度、穷者苦难无告的境地。"……(20世纪与21世纪之交)

"当精英们在弥漫的不祥之音中开始新一轮奔走时,他们发现被移至舞台中前场的中国另一半挡住了去路","这是1789、1900年的路况啊/一直甩包袱,怎么就是甩不掉呢?/都是咱的债主,咱的影子,根本甩不掉","不让他们走,咱也走不动,就这么简单/只好——一块走了?"……(21世纪之初)

一叶落知天下秋,可以说,话剧《我们走在大路上》是以高度凝缩的形式实施了一次难能可贵的宏大叙事实验,其中包括近30年的线性叙事建构、码头集装箱般的语言汇演、街头橱窗式的世道人心展览、各种社会族群与生命个体的历史演进——工人、农民、知识分子、权贵、商人、混子、暴发户、老年、中年、青年……

编导者试图以此呈现和映照"我们向何处去"的问题,同时也就是以此折射和触碰"中国向何处去"的大命题。

因此,无论是《WM(我们)》还是《我们走在大路上》,其实都属于一种将各自时代的危机叙事与希望叙事集聚一身的文艺实验行动。对照观之,1985年的话剧《WM(我们)》尚且局限于用"我们"来传达"后革命时代"早期的某种尚未被正视的个体心灵危机和时代精神险象,以及"我们"对理想的回望和对未来的重设,而2006年的话剧《我们走在大路上》则表现出编导者对新世纪以来中国社会总体危机及其朝向的深切追问。但令人遗憾的是,《我们走在大路上》所描绘的全体中国人"一块走"的未来,似乎将太多寄望投注于"精英"们不得已的危机反应和功利算计上,虽然其背景叙事,乃在于弱势民众四下播撒且日益尖利的不满之声——"中国在行走中渐渐一分为二""高歌猛进的这一半无法摆脱穷途末路的那一半""对这一半来说,那一半更是某个跟跄就会应验的诅咒,某声霹雳便能成真的噩梦。那一半已在威胁这一半的复兴,正在狙击这一半的崛起。除非这一半稍稍仁慈其心肠,和缓其颜色,收敛其手脚。除非这一半同意以相互的微笑为微笑,以共同的行走为行走。"(《我们走在大路上》,第九幕)窃以为,现实的危机反应和功利算计固然有可能成为未来中国进行良性变革的直接动因,然而除此之外,各种各样的"我们"——作为新的时代和历史创造主体的众生能否焕发或者被召唤出更加积极的自由意志和集体行动?能否生产出更加激荡人心的生命状态和未来愿景?亦是极其重要——有时候甚至是更加重要——的维度,而这恰恰是《我们走在大路上》未曾回答,《WM(我们)》想要回答却又未能答好的问题。

三、文本内外的"我们"向何处去

"'我们'向何处去?"在当下的思想情境之内,这无疑是一个朝向新的"总体性"的发问。盘踞其后的,当然是"中国向何处去"这一时代大题,以及人们对它的强烈意识。而无论是"'我们'向何处去"还是"中国向何处去",人们将之提出来和进行传递的样态有很多种。在1980年代早期,"将军"的提问方式及其问题意识是这样的:"金钱、地位,难道,就比爱情、友谊还厉害?"(《WM(我们)》第三幕)这实际是面向一整代青年人的摧心之问,在那时,"我们"七人所结成的小共同体已经裂痕四绽,更紧要的是,围裹着"我们"这个小共同体的社会大共同体正在发生着一场翻天覆地的历史迁变,其实际效应与功过是非,要等到数十年后才有可能辨清。"将军"此问尽管受限于他所属时代的特殊氛围和言说方式,但究其实质,他已然将私人性的"爱情"和"友谊"之美好形态与更为普遍化的社会关系理想图景直观牵挂在一起,并视之为社会共同体的局部象征或微观堡垒,而将"金钱""地位"视作人与人之间关系恶化乃至社会共同体破碎的征兆。① 因此,对于当下和未来,"将军"这一直观拷问同样有效,关键要看今天和未来的人们能否将它嵌入对各自时代的总体性考察之内。

  如今数十年已逝,人们可以更加清晰地看出,对于"将军"在1980年代早期所发的摧心之问,之后的中国社会——更确切地说是1990年代以来的中国社会给出的答案可谓简单而粗暴:"金钱""地位"的确比"爱情""友谊"厉害。在今天,"金钱欲望的膨胀,就像原子弹爆炸一样……"② 而与之相伴相生的,则是各种生命共同体的溃败与荒芜。当然,1990年代以来的当代岁月亦有其值得珍视的诸多面相,比如普通百姓在日常生活中的个体性和私人性得到了越来越多的尊重和社会保障,比如人的不少自然权利和欲望得以解脱或释放,像作家林白就曾经自称是"一个特别热爱90年代的人"③,作家金宇澄也认为,1990年代并不全是声色犬马、尔虞我诈——"我们不能说90年代都是算计,进入经济社会,另一种正常现象,很多过程是美好的……阿宝和李李的感情很美,陶陶和小琴接触的过程也是"④,而无论是在对社会政治、经济和民主的认知层面,还是在对人情人性的认知层面,1990年代中人也日益趋近了某些迷雾消散后的真实,因而也就可能会为国人创造未来的行动开启一种新的起点,等等。但不可否认的是,对于无数中国人而言,1990年代终究又归于一个危机四伏的年代:政治上依旧晦暗不明,各种权力垄断并未得到根本性的祛解;经济上通行"自由的不平等交换",资本不断上位,同时与权力同床共枕;社会文化中弥漫着色情化的意味,大众娱乐与社会总体化腐败共存;各阶层利益分化与相互区隔笼罩全局,混乱、残酷的竞争意识浸染了多数人的心灵;个人神圣的观念无限凸显,却又无法成为人们真正的精神皈依之所……凡此种种,在农村则有梁鸿的《中国在梁庄》为证;在城市则有金宇澄的《繁花》为证;在城乡连通、交错之地,则有方方的《涂自强的个人悲

---

  ① 必须看到,1970年代末、1980年代初的复杂性和朦胧之处在于:当以往的"社会主义革命"这一总体性的社会行动框架被普遍拆解之时,那些仍然信奉理想"爱情"和"友谊"的青年,他们既有可能朝着创造一个新的社会共同体迈进——就像《北方的河》中的男主人公"他"那样,也有可能朝着归顺于某个私人性的小共同体退缩——就像《北方的河》中的女主人公"她"那样。
  ② 阿列克谢耶维奇.二手时间.吕宁思,译.北京:中信出版社,2016:7.
  ③ 林白.一个特别热爱90年代的人.南方文坛,1999(6).
  ④ 金宇澄,木叶.《繁花》对谈.文景,2013(6).

伤》为证。①

因着前文所考,此处必须特别强调的是,1990年代以来种种危机的根源并不全在1990年代自身,而应被追溯至1980年代乃至更早。关于这点,人们既能从《WM(我们)》中读出,也可从《我们走在大路上》看到。当然,更具理性思辨色彩的表述大多来自学界,比如蔡翔《革命/叙述》一书中的相关辨析:"1980年代的变革是深刻的,新的思想资源的征用,对传统社会主义的危机进行了有力的克服,不能说这一克服是无效的——这一克服来自多个层面,对个人利益的正视,知识分子政策的调整(这一调整还意味着对专业化的尊重),自由的思想空气,等等。但是,更大的危机也同时被生产出来。对平等主义的实际的驱逐,导致社会分层的合法化,进而导致更为严重的两极分化;对科层制的强调,实际取消了群众参与的可能性,进而导致下层群众尊严的消失;个人生活世界的合法性确立,同时公共领域却在逐渐萎缩,阻碍群众进入公共领域的,除了政治,还在于个人欲望无节制的生产——这一生产来自商品资本主义的强大力量,当个人进入这样一种资本的逻辑,除了对个人的热忱,同时生产出对公共领域的冷漠;'主人'概念的消亡,使得下层群众再次也是仅仅成为一个现代意义上的'合格'的劳动力,劳动再次进入一种异化的状态;未来再次失去,'西方'成为我们的未来,任何一种创造性的思想都可能被视为左翼思想的'复辟',等等,等等。显然,社会主义的'退场',意味着对这一'现代'最为重要的制衡力量的消失。而一旦资本的逻辑成为控制我们的最为主要的力量时,它可能导致的就是这个社会另一种危机的积累乃至爆发——三十年后,这一危机我们已经能够感同身受。"②由此可见,"将军"当年的摧心之问,实在值得今天的中国人反复走近与细细倾听,也正是在这个意义上,话剧《我们走在大路上》完全可以被看作是一次对话剧《WM(我们)》"补写"与"续写"的行动。不过,在对"'我们'向何处去"这一时代大题的回应方面,《我们走在大路上》所"指望"的现实出口却又过于狭小,其剧终歌曲所寄望的"一块死""一块生""一块哭""一块笑""一块唱""我们走在大路上"的美好愿景,也极容易沦为空泛无力的单方面抒情。

笔者认为,在朝向未来生成的"大道"上,"弱者的反抗"显然是必需的,这既是危机所在,更是希望所在——社会主义"革命中国"的正当性和希望首先就建

---

① 时至今日,上述危机仍在不断滋长、漫延,甚至是激化,在此意义上,今天的中国人仍然是生活在1990年代的脉络当中,而未获得实质性的突破与超拔。

② 蔡翔.革命/叙述:中国社会主义文学—文化想象(1949—1966).北京:北京大学出版社,2010:388-389.

立在"弱者的反抗"之上。与此同时,未来世界也需要"强者的更新"——无论是自觉、自主的更新,还是由于"弱者的反抗"而生的被动更新,各方所谓"强者"都应当有心力去超越纯粹利益谋算式的危机反应模式,放弃制造种种"半张脸的神话"①,真正面向他人和共同体进行自我革新。此外,未来世界还需要那个处于强弱之间的庞大的"中间群体"双向发力——既作为"弱者"以反抗不合理的现实,又作为"强者"以努力自新,进而发挥其最大的历史功能。更进一步言之,今天无数的中国人都亟须用一种前所未有的"新生"或"再生"姿态去锻造自己的思想和行动,唯有当越来越多的人愿意从自己身上去克服这个时代的危机,并以此寻求时代的新生,整个社会才有可能治愈各种现行的"集体盲目"与"精神失明"。就此而论,真正的行动者都必须以一种直面黑暗与深渊的勇气和智慧牢牢记住《失明症漫记》中那位"医生的妻子"的话:"活着的人们需要再生,从本身再生,而他们不肯。"②人们之所以"不肯",是因为大家都被囚禁甚至是被"谋杀"在历史与现实的已有格式之内,丧失了想象和缔造新世界的能力。今天的中国人要想克服当前的巨大社会危机,追逐和实现新的共同体梦想,进而赢得个人和共同体的并蒂双生,就必须在超越以往和现行社会总体性构想的前提下,重新去创建人与人、人与物、人与自然、人与神圣的总体性关系及其具体形态。其中,人与人之间的关系体系(下称"人·人体系")以及人与物之间的关系体系(下称"人·物体系")之革故鼎新,则又是重中之重,而它们既属于重大的政治经济学难题,亦属于重大的精神分析学难题。

譬如,《WM(我们)》中曾反复表现过高干子弟"鸠山"对真朋友和社会共同体的情感需要,如果说这不仅仅是一种文本的虚构,那我们就有必要追问,到了《我们走在大路上》里面,"鸠山"们究竟是因何变成如此单面相的虎狼之辈,一心只念着磨牙吮血、饕餮他者(人和物)的?而在未来,"鸠山"们身上还有无可能发生某种朝向道德和伦理良善的情感革命?如果可能,其动力何在?如果不可能,其精神根源和现实机制又是什么?再比如,《WM(我们)》中的工人子弟"板车"对"公主"(与"将军"是恋人,长相漂亮)的爱慕和欲望,会对共同体之现在与未来构成怎样的挑战?而未来的共同体创建又当如何安置此种在人类社会十分普遍的"与情欲相关的审美冲动"③问题?后来,"板车"又为追逐"地位"而自绝于"爱

---

① 王晓明.半张脸的神话.中华读书报,2002-6-13.
② 萨拉马戈.失明症漫记.范维信,译.海口:南海出版公司,2014:254.
③ 我在《那些与情欲缱绻一处的审美》(刊于《上海文化》2014年9月号)一文中,曾就此"社会主义难题"进行过一些简单的讨论,本文暂不展开。

情",促成他此一抉择的"情感结构"和精神分析学意义上的驱力到底是什么？

近年来,笔者越来越倾向于认为,在精神分析学"剥皮剔骨"式的超常勘察之下,驱动人类生活的一个核心装置渐渐被揭示出来,此便是所谓自我的无限他者化,即：人的自我被不停贯注和消弭于他者的行动,许多时候,世人名之为"忘我",或曰"销魂"。① 而在人的所有他者化道路中,物化和他人化则是最为常见的两种,唯有辨认出人类这两种无穷无尽且无边无际的"忘我"("销魂")欲望,我们才能真正洞悉时刻奔流于自身体内的两种无可救药的爱欲——"恋物"与"恋人",了然其本源或出处。

人的物化欲望有两种：一种由人的基本生存和生理需要所驱动；一种由人的趣味化、审美化需要的驱动。而人的他人化欲望亦可分为两种：当人的精力贯注对象为单个个人或小型社会群体时,此种人化可谓之微观他人化；当人的精力贯注对象为某个社会阶级乃至整个社会及其关系体系时,此种人化可谓之宏观他人化。如果说是物化和微观他人化构成了人类日常最直接、最基本的生活内容的话,那么宏观他人化则属于人们日常很容易会视而不见的梦念——在这个世界上,人不仅渴望同某个人或某些人发生亲密关系,人还渴望同其所属的整个阶级乃至全人类发生亲密关系。

唯有在上述意义上,人类生活中的两个重要概念——"资源"和"占有",才会显示其庐山真面目,此即：人类社会最根本的资源,本质上只有两种——物化资源和他人化资源；而对这两种资源的占有,生产、分配、交换、消费,以及相应的社会关系配置,等等,便构成了人类日常生活的地表。如此,所谓金钱欲、名利欲、权欲、物欲、色欲等及其相互交织便也现出其本相——它们俱为人之"忘我"或"销魂"的条条通道。一个十分关键的问题在于,人的许多跟社会等级制度息息相关的物化行动,其根本对象已不再是物,而迁移为人,在这样的物化行动中,如波德里亚所言："人们从来不消费物本身——人们总是把物用来当作能够突出自己的符号,或让自己加入被视为理想的团体,或参考一个地位更高的团体来摆脱本团体。……这种法定的区分过程是一种基本的社会过程,每个人都是通过它注册于社会的。"② 在《WM(我们)》中,"以工代干"的"板车"曾对"鸠山"和"将军"说："总有一天,你们会对我'板车'另眼看待！"因此,再多的维纳斯石膏像(物化对象)也无法填饱"板车"们的欲望之腹,除非,他们能够因此而得到"鸠山""将

---

① 相关学理思辨及详细讨论可见拙文：《事关未来正义的正义——从蔡翔新著〈革命/叙述〉而来》(刊于《上海文化》2012年第1期),本篇此处只重述其中大要。
② 波德里亚.消费社会.刘成富,全志钢,译.南京：南京大学出版社,2006：34.

军"们的高眼相看和"公主"们的蜜意柔情。

辨清了这一点,我们便可以更加深入地面对"将军"式的追心之问:为什么"金钱"(资本)和"地位"(权力)会比"爱情"(人类共同体理想形式之一)和"友谊"(人类共同体理想形式之二)还厉害?同时,我们也就更容易弄清楚话剧《WM(我们)》和《我们走在大路上》所呈现的种种危机所归。要知道,在历史与现实的反复叠加中,无数不平等的物化行动和微观他人化行动造就了各种等级化的人类社会制度及其巨大的历史惯性和现实冲力,因此,在平等化的宏观他人化与等级化的宏观他人化之间,人们会在无意识中轻而易举地倒向后者。

马克思有言:"所谓彻底,就是抓住事物的根本。"① 今日之中国要想"彻底"解决好"'我们'向何处去"这一难题,就必须从人的物化、微观他人化和宏观他人化三个层面去重新激活权力制衡和平等主义的共同体理念,必须在物化、微观他人化和宏观他人化之间形成一种总体性的良性互动,并建立起一种更具独创性的好的"人·人体系"和"人·物体系",从而最终让未来的生活真正成为一种"更具独创性的好的生活方式"②。这既是事关未来正义的大事,也是创造新时代的基底。

如果一个社会的"人·人体系"始终是朝向等级化的,其优势阶级或阶层也总是执意将等级化作为其宏观他人化和微观他人化的形式,那么这些优势阶级或阶层就会想方设法地保持乃至扩大其同弱势阶级或阶层的各种差别。如此,则无论是让自己注册于一个地位更高的社会阶层,还是让自己避免跌落于一个地位更低的社会阶层,都需要有更多的物质来铺排所谓进步或上升的道路,而这势必会造成永无休止且无限异化的恶性循环。是故,唯有创造出一个好的"人·人体系",才有可能真正赢得一个好的"人·物体系",从而将人们对物的欲望操持、维护在一种必要且合理的淳朴性当中,此可谓"建设"与"革命"的辩证法。如果未来中国能够创造出一个好的"人·人体系"和"人·物体系"之叠加,并用真正普遍的正义观念浸润世道人心,所有的"我们"便有可能一同唱准和唱响共同体之歌。而这,当是 1980 年代之话剧《WM(我们)》和 2000 年代之话剧《我们走在大路上》最为远大的理想。

(原载《中国现代文学研究丛刊》2017 年第 8 期)

---

① 马克思恩格斯选集:第一卷.北京:人民出版社,1995:9.
② 此处借用的是尤卡·格罗瑙在其著作《趣味社会学》里所使用的一个短语,但内涵不尽相同。见尤卡·格罗瑙.趣味社会学.向建华,译.南京:南京大学出版社,2002:63.

英华集
上海大学文学院四十周年纪念文集

应用
语言学

《论语新注新译》导言

杨逢彬

杨逢彬,1956年生,湖南长沙人。医学学士;硕士师从夏渌先生学习古文字学,博士师从郭锡良先生学习汉语语法史。曾任武汉大学文学院教授,武汉大学文学院汉语教研室主任、黄侃研究所副所长,教育部武汉大学中国传统文化研究中心专职研究员,武汉大学国学试验班教研室副主任等职。2007年起,任上海大学文学院中文系教授。主要研究领域为历史语法学和古文字学,兼及训诂学和古籍整理。主讲课程有"古代汉语""语言学概论""汉语史""经典导读""文字学""古文字学"(以上本科课程)以及"语言学名著导读""远古汉语研究""汉语史专题"(以上研究生课程)等。出版有《殷墟甲骨刻辞词类研究》(2004年获广东省优秀出版物二等奖,2005年获第11届王力语言学二等奖)等专著;迄今自觉最得意者乃北京大学出版社2015年出版的《论语新注新译》,书中有考证《论语》疑难词句的论文162篇,颇多精湛之作。

一、引子:《导言》的意义、内容,字面意义解读和思想哲理阐发应分开,本书要解决的问题

(一) 为什么要写本《导言》

著者的《论语新注新译》问世后,有些读者似乎对该书《导言》啧有烦言,认为太长太啰唆。这次《孟子新注新译》出版,为了不致令读者生厌,本《导言》在大标题下加了30个小标题,每一小标题下的文字都不超过计算机统计的2 000字,这样就能符合"碎片化阅读"的需要。而且,重要的、具有提示作用的部分,还加粗字体,以起到提纲挈领的作用。

但仍需一提的是,本导言仍有3万字,可谓不短;但较之正文部分,也就十分

之一左右。古人诗云:"鸳鸯绣了从教看,莫把金针度与人。"我们要做的,恰恰是"要把金针度与人";也即"授人以鱼,更要授人以渔"。因为,只有了解了方法,才能由此及彼,举一反三。若本书删去《导言》一段,与坊间诸《孟子》注本固然有别,但其用心之处,读者也不易体会;遇到注《孟子》或其他古书的一些似是而非的说法,也未免徘徊歧路,难以取舍。所以,著者诚心奉劝亲爱的读者,在阅读正文之前或之中,抽出您宝贵的时间,读读本《导言》,相信定有收获。

(二) 本《导言》着重谈什么

像《论语》《孟子》这样的古典名著,各种注本不下百种,著者相信读者最为看重的,或比较看重的,是对字、词、句注释的准确性、可靠性。这篇《导言》,着重谈的,就是怎样尽可能地使得本书注释的准确性、可靠性较之同类注本做得更好些,其依据是什么。

至于孟子的生平,他的思想体系,他的政治观和人生观,他对后世的贡献;以及该书的作者和编纂年代,该书的版本和真伪,从古至今注释《孟子》的重要著作,《孟子》的语言学价值和文学价值,等等,读者可参看杨伯峻《孟子译注》的《导言》,以及董洪利《孟子研究》等著作。好在 E 时代,各种数据转瞬即到眼前,无须在这儿占用宝贵篇幅了。

可能有读者会说,我要了解这些干嘛?我这一辈子又不会去注古书。是的,绝大多数人都不会去注古书。但是,现在像《论语》《孟子》一类古书的注本,真是汗牛充栋,令人目不暇接,难以取舍。著者敢于保证,当您认真读了这篇《导言》后,至少对您选择古书注本会有所帮助。

还必须说明,本《导言》不仅仅是这次注《孟子》的心得,而是 20 世纪 90 年代初著者系统学习理论语言学及汉语史以来,特别是 2004 年开始注解《论语》以来的心得;因此,本《导言》所举例的古籍,并不局限于《孟子》一书,读者谅之。

(三) 字面上意义的解读和字面后思想哲理的阐发是两个步骤

必须指出的是,我们这里所说的"对字、词、句注释的准确性",是指对"字面上"意义的把握,而字、词、句所蕴含的思想或哲理,是思想史家或哲学家的任务,不归我们探讨。我们认为,字、词、句的释读,是语言学所管的;字面后所蕴藏的思想、哲理,是思想史或哲学所管的。这是两个步骤或两道工序,不宜合二为一,即用思想推导语言,再用语言推导思想。

即使某位卓越的学者,既精通语言学,又精通思想史或哲学,他在注释古书的时候,也应当将这两个步骤或两道工序分开进行,不应当搅在一起进行。

(四) 本书的基本任务

既然字、词、句的释读,是语言学所管的,那么本书主要想要做到的,就是用语言学的基本方法,去解读《孟子》中若干古今见仁见智的疑难字、词、句。如此,就该做成一部诸如《〈孟子〉疑难词句考释》之类的学术专著;著者之采用"译注"这一形式,是追求惠及较多的读者,即以"下里巴人"的形式,力争奉献"阳春白雪"的内容。

二、语言学的一点基础知识:语言、文字的区别,语言是渐变的,语言的历史性、社会性、系统性,词和字的区别

(一) 语言和文字的区别

首先,要区分语言和文字。语言是用声音承载意义的符号系统。它有两个要素:声音、意义。语言是靠耳朵来听的符号系统,这点类似于发报用的穆尔斯码。文字是用字形承载语言的符号系统。因为语言具有意义、声音两个要素,那么,文字便具有三个要素:字形、声音、意义(简称形、音、义)。文字是靠眼睛看的符号系统,这点类似于交通红绿灯、军衔、警衔、少先队臂章以及旗语信号。

为什么要分清这些?因为"差之毫厘,失之千里"。比如,汉语言文字学研究生录取面试时,我们经常问,英语第三人称代词单数具有"性"的区别,汉语第三人称代词单数是否具有"性"的区别?为什么?这是一个语言问题,不是文字问题。有约三分之二的考生说有,因为有"他""她""它"……当然这是错误的回答。英语第三人称代词单数 he/she/it,虽然写法上和他/她/它一样是不同的,但前者反映了发音的不同,是语言上的不同;而后者仅仅是写法的不同,是文字上的不同。换言之,汉语用 tā 这一声音记录单数的第三人称代词,没有"性"的区别。

(二) 语言一定是渐变的,文字常常是突变的

接着上面的话说,"他""她""它"并列的历史也不长。直到清末,还只有一个"他"——无论男女,生物非生物,都是"他",五四运动前后,变成了5个:他、她、牠、祂、它。1949年后,"牠""它"合并,"祂"也几乎不见,只存在于《圣经》等书中。又如简体字,国家先后发布了两个文件(第三次后来作废,不算),就改过来了。

语言却不能如此。五四运动前后,一些文化人鉴于汉语第三人称代词不像英语等外语那样区分男女,便用"伊"来指代女性:"在斜对门的豆腐店里确乎终

日坐着一个杨二嫂,人都叫伊'豆腐西施'。"(鲁迅《故乡》)如今已没谁用"伊"来称呼女性了(苏州、上海一带方言用"伊"既称呼女性,也称呼男性,不在此列)。

(三)语言的历史性

但是语言的"变"却是永恒的。语言虽然是渐变而非突变的,但隔了几百上千年,其变化也是显著的。"刻舟求剑"的典故,用来形容用后世已经变化了的语言解释古代语言的现象,是非常贴切的。常有专家撰文,说古书中某句中的某字词不应当释为某义,而应当释为另一义,如此才更加贴切更加合情合理云云。但他是否想想,该词的这一意义是否在该书成书年代的语言中已经产生了呢?

比如《庄子·秋水》"望洋向若而叹曰"的"望洋"。古人旧注为"仰视貌",是一个联绵词。可是有一部很著名的《庄子》注本却说:"'望洋'作常义解即可。'洋'即海洋,上文云'北海'可证。"其实"洋"的"海洋"意义是北宋以后才有的。对此,孙德宣先生论述得很充分。这样一来,所谓"作常义解"就成刻舟求剑了。

又有人说《孟子·万章上》"古之贤王好善而忘势"是古代的贤王因为好善而忘记了过性生活,他说"势"有"雄性生殖器"的意思;并拿大禹"三过家门而不入"和孔子所说"吾未见好德如好色者也"来加以比附,说什么孔子正是慨叹当世已不见大禹那样的贤王才说出这句话的。但"势"的这一意义也产生较晚。

又如《梁惠王上》"狗彘食人食而不知检",有的古书引作"狗彘食人之食不知敛"。我们依据"检"的约束、限制义首见于《论衡》,而"敛"的收藏、收敛义在《孟子》成书的年代较为常见,断定《孟子》原书或当作"狗彘食人食不而知敛"。

读者朋友可能会说了,我怎么能知道某词的哪一意义早哪一意义晚呢?这个不难。较好的古汉语字典(如《王力古汉语字典》)中某字词的诸意义一般都是按时代先后排列的,例句也会尽可能选择较早的,有些较迟出现的意义还会标明"晚起义""后起义"等。如《王力古汉语字典》第 453 页"望"字下的第 8 个意义即标出:"望洋,仰视貌。"所选例句即《秋水》这例。并注明:"字又作'望羊''望阳'。"第 580 页"洋"字下第 3 个意义也即排在最后的一个意义为"大海(晚起义)",所选例句为宋代徐兢《宣和奉使高丽图经·海道》"黑水洋,即北海洋也"。

《王力古汉语字典》第 81 页"势"下第 4 也即最后一个意义为"雄性生殖器",所选例句为《太平御览》所引成书不会早于东汉的《尚书纬》"割者,丈夫淫,割其势也"。

《王力古汉语字典》第 526 页"检"字的"约束、限制"意义下只有两个例句,一个就是《孟子》此例,一个见于《尚书·伊训》,而后者是成书较晚的伪古文《尚书》。而第 413 页"敛"的"收聚"意义则为早至《诗经·小雅》的例证,用在《孟子》

中是没有问题的。

(四) 语言的社会性

语言是社会的产物,词的意义为社会所制约。也就是说,字、词、句的意义,说该语言的人群之所以一清二楚,乃因为它是"整个社会的契约",是说该语言的族群约定俗成的。因此,语言又具有强制性。任何人不能颠倒"黑""白",指"鹿"为"马"。上文所说若干文化人用"伊"指代女性之所以不能成功,道理就在于此。

语言的社会性体现在上古汉语字、词、句上,就是某一词义一定是"无独有偶"而不可能是"独一无二"的。如果某一常用词,只是出现一两次"某义",该"某义"是大可怀疑的。王力先生曾举例说,《曹刿论战》中"肉食者谋之,又何间焉"的"间",有的书解释其意义为"补充或纠正",但《左传》中"间"出现 81 次,另外 80 处都不当"补充、纠正"讲,其他先秦两汉的古书中"间"也从不当"补充、纠正"讲,"左丘明在这里不可能为'间'字创造一个新义,因为这样的'创造'谁也不会看得懂。作为一个原则,注释家不会反对语言的社会性,但是,在实践的过程中,注释家却往往忽略了这个重要的原则。"(《训诂学上的一些问题》第四小点《语言的社会性》,载《王力语言学论文集》,商务印书馆 2000 年)

在古书的释读中,语言社会性的原则和语言系统性的原则都十分重要。王氏父子释《诗经·邶风》"终风且暴",是通过对"终温且惠""终窭且贫""终和且平""终善且有"等"终……且……"格式句子的归纳,认识到"终风"不是前人所谓"西风""终日风",而是近似"既"的意思。其背后的逻辑,一是语言的社会性——"终……且……"的句子不会是绝无仅有的;一是语言的系统性,下文还将谈到,简单而整齐划一的格式构成繁复的语言,正体现了语言的系统性。

王引之在其《经传释词·自序》中说:"揆之本文而协,验之他卷而通。"这两句话尤其是第二句,正体现了语言的社会性原则。

(五) 语言的系统性

以往一谈到语言的系统性,常讲到的是"组合和聚合""语言的层级体系"等;这些都十分重要,下文还将谈到。语言的系统性,通俗地打个比方,就是,语言不像一堆土豆——随便拿掉一点不要紧,挪动其中一些土豆的位置也不要紧;语言类似于钟和表——不能随便拿掉其中的齿轮和发条,也不能随便置换齿轮和发条(下文谈"字词置换"还要说到这一点)。我们这里重点要说的,是语言的封闭性特征以及由此产生的自主性特征。

语言是一个系统,凡是系统都具有相对的封闭性特征(语言相对封闭性特征与其开放性特征并不矛盾,从共时平面看是相对封闭的,从历时发展看是开放的;而且只要是系统,总是"相对"封闭的),系统内部的问题包括词语问题一般不受外界因素的影响。因此,系统又具有自主性特征,这就意味着"语言系统内部的现象和现象之间的规律都可以通过系统本身来加以解释,而不需要向外界去寻找解释的理由"(胡明扬主编《语言学概论》,语文出版社 2000 年版,第 20—21 页)。也即,在考证先秦两汉古籍中的字、词、句时,语言内部的证据是主要的、自足的(有它就够了);语言外部的证据是次要的,非自足的(光有它还不够);因此,语言外部的证据不能作为主要的,更不能作为唯一的证据。

语言的各个子系统中,语音和语法系统性较强,即便是词义系统,也在体现着语言的系统性。系统的特征之一,就是各单位互相关联,牵一发而动全身。比如上古汉语中,"洗"指洗脚;洗身体其他部位有"浴""盥""澡""沐"等词。后来,"洗"的词义扩大到洗身上一切地方,进而扩大到洗其他物品,进而扩大到表示抽象的比喻意义(如"洗钱")。"洗"的席卷天下,必然伴随着"浴""盥""澡""沐"等词的丧师失地,它们便相继则失去了"词"的资格(不能单独充当句中成分,如不能说"我来沐头"),只能退而求其次,充当语素了(如在"盥洗室""沐浴露"等词中)。

《孟子·告子上》"冬日则饮汤,夏日则饮水",汤指热水,水指冷水,各司其职。后来"水"的地盘扩大了,热水冷水都是"水";"汤"的地盘就缩小了,只能指菜汤(菜汤一般是热的,俗话说,汤要趁热喝)。不过,地名比较能存古,所以,许多有"汤"的地名,都与温泉有关——如南京的汤山,北京的小汤山,湖南宁乡的灰汤,湖北英山的北汤河、东汤河、西汤河,等等。

(六) 词和字的区别:词是语言的单位,字是文字的单位

"字"和"词"的区分也很重要。字,是文字的单位;词,是语言的单位。我们是用汉字记录汉语(古汉语、现代汉语)的,每一方块字形就是一个汉字,无须多说。词,是语言中最小的能独立运用的有意义的单位。能独立运用,就是在句子中能够独立充当一个成分(有些虚词另当别论,此不赘)。最小的,或者是说,拆开来以后至少其中一部分是不能独立运用的。例如,"人民",它拆开后,"人"可以独立运用,但"民"不可以独立运用(可以说"我是一个人",但不能说"我是一个民"),所以"人民"是一个词。

或者是说,拆开后其中各部分虽然可以独立运用,但合成后的意义却不是原来各成分的叠加。如"白菜"拆开后,"白"和"菜"都能独立运用,但"白菜"不是"白"和"菜"的叠加,因为"白菜"不等于"白色的菜"。

"人民"这样的词叫做"合成词",因为它是由两个以上"语素"组成的词。

"人"既然可以单独运用,便也是一个词,因为它只有一个语素,因此叫"单纯词"。可见,"人"既是一个词,又是一个语素;"民"便只是个语素。语素,是语言中最小的有意义的单位。请注意它与"词"的定义的区别是没有了"能独立运用的"。

现代汉语中一些只能叫做"语素"不能叫做"词"的单位,在古汉语中曾经是词。例如"民"——"民可使由之,不可使知之"——"民"那时是可以独立运用的。"目"也曾经是一个词——"巧笑倩兮,美目盼兮";但现如今,如果你眼睛不舒服,对医生说"我目疼",他是听不懂的。

一个字可以是不同的词。如煮饭的"米"和表示长度单位的"米",就是完全不相干的两个词,它们仅仅是声音相同,写法相同。一个词也可以写成不同的字。比如,"标志"这个词,以前也写作"标识"。

古汉语中有所谓通假字,其实质就是本该用甲字记录的某词,却用了乙字来记录这个词。如《孟子·离娄下》:"蚤起,施从良人之所之。"就用了"跳蚤"的"蚤"来替代"早晨"的"早"。还有的字,有两个以上读音,如"厕所",其"厕"字读作 cè,而"茅厕",其"厕"字读作 si。许多人说话说成 máosi,念书却念成 máocè,这是因为不知道"厕"是个多音字的缘故。

还有一些人喜欢用《说文解字》所记载的字的意义去解读古书,甚至用《说文解字》所记载的字的意义去"纠正"别人解读的古书。《说文解字》记载的往往是一个字的本义(造字时的意义),但古书中某字的意义却不一定非得是本义。有些是假借义,如上面所说"蚤起"的"蚤"字;有些是引申义。下文将要细说,字和词在具体上下文的意义,是靠该上下文,也就是"分布"来锁定的。如何解锁也即了解该意义,是要通过"审句例"即考察"分布"来求得的。

上古汉语中的词多为单音节的单纯词,一个字形、音、义兼备。这是国人大多字词不分的缘由之一。但自古就有一类词,是两个以上音节的单纯词(因为它虽有两个以上音节,却只有一个语素),例如叠音词,如"堂堂""空空";例如联绵词,如"逍遥""辗转"。这类词,因为打破了一个字形、音、义三位一体的格局,字与词不再是一对一的关系,所以这类词往往有两种以上的写法。如"空空"可作"悾悾","匍匐"可作"蒲服""蒲伏""匍伏""蒲伏""盘伏""俯伏""扶服"等等。

明白了这一点,就能明白《论语·子罕》"空空如也"并不是"一点也不知道"(杨伯峻先生所译)"他心空空,一无所知"(钱穆所译)。

三、考察分布，也即审句例

审句例等于给词义挂上了标志牌——它虽然常通过归纳格式来进行，但更要运用语法知识。审句例是古代大师的法宝，在当今技术条件下，相对较为容易做到。审句例的结果，汉儒的说法远较清儒之说为可信。最终结论，一依审句例的结果而定。不审句例，也就无法通过语言社会性的检验，不符合王引之所谓"揆之本文而协，验之他卷而通"。

（一）分布是词义的标志牌

《论语》《孟子》的语言属于上古汉语。上古汉语中疑难字、词、句的解读，怎样才能较为准确？准确的标准是什么？

我们知道，一个词又分为不同的义位（词典叫做"义项"，如"断"的"折断"义和由此引申的"隔绝"义）。如果具体句子中的每一个词，以及该词下面的每一意义，都有一个与词的某个意义一对一的标志牌，就像每个人都有与自己一对一的身份证号码，每部汽车都有与该车一对一的牌照。那么，该词在句中到底呈现什么意义，一看标志牌不就明白了吗？这一标志牌所记载的意义难道不是准确的吗？

到底有没有这样的一对一的标志牌或身份证号码或车牌呢？很幸运！它是有的。结构主义语言学之所以特别注重形式，恰恰因为形式是意义（包括语法意义、词汇意义、格式所表达的意义等）的标志牌。

如果一个字可以断定上古有两种或两种以上读音，由于语言是声音承载意义的符号系统，声音既然已经不同，意义必然有别。有记载古音的书，如唐代陆德明的《经典释文》，该书往往说某一上下文中的某字是某音，另一上下文中的同一字是另一音（如"舍"之注为"舍"与"赦"）。如果可以断定它记载的音是上古汉语的，那么，该音即该义的标志牌。北京大学中文系孙玉文教授用力达三十年的《汉语变调构词考辨》就是研究这种音义关系的皇皇巨著。该书也可作为工具书，有利于我们搜寻到某字的各个读音所承载的意义。

我们这里重点要说的是另一种标志牌，就是词的每一意义所处的上下文，语言学术语谓之"分布"；也可通俗地称之为"语境"。很多学者都有论述，几乎没有哪个词的分布是和其他词雷同的。一个词内部的不同意义（词的义位），其分布也是不同的。例如，陈保亚说："每个词都有自己独特的分布特征集合。"（《二十世纪中国语言学方法论研究》，商务印书馆 2015 年）

所谓"分布",一是指词在句中所占据的语法位置,如主语、谓语、宾语、定语、状语,等等;二是指词的结合能力,即该词修饰何词,该词被何词修饰,等等。通俗地说,就是词在特定句子中的上下文条件。

一个词,它的多义,是在字典词典里;在特定的上下文中,它必定是单义的。也即,上下文锁定了该词,让它只能呈现出一个意义。换言之,分布限定了词义,分布就是特定词义的标志牌。也即,我们要求得在某一上下文中的某词到底是呈现其甲乙丙丁诸意义中的哪一个,只要弄清楚甲乙丙丁四种意义各自的分布特征(也即上下文特征),然后按图索骥,看我们所考察的词句的上下文和甲乙丙丁四种上下文中的哪一个相吻合就行了。

(二) 仅仅通过一句话,便能考察分布

懂得分布理论的先生可能会说了,第一,所谓"每个词都有自己独特的分布特征集合",大致是指每个词的分布总和(即它在该语言所能出现的所有的上下文条件)是与词一对一的,而只见于书面文献的古代汉语是无法呈现当时语言中每个词的分布总和的(因为某一时代的典籍不可能囊括当时的整个该语言)。第二,特定句子中所呈现的该词、该义位的某一分布特征只是其分布总和的一部而远非全部。

我们认为,第一,虽然仅见于传世文献和出土文献的古汉语,无法确知一个词的分布总和,但出现频繁的常用词,考察其大致的分布特征并与其他词加以区别还是可行的。

第二,一个词的分布总和,或古书中常见词及其义位在古书中可以收集到的所有分布特征,可以将该词及其义位与数以千计的其他词区分开来——就像一对一的18位数的身份证号码可以与其他所有人区分开来一样;而我们所要考索的特定句子中所呈现的该词、该义位的某一分布特征固然做不到这样的区分,但与一个或两三个其他意义区分,在绝大多数情况下,还是可以做到的——就像两位数的员工号码,可以区分某一小单位的所有员工一样;它同样是一对一的。

例如,《左传·庄公八年》"祖而视之背",阮元《校勘记》认为当读作"祖而示之背"。有些学者赞同阮校,有些认为应如字读。著者的学生李瑞在《左传》和同时代语料中找到"示""视"各七十余例,"示"能带双宾语,且近宾语为"之"的有十余例,远宾语是人体某部位的有五六例;而"视"只能带单宾语。由此可知阮校可从。这里仅考察了某一两个关键的分布特征,便得出了较为可信的结论。

王氏父子之释《诗经·邶风》"终风且暴"也是通过一个关键的分布特征,确定了"终"在"终风且暴"句中的类似于"既"的意义。

两个词性词义都相差较大的词,其分布特征的相似度也很小;而一般说来,古代注释家提出的两种或两种以上说法中处于关键部位的词,往往都属于这种。这样一来,往往只需要考察某一句中某词的分布特征,便能够区别以上说法中的哪一种经得起分布的检验,从而得以挂上标志牌而成为正确答案。

另外,一个词内部的诸意义,除了在连续统中紧挨着甚至难分彼此的两个意义之外,一般来说,一个句子就能够辨别其分布了。这是系统的要求,语言清晰性的要求。试想,如果做不到这一点,听话人又如何能辨别说话人要表达的是甲义还是乙义呢?一个词内部的诸意义,其分布上的歧异,往往体现为充当句子成分的不同。在训诂实践中,训诂家们常常说某句中某词就是另一句中同一词的意义,但该词在两句中充当句子成分并不相同。我们考察分布即审句例的结果往往是,它们虽是一个词,但却分属不同的义位。这种情况在本书中是时有出现的。

通过审音去求得某意义的标志牌,和通过审句例即考察分布去求得某意义的标志牌,不是互相排斥的;相反,它们是相辅相成的。即,某字有甲乙两个音对应甲乙两种意义,这两音两义的各自分布即上下文条件一定是不同的,也即该两音两义呈现两种不同的分布特征。有些典籍并没有被《经典释文》等古代音义词典所收录,这些典籍中的某字,可以通过对其分布特征的考察,逆推其究竟是甲音还是乙音。北京大学中文系王先云的博士论文《上古汉语动作结果动词研究》中,有许多这样的例证。

(三) 考察分布的途径是"审句例",古人的训诂经典范例正是这样做的

历来认为是高邮王氏的考据古词语的名篇或典范之作的,都是符合分布原理的,例如以下两则考证:

> 家大人曰,《终风篇》:"终风且暴。"《毛诗》曰:"终日风为终风。"《韩诗》曰:"终风,西风也。"此皆缘词生训,非经文本义。"终"犹"既"也,言既风且暴也……《燕燕》曰:"终温且惠,淑慎其身。"《北门》曰:"终窭且贫,莫知我艰。"《小雅·伐木》曰:"神之听之,终和且平。"(《商颂·那》曰:"既和且平")《甫田》曰:"禾易长亩,终善且有。"《正月》曰:"终其永怀,又窘阴雨。""终"字皆当训为"既"。
>
> ——王引之《经义述闻》卷五,又见《经传释词》,文字稍有不同

《三十一章》:"夫佳兵者不祥之器,物或恶之,故有道者不处。"《释文》:"佳,善也。"河上云:"饰也。"念孙案,"善""饰"二训皆于义未安……今按

"佳"当训"隹",字之误也。隹,古"唯"字也(唯,或作"惟",又作"维")。唯兵为不祥之器,故有道者不处。上言"夫唯",下言"故",文义正相承也。八章云:"夫唯不争,故无尤。"十五章云:"夫唯不可识,故强为之容。"又云:"夫唯不盈,故能蔽不新成。"二十二章云:"夫唯不争,故天下莫能与之争。"皆其证也。古钟鼎文'唯'字作'隹',石鼓文亦然。

——王念孙《读书杂志·志余上》

以上两则,历来被认为是词语训释的典范之作,其所用方法,杨树达先生谓之"审句例"。"审句例"是考察"分布"不二之途。古人词语训释的经典范例都是通过审句例来完成的。前面我们谈过了语言的社会性,审句例的展开,正是建立在语言的社会性之上的——任何语言现象,都不是孤立的,绝无仅有的。

由于分布是词义的标志牌,由于古人的经典范例都是通过审句例来完成的,至此我们可以大胆地说,在我们考释先秦两汉典籍中古今见仁见智的疑难词语时,如果能够认认真真地去通过审句例的方法去考察分布,我们就将在前人整理古籍的基础上更上层楼。

(四) 归纳格式是考察分布的重要任务,格式能够锁定并凸显词义

词和短语(词组)的区别之一,是词有其特定的意义,不是其组成成分的简单相加。如白菜(词)不等于白色的菜,绿草(短语)却等于绿色的草。固定词组也是如此:"胸有成竹"有其特定意义,不是说胸腔里有棵长成的竹子,非动手术拿出不可。格式也有其固定的意义,特别是格式中的不变成分。

通过审句例来考察分布,其重要任务之一就是归纳格式。格式,较能体现语言的系统性。在格式中,词义不但得以锁定,隐晦不彰的词义也能得以凸显,格式中的固定不变部分的词语尤其如此。如上引王氏父子归纳出"终……且……"和"夫唯……,故……"两个格式。在前一格式中,"终"和"且"是固定不变的,"……"所代表的词语是可以替换的。"终……且……"格式不但锁定了"终""且"的词义,而且使得"终"的类似于"既"的隐晦不彰的词义得以凸显。王氏父子之所以能精审地审句例,道理就在于此。

同理,赵纪彬说《论语·卫灵公》"有教无类"的"有"通"域","域教无类"就是要限制人民受教育的权力。我们在《论语新注新译》中归纳出"有……无……"的格式,我们今天仍然常说的"有备无患"即属于这一格式。"有教无类"既然属于这一格式,且"有"和"无"相对为文,其中的"有"当然是存在动词,是"有没有"的"有",绝不可能通"域"。

本书中,我们也归纳出若干格式来说明词义,读者可留意及之。

系统的功用之一是化繁为简,简单而整齐划一的格式构成繁复的语言,正体现了语言的系统性。

(五) 通过审句例来考察分布,更要运用语法知识

我们审句例即考察分布固然要自己来归纳格式,也即总结古汉语中一些未被他人所总结归纳的规律、格式,但同样重要甚至更为重要的是,要运用前人总结的、被广泛承认与运用的词汇、语音尤其是语法的知识。这样,可以少花费许多时间,少走许多弯路。

例如,《论语·尧曰》"择可劳而劳之,又谁怨",句中的"谁",当今几乎所有《论语》注本都把它当成主语,而译这两句为"又有谁来怨恨呢""又谁来怨你呢"。

根据已知的汉语语法知识,古汉语及现代汉语口语,主语经常不出现;上古汉语的疑问句中,疑问代词做宾语,通常要放置在谓语动词前边。因此,这两句中的"谁"完全可能是宾语。问题是,主语也在谓语动词前边,宾语也在谓语动词前边,那有区别吗?如何区别呢?

首先,根据语言的系统性原理,两者一般是会有所区别的,否则将影响语言表达的清晰性。其次,就是找出这种区别。我们根据共时语料的穷尽统计找出的区别是,副词"又"通常都紧接谓语动词,通常都位于主语后面。《左传》中"又"位于主语后的有 74 例,而无一例位于主语之前者。因而"又谁怨"的"谁"不能是主语,只能是宾语(参见《论语新注新译》20.2 的《考证》)。

在本书《滕文公上》第五章的《考证》中,我们同样运用上古汉语中"不"表一般性否定,而"勿"表禁止性否定的知识,否定"夷子不来"是"夷子不要来"的清人说法,而将"夷子不来"从引号中(即孟子说的话)拿出,置于引号之外,指出其意思为"夷子便没有来"。

当然,运用语法知识也应当辅之以审句例。如此,结论将更为可信。例如,在上面这例《考证》中,我们指出:"除'夷子不来'一例外,《孟子》中'不'出现 1 083 次,没有表禁止、劝阻的;'勿'出现 25 次,全部是表禁止、劝阻的。因此,'夷子不来'意为'夷子没有来',是叙述句而非祈使句,应该置于引号之外。"

(六) 在古代只有高邮王氏父子那样的大师才能精湛地审句例,如今技术条件下,我们若持之以恒审句例,也能做出不亚于高邮王氏的成绩

顾颉刚先生说:"予按王氏《杂志》,竭一生之力所成,年八十余始刊出,盖不知其几经修改;其中有援据古本而改者,亦有将各种旁证集合拢来,凭其悬解而改者。一字之下,不知其费若干脑力劳动,故能冥契古人。"王氏藏书丰富,且博

闻强记,旁人显然难以臻于此境;故古人即使了解王氏的方法,也难以达到王氏的高度。今则不然。计算机及其软件的使用,使得"审句例"变得不那么遥不可及。选好关键词,键盘一点,海量例句转瞬即到眼前,这是古人不敢想象的。但是,在目前,一条条例句还须逐一读过,从中总结规律。这仍需要坐冷板凳,需要经年累月沉浸其中。但无论如何,像高邮王氏父子在其《读书杂志》《经义述闻》二书中所呈献的"审句例"的精湛篇章,在当今之世,也能数以十计地产生出来了。这是清代、民国学者不敢想象的。

不但如此,由于数据的充足和理论的进步,今日之审句例,能比古人做得更为缜密。如对《老子》三十一章"夫佳兵者"的考证,历来认为是王念孙词句训释的名篇,在本文中,我们共指出了这一考证的3点不足;这3点不足,足以对其结论是否能够成立造成影响。

杨树达先生在《积微居小学述林·自序》中总结他治文字学的方法之一:"继承《仓颉篇》及《说文》以来形义密合的方法,死死抓住不放。"读完这篇《导言》,读者自不难得出结论,著者对考察分布也即审句例,也是"死死抓住不放"的。

现在的读者,在读古书遇到某字不知作何解时,会去翻古汉语字典。但一个字即使在同一时代,也往往会有几个意义,读者往往吃不准该选哪个意义。将来如有谁能编一部《上古汉语常用词分布字典》,将每一字的各个意义的分布特征描写清楚,读者查字典时只要拿该字出现的句子去对号入座就行了,那该多好啊!

(七) 许多审句例的结果证明,汉晋人的说法比清人的说法可靠得多

王力先生说:"古代的经生们抱残守缺,墨守故训,这是一个缺点。但是我们只是不要墨守故训,却不可以一般地否定故训。训诂学的主要价值,正是在于把故训传授下来。汉儒去古未远,经生们所说的故训往往是口耳相传的,可信的程度较高。汉儒读先秦古籍,就时间的距离说,略等于我们读宋代的古文。我们现代的人读宋文容易懂呢? 还是千年后的人读宋文容易懂呢? 大家都会肯定是前者。因此,我们应当相信汉代的人对先秦古籍的语言比我们懂得多些,至少不会把后代产生的意义加在先秦的词汇上。"(《训诂学上的一些问题》第九小点《重视故训》)

但清儒的说法往往较为容易让人接受,原因是,汉儒只是说了这些字、词、句的意义是什么,而清儒不但说了这些字、词、句的意思是什么,而且还说了为何要这样解释而不那样解释的理由。正如某甲和某乙吵架,某乙历数某甲过错,某甲默不作声,旁观者会认为某乙占理一样。但清人历数汉儒的不是时,汉儒早已不

在。我们自然不能一边倒地认同清人（有人指出杨伯峻《论语译注》《孟子译注》采纳清人成果过少,是一缺点）。正确的办法是,对汉人、清人的说法,以审句例的方法检验之。同样,对唐宋人的说法,也应取此态度。

在《论语新注新译》的 162 余篇考证文章中,我们发现,当汉儒之说和宋、清诸儒及现代诸家之说不同时,正确的往往是汉儒。在这一百多篇文章中,有一两篇是宋代朱熹正确而汉儒错误,但没有一篇是汉儒错误而清人正确的。像王氏父子"终风且暴"那样的足以推翻汉儒成说的精湛之作,在清儒的考据文章中,所占比例是很小的;尤其当清儒及现代诸家是用语言系统外部的证据对汉儒之说进行证伪时,则还未见到过有正确者。必须声明,写这些文章之前,初不带任何成见,考察结果为什么,即呈现什么。这样看来,杨伯峻先生采纳清人考据成果较少,乃其一大优点。

读者手头这部《孟子新注新译》的 108 篇《考证》中,情形也大体如此。我们审句例的结果,固然有极少数从宋儒（如朱熹）而不从汉儒的情形存在,但未有从清儒而不从汉儒者。

（八）考察分布是不带成见的,结论一依审句例的结果而定

上文说到:"必须声明,写这些文章之前,初不带任何成见,考察结果为什么,即呈现什么。"整个考察分布的过程,是不预设结果的;最后的结论,一依审句例的结果而定。这不是说,审句例之前,考据者没有倾向性,但审句例的结果,往往否定了这一倾向,最后呈现的结果往往是考据者在审句例之前倾向于否定的。

我们下面将要谈及的两种其他做法的第二种,却不是这样。它是先预设了一个结论,然后用种种办法去证明它（姑不论这些办法的效果）。这一做法,我们称之为"拔萝卜"——将结论往其预设的方向使劲拔。这种事先预设结论的做法,是不科学的。

四、两种常见的做法：择善而从；根据情理或义理逆推词义。后一种完全不可取，因为几乎不可能求得正确结论

（一）当今两种常见的做法

能够学习高邮王氏审句例的单篇论文,近年来时有所见,如发表于《古汉语研究》的《"贤贤易色"诂正》。能用这一方法注解古书的,有杨树达的《汉书窥

管》,杨伯峻的《论语译注》《孟子译注》《春秋左传注》等。必须指出,当年没有计算器及其软件可资利用,审句例的进行,比如今要困难许多;而据周秉钧《〈汉书窥管〉文法为训释例》(载于《杨树达诞辰百周年纪念集》,湖南教育出版社1985年)一文统计,《汉书窥管》一书中采用语法学方法解释《汉书》字、词、句的,竟多达200多处;其中,有许多审句例的精湛之作(参见北京大学出版社《论语新注新译·卷首的话》)。

得益于语言科学整体上的进步,得益于计算器及其软件,著者的《论语新注新译》以及读者手中的这部《孟子新注新译》,在审句例方面,较之上列诸书,又有所发展,有所进步;这是拜时代所赐,并非著者本人有何过人之处。

其余的古书注释著作,或单篇论文,多有采取以下两种做法者。

第一种,是著者在《论语新注新译·导言》第二部分所说的"广综博览,择善而从"。著者往往在"择善而从"之后加简短的按语,阐述为何择取此说的理由。陈鼓应先生的《老子今注今译》《庄子今注今译》就是这类著作的典型。例如,他注《庄子·外篇·秋水》"望洋向若而叹"说:

"望洋"一词有多种解释。旧注作:仰视貌(司马彪、崔譔《注》)。按:"望洋"一语,或假"洋"为"阳","望阳"训仰视之意(详见郭庆藩《庄子集释》);或假"洋"为"羊","望羊"申远视之意(详见马叙伦《庄子义证》)。然"望洋"作常义解即可。"洋"即海洋,上文云"北海"可证(李勉说)。

我们曾在《导言》第二部分写道:"'广征博引,择善而从'原则上是不错的,但由于何为'善'学者见智见仁,未臻一是,于是,'广征博引'则有之,'择善而从'却常常未落到实处。"就以上引这段短短的注解来说,就有两点不妥。如前所述,"洋"的"海洋"意义是北宋以后才有的,故李勉之说决不能成立。如是则"望洋"为一联绵词,意为"仰视"或"远视"。因其为联绵词,字与词三位一体的格局被打破,字与词不再是一对一的关系,所以又可写成"望阳""望羊",并非"假'洋'为'阳'",或"假'洋'为'羊'"。

第二种,这一做法的第一步,常常是指出现在通行的理解不合情理,不符合某人(例如孔子、孟子、老子、庄子)的一贯思想,等等,因此这句话必须重新解读。第二步,或者是改变句读从而改变句子结构;或者是说对某词某字应重新理解——通常是找出该词该字的某个很偏的意义放入该句子;如果实在找不到该字作者期望找到的意义,就或是通过故训、因声求义等办法,说某字和另一字相通假,应读为另一字;或是说因字形相近,乃另一字之误,等等。第三步,说只有如此,才符合情理,符合某人的一贯思想。

这种做法除了把情理、义理、历史等"证据"作为主要的甚至唯一的证据之外,还有两大要点:推翻前说;不审句例。

这是一种当前十分流行的做法,每年用此"方法"发表的论文不下数百篇,刊载于全国各种级别的刊物上。

十分惭愧的是,著者本人在三十岁以前也写过这种文章。三十岁以后意识到这一做法不可取,但未找到正确途径,因而徘徊歧路;直到三十六七岁到北大跟随郭锡良先生学习,经先生耳提面命,才意识到考察分布也即审句例的方法是科学有效的。当时写就的几篇习作,都发表在《中国哲学史》以及武汉大学《人文论丛》上。

这种做法,一、三两步大致相同。至于中间那一步,无论其论证过程如何繁复,都只是论证了一种可能性,如甲字可与乙字相通;而无论这种可能性的论证如何证据确凿(如甲字与乙字相通很普遍,是绝无问题的),至为关键不可或缺的审句例也即考察分布的证据却是缺位的;而一旦这一证据缺位,可能性就仅仅是一种可能性,这一论证注定是苍白无力的。至于完成第二步论证后的第三步,因其与被证并无直接关系,作为证据也是不自足的。

正如王力先生所说:"学者们往往注意追求新颖可喜的意见,大胆假设,然后以'双声叠韵''一声之转''声近义通'之类的'证据'来助成其说。"(《训诂学上的一些问题》第一小点《新颖可喜还是切合语言事实》)因为用这种路数写出的论文俯拾即是,这里就不举例了。

(二)第一种做法对错参半,第二种做法几乎不可能正确

以上两种做法,如果必须二选一,著者宁愿选第一种。因为,第一种做法是在古今重要成说中"择善而从",总有择对的。第二种做法,则几乎毫无正确的可能。

为什么呢?因为分布这一标志牌或牌照是一对一的。你说你正确,就必须证明别人没有牌照并证明自己有牌照。注意,这又是两个步骤:a. 证明别人没有牌照,是无照行使;b. 给自己挂上牌照,是有照行使。先说第一个步骤:

证明别人没有牌照,就是论证以往各种说法不符合分布的原理。例如在王氏父子之前有人说"终风且暴"的"终风"是"西风",是"终日风",将这两种说法带入"终温且惠""终窭且贫""终和且平""终善且有"中,便会发现是明显说不通的,也即不符合"揆之本文而协,验之他卷而通"的要求。这是进行下一步工作的前提。因为一旦古代的几种说法中有一种经全面考察符合分布的原理,即文从字顺,也就说明古代的其他说法不符合分布的原理,同时也就说明这时再独出机杼

创为新说基本上是要归于失败的。就某一词语的注释来说，一般说来，古今所有注家都说错（也即他们所说都经不起审句例即考察分布的检验）的情况是极为罕见的，这就决定了再另起炉灶创为新说而正确的可能性更是极为罕见的（即使古今各家都说错了，创为新说者若不审句例，也不大可能求得确解）。

完成了这一步，还得证明自己是有照行使，也即自己的说法符合分布的原理——正如王引之为证明"终风且暴"的"终"是类似"既"的意义所做的考察。只有完成了这两步，你的这一考证才几乎是无懈可击，你才是有照行使的好司机。

但这确实很难做到，如前所述，这个车牌往往已被他人捷足先登抢先拿到了。试想，如果某一古人已经先于王氏父子阐明"终风且暴"的"终"是类似"既"的意义，那他们能做的，也就是用"终温且惠""终窭且贫""终和且平""终善且有"等句子去证明那个古人所说的，正如我们在《论语新注新译》的大部分《考证》所作的那样。读者手头这部《孟子新注新译》也是这样做的——不是我们不想创新，而是已经有人捷足先登了。在早已有人捷足先登的情况下，再去另立新说，既无必要，也一般不会成功。

常见有人评论学者"识力不够"，就因为他"未能迈越前人注疏"。但是，如果通过审句例证明"前人注疏"已经捷足先登了，再去"迈越"而独出机杼还有意义吗？在准确度可信度和"迈越前人注疏"之间应何所选择，答案大约不言而喻吧！

难道没有"二说皆可通""数说皆可通"吗？一般而言，由于分布锁定了词义，绝大多数"两读皆可通"均可证明只有一读可通——以前的大多数"两读皆可通"只是限于当时无法审句例因而只好徘徊歧路罢了。但由于现存古汉语材料，都是通过汉字这一媒介来记录的；因而有着少量的失真，尤其是在古代不用标点符号的情况下；所以少数"两读皆可通"可能存在。

怎么证明确实是"两读皆可通"呢？我们前面说"可通"的标准必须经得起分布的检验——王引之释"终风且暴"就是典范。因此，只有该两读都能通过分布的检验因而文从字顺才是真的"两读皆可通"。显然，这样的概率实在太小了。

最后总结一下，第二种做法为什么几乎毫无正确的可能呢？

前文已经说过，这一做法除了把情理、义理、历史等"证据"作为主要的甚至唯一的证据之外，还有两大要点：推翻前说；不审句例。

a. 每一个词，以至每一个词下面的每一义位，都有自己的分布特征，它们是一对一的，故而该分布特征就是该词、该意义的标志牌。

b. 事实证明，前人说法中基本上总有一说是经得起分布特征考察的检验的。关于此点，王力《训诂学上的一些问题·重视故训》阐明在前，我们的《论语新注新译》《孟子新注新译》的两百多例《考证》证明在后。这就意味着,除了极少数例外(真正的"两说皆可通"),前人的其他说法,以及另辟蹊径的任何新说都是错误的。

c. 即使偶有前人诸说都不正确(也即,诸说都经不起考察分布的检验),由于第二种做法不考察分布,其结论也未必经得起分布的检验,而不能经过分布检验的结论必然不可能是正确的。

d. 由于第二种做法主要是依据情理、义理等逆推字词句的意义,而即使是一个词或一句话,其情理、义理等也是五花八门,内部并不一致。从这一点看,这种做法要偶尔碰中得起考察分布检验的正确结论,希望实在是太渺茫了。

下文将要提到的有学者读《史记·高祖本纪》"与父老约法三章"的"约"不是"约定"义,而是"简省"义;又有学者解读"朝闻道夕死可矣"的"闻道"为"听到天下已太平",都经不起审句例即考察分布的检验,也不符合语言的社会性原理。

我们进行这一番论证的意义在于,以往对这样的说法需要逐一批驳;如果我们的以上论证经过讨论完善成为共识,则可毕其功于一役,无须再劳神费力,对这类说法再一一予以驳正了。

(三) 第二种做法成功的概率接近于零,而用审句例即考察分布的办法来纠错,成功的概率极高

我们说第二种做法不大可能成功,还可用概率方法来推演。第二种做法的第二步,经常采用"字词置换"的办法。"字词置换"是指,先是认为古籍中某句有误。然后,或换字,即说句中某字应为某字之误,或应读为某字(如有人说"民可使由之"的"由"应读为"游",即让人民有迁徙的自由);或不换字,但说该字应理解为另一意义,实际上是换词(如说"唯女子与小人为难养也"的"女"音 rǔ,表示第二人称)。

语言学常识告诉我们,一句话构成一个线性的"组合",组合上每一环都有若干可换的词,构成一个"聚合"。如"小明今天在学校读书"这一组合中,"学校"可换成"图书馆""家里""河边"等。但是,组合是不自由的,聚合是有限的,也是不自由的;也即,分布是不自由的,有序的。如,不能说:"小明今天在筷子读书""小明今天在稿件读书"。

本文曾说到,语言类似于钟和表——不能随便拿掉其中的齿轮和发条,也不能随便置换齿轮和发条。

当原句经共时语言的全面考察而文从字顺时,由于"分布的不自由"对研究者想要进行字词置换的语法位置的词的数量有着极大限制,这是一个低概率

（即，原句文从字顺，说明某一语法位置上研究者认为"错了"的字词恰恰是能够进入该"聚合"的少数词之一，这种可能性极低）；而研究者想要进行词语置换的词本身也受到极大限制（如须与被换字词形近、音近等），这又是一个低概率；由于在原句文从字顺情况下还要进行字词置换的学者，往往是从情理、思想入手来选择置换词的，这势必限制了他的选词范围，这又造成了一个低概率，而这三类字词（能进入该语法位置的词、与被换字词形近或音近的字词、符合研究者期待的字词）由于数量少而势必难以重叠难以交叉，所以这种字词置换是绝难成功的——不成功，指的是通不过"审句例"的检验。

而当原句经共时语言的考察并非文从字顺也即所谓"不词"时（即，原句不文从字顺，说明某一语法位置上研究者认为"错了"的字词确实错了，它是不能进入该"聚合"的），在进行词语置换之后原句经共时语言的全面考察窒碍顿消因而文从字顺之后，同样由于"词的不自由"对字词置换的语法位置的词的数量有着极大限制，也同样由于研究者进行词语置换的词由于必须形近或音近因而数量上也受到极大限制，因而可以证明置换之后的字词就是这两条线（该语法位置上可以出现的词、与被置换字词形近或音近的字词）交叉点上的那一字词，因而，a. 大大压缩了需要考察的范围从而大大降低了考察的难度。b. 其正确性也由此更加得以确立。

例如，2015年浙江全省学校推广传唱《大禹纪念歌》，其中有段歌词"岂不怀归？念此象庶，嗷嗷待哺"，"念此象庶"一句完全不通（据说有"古汉语专家"解释歌词，不知他是如何解读这一句的），因而著者怀疑其中"象"为"众"因形近所致之误。当著者所写文章发表在《东方早报》时，原作者的儿子也撰文发表于《钱江晚报》，指出应为"念此众庶"，并附有发表原曲谱的PDF文档照片。

通过审句例检验不能文从字顺的，较为容易进行字词置换，而且字词置换的成功率很高。已经通过审句例检验而文从字顺的，再进行字词置换，必然归于失败——可见字词置换能否成功，完全取决于原句是否文从字顺；而第二种做法的作者并不在意原句是否文从字顺，而在乎原句所表达的意义是否合乎他的所谓情理、义理，而且放弃了至为关键不可或缺的"审句例"即考察分布的程序，其劳师袭远的结果，也就可想而知了。

（四）第二种做法不审句例，也就是不符合语言的社会性原理

在本文我们曾说："审句例的展开，正是建立在语言的社会性之上的。"第二种做法缺失了审句例即考察分布这不可或缺的一环，也就意味着经不起语言的社会性原理的检验。

例如有位著名学者说《史记·高祖本纪》中"与父老约法三章"的"约"不是"约定"义,而是"简省"义;"与"是"为";"与父老约法三章"就是"为父老简省秦朝的酷法(为)短短的三条"。但是《史记》中"与＋名词性成分＋约"格式的句子比比皆是,其中"约"都是"约定"的意思。如:

  我闻赵高乃与楚约,灭秦宗室而王关中。(《秦始皇本纪》)
  项王乃与汉约,中分天下,割鸿沟以西者为汉,鸿沟而东者为楚。(《项羽本纪》)

根据语言的社会性原则,在作者没有从语言内部找出强有力证据证明"与父老约法三章"是例外之前,我们只能将其中的"约"理解为"约定"。

又如,台湾有位学者"体会孔子一生忧世忧民的苦心",悟出《里仁》的"朝闻道,夕死可矣"为"如果有一天能够听到天下已太平,马上死去也愿意";而非杨伯峻先生所译"早晨得知真理,要我当晚死去都可以"。其实"闻道"也是一常用短语,先秦汉语中常有所见。用杨伯峻先生所译"得知真理"解读,则无不合;若用所谓"听到天下已太平"解读,则往往窒碍难通。如:

  上士闻道,勤而行之;中士闻道,若存若亡;下士闻道,大笑之。(《老子》四十一章)
  野语有之曰,"闻道百以为莫己若"者,我之谓也。(《庄子·外篇·秋水》)

陈鼓应先生的《老子今注今译》译这两段话为:

  上士听了道,努力去实行;中士听了道,将信将疑;下士听了道,哈哈大笑。
  俗话说,"听了许多道理,总以为谁都不如自己",这就是说我了。

我们不妨把"得知真理""听到天下已太平"都"带入"这两段:

  上士得知真理,努力去实行;中士得知真理,将信将疑;下士得知真理,哈哈大笑。

俗话说,"得知了许多真理,总以为谁都不如自己",这就是说我了。

上士听到天下已太平,努力去实行;中士听到天下已太平,将信将疑;下士听到天下已太平,哈哈大笑。

俗话说,"听了好多次天下已太平,总以为谁都不如自己",这就是说我了。

这样一比较,正误立判。第二种做法不符合王引之所强调的"揆之本文而协,验之他卷而通",其实也就是不符合语言的社会性原则。

(五)语感极其重要不可或缺,但过分相信语感而省略"审句例"则不可取

语感是须臾不可或缺的,著者从来十分强调语感的重要。我们所不倡导的,是因过分相信自己的语感而舍弃了考释古代疑难词句同样不可或缺的关键工序——审句例,也即分布的考察。我们常可看到上述第二种做法的作者,在完成了他的三步曲之后,也还会不忘记写上一句:照我们这样解释,完全是文从字顺的,豁然开朗的,疑窦涣然冰释的云云。问题是,你觉得文从字顺豁然开朗疑窦涣然冰释就真的通得过审句例的检验了吗?

作者的祖父杨树达先生,在其《积微居小学金石论丛》中有《〈孟子〉"台无馈"解》一文,说《万章下》第六章"盖自是台无馈也"的"台"当读为"始"。在未审句例之前,谁会觉得"盖自是始无馈也"会不文从字顺呢?但审句例的结果却不尽人意。在《孟子》成书年代的语言中,"自是+主谓结构"格式的句子是较为常见的(汉儒解释"台"为"贱官主使令者",则"自是台无馈"恰属于"自是+主谓结构"格式),"自是+非主谓结构"格式的句子则极为罕见。而且,"始无"这一短语,南北朝以后才见诸文献(见本书10.6—2《考证》)。

为什么竟然连大师级人物的语感也不可靠呢?以前著者撰写《殷墟甲骨刻辞词类研究》的时候,发现胡小石、郭沫若用读先秦两汉古文所形成的语感去读甲骨文。有此语感本来是一大优势,但过分相信这种语感,而放弃在甲骨文中审句例,则不可取,所得结论也不会可靠。例如他们读"乍"为"则",说它是连词:"我其祀宾,乍帝降若;我勿祀宾,乍帝降不若。"将这正反对贞句中的"乍"读为"则",确实感到文从字顺,却不符合殷墟甲骨刻辞语言的实际。

可见,感觉文从字顺不能作为句子真正文从字顺的唯一标准。

后来著者发现,以前许多老辈学者语感惊人,但其语感,往往是读先秦两汉魏晋南北朝以至唐宋八大家古文所形成的泛时的语感,而非读某一历史时期文

献的共时语感。语言是变化的,泛时的语感不能很好地捕捉这些变化。

本来,老辈学者有语感优势,如果辅之以审句例,则其考证成果之成为精湛的传世之作,自然并非难事。可惜有时过分相信这种语感,而舍弃了审句例即分布的考察。多年后经学者考察分布也即审句例,其结论却并不正确;至可惜也!但老辈学者只能依靠文献的稔熟,而缺乏利用计算机审句例的便利,此事便实在是可遇而不可强求;故其容有千虑之失,今人不能苛责。今日审句例已经并不太难,若不愿花费时间,而过分相信自己远不如老辈学者的语感而不审句例,则"吾末如之何也已矣"。

较之泛时语感,共时语感则可靠得多。杨树达先生的《汉书窥管》,就是运用共时语感,辅之以审句例来解决《汉书》中疑难字、词、句的典范之作。最能代表他这一治学方法的,是在卷七同时在《自序》中全文照录的对《金日磾传》"赏为奉车,建驸马都尉"的解读——用下列同时代文献中蒙下省略的例证来证明"奉车"下没有脱落"都尉"二字,从而证明王念孙"今本脱之"说法的不确:"上于是出龚等补吏,龚为弘农,歆河内,凤九江太守。"(《汉书·儒林传》)"琅琊左咸为讲《春秋》,颍川满昌为讲《诗》,长安国由为讲《易》,平阳唐昌为讲《书》,沛郡陈咸为讲《礼》,崔发为讲《乐》祭酒。"(《王莽传》)"以暹为征东,才为征西,乐为征北将军。"(《三国志·魏志·董卓传》)

这一典范之作,才是我们应当效仿的。

五、我们的做法可归纳为"一个剥离与一根主轴",但并未放弃任何以往的做法,只是区分了主次,并主张主次产生矛盾时应当放弃次要的。这一做法证明在传统文献内部解决古书中的疑难问题仍然大有可为;因为,不但审句例即考察分布所得结论是可重复可验证因而是确切可信的,而且古籍的辗转传抄所致变化适足以说明审句例的重要

(一)将语言外证据从主要证据以及唯一证据位置上剥离开来(上)

我们说,上文所说第二种做法几乎毫无正确的可能,是因为其第二步只是提供了一种可能性,这一可能性是虚幻的,能否接近必然,关键在一、三两步。遗憾的是,其第一步无非是指出传统的解释不符合情理,不符合某人的一贯思想云

云；其第三步则指出经过第二步的论证，只有作者那样的解释，才符合情理，符合某人的思想云云。其第一、第三步之所以靠不住，大致说来，一是它与词义没有直接联系，二是它与和词义有直接联系的考察分布即审句例所得结果往往相抵触。

先说第一点。

我们在《论语新注新译》的《导言》中指出："系统内部各要素之间的关联性强，系统内部与系统外部之间的关联性较弱。根据关联性越强，越有可证性的原理，求证系统内部的问题应当主要依赖该系统内部的证据。"胡明扬先生所说"语言系统内部的现象和现象之间的规律都可以通过系统本身来加以解释，而不需要向外界去寻找解释的理由"，也是类似的意思。这点我们在前文已经说过。情理、义理等是语言外部的东西，它和"分布"完全不同之处在于，它与词义没有直接的联系。王力先生说："古人已经死了，我们只能通过他的语言去了解他的思想；我们不能反过来，先主观地认为他必然有这种思想，从而引出结论说，他既然有这种思想，他这一句话也只能作这种解释了。后一种做法有陷于主观臆测的危险。"（《训诂学上的一些问题》第二小点《从思想上去体会还是从语言上去说明》）孙玉文教授对著者说，孔子"应该怎样说"是一码事，孔子"实际上说了什么"却是另外一码事。这话说得太对了！我们还可以补充：孔子"应该怎样做"是一码事，孔子"实际上做了什么"是另外一码事。孔子"实际上说了什么""实际上做了什么"古书有记载，其中一些古今见仁见智的疑难字、词、句的解读，要依据语言规律去解决；或者说，主要应依据语言规律去解决这类问题。依据孔子"应该怎样说""应该怎样做"去逆推孔子"实际上说了什么""实际上做了什么"，是不值得提倡的，如果硬要将它当作证据，至少不应该将它作为主要证据，当然更不应该将它作为唯一证据。而上文所说第二种做法，就是将语言系统之外的情理、义理等，当作了唯一证据；当然也就几乎没有正确的可能性了。

有一位著者十分尊敬的研究中国哲学的老教授，他也懂一些语言学，并卓有成效地运用语言学方法解决了《庄子》中的若干问题，但他在解读《老子》十八章时，由于将情理、义理等作为唯一证据，就犯了一个解读上的小错误。《老子》王弼本十八章："大道废，有仁义；智慧出，有大伪。"而帛书乙本作："大道废，安有仁义；智慧出，安有大伪。"（甲本"安"作"案"）对于这种传世本与出土文献的解读可能完全相反的情形，这位先生本来在其著作中提出了卓越的解释：文本趋同；但他解释十八章却说，安，有"怎么会"和"于是"两个意义，这一章中的"安"只可能是"于是"义，否则就与《老子》的一贯思想相矛盾。

首先,"安"之有"怎么会"义是没有问题的,而其是否有"于是"义则大可怀疑;这先撇开不谈,就算"安"有"于是"义好了。其次,"安"的"怎么会"义是常义,"安"的"于是"义即使成立,也很罕见,乃是僻义。王力先生说:"从语言的社会性来看,语言的词汇所表达的,应该都是经常的意义,而不是偏僻的意义。一句话中用了僻词僻义,就在一定程度上妨碍了语言的交流,妨碍了交际;如果僻词僻义用得多了,就变成不可懂的语言,失掉语言的作用了。"(《训诂学上的一些问题》第六小点《僻义和常义》)这也先撇开不谈,就将"于是"义和"怎么会"义等量齐观好了。关键是,我们考察分布的结果,是"安+有"组成"安有"短语时,其中的"安"都是"怎么会"意义。在没有从语言内部找出强有力证据证明"安有仁义""安有大伪"是例外之前,我们只能将其中的"安"理解为"怎么会"。

由此可见,一旦将语言系统外部的情理、义理等作为主要证据以及唯一证据来考证古书中的疑难词句,其结果必定不会正确。所以,应该将语言外证据从主要证据以及唯一证据位置上剥离开来。

(二)将语言外证据从主要证据以及唯一证据位置上剥离开来(下)

再说第二点。

如果一篇文章中既用情理、义理逆推词义,也用考察分布的办法分析归纳词义,其中起关键作用的,必然是后者。这种考据论文,当然是好论文。在此论文中,情理、义理和分布的考察是吻合的。

但绝大多数的情况是,用情理、义理逆推的结果和分布考察的结果是相矛盾的。既然分布是锁定词义的,是与词义一对一挂钩因而是词义的标志牌,那用情理、义理逆推而与考察分布的结果相龃龉,也就只能说明它不是科学的了。

不独如此,许多人同时用情理逆推并不能得出统一的结果。比如好些人说孔子既然孝顺母亲,因而"惟女子与小人为难养也"中的"女子"不可能是女人;但他们逆推的结果,有的说"女子"是"你儿子",有的说是"你这位先生",有的说是"你们这些学生",不一而足,这就不符合科学研究所要求的可重复可验证。而某一词义的分布既是客观存在的,又是与该词义一一对应的,不同的人分开研究,只要这一考察是深入细致的,就完全可以得出近乎一致的结论来。

(三)一根主轴:一切考察围绕着考察分布来进行

语言系统外广阔无边,那里的"证据"多如牛毛;自然,依据这些"证据"所得出的结论也五花八门。如某先生主张用史实考证古词语。因为卫灵公既宠幸南子,又和弥子瑕厮混,他便说《论语·子罕》《卫灵公》的"吾未见好德如好色者也"的"好色",既指好女色,也指好男色。"好色"是否包括"好男色"? 我们考察分布的结果是,当时语言中,除了"好(hǎo)色"指美女、佳人外,其余"好(hào)色"都指喜好美色、美女,没有例外。如:"王曰:'寡人有疾,寡人好色。'对曰:'……王如好色,与百姓同之,于王何有?'"(《孟子·梁惠王下》)

即使在语言系统内部,也存在无数的"点",在这无数点上,使用义训、形训、声训,乃至二重证据法等方法、手段展开论证,最后也可能有无数结论,依然是"公说公有理,婆说婆有理";但圆心只有一个,如前所述,能够插入圆心成为主轴的有"分布"——因为分布与词义是一对一的。以考察分布为主轴,就是形训、义训、声训以及二重证据法等手段、方法都围绕着分布来进行。

(四)"一个都不能少"

乍一看,我们似乎在不断"收缩阵地"——从系统外缩到系统内,从整个系统缩到圆心——分布;实际上,我们从语言外部证据,到语言内部的各种训诂方法手段,"一个都不能少",只是分别了主次而已。分别主次已如上述,即语言内部的证据是主要的、自足的;语言外部的证据是次要的,非自足的;因此,语言外部的证据不能作为主要的,更不能作为唯一的证据。而在语言内部,又以考察分布为主轴。其必要性固然是分清主次,以语言内部证据为主,以语言外部证据为辅;更为重要的是,当语言系统内外证据产生龃龉发生矛盾时,应当服从语言内部证据所证明的语言事实,而舍弃语言外部证据。而语言内部证据,又以考察分布的结果为主。

(五)审句例即考察分布所得结论是可重复可验证的

在上文中,我们反复说过,由于分布的锁定,词义是可以求得的,也即正确结论在绝大多数情况下是唯一的;而这唯一的正确结论通过审句例即考察分布也是可以求得的。上文说:"能够插入圆心成为主轴的有'分布'——因为分布与词义是一对一的。"也就是说,无论何人,只要他能读懂古书,能很好地学会审句例即考察分布,他都能求得这个唯一正确的结论。十位这样的学者分开来考据同一词语问题,答案会大致相同。这就符合科学研究所要求的可重复可验证,因而其结论是确切可信的。

有些学者大约习惯于下面这一情形,即王力先生所指出的,十位训诂家分开来研究同一问题,却得出十个结论(《训诂学上的一些问题》第一小点《新颖可喜还是切合语言事实》);他们认为这是理所当然的。秉此认识,那么衡量学者的考据成果孰优孰劣的只能是:谁的结论更惊世骇俗,更新颖可喜,更石破天惊。如果"未能迈越前人注疏",未能独出机杼创为新说,自然就是"识力不够"。经过上文的详细论证,对此大约不必再多说什么了。

当审句例之后，即使暂时没有得出"十人同一结论"的结果，我们也会知道问题出在哪儿——一定是考察分布不细致不完全所致。例如，刘殿爵先生指出，"夫唯"总是用来承接上句的（他的结论，也是通过"审句例"总结归纳出来的，因为我们所见好些"夫唯"总是承接上句的），而《老子》三十一章"夫佳兵者"的"夫佳"却处在这一章之首。刘殿爵先生认为，要么，是句子的次序在传抄中错乱了；要么，"佳"字是多出来的。如为后一种结果，则是王念孙"审句例"时只注意了"夫唯……故……"的格式，却没有注意在分布中，"夫唯"因为用以承接上句，因而总不会处在一章之首。这就是审句例不细致不周全所致的瑕疵。著者以前也有疑问，a.《老子》中的"夫唯……故……"格式的句子总是双句结构的，如："夫唯不居，是以不去。"（二章）"夫唯不争，故无尤。"（八章）"夫唯大，故不肖。"（六十七章）但王念孙所考的"夫唯兵者不祥之器，物或恶之，故有道者不处"却有三句。b. 其他"夫唯"之后所接都是没有主语的叙述句结构，而王念孙所考"夫唯兵者不祥之器"之"夫唯"所接，却是一个带主语的判断句结构（但《礼记·曲礼》有"夫唯禽兽无礼，故父子聚麀"）。

（六）在传统文献内部解决古书中的疑难问题仍然大有可为

有一种得到许多人赞同的看法认为，在传统文献里面兜圈子来解决古书中的疑难问题，乾嘉早已臻于极盛，目前已经走向穷途末路了。当今之际，只有利用出土文献，才能有所作为。

毫无疑问，自王国维先生提出"二重证据法"并将之运用于古文字的考释以来，已经结出了极为丰硕的成果。著者本人也是古文字学出身，当然十分赞同将"地下发现之新材料"与"纸上之材料"结合起来加以互证。这些都是没有问题的。但认为在传统文献内部解读古书疑难问题已经日暮途穷，则不敢赞同。相信在仔细读过著者这一篇拉杂文章后，读者中也会有些人赞同著者下面这段话：通过将语言外证据从主要证据以及唯一证据位置上剥离开来，通过将形训、声训、义训等方法手段围绕着考察分布这根主轴来进行，即使主要是在传统文献内部兜圈子来解决古书中的疑难问题（尽管著者本人提倡将"地下发现之新材料"与"纸上之材料"结合起来加以互证），也绝没有沉沦到日暮途穷的境地，仍然是可以大有作为的。

（七）古籍的辗转传抄所致变化不能否定审句例，适足以说明审句例的重要

当今，学界普遍认为：古籍并不是在其面世时就定型了，而是在一两千年的流传过程中不断地因辗转传抄而变化，也即，传抄者同时也是"作者"。有人可能

会据此认为,你所说的语言的历史性、社会性、系统性,以及汉语史、审句例等,显然是建立在这样一种设想,即古书问世时一次定型,因而忠实地反映了当时当地语言的基础之上的。既然古籍的实际情况如此复杂,你上面所说的那些,一定会大打折扣,甚至不能成立。我们不否认古籍在流传过程中不断变化的事实,也不否认因为这一变化,将使得我们的研究对象更为复杂,我们的研究任务更为艰巨。但是,a. 不能无限夸大这种流传中的变化,因为即便存在这种变化,汉语史的变化轨迹依然是清晰的,并未成为一团乱麻。因为这一变化是零星而多次地发生的,这种零打碎敲的影响不足以影响语言发展变化的整体趋向。这就好比,长江滚滚东流,途中地势变化万千,使得它有时朝向东北,有时又朝向东南;但终归是汹涌澎湃东流入海。我们看王力《汉语史稿》中主要依据传世文献而归纳的汉语从古至今发展变化的种种趋势,并未因这种传抄中的改动而发生根本性的影响。后来的学者更根据出土文献证明了这一点。

例如,83 年前,丁声树先生发表《释否定词"弗""不"》一文,指出"弗"字只用在省去宾语的及物动词之前,不及物动词及带有宾语的及物动词之前只用"不"字,不用"弗"字。结论是,弗,略与"不之"相当。我们以其第一个例句《礼记·学记》之"虽有嘉肴,弗食,不知其旨也;虽有至道,弗学,不知其善也"为例,"弗食"略等于"不食之","弗学"略等于"不学之"。1958 年,黄景欣发表《秦汉以前古汉语中的否定词"弗""不"研究》一文,举出一些"弗"后动词带宾语的例证反驳丁文。后来,大西克也、魏德胜、董琨等学者均以有力证据反驳黄文。大西克也《关于上古汉语的否定词"弗""不"的分用问题》一文指出,马王堆出土帛书《老子》《战国纵横家书》等书中,"弗"后及物动词不带宾语的有 116 例,带宾语的只有 10 例。而魏德胜在《睡虎地秦墓竹简语法研究》一书中指出,"弗"在睡虎地竹简中出现 104 次,后接动词带宾语的只有 4 次。同时,黄景欣文许多例证的"不"原本是"弗",乃是为避汉昭帝刘弗陵讳而改动了。

b. 由于古书是在流传过程中不断变化的,使得考察分布,即审句例,在变得更为复杂更为艰巨的同时,也变得更有必要了。因为,只有通过审句例,才能通过大多数的成分,找出那些零打碎敲的变化成分。请参考著者所撰《真力弥满,万象在旁——〈玄应《一切经音义》研究〉读后》(《武汉大学学报》2012 年第 2 期)。

基于归约的汉语最长名词短语识别方法

钱小飞　侯　敏

钱小飞,1981年生,江苏如东人。2010年毕业于中国传媒大学语言学及应用语言学专业,获文学博士学位;同年入职上海大学,现为文学院讲师。主要研究领域为计算语言学、语料库语言学。主讲课程有"现代汉语""语料库语言学""中文信息处理文献研读"等。近年来在《语言文字应用》《中文信息学报》《语料库语言学》等刊物以及国际和国内会议上发表学术论文多篇,参编词典3部。主持上海市哲学社会科学青年项目1项,完成国家语言资源监测与研究中心项目1项,并担任语言生活蓝皮书语言信息化栏目主持。

一、引　　言

名词短语的句法处理是自动句法分析的重点和难点。最长名词短语(MNP)是语言信息处理学界专门提出的名词短语类别,约占句子长度的60%以上,它的识别可以为机器翻译、指代消解等重要应用提供有效支持。

最长名词短语识别有两种方法:基于规则的方法和基于统计的方法,实际常结合使用。规则方法主要利用词类序列的组合规则判别边界;[1]统计方法通过计算某个位置出现边界的概率、[2]词语的位置类别来识别MNP,其中统计机器学习方法是当前的主流方法。[3] 从识别策略看,基于2-phase策略的统计机

---

[1] Voutilainen, A. NPTool: a detector of English noun phrases//Proceedings of the Workshop on Very Large Corpora. Academic and Industrial Perspectives,1993.

[2] 参见:李文捷,周明,潘海华,等. 基于语料库的中文最长名词短语的自动提取//陈力为,袁琦. 计算语言学进展与应用. 北京:清华大学出版社,1995:119-124;周强,孙茂松,黄昌宁. 汉语最长名词短语的自动识别. 软件学报,2000(2).

[3] Guiping Zhang, Wenjing Lang, Qiaoli Zhou, et al. Identification of Maximal-Length Noun Phrases Based on Maximal-Length Preposition Phrases in Chinese//Proceedings of IALP 2010:65-68.

器学习方法取得了较好效果：先识别组块,然后以此为特征识别 MNP。①

无论是统计或规则方法,以往研究尚有一些局限：(1)句法、语义知识利用度低。关注算法改进,对 MNP 的语言学特性,如结构特征关注不够,使识别系统过于依赖词(性)串等线性特征;(2)对长距离 MNP 缺少有效识别手段,识别效果随着结构长度的增加而快速降低,长度≥5 和＜5 的 MNP 识别 F1 值相差 13%—22%;(3) 2-phase 策略以较高训练代价提高识别精度,为减少级联错误,常使用规则方法识别组块保证正确率,但召回率较低,②并面临适应不同词类体系的问题,单纯的 2-phase 策略也难以解决长距离依赖问题。

本文将最长名词短语看作是模板结构,一个典型的复杂 MNP 由谓词核心和围绕它的名词槽构成,据此,我们通过分析最长名词短语的句法、语义特征,设计了一种基于归约的识别方法,利用语言学特征改善了 MNP,特别是长距离 MNP 的识别效果。

二、最长名词短语的定义

Chen 最早界定了最长名词短语,指不被其他名词短语包含的名词短语。③ 后来的研究者沿用了该定义,但在具体操作时有所差异,如在是否包含名词性短语、单词结构等问题上不一致。④

我们沿用前人的定义,但针对有分歧的问题作出具体规定：(1) MNP 既包括以名词为核心的名词短语,也包括名词性短语,如以数词、名代词等体词为核心的短语、"X 的 V|A"结构、"的"字结构等;(2)包括时间短语、处所短语,但不包括方位结构,后者更接近介词短语;(3)短语的基础单位是句法组块,⑤因此 MNP 包含单词结构。

---

① Changhao Yin. Identification of Maximal Noun Phrase in Chinese: Using the Head of Base Phrases. POSTECH, Korea, 2005.
② Xue-Mei Bai, Jin-Ji Li, Dong-Il Kim, et al. Identification of Maximal-Length Noun Phrases Based on Expanded Chunks and Classified Punctuations in Chinese//Proceedings of the 21st ICCPOL, 2006:268-276.
③ Kuang-hua Chen. Extracting noun phrases from large-scale texts: a hybrid approach and its automatic evaluation. Proceedings of the 32nd ACL, 1994.
④ 如:周强,孙茂松,黄昌宁. 汉语最长名词短语的自动识别. 软件学报,2000(2);代翠,周俏丽,蔡东风,等. 统计和规则相结合的汉语最长名词短语自动识别. 中文信息学报,2008(6);鉴萍,宗成庆. 基于双向标注融合的汉语最长短语识别方法. 智能系统学报,2009(5).
⑤ Steven Abney. Syntactic affixation and performance structures//D. Bouchard, K. Leffel. Views on Phrase Structure, 1990.

例①直观地阐释了 MNP 的概念,它包含了 4 个 NP,其中 2 个 MNP:

① [mnp 这/rN 段/qN 故事/n] 如/v[mnp 飘出/v[np 我/rN 记忆/n]的/u[np 一/m 点/qN 星火/n]]

三、汉语最长名词短语的构造特征

最长名词短语的句法功能分布集中,主要位于主语和宾语位置上,是识别的有利条件;而其复杂的内部构造是影响识别效果的主要因素。本体语言学关于 NP 结构特征的研究很多,但哪些特征对识别工作有利用价值,并且可以形式化是需要关注的问题。

首先,MNP 是一个结构杂糅的语法范畴。以是否包含动词或介词短语为判别复杂结构的标准,大部分是不含这些成分的简单 MNP,但也存在相当数量的复杂 MNP。简单 MNP 内部以定中结构为主,易于识别;而复杂 MNP 常包含小句和谓词性结构,是识别的难点。

其次,MNP 处于广泛的长距离依赖关系之中。清华 TCT 树库中,多词 MNP 平均长度为 4.73,最大达 133 词,并且更多地出现在宾语位置上,与左邻动词形成大量的述宾依赖关系;MNP 内部也存在各种类型的依赖关系,如量名搭配、动宾搭配、介词框架等。这些关系是识别的关键特征,但长距离特性使其难以有效利用,是目前识别效果提升困难的重要原因。

再次,起始位置存在对 MNP 具有较好预测作用的确指特征,包括三类:(1) 称代性成分,如起照应功能的人称代词;(2) 指别性成分,如指示代词、区别词、起指别功能的人称代词;(3) 命名实体,如人名、地名、机构名。指别性成分的功能是从一组事物中确定出个体,而命名实体本身就是确定的个体。这些成分对 MNP 的预测概率多在 80% 以上,而非定指的数量结构仅为 50% 左右。因此,MNP 是更倾向于表达有定的范畴。

最后,绝大多数 MNP 具有语义中心,以名词性词类为主体,降低了该位置的不确定性。语义中心分为三种:(1) 指代性中心(15%),如名代词、处所代词、时间代词,不易形成词汇搭配;(2) 命名实体中心(10%),包括人名、地名、时间名,后两者常与介词"在"搭配;(3) 普通的语义中心(71%),主要是普通名词,很多可以形成词汇搭配关系。

四、基于归约的最长名词短语识别

根据上文的特征分析,MNP 可以看作是由名词性成分填充槽的模板结构,这些模板结构不仅包含谓词—论元结构,也包含表达领属等语义关系等非谓词性结构。

如果能很好地识别槽中的长距离 NP 成分,压缩成语义中心,并提取定语中的有用特征,则可改善识别的两个主要问题:(1) 降低结构长度,扩展模型观察视野,更充分地利用长距离依赖特征,提高长距结构识别效果;(2) 充分表达可用特征,更准确地预测复杂结构边界。

在浅层句法分析任务中,归约策略可以有效地融入统计模型,①据此,结合 MNP 结构特征,我们设计了一种基于归约的 MNP 识别方法,使用识别率较高的基本名词短语来逼近槽中的长距离名词性成分,将识别工作分解为三个连续的子过程:baseNP 识别、baseNP 归约、MNP 识别。

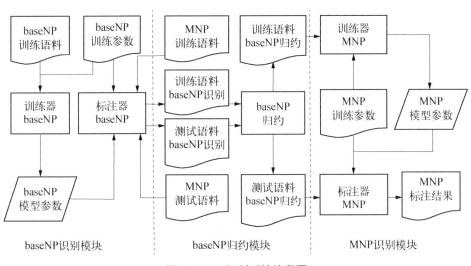

图 1　MNP 识别系统流程图

(一) 基本名词短语识别

基本名词短语(baseNP)是一种内部结构相对简单的名词性成分,有很高的

---

① 可参考:赵军,黄昌宁. 结合句法组成模板识别汉语基本名词短语的概率模型. 计算机研究与发展,1999(11); Elias Ponvert, Jason Baldridge, Katrin Erk. Simple Unsupervised Grammar Induction from Raw Text with Cascaded Finite State Models//Proceedings of the 49th ACL, 2011: 1077 - 1086.

识别率。为支持进一步的 MNP 识别,它被定义为满足四组条件的多词结构,并保证不大于 MNP:(1) 只由时间短语、处所短语、名词(性)短语三种功能类型实现;(2) 直接结构仅包括定中和联合结构,且不包含动词性结构和介宾结构;(3) 中心词隶属于集合:{名词,名代词,时间词,处所词,名动词,名形词};(4) 内部不包含标点符号和连词,以及结构助词"的"。

识别以 BMEO 分别表示首词、中间词、尾词及结构外 4 个位置,选用词形、词类、词语音节数、语义类别(词林 3 级义类代码)4 组特征,观察窗口[−3,3]。多义词在当前语料中基于单义词统计,取最高频的候选义类(下同)。表 1 例句包含了 3 个 baseNP,由 BME 和 BE 序列表达。识别系统通过预测每一个词的标记识别 baseNP。

表 1 基本名词短语归约示意图

归约前						归约后						
词语	词类	词长	义类	baseNP 标记	MNP 标记	词语	词类	语义核心	baseNP 长度	起始特征	词长	义类	MNP 标记
这	rN	1	Ed61	B	B								
段	qN	1	Di09	M	F								
故事	n	2	Dk10	E	E	故事	n	Head	3	rN/qN	2	Dk10	S
如	v	1	Je12	O	O	如	v	No	0	noSyn	1	Je12	O
飘出	v	2	UK	O	O	飘出	v	No	0	noSyn	2	UK	B
我	rN	1	Aa02	B	B								
记忆	n	2	Gb07	E	F	记忆	n	Head	2	rN/n	2	Gb07	F
的	u	1	Ed01	O	M	的	u			noSyn	1	Ed01	M
一	m	1	Dn04	B	M								
点	qN	1	Dd05	M	M								
星火	n	2	Bg03	E	E	星火	n	Head	3	m/qN	2	Bg03	E

(二) 基本名词短语归约

按照生成语法的观点,名词短语存在语义核心和句法核心。汉语名词短语是左扩展结构,语义核心位于短语右部。据此,在识别 baseNP 的基础上,我们将其归约为右端中心词,重新构造 MNP,并产生两组新的语言学特征(表 1):

(1) 语义核心特征。取值为 Head 或者 No,表示当前词是否 baseNP 语义核心。

(2) 起始句法特征。归约为中心词会使得 baseNP 丢失一些历史句法特征,特别是起始位置表示有定的指称性成分,归约过程将这些历史特征作共时化处理,将其保留在语义核心的时刻上,并以二元词类形式表达,如"rN/qN",非指称性特征取值为noSyn。

baseNP归约将MNP看作以BNP为槽的模板,可以给识别任务带来多方面的好处。

首先,baseNP识别化解了更多的底层歧义,归约后使模型专注于解决高层结构歧义。大多数baseNP直接实现为MNP,其余作为MNP构造成分。借助于baseNP的高识别率,可以期望MNP识别能够取得良好效果。

其次,baseNP归约有效地缩短MNP结构长度,扩大模型的观察视野,从而能够化解更多的结构歧义。例③在例②上归约了baseNP。

② 是/vC [mnp 当代/t 世界/n 各/rB 国/n 发展/v 纺织/n 工业/n 原料/n 的/u 共同/b 趋势/n]。/。

③ 是/vC {baseNP 国/n} 发展/v {baseNP 原料/n} 的/u {baseNP 趋势/n} 。/。

假设观察窗口为[−3,3],观察归约对于判断动词"发展"位置的影响。"发展"有两个可能位置:MNP内部或外部。如果在②中直接识别MNP,模型视野被限制在MNP内部,用于判断"发展"位置的特征是"世界/n 各/rB 国/n 发展/v 纺织/n 工业/n 原料/n",它是合法的主谓结构,模型很可能作出错误判断,认为"发展"位于MNP外部。但归约之后,模型视野覆盖了整个MNP,用于判断"发展"位置的特征是"是/vC 国/n 发展/v 原料/n 的/u 趋势/n",其中助词"的"暗示"的"字结构的存在,而系动词"是"出现在MNP外部的概率高于内部,因此"发展"很可能被认为包含在MNP内部。

再次,baseNP归约使长距离搭配关系更多地出现在观察窗口内,让模型学习到更多词汇依赖特征。动宾搭配是识别MNP的有用特征,但汉语动词和宾语中心词分布在MNP左右两端,表现为"动词+定语+中心语"模式,定语较长时,模型常难以训练到搭配数据,而baseNP归约可改善这一状况。如"改善/v 食物/n 科技/n 工作/n 的/u 条件/n"归约为"改善/v 工作/n 的/u 条件/n",使"条件"进入了"改善"后3个词的视野。

(三) 最长名词短语识别

最长名词短语识别基于baseNP归约后的语料,用BFMEOS分别表示MNP首词、左部第二词、中间词、尾词、结构外部、单词结构六种位置,并选用词语、词类、词长、义类、中心特征、起始特征等6种原子特征进行组合,观察窗口为[−3,3]。

在归约语料上确立 MNP 边界后,利用 baseNP 长度信息,将 MNP 恢复为完整状态:

恢复前:［故事/n］如/v［飘出/v 记忆/n 的/u 星火/n］

恢复后:［这/rN 段/qN 故事/n］如/v［飘出/v 我/rN 记忆/n 的/u 一/m 点/qN 星火/n］

五、实验设计及结果分析

（一）实验语料

对清华大学 TCT 树库进行 5 次无重复随机抽样,每个样本容量为 2 000 句。实验将每 4 个样本合并为训练语料,剩余 1 个样本作测试语料,构造 5 组训练测试对,进行交叉验证。5 组样本记作 sample5,每组训练测试对记为 samj, $j \in [1, 5]$。剩余语料(34 605 句)记作 rest。

（二）评价方法

采用正确率 prc、召回率 rec 以及调和平均值 F1 为评价指标。引入优化幅度评价新方法的优化效果。令方法 1 的识别效果为 E_1,方法 2 效果为 E_2,方法 2 的优化幅度 M 计算如下:

$$M = \frac{E_2 - E_1}{1 - E_1} \quad (E \in \{prc, rec, F1\}) \quad 公式1$$

（三）实验及评测

实验及文献数据表明,某种特征的贡献程度有时会受到其他有效特征的影响。[①] 由于归约方法的训练代价相对较高,我们优先采纳了易获取的义类等稳定特征优化识别效果,以此为基线观察归约方法的有效性。实验采用条件随机场模型,分五组多角度地评价归约策略。

实验一:归约效果实验:观察归约对于整体识别效果的影响

采用 sample5 语料;3 元窗口特征。由于 MNP 长度较大,内部成分复杂,识别

[①] 钱小飞.最长名词短语识别研究.现代语文,2009(21).

基于 mnp_set6,同时选用 baseNP 归约特征;baseNP 识别基于 bnp_set4(表 4)。

表 2 MNP 归约效果实验

项目 Sam	结构数 num	非归约			归约		
		prc	rec	F1	prc	rec	F1
1	8 268	88.55	88.69	88.62	88.93	89.44	89.18
2	8 238	87.56	87.91	87.73	88.16	88.30	88.23
3	7 970	88.32	89.39	88.85	88.98	89.97	89.48
4	8 099	88.16	88.27	88.22	88.93	89.11	89.02
5	8 103	88.00	88.99	88.49	88.41	89.25	88.83
ave	—	**88.12**	**88.65**	**88.38**	**88.68**	**89.21**	**88.95**

归约方法在每个样本上都有所提高,总体上使得 MNP 识别的 F1 值提高了 0.6% 左右。

实验二:长度分类评测:观察归约对于不同长度 MNP 识别效果的影响

归约的主要作用是拓展模型观察视野,理论上有利于长距离 MNP 识别。表 3 对多词 MNP 进行评测,归约策略使多词 MNP 识别的 F1 值提高 1%,优化幅度达 6.19%。

表 3 MNP 多词评测

项目 Sam	结构数 num	非归约			归约		
		prc	rec	F1	prc	rec	F1
1	4 762	83.63	84.33	83.98	84.60	85.70	85.15
2	4 738	82.36	83.54	82.94	83.55	84.07	83.81
3	4 592	83.61	85.24	84.42	84.94	85.87	85.40
4	4 801	83.57	83.92	83.75	85.16	84.96	85.06
5	4 795	83.81	84.44	84.13	84.70	84.84	84.77
ave	—	**83.40**	**84.29**	**83.84**	**84.59**	**85.09**	**84.84**
M	—	—	—	—	7.17	5.09	6.19

综合以往研究的长度分类方式,①图 3 报告了不同长度范围的 MNP 识别效

---

① 如:周强,孙茂松,黄昌宁.汉语最长名词短语的自动识别.软件学报,2000(2);代翠,周俏丽,蔡东风,等.统计和规则相结合的汉语最长名词短语自动识别.中文信息学报,2008(6);冯冲,陈肇雄,黄河燕,等.基于条件随机域的复杂最长名词短语识别.小型微型计算机系统,2006,27(6).

果。可见,以非归约方法为基线,随着 MNP 长度增加,归约方法能取得更大的效果提升,当长度≥5 时,归约策略使得 F1 值提高了约 1.4%。

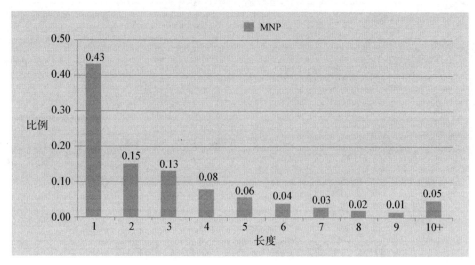

图 2 MNP 长度分布

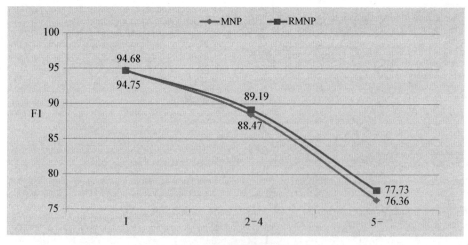

图 3 长度分类评测

实验三:复杂性分类评测:观察归约对于简单 MNP 和复杂 MNP 识别效果的影响

以不含"的"MNP 近似简单 MNP,以含"的"MNP 代表复杂 MNP 进行评价。

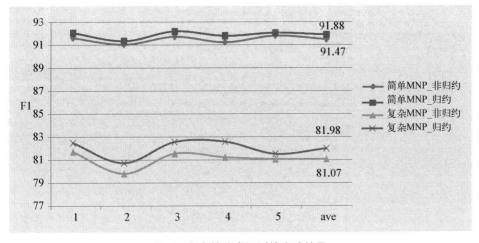

图 4 复杂性分类评测的实验结果

归约方法对简单 MNP 和复杂 MNP 都有效,尤其对复杂 MNP 效果更好。但两者识别效果仍相差 10% 左右,说明结构复杂性对于 MNP 识别影响仍然较大。

实验四:baseNP 设置实验:观察 baseNP 实验设置对于后继 MNP 识别的影响

在 *sample5* 语料上,采用归约特征。baseNP 识别使用与 MNP 相对应的标记集(表 4)。

表 4 baseNP 与 MNP 标记集对应关系

对应关系	MNP		baseNP	
	名 称	标记集	名 称	标记集
set3	mnp_set3	BIO	bnp_set3	BIO
set4	mnp_set4	BIOS	bnp_set3	BIO
set5	mnp_set5	BMEOS	bnp_set4	BMEO
set6	**mnp_set6**	**BFMEOS**	**bnp_set5**	**BFMEO**

图 5 表明,baseNP 识别效果平稳;对应标记集下,归约方法(RMNP)取得了稳定提高。可以推断,这种提高源于归约后 MNP 长度的变化,而不仅是

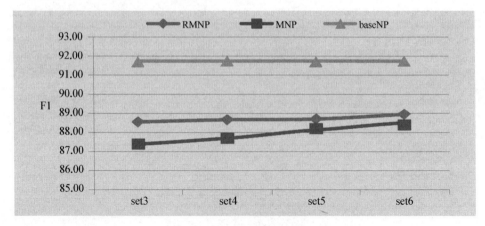

图 5　对应标记集实验结果

baseNP 识别效果的提升。

此外,当 baseNP 识别采用语料 rest 增大训练规模,F1 值提升 1% 时,MNP 和多词 MNP 识别的 F1 值均提高 0.25% 左右,表明 baseNP 识别效果优化对 MNP 识别有积极影响。

实验五:特征分析实验:观察各种特征对于 MNP 识别的贡献

基于 sample5 语料,标记集测试仅采用词和词类特征;对语言特征测试,test1 每次仅采纳当前特征,test2 每次递加一个特征。由表 5 可见,词长(len)、义类(sem)、语义核心(head)等特征均有助于识别,起始特征(syn),特别是与其他特征联合使用时也有一定贡献。

表 5　特征分析实验(F1 - val)

test	标记集测试		语言特征测试			
	mnp_set3 bnp_set3	mnp_set6 bnp_set4	mnp_set6 & bnp_set4			
			+len	+sem	+head	+syn
1	88.44	88.63	88.73	88.76	88.73	88.65
2	88.44	88.63	88.73	88.80	88.88	88.95

(四) 与前人研究的比较

识别实验受到语料的词类标记体系、结构复杂程度、MNP 定义、长度分布,训练代价,训练测试比等多种因素的影响。其中,长度分布被证实是敏感度较高的因素。因此分类观察不同长度的 MNP 识别效果,有助于更客观地观察实验数据。

表6 与其他系统的实验数据比较

	Method	Len<5	prc	rec	F1	Len≥5	prc	rec	F1	senLen
周强 (2000)	边界分布概率+组合规则	83.44	87.9	86.3	87.1	16.56	70.8	61.7	65.9	11.56
冯冲 (2006)	CRF	—	—	—	—		75.4	70.6	72.9	>14
代翠 (2008)	CRF	73.02	92.5	91.8	92.2	26.98	70.1	71.6	70.9	14
	CRF+调整规则		94.8	94.0	94.4		77.9	79.9	78.9	
Our work	CRF	61.62	87.82	89.14	88.47	38.38	76.22	76.50	76.36	23.98
	CRF+归约		88.38	90.01	89.19		78.29	77.18	77.73	

从 MNP 长度分布比例、平均句长(senLen)看,我们的实验语料在长度分布、结构复杂程度上高于其他研究。周强采用的 MNP 定义(名词性短语)和词类体系与本文相近,[1]代翠定义相对简化,[2]主要识别名词短语,不包括"的"字结构等名词性短语,主谓谓语句的大主语和小主语也常被合并为一个 MNP。

冯冲、代翠采用 CRF 在哈工大树库上识别 MNP。[3] 前者从训练语料中抽样进行测试,方法与其他研究不同。相比代翠的统计模块,[4]我们在 Len<5 组识别效果相对低,而在 Len≥5 组相对高,原因可能是 MNP 长度分布(语料)不同以及识别标记集的优化;在 sample5 测试集上模拟该文分类制定规则(原文未给出所有规则),交叉验证时未能稳定地和大幅度地提高识别效果。

---

[1] 周强,孙茂松,黄昌宁.汉语最长名词短语的自动识别.软件学报,2000(2).
[2] 代翠,周俏丽,蔡东风,等.统计和规则相结合的汉语最长名词短语自动识别.中文信息学报,2008(6).
[3] 冯冲,陈肇雄,黄河燕,等.基于条件随机域的复杂最长名词短语识别.小型微型计算机系统,2006,27(6);代翠,周俏丽,蔡东风,等.统计和规则相结合的汉语最长名词短语自动识别.中文信息学报,2008(6).
[4] 代翠,周俏丽,蔡东风,等.统计和规则相结合的汉语最长名词短语自动识别.中文信息学报,2008(6).

Bai 和鉴萍利用 SVM 基于宾州中文树库识别 MNP,[①]未报告不同长度范围的识别效果。后者提出双向标注融合的方法,并在相同标记集下比较了 CRF 和 SVM 模型,认为确定性模型(SVMs)能较好地利用长距离依存特征,更适合 MNP 识别。我们进行非归约实验时比较了两个模型的表现,发现 CRFs 能更有效地利用多位置分类标记,一定范围内,其识别性能随着标记的增多而改善(图 5);同样基于表 4 所示标记集,采用三元历史特征,SVM 标注器在 mnp_set3 上取得了最优性能:87.27%的正确率和 87.50%的召回率,太多的分类标记反而造成识别性能下降。因此,进一步的归约实验选择了 CRF 模型。

钱小飞同样采用归约方法在 TCT 语料上识别 MNP,使用了 BIO 分类标记和一元 head 特征。我们将其方法应用于 sample5 语料,并优化特征组合,实验结果优于前者(表 7)。[②]

表 7 与钱小飞的实验比较

基本方法	语 料	训练测试比	特征	prc	rec	F1
钱小飞(2009)	—	9∶1	head	87.58	88.31	87.94
钱小飞(2009)	sample5	4∶1	head	88.05	88.48	88.26
Our work	sample5	4∶1	all	88.68	89.21	88.95

(五) 实验结果分析

归约方法改善了 MNP,特别是多词结构的识别效果。实验错误主要表现在四个方面。

(1) 动词介词内含造成的误识。主要是单个 MNP 识别为多个 MNP。如"摆脱/v 了/u [殖民主义/n 枷锁/n] 而/c 赢得/v [独立/a 的/v 一些/m 发展中国家/n]"应是一个 MNP;多个 MNP 识别为一个的情况少见。

(2) 左边界处连续的动词介词边界造成的误识。如"要/vM 在/p [继续/v 巩固/v 已/d 有/v 的/u 友好/a 关系/n 的/u 同时/t]",左边界处有多个动词及介词。

(3) 连续 MNP 分布造成的误识。包括:大小主语识别为一个 MNP,如"[青年人/n 思路/n] 活跃/v";直接宾语和间接宾语识别为一个 MNP,如"交

[①] Xue-Mei Bai, Jin-Ji Li, Dong-Il Kim, et al. Identification of Maximal-Length Noun Phrases Based on Expanded Chunks and Classified Punctuations in Chinese//Proceedings of the 21st ICCPOL, 2006:268-276;鉴萍,宗成庆. 基于双向标注融合的汉语最长短语识别方法. 智能系统学报,2009(5).

[②] 钱小飞. 最长名词短语识别研究. 现代语文,2009(21).

给/vSB [我/rN 一/m 份/qN 材料/n]";动宾结构直接作定语,宾语与 NP 中心语识别为一个 MNP,如"读/v [书/n 姑娘]"。

(4) 典型歧义结构造成的误识。如"v np De np"结构判断动词位于 MNP 内外有误。

实验结果也表明,归约方法和非归约方法具有互补性。归约方法的优点是扩展了模型的观察视野,并去除或削弱了一些冗余特征;也有不足之处,主要表现为两种级联错误。

首先,baseNP 归约带来了少量特征损失,使一些细致的边界特征难以表现。如"v dD a …"模式中 v 后很可能出现左边界,当出现"v [dD a n De n]"序列,"dD a n"归约为 n 后却形成了典型歧义结构"v n De n"。但这也表明归约方法在特征选择上还有优化空间。

其次,baseNP 识别错误也带来一些影响。如双宾结构"给/vSB [您/rN 一/m 样/qN 东西/n]"中,"您/rN 一/m 样/qN 东西/n"被误识别为 baseNP,进而造成了 MNP 识别错误。基于正确 baseNP 标注语料的 5 折交叉验证表明,MNP 和多词 MNP 的 F1 值达到 90.73% 和 86.73%,分别提高 1.78% 和 1.89%,这是本文实验由 baseNP 识别错误造成的影响的上限。

六、结　　语

本文提出了最长名词短语的操作性定义,分析了其内部构成和外部分布特征,基于这些特征设计了一种基于 baseNP 归约的识别方法。多维度的实验评测表明,该方法有效地缓解了 MNP 长距离依赖与模型观察窗口受限的矛盾,利用 MNP 结构特性和起始有定成分、语义核心等语言学特征,全面提高了 MNP,特别是复杂 MNP 的识别效果,并且在不同的实验环境下表现出良好的稳定性。下一步考虑通过概率筛选将指称性特征之外的语言学特征纳入该模型,寻求有效特征对中心词进行选择,并引入词汇搭配知识和确定性规则进一步解决结构歧义问题。

感谢清华大学周强老师为本文研究提供了 TCT 树库。

附:CRF 特征模板

template_baseNP | 语料格式:表 1 归约前,前 5 列

```
# Unigram                    U020:%x[-2,0]
U010:%x[-3,0]                U030:%x[-1,0]
```

U040：%x[0, 0]
U050：%x[1, 0]
U060：%x[2, 0]
U070：%x[3, 0]
U080：%x[-2, 0]/%x[-1, 0]
U090：%x[-1, 0]/%x[0, 0]
U100：%x[0, 0]/%x[1, 0]
U105：%x[1, 0]/%x[2, 0]
U110：%x[-3, 1]
U120：%x[-2, 1]
U130：%x[-1, 1]
U140：%x[0, 1]
U150：%x[1, 1]
U190：%x[2, 1]
U200：%x[3, 1]
U260：%x[-2, 1]/%x[-1, 1]
U270：%x[-1, 1]/%x[0, 1]
U280：%x[0, 1]/%x[1, 1]
U285：%x[1, 1]/%x[2, 1]
U290：%x[-1, 1]/%x[1, 1]
U300：%x[-3, 1]/%x[-2, 1]/%x[-1, 1]
U310：%x[-2, 1]/%x[-1, 1]/%x[0, 1]
U320：%x[-1, 1]/%x[0, 1]/%x[1, 1]
U330：%x[0, 1]/%x[1, 1]/%x[2, 1]
U340：%x[1, 1]/%x[2, 1]/%x[3, 1]
U350：%x[-1, 1]/%x[0, 0]
U360：%x[-1, 0]/%x[0, 1]
U370：%x[0, 1]/%x[1, 0]
U380：%x[0, 0]/%x[1, 1]
U400：%x[-2, 2]/%x[-1, 2]/%x[0, 2]
U410：%x[-1, 2]/%x[0, 2]/%x[1, 2]
U420：%x[0, 2]/%x[1, 2]/%x[2, 2]
U430：%x[0, 0]/%x[0, 1]/%x[0, 2]
U440：%x[-1, 3]/%x[0, 3]
U460：%x[0, 3]/%x[1, 3]

Bigram
B

template_MNP｜语料格式：表1归约前，前4列＋最后1列

Unigram
U010：%x[-3, 0]
U020：%x[-2, 0]
U030：%x[-1, 0]
U040：%x[0, 0]
U050：%x[1, 0]
U060：%x[2, 0]
U070：%x[3, 0]
U080：%x[-2, 0]/%x[-1, 0]
U090：%x[-1, 0]/%x[0, 0]
U100：%x[0, 0]/%x[1, 0]
U105：%x[1, 0]/%x[2, 0]
U110：%x[-3, 1]
U120：%x[-2, 1]
U130：%x[-1, 1]
U140：%x[0, 1]
U150：%x[1, 1]
U190：%x[2, 1]
U200：%x[3, 1]
U260：%x[-2, 1]/%x[-1, 1]
U270：%x[-1, 1]/%x[0, 1]
U280：%x[0, 1]/%x[1, 1]
U285：%x[1, 1]/%x[2, 1]
U290：%x[-1, 1]/%x[1, 1]
U300：%x[-3, 1]/%x[-2, 1]/%x[-1, 1]
U310：%x[-2, 1]/%x[-1, 1]/%x[0, 1]
U320：%x[-1, 1]/%x[0, 1]/%x[1, 1]
U330：%x[0, 1]/%x[1, 1]/%x[2, 1]
U340：%x[1, 1]/%x[2, 1]/%x[3, 1]
U350：%x[-1, 1]/%x[0, 0]
U360：%x[-1, 0]/%x[0, 1]
U400：%x[-2, 2]/%x[-1, 2]/%x[0, 2]
U410：%x[-1, 2]/%x[0, 2]/%x[1, 2]
U420：%x[0, 2]/%x[1, 2]/%x[2, 2]
U430：%x[0, 0]/%x[0, 1]/%x[0, 2]
U440：%x[-1, 3]/%x[0, 3]
U460：%x[0, 3]/%x[1, 3]
U470：%x[-1, 3]/%x[0, 3]/%x[1, 3]

\# Bigram

template_RMNP｜语料格式：表1 归约后

\# Unigram
U010：%x[-3, 0]
U020：%x[-2, 0]
U030：%x[-1, 0]
U040：%x[0, 0]
U050：%x[1, 0]
U060：%x[2, 0]
U070：%x[3, 0]
U080：%x[-2, 0]/%x[-1, 0]
U090：%x[-1, 0]/%x[0, 0]
U100：%x[0, 0]/%x[1, 0]
U105：%x[1, 0]/%x[2, 0]
U110：%x[-3, 1] U120：%x[-2, 1]
U130：%x[-1, 1] U140：%x[0, 1]
U150：%x[1, 1] U190：%x[2, 1]
U200：%x[3, 1]
U260：%x[-2, 1]/%x[-1, 1]
U270：%x[-1, 1]/%x[0, 1]
U280：%x[0, 1]/%x[1, 1]
U285：%x[1, 1]/%x[2, 1]
U290：%x[-1, 1]/%x[1, 1]
U300：%x[-3, 1]/%x[-2, 1]/%x[-1, 1]
U310：%x[-2, 1]/%x[-1, 1]/%x[0, 1]
U320：%x[-1, 1]/%x[0, 1]/%x[1, 1]
U330：%x[0, 1]/%x[1, 1]/%x[2, 1]
340：%x[1, 1]/%x[2, 1]/%x[3, 1]
U350：%x[-1, 1]/%x[0, 0]
U360：%x[-1, 0]/%x[0, 1]
U380：%x[-1, 1]/%x[0, 2]/%x[1, 1]
U400：%x[-2, 5]/%x[-1, 5]/%x[0, 5]
U410：%x[-1, 5]/%x[0, 5]/%x[1, 5]
U420：%x[0, 5]/%x[1, 5]/%x[2, 5]
U430：%x[0, 0]/%x[0, 1]/%x[0, 5]
U440：%x[-1, 6]/%x[0, 6]
U450：%x[0, 6]/%x[1, 6]
U460：%x[-1, 6]/%x[0, 6]/%x[1, 6]
U470：%x[0, 4]
U480：%x[-1, 1]/%x[0, 4]

\# Bigram

B

（原载《中文信息学报》2015 年第 2 期）

多维接触与语言扩散模型
——基于宜兴话祖父、外祖父面称的词汇表分析法

黄 河

> 黄河,1988年3月生,江苏宜兴人。2017年7月毕业于北京大学中国语言文学系,获文学博士学位。本科、硕士、博士阶段先后攻读日本语言文学、中国古典文献学与方言学3个专业。曾受教育部"国家建设高水平大学公派研究生项目"选派赴日本京都大学文学研究课联培。现为上海大学文学院中文系讲师。主要研究领域为方言学、地理语言学、语言变异与演变。出版有专著《荆音韵汇:两百年前的宜兴话》(中西书局,2016年);在《中国语文》《语言科学》《语言学论丛》《语言研究》《中国典籍与文化》《汉学研究》等博物发表学术论文多篇。曾荣获北京市青年语言学者奖二等奖、北京大学才斋学术奖学金等奖项。

一、引　　言

　　语言接触既包括地域变体之间的接触,也包括社会变体之间的接触。我们发现亲属称谓的面称可以同时受到横向的地域间接触和纵向的代际干扰,这种"多维接触"造就了复杂的地理分布和年龄变异。本文以宜兴话祖父、外祖父的面称为对象进行了社会地理语言学(socio-geolinguistics)研究,讨论有三个目的:(1)揭示并解释面称在语言接触中的特殊表现;(2)利用地域间接触、代际干扰的复杂接触现象,以探索调查分析的方法;(3)通过该个案抽取语言扩散的不同模型。

二、目标区域与调查方法

　　宜兴市位于江苏省南部,隶属无锡市。东临太湖,西与溧阳市相邻,东南、西

南分别与浙江长兴县、安徽广德县相接,北面与常州市(原武进县)相接。宜城为城关,下辖丁蜀等 4 个街道、张渚等 14 个镇,人口 124 万。图 1 为宜兴市行政图(附湖泊、山脉),宜兴北部的广阔水域是滆湖的南部,横亘中部、东西走向的湖泊分别为西氿、东氿。南部与中南部是绵延的山地,是宜溧山地的一部分。宜兴话属于吴语太湖片毗陵小片,南部山地居住着大量外地移民。

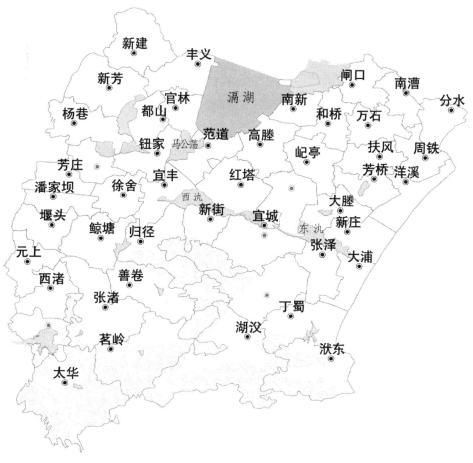

图 1　宜兴市行政地形图

语言地理学侧重于地理变异,所以要抓取目标区域在地理上变异较大的语言项。我们首先进行"预备调查",挑选宜兴市地理上的四个顶点——新建、太华、分水、沭东,对四个方言点进行全面调查,内容包括《方言调查字表》全表、3 000 常用词、基本句法。宜兴市大致呈四边形,地理上的顶点即是目标区域的地理距离最大点,通过比较地理距离最大点的情况,就可以梳理出宜兴市在哪些语言项上存在较大的地域变异。然后针对这些语言项设计专项调查表,用于下一阶段的调查研究。

正式调查分两个阶段,第一阶段的调查研究旨在明确全市的宏观分布,了解哪些语言项在哪些区域有丰富的地理变体和社会变体,布点 58 个,包括所有镇级单位,方言差异较大的镇区增设调查点。各点分别以老、中、青三代为调查对象。各代调查三到四名发音人,以获得全市范围三代的地理分布图。南部山区人口稀少,散布河南、闽籍移民的聚落,移民群体不在本次调查范围之内。然后依据第一阶段的调查结果绘制地图,在明确地理分布的前提下,挑选地域、年龄差异大的区域进行第二阶段的调查。第二阶段的调查旨在抓取社会各年龄层的变异,并观察年龄、地理两个维度上的扩散方向。本文对宜兴北部的滆湖—马公荡地峡的 8 个乡镇进行了第二阶段的调查。调查活动于 2015 年 8—9 月密集展开。

三、〈祖父〉〈外祖父〉的同音冲突与地理空洞

本文讨论的对象为宜兴话的亲属称谓〈祖父〉〈外祖父〉①,同时调查面称和背称。面称指的是当面称呼〈祖父〉〈外祖父〉时的叫法,背称指的是祖父、外祖父不在场,背地里在与第三方的对话中指称〈祖父〉〈外祖父〉时的叫法。本文重点讨论面称的情况,部分乡镇的调查结果较为复杂,存在年龄差异和个体差异。鉴于老年层的调查结果相对均一,难以反映第二阶段所要讨论的问题,而青少年层又容易受普通话的影响,我们以中年层 25—60 岁的分布描写全市的分布格局,同时导出第二阶段所要讨论的问题。以下先看分布调查阶段得到中年层的地理分布图(图 2)。

宜兴市范围内〈祖父〉有"公公""爷爷"两种词型②,其中"公公"只有一个音形 koŋ^{44} koŋ^{44},图 2 用黑三角表示,分布在宜兴东部;"爷爷"有 io^{44} io^{44}、iɛ^{44} iɛ^{44}、fi^{21} fi^{53} 三个音形,图 2 都用黑圆表示,分布在宜兴西部。其中 fi^{21} fi^{53} 这个音形,是年轻人受到普通话"爷爷"iɛ^{35} iɛ^{0} 的影响而产生的新文读音。据黄河

---

① 所指称概念放入〈 〉中,具体的方言叫法加上" ",以示区别。我们说某地称呼祖父为"爷爷"则记为〈祖父〉"爷爷",以下同。
② 此处区分"词型"和"音形"两个概念,前者是指是否不同的词或包含不同的构词语素,后者是指构词语素完全相同,只是词的语音层面有不同的形式。

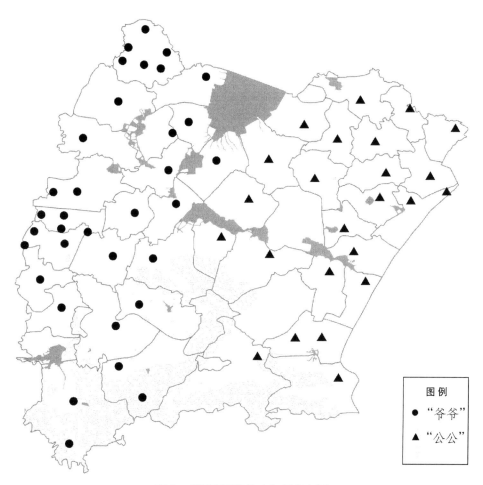

图 2　〈祖父〉面称的中年层分布图

(2016),宜兴方言麻三韵主要有 io/o、iE/E 两种读音①,它们反映的是宜兴方言的文白异读,其中文读 iE/E 来自官话。所以 io^{44} io^{44}、iE^{44} iE^{44}、ɦɿ^{21} ɦɿ^{53} 三个音形的本字都是"爷爷",且都指称〈祖父〉②。本文所要讨论的是狭域范围内不同词型在共时的地理空间中的扩散现象,本质上词汇替换的问题,因此不涉及麻三的语音层次问题,不管读哪个读音,它们的本字都是"爷爷",且只指称〈祖父〉,故可在词型归类时以词型作图。

---

① 此外,"谢""写""借""姐"这几个字有韵母为 ı 的文读音,"爷爷"ɦɿ^{21} ɦɿ^{53} 这个音形是 20 岁以下的年轻人受到普通话"爷爷"ie^{35} iɛ^{0} 的影响而产生的文读音,与前面所说的几个字的文读音 ı 不是一回事。
② 宜兴全市面称〈父亲〉为"-爹"类,背称〈父亲〉为"老子",并不采用"-爷"类指称〈父亲〉。

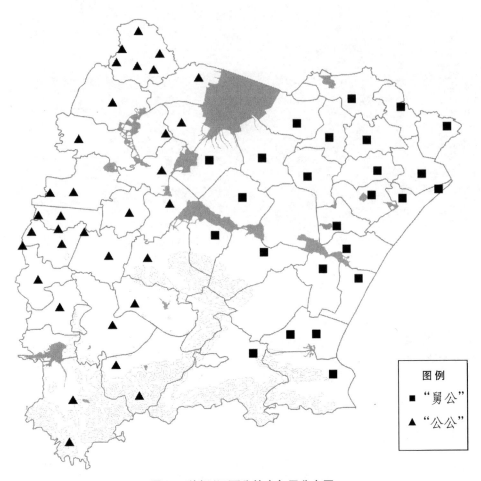

图3 〈外祖父〉面称的中年层分布图

〈外祖父〉也有"舅公""公公"两种词型,两者各有一个音形,分别为 dʑiɣɯ²¹ koŋ²⁴、koŋ⁴⁴ koŋ⁴⁴,前者图3用黑方块表示,分布于宜兴东部,后者图3用黑三角表示,分布于宜兴西部。

岩田礼(1995)从宏观视角讨论了全国〈祖父〉〈外祖父〉的地理分布,他指出〈祖父〉"爷爷"历史上是淮河以北的北方方言形式,〈祖父〉"公公"历史上是长江以南的南方方言形式。后来北方传来的"爷爷"越过淮河线经由江淮地区,一部分也扩散到了吴语区。宜兴西部为〈祖父〉"爷爷"便是这种扩散的结果,而宜兴东部的〈祖父〉"公公"为历史上长江以南方言的留存。

结合〈祖父〉〈外祖父〉两个词来看,显然分布于宜兴西部的〈祖父〉"公公" koŋ⁴⁴ koŋ⁴⁴,与分布于宜兴东部的〈外祖父〉"公公" koŋ⁴⁴ koŋ⁴⁴ 有完全相同的语音形式,且两者在地理上互补分布,显然构成了同音冲突的分布格局,如图4所示的同音冲突的图式,方框表示宜兴市,图4(a)表示〈祖父〉的分布,框内黑线表示同言线,同言线以东阴影区域分布着音形"公公"。图4(b)表示〈外祖父〉的分布,同言线以西的阴影区域分布着音形"公公"。(a)(b)两图阴影区域互补,所以按照音形"公公"来作图,则得到图4(c),"公公"这一音形在不同区域表示的对象不同,这条分界线就是同音冲突的前线。"同音冲突"(homonymic collision)是语言地理学的重要现象,同音冲突的地理分布格局会使发生冲突的两个词难以扩散进入对方的阵地,是地域间接触的一种特殊形式。同音冲突造成的结果是〈祖父〉"公公"和〈外祖父〉"公公"都难以跨越冲突前线扩散进入对方的领地,因为一旦扩散进入对方的领地,就会产生指称混乱。尤其汉语亲属称谓重视父系和母系的区别,〈祖父〉〈外祖父〉分属父系和母系,如果都叫"公公"理应会引起混乱。

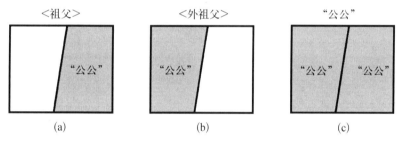

图4 "公公"同音冲突的图式

但是图2、图3的两条同言线并不是全线重合,将两条同言线汇总到一张地图上,可以看到在西氿和滆湖之间的范道镇形成一个"地理空洞"①,我们首先需要回答一个问题:中年层的"地理空洞"是如何形成的。

"空洞"(Lücke)这个概念最早由德国地名学家 Langenbeck(1959)提出,原生地名密集的区域叫"充实区域",它抵抗新地名的覆盖,造成新层地名在这一区域形成"空洞"。"地理空洞"的概念借用到语言地理学中,在这里指的是发生同音冲突的两个词,它们的同言线围出的一片地域,这片区域本来位于冲突前线,但是因为某种原因消解了冲突,好似对峙前线的"非武装区"。图5中的"地理空

---

① 如图5,实线表示图2中的同言线,虚线表示图3中的同言线。两条线在西氿以南重合,在西氿以北围出一个"空洞"。

洞"是范道镇,范道位于东西片交界地带①,呈现东乡话、西乡话的过渡面貌。那么这个地理空洞是如何形成的呢?存在两种可能:(1)〈外祖父〉"舅公"向西扩散进入范道,所以原来范道属于西片;(2)〈祖父〉"爷爷"向东扩散进入范道,范道以前属于东片。究竟哪一种才是事实呢?

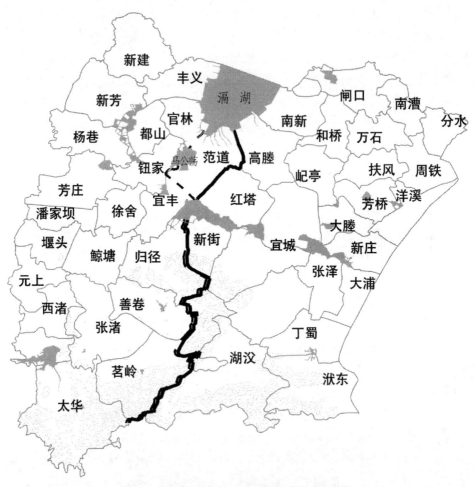

图5 〈祖父〉〈外祖父〉同言线构成的地理空洞

---

① 图5黑色实线也是宜兴话"东乡话""西乡话"的分界线,与〈人称代词复数后缀〉、〈南瓜〉〈香瓜〉等诸多语言项的同言线基本重合(参看黄河,2017),这条线在宜兴市内方言分布中扮演重要的角色。因而这条分界线的形成具有历史地理条件,关于这个问题,笔者将另文详述。

四、漍湖—马公荡地峡的词汇表分析
（glottogram analysis）

图 6 穿过范道镇区和红塔的西北—东南走向的灰线是 240 省道，是宜城连

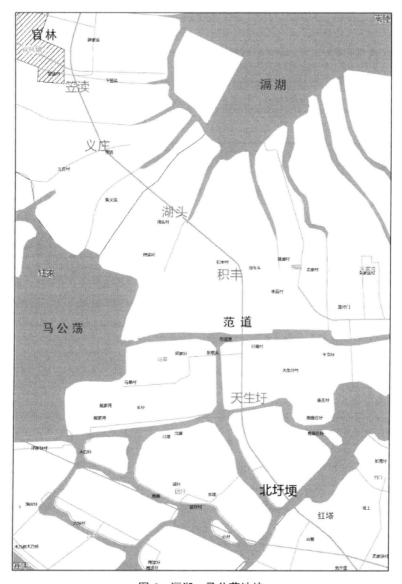

图 6　漍湖—马公荡地峡

接宜兴西北方向官林、新建等多个乡镇的干道。这条干道穿过夹在滆湖和马公荡两片水域之间的地峡,笔者对沿着干道的北圩埂、天生圩、范道镇区、积丰、湖头、义庄、笠渎、官林镇区8个乡镇进行了第二阶段的调查。

(一) 调查法的讨论

第一阶段我们主要采用了"答题式"的调查方式,例如让发音人回答笔者提出的问题:"土话中爸爸的爸爸怎么称呼。"第二阶段不同于第一阶段,旨在针对这一地域调查年龄变异,以观察扩散方向。倘若直接给出两个形式跟发音人确认是否能说,很多发音人会告知调查人两个形式都能说,没有太大差别。倘若只采取"答题式"的调查方式,发音人可能只回答实际使用的多个形式中的一个形式。接触地带的方言通常存在较为复杂的语言变异。所以必须仔细设计调查流程才能从中抽取规律。因而第二阶段的调查按照如下流程进行:

(1) 先采用了"答题式"的调查方式,记录发音人的第一反应是使用哪个词,记录第一反应的形式并标注符号①,例如:"公公"①;

(2) 然后询问发音人是否还使用其他说法,如果还有其他说法,两个说法哪个更常用,常用的标注符号√,例如:"公公"√;发音人使用某个说法并告知笔者该说法使用较少,加注㊀;同时注意发音人反应的速度,如果反应迅速则不加符号,如果思考一下才回答,加注符号♯,例如:"公公"♯;如果发音人并不确定自己的回答,则加注符号?,例如"公公"?;

(3) 如果发音人回答不出其他说法,则由笔者给出候选的说法,让发音人识别,从中选出常用的说法,并询问发音人能否接受另一形式。发音人自己不能说出、且由发音人给出候选项后才接受的说法加注[ ],例如:[公公]。不能接受的说法上打×;

(4) 发音人告知笔者某个说法老人、年轻人、儿童才用,分别标注㊁㊂㊃。

(5) 不光记录发音人的年龄,还记录了是否有了第三代(孙子、孙女、外孙、外孙女),先询问发音人称呼自己的祖父、外祖父的叫法。如果发音人有第三代,然后询问发音人自己的孙子、孙女、外孙、外孙女是如何称呼发音人的。

这样操作有两个目的:一来可以减少老年人受到第三代的干扰,防止按照第三代称呼自己的方式来回答;二来顺便可以调查到第三代的叫法。调查儿童是较为困难的,低龄发音人难以领会调查人的意思,〈祖父〉〈外祖父〉的叫法正好可以通过第一代获取。通过(1)—(3)可以根据发音人回答的情况排列梯度,从左至右表示发音人对该说法的接受度递减:

表 1 发音人接受度与被调查的表现

发音人自己能说出该说法				发音人自己不能说出该说法			
1	2	3	4	5	6	7	8
①/√	ⓢ	#	?	[ ]	[ ]#	[ ]?	×
第一反应/常用	较少使用	思考	不确定	提醒后接受	提醒思考后接受	提醒后勉强接受	不能接受

表1第4行是对发音人反应的评估,第3行是对应的记录符号,第2行的数字表示这种情况下调查得到的词形的优先程度。发音人时常使用多个词形表示同一个意思,这叫做"并用现象"(参看井上,2004)。新旧词汇产生兴替以及语言接触强烈的区域都比较容易产生并用现象。尤其语言区域的交界地带,这种情况更加常见。究竟选择哪个词形绘制语言地图时常让语言地理学家为难。但总有一个词形是优先形式。优先形式通常更加常用,词频更高,发音人在回答时反应更为迅速。因此,本阶段的调查不光记录发音人回答的词形,还用符号记录发音人反映的所有细节。有助于我们确定优先形式。表1第二行数字越小的通常是优先形式,据此便于抽取出同一年龄段的共性。

以 Labov 为代表的社会语言学变异学派(variationist sociolinguistics)[①],侧重于语音变异的分析,语音变异可以借助录音设备和 Praat 等语音分析软件较为精确地获取。但是社会语言学的研究对象显然不只是语音变异,还有词汇、句法等变异,这些变异采用原有的调查流程显然无法准确把握,这就需要我们对调查法进行反思和拓展。

(二) 词汇表分析法(glottogram analysis)

表2是对调查数据进行词汇表分析的结果。词汇表分析法首见于日本语言学家德川宗贤等进行的糸鱼川调查(参看德川,1993),后经井上(2000,2003)将这种分析法应用于日本全国范围的方言研究。台湾最早由 Li(2011)使用了这种分析法,该方法是选择沿河流或道路等特定地域线性排列的方言点,各点分年龄层调查方言变体,以观察变体扩散的方向,根据调查结果制作的「地点×年龄」表叫做词汇表(glottogram)。从图6可以看到范道沿着240省道向西北方向正好是一条夹在马公荡和滆湖两片水域之间的地峡,这样的地峡条件限定了语言成分在地理上的扩散方向,是用来观察语言成分

[①] 参看 Bell(2016)。

地理扩散的绝佳试验场。本阶段对 8 个乡镇进行社会语言学调查,样本总量为 442 人,20 岁以下、80 岁以上都算为一层,20—80 岁每五年为一个年龄层,每个年龄层调查 3—5 人①。

表 2、表 3 分别表示发音人面称自己〈祖父〉的情况和发音人自己作为〈祖父〉被第三代称呼的情况。表中纵向双横线表示官林、范道两个镇的边界。第一行的地名是沿着 240 省道自西向东排列。第一列是发音人的年龄区间,以 5 年为单位。表 2 第二列标示发音人是否有第三代,第一代为 60—64 岁,他们的第三代多为 0—15 岁左右的少儿,所以表 3 双横线以下部分正好可以反映低年龄段的面貌。50—59 年龄段的发音人有的有第三代,有的尚无,大部分第三代为 0—5 岁的幼儿,不少幼儿还不会说话,年龄稍大的也只能听懂土话,主要使用在幼儿园学会的普通话,这部分第三代的使用形式不予记录。按照表 1 的等级,取数字小的为优先形式,抽取该年龄段的共性,表 2 若一个格子有两个形式,则前者为优先形式。表中空位表示数据缺失,要么是难以找到这个年龄段的合适的发音人,要么是因为第三代为女性,只能调查到对〈外祖父〉的叫法②。依据方言年龄分布的连续性趋势可以推断空位的情况,表 1 采用黑—灰对比色表示渐变程度,优先形式决定格子的颜色,以"公公"为优先形式的涂黑,"爷爷"涂灰,无法推断的格子留白,和地图图例保持一致,表中黑三角表示"公公",黑圆表示"爷爷"。

表 2 〈祖父〉的 glottogram 分析表(发音人)

年 龄	第三代	官林	笠渎	义庄	湖头	积丰	范道	天生圩	北圩埂
80 以上	有	●	●	●	▲	▲ ●	▲	▲	
75—79	有	●	●	●	▲	▲ ●	▲	▲	▲
70—74	有	●	●	●	▲	▲	▲	▲	▲
65—69	有	●	●	●	● ▲	▲	▲	▲	▲

① 考虑到篇幅,此处略去每个发音人的年龄分布表。
② 例如北圩埂 80 岁以上的格子是空缺的,笔者多次尝试,依然不能在该地找到符合调查要求的发音人。

年　龄	第三代	官林	笠渎	义庄	湖头	积丰	范道	天生圩	北圩埂
60—64	有	●	●	● ▲	▲ ●	●	▲ ●	▲ ●	▲
55—59	有/无	●	● ▲	●	●	● ▲	● ▲	▲ ●	▲
50—54	有/无	●	●	●	●	●	▲ ●	▲ ●	▲
45—49	无	●	●	●	●	●	▲ ●	▲ ●	▲
40—44	无	●	●	●	●	●	▲ ●	▲ ●	▲
35—39	无	●	●	●	●	●	▲ ●	▲ ●	▲
30—34	无	●	●	●	●	●	▲ ●	▲	▲
25—29	无	●	●	●	●	●	▲ ●	▲ ●	▲
20—24	无	● ▲	●	●	●	●	▲ ●	▲ ●	▲
18—19	无	● ▲	●	●	●	●	▲ ●	▲ ●	▲

表3 〈祖父〉的 glottogram 分析表（第三代）

年　龄	官林	笠渎	义庄	湖头	积丰	范道	天生圩	北圩埂
80以上	●	●	●	●	●	●	▲	
75—79	●	●	●	●	●	●		▲
70—74	●	●	●	●	●	●		

续　表

年　龄	官林	笠渎	义庄	湖头	积丰	范道	天生圩	北圩埂
65—69	▲	●	●	●	●	▲	▲	▲
60—64	▲	▲	▲●	●	●▲	▲	▲	▲
55—59	●					▲		

(表例：▲ 表示"公公"，● 表示"爷爷")

从表2、表3可以知道以下信息：

(1) 天生圩、范道、积丰、湖头的年龄变异较多，又以范道、积丰为甚。北圩埂没有年龄变异，和宜兴东部完全一致。官林境内乡镇的年龄变异按官林、笠渎、义庄的次序递减，且年龄变异较范道的乡镇小。

(2) 结合第三代对第一代的称呼，范道、天生圩、积丰似乎经历了"公公"→"爷爷"→"公公"的"回头演变"。官林境内的三个乡镇，若第一代为60—69岁年龄段，其第三代采用"公公"的说法，且按官林、笠渎、义庄的次序递减。

(3) 综合各年龄段的情况，可以看到范道、积丰、湖头高龄段的黑色区域和北圩埂、天生圩相连，中青年段的灰色区域和官林、笠渎、义庄相连，以官林、范道的行政边界为界，范道境内"公公"自东向西呈渐层分布，官林境内"爷爷"自西向东呈渐层分布。

(4) 按年龄纵向观察，"公公"→"爷爷"并非一下子替换，而是"爷爷"先成为发音人可以接受的形式，然后逐步替换旧形式。

(5) 代际之间会发生相互干扰，如义庄60—64岁的发音人认为"公公""爷爷"都可以用来称呼自己的祖父，但就年龄分布的连续性来看，发音人之所以完全接受"公公"的形式，是因为第三代称呼他为"公公"的缘故。范道75—79岁的发音人、积丰80以上的发音人也有类似的现象，只不过具体情况相反，都应该是受到代际干扰的结果。

与〈祖父〉面称的复杂状况相对，以上各点〈外祖父〉的面称几乎没有年龄变体，范道境内的乡镇都是说"舅公"，官林境内的乡镇都是说"公公"。

(三) 地理空洞的形成与"回头演变"

从表2可知范道境内的乡镇的老年段把〈祖父〉叫"公公"，把〈外祖父〉都叫"舅公"，所以以前范道属于宜兴东片。从表2范道、积丰、湖头的渐层分布来看，"爷爷"的说法来自西部，且作用的年龄范围为20—69岁，可见这个变化较早就发生了。如果范道原来隶属于东片,就说明以前并不存在这个"地理空洞"。图5中的两条同言线是重合的,指称〈祖父〉〈外祖父〉的"公公"在全线发生同音冲突。这种冲突只是阻碍了〈祖父〉"公公"和〈外祖父〉"公公"相互进入对方的领地,并不影响〈祖父〉"爷爷"的扩散。当范道的〈祖父〉改用为"爷爷"后,消解了这种冲突,形成了"地理空洞"。

"爷爷"改用为"公公"集中于少儿,发生的时间很晚,且相同的现象不止出现在范道境内,官林的三个乡镇也是如此,更值得注意的是官林镇区和范道镇区都比下辖的乡镇变得更早,这很可能是来自宜城的影响。随着1990年代开始启动的城市化,宜城对其他乡镇的辐射很大,但这种影响并不是沿着240省道在地理上渐进,而是按行政逐级扩散,对范道、官林镇区影响最大,然后再影响到次级乡镇。

〈祖父〉:"公公"→"爷爷"→"公公"的演变可以分为两个阶段,两者发生的时间不同,作用区域不同,由两种不同的力量造成,且各自影响的方式也不同:

表4 〈祖父〉演变的两个阶段

演变	时间	作用区域	影响来源	影响方式
第一阶段:"公公"→"爷爷"	早	范道、积丰、湖头	西部	按地理空间渐进
第二阶段:"爷爷"→"公公"	晚	范道、积丰、湖头、官林、笠渎、义庄	东部(城关)	按行政逐级扩散

五、面称在语言接触中的特殊性

值得注意的是官林、笠渎、义庄的少儿层指称〈祖父〉虽然改用了"公公"的说法,可是指称〈外祖父〉本来就是"公公"。这样一来,这些方言点的少儿指称〈祖父〉〈外祖父〉都叫"公公"了,为什么来自城关的"公公"可以不受同音冲突的制约?

笔者认为都是因为面称的特殊性。面称是当面直接称呼在场的长辈,所以即便〈祖父〉〈外祖父〉共享同一形式也不会影响指称,首先祖父和外祖父不见得同时在场,即便同时在场,话者说话的朝向等肢体动作会帮助区分。同音冲突的本质是因规避指称的混乱而对外来词汇产生排斥力。恰恰亲属称谓的面称不太依赖语言成分本身的指称功能,所以受到同音冲突的制约较少。与面称相对,背称就不那么容易发生改变。官林、笠渎、义庄〈外祖父〉的面称是"公公",背称无论什么年龄段都说"舅公"。〈祖父〉的面称从"爷爷"变为"公公",但是背称却还是"爷爷",没有发生改变。

另一个可以佐证的是宜兴市全境〈姑妈〉〈伯伯〉的面称都称"伯伯" pɛʔ⁴ pɛʔ⁴,是同一个音,即父亲的姐妹和兄长是用同一个称谓指称。但是两者的背称却不同,叫"阿伯"ɛʔ⁴ pɛʔ⁴一定是指〈伯伯〉,而"伯伯" pɛʔ⁴ pɛʔ⁴一定是指〈姑妈〉。

此外,如四(二)节末论及的第(5)点,亲属称谓的面称很容易受到代际之间的干扰,发音人不一定能够自发地、有意识地区分自己称呼祖父的说法和第三代称呼自己的说法,尤其高龄者在自己的祖父去世后,旧形式使用的频率为零,却时常可以听到第三代称呼自己的新形式,逐渐模糊了两者的概念。亲属称谓的背称以及其他类别的词较少出现类似的情况,这很可能是由面称的功能决定的。

六、行政辐射模型与地缘扩散模型

四(三)节我们提到两个阶段有不同影响来源和方式。其中第二阶段的变化中,官林镇区和范道镇区都比下辖的乡镇变得更早,宜城对其他乡镇的辐射并不是沿着240省道在地理上渐进,而是按行政逐级扩散,对范道、官林镇区影响最大,然后再影响到次级乡镇。这种扩散方式如图7所示:

图中粗黑箭头表示宜城对范道、官林镇区的影响,细黑箭头表示范道、官林镇区对所辖乡镇的辐射。语言成分通过语言的交流接触而扩散,镇区和宜城的人口流动最多,镇区所辖乡镇以所在镇区为物流、学区的中心,从宜城到官林、范道往返的城际公交是大部分老百姓进城的主要交通工具,城际公交线就是240省道。如果从镇区下辖的乡镇去宜城,也必须先到镇区换乘前往宜城的公交。

显然镇区更容易受到宜城的影响,而镇区所辖乡镇主要受到的是来自镇区的次级影响。这种影响本质上是以交通、物流等要素为依托,而交通、物流等要素又常由行政决定①。所以来自城关的影响是按行政级别从高到低扩散,最后逐渐填充乡镇所辖区域,我们把这样的扩散模型叫做"行政辐射模型"。而遵循地理距离而渐次扩散的方式属于"地缘扩散模型"。"地缘扩散模型"以邻近村落

---

① 也存在交通物流等因素和行政边界不吻合的情况,但直接影响语言交际的还是交通物流等因素,所以"行政辐射模型"所言"行政"不必机械地理解为"行政级别",而应理解为很大程度上受行政制约的交通、物流、学区等综合要素构成的生活圈。

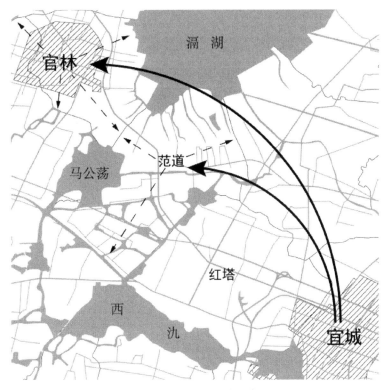

图 7　行政逐级扩散的示意图

的相互交流为依托连续扩散。两个模型的示意图如图 8。那么，某个语言成分的扩散遵循某个模型，取决于什么条件？

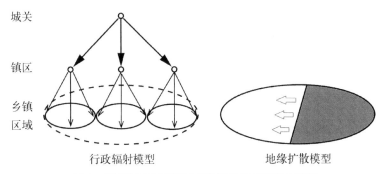

图 8　"行政辐射模型"与"地缘扩散模型"示意图

我们认为这主要取决于该语言形式的扩散源头是点状的，还是面状的。通常来自城关的形式只有一个强有力的辐射源，以交通为依托逐级辐射，遵循"行政辐射模型"。来自邻近的大片区域的形式没有一个强有力的辐射源,而是区域边界同言线上所有村落都可以看作扩散的源头,遵循"地缘扩散模型"。拉大观察的时间、空间尺度,两个模型可以是递归套合的。连续扩散模型中的面状源头可能形成于早期的行政辐射模型。行政辐射模型进行到最后,辐射的形式充实了所辖区域,地理上会连接起来,最终可能会形成连续分布的面(如图 8 左图虚线圈)。除了众所周知的移民传播,近年来又有以电视等以媒体为依托的第四种传播方式,它能够跨越地理要素传播,地理语言学对此捉襟见肘,需要结合社会语言学才能把握这种传播方式。这四种传播方式错综交叠,造就了丰富多彩的语言地理现象。

七、结　　语

同音冲突涉及的是地域间的接触,代际干扰涉及的是年龄变体之间的接触。亲属称谓的面称在这两种接触时有较为特殊的表现。地域间、年龄层间的多维接触给我们分析接触过程带来了较大难度。首先,要在调查上进一步细化,不同的调查法会对调查结果产生不同影响,而且要记录并评估发音人回答问题的速度和态度,这些信息都对语言分析至关重要。其次,社会地理语言学的研究可以同时把握横向的地理要素和纵向的社会要素,该方法适用于既有横向的地理接触,又有纵向的代际干扰的复杂现象。有特定地理构造的地域常常可以作为实验性研究的试验场,地峡、山谷等地形限定了语言的地理传播路径,方便我们最大程度上控制地理变量以观察社会变体。词汇表分析法对地峡、山谷、干道等线性分布的方言点有着很强的分析能力。最后通过个案的深入分析,可以抽取出不同的传播模型,这些模型可以在日后的研究中接受其他方言材料的验证。

参 考 文 献

1. 黄河. 荆音韵汇:两百年前的宜兴话. 上海:中西书局,2016.
2. 黄河. 同音冲突的地理格局促发官话化——以宜兴话的南瓜、香瓜为例//语言学论丛:第 56 辑. 北京:商务印书馆,2017.
3. 岩田礼. 汉语方言"祖父""外祖父"称谓的地理分布——方言地理学在历史语言学研究上的作用. 中国语文,1995(3).
4. 德川宗賢. 方言地理学の展開. 東京:ひつじ書房,1993.

5. 井上史雄. 東北方言の変遷. 東京：秋山書店,2000.

6. 井上史雄. 日本語は年速1キロで動く. 東京：講談社現代新書,2003.

7. 井上史雄.「隣のことば」の近接効果—社会言語学における距離—月刊『言』第33巻・第9号. 東京：大修館書店,2004.

8. Bell Allan. Devyani Sharma and David Britain 2016 Labov in Sociolinguistics: An Introduction. *Journal of Sociolinguisitcs*. Vol. 20, No. 4. Wiley Blackwell, 399 - 408.

9. Langenbeck. Fritz 1959 Die Entstehung der Elsässischen "-heim" Ortsnamen. *Beiträge zur Namenforschung*. Vol. 10: 209 - 219.

10. LI, Jung-min. Applying the glottogram in geolinguistics: a case study. *Language Teaching and Linguistic Studies*, 2011(5): 40 - 47.

英华集
上海大学文学院四十周年纪念文集

汉语
国际教育

语言风格与"心理频率"说

沈益洪

沈益洪,1964年10月生,浙江宁波人。1985年毕业于上海大学中文系,获学士学位;1988年毕业于华东师范大学中文系,获硕士学位。1985年起任教于上海大学文学院,现为中文系副教授。主要研究领域为现代汉语语法修辞学、汉英翻译等。主讲课程有"现代汉语""汉英语言对比""语言学概论"等。出版各类著作、译作90多部;在《上海大学学报》《修辞学习》等刊物发表学术论文10余篇。为上海市语文学会会员、上海翻译家协会会员;曾被评为上海大学杰出青年、上海文联"世纪之星"。

一

人类很早就意识到了语言风格的问题。两千多年前古老的希腊半岛上,一位最博学的人物曾经遗憾地向人们指出:"的确,甚至语言风格的研究,直到晚近,还没有引起人的注意。"①这位伟人就是亚里士多德。

公元5世纪,刘勰的《文心雕龙》诞生在当时四分五裂的中国。它是一部文学理论的专著,与亚氏以演讲为主要研究对象的《修辞学》相比,它更多地论述了文艺作品中的风格问题。在《体性》篇里,刘勰从创作方法和表现特征上把文学风格归结为这样错落有致的八类:"一曰典雅,二曰远奥,三曰精约,四曰显附,五曰繁缛,六曰壮丽,七曰新奇,八曰轻靡。"作者还进而概述了这"八体"与文体风格的关系,并且论及了风格的成因(才、气、学、习),还注意到了作者个性对文章风格的影响。

---

① 伍蠡甫,等.西方文论选:上卷.上海:上海译文出版社,1979:89.

从《文心雕龙》开始,探讨风格问题的文章、著作层出不穷:钟嵘的《诗品》、司空图的《二十四诗品》,直至此后历代诗词曲话中的妙悟、神韵、性灵、境界诸说。它们大多用形象化的笔触,结合作者的个性和语言特点,对风格进行了越来越详尽的刻画,把风格的研究逐步推向深入细致。

一代又一代的评论家不断地思考着风格问题,令人遗憾的是,他们的分析方法基本上却是一成不变的。长期以来,我国传统的文学批评模式,凭借着一系列主观感受和一连串的主观印象,对语言风格进行分析和归纳,着重分析了风格形成中语言要素间的复杂关系,尤其在表现风格具体类型的划分上,其生动性、细致性和丰富性,都是难能可贵的。然而由于当时科学文件的匮乏,造成了它们科学性的缺乏,过于偏重印象的倾向,从而未能脱出印象主义的窠臼。

二

电子计算机的出现带来了一个激动人心的时代,尤其是当今概率论和信息科学的兴起,给语言风格学的研究提供了许多崭新的方法,也提供了运用这些方法的可能,并且迅速形成了以数理统计为研究方法的一门新学科——统计风格学——这在以往是令人难以想象的。

事实上,人们在不借助计算机的情况下,也在有意识地应用统计的方法。比如有人注意到汉语虚词自古以来就在篇章中占有很高的使用频率:"仅《诗经》中就有 59 篇使用了'兮'字,共出现 321 次。"[①]当然,这种运用是极为初步而原始的。

随着计算机科学的普及,用计算机进行汉语用词统计的研究,近年来取得了长足的进步。比如人们从新华印刷厂的《汉字频率表》上可以一眼看出基本汉字和一般常用汉字所占的比例各为 90% 和 9.9%,这给词汇学的研究提供了无可置辩的数量依据。人们又很快用比较的方法从中发现字的使用频度与文体间的关系,比如"的"字在政治理论作品中使用频率最高,为 5.3%。而新闻和文艺作品中的"了"字的使用频度居第三位……[②]武汉大学语言自动处理研究组把老舍、叶圣陶、曹禺、茅盾、赵树理、巴金等著名现代文学作家的代表作品输入微机以资深入研究。

---

① 郭谷兮.世界几种语言的特点.西安:陕西人民出版社,1986:12.
② 岳华.字的使用频度和文体.语文研究,1985(1).

毫无疑问，在全部语料中占比例最大的是几个常用的虚词，正如《汉语词汇的统计与分析》①中所显示的那样，前25个词语单位依次是：的、了、一、是、不、我、在、着、个、有、他、上、这、说、就、人、地、里、也、和、到、我们、来、去、大。我们从武汉大学这个研究组的语言资料第一辑——《骆驼祥子》的"单字频度表"上，看到的前25个字是：的、地、不、了、一、是、子、着、有、个、来、上、这、去、在、得、儿、么、车、人、没、祥、也、可、她。除去一般占频率最高的虚字而外，我们发现其中"祥""子"二字占了很大的比重（各为778次和1 658次），这与小说内容无疑有着直接的联系：这两字是主人公的名字。当然，这只是个极端的例子，然而我们却可以从中发现，这种极为精确的表格所反映的仅仅是作品的内容。

应用数理统计的方法，我们的研究方法从定性走向定量，在语言风格学研究手段的现代化上，它是必不可少的。然而我们也应当同时清醒地看到，风格学的研究之于统计方法，只能是借助，而不是依赖。因为作品（尤其是文艺作品）是个有机的整体，它内部从词语到段落、篇章都具有极为复杂的语义相关性，统计的方法只见树木不见森林，一味依赖，是机械主义的。当然，这种研究毕竟还能见树木，它较之于以往只说对森林的主观印象而下断言的古典文论，不能不说是一条另辟的蹊径。

三

说作品是个有机的连贯的整体云云，其实也是个美丽遁词，在语言风格的形成过程当中，从外部世界经由著说者、作品，直至读听者，这样一个程序中各种因素是如何相互作用的？诸因素本身的结构又是什么？这些问题像古老的司芬克斯之谜一样，迷惑了一代代的学者。

让我们始自构成风格最基本单位——词，来作一番小小的巡礼。任何比喻都是蹩脚的，包括把词语比作语言大厦的建筑材料，因为它忽略了这些材料本身所固有的特点，忽略了这块"砖头"与那块"砖头"彼此间的差异性，也就是它们的个性——而正是这些个性决定了它们在篇章中所处的地立。当然，如何使它们彼此配合默契，以维护"大厦"的完整和统一，那纯粹是作者们的事情。在读者感觉上，如果一个普通词语只在某一特定篇章里出现一两次，那很可能被完全忽略

---

① 北京语言学院语言研究所.汉语词汇的统计与分析.北京：外语教学与研究出版社,1985.

过去。然而,假如这个词语出现的次数逐渐到三次、四次、五次……人们的感觉又将是如何呢？当达到一定的次数之后,读者就会感到这个词语几乎充斥着整个篇章,即便此后这个词语出现的频率还在不断递增,这种感觉却能保持不变,我们把这种与自然词频相对应的表明读者在阅读过程中感知强度上的频率称为心理频率。心理频率与自然词频的关系如图所示：

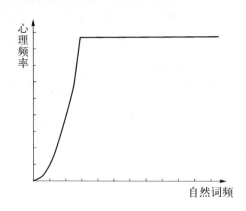

从图中我们可以看到,当自然词频逐步以算数级数递增的时候,心理频率不是亦步亦趋地按部就班,而是迅速地以几何级数增长,这在图的第一区段形成了一个陡峰,表明词语出现次数与读者阅读过程中所接受的刺激强度和感知特性。当线段上升到某一特定点的时候,我们可以看到心理频率大致上呈一条水平线而不再上升,尽管自然词频还在增加,也就是说某一词语在篇章中还在不断出现。我们把第二部分这种现象形象化地称作"高原现象"。

这一切都发生在阅读的无意识过程之中,是个十分复杂的记忆过程。从词语的识记、保持、再认、回忆,逐渐强化刺激,通过人们的完形心理,进行存贮和加工。在这一过程中,短时记忆和长时记忆中的遗忘现象以后者居多。这一点很明显,比如阅读一首诗歌,词语的复现一下子就能引起人们的注意;而小说中词语的复现要逐步为人所认识,因而比较慢,出现高原现象前的历程也较为长久。

这种复现常常体现在对偶、排比等辞格中,并且是古已有之,《诗经》中就有不少篇章是反复吟咏的,如《关雎》中"关关雎鸠""窈窕淑女""参差荇菜"就多次出现,另外《卷耳》《君子于役》《伐檀》《硕鼠》《蒹葭》等无不透露出类似倾向,这也许与民歌的一唱三叹手法不无关联。现代诗人郭沫若的《凤凰涅槃》中反复出现"新鲜、净朗、华美、芬芳""热诚、挚爱、欢乐、和谐""生动、自由、雄浑、悠久"等词语,这种复现在《晨安》《地球我的母亲》《雷电颂》里屡见不鲜,读者很容易就注意到。

这种分析过程在小说阅读中所需的时间稍长一些。台湾作家琼瑶时常在小说里运用"好……,好……""多……多……""更……更……"的句式。

"一个好年轻好年轻的少女,正站在一块岩石上,迎风而立,长发飘飞,那少女在笑,笑得好甜好美好妩媚。"(《月朦胧,鸟朦胧》第35页)

"我家的父母多专制、多霸道、多不近人情、多古怪、多自私、多顽固……"(同上,第9页)

"她家的两个孩子!谁家的儿女能比他们更亲爱、更和谐、更合作?"(《几度夕阳红》第400页)

也许这正是言情小说的特点。然而值得注意的是,这种复现不仅反映在词汇上,也反映在句法平面上,这种例子俯拾皆是:闻一多的《红烛序诗》中每一节开始第一句都是"红烛啊!"当代诗人舒婷的《也许》的每句起首两字都是"也许",于是干脆用它来命名。顾城《不要说了,我不会屈服》和《我们去寻找一盏灯》,梁小斌的《雪白的墙》等都有类似倾向。这些语句的出现次数从4次至10次不等,很难有个确定的值来表明图中所显示的转折点的确切坐标。事实上,有的语句只在频率上出现2次,就引起了读者的注意,比如戴望舒的《烦忧》:

> 说是寂寞的秋的清愁,
> 说是辽远的海的相思。
> 假如有人问我的烦忧,
> 我不敢说出你的名字。
>
> 我不敢说出你的名字,
> 假如有人问我的烦忧。
> 说是辽远的海的相思,
> 说是寂寞的秋的清愁。

读者会惊讶于它精致的结构:ABCD、DCBA,它的成功在于它的新颖,它控制了一代又一代读者的阅读心理。

四

　　这种词语和句法上的重叠,常常表现为意象的叠加。有人曾列表对比过郭沫若《女神》和李金发《微雨》两本诗集中意象出现的次数,并且很自然地看出两者所代表的不同世界,前者"美好、光明、干净而富有活力",后者"丑恶、冰冷、污秽、阴暗"。①

　　推而广之,古典诗词的格律,其中平仄、韵律、句式的规范,都可以用心理频率说解释。有人称之为"戴着镣铐的舞蹈",确实,唯其有这种限制,造成有规律的呈现,才使之得以为诗。这种有规律的呈现所构成的心理频率,一旦它呈现在读者的脑海,就构成诗的概念,构成某种固定节奏的心理预期,构成一种欣赏上的心理定势。

　　我们已经把"心理频率"的概念从词语、句法引申到意象和诗律等领域,最后需要说明的是,心理频率说只是对风格形成过程当中读者阅读心理因素的一点探讨,事实上,风格的问题是一个谜团,它的最终解开尚有待于我们今后的共同努力。

〔原载《上海大学学报》(社会科学版)1991 年第 5 期,被《报刊复印资料》全文转载〕

---

①　曾小逸.走向世界文学——中国现代作家与外国文学.长沙:湖南人民出版社,1985.

按义项排列词条
——汉语学习型词典编纂的一种尝试

王淑华

> 王淑华,女,1976年出生,安徽安庆人。2002年毕业于内蒙古大学人文学院汉语言文字学专业,获硕士学位;2005年毕业于上海师范大学对外汉语学院语言学及应用语言学专业,获博士学位;2005年7月进入上海大学文学院博士后流动站,2007年7月出站,进入上海大学文学院工作。现为上海大学文学院中文系副教授、硕士生导师。主要研究领域为对外汉语教学和语言测试。主讲课程有"对外汉语语法""对外汉语教学概论""对外汉语教学法""现代汉语"等。出版有专著《面向中文信息处理的现代汉语动名组合问题研究》;主编或参编教材4种;在《语言文字应用》等刊物发表学术论文数篇。主持上海市哲学社会科学一般项目"上海市汉字应用水平测试问题研究"等。

最近十多年来,汉语语文词典编纂工作发展得比较快,各种新词典不断出现,影响比较大的就有《应用汉语词典》(2000,商务印书馆;简称《应汉》)、《现代汉语规范词典》(2004,外语教学与研究出版社,语文出版社;简称《规范》)、《商务馆学汉语词典》(2006,商务印书馆;简称《学汉语》)、《现代汉语学习词典》(2008,商务印书馆;简称《学习》)等几种。与以前的工具书相比,这些词典在编纂理念上有了不少的改变,如标注词性、辨析近义词、显示常用搭配、附列逆序词、提示文化信息等。除此以外,有些词典还有不少独特的"卖点",如《规范》的"规范"作用和"按词义发展脉络排列义项",《学汉语》在检字法方面做出的改进、对成词语素和不成词语素的区分以及"词条按义项排列"等举措。以上诸多改进,笔者认为,"词条按义项排列"的尝试最有价值,因此本文将重点讨论这一点。

一、词典中常规的复词排序方式

词典中复词或者说多字条目的常规排序方式是音序法为主,辅以笔画和笔顺。具体来说,就是词条按音序排列,第二个字读音相同的,按笔画排列;第二个字音、形都相同的,按第三个字的音序排列,依此类推。现在,不仅一些中型语文辞书如《现代汉语词典》(以后简称《现汉》)、《规范》《应汉》等采用这种编排方式,以前多采用形序法进行编排的大型辞书如《辞海》等也开始采用这种比较通行的综合编排方式。除此以外,值得注意的是,有些词典还进一步将正序、逆序结合起来。如正序词典《应汉》《学习》在单字下附列此单字位于词尾的词语(不释义),逆序词典如《当代汉语词典》(上海辞书出版社,2001)将词条按逆序排列,同时收录此单字位于词首或词中的语汇。

复词在排检上采用综合编排法,提高了使用者检词的速度,而正逆序结合,便于读者在查阅单字时,获得更多的词汇信息。与以前单一的音序法、形序法或义序法比起来,这些改进都是值得肯定的地方。但目前词典中常规的复词排序方式仍然存在一些不足,最明显的一点是词典只给出了整个词条的意义,却没有告诉我们词语各组成部分对整个词语意义的贡献,这为进一步透彻理解生词带来了一定的困难。

二、按义项排列词条的尝试与优势

现在,已经有不少学者认识到了常规复词排序方法的不足,并在外向型学习词典的编纂实践中开始了尝试。如邵敬敏主编的《汉语水平考试词典》(2000,华东师范大学出版社,简称《KSK》)先列出单字的所有义项,解释复词的同时用"【义X】"的形式标注字头字所属义项;鲁健骥、吕文华主编的《学汉语》明确指出词典中"词条按语素的意义排列""按字头的意义一项一项地排列每个义项下面的词,其中的这个字都是这个义项的"(词典第4页)。

这种尝试不仅有利于使用者在了解字义的基础上更确切掌握词的整体义,还有其他诸多积极意义,下面分别进行说明。

(一) 对于词典使用者来说,按义项排列词条可以促进词汇习得

1. 按义项排列词条,有助于透彻理解词义

首先,按义项排列词条,将单字字义与复词词义对应起来,有助于明晰合成

词的造词理据,帮助掌握词义。例如"白药"和"火腿"造词方法相同,两个词的意义也都与单字意义有联系,但又不全是单字意义的加合。《现汉》在解释"白药"时点明了其"白色"的特征,但在解释"火腿"时却没有点明其"火红色"的特征。我们来比较一下《现汉》和《学汉语》中关于"火腿"一词的解释:

火腿:(名)腌制的猪腿,浙江金华和云南宣威出产的最有名。(《现汉》)

火腿:(名)用猪腿等腌制的食品,一般是红色的。(《学汉语》)

显然,《学汉语》点明"火"表"红色"的做法,更有利于学习者理解"火腿"的意义。同样理解模式的词语还有"火鸡、火旗、火玉、火狐"等。

其次,按义项排列词条,有助于避免学习者将多义字的义项张冠李戴。汉语中,单义字很少,多义字很多。我们的教材在确定某个字词是否是生字生词时,一般只考虑是否以同形同音的形式在以前的课文中出现过,却不考虑其具体以哪个义项出现,因此,学习者经常会将先习得的某个字词的用法过度泛化。许艳平(2009)以《汉语水平词汇与汉字等级大纲》(以下简称《大纲》)中的甲级词汇为研究对象,统计了 902 个语素,其中,多义语素有 748 个,占 82.93%。这些多义语素中有 203 个语素的义项在 6 个至 10 个之间,37 个语素的义项多达 11 个至 24 个。因此,复合词中语素意义的辨别是一件很不容易的事情。例如,张春新(2003)提到一部前苏联汉学家写的专门介绍汉语的书中把"亲友"解释成为"亲密的朋友"。实际上,这位汉学家就是将"亲友"中的"亲"误解为了"关系近、感情深"。

2. 按义项排列词条,有助于体现词义的系统性,帮助学习者形成词族概念,扩大词汇量

以对外汉语教学为例,一般认为,掌握了《大纲》规定的甲、乙、丙、丁四级 8 821 个词语,就可以识别语料 95% 的词汇。但实际上,超纲词问题一直在困扰着对外汉语的中高级教材。杨德峰(1997)指出,《中级汉语教程》《汉语中级教程》《现代汉语进修教程》等几套教材的超纲词平均每课分别是 65%、54% 和 58%。张凯(1997)指出,"把词汇量定为 8 821 看来是有些保守"。李清华(1999)认为"比较合适的数字应该为 15 000 左右"。是否将词汇量扩展为 15 000,就可以彻底解决超纲词的问题呢?估计也未必。超纲词如此之多,主要是由汉语的特点决定的。汉语中,某两个字只要意义上发生联系,就有可能组合

成新词。

正是考虑到这一点,《HSK》大力推行"以字识词速成法",按照现代汉语常用语素(字)构成同族常用词语的途径,沟通语素义与词义之间的有机联系,以帮助外国学生掌握一种以少数有限的常用语素(字)来推求理解一大批常用词语的方法。例如,学习了"飞鸽、飞燕、飞蚁、飞鹰、飞蝶",知道其中"飞"是"(鸟、虫等)鼓动翅膀在空中活动"义,有助于理解"飞蛾、飞鸿、飞禽、飞鼠、飞虫、飞蝗"等生词;学习了"飞奔、飞跑、飞转、飞报、飞驶"等词,知道其中"飞"是"极快"义,有助于理解"飞驰、飞逝、飞腾、飞涨、飞跃"等生词。

可见,如果在编纂工具书时按义项排列词条,在解释词义时兼顾语素义,提示部分构词信息,可以帮助学习者理解一批"生词熟字、见字知义"的超纲词,从而达到扩大词汇量的目的。正是基于此种考虑,郭曙纶(2011)指出,对外汉语教学中加强汉字教学……是从根本上解决对外汉语教材中超纲词太多的一条重要途径。

(二) 对于词典编纂来说,按义项排列词条是多字复词排序方式的革新,有助于词典释义向更规范的方向发展

复词的排序是词典宏观结构的重要组成部分。按义项排列词条,也就是说先将复词分列于对应的单字义项之下,然后再按传统的音序法、笔画法排列。宏观结构的这种革新对完善词典的微观结构尤其是词典的释义产生了极大的促进作用。

1. 按义项排列词条,有助于发现词典释义不准确的地方

以动词"租"为例,"租"可以表示"出租"和"租用"两个不同的方向。按理来说,相应的"租金"也应该具有方向性,语言事实也验证了这一点①。但有些词典却有所忽略,请看:

租金:(名)租房屋、土体或物品的钱;(《现汉》)

租金:[名](笔)租用房屋或物品的人向物主支付的钱;(《应汉》)

租金:(名)借用别人的东西时交的钱或借给别人东西时收的钱;(《学汉语》)

---

① 例句如"承租人应该按合同约定支付租金"("租用"方向),"董应福将村民们集资建成的粮仓,私自出租给别村使用,从中捞取租金九千多元"("出租"方向)。

《现汉》中"租金"的释义没有凸显方向性,《应汉》中对于"租金"的解释只涉及"租用"方向,相对而言,《学汉语》对"租金"的解释是最准确的,包括了"租用"和"租出"两个方面。和"租金"类似的例子还有"租价""租钱"。

2. 按义项排列词条,有助于补充缺失的义位

胡中文(2001)指出,应该为"少"增补义位"同级军衔里最低的",为"立"增补义位"到、交(季节)"义位,否则,"少将、少校、少尉""立春、立夏、立秋、立冬"等词语就会"挂"不住。周荐(2010)指出,汉语字词典字条的义项和其下辖词条的义项间的对应关系存在三种不同的情况:一是字条义项多,字条下辖词条的义项少;二是字条义项少,字条下辖词条的义项多;三是字条义项与字条下辖词条的义项数量持平,悉数对应。第三种状态才是一种比较理想的状态。

工具书中的语素义项是对语素全部使用情况的归纳总结,具体存在于由该语素组成的各种组合主要是词语之中。如果编纂词典时,把单字字义和复词词义看作两个可以互相参照的坐标,在解释复词的时候兼顾字义,可以促使字条义项与词条义项榫接在一起,达到周文所说的第三种理想状态。

(三)对于外汉教学实践来说,按义项排列词条,可以分别为语素本位和词本位的教学法提供素材

在对外汉语教学中,一直存在两种思路:一种是"分",强调语素在合成词习得过程中的作用,提倡利用语素进行教学,可以称为"语素"本位或"字"本位;一种是"合",强调整词的作用,不强调利用语素进行词汇教学,可以称为"词"本位。前者的主要论点是汉语中的"字"(语素)具有极强的构词能力,而且字义(语素义)在词义中具有可推导性。后者认为词在结构上具有凝固性,在意义上又具有整体性和独立性,在教学中不宜随意切分,因此要以词作为语言教学的基本单位。

实际上,"字(语素)本位"和"词本位"这两种思路并不矛盾,教学中可以把它们看作两种各具优缺点的教学法,各有自己的适用范围。王淑华(2007)指出,汉语中的词是采用多重标准鉴定的结果。如果从意义的角度来看,可以分为两类:一种是"组合词",其意义能够从"语素"的意义以及语法结构的意义中运算出来;另一种是"原子词",其意义不能从"语素"的意义以及语法结构的意义中运算出来。前者适用于"语素本位"的教学法,如道路、杰作、脱贫、忘记等;后者适用于"词本位"的教学法,如东西、马虎、索性、干脆、成心等。

在编纂词典时将词条按义项排列,首先就要判断具体词语中,语素的意义与整词的意义是否有关系,也就是说要先区分是"组合词"还是"原子词",这实际上

就指出了词语本身所适用的教学方法。

三、按义项排列词条的理论基础——汉语学界关于语素义和词义关系的认识

语文辞书编纂理念的每一次革新,在语言本体研究方面都有着深厚的理论储备。以给词条标注词性为例,在20世纪中叶,吕叔湘、丁声树两位先生在编写《现汉》时,就有标注词性的想法,但由于当时条件不成熟,关于"汉语到底有没有词类""有多少种词类""划分词类的标准是什么"等问题没有取得一致的看法,因此暂时搁置。自1980年代以后,随着语法研究的不断深入,学界关于词类相关问题的看法渐趋一致,并进一步围绕语文辞书是否需要标注词性、具体如何标注词性展开了广泛的讨论,于是不少词典开始了标注词性的尝试。在21世纪,词性标注更是成为大势所趋。

按义项排列词条,其实质是明确复合词词义和语素义之间的关系,指出语素以何种意义何种方式对词义做出贡献。关于这个问题,汉语学界从方方面面进行了研究。

例如,符淮青(1981)、王树斋(1993)等对词义和语素义的关系进行下位分类。在此基础上,很多学者还从不同方面深入考察语素义和词义之间的关系,略举几例:刘缙(1993)探讨了词的褒贬义与构词语素义之间的关系;朱彦(2000)等对复合名词的词义与语素义进行了专门的研究;仲崇山(2002)对"词义是语素义的引申比喻义""部分语素在构词中失落原义"等类型加以细化;符淮青(2006)等深入探讨了语素义进入复合词时发生的种种变异;范可育(1993)、郭胜春(2004)等探讨了语素义在词汇习得方面的作用。

如果认为上述研究属定性研究的话,也有不少定量研究。具有代表性的如苑春法、黄昌宁(1998)针对语素义和词义之间的关系进行了定量考察,统计结果表明,汉语的绝大多数复合词,其字义(语素义)和词义都有着密切的联系,字义在词义中的作用很明显。郑厚尧(2006)从《现代汉语词典》(2002版)中随机抽取一万多个双音节复合词作为研究对象,通过定量与定性分析相结合的方式,深入探讨了复合词的词义与构成词的语素义之间的各种关系。

不同于以上学者主要探讨语素义和词义之间的关系,周荐(1991,1995)着重探究复合词内部语素与语素之间的语义结构关系。对《现汉》56 000余个条目中的32 346个双音复合词词素间的意义结构关系作了分析,勾勒出了双音复合词

词素结合的语义模式①。刘宗保(2008)以《现汉》(第5版)中所收录的所有形、名语素构成的双音复合词为研究对象,对形、名语素的双向选择分析进行了细致的考察。

以上诸位学者的研究表明,汉语学界对词义的研究已经相当深入,成果也比较丰硕,这为编纂词典时进行按义项排列词条的尝试奠定了理论基础。

四、按义项排列词条的不足与解决方法

由上可知,汉语学界关于语素义和词义关系的认识十分深入,而辞书界也早已认识到词条按义项排列的优势,如张锦文(1989)、王艾录(1996)、张博(2009)等探讨了词典字义与词义不对号的弊端,但为什么几十年来,依此理念进行编纂的词典寥寥无几呢?笔者选择了若干个常用多义语素作为考察对象,将其所辖词条按义项排列,发现了按义项排列词条会面临的一些不足,并尝试性地提出了一些解决方法。

(一)不足之一——查检速度减慢②

了解词语的意义和用法是使用者查阅词典的主要目的之一。常规词典词条按音序或笔画排列,使用者能比较快地查找到相关词条。如果将词条按义项排列,那使用者在查找该词时,先增加了一个判断单字义项的程序,而该义项对于使用者来说多半是未知的。因此,最大的可能是使用者从前到后依次查找,然后在该单字的某个义项下找到该词。

解决查检速度慢的问题,同时又将字义与词义对号,比较可行的方法是在体例上进行一些调整。一种方法是提供附录。如果词典正文部分每个复词排在对应的首字(尾字)义项之下,那么可以提供一个附录,标明该词条所在页码;如果词典正文部分按通行方式排列,附录就标明该复词首字(尾字)的义项。另一种方法是采用类似于给词语标注词性的操作,所有复词按通行方式排列,但每个复词后用括号标注首字(或尾字)所属义项,《HSK》就是采用了这种方法。

(二)不足之二——收词规模受限

词典编纂本来就是一项极其繁重的工作,周期很长。在收词规模不变的前

---

① 转引自郑厚尧博士学位论文《汉语双音复合词的词义与语素义关系研究》。
② 在第七届全国语言文字应用学术研讨会上,笔者曾就词典按义项排列词条的问题向俞士汶教授请教。俞老师认为按义项排列词条的做法有积极意义,但会减慢查检速度,而且在纸质版上推行投入比较大,因此可以考虑在电子词典中先实行。在此谨致谢忱。

提下,将词条按义项排列,必将增大工作量,增加词典篇幅,延长编纂周期。两者兼顾,比较可行的方法是区分词典使用对象,控制收词规模。

例如,一般读者可能只需要了解词的整体意义,但是汉语学习者、语文工作者、科技工作者等可能希望进一步了解词语中每个语素的意义、语素义与词义的联系。拿汉语学习者来说,还可以进一步将使用对象区分为汉语为母语的学习者、汉语为非母语的学习者,再根据需要确定单字义项数和复词收词规模。譬如,仅在古汉语中出现的、现代汉语中非常用的义项和词条就可以不出现或少出现。《HSK》和《学汉语》正是这样做的,前者收词数为 8 821,后者收词数为 10 000 左右,从规模上来说,都不到《现汉》收词数(65 000 余条)的 1/6。

在控制词典收词规模的情况下,如何才能使收录的字、词满足使用者的基本需要? 这就需要利用到中文信息处理学界的相关研究成果,如汉字字频、汉语词频、单字构词能力强弱的统计等。

(三) 不足之三——编纂时需面对更多主观性

客观性是词典编纂的基本要求,也是评定其优劣的标准之一。但由于词典编纂一般都是集体工作的成果,从确定编纂理念到具体体例安排,从择定词条到分合义项、撰写释义等,每一个环节不可避免地都会打上主观性的烙印。将词条按对应的单字义项排列,更是使主观性大大增强。

首先,单字义项的分合与概括程度直接影响到按义项排列词条的结果。由于没有客观的标准,来判断单字的某个比喻用法或引申用法是否可以单列义项,因此,同一个多义单字,不同词典义项的设立和概括程度可能有很大的区别。例如"高",《现汉》中的两个义项("在一般标准或平均程度之上的""等级在上的")在《学汉语》中被合并为一个义项"在一般的等级、标准或程度之上的(和'低'相对)",而《应汉》另外还新增了"声音激越""年老""价钱昂贵""敬慕"等义项。又如"飞",《现汉》的前两个义项("鸟虫等鼓动翅膀在空中活动""利用动力机械在空中行动")在《学汉语》中被合并为一个义项"鸟、飞机等在天上活动"。显然,同样的词条,如按义项进行排列,在不同的词典中会出现不同的排列结果。

其次,词典关于复词的释义方式也对按义项排列词条产生影响。请看下例:

手谈:〈书〉[动]指下围棋。(《现汉》)

手谈:[名]〈书〉下围棋。下围棋可以交流思想,跟谈话一样,故称。(《应汉》)

手谈:[动]〈书〉下围棋。用手下棋,可以互相交流,犹如谈话,故称。

(《规范》)

三本词典的释义在不同程度上显示了词义和语素义的联系。《现汉》释义中看不出"手谈"的整体意义与"手""谈"的意义的联系,《应汉》释义中能看出和"谈"的联系,但《规范》释义中能明显看出"手谈"的整体意义与其语素意义之间的关系,依此看来,"手谈"一词应该归于"手"的本义之下。

再次,字、词的多义性增加了按义项排列词条操作的复杂性。汉语中,单义字、单义词很少,这使复合词义和语素义之间的联系呈现出一种很复杂的状态。例如,以《现汉》第5版为例,"飞红",义1"(脸)很红"与"飞"的语素义没有明显的对应关系,义2"(脸)很快变红"对应于"飞"的义项4(形容极快);又如,"飞散",义1"(烟、雾等)在空中飘动着散开"对应的是义项3(在空中飘浮游动),义2"(鸟等)飞着向四下散开"对应的是义项1[(鸟虫等)鼓动翅膀在空中活动];再如,"飞扬",义1"向上飘扬"表面上看与"飞"的义项都没有明显的对应关系,因为"向上"的语义也是来自"扬",但考虑到"飞扬"的范围一般都是"在空中",如"尘土飞扬、黄沙飞扬、彩带飞扬、彩旗飞扬"等,因此,可以看作对应于义项3(在空中飘浮游动),而义2"形容精神兴奋得意"应理解为义项1的比喻义,那和"飞"的语素义还有没有关系呢? 以上种种不同,在编纂时应如何加以体现?

最后,字义、词义的发展演变如引申、比喻等使字义和词义之间的联系变得模糊或具有多种可能,这给按义项排列词条增添了难度。

有些词语在造词时,使用的是该字的本义,但经过了漫长的历史演变,字义和词义之间的联系已经发生了变化。例如,"根本",从本义上来说,是指"树木的根部",而现在的释义是"事物的根源、本质或最重要部分"。那么,按义项排列词条时,"根本"应该置于义1"树木花草等在地下的部分"之下还是应该置于义3"主要部分、基本部分"之下? 有些语素的义项和义项之间没有截然的分界,引申关系明显,致使在确定某些复合词语素义的具体归属时出现两种可能。又如,"手",《学汉语》和《HSK》都设有本义(指人体器官)和引申义"便于手拿的",但前者将"手巾、手绢、手表、手电筒"等词置于本义之下,后者将这些词置于引申义之下。这就要求我们事先要确定一些原则,在具体归类时更需仔细斟酌。

字义、词义本来就体现了主观对客观的认识,将词条按义项排列,使我们要面对更多的主观性。那么如何才能降低主观性、增强客观性呢? 我们认为,首先,在正式编纂之前,要有非常充足的实践准备。先要尽可能多地考察具体单字与复词之间的联系,发现按义项排列时会遇到的各种问题,提出解决方案,再继续考察更多的词,检验解决方案的可行性,同时继续发现新问题,提出新的解决方案,如此不断扩大考察范围,不断发现问题并提出解决方案,形成一个循环,不断完善与提高。上文提到的义项的分合与概括程度问题、词条释义的具体撰写问题、字义词义发展带来的语素义和词义之间联系模糊的问题等,我们可以先提出坚持的具体原则,在前言或凡例中予以说明。例如,范剑华(2001)将"根本"的"根"标为义3(主要部分;基本部分),将"根据"和"根源"的"根"标为义5(原因;依据),所采取的原则是"对字头的释义从本义出发予以逐条斟酌,而对该字头所组成的词目与字头的义项联系,则按照现代汉语的使用规范,注解现在义,适当考虑原先义"。又如,可以为复合名词、动词、形容词等提供一些常用的释义模式,以便词条释义尽量形式化。

在考察了足够多的单字与复词,对按义项排列词条遇到的问题和解决方案有了充分的认识之后,就要尽量通过编纂体例的一致性来保证词典的客观性。如多义复合词的不同义项与构成语素义有没有关系,跟语素的哪个义项有关系,都可以通过体例上的规定来保证前后标注的一致性。

五、结　　语

词典编纂中每一次新的尝试,都可能给使用者带来更多的便利。在同一单字条目下,按义项系联各复词,是近年来学习词典编纂中新的尝试。由于汉语中一字多义、一词多义的现象极为常见,因此,这种使单字字义与词义对应起来的举措在帮助使用者透彻理解词义、形成词族观念、扩大词汇量等方面有着积极的作用,但同时也面临着查检时速度减慢、收词规模受限、编纂时需要面对更多主观性等新问题。目前,词典中复词按义项排列还仅是处于刚刚起步的阶段,但它在实践中取得的成绩,在操作中暴露出来的问题,给汉语语义学、语法学和词典学提出了新的研究课题。衷心期待有越来越多的人参与本问题的讨论,有更多相关的词典进行按义项排列词条的尝试。